Astrid Därr, Erika Därr

# Südmarokko mit Agadir, Marrakesch, Essaouira

„Marokko liefert sich nicht aus, man muss es sich selbst suchen."

*Tahar Ben Jelloun*

## Impressum

Astrid Därr, Erika Därr
**Reise Know-How Südmarokko**
**mit Agadir, Marrakesch, Essaouira**

erschienen im
Reise Know-How Verlag Peter Rump GmbH,
Bielefeld, Osnabrücker Str. 79, 33649 Bielefeld



**7., neu bearbeitete und**
**komplett aktualisierte Auflage 2015**


**Gestaltung:**
Umschlag: Günther Pawlak, Peter Rump (Layout);
Michael Luck (Realisierung)
Inhalt: Günther Pawlak (Layout);
Michael Luck (Realisierung)
Fotonachweis: Astrid und Erika Därr (ad, ed, dd);
André Humbert/Herbert Popp (hp);
Helmut Hoffmann-Buchardi (hhb)
Titelfoto: Erika Därr (Motiv: Erg Chebbi)
Karten: Bernhard Spachmüller; Thomas Buri;
Catherine Raisin; Kartographie Huber

**Lektorat:** Michael Luck
**Druck und Bindung:** Media-Print, Paderborn

**ISBN 978-3-8317-2352-2**
Printed in Germany

Dieses Buch ist erhältlich in jeder Buchhandlung Deutschlands, der Schweiz, Österreichs, Belgiens und der Niederlande. Bitte informieren Sie Ihren Buchhändler über folgende Bezugsadressen:

**Deutschland**
Prolit GmbH, Postfach 9, D-35461 Fernwald (Annerod)
sowie alle Barsortimente
**Schweiz**
AVA Verlagsauslieferung AG
Postfach 27, CH-8910 Affoltern
**Österreich**
Mohr Morawa Buchvertrieb GmbH
Sulzengasse 2, A-1230 Wien
**Niederlande, Belgien**
Willems Adventure, www.willemsadventure.nl

Wer im Buchhandel trotzdem kein Glück hat, bekommt unsere Bücher auch über unseren
**Büchershop im Internet: www.reise-know-how.de**

054m015 ad

**Wir freuen uns über Kritik, Kommentare und Verbesserungsvorschläge, gern auch per E-Mail an info@reise-know-how.de.**

**Alle Informationen in diesem Buch sind von den Autorinnen mit größter Sorgfalt gesammelt und vom Lektorat des Verlages gewissenhaft bearbeitet und überprüft worden.**

**Da inhaltliche und sachliche Fehler nicht ausgeschlossen werden können, erklärt der Verlag, dass alle Angaben im Sinne der Produkthaftung ohne Garantie erfolgen und dass Verlag wie Autorinnen keinerlei Verantwortung und Haftung für inhaltliche und sachliche Fehler übernehmen.**

**Die Nennung von Firmen und ihren Produkten und ihre Reihenfolge sind als Beispiel ohne Wertung gegenüber anderen anzusehen. Qualitäts- und Quantitätsangaben sind rein subjektive Einschätzungen der Autorinnen und dienen keinesfalls der Bewerbung von Firmen oder Produkten.**

Astrid Därr
Erika Därr

# SÜDMAROKKO MIT AGADIR, MARRAKESCH, ESSAOUIRA

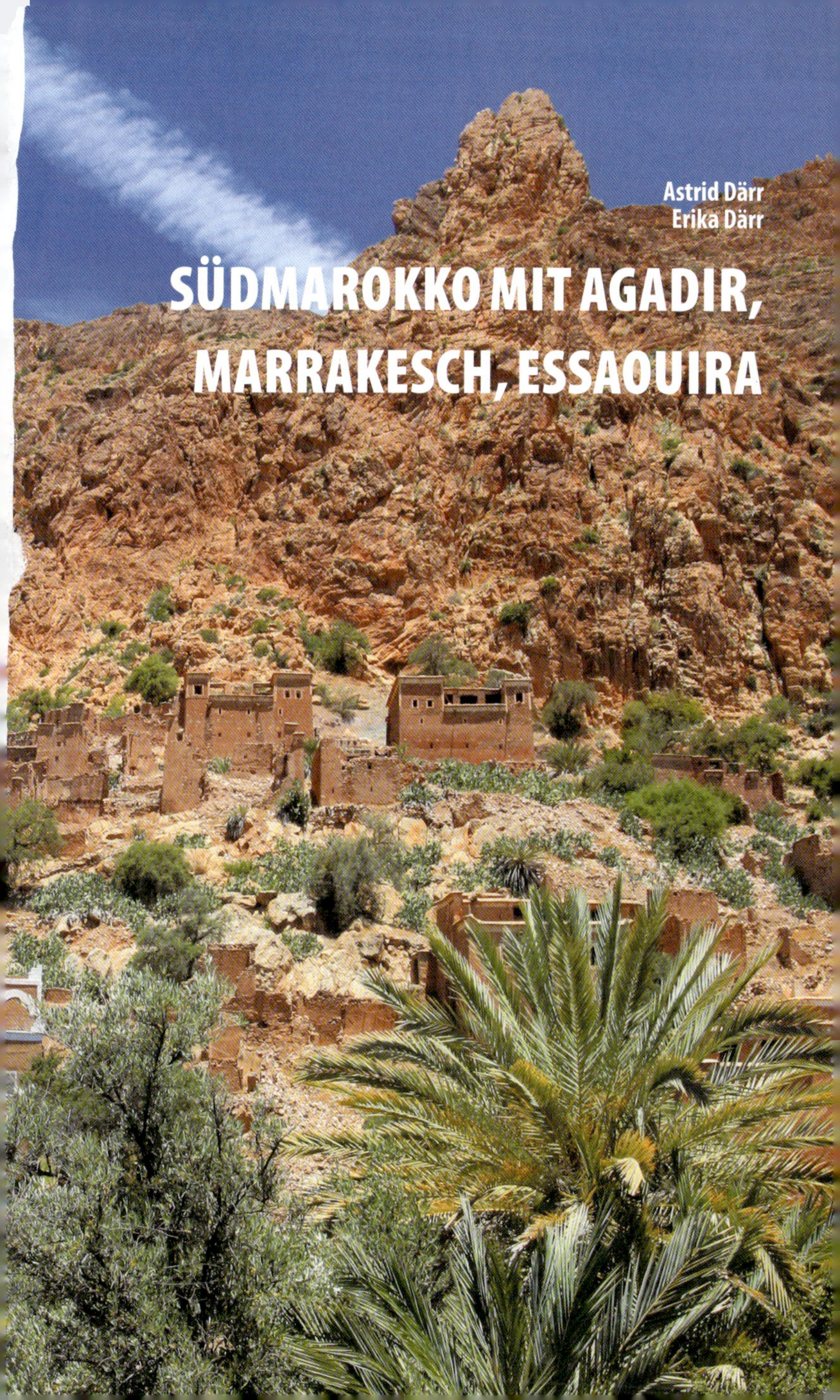

# Vorwort

Königreich zwischen Sahara und Meer oder „Oase für die Sinne", wie das Fremdenverkehrsamt titelt – in Marokko können Reisende Entspannung am Strand, Aktivitäten im Wasser, in der Wüste und in den Bergen mit der Erkundung orientalischer Märkte und Monumente ideal verbinden!

Die moderne Atlantik-Metropole **Agadir** lädt vor allem zum Badeurlaub ein. Hier sucht man vergebens nach dem Flair aus „1001 Nacht", dafür profitieren Urlauber von Hotels in allen Preis- und Komfortklassen, vom 10 km langen Sandstrand, einem vielfältigen Sport- und Unterhaltungsprogramm und abwechslungsreicher Gastronomie. Dazu scheint fast das ganze Jahr über die Sonne von einem strahlend blauen Himmel.

**Marrakesch** dagegen verbindet den Traum vom Orient mit modernem Lifestyle – farbenfrohe Märkte in den verschachtelten Gassen der Altstadt, prachtvolle Riads (Hofhäuser), die als Gästehäuser dienen, maurische Monumente aus der Zeit der Almohaden- und Saaditen-Dynastien, kulinarische Köstlichkeiten in opulenten Palastrestaurants, Hammams mit orientalischem Wellnessprogramm, blühende Gärten aus Rosen, Bougainvilleen und Palmen.

Westlich von Marrakesch lockt die „Windy City" **Essaouira** Musiker und Künstler, Surfer und Individualisten an. Die charmante Fischerstadt am Atlantik bietet eine gute touristische Infrastruktur mit kleinen Gästehäusern und gemütlichen Lokalen in renovierten Altstadthäusern.

Die **landschaftliche Vielfalt** Marokkos mit Sand- und Kiesstränden, Wäldern und Seen, Bergen und Schluchten, Wüsten und Oasen ist unvergleichlich. Lichte Kiefern- und Eukalyptuswäldchen bilden häufig das Hinterland der Strandzonen nördlich von Agadir, während die Macchia bis nahe ans Meer heranreicht. In den südlichen Küstenregionen weicht die Strauchvegetation zunehmend wüstenhafter Umgebung, nur noch vereinzelt gedeihen Palmen in trockenen Oueds (Wadis).

Das **Landesinnere** zeigt sich gebirgig. Karge Hochplateaus und Bergketten, durchzogen von grünen Tälern und Schluchten, bestimmen das Bild im südlichen Hohen Atlas. Der nördliche Hohe Atlas bekommt mehr Regen ab; Gebirgsbäche sprudeln, Terrassenfelder liegen im Schatten von Walnuss- und Apfelbäumen. Der Anti-Atlas mit seinen eindrucksvollen Granitbergen, bizarren Felsformationen und engen Palmentälern bei Tafraoute lädt zu ausgedehnten Entdeckungstouren ein. Jahrhunderte alte Speicherburgen aus Bruchstein bilden das architektonische Erbe der Chleuh-(Schlöh-)Berber. Trekkingtouren im Hohen bzw. im Anti-Atlas führen über Pässe und Gipfel zu abgelegenen Tälern und Dörfern – hier knüpft man nette Kontakte und lernt Marokko von seiner ursprünglichsten Seite kennen.

Im Drâa- und Dadèstal thronen die mächtigen Kasbahs der Berber – Wehrburgen aus Lehm – auf Anhöhen über den Flusstälern. Die **Straße der Kasbahs** führt von Ouarzazate nach Errachidia durch weite Steinwüste und fruchtbare Dattelpalmenoasen – im Norden begrenzt vom Hohen Atlas, im Süden vom vulkanischen Djabal Siroua und Djabal-Saghro-Massiv. Entlang des Ziz-Tals erreicht man das Tafilalet und die bis zu 150 m hohen Dünen des Erg Chebbi. Etwas ruhiger geht es im zweiten großen Sanddünengebiet zu, dem Erg Chegaga bei M'hamid. Wer ein authentisches Wüstenerlebnis sucht, unternimmt eine mehrtägige Kamel- oder Geländewagentour. Abends breitet sich über dem Lagerfeuer die Kuppel des endlosen Sternenhimmels aus.

**Um Marokko** und seine Menschen wirklich **kennenzulernen,** gehört der Mut, den Hotelbereich zu verlassen und auf eigene Faust loszuziehen. Auch wenn die Kommunikation manchmal schwerfällt oder die vielen „hilfreichen Geister“ auf die Nerven gehen: Mit Humor, Offenheit, Toleranz und etwas Abenteuerlust ist ein erlebnisreicher Urlaub in Marokko garantiert!

**Mit diesem Buch** möchten wir vor allem Flugtouristen ansprechen, die organisiert oder individuell, mit Mietwagen oder öffentlichen Verkehrsmitteln das Land entdecken wollen. Die „Reisetipps A–Z“ umfassen neben Informationen zur Vorbereitung und Durchführung der Reise auch **Verhaltenstipps,** um sich im bisweilen „nervigen“ Marokko besser zurechtfinden zu können. **Hintergrundinformationen** über Land und Leute tragen dazu bei, die Menschen und ihre Kultur besser zu verstehen. Die Regionalkapitel geben Ihnen detaillierte touristische Informationen zu den Sehenswürdigkeiten und den besten Adressen vor Ort.

**Wir wünschen Ihnen** einen eindrucksvollen und erholsamen Aufenthalt in Marokko!

Ihre *Astrid* und *Erika Därr*

# Exkurse

mmh_002 ed

# Inhalt

### Unterkünfte: Preiskategorien

① **sehr einfaches Hotel/Billigunterkunft oder Bivouac/Nomadenzelt:**
50–200 DH
② **einfaches Hotel/Gästehaus:**
200–350 DH
③ **Mittelklassehotel/-gästehaus:**
350–700 DH
④ **gehobene Mittel-/Oberklasse:**
700–1600 DH
⑤ **Luxushotel/-gästehaus:**
1600–3500 DH

### Nicht verpassen!

In jedem Kapitel sind einige (touristische) Highlights hervorgehoben – man erkennt sie an der **gelben Hinterlegung.**

**Mein Tipp: Besonders empfehlenswerte Unterkünfte, Restaurants und sonstige besondere Tipps der Autorinnen** sind entsprechend gekennzeichnet.

Der Schmetterling zeigt an, wo man **besonders gut Natur erleben** oder **Angebote im Bereich des nachhaltigen Tourismus** finden kann.

### Hinweis

Die **Internet- und E-Mail-Adressen** in diesem Buch können – bedingt durch den Zeilenumbruch – so getrennt werden, dass ein Trennstrich erscheint, der nicht zur Adresse gehören muss!

# Marokko im Überblick

**Lage:** Marokko erstreckt sich zwischen dem 23. und 36. Breitengrad und zwischen dem 1. und 16. Längengrad. Begrenzt wird das Land vom Mittelmeer im Norden, vom Atlantik im Westen, im Süden von Mauretanien.

**Größe:** 458.730 km², mit dem Gebiet der Westsahara ca. 710.850 km²; diese wird von Marokko als nationales Territorium beansprucht und verwaltet; Eingliederung des nördlichen Teils 1975 und des südlichen Teils 1979.

**Staatsform:** konstitutionelle Monarchie mit sehr weitreichenden Zuständigkeiten des Königs und Zweikammerparlament; staatliche Unabhängigkeit seit 1956; König ist seit 1999 *Mohamed VI.*, Premierminister seit 2011 *Abdelilah Benkirane* von der Partei für Gerechtigkeit und Entwicklung (PJD).

**Bevölkerung:** 32,9 Millionen, das Gebiet der Westsahara mitgerechnet (geschätzt 2013); Bevölkerungsdichte: 42 Einwohner/km² mit Westsahara; Bevölkerungswachstum: ca. 1,2%; Bevölkerungsverteilung: 41% Landbevölkerung, 59% Stadtbevölkerung; rund 27% der Bevölkerung ist unter 15 Jahre (in Deutschland: 14%).

**Lebenserwartung:** 74,8 Jahre

**Analphabetenrate:** insgesamt ca. 33%, bei Frauen ca. 58% (!).

**Arbeitslosigkeit:** landesweit rund 9%; in der Stadt sind 33,5% der 15- bis 24-Jährigen arbeitslos.

**Religion:** ca. 98% sunnitische Moslems (der Islam ist Staatsreligion); jüdische (ca. 3000) und christliche (ca. 23.000) Minderheiten.

**Sprachen:** offizielle Landessprachen sind Arabisch und die Berbersprachen (Tamzight); sehr verbreitet ist **Französisch** als Handels- und teilweise als Bildungs- und zweite Amtssprache; in den nördlichen Regionen zwischen Mittelmeer und Rif und in der Westsahara wird von der älteren Bevölkerung **Spanisch** gesprochen.

**Währung** (Kurs Februar 2015): Dirham; 1 DH = 0,09 Euro, 1 Euro = 10,82 DH, 1 DH = 0,10 SFr, 1 SFr = 10,18 DH.

**Bruttoinlandsprodukt (BIP):** ca. 105 Mrd. US$ (2013); pro Einwohner: 5500 US$ (2013).

**Auslandsschulden:** 36,5 Mrd. US-$ (2013).

**Inflationsrate:** 2,5% (2013).

**Wichtigste Städte** (Einwohnerzahlen nach offiziellen Angaben, „Le Maroc en chiffres 2012"): Agadir: 499.000, mit Inezgane/Aït Melloul 1 Mio.; Casablanca: 3,1 Mio.; Fès: 1,1 Mio.; Kénitra: 568.000; Marrakesch: 1 Mio.; Meknès: 669.000; Nador: 368.000; Oujda: 472.000; Rabat (mit Salé; Hauptstadt): 1,5 Mio.; Safi: 359.000; Tanger: 861.000; Tétouan: 431.000.

**Mitgliedschaft in internationalen Organisationen:** UN (Vereinte Nationen), Marokko wurde im November 2013 für die Jahre 2014–2016 in den Menschenrechtsrat der UN gewählt; Union für den Mittelmeerraum; Union des Arabischen Maghreb; ECA (Economic Commission for Africa); FAO (Food and Agriculture Organization); IWF (Internationaler Währungsfond); Weltbank; GATT/WTO (Welthandelsabkommen); Arabische Liga; Islamische Konferenz; OSZE-Partnerland. Marokko ist als einziges afrikanisches Land wegen des ungeklärten Status der Westsahara nicht Mitglied der Afrikanischen Union (AU).

**Maßsystem:** metrisch.

**Uhrzeit:** MEZ minus 1 Stunde (während der Zeit, in der sich marokk. und deutsche Sommerzeit nicht überschneiden, minus 2 Std.).

**Strom:** 220 V, kein Adapter notwendig.

Quellen für die Daten in der Landeskunde: *Haut-Commissariat au Plan du Royaume du Maroc*, www.hcp.ma; Auswärtiges Amt, www.auswaertiges-amt.de; CIA Worldfactbook, www.cia.gov.

## 9 Land und Leute 541



## 10 Anhang 629



# Karten

In den **Kopfzeilen** der Buchseiten erfolgt ein Verweis auf die jeweils in den Kontext passende Karte bzw. Stadtplan.

# Die Regionen im Überblick

## 1 Agadir und nördliche Küste | 17

**Agadir** (S. 20), das Badezentrum und neben Marrakesch die Touristenhochburg des Landes, hat keine historischen Sehenswürdigkeiten zu bieten. Doch dank seiner guten Verkehrsanbindung eignet sich die moderne Stadt gut als Ausgangspunkt für Touren im Süden. Die schönen Atlantikstrände nördlich von Agadir, z.B. **Sidi Kaouki** (S. 69), sind ein Eldorado für Wind-, Body- und Kitesurfer. Das einzigartige Flair des Künstler-, Surfer- und Fischerstädtchens **Essaouira** (S. 72), das zum UNESCO-Weltkulturerbe zählt, genießt man am besten in einem der stilvollen Gästehäuser der Stadt.

## 2 Sous, Anti-Atlas, südliche Küste | 99

Das fruchtbare Sous-Tal trennt den Hohen Atlas vom Anti-Atlas, dem südlichsten Gebirgszug der Atlaskette, dessen Gipfel bis zu 2300 m hoch aufragen. Zwischen kargen Granitbergen, z.B. in der Umgebung von **Tafraoute** (S. 119), Palmenoasen und alten Lehmdörfern lässt es sich wunderbar wandern, biken und klettern. Vogelliebhaber finden im **Nationalpark Oued Massa** (S. 146) am Atlantik ein Paradies vor. An den Stränden um **Sidi Ifni** S. 173) tummeln sich Surfer in den Wellen. Südlich von **Guelmim** (S. 162) beginnt die endlose Weite der Sahara.

## 3 Marrakesch | 187

In Marrakesch, dem Zentrum Südmarokkos, locken quirlige Märkte, prachtvolle Paläste, Gaukler und Geschichtenerzähler, schicke Gästehäuser, Bars und Restaurants – wohl in kaum einer anderen Stadt kann man die Gegensätze zwischen orientalischer Tradition und modernem Lebensstil so hautnah erleben wie in dieser Metropole, die inzwischen rund eine Million Einwohner hat. Nicht weit von den schneebedeckten Gipfeln des Hohen Atlas lockt die „Rote Stadt" Individualisten, Kulturinteressierte und sportlich Ambitionierte gleichermaßen an. Highlights sind u.a. der legendäre **Djamâa el-Fna** (S. 194) mit seinen Akrobaten, Schlangenbeschwörern und allabendlichen Essensständen, die **Souks** (S. 201) bzw. verwinkelten Gassen der Altstadt, wo es einfach alles zu kaufen gibt (Gewürze, Lampen, Lederwaren,

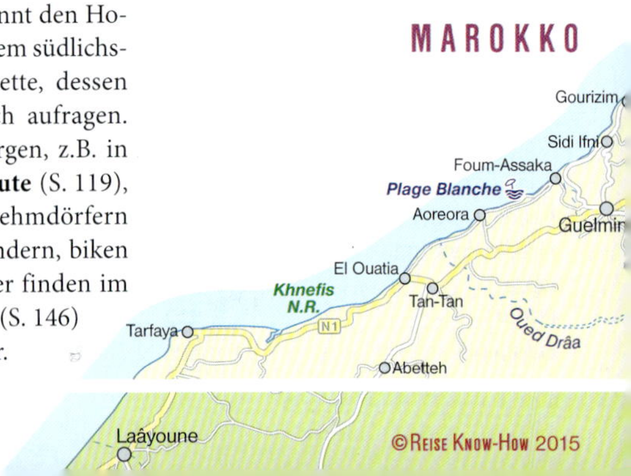

Pantoffeln, Fisch, Gemüse, Keramik etc.) und die **Medersa Ben Youssef** (S. 208), eine ehemalige Hochschule für islamische Theologie aus dem 14. Jh., ein Meisterwerk maurischer Architektur.

## 4 Nördlicher Hoher Atlas | 257

Zwei Straßenpässe mit tollem Ausblick führen über das höchste Gebirge Nordafrikas in den wüstenhaften Süden. Ob zu Fuß, per Mountainbike oder mit Ski – im Hohen Atlas können sich Aktive austoben. Die Berge und Täler laden zu ausgedehnten Wanderungen und Trekkingtouren ein, z.B. bei **Agouti** (S. 274) oder **Imlil** (S. 296). Auf den Gipfeln bis über 4000 m Höhe liegt von Dezember bis März Schnee, im Sommer herrschen angenehme Temperaturen. Die schroffe Bergwelt durchziehen fruchtbare Flusstäler, in denen Berberdörfer aus Stein und Lehm über grünen Terrassenfeldern an den Hängen kleben. Mit den **Ouzoud-Wasserfällen** (S. 264) finden sich in der Region die höchsten Wasserfälle ganz Marokkos. In den beeindruckenden Kasbahs von **Telouèt** (S. 305) und **Aït Benhaddou** (S. 310) lernt man authentische Berberarchitektur kennen. Die Moschee **Tin Mal** (S. 300) war die Geburtsstätte der Almohaden-Dynastie und ist mit der Moschee Hassan II. (in

Casablanca) das einzige Gotteshaus in Marokko, das Nicht-Muslime betreten dürfen.

## 5 Ouarzazate und das Drâa-Tal | 321

Der sogenannte Große Süden (Le Grand Sud) ist das Land der mächtigen Ksour und Kasbahs aus Lehm, der Palmenoasen und Wüstenlandschaften – hier sieht Marokko aus, wie man es aus Touristenprospekten kennt. **Ouarzazate** (S. 325) ist das Hollywood Marokkos und die Touristenmetropole des Südens. Hier starten Touren ins Drâa-Tal, z.B. nach **Agdz** (S. 338), wo man traditionelle Bewässerungstechniken kennenlernt. Die Sanddünen des Erg Chegaga erreicht man am gemütlichsten mit Kamelen: In drei Tagen geht es von **M'hamid** (S. 364) bis zu den Dünen. In der Region steht eine der ältesten Lehmburgen Marokkos, die teilweise renovierte **Kasbah Tamnougalte** (S. 343).

## 6 Die Straße der Kasbahs | 369

Zwischen der im Frühjahr schneebedeckten Gipfelkette des Hohen Atlas im Norden und der braunen Steinwüste des Djabal Saghro im Süden verläuft die „Straße der (1001) Kasbahs" nach Nordosten und durchquert dabei spektakuläre Landschaften, vorbei an zahlreichen festungsartigen Lehmburgen (Kasbahs) und -dörfern (Ksour), z.B. **Boumalne du Dadès** (S. 380). Eine der schönsten Trekkingrouten in Marokko führt in fünf Tagen quer durch die eindrucksvolle Bergkulisse des **Djabal-Saghro-Massivs** (S. 384) bis nach Nekob. **Skoura** (S. 373) ist eine idyllische Palmenoase, die zur Entspannung einlädt. Der letzte, weniger besuchte Teil der Straße der Kasbahs führt von Tinerhir durch karge Wüstenlandschaft bis nach Errachidia, von wo sich ein Ausflug in den zentralen Hohen Atlas nach **Imilchil** (S. 408) lohnt: Hier kann man schön wandern oder einfach nur das ursprüngliche Dorfleben beobachten.

## 7 Das Tafilalet und der Südosten | 413

Das Tafilalet ist das größte zusammenhängende Oasengebiet Marokkos und Heimatregion der bis heute herrschenden Alaouiten-Dynastie, deren Wiege die Handels- und Karawanenstadt **Sijilmassa** (S. 420) war. In der nahen Wüstenoase **Erfoud** (S. 419) kann man sich in eine Werkstatt begeben und zusehen, wie über 300 Mio. Jahre alte Fossiliensteine zu Tischplatten und Schalen verarbeitet werden. Eine weitere Oase ist **Rissani** (S. 426), wo sich ein Bummel über den ursprünglichen Wochenmarkt anbietet. Bei **Merzouga** (S. 433) befindet sich das größte Dünengebiet Marokkos, der Erg Chebbi: Bis zu 200 m hoch türmen sich die Sandmassen und heben sich golden schimmernd gegen die schwarze Steinwüste und den blauen Himmel ab.

> Sonnenuntergang in Legzira

081m015 ed

064m015 hp

# 1 Agadir und nördliche Küste

Agadir ist das Badezentrum des Landes. Dank seiner guten Verkehrsanbindung eignet sich die moderne Stadt gut als Ausgangspunkt für Touren im Süden. Die schönen Atlantikstrände im Norden

sind ein Eldorado für Wind-, Body- und Kitesurfer. Das Künstler- und Fischerstädtchen Essaouira entfaltet einen einzigartigen Charme.

< Essaouira aus der Luft

# Agadir und nördliche Küste

# ÜBERBLICK

Agadir liegt zwischen Hohem Atlas, Sous und Anti-Atlas. Der Hohe Atlas setzt sich im Süden nach dem Djabal Siroua mit dem Anti-Atlas fort. Die Ebene zwischen Anti-Atlas und Hohem Atlas nennt man Sous, begrenzt vom Oued Sous, der bei Agadir in den Atlantik mündet.

Der Sous gilt als eines der fruchtbarsten Gebiete des Landes. Die [illegible] Hohen Atlas und Anti-Atlas, vor allem der Oued Sous, speisen das Becken mit Wasser. Hier gedeihen Zitrusfrüchte, Bananen, Oliven, Artischocken, Tomaten und viele weitere Obst- und Gemüsesorten. Im Sous fällt unter 300 mm Regen

Agadir und nördliche Küste

**NICHT VERPASSEN!**

- **Agadir:** ein Spaziergang auf der Strandpromenade | 24
- **Ben Sergao:** die Medina d'Agadir | 25
- **„Paradise Valley":** ein malerischer Ausflug | 59
- **Sidi Kaouki:** Surfen und Baden an langen Sandstränden | 69
- **Essaouira:** Flanieren, Genießen und Einkaufen in der weißen Altstadt | 72

**Diese Tipps sind gelb hinterlegt.**

im Jahr, vor allem in den Monaten November/Dezember und Februar/März. Die Jahresdurchschnittstemperatur liegt bei 19,5°C. Der Sommer ist heiß, wobei der Chergui (warmer Fallwind) die Temperatur noch erhöht.

Die nördliche Atlantikküste bis Essaouira prägen Aleppokiefern und dichte Macchia, die vor allem zwischen Tamri und Tamanar Euphorbien- und Sukkulentenpolstern weichen. Dann folgt wieder die typische Macchiavegetation, wie sie auch in anderen Mittelmeerländern zu finden ist. Hier wachsen vorwiegend Pinien, Lorbeer, Thujen und andere Koniferenarten, dazwischen niedrige verholzte Stauden und Sukkulenten.

Die schönen Buchten und Strände zwischen Agadir und Essaouira sind in den Wintermonaten ein beliebtes Surfrevier. Zwischen Tamrakht und Tamri ermöglicht das milde Klima den Anbau von Bananen. Die Küste wird begrenzt von niedrigen Ausläufern des Hohen Atlas mit dem Djabal Amsittene (905 m) als höchster Erhebung.

Die Landschaft um Agadir und Essaouira ist zudem durch knorrige Arganien gekennzeichnet. Die nur in Marokko heimischen Eisenholzbäume sind streng geschützt (Biosphärenreservat der UNESCO) und Lieferanten des kostbaren, goldenen Arganienöls. Aus den gerösteten Samenkernen der olivenähnlichen Früchte wird in aufwendiger Handarbeit das nussige und ausgesprochen gesunde Speiseöl extrahiert. Kosmetisches Arganienöl verspricht ewige Schönheit und findet Anwendung in Anti-Aging-Cremes und Shampoos. Immer mehr Frauenkooperativen verkaufen ihre Arganienöl-Produkte direkt an Touristen.

# Agadir

Agadir ist eine **moderne Touristen-, Hafen- und Industriestadt** mit dem drittgrößten Fischereihafen Marokkos (nach Lâayoune und Tan-Tan) sowie der **beliebteste Badeort des Landes.** Orientalisches Flair und großartige historische Sehenswürdigkeiten sucht man hier vergebens. Agadir ähnelt eher einer europäischen Badedestination als einer typischen Stadt Marokkos. Agadir hat mittlerweile um die **500.000 Einwohner,** darunter Araber und Berber. Mit den angrenzenden Gemeinden Ben Sergao, Inezgane, Aourir, Tamrakht, Taghazoute und Aït Melloul ist die Millionengrenze bereits überschritten.

Der vorbeifließende (kalte) Kanarenstrom sorgt in Agadir für ein **gleichmäßiges, angenehmes Klima** sowohl im Sommer als auch im Winter. Die mittleren durchschnittlichen Temperaturen liegen nicht unter 16°C und nicht über 28°C, die Wassertemperaturen fallen nicht unter 16°C, steigen aber auch nicht über 20°C, sodass für abgehärtete Naturen das Baden auch im Winter möglich ist. Wer's lieber warm mag, fröstelt selbst im Juli und August bei Wassertemperaturen um die 19°C und nicht zu heißen Lufttemperaturen von 25 bis 28°C. Der Himmel ist wegen des feuchten Kanarenstroms im Frühsommer oft bedeckt und lockert manchmal erst nachmittags auf. Im Winter ist es dagegen meist klar und bei Temperaturen

> Agadir ist nicht nur Urlaubsort, sondern auch moderne Hafenstadt

zwischen 18 und 23°C auch recht warm, nachts kühlt es jedoch bis auf 10°C ab (Jacke und lange Hosen nicht vergessen!). Regen ist selten – die Stadt zählt **300 Sonnentage im Jahr.** Bei diesem Klima kann man sich im Winter wie im Sommer wohlfühlen, ohne seinen Kreislauf zu strapazieren. Ähnlich wie die Kanaren entwickelte sich Agadir deshalb vor allem für Rentner zu einem Überwinterungsparadies. Gerade im Winter strahlt der Himmel in leuchtendem Blau, die Luft ist klar, und von den wenigen Bergen der Umgebung hat man eine fantastische Fernsicht.

Die Stadt am Atlantik fehlt in keinem deutschen Reiseprospekt und gefällt nicht nur Sonnenanbetern: Aktivurlauber spielen hier Tennis und Golf, Surfer gleiten über die Wellen. Vor allem für Touristen mit wenig Zeit und **europäischen Komfort- und Konsumbedürfnissen** eignet sie sich als Urlaubsziel. Ebenso beliebt ist die Stadt unter Marokkanern: Sie gilt als Vorzeigeobjekt des modernen Marokko und als Urlaubswunschziel Nummer Eins.

Agadir hat nach Marrakesch jährlich die meisten Übernachtungen und die **zweithöchste Bettenkapazität des Landes.** Der Tourismusplan „Agadir 2020" sieht u.a. vor, die Kapazität von derzeit rund 31.300 Betten bis 2020 auf 60.000 fast zu verdoppeln. Dafür entstehen weitere 4- und 5-Sterne-Hotels, außerdem sollen der Flugverkehr und die Erholungsinfrastruktur ausgebaut werden.

Die **Stadtentwicklung** geht entsprechend rasch voran: In **Founty** am Südrand Agadirs wuchs ein neuer Stadtteil mit touristischer Infrastruktur und Villen für die reichere Bevölkerungsschicht heran. Im alten Hafenbereich wurde 2007 das Großprojekt **Marina Agadir** mit Yachthafen, modernen Apartmentanlagen und einer Flaniermeile mit Restaurants, Eisdielen und schicken Boutiquen eingeweiht. Auch die 7 km lange **Strandpromenade** wird weiter ausgebaut: Sie erstreckt sich über mehrere Ki-

aga08-156 ad

lometer von der Marina am Nordende der Bucht bis zum Sofitel Agadir im Founty-Viertel im Süden der Stadt. Auch die Strände nördlich von Agadir um Taghazoute werden seit Jahren touristisch erschlossen: Überall wird an Straßen, Hotels und sonstiger Infrastruktur gebaut.

Nirgends ist der **Kontrast zwischen Tradition, Religion und modernem Leben** größer als in Agadir. Was man sich hier als Tourist erlauben darf, ist in keiner anderen marokkanischen Stadt möglich. Selbst noch so leicht bekleidete Damen und Herren auf der Strandpromenade werden kaum beachtet oder angesprochen. Auch der sonst streng untersagte Alkoholgenuss in der Öffentlichkeit wird geduldet, fast jedes Touristenrestaurant ist im Besitz einer Alkohollizenz.

Die **Folgen** bleiben nicht aus: So mancher Familienvater investiert sein Geld in das überall käufliche Bier, und die Nachtclubs und Casinos verführen nicht bloß Touristen dazu, ihr Geld loszuwerden. Auch das horizontale Gewerbe hat seine Hauptniedelassung in Agadir gefunden, nirgendwo sonst im Land bieten sich so viele weibliche und männliche Prostituierte an. Zu den negativen Erscheinungen des Massentourismus gehören leider auch **Schlepper und Nepper.** Die fliegenden Händler am Strand können lästig werden, und das Wechselgeld wird manchmal großzügig zugunsten des Verkäufers berechnet ... Im Souk versuchen Händler manchmal allzu aufdringlich in den eigenen Laden oder denjenigen der Verwandtschaft zu führen. Jenseits der sehr gepflegten Touristenviertel entlang der Strandpromenade, der Av. Mohamed und des Bd. du 20 Août findet man in den Wohnvierteln um den Souk noch marokkanisches Alltagsleben mit all seinen Begleiterscheinungen: Müll am Straßenrand, löchrige Gehwege und baufällige Häuser gehören in Marokko noch häufig zum Stadtbild.

Auch ohne prägnante Sehenswürdigkeiten muss ein Aufenthalt in Agadir kein reiner Strandurlaub sein. Dank der günstigen Lage und sehr guter Versorgungsmöglichkeiten eignet sich die Stadt hervorragend als **Ausgangspunkt für Rundreisen.** Von Agadir kann man bequem und preiswert mit Mietwagen oder organisiert Tages- und Wochendausflüge unternehmen und marokkanische Eindrücke par excellence mit nach Hause nehmen. Denn Städte wie Marrakesch oder Essaouira, auch der Anti-Atlas und die Umgebung von Tafraoute oder der südliche Atlantik sind auf guten Straßen leicht und schnell erreichbar. Auch als Anlandungsstelle für Kreuzfahrten (Oktober bis April) gewinnt Agadir an Attraktivität.

## Geschichte

Die **Ursprünge der Stadt** sind unklar, einige Chronisten bringen sie mit dem antiken Hafen Rusadir in Verbindung, an dem auch *Hanno,* der bekannte phönizische Seefahrer, gelandet sein soll. Die eigentliche Stadtgründung geht auf das Jahr 1505 zurück, als der portugiesische Edelmann *Joaõ Lopes de Sequeira* um eine Quelle in der Nähe des Meeres die Festung Santa Cruz de Cap de Gue gründete. Später wurden daraus die Namen Santa Cruz de Narba und Santa Cruz de Aguer. *Don Francisco des Castro,* der Statthalter der Festung (1513–1521), ließ auf Wunsch des neuen Besitzers, des portugiesischen Königshauses, die Festung ausbauen und lieferte sich im Laufe der Jahre heftige Kämpfe gegen die benachbarten Berberstämme.

**Muhamad ash-Shaykh** errichtete 1531 in der Nähe eine Festung, um Santa Cruz einzunehmen, was ihm 1541 auch gelang. Dieser Berberwiderstand führte zur Etablierung der Saaditen-Dynastie, da die Sous-Berber *Al-Qa'im,* den Vater *Muhamad ash-Shaykhs,* um Hilfe gegen die Portugiesen gebeten hatten.

Unter der Herrschaft der **Saadier** wurde der Hafen ein **bedeutender Handelsplatz.** Ausgeführt wurden Zuckerrohr, Datteln, Wachs, Häute und Gold; Stoffe kamen ins Land. Durch die verstärkten Einfuhren von Rohrzucker aus Südamerika nach Europa verlor der Hafen jedoch an Bedeutung.

1751 wurde Dänemark das Handelsmonopol über Agadir übertragen. Der Sultan *Sidi Muhamad ibn Abdallah* verhinderte 1756 eine weitere Entwicklung des Hafens zugunsten der Stadt Mogador (Essaouira). 1819 sollen nach Berichten des Reiseschriftstellers *Cochelet* nur noch zwölf bewohnte Häuser in Agadir gestanden haben.

Anfang des 20. Jahrhunderts gründeten einige **deutsche Firmen** Niederlassungen in Agadir (Mannesmann, Marx & Co., Atlasgesellschaft, Gondafi-Gesellschaft). Dadurch gab es einen neuen Aufschwung. Der deutsche Wirtschaftsstützpunkt, der den einzigen sicheren und damit strategisch wichtigen Hafen zwischen Casablanca und Dakar bot, störte die französische Kolonialpolitik erheblich. Als Reaktion auf den **französischen Einmarsch in Marokko** kam es beinahe 1911 schon zum Ersten Weltkrieg, als das deutsche Kanonenboot „Panther" vor der Küste aufkreuzte, um den deutschen Bewohnern und Firmen „Schutz zu gewähren". Diese Episode ging als **„Panthersprung von Agadir"** in die Geschichte ein. Mit dem Beginn der Protektoratsherrschaft wurden diese Rivalitäten beendet, die deutschen Firmen mussten das Land verlassen. Deutschland bekam als Gegenleistung Teile von Französisch-Westafrika zur Kolonie Kamerun zugeschlagen.

Unter den Franzosen entwickelte sich die Stadt zu einem **Badeort.** 1936 wohnten erst 6000 Menschen in Agadir, 1960 waren es schon 50.000.

Durch das **Erdbeben** am 29. Februar **1960,** das nur 15 Sekunden dauerte, wurde die Stadt fast vollkommen zerstört und 15.000 Bewohner getötet. 1962 begann der Wiederaufbau, die Häuser wurden erdbebensicher errichtet. Aber es entstanden keineswegs gesichtslose Einheitsbaracken, sondern ein Musterbeispiel architektonischer Stadtplanung der 1960er Jahre mit nur ein- bis zweistöckigen modernen Betonhäusern, die nach wie vor ziemlich fremdartig in Marokko wirken. Die Entwicklung zum Touristenort und zu einer wichtigen Hafenstadt begann mit diesem Neuanfang.

## Sehenswertes

### Kasbah

Außer der Kasbah, die von *Moulay Abdallah al-Ghalib* (1557–74) auf dem Hügel bei Agadir erbaut wurde, gibt es in der Stadt nichts Historisches zu besichtigen. Ein Ausflug auf die Kasbah, auf einem Felsen in 236 m Höhe liegend, lohnt sich weniger wegen der Ruinen als wegen des **prachtvollen Ausblicks** auf die Stadt und den Hafen.

## Touristenviertel und Strand

Die **Hauptadern Agadirs** sind die Av. Hassan II., die Av. Mohamed VI. und die Av. Mohamed V., die als Durchgangsstraße die Wohn- und Verwaltungsviertel von den Hotelvierteln trennt. An der Av. Mohamed V. liegt die **Fußgängerpassage Aït Souss,** begrenzt von Grünanlagen, Sportplätzen und den beiden Museen sowie Pizza Hut, McDonald's und anderen Restaurants und Geschäften. Sie verbindet das Touristenviertel mit dem Zentrum und Talborjt. Vor der breiten und verkehrsreichen Av. Mohamed V. liegt der Strand mit seinen Hotelbauten, Strandanlagen, Geschäften und Restaurants – eine **Touristenstadt** für sich entlang des Bd. du 20 Août und der Rue Oued Souss. Dieses touristische Retortenviertel unterscheidet sich exorbitant vom Rest Marokkos. In ihm liegen schicke Hotels, deren Stil vom Betonbau der 1970er Jahre bis zu der an maurische Stilelemente anknüpfenden Architektur der 1990er Jahre reicht. Für die wenig beschauliche Atmosphäre dieser Hochhaushotels entschädigt ein bisschen der herrliche Blick aus den oberen Stockwerken. Zwischen den Hotelanlagen liegen Fußgängerstraßen mit Boutiquen, Eisdielen, Cafés und (mittelmäßigen) internationalen Spezialitätenlokalen.

Entlang des insgesamt 10 km langen **Sandstrandes,** besonders am Nordende der Promenade, finden Touristen zahlreiche Restaurants und Cafés, öffentliche Strandabschnitte mit Liegen und Sonnenschirmen (zu mieten), aber auch private Strandbereiche der Club- und Luxushotels mit Beachvolleyballplätzen. Zur Hochsaison in den Sommermonaten beaufsichtigen Rettungsschwimmer den Strand – ist die schwarze Flagge gehisst, sollte man nicht baden. Jet-Skis und Fußball spielende Jugendliche sorgen dafür, dass es am Strand nicht allzu ruhig wird …

Die breite, zum Teil palmengesäumte **Strandpromenade,** auf der Touristen wie Marokkaner gerne flanieren und die Touristenpolizei patroulliert, erstreckt sich mittlerweile von der Marina bis nach Founty. Vor dem Tafoukt-Komplex befindet sich ein kleiner **Vergnügungsplatz.** An Festtagen und in der Hauptsaison im Sommer werden dort Spektakel aufgeführt. Es gibt Verkaufsstände, Karussells und Autoscooter zur Unterhaltung der Kinder und Jugendlichen.

Eine kleine **Bimmelbahn,** mit der eine 12 km lange Stadtrundfahrt unternommen werden kann, hat am Bd. du 20 Août (gegenüber dem Eingang zum Vogelpark, s.u.) ihre Haltestelle. Im Sommer ist sie immer voll besetzt, an Feiertagen vor allem von Einheimischen. Im Juli und August, zur Urlaubszeit der Marokkaner, ist auch der Strand von Agadir vorwiegend von Einheimischen belegt.

## Vallée des Oiseaux

In der Verlängerung des großen Platzes nach Nordosten, zwischen Bd. du 20 Août und Av. Hassan II., liegt ein **kleiner Park mit zoologischem Garten** (*Vallée des Oiseaux,* Di bis So 9.30–12.30 und 14.30–18 Uhr), der verschiedene Vogelarten aus allen Kontinenten (u.a. Flamingos, Papageien, Pfaue), Affen und einige wenige Mufflons beherbergt. Der gepflegte Vogelpark lohnt vor allem für Familien einen Besuch und ist bei den Einheimischen sehr beliebt.

## Musée Municipal du Patrimoine Amazighe

An der Fußgängerpassage Aït Souss befindet sich dieses **Museum zur Berberkultur,** das täglich (außer So und an Feiertagen) von 9.30–17.30 Uhr geöffnet hat (Eintritt 20 DH). Das Museum zeigt ein schöne Sammlung an Schmuck und Alltagsgegenständen der marokkanischen Berber (Masiren/Amaziren) wie alte Töpfereien, Hausrat, Kleidung und Teppiche. Außerdem finden temporäre Ausstellungen zu verschiedenen kulturellen Themen statt.

## Founty

Marschiert man entlang der Rue Oued Souss vom Tikida Dunas Hotel weiter südlich, gelangt man zum bislang noch am wenigsten bebauten Strandabschnitt Agadirs. Leider wurde den ehemals hohen Dünen der Garaus gemacht, indem man die Flussmündung ausbaggerte. Inzwischen entstanden im Founty-Viertel große **Luxushotels** mit eigener Infrastruktur und direktem Strandzugang (z.B. Sofitel Thalasso Sea & Spa, Robinson Club). Insgesamt wirkt Founty in manchen Teilen noch etwas unfertig, mit Baustellen und Bauzäunen. In den fertiggestellten Teilen ist das Viertel jedoch sehr gepflegt: mit großzügigen Privatvillen in üppigen Gärten und modernen Luxushotels in Strandnähe. Zwischen den Strandhotels und der Hauptstraße Richtung Inezgane (südliche Av. Mohamed V.) liegt der Marjane-Supermarkt.

Nördlich ans Founty-Viertel grenzt der **Königspalast** an. Der riesige Palast (keine Besichtigung möglich) liegt inmitten eines Parks (ein weiterer Palast befindet sich weiter nördlich in Stadtnähe) zwischen der Straße nach Inezgane und dem Meer. Achtung: Es ist nicht erlaubt, vom letzten Strandhotel (Robinson Club) weiter südlich Richtung Königspalast zu laufen. Touristen werden von der Polizei aufgehalten.

## Ben Sergao

Vom Marjane-Supermarkt weiter entlang der Av. Mohamed V. in Richtung Inezgane und Flughafen erreicht man das **Wohnviertel Ben Sergao.** Hier residiert vorwiegend die Verwaltungs- und Militärelite der Stadt. Auch der Reitclub, der Königliche Golfplatz sowie die **Golfplätze** Le Soleil und Océan liegen in diesem Viertel; viele der Oberklasse-Hotels bieten einen Shuttle-Service zu den Golfplätzen an.

Eine Attraktion in Ben Sergao ist **La Medina d'Agadir,** eine mit großem Aufwand vom Italiener *Coco Polizzi* erschaffene **Kunsthandwerksstadt** (www.medina-agadir.com, tägl. 9–18 Uhr, Eintritt 40 DH). Mangels einer echten Altstadt in Agadir entstand hier eine gelungene architektonische Nachbildung einer traditionellen, von Mauern umgebenen Medina aus Lehm und Stein, mit verwinkelten Gassen, Torbögen und kunstvollen Verzierungen aus Schieferstein. Kunsthandwerker bieten in kleinen Lä-

# Großraum Agadir

Marok_81
P1006
P1006
Igui Ou Madel
Tighanimine El Baz
Imounsiss
Agadir
Marrakesch, Autobahn
EL HOUDA
N1
N8
Tagadirt
Tikiouine
Drarga
N8
DCHEÏRA-EL JIHADIA
Taroudannt
Azrou
N10
INEZGANE
52
N10
N1
1714
Oued Sous
Aït Melloul
KASBAH EL TAHER
KAKABART
Guelmin
N1
A105

# Agadir

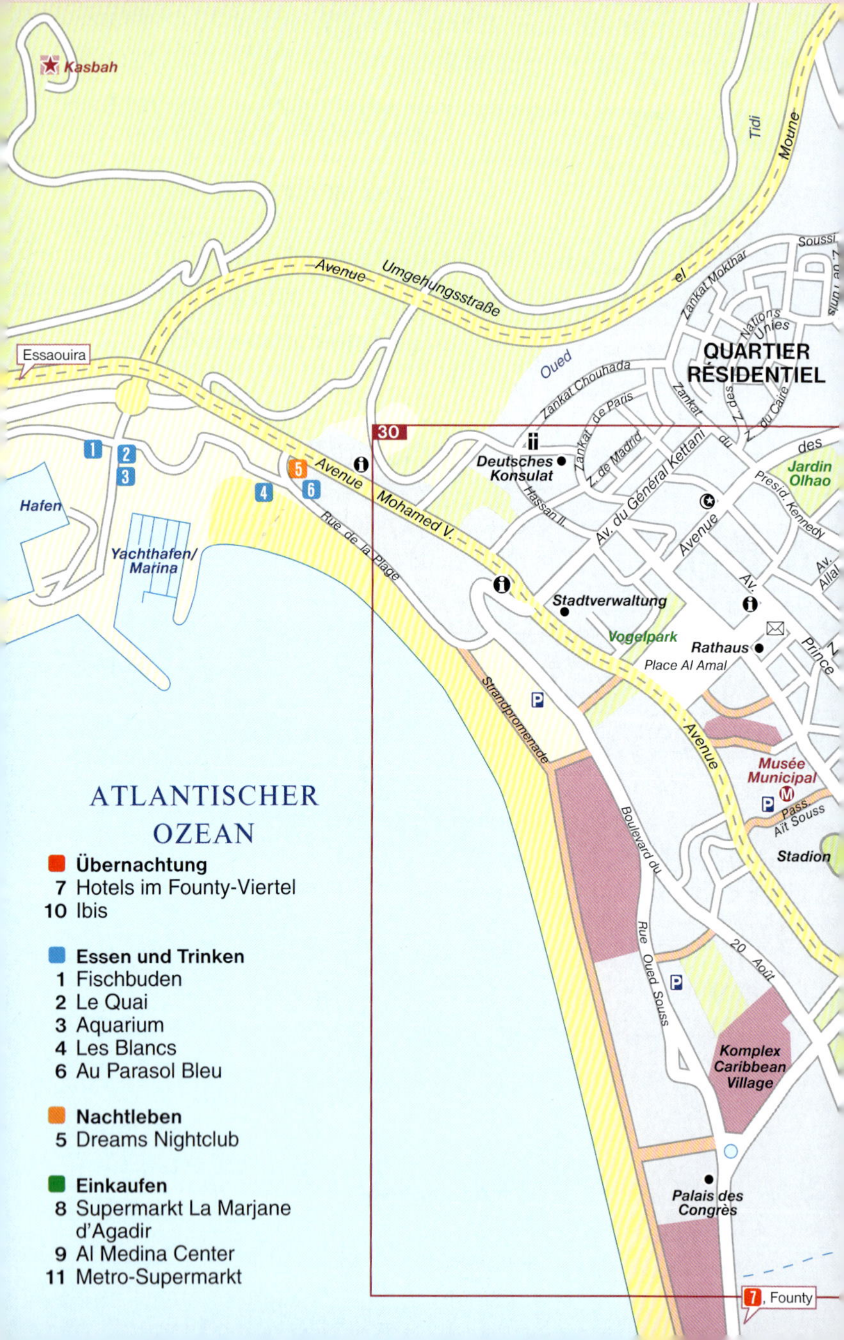

Kasbah
Avenue
Umgehungsstraße
el
Moune
Tidi
Soussi
Zankat Mokthar
Nations Unies
QUARTIER RÉSIDENTIEL
Essaouira
Oued
Zankat Chouhada
Zankat de Paris
Zankat
Z. des
du Caire
30
Deutsches Konsulat
Z. de Madrid
Hassan II.
Av. du Général Kettani
des
Jardin Olhao
Presid. Kennedy
Avenue
Av. Allal
Av.
Hafen
Yachthafen/ Marina
Avenue Mohamed V.
Rue de la Plage
Stadtverwaltung
Vogelpark
Rathaus
Place Al Amal
Prince
Strandpromenade
Avenue
Musée Municipal
Pass. Aït Souss
Stadion
Boulevard du
Rue Oued Souss
20 Août
Komplex Caribbean Village
Palais des Congrès
7, Founty
ATLANTISCHER OZEAN
Übernachtung
7 Hotels im Founty-Viertel
10 Ibis
Essen und Trinken
1 Fischbuden
2 Le Quai
3 Aquarium
4 Les Blancs
6 Au Parasol Bleu
Nachtleben
5 Dreams Nightclub
Einkaufen
8 Supermarkt La Marjane d'Agadir
9 Al Medina Center
11 Metro-Supermarkt

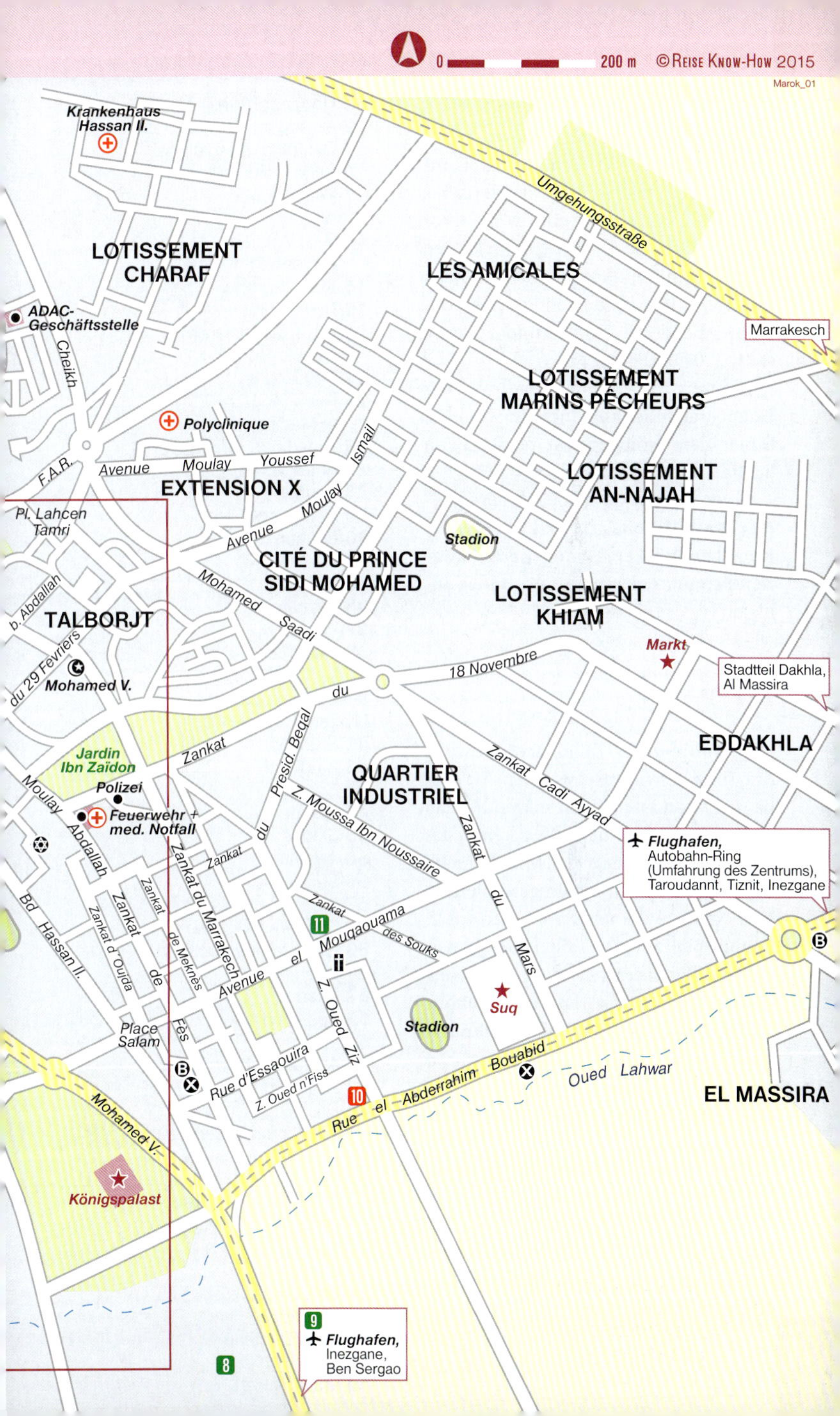

0 200 m
© Reise Know-How 2015
Marok_01
Krankenhaus Hassan II.
LOTISSEMENT CHARAF
ADAC-Geschäftsstelle
Cheikh
Umgehungsstraße
LES AMICALES
Marrakesch
LOTISSEMENT MARINS PÊCHEURS
Polyclinique
F.A.R.
Avenue Moulay Youssef
Ismail
EXTENSION X
LOTISSEMENT AN-NAJAH
Pl. Lahcen Tamri
Avenue Moulay
Stadion
CITÉ DU PRINCE SIDI MOHAMED
Mohamed Saadi
b. Abdallah
TALBORJT
LOTISSEMENT KHIAM
du 29 Fevriers
Mohamed V.
Markt
18 Novembre
Stadtteil Dakhla, Al Massira
du
Presid. Beqal
Zankat
EDDAKHLA
Jardin Ibn Zaïdon
QUARTIER INDUSTRIEL
Zankat Cadi Ayyad
Polizei
Moulay Abdallah
Feuerwehr + med. Notfall
Z. Moussa Ibn Noussaire
Zankat du Mars
Flughafen, Autobahn-Ring (Umfahrung des Zentrums), Taroudannt, Tiznit, Inezgane
Zankat du Marrakech
Zankat
Bd Hassan II.
Zankat d'Oujda
Zankat de Fès
Zankat de Meknès
Zankat des Souks
11
Avenue el Mouqaouama
Z. Oued Ziz
Suq
Stadion
Place Salam
Rue d'Essaouira
Z. Oued n'Fiss
10
Rue el Abderrahim Bouabid
Oued Lahwar
EL MASSIRA
Mohamed V.
Königspalast
9
Flughafen, Inezgane, Ben Sergao
8

den exzellente Qualitätsware zu fairen (verhandelbaren) Preisen an (u.a. Lampen, Stoffe, Lederwaren, Mosaiktische, Schmuck). Außerdem gibt es ein hübsches Terrassencafé und einen riesigen Spielplatz mit Hüpfburg. Jeden Montag um 19.30 Uhr findet ein marokkanischer Abend mit Dinner und Folklore statt (300 DH/Pers.).

**Abzweig** zur Medina d'Agadir von der Hauptstraße Richtung Inezgane ca. 1 km hinter dem Königspalast rechts, beim Schild „Hotel Jacaranda".

Einen Besuch wert ist auch der Komplex **Kasbat Souss** in Ben Sergao, wo Kunsthandwerker schöne Keramikwaren, Schmuck, Lampen und Bilder anbieten (vgl. Einkaufen).

## Talborjt

Das **Wohnviertel** Talborjt nordöstlich des Touristenviertels zwischen Av. Mohamed V. und der Av. Moulay Abdellah war in den 1980er und -90er Jahren das moderne Wohnviertel der Mittelschicht. Inzwischen ziehen diejenigen, die sich eine Neubauvilla leisten können, nach Founty/Ben Sergao südlich des Hotelviertels oder ins extrem teure Wohnviertel an der modernen Marina. In Talborjt finden Touristen **günstige Unterkünfte** und Mittelklassehotels, Banken, das Ensemble Artisanat sowie viele preisgünstige Restaurants und Cafés. Diese sind häufig auf europäischen Geschmack und Geldbeutel zugeschnitten, aber preiswerter als im Touristenviertel.

Am Rand von Talborjt laden zwei gepflegte Stadtparks zur Erholung ein: der **Jardin Olhao** und der **Jardin Ibn Zaidon** am südlichen Rand.

# Agadir Zentrum

**Übernachtung**

2 Al Moggar Garden Beach
3 Camping International
6 Suite Hotel Tilila
7 Petite Suède
10 Aferni
14 Best Western Odysee Park Hotel
15 Kenzi Europa
16 Royal Mirage
21 Royal Decamaron Tafoukt Beach
23 Royal Atlas
24 Ryad Mogador Al Medina Palace
26 Tagadirt
27 Anezi Tower
28 Sacha
29 Résidence Tislit
30 Louban
31 Kamal
33 Yasmina
35 Atlantic
37 Tiznine
39 Talborjt
40 La Tour Eiffel
41 La Tour du Sud
41a Tamri
42 El Bahia
43 Sindibad
44 Canaria
47 Résidence Azour
48 Fleurie
55 Argana
56 Adrar
57 Mabrouk
59 Solman
60 Cinq Parties du Monde
61 Shems
62 Agador
63 Les Omayades
64 Tivoli
72 Atlantic Palace Dorint
73 RIU Tikida Beach
74 RIU Tikida Dunas
75 Aparthotel Golden Beach
76 Hotels im Founty-Viertel

**Essen und Trinken**

4 Mimi La Brochette
9 La Tour de Paris
11 Via Veneto
12 Le Dôme
13 Little Italy
17 Jean Cocteau
18 La Cote d'Or
19 McDonald's

0 100 m
© Reise Know-How 2015
Marok_02
Deutsches Konsulat
R. de Madrid
R. de Paris
Hassan II.
Av. du Général Kettani
Avenue des F.A.R.
Jardin Olhao
Av. d. Prés. Kennedy
Boulevard Mohamed Cheikh Sâadi
Place Lahcen Tamri
Ensemble Artisanal
Polizei
Abdallah
Mohamed V. Moschee
Marché Municipal
Stadtverwaltung
Vogelpark
Av. du Prince Sidi Mohamed
Rathaus
Av. 29 Février
TALBORJT
Place Al Amal
Strandpromenade
Bimmelbahn
R. de la Jeunesse
Royal Tennis Club of Agadir
Jardin Ibn Zaïdon
Rue du 18 Novembre
Polizei
Feuerwehr
Prince Mulay Abdallah
Rue de la Foire
Handelskammer
Musée Municipal
Justizpalast
Rue du Marrakech
Boulevard du Hassan II.
Passage Ait Souss
Bd.
Stadion
Rue d'Oujda
Rue de Fès
Rue de Meknès
Rue de Oued Souss
WC
20 Août
Place Assalam
Grand Taxis
Av. Mouquwana
Avenue Mohamed V.
ATLANTISCHER OZEAN
Komplex Caribbean Village
Flughafen, Inezgane, Ben Sergao, Taroudannt, Tiznit, Marjane
Königspalast
Boulevard du 20 Août
Polizei
Fontäne
Palais des Congrès
76, Founty
20 Le Vendôme
22 Miso Thai Wok + Café del Mar
32 Scampi
34 Veranda
38 Pâtisserie El Yacout
49 Pâtisserie Tafarnout
51 Mezzo-Mezzo
52 Pizza Hut
53 Le Pétit Dôme
54 Le Jardin d'Eau
58 McDonald's
67 La Scala
69 Le Tapis Rouge
71 Le Mauresque
Einkaufen/Sonstiges
1 DHL
5 Autovermieter
8 Royal Air Maroc
17 Shems Casino
36 Anaprix Supermarket
45 Label Vie
46 Aswak Assalam
65 Tamlelt Manador Supermarkt
66 Zeitungen
68 Einkaufspassage
70 Casino Le Mirage
Fußgängerzone

# Founty-Viertel

## Fischereihafen und Marina

In den Fischereihafen werden Sie nach **Vorlage Ihres Passes** eingelassen. Die günstigste Zeit ist morgens vor 8 Uhr. Gehen Sie bis zum Ende des Hafens, wo sich die kleinen Kutter drängen. Hier kann man das Treiben der Fischer beim Löschen der Ware und beim Verkauf beobachten. In der großen Auktionshalle wird der Fisch verkauft und mit Lkws abgeholt. Auch im Einzelverkauf wird die Ware angeboten. Außerhalb des Hafentores bieten nummerierte Imbissbuden mit langen Tischen gegrillten Fisch an. Der Preis ist unbedingt vorher auszuhandeln, bei Ankunft an den Buden wird man regelrecht von den Händlern überfallen ... Werden Sie sich nicht einig – der Nepp ist auch hier allgegenwärtig –, besuchen Sie besser eines der Restaurants an der Promenade. Sehenswert ist im Hafen der Bau traditioneller Holzfischerboote – erstaunlich, mit welcher Geschicklichkeit aus den halb fertigen Gerippe Boote entstehen.

2007 wurde in der Bucht neben dem Fischerhafen Richtung Stadt nach langer Bauzeit das prestigeträchtige Projekt **Marina Agadir** eröffnet, das im krassen Kontrast zum Treiben im Fischereihafen steht und von diesem durch eine Mauer getrennt ist. Das neue Vergnügungsviertel **(„Port de Plaisance")** beherbergt einen Yachthafen, teure Läden internationaler Ketten, Banken, Immobilienbüros, Parfümerien, teure Restaurants und Cafés sowie noble Apartmentanlagen und ein Hotel. Besonders an Wochenenden flaniert hier die halbe Stadt die Promenade entlang, bummelt durch die schicken Boutiquen oder sitzt in einem Café und genießt den Sonnenuntergang mit Blick auf den Strand.

### Großer Suq (Souk)

Lohnenswert ist ein Besuch des großen Suq (südöstlich des Zentrums an der Rue Chaib Al Kamra Mohamed Ben Brahim), vor allem am Samstag oder Sonntag. **Hier gibt es alles, was das Herz begehrt:** frisches Gemüse, Obst und Gewürze, Töpferei- und Metallwaren, Lederwaren, Lampen, Kleidung, Schuhe, Teppiche, Schmuck, Elektrogeräte sowie allerlei Kitsch und Spielzeug aus asiatischer Fertigung. Man kann vielen Handwerkern bei der Arbeit zusehen. Ein Preisvergleich mit den Geschäften in der Stadt lohnt sich, um keinem Touristennepp zum Opfer zu fallen. Aber auch hier verlangen die Händler z.T. schon überzogene Touristenpreise (verhandeln!). Lassen Sie sich nicht von Schleppern verwirren, die gegen Provision in den Laden der Verwandtschaft führen!

Sehr günstig und mit guter Auswahl präsentiert sich der **Suq von Inezgane,** 12 km südlich der Stadt. Großer Markttag ist Dienstag und Freitag, dann ist das Treiben besonders bunt und die Auswahl noch vielfältiger.

## Praktische Informationen

### Information

- **Conseil régional du Tourisme (CRT) Agadir,** Av. Hassan II., Tel. 0528 84 26 29, afetouak@tourisme.gov.ma. Meist wenig hilfreich und kaum Material.

### Internetseiten über Agadir

- Die offizielle Website **www.visitagadir.com** gibt touristische Informationen zu Sehenswürdigkeiten, Hotels, Aktivitäten etc.
- Auf **http://agadir.madeinmedina.com** findet man alle angesagten Adressen von Restaurants bis Nightlife.

### Stadtführungen/Ausflugsfahrten

- Als Stadtführer und Reiseleiter für Ausflüge in alle möglichen Städte und in die nähere Umgebung ist der nette, sehr gut Deutsch sprechende **Hassan**

**Aferiad** zu empfehlen. Er ist staatlich anerkannter Reiseleiter und Deutschlehrer (Mobil 0661 18 88 52, hafpost@hotmail.com). Er organisiert auch schöne Ausflüge in die Umgebung, z.B. zur Farm Villate Limoune (vgl. Ausflüge weiter unten).

- Ein weiterer empfehlenswerter Anbieter für individuelle Ausflüge in Kleingruppen (Minibusse) ist **Mustapha Ben Radi** (Mobil 0661 16 63 19, mustapha@erlebnis-tours-maroc.com, www.erlebnis-tours-maroc.com).
- Der staatlich anerkannte, nette Reiseleiter und Deutschlehrer **Hassan Moukhsil** organisiert Touren in Agadir und Umgebung (Mobil 0661 70 12 19, moukhsilov@yahoo.fr).
- Weitere offizielle, deutschsprachige Führer für Agadir und das ganze Land vermittelt die **Association régionale des Guides et Accompagnateurs de Tourisme** (ARGAT), Tel. 0528 82 47 28, www.argatagadir.com.
- Auch diverse kompetente, deutsch sprechende **Fahrer von Grand Taxis** bieten Stadt- und Ausflugsfahrten an (siehe Taxis).

## Unterkunft

**Im Founty-Viertel** südlich des Hotels Tikida Dunas haben in den letzten Jahren diverse Luxushotels und -clubs eröffnet. Von hier sind es etwa 15 Min. Fußmarsch ins Zentrum, aber nur wenige Meter zum Strand. Die Hotels an der Hauptdurchgangsstraße Av. Mohamed V. liegen zentral, sind aber stark vom Straßenlärm betroffen. Die Unterkünfte im lebhaften Viertel **Talborjt** liegen relativ weit vom Strand entfernt. Bei den meisten 4- und 5-Sterne-Hotels ist eine Vorausbuchung übers Internet (z.B. www.booking.com) oder einen Veranstalter (z.B. TUI, Neckermann) wesentlich preiswerter.

Wer nur eine Nacht in Agadir bleibt oder die Stadt als Durchgangsstation betrachtet, findet **in Inezgane** (7 km südlich von Agadir) in der Nähe des Busbahnhofs (Av. Mokhtar Souissi) viele günstige Hotels.

### Oberklasse

- **Atlantic Palace Dorint**⑤, Bd. du 20 Août, Secteur touristique, Tel. 0528 82 41 46, www.atlanticpalaceresort.com. Riesiges 5-Sterne-Luxushotel mit mehreren Restaurants, Bars und Casino, Poollandschaft, SPA-Bereich, eigenem Strand (ca. 300 m entfernt), Tennisplätzen, Shuttle zum Golfplatz. Überdimensionale Eingangshalle mit kunstvollen Holzdecken im marokkanischen Stil (etwas plüschig und barock). Die gepflegten Zimmer (mit Balkon/Terrasse) haben mit den um die Pools und im Garten gruppierten Wohnbezirken individuellen Charakter.
- **Kenzi Europa**④, Bd. du 20 Août, Tel. 0528 82 12 12, www.kenzi-hotels.com. 2012 umfassend renoviertes, familienfreundliches, achtstöckiges Hotel mit toller Aussicht auf den Strandbereich (von den oberen Zimmern). Nicht direkt am Meer, aber mit eigenem Privatstrand. Modern ausgestattete Zimmer mit Flat-TV etc. Gutes Essen in den Restaurants, Fitnesscenter, Pool mit Kinderbecken und Rutsche, Tennis/Squash und alle Annehmlichkeiten eines Luxushotels. Sehr gutes Preis-Leistungsverhältnis.
- **Palais des Roses**④ (bei Online-Buchung), Rue Oued Souss, im Founty-Viertel, Tel. 0528 82 82 01, www.palaisdesroses.com. Das große, in die Jahre gekommene Hotel im maurischen Stil entspricht keinem 5-Sterne-Standard mehr, die riesige Poollandschaft und der Garten mit Palmen, Kakteen etc. sind jedoch sehr schön. 405 Zimmer und 25 Suiten, Thalasso-/SPA-Center, mehrere Nightclubs, Privatstrand mit Wassersport, Tennisplatz, Kinderbetreuung/-animation, Fitnessraum etc. Schöne Terrassen mit Meerblick.

MEIN TIPP: **Riad Villa Blanche**④, Baie de Palmiers, Secteur N° 50, im Founty-Viertel, Tel. 0528 21 13 13, www. riadvillablanche.com. Wunderschönes Haus im Stil eines traditionellen Riads. Die 28 großen, modern und sehr elegant in Beige-Brauntönen gestalteten Zimmer/Suiten (mit Terrasse oder Balkon,

> Eines der vielen Strandhotels in Agadir

Tadelakt-Bad, Klimaanlage, Flat-TV, WLAN) gruppieren sich um den Innenhof mit Palmen und Springbrunnen. Pool im Garten, SPA (Besuch auch für Nicht-Gäste möglich), Parkplatz vor der Tür. Wenige Gehminuten zum Strand, ca. 15 Min. ins Zentrum. Sehr gutes Restaurant (auch für Nicht-Gäste geöffnet).

■ **RIU Tikida Beach**④, Chemin des Dunes, Tel. 0528 84 54 00, www.riu.com. Sehr schönes und komfortables All-Inclusive-Resort direkt am (privaten) Strand mit der richtigen Mischung aus marokkanischen und modernen Stilelementen. Große klimatisierte Zimmer mit Sat-TV, Balkon oder Terrasse (Meer- oder Poolblick). Großer Pool im traumhaften Garten, breites Sport-, Wellnessangebot und Animationsprogramm (vom Arabischkurs bis Yoga), Thalassotherapiezentrum mit Hammam. Shuttlebus zum Golfplatz Golf du Soleil. Nightclub Papagayo angeschlossen. Buchbar über TUI oder Thomas Cook, 1 Woche all inclusive ab ca. 600 Euro.

■ **RIU Tikida Dunas**④, Chemin des Dunes, im Founty-Viertel, Tel. 0528 84 90 90, www.riu.com. Empfehlenswertes 4-Sterne-Hotel direkt am Strand mit großer Gartenanlage, mehreren Pools, Wellnesszentrum und allem Komfort.

■ **Royal Atlas**⑤, Bd. 20 Août, Tel. 0528 29 40 40, www.hotelsatlas.com. Supermodernes 5-Sterne-Luxushotel direkt an der Strandpromenade. Das dreistöckige Gebäude mit klaren Formen umgibt eine schöne Poollandschaft mit Palmen. Über 300 schicke Zimmer mit Balkon (Meer- oder Poolblick). Wellnesszentrum, Internet, marokkanische und italienische Küche, angesagter Actor's Nightclub.

■ **Royal Mirage**④, Bd. Mohamed V., Tel. 0528 84 27 41, www.royalmiragehotels.com. Sechsstöckiges Hotel mit allen Schikanen eines 5-Sterne-Hotels, 148 klimatisierte Zimme, 4 Suiten und 32 Bungalows. Leider laut wegen des Straßenverkehrs, dafür sehr zentral. Pool, SPA mit Hammam, eigenes Casino nebenan.

■ **Royal Decamaron Tafoukt Beach**④ (je nach Saison), Bd. du 20 Août, Tel. 0528 84 01 23, www.decameron.com. All-inclusive-Resort mit direktem Strandzugang, schöner Lobby (Funduq-Architektur)

025m015 ad

und modernen Zimmern mit maurischen Elementen. Hübscher Garten und Pool, um den sich die weißen Bungalows gruppieren. Gutes Essen, freundliches Personal, abwechslungsreiches Animationsprogramm. Angeschlossener (öffentlich zugänglicher) Tafoukt-Komplex mit Läden und Restaurants.

■ **Ryad Mogador Al Medina Palace**④ (bei Online-Buchung), Bd. du 20 Août, Tel. 0528 33 93 90, www.ryadmogadoragadir.com. Etwas in die Jahre gekommenes, verschachteltes 4-Sterne-Hotel im maurischen Stil mit Swimmingpool und schöner Gartenanlage, wenige Gehminuten zum Strand (in 2. Reihe gelegen), mit SPA und Fitnesscenter, Zim-

Beach life international

mer z.T. mit Balkon oder Terrasse zum Innenhof. Das übersichtliche Abendbuffet offeriert europäische und (nicht immer) marokkanische Speisen. Freundliches Personal.

**Sofitel Agadir Royal Bay Resort**④ (bei Internetbuchung günstiger), Baie des Palmiers, im Founty-Viertel neben Palais des Roses, Tel. 0528 84 92 00, www.sofitel.com. Die Luxusanlage gleicht von außen einer riesigen Burg in Ocker, Zedernholztüren, Torbögen, Brunnen und Kuppeln imitieren gelungen die Architektur der Mauren und Berber. 273 Zimmer, Suiten und Villen (mit eigenem Pool) mit jeder erdenklichen Ausstattung. Vier Restaurants (internationale und mediterrane Gourmet-Küche)



022m015 ad

mit hohen Preisen, großer beheizter Pool, Privatstrand, Fitnesscenter, Hammam und SPA. WLAN.

■ **Sofitel Agadir Thalasso Sea & Spa**⑤, Baie des Palmiers, im Founty-Viertel, direkt neben Royal Bay Resort (ruhige Lage am Ende der Strandpromenade), Tel. 0528 38 80 00, www.sofitel.com. Das durchgestylte 5-Sterne-Hotel spricht mit seinen Schwarz-Weiß-Tönen Freunde des kühlen, modernen Designs an. Die etwas kleinen Standard-Suiten haben das (leider wenig funktionelle) Bad in der Mitte des Raums (mit Lichteffekt-Dusche), BOSE-Soundanlage und Flat-TV, Terrasse/Balkon zum Garten mit herrlicher Poollandschaft. Sehr schöner SPA mit beheiztem Innenpool, Hammam und Kosmetik- und Thalassoanwendungen (sehr teuer), großes Fitnessstudio mit Kursangebot, direkter Zugang zum Privatstrand. Täglich wechselnde Aktivitäten (u.a. marokkanischer Kochkurs). Drei Restaurants mit franz./marokk. Küche, fantastisches Frühstücksbüffet (Arganienölprodukte, marokkanisches Gebäck, frisches Obst, Käse, Müsli, Vollkornbrot etc.). Exzellenter, persönlicher Service, WLAN.

### Mittelklasse

**Aferni**③, Av. Général Kéttani, Tel. 0528 84 07 30, www.aferni.com. Sauberes Mittelklassehotel mit Pool, europäischer Küche und freundlichem Personal. Zimmer mit Bad, TV und z.T. Balkon. WLAN. 10 Gehmin. zum Strand.

**Anezi Tower**④, Av. Mohamed V., Tel. 0528 84 09 40, www.hotelanezi.com. Etwas unpersönliches, strandnahes Hochhaus mit großer, sehr schöner Gartenanlage und Pool. Fantastischer Blick vom obersten (10.) Stock, z.B. von der Roof Garden Bar. Die altmodischen Zimmer entsprechen nicht dem neuesten Standard, sind aber sauber. WLAN in der Lobby, internat., marokk. und ital. Restaurant, Nightclub, Hammam. Klimatisierte DZ und Apartments (mit Küche).

**Argana**④ (bei Buchung von Pauschalangeboten billiger), Av. Mohamed V., Tel. 0528 84 83 04, www.hotel-argana.com. 238 Zimmer auf vier Etagen mit Bad/WC, Klimaanlage/Heizung, WLAN, Sat-TV und Balkon/Terrasse, von den oberen Etagen mit Meerblick. Gutes und reichhaltiges Büffet, Hammam, großer Pool im Palmengarten, Bar, Geldautomat und Wechselstube im Haus, kleiner Shop nebenan. Bis zum Strand sind es ca. 10 Gehminuten. Das etwas altmodisch-marokkanisch gestaltete Hotel hat keinen 4-Sterne-Standard, ist aber gepflegt, freundlich und sauber. Man spricht deutsch.

**Atlas Kasbah Ecolodge**④, im Dorf Tighanimine El Baz, Route d'Azrarag, Drarga, Mobil 0661 48 85 04, www.atlaskasbah.com. Am Kreisverkehr vor dem Metro-Supermarkt nach links abbiegen, von dort 5 km außerhalb der Stadt. Dieses gepflegte Ökohotel im Kasbahstil in ruhiger Lage auf einem Hügel erhielt bereits Preise für nachhaltigen Tourismus (achtsamer Umgang mit Wasser und Energie, Abfallvermeidung). 12 sehr schöne Zimmer/Suiten im Berberstil (mit Bad), Restaurant mit Panoramaterrasse, großer Pool. Es sind diverse Aktivitäten in der ländlichen Umgebung möglich, auch kurze Koch- und Sprachkurse (Arabisch, Berberisch).

**Best Western Odyssee Park Hotel**③, Bd. Mohamed V., Tel. 0528 84 33 26, www.bestwestern.de. Das zentrale Hotel (ca. 250 m zum Strand) hat vier Sterne, entspricht aber Mittelklassestandard. 140 klimatiserte und geräumige Zimmer mit Balkon/Terrasse und Blick auf den hübschen Garten mit Pool (im Winter beheizt) oder auf den Vogelpark. Zimmer zum Garten wählen (zur Straße hin laut). Zwei Restaurants und Cocktail-Bar, Hammam und Massageangebot, WLAN, freundliches Personal.

115m015 ad

Die Marina von Agadir

■ **Iberostar Founty Beach**④, Rue Oued Souss, im Founty-Viertel, Tel. 0528 84 44 44, www.iberostar.com. All-Inclusive-Anlage (4 Sterne) direkt am Strand, ca. 1 km vom Zentrum. Schöner Mix aus traditionellen und modernen Elementen. Die Zimmer im Bungalowstil sind um den weitläufigen Garten mit hübscher Poollandschaft gruppiert. Liegen und Sonnenschirme gebührenfrei, am Strand gegen Gebühr. 470 Zimmer mit Sat-TV, AC, Safe usw. Restaurants (gute Pizzeria), Bar, Internet, Autoverleih, Sauna/Hammam, Fitness und SPA, Tennis und andere Aktivitäten. Freundliches Personal und sehr guter Service.

■ **Ibis**③, Rue Abderrahim Bouabid (beim Souk), Tel. 0528 07 25 34, www.ibishotel.com. Gepflegtes Hotel im modern-maurischen Stil, mit Restaurant, Pool, WLAN und 104 Zimmern mit Sat-TV und Klimaanlage. Bewachter Parkplatz (kostenpflichtig). Wie alle Ibis-Hotels sehr gutes Preis-Leistungsverhältnis, Reservierung empfehlenswert.

■ **Kamal**③, Av. Hassan II., Tel. 0528 84 28 17, www.hotelkamal.ma. Angenehmes, sauberes und sehr freundliches 3-Sterne-Hotel ohne besonderes Ambiente in zentraler Lage, ca. 15 Gehminuten zum Strand. Die 128 Zimmer mit Bad/WC und TV, z.T. mit Balkon, sind auf drei Etagen verteilt. Es gibt einen Pool, eine schöne Terrasse mit Blick auf den großen Platz und ein Restaurant mit marokkanischer und internationaler Küche. WLAN. Gutes Preis-Leistungsverhältnis.

■ **Les Omayades**③, Bd. du 20 Août, Tel. 0528 84 00 05, www.hrm.ma. Vergleichsweise kleines, älteres 4-Sterne-Hotel (3-Sterne-Standard) im altmodisch-marokkanischen Stil. 144 klimatisierte, saubere Zimmer mit TV in terrassenartig angelegten Bungalows. Zwei Restaurants mit marokkanischer und japanischer Küche. 800 m (ca. 10 Min.) zum Strand, ruhig gelegen, netter Service und schöne Poolanlage, WLAN. Günstige Internetangebote.

■ **Paradis Nomade**③, Douar Azrarag, 15 km von Agadir entfernt, Mobil 0671 12 15 35, www.paradis-nomade.com. 8 hübsche, traditionell eingerichtete Zimmer mit eigener Terrasse und Klimaanlage, 3 Suiten und günstige Berberzelte. Sehr schöne Anlage mit Pool in ruhiger Lage, siehe „Camping- und Stellplätze".

■ **Tagadirt**③, Bd. du 20 Août, Complexe Agador, Tel. 0528 84 71 02, www.groupesahara.com. Große, in die Jahre gekommene Anlage (3-Sterne-Standard) im maurischen Stil: altmodisch ausgestattete, aber saubere Zimmer mit Heizung sowie Studios und Apartments (für bis zu 4 Pers.) mit Kochnische. Freundliches Personal, Pool, Privatstrand (5 Min. Gehzeit), familienfreundlich.

■ **Timoulay**④, Baie des Palmiers, im Founty-Viertel, Tel. 0528 23 42 20, www.timoulayhotel.com. Schönes 4-Sterne-Hotel im modernen Orientstil unweit des Strandes, nicht so riesig wie viele andere Anlagen. 58 große, gut ausgestattete Zimmer/Suiten mit Terrasse oder Balkon zum (Salzwasser-)Pool und Garten. Restaurant und Bar mit Live-Musik. Ca. 500 m zum Strand und 15 Min. Gehzeit ins Zentrum. WLAN.

■ **Suite Hotel Tilila**③, Av. Géneral Kettani, Tel. 0528 84 06 66, www.suitehoteltilila.com. Hübsches, modernes Mittelklassehotel mit Pool, ca. 10 Gehminuten zum Strand. Geräumige, makellose Studios mit Flat-TV, Kochnische und Balkon, freundliches Personal. WLAN (in Zimmern nahe Rezeption), Restaurant und Bar. Sehr gutes Preis-Leistungsverhältnis.

■ **Atlantic**③ (je nach Saison, bei Internetbuchung häufig günstiger), Av. Hassan II., Tel. 0528 84 36 61/62, http://atlantichotelagadir.com. Gutes 2-Sterne-Hotel mit kleinem Garten, Pool, Sonnenterrasse, marokkanischem Restaurant und bewachtem Parkplatz. Saubere, hübsche DZ mit Bad und TV. Mit Privatstrand (ca. 10 Gehmin. entfernt). WLAN.

### Günstig

■ **Canaria**① (mit Dusche im Zimmer), 2, Place Lahcen Tamri, Talborjt, Tel. 0528 84 67 27. Budgetunterkunft mit 21 Zimmern (mit oder ohne Dusche), die sich um den Innenhof gruppieren. Saubere Sanitäranlagen, angenehme Travelleratmosphäre, keine Handtücher. Auch 3er-Zimmer.

■ **Cinq Parties du Monde**②, Av. Hassan II., Tel. 0528 84 55 41. Beliebtes, günstiges Travellerhotel. 46 Zimmer mit Bad.

■ **El Bahia**② (mit Dusche im Zimmer), Rue El Mehdi Ibn Toumert, nahe Place Lahcen Tamri, Talborjt, Tel. 0528 82 27 24. Nettes und sauberes, besonders für Rucksackreisende empfehlenswertes Hotel.

■ **La Tour Eiffel**① (3er-Zimmer), Rue du 29 Février, Tel. 0528 82 37 12, direkt gegenüber der Moschee Mohamed V. in Talborjt. Sehr einfach, aber sauber und okay, Dusche/WC auf dem Gang, Straßencafé/Restaurant mit preiswertem Essen im EG.

■ **La Tour du Sud**②, 75, Av. Kennedy, in Talborjt nahe der Moschee Mohamed V., Tel. 0528 82 26 96. Empfehlenswertes 2-Sterne-Hotel mit typisch marokkanischem Ambiente. Hübsche, sehr gepflegte Zimmer mit Bad, TV und (meistens) Balkon. Nettes Straßencafé im EG.

■ **Petite Suède**②, Av. Hassan II./Général Kettani, Tel. 0528 84 07 79, www.petitesuede.com. Das kleine Hotel liegt etwas laut an einer verkehrsreichen Ecke, dafür ist das Personal sehr freundlich. Es gibt eine Autovermietung im Haus, die Zimmer mit Bad sind einfach und sauber. Von der netten Frühstücks-Dachterrasse hat man Meerblick. Kein eigener Parkplatz, ca. 10 Gehmin. zum Strand.

■ **Sindibad**②, Place Lahcen Tamri, Talborjt, Tel. 0528 82 23 23. Budget-Hotel mitten im lebhaften Viertel Talborjt mit relativ großen, sauberen Zimmern (mit Klimaanlage und TV), freundlichem Personal und Pool. Die Räume zum Hoteleingang/zur Straße sind nicht so ruhig. 20 Gehmin. zum Strand.

■ **Solman**② (ohne Frühstück), Av. Hassan II., im Zentrum, Tel. 0528 84 45 65. Sehr sauberes 2-Sterne-Hotel mit kleinem Pool, Bar/Restaurant, 10 Gehminuten vom Strand entfernt.

■ **Talborjt**② (Zimmer mit Bad), Rue de l'Entraide, Talborjt, Tel. 0528 84 03 86. Sehr sauberes 3-Sterne-Hotel im Zentrum der Stadt (jedoch weit zum Strand). Frühstück zu teuer.

■ **Tamri**①, 1, Av. President Kennedy, Tel. 0528 82 18 80. Sauberes Hotel in ruhiger Lage, grüner Innenhof, Warmwasserduschen auf dem Flur (Benutzung nur zu bestimmten Zeiten).

■ **Tiznine**①, 3, Rue Drarga, in Talborjt, hinter dem Hotel Ayour (Rue de l'Entraide), Tel. 0528 84 39 25, www.hoteltiznine.com. Einfaches Travellerhotel mit sauberen Zimmern auf zwei Etagen um den Innenhof, Dusche/WC am Gang.

## Ferienwohnungen

Bei den „Résidence touristique" oder „Appart-Hotels" genannten Unterkünften handelt es sich um **1- bis 2-Zimmer-Selbstversorger-Apartments** mit Kochnische und Kühlschrank. Auch die Ferienwohnungen bucht man günstiger im Internet, z.B. bei www.booking.com.

■ **Anezi Tower,** s. Hotels der Mittelklasse.

■ **Bo Appart-Hotel,** Founty Sonaba, im Founty-Viertel, Tel. 0528 29 24 01, www.bohotelspa.com. Moderne und ansprechend gestaltete Apartmentanlage mit 45 Wohnungen (alle mit Küche und Balkon mit Meerblick, Studios 55 m², Apartments 75 m², Suiten 100 m²) auf drei Etagen, gute Pizzeria Luigi angeschlossen. Nahe des Strandes, ins Zentrum ca. 15 Min. zu Fuß. Mit Pool, SPA-Bereich, Parkplatz vor der Tür, WLAN in der Lobby. Günstige Internetpreise (ab 45 Euro pro Tag).

■ **Golden Beach Appart-Hotel,** Founty Sonaba, Secteur C, im Founty-Viertel, Tel. 05 28 21 12 43, www.goldenbeach.ma. Moderne Apartmentanlage mit gepflegten klimatisierten Wohnungen inkl. Kochnische, TV, Safe und Balkon. Schöner Pool mit Palmen, wenige Minuten zum Strand, ca. 15 Min. Gehzeit ins Zentrum. Kleiner Supermarkt und Pizzeria angeschlossen, Parkplatz vor der Tür, WLAN. Ab ca. 50 Euro/Tag.

■ **Résidence Tislit,** Av. Prince Héritier Sidi Mohamed, Place Al Amal, Tel. 0528 82 02 39. 37 klimatisierte, saubere Zimmer und Studios in zentraler Lage mit Küchenzeile, Kühlschrank, TV. Balkon oder Terrasse. Pool mit Kinderbecken im Garten, freund-

023m015 ad

licher Service. Ca. 10 Min. zum Strand. Sehr günstige Tarife (ab 30 Euro/Tag für 2 Pers.)

**Résidence Yasmina,** Rue de la Jeunesse, Tel. 0528 84 30 84, www.residence-yasmina.com. 108 komfortable und (im Neubau) sehr geräumige klimatisierte Apartments (für bis zu 5 Pers.) mit Balkon (Meerblick von der obersten Etage), gut ausgestatteter Küche und Flat-TV. Die schöne Anlage mit Pool und Gartenrestaurant liegt ziemlich zentral, aber weit vom Strand. Freundlicher Service.

**Suite Hotel Tilila,** s. Mittelklassehotels.

## Camping- und Stellplätze

**Camping International,** Bd. Mohamed V., Tel. 0528 84 66 83, 0528 84 09 21. Die ursprünglich schön konzipierte Anlage ist mittlerweile so abgewirtschaftet, dass man sich wundert, dass überhaupt noch Gäste den Platz besuchen – wohl mangels Alternativen in Stadtnähe. Im Winter ist der Platz voller Wohnmobil-Rentner, die Agadir als Überwinterungsquartier nutzen, im Sommer ist er ganz in der Hand marokkanischer Familien. Sanitäre Anlagen in sehr schlechtem Zustand.

**Paradis Nomade,** Douar Azrarag, 15 km von Agadir entfernt, Tel. 0671 12 15 35, www.paradis-nomade.com. An der Kreuzung nach Marrakesch direkt gegenüber des Metro-Markts in kleine Teerstraße nach links abbiegen, durch Vororte, dann ausgeschildert (N 30°28,509', W 09°27,961'). Idyllischer und beliebter Traveller-Treffpunkt **mit Gästehaus** des französischen Paares *Jacqueline* und *Robby Derue.* Pool, Restaurant mit Alkoholausschank (Menü 180 DH), 8 DZ und 3 Junior Suiten mit Bad und Terrasse (③), auch Übernachtung im Nomadenzelt möglich (②), gute sanitäre Anlagen mit heißer Dusche. Camping für 2 Pers. mit Auto/Caravan/Zelt (inkl. heißer Dusche und Poolbenutzung) 80 DH, Strom 20 DH. Ausflüge mit 4x4 und Quad möglich.

**Atlantica Parc,** komfortabler und sehr gepflegter Platz am Meer, 25 km nördlich in Aghroud.

**Atlantica d'Imourane,** Tel. 05 28 31 55 92, www.atlanticaparc.com. Bei Aourir, 7 km von Agadir entfernt, N 30°30,660', W 09°40,883'. Sehr großer, gepflegter Platz mit 450 Stellplätzen für Wohnmobile und Zelte direkt am Meer oberhalb des beliebten Surfstrands von Imourane (mit Surfschule), direkt beim Teufelsfelsen. Der Platz hat europäischen Standard, Restaurant und Pool, Friseur, deutsche Zeitungen (Regenbogenpresse) und einen kleinen Laden. Derzeit wahrscheinlich der beste Platz in der Umgebung von Agadir. Man kann frischen Fisch direkt von den Fischern kaufen. 100 DH für 2 Pers. mit Fahrzeug (inkl. Pool und heißer Dusche), plus 25 DH Strom.

■ **Camping Aourir,** 17 km von Agadir entfernt, 5 km vom Abzweig in Aourir Richtung Immouzzer, Tel. 0528 31 55 61 oder 0648 97 76 61, N 30°29,691', W 09°37,384', www.campingaourir.fr. Sehr schöner, großer Platz in ruhiger Umgebung mit Arganienbäumen, sauberen Sanitäranlagen, großem Pool und Minimarket. Der Besitzer hat lange in Deutschland gelebt, und auch der Verwalter spricht gut deutsch. Die Sanitäranlagen sind sehr gepflegt und auch in ausreichender Zahl vorhanden. Wem der Trubel in Agadir auf den Geist geht, ist hier gut aufgehoben. Schöne Gegend zum Wandern und Radfahren. 80–120 DH für 2 Pers. mit Camper.

■ **Marjane-Supermarkt:** Auf den betonierten Parkplätzen des Supermarkts im südlichen Founty-Viertel reiht sich im Winter Wohnmobil an Wohnmobil – sogar offiziell als „Caravane parking" ausgewiesen. Öffentliche Toiletten im Supermarkt.

■ **Im Strandbereich:** An den öffentlichen Parkplätzen, besonders beim **Hotel Adrar,** scheint in Absprache mit den Parkwärtern auch ein Parken über Nacht erlaubt zu sein. Sanitäranlagen und Duschen befinden sich unweit nahe der Strandpromenade (nicht immer offen). Auch am Parkplatz zwischen dem Musée Municipal (Passage Aït Souss) und der Chambre de Commerce (Handelskammer), neben den Tennisplätzen, können Wohnmobile über Nacht stehen bleiben.

☒ Poolanlage des Hotels Tikida Beach

## Essen und Trinken

Im Gegensatz zu anderen Städten verfügen in Agadir die meisten größeren Restaurants über eine **Alkohollizenz.** Ein Hauptgericht in einem durchschnittlichen Touristenrestaurant kostet zwischen 70 und 130 DH.

### Im Zentrum und nördlich (Talborjt)

■ **La Tour de Paris,** Av. Hassan II., Immeuble Bahia, Tel. 0660 47 59 40. Italienische Küche und leckerer gegrillter Fisch, mit Terrasse, auch gut zum Frühstücken.

■ **Le Dôme,** Av. Hassan II., Place de l'Espérance, Tel. 0528 84 45 03, www.complexeledomeagadir.com. Moderner, auffälliger Glaskomplex mit **Pizzeria Toscana** (Holzofenpizza und andere ital. Gerichte, mittlere bis hohe Preise), guter Eisdiele und Nightclub in exponierter Lage an der Av. Hassan II.

■ **Little Italy,** Av. Hassan II., Tel. 0528 82 00 39. Kleine, aber sehr gute Pizzeria, gutes Preis-Leistungsverhältnis (mittlere Preise).

■ **Mezzo-Mezzo,** 19, Av. Hassan II., Höhe Passage Aït Souss, Tel. 05 28 84 88 19, tägl. ab 19 Uhr. Gemütliches italienisches Restaurant mit sehr guter Küche (Pasta, Pizza) und Wein, kleine Terrasse zur Straße. Freundlicher Service, mittlere Preislage.

■ **Scampi,** 11, Av. Hassan II., Tel. 0528 84 40 54. Gute internationale Küche mit Fisch und Meeresfrüchten in hübschem Ambiente.

■ **Via Veneto,** 89, Av. Hassan II., Tel. 0528 84 14 67. Sehr gute italienische Küche (Holzofenpizza u.a.), gutes Preis-Leistungsverhältnis, freundlicher Service, mittlere Preislage.

### Im Touristenviertel

Zwischen Av. Mohamed V. und Strand, Rue Oued Souss, Bd. du 20 Août und an der Strandpromenade. Der Service und die Qualität der Restaurants an der Promenade lassen z.T. zu wünschen übrig. Die **einfachen Lokale,** in die auch die einheimische Bevölkerung geht, sind vor allem nördlich der Av. Moulay Abdellah und um den Platz Lahcen Tamri zu finden, aber auch im Bereich des Busbahnhofes der städtischen Busse (Place Salam) und des Souks.

■ **Bollywood Oceana,** Bd. Tawada, an der Strandpromenade, Tel. 0524 82 74 53. Gutes indisch-pakistanisches Restaurant an der nördlichen Promenade. Gehobene Preise.

■ **Café del Mar,** direkt an der Strandpromenade, in der Nähe des Hotels Royal Atlas, Tel. 06 68 36 77 90. Auf der Terrasse mit gemütlichen Polstergarnituren werden Spaghetti, Fleischgerichte oder Sandwiches serviert. Mittlere Preislage.

■ **Camels,** direkt an der Strandpromenade im mittleren Bereich, Tel. 06 73 17 79 09. Hübsch aufgemachtes Restaurant mit freundlichem Personal, abends Live-Musik, internationale Küche zu moderaten Preisen.

■ **Jean Cocteau (Shems Casino),** Bd. Mohamed V., Tel. 0528 82 11 11, im 1. Stock von Shem's Casino. Eines der besten Restaurants der Stadt mit französischer Küche der gehobenen Preisklasse.

■ **La Cote d'Or,** an der Strandpromenade, Tel. 0528 45 567. Hübsch gestaltetes Restaurant mit schönem Palmen- und Strandblick von der Terrasse. Gutes Essen zu moderaten Preisen, freundliches Personal.

■ **La Scala,** Rue Oued Souss, nahe Club Valtur/Ecke Bd. 20 Août, Tel. 0528 84 67 73. Hervorragendes Restaurant mit französischer und marokkanischer Küche, frischem Fisch, schönem Interieur und Gartenterrasse, evtl. längere Wartezeit. Gehobene Preisklasse.

■ **Le Jardin d'Eau,** Bd. du 20 Août (ggü. Hotel Atlas Almohades), Tel. 0528 84 01 95, www.jardindeau.com. Altbekanntes Restaurant mit romantischem Ambiente und großer Auswahl an Fischgerichten (sehr gut) und Salaten, aber auch marokk. Gerichte. Freundlicher Service, jeden Abend Live-Musik. Gehobene Preisklasse.

■ **Le Mauresque,** Complexe Valtur (Ecke Bd. du 20 Août/Rue Oued Souss), Tel. 0528 82 04 44. Marokkanisches Restaurant (gute Tajine, Couscous, aber auch internat. Gerichte) mit verspielter Orientatmosphäre, schöner Gartenterrasse und lobenswertem Service. Mittlere Preislage.

■ **Le Pétit Dôme,** Bd. du 20 Août, Complexe Tagadirt, direkt am Eingang zum Zoo, Tel. 0528 84 08 05. Viel besuchtes günstiges Restaurant mit Garten und Terrasse, abends Musik, marokk. Küche und Pizza, auch Wein.

■ **Le Tapis rouge** (Little Norway), Bd. du 20 Août/Ecke Rue Oued Souss, Complexe Tamlelt (ggü. Casino Le Mirage), Tel. 0528 84 08 48. Sehr gute, frisch zubereitete Fisch-, Fleisch- und Pastagerichte auf der gemütlichen Terrasse unter einem großen Sonnensegel. Der kleine, bunte Innenraum hat eher Barambiente (Alkoholausschank). Die günstigeren Gerichte auf der Snackkarte (z.B. Chicken Fajitas) reichen auch als ganze Mahlzeit. 80–160 DH/Hauptgericht.

■ **Le Vendôme,** an der Strandpromenade, Tel. 0528 82 48 16, www.agadir-levendome.com. In diesem alteingesessenen, vor einigen Jahren modernisierten Café/Restaurant mit Veranda gibt es marokk. und internat. Gerichte sowie günstiges Frühstück, Säfte und Alkoholika.

■ **Miso Thai Wok,** an der Strandpromenade zwischen Hotel Royal Atlas und Café del Mar, Tel. 0661 37 35 10. Stylisches, aber teures Asia-Restaurant mit begrünter, von der Strandpromenade etwas zurückgesetzter Terrasse. Sushi, Sashimi, thailändische Küche.

■ **Mimi la Brochette,** an der Strandpromenade, Complexe Al Moggar, Tel. 0528 84 03 87. Beliebtes, alteingesessenes Terrassenrestaurant mit guter marokkanischer Küche (u.a. Brochettes) und Fischgerichten. Mittlere Preislage.

### In der Marina

Im Bereich des neuen Yachthafens am nördlichen Ende der Strandpromenade findet man vor allem hochpreisige, noble Restaurants sowie moderne Cafés und Eisdielen.

■ **Aquarium,** in der Marina, Quai Ouest (direkt am Yachthafenbecken), Tel. 0528 84 58 87. Kleine Pizzeria mit netter Terrasse und kleinem Innenraum (mit Aquarium), große Auswahl an Salaten (ab 30 DH), Snacks (Hamburger, Crêpes) und Frühstück. Gute Pizza (ab 50 DH) und täglich wechselndes Fischgericht. Netter Service, günstiger als die meisten anderen Restaurants in dieser Lage.

■ **Au Parasol Bleu,** 7, Complexe Tawada, in der Marina, Tel. 0528 84 87 44, tägl. 12–15 und 19.30–22.30 Uhr. Kleines Restaurant mit hoch gelobter französischer Küche, u.a. gute Fischgerichte. Mittlere Preislage.

■ **Les Blancs,** am Nordende der Bucht/Promenade in der Marina, Tel. 0528 28 368 oder 82 83 68. Auf der schicken, mit Sonnensegel beschatteten Terrasse der Strandbar kann man bei einem Cocktail herrlich den Sonnenuntergang genießen. Im Restaurant mit edlem Ambiente in einem Glaspavillon werden in hervorragender Qualität mediterrane Küche und Pizzas zu gehobenen Preisen serviert.

■ **Le Quai,** in der Marina, Quai Ouest, Tel. 0661 60 58 22. Elegantes, modernes Restaurant mit Terrasse direkt am Yachthafenbecken, gute Auswahl an feinen Fischgerichten (ab 160 DH, auch Austern), auch Pasta und mediterrane Fleischgerichte.

### Cafés/Imbiss/Fastfood

Zahlreiche Cafés (auch mit deutschem Kuchen) reihen sich entlang der Strandpromenade. In den modernen Cafés und Eisdielen in der Marina sitzt man schön mit Blick auf die Yachten im Hafenbecken. Diverse Fastfood-Restos wie etwa Pizza Hut findet man außerdem am kleinen Platz zu Beginn der Passage Aït Souss/Ecke Av. Mohamed V.

■ **Café Louban,** Av. Prince Moulay Abdallah. Unter Einheimischen sehr beliebtes Café mit Gebäck und üppigem Frühstück.

■ **La Tour de Babel,** Av. Hassan II., Passage Aït Souss (Durchgang in Richtung Av. Mohamed V., beim Museum). Nettes Café und Eisdiele in einem modernen Rundbau mit hübscher Dachterrasse.

■ **Pâtisserie El Yacout,** Av. 29 Février, Talborjt. Neben der Pâtisserie mit einer riesigen Auswahl an Gebäck befindet sich das hübsche Café im maurischen Stil mit schattiger Laubenterrasse. Hier kann man frische Säfte, Eisbecher, Crêpes, Couscous oder Tajine, aber auch Pizza und Sandwiches bestellen. WLAN.

■ **Pâtisserie Tafarnout,** Av. Hassan II., in Talborjt. Sehr beliebtes Terrassencafé und Konditorei mit hervorragendem Gebäck, auch Frühstück, WLAN. Es gibt eine Zweigstelle am Anfang des Yachthafens im Norden.

■ **Veranda,** Av. Hassan II., Tel. 0528 82 84 71. Angenehmes Café und Pâtisserie mit Eis, marokkanischem Gebäck und leckeren kleinen Gerichten. WLAN.

■ **McDonald's** darf in Agadir natürlich nicht fehlen: Die Restaurants an der Av. Mohamed V. (Drive In) und am Strand an der Promenade (neben dem zweiten **Pizza Hut**) werden vor allem von Jugendlichen frequentiert.

■ Am **Bd. Hassan II.** befinden sich **mehrere Pizzerien.**

## Nachtleben

Die **großen Hotels** bieten ein buntes Abendprogramm: von Show-Veranstaltungen à la Las Vegas bis zu Zaubervorstellungen, Bauchtanz und klassisch marokkanisch-andalusischer Musik. Die meisten Discos kosten um die 20 Euro Eintritt inkl. eines Getränks.

■ **Actor's,** im Hotel Royal Atlas, Bd. du 20 Août. Schicker Club mit gehobenen Preisen. Hier legen international bekannte DJs House auf.

■ **Papagayo,** im Tikida Beach Hotel, Chemin des Dunes. Die größte und von der Jugend Agadirs meistbesuchte Disco.

■ **Dreams Night Club,** an der Strandpromenade hinter dem Restaurant Tawada. Eine der modernsten und größten Discos der Stadt mit Restaurant, Pub, Bar. Abendessen mit Live-Musik ab 18 Uhr, Disco ab 22 Uhr.

■ **The Factory,** im Hotel Tafoukt. Orientalisches Flair und Wasserpfeifen-Sitzecken locken in dieser Lounge und Disco vorwiegend über 30-jähriges Publikum an. Tgl. 23–4 Uhr.

■ **Mojito Lounge,** im Hotel Amadil, Chemin des Dunes, ggü. Atlantic Palace Dorint. Arabisch-orientalische Live-Musik, Attraktion sind die Bauchtänzerinnen. Es gibt auch ein Restaurant für hungrige Nachtschwärmer.

■ **So Night Lounge,** im Sofitel Royal Bay Resort. Im Sofitel sind gleich drei schicke Locations für Nachtschwärmer untergebracht: So Nice, So Good und So Night Lounge (23–4 Uhr) mit Live-Konzerten und DJ Sessions.

■ Weitere Discos und Bars mit Alkoholausschank **in den großen Hotels.**

## Aktivitäten

■ Agadir eignet sich perfekt für sportlich Aktive – jedes bessere **Hotel** hat Aktivitäten wie Tennis, Golf, Surfen, Jet Ski, Segeln, Bootsausflüge u.v.m. im Programm.

■ Agadir ist nach Essaouira der wichtigste marokkanische **Surfer-Treffpunkt.** Vor allem die Spots an der nördlichen Küste bei Taghazoute sind international in der Surferszene bekannt.

■ Wer lieber aufs Meer hinaus will, um zu fischen, kann einen Tagesausflug mit modernen Yachten buchen. **Segler** können in der Marina einen Katamaran chartern.

■ **Flieger** können im Aéro-Club d'Agadir in Inezgane ihrem Hobby nachgehen. **Gleitschirmflieger** starten von der Kasbah auf dem Hügel über Agadir oder an anderen schönen Plätzen an den südlichen Stränden.

■ **Fahrräder** zur Stadterkundung kann man sich bei vielen Hotels ausleihen.

■ Und das Angebot der **Clubhotels** lässt natürlich auch keine Langeweile aufkommen: Bogenschießen, Tischtennis, Mini-Golf, Beach-Volleyball – die Liste ist endlos.

### Surfen

**Viele bekannte Surfspots (Kite-, Body- und Windsurfen)** befinden sich an der nördlichen Küste zwischen Taghazoute und Tamri (z.B. Killer Point, Anchor Point, Banana Beach, Devils Rock etc.). Der Strand von Imourane ist wesentlich schöner und sauberer als derjenige von Taghazoute und zahlreiche Surfer tummeln sich hier in den Wintermonaten. Die eher ruhige Bucht von Agadir eignet sich besonders für Anfänger bzw. Windsurfer. Die höchsten Wellen (bis 4,50 m) gibt es zwischen Oktober und Mai, die Monate Juni bis September eignen sich eher für Anfänger. Das Tourismusamt (vgl. „Information") informiert in der Broschüre „Agadir Lifestyle Watersports" über die Surfspots. Infos auch unter www.quick-surf-maroc.com. Neben den unten genannten Stellen bieten auch zahlreiche Hotels Leihgeräte sowie Kurse an.

■ **Cap Morocco Surf,** Baie des Palmiers, angeschlossen an das Sofitel Royal Bay Resort, Tel. 0662 08 16 56, www.capmoroccosurf.com. Surfkurse für Kinder und Erwachsene.

■ **Aloha Surf Camp,** in Tamrakht, Mobil 0661 15 23 36, www.surfcampmaroc.com. Pauschalangebote für Surfer mit Kursen inkl. Unterkunft und Ausrüstung. Man kann das Equipment aber auch tageweise mieten.

■ **Adventurekeys,** in Taghazoute, Tel. 0528 20 05 17 oder 0666 66 98 91, www.adventurekeys.com. Surfkurse inkl. Unterkunft und Materialverleih.

■ **Imrouane Surf Island,** Tel. 0660 40 27 53, www.imouranesurfisland.com. Surfschule und Shop am schönen Strand von Imrouane (nördlich von Agadir) beim Atlantica Camping.

■ Der **Almugar Surfshop** sowie viele weitere Läden im Surferzentrum Taghazoute bieten Ausrüstung und Kurse an.

### Yachtcharter, Segeln, Fischen

In der Marina Agadir (Port de Plaisance) gibt es 320 Plätze für **Yachten.** Hier können auch Boote/Katamarane gemietet werden, und es steht jegliche sonstige Infrastruktur zur Verfügung. Infos zu Yachtcharter und Segelkursen beim Yachtclub Agadir, Tel. 0528 82 41 98 oder 0528 82 86 86, www.portmarinaagadir.com.

In den großen **Hotels** können Segeltörns verschiedener Veranstalter gebucht werden.

In der **Marina** werben verschiedene Anbieter für Bootsausflüge zum Fischen, Baden und Relaxen (2 Stunden bis 1 Tag inkl. Mittagessen). Must Cat bietet zum Beispiel Ausflüge auf einem modernen Katamaran an, Mobil 0671 20 64 20.

### Jet Ski, Quad

■ **Agadiradventure,** am Strand von Imrouane (14 km nördlich von Agadir), beim Atlantica Camping Imrouane, Tel. 0540 02 25 61, www.agadiradventure.com. Die deutschsprachige Agentur bietet Quadfahrstunden (auch für Kinder) und geführte Touren.

■ Der **Jet Ski Club Agadir** verleiht Jet Ski und bietet Kurse an, Tel. 0661 63 75 21 oder 0528 23 32 72.

■ Ausflüge mit Boot, Jet Ski, Kayak und Quad stehen bei **Amine Jet** auf dem Programm: Base Nautique am Strand ggü. Sofitel Hotel, Tel. 0661 21 74 31, www.aminejet.com.

### Tennis

■ Beim **Royal Tennis Club d'Agadir** (Av. Hassan II., Tel. 0528 84 77 54, www.rtcaagadir.com) stehen sieben Courts zur Verfügung. Außerdem haben fast alle großen Hotels und Clubs eigene Tennisplätze.

■ **Atlantic Tennis,** Bd. du 20 Août nahe Königspalast, www.tennis-agadir.com. Fünf Plätze.

### Golfen

Golfer buchen ihren Golfurlaub am günstigsten direkt pauschal beim Veranstalter. In Agadir stehen vier Golfplätze zur Verfügung. Die Greenfee beträgt für neun Löcher etwa 40 Euro, für 18 Löcher etwa 60 Euro. Gäste des Tikida Beach Hotels erhalten am Golf du Soleil und Gäste des Club Med am Golf des Dunes Sonderkonditionen.

■ Der **Golf des Dunes** liegt rechter Hand der Straße in Richtung Ben Sergao (beschildert, Tel. 0528 83 46 48). Auf dem 80 ha großen Platz mit drei Parcours à 9 Löchern, Eukalyptusbäumen, Palmen und Wasserlöchern spielen vor allem Club-Med-Urlauber (Pendelbusse von dort). Auch Kursangebot.

■ Der sehr schöne 36-Loch-Platz **Golf du Soleil** gehört zum Tikida Beach Hotel (Tel. 0528 33 73 29, www.golfdusoleil.com) und liegt ebenfalls in Ben Sergao in der Nähe des Golf des Dunes. Es verkehrt ein kostenloser Shuttleservice zum Club Valtur bzw. Tikida Beach, auch für andere Hotelgäste. Auch mehrtägige Kurse möglich (Golfakademie).

■ Der 18-Loch-Platz **Royal Golf** mit Zypressen, Palmen und Eukalyptus ist einer der ältesten Marokkos (1955) und liegt 12 km südlich von Agadir Richtung Aït Melloul (Tel. 0528 24 85 51**)**.

■ Der 27-Loch-Platz **Golf de l'Océan** (Tel. 0528 27 35 42, www.golfdelocean.com) liegt zwischen Königspalast und Golf des Dunes (Richtung Ben Sergao). Modernes Clubhouse mit Restaurant. Kostenloser Shuttle-Bus vom Hotel Atlantic Palace.

### Reiten

Reiten oder nur mal auf dem Pferd bzw. Kamel rumhoppeln ist am Strand von Agadir möglich. Auch im Ausflugsprogramm der großen Hotels sind Kamel-/Pferdeausritte enthalten (siehe Aushänge in den Hotels). Zwei Stunden kosten etwa 250 DH. Auch vor La Medina d'Agadir in Ben Sergao (vgl. „Sehenswertes") warten Kameltreiber mit ihren Tieren auf Kundschaft.

■ In Ben Sergao an der Route Richtung Inezgane, ca. 6 km von Agadir (gegenüber der Kaserne), liegt der **Royal Club Equestre d'Agadir,** Tel. 0528 33 30 93. Eine Reitstunde kostet etwa 150 DH.

### TWIKE

Das TWIKE ist ein zweisitziges Elektrofahrzeug mit einer max. Geschwindigkeit von 85 km/h und einer max. Reichweite von 500 km. Zusätzlich ist es mit Pedalen ausgerüstet, also eine Art **Mischung**

**aus E-Bike und Motorrad.** Mit dem TWIKE lässt sich emissions- und lärmfrei die Umgebung erkunden – wegen der großen Scheiben und dem offenen Dach kommt Cabrio-Feeling auf. In Agadir stehen drei TWIKES zur Verfügung (Pkw-Führerschein erforderlich). Die Freiburgerin *Silvia Brutschin* trainiert mit Ihnen das Pilotieren: **TWIKE Maroc,** Tel. 0603 75 16 38, www.twikemaroc.de, www.maroc.twike.com, Treffpunkt am Parkplatz des Robinson Club.

- **2 Std. Pilotentraining** (inkl. Pilotenschein): Mit dem Pilotenschein kann man auch bei anderen T2Fly-Partnern in Deutschland ein TWIKE ausleihen. 25 Euro/Pers.
- **Halbtagesausflüge** (als Fahrer mit Pilotenschein oder als Co-Pilot) in die nahe Umgebung von Agadir (z.B. Paradise Valley, Immouzzer, Strandtour, Massa-Nationalpark): 25 Euro/Person
- **Tagesausflüge,** z.B. nach Tiznit, Taroudannt: 50 Euro/Person.
- **Mehrtagesausflüge,** z.B. nach Tarfaya, Dakhla, Essaouira, mit Unterkunft in ökologisch nachhaltigen Hotels.

### Hammam, Massage

Ein Besuch im Hammam (traditionelles orientalisches Dampfbad) mit Massage gehört zum Pflichtprogramm eines Marokkourlaubs und ist herrlich erholsam. Inzwischen haben **fast alle größeren Hotels und Clubs** ein eigenes Hammam, wenn nicht sogar ein komplettes Wellnesszentrum (SPA). Wesentlich günstiger (ca. 10 DH) sind die **Hammams der Einheimischen.** Hier gibt es nach Geschlechtern getrennte Bereiche oder Besuchszeiten. Zu jedem Quartier gehört ein Hammam – das Badeerlebnis dort ist natürlich wesentlich authentischer als in der Hotelanlage, wenn auch nichts für Berührungsängstliche.

[›] Die Strandpromenade – beliebt bei Einheimischen und Touristen

## Einkaufen

Der **Souk** im Südosten der Stadt hat dem Marché Municipal den Rang abgelaufen. Ob Souvenirs, Gewürze, Arganienöl, handwerkliche Produkte oder allerlei Plastik- und Spielwarenramsch aus Fernost – hier ist alles einigermaßen preisgünstig zu haben. Seit es zahlreiche Beschwerden über Touristennepp gab, kontrolliert die Polizei, ob Touristen fair behandelt werden. Am Montag ist der Souk geschlossen! Lohnenswert – auch wenn man nicht einkaufen möchte – ist der Besuch des riesigen **Markts in Inezgane.** Hier gibt es von Lebensmitteln bis zu Möbeln alles Erdenkliche zu kaufen – zudem ist es günstiger und viel weniger touristisch als in Agadir.

Kaufen Sie Lebensmittel und Spirituosen nicht im Touristenviertel ein. Dort sind die Preise um 10–20% höher. Das Einkaufen gestaltet sich in Agadir ansonsten recht einfach, da die allermeisten Händler zumindest ein bisschen deutsch sprechen. Sprüche wie „Wie geht's? Alles klar?", „Nur gucken, nix kaufen, gucken kostet nichts!" gehören zum Standardrepertoire jedes Händlers. Auch in den Hotels und Restaurants wird in mehreren Sprachen bedient.

Wollen Sie **in Ruhe einkaufen,** ohne zu feilschen, dann am besten in Talborjt (nordöstlich der Av. Moulay Abdellah in Richtung Place Lahcen Tamri). Hier ist das Einkaufszentrum der Einheimischen, Preisverhandlungen glücken nur in den wenigsten Fällen, da die Preise angemessen sind.

Bei einem längeren Aufenthalt in Agadir macht es sich bezahlt, **immer im gleichen Geschäft einzukaufen.**

### Zeitungen

In den Läden am Strand und im Hotelviertel (z.B. Résidence Tafoukt oder am Bd. du 20 Août) gibt es deutsche Zeitungen und Landkarten von Marokko zu kaufen, ebenfalls in dem Buch- und Zeitschriftenladen an der Av. Hassan II.

### Souvenirs

In Agadir sind Souvenirs relativ teuer, dafür sind der Standard hoch und die Auswahl groß. Wer gut handelt, kann vor allem in touristenarmen Monaten durchaus faire Preise erzielen.

■ **Kunsthandwerk** gibt es im Souk oder im Touristenviertel, in Ständen um den Marché Municipal und im (etwas verwaisten) **Ensemble Artisanal** in Talborjt (Av. 29 Février, So geschl.). Dort werden hübsche Holz- und Keramikwaren, Lampen, Teppiche etc. in guter Qualität zu Festpreisen angeboten. Diverse Läden mit schönen Souvenirs findet man auch im **Tafoukt-Komplex** beim Tafoukt Hotel.

Günstig und in großer Auswahl kauft man Kunsthandwerk in Werkstätten an der Straße Agadir – Inezgane, bei den Händlern in der **Medina d'Agadir** (vgl. „Sehenswertes") oder in der **Kasbat Souss** in Ben Sergao ein. In diesem Komplex mit idyllischem Innenhof und Café bieten Handwerker Keramikwaren, Silberschmuck, Spiegel, Bilder, Lampen u.a. an (km 5 Route Principale d'Agadir, Ben Sergao, von Agadir kommend auf der rechten Seite, Tel. 0528 28 19 34, tägl. 9–18 Uhr).

### Lebensmittel

■ Für Lebensmittel, Alkoholika und Konsumwaren bietet sich der **Marjane-Supermarkt** an der Straße nach Inezgane im Founty-Viertel an. Dort kann man auch gutes und (im Vergleich zu den Touristenläden) günstiges Arganienöl einkaufen.

■ Ein großer **Metro-Supermarkt** findet sich an der Umgehungsstraße Richtung Marrakesch im Westen der Stadt. N 30°23,359', W 009°30,702'. Dort gibt es günstig Alkoholika, sofern man einen Metro-Einkaufsschein hat.

082m015 ed

■ Die **Einkaufsmeile für Lebensmittel** und anderen Tagesbedarf (Zeitungen, Postkarten) ist die **Av. Hassan II.** in ihrem zentralen Bereich. In Höhe von Post und Rathaus liegt der **Supermarkt Anaprix:** klein, aber gut sortiert, mit gutem Gemüse. Auch der **Marché Municipal** liegt in Gehweite. Hier gibt es Gewürze, Gemüse, Obst, Blumen, Fisch und Fleisch im Untergeschoss sowie Lebensmittelläden im Obergeschoss. In Talborjt haben außerdem die gut sortierten **Supermärkte Aswak Assalam** (zwischen Bd. Mohamed Cheikh Saadi und Rue Yacoub el Mansour) und **Carrefour** (Rue Yacoub el Mansour) Filialen eröffnet.

■ Diverse Lebensmittel und Utensilien für den touristischen Bedarf (Sonnencreme u.a.) sowie Alkohol und Arganienöl hat der **Supermarché im Com-**

## ALSA-Buslinien Agadir

### Stadt- und Vorortbusse

| Bus / Strecke | Distanz | Dauer |
|---|---|---|
| **1** / Pl. Salam – Av. Pr. Moulay Abdallah –Anza (über den Hafen) | 9 km | 30 Min. |
| **2** / Pl. Salam – Hôpital Hassan. II. (über Amicale) | 10 km | 40 Min. |
| **3** / Pl. Salam – Hôpital Hassan II. (über Bouargane) | 8 km | 30 Min. |
| **4** / Pl. Salam – Facultes (Uni – über Bouargane) | 7 km | 30 Min. |
| **5** / Pl. Salam – Pl. Massira (Inezgane, Umsteigen zum Flughafen) | 10 km | 30 Min. |
| **6** / Pl. Salam – Pl. Massira (Inezgane) | 10 km | 30 Min. |
| **7** / Pl. Massira (Inezgane) – Tarrast | 3 km | 26 Min. |
| **8** / Pl. Massira (Inezgane) – Koleaa (über Aït Melloul) | 11 km | 35 Min. |
| **9** / Pl. Massira (Inezgane) – Tikiouine (über Aït Melloul) | 7 km | 30 Min. |
| **10** / Pl. Massira (Inezgane) – Lamzar (über Aït Melloul) | 7 km | 35 Min. |
| **11** / Pl. Massira (Inezgane) – Temsia (über Aït Melloul) | 12 km | 35 Min. |
| **12** / Pl. Salam – Taghazout (über Hafen, Tamrakht) | 21 km | 50 Min. |
| **13** / Pl. Salam – Imiki (über Hafen, Tamrakht) | 18 km | 45 Min. |
| **14** / Pl. Salam – Tamri (über Hafen-Taghazout) | 55 km | 2 Std. |
| **19** / Pl. Massira – Drarga (über Aït Melloul – Tikiouine) | 10 km | 30 Min. |
| **21** / Pl. Salam – Aït Melloul (über Faculte – Tikikouine) | 15 km | 40 Min. |
| **22** / Pl. Massira (Inezgane) – Flughafen El Massira (Aït Melloul) | 8 km | 30 Min. |
| **60** / Pl. Salam – Taghazout (über Hafen) | 18 km | 45 Min. |
| **61** / Pl. Salam – Tamri (über Hafen und Taghazout) | 55 km | 2 Std. |

### Regionalbusse

**31** / Hafen – Imimiki, alle 20 Min.
**32** / Place Salam – Taghazout, alle 30 Min.
**33** / Place Salam – Taghazout – Tamri, stündlich
**36** / Place Inezgane – Ouled Teima, alle 20 Min.
**37** / Place Inezgane – Flughafen, stündlich
**40/41** / Place Inezgane – Biougra, alle 20 Min., Weiterfahrt nach Aït Baha mit Bus Nr. 43
**42** / Place Inezgane – Belfaa – Massa, alle 20 Min.

**plexe Tamlelt** gegenüber dem Hotel Tivoli in seinem Sortiment.

- **Fisch und Schalentiere** sind auch im Hafen erhältlich. Dort sollte man möglichst forsch direkt die Fischverkaufsstellen ansteuern, da man sonst umweigerlich von „hilfreichen" Leuten zu den Händlern gelotst wird und Aufpreis zahlt.
- **Arganienölprodukte** (Kosmetik und Speiseöl) gibt es zum Beispiel in der **Boutique Diar Argan,** 16, Bd. du 20 Août, Hotel Mabrouk. Am günstigsten kauft man (hochwertiges) Arganienöl jedoch inzwischen im Supermarkt (z.B. im Marjane, s. oben).

## Stadt- und Vorortbusse

Im Stadtgebiet und im näheren Umland verkehren die lokalen **ALSA-Busse** (siehe Kasten links). Innerstädtische Busfahrten (bis inkl. Inzegane) kosten **3–4 DH,** Fahrten nach außerhalb **8 DH.** Informationen zu allen Linien unter **www.alsa.ma** oder über die Hotline 0528 82 47 99.

Die meisten Busse fahren entlang der zentralen Achse **Av. Mohamed V.** und halten z.B. **vor dem Royal Mirage Hotel.** Mehrere Linien starten auch am Hafen, am Place Salam und in Inezgane bei der dortigen Grand-Taxi-Haltestelle (Platz bei Hotel Hagounia). Die Busse können außerdem per Handzeichen (mit deutlichem Schritt auf die Straße) angehalten werden. Zu den Stoßzeiten sollte man die Busse besser vermeiden – (nicht nur) dann treiben Taschendiebe ihr Unwesen.

### ALSA-Buslinien

- **Nach Inezgane** (zum zentralen Busbahnhof mit Verbindungen in alle Landesteile) fahren die Busse Nr. 11, 21 und 23 (ab Hafen und Av. Mohamed V. über Ben Sergao) und Nr. 6 (ab Place Salam).
- **Nach Founty** fährt die Linie Nr. 2 (Hay Mohammadi – Founty).
- **Von/zum Flughafen:** Nr. 37 von/nach Inezgane (Weiterfahrt ins Zentrum s.o.), Fahrzeit 30 Min., ab 6.30 Uhr morgens stündlich (bis 20.30 Uhr, sonntags nur bis 19.15 Uhr). Der Bus hält ca. 500 m vom Flughafenausgang entfernt direkt am Kreisel vor dem Gelände. Die Taxifahrer erzählen gelegentlich, dass es keinen Bus gäbe und verlangen unverschämte Preise.
- **Nach Taghazoute:** Nr. 32, 33 ab Place Salam.
- **Nach Tamri:** Nr. 33 ab Place Salam.
- **Nach Belfaa/Massa:** Nr. 42 ab Inezgane.
- **Nach Imimiki** (Paradise Valley, vgl. „Ausflüge von Agadir"): Nr. 31 ab Place Salam.

## Fernverkehrsbusse ab Agadir

- Der **Busbahnhof** ist von Talborjt an die südliche Umgehungsstraße Av. Mohamed Ben Brahim (östlich vom Souk) umgezogen.
- Der **zentrale Hauptbusbahnhof,** von dem die meisten Busse in alle Gegenden des Landes starten, befindet sich in Inezgane!
- Busse der **Privatlinien** verkehren ständig in alle Richtungen (an den Schaltern am Busbahnhof in Agadir oder Inezgane erkundigen).

### CTM

- **CTM-Büro** im Busbahnhof: Tel. 0528 22 55 96. Büro in Talborjt: 1, Yacoub El Mansour, Tel. 0528 82 53 41.

**Verbindungen ab Talborjt** (andere Verbindungen vgl. ab Inezgane unten):

- **Casablanca:** 1x tägl., 7–9 Std., 260 DH.
- **Marrakesch:** vgl. Inezgane.
- **Rabat – Meknès:** vgl. Inezgane.
- **Rabat – Larache – Tanger:** vgl. Inezgane.

### Supratours

- **Supratours-Büro** am Busbahnhof: Tel. 0528 23 73 05. Abfahrt ab Inezgane (s.u.) oder ab Innenstadt (Supratours-Büro in Talborjt, 35, Rue Yacoub el Mansour, Tel. 0528 82 72 46).

**Verbindungen und Preise:**

- **Marrakesch:** 9x tägl. (z.T. ab Inezgane, s. dort), 100 DH, Fahrzeit ca. 4 Std.
- **Essaouira – Safi:** tägl. morgens, bis Essaouira 3–4 Std., 65 DH, nach Safi 90 DH, 6 Std.
- **Guelmim:** 6x tägl., 80 DH, 4–5 Std.

## Fernverkehrsbusse ab Inezgane

### CTM

- **CTM-Büro** und Abfahrtsplatz in Inezgane: 94, Av. Mokhtar Souissi (ggü. Hotel Hagounia), Tel. 0528 83 22 20. Infos unter www.ctm.ma.

**Verbindungen und Preise:**

- **Beni Mellal – Khénifra – Azrou – Ifrane – Fès – Oujda:** 1x tägl. Nachtbus, nach Beni-Mellal 165 DH (8 Std.), nach Khénifra/Azrou 220 DH, nach Ifrane 225 DH, nach Fès 240 DH, nach Oujda 340 DH. Nach Fès insgesamt 4x tägl.
- **Laâyoune – Dakhla:** 3x tägl., 230 DH/11 Std. bis Laâyoune, 370 DH/22 Std. bis Dakhla.
- **Taroudannt:** 2x tägl. morgens., 35 DH, ca. 3 Std.
- **Marrakesch:** 9x tägl., 100 DH, ca. 4 Std.
- **Casablanca:** 6x tägl. und 3 Nachtbusse, 190 DH, 7–9 Std.
- **Taroudannt – Tazenakht – Ouarzazate:** 2x tägl. morgens und abends, Ouarzazate 135 DH (6 Std.), Taroudannt 35 DH (3 Std.), Tazenakht 100 DH.
- **Essaouira – Safi – El Jadida:** 2x tägl., nach Essaouira 50 DH (3–4 Std.), nach Safi 115 DH (6 Std.), nach El Jadida 165 DH (8 Std.).
- **Tafraoute:** 1x tägl., 4 Std., 70 DH.
- **Rabat – Larache – Tanger:** 2x tägl., nach Rabat 230 DH, ca. 8 Std. (Nachtbus), nach Tanger 325 DH, ca. 18 Std.
- **Guelmim**: 5x tägl. und Nachtbusse, 85 DH, 4–5 Std.

### Supratours

■ Die Supratours-Busse starten direkt vor dem Hotel Hagounia beim dortigen **Supratours-Büro** (geöffnet Mo bis Sa 8.30–12.30 und 15–18.30 Uhr). Infos unter www.oncf.ma.

**Verbindungen und Preise:**

■ **Marrakesch:** 10x tägl., 100 DH.

■ **Meknès, Fès:** 1x tägl. (Nachtbus), nach Fès 282 DH, nach Meknès 262 DH.

■ **Essaouira – Safi:** tägl. morgens, bis Essaouira 60 DH, 4 Std., bis Safi 90 DH, 6 Std.

■ **Tiznit – Guelmim – Tan-Tan – Laâyoune:** 7x tägl. (davon 3x bis Laâyoune), nach Tiznit 40 DH, 2½ Std., Guelmim 75 DH, 3–4 Std., Tan-Tan 100 DH, 5 Std., Laâyoune 195 DH, 10–12 Std.

## Flugverbindungen

■ **Al Massira** (Aït Melloul, 25 km von Agadir), Tel. 05 28 83 91 12, www.onda.ma.

■ **Busverbindung von und zum Flughafen** s.o., Stadt- und Vorortbusse.

■ **Royal Air Maroc (RAM)** in der Rue Général Kettani, Tel. 0528 82 91 20, landesweites Call Center: Tel. 0900 00 800, am Flughafen: 0528 83 90 21/20.

Inzwischen wird Agadir außer von RAM auch günstig von TUIfly, Condor, Air Berlin und Ryanair aus Deutschland direkt angeflogen (siehe „Praktische Tipps A–Z").

Die **Kofferträger** (mit braunem Anzug) am Flughafen erwarten ein Trinkgeld (10 DH sind okay).

## Taxis

**Petit Taxis** *(taxis rouges)* verkehren innerhalb des Stadtgebiets. Um einen überteuerten Fahrpreis zu verhindern, sollte man auf Einschalten des Taxameters bestehen! Der Normalpreis innerhalb der Stadt beträgt 15 DH. Die Petit Taxis fahren wie die Grand Taxis auch kollektiv zu bestimmten Destinationen (preiswert)– Abfahrtsplatz ist El Battoire (zentraler Grand Taxi Stand) am Place Salam.

**Vom/zum Flughafen** fahren **Grand Taxis** (weiße Mercedes, Festpreis: 150 DH) und die deutlich billigeren **blauen Grand Taxis** (50–60 DH inkl. Gepäck bis nach Agadir, Haltestelle direkt ggü. der Einfahrt zum Flugahfen neben zwei Restaurants). Am preiswertesten ist der Bus, der an der Straße startet (siehe Stadt-/Vorortbusse). Teilt man sich das weiße Grand Taxi mit marokkanischen Fahrgästen als Sammeltaxi, kostet es offiziell lediglich 9 DH/Pers.

Der **zentrale Abfahrtsplatz der Sammeltaxis** (Grand Taxi mit insgesamt 6 Fahrgästen) befindet sich in Inezgane neben dem Hotel Hagounia und Busbahnhof (u.a. Sammeltaxis nach Marrakesch) und in Agadir am Place Salam (El Battoire) in Talborjt. Grand Taxis warten aber auch gegenüber des Souk, gegenüber des Atlantic Palace oder vor anderen großen Hotels.

**Preise Sammeltaxis:** ca. 60 DH p.P. nach Marrakesch und Essaouira, 30 DH nach Taroudannt (25 DH ab Inzegane), ab/nach Inezgane ca. 5 DH p.P., über Tiznit (1 Std., 25 DH p.P.) nach Tafraoute (3 Std., 35 DH p.P.)

### Ausflugsfahrten mit dem Grand Taxi

■ Von vielen Lesern sehr empfohlen wurde Herr **Adi Ouali** (Taxi Nr. 593, Mobil 0668 80 55 86, Aditours@live.fr), der jeden Abend zwischen 19 und 22 Uhr vor dem Hotel Iberostar Founty Beach wartet. Herr *Ouali* spricht sehr gut deutsch, ist sehr freundlich und bringt seinen Gästen auf angenehme Art die marokkanische Kultur näher. Mit seinem klimatisierten Taxi oder einem Kleinbus für bis zu 8 Pers. unternimmt er Tagesausflüge (z.B. nach Taroudannt), aber auch Mehrtagestouren (z.B. in den Anti-Atlas oder Hohen Atlas). Wer ihn über mehrere Tage engagieren will, sollte 2–3 Tage vorher Kontakt mit ihm aufnehmen.

■ Auch der sehr freundliche und sehr gut deutsch sprechende **Abdellah Abaidat** (Mobil 0661 57 56 37, abaidat.abdellah@hotmail.com) bietet ein- oder mehrtägige Ausflugsfahrten an.

■ Ein sehr angenehmer Taxifahrer ist auch **Ahmed Zaky** (Taxi Nr. 96, Tel. 0528 20 46 42, Mobil 0661 70 98 75), der ebenfalls deutsch spricht.

Deutschsprachige Taxifahrer verlangen für individuelle Ausflugsfahrten zu verschiedenen Destinationen 120–180 Euro pro Tag (Verhandlungssache).

Am Flughafen sind für verschiedene Ausflugsziele **Festpreise für Grand Taxis** ausgeschrieben: nach Taroudannt – Tiznit – Aït Baha 450 DH, Tafraoute 900 DH, Taghazoute – Aourir 300 DH, Mirleft 700 DH, Essaouira oder Guelmim 1000 DH, Ouarzazate 1800 DH, Tan-Tan oder Marrakesch 1200 DH. Mehr als 20 kg Gepäck kosten extra.

## Rund ums Auto

### Autovermietung

Die meisten Autovermietungen liegen am Bd. Mohamed V. fast nebeneinander oder rund um die Av. Hassan II. Sie sollten die Preise und Konditionen verschiedener Anbieter vergleichen, bei einigen Agenturen kann man den Preis auch verhandeln. Häufig sind die Tarife der in den Hotels untergebrachten Agenturen höher. Am Flughafen sind folgende Vermieter mit einem Schalter vertreten: Avis, Sixt, Europcar, Budget, Hertz, Thrifty Car, Genial-Car, Liege Tour, First Car, Aircar.

■ **Auto-Cascade,** Av. Hassan II., Tel. 0528 84 45 04 oder 0528 84 37 61, www.auto-cascade.com. Kompetenter Service.

■ **Avis,** Bungalow Marhaba, Av. Mohamed V., Tel. 0528 82 14 14; Flughafen Al Massira, Tel. 0528 83 92 44; Reservierungsbüro in Deutschland, Tel. 01805-21 77 02.

■ **Budget,** Av. Mohamed V., Bungalow Marhaba, Tel. 0528 84 82 22, und am Flughafen. Preiswerter ab Deutschland.

■ **BS Cars,** Tel. 0661 09 53 15 oder 0679 22 26 66. Günstige Kleinwagen-Angebote.

■ **Europcar,** Bd. Mohamed V./Rue Hubert Giraud, Tel. 0528 84 02 03, und am Flughafen, Tel. 0528 84 03 37. Mittagspause zwischen 12 und 14.30 Uhr, sonntags nur vormittags. Reservierungszentrale in Casablanca: Tel. 0522 31 37 37.

■ **First Car,** am Flughafen, Tel. 0528 83 92 97 oder 0522 30 00 07, www.firstcar.ma. Großer Vermieter mit mehreren Vertretungen im Land, kooperiert mit Sixt in Deutschland.

■ **Hertz Maroc,** Av. Mohamed V., Bungalow Marhaba, Tel. 0528 84 09 39, und am Flughafen, Tel. 0528 83 90 71.

■ **Rhazali Cars,** 123, Rue de Fès, Tel. 0528 82 54 39, www.rhazalicars.com. Miete ab Flughafen oder Innenstadt möglich.

■ **Thrifty Car,** am Flughafen, Tel. 0528 83 90 54, www.thrifty.com. Günstige Tarife in Deutschland.

### Werkstätten

■ **Pannen-/Straßendienst,** Tel. 0177.

■ **Auto-Hall,** Rue de la Foire, Tel. 0528 84 29 95 oder 0528 84 39 73, www.autohall.ma. Große Werkstatt für verschiedenste Modelle.

### Automobilclub

Die ADAC-Filiale hilft Mitgliedern bei den nötigen Papieren (Zollbefreiungserklärung), falls ein Ersatzteil aus Deutschland eingeflogen werden muss, und bei sonstigen Problemen rund ums Auto (Auslandsschutzbrief).

■ **Auslandsdienst ADAC, Sigrid Graetz,** 24, Rue Mokthar Souissi/Ecke Rue Nations Unies, Cité Suisse, Tel. 0528 84 37 52, adacsigi@gmx.net.

## Fahrrad-/Motorrad-/Vespaverleih

Die **Preise variieren** leicht im Laufe des Jahres (Sommer und Festtage sind am teuersten). Eine Vespa oder ein Motorrad kostet etwa: 1 Tag 250 DH,

½ Tag 150 DH, 1 Woche 1000 DH, 1 Std. 50 DH (jeweils inkl. Versicherung); ein Fahrrad ca. 100 DH/Tag. Motorrad-/Fahrradverleihe finden sich vor dem Hotel Les Almohades, nahe des Club Mediterranée und neben dem Hotel Salam. Auch Sud Aventures Tours verleiht Fahrräder: Tel. 0656 07 75 68, www.sud-aventures-tours.com

## Notfall/Notrufe

- **Polizei:** Route de Taroudannt, Tel. 0528 24 00 47.
- **Notruf** (landesweit): Tel. 190.
- **Feuerwehr:** Tel. 150
- **Ambulanz:** Tel. 0528 23 23 23.

## Medizinische Versorgung

### Apotheken

Apotheken gibt es **im gesamten Stadtgebiet** (dort Aushänge zu den Nachtdiensten).

### Krankenhäuser

- **Hôpital Hassan II.,** Route de Marrakech, Tel. 0528 84 14 77.
- **Clinique Al Massira/Coramed,** Av. du 29 Février, Tel. 0528 84 32 38 oder 0528 84 64 72.
- **Clinique La Résidence,** 34, Rue Mehdi ben Toumert, Talborjt, Tel. 0528 82 36 82. Kleine moderne Privatklinik des französischen Chirurgen *Dr. Paul Hemelin,* der englisch und etwas deutsch spricht.

### Allgemeinärzte (deutschsprachig)

- **Dr. M. Akerbib,** 314a, Al Wifaq, Ben Sergao, Tel. 0528 28 13 73, Mobil 0662 28 48 52.
- **Dr. Mouhid,** 19, Rue de Marrakech, Bloc 11 N°14, Tel. 0528 82 64 04. Kinderarzt, wird von NUR empfohlen.

### Zahnärzte

- **Dr. Touhami,** Av. Moulay Abdellah, Immeuble M 2, App. 4, Tel. 05 28 84 63 20. Spricht englisch und hat in Frankreich studiert. Er arbeitet sauber und gut und hat eine moderne Praxis.
- **Dr. Berradea Nadia,** Av. Hassan II., Immeuble Oumlil, 2. Stock, Tel. 0528 84 42 43. Die freundliche Ärztin arbeitet sehr kompetent.

### Tierärzte

- **Dr. Krzystof Albert,** Rue 210, Appt. 9, Quartier Industriel (östliche Seitenstraße des Bd. Hassan II., zwischen Klinik Assoulil und Klinik Argana), Tel. 0528 84 31 20.
- **Dr. Ali Ramich,** in Talborjt in der Nähe des Jardin Olhao und des französischen Instituts IFA, Mobil 0661 21 47 24.

## Honorarkonsul

- **6, Rue de Madrid,** Sec. Résidentiel, Tel. 0528 84 10 25, agadir@hk-diplo.de, **Konsul Hamza Choufani.**

## Banken/Wechselstellen

**Bankautomaten** (Abhebung mit Maestro-/Kreditkarte) im gesamten Stadtgebiet. Viele Banken mit Geldautomat liegen z.B. am Bd. Hassan II., in Höhe der Fußgängerzone Passage Aït Souss. In fast allen größeren Hotels besteht Tauschmöglichkeit zum offiziellen Kurs. Die Wechselstube am Flughafen tauscht übrige Dirham in Euro zurück. Im Touristenviertel (Bd. du 20 Août, Complexe Tivoli und Agador) gibt es mehrere Wechselstuben, die auch am Wochenende geöffnet haben.

## Post, Telefonieren

- **Hauptpost** an der Av. Prince Sidi Mohamed (Ecke Av. Prince Moulay Abdallah), geöffnet Mo bis Fr 8.30–12 und 14–18.30 Uhr.

■ **DHL-Annahmestelle** am nördlichen Ende der Av. Mohamed V., Tel. 0528 84 06 56, Mo bis Fr 8.30–18.30 Uhr, Sa bis 12.30 Uhr. Teurer, aber zuverlässiger und schneller Versand nach Deutschland.

■ Öffentliche Kartentelefone sind im gesamten Stadtgebiet zu finden. **Telefonkarten** gibt es am Kiosk und in vielen Läden. Lokale **SIM-Karten** von Méditel, Jawal etc. gibt es in den entsprechenden Telefonshops und im Marjane-Supermarkt.

## Veranstaltungen und Moussems

■ **Semaine commerciale,** Handelswoche im November.

■ **Touristen- und Kulturwoche,** im Dezember.

■ **Kunsthandwerkswoche,** im Dezember.

■ **Festival du théâtre amazigh (Berbertheater),** im Juni.

■ **Kino-Festival,** im Dezember.

■ **Timitar Festival,** vier Tage im Juni, Konzerte afrikanischer Gruppen mit Schwerpunkt auf der Musik der Berber, www.festivaltimitar.ma.

■ **Concert pour la Tolérance,** an einem Tag im Oktober oder November verwandelt sich der Strand in eine Freiluftbühne: Internationale Musiker werben mit ihren Konzerten für Toleranz und Menschenrechte (www.m6.fr).

■ **Moussem Sidi Bousta,** Ende Mai.

■ **Moussem Sidi Boushab,** im gleichnamigen Ort bei Inezgane, 1. Juniwoche.

■ **Moussem M'Hamed ben Amer,** in Aïn Nakhla bei Inezgane, 2. Junihälfte.

■ **Moussem Sidi Abderrahmane,** in Aït Youssef bei Inezgane, Ende Juli.

■ **Moussem Sidi Lhaj M'Barek,** in Inezgane, im August.

■ **Moussem Tikki,** im Suq Jemaa Tikki, bei Inezgane, Mitte September.

■ **Moussem Lallal Aicha,** Abdellah in Immouzzer Cercle Inezgane, September.

■ **Manifestations Religieuses des Pecheurs,** in Agadir, im Oktober.

■ **Moussem Sidi M'Hamed ou Amer,** in Zaouit Assif, bei Inezgane, 1. Oktoberwoche.

■ **Moussem Sidi Yakoub,** im Douar Aferni bei Inezgane, im Dezember.

■ **Moussem Immi Ouassif,** im gleichnamigen Dorf bei Inezgane, Dezember.

## Reisebüros

Es können zahlreiche Reisebüros aufgesucht werden, die ein **umfassendes Ausflugsprogramm** anbieten (Preisbeispiele s.u., Ausflüge). Hier nur eine kleine Auswahl an empfehlenswerten Reiseagenturen:

■ **Bovoyages,** Av. Général Kettani, Tel. 0528 82 92 30, www.bovoyages.net. Kompetente und zuverlässige Agentur, die mit vielen deutschen Veranstaltern zusammenarbeitet. Es können auch komplette Rundreisen für Selbstfahrer (inkl. Fahrzeug) im Voraus arrangiert werden. Ausflüge, Rundreisen, Mietwagen etc.

■ **Erlebnis Tours Maroc,** Bd. du 20 Août, Complexe Tivoli N°2, Tel. 0661 16 63 17/19, www.erlebnis-tours-maroc.com. Britisch-marokkanisches Reiseunternehmen mit breitem Ausflugsangebot, vgl. auch „Stadtführungen/Ausflugsfahrten" *(Hassan Moukhsil).*

■ **Maroc Horizon Aventure,** 3, Av. Khalid Ibn El Walid, Tel. 0528 21 34 26, www.trekking-au-maroc.com. Die Agentur von drei Bergführern ist spezialisiert auf Trekking-, Wüsten- und Ökotourismus.

■ **Sahara Tours International,** Bd. du 20 Août, ggü. Hotel Agador (27–29 Complexe Agador), Tel. 0528 84 04 21 oder 0528 84 06 11, www.saharatoursinternational.com. Breites Ausflugsprogramm ab Agadir.

■ **Swift Travel,** 30, Av. Mohamed V., Fondation Hassan II., Complexe Transatlantique, Tel. 0528 84 22 40, www.swift-travel.com. Deutschsprachige Agentur mit breitem Ausflugsprogramm und Autovermietung.

■ **TigerTrip Marokko,** Bloc E, N°11, Hay Massira, Tel. 0652 91 57 01, www.tigertrip.cc. Der Österreicher *Hannes Zeller* organisiert Wüstentouren mit 4x4 und KTM Enduros (z.B. eintägige Offroad-Tour entlang der Küste südlich von Agadir inkl. KTM und Ausrüstung). Seine Partnerin *Marion Bachinger* ist Yogalehrerin und veranstaltet mit ihrer Agentur **Yogitrip** (www.yogitrip.com) Yogarundreisen in Marokko.

■ **Univers Holidays** (Group Destination Management), Bd. du 20 Août, im 1. Stock neben Hotel Tivoli, Tel. 0528 84 24 85, Morocco.AgadirTeamManager@thomascook.com. Deutschsprachige Vertretung von Thomas Cook und Neckermann. Großes Ausflugsangebot, auch Bootsfahrten, Quad-Ausflüge und Kamel-/Pferdereiten für Kinder.

## Ausflüge

Alle oben genannten Reisebüros bieten Ausflugsprogramme von ein bis mehreren Tagen Dauer an. Auch mit Grand Taxis (Tagesmiete) sind individuelle Ausflüge möglich (vgl. oben „Taxis").

Beliebte Ausflugsziele, die viele Reisebüros anbieten, sind **Tiout** (Palmenoase) und **Taroudannt** (schöne Altstadt, ca. 40 Euro/Pers.). Auch **Tafraoute, Marrakesch** und **Essaouira** (40–70 Euro/Pers.) werden jeweils als Tagesausflug angeboten – wegen der Fahrtdauer von mehreren Stunden lohnen sich diese Ausflüge jedoch nicht; für diese Städte sollte man sich besser mehrere Tage Zeit nehmen. Lohnende Ausflugsziele für einen Tag sind der **Massa-Nationalpark** und das **Paradise Valley** (s.u.).

Im „Paradise Valley"

083m015 ed

Die **Küste nördlich von Agadir** zwischen Tamrakht, Taghazoute und Tamri hat schöne Sandstrände mit ruhigen Buchten zu bieten. Die Gegend um **Taghazoute** ist zudem ein Surferparadies.

Ein empfehlenswerter Ausflug führt von Agadir über etwa 60 km zu den **Wasserfällen von Immouzzer** (vgl. das nächste Kapitel).

Wer einen Einblick in die Landwirtschaft im Sous-Tal bekommen möchte und etwas Ruhe auf dem Land sucht, sollte die **Farm Domaine Villate Limoune** (in Ouled Teima, 40 km in Richtung Taroudannt, www.fermelimoune.ma) ansteuern: Auf der 400 Hektar großen Plantage werden Bananen, Paprika, Zitrusfrüchte, Oliven und allerlei anderes Gemüse biologisch angebaut. Es gibt einen Swimmingpool, einen Mini-Golfplatz, Tennisplätze und Pferde für Ausritte. *Hassan Aferiad* (s. Agadir/„Stadtführungen") organisiert Ausflüge dorthin, seine Frau *Cecile Hugon-Aferiad* (Tel. 0661 33 08 43 oder 0664 58 67 82) managt die Farm.

## Individuelle Ausflüge

Grundsätzlich ist es **viel angenehmer,** sich ein Auto zu mieten und den Tag nach Belieben einzuteilen, als mit zig Touristen in einem Bus zu sitzen. Alle genannten Ausflüge lassen sich problemlos individuell durchführen, alle Ziele sind auch mit öffentlichen Verkehrsmitteln erreichbar. Wer Wartezeiten oder volle Busse scheut, sollte sich einen Mietwagen nehmen. Nachfolgend einige Vorschläge für individuell geplante Tages- und Mehrtagesausflüge.

### Tagesausflüge

- Taghazoute – Tamri – Immouzzer
- Tiznit
- Sous-Massa-Nationalpark mit Massatal
- Taroudannt und Tiout
- Speicherburg Id Aissa, Amtoudi
- Speicherburg Tizourgane

### Zwei- bis Dreitagestouren

- Essaouira (notfalls auch an einem Tag)
- Tafraoute (mit Agadir Tasguent 3 Tage)
- Marrakesch
- Tata – Akka (3 Tage)

# Von Agadir nach Immouzzer

- **61 km**
- Die Anfahrt zum nordöstlich von Agadir gelegenen Ort Immouzzer des Ida Outanane führt durch das hübsche **Paradise Valley** (s.u.) und reizvolle Berggegend. Endpunkt sind die Wasserfälle beim Ort Immouzzer, der durch das **Honigfest,** das im Mai zur Honigernte gefeiert wird, Bekanntheit erlangte. Die Wasserfälle waren jedoch aufgrund der sommerlichen Trockenheit in den letzten Jahren regelmäßig ausgetrocknet. Dieser Ausflug ist bequem an einem Tag (mit evtl. Wanderung), notfalls auch als Halbtagesausflug machbar.
- **Nach Tamrakht** verkehren die **Stadtbusse Nr. 12, 13, 60 und 61,** von dort fährt man mit dem Taxi weiter. Grand Taxis nach Immouzzer starten in Aourir nahe des Kreisverkehrs.

Von Agadir geht es nach Norden am Hafen vorbei in Richtung Essaouira und Taghazoute. Nach 6 km durchfährt man den stetig wachsenden Ort **Anza** mit vielen neuen Wohnquartieren und Industrieanlagen, der im Norden durch ein riesiges Palastareal eines saudischen Prinzen begrenzt wird.

**12 km hinter Agadir** ist **Aourir** erreicht. Hier **zweigt rechts** (beschildert) die Straße nach Immouzer des Ida Outanane ab. Viele Geschäfte und eine Werkstatt für Reparatur und Bemalung von Wohnmobilen („reparature, peinture") folgen. An der nächsten Kreuzung geht es rechts (Schild „Route de Miel" und „Immouzzer" bzw. „Camping Aourir"). Links geht es nach **Imimiki,** von wo man eine schöne **Wanderung** entlang des Oued Tamrakht unternehmen kann (Stadtbus Nr. 31 fährt von Agadir nach Imimiki). Blaue Kastenwagen-Kleintransporter bedienen die Strecke nach Immouzzer als Sammeltaxi ab Aourir.

Die schmale, ausgefranste Teerstraße führt erst durch Neubauviertel und danach durch karge Hügellandschaft mit Arganienbäumen entlang des **Oued Tamrakht.** 5 km von Aourir entfernt liegt linker Hand der Straße der sehr schöne **Camping Aourir (N 30°29,691', W 09°37,384',** s. bei Agadir). Auch Nicht-Campinggäste können gegen eine kleine Gebühr den Pool nutzen.

Hinter Aourir fallen immer wieder die vielen Bienenkästen auf – im ganzen Tal wird leckerer **Honig** (u.a. Thymian- und Lavendelhonig) produziert.

Vom Abzweig in Aourir sind es 10 km **(Gesamt-km 22)** bis zum kleinen Dorf **Alma** (Oulma). In einer **Herboristerie** mit kleinem botanischen Garten gibt es Kräuter, Naturmedizin und Arganienöl zu kaufen. Leser empfahlen *Lahoucine* (Mobil 0677 71 23 20), der zu Fuß zu einem Fossiliensteinbruch führt, an dem man selbst Steine klopfen kann (Hammer wird gestellt, gute Ausbeute).

Nach 1 km zweigt eine Straße übers Inland rechts nach Agadir ab (16 km). 3 km hinter Alma bieten Steinhändler Fossilien und Mineralien, Töpfer ihre handgefertigte Keramik an. Nun geht es durch bewaldete Gegend, erst mit Arganienbäumen und mit zunehmender Höhe auch mit Wacholder, Thujen und mediterraner Strauchmacchia. 7 km hinter Alma (Gesamt-km 29) führt rechts ein Abzweig zur „Gîte rural Ecolodge". 8 km hinter Alma **(Gesamt-km 30)** erreicht man das kleine Dorf **Tamzargout** (zwei kleine Läden) und überquert dann den **malerischen Oued Tamrakht** auf einer Brücke. In dieser reizvollen Landschaft sind auch Bananenanpflanzungen angelegt. Danach schlängelt sich die schmale Straße durch eine schöne Schlucht mit vielen Wassergumpen und Stromschnellen, die von großen Felsen und Oleandern sowie Palmen gesäumt sind und führt wieder auf einer Brücke über den Fluss. In den 1970er Jahren wurde das Tal von den Hippies **„Paradise Valley"** genannt – durchaus treffend. Es folgt das Restaurant Chez Brahim mit Fischspezialitäten, danach wieder eine Brücke. Hier war die Straße Ende 2012 weggewaschen, 2014 aber bereits neu angelegt.

6 km nach Tamzargout **(Gesamt-km 36)** folgt das **Café de Paradis** (WoMo-Stellplatz an der Straße, Toilette). Omars Shop an der rechten Straßenseite bietet frisch gepressten Orangensaft.

Die Schlucht verbreitert sich, und die Straße führt nun bergauf, und man erreicht bei **Gesamt-km 37** einen **Wanderweg** *(Sentier Pédestre)* mit Schautafeln und Parkplatz. Auch 3 km weiter ist ein Wanderweg beschildert (Parkplatz). Von hier aus hat man einen weiten Blick hinunter ins Tal.

**30 km** vom Abzweig bei Aourir (**Gesamt-km 42**) erreicht man das hübsche **Café-Restaurant Tanout** mit herrlichem Ausblick und die **Auberge Bab Immouzzer** mit Café und Restaurant und ebenfalls traumhafter Aussicht ins Tal.

Bei km 31 (**Gesamt-km 43**) liegen das Dorf **Tifrit** und das kleine, feine **Hotel Tifrit** mit herrlicher Aussichtsterrasse, hervorragendem Essen und Pool (Tel. 0528 21 67 08, Mobil 0661 65 42 31, www.hotel-tifrit.net, DZ mit HP③). Gegenüber befindet sich das **Café-Restaurant La belle Vallée,** 1 km darauf folgt das **Café-Restaurant Panoramic** mit Honigverkauf.

3 km hinter Tifrit **(Gesamt-km 46),** vor dem Ort **Aksri** (Aqasri), kann man im edlen französischen Ausflugsrestaurant und **Maison d'Hôtes La Bonne Franquette** einkehren (DZ mit HP④, Tel. 0613 97 83 08, www.moroccotime.com/agadir/hotel, fünf stilvolle Zimmer gruppieren sich um den Innenhof mit Pool; für kalte Tage gibt es einen Salon mit Kamin). Im **Riad de l'Olivier**③ (Tel. 0528 21 81 66, www.riadolivier.eb2a.com) findet man mitten im Olivenhain eine ruhige Unterkunft mit herrlichem Ausblick von der Terrasse. Das französisch-marokkanische Eigentümerpaar *Marc* und *Fairouz* kümmert sich sehr um das Wohl ihrer Gäste. Organisation von Wanderungen möglich, es gibt vier Zimmer mit Bad und einen Pool.

1 km weiter folgt der Ort **Tifaouine** auf einer Hochebene mit Feldern, Feigen- und Olivenbäumen. Nach 2 km geht ein Abzweig nach Aussrir, Tilguit. Hier liegt das **Restaurant Amadier** mit Honigverkauf. Weiter bergauf folgt **Timoulay bei km 39 (Gesamt-km 51)** in waldreicher Gegend mit Steineichen.

31 dd

Schleierwasserfall von Immouzzer

6 km hinter dem Ort ist eine Passhöhe erreicht und nach einem Kilometer kommt man an eine **Kreuzung:** rechts geht es zur **Grotte Wintoumeden** (der größten Höhle Marokkos, zugänglich nur für Wissenschaftler), links geht's weiter nach **Immouzzer (Gesamt-km 57, N 30°39,416', W 09°28,679').**

49 km hinter Aourir und **61 km von Agadir** ist das 1240 m hoch gelegene **Immouzzer des Ida Outanane** mit dem **Café Restaurant des Palmiers** am Ortsanfang erreicht. Unterkunft und Erholung in dieser ruhigen Umgebung finden Touristen im komfortablen **Hotel des Cascades** (Tel. 0528 21 88 08, www.cascades-hotel.com, saubere DZ mit HP③) mit sehr guter Küche und schönem Garten und herrlichem Ausblick von der Terrasse. Eine Tennisanlage und ein Pool stehen zur Verfügung, Jagden und Ausflüge werden organisiert.

Im Zentrum zweigt links (rechts geht es weiter nach Arhbalou) die steil abfallende Straße zu den **Wasserfällen** ab, die man nach 4 km erreicht. Man parkt ca. 1 km vorher bei einem ausgewiesenen Parkplatz oder bei einem der Cafés und geht zu Fuß bzw. mit Führer zu den 400 m weiter oben rechts liegenden Wasserfällen, die in den letzten Jahren im Sommer meist trocken lagen. Nach der Führung zu den Wasserfällen wird ein Sprung vom Felsen in ein Wasserloch unterhalb der Fälle vorgeführt, den sich die „Kunstspringer" natürlich bezahlen lassen (wollen) – selbst nicht in Auftrag gegebene Vorführungen werden abkassiert ... Die Möglichkeit, im Becken ein Bad zu nehmen, ist eher theoretischer Natur, vor allem als Frau wird man hier verhältnismäßig ungeniert angestarrt.

Von der Panoramaterrasse der **Auberge Amalou** (Mobil 0661 53 09 35, badra.badra@caramail.com) hat man einen schönen Ausblick auf die Wasserfälle. In der Auberge gibt es ein Restaurant sowie zehn gepflegte und sehr saubere Zimmer, z.T. mit Bad und TV (DZ mit HP③). Wer sich länger hier aufhalten will und Interesse an der Bevölkerung und deren Traditionen hat, kann sich an *Abdellah Abidar* wenden, dessen Frau im Restaurant frisches Brot für die Besucher bäckt. *Abdellah* führt auf Wunsch auch Wanderungen in die Umgebung durch. Nebenan liegt das ebenfalls sehr ordentliche **Café/Restaurant Le Miel.**

Wenn man an der Kreuzung in Immouzzer rechts weiterfährt, kann man auf einer geteerten Straße zur Route Marrakesch – Agadir (N8) weiterfahren und den Ausflug als Rundfahrt planen. 29 km vor Amskroud mündet das Sträßchen bei **N 30°42,708', W 09°12,973'** in die Hauptroute ein.

# Von Agadir nach Essaouira

■ **172 km, N1**

■ **Gute Asphaltstraße** durch hügelige Küstenlandschaft, bis Tamrakht vierspurig. Gute Busverbindung ab beiden Städten (siehe dort, Fahrzeit ca. 4 Std., mit Ausflugsbussen der Reiseveranstalter ca. 3 Std.). Zu den Stränden bei Taghazoute kann man mit den **ALSA-Stadtbussen** Nr. 32 stündlich von Agadir aus gelangen. Die Linie 33 geht bis Tamri.

■ Bisher sind die **wunderschönen Strände** um und nördlich von Taghazoute noch relativ ruhig. Nur am Wochenende baden hier viele Marokkaner. Zwischen Dezember und März sind die Campingplätze mit Wohnmobilisten gefüllt, die hier überwintern. Der Strandabschnitt von Agadir bis Tamri wird immer mehr touristisch erschlossen – große Hotelprojekte sind seit Jahren geplant, bisher wurden aber nur kleine private Ferienanlagen realisiert.

■ Essaouira ist als Ziel für einen **Tagesausflug** anstrengend, aber durchführbar. Um die unvergleichliche Atmosphäre Essaouiras kennenzulernen, ist aber ein zweitägiger Aufenthalt zu empfehlen.

**Von Agadir** fährt man auf der vierspurigen, von Palmen gesäumten Av. Mohamed V. am Hafen vorbei, durchquert den Industrieort Anza und erreicht nach 12 km den Ort **Aourir.** An der ersten Kreuzung biegt eine ausgeschilderte Straße ins „Paradise Valley“ und nach Immouzzer ab. 5 km entfernt auf der Strecke nach Immouzzer liegt der schöne Campingplatz Aourir (vgl. bei Agadir). Kurz darauf folgt der große Ort **Tamrakht;** bis hierher ist die Straße vierspurig ausgebaut. Erfrischungen bieten mehrere nette Cafés bzw. Restaurants. Der Ort ist bekannt für seine schmackhaften Tajines – Agadirer Familien fahren am Wochenende hierher zum Essen. Es werden kleine, sehr leckere süße **Bananen** verkauft, die im Mündungsgebiet des Oued Tamrakht wachsen, daher wird der Ort auch „Banana Village“ genannt. Markt ist am Mittwoch.

Unterkunft bietet der sehr schöne **Riad Dar Haven**④ (Hay Aït Soual, Tel. 0528 31 54 34, www.riad-dar-haven.com) im modern-stylishen Orientstil – sehr komfortable Zimmer mit Flat-TV, DVD-Player und mit toller Dachterrasse inkl. Meerblick, etwas versteckt im Gassengewirr nahe des Strandes. Eine weitere Übernachtungsmöglichkeit besteht in der hübschen **Auberge Littoral** (Tel. 0528 31 47 26, www.hotellittoral.com, Restaurant mit Alkoholausschank, DZ mit Frühstück②, mit Bad, sehr sauber und freundlich). Oberhalb der Brücke über das Oued Tamrakht kann man in der empfehlenswerten **Villa Solaria** von *Margrit* (Schweizerin) und *Mohamed Addi* übernachten (Tel. 0528 31 47 68 oder Mobil 0661 40 19 75, www.villa-solaria.com). Es gibt komfortable DZ (②), eine Ferienwohnung und Studios mit Meeresblick, Küche und Salon (③), kostenloses Internet sowie eine sehr schöne Dachterrasse. Zum Essen geht man in eines der Restaurants im Ort. Zum Strand sind es 15 Minuten zu Fuß.

Kurz hinter Tamrakht liegt am Strand linker Hand der Straße der sehr große und gepflegte **Campingplatz Atlantica Imourane** (s. Campingplätze bei Agadir, **N 30°30,660', W 009°40,883'**). Vor dem Campingplatz führt ein Feldweg direkt auf einen im Atlantik liegenden Felsen zu, der auch **Teufelsfelsen** genannt wird. Unbeschadet kann dieser aber nur bei Ebbe erreicht werden. Man spürt hier die Kraft des Atlantiks, denn riesige Brecher branden an die Felsen, und aus vielen kleinen Kratern spritzt das Wasser fontänengleich heraus. Alljährlich im Oktober findet hier die zweitägige **Fête Imouran** statt. Junge Mädchen versammeln sich in traditioneller Berbertracht, setzen sich bei Ebbe rund um den Felsen auf die Steine und warten bis das Wasser kommt und sie nass spritzt. Das ist ein Zeichen für eine baldige Hochzeit. Da

▷ Ideal zum Surfen – Imourane Plage

auch viele junge Männer dem Fest beiwohnen, ist eine nachhaltige Begegnung nicht auszuschließen.

Unterhalb des Campingplatzes liegt ein wunderschöner langer, und im Gegensatz zu Taghazoute, **sauberer Sandstrand Imourane Plage.** Wegen der guten Bedingungen für Surfer finden Wassersportler hier auch die entsprechende Infrastruktur mit Ausrüstungsverleih vor. In der Nachbarschaft des Campingplatzes gibt es alle notwendigen Versorgungsmöglichkeiten (Läden, Restaurants, Autowaschanlage etc.).

Etwa 4 km hinter Tamrakht folgt noch ein kurzer freier Strandabschnitt mit Wildcampingmöglichkeit.

22 km nördlich von Agadir liegt der bei jungen Aussteigern, aber auch bei Surfern beliebte Ort **Taghazoute,** der bereits in der Hippiezeit unter Kiffern und Bob-Marley-Anhängern angesagt war. Allerdings ist die Umgebung total vermüllt. Am Strandabschnitt vor **Taghazoute Plage,** wo die Zufahrtsstraße endet, gibt es einen Parkplatz mit Cafés

## Taghazoute

Trotz der (nur teilweise umgesetzten) touristischen Erschließung der Region, hat sich in diesem etwas gammeligen Fischerdorf nicht viel geändert. Bislang treffen sich hier vor allem Alternative und Surfer, die Zimmer in Privathäusern (B&Bs) oder Ferienwohnungen mieten. Anziehungspunkt sind die schönen Strände und bekannten Surfspots der Umgebung. Am Parkplatz beim **Almuyar-Surfshop** und **Café La Paix** rechts neben der Hauptstraße weht dem Besucher jedoch der Gestank des Abfalls entgegen, der im Fluss entsorgt wird. Dazu kommen unangenehme **Schlepper,** die recht aufdringlich Quartiere, Kiff u.a.

084m015 ed

anbieten. Der alte Ortskern mit engen Gassen, die hinunter zum **kleinen Fischerhafen** und der gemütlichen Herberge **L'Auberge** (s.u.) führen, liegt links der Durchgangsstraße. Die Kulisse am Strand mit den Fischerbooten und rosafarbenen Häusern oberhalb ist zwar malerisch, aber auch hier sammelt sich leider viel Müll an.

Neben diversen **Geschäften** und einer Apotheke gibt es mehrere Reparaturwerkstätten für Surfbretter und einen Waschsalon. Entlang der Hauptstraße reihen sich einige **Restaurants** unterschiedlicher Qualität, am Ortsende bietet ein Tex-Mex-Restaurant etwas Abwechslung zu Fast Food und marokkanischer Küche. ALSA-Stadtbusse fahren regelmäßig nach Agadir.

## Unterkunft

Bei einer strandnahen Übernachtung ist zu bedenken, dass die Fischer um 4 Uhr morgens ihre Boote starten und die Zweitakt-Motoren ganz sicher jeden Toten aufwecken. Bis alle Boote ausgelaufen sind, dauert es mindestens 30 Minuten …

■ **La Source**②, am Ortsende links, Mobil 0661 26 07 21, www.taghazoutsource.com. Komfortable Apartments ein wenig abseits des Trubels mit sehr schönem Ausblick. Kurz davor befindet sich eine Agentur für Miethäuser, Apartments und Zimmer.

■ **L'Auberge**①-②, direkt am Fischerhafen, Tel. 0528 20 02 72, www.surfmaroc.co.uk. Gemütlicher Traveller-/Surfertreffpunkt unter britischer Führung mit 13 Zimmern (2 DZ mit eigenem Bad, sonst saubere WC/Duschen am Gang), mit Restaurant und Terrasse. Sportaktivitäten und Autovermietung über angeschlossene Agentur Surf Maroc, s.u.

■ **Taghazoute Villa B&B**②, am Hash Point (nicht direkt im Ort), Tel. 0528 20 03 68, www.surfmaroc.co.uk. Unter derselben Führung wie L'Auberge, große Villa mit schönem Interieur, Terrasse mit Ausblick auf die Anchor Beach, 9 Doppel-/Dreier- und Viererzimmer (Gemeinschaftsdusche/WC), WLAN, Surf- und Yogaangebot.

■ **Villa Mandala**②, an der Banana Beach, Tel. 0528 31 47 73, www.surfmaroc.co.uk. Komfortabler als die vorigen Unterkünfte mit großer Terrasse (Meerblick), Pool und Yogaraum. Gemütliches Wohnzimmer mit WLAN, TV, DVD-Player, Büchern, Spielen etc., Hammam im Haus, 9 großzügige Zimmer (davon 7 mit eigenem Bad).

## Surfen

Die beste Zeit zum Surfen ist von Oktober bis April, die besten Wellen gibt es von Dezember bis Februar. In der Zeit um Weihnachten, Ostern und Neujahr sollte man die Unterkunft vorreservieren.

■ Die britische Agentur **Surf Maroc** (Tel. 0675 46 06 37, www.surfmaroc.co.uk) erfüllt alle Surferwünsche: Unterkunft (s.o.), Surfkurse, Ausrüstungsverleih, Reparaturservice, Transport zu den Surfspots, Autovermietung etc. Am besten online im Paket buchen.

■ **Endosurf** (www.endosurf.com) ist in deutscher Hand und bietet zwischen August und Mitte Mai Urlaubspakete für Surfer an (inkl. Unterkunft in einem gemütlichen Landhaus bei Taghazoute, Ausrüstung, Transport zu den Surfspots etc.).

# Weiterfahrt nach Essaouira

Nördlich von Taghazoute reihen sich zahlreiche schöne **Strände** aneinander (u.a. Paradis Plage, Miami Beach und Surfer's Point).

4 km hinter Taghazoute liegt etwas erhöht rechts der Straße der **Campingplatz Terre d'Océan** (Tel. 0675 58 54 07

085m015 ed

oder 0528 20 05 15, www.terredocean.com, N 30°33,730', W 09°44,420', freundliche französische Besitzerin) in sehr schöner Lage mit Traumblick über das Meer. Zu Fuß sind es von hier etwa 15 Minuten nach unten zum Strand. Es gibt ordentliche sanitäre Anlagen, einen Pool, einen Laden, ein Restaurant, WIFI, Abwasserentsorgung für Wohnmobile, aber leider wenig Schatten (die angepflanzten Bäumchen müssen erst noch wachsen). Man kann auch in eingerichteten Berberzelten, kleinen Bungalows oder einem Gästehaus③ (für 4 Pers.) übernachten. Camping ca. 85 DH für 2 Pers. mit Fahrzeug, 20 DH Strom. Ermäßigung bei längeren Aufenthalten.

**30 km** nördlich von Agadir erstreckt sich über mehrere Kilometer eine lange Bucht mit schönen, sauberen Sandstränden (Restaurant, Jet-Ski, Quadverleih). Bei **km 32** sind der Ort **Immi Oudar** (Immouader) sowie **Paradis Plage** erreicht. Rechts der Hauptstraße befindet sich das **Restaurant Atlantica Parc** und der riesengroße, viel gelobte **Camping Atlantica Parc** (Tel. 0528 82 08 05, www.atlanticaparc.com, nicht unmittelbar am Strand). Dieser Platz mit europäischem Standard ist sicherlich einer der besten und saubersten des Landes, allerdings in den Wintermonaten von Dutzenden europäischer Wohnmobilisten besetzt. Die modernen Einrichtungen wie der saubere Sanitärblock mit Waschmaschine und heißen Duschen, der schöne Pool mit Liegen, das Restaurant, das Internetcafé und der Laden mit täglich frischem Brot lassen kaum Wünsche offen. Leider sind die Bäume an den parzellierten Stellplät-

Blick vom kleinen Fischerhafen auf Taghazoute

zen noch klein und spenden wenig Schatten. Langzeitcamper können auch Chalets, Bungalows, Wohnzelte und Caravans mieten. Gebühr 110 DH/Tag für 2 Pers. inkl. warmer Dusche und Strom, ab dem vierten Tag günstiger.

Surfer und Yoga-Liebhaber können im sehr komfortablen **Paradis Plage Surf Yoga & Spa Resort** (Tel. 0528 20 03 82, www.paradisplage.com) einen entspannten Urlaub am Meer verbringen: große, modern eingerichtete Suiten (rund 50 $m^2$) mit Balkon, TV, DVD-Player, WIFI, Klimaanlage und Küche, auch größere (70 $m^2$) Suiten und Bungalows für bis zu 6 Personen. Es gibt vier Restaurants, einen Pool, eine Surfschule mit Rip-Curl-Leihausrüstung, ein Spa und tägliche Yogastunden am Meer.

Nach 1 km folgt der sehr schön gelegene Ort **Aghroud** mit einer herrlichen **Sandbucht.** Auch hier und die nächsten 10 km entstehen immer mehr Ferienapartments und Villen mit Meerblick. In kleinen Läden und Cafés kann man sich versorgen, die Résidence Dana vermietet Apartments.

Etwa 10 km hinter Aghroud wird es ruhiger, die Straße führt kurvig die karstige, von Höhlen durchzogene Felsküste entlang, die gelegentlich von sehr schönen Sandbuchten unterbrochen wird. Das hügelige Hinterland wirkt wüstenhaft, nur Euphorbien und Dornensträucher wachsen.

**48 km** nördlich von Agadir liegt das **Cap Rhir** mit Leuchtturm und einigen Häusern. Den Leuchtturm kann man gegen Trinkgeld an den Wärter (verhandeln!) besichtigen. Eine Piste führt kurz darauf zu einem großen Parkplatz für Fischer und **Standplatz für Wohnmobile** an der Felsküste.

10 km weiter gelangt man zur **Plage Imi Ouassif,** einer tollen Bucht mit Sandstrand und ein beliebter Surfspot. Eine Piste führt links ab (verwittertes Schild) zu einem Standplatz an der Mündung des **Oued Aït-Ameur.**

Die Hauptstraße führt landeinwärts, und nach weiteren 4 km, bei **Gesamtkm 60,** ist **Tamri** erreicht. In dem kleinen Fischerort ist am **Montag Markttag.** Das Gebiet war bereits in der Steinzeit bewohnt, man fand in den Höhlen von Ifrane Oughoua zahlreiche Steinwerkzeuge. Im Mündungsgebiet des **Oued Aït-Ameur** und an dessen Ufer gedeihen **Bananen,** die zwar klein sind, aber umso besser schmecken, deshalb wird das Tal auch **„Banana Valley"** genannt.

2 km hinter Tamri oberhalb das Ortes liegt das kleine **Hotel Imazighine** und Fabrikation von Arganienöl und Kosmetik. Ab hier führt die Strecke wieder in ca. 500 m Entfernung von der Küste.

9 km hinter Tamri ziehen sich große Sanddünen bis zum Meer und man sieht immer wieder Kamelherden. Hier gibt es **einsame Sandbuchten** die man zu Fuß erkunden kann und traumhafte Ausblicke aufs Meer, denn die Straße schlängelt sich bergauf und führt dann oberhalb der Küste weiter.

Ab **km 72** entfernt sich die Straße vom Meer und führt durch das hügelige karge Hinterland mit Arganienbäumen.

Nachdem man mehrere Siedlungen passiert hat, zweigt rechts (ca. bei km 85) eine Straße zur Barrage Sidi Moulay Abdallah (Stausee) ab. Kurz darauf quert man das **Oued Tamkouirint** auf einer Furt. Hier kann man sein Auto parken und das Oued hinunterlaufen. Nach etwa 10 Min. erreicht man die **Gouffre d'Agadir Imoucha,** wo das Flüsschen früher aus einer Schlucht über mehrere Terrassen in Kaskaden nach unten zur Mündung fiel. Jetzt liegt es wegen des Stausees (s.u.) trocken. Am Ende der Schlucht folgt das Dorf Tildi.

Bei **km 89** zweigt links ein Teersträßchen nach **Immesouane Plage** ab.

## Abstecher nach Immesouane Plage

5 km nach Verlassen der Hauptstraße erreicht man Immesouane Plage. An der Kreuzung am Ortseingang geht es geradeaus durch eine hässliche Neubausiedlung; unterhalb liegt der alte Ortskern mit einer schönen kleinen Sandbucht. Der Strand ist ein **beliebtes Surferziel,** es gibt Surfshops, Läden und einfache Fischrestaurants. Der kleine Fischerhafen voller blauer Boote und mit Leuchtturm ist recht malerisch. In der Markthalle finden frühmorgens Fischauktionen statt.

Die Surfschule **Planet Surf Morocco** bietet Kurse und Leihausrüstung an (Tel. 0528 21 87 83, Mobil 0673 70 67 78, www.planetsurfmorocco.com). Unterkunft für Ferien abseits des Touristentrubels bietet die saubere und stilvoll eingerichtete **Auberge Kahina**① (Tel. 0528 21 87 84, www.kahinasurfschool.com) mit Terrassenrestaurant.

Biegt man an der Kreuzung am Ortseingang rechts ab, erreicht man nach ca. 400 m die **Auberge Tasra** (Tel. 0528 21 68 79, Mobil 0608 99 31 57, www.tasra.info). Die hübsche Herberge mit Restaurant im Innenhof (Alkoholausschank) liegt zwar nicht direkt am Strand, ist aber dennoch die ideale Surferunterkunft. Die einfachen Zimmer sind in zwei Trakten um den Hofgarten untergebracht, die neueren Zimmer haben ein Bad (nur durch Duschvorhang abgetrennt, DZ②), bei den älteren Zimmern befinden sich Dusche/WC auf dem Gang (DZ①). Traveller mit kleinem Geldbeutel können auch im Schlafsaal übernachten. Der Betreiber der Herberge lebt in Köln. Zur Surfsaison sollte man unbedingt reservieren.

Von der Auberge führt die kleine Teerstraße weiter entlang der Küste mit schönen Ausblicken aufs Meer.

7 km nach Immesouane Plage liegt **Immesouane** am Felshang oberhalb der Straße. Der größere Ort mit einer schönen gelb-blauen Moschee hat gepflegte Oliven- und Obstgärten, die durch Trockenmauern und Feigenkakteen abgetrennt sind.

Der terrassierte **Imsouane Camping** (Mobil 0664 11 34 13) wird von einem deutschen Ex-Profisurfer betrieben. Gute sanitäre Anlagen, es gibt Strom, eine Entsorgungsstation für Wohnmobile, ein Internetcafé sowie ein Restaurant. Die vielen angepflanzten Bäume spenden erst wenig Schatten. Auch Übernachtung im Berberzelt ist möglich.

Hinter Immesouane führt die Straße wieder ins Landesinnere und mündet bei km 18 (7 km hinter Immesouane) wieder in die Hauptstraße Richtung Tamanar (16 km).

## Weiterfahrt nach Essaouira

Folgt man an der Kreuzung bei **km 89** weiter der Hauptstraße, hat man 7 km weiter noch einmal die Möglichkeit, Richtung Immesouane (Plage) abzubiegen. Hier mündet der obige Abstecher 16 km vor Tamanar wieder in die Hauptroute.

Hübsche Dörfer liegen auf den mit Arganien bewachsenen rötlichen Steinhügeln verstreut. Entlang der weiteren Strecke bis Essaouira kann man bei Frauenkooperativen (teure) **Arganienölprodukte** direkt kaufen (ca. 150 DH für 250 ml Arganienöl), z.B. Seifen, Cremes und Amlou, die „Berbernutella", eine leckere Mischung aus Arganienöl, Mandeln und Honig. Die freundlichen Frauen der Kooperativen erklären und demonstrieren die aufwendigen Arbeitsschritte zur Produktion des Öls.

Bei **km 109** erreicht man den Ort **Tamanar,** das Zentrum der **Haha-Nomaden,** die vor allem für ihre Tänze bekannt sind. Es gibt eine Tankstelle, Geschäfte, Apotheke und mehrere einfache Straßenrestaurants. Für eine Mittagspause empfiehlt sich das **Café/Restaurant Argana** nach der Ortsausfahrt auf der linken Seite mit einer netten Terrasse und Souvenirshop.

12 km nach Tamanar führt rechts ein Abzweig zu einem weiteren Stausee. Hinter dem Dorf **Oued Tassaraset** (**124 km** von Agadir) wird die Landschaft wieder gebirgiger, es wachsen viele Thujen-, Wacholder-, Oliven- und Arganienbäume in der dünn besiedelten Gegend. Am Straßenrand wird Arganienöl verkauft.

**128 km** hinter Agadir (knappe 20 km nach Tamanar) geht es bei einem kleinen Dorf links nach **Tafedni** und zum **Cap Tafelney** (Beschilderung aus der Gegenrichtung: „Plage Tafedni"). Diese schmale Teerstraße schlängelt sich durch Pinien-, Wacholder- und Loorbeerwald, bis nach 13 km ein Abzweig links in den neuen Ort Tafedni (einige Lebensmittelläden) führt. Geradeaus geht es nach unten zu einer traumhaften Bucht, die sich südlich des Kaps erstreckt (insgesamt 14 km). Am Strand liegen mit verschiedenen Motiven bemalte Fischerboote, die nach dem Fang mit Hilfe von Pferden wieder an Land gezogen werden. Der schöne Sandstrand ist im Umkreis des Ortes verschmutzt, weiter weg aber sauber. Bei den Fischern kann man preiswert Fisch und Schalentiere kaufen. In mehreren Fischbuden bzw. kleinen Restaurants gibt es gegrillten Fisch (Leserempfehlung: Restaurant La Vague). Kurz vor dem Ende der Straße liegt rechts der Bucht am Hang ein neues Fischereizentrum in einer Halle, die hier wie ein Fremdkörper wirkt. **Mountainbiker** können von hier auf einem Weg durch den Pinienwald einen Großteil der Strecke in Richtung Norden abseits der Hauptstraße zurücklegen.

3 km nach dem Abzweig zum Cap Tafelney führt rechts eine Straße (beschildert) zum **Djabal Amsittene,** der von oben eine herrliche Aussicht bietet. 1 km weiter verläuft eine Piste rechts in ein kleines Tal mit Bächlein zu einer Saline.

**138 km** nördlich von Agadir liegt **Smimou,** ein stark wachsender Ort mit Läden, Straßenrestaurants und Tankstellen. Markt ist am Sonntag.

2 km hinter Smimou führt ein Abzweig links zum **Turm Had-Smimou** (10 km) und zu sehr ursprünglichen Bauerndörfern. Die Häuser sind durch Natursteinmauern und Kakteen abgetrennt, die Hügellandschaft entlang der Küste ist sehr idyllisch und auch für Wanderungen oder Reitausflüge geeignet. Mit dem Auto kann man jedoch nicht entlang der Küste weiterfahren.

12 km hinter Smimou (**150 km** nördlich von Agadir) folgt der kleine Ort **Tidzi.** Es folgen mehrere Arganienölkooperativen entlang der Strecke. Bei **km 155** von Agadir bietet **Dar Ch'tis** (Tel. 0672 67 58 66, www.darchtis.com, 16 km von Essaouira kommend, Camping 60 DH für 2 Pers. mit Kfz) eine Übernachtungsmöglichkeit auf dem Campingplatz. Die Straße führt weiter durch eine flache Landschaft mit Arganienbäumen, die Strecke ist nun weniger abwechslungsreich.

Bei **km 163** zweigt links vor der Brücke eine Straße zu den fantastischen Dünenstränden von **Sidi Kaouki** ab. Geradeaus geht es nach Essaouira weiter.

## Sidi Kaouki

7 km nach dem Abzweig von der Hauptstraße folgt eine Kreuzung bei einem großen, von Deutschland mitfinanzierten Windpark. Rechts geht es zum **Cap Sim** (2 km, Dorf mit Marabout und einem einfachen Café/Restaurant). Geradeaus führt die kleine Teerstraße am hübschen Gästehaus Dar Tarnamou (Tel. 0661 96 477) vorbei und weiter nach Sidi Kaouki, das nach insgesamt 12 km erreicht ist. Am Parkplatz am Strand (mit Gendarmerieposten) warten Fischbuden auf hungrige Kundschaft.

Der kleine Ort mit einem **herrlichen langen Sandstrand,** kleinen Dünen und stetigem starken Wind ist stark touristisch geprägt. Der große **Marabout des Heiligen Sidi Kaouki** liegt direkt am Meer und wird vor allem von Frauen besucht, die auf Erfüllung ihres Kinderwunsches hoffen. Das Grab befindet sich neben dem eigentlichen Marabout.

Sidi Kaouki gilt neben Moulay Bouzerktoun (nördlich von Essaouira) als **eines der besten Kite- und Windsurfreviere Marokkos,** allerdings nur für geübte Surfer, da die Wellen ziemlich hoch sind. Am Strand kann man Sonnenschirme, -liegen und Quads mieten sowie Kamelritte unternehmen. Die einsame Küstenlandschaft nördlich und südlich von Sidi Kaouki prägen Arganien, Ginster und Pinien. Vom Parkplatz im Ort führt die kleine Teerstraße weiter südwärts. Hinter Sidi Kaouki folgen erst einige unschöne, unvollendete Baustellen, dann führt die Straße durch die karge Landschaft entlang der Küste nach **Sidi Mbarek,** von wo man z.B. eine schöne Strandwanderung zurück nach Sidi Kaouki unternehmen kann (ca. 3 Std.).

**Vorsicht:** An den Stränden rund um Sidi Kaouki (nördlich und südlich) kam es in den vergangenen Jahren immer wieder zu Diebstählen, aufgeschnittenen Zelten und Autoaufbrüchen! Wild campen ist daher nicht empfehlenswert bzw. wird z.T. von der Polizei verboten.

### Praktische Informationen

#### Unterkunft

Es gibt mittlerweile diverse im Ort verstreute Herbergen und Apartments für Surfer und Traveller. Infos zum Surfen und zu Unterkünften in Sidi Kaouki findet man im Internet unter www.sidi-kaouki.com und www.planetekaouki.com

■ **Auberge de la Plage**③, Tel. 0524 47 66 00, www.kaouki.com. Das hübsche Gästehaus hat ein gemütliches Restaurant, zwei Terrassen, einen kleinen Garten, einen Lagerraum für Surfausrüstung und zehn saubere Zimmer mit Bad und Meerblick. Das Personal ist sehr nett. WLAN.

086m015 ed

**Auberge du Marabout**②, links der Strandstraße am Rand des Wäldchens, Tel. 0661 46 57 61, www.auberge-marabout-kaouki.com. Einfaches, sauberes Hotel mit geräumigen Zimmern mit Bad und Balkon (Meerblick oder Richtung Inland). WLAN.

**Douar des Arganiers**④, Mobil 0613 20 60 42 oder 0610 41 03 88, www.douardesarganiers.com. Das Gästehaus „Weiler der Arganien" liegt inmitten von Arganbäumen (vgl. Kapiteleinleitung). *Tania* und *Ali* vereinen hier schweizerische und marokkanische Gastfreundschaft. Das aus Naturstein, mit traditionellen Techniken und Materialien erbaute Haus passt sich perfekt in die schöne Umgebung ein. Der Strom wird durch Solarenergie gewonnen. Es gibt vier Suiten (30 $m^2$) mit Bad, Schlafzimmer, Wohnzimmer mit Kamin und privater Terrasse – alles in einem raffinierten, natürlichen Stil mit marokkanischem Touch. Ideal zum Entspannen und Erholen. Organisation von Touren und Taxi-Transfer möglich, 10 Min. Fußmarsch zum Strand, WLAN.

**La Pergola**②-③ (je nach Saison und Zimmer), Tel. 0524 78 58 31 oder 0671 49 24 49, www.pergola-maroc.com. Der französische Besitzer kümmert sich liebevoll um seine Gäste. Es gibt neun farbenfrohe Zimmer (mit Bad) unterschiedlicher Preislage, zwei Suiten für Familien, eine Sonnenterrasse und ein Restaurant mit leckerem Essen.

**Mein Tipp: Résidence Le Kaouki**②, Tel. 0524 78 32 06, Mobil 0668 05 16 27, www.sidikaouki.com. Die Freiburgerin *RoRo Viallon-Kallinich* betreibt dieses ganz in blau-weiß gestaltete, kleine Haus – sie verbringt mehrere Monate im Jahr vor Ort und betreut liebevoll ihre Gäste. Das Haus wird durch einen eigenen Brunnen versorgt, nur an der Rezeption gibt es einen Generator, sonst keinen Strom. 10 sehr einfache, aber gemütliche und saubere Zimmer (warme Etagenduschen) für alle, die abseits jeglichen Trubels und ohne moderne Technik in persön-

Am Strand von Sidi Kaouki

licher Atmosphäre entspannen möchten. Abends romantisches Ambiente bei Kerzenlicht im offenen Restaurant (sehr gutes Essen), mittags Salat und frischer Fisch auf Vorbestellung. Organisation von Ausflügen und Mietwagenvermittlung möglich. Dinner 110 DH.

■ **Villa Soleil**③, Mobil 0670 23 30 97, www.hotelvillasoleil.com. Nettes Gästehaus unter belgischer Führung mit geräumigen Bungalows für bis zu vier Personen mit Bad und eigenen kleinen Innenhöfen. Es gibt ein kleines Restaurant und einen Salon mit offenem Kamin.

■ **Windy Kaouki**③, Tel. 0524 47 22 79, Mobil 0661 25 63 66, www.windy-kaouki.com. Die schicken, geräumigen Apartments für bis zu vier Personen mit Küche und einem Kamin für kalte Tage sind modern marokkanisch eingerichtet. Es gibt eine Garage zur Lagerung der Surfausrüstung, einen Pool und ein Restaurant. Apartment für 2 Pers.

### Camping

■ An der Straße Richtung Süden führt ein beschilderter Abzweig links zum ummauerten Platz **Camping Kaouki Beach** (www.camping-kaouki-beach.com, N 31°21,008', W 09°47.698') mit sehr guten sanitären Anlagen (heiße Duschen), bepflanzten Stellplätzen mit Stromanschluss und Abwasserentsorgung für Wohnmobile. Kleine Bibliothek und Büchertausch, morgens wird frisches Brot geliefert, nachmittags Gebäck. 2 Pers. inkl. Kfz 85 DH, ab 2. Nacht 70 DH, Strom 15 DH.

■ Weitere Stellplätze bietet der **Camping Dar Ch'tis** (Abzweig von der N1 ca. 1 km vor dem Abzweig nach Sidi Kaouki, s.o. und bei Essaouira).

### Essen und Trinken

■ An den **Fischbuden** am Parkplatz kommt der Fang des Tages frisch gegrillt auf den Tisch.

■ Auf der (Dach-)Terrasse des Surfcenters **Sidi Kaouki** (s.u.) gibt es leckere Burger und Thai-Gerichte mit Ausblick auf die Wellen.

■ Ein echter Tipp ist **Chez Abdellah (Cailloux Bleus)** im winzigen Fischerdorf Taguenza (ca. 2 km nördlich von Sidi Kaouki direkt am Strand, Pistenzufahrt von der Hauptstraße): In der originellen Steinhütte des Althippies *Abdellah,* der hier ohne Strom lebt und Geschichten aus alten Zeiten erzählt, kann man guten Fisch essen und herrlich relaxen.

### Surfen

■ Auf der Dachterrasse des bunt bemalten Holzhauses des **Surfcenters Sidi Kaouki** (Tel. 0672 04 40 16, www.sidi-kaouki.com, unter Führung des Münchners *Felix Gerl*) genießt man einen Tee und die Aussicht auf den Strand. Das Surfcenter bietet Kurse, verleiht komplettes Equipment und bietet Lagerräume für die eigene Ausrüstung. Auch Taxi-Transfers können organisiert werden.

### Bus

Die **Regionalbuslinie 2** verkehrt bis 18.30 Uhr etwa alle 1½ Stunden zwischen Essaouira und Sidi Kaouki. Außerdem fahren Sammeltaxis von Sidi Kaouki nach Essaouira. Ein **Grand Taxi** (Privatmiete) ab Essaouira kostet ca. 150 DH.

## Weiterfahrt nach Essaouira

Wieder **zurück auf der Hauptstraße** folgt nach 1 km (bei **Gesamt-km 164**) der Abzweig zum **Flughafen Essaouira-Mogador.**

Bei **km 167** zweigt rechts die Straße nach Casablanca und Marrakesch ab. Ein Schild weist auf den **Camping Le Calme** hin (9 km, vgl. „Essaouira/Campingplätze"). An der Kreuzung befindet sich die Universität Cadi Ayyad. Hier entstand die neue Vorstadt **Essaouira Aljadida** bzw. im Volksmund **Douar El Ghazoua** genannt.

Weiter links in Richtung Essaouira passiert man bei **Gesamt-km 169** den alten Ortsteil von El Ghazoua („km 8, El Ghazoua"). Hinter dem **Restaurant Le**

**K-Rouge** (Tel. 0524 79 23 65, feine französische Küche, Mo und Di geschlossen, gehobene Preiseklasse) liegt rechts die **Solarwerkstatt Afrisol** von **Peter Kiefer.** Der Solar-Pionier hat 20 Jahre lang professionelle Anwendungen für Land-Elektrifizierung, Wasserpumpen und Insel-Systeme für Häuser und Wohnmobile geplant und installiert. Heute übernimmt er Planung und Beratung für Projekte im Bereich Energie, Landentwicklung und Bau. Besucher sind willkommen. *Peter Kiefer* vermietet Apartments am Strand von Essaouira und hilft bei Notfällen.

2 km weiter (**171 km** hinter Agadir) zweigt links eine kleine Teerstraße nach **Diabat** ab (vgl. „Ausflüge von Essaouira„). Hier biegt man zum **Sofitel Mogador Golf & Spa** (vgl. bei Essaouira) mit 18-Loch-Golfplatz und zur Auberge Tangaro ab. 1 km weiter bei einem Kreisverkehr und kurz vor der Brücke über den Oued Ksab kann man ebenfalls nach Diabat abbiegen. Hier traf sich in den 1970ern die Hippieszene. Kurz nach dem Abzweig liegen rechts das Restaurant Jimi und die Pferderanch Diabat (vgl. bei Essaouira). Eine Brücke führt über den Fluss.

3 km weiter steht rechter Hand der kleine **Leuchtturm Sidi Magdoul.** Kurz davor liegt etwas versteckt rechts der Straße (kein Schild) der **Campingplatz Sidi Magdoul.**

Nun beginnt die vierspurige Einfahrtsstraße nach **Essaouira,** das nach 1 km bei **Gesamt-km 173** erreicht ist.

# Essaouira

unter Mitarbeit von *Gabriele Rau*

Kein Tourist sollte es versäumen, dieses auf die Felsen des Atlantiks gebaute charmante Fischerstädtchen zu besuchen. Das **frühere Mogador** zählt inzwischen **101.000 Einwohner.** Die einstmals portugiesische Stadt verliert als Fischereistandort immer mehr an Bedeutung, dafür verläuft die touristische Entwicklung in rasantem Tempo.

Attraktionen sind der Fischerhafen mit Werft, die alten Festungsanlagen, die rote Stadtmauer und vor allem die beeindruckende, **andalusisch geprägte Altstadt.** Bei einem Bummel durch die Gassen mit den malerischen weißen Häusern fallen besonders die schönen, gelb umrahmten Eingangsportale, Torbögen und blau getünchten Fenster und Türen ins Auge. Die Medina von Essaouira zählt seit 2001 zum **UNESCO-Weltkulturerbe.** Wie in vielen anderen Altstädten Marokkos wurden auch in Essaouira viele alte Gebäude von Privatinvestoren renoviert und zu Gästehäusern oder Restaurants umfunktioniert.

Bei einem Altstadtbummel entdeckt man immer wieder neue Dinge, die der Stadt ihr **unverwechselbares Flair** verleihen: gemütliche Restaurants und Cafés, in denen man in Ruhe einen *Thé à la menthe* schlürfen kann, Galerien lokaler Künstler, Boutiquen mit Skulpturen und Kästchen aus Thujenholz, mit Musikinstrumenten der Gnaoua, bunten Lampen aus Kamelhaut u.v.m.

Die lebhafte **Künstler- und Musikszene** Essaouiras lockte schon in den 1970er Jahren Hippies, Beatniks und

Künstler wie *Bob Marley, Jimi Hendrix, Jim Morrison* und die *Rolling Stones* an. Heute ist vor allem das jedes Jahr im Juni stattfindende **Gnaoua-Musikfestival** international bekannt – dann sind alle Gästehäuser ausgebucht, und die ganze Stadt ist voller junger Alternativer und Musikfreunde.

Die „windy city", wie sie oft genannt wird, ist außerdem ein beliebter **Surfer-Treffpunkt:** In den kühlen Wellen des Atlantiks tummeln sich Wind- und Kite-Surfer aus aller Welt.

Bis Anfang der 1990er Jahre war Essaouira fast nur von Individualtouristen besucht, doch heute hält auch hier der Massentourismus Einzug. Immer mehr große Luxushotels und stilvolle Riads eröffnen in und am Rande der Stadt. Im einst verschlafenen Diabat südlich von Essaouira entstand das riesige **Tourismusprojekt Mogador Essaouira,** eine Parkanlage mit 18-Loch-Golfplatz und Luxushotels wie dem durchgestylten Sofitel Mogador Golf & Spa.

So trifft auch in Essaouira Moderne auf Tradition. Viele Frauen tragen noch den traditionellen **Haik,** einen weißen Umhang mit schwarzem Gesichtsschleier, während europäische Touristinnen im Trägertop oder Bikini den Strand entlang flanieren. Kaum eine Stadt hat in den letzten 15 Jahren so vom Tourismus profitiert wie Essaouira und trotzdem ihren Charme bewahrt.

## Geschichte

Das **frühere Mogador** ist wahrscheinlich nach dem Heiligen und berberischen Schutzpatron *Sidi Magdoul* (Grab am Eingang zur Stadt) benannt. Der Name könnte aber auch vom Wort *Amegdoul,* „die Wohlbehütete", abstammen. Die Ursprünge des Hafens und Handelsplatzes gehen auf den karthagischen Admiral **Hanno** (um 465 v.Chr.) zurück, der hier einen Stützpunkt anlegte. Der Nubierkönig **Juba II.** unterhielt im 1. Jahrhundert n.Chr. Purpurmanufakturen. Der rötliche, von der **Purpurschnecke** gewonnene Farbstoff gab den vorgelagerten Inseln ihren Namen (Purpurinseln) und wurde zu hohen Preisen an die Römer geliefert.

Zu Beginn des 16. Jahrhunderts errichteten die **Portugiesen** unter König *Manuel I.* ein erstes Fort am Atlantik (1506). Sie tauften die Stadt Mogadouro. Zeitweise diente die Stadt auch Piraten als Unterschlupf.

Ihre heutige Form erhielt die Stadt erst Mitte des 18. Jahrhunderts. 1765 wurde Essaouira im Auftrag von Alaouiten-Sultan *Sidi Mohamed Ben Abdallah* und unter Mitwirkung des französischen Festungsarchitekten *Théodore Cornut* als **Konkurrenzhafen zu Agadir und Salé** erbaut. *Cornut* war ein Schüler von *Vauban,* der wiederum (u.a.) La Rochelle befestigte, die am Atlantik gelegene Partnerstadt von Essaouira. Im Gegensatz zu den anderen marokkanischen (Alt-) Städten verlaufen die Straßen schnurgerade.

Mogador wurde nach der Schließung des Hafens von Agadir (1765) wichtiger **Hafen und Handelsplatz.** Jüdische Händler ließen sich in der Stadt nieder. Im 19. Jahrhundert beherrschte Mogador 40% des überseeischen Handels des Landes. **Karawanen** aus Timbuktu brachten Gold und Elfenbein aus dem Süden und tauschten es gegen Lederwaren, Salz und Zucker aus Marokko.

Erst im 20. Jahrhundert nahm die Bedeutung als Handelsstadt ab, als durch die französische Besetzung von Timbuktu der Saharahandel unterbrochen wurde und andere große Häfen wie Casablanca und Agadir immer mehr Konkurrenz machten.

## Sehenswertes

Wichtigste Straßen sind die **Av. Oqba Ibn Nafi** (bzw. Okba Ben Nafi) und deren Verlängerungen Av. de Istiqlal sowie Rue Mohamed Zerktouni.

Bemerkenswert ist der **Uhrenturm** in der Stadtmauer an der Av. Oqba Ibn Nafi. Am nördlichen Ende der Rue Mohamed Zerktouni liegt das Stadttor **Bab Doukkala.** Durch das Bab Doukkala oder von Südwesten entlang der Av. de Istiqlal erreicht man am leichtesten den lebhaften **Souk** an der Rue Mohamed Zerktouni. Hier kann man allerlei Alltagsgegenstände, Kleidung (am Souk Djedid) und Lebensmittel erstehen. Sehenswert ist der Innenhof des **Marché aux grains** (alter Getreidemarkt) mit netten Cafés für einen Tee oder ein kleines Mittagessen. Händler verkaufen Schmuck, Kleidung und Kunsthandwerk im Hof. Essaouira ist neben seinen Holzeinlegearbeiten (s.u.) auch für hübschen **Silberschmuck** bekannt, den Juweliere im **Souk des Bijoutiers** (nahe Rue Mohamed el Gorry) anbieten.

mst_001 ad

Am Südende der Altstadt liegt der ummauerte und von Festungstürmen flankierte Fischereihafen, den man durch die Port de la Marine betritt. Im Juni beginnt hier die Sardinenfischerei. Sehenswert sind der Trubel am Hafen (u.a. die Fischauktion, meist vormittags) und das Einbringen der Netze sowie die traditionellen Bootswerften, die nach wie vor die blauen Holzfischerboote herstellen.

Vom Fischereihafen gelangt man über den Place Moulay Hassan und die Rue de la Sqala zu den alten **Festungsanlagen,** der **Sq(k)ala de la Kasbah.** Sie ist von Türmen flankiert und besitzt schöne, in Spanien gefertigte Bronzekanonen (Sevilla 1743). Die Westbastion kann man besteigen und über die Mauer einen Blick hinunter auf die Klippen des Atlantiks werfen.

Unterhalb der Sqala-Mauer verkaufen Künstler ihre Gemälde und Händler **Holzeinlegearbeiten** aus Thujen- und Zitronenbaumholz, für die Essaouria bekannt ist. Die Preisvorstellungen der Händler sind häufig überhöht.

An der Rue Laâlouj, die ebenfalls zur alten Festung führt, liegt das kleine **Volkskunstmuseum Sidi Mohamed Ben Abdallah,** Tel. 0524 47 23 00. In diesem Riad aus dem 19. Jahrhundert finden wechselnde Ausstellungen zu verschiedenen Themen der Volkskultur statt, seit Ende 2013 zum Beispiel über die Geschichte des Tees als Nationalgetränk in Marokko. Das Kulturministerium beschloss im Jahr 2012 die Einrichtung eines Tee-Museums in Essaouira – wann dies eröffnet wird, steht allerdings in den Sternen. Im Museum erfährt man auch viel über die **Gnaoua** (Gnawa). Die Musiker westafrikanischer Herkunft sind für ihre ekstatischen Tänze und Rhythmen bekannt. Mit ihren spirituellen Ritualen beschwören die Maâlems die Geister. Die Gnaoua-Musik hat im volkstümlichen Glauben die Kraft, Krankheiten zu heilen und „baraka" zu übertragen. Das **Al-Qacha-Viertel** zwischen Sqala und Rue d'Oujda ist das Zentrum der Gnaoua-Musiker. Wer Glück hat, kann sie beim Musizieren und Tanzen beobachten (Vorsicht beim Fotografieren, vorher fragen!). Wer will, kann in Essaouira auch lernen, eines der traditionellen Instrumente zu spielen.

< Blick vom Hafen über die Stadtmauer

# Essaouira

**Übernachtung**
3 Le Medina Essaouira Hotel Thalassa Sea & Spa
5 Camping Sidi Magdoul
6 Sofitel Mogador Golf & Spa
9 Atlas Essaouira & Spa
10 Riad Zahra
11 La Vague
12 Vent de Dunes
13 Villa Quieta

**Essen und Trinken**
2 Chez Sam
4 Le Fanatic
7 Beach and Friends
8 Ocean Vagabond + Club Mistral

**Einkaufen**
1 Supermarkt Aswak Assalam

**Wassersport**
8 Ocean Vagabond

Am Nordrand der Medina (nördlich der Av. Mohamed Zerktouni) befindet sich die **Mellah,** das alte Judenviertel. Beim Bummel durch die Gassen zeigt sich die Stadt ganz anders als im touristischen Bereich um den Place Moulay Hassan: Die alten Häuser und schönen Steinbögen verfallen, in den Ruinen sammelt sich der Müll.

In der ganzen Medina haben sich zahllose Galerien angesiedelt. Am bekanntesten ist die **Galerie Van Damgaard** in der Rue Oqba Ibn Nafi, in der bekannte Künstler aus der Stadt und aus ganz Marokko ihre Bilder und Skulpturen ausstellen.

Eine kleine Galerie mit ansprechenden und günstigen Bildern, auch von nicht so bekannten Künstlern, ist die **Galerie Kasbah** von *Attar Kabir* in der Rue Tétouan (vgl. „Einkaufen/Galerien“). In den Seitenräumen befinden sich die Künstlerwerkstatt und Verkaufsausstellungen von Bildern, Holzskulpturen, Keramik, Teppichen, Messing.

Außerhalb der Altstadt führt der **Bd. Mohamed V.** als breite Avenue am langen Strand entlang. An der **Strandpromenade** laden Cafés und Restaurants zum Verweilen ein. Badeurlauber können Liegen und Sonnenschirme mieten. Oft weht eine **starke** (und kühle) **Brise,** sodass der Strand mehr zum Surfen als zum Baden geeignet ist.

# Praktische Informationen

## Information

■ **Délégations du Tourisme,** 10, Rue du Caire, beim Bab Sbaa und in der Nähe des Uhrenturms, Tel. 0524 78 35 32. Nützliche Infos an der Pinn-

# Essaouira Medina

**Übernachtung**
- 2 Dar Al Bahar
- 4 Dar Adul
- 5 Riad Baladin
- 8 Maison des Artistes
- 9 Riad Malaika
- 10 Ryad Watier
- 11 La Casa del Mar
- 12 Riad Perle d'Eau
- 13 Riad Dar Maya
- 14 Thais
- 16a Darsal
- 17 Essaouira Hostel
- 18 Dar Nafoura
- 19 Atlantic Hostel
- 20 Riad Jade Mogador
- 25 Riad Amana
- 26 Dar Latigeo
- 27 Riad Le Grand Large
- 28 Maison du Sud
- 29 Chakib
- 30 Résidence El Mehdi
- 33 Riad Chakir Mogador
- 36 Les Matins bleus, Dar el Paco
- 37 Souiri
- 38 Riad Al Madina
- 39 Maison du Sud
- 45 Cap Sim
- 48 Jack's Appartments
- 54 Villa Maroc
- 62 Hotel des Iles
- 63 Ocean Medina
- 65 Riad Imik Imik
- 66 Riad Chbanate
- 67 Emeraude
- 68 Heure Bleue Palais

**Einkaufen/Sonstiges**
- 16 Alkoholladen
- 42 Galerie Kasbah
- 52 Librairie La Fibule
- 55 Galerie Damgaard
- 59 Espace Othello
- 61 Complexe Commercial

**Essen und Trinken**
- 1 Il Mare
- 3 D'Orient et d'Ailleurs
- 6 La Licorne
- 7 Les Alizés de Mogador
- 15 La Cantina
- 21 Miyame
- 22 Au Bonheur des Dames, Bouâmama
- 23 Café Jalil
- 24 Le Safran
- 31 Café des Arts

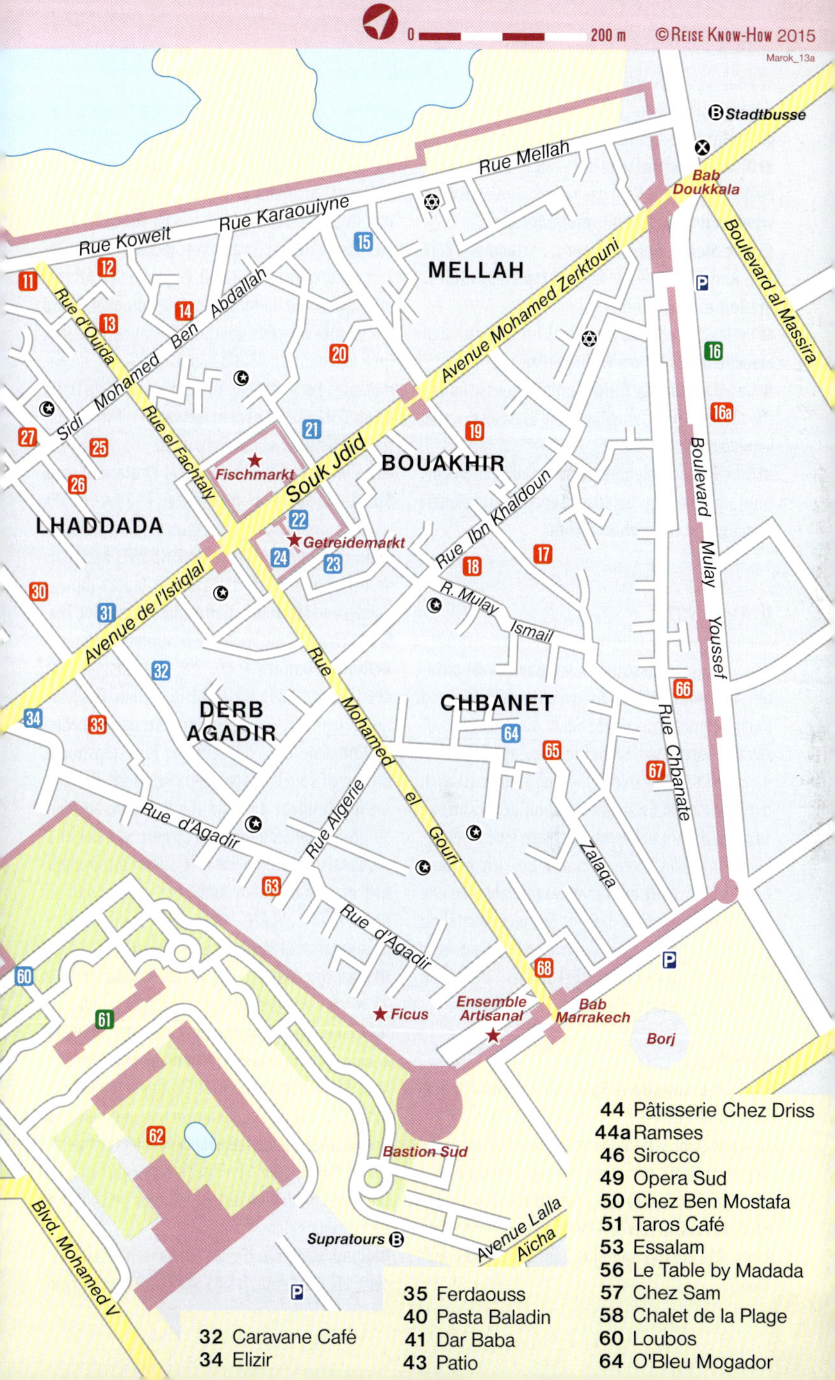


32 Caravane Café
34 Elizir
35 Ferdaouss
40 Pasta Baladin
41 Dar Baba
43 Patio
44 Pâtisserie Chez Driss
44a Ramses
46 Sirocco
49 Opera Sud
50 Chez Ben Mostafa
51 Taros Café
53 Essalam
56 Le Table by Madada
57 Chez Sam
58 Chalet de la Plage
60 Loubos
64 O'Bleu Mogador

wand: Sportangebot, Adressen, Bus- und Zugfahrplan. Mittags 2–3 Std. geschlossen.

■ Offizielle Internetseite der Stadt mit Infos zu Sehenswürdigkeiten, Veranstaltungen, Hotels usw. ist **www.tourismessaouiramogador.com.**

■ Jede Menge Tipps zu Hotels, Restaurants, Bars etc. findet man auch unter **http://essaouira.madeinmedina.com.**

■ Umfassende Fakten zur Geschichte der Stadt und aktuelle Tipps gibt **www.essaouira.nu.**

■ Das **Magazin „Le Guido"** enthält diverse nützliche touristische Informationen zu Essaouira: www.leguido.com.

■ Gute Restaurantempfehlungen (inkl. Karteneintrag) und Infos zu Galerien, Sehenswürdigkeiten bietet **www.chezrebecca.com.**

## Unterkunft

Wie in Marrakesch schießen in Essaouira die privaten **Gästehäuser** (Maisons d'Hôtes/Riads und Dars) geradezu aus dem Boden. Auch die klassifizierten Hotels, vor allem im Luxussegment, nehmen stetig zu. Wie in den meisten Städten ist auch die Medina von Essaouira nicht mit dem Fahrzeug zugänglich. Am unbeschwerlichsten ist es, bei Ankunft kurz beim Hotel anzurufen, um sich mit dem Gepäck (Transport mit Karrenwagen) abholen und zum Haus führen zu lassen. Karrenwagenfahrer *(chariots)* für das Gepäck warten am Bab Marrakech und Bab Doukkala – sie bekommen 10–30 DH Trinkgeld (je nach Entfernung).

### Oberklasse

■ **Atlas Essaouira & Spa**④ (mit Frühstücksbuffet), Bd. Mohamed V., Tel. 0524 47 99 00, www.hotelsatlas.com. Sehr modernes 5-Sterne-Luxushotel der Atlas-Kette mit allen Finessen, etwas weiter entfernt von der Medina, dafür direkt am Strand. Schöner Pool, großer SPA-Bereich, mehrere Restaurants, 156 Zimmer mit Blick zum Garten oder aufs Meer.

■ **Heure Bleue Palais**⑤, 2, Rue Ibn Battouta, neben Bab Marrakech in der Medina, Tel. 0524 78 34 34, www.heure-bleue.com. Eines der besten Hotels (5 Sterne) am Platz in einem aufwendig renovierten, stilvoll gestalteten Stadtpalast aus dem 19. Jh. Das Gästehaus hat 33 auf drei Stockwerke verteilte Zimmer und Suiten mit DVD-Player und WLAN (z.T. mit Kamin), ein Hammam, Wellnessprogramm und ein marokkanisches Gourmet-Restaurant (teuer). Im Restaurant und Patio brennt im Winter ein Kaminfeuer. Letzter Schrei ist der Pool auf dem Dach. DZ ab 170 Euro mit hervorragendem Frühstücksbuffet – teuer, aber seinen Preis wert.

■ **Le Medina Essaouira Hotel Thalassa Sea & Spa**④-⑤, Bd. Mohamed V., Tel. 0524 47 90 00, www.accorhotels.com. Direkt an der Strandpromenade gelegenes 5-Sterne-Luxushotel, das keine Wünsche offenlässt: 117 Zimmer/Suiten mit AC, Balkon und Meerblick, Garten, beheizter Pool, Thalassotherapie- und Wellness-Zentrum. WLAN.

■ **Riad Chbanate**④-⑤, 179, Rue Chbanate, Tel. 0668 03 47 57, www.riadchbanate.com. Das luxuriöse, charmante Riad liegt im gleichnamigen Viertel Chbanate etwas abseits der Touristenströme, nicht weit vom Parkplatz Bab Marrakech. Die ehemalige Residenz des Caid von Essaouira aus dem 18. Jh. wurde authentisch renoviert: wunderschöne, unterschiedlich gestaltete Suiten mit traditionell-marokkanischem Ambiente und modernem Komfort (TV, WLAN, Minibar, Klimaanlage etc.). Dachterrasse mit Ausblick und Jacuzzi.

■ **Riad Dar Maya**④-⑤, 33, Rue Oujda, Tel. 0524 78 56 87, www.riaddarmaya.com. Schicker Riad mit fünf Zimmern im modernen Orientstil: Tadelaktwände, Marmorbäder, Klimaanlage in jedem Zimmer, Fußbodenheizung, WIFI, eigener Hammam mit Wellnessangebot, Kaminzimmer mit Bibliothek und PC. Meer- und Medinablick von der Dachterrasse mit Planschpool. Hier findet man jeglichen Komfort eines modernen Hotels, mit dem persönlichen Service eines kleinen Riads.

■ **Ryad Watier**④ (Preise schwanken je nach Saison), 16, Rue Ceuta, Tel. 0524 47 62 04, www.ryadwatier-maroc.com. Ein wundervolles, neu aufgebautes Haus in bester, ruhiger Lage im Herzen der Medina: lichtdurchflutete, großzügige Suiten (ab 30 $m^2$) mit unterschiedlicher marokkanischer Gestaltung, Tadelakt-Bädern und sehr hochwertiger Ausstattung. Der herzliche Gastgeber *Jean Gabriel Nucci* managt das Haus mit größter Sorgfalt, gibt Tipps und organisiert Ausflüge. Zwei Dachterrassen, privates Hammam, Hofgarten, Kaminzimmer und Bibliothek.

■ **Sofitel Mogador Golf & Spa**⑤, 6 km außerhalb in Diabat, Domaine Mogador, Tel. 0524 47 94 00, www.sofitel.com. Superschickes Luxus-/Designhotel direkt neben dem Golfplatz: modernes Orientdesign vom Feinsten – Besichtigung oder Besuch zu einem Drink auf der Terrasse lohnenswert! 175 Zimmer verschiedener Kategorien und 28 Bungalows, fünf Restaurants, Innen- und Außenpool, luxuriöser SPA mit orientalischen Anwendungen. WLAN.

■ **Villa Maroc**④-⑤ (mit üppigem Frühstück auf dem Dach), 10, Rue Abdellah Ben Yassine, Tel. 0524 47 31 47, www.villa-maroc.com. Ältestes und bekanntestes Gästehaus der Stadt, wunderschön in drei Medinahäusern aus dem 18. Jh. untergebracht. Die sehr schön traditionell gestalteten Zimmer (21 von Single bis zur Suite mit Meerblick) verteilen sich um den Innenhof mit Pflanzen und Vögeln auf verschiedenen Stockwerken. Mehrere Salons mit Kamin, Abendessen bei Kerzenlicht (sehr gut, kein Lunch). Wunderbare Dachterrasse mit Blick aufs Meer und den Hafen. Besitzer sind *Cornelia Hendry* (Schweizerin) und *Abderrahim Ezzaher*, die auch das Landhaus Jardins de Villa Maroc (www.lesjardins-devillamaroc.com) mit nur drei Zimmern und Pool etwa 15 Fahrmin. außerhalb Richtung Marrakesch betreiben. Parken am bewachten Parkplatz vor dem Hafen möglich.

■ **Villa Quieta**④ (inkl. üppigem Frühstück mit Gebäck und frischem Obst) 86, Bd. Mohamed V., Tel. 0524 78 50 04/5, an der Stadteinfahrt gleich nach dem ersten Kreisverkehr rechts in eine kleine Straße abbiegen, dort ca. 100 m linker Hand. Das palastartige Gebäude mit einem stuckverzierten Salon mit Springbrunnen hat neben den zwölf DZ und zwei Suiten gemütliche Salons, manche mit Kamin, und eine Dachterrasse mit Liegestühlen und Meeresblick und einen schönen Pool. Vom Haus sind es nur wenige Gehminuten zum Strand und ca. 20 Min. zur Altstadt. Sehr nette Betreuung der Gäste, WLAN, Parkplätze vor dem Haus. Individuell gestaltete, geräumige, aber schon etwas angestaubte DZ.

■ **Riad Perle D'Eau**③-⑤, 64, Rue du Koweit, Tel. 0524 78 54 00, www.riad-essaouira-perledeau.com. Der luxuriöse Riad unter Führung des Schweizer Ehepaars *Ernest* und *Gisèle* bietet jeglichen Komfort eines guten Hotels kombiniert mit dem Charme eines Riads: acht geräumige, hochwertig (teils mit Antiquitäten) ausgestattete Zimmer und Suiten Richtung Meer oder zur Medina. Kaminzimmer und Bibliothek, eigener Hammam und SPA, Jaccuzzi auf einer der Terrassen. Organisation vieler Aktivitäten (Ausritte per Pferd oder Kamel, Golf, Wanderungen etc.) möglich. WLAN.

### Mittelklasse

■ **Dar Adul**③, 63, Rue Touahen, Tel. 0524 47 39 10, www.dar-adul.com. Das gemütliche, originell gestaltete Künstlerhotel des Malers *Didier Spindler* (s.a. Café Caravane) hat neben zwei Zimmern und zwei Juniorsuiten (z.T. mit Kamin oder Terrasse) auch eine kleine Galerie.

■ **Dar al Bahar**③-④, 1, Rue de Touahen, in der Medina an der Stadtmauer zum Atlantik, Tel. 0524 47 68 31, www.daralbahar.com. Kleines, blitzsauberes, stilvoll renoviertes Altstadthaus mit schöner Dachterrasse und freundlichem Personal. Das „Haus am Meer" wird vom niederländisch-französischen Ehepaar *Lise* und *Jean-Claude* betrieben. Die steilen Stufen sind für ältere Gäste evtl. beschwerlich. Etwas kleine DZ teilweise mit Meerblick, gutes Frühstück inkl.

■ **Dar Nafoura**③, 30, Rue Ibn Khaldoun, zwischen Bouakhir und Chbanet-Viertel, gleich hinterm Souk, Tel. 0524 47 28 55, www.darnafoura-essaouira.com. Die Bretonen *Sylvie* und *Jackie Renan* haben stets das Wohl der Gäste im Auge und sorgen für eine familiäre Atmosphäre in diesem empfehlenswerten Haus mit nur acht Zimmern unterschiedlicher Größe und schöner Panoramaterrasse. Marokkanisches oder französisches Diner auf Anfrage. *Jackie* fuhr früher zur See und war dafür verantwortlich, dass bis zu 400 Gäste nicht einfach nur satt wurden …

■ **La Casa del Mar**③ (saisonal teurer), 35, Rue d'Oujda, Tel. 0524 47 50 91, Mobil 0668 94 38 39, www.lacasa-delmar.com. Mitten in der Medina überragt das schöne Haus die alte Stadtmauer. Es wurde liebevoll im mediterranen Ambiente von einem jungen Paar aus Mallorca ausgestattet. Von der Sonnenterrasse bietet sich ein wunderschöner Blick aufs Meer. Essen auf der Terrasse oder im Salon am gemütlichen Kaminfeuer. Organisation von diversen Aktivitäten möglich: Quad-, KTM- und 4x4-Ausflüge, Fahrradverleih, Kamelreiten, geführte Wanderungen, Surf-Ausrüstung zu mieten.

■ **La Maison des Artistes**③-④, 19, Rue Laâlouj, an der Sqala, Tel. 0524 47 57 99, www.lamaisondesartistes.com. Sehr schön gestaltete Zimmer zu unterschiedlichen Preisen mit Blick zur Terrasse, zum Patio oder zum Meer. Es herrscht eine angenehme und einladende Atmosphäre, WLAN im ganzen Haus.

■ **Maison du Sud**③, 29, Av. Sidi Mohamed Ben Abdellah, Tel. 0524 47 41 41, www.riad-maisondusud.com. Stilvolles Gästehaus mit vielen Topfpflanzen in zwei miteinander verbundenen Riads aus dem 18. Jh. Die unterschiedlich gestalteten, geräumigen Zimmer mit kleinem Salon und Tadelakt-Bad gruppieren sich auf mehreren Etagen um den hellen Innenhof (auch Familienzimmer für 4 Pers.). Auf der Dachterrasse kann man gemütlich im Nomadenzelt sitzen. Abendessen im Restaurant nach Vorbestellung, kein Alkohol. Das Haus ist größer und etwas unpersönlicher als andere Riads, aber sehr zentral, freundlich und empfehlenswert.

■ **Riad Al Madina**③, 9, Rue Attarine (vom Uhrenturm Richtung Medina, dann rechter Hand), Tel. 0524 47 59 07, www.riadalmadina.com. Sehr stilvolles Hotel in einer ehemaligen Pascharesidenz aus dem 18. Jh. mit hübschen, jedoch relativ kleinen Zimmern. Im Innenhof mit Pflanzen und Springbrunnen befindet sich das Restaurant. Im ehemaligen Hotel Pascha haben schon die Rock- und Popgrößen *Janis Joplin, Mick Jagger, Jimi Hendrix* und *Leonard Cohen* residiert. Manche Gäste bemängeln den Service und dass manche Zimmer nicht mehr optimal in Schuss sind.

■ **Riad Baladin**④, 9, Rue Sidi Magdoul, Mobil 0642 44 81 36, www.riadbaladin.com. Sehr schön, hochwertig und individuell marokkanisch-modern gestalteter Riad in guter Lage im Viertel La Sqala. 10 Zimmer mit Bad, drei Salons (mit Kamin) und drei Terrassen mit Sonnenliegen. Die Schweizerin *Nicole Pavlin* kümmert sich um ihre Gäste, gibt viele Infos und Tipps. Ausflüge möglich, Massageangebot und privater Jaccuzzi. WLAN.

■ **Riad Imik Imik**③ (je nach Größe und Saison inkl. reichhaltigem Frühstück), 25, Rue Zalaqa, in einer Sackgasse hinter L'Heure Bleue, Tel. 0524 47 69 47 oder Mobil 0672 04 61 67, www.riadimikimik.com. Die deutsche Eigentümerin *Britta Lüders* kümmert sich persönlich um die Gäste und gibt viele nützliche Tipps. Der kleine, stilvolle Riad liegt ruhig und zentral nahe des Bab Marrakech (Haltestelle der Supratours-Busse). Die unterschiedlich gestalteten, großen Zimmer mit Bad, kleiner Sitzecke und Tadelakt-Wänden verteilen sich auf zwei Etagen um den Innenhof (Fenster zum Hof oder zur Gasse). Auf der Dachterrasse kann man in der Hängematte relaxen.

■ **Riad Malaika**③, 17, Derb Zayan, Tel. 0524 78 49 08, www.riad-essaouira-malaika.com. Authentisch renovierter, charmanter und zentral in der Medina gelegener Riad mit ausgezeichnetem Preis-Leistungsverhältnis und gutem Service. Verschieden gestaltete Zimmer unterschiedlicher Kategorien (Standard, Superieur, Terrassensuite), drei Salons (mit Kamin für die kalte Jahreszeit), Frühstück auf der Dachterrasse mit herrlichem Panoramablick. Restaurant und Bar, vielfältiges Ausflugsprogramm, WLAN.

**Riad Zahra**③, 90, Quartier des Dunes, Tel. 0524 47 48 22, www.riadzahra.com. Gästehaus nahe der Dünen am Strand mit 23 sehr hübsch eingerichteten, sauberen Zimmern mit Bad und TV, teilweise mit Balkon oder Meerblick. Dachterrasse mit Blick über die Dünen, Pool, zwei Restaurants (marokkanische Gerichte, Fisch, Tapas und spanische Spezialitäten). Parkplatz vorhanden, WLAN.

**Thais**③, 181, Av. Sidi Mohamed Ben Abdellah, Mobil 0610 99 64 60, www.riadthais.com. Recht neuer, modern marokkanisch gestalteter Riad unter französisch-spanischer Führung, fünf kleine Zimmer (10 bis 15 $m^2$) mit französischen Betten und schönen Tadelakt-Bädern ohne Türen. Patio mit Küche, Kaminzimmer, Dachterrasse und eigener Hammam. WLAN in jedem Zimmer.

**Emeraude**③ (mit Frühstück), 228, Rue Chbanate (beim kleinen Tor am Bab Marrakech), Tel. 0524 47 34 94, www.essaouirahotel.com. Sehr schönes Hotel unter französischer Leitung in einem Stadthaus aus dem 18. Jh. (5 Min. vom Strand, 50 m vom Bab Marrakech). Die acht DZ und zwei Dreibettzimmer (alle mit eigenem Bad) gruppieren sich auf drei Etagen um den Innenhof, von der Dachterrasse bietet sich eine herrliche Aussicht. Im Restaurant wird original Souiri-Essen serviert.

**Les Matins Bleus**③ (DZ mit Bad und Frühstück, Suite für 2 Personen④), 22, Rue du Drâa, Tel. 0524 78 53 63, www.les-matins-bleus.com. Etwas versteckt und ruhig mitten in der Medina gelegenes Familienhaus, das von (u.a.) deutsch und englisch sprechenden Brüdern betrieben wird. Offener Innenhof mit zwei Stockwerken, auch Zimmer auf der Dachterrasse. Ausgesprochen positive Leserresonanz: sehr freundlich, hilfsbereit und sauber, gutes Essen. WLAN im Hof und auf der Terrasse.

**Riad Amana**③ (je nach Saison und Zimmergröße), 14, Rue Khader Ghailane (Nebengasse der Rue Sidi Mohamed Ben Abdellah), Mobil 0661 49 54 48, www.riad-amana-essaouira.com. Sieben landestypisch und geschmackvoll eingerichtete Suiten von 20 bis 50 $m^2$ Größe mit Bad. Dachterrasse mit Liegen, sauber und gepflegt, freundliches Personal.

**Riad Chakir Mogador**③, 13, Rue Malek Ben Morhal (Nebengasse der Avenue de Ilstiqlal), Tel. 0524 47 33 09, www.riadchakir.com. Beliebtes, größeres Traditionsriad mitten in der Medina, die meisten Zimmer mit Fenster zum Patio; Dachterrasse, Frühstücksraum und Salon. Freundliches, englisch sprechendes Personal. WLAN in den Gemeinschaftsräumen.

**Riad Le Grand Large**③ (oft sehr günstige Last-Minute-Preise bei Online-Buchung), 2, Rue Oum Errabia (die erste große Gasse vom Platz Moulay el Hassan durch die Altstadt), Tel. 0524 47 28 66, www.riadlegrandlarge.com. Altes Stadthaus mit zehn (etwas dunklen) Zimmern mit Bad auf drei Etagen, Dachterrasse mit Blick, traditionell und stilvoll gestaltet, Restaurant mit Pizza/marokkanischer/französischer Küche, sauber und freundlich. Hammam nebenan.

**Vent des Dunes**③, Villa 20, Quartier des Dunes (etwas außerhalb, nahe Hotel Al Jasira), Tel. 0524 47 53 91, www.ventdesdunes.com. In einer schönen alten Privatvilla, jedes Zimmer im marokkanischen Stil mit Bad und TV, Garten, Frühstück und Abendessen im Berberzelt, sehr ruhige Lage. Meerblick von der Dachterrasse. Bewachter Parkplatz und Garage für Sportgeräte (Windsurfer). Es gibt auch Familienzimmer und ein Apartment.

### Günstig

Eine Auswahl billiger Unterkünfte für Rucksackreisende findet man unter www.medinahostels.net. Die Hostels in der Medina liegen zwar zentral, aber nicht ruhig – empfehlenswert für Traveller, die lockere Atmosphäre und Gesellschaft suchen. Sehr billige, extrem einfache und meist dreckige Hotels gibt es rund um das Bab Doukkala. Am Busbahnhof warten Schlepper, die gegen Provision Unterkünfte vermitteln – lassen Sie sich nicht verwirren. In vielen der kleinen Riads sind die Besitzer nicht immer anwesend und die Rezeption ist nicht immer besetzt. Bei der Buchung wird man i.d.R. nach der Ankunftszeit gefragt und entsprechend abgeholt bzw. empfangen.

■ **Atlantic Hostel**① (ab 5 Euro im Schlafsaal oder auf der Dachterrasse), 34, Rue El Abbana, Medina, Tel. 0629 65 22 68, atlantichostel@hotmail.fr. Bei internationalen Backpackern sehr beliebtes Hostel mit gemischt-geschlechtlichen Schlafsälen und Doppel-/Dreierzimmern verschiedener Größe auf drei Etagen. Saubere Bäder/WCs am Gang (heiße Duschen), voll ausgestattete Küche für Selbstversorger, Mahlzeiten auf Anfrage. Sehr freundliches, hilfsbereites Personal, der Betreiber *Chalek* spricht sehr gut deutsch.

■ **Cap Sim**①-② (inkl. Frühstück), 11, Rue Ibn Rochd, Tel. 0524 78 58 34, www.hotelcapsim.com. Empfehlenswertes, sehr sauberes und bei Travellern beliebtes Hotel mit netter Einrichtung und Panoramaterrasse, WLAN. (Etwas kleine) DZ ohne und mit Bad. Kreditkarten werden akzeptiert.

■ **Chakib**①, 2, Rue Abdesmih, Tel. 0524 47 52 91. Beliebte Budget-Unterkunft mit einfachen Zimmern (die besten in der obersten Etage), direkt vor der Haustür liegt ein Frauen-Hammam.

■ **Dar El Paco**②, 10, Rue du Drâa, Mobil 0669 93 02 51, zentrale Lage ganz in der Nähe der Place Moulay Hassan, nur 5 kleine (ca. 10 $m^2$), gemütliche Zimmer im marokkanischen Stil und mit Außenfenstern. Kleine Dachterrasse, zuvorkommender Service und gutes Preis- Leistungsverhältnis. WLAN in den Gemeinschaftsräumen.

■ **Dar Latigeo**②, 12, Rue Youssef Ben Tachfine, Mobil 0618 26 76 07, www.darlatigeohotelessaouira.com. Einfaches, günstiges Riad im Zentrum der Medina mit gemütlicher Dachterrasse. Die hilfsbereiten, freundlichen Gastgeber *George* und *Latifa* haben allerlei Tipps parat. Sechs unterschiedlich gestaltete Zimmer (9–18 $m^2$), die meisten mit Gemeinschaftsbad/WC, auch zwei Zimmer mit eigenem Bad. V.a. während des Gnaoua-Festivals sehr beliebt.

■ **Essaouira Hostel**② (ab 7 Euro im Schlafsaal), 17, Rue Laghrissi, Medina, Tel. 0524 47 64 81, buchbar unter www.booking.com. Beliebte Backpacker-Unterkunft mit 17 Einzelbetten in Schlafsälen (einige getrennt nach Männern und Frauen), Gemeinschaftsbad und WC auf der jeweiligen Etage. TV und DVD-Player, WLAN, Nutzung der Küche möglich, Grillmöglichkeit auf der Terrasse, Spielzimmer und Bibliothek.

■ **Ocean Medina**② (ehem. Azzouz 7), Rue d'Agadir, in der Sackgasse Moulay Azzouz 7, Mobil 0658 52 15 02, www.riadoceanmedina.puzl.com. Der von dem netten französischen Paar *Christel* und *Guillaume* (sprechen englisch) betriebene Riad liegt nicht weit vom Bab Marrakech und der Supratours-Busstation. Sieben sehr gepflegte, hübsche Zimmer, zwei Dachterrassen mit Meerblick und Liegen, sehr gutes Frühstück, freundliches Personal. Besonders schön ist die Suite „Essaouira" auf der unteren Dachterrasse. Gutes Preis-Leistungsverhältnis!

■ **Résidence El Mehdi**②, 15, Rue Sidi Abdessamih, Tel. 0524 47 59 43, www.residenceelmehdi.com. Unterschiedlich gestaltete, z.T. schon etwas abgewohnte Zimmer in einem Stadthaus aus dem 19. Jh.; Restaurant im Innenhof. Beliebte Travellerunterkunft (v.a. während des Gnaoua-Festivals).

■ **Riad Jade Mogador**②-③, 16, Rue Ennaser, Tel. 0662 33 71 09, www.riadjademogador.com. Gemütliches, einfaches Gästehaus, das mit seiner Höhe (viele Treppen) die umliegenden Gebäude überragt. Herzliche Atmosphäre, gutes Frühstück auf der Dachterrasse mit tollem Ausblick. Saubere und gepflegte Zimmer mit Bad.

■ **Souiri**②, 37, Rue Lattarine, Tel. 0524 47 53 39, www.hotelsouiri.com. Freundliches, ruhiges und empfehlenswertes Hotel mit 36 auf drei Etagen verteilten, sauberen Zimmern und Panoramaterrasse. DZ mit und ohne Bad (Etagendusche), auch 3er-Zimmer mit/ohne Bad und ein Apartment mit zwei Zimmern und Küche.

### Unterkünfte im Umland

Die Unterkünfte einige Kilometer außerhalb von Essaouira bieten Entspannung und Erholung abseits des Stadttrubels und lohnen sich für einen mehrtägigen Aufenthalt. Um zwischen Strand, Stadt und den Hotels zu pendeln, empfiehlt sich ein Mietauto.

**Auberge Tangaro**④, 7 km in Richtung Agadir, neben dem Golfplatz und Sofitel Mogador Golf & Spa, Tel. 0524 78 47 84, www.aubergetangaro.com. Das blau-weiße Hotel mit gemütlichem Innenhof, Terrasse und 18 Zimmern (mit Kamin) gibt es seit 1920 – am Wochenende ist es ein beliebtes Ausflugsziel. ½ Std. Fußmarsch zum Meer.

**Baoussala**④, El Ghazoua, 10 km von Essaouira, Mobil 0666 30 87 46, www.baoussala.com. In dieser „Ecolodge" im traditionellen Kasbahstil sind sechs sehr hübsche, unterschiedlich gestaltete Suiten und Zimmer mit Bad untergebracht. Das 5000-m²-Gelände mit Eukalyptusbäumen eignet sich gut für einen ruhigen Urlaub abseits des Stadttrubels. Marokk. Essen im Berberzelt.

**Casa Naima**③, 18 km außerhalb, bis Ausfahrt El Ghazoua in Richtung Agadir, dann Richtung Marrakesch und nach Ida Ougourd rechts abbiegen. Mobil 0678 96 18 80, www.casa-naima.com. Die Bretonen *Séverine* und *Jacques* errichteten hier auf 30.000 m² Land mit Quellwasser ein Wohn- und Gästehaus im Kasbahstil. Es gibt fünf hübsche Zimmer (mit Bad und Terrasse) und einen Pool, mehrfach täglich verkehrt ein Bus von der nahen Straße in die Stadt.

**Villa Amaryllis**③, Douar El Ghazoua (ca. 10 Min. Fahrzeit von Essaouira), Tel. 0524 79 28 29, www.villa-amaryllis.com. Das Haus von *Myriam* und *Bernard* liegt in einem 5000 m² großen, blühenden Park mit Eukalyptusbäumen. Acht stilvolle, große und komfortable Zimmer/Suiten unterschiedlicher Preislage, Pool und Terrasse, Hammam und Wellnessangebot, Ausflugsprogramm. Marokkanische und französische Küche auf Vorbestellung. Besondere Aktivität: Bernard nimmt Sie zu einer (Angel-)Tour auf seinem eigenen Boot mit.

**Villa Daba**④, km 8, Route d'Agadir, Douar El Ghazoua (ca. 10 Min. Fahrzeit von Essaouira, 3 km vom Golfplatz), Tel. 0524 79 29 56 oder 0650 02 20 05, www.villadaba.com. In der schön gelegenen Villa von *Bernadette* und *Didier* findet man Entspannung und Erholung zwischen Dünen und Meer. Die sechs hellen, geräumigen Zimmer und Suiten (alle mit Balkon oder Terrasse und Blick zum Pool oder Garten) sind individuell und liebevoll eingerichtet. Der ganzjährig geöffnete Pool ist beheizt. Essen auf Bestellung im Restaurant (marokkanische Gerichte und Fisch). WLAN, Parkplätze vor dem Haus, breites Ausflugsprogramm. Nur Barzahlung möglich!

**Riad Dar Maris**③, km 16, Route d'Agadir, Douar Bouzemour (ca. 10 Min. Fahrzeit von Sidi Kaouki), Mobil 0650 92 61 34 oder 0619 56 77 69, www.darmaris.com. *Françoise, Jean-Pierre* und ihr freundliches Personal sorgen in ihrem friedvollen, ruhigen Refugium für das Wohl der Gäste. Das Haus liegt in freier Natur in einem Arganienwald und bietet geräumige, preisgünstige Zimmer im Berberstil, alle mit eigener Terrasse. Pool, Bar, Restaurant (gutes Essen auf Vorbestellung), WLAN, Massageangebot.

**Ryad des Vignes**④, Domaine du Val d'Argan, Ounara (ca. 30 km in Richtung Marrakesch), Mobil 0660 24 18 93/92, www.riaddesvignes.com. In diesem gemütlichen Landhaus auf einem 30 ha großen Weingut gruppieren sich fünf farbenfrohe Zimmer mit Bad, AC/Heizung um den Pool im blühenden Garten. Panoramarestaurant mit feiner marokkanischer Küche, Arganien- und Olivenöl aus eigener Produktion und Weinverkostung nach Voranmeldung – hier wird der bekannte „Gazelle de Mogador" gekeltert.

### Apartments/Ferienhäuser

In Essaouira werden inzwischen zahllose Apartments, Ferienwohnungen und ganze Häuser von Privateigentümern zur Miete angeboten. Günstige Angebote findet man online zum Beispiel auf diesen Seiten: www.homelidays.de, www.fewo-direkt.de oder www.airbnb.de.

**Casa Guapa de Tamazuiga,** Lotissement Azlef 404, gegenüber Hammam Ghita, Neustadt (15 Min. Fußmarsch in die Medina), Mobil 0662 83 94 34, www.casaguapa.info. Die charmante süddeutsche Besitzerin *Nadine* hat in ihrem „schönen Haus" zwei Apartments und ein Studio auf der Dachterrasse kreativ im marokkanischen Stil eingerichtet. Die ge-

# Rhani Krija – Weltmusik-Percussionist mit Wurzeln in Mogador

**von Norbert Schmidt**

Wer sind sie und wo, die einem breiteren Publikum bekannten Bewohner Essaouiras? Die Stadt am Atlantik ist – anders als die angesagten Marrakesch-Locations – kein schillernder Laufsteg. Die Präsenz der *Jimi Hendrix, Brian Jones* & Co. ist Legende. *Frederic Damgaard* hat seine Galerie abgegeben. Die international geachtete und gleichwohl scheue Malerin *Regraguia Benhila* nahm im November 2009 still und leise Abschied von dieser Welt. Unbedingter Essaouira-Promi der Gegenwart ist der französische Aristokrat *Philippe Pozzo di Borgo* („Pommery"), dessen Lebensgeschichte den Stoff gab für den Erfolgsfilm „Ziemlich beste Freunde". Er lebt mit seiner zweiten Frau *Khadija* im Hinterland. Aber da gibt es auch den in Essaouira wurzelnden und im Kölner Agnesviertel lebenden „Musique du Monde"-Percussionisten *Abdelrhani Krija,* der in seinem Metier in der Champions League spielt. Einer seiner „Brötchengeber" ist der britische Rock-Musiker, Sänger und Bassist *Sting* (Ex-Police), zu dem er 2002 auf Empfehlung des Drummers *Manu Kathé* stieß.

Wir gehen mit Rhani Krija auf **Spurensuche** in Essaouira, zwischen Arabern und den Berbern aus dem Hinterland, zwischem internationalem Publikum und Residenten. Dem unkonventionell Reisenden erscheint die Stadt wie der Gegenentwurf zu Agadir. Dort kam Rhani am 21. Dezember 1971 zur Welt, wuchs mit drei Geschwistern auf, erzogen von Vater *Mohamed* und Mutter *Zahra,* eingebettet in eine weit verzweigte Verwandtschaft. Alles andere als typisch für Marokko, aber die Eltern und deren Weitsicht auszeichnend: 1977 verlegten sie ihren Wohnsitz nach Casablanca – der Schulbildung ihrer Kinder wegen. Mit dem Erfolg, dass Rhani 1991 nach Deutschland zum Studium konnte und er seit 1999 einen deutschen Pass besitzt.

Der **„Spielplatz"** des kleinen Rhani war die **Medina:** Moulay Azziz Nummer 12, in Verlängerung der Rue d'Algerie. Der Musiker erzählt von den Brunnen, an denen er morgens und abends Wasser holte; am Ensemble Artisanal und an der Moschee Tripoli in der Rue de l'Iraque. Erzählt vom Backhaus in der Rue de l'Algerie und von den Épicerien, den Läden fürs Alltägliche in der schmalen Avenue El Qouri. Vom Handwerker, bei dem sich der Vater für ein Schwätzchen aufhielt, von *Moulay Ali,* dem Schlüsselhändler. Von den Souks mit dem überreichen Angebot an Fisch, Gewürzen, Gemüse, Fleisch. Erzählt von klaren Regeln in einem transparenten Alltag. Rhani lobt das Bewusstsein der Kaufleute früherer Jahre: alles blitzblank sauber. Vieles sei nicht mehr so wie damals. „Wenn einer faul ist, verbreitet sich das schneller als der Fleiß."

Später lag das Abenteuer auf dem Platz jenseits des Bab Marrakech, **am Strand,** bei den Fischgrills am Hafen. „Sardinen im Überfluss, Zitrone, Brot, Salat – und eine Cola." „Damals haben wir im Meer gebadet. Das würde ich heute dort nicht mehr tun."

Der Strand war fast immer leer. Es gab weiland nur das Hotel des Îles, zu Protektoratszeiten eine Kaserne. Und gegenüber das Chalet de la Plage, das (Fisch-)Restaurant Chez Jeannot. Das ist Rhani eine Art Heimstatt geblieben. Unlängst war er mit Kollegin *Annie Lennox* da, die ihrerseits im L'heure bleue wohnte, einem Nobelhotel. Lieblingsspeise des Percussionisten: Rührei mit Seeigel, zubereitet mit Arganöl – und dazu *Thé à la menthe.* Mit Annie war Rhani aber auch Chez Sam, vorn im Hafen, jenem Restaurant, das in *Wolfgang Niedeckens* (BAP) Augen „weltweit der beste Fischladen" ist.

Essaouira ist die Heimstatt der **Gnawa-Musik** – und mittelbar waren es deren Einflüsse, die Rhani Krijas Weg lenkten, die ihn das Technikstudium bleiben ließen, um sich nur noch Klängen und Rhythmen zu widmen, um damit und davon zu leben. Hinsichtlich des Einflusses meint er vor allem die Einstellung der Musiker, ihren Geist, ihre Emotion. „Gnawa basiert auf Trance. Ein guter Musiker kann seine Audience in Trance versetzen, kann seine Zuhörer loslösen." Musik sei zunächst als Heilmittel zu betrachten gewesen – „das mit der Unterhaltung kam später". Musik ein Heilmittel? „Gnawa sagen: Die Definition von Krankheit ist die Entfernung des Geistes vom Körper; mit Musik bringst du beides wieder in Einklang."

Wie war das für ihn als Kind? „Wenn die Musiker durch die Straßen zogen, war ich überwältigt von deren Macht, deren Einfluss. Es war weniger der Sound. Man wusste, es ist etwas Heiliges, aber auch etwas Selbstverständliches und Mystisches." Angst? Nein. „Als Kind bist du mit diesen Klängen und Rhythmen eingeschlafen. Und sofort aufgewacht, wenn sie aufhörten."

Gnawa – auch Gnaoua geschrieben – ist für Rhani Identität. Auch wenn er ganz andere, viel weitere Klangteppiche zu knüpfen pflegt mit Derbouka, Riqq, Frame drums, Congas, Bongos, Djembe, Carribbean Timbales. Seine **Einflüsse** reichen von traditionellen arabischen, nordafrikanischen und andalusischen Rhythmen, von lateinamerikanischen Stilrichtungen über Blues und Reggae zu Rock und Pop. Rhanis Musik ist mit *Michael Buthes* Kunst vergleichbar: geprägt von opulenter Farbigkeit, ornamentalen Mustern, bizarren Momenten, rätselhaften Zeichen. Und man meint, auch immer die Sonne zu sehen, die Palmen. Bald jede Klangfolge eine Auseinandersetzung mit der westlichen und der östlichen Mystik.

Zurück in die Altstadt, auf die Place aux Graines, den Kornmarkt am Souk. Zu *Abdelatif* und *Driss,* zu *Abderachim* und *Zaccharia,* zu Rhanis **Onkeln und Cousins,** die dort als Schuster arbeiten, als *Cordonniers* – Abdelatif in jenem Verschlag, in dem Rhanis Opa aus Tieta-El Henchane Schuster war. Nur Zaccharia beendete unlängst die Tradition, machte aus seiner Werkstatt das Café-Restaurant Bouâmama, folgte dem steten Wandel an dieser Stelle der Stadt. Die fingerfertigen Handwerker bewundern den von Rhani beschrittenen Pfad, die Courage des Kleinen, bekommen leuchtende Augen, wenn man sie als Fremder auf ihn anspricht.

Der **Geist der Stadt** sei immer gleich geblieben, sagt Rhani, trotz der Entwicklung, der äußerlichen Veränderungen. „Saouiris sind immer dem Fremden gegenüber offen. Sie hatten ja auch immer mit Fremden zu tun, allein des Meeres wegen." Saouiris seien Künstler und sie seien Künstlern zugeneigt. Wenn er zu Hause sei, sagt Rhani, sitze er oft auf der Skala und höre das Echo der Stadt. Sehe unendlich Bilder in sich aufsteigen. „Diese Mauern strahlen etwas ab: Wenn man bei sich ist, kann man unheimlich viel mitbekommen von dem, was vor der eigenen Zeit war." Sie künden von einer Kultur, die es zum Teil nur noch in der Erinnerung gibt.

Übrigens gilt Rhani Krija in Essaouira nicht als populärer Sohn der Stadt: „Nur Freunde und Weggefährten kennen mich. Die Leute aber nicht. Das finde ich gut! Man nimmt mich, wie ich bin." Er werde nicht umgarnt und hofiert, (nur) weil er ein international anerkannter Musiker sei. Rhani liebt das Gespräch mit den Alteingesessenen, die ihm die Stadt spiegeln in den Farben, Formen und Gewohnheiten, wie sie vor 20, 30 und mehr Jahren waren. Mit Leuten, die dann auch seine Familie kennen.

An einem der Juni-Wochenenden hängt Rhani draußen in der Welt den Klängen aus der Heimat nach, ist in Gedanken in Essaouira – oder selbst vor Ort: beim **Gnawa-Festival.** 2003 trat er dort selbst erstmals vor zehntausenden Besuchern auf, hatte gar seine Eltern unter den Zuhörern. Ein andermal hat er mit *Keziah Jones* gespielt, dem kosmopolitischen Musik-Philosophen aus Nigeria. 2009 vor großer Menschenmenge am Bab Marrakech mit der WDR-Bigband („Jazz l'Arab"). Deren Manager und Produzent *Lukas Schmid* habe sich damals die Zeit genommen, sei allein durch die Medina geschlendert, habe dann gesagt: „Jetzt weiß ich, was Du für einen Weg gemacht hast, jetzt wo ich gesehen habe, woher du kommst. – Das hat mich geehrt!"

Rhani Krija bleibt der Heimat auch in der Fremde treu: Für sich und seine Familie, die Ehefrau aus Köln und die beiden Kinder, baut er 25 Kilometer landeinwärts in Ounara ein Haus.

■ **www.rhanikrija.com**

087m015 ed

räumigen 2-Zimmer-Apartments (100 $m^2$, mit Zugang zur Terrasse) für bis zu 5 Pers. sind mit Küche, Wohnzimmer, Tadelakt-Bad, TV und WLAN ausgestattet. Leckeres Frühstück oder Abendessen, Flughafentransfer, Massagen etc. auf Bestellung. Parken vor dem Haus möglich. Nadine hat allerlei „Geheimtipps" parat, ihr freundliches Team kümmert sich um die Gäste. Apartment ab 64 Euro mit Frühstück für 2 Pers., Studio 50 Euro/2 Pers./Tag.

■ **Darsal,** buchbar über www.fewo-direkt.de, sallyecartwright@googlemail.com, frühzeitige Reservierung empfohlen. Der sehr schön gestaltete Riad (180 $m^2$) der Engländerin *Sally Cartwright* in der Medina punktet mit einem unschlagbaren Preis-Leistungsverhältnis: ab 45 Euro/Tag (je nach Saison, ab drei Tagen) für den ganzen Riad! Das Haus hat zwei Dachterrassen und (auf insgesamt drei Etagen) drei Zimmer mit Bad für bis zu 8 Pers., zwei Küchen mit Esszimmer und ein Wohnzimmer. Das Hausmädchen *Aieda* bereitet Frühstück und Essen auf Bestellung, der Hausmeister *Fouad* kümmert sich um die Gäste – ideal für Familien oder Gruppen, aber auch für einen ruhigen Pärchenurlaub!

■ **Jack's Apartments,** Infos im Karimo-Real-Estate-Büro am Place Moulay Hassan hinten rechts (Durchgang Rue Ibn Rochd), Tel. 0524 47 45 00, www.jackapartments.com. Der deutschsprachige Schweizer *Jack Oswald* lebt in Essaouira, renovierte zahlreiche Häuser und vermietet darin schöne, traditionell eingerichtete Apartments direkt an der Stadtmauer (Rue de la Sqala) mit herrlichem Blick aufs Meer. Jedes Apartment hat Wohnzimmer, Schlafzimmer, Küche und Bad. Im Angebot stehen auch ein Landhaus außerhalb und eine wunderschöne Wohnung im ehemaligen britischen Konsulat. Die Preise variieren je nach Saison und Mietdauer zwischen 50 und 120 Euro pro Nacht.

< Im Musikinstrumente-Souk in Essaouira

## Campingplätze

■ **Sidi Magdoul,** Tel. 0524 47 21 96, von Agadir kommend kurz vor der Stadt rechts (hinter dem Leuchtturm), N 31°29,499', W 09°45,739'. Der Platz mit Schatten spendenden Bäumen hat sehr saubere, geflieste Sanitäranlagen mit warmen Duschen (kosten extra, Schlüssel tagsüber beim Betreiber holen). Zur Hauptsaison ist der enge Platz häufig mit Wohnmobilen überfüllt. Morgens kann man frisches Gebäck einkaufen.

■ **Stellplätze für Wohnmobile** befinden sich gegenüber des Leuchtturms Sidi Magdoul, beim Parkplatz am Hafen und an der Promenade am Bd. Mohamed V.

■ **Des Oliviers** *(chez Alain),* in Ounara, ca. 23 km Richtung Marrakesch, Mobil 0613 95 43 82, www.campingdesoliviers.com, N 31°31,97', W 09°32,80'. Sehr schöner, schattiger Platz mit Kinderspielplatz, Restaurant (im Sommer Disco), sauberen Sanitäranlagen (heiße Dusche), Strom und Pool (keine extra Gebühr). Übernachtung auch in Bungalows (bis 5 Pers.) möglich (①). Der marokkanische Künstler *Noureddine Binak* (Tel. 0610 51 69 12) bemalt auf Wunsch Wohnmobile mit Wüstenmotiven.

■ **Esprit Nature,** ca. 15 km von Essaouira Richtung Marrakesch (1,5 km vor Ounara) in ruhiger Lage, Tel. 0650 80 63 92, www.espritnature-essaouira.com, N 31°33,204', W 09°37,490'. Sehr empfehlenswerter, gepflegter Platz des freundlichen französischen Ehepaars *Patrice* und *Séverine* (auch englischsprachig) in einem Forstgebiet mit guten Sanitäranlagen, Abwasserentsorgung für Wohnmobile, Waschmaschine, Pool (50 DH/Pers.), Minigolf und Abenteuerspielplatz (30 DH/Kind), Restaurant, Stellplätze mit Strom. 150 DH für 2 Pers. mit Fahrzeug.

■ **Le Calme,** in Idaougourd, ca. 10 km Richtung Marrakesch, Mobil 0661 53 04 13, www.campinglecalme.populus.org, N 31°25,95', W 09°39,41'. Gut ausgestatteter Platz mit Pool, Restaurant, Waschmaschine, schattigen Standplätzen und angeschlossenem Riad (DZ mit/ohne Bad ②). WLAN. 70 DH für 2 Pers. inkl. Poolnutzung und heißer Dusche.

■ **De la Plage,** 45 km hinter Essaouira Richtung Safi beim Plage Baibah.

■ **Dar Ch'tis,** Pistenabzweig (beschildert) ca. 16 km von Essaouira in Richtung Agadir, Tel. 0672 67 58 66, www.darchtis.com, N 31°24,71', W 09°42,55'. Der von Franzosen geführte Platz hat gepflegte, parzellierte Stellplätze, saubere sanitäre Anlagen mit heißer Dusche und einen Pool. 80 DH für 2 Pers. mit Wohnmobil inkl. Strom.

## Essen und Trinken

In Essaouira existieren mittlerweile unzählige Restaurants und Cafés, eine Auswahl fällt schwer. Eine umfangreiche Liste guter Lokale mit Preisklasse und Speisenangebot findet man unter **www.chezrebecca.com.** Empfehlenswerte Adressen sind u.a.:

■ **Au Bonheur des Dames,** Marché aux Grains im Souk, Tel. 0524 47 59 68, tägl. bis 18 Uhr. In diesem kleinen, feinen Terrassencafé halten die sympathischen Gastleute eine große Auswahl an Teesorten, Kaffee und frischen Saftcocktails (je nach Saison) bereit. Auch leckere Tagesmenüs mit frischen Waren aus dem Umland. Man sitzt sehr gemütlich im Hof des alten Getreidemarkts und kann mit dem Laptop seine Mails checken (WLAN). Alle Zutaten (inkl. Eiswürfel) sind mit Mineralwasser zubereitet oder gewaschen.

■ **Beach and Friends,** Bd. Mohamed V., an der südlichen Promenade direkt am Strand, Tel. 0524 47 45 58, www.beachandfriends.com. Ideal zum Chillen auf den Sofas drinnen und draußen, oft Konzerte und andere Events. Alkoholausschank, Pizza, Snacks und Salate zu moderaten Preisen.

■ **Bouâmama,** Marché aux Grains. In diesem netten, recht günstigen Café am Getreidemarkt gibt es dem Namen entsprechend Snacks und Mittagessen „wie bei Muttern", auch Frühstück.

■ **Café des Arts,** 57, Av. d'Istiqlal, Tel. 0612 20 48 70. Günstiges Restaurant mit marokkanischer Küche, man sitzt an kleinen Tischen auf zwei Stockwerken verteilt. Regelmäßige Live-Konzerte von lokalen Talenten (Gnaoua u.a.). Kein Alkoholausschank, Mitnahme von eigenem Wein erlaubt. Freundlicher Service und entspannte Atmosphäre.

■ **Café Jalil,** 42, Rue Siyaghine, etwas versteckt hinter dem Marché aux Grains (alter Getreidemarkt), Tel. 0658 37 69 56. In diesem einfachen, aber sehr authentischen und preisgünstigen Restaurant kommen alle Zutaten für Suppen, Tajine, Couscous und Omelette frisch vom Markt. Es stehen nur zwei Tischchen vor dem Lokal. Wer möchte, kann beim freundlichen *Jalil* eine Tajine mit Wunschzutaten mittags für das Abendessen vorbestellen (auch mit selbst mitgebrachten Zutaten)!

■ **Caravane Café,** 2 bis, Rue Cadi Ayad, Tel. 0524 78 31 11, tägl. ab 14 Uhr außer So/Mo. Angesagtes Künstlercafé von *Didier Spindler* in einem originellen Riad voller Bilder und Skulpturen. Internationale Küche zu gehobenen Preisen.

■ **Chalet de la Plage,** 1, Bd. Mohamed V., Tel. 0524 47 59 72, direkt am Strand. Wirkt mit der dunklen Einrichtung im Schiffsambiente im Interieur nostalgisch-verstaubt, auf der windgeschützten Freiluftterrasse mit Blick auf den Strand und den Hafen sitzt man jedoch sehr schön. Gutes Essen und sehr guter Service, Alkoholausschank.

■ **Chez Ben Mostafa,** am Pl. Moulay Hassan neben dem alten Justizpalast. Beliebter Treffpunkt von Touristen und Einheimischen, um auf der Terrasse zu sitzen, einen Tee zu trinken und das Treiben am Platz zu beobachten. Auch günstiges Frühstück.

■ **Chez Sam,** Tel. 0524 47 65 13, ganz am Ende des Hafens, tägl. 12–15.30 und 19.30–22.30 Uhr. Fast schon legendäres Restaurant am Platz mit maritimer Küche und Alkoholausschank (vorzüglicher Mogador-Wein aus der Region!). Urige Seemanns-Atmosphäre mit Blick aufs Hafenbecken, ein Fensterplatz zum Wasser sollte reserviert werden. Bei gutem Wetter kann man auf der Terrasse draußen am Meer sitzen. Menü ab ca. 100 DH, Fischgerichte (z.B. Fischtajine) und Meeresfrüchte.

■ **Dar Baba,** 2, Rue Marrakech, Tel. 0524 47 68 09. Sehr gutes italienisches Restaurant in einem Riad mit schönem Ambiente: hausgemachte Nudeln, Käse, Kuchen, Crème Caramel, italienischer Cappuccino, Wein, Bier.

■ **D'Orient et d'Ailleurs,** 67 bis, Rue Touahen, nahe der Sqala, Tel. 0524 47 59 77, www.dorientetdailleurs.com. *Liliana* und *Lawrence* servieren marokkanische und französische Spezialitäten (auch Fischgerichte) aus saisonal wechselnden frischen Zutaten, besonders lecker sind die Desserts. Angenehmes, romantisches Ambiente für einen entspannten Abend. Freundlicher und unaufdringlicher Service. Gute Auswahl an marokkanischen Weinen. Gehobene Preisklasse.

■ **Elizir,** 1, Rue Agadir/Ecke Av. d'Istiqlal, Tel. 0524 47 21 03, www.elizir.com. Dieses kleine Restaurant ist eines der angesagtesten der Stadt – eingerichtet wie ein Pop-Art-Museum, eine Junge-Leute-Heimatstube der 1960er und -70er Jahre. Sehr viel Atmosphäre, Küche mit französischen, italienischen und spanischen Einflüssen, Menü ab 170 DH.

■ **Essalam,** Place Moulay Hassan (ggü. Taros und Café Ben Mostafa). Schon lange eines der günstigsten und populärsten Restos am Platz, 3-Gänge-Menü für rund 60 DH, ideal für ein Mittagessen. Sitzgelegenheit auf der überdachten Terrasse.

■ **Ferdaouss,** 27, Rue Abdesslam Lebadi (Nebengasse der Av. Ben Abdallah), Tel. 0524 47 36 55 (Reservierung nötig), tägl. 12–14.30 und 18.30–22.30 Uhr. Sehr gute marokkanische Küche im 2. Stock eines alten Stadthauses. Wein darf man selbst mitbringen.

■ **Il Mare,** 43, Rue de la Sqala, direkt an der Sqala-Mauer, Tel. 0524 47 64 17, www.ilmaressaouira.com. Von der obersten Terrasse hat man einen wundervollen Blick auf die Bastion und übers Meer – besonders schön bei Sonnenuntergang. Abends häufig Live-Musik und Treffpunkt für Nachtschwärmer, z.B. während des Gnaoua-Festivals. Fischgerichte (ab 125 DH), Tajine, Holzofenpizza (ca. 90 DH) und Pasta (ab 85 DH) zu gehobenen Preisen. Alkoholausschank.

■ **La Cantina,** 66, Rue Boutouil (am kleinen Platz in der Nähe der Mellah), Tel. 0524 47 45 15, tägl.

außer sonntags. In diesem Lokal unter englischer Führung werden hervorragende, selbst zubereitete Desserts wie Käsekuchen und Tiramisu serviert! Außerdem gibt es mexikanische und britische Küche mit viel Chili und nicht zuletzt eine große Auswahl für Vegetarier.

**La Licorne,** 26, Rue de la Sqala, Tel. 0524 47 36 26, www.lalicorne-essaouira.com, tägl. ab 19 Uhr. Stilvolles, gut besuchtes Restaurant in einem Altstadthaus direkt an der Sqala. Sehr gute, z.T. vegetarische Gerichte (Tajine ab 85 DH, Fisch ab 100 DH, Menü 160 DH), gute Weinkarte.

**Le Fanatic,** Bd. Mohamed V., direkt an der Strandpromenade auf halber Strecke zum Ocean Vagabond und Club Mistral, Tel. 0524 47 50 08. Hier kann man schön draußen auf der Terrasse sitzen und einen Drink genießen (auch Alkoholausschank), v.a. bei schönem Wetter sehr beliebt. Sehr freundliches Personal, auch für allein reisende Frauen angenehm.

**Le Safran,** im Marché aux Grains (alter Getreidemarkt), Tel. 0600 60 50 31, tägl. 9–21 Uhr. Leckere marokkanische Küche, frisch zubereitete Spezialität: Fisch und Pastilla, schön für ein Mittagessen auf der Terrasse im alten Getreidemarkt.

**Le Table by Madada** (ehem. After 5), 7, Rue Youssef El Fassi, nahe Bab Sbaa, Tel. 0524 47 33 49, www.latablemadada.com. Schickes Restaurant mit Lounge in einem sehenswerten Gewölbe – ideal für einen „Apéro“ am frühen Abend. Hervorragende Bistroküche mit Fisch und Meeresfrüchten, auch Tapas und Cocktails an der Bar. Gute Weinauswahl, freitags und samstags Live-Musik. Wechselnde Kunstausstellungen und Kochkurse, auch als Location für Privatfeiern buchbar. Gehobene Preisklasse.

**Les Alizés de Mogador,** 26, Rue de la Sqala, Tel. 0524 47 68 19. In diesem sehr beliebten Lokal in Gewölberäumen direkt am Fuße der Stadtmauer gibt es sehr gute marokkanische Küche und Weine (sowie andere Alkoholika). Eine Reservierung ist sinnvoll.

**Loubous,** 32, Lot. Bin al Aswar, direkt hinter der Stadtmauer am Bab Sbaa (außerhalb der Medina), Tel. 0661 35 11 70, www.loubouslounge.com. Lounge und Restaurant mit regelmäßigen Live-Auftritten (Disco, Tanz, Kabarett, DJs), auch während des Gnaoua-Festivals. Französische Küche mit marokkanischem Einfluss zu gehobenen Preisen.

**Miyame,** 19, Rue Jbala, Tel. 0655 58 79 61/0. Winziges, preiswertes Lokal in einer ehemaligen Koranschule mit sehr guter marokkanischer Küche, geführt von einer sehr herzlichen, gastfreundlichen Familie. Pastilla und andere Gerichte nach Wunsch auf Vorbestellung. Prima Preis-Leistungsverhältnis, Reservierung am Abend dringend empfohlen. Kein Alkoholausschank.

**O'Bleu Mogador,** 28, Rue Bouchentouf, wenige Gehminunten vom Bab Marrakech, Tel. 0524 78 31 33, tägl. ab 19 Uhr, mittags nur nach Reservierung. Die hervorragende „Cuisine Fusion“ des Franzosen *Serge Peuzin,* der bereits Restaurants in Luberon und Aix-en-Provence betrieb, ist inspiriert durch mediterrane und marokkanische Einflüsse. Kreative Menüs mit Fleisch- und Fischgerichten, Meeresfrüchten und Zutaten frisch vom Markt. Freundliches, stimmungsvolles Ambiente im Erdgeschoss eines kleinen Riads. Gehobene Preisklasse.

**Ocean Vagabond,** am südlichen Ende des Bd. Mohamed V. (auf Höhe der Villa Quieta), tägl. 9–18 Uhr, www.oceanvagabond.com. Chill-Restaurant und Wohlfühl-Café der Surferszene mit abwechslungsreicher Tageskarte (Putensteak, Pizza, diverse Baguettes, Salate). Nette Terrasse zum Meer und angeschlossenes Surfcenter (vgl. Sport). Alkoholausschank, Strandliegen für Gäste gratis.

**Pasta Baladin,** 48, Rue Laalouj, Tel. 0661 60 45 04, www.riadbaladin.com, montags Ruhetag. Keine Lust auf Tajine & Co.? Hier gibt es eine kleine Speisekarte mit günstigen Nudelgerichten (50–60 DH, auch zum Mitnehmen) und Salaten.

**Pâtisserie Chez Driss,** 10, Rue El Hajjali, direkt am Place Moulay Hassan. Führendes Kaffeehaus am Platz mit reicher Geschichte, wovon die zahllosen Fotos von prominenten Gästen an den Wänden Zeugnis ablegen. Sehr gutes Gebäck und günstiges Frühstück, mit Dachterrasse.

**Ramses,** Rue Ibn Rochd, Tel. 0524 47 21 39. Grundsolide marokkanische Küche, auch Fischgerichte zu moderaten Preisen.

**Sirocco,** 15, Rue Ibn Rochd, Tel. 0524 47 23 96. *Anni Garnier,* die Hausherrin, führt das Restaurant mit Herzenswärme. Sie oder ihr Sohn *Gregory* kümmern sich persönlich um das Wohl der Gäste. Mittlerweile hat sich das Restaurant in einem tollen Gewölbe vom Tipp für Insider zur festen Größe in Essaouira gemausert. Sehr gutes Essen (marokkanische Küche mit internationalem Touch) zu mittleren bis leicht gehobenen Preisen, exzellente Pastilla und zum Dessert *Fondant au chocolat!* Häufig gibt es Live-Musik zu hören.

**Taros Café,** 2, Rue de la Sqala/Ecke Place Moulay Hassan, Tel. 0524 47 64 07, www.taroscafe.com. Das Taros Café ist Restaurant, Roof-Garden, Boutique und Kunstgalerie in einem. Das stilvolle Haus von *Alain Fillaud* wird vor allem von internationalem Publikum besucht, daher entsprechende Preise. Diniert wird im Salon, einen Digestiv, Cocktail oder Espresso genießt man auf der sehr schönen Dachterrasse mit Blick auf den Platz. Der Service ist vorbildlich, die Küche einfallsreich (Salate, Fisch, Fleisch, Gericht um 130 DH, kleine Portionen). Regelmäßig gute Live-Musik, auch Zaubershows.

Bei den **Fischbuden vor dem Hafen** am kleinen Platz zwischen Bab El Minzah, Pl. Moulay Hassan und Fischmarkt kann man unkompliziert frisch gegrillten Fisch (z.B. Sardinen und Seezungen) oder Meeresfrüchte essen. Man sitzt direkt an den Buden an einfachen Tischen und Bänken. Die angeschriebenen Preise gelten für alle Stände, Salat und andere Beilagen kosten extra. Vorsicht: Die Kellner versuchen gelegentlich, höhere Preise zu verlangen (z.B. den Preis für Langusten statt für Garnelen).

## Surfen/Wassersport

Das Wassersportzentrum **Club Mistral/Ocean Vagabond** (Bd. Mohamed V., Tel. 0524 78 39 34, www.oceanvagabond.com) mit Privatstrand (Liegestühle) und angeschlossenem Café/Restaurant (s.o.) befindet sich am südlichen Ende der Promenade (Höhe Villa Quieta, beim Denkmal in der Kreuzung) und bietet Kurse sowie Leihausrüstung für Wellenreiter, Wind- und Kitesurfer an. Ein dazugehöriges Gästehaus liegt in der Querstraße Lalla Aicha. Die Anfängerkurse finden vormittags statt, wenn der Wind noch nicht so stark ist. Ein Rettungsboot sorgt für ein gutes Sicherheitsgefühl.

Auch **Kitemorocco** bietet Kitekurse an: 90, Quariter des Dunes, Tel. 0671 08 46 86, www.kitemorocco.com.

**Navette des Îles** (Tel. 0524 47 46 18, Kiosk im Hafen nahe Restaurant Chez Sam) unternimmt zweimal täglich **Bootsausflüge** für Touristen. Für dreistündige Ausfahrten mit dem Fischerboot (wetterabhängig) sind 200 DH/Pers. zu bezahlen.

## Wandern und Reiten

Geführte **Wanderungen** in der Umgebung bieten *Frédérique* und *Edouard* an, Tel. 0615 76 21 31 (franz.) oder 0650 23 22 47 (engl.). Infos unter www.essaouira-randonnees.com oder nachmittags im Restaurant La Découverte, 8, Rue Houmman el Fatouaki.

Die **Ranch de Diabat** hat **Kamel- und Pferdetouren** entlang der Atlantikküste im Angebot: Tel. 0524 47 63 82 oder Mobil 0662 29 72 03, www.ranchdediabat.com. Ein zweistündiger Ausritt mit Kamel oder Pferd kostet 250 DH, ein Tagesausflug mit Picknick 600 DH. Es können auch mehrtägige Trekks organisiert werden: Die Reitstrecke mit dem Kamel beträgt dabei 15–20 km täglich, die mit dem Pferd bis zu 40 km.

Leser empfahlen **Equi Evasion,** Mobil 0666 78 05 61, www.equievasion.com. Ein zweistündiger Ausritt kostet etwa 25 Euro inkl. Abholung vom Hotel und Reithelm. Sehr freundlich, deutsch- und englischsprachig, auch mehrtägige Pferdetreks möglich.

## Sonstige Aktivitäten

■ Nahe Diabat, ca. 3 km von Essaouira entfernt, liegen zwei 18-Loch-Parcours auf dem Platz **Golf de Mogador** (Tel. 0524 47 43 46).

■ **Quad-Ausflüge** organisiert Sahara Quad, 335 Lotissement Eraounak, Mobil 0668 58 73 97 oder 0673 44 95 41, www.saharaquad.net. Ein zweistündiger Ausflug kostet 40 Euro/Pers., ein Tag (z.B. in Sidi Kaouki) 95 Euro inkl. Mittagessen.

## Hammam/Wellness

Viele Riads haben ein Hammam für ihre Gäste. Die traditionellen Hammams für die Einheimischen sind zwar sehr günstig, aber nicht immer sauber.

■ Ein kleiner, feiner **Hammam** ist **Lalla Mira** neben dem gleichnamigen Gästehaus: 14, Rue d'Algérie, tägl. 9.30–19 Uhr für Frauen, dann für Männer.

■ Ein umfangreiches Verwöhnprogramm mit Massage, Hammam etc. bietet das **Heure Bleue Palais** an (vgl. Hotels, tägl. 14–21 Uhr, Reservierung für Nicht-Gäste unter Tel. 0524 78 34 34).

■ Eine empfehlenswerte Wellness-Adresse ist das schicke **Azur Art & Spa** (15, Rue Khalid Ben Walid, kleine Gasse neben dem Café de France am Place Moulay Hassan, Tel. 0524 78 57 94, www.azur-essaouira.com). Im Erdgeschoss dieses alten Stadthauses stellen lokale Künstler ihre Werke aus, im 1. und 2. Stock befinden sich ein großer Hammam, Massage- und Kosmetikräume sowie ein Ruheraum mit Kamin und kleiner Bar. 1 Std. Massage 350 DH, Hammam inkl. Gommage (Peeling mit schwarzer Olivenseife) 200 DH.

## Einkaufen

Die **ganze Altstadt** von Essaouira ist ein Einkaufsparadies für Liebhaber orientalischer Wohnkultur und Kunsthandwerk sowie für Bilder und Skulpturen. Essaouira ist besonders für seine qualitativ hochwertigen Thujenholzarbeiten und bunten Webereien bekannt. Im Gegensatz zu den Souks in Marrakesch wird man beim Bummeln in Essaouira kaum von Händlern bedrängt. Die Preise sind nicht niedrig, aber mit etwas Verhandlungsgeschick kann man noch Schnäppchen ergattern.

### Zeitungen/Bücher

■ Zeitungen, Bücher, Postkarten etc. gibt's in der **Kasbah Boutique** zu Beginn der Rue Sidi Mohamed Ben Abdallah, kurz vor der Abzweigung zur Galerie La Kasbah.

■ Eine gut sortierte Buchhandlung mit englischen und französischen Reiseführern, Postkarten usw. ist die **Librairie La Fibule** am Place Moulay Hassan.

### Galerien/Kunst

■ **Galerie Damgaard,** Rue Oqba Ibn Nafi, Tel. 0524 78 44 46, www.galeriedamgaard.com, tägl. 9–13 und 15–19 Uhr. 1988 gründete der Skandinavier *Frédéric Damgaard* eine Galerie mit Werken lokaler Künstler – ein Haus, das immer noch weit nach Europa hinein wirkt, auch wenn *Damgaard* 2006 die Räumlichkeit an *Alain Graffe* und *Claude Jadot* abgab. Die ganze Fülle lokaler Kunst ist dort zu sehen – und zu erwerben.

■ **Galerie La Kasbah,** Attar Kabir, 4, Rue Tétouan, Tel. 0524 47 56 05. Das alte Gebäude (ein Funduq) ist ein Gesamtkunstwerk: Hier gibt es Antiquitäten, Kunsthandwerk, alte Türen, Keramik etc. zu kaufen. Ein Besuch lohnt sich auch ohne Kaufinteresse!

■ **Marea Arte,** 7, Rue Youssef El Fassi, Tel. 0524 75 50 70. „Gott wollte, dass die bescheidene Arbeit, die meine Schöpfung zu schaffen vermag, das Bild von Essaouira hat und genauso nützlich ist wie der Zement, mit dem man Wandlampen an die Mauern heftet." So steht es auf dem Votivbild, das 2006 zur Beisetzung von *Ruggero Giangiacomi* ausgegeben wurde. 76 Jahre war der Italiener aus Ancona alt, als er am katholischen Friedhof hinter dem Doukkala-Tor seine letzte Ruhe fand. Unbedingt sehenswerte Galerie.

### Kunsthandwerk/Souvenirs

- Haupteinkaufsmeile für Kunsthandwerk ist die **Rue Sidi Mohamed Ben Abdellah** mit den abgehenden Gassen.
- Im **Ensemble Artisanal** in einem Hofkomplex direkt beim Bab Marrakech kann man Kunsthandwerk zu fairen Festpreisen einkaufen. Die große Silberwerkstatt verkauft hübschen Schmuck.

### Lebensmittel/Alkohol

- **Aswak Assalam** am nördlichen Ende der vierspurigen Av. Al Aqaba (östlich der Medina und des Busbahnhofs).
- Am Bd. Moulay Youssef, vom Bab Doukkala kommend der Mauer entlang, nach ca. 100 m auf der linken Seite, gibt es einen **Alkohol-Laden** (Bier und große Weinauswahl, am Freitag erst spätnachmittags geöffnet).

Vorsicht bei **Gewürzen und Duftstoffen:** Oft werden Touristen unechter Moschus oder falscher Safran angedreht. Die Gewürzpreise sind völlig überhöht! Empfehlenswert ist der Gewürzladen (Herboristerie) **Chez Makki** der Brüder *Makki* im Marché aux Grains (alter Getreidemarkt): seriöse und gute Beratung, es gibt auch gutes Arganienöl, Kosmetik und Töpferwaren.

Auch bei **Arganölprodukten** sollte man vorsichtig sein und nur direkt bei Frauenkooperativen im Herstellungsgebiet kaufen (z.B. ArganEssaouira der Kooperative Tidzi, www.arganessaouira.com).

## Stadt-/Regionalbusse

- **Linie 1:** bis Diabat.
- **Linie 2:** etwa alle 1½ Std. nach Sidi Kaouki.
- **Linie 3:** alle 2 Std. in den Süden nach Smimou.
- **Linie 4:** nach Hrarta.
- **Linien 5 und 6:** Richtung Osten nach Had Drâa, El Hanchane.
- **Linie 7:** nach Sidi Ishak.
- Die **Linien 1** und **4** (in der Stadt) fahren auch am Strand entlang.

088m015 ed

Eine Übersicht über die Stadtbuslinien mit Fahrplan findet man an der Anschlagtafel im Touristenbüro. Die meisten Busse der Gesellschaft Lima Bus verkehren bis etwa 18 Uhr; Start am Bab Doukkala.

## Fernverkehrsbusse

Der **zentrale Busbahnhof** (Tel. 0524 78 52 41) befindet sich ca. 500 m nordöstlich der Medina in der Neustadt (10 Min. zum Bab Doukkala), Rue Ghazouat Badr, Quartier Industriel. Vorsicht vor Schleppern, die Hotels empfehlen und Provision kassieren!

### CTM-Busse

- **CTM-Büro,** Tel. 0524 78 47 64. Infos unter www.ctm.ma. Die CTM-Busse fahren am Place 11 Janvier, Lotissement Azlef, ab.

**Verbindungen und Preise:**

- **Agadir:** 2x tägl. nachmittags, 60 DH, Fahrzeit 3–4 Std. Wenn man einen Anschlussflug nach Deutschland bekommen will, dann ist es besser, ein Sammeltaxi zu nehmen. Es fahren auch Privatbusse mehrmals täglich.
- **Safi:** 3x tägl. vormittags, 50 DH, 2 Std.
- **Casablanca:** 3x tägl., 130 DH, 6 Std.
- **El Jadida:** 3x tägl., ca. 90 DH, 4 Std.
- **Guelmim (über Tiznit):** Nachtbus, 140 DH, 7 Std., Ankunft um 1 Uhr nachts.
- **Marrakesch:** 2x tägl., 70 DH, 3 Std.

### Supratours-Busse

- **Büro und Abfahrtsplatz** gegenüber des Borj Sud (nahe Bab Marrakech, Av. Lalla Aicha, Tel. 0524 47 53 17) – am besten zwei Tage im Voraus reservieren! Infos unter www.oncf.ma.

**Verbindungen und Preise:**

- **Agadir:** 1x tägl. nachmittags, 3½ Std. Fahrzeit bis Agadir, 65 DH.
- **Marrakesch:** 6x tägl., Fahrzeit ca. 3 Std., 70 DH, Komfortbus 100 DH. Der Mittagsbus hat Anschluss nach Tinerhir, Umsteigen in Marrakesch, 11 Std. Fahrzeit.
- **Safi:** 1x tägl., 40 DH, 2.15 Std. Fahrzeit.

### Privatbusse

Private Busse diverser Gesellschaften fahren mehrmals täglich nach Marrakesch, Agadir und zu anderen Zielen (Casablanca, Rabat, Fès, Taroudannt etc.). Eine Reservierung ist nicht möglich, die Abfahrtszeiten wechseln ständig. Die privaten Busse sind zwar billiger, aber wesentlich schlechter in Schuss (Unfallgefahr!).

## Sammeltaxis/Taxis

- **Petit Taxis** am Bab Doukkala und am Bab Sbaa, 7 DH im Stadtbereich. Ein Taxi zum Flughafen kostet ca. 100 DH.
- **Sammeltaxis** hinter dem Busbahnhof, z.B. nach Agadir ca. 75 DH p.P. (3 Std. Fahrzeit, zum Flughafen muss man in Inezgane in ein anderes Grand Taxi umsteigen), nach Marrakesch ca. 90 DH p.P.
- **Grand Taxis** warten ebenfalls am Bab Doukkala. Preise für ein komplettes Taxi: nach Agadir (auch zum Flughafen) ca. 800 DH, nach Marrakesch ca. 700 DH, nach Sidi Kaouki ca. 150 DH.
- **Nawras Mogador Tours** organisiert zuverlässig alle erdenklichen Transfers mit Taxis und Minibussen (Tag und Nacht), z.B. Abholung vom Flughafen Marrakesch oder Agadir, Tel. 0524 47 30 42 oder Mobil 0661 20 70 45, www.transport-nawrasmogador.com. Ansprechpartner sind *Hamid* oder *Aziz el Kouchi.*

‹ Surferinnen vor der Kulisse der Stadt

## Flugverbindungen

**Flughafen:** Tel. 0524 47 67 04/05. Essaouira wird 2x die Woche von Casablanca von der Royal Air Maroc angeflogen. Außerdem fliegen Transavia (ab Paris) und Ryanair (ab Brüssel, Marseille) saisonal nach Essaouira.

## Rund ums Auto

### Autoverleih

**Chemins de l'Atlas,** Annassim 244, El Ghazoua, Mobil 0619 67 74 37, www.chemins-atlas.com. Vermietung von voll ausgerüsteten (Dachzelt, Campingausrüstung, Kühlbox etc.) Geländewagen ohne Fahrer.

**Essaouira Travel Car,** 4, Rue Wad el Makhazin (Neustadt), Tel. 0524 78 31 66, www.essaouiratravelcar.net.

### Parken

Mehrere bewachte Parkplätze befinden sich rund um den Hafen und am Bab Marrakech. Auch an der Strandpromenade (Bd. Mohamed V.) gibt es Parkbuchten. Offizielle Parkgebühr: 20 DH am Tag plus 10 DH nachts.

## Notfall/Notrufe/Krankenhaus

**Polizei:** Tel. 190 oder 0524 78 48 80.

**Gendarmarie Royale:** Tel. 177.

**Protection Civile** (Lebensrettung): Tel. 150.

**Notarzt** (tagsüber): Tel. 0522 44 21 50.

**Tierarzt: Cabinet Veterinaire La Lagune,** *Dr. Adnane El Ajl,* 504, Av. Allal Al Fassi, Lot. 5, Tel. 0524 47 28 87, Mobil (Notfall) 0661 56 16 10.

**Notfallapotheke** im Rathaus.

**Hôpital Sidi Mohamed ben Abdellah,** am Bd. de l'Hôpital, Tel. 0524 47 57 16.

## Geldwechsel

Mehrere **Banken mit Geldautomat** verteilen sich rund um den Place Moulay el Hassan.

## Post

Eine **Post mit Wechselbüro** befindet sich direkt neben dem Museum in der Av. Laâlouj. Die **Hauptpost** ist in der Neustadt in der Av. Lalla Aicha.

## Internet

Es gibt diverse **Internetcafés,** z.B. beim Bab el Minzah nahe des Pl. Moulay Hassan, beim Parkplatz am Hafen und in der Rue de Caire beim Touristenbüro. Immer mehr Hotels und Cafés haben drahtlosen Internetzugang (WLAN).

## Feste/Veranstaltungen

**Le Printemps des Alizés,** seit 2001 jedes Jahr vier Tage im April. Festival der klassischen Kammermusik, kostenlose Konzerte (Orchester und Solisten) im Kulturzentrum Dar Souiri, Rue du Caire. Infos bei der Association Essaouira-Mogador, Rue du Caire, Tel. 0524 47 52 68.

**Gnaoua Festival,** seit 1998 jedes Jahr vier Tage im Juni. Bei diesem international renommierten Weltmusikfestival treffen sich die bekanntesten Gnaoua-Maalems mit eingeladenen Künstlern aus Marokko und aller Welt, um zusammen zu musizieren. Auf verschiedenen Bühnen in der Stadt erleben die Besucher traditionelle Gnaoua-Musik, Jazz, Blues, Reggae, schwarzafrikanische Rhythmen, spirituelle Lilas und Trancemusik – ein einzigartiges Musikerlebnis und DAS Event des Jahres. Festivalpass und Infos unter www.festival-gnaoua.net.

**Festival des Andalousies Atlantiques,** drei Tage Ende Oktober/Anfang November. Dieses Festival ruft zum Dialog der Religionen und Kulturen auf. Erstklassiger Musikgenuss mit jüdisch-arabischen, muslimisch-andalusischen und mediterranen Klängen. Kostenlose Konzerte im Kulturzentrum Dar Souiri (s.o.).

■ Folgende **Moussems** (Mausims) werden in Essaouira gefeiert: im April **Regraga,** im August **Moussem El Hmadcha,** Mitte September **Moussem Derkaouia** und (meist) Anfang November **Moussem Ghazia** und **Moussem Aissaouia.**

## Sonstiges

■ **Alliance Franco-Marocaine d'Essaouira,** Rue Lâalouj, 9, Rue Mohamed Diouri, Tel. 0524 47 61 97, http://if-maroc.org/essaouira. Hier werden Französisch-Sprachkurse für Einheimische und Arabisch-Kurse für Ausländer gegeben. Darüber hinaus finden in der Einrichtung Kunstausstellungen, Musikveranstaltungen, Lesungen und Theateraufführungen statt.

■ **Coeur de l'Amitié,** 52, Rue Laâyoune, www.aucoeurdelamitie.org. Eine Reihe engagierter Bürger nimmt sich der (Straßen-)Kinder von Essaouira an: warmes Essen, medizinische Versorgung, schulische Begleitung und Stringenz, Freizeitaktivitäten, Sozialisierung. Präsidentin ist *Francoise Belhaoui,* Mobil 0668 16 40 87. Wer möchte, kann der Einrichtung einen Besuch abstatten.

# Ausflüge

Wandert man den schönen, nicht immer sauberen Dünenstrand südwärts, gelangt man nach **Diabat.** In dem Küstenort mit kleinen Cafés befindet sich die Sultanspalast-Ruine von *Muhammed Ben Abdellah.* Diabat erlangte in den 1970er Jahren eine gewisse Bekanntheit als Hippie-Aussteigerziel, nachdem sich hier der Rockstar *Jimi Hendrix* mit Anhängern für einige Zeit niedergelassen hatte. In Diabat entstand im Zuge des „Plan Azur“ der Regierung ein touristisches Großprojekt mit Luxushotels, Villen, Golfplatz etc. – das von Stardesignern aus aller Welt gestaltete Luxushotel Sofitel Golf & Spa lohnt einen Besuch.

Vor der Küste Essaouiras kann man zwei **Inseln** (**Îles de Mogador** bzw. Purpurinseln) besuchen, auf denen unter *Juba II.* Purpur gewonnen und nach Rom exportiert wurde. Die Inseln wurden als Naturreservat ausgewiesen, da auf ihnen der seltenen **Eleonora-Falke** brütet. Nur von Mai bis Oktober ist er hier auszumachen, ansonsten lebt er in Madagaskar. Auch von Essaouira aus kann man ihn am frühen Abend mit dem Fernglas und von einem guten Aussichtsplatz aus beim Insektenfang beobachten. Die Überfahrt zu den Inseln verhandelt man mit den Fischern im Hafen (150–500 DH). Bevor man ablegt, benötigt man jedoch eine (kostenlose) Genehmigung der Hafenbehörde. Die Inseln sind unbewohnt, nur zwei alte Festungen, eine Moschee und ein Gefängnis blieben aus vergangen Zeiten erhalten.

Zum Marabout und den Stränden von **Sidi Kaouki** vgl. weiter oben.

Im Süden liegt ca. 58 km entfernt der **Djabal Amsittene** (905 m), auf den man hinaufwandern und die Aussicht genießen kann. Auch eine schlechte Piste führt nach oben.

071m015 ad

# 2 Sous, Anti-Atlas, südliche Küste

Das fruchtbare Sous-Tal trennt den Hohen Atlas vom Anti-Atlas, dem südlichsten Gebirgszug der Atlaskette. Zwischen Granitbergen, Palmenoasen und Lehmdörfern lässt es sich wunderbar wandern,

biken und klettern. An den Stränden um Sidi Ifni tummeln sich Surfer in den Wellen. Südlich von Guelmim beginnt die endlose Weite der Sahara.

< An der Küste bei Sidi Ifni

# ÜBERBLICK

Die vom Hohen und Anti-Atlas eingeschlossene Ebene heißt Sous und ist eines der fruchtbarsten Gebiete des Landes. Die Flüsse des Hohen und Anti-Atlas, vor allem der Oued Sous, speisen das Becken mit Wasser. Groß angelegte Bewässerungssysteme ober- und unterhalb der Erde leiten zudem Wasser von Staudämmen auf die Felder. Die Bewässerung ist für den Ernteerfolg unabdingbar, denn im Sous fallen unter 250 mm Regen im Jahr. Die Jahresdurchschnittstemperatur liegt bei 19,5°C. Der Sommer ist heiß, wobei der vom Anti-Atlas wehende Chergui (warmer Fallwind) die Temperatur auf 30 bis 35°C erhöht.

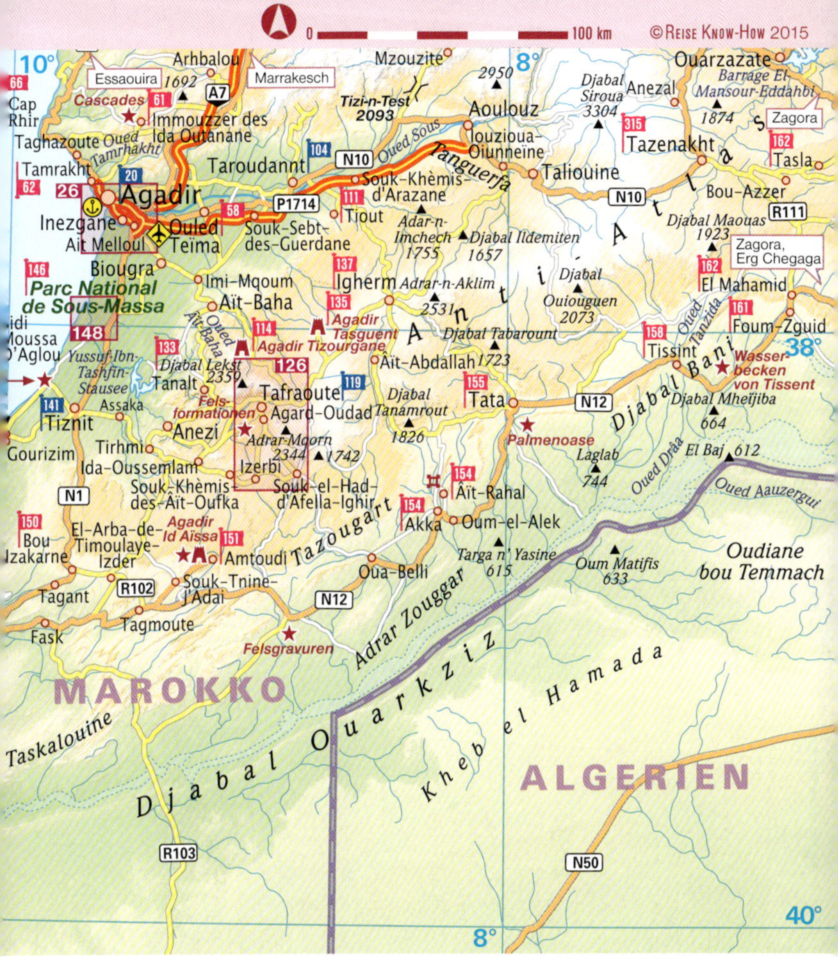


Vom 16. bis 18. Jahrhundert wurden im Sous Zuckerrohr und Baumwolle angebaut, es war die **reichste Provinz Marokkos.** Taroudannt, die Hauptstadt des Sous, war nach den Königsstädten die viertgrößte Stadt des Landes. Ihre Bedeutung als Landwirtschaftsgebiet hat die Sous-Ebene bis heute behalten – hier wachsen Zitrusfrüchte, Bananen, Oliven, Artischocken, Tomaten und viele weitere Obst- und Gemüsesorten, zum Teil in riesigen Gewächshäusern.

In den **trockenen Flusstälern des Anti-Atlas** kontrastieren die Kronen der Dattelpalmen, die Euphorbienpolster und die Blüten der Mandelbäumchen mit dem rot-braunen Granit. Eine Reise in dieses uralte Gebirge entführt in eine **abgelegene Welt,** deren Bewohner noch an ihren Traditionen festhalten. Malerisch kleben die aus Lehm und Stein errichteten Häuser an den schroffen Hängen der rosa schimmernden Granitberge. Wind, Wetter und Wasser formten bei Tafraoute eine wilde Felslandschaft aus Fingern, Türmen und Kugeln. Der **Anti-Atlas** ist das älteste Gebirge der Atlaskette mit Gipfeln bis zu 2300 m Höhe. Die Vegetation ist wüstenähnlich, nur am Küstenabhang gedeiht eine artenreiche Pflanzenwelt mit Dattelpalmen, Oliven, Mandeln und Feigen. Der Anti-Atlas ist ein Paradies für Wanderungen und Touren mit dem Mountainbike oder Geländewagen in grandiosen Granitfelsenlandschaften mit idyllischen Palmentälern.

Bewohnt werden der Sous und Anti-Atlas von den **Chleuh-(Schlöh-)Berbern,** die ihre Traditionen und ihre Sprache (Tachelheit) bis in die Gegenwart bewahrt haben. Ihr Handelsgeschick, die Viehzucht und der Verkauf des kostbaren Arganienöls verhalfen ih-

065m015 ad

nen zu Wohlstand. Viele wanderten in die Küstenstädte ab und finanzierten ihren zurückgebliebenen Familien große Familienhäuser. Die traditionellen Berberhäuser im Anti-Atlas sind – im Gegensatz zu den Lehmbauten weiter nördlich und östlich – aus Bruchstein gebaut, mit Dachbalken aus Palmholz und z.T. Lehmverputz. Die alten Häuser weichen allerdings mehr und mehr modernen Zweckbauten aus Beton, die den Bewohnern mehr Komfort bieten. Die Chleuhs unterhielten traditionell zahlreiche Gemeinschaftsspeicher, die – anders als Kasbahs – nur selten ganzen Stämmen Unterkunft boten. Diese **Agadire** (Speicher für die Ernte und Wertgegenstände) liegen in unwegsamem Gebiet, meist auf einer Bergkuppe, und hatten bis zu 300 Wohn-/Vorratsräume. Die meisten Agadire befinden sich zwischen Aït Baha und Tafraoute. Der größte Speicher ist der Agadir Id Aïssa nahe Tarkjijt, der interessanteste der Agadir Tasguent zwischen Igherm und Tafraoute.

**Ausgangspunkt für Reisen** in den Anti-Atlas sind Agadir, Tiznit oder Taroudannt. Die Gegenden im südlichen Anti-Atlas, am südlichen Atlantik und in der marokkanischen Sahara sind noch sehr ursprünglich und weniger von Touristen besucht als die Region um Agadir und Essaouira.

Neue Arbeitsplätze und einen Gegenpol zur Landflucht im Anti-Atlas schuf der sukzessive Ausbau der **Häfen** entlang der südlichen Atlantikküste. Inzwischen ist Laâyoune mit Abstand der größte Fischereihafen des Landes, es folgen Tan-Tan, Agadir und Dakhla. Auch touristisch entwickelt sich die südliche Atlantikküste bis Dakhla immer mehr: Ihr Potenzial sind die **endlosen weißen Sand-(dünen)strände** und vogelreiche Lagunen im Bereich von Flussmündungen. Hier haben Surfer und Angler ein riesiges Terrain für sich allein. Im Hinterland erstreckt sich meist eine öde, weite Wüstenlandschaft.

Im Übergang zur Westsahara und im Grenzgebiet zu Algerien fällt die **starke Präsenz des Militärs** auf. In den Städten der Westsahara wird seit Jahren vom marokkanischen Staat intensiv investiert, wohl auch um eine ideologische Bindung an Marokko zu fördern. Die Straßen sind gut ausgebaut, die Städte blitzsauber, die Märkte gefüllt, und es wird viel gebaut.

Oasenwirtschaft im Anti-Atlas

## NICHT VERPASSEN!

- **Agadir Tizourgane:** hier kann man uralte Berberarchitektur bewundern | 114
- **Das wertvolle Arganienöl** | 116
- **Die Umgebung von Tafraoute:** ein herrliches Revier zum Wandern und Biken | 134
- **Nationalpark Oued Massa:** ein Paradies für Vogelliebhaber | 148
- **Agadir Id Aïssa in Amtoudi:** von der Speicherburg öffnet sich ein wundervolles Panorama auf die Oase und die Wüste im Süden | 152
- **Am Strand von Legzira** | 173
- **Sidi Ifni:** im blau-weißen Städtchen herrscht relaxte Surfer-Atmosphäre – ideal für ein paar Tage am Meer | 173

**Diese Tipps sind gelb hinterlegt.**

# Von Agadir nach Taroudannt

**■ 81 km, N10**

■ Es existieren zwei Routen nach Taroudannt: die autobahnähnliche Schnellstraße, die hinter Aït Melloull beginnt (Richtung Flughafen) oder die hier beschriebene, langsamere Landstraße N 10. Mehrmals täglich fährt ein **Bus von Inezgane** (Agadir) nach Taroudannt.

Eine breite (zum Teil vierspurige), gut ausgebaute und sehr verkehrsreiche Hauptverbindungsstrecke über Aït Melloul (12 km) Temsia, Jorf, Ouled Teima (km 35), Oulad Tahou, Lakhnafif verbindet Agadir und Taroudannt. In der gesamten Sous-Ebene werden in riesigen **Gewächshauszelten** vor allem Bananen, Tomaten und Paprika angebaut – ein Bananenzelt umfasst eine Fläche von zwölf Hektar. Auf großen **Plantagen** beiderseits der Straße wachsen Zitrusfrüchte. Die Fahrt nach Taroudannt verläuft ohne besondere landschaftliche Attraktionen, außer wenn man im Winter bei klarem Wetter die schneebedeckten Gipfel des Hohen Atlas bewundern kann. Viele Cafés säumen die Straße, ab und zu werden Korbwaren und Früchte verkauft. Von Aït Melloul bis Oulad Tahou (weiter bis Taroudannt in Planung) wurde eine extra Fahrradspur am Rand der Straße gekennzeichnet.

Etwa bei **km 43** ist die Kleinstadt **Ouled Teima** erreicht. Wer eine ruhige Unterkunft auf dem Land sucht oder einen Einblick in die Landwirtschaft im Souss-Tal bekommen möchte, sollte die **Farm Domaine Villate Limoune** (km 40, Route d'Agadir – Taroudannt, Tel. 0528 52 69 64 oder Mobil 0661 33 08 43, *Cecile Hugon-Aferiad*, www.fermelimoune.ma) ansteuern: Auf der 400 Hektar großen Plantage werden Bananen, Zitrusfrüchte, Oliven und allerlei Gemüse biologisch angebaut. Es gibt einen Stellplatz für Wohnmobilisten und hübsche Doppelzimmer. In einem Laden kann man frische Bio-Produkte einkaufen.

Bei **km 52** liegt linker Hand das sehr schöne Farmgelände **Jardin de la Koudya:** zwei Zimmer und Campinggelände mit Schattenbäumen und abgetrennten Stellplätzen, saubere (aber bei starker Frequentierung zu wenige) Sanitäranlagen, sehr freundliche französische Besitzer (vgl. bei Taroudannt).

**6 km vor Taroudannt** (ca. km 75) führt diese Strecke bei einem Kreisverkehr mit der Schnellstraße zusammen (in der Gegenrichtung beschildert „Agadir par R.N. 10" rechts und „Agadir" geradeaus über Schnellstraße). Die Straße führt kurz darauf über eine Brücke und erreicht nach 6 km die Stadtmauer von Taroudannt.

# Taroudannt

Die von einer mächtigen Mauer umgebene **Hauptstadt des Sous (210.000 Einwohner)** ist ein wichtiges landwirtschaftliches Zentrum und liegt inmitten von Olivenhainen, Obst- und Weingärten. Eine nette Berberlegende erzählt die **Herkunft des Stadtnamens:** Eines Tages verschwand der Oued Sous aus seinem Bett und nahm die Kinder einer Berberfrau mit sich, die an dessen Ufer lebte.

Die Mutter rief daraufhin verzweifelt in der ganzen Umgebung „Taroua dante!" – „Meine Kinder wurden weggetragen!"

## Geschichte

Taroudannt, eine Stadt berberischen Ursprungs, wurde 1030 von den Almoraviden besetzt. Anfang des 14. Jahrhunderts von den Meriniden zerstört, gewann sie bald wieder ihre Bedeutung als wichtigste Stadt des Sous zurück. Sie war Operationsbasis für die Angriffe gegen Agadir, das bis 1541 von den Portugiesen besetzt war. Die Saadier bauten die Stadt aus und machten sie in den Jahren zwischen 1520 und 1540 unter *Mohamed ash-Shaykh* zu ihrer Hauptstadt, bevor sie diese nach Marrakesch verlegten.

Taroudannt erlebte seine Blütezeit unter *Ahmad al-Mansur* (1576–1603) als **wichtiges Handelszentrum für Karawanen** nach dem Sudan (Regionen südlich der Sahara) – Handelsgüter waren vor allem Gold, Silber und Sklaven. Die Region wurde mit Hilfe der Sklavenarbeit zum landwirtschaftlichen Zentrum des damaligen Marokko. Hauptsächlich Zuckerrohr, Baumwolle, Indigo und Früchte zum Export wurden angebaut. Die Abschaffung des Sklavenhandels, der Niedergang des Zuckerhandels und die Schließung des Hauptausfuhrhafens Agadir im Jahre 1765 durch den Sultan *Moulay ar-Rashid* ließen Taroudannt an Bedeutung verlieren.

Im 20. Jahrhundert wurde die Stadt **Sitz des Rebellen El Hiba,** der gegen die Franzosen kämpfte und 1912 auch Marrakesch eroberte. 1913 schlugen die Stämme der Glaoui, Goundafa und Mtougui aus dem Hohen Atlas zurück und nahmen Taroudannt ein. 1917 wurde die Stadt von den Franzosen besetzt.

Der Aufstieg Agadirs hat der Stadt viel von ihrer früheren Bedeutung genommen. Sie ist jedoch nach wie vor wichtiger Handelsort für landwirtschaftliche Produkte.

## Sehenswertes

Taroudannt ist fast vollständig von einer ca. 8 m hohen, mächtigen **Lehmmauer** mit Türmen und fünf Toren aus dem 16. Jahrhundert umgeben. Die Stadtmauer kann man bereits bei der Einfahrt in die Altstadt bewundern.

Im Souk von Taroudannt

089m015 ed

# Taroudannt

**Essen und Trinken**
2 Riad Maryam
16 L'Agence
18 Bab El Kasbah
19 Chez Nada

**Einkaufen**
5 La Maison Nomade
15 Apotheke

Taroudannt hat zwar keine großartigen Sehenswürdigkeiten zu bieten, besitzt aber viel Flair. Ein Bummel durch die **Medina und die Souks** ist auf jeden Fall lohnenswert, vor allem für Ausflugsgäste aus Agadir, die noch keine erhaltene Medina besucht haben. Hier lernt man noch ein Stück unverfälschtes Marokko kennen.

Das Herz der Medina bilden die belebten **Plätze El Alouine (Assaragh)** und **Talmoklate** mit ihren hübschen Ca-

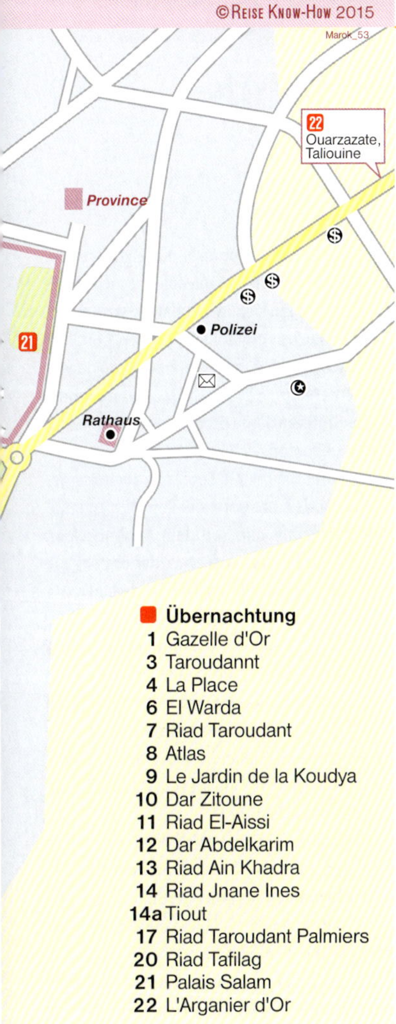


fés und den nahe gelegenen Souks, die zu den schönsten und lebendigsten in Marokko zählen.

Auch der **Markt am Sonntag** (Suq el Hed), der vormittags rund um das Bab el Khemis abgehalten wird und zu dem die Bevölkerung aus dem ganzen Sous-Gebiet zusammentrifft, ist interessant und malerisch.

Taroudannt ist traditionell für seine **handwerklichen Arbeiten** bekannt, vor allem für Silberschmuck und die Gerbereien. In den Souks kann man Kunsthandwerk in guter Qualität und zu entsprechend gehobenen Preisen einkaufen. Da jedoch das Silberhandwerk früher fest in der Hand jüdischer Handwerker war, hat die Qualität sehr nachgelassen. Nur mit Glück sind noch alte Stücke zu finden.

Trotz berberischen Ursprungs ist die Stadt im Gegensatz zu ihrer Umgebung **stark arabisch geprägt.** Nur in wenigen Städten Marokkos begegnet man so vielen verschleierten Frauen, Indiz für einen hohen arabischen und konservativ-islamischen Bevölkerungsanteil. Ein dezentes Auftreten europäischer Reisender ist deshalb unbedingt angebracht.

## Praktische Informationen

### Unterkunft

#### Oberklasse

■ **Gazelle d'Or**⑤ (mit HP), Route d'Amezgrou, Tel. 0528 85 20 39, www.gazelledor.com. Eines der exklusivsten und schönsten (5-Sterne-)Hotels in ganz Marokko, ehemals Wohnsitz des französischen Barons *Pellenc,* auf einem ca. 10 ha großen Grundstück. Es diente u.a. als Drehort für „Ali Baba und die 40 Räuber". Sehr aufmerksamer und freundlicher Service, täglich frische Blumen, das Frühstück wird auf der Zimmerterrasse serviert. Das Hotel kann besichtigt werden (außer zur Mittagspause). Pool, Tennis und Reitstall, SPA-, Wellness-, Fitness- und Yoga-Angebot.

# Afrikaforscher Gerhard Rohlfs über Taroudannt

**„... Die Stadt ist ein einziger großer Garten,** nur nach dem Zentrum drängen sich die Häuser, welche meist nur aus einem Erdgeschoss bestehen, mehr zusammen und hier befinden sich auch die Buden und Gewölbe, wo man arbeitet und verkauft, hier sind auch die Funduks. Moscheen gibt es eine große Anzahl, größere jedoch, die ein Minarett haben, nur fünf ...

**Einen eigentlichen besonderen Handelszweig hat die Stadt nicht,** man lobt die Lederarbeiten und Färbereien. Hauptgewerk ist die Kupferschlägerei, indess beschränkt sich das bloß auf Kessel, auf kleine Geschirre und Sachen, wie sie von den Eingeborenen hergestellt werden können. Aber wie ausgedehnt diese Manufaktur ist, geht am besten daraus hervor, wenn ich anführe, dass diese kupfernen Geschirre bis Kuka, Kano und Timbuktu ausgeführt werden. Und wie ergiebig müssen erst die Kupferminen in der Nähe von Tarudant sein, wenn man bedenkt, auf wie primitive Art die Eingeborenen dort eine solche Mine ausbeuten. Nach der Aussage der Eingeborenen soll nicht nur dies Metall, sondern auch Gold, Silber, Eisen und Magneteisenstein in großen Mengen vorkommen. Alle übrigen Landesprodukte sind wie in Agadir und im ganzen Sus-Lande sehr billig. Das Pfund Fleisch wird mit 2 Mosonen bezahlt, für eine Mosona erhält man 6–10 Eier und im Frühjahr noch mehrere.

Bei der Beschreibung von Tarudant kann ich nicht unerwähnt lassen, dass die einst so berühmten Zuckerplantagen heute nicht mehr existieren ...

Als im 16. Jahrhundert die Dynastie der Schürfa Marokko neu umgestaltete, suchten sie vor allen Dingen sich in Tarudant festzusetzen. Es wurde Zucker um Tarudant gepflanzt und um einen Ausgangshafen für das Produkt zu gewinnen, unternahm der Scherif Mohammend die Belagerung von Santa Croce, damals den Portugiesen gehörend. 1536 war dieser Hafen in den Händen der Gläubigen. Ein Slami oder übergetretener Jude hatte unter der Zeit Mühlen in Tarudant errichtet und von dem Augenblick an war der Handel mit Zucker ... der ergiebigste von allen marokkanischen Handelszweigen.

Auch christliche Sklaven wurden nun zur Fabrikation von **Zucker** verwandt, und nicht nur aus Marokko oder aus den Sudanländern kamen Leute nach Tarudant, um Zucker zu kaufen, auch Europäer stellten sich ein, sobald sie erfuhren, dass man sie gut behandle. Der Ertrag ergab für den Sultan jährlich 7500 Metkal, eine für damalige Zeit große Summe.

In welcher Zeit der Verfall des Zuckerbaues vor sich ging, habe ich nicht ergründen können, vielleicht wurden bei einer der so häufig in Marokko stattfindenden Revolten die Zuckergärten zerstört und nachdem nicht wieder angebaut. Aber die Erinnerung vom einstigen Zuckerreichthum in der Provinz existiert in Marokko heute noch."

(Bericht aus dem Jahr 1861, Gerhard Rohlfs, „Reisen in Marokko")

■ **Dar Zitoune**④ (DZ, Zelt oder Suite), 2 km außerhalb des Zentrums an der Straße Richtung Agadir, Tel. 0528 55 11 41/42, www.darzitoune.com. Sehr schönes Kasbahhotel (4 Sterne) unter schweizerischer Führung: 14 Bungalows im tollen tropischen Garten mit Pool, Terrasse, Hammam. Originell: In der Village Berbère kann man in luxuriös eingerichteten traditionellen Festzelten (mit Bad, AC, Sat-TV und Safe) wohnen, die sich um einen Pool gruppieren. WLAN.

### Mittelklasse

■ **Dar Abdelkarim**③, 2 km außerhalb des Zentrums an der Straße nach Agadir (direkt vor der Brücke über den Fluss rechts ab, in Ouled Ighzel), Tel. 0528 85 31 50. Von Lesern sehr gelobtes Gästehaus mit vier Zimmern und einer Suite in ruhiger Lage. Großer Garten mit zwei Pools, Hammam und mehreren Terrassen, sehr gute Küche, Fahrradverleih. Gutes Preis-Leistungsverhältnis.

■ **L'Arganier d'Or**③, 19 km Richtung Ouarzazate (N10) in Zaouiat Ifergane Aït Igasse, Tel. 0528 55 02 11, www.riadhotellarganierdor.com. Schöner Riad zum Relaxen in ruhiger ländlicher Umgebung auf einer 3 ha großen Orangenfarm mit Pool und Hammam. Die klimatisierten Zimmer mit Bad gruppieren sich um einen kleinen Innenhof. Frühstück auf der Panoramaterrasse.

■ **Palais Salam**③, Bd. Moulay Ismail, in der Kasbah an der Stadtmauer, Tel. 0528 85 09 98, www.palaissalam-taroudant.com. Innerhalb der alten Kasbah, angrenzend an die Stadtmauern, hat dieses traditionsreiche Palasthotel mit riesigem Palmengarten und zwei uralten Feigenbäumen im Patio eine einmalige Lage. Leider wurde das Hotel in den letzten Jahren wenig instand gehalten, und die Zimmer haben eine Renovierung nötig – kein 4-Sterne-Standard mehr, aber sauber.

■ **Riad Ain Khadra**③, am Stadtausgang Richtung Agadir (Abzweig von der Schnellstraße P1714), Tel. 0528 85 41 42 oder 0615 49 77 71, www.riad-ainkhadra.com. Schöner Riad etwas außerhalb in ruhiger Lage, Salon mit Kamin, Dachterrasse, grüner Innenhof mit Pool, beheizter Jaccuzzi, gemütliche Zimmer.

■ **Riad El-Aissi**③-④, Mobil 0661 17 30 89 oder 0666 66 35 13, www.riadelaissi.com. 3 km außerhalb (Village Talaa) an der Route Richtung Agadir über Ameskroud, direkt an einem schönen, ruhigen Orangenhain. Hübsches, kleines Gästehaus im traditionellen Stil mit Restaurant und Pool. Die Besitzerin hat in Europa gelebt und kocht selbst für ihre Gäste. Klimatisierte, unterschiedlich gestaltete Zimmer für 2 oder 3 Personen, großes Zimmer oder Suite für bis zu 6 Personen.

■ **Riad Jnane Ines**④, ca. 8 km außerhalb, Route de l'Aéroport d'Agadir, Machraa Al Ain (vom Zentrum erst auf der N10 Richtung Agadir, dann P1417 Richtung Flughafen), Tel. 0528 85 25 45, www.jnaneines.com. Sehr komfortabler Riad mit hübschen, unterschiedlich gestalteten Zimmern, Pool und Hammam. WIFI, gutes Essen, freundliches Personal, kein Alkoholausschank.

■ **Riad Tafilag**③, 31, Derb Taffelagth, Tel. 0528 85 06 07, www.riad-tafilag.com. Hübscher, sauberer und freundlicher Riad mit fünf individuell eingerichteten Zimmern und zwei Suiten. Kleiner Pool, Hammam, Salon mit TV, freundliches Personal und guter Service, Wohlfühlatmosphäre. Zimmer mit Bad, Klimaanlage/Heizung, z.T. mit Terrasse.

■ **Riad Taroudant**③, 243, Av. Al Qods, Derb Jdid, Tel. 0528 85 25 72, www.riadtaroudant.com. Riad mit 16 klimatisierten Zimmern in guter Lage mitten in der Medina, Frühstück auf der tollen Dachterrasse mit vielen Pflanzen, freundliches und hilfsbereites Personal.

■ **Tiout**③, Av. Prince Heritier Sidi Mohamed, Ecke Rue Masgib el Kebir (gut ausgeschildert), Tel. 0528 85 03 41, www.hoteltiout.com. Ordentliches und freundliches Mittelklassehotel mit bewachtem Parkplatz im Innenhof, saubere, aber nicht mehr zeitgemäß eingerichtete Zimmer mit Bad, Balkon und AC, Internet für die Gäste, Hammam, kein Alkoholausschank. Preis-Leistungsverhältnis okay.

### Günstig

■ **Atlas**①, Bd. El-Mansour Eddahbi, Tel. 0528 55 18 80. Einfaches, ordentliches Hotel, Zimmer zur Straße evtl. laut.

■ **Dar Fatima**②, in einer Seitengasse der Av. Prince Héritier Sidi Mohamed, nahe Großer Moschee, Mobil 0661 60 66 22, www.darfatima.com. Gästehaus mit sechs schönen Zimmern um den liebevoll gestalteten Innenhof, Salon mit Kamin, Bibliothek und TV, sehr freundliche Familie, Dachterrasse mit toller Aussicht.

■ **El Warda**①, Place Talmoklate, Tel. 0528 85 27 63. Sehr einfaches, freundliches Billighotel über einem (männerdominierten) Café im 1. Stock. Helle DZ mit Dusche/WC auf dem Gang.

■ **La Place**①, direkt am Place El Alouine, Tel. 0528 85 26 23. Wie El Warda eine sehr einfache Billigunterkunft mit Dachterrasse (Blick über den Platz) und ordentlichen Zimmern. Café im EG.

■ **Riad Taroudant Palmiers**①-②, Av. Prince Héritier (neben Centre d'Éducation), Tel. 0528 85 45 07, www.riadtaroudantpalmiers.com. Nettes kleines Gästehaus mit schlichten, aber sauberen und geschmackvoll eingerichteten Zimmern (mit und ohne Bad), die sich um einen schönen Innenhof gruppieren.

■ **Taroudannt**② (Preise saisonabhängig), Place el Alouine (Assaragh), Tel. 0528 85 24 16. Einfaches, nostalgisch-verstaubtes Hotel mit Palmengarten im Innenhof. Die Zimmer sind relativ sauber, zur Straße hin laut, sonst ruhig. Zwei Parkplätze vor dem Hotel, sonst bewachter Parkplatz am Hauptplatz. Alkoholverkauf (auch an Auswärtige) an der Bar.

## Camping

■ Wohnmobile können auf einem **Stellplatz an der Stadtmauer** vor dem Hotel Palais Salam campen (20 DH).

■ Mehrere schöne ruhige Stellplätze mit Wasser und Strom findet man auf dem großen Farmgelände von **Le Jardin de la Koudya** (Domaine Roussel, Lakhnafif/El Guerdane, an der N10 Richtung Agadir, N 30°025,094', W 09°02,465', Tel. 0665 79 87 21/22, meteores@menara.ma). Es gibt ein sauberes Toilettenhäuschen (bei vollem Platz zu wenige Toiletten), heiße Duschen im Gästehaus (DZ②, Ferienhaus mit Küche und Dachterrasse), Strom gegen Aufpreis, Waschmachine vorhanden. Pool und Restaurant im Garten. 4x4-Vermietung (auch ohne Chauffeur) und Ausflüge können organisiert werden.

## Essen und Trinken

■ **Bab El Kasbah,** am Stadttor Bab El Kasbah nahe der Olivenpresse. Nettes Restaurant mit marokkanischer Küche, mittlere Preislage.

■ **Chez Nada,** 15, Av. Moulay Rachid, ca. 100 m vom Hospital in Richtung Innenstadt, Tel. 0528 85 17 26. Marokkanische und internationale Spezialitäten werden auf der schönen Dachterrasse serviert. Die Qualität der Speisen ist wechselhaft.

■ **Riad Maryam,** 140, Derb Maalem Mohamed, in der Medina nahe Bab Taghount/Av. Mohamed V., Tel. 0666 12 72 85, www.riadmaryam.com. Sehr gute marokkanische Küche in einem Riad aus dem 19. Jh., Weinausschank, mittlere Preislage.

■ **L'Agence,** Av. Prince Héritier Sidi Mohamed, Tel. 0528 55 02 70. Große Auswahl an sehr guten marokkanischen Gerichten, lobenswerter Service, schönes Ambiente, faire Preise (Menü ca. 110 DH).

■ Günstiges, einfaches **Frühstück** gibt es in den Cafés am Place El Alouine (Assaragh) oder etwas gepflegter in den Cafés beim Stadttor.

## Einkaufen

■ **Alkoholische Getränke** (Bier und Wein) werden im Hotel Taroudannt verkauft.

■ Eine schöne Auswahl an **Teppichen** hat der gut deutsch sprechende *Brahim Bihi* im **La Maison Nomade** (Tel. 0528 85 46 20) nahe dem Place El Alouine in einer Gasse hinter der BMCE-Bank (Schild).

■ Gute **Arganienölprodukte** kann man in der Frauenkooperative in Tiout kaufen (vgl. „Ausflug zur Oase Tiout").

## Busse

■ **CTM-Büro,** Bd. El Mansour Eddahbi, Bab Zorgane (nahe Busbahnhof), Tel. 0528 85 38 58.
■ **CTM- und Privatbusse** fahren vom **Busbahnhof beim Bab Zorgan** außerhalb der Stadtmauern los.

### Verbindungen und Preise

■ **Agadir:** mehrmals täglich, u.a. mit CTM um 17 Uhr, 35 DH, ca. 1.45 Std. Fahrzeit.
■ **Marrakesch** (CTM-Bus): 1x tägl. um 22 Uhr (Bus nach Casablanca), Ankunft gegen 2 Uhr nachts, 110 DH.
■ **Ouarzazate:** Um 11.15 Uhr fährt ein CTM-Bus über Taliouine, 115 DH, ca. 5 Std. Fahrzeit.
■ **Casablanca:** CTM-Bus 1x tägl. um 23 Uhr, 200 DH (über Agadir, Safi etc.), Fahrzeit ca. 9 Std., auch Privatbusse über Marrakesch mehrmals täglich.

## Sammeltaxis/Taxis

■ **Sammeltaxis** in alle Richtungen ab Place El Alouine und Bab Zorgan. Ein Sammeltaxi nach **Inezgane** (Agadir) kostet ca. 30 DH, ein Grand Taxi nach **Moulay Brahim** über den Tizi-n-Test 600 DH. Preiswerter fährt man über den Tizi-n-Test nach Marrakesch, wenn man erst mit dem Sammeltaxi nach **Ouled Berhil** (45 Min., 30 DH) fährt und von dort mit dem Bus oder mit dem Sammeltaxi oder Bus nach **Asni** (4 Std., 40 DH); von dort weiter nach **Marrakesch.**
■ Ähnlich wie in Marrakesch verkehren in Taroudannt **Pferdedroschken** *(calèches)* als romantische Alternative zum Taxi. Mit den Kutschen kann man sich günstig z.B. von den Souks (Place El Alouine) zurück zum Hotel befördern lassen.

## Feste/Veranstaltungen

■ Zahlreiche **Moussems** finden in den Dörfern der Umgebung zwischen Juli und Oktober statt. Vor allem im August und September zur Erntezeit häufen sich die Moussems.
■ **Moussem Rkeb Moulay Brahim,** in Taroudannt am 2. Tag von Aid Mouloud.
■ Weitere **drei Moussems in Ouled Teima** während des Mouloud.
■ Im April findet eine **Handwerksmesse** mit Kunsthandwerksausstellung statt.

## Sonstiges

■ In der Stadt gibt es mehrere **bewachte Parkplätze.**
■ Post außerhalb der Medina **an der Straße nach Ouarzazate.**

# Ausflug zur Oase Tiout

**Anfahrt:** Von Taroudannt 38 km Teerstraße bis Tiout, es verkehren Sammeltaxis (ca. 15 DH). Fahren Sie zurück Richtung Agadir, nach 3 km über den Oued Sous, bis zum Kreisverkehr 6 km hinter Taroudannt. Hier Richtung Ouarzazate und Tata abbiegen. Die Straße führt an Orangenhainen, Oliven- und Arganienbäumen sowie Mais- und Getreidefeldern entlang. 16 km nach dem Kreisverkehr (22 km ab Taroudannt) an der Kreuzung nach einer Tankstelle rechts auf eine schmale Teerstraße abbiegen Richtung Tiout (Schild)/Igherm, links geht es nach Aït Yazza, geradeaus nach Taliouine. 11 km weiter (33 km ab Taroudannt) rechts nach Tiout abzweigen (geradeaus weiter nach Igherm), das nach 5 km erreicht ist.

aga08_273 ad

An der Ortseinfahrt auf der linken Seite befindet sich das Gebäude der **Arganienölkooperative Taitmatine** (Tel. 0528 85 25 51, www.targanine.com). Hier kann man den Frauen beim Klopfen der Arganienkerne, beim Rösten der Samenkerne und Extrahieren des Arganienöls zusehen. Außerdem wird gutes Arganienöl und die „Berbernutella" Amlou, eine köstliche Mischung aus Honig, Mandeln und Arganienöl, zum Verkauf angeboten. Machen Sie nur Fotos, wenn die Damen damit einverstanden sind!

Am Ortsanfang rechts geht es auf einer Piste (300 m) zur hübschen **Auberge Tigmmi** (Tel. 0528 85 05 55). Die Herberge in einem alten Haus des Dorfes ist eine Oase der Ruhe mit großen, hübschen Zimmern (Bad/WC). Leser klagten allerdings, sie würde in letzter Zeit nicht mehr gut instand gehalten. Es gibt mehrere Salons, eine Dachterrasse mit Ausblick und einen Innenhof mit Orangenbäumen und Springbrunnen. DZ mit HP③.

Die hübsche **Palmenoase Tiout,** die vom 16. bis 19. Jahrhundert, zur Zeit des Zuckerhandels, recht bekannt war, wird im Südwesten überragt von einer mächtigen **Kasbah.** Zur ihr gelangt man ab der Kreuzung am Ende der Teerstraße links auf einer ausgefahrenen Piste (2 km). Auf dem Parkplatz am Ende der Piste **(N 30°23,137', W 08°41,578')** werden Busladungen an Touristen abgesetzt, die in die zum **Restaurant** (Tel. 0528 55 05 75) umfunktionierte Kasbah zum Mittagessen pilgern. Die Säle auf mehreren Etagen mit schönem Blick auf die Oase bieten Platz für 400 Personen. Die eigentliche Kasbah kann nicht mehr besichtigt werden, das Restaurant wurde als Betonbau oben draufgesetzt. Individualtouristen fühlen sich hier nicht besonders wohl. Der Ausflug lohnt sich nur wegen des Dorfs mit einem hübschen **Marabout,** zu dem die Einheimischen pilgern. Man kann Spaziergänge unternehmen oder in Begleitung eines Führers mit dem Esel durch die Oasengärten reiten.

Bei der **Rückfahrt** ist es möglich, an der Kreuzung von km 22 geradeaus weiter Richtung Aït Yazza zu fahren und von dort nach 3 km zum Dorf Freija zu gelangen.

Links der Straße liegt die ursprünglich sehr schöne Lehmburg **Kasbah Freija,** errichtet Ende des 19. Jahrhunderts. Inzwischen wurde sie wenig authentisch zum **Hotel/Restaurant Riad Freija**③ (www.riadfreija.ma, Tel. 0528 85 10 03/04/05) umgebaut. Vorzüge sind die ruhige Lage, der schöne Pool, die Dachterrasse mit Blick auf die Umgebung und der große Innenhof mit Palmen, in dem auch das Essen serviert wird (kein Alkoholausschank).

1 km weiter endet der Teer, eine steinige Piste führt über das Oued Sous (ohne Wasser auch mit Pkw befahrbar). Dahinter geht es weiter auf Teerstraße nach **Aït Yazza** (2 km ab Freija), wo die Route schließlich in die Straße Marrakesch – Taroudannt (bei **N 30°30,204', W 08° 48,008'**) einmündet. Von Taroudannt kommend biegt man hier rechts Richtung Kasbah Freija bzw. Tiout ab. Von hier sind es noch 7 km bis Taroudannt.

⌃ Der Marabout in der Oase Tiout

# Von Agadir nach Tafraoute

- **155 km bis Tafraoute, R105**
- **275 km bis Tiznit, R104**
- **Ca. 370 km als Rundfahrt bis Agadir, N1**
- Für diese **schöne und sehr lohnenswerte Rundstrecke** sollte man mindestens zwei, besser aber **drei Tage** einplanen. Eine landschaftlich großartige Alternative (mit Terrassenfeldern) ist die ungefähr ähnlich weite Strecke von Aït Baha nach Tanalt und von dort über Taguenza ins Ammelntal bzw. direkt von Tanalt nach Tiznit.
- **Mit öffentlichen Verkehrsmitteln:** Es fahren mehrmals täglich Busse von Agadir bzw. Inezgane über Aït Baha nach Tafraoute (und umgekehrt).

Agadir über die Straße nach Ben Sergao und Inezgane (Av. Mohamed V. nach Süden in Richtung Founty, vorbei am Königspalast) verlassen. Inezgane ist etwa 7 km nach Agadir erreicht (Busbahnhof und großer Markt). Weiter geht es auf palmengesäumter, vierspuriger Schnellstraße nach **Aït Melloul** (ca. 10 km hinter Agadir). Die geschäftige und stark expandierende Stadt am Oued Sous ist sozusagen Vorort von Agadir und Wohnstadt vieler in Agadir arbeitender Marokkaner. Hier herrscht im Gegensatz zu Agadir typisches marokkanisches Kleinstadtleben. In Aït Melloul werden die schwarz-weißen Makhzenzelte *(tentes caïdales)* hergestellt, außerdem gibt es zahlreiche Produzenten von Keramikfliesen.

Am Kreisverkehr hinter der Brücke über den Oued Sous in Aït Melloul geht es links nach Ouarzazate, rechts nach Tiznit und geradeaus nach Tafraoute.

4 km weiter zweigt an einem weiteren Kreisverkehr die Straße zum **Flughafen Al Massira** ab. Die nun nicht mehr vierspurig ausgebaute Straße nach Tafraoute führt geradeaus (rechts nach Tiznit) durch flache Steppenlandschaft mit Arganienbäumen, Feigenkakteen und Gewächshäusern. Es herrscht viel Verkehr, daher ist Vorsicht geboten.

Bei km 28 erreicht man **Biougra,** einen geschäftigen und hübsch begrünten Ort mit vielen Neubauten und allen Versorgungsmöglichkeiten. In Biougra findet Mitte August ein schöner Moussem statt. An der Ortsausfahrt bietet das **Hotel Targante** (Av. Hassan II., Tel. 0528 81 01 27, sotayour@menara.ma, DZ mit Bad②) Unterkunft.

Hinter dem Ort **Imi-Mqorn** (km 43) wird die karge, steinige Landschaft hügeliger, auf den knorrigen **Arganienbäumen** klettern Ziegen auf der Futtersuche. Aus dem nussartigen Samenkern der Arganienfrüchte wird Speiseöl gewonnen (vgl. Exkurs „Der Arganbaum").

4 km hinter Imi-Mqorn geht es auf der schmalen Teerstraße kurvig bergauf bis **Aït Baha** (km 60, Abzweig rechts in den Ort). Am Sonntag findet hier ein Wochenmarkt statt, es gibt eine Tankstelle, Cafés und einen Grand-Taxi-Stand. Übernachtung ist im freundlichen **Hotel Al Adarissa**② möglich (Av. Mohamed V., Tel. 0528 25 44 61/62): abgeschlossener Parkplatz, sehr saubere und ordentliche Zimmer mit TV und Bad, von der Terrasse des Cafés/Restaurants blickt man auf die Berge.

3 km hinter dem Ort (km 63) zweigt links eine kurze Piste zur **Coopérative Agricole Féminine Maoriga** (Schild) ab. Die Frauen der Kooperative stellen hier **Arganienöl** her. Man kann sich die verschiedenen Arbeitsschritte erklären lassen und gutes Arganienöl direkt bei den Produzentinnen kaufen.

Die kleine Bergstraße windet sich am Tal des **Oued Aït Baha** entlang bis auf 1300 m hinauf. Der Fluss wurde in den letzten Jahren zu einem See gestaut, an seinem Ufer liegt der kleine Ort **Had Aït M'Zal.** Es geht weiter durch wildromantisches Bergland mit Arganien, Mandelbäumen, Kakteen und schönen Ausblicken hinunter ins Tal des Oued Aït Baha (ab ca. km 76). Steinhäuser kleben an den terrassierten Hängen, auf denen Getreide und Mais angebaut werden.

Nachdem man einige kleine Dörfer passiert hat, führt die Straße ab ca. km 101 wieder bergab ins Tal. Kurz darauf eröffnet sich ein toller Blick auf den auf einem Hügel thronenden, kreisförmigen Agadir Tizourgane. An der V-Kreuzung bei km 105 geht es links nach Tafraoute und zum Parkplatz für den (unbedingt lohnenswerten) Besuch des Agadirs, rechts ins Dorf **Ida Ougnidif/Tioulit** unterhalb der Speicherburg. Hier ist das **Gebiet der Illalen,** einer Konföderation von 18 Stämmen, von denen jeder einen Speicher besitzt, in dem die Ernte und wichtige Familiengüter gelagert werden. Innerhalb der Speicher gibt es bis zu 300 verschließbare Fächer. Der Schlüssel befindet sich im Besitz des Familienoberhauptes.

Der **Agadir Tizourgane** wurde im 13. Jahrhundert errichtet und im Zuge der kriegerischen Auseinandersetzungen zwischen den Berberstämmen als Zufluchtsstätte für die Dorfbewohner genutzt. Der heutige, von einer Ringmauer umgebene Komplex mit Speicherkammern, Moschee und dreißig Steinhäusern entstand bis ins 16. Jahrhundert. Bis zur Unabhängigkeit Marokkos lebten noch 35 Familien im Agadir. Dann wanderten sie in moderne Häuser oder auf der Suche nach Arbeit in größere Städte ab. Heute wohnen nur noch drei Familien im Agadir Tizourgane. Bei einem Spaziergang durch die schmalen Gassen (Eintritt 10 DH) kann man die alte Architektur bewundern: Die Flachdächer der Häuser aus grauem Bruchstein sind mit Erde beschwert und werden von Deckenbalken aus Arganienholz getragen. Holztüren führen ins Innere, in das nur wenig Licht durch die kleinen Fensterchen fällt.

Seit 2005 wurde der Agadir mit Unterstützung des Kulturministeriums **teilweise renoviert,** einige Häuser setzten Familien aus dem Dorf in Privatinitiative wieder instand. Zur Bewahrung der einzigartigen Atmosphäre wurden die Stromleitungen für die wenigen bewohnten Häuser – im Gegensatz zu allen anderen Orten Marokkos – unterirdisch verlegt.

Die nette Familie *Mussali* engagiert sich besonders für den Erhalt des Agadirs und betreibt ein **Maison d'Hôtes**② in einem der alten Steinhäuser. *Jamal* und *Malika Mussali* (Mobil 0661 94 13 50, www.tizourgane-kasbah.com) führen die saubere, authentische Herberge, die sie sehr schön und mit Liebe zum Detail hergerichtet haben. Es gibt fließend Wasser und Strom, einen kühlen Berbersalon, eine schattige und gemütliche Dachterrasse mit Blick auf die Berge und 15 hübsche Zimmer mit Dusche und WC auf dem Gang. Ein großes Familienzimmer hat ein eigenes Bad. Die Mutter backt fantastisches Brot in der Pfanne, das zum Frühstück auf der Terrasse serviert wird. *Jamal* führt gerne durch die Anlage und unternimmt bei Interesse **Wanderungen** in der Umgebung, z.B. zu einem anderen Agadir oder zur Palmenoase Targa'n'Touchka (Markt am Sonntag). Wer möchte, kann auch mehrtägige Touren unternehmen oder an einem Tag den Djabal Lekst (2359 m) nach Tafraoute überschreiten. Neben der Herberge befindet sich ein Hammam. Dieser Ort eignet sich perfekt für ein paar geruhsame (Wander-)Tage auf dem Land!

☐ Agadir Tizourgane

aga10_006 ad

# Der Arganbaum und das Arganienöl

**von Prof. Herbert Popp,** Geographisches Institut der Universität Bayreuth

Im Südwesten Marokkos findet man das Verbreitungsgebiet des **endemischen Arganbaumes** (lat. *Argania spinosa*). Die lichten Wälder in einem Band entlang der Atlantikküste reichen von Safi im Norden bis zum Drâa-Tal im Süden, von der Atlantikküste im Westen bis an den Westrand des Djabal Siroua im Osten. Die wichtigsten Arganareale sind der westliche Hohe Atlas, das Sous-Tal und der Anti-Atlas. Der **tertiärzeitliche Reliktbaum** wies vermutlich früher ein durchgehendes Verbreitungsareal bis in den Senegal auf, das mit der zunehmenden Trockenheit abgetrennt wurde – man spricht hierbei von einem „disjunkten Areal". Bei Niederschlägen von weniger als 300 mm im Jahr ist es ungewöhnlich, dass überhaupt eine Baumart natürlich vorkommt. In unseren Lehrbüchern können wir schließlich lesen, dass sich am Nordrand der Sahara eine baumlose Steppe anschließe. Die Ausnahme der Arganwälder, die sog. **Arganeraies,** sind gut an Trockenperioden angepasst, doch sicherlich sind sie auch dadurch möglich, dass die Küstennebel des kalten Kanarenstroms zusätzliche Feuchtigkeit liefern, die dem Wachstum der Bäume förderlich ist.

Der Baum, der optisch eine gewisse Ähnlichkeit mit dem Ölbaum hat, diente in der Vergangenheit der Bevölkerung für mehrere Zwecke. Im Einzelnen waren die Bäume im Rahmen einer Waldweide für Ziegen-, Schaf- und Kamelherden nicht nur Schattenspender, sondern auch Tierfutter in Form ihrer Blätter und Früchte. Das Holz des Baumes fand Verwendung als Brennholz, Bauholz und zur Holzkohlegewinnung. Die Früchte des Arganbaumes, die wie Oliven aussehen, ergeben außerdem ein **hochwertiges Speiseöl,** das man aus den Samen ihrer Kerne recht aufwendig gewinnt. Zunächst müssen die

ma07_630 ad

Kerne geknackt werden; die entnommenen Samen werden über dem Feuer geröstet, gemahlen und unter Zugabe von Wasser so lange geknetet, bis das Öl austritt. Zur Gewinnung von 1 Liter Arganöl arbeitet eine Frau 1½ Tage. In den vergangenen Jahrzehnten ging die Wertschätzung des Baumes bei der einheimischen Bevölkerung stark zurück. Entsprechend wurden auch die lichten Wälder der Arganeraies stark dezimiert. Auch der Flughafen von Agadir-Al Massira kam nur durch Rodungen im größten Arganwald Südmarokkos zustande.

Der einmalige Waldbestand der Arganeraie ist somit objektiv gefährdet. Im Rahmen eines deutsch-marokkanischen Entwicklungsprojektes mit der Gesellschaft für Technische Zusammenarbeit (GTZ) wurde deshalb 1995 das Projekt „Conservation et Développement de l'Arganeraie" initiiert. Im Rahmen eines zu schaffenden (und mittlerweile in der Tat ausgewiesenen) **Biosphärenreservats der UNESCO** sollten der Schutz der Bäume und ihre nachhaltige Nutzung erreicht werden. Dabei sollte der Schwerpunkt auf der Gewinnung und Vermarktung des Arganöls liegen. **Frauengenossenschaften** in vielen Dörfern wurden initiiert, die mit den Einnahmen aus der Ölgewinnung die ökonomische Abhängigkeit der Frauen von ihren Männern verringern sollte; Marketingstudien und Werbekampagnen in Europa versuchten, das Produkt auf dem Exportmarkt zu platzieren.

Diese Zielsetzungen konnten, wie wir inzwischen wissen, zu einem Großteil erfolgreich umgesetzt werden. Das Arganöl gilt heute wegen seines hohen Anteils ungesättigter Fettsäuren und seines nussigen Geschmacks als ein zugleich cholesterinsenkendes wie auch wohlschmackhaftes und höchstwertiges Speiseöl. Es ist geradezu zu einem **„Mode-Speiseöl"** in Europa avanciert, für das man pro Liter deutlich mehr Geld investieren muss als für eine Flasche besten schottischen Whiskys (2014: 1 l ab 80 Euro)! Infolge der hohen Nachfrage sind die meisten Frauenkooperativen erfolgreich, auch wenn der Anteil am Verkaufspreis für sie relativ gering ist. Doch selbst ein original bei einer Kooperative erworbenes Arganöl erhält der Käufer heute nicht für unter 25 Euro/l.

Dementsprechend gibt es auf dem Markt inzwischen auch Strategien, das Arganöl zu **strecken und** zu **vermischen,** sodass das Prinzip des Vertrauens zum Produzenten immer wichtiger wird. Selbst im Antiatlas wird das Arganöl für den „Hausgebrauch" mittlerweile zu teuer. Das ist einer der Gründe, weshalb die Gastronomen die „Paste des Amalou" ihren Gästen nur zum Teil anbieten: Diese Speise ist einfach in der Herstellung sehr teuer.

Die Nachfrage nach Arganöl ist noch keineswegs gesättigt, sondern erreicht ein noch höheres Niveau dadurch, dass inzwischen auch die **Kosmetikindustrie** das Produkt entdeckt hat und erfolgreich vermarket. Es gibt mittlerweile in den Ländern Europas Arganölprodukte zur „Bewahrung der Schönheit der Frau". Dazu gehören z.B. Argan-Gesichtstagescrème, Argan-Hand- und -Fußcreme, Argan-Haarwasser, Arganseife. Das Arganöl wird auch angepriesen als wirksames Mittel gegen Akne. Und in Marokko entstehen zunehmend Gästehäuser, die zugleich als eine Art Schönheitsfarm auf der Basis von Arganöl bezeichet werden können.

Weiter auf der Hauptstraße erreicht man bei km 112 **Madao,** eine große Siedlung im Tal des von unzähligen Mandelbäumen gesäumten Oued Aït Baha, dahinter die Kulisse der im Nachmittagslicht rot schimmernden Berge. Hier kann man in einem Café oder Restaurant einkehren.

Danach führt die schmale Straße wieder bergauf nach **Sidi M'Zal** (km 122), einem großen Ort mit vielen neuen Häusern. Es gibt einen Marabout und eine hübsche alte Zaouia.

Bei km 134 zweigt links eine Teerstraße (15 km) nach **Aït Abdallah** und Igherm ab, beides sehr schön gelegene Anti-Atlas-Dörfer. Rechts führt die Hauptstraße weiter nach Tafraoute. Nach 1 km (km 135) ist die **Passhöhe Tizi Mlil** (1650 m) erreicht. Die Straße führt in Serpentinen und mit grandiosem Ausblick ins Tal.

Bei km 143 liegt die **Zawia Sidi Abd el Jabar** unterhalb der Straße, umrahmt von hohen, rötlichen Granitbergen der Djabal-Lekst-Kette. Das Dach der Zaouia ist wie bei allen marokkanischen Heiligtümern mit grün lasierten Ziegeln gedeckt. Jedes Jahr im Sommer findet ein Moussem zu Ehren des Heiligen statt.

Es folgen viele malerische Dörfer mit rosafarbenen Häusern vor grandioser Bergkulisse, Arganien und Palmen gedeihen im Tal.

Nach gut 149 km (hinter Agadir) zweigt eine Teerstraße rechts nach **Oumesnat** (beschildert) und ins **Ammelntal** ab (vgl. „Tafraoute/Ausflüge").

Auch bei der Kreuzung 2 km weiter (151 km hinter Agadir) führt eine Teerstraße rechts ins Ammelntal und weiter nach **Tahala** und über Tanalte nach Anezi und Tiznit (eingangs erwähnte Variante). Eine **Rundfahrt** (vgl. „Tafraoute/Ausflüge") durch das Tal bis Tahala und zurück über Afella Adaï lohnt sich auf jeden Fall – die alten Häuser der Dörfer kleben an den Berghängen des **Djabal Lekst (2359 m)** oder sind imposant auf Hügeln gebaut.

## Abstecher nach Oumesnat

**Mein Tipp:** Zweigt man bei km 149 oder 151 rechts ab, gelangt man **über ein schmales Betonsträßchen** (später Piste, 8 km, gut ausgeschildert) zum Parkplatz im Dorf Oumesnat mit dem **Maison traditionelle.** Dort renovierte die Familie *Ahrass* ein 400 Jahre altes traditionelles Haus und gab es für Touristen zur Besichtigung frei – der Besuch ist unbedingt lohnenswert! Der blinde, liebenswerte alte Herr *Abdessalam* oder (meistens) sein Sohn *Mustapha* führen sachkundig durch das Haus (Eintritt 10 DH plus Trinkgeld für die Führung und den Tee). Sie erzählen über Traditionen und Architektur und erklären die alten Gerätschaften und deren Funktionsweise. Mittlerweile ist dieses kleine Museum ziemlich bekannt bei internationalen und marokkanischen Touristen. Die alten, mehrstöckigen Häuser der Region sind aus Bruchstein gebaut und mit Lehm verputzt. Das Dach tragen Balken aus Palm- und Arganienholz. Im Erdgeschoss des *Maison traditionelle* waren ursprünglich die Tiere untergebracht, im Obergeschoss befinden sich die Küche, ein Getreidespeicher und der Salon, auf der Terrasse und im Obergeschoss liegen die Schlafräume und ein Webstuhlzimmer. Am Ende der Führung erhält man einen erfrischenden Tee im liebevoll dekorierten Salon und kann (bei Interesse) Arganienöl kaufen.

*Rachid,* ein Bruder von *Mustapha,* betreibt direkt neben dem Maison traditionelle ein **Maison d'Hôtes②** (pro Pers. inkl. HP, Mobil 0666 91 77 68 oder 0666 91 81 45, masiondhote@gmail.com). Das nette Gästehaus besteht aus zwei Teilen: Im alten Trakt in einem traditionellen Haus gibt es vier einfache Zimmer, die sich zwei Bäder teilen. Die sechs Zimmer im neuen Trakt sind komfortabler, mit Klimaanlage und eigenem Bad, aber weniger authentisch. Alle Zimmer sind sehr sauber und hübsch im Berberstil gehalten. Von der Dachterrasse hat man einen schönen Ausblick. Wenn man mit dem Taxi von Tafraoute kommt, reicht ein Anruf, und man wird mit einem Gepäckesel am Parkplatz abgeholt.

Ein Mitglied der Familie führt auch gerne durch den alten Dorfkern oberhalb der (weitgehend verwilderten) Oasengärten. Die vielen schönen, zwischen Arganien, Palmen und Feigenkakteen am Hang gelegenen Häuser verfallen leider großteils. Die Fassaden vieler Ruinen mit Lokba-Verzierungen sind immer noch sehenswert. Es existieren auch noch zwei alte Olivenölmühlen im Ort, die jedoch nicht mehr in Betrieb sind.

Fährt man von Tafraoute in Richtung Oumesnat, sollte man seine Augen auf die große runde Gipfelformation richten, die hinter Oumesnat aufragt. Mit etwas Fantasie erkennt man schlitzförmige Katzenaugen und eine Schnauze – den **„Tête de Lion"** (Löwenkopf).

Weiter entlang der Hauptroute ist nach gut 155 km Tafraoute erreicht.

# Tafraoute

Diese auf 1000 m Höhe gelegene **Dattelpalmen-Oase** mit rund 5000 Einwohnern ist das **Zentrum der Chleuh-Berber.** Der wild gewachsene Marktort selbst ist nicht besonders sehenswert, doch die Umgebung mit ihrer **fantastischen Bergwelt** aus bizarren Granitfelsformationen zählt zu den schönsten Regionen des Landes. Auf einem Hügel oberhalb des Dorfes liegt das staatliche Hotel Les Amandiers; es bietet sich ein schöner Ausblick auf den Ort und die im Abendlicht rosafarben schimmernden Granitberge. Besonders malerisch sind die alten, an die Felshänge gebauten Wohnhäuser im Ammelntal und in der 6 km entfernten Oase Adaï. Die Fassaden der mehrstöckigen, mit Lehm verputzten Steinhäuser sind z.T. mit sogenannten **Lokbas** dekoriert, drei- und viereckige, aus Schieferstein gesetzte Löcher, die man mit Pferde- oder Maultierschwanzhaaren verstopft. Auch die heute dominierenden mehrstöckigen Betonhäuser passen sich in ihren Rosatönen, mit den farblich abgesetzten Fenstern und Türen und den Zinnen auf dem Dach gut in die Landschaft ein.

Die **Bevölkerung** von Tafraoute ist Touristen gegenüber sehr freundlich. Die Frauen tragen traditionell lange schwarze, am Saum bunt bestickte Gewänder. Im Gegensatz zu anderen Orten sind keine bettelnden Kinder und selten aufdringliche Jugendliche anzutreffen. Die Bewohner gelten als geschickte Kaufleute, deren Handelstradition bekannt ist. Viele arbeiten in den Städten im Norden oder sammeln Berufserfah-

rung im Ausland. Jede Familie besitzt ihren eigenen kleinen Oasengarten mit Obstbäumen, Gemüse und Gewürzpflanzen, die heute jedoch oft brachliegen. In der Region gedeihen viele **Mandelbäume,** die Ende Februar prächtig blühen. Zu diesem Zeitpunkt findet auch das bekannte **Mandelfest** statt.

Tafraoute bietet **alle Versorgungsmöglichkeiten** mit Hotels, Restaurants, Markt, Tankstelle, Post, Bank etc. Der Wochenmarkt (Souk) findet immer mittwochs statt.

## Sehenswertes

In der Umgebung von Tafraoute kann man tagelang wandern, Rad fahren oder klettern und die malerischen Dörfer im Ammelntal besuchen, z.B. ausgehend von Oumesnat (vgl. „Abstecher nach Oumesnat").

Nur wenige Kilometer von Tafraoute entfernt liegen großartige, von der Winderosion geschaffene Felsformationen aus Granit. Besonders bekannt sind der **Chapeau Napoléon** bei Aguard Oudad, der **Tête du Lion** bei Oumesnat und der **Clownsfelsen** nahe Tazzeka (Tazka).

Neben den bizarren Formen der Granitberge sind **Les Peintures** – vom belgischen Künstler *Jean Vérame* blau, violett, rot und schwarz bemalte Felsen bei Aguard Oudad – eine der Hauptattraktionen für Touristen (vgl. Ausflüge).

In der Umgebung Tafraoutes gibt es außerdem **Felsgravuren** zu entdecken.

Am leichtesten erreichbar ist die **Gazellengravur** zwischen den Dörfern Adaï und Tazzeka (vgl. Ausflüge). Ihre Authentizität wird allerdings bezweifelt.

Nicht versäumen sollte man den Besuch des *Maison traditionelle* in **Oumesnat,** den man mit einem Spaziergang durch den alten Ortskern und die Oasengärten verbinden kann (siehe vorherige Routenbeschreibung).

# Praktische Informationen

## Information

- Interessante touristische Informationen zu Tafraoute und Umgebung bietet die französischsprachige Internetseite **www.tafraout.info.**
- Die **„Touristische Karte des Westlichen Antiatlas"** von *Herbert Popp, Brahim El Fasskaoui* und *Mohamed Aït Hamza* (Verlag Naturwissenschaftliche Gesellschaft Bayreuth e.V.) gibt interessante Hintergrundinformationen zur Region und ihren Bewohnern. Außerdem sind alle touristische Attraktionen, Unterkünfte und Agadire eingezeichnet. Beziehbar beim Geographischen Institut der Uni Bayreuth (www.stadtgeo.uni-bayreuth.de/de/publications/maghreb-karten/) oder vor Ort im Hotel Chez Amaliya.
- Interessante Informationen über **Kletter- und Wanderrouten** gibt die Website **www.climb-tafraout.com.**

## Unterkunft in Tafraoute

### Oberklasse

- **Les Amandiers**③, Tel. 0528 80 00 88, www.hotel-lesamandiers.com. Das beste Hotel am Platz thront seit 40 Jahren wie eine Kasbah über dem Ort. Größter Pluspunkt: der tolle Ausblick (v.a. bei Sonnenuntergang) auf Tafraoute und die Berge. 60 große, vor einigen Jahren renovierte Zimmer mit Balkon, Bad und TV (kein 4-Sterne-Standard), freundliches Personal, schöner Pool zwischen Granitfelsen und Terrasse mit Aussicht. Gute Speisenauswahl im Restaurant.

### Mittelklasse

- **Saint Antoine**③ (mit Frühstück), Av. Mokhtar Souissi, Tel. 0528 80 14 97, www.hotelsaintantoine-tafraout.com. Etwas gesichtsloser Neubau mit gefliesten Wänden, aber großer Pool im hübschen Hofgarten sowie komfortable, große Zimmer mit Bad, TV und Klimaanlage. WLAN, Alkoholausschank im Restaurant, Parken vor dem Haus möglich.
- **Salama**②, im Zentrum beim Markt, Tel. 0528 80 00 26, www.hotelsalama.com. Das Hotel existiert seit 1966 und wurde 2006 komplett saniert: sehr hübsche, klimatisierte Zimmer im marokkanischen Stil mit TV und Bad (manche mit Balkon und Bergblick), gemütliche Kaminecke in der Lobby, schöne Panorama-Dachterrasse, Parkplatz vor dem Haus, gutes Essen im Restaurant/Café im EG. Gutes Preis-Leistungs-Verhältnis.
- **Les Rochers Peints**③ (mit Frühstück), an der Straße zum Hotel Les Amandiers, Tel. 0528 80 00 32, www.hotelrocherspeints-tafraout.com. Das Interieur des ansonsten hübschen Gästehauses wirkt etwas kitschig-orientalisch. Alle acht Zimmer (mit Bad, TV) sind sauber, ordentlich und klimatisiert. Beeindruckend: die massiven Holztüren aus Mali.
- **Maison de Vacances,** an der Straße Richtung Aguard Ouadad/Tiznit, neben CTM-Büro, Tel. 05 28 80 01 97, Mobil 0662 87 96 57, www.maisondevacances-tafraout.com. *Laila* und *Hicham* empfangen die Gäste in diesem einfachen Ferienhaus mit voll ausgestatteten Apartments mit Küche, Salon und Schlafzimmer (③) sowie mit klimatisierten Zimmern mit TV und Bad (②). Dachterrasse mit Ausblick, WIFI, Mountainbikeverleih (80 DH/Tag).

### Günstig

- **Argana**①-②, an der Straße nach Aguard Oudad (400 m vom Kreisel im Zentrum), Tel. 0528 80 14 96, www.argana-tafraout.com, N 29°42,991′, W 08°58, 210′. Kleines Hotel mit ordentlichen, netten Zimmern ohne Bad und WC. Auf jeder Etage gibt es ein sauberes Badezimmer mit warmen Duschen. Schöner Rundumblick von der Dachterrasse. Frühstück 25 DH/Pers.

■ **Auberge les Amis**①-② (inkl. Frühstück), Place Moulay Rachid, Tel. 0528 80 19 21, auberge.les-amis@yahoo.fr. Sehr ordentliches und freundliches Budgethotel, einfache Zimmer mit oder ohne eigenes Bad (sauber, heiße Dusche), z.T. mit Heizung/AC, netter Balkon mit Blick auf den kleinen Platz, Parkplatz vor der Tür, WLAN. Übernachtung auf Matratzen (50 DH/Pers.) im Nomadenzelt auf der Dachterrasse möglich. Waschmaschine vorhanden.

■ **Maison d'Hôtes Arganino**①, Rue de la Marche Verte, in der Gasse neben Café/Restaurant Atlas, Tel. 0615 11 65 21, arganino@hotmail.fr. Kleine, schlichte und saubere Zimmer mit oder ohne Bad in einem Familienhaus, netter Empfang, einfaches Hammam, Fahrradverleih (60–80 DH/Tag), eigene Arganienölherstellung.

■ **Safa**①-②, an der Straße Richtung Ammelntal, zweites Haus rechts vom Krankenhaus, Mobil 0619 70 83 84, hotelsafatafraout@gmail.com. Schlichtes, sauberes Maison d'Hôtes im oberen Stockwerk eines Neubaus, 12 Zimmer zur Straße oder nach hinten. DZ mit Bad auf dem Gang oder eigenem Bad.

■ **Tafraoute**①, Place Moulay Rachid (bei der Afriquia-Tankstelle), Tel. 0528 80 00 60. Einfache Zimmer mit Waschbecken, WC/Dusche auf dem Gang, ordentlich und okay. Unterstellmöglichkeit für Fahrräder und Motorräder.

■ Die sehr einfachen Einheimischenhotels **Tanger** ① (freundlich, gutes Essen) und **Redouane**① am Oued im Zentrum sind nur für Low-Budget-Traveller mit sehr niedrigen Ansprüchen geeignet.

## Unterkunft im Ammelntal

■ **Chez Amaliya**③, ca. 5 km außerhalb Richtung Agadir, gleich nach dem Abzweig ins Ammelntal, Tel. 0528 80 00 65, www.chezamaliya.com. Dieses große Kasbahhotel unter holländischer Führung liegt vor der fantastischen Bergkulisse des Djabal Lekst und bietet den höchsten Komfort am Platz. Es hat 14 stilvoll marokkanisch gestaltete und klimatisierte/beheizte Zimmer mit Bad, die sich um den Hofgarten mit schönem Pool gruppieren. Auf dem Dach bietet ein Apartment mit zwei Zimmern und Küche genug Platz für eine Familie. Im gemütlichen Salon mit Bücherregal (zum Tausch) und Gesellschaftsspielen sorgt an kalten Tagen ein Heizstrahler für Wärme. Restaurant mit großer Speisenauswahl (Gerichte wenig würzig, aber okay) und Alkoholausschank. Boutique mit Verkauf von Arganienöl, hübschen Lederaccessoires einer lokalen Frauenkooperative und der sehr guten „Touristischen Karte des Westlichen Antiatlas" (vgl. „Information").

■ **La Tête du Lion**③ (mit Frühstück), 5 km außerhalb Richtung Agadir (1 km nach dem Abzweig ins Ammelntal auf der rechten Seite), Tel. 0528 80 11 65 oder Mobil 0661 49 22 03, www.latetedulion.com. Die acht klimatisierten, sehr gepflegten Zimmer mit Bad und Telefon gruppieren sich um den Hofgarten. Es gibt ein kleines Restaurant auf der Dachterrasse (Alkoholausschank). Verschiedene Aktivitäten können organisiert werden (Wanderungen, 4x4-Ausflüge).

■ **L'Arganier d'Ammelne**②, ca. 5 km außerhalb Richtung Agadir (1 km nach dem Abzweig ins Ammelntal auf der linken Seite, direkt ggü. Tête du Lion), Mobil 0661 92 60 64, www.arganierammelne.com. Das Gästehaus in schöner Lage bietet einfache, ordentliche Zimmer und zwei Familiensuiten zum kleinen Hofgarten. Im sehr gemütlichen Restaurant im Berberstil gibt es Frühstück (mit Arganienölprodukten) und gutes Essen, auch für auswärtige Gäste. Im Salon mit Fernseher oder auf der Dachterrasse mit toller Aussicht lässt es sich gut aushalten. Das angeschlossene Campingareal ist sehr gepflegt (s.u.).

■ **Yamina**③ (mit HP – sehr gutes Essen), ca. 6 km außerhalb Richtung Agadir (Pistenabzweig nach Tandilt bei L'Arganier d'Ammelne), Mobil 0670 52

38 83, www.yamina-tafraout.com. Ein französisch-marokkanisches Paar betreibt diese sehr schöne, authentische Unterkunft mit nur vier (klimatisierten) Gästezimmern in einem traditionellen Lehmhaus in ruhiger Lage.

■ **Auberge Tililia**②, ca. 7 km außerhalb beim Dorf Azgaour, N 29°45,850', W 08°58,229', Mobil 0668 58 56 29, abraz70@hotmail.com. Links hinter L'Arganier d'Ammeln (von Tafraoute kommend) auf holpriger Piste Richtung „Tandilt –ila, Chez Abdallah, Yamina" bzw. den Pfeilen folgen. Einfache Herberge in einem Neubau mit recht großen, netten Zimmern, Bad auf dem Gang, kleiner Salon, grandiose Aussicht von der Dachterrasse. Das Haus liegt zwar etwas ab vom Schuss, aber dafür sehr ruhig – ideal für Wanderungen oder Mountainbiketouren. Der Gastgeber *Abdellah* ist sehr nett, sein Cousin *Mohamed* (Mobil 0613 29 60 33) führt Wanderungen in der Umgebung.

## Campingplätze

Alle Plätze sind im Winter hoffnungslos überfüllt mit Wohnmobilen, die hier z.T. mehrere Wochen stehen.

■ **Tazka,** Tel. 0528 80 14 28, www.campingtazka.com. Gepflegter Platz mit Palmen etwa 600 m außerhalb an der Straße Richtung Tiznit (Aday). Die Sanitäranlagen sind sauber, Abwasserentsorgungsmöglichkeit für Wohnmobile, leider wenig Schatten, WLAN, Wäscheservice, Fahrradverleih. Preise: 10 DH pro Pers., Motorrad und Auto, 20 DH Caravan, 25 DH Lkw oder großer Caravan, 25 DH Strom, Zelt 15 DH, heiße Dusche 10 DH.

■ **Granite Rose,** an der Straße Richtung Tiznit, neben Tazka. Etwas karger, aber gepflegter ummauerter Platz. Jeder Stellplatz hat Stromanschluss und Wasserhahn, die Sanitäranlagen sind gepflegt (warme Duschen). Es gibt eine Waschmaschine und WLAN. Der Besitzer *Omar* spricht deutsch und ist sehr hilfsbereit.

■ **3 Palmiers,** nur etwa 400 m außerhalb des Ortes an der Straße Richtung Tiznit, Tel. 0528 80 00 38, N 29°43,30', W 08°58,77'. Ummauerter Platz mit wenig Schatten, im benachbarten Palmenhain stehen bei großem Andrang ebenfalls Dutzende Wohnmobile. Sehr einfache, nicht immer saubere Sanitäranlagen. WLAN bei der Rezeption. Maximale Durchfahrtshöhe 3,40 m. Es gibt auch Bungalows zur Miete (sauber).

■ **La Vallée d'Ammelne,** 5 km Richtung Agadir auf der rechten Seite, Mobil 0667 59 92 80 *(Mr. Salmi)*. Recht gepflegter Platz in schöner Bergkulisse mit Pool (evtl. ohne Wasser) und Restaurant, nur wenig Schatten. Die sanitären Anlagen sind okay, aber schon etwas angeschlagen. 70 DH für 2 Pers. mit Caravan und heißer Dusche, Strom 20 DH.

■ **L'Arganier d'Ammelne,** 5 km Richtung Agadir, vgl. „Unterkunft im Ammelntal". Der an das Gästehaus angeschlossene Sandplatz ist sehr gepflegt und sauber, allerdings bieten die Olivenbäume und Palmen am Rand nur wenig Schatten. Gemütliches Restaurant. 10 DH/ Pers., Auto und Zelt, 15 DH Caravan, heiße Dusche 6 DH, Strom 15 DH, Motorrad 7 DH, Lkw 25 DH.

■ Sehr schöne **Wildcampingplätze** findet man in der gesamten Umgebung unter den hohen Dattelpalmen. Auch in der Nähe der bemalten Felsen (vgl. Ausflüge) gibt es schöne Stellplätze. Lassen Sie keinen Müll liegen!

■ Der **Camping Communale Ammelne,** ein baumloser ummauerter Platz am Eingang zum Ammelntal (4 km von Tafraoute, neben Chez Amaliya), hatte im Herbst 2014 geschlossen.

## Essen und Trinken

Alkoholausschank nur in den Hotels Les Amandiers und Saint Antoine sowie im Restaurant La Kasbah.

■ **Atlas,** am Place de La Marche Verte im Zentrum, Mobil 0667 12 02 93. Einfaches, unter den Einheimischen beliebtes Terrassencafé/-restaurant mit kostenlosem WLAN, günstige Salate, Sandwiches und Omelette (ca. 16 DH), auch Brochettes und Tajine (35–50 DH).

■ Im **Café de la Jeunesse** gibt es gutes und günstiges Frühstück.

■ **Étoile du Sud,** im Zentrum, Tel. 0528 80 00 38. Inzwischen ist das Gartenrestaurant so stark von Touristengruppen frequentiert, dass die Qualität von Speisen und Service schwankt (Menü ca. 90 DH). Folkloredarbietungen im Original-Hochzeitszelt – ein Besuch lohnt sich, wenn gerade keine Gruppen da sind.

■ **La Kasbah,** an der Straße Richtung Aguard Oudad (ggü. Maison de Troc), Mobil 0672 30 39 09. Sehr gutes, frisch zubereitetes Essen (evtl. längere Wartezeit) in gemütlicher Atmosphäre (Menü 90 DH, Tajine ab 60 DH, exzellente Brochettes), Alkoholausschank.

■ **L'Arganier d'Ammelne,** 5 km Richtung Agadir, vgl. „Unterkunft im Ammelntal". Zum Gästehaus und Campingareal gehört ein sehr hübsches Restaurant im Berberstil – gutes Essen.

## Sport/Aktivitäten

Man sollte sich unbedingt genug Zeit nehmen, um eine Tagestour oder sogar eine mehrtägige **Wanderung** in der tollen Gebirgswelt aus Granit zu unternehmen. Konditionsstarke und trittsichere Wanderer können zwei der höchsten Berge des Anti-Atlas, den **Djabal Lekst** (2359 m) oder den **Adrar Mqorn** (2344 m), besteigen. Vgl. Ausflüge.

■ **Tafraout Aventure,** am Hauptplatz im Zentrum, Tel. 0528 80 13 68, Mobil 0661 38 71 73, www.tafraout-aventure.com. Der sympathische, gut deutsch sprechende *Ahmed Ouardarass* organisiert zuverlässig und kompetent jegliche Art von Aktivitäten – Wanderungen, Mountainbiketouren, 4x4-Ausflüge, Tagesausflüge ins Aït-Mansour-Tal etc. – und gibt Tipps für die besten Kletterfelsen oder Paragliding-Startplätze. Hier kann man sich bestens über die Region informieren und eine gute Übersichtskarte mit touristisch interessanten Orten rund um Tafraoute erstehen.

■ Der freundliche **Brahim Bahou** (Mobil 0661 82 26 77 oder 0615 72 82 79, brahim-izanzaren@hotmail.com) ist der einzige offizielle (d.h. staatlich geprüfte) **Bergführer** der Region. Er spricht englisch und französisch. Es bieten sich viele junge Männer als (Wander-)Führer an – die meisten mit nur mangelhaften Sprachkenntnissen und wenig Motivation für eine interessante Führung.

■ **Tafraout Quadbikes,** Av. Mohamed V., Mobil 0670 40 93 84 *(M. Said Oussidi)*. Organisation von Quadtouren in der Umgebung. Auch der Laden gegenüber des Maison Tuareg (vgl. „Einkaufen") vermietet **Quads** (150 DH/Std.)

■ **Coin des Nomades,** direkt am Marktplatz (rechts neben Hotel Salama), Tel. 0661 62 79 21, tägl. 8.30–21 Uhr. Der freundliche *Houcine Laroussi* verkauft Kopien **topografischer Karten** und gibt allerlei nützliche **Infos zu Wander- und Kletterrouten** (Topos) in der Region – ein Besuch in seinem kleinen, chaotischen Souvenirladen lohnt sich.

■ Das **Maison Touareg** (Av. Mohamed V. Richtung Hotel Les Amandiers, s. bei „Einkaufen") verleiht moderne **Mountainbikes,** Kinderräder und Räder mit Kindersitz für 50–100 DH/Tag. Auch das Maison de Vacances und das Gästehaus Arganino (s.o.) vermieten Fahrräder. Man sollte unbedingt die Qualität der Reifen überprüfen und ein Reparaturset mit Flickzeug mitnehmen.

## Einkaufen

Tafraoute gehört zum Ausflugsprogramm der Agadir-Pauschaltouristen, entsprechend groß ist das Angebot an Souvenirs. Die Läden am kleinen Marktplatz vor dem Hotel Salama und im Souk bieten u.a. lokalen Honig und die für die Region typischen, vorne abgerundeten **Babuschen** (Sandalen) aus Ziegenleder an.

**Artisanat du Coin,** Place de La Marche Verte (direkt bei der Post), Mobil 0661 70 05 25, Tel. 0528 80 10 45. Im Laden der Familie *El Najah* wird man freundlich und unaufdringlich bedient. Hier kann man **Schmuck und Souvenirs** kaufen, auch selbst gefertigte Stücke vom betagten *Brahim el Najah,* der sich hervorragend in der Gegend auskennt. Es werden faire Festpreise verlangt, die unter denen in den Großstädten liegen.

**Argan Tafraout** am Place El Masira (Marktplatz). Teure Arganienölprodukte wie Speise- und Kosmetiköl, Seifen, Cremes und Amlou.

**Babouche Tafraout,** am Place de La Marche Verte. *Leyla* (eine Tochter von *Brahim el Najah,* s.o.) verkauft in ihrem gut sortierten Laden hübsche Babuschen und Lampen.

**Maison du Troc,** an der Straße nach Aguard Oudad. Wer Teppiche, Lampen oder Fossilien kaufen will, ist bei *Lahcen* und *Mohamed* richtig – beide sprechen sehr gut deutsch. Kelimkissen können nach individuellen Vorgaben bis zum nächsten Tag genäht werden.

**Maison Touareg,** Av. Mohamed V., Richtung Hotel Les Amandiers, Tel. 0528 80 02 10, www.maisontouareg.com. Auch in diesem Souvenir- und Teppichladen wird man gut beraten – die Verkäufer erläutern ohne Kaufzwang Traditionen und Muster. Die Clan-Mitglieder der Familie *Aït Sidi Brahim* in ihren Tuareggewändern sprechen allerdings im ganzen Ort Touristen an, was zuweilen nervig sein kann. Zahlung mit Kreditkarte und zuverlässiger Versand nach Deutschland möglich. Radverleih (s. „Sport/Aktivitäten").

## Post/Bank/Internet

Die **Post** liegt am Place de La Marche Verte (mit Wechselbüro).

**Internetcafé** an der Straße Richtung Hotel Les Amandiers.

Eine **Bank mit Geldautomat** (BMCE) befindet sich neben dem Hotel Saint Antoine.

## Sonstiges

An der Ausfallstraße Richtung Aït Baha gibt es mehrere **Autowerkstätten.**

Eine **Apotheke,** die Pharmacie Al Massira, liegt am Place de La Marche Verte gegenüber dem Artisanat du Coin.

## Busse

Das Büro des privaten Busunternehmens **S.T.C.R.** befindet sich nahe des Hotels Redouane (Mobil 0670 68 73 53). Fahrplan: Aït Baha – Inezgane – Marrakesch – Kénitra: 1x tägl. gegen 19 Uhr (S.T.C.R.-Nachtbus), bis Aït Baha ca. 2½ Std. Fahrzeit, bis Inezgane ca. 3½ Std., bis Marrakesch 9 Std., bis Kénitra (Rabat) 14 Std.

**CTM** (Tel. 0528 80 17 89) startet einmal tägl. morgens um 8 Uhr **über Tiznit und Agadir nach Casablanca.** Nach Tiznit ca. 2½ Std., 50 DH; nach Agadir ca. 5 Std., 75 DH; nach Casablanca ca. 13 Std., 250 DH.

Weitere Privatbusse fahren täglich **über Tiznit nach Agadir, Marrakesch und Casablanca** (z.B. Sahara Voyages tägl. 8.30 Uhr). Transport El Hilal steuert auch **Essaouira** an.

## Sammeltaxis/Taxis

Die Sammeltaxis **nach Tiznit** (ca. 30 DH, 1 Std.) starten täglich frühmorgens zwischen 6 und 7 Uhr. Auch nach Tanalte und Aït Baha verkehren Sammeltaxis. Grand Taxis können für Ausflugsfahrten in der Umgebung angemietet werden.

## Feste/Veranstaltungen

**Mandelfest** *(Festival des Amandiers),* dreitägiges Musikfestival zur Mandelblüte, www.festivalamandiers.ma, Ende Februar.

# Tafraoute und Ammelntal

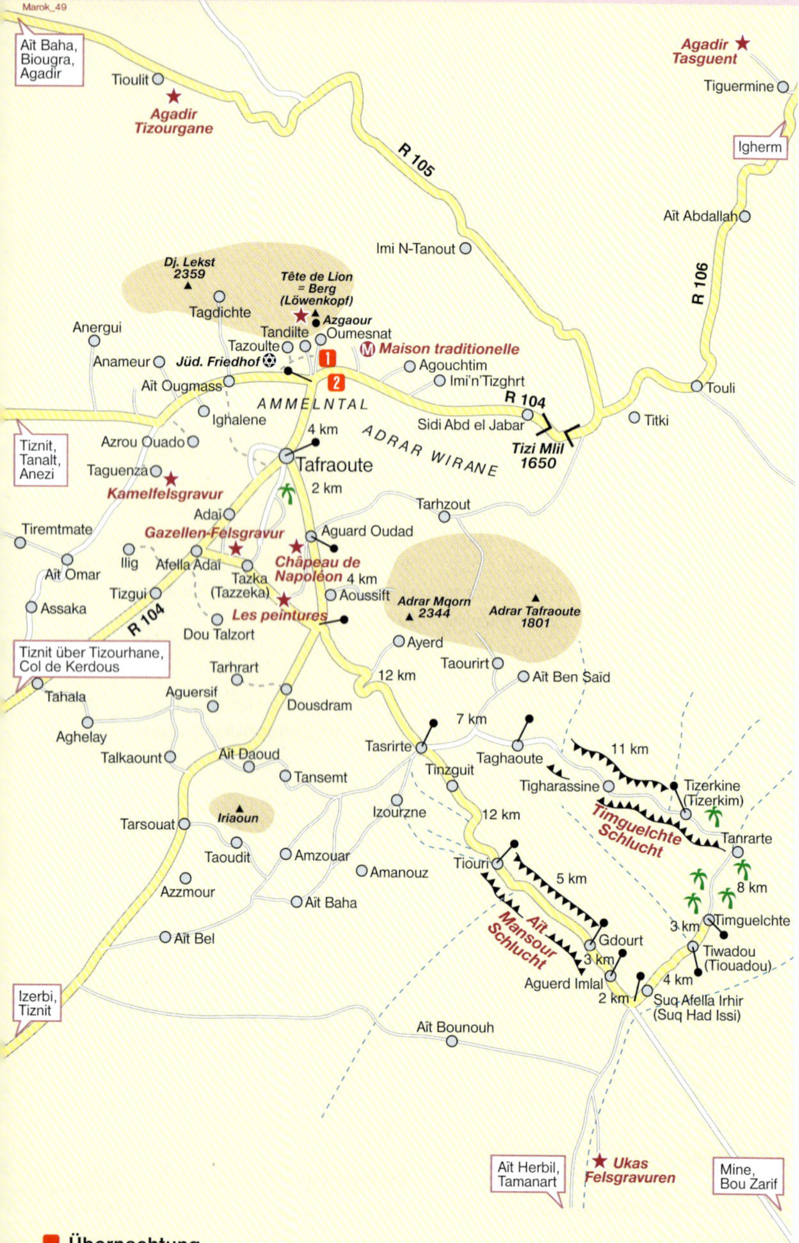


**Übernachtung**
1 Arganier d'Ammelne
2 Tête du Lion

■ **Moussem Sidi Ahmed ou Said,** in Adaï, Mitte August.

■ In Anameur findet dreimal im Jahr, im Januar, März und Mai, ein **Fest zu Ehren des Marabout Chezelhamiz,** mit großem Essen im Freien, statt.

## Ausflüge

Nicht motorisierte Touristen können die beschriebenen Ausflüge entweder bei Tafraout Aventure als Tagesausflug buchen oder ein Grand Taxi anmieten.

### Rundfahrt durchs Ammelntal

MEIN TIPP: Eine Tour ins wunderschöne Ammelntal mit seinen ursprünglichen Dörfern und der grandiosen Granitfelsenkulisse sollte man auf keinen Fall verpassen. Eine gute **Übersichtskarte** zu dieser Strecke erhält man im Büro von Tafraout Aventure (vgl. bei Tafraoute „Sport/Aktivitäten"). Der Ausflug führt als Rundfahrt von Tafraoute über das Ammelntal nach Tahala und von dort wieder zurück über Afella Adaï nach Tafraoute (R104). Die Route ist durchgehend asphaltiert und ohne Abstecher etwa 41 km lang.

Verlassen Sie Tafraoute auf der Teerstraße Richtung Agadir/Aït Baha (vom Place Moulay Rachid Richtung Norden, beschildert). Nach knapp **5 km** folgt eine **V-Kreuzung,** links geht es ins westliche Ammelntal, rechts kann man einen lohnenswerten Abstecher nach **Oumesnat** und zum *Maison traditionelle* (vgl. Route Agadir – Tafraoute) unternehmen.

Die **Ammeln** – ein Berbervolk, das zur Hauptgruppe der Chleuh gehört – haben in ganz Marokko einen Ruf als gute Händler. Es gibt im Ammelntal **vier Berberstämme:** Afella Wassif, Aït Smaybun (Anameur), Aguns Wassif und Tahala, die in 46 Dörfern *(Douars)* leben. Die meisten der für die Region typischen zinnenbewehrten Häuser aus Bruchstein, mit weißer Ornamentikbemalung und Lokba-Verzierungen auf dem Lehmverputz, verfallen. Viele Ammeln haben die Region verlassen und arbeiten die meiste Zeit des Jahres im Ausland oder in großen Städten wie Casablanca – das Ersparte fließt häufig in Form eines modernen Familienhauses wieder zurück in die alte Heimat. Die neuen, mehrstöckigen und rosa getünchten Gebäude mit weiß umrahmten Fenstern prägen inzwischen das Landschaftsbild rund um Tafraoute.

Gleich hinter dem Abzweig ins Ammelntal liegt das komfortable **Kasbahhotel Chez Amaliya** auf der rechten Seite (s. Unterkünfte bei Tafraoute). Die schmale Teerstraße führt durch im Sommer sehr trockene Felslandschaft mit Arganien und Palmen. Auf der rechten Seite ragen die imposanten Granitberge des **Djabal Lekst (2359 m)** auf. Kleine Stichstraßen oder Pisten führen zu den Dörfern, die an den Berghängen kleben.

Etwa 2 km nach dem Abzweig (km 6 ab Tafraoute) führt rechts eine kleine Teerstraße zum Dorf **Tazoulte** am Fuße der Berge. Zwischen Tazoulte und dem Nachbardorf Dimialen liegt ein von einer hohen Betonmauer geschützter, alter **jüdischer Friedhof** mitten in der Landschaft (bei N 29°45,742', W 08°59,079'). Man kann von Tazoulte in etwa 30 Min. zum Friedhof marschieren, indem man kurz vor dem Ortseingang auf eine kleine Piste abbiegt und gleich nach dem Überqueren des Bachbetts links auf einem Pfad südwärts spaziert. Das Eingangstor ist meistens verschlossen. Interessierte sollten sich vorher nach dem Schlüsselhalter erkundigen.

4 km nach dem Abzweig (km 8 ab Tafraoute), unmittelbar vor dem Dorf **Aït Ougmass,** zweigt bei einem gemauerten Wegweiser am Ortseingang rechts eine steile, teilweise betonierte Straße nach **Tagdichte** (1422 m) ab. Das Dorf ist Ausgangspunkt für die Besteigung oder Überschreitung des Djabal Lekst (vgl. Ausflug weiter unten).

Bei km 11 ab Tafraoute folgt ein Abzweig zum Dorf Tidli.

Etwa 1,5 km weiter (km 12 ab Tafraoute) führt eine schmale Teerstraße rechts ab Richtung **Tanalt** und **Anezi.** Von Tanalt kann man auf einer westlichen Alternativroute nach Aït Baha fahren (vgl. Route Agadir – Tafraoute).

Folgt man der Teerstraße nur etwa 2 km Richtung Tanalt, kann man bei einem kleinen Wegweiser rechts auf eine Piste nach **Anergui** (1469 m) abbiegen. Die 7 km lange Piste führt sehr kurvig und steil (ohne Seitenbegrenzung) bergauf. Die größten Steigungen sind betoniert. Es bietet sich ein grandioser Ausblick nach unten! Anergui thront wie ein Adlerhorst auf einer Bergkuppe, darunter fallen die rot-braunen Felshänge steil ab. Vom oberen Ortsrand kann man auf einem Pfad bis zum Talschluss wandern oder in einer Tagestour den Djabal Lekst nach Tagedichte überschreiten (vgl. Ausflug weiter unten).

Folgt man weiter der teilweise löchrigen Hauptstraße (ohne Abstecher nach Anergui), ist bei **km 13** (1 km weiter) das Dorf **Taguenza** erreicht. Bei **km 16** führt eine Furt über den **Assif Almouloud.** Die Straße entfernt sich vom Ammelntal und führt kurvig durch ein Tal mit Arganien und Palmen.

3 km weiter (km 19) zweigt eine kleine Piste rechts nach Tiremtmate (Steinwegweiser) ab. Biegt man hier ab und hält sich nach ca. 200 m links, bieten sich schöne Wildcampingmöglichkeiten entlang eines kleinen Oueds. Nach 3 km auf holpriger Piste (mit Vorsicht auch mit Pkw möglich) erreicht man das Dorf **Tiremtmate.** Dort kann man einen schönen Spaziergang entlang des Flüsschens mit Oleander und Froschteichen unternehmen und mit Hilfe eines einheimischen Führers evtl. auch die dortigen **Felsgravuren,** die Gazellen darstellen, entdecken.

< Alte Hausgerätschaften im „Maison traditionelle" in Oumesnat

Bei **km 24** ist der Ort **Assaka** erreicht. 4 km weiter (km 28 ab Tafraoute) mündet diese Route beim großen Ort (Oued) **Tahala** in die Teerstraße R104 ein. Links geht es zurück nach Tafraoute (17 km), rechts nach Tiznit (90 km). Von Tafraoute kommend, ist dieser Abzweig ins Ammelntal nur arabisch beschildert (N 29°38,166', W 09°05,754').

7 km hinter Tahala passiert man das Dorf **Boutabi.** 3 km danach (km 37 ab Tafraoute) zweigt unmittelbar vor Afella Adaï rechts eine Piste (arabisches Schild) zu den **bemalten Felsen** ab (siehe nächsten Ausflug). Das Dorf **Afella Adaï** liegt in wunderschöner Kullerfelsenlandschaft.

Nur 1 km weiter folgt **Adaï.** Dort befinden sich links der Straße an den Felshängen und auf einem Hügel besonders schöne Häuser.

2 km hinter Adaï (**km 40** ab Tafraoute) führt eine kleine Piste rechts ab (N 29°42,705', W 08°59,455') in den Palmenhain zu den **Gravuren von Tazzeka** (Tazka, 1 km). Rechts oberhalb der Piste kann man an einem Felsen eine ca. 3 m große Gazelle und eine Kuh erkennen (N 29°42,685', W 08°59,311'). Über das Alter der (nachgeritzten) Gravuren lässt sich streiten … Die Piste durchquert das Dorf Tazzeka und mündet 2 km nach dem Abzweig von der Hauptroute (bei N 29°42,574', W 08°59,174') in die Teerstraße zwischen Tazzeka und Tafraoute (1 km) ein.

Agadir Oudad am Chapeau Napoléon

matafkl dd

Fährt man nicht über die Gravuren und Tazzeka, sondern die Teerstraße weiter, folgt nur etwa 1 km nach dem Abzweig (Gesamt-km 41) Tafraoute.

## Rundfahrt zu den bemalten Felsen

Diese etwa **22 km** lange Rundfahrt führt von Tafraoute über Aguard Oudad zu den bemalten Felsen *(Les Peintures)* und über Afella Adaï zurück nach Tafraoute. Die breite, geschobene Piste (evtl. Vorbereitung zur Asphaltierung) mit betonierten Furten ist problemlos mit Pkw und Wohnmobil befahrbar.

Von Tafraoute geht es südwärts (am Platz Moulay Rachid rechts) in Richtung Izerbi/Tiznit durch malerische Landschaft mit Palmen, mächtigen Granitfelsen und den typischen rosaroten Häusern des Anti-Atlas. Nach etwa 3 km erreicht man **Aguard Oudad.** Das hübsche Dorf liegt rechter Hand in einem Palmenhain am Fuße des sogenannten **Chapeau Napoléon** (dt.: Napoleonshut), einem eigenartigen Turmfelsen, der dem berühmten Hut des Kaisers ähnlich sehen soll. Etwa 6 km hinter Tafraoute zweigt bei einer V-Kreuzung links die Straße ins Aït-Mansour-Tal nach Afella Ighir ab (vgl. folgenden Ausflug). Rechts geht es nach Tiznit und nach nur 400 m (km 6,4 ab Tafraoute) auf eine breite Piste rechts ab zu den **bemalten Felsen (franz. Les Peintures, engl. Painted Rocks).** Der arabische Wegweiser mit Ziegeldach beim Abzweig (N 29°39,623', W 08°57,718') ist leicht zu übersehen. Etwa 2 km nach dem Abzweig (ca. km 9 ab Tafraoute) führt rechts eine holprige Piste zu einem Aussichtspunkt bei einem grün-pink bemalten Felsen und von dort hinab in den Kessel. Pkw folgen besser der breiten Schotterpiste geradeaus, die nach weiteren 2 km zu einem **Parkplatz** führt (km 11 ab Tafraoute, N 29°40,216',

066m015 ad

> Les Peintures (Painted Rocks)

W 08°58,466'). Dieser schöne Platz im Kessel zwischen den bemalten Felsen ist ein beliebter Übernachtungsort für Wohnmobile. Leider liegt Müll herum, und einige Felsen wurden mit Graffiti verunstaltet. Auf verschiedenen Pisten kann man die Gegend mit 4x4 erkunden – schöner ist es jedoch zu Fuß! Die alte Zufahrtspiste führt vom Parkplatz Richtung Nordosten nach Aguard Oudad.

Der belgische **Maler Jean Vérame** bemalte hier die bis zu 30 m hohen Granitfelsen in den Farben Blau, Rot, Schwarz und Violett ganzflächig oder in geometrischen Mustern. Im Einklang mit der Natur und den Farben des Himmels entstand hier 1984 eine „Phantasmagorie“ von 2 km Länge und 800 m Breite. 20.000 Kilo Farbe, nach altägyptischen Rezepten hergestellt, wurden in zwei

Monaten vermalt – nachdem der Künstler bereits ähnliche Projekte auf Korsika, in den Cevennen, im Tibestigebirge und im Sinai verwirklicht hatte. Die Malereien in dieser Traumlandschaft sind im **Farbenspiel von Licht und Schatten** zu verschiedenen Tageszeiten wirklich eindrucksvoll. Da die Felsen Wind und Wetter ausgesetzt sind, war natürlich nicht zu vermeiden, dass die Farben verblassen – zum Erhalt des Kunstwerks sollte deshalb nicht auf den bemalten Stellen der Felsen herumgeklettert werden. Aber dazwischen zu wandern und die Gesamtansicht von oben zu genießen, ist ein echtes Erlebnis.

Die breite Pistentrasse führt von den bemalten Felsen weiter westwärts (später Richtung Norden) durch **schöne Granitfelsenlandschaft** mit vielen Wildcampingmöglichkeiten zwischen Palmen und Arganien. 6 km hinter dem Parkplatz (ca. km 17 ab Tafraoute) mündet diese Route in die Teerstraße zwischen Tahala und Tafraoute ein. Am Abzweig steht ein arabischer Wegweiser mit großem Ziegeldach (N 29°40,080', W 08°58,748') – rechts weiter nach Afella Adaï, Adaï und Tafraoute (ca. 5 km).

## Rundfahrt durchs Aït-Mansour-Tal

MEIN TIPP: Dieser wunderschöne Tagesausflug führt in einer Rundfahrt von Tasrirte durch die Aït-Mansour-Schlucht nach Souk d'Afella Ighir und durch die Schlucht von Timguelchte zurück nach Tasrirt. Die gesamte Route ab/bis Tafraoute ist **91 km lang.** Die schmale Teerstraße durchs Aït-Mansour-Tal ist meist gut. In Timguelchte endet der Asphalt, die weitere Piste bis zurück zur Kreuzung bei Tasrirte sollte man besser nur mit 4x4 oder mit einem robustem Fahrzeug mit viel Bodenfreiheit befahren (bzw. mit dem Mountainbike, holprige Flussfurten). Auf der gesamten Strecke muss der Fluss häufig auf Betonfurten gequert werden – nach starken Regenfällen kann die Straße daher überschwemmt oder beschädigt sein. Auch Fahrzeugen über 2,50 m Höhe kann die Rundfahrt wegen der tief hängenden Vegetation evtl. Probleme bereiten.

Von Tafraoute geht es über Aguard Oudad (2 km) nach Süden. Bei km 6 zweigt diese Route links ab nach Afella Ighir (beschildert), geradeaus geht es nach Tarsouate/Izerbi/Tiznit und zu den bemalten Felsen (vgl. vorigen Ausflug). Die Straße schlängelt sich mit herrlichem Ausblick hinauf auf den **Adrar Mqorn (2344 m).**

18 km hinter Tafraoute führt beim Dorf **Tasrirte** in einer Rechtskurve eine Piste links ab nach Timguelchte (arabischer Wegweiser, N 29°36,800', W 08°55,144'). Hier mündet diese Rundfahrt am Ende wieder ein – mit 4x4 kann man sie natürlich auch umgekehrt befahren. Mit Pkw geht es auf der Teerstraße weiter geradeaus nach Aït Mansour.

Schon 7 km weiter (km 25 ab Tafraoute) eröffnet sich eine **spektakuläre Bergkulisse** – die Straße folgt dem von Palmen und Oleander gesäumten Flusstal in der Aït-Mansour-Schlucht.

Bei km 30 sind der zwischen hohen rot-braunen Felswänden eingeschlossene Palmenhain von **Aït Mansour** und der Ort **Tiouri** erreicht. Die gesamte Region mit ihren vielen Oasen nennt sich **Afella Ighir.** Man glaubt sich im Garten Eden: In den Oasen entlang des Flusstals gedeihen Dattelpalmen, Oleander, Oliven und Feigen. Es folgen das Dorf **Gdourt** (km 35) und der schöne, leider verfallene **Ksar Aguerd Imlal** (km 38).

Die Strecke hat nun mehr Pistencharakter (gut befahrbar), bevor sie 40 km hinter Tafraoute in eine größere Teerstraße einmündet (N 29°29,885', W 08° 49,333'): Unsere Rundfahrt führt links weiter zum Ort **Souk d'Afella Ighir** (1 km, Sonntagsmarkt), wo die Arbeiter der nahen Goldmine von Akka wohnen.

1 km nach dem Ort folgt man weiter der Straße nach Timguelchte geradeaus und verlässt die Teerstraße, die zur Mine führt (keine Besichtigung möglich). 3 km weiter (km 45 ab Tafraoute) ist **Tiwadou** in einem Palmenhain erreicht. Bei einer Téléboutique am Ortseingang geht es rechts zu einer **Herberge der Familie Sahnoun** (kein Schild, Tel. 0528 21 83 65, maisonsahnoun@gmail.com). Der frühere Betreiber *Mohamed Sahnoun* kam leider ums Leben, nun betreibt sein Cousin *Hicham* die Gîte. Die überaus gastfreundliche Familie bietet Unterkunft in drei sehr einfachen, aber netten Zimmern in ihrem Lehmhaus (inkl. HP②). Die sanitären Anlagen sind sauber. Besonders idyllisch ist der schattige Oasengarten, in dem man Tee oder hervorragende Tajine serviert bekommt. Wer möchte, kann hier auch sein Zelt aufschlagen.

Beim hübschen Dorf **Timguelchte** (Timguichte, **km 47**) beginnt die spektakuläre **Schlucht von Timguelchte.** Im Dorf befindet sich eine historisch bedeutsame Zawia mit Koranschule und außergewöhnlichem Minarett aus Steinquadern. Hier endet die Teerstraße. In Timguelchte hält man sich links und folgt der trassierten Schotterpiste entlang des Flusstals mit Arganien, Oleander, Palmen, Oliven und Granatäpfeln zwischen hohen rot-braunen Felswänden. Die Dörfer **Imi Ouazal** (km 53) und **Tizerkine** (km 55) umgeben herrliche Oasengärten. Alte Teerreste auf der folgenden Strecke verschlechtern die Piste eher. Bis zu den Ruinen des **Ksar Taghaoute** (km 66), die rechts auf einer Kuppe thronen (neuer Ort etwas später), durchfährt man eine einsame Gegend, die sich auch gut als Terrain für Mountainbiker eignet.

Bei km 73 sind wieder das Dorf **Tasrirte** und die Teerstraße zurück nach Tafraoute erreicht (vgl. km 18).

**Variante mit 4x4:** Biegt man an der Kreuzung bei km 40 nach rechts ab, gelangt man auf die Teerstraße nach Izerbi. Mit einem Geländewagen kann man zunächst dieser Straße folgen und 4 km nach der Kreuzung auf eine Piste links abzweigen (kein Wegweiser, N 29°28, 031', W 08°50,977'). Die steinige, sehr holprige Piste (8 km) folgt dem Oued Tazougart zu den mehrere tausend Jahre alten **Felsgravuren von Ukas** am **Guelta Imtkan** (N 29°24,693', W 08°51,513').

## Besteigung des Djabal Lekst

Der Djabal Lekst, **mit 2359 m höchster Berg der Region,** kann von den Dörfern Tagedichte (1422 m) oder Anergui (1469 m) im Ammelntal bestiegen werden (Anfahrt zu den Orten vgl. Ausflug „Rundfahrt durchs Ammelntal"). Der kürzere Weg führt vom oberen Ortsrand in Tagedichte über gerölliges Gelände steil bergauf bis zum Gipfel mit grandiosem Ausblick auf die karge Landschaft des Anti-Atlas und die Dörfer rundum.

Für den **Aufstieg** biegt man in Tagedichte 300 m hinter der Moschee und dem Laden in einer Linkskurve auf einen Pfad nach rechts ab (vorbei an Zisternen). 200 m vor dem Wasserfall steigt man links auf einen terrassierten Schuttkegel auf und nach etwa 10 Minuten rechts auf einem deutlichen Pfad hinauf zu einer Wasserleitung. Nun geht es bis zu deren Ende in einem Talkessel über dem Wasserfall, dann weglos links auf Schutthalden bis zum Gipfel. Aus dem Ammelntal wandert man etwa 1½ Std. bis Tagedichte (falls man keine Mitfahrgelegenheit findet), von dort bis zum Gipfel sind es 4–5 Std., für den Abstieg 3–4 Std. (Gesamtgehzeit 10–12 Std.), rund 1000 Höhenmeter sind zu überwinden.

Von **Anergui** auf der Westseite der lang gezogenen Djabal-Lekst-Kette kann man den Berg auch nach Tagedichte überschreiten. Diese anstrengende Tour dauert einen ganzen Tag (ca. 7 Std. Gehzeit). Der Weg startet am Parkplatz am obersten Ende des neuen Ortsteils von Anergui. Treppenstufen führen bergauf zu einem steinigen Pfad, der einem kleinen, herrlich ruhigen Tal bis zum Talschluss folgt und dann in Serpentinen zum Plateau Azarah und weiter nach Tagdichte führt.

Für beide Touren sind Trittsicherheit, Bergschuhe und gute Kondition unbedingte Voraussetzung. Es gibt kaum Schatten, daher gehören eine Kopfbedeckung, genug Wasser und Proviant ins Gepäck. Der Weg ist schwer zu erkennen und nur gelegentlich mit Steinmännchen markiert, daher empfiehlt es sich sehr, einen Bergführer anzuheuern. In der Gegend gibt es Wildschweine und Gazellen.

## Wanderungen

Überall um Tafraoute, im Ammelntal, in der Aït-Mansour-Schlucht und bei den bemalten Felsen kann man schöne Wanderungen unternehmen. Mögliche Ausgangspunkte sind z.B. Oumesnat oder Azgaour direkt unterhalb der Bergformation Tête du Lion. Zweigt man hinter dem „L'Arganier d'Ammelne“ von Tafraoute kommend links Richtung Tandilt ab und parkt in den Oasengärten von **Azgaour** (2 km ab L'Arganier d'Ammelne), kann man eine schöne Tour zum alten Ksar unternehmen. Zunächst geht es Richtung Westen (vorbei an einem Bewässerungsbecken) durch die Gärten und dann auf einem Pfad bergauf zum alten Dorf. An den verfallenen Lehmburgen erkennt man noch die typische Architektur aus Stein mit Lehmverputz, Schmuckornamenten, Rundbögen und Stützbalken aus Palmholz. Von hier oben bietet sich ein fantastischer Ausblick auf das Ammelntal. Vom alten Ksar spaziert man nun Richtung Osten auf einen Einschnitt mit Palmen unterhalb des Tête du Lion zu und steigt zum Flussbett ab, dem man zurück zu den Oasengärten folgt (insgesamt ca. 1 Std.). Die Wanderung lässt sich beliebig verlängern: Pisten und Wege verbinden die an den Berghängen klebenden Dörfer im Ammelntal.

# Von Tafraoute über Igherm nach Taroudannt

■ **Ca. 185 km (ohne Abstecher), R106 und R109.**

■ Die Strecke nach Igherm (107 km) und weiter nach Taroudannt ist geteert. Das **landschaftlich schönste Stück** reicht bis 6 km hinter Aït Abdallah. Der Höhepunkt dieser Route, nur wenige Kilometer abseits der Hauptstrecke, ist der beeindruckende Agadir Tasguent.

Ab Tafraoute Richtung Aït Baha fahren und nach 4 km rechts Richtung Agadir/Oumesnat (vgl. Route Agadir – Tafraoute) abbiegen. Links geht es ins Ammelntal (s.o.).

Etwa 7 km hinter Tafraoute geht es links nach **Oumesnat** zum *Maison traditionelle* (vgl. Route Agadir – Tafraoute).

Bei km 10 kann man links einen Abstecher zum Dorf **Imi'n'Tizghrt** (Wegweiser) mit vielen schönen alten Steinhäusern am Hang und zur **Arganienölkooperative Al Baraka** unternehmen. Die Kooperative liegt ca. 1 km nach dem Abzweig; man kann vor dem Gebäude mit der Aufschrift „Association Jaideco" parken und durch die Oasengärten zur Kooperative spazieren, wo die Frauen wertvolles Speiseöl, Cremes und Seifen produzieren. Man kann direkt bei ihnen einkaufen.

Etwa 11 km hinter Tafraoute liegt links die Zaouia des *Sidi Abd el Jabar* (vgl. Route Agadir – Tafraoute). Nun geht es bergauf, bis bei km 20 die Passhöhe **Tizi Mlil** (1650 m) erreicht ist.

1 km weiter führt die Hauptstraße links weiter nach Aït Baha und Agadir, **hier rechts abbiegen** nach Igherm und Aït Abdallah (beschildert). Die kurvige Straße führt durch karge Berglandschaft entlang eines Flusstals mit vielen Mandelbäumchen (Blüte im Februar).

Der große Ort **Aït Abdallah** auf etwa 1500 m Höhe ist bei **km 36** erreicht (Wochenmarkt am Samstag). Die nun etwas bessere Straße führt bergauf zum Pass **Tizi'n'Tarakatine** (ca. 1690 m).

**50 km** hinter Tafraoute erreicht man das Dorf **Tiguermine,** nach Igherm geht es geradeaus weiter. Inzwischen verbindet eine Asphaltstraße Tiguermine mit Taroudannt.

## Abstecher zum Agadir Tasguent

In Tiguermine angekommen, sollte man sich unbedingt etwas Zeit zur Besichtigung der **imposanten Speicherburg** Agadir Tasguent nehmen. Entweder man fährt sie direkt an (z.T. steinige Piste) oder nimmt sich im Dorf einen Führer und läuft zu Fuß. Zu empfehlen ist M'hamed Aït Omar, der in einem der ersten Häuser von Tiguermine wohnt.

Zum Agadir direkt am Ortsanfang links auf eine gute Piste (bergauf) abbiegen (N 29°55,247', W 08°44,115', Schild von der Straße aus nicht zu sehen). Etwa 6 km nach dem Abzweig biegt man an der Dorfeinfahrt von **Alma** mit hübschen alten Steinhäusern links ab. Pkw sollten besser hier parken, denn die folgende Piste (2 km) bis zum Agadir ist holprig und steinig. Der Parkplatz beim Dorf unterhalb des Agadir Tasguent ist

8 km nach dem Abzweig von der Hauptstraße erreicht (N 29°54,935', W 08°44, 788'). Die Dorfkinder begrüßen Neuankömmlinge umgehend und betteln nach Kugelschreibern und Bonbons. Ein mit Steinen gepflasterter Weg führt bergauf zum Eingang in den Agadir. Es gibt zwei Schlüsselhalter, die beide den Agadir öffnen müssen, damit man hineingelangt: Einer lebt in Alma, der andere im nächsten Dorf Amsrou (*El Houssein Said,* Mobil 0673 16 20 80). Die Wärterfamilie erwartet ein Trinkgeld (ca. 20 DH/Pers.).

Im renovierungsbedürftigen, aber dennoch sehr sehenswerten **Agadir Tasguent,** der keine Ecktürme oder Zinnen hat, befinden sich 200 Speicherkammern mit sehr schön geschnitzten und bemalten Türen. Die Räume, in denen das Hab und Gut der Dorfbewohner lagerte, sind über enge Gänge, die oberen Zellen nur über in die Mauer integrierte Trittstufen aus Steinen erreichbar. Der ganze Speicher ist **aus Schiefersteinen ohne Mörtel** errichtet und hat sieben, mit Arganienholzbalken gestützte Stockwerke, fünf Innenhöfe, Stallungen, eine Zisterne und eine Moschee – alles in einem Bau, falls im Kriegsfalle die Bevölkerung des Dorfes hier Zuflucht suchen müsste. Der größte Schatz ist jedoch eine schriftliche **Aufzeichnung des Gewohnheitsrechtes der Berber** („droit coutumier") auf Holztafeln, die fast 1000 Jahre alt sein soll. Dieses Gewohnheitsrecht, das Regeln über die Schlichtung von Streitigkeiten und die Aburteilung von Vergehen vorsieht, wurde jahrhundertelang in mündlicher Form weitergegeben, angeblich von Frauen auf Schiefertafeln und erst später auf die Holztafeln eingeritzt. Die Tafeln gelten als Heiligtum und

068m015 hp

lagern in einem Turm, der mit zwölf Schlössern verschlossen ist. Die zwölf Schlüssel sind auf zwölf vertrauenswürdige Schlüsselhalter verteilt. Auch wenn das Gewohnheitsrecht mittlerweile in Buchform vorliegt, gelten die Tafeln doch als Sensation, denn bis auf wenige Ausnahmen – z.B. in Form der Tuaregschrift Tifinagh – wird den Berbern keine eigene Schrift zugestanden.

## Weiterfahrt nach Taroudannt

Weiter in Richtung Igherm durchfährt man eine karge braune Hügellandschaft mit Getreidefeldern. Bei km 71 kleben die Lehmhäuser des Dorfes **Illigh** unterhalb einer auffälligen Felskuppe malerisch links der Straße am Hang. Auch der alte Ortskern von **Azoura** (km 74) am terrassierten Hang rechts unterhalb der Straße bietet ein schönes Fotomotiv. Hinter **Tagadirt Nait Ali** (km 76), das rechts auf einem Hügel thront, führt die Straße durch eine Felsenge mit markanten Spitzen. An der T-Kreuzung bei **km 95** geht es links weiter nach Taroudannt und rechts nach Igherm und Tata.

Der große Ort **Igherm** auf 1706 m Höhe liegt nur etwa 500 m südlich der Kreuzung. Es gibt einige einfache Cafés/Restaurants, eine Tankstelle und diverse Läden. Der Wochenmarkt findet am Mittwoch statt.

◁ Der Agadir Tasguent aus der Luft

## Variante nach Tata

Folgt man von Igherm weiter der guten Teerstraße R109 Richtung Süden, gelangt man nach Tata. Diese schöne Alternativroute führt durch eine **wüstenhafte Landschaft:** Die kargen, bizarr in Schichten gefalteten Berge sind durchzogen von palmengesäumten Wadis, malerische Dörfer mit rosaroten Häusern wie Issafèn (sehenswerter Souk am Donnerstag) und Tizgui Ida Oubaloul liegen an der Strecke. Bei Tata mündet die Route in die N12 Richtung Akka/Bou Izakarne bzw. Foum-Zguid ein. Von Igherm fahren auch Busse nach Tata.

## Weiterfahrt nach Taroudannt

An der Kreuzung von km 95 weiter Richtung Norden (Taroudannt) führt die Straße **in vielen Windungen bergauf und -ab** durch eine karge Gebirgsgegend mit Arganien und Getreidefeldern. Es sind zwei Pässe zu überwinden, dann geht es kurvig bergab.

65 km hinter Igherm (km 160 ab Tafraoute) ist die Sous-Ebene erreicht, links zweigt eine kleine Straße nach **Tiout** ab, dort kann man eine Arganienölkooperative besuchen (vgl. Taroudannt/Ausflüge). Dahinter ist die Teerstraße nur noch einspurig.

80 km hinter Igherm (km 175 ab Tafraoute) mündet bei **Aït Yazza** die R109 in die Hauptstraße N10 ein (aus der Gegenrichtung an dieser unbeschilderten Kreuzung rechts abbiegen nach Igherm, N 30°30,204', W 08°48,008'). Kurz zuvor passiert man die zum Hotel umgebaute

**Kasbah Freija** (vgl. Route Agadir – Taroudannt) am Oued Sous.

Auf der N10 links weiter sind es nur noch 7 km nach **Taroudannt** (vgl. Route Agadir – Taroudannt), das etwa 182 km nach Tafraoute erreicht ist.

# Von Tafraoute nach Tiznit

- **117 km, R104 u.a.**
- Es gibt **nach Tiznit zwei bzw. drei Strecken,** die bei Ida Oussemlal wieder zusammenführen. Die erstbeschriebene Hauptroute ist kürzer, die nachfolgend beschriebene Variante die landschaftlich reizvollere, die durch einsame Landschaft über Izerbi bzw. noch kürzer an dem Ort vorbei nach Jemaa Ida Oussemlal führt. 10 km kürzer als die Hauptroute ist der direkte Weg von Tafraoute Ortsmitte in Richtung Westen nach Adaï und Afella Adaï sowie Tahala. Eine zusätzliche **Alternativstrecke** führt über das **Ammelntal** nach **Tamlat** und **Anezi** (siehe Variante) und von dort auf kürzerem Weg nach Tiznit.
- Zu den **Busverbindungen** nach bzw. von Tiznit siehe bei Tafraoute bzw. Tiznit.

## Route 1

**Folgen Sie ab Tafraoute** der Wegweisung nach Tiznit und Agadir, bis nach ca. 4½ km die Abzweigung nach Oumesnat und ins östliche Ammelntal erreicht ist. Biegen Sie hier links ins westliche Ammelntal ab. Etwa 12 km hinter Tafraoute führt eine schmale Teerstraße rechts ab Richtung Tanalt. Diese Route verläuft über Anezi nach Tiznit (vgl. Variante) bzw. über Tanalt nach Aït Baha.

## Variante Tafraoute – Anezi – Tiznit (bzw. Tanalt – Aït Baha)

Biegen Sie bei dem Abzweig bei GPS-Pos. N 29°44,25', W 09°02,12' rechts ab. Kurz darauf führt eine sehr schöne **Serpentinenstrecke** bis auf 1400 m Höhe. Immer wieder bieten sich tolle Ausblicke auf Dörfer und Terrassenfelder, die mit Arganien, Oliven- und Mandelbäumen bepflanzt sind. Feigenkakteen (Opuntien) begrenzen die Felder. Nach knapp 15 km passiert man ein Dorf. Schöne Häuser liegen überall verstreut an den Hängen.

Wiederum ein Wegweiser und **Abzweig** folgen **nach 22 km** (N 29°44,32', W 09°08,82'). Rechts geht es nach Tanalt (10 km) und Aït Baha (83 km). Diese Strecke führt über **Tanalt,** das bei **km 34** erreicht ist (Militärfort, Tankstelle), durch das **Oued Takoucht.** Bei **km 51** erreicht man die **Passhöhe** bei Tlata Aounouenz mit Cafés und Läden, durchquert den Ort (nicht auf die rechts abzweigende Straße nach Souk el-Had de Targa abbiegen) und stößt auf ein Oued mit Oleander, Palmen und einem kleinen Staubecken. **6 km weiter** liegt ein Platz mit Zisterne. Bei **km 67** ist eine Palmenoase am Oued Anguerif erreicht, den man auf einer ausgebauten Furt durchquert. **69 km** nach dem Abzweig hält man sich im Ort Kehmis Aït Moussa rechts und fährt bergauf durch ein mit Arganien und Euphorbien bewachsenes Hügelland. Bei **km 86** erreicht man **Sidi Abdallah,** ein Straßendorf, bei km 114 bzw. 124 **Aït Baha.**

Fährt man jedoch in **Richtung Tiznit,** weist der Wegweiser **geradeaus** nach **Anezi** (30 km). Zurück zeigt der Wegweiser „Tafraoute 34 km". Immer wieder passiert man schöne Siedlungen, u.a. den größeren Ort **Amaghouz.**

Einen **weiteren Abzweig** mit Wegweiser erreicht man bei km 31,5: links nach Tafraoute (über Suq Tahala und ins Ammelntal, zurück Tanalt), rechts weiter Richtung Anezi (N 29°43,03', W 09° 11,90'). Die Straße schlängelt sich weiter durch das Bergland, bis man bei km 40,3 wiederum auf einen **Wegweiser** trifft: Amaghouz zurück, links Souk el-Khemis, **rechts weiter** (N 29°41,61', W 09° 15,83') und 2½ km (Gesamt-km 42,8) wieder ein **Abzweig** rechts nach Aït Baha – wir fahren **geradeaus weiter** und stoßen bei km 54,5 auf den großen Ort **Anezi** (Tankstellen, Markt etc.). Hier links weiter und bei km 58,5 geradeaus weiter (Teerabzweig nach links). Nach 2 km liegt unterhalb der Straße ein schönes Dorf mit bemalten Häusern und **Lokba-Verzierungen.** Unsere Straße mündet hier auf die Straße in Richtung Tiznit; links weiter (N 29°41,42', W 09° 30,82'), bis wir bei **ca. km 113** beim Kreisverkehr am südlichen Stadtrand **Tiznit** erreichen.

## Weiterfahrt nach Tiznit

Die **Hauptstrecke in Richtung** (Souk el-Had) **Tahala und Tiznit** windet sich durch Bergland mit Arganien und Mandelbaumbestand. Nach 25 km erreicht man (Souk el-Had) **Tahala,** das früher ein Zentrum der Juden war. Ab hier führt ebenfalls eine Straße ins (westliche) Ammelntal und nach Tafraoute.

Über **Souk Tnine de Tarsouale** (km 39), einem Ort in karger Gebirgslandschaft, zieht sich die Straße bergauf bis **Jemâa Ida Oussemlal** (bzw. Tizourhane) bei **km 52,** einem großen Marktort mit Tankstelle.

Links zweigt die Straße nach Foum-el-Hassane (110 km) und zur nachfolgend beschriebenen **Route 2** (Asphaltstraße Tafraoute – Izerbi, 60 km) ab. Weiter geht es durch Hügelland mit Kornfeldern im Sommer. Im Frühjahr ist die Hochebene mit einem grünen Flaum bewachsen und von blühenden Obstbäumen gesäumt.

7 km (km 59) hinter Jemâa Ida Oussemlal führt ein Teersträßchen (C7076) links nach **Ifrane de l'Antiatlas** (Ida-Oumarkt) ab, einst die größte jüdische Ortschaft in Marokko (siehe Route Bou Izakarne – Tata – Foum-Zguid).

61 km hinter Tafraoute ist die Passhöhe **Col de Kerdous** erklommen. Von hier eröffnet sich eine herrliche Aussicht auf die bizarren Granitberge.

1 km weiter erhebt sich das **Hotel Kerdous**③ (mit Frühstück) auf 1200 m Höhe (Tel. 0528 86 20 63, www.hotelkerdous.com). Das ehemalige Bordj Tiffermit ist heute ein 4-Sterne-Hotel, das allerdings eine Runderneuerung dringend nötig hätte. Die Abgeschiedenheit und schöne Lage in den Bergen lädt zwar immer noch zum Verweilen ein, doch die Zimmer (mit Bad, AC und TV) und der Pool entsprechen nicht mehr europäischen Ansprüchen. Im Restaurant mit Weinausschank gibt es gutes Essen. In den Wintermonaten kann es sehr kalt werden und starken Morgennebel geben, der sich im Laufe des Vormittags auflöst. Keine Zahlung mit Kreditkarte möglich!

Auf der weiteren Strecke passiert man einen kleinen Ort mit schönen roten Häusern, vielen Feigenkakteen und Terrassenfeldbau. Nach 74 km ist **Tirhmi,** ein größerer Ort mit Verkauf von bemalten Töpfereiwaren, erreicht.

80,5 km hinter Tafraoute besteht die Möglichkeit, zum Marabout und **Wallfahrtsort Sidi-Ahmed-ou-Moussa** abzuzweigen. Hier liegen der gleichnamige Idrissiden-Scherif, der im Jahr 1563 verstorben ist, und seine vier Söhne begraben. Die Marabout-Cherifen beherrschten dieses Gebiet (Tazeroualt) bis 1882. Das Grabmal (Marabout) und die Wallfahrstätte bzw. Sitz der religösen Bruderschaft (Zaouia) erreicht man über eine breite Treppe, die zum großen, mit grünen Tonziegeln gedeckten Gebäude führt (kein Zutritt für „Ungläubige"). Dreimal im Jahr (März, April, August) pilgern Wallfahrer hierher zum Grabmal. Die Anhänger der Bruderschaft haben als **Akrobaten** im 19. Jahrhundert in der Zirkuswelt, vor allem wegen ihrer Spring- und Pyramidenbaukunst, international Bekanntheit erlangt.

Die schlechte Straße nach Sidi-Ahmed-ou-Moussa führt 10 km durch eine landschaftlich sehr schöne Gegend, der Ort liegt hübsch an einem Fluss und ist noch sehr ursprünglich.

4 km weiter folgt der von einer alten Kasbah gekrönte Ort **Iligh** mit ruhmreicher Vergangenheit als Zentrum des Zuckerhandels im Sous.

Die Straße nach Tiznit durchquert hügeliges, dünn bewachsenes Gebiet. Entlang eines Palmentals geht es bis km 88 zu einem malerischen Dorf mit Moschee am Hang. Die weitere Route bis **Sidi Assaka** führt am fruchtbaren **Oued Assaka** entlang, an dem Palmen, Feigenbäume und Arganien gedeihen.

117 km von Tafraoute erreicht man Tiznit.

## Route 2

Diese Route verläuft von Tafraoute über Izerbi nach Ida Oussemlal. Es gibt noch eine kürzere Variante, die Izerbi umgeht und im Dorf nach der Passhöhe direkt nach Souk Khèmis des Aït Oufka führt.

Verlassen Sie Tafraoute in Richtung **Aguard Oudad,** das nach knapp 3 km erreicht ist (siehe Ausflüge bei Tafraoute). Die weitere Strecke säumen riesige Granitfelsen.

Etwa 19 km hinter Tafraoute stößt man auf den Ort **Tnine Tarzoual** mit einer schönen Moschee. Die Beschilderung ist nur auf Arabisch. Nach einigen Kilometern wachsen wieder viele Arganienbäume.

Weiter auf schmaler, kurviger Straße bis **Izerbi** (ca. 33,5 km). Der Ort imponiert durch ein bereits von Weitem sichtbares, palastartiges Gebäude eines Ministers und andere eindrucksvolle neue Häuser. Es gibt auch eine alte Kasbah.

Nach einem Straßenknick nach Westen ziehen sich eigenartige kammartige Felsspitzen wie Bänder die Straße entlang.

Beim Ort **Aït Oufka** (km 49,5, N 29° 30,098', W 09°08,496') zweigt eine kleine Teerstraße links ab. Die Straße geht 4 km vor Souk Anefg (19 km ab der Kreuzung, bei N 29°24,359', W 09°15,272') in eine steinige Piste über, auf der man mit Geländewagen bis zur **Speicherburg von Id Aïssa (Amtoudi)** in Richtung Süden fahren kann (insgesamt 50 km).

Bei **Ida Oussemlal** (km 60) biegt die Straße rechts nach Tanalt/Tafraoute ab, geradeaus geht es weiter auf der vorher beschriebenen Hauptroute nach **Tiffermit** (km 66) und über den **Col de Kerdous** (km 69) nach Tiznit.

# Tiznit

Die stark expandierende Stadt hat **61.000 Einwohner** und liegt in einer von Kakteen und Euphorbien bewachsenen Ebene. Tiznit hat typischen Wüstenstadtcharakter und ist von einer 6 km langen Mauer mit sechs Toren umgeben. Die Altstadt mit den lebhaften Souks hat wegen der vielen Neubauten leider etwas an Charme verloren. Markttag ist der Donnerstag. Tiznit war vor allem wegen seines kunstvoll gefertigten Silberschmucks, seiner ziselierten Waffen und Kupferarbeiten bekannt. Mittlerweile sind sie hier allerdings teurer als anderswo. In der Medina von Tiznit herrscht eine vergleichsweise ruhige und angenehme Atmosphäre – hier lässt sich's völlig unbelästigt flanieren.

## Geschichte

Die Stadt wurde 1882 von Sultan *Moulay Hassan* gegründet, wenn auch Legenden behaupten, dass *Lalla Fatima Tiznit* hier vor 1500 Jahren bereits eine Siedlung gegründet haben soll. Ende des 19. Jahrhunderts wurde Tiznit zum **Handelszentrum** und Ausgangspunkt vieler **Karawanen** in den Süden. 1912 ging die Stadt in die Geschichte ein, als sich der Rebell und Thronanwärter *El Hiba* dort zum Sultan ausrufen ließ. 1917 wurde der Ort von den französischen Truppen unterworfen. Die Franzosen unterhielten hier bis 1956 eine Garnison, und auch heute noch ist Tiznit ein wichtiger Militärstützpunkt.

## Sehenswertes

Sehenswert sind die **alten Stadtmauern,** das **Minarett der großen Moschee** mit ihren hervorstehenden Querstangen, die beim Lehmbau als Abstützungen dienten und typisch sind für die Lehmbauweise südlich der Sahara (Sahel). Weniger interessant ist die Source bleue, eine in einem reizlosen Betonbecken gefasste (fast trockene) Quelle, die auf die als Heilige verehrte *Lalla Fatima Tiznit* zurückreichen soll.

Einen Besuch wert (aber nicht spektakulär) ist das große Souvenirgeschäft **La Perle du Sud** (Rue Ramiki, von der Rue Sidi Abderrahmane im Zentrum der Medina gegenüber der Polizei links abbiegen, Tel. 0528 60 01 01, tägl. 8.30–18.30 Uhr) mit einer schönen Auswahl an Kunsthandwerk und Schmuck. Hier kann man zusehen, wie die Handwerker filigranen Silberschmuck fertigen. Der freundliche Verkäufer *Boujemaa* berät gerne auf Deutsch.

Der Souk der **Schmuckhändler** (Bijouterie) liegt in der Kissaria (gedeckter Marktbereich unter den Arkaden) am Rande des Place el Méchouar. Hier findet man eine große Auswahl an Gold- und Silberschmuck zu fairen Preisen.

## Praktische Informationen

### Unterkunft

#### Oberklasse

■ **Idou Tiznit**③-④ (inkl. Frühstück, Preise saisonabhängig), Av. Hassan II. (gegenüber des Hotels Tiznit am Kreisverkehr), Tel. 0528 60 03 33 oder 60 04 44, www.idoutiznit.com. Das beste Hotel am Platz ist ordentlich und sauber, entspricht aber nicht dem

angegebenen 4-Sterne-Standard. Es gibt einen Pool und klimatisierte DZ mit TV. Alkoholausschank.

### Mittelklasse

■ **Tiznit**②, Rue Bir Anzarane, Tel. 0528 86 24 11 oder 86 39 86, am Kreisverkehr der Ausfallstraßen nach Agadir und Tafraoute. In die Jahre gekommenes Hotel mit Innenhof (Folkloreveranstaltungen), Pool und Restaurant/Bar. Großzügige, traditionell eingerichtete Familienzimmer mit Blick auf den Innenhof und ebenso schöne Standardzimmer. Zimmer zur Straße etwas laut. Sicherer Parkplatz.

■ **Riad Janoub**③, 193, Rue de la Grande Mosquée, Medina, Tel. 0528 60 27 26, www.riadjanoub.com. Sehr schönes, komfortables Gästehaus im marokkanischen Stil mit Arkadengängen und (beheiztem) Pool im Hofgarten. Individuell gestaltete Zimmer von 14 bis 20 m², WLAN, Hammam im Haus.

### Günstig

- Mehrere **sehr einfache Hotels** liegen am und um den Place Méchouar (z.B. Atlas, Touristes).
- **De Paris**①, 31, Av. Hassan II. (gegenüber Hotel Tiznit am Kreisverkehr), Tel. 0528 86 28 65, www.hoteldeparis.ma. Älteres kleines Hotel mit sauberen und ordentlichen Zimmern, freundlich, Parkplatz vor dem Haus. Restaurant im EG mit Frühstück und guter Tajine.
- **Assaka**②, Av. Lalla Abla, Tel. 0528 60 22 86, www.assakahotel.com. Typisch marokkanisches Hotel in einem Neubau an der Straße nach Agadir, mit Café und Garten. DZ mit Bad und TV.
- **Al Mourabitine**①, am Ende der Straße, die nördlich vom Place Méchouar abzweigt, im 1. Stock. Sauber und einfach. DZ mit Etagendusche.
- **Bab el Maader**②, 132, Rue El Haj Ali, Medina, Mobil 0673 90 73 14, www.bab-el-maader.com. Schönes und freundliches Gästehaus in der Medina. Liebevoll gestalteter Salon und Innenhof, drei Zimmer mit geteiltem Bad, zwei mit eigenem Bad.
- **Mauritania**①, Rue Bir Anzarane, Tel. 0528 86 20 72. Einfaches Hotel mit kleinen, aber sauberen Zimmern, Dusche/WC am Gang, freundlich, Parken vor der Tür, Restaurant mit gutem Essen.

## Essen und Trinken

- **Asaraya,** unter den Arkaden am Place el Méchouar in der Medina. Kleines Terrassencafé mit gutem Espresso/Cappuccino, ideal für eine Pause nach dem Medinabummel oder für ein Mittagessen (Fisch, Brochettes, Burger, Sandwiches und Panini 35–55 DH). WLAN.
- **La Nouvelle Ville,** Av. du 20 Août, zwischen Grand-Taxi-Haltestelle und Av. Hassan II. Beliebtes, günstiges Café/Restaurant mit der üblichen Speisenauswahl (Tajines, Brochettes, Salate).

## Campingplätze

- **Municipal International,** vom Zentrum kommend am Kreisel beim Hotel Idou Tiznit links (von Agadir kommend rechts). Recht schöner ummauerter Kiesplatz mit Bäumen, nebenan befindet sich das öffentliche Schwimmbad (nur im Sommer offen). Die sanitären Anlagen sind gepflegt und sauber, nur wenige Gehminuten zur Medina – empfehlenswert! Tarife: 16 DH/Pers., 22 DH Caravan, 12 DH Auto oder Motorrad, 8 DH heiße Dusche, 15 DH Zelt, 42 DH Lkw.
- **Riad Assllaf,** knapp 2 km außerhalb an der Straße Richtung Tafraoute, N 29°41,786', W 09°42,589', Tel. 0528 60 03 85, www.riad-assllaf.net. Großes, ummauertes Gelände mit (meist schattenlosen) Stellplätzen auf Beton- oder Kiesboden, z.T. schön zwischen Palmen und Oliven. Saubere, ordentliche sanitäre Anlagen, Waschmaschinen vorhanden, Essen auf Bestellung, im Winter voll besetzt mit französischen Wohnmobilen, Festsaal für Veranstaltungen. Caravan inkl. 2 Pers. 66 DH, Auto 20 DH, Zelt 18 DH, Motorrad 12 DH, zusätzliche Person 18 DH.

## Einkaufen

- Der **Marché Municipale** (Obst, Gemüse, Fleisch, Frischwaren) liegt an der Hauptstraße Hassan II. links (von Tafraoute kommend).
- Ein **Supermarkt** befindet sich hinter dem Hotel Idou Tiznit (Supermarché Idou Tiznit).
- Sehr günstige **Korb- und Tonwaren** (Tajine-Töpfe u.a.) in großer Auswahl findet man am Verkaufsstand etwa 2 km außerhalb direkt an der Straße Richtung Agadir (ggü. Tankstelle).

## Busse

- Die meisten Busgesellschaften unterhalten **Büros** am Place Méchouar, Ecke Rue Yaqub el Mansur. Es gibt **keinen zentralen Busbahnhof,** die Fernbusse halten an verschiedenen Stellen, z.B. nahe des großen Kreisverkehrs an der Straße Richtung Tafraoute (vgl. Stadtplan).

- **CTM-Büro** am Place Méchouar (Tel. 0528 86 23 29) und im Quartier Industriel (Route Tafraoute, ggü. Banque populaire), Tel. 0528 86 66 93.
- **Supratours-Büro,** Hay Youssoufia, Tel. 0528 60 00 50. Supratours fährt mehrmals täglich **nach Marrakesch** (130 DH, ca. 5 Std.).

### CTM-Verbindungen und Preise

- **Agadir – Marrakesch – Casablanca – Rabat – Tanger:** mehrmals tägl., auch ein Nachtbus; Fahrzeit nach Tanger ca. 17 Std., 350 DH; nach Agadir ca. 2 Std., 40 DH; nach Marrakesch ca. 5 Std., 135 DH; nach Casablanca 9–10 Std., 235 DH.
- **Tafraoute:** 1x tägl. spätnachmittags, 2–3 Std. Fahrzeit, 50 DH.
- **Guelmim – Tan-Tan – Laâyoune – Dakhla:** 2x tägl. spätabends und mittags, nach Guelmim und Tan-Tan mehrmals täglich. Fahrzeit nach Guelmim 2 Std., 45 DH; nach Laâyoune 9 Std., 200 DH; nach Tan-Tan ca. 4 Std. 90 DH; nach Dakhla ca. 17 Std., 370 DH.
- Es fahren außerdem **Privatbusse** ab Place Méchouar nach Agadir, Tafraoute, Mirleft, Sidi Ifni etc.

## Stadtbusse

Stadtbusse fahren am Bab Laâounia ab. Die modernen grünen Busse von „Lux Transport" haben eine elektronische Anzeige des Fahrziels. Es verkehren u.a. folgende **Linien:**

- **1:** nach Aglou Plage (vgl. Ausflüge).
- **2:** nach Rasmouka (von dort noch 7 km zum Staudamm Yussuf-Ibn-Tashfin mit Aussichtsplattform und Teestube).
- **5:** nach Igherm über Oulad Jerrar (südlich von Tiznit).
- **6:** nach Ouijjane (östl., am Rand des Anti-Atlas).
- **8:** nach Tirhmi und Anezi.
- **17:** nach Massa.
- **18:** nach Sidi Ifni und Mirleft über Aglou.

## Sammeltaxis/Taxis

Sammeltaxis **halten am Place Méchouar oder am Bab Laâounia.** Nach Sidi Infi 40 DH, Mirleft ca. 35 DH, Agadir 30 DH, Tafraoute 45 DH.

## Post

- Das **Hauptpostamt** befindet sich vor dem Haupttor Bab Aït Jerrar links (von Tafraoute kommend).

## Sonstiges

- **Banken** befinden sich am Bd. Hassan II.
- **Zentral parken** kann man am Place Méchouar oder an der Stadtmauer beim Bab Laâounia.
- **Mietwagen: Cosmos Cars,** 13, Av. Hassan II., Tel. 0528 86 43 06, www.cosmos-car.com.

## Feste/Veranstaltungen

- **Moussem Sidi Abdellah ou Said,** an der Straße nach Massa (Resmouka), 1. Woche im Juni.
- **Moussem Sidi Alhmed,** Ende August.
- **Moussem Cheikh Maa El Ayine,** in Souk Khemis de Tiznit, Ende August.
- **Moussem Sidi Moussa d'Aglou,** im gleichnamigen Ort, im September.

# Ausflüge

Verlässt man Tiznit von der Stadtmauer in Richtung Nordwesten (P1909, nicht auf die R104 in Richtung Sidi Ifni abbiegen), so erreicht man nach insgesamt 16 km den Strand von **Sidi Moussa d'Aglou.** Vom geplanten touristischen Ausbau ist bis auf die breite gepflasterte Promenade am Meer mit zwei Restaurants nicht viel zu spüren. Der Fischerort ist nach wie vor sehr ruhig, es gibt ein paar Läden, eine Post und einen Gendarmerieposten. Der lange, schöne Sandstrand ist vor allem bei der Tizniter Bevölkerung beliebt, aber auch europäische Aussteiger haben sich hier niedergelassen.

Am Ortseingang auf der rechten Seite liegt der frisch renovierte **Camping Aglou Plage** (www.camping-aglou.com, N 29°48,259', W 09°49,739') in einem ummauerten Areal mit kleinen Bäumen. Es gibt gute Sanitäranlagen, einen Pool, ein Restaurant, Waschmaschinen, WC-Entsorgungsmöglichkeit, einen Supermarkt und insgesamt 260 Stellplätze, die im Winter mit Wohnmobilen voll besetzt sind. Caravan mit 2 Pers. inkl. heißer Dusche 80 DH, Strom 20 DH, zusätzliche Person 30 DH.

Das 3-Sterne-**Hotel Aglou Beach**③ (Tel. 0528 61 30 34, www.agloubeach.com) wirkt etwas steril, liegt aber schön oberhalb der Promenade. Die Preise sind angemessen (Essen 45–80 DH), die Freundlichkeit lässt zu wünschen übrig, die 2- bis 4-Bett-Zimmer sind ordentlich, sauber und modern ausgestattet. Campen am Strand ist nicht erlaubt, Wohnmobile können aber auf dem Platz unterhalb des Hotels über Nacht stehen bleiben (gegen Gebühr).

Im hübschen **Restaurant Idou Aglou** mit Terrasse zum Meer an der Promenade gibt es Sandwiches, Tajine und Fischgerichte (45–60 DH pro Gericht). Am anderen Ende der Promenade kann man im **Restaurant La Corniche** einkehren (Eisbecher, Frühstück, Menüs mit Tajine und Fisch).

Biegt man vor dem Campingplatz rechts in die Piste ein (gen Norden), erreicht man nach ca. 2 km in den Fels der Steilküste gehauene **Grottenwohnungen** (Troglodytenhäuser), wo Fischer leben. Im Bildband „Moroccan Interiors" (Taschen Verlag) sind Fotos dieser Wohnungen zu sehen. Die Höhlen werden aufgrund des touristischen Interesses immer bunter, der Abfall am Strand immer mehr. Die Fischer sind sehr freundlich, man kann ihnen beim Einholen des Fangs zusehen.

Von Tiznit bieten sich zudem **Tagesausflüge** in den **Massa-Nationalpark,** nach **Mirleft** (schöne Badebuchten) und **Sidi Ifni** (ehemalige spanische Enklave) an; siehe dazu die nächste Route bzw. Guelmim – Tan-Tan – Tarfaya.

# Von Tiznit über den Massa-NP nach Agadir

■ **92 km, plus ca. 30 km Abstecher, N1**
■ Die Route führt über eine weitgehend vierspurige, von Lkw stark frequentierte Schnellstraße. **Stadtbus Nr. 17** fährt von Tiznit nach Massa, **Bus Nr. 2** nach Rasmouka (von dort 7 km zum Yussuf-Ibn-Tashfin-Stausee).

Tiznit über die vierspurige Ausfahrtsstraße Richtung Agadir verlassen (km 0 = Kreisverkehr mit Hotel Idou Tiznit im Zentrum). Etwa 2 km außerhalb der

32 km nach Tiznit zweigt rechts eine Teerstraße zum **Yussuf-Ibn-Tashfin-Stausee** ab, der das Wasser des Oued Massa sammelt. Der See liegt eingebettet zwischen kahlen Steinbergen. Die Staumauer wird vom Militär bewacht. In der Kurve hoch über dem Staudamm kann man an einer Aussichtsplattform parken und einen Tee trinken. 2–3 km vor der Barrage, zwischen Rasmouka und dem Stausee nördlich der Straße, liegen ein paar kleine Sanddünen.

Bei **km 40** nach Tiznit geht es an einem Kreisverkehr rechts nach Aït Baha und geradeaus weiter Richtung Agadir. Kurz darauf zweigt links eine Straße ab **zum Massa-Nationalpark** und nach Sidi R'bat (Schild „Camping Wassay Beach"), rechts geht es nach Biougra. Von hier lohnt sich ein Abstecher zum Park.

Stadt (gegenüber einer Tankstelle) liegen direkt an der Straße rechts zwei große **Verkaufsstände** für Korb- und Tonwaren. Hier kann man u.a. sehr günstige Tajine-Töpfe einkaufen. Die Route führt weiter durch karge Halbwüste, die gelegentlich durch Eukalyptusaufforstungen und Palmen unterbrochen wird.

9 km hinter Tiznit bietet sich links bei einem großen Parkplatz im **„Laboratoire Argan & Cactus"** noch einmal die Gelegenheit, gutes Arganienöl (für Küche und Kosmetik) und verschiedene Honigsorten einzukaufen.

Etwa 25 km hinter Tiznit wird die Landschaft beim Oued Massa etwas hügeliger.

Löffelreiher im Massa-Nationalpark

## Abstecher zum Massa-Nationalpark

Von Tiznit fährt der **Stadtbus Nr. 22** bis nach Sidi Abou, dort kann man in **Bus Nr. 17 aus Inezgane** nach Massa – Arhbalou umsteigen. In Arhbalou Mitfahrgelegenheiten nach Sidi Ouassai, Sidi R'bat oder Sidi Ben Zarane.

### Variante/zum nördlichen Parkrand

Diese Route führt auf einer **komplett asphaltierten Straße** nach Sidi R'bat. Zunächst 6 km bis zum Dorf **Arhbalou** fahren, dort rechts in Richtung Sidi R'bat abbiegen (links geht es zum Ort Massa). Nach 2 km geht es geradeaus zum Ksar Massa und nach Sidi R'bat. Nach insgesamt etwa 17 km (ab dem Abzweig von der N1) sind **Sidi R'bat** und Ksar Massa erreicht. Im kleinen Dorf gibt es einen Surfshop und zwei Unterkünfte: Ksar Massa und Auberge La Dune. Unterhalb des Orts liegt der nördliche Eingang zum Nationalpark.

Die herrliche Anlage **Ksar Massa**④ direkt oberhalb des Strands (Mobil 0661 28 03 19, www.ksarmassa.com, Preis inkl. Frühstück) hat elf geräumige, individuell und farbenfroh gestaltete Zimmer mit Tadlakt-Bädern, eine Villa mit zwei Zimmern und Nomadenzelte. Den Pool umgibt eine schöne Gartenanlage mit Palmen und Aloe auf mehreren Terrassen. Der Service ist freundlich und gut. Von der Terrasse bietet sich ein herrlicher Blick aufs Meer, hier wird mittags hervorragender frischer Fisch serviert (auch für Nicht-Gäste). Im Kaminsalon mit Bibliothek und Spielen kann man sich an kühlen Tagen die Zeit vertreiben. Im SPA-Bereich kann man sich im beheizten Pool, Jaccuzzi oder bei einer Massage erholen.

Die günstigere **Auberge La Dune**③ (Mobil 0666 80 78 24, www.ladune.de) oberhalb von Ksar Massa ist ebenfalls empfehlenswert: hübsche Gästezimmer mit Bad, Balkon und Meerblick, auch Übernachtung im Berberzelt② und Camping möglich, saubere sanitäre Anlagen, gutes Essen.

Südlich von Sidi R'bat zieht sich der Massa-Park entlang, im Norden kann man rechts vor dem Ksar Massa auf einer ausgefahrenen Sandpiste oberhalb des Strands Richtung Norden bis zum nächsten Fischerdorf bei Douira fahren. Hier gibt es wunderschöne einsame Strände aus Muschelsand und ausgespülte Felsen. Die Fischer sind freundlich und zeigen gerne ihre **Höhlenwohnungen.** Die Piste kann man auch bis Tifinite weiterfahren, sie wird allerdings für Pkw zu sandig.

## Variante/zum südlichen Parkrand

In Arhbalou ebenfalls rechts in Richtung Sidi R'bat abbiegen. Nach etwa 1,6 km rechts weiter auf einer Piste (immer am Oued Massa entlang) bis zum südlichen Nationalpark-Eingang beim Dorf **Sidi Ben Zarane** (2 km, N 30°03, 337', W 09° 39,231'). Am Parkplatz mit Museum, Infotafeln und Picknickbänken in einem kleinen Eukalyptushain sollte man den Pkw abstellen. Von dort kann man zu Fuß am Ufer des Oued Massa durch den Park bis zum Meer und dem nördlichen Parkeingang wandern (2,5 km). Folgt man in Arhbalou der Straße nach links, so gelangt man über Massa und Tassila bis nach Aglou Plage (39 km).

## Variante/nach Sidi Ouassai Plage

Nach Sidi Ouassai und zum Campingplatz ebenfalls in Arhbalou rechts abbiegen, nach etwa 2 km weiter der Teerstraße folgen (nicht rechts zum Parkeingang). Die Straße führt nun in einem Bogen zur Brücke über den Oued Massa und nach **Sidi Ouassai Plage** (8 km), einem kleinen Dorf mit Marabout. Die Straße endet oberhalb des Strandes. Hier kann man parken und einen Spaziergang zur Mündung des Oued Massa und zum nördlichen Parkeingang bei Sidi R'bat unternehmen (ca. 3 km). Der große **Camping International Sidi Wassay Beach** (Tel. 0528 21 86 95 oder 0661 18 31 52, www.wassaybeach.net) liegt ruhig

direkt am Strand. Es gibt mehr als 100 schattenlose Stellplätze mit Stromanschluss und Meerblick. Die sauberen sanitären Anlagen haben europäischen Standard. Der Platz bietet alles, was das Camperherz wünscht: Waschmaschinen, heiße Duschen, ein Restaurant und einen Lebensmittelladen. Es gibt auch eingerichtete Nomadenzelte. 80 DH für 2 Pers. mit Kfz, Strom 15 DH extra, zur Hochsaison teurer, bei Aufenthalt von mehr als fünf Tagen billiger.

## Nationalpark Oued Massa

Der Nationalpark existiert seit 1991, ist 338 m² groß und wurde mit Hilfe der deutschen Entwicklungshilfegesellschaft GTZ aufgebaut. Im Park wurden aus dem Zoo Hannover stammende **Säbel- und Mendesantilopen, Mhorr-Gazellen** sowie **Strauße** angesiedelt, die zuvor restlos ausgestorben waren und sich hier mittlerweile gut eingelebt haben und vermehren. Leider sieht man die scheuen Tiere meistens nicht.

Am Ufer des Oued Massa (am besten zugänglich vom Parkeingang bei Sidi Ben Zarane) kann man **Löffler, Flamingos, Reiher, Ibisse** und verschiedene seltene Vogelarten beobachten (Zwergseeschwalbe, Brauner Sichler). Besonders lohnenswert ist das im Herbst, wenn die Vögel auf ihrem Zug gen Süden hier Halt machen. Auch alles mögliche Kleingetier wie Streifenhörnchen oder Schildkröten sind hier zu finden.

Das fruchtbare **Tal des Oued Massa,** an dessen Ufern Getreide, Gemüse und Obst angebaut werden, ist von sandigen, auf der Westseite hoch aufragenden Ufern begrenzt. Entlang dieses Steilabfalls liegen hübsche und ursprüngliche Orte mit weiß gekalkten Moscheen und Umzäunungen aus Feigenkakteen. Meistens ist das Mündungsgebiet durch Dünen vom Meer getrennt, und der Fluss erreicht nur noch nach starken Regenfällen das Meer.

■ Am Nationalparkeingang bei Sidi Ben Zarane warten die deutsch sprechenden **Touristenführer Lahcen Mjat** (Mobil 0671 05 31 29, überteuerte 150 DH für 2 Std. Führung) und **Lahcen Ahuilat** (Mobil 0648 10 80 16) auf ein Engagement.

## Weiterfahrt nach Agadir

Weiter entlang der vierspurigen Schnellstraße nach Agadir folgen die expandierenden Orte **Had Aït Belfa (km 44), Arbya Aït Boutayeb (km 51)** und **Tin Mansour (km 52)** mit diversen Tankstellen und Cafés/Restaurants.

Etwa **58 km** hinter Tiznit biegt bei einem Kreisverkehr links eine Straße zum Meer nach **Tifnite** ab, die bei einem Parkplatz am langen Sandstrand endet (hier können Wohnmobile campen). Das ursprüngliche Fischerdorf war einmal für den Ausbau als Touristikzentrum vorgesehen. Die groß angekündigten Projekte sind scheinbar im Sande verlaufen, denn hier gibt es nach wie vor nur den sehr schönen Sandstrand, einen Gendarmerieposten und eine Haltestelle für Grand Taxis. Am selben Kreisverkehr rechts geht es nach **Biougra.** Dort finden im Oktober die Moussems Sidi Amzal und Sidi Messaoud statt. Wenige Kilometer weiter liegt der Ort **Sidi Bibi** etwas östlich der Straße (4 km). Samstags findet dort ein netter Markt statt. Im August wird hier drei Tage der Moussem Sidi Bibi veranstaltet, ein riesiger Markt mit vielen Zelten zur Übernachtung, Kinderkarussell und Fantasia, zu dem alles, was Füße, Esel oder Lkw hat, anreist.

Bei **km 73** geht es an einem Kreisverkehr geradeaus nach **Aït Melloul.** Beim großen Kreisverkehr im Zentrum der Kleinstadt (km 77) hält man sich links über die Brücke des Oued Souss Richtung Inezgane und Agadir. 3 km weiter ist **Inezgane** erreicht (Busbahnhof der Überlandbusse, vgl. Agadir). Eine vierspurige Palmenallee führt nun durch die zusammengewachsenen Vororte über **Ben Sergao** (siehe Agadir) und vorbei am Königspalast (km 87) ins Zentrum von **Agadir (km 92).**

# Von Tiznit über Bou Izakarne nach Tata

■ **Ca. 312 km, davon 68 km auf der N1 bis Bou Izakarne, dann R102 und N12 nach Akka und Tata.**

■ Die Strecke ist **durchgehend asphaltiert** und befand sich 2014 im Ausbau. Auch zur Speicherburg Id Aïssa (Amtoudi) führt eine Teerstraße. Bis Bou Izakarne ist der Verkehr dicht, dann geht es durch eine reizvolle Wüstengegend, in der sich karge braune Bergzüge und malerische Palmenoasen mit fast vegetationslosen Sand- und Steinebenen abwechseln. Absolutes Highlight entlang der Strecke ist die **Speicherburg Id Aïssa (Amtoudi).** In der wunderschönen Umgebung kann man sich tagelang aufhalten und wandern. Von Tiznit verkehren Grand Taxis und Privatbusse nach Tata. Supratours fährt bis Bou Izakarne.

Tiznit auf der N1 nach Süden verlassen. Die Route führt durch dicht besiedelte Gegend und erreicht bei km 30 eine weite, von Bergen eingesäumte Ebene mit Arganienbäumen und Olivenhainen.

Die verkehrsreiche Straße führt bergauf durch eine mit Arganien bewachsene Hügellandschaft, bis bei **km 38** der Pass **Tizi-Mighert** (1057 m) erreicht ist. In Gegenrichtung bietet sich im Winter bei klarem Wetter ein herrlicher Blick auf die Ebene vor Tiznit.

Nach **42 km** wird der große Straßenort **Tleta Akssass** mit Café-Restaurants und einer Tankstelle passiert. Bei **km 68** ist **Bou Izakarne** erreicht, ein großer Marktort und Verkehrsknotenpunkt ohne Attraktionen. Busse verkehren mehrmals täglich nach Laâyoune sowie nach Guelmim, Tiznit und Agadir. Ein Supratours-Bus fährt über Tiznit und Agadir nach Marrakesch. Hier befindet sich die letzte Tankstelle bis Tata – also unbedingt noch einmal volltanken.

In Bou Izakarne biegt diese Route auf die R102 (gute Teerstraße) links Richtung Akka und Tata ab.

14 km hinter Bou Izakarne ist der große Ort **Timoulaye** erreicht. Von hier kann man auf einem schmalen Teersträßchen nach **Ifrane de l'Antiatlas** (Abzweig bei N 29°10,077', W 09°34, 099') und weiter nach Jemâa Ida Oussemlal und Tafraoute fahren. Der Marktort Ifrane de l'Antiatlas liegt schön am Fluss Assif Ifrane mit Dattelpalmenhainen und Obstgärten im Außenbereich. Nordöstlich des modernen Ortsteils, auf der anderen Seite des Flusses, liegt das alte Judenviertel (Mellah) auf einem Hügel. Ifrane war einmal **eine der größten** und einflussreichsten **jüdischen Siedlungen** in Südmarokko und wurde „Klein-Jerusalem" genannt. Die Lehmgebäude der Mellah verfallen leider, es existieren noch eine (verschlossene) Synagoge und ein jüdischer Friedhof. Der Besuch der Synagoge ist evtl. möglich, wenn man beim Schlüsselhalter im Nachbarhaus anklopft. Unterkunft findet man in Ifrane de l'Antiatlas bei der gastfreundlichen Familie von *Mohamed Addi* in ihrem Haus **Tigmmi Alhana**② (Tel. 0661 28 14 36, tigmmi.alhana@yahoo.fr, DZ im Berberstil mit oder ohne Bad, mit Ventilator, auch Übernachtung auf der Terrasse oder im Salon, schöne Ausflüge möglich, **N 29°14,162', W 09° 26,991'**, ca. 500 m zu Fuß ab dem Parkplatz).

Berge begrenzen die Straße bis zur großen Palmenoase **Taghjijt** etwa 37 km hinter Bou Izakarne (Hotel und Camping, Bank mit Geldautomat). Vor der Ortseinfahrt nach Taghjijt biegt rechts die schmale Straße nach Guelmim ab (beschildert), geradeaus weiter nach Akka und Tata.

5 km hinter Tarhjijt (42 km ab Bou Izakarne) führt eine Straße über die schöne alte Oase **Tainzirt** nach Tnine Wadai und Amtoudi (Id Aïssa, s.u.). Der Abzweig für diese Strecke befindet sich bei GPS-Pos. N 29°03,024', W 09°21,661'.

▷ Auf der Speicherburg Id Aïssa in Amtoudi

Etwa 15 km hinter Taghjijt (52 km ab Bou Izakarne) kann man links nach **Amtoudi** zur unbedingt sehenswerten Speicherburg von Id Aissa abbiegen.

## Ausflug nach Amtoudi zum Agadir Id Aïssa

14 km hinter Tarhjijt (N 29°04,903', W 09°15,645', Steinwegweiser) zweigt eine schmale Teerstraße zum großen Ort mit Palmenhain **Tnine Wadai** (d'Adaï) ab, wo die Straße von Tainzirt (vgl. oben) bei einem Kreisverkehr einmündet. Eine kleine Teerstraße führt rechts weiter zur Oase Id Aïssa. Der Ort Id Aïssa mit der schon früh sichtbaren Speicherburg ist etwa 24 km nach dem Abzweig von der Hauptstraße erreicht.

Von Tnine Wadai kann man auch links zum hübschen Ort **Timoulaye n'Ouamalougt** (12 km) fahren, wo ebenfalls ein Agadir auf einem Hügel thront. Ein Abstecher zur gefassten **Quelle Lalla Melaka** lohnt kaum.

Die ganze Region entlang des schönen Flusstals des Assif Boulgous wird **Amtoudi** genannt. Das **Dorf Id Aïssa am Fuße des Agadir Id Aïssa,** der auf einem hohen Felsvorsprung thront, besteht aus einem alten Ortsteil auf der West- und einem neuen Ortsteil auf der Ostseite des Oueds. Etwa 800 Berber vom Stamm der Aït Herbil leben im Tal. Zur Hochsaison im Winter besuchen vormittags **Busse voller Touristen** aus Agadir den Ort und lassen sich auf Eseln zur Speicherburg hinaufbringen – im Sommer und am Nachmittag ist man ganz alleine. Trotz des gelegentlichen Massenan-

069m015 ad

sturms haben das Dorf und die Gegend ihren Charme behalten. Die Menschen sind nach wie vor freundlich und hilfsbereit und haben es verstanden, vom Tourismus zu profitieren, ohne ihr Dorf und die Gemeinschaft zu zerstören.

Am Ortseingang auf der linken Seite befindet sich das **Hotel Auberge Amtoudi**② (Tel. 0528 21 65 40, www.hotel-amtoudi.com) mit **Campingplatz.** Das Campingareal besteht aus einem schattenlosen Kiesplatz mit Strom. Die einfachen, ordentlichen Zimmer gruppieren sich um einen kleinen Innenhof und sind sehr sauber (Duschen/WC auf dem Gang). Es gibt auch ein nettes Restaurant mit traditioneller Polstereinrichtung (Tajine 55–70 DH).

Am Ortseingang rechts geht es auf einer kleinen Piste durch den neuen Ortsteil runter zum Oued und zur **Auberge Ondiraitlesud** (ca. 1,5 km, beschildert, Tel. 0528 21 85 69, Mobil 0672 50 57 15, http://ondiraitlesud.ma.free.fr). Die geräumigen und kühlen Zimmer mit Bad sind gemütlich und charmant gestaltet. Es gibt auch einfachere, aber ebenfalls nette Zimmer ohne Bad und eine günstige Zeltunterkunft (DZ mit Bad②, Bivouac günstiger). Die Gemeinschaftsduschen/WC sind sauber. Im Hofgarten sitzt man gemütlich unter Palmen und Arganien, Gäste können hier auch zu Mittag essen. Es werden auf Wunsch mehrtägige Trekks in der landschaftlich wunderschönen Umgebung organisiert. Fußfaule mieten sich einen Esel, um zur Speicherburg hinaufzureiten. Ein schöner Ganztagesausflug führt von Id Aïssa über das Felsplateau oberhalb des Flusses zum Agadir Aglouy, zur Quelle und dann über ein anderes Plateau zurück zur Herberge.

Bei der Auberge wartet der sehr freundliche und kompetente **Touristenführer Abdullah Bouffi** (Mobil 0667 60 92 87) auf Kundschaft. Eine Führung durch die Speicherburg Id Aïssa kostet 100 DH für bis zu 4 Pers. *Abdullah* organisiert auch **Trekkings** in der Region, z.B. durch den südlichen Anti-Atlas bis Tafraoute (300–400 DH/Tag und Person inkl. Gepäcktransport, Vollverpflegung und Übernachtung bei Berberfamilien).

Von der Auberge Ondiraitlesud sollte man unbedingt eine sehr schöne **Wanderung** (hin und zurück 2–3 Std.) entlang des Flussbetts Richtung Osten durch die **Schlucht des Assif Boulgous** unternehmen. Von der Auberge folgt man zunächst einige hundert Meter der Piste ins Tal Richtung Agadir Aglouy und biegt dann hinter der betonierten Furt über den Fluss auf einen Pfad links ab. Entlang der Bewässerungskanäle oder im kiesigen Flussbett kann man nun herrlich durch die Oasengärten mit Palmen, Oleander, Getreidefeldern, Granatapfel- und Feigenbäumen wandern. Oberhalb der Schlucht thront der **Agadir Aglouy** wie ein Adlerhorst. In den vielen Gumpen am Ende der Schlucht bei den Quellen kann man herrlich baden (aber bitte nicht zu freizügig!).

## Agadir Id Aïssa

Zur Besichtigung des Agadir überquert man bei der Herberge Ondiraitlesud das Flussbett zum alten Ortsteil und steigt von dort auf einem breiten Steinpfad etwa eine halbe Stunde bergauf. Schlüsselhalter *Mohamed* öffnet den Eingang für Touristen (Eintritt 15 DH).

Der Agadir Id Aïssa thront etwa 100 m über dem Dorf und dem Flusstal **imposant auf einem Felsen.** Die aus Bruchstein ohne Mörtel errichtete Speicherburg aus dem 12. Jahrhundert ist eine der ältesten und besterhaltenen in Marokko. Sie wurde bis in die 1950er Jahre als Speicher für Getreide und Wertgegenstände sowie als Zufluchtsstätte (für Mensch und Tier) bei Stammeskonflikten genutzt. Die **75 verschließbaren Kammern** sind heute immer noch im Privatbesitz der Familien. Früher bewachten drei Wärter in drei Wachtürmen rund um die Uhr den Agadir. Die Bewohner des Tals bezahlten sie dafür mit Naturalien (Olivenöl, Getreide) oder Geld. Bei einem Überfall zogen sich die Menschen in die Burg zurück; damit sie auch länger ausharren konnten, gibt es im Komplex eine Zisterne mit drei Brunnen, Bienenzellen, eine gemeinschaftliche Küche und eine Moschee. Ein Zimmer (Schlüssel vom Wärter) dient heute als **Museum** für alte Gebrauchsgegenstände und mehrere hundert Jahre alte Aufzeichnungen auf Holz.

## Weiterfahrt nach Tata

Die Teerstraße (N12) führt weiter durch ein weites, von braunen Wüstenbergen begrenztes Tal mit kleinen Oasen und Nomadenzelten. 81 km hinter Bou Izakarne (30 km nach dem Abzweig nach Amtoudi, N 29°07,998', W 08°57,915') zweigt links eine Straße zu den Oasen **Tamanart** (Aït Herbil) und **Tamessoult** ab. Von dort kann man auf einer Geländewagenpiste über Ukas bis ins Aït-Mansour-Tal fahren (vgl. Ausflüge bei Tafraoute).

44 km nach dem Abzweig Richtung Amtoudi, etwa 96 km hinter Bou Izakarne, führt eine Zufahrtspiste links zum Camping/Hotel Borj Biramane und nur etwa 500 m weiter eine Straße links in die malerische Palmenoase **Icht.**

**MEIN TIPP:** Das große Gelände von **Borj Biramane** (Mobil 0610 46 99 33, www.borj-biramane.com, **N 29°03,550', W 08°51,212'**) liegt in schöner, ruhiger Wüstenlandschaft mit Palmen und Akazien. Der Campingplatz mit sehr guten sanitären Anlagen hat sich inzwischen zum Traveller-Treffpunkt entwickelt (Standplätze auf Kies, mit Strom, 80 DH für 2 Pers. mit Auto). Die französischen Betreiber *Philippe* und *Paul Savonitto* (spricht englisch) geben Tipps zur Erkundung der Region, für 4x4-Ausflüge und Wanderungen. Auf der Terrasse des Restaurants (gutes Essen auf Bestellung, Alkoholausschank) sorgt ein kleiner Jaccuzzi für Erfrischung. In den Bungalows im Garten sind elf sehr hübsche, unterschiedlich gestaltete Zimmer③ mit Tadelakt-Bädern und Klimaanlage/Heizung untergebracht; es gibt sogar ein barrierefreies Zimmer. Günstiger wohnt man in den Nomadenzelten② (mit Betten und Strom) und den Berberbungalows aus Lehm (für bis zu 6 Pers., Gemeinschaftsbad). Das Wasser ist hier leicht salzhaltig. WLAN verfügbar.

Eine preiswerte Alternative ist die **Ferme d'Hôtes Amerdoul** (Mobil 0666 53 43 58, N 29°02,815', W 08°50,794') ca. 1 km weiter an der Straße: Der kleine, saubere Platz liegt in einem ummauerten Hof in den Oasengärten. Es gibt einen Pool und nur eine einfache Dusche mit WC. Die Betreiberfamilie ist sehr freundlich, gutes Essen auf Bestellung, Camping 50 DH für 2 Pers. mit Auto.

Für einen **Besuch des alten Ksar und der Oasengärten** von Icht ist der Führer *Abdellah* (Mobil 0650 68 46 59) empfehlenswert. Er weiß viel zu erzählen (nur französisch) und zeigt auch einige Häuser von innen.

Etwa 99 km hinter Bou Izarkane bzw. 3 km nach dem Abzweig zum Borj Biramane/Icht geht es an einer Kreuzung mit Gendarmerieposten links weiter Richtung Akka/Tata. Rechts führt eine Teerstraße nach **Foum-el-Hassane** (**Fam el Hism,** 5 km) und **Assa.** Foum-el-Hassane ist eine ruhige Oase mit Palmenhain, Arkadenläden und Marktplatz. Im Notfall bekommt man hier Sprit aus Kanistern in einer Werkstatt.

Weiter Richtung Tata geht es durch eine karge Landschaft, deren Kennzeichen Hammada (Steinwüste) und grau-braune Berge sind.

Etwa 139 km hinter Bou Izakarne passiert man das Dorf **Tisgui El Haratine** und 2 km weiter die Oase **Aït Ouabelli.** Schräg geschichtete Berge ziehen sich links und rechts der Straße entlang, kleine Oasen liegen in malerischen Palmenhainen. Im Trockenflussbett wachsen Akazien.

162 km hinter Bou Izakarne ist der Ort **Touzounine** in einem großen Palmenhain erreicht.

Der große Ort **Akka** mit viel Militärpräsenz, kleinen Läden und Markt liegt 181 km von Bou Izakarne entfernt.

Unmittelbar am Ortsausgang (Richtung Tata) von Akka informiert eine Tafel auf der linken Seite über die touristisch interessanten Orte der Umgebung. Hier kann man auf eine löchrige, schmale Teerstraße links abbiegen und eine kleine **Oasenrundfahrt** *(Circuit Culturel)* unternehmen.

## Abstecher nach Aït Rahal

Nördlich von Akka erstreckt sich ein Palmenhain bis nach Aït Rahal – die Oasengärten und alten Ksour sind einen Besuch wert. Zweigt man bei der Infotafel am Ortsausgang links ab, so erreicht man nach 3 km ein Dorf mit dem altem Ksar **Agadir Ouzrou,** dessen Lehmhäuser eindrucksvoll auf den Felsen oberhalb der Straße kleben. Hier kann man eine Teppichkooperative besuchen.

Die Teerstraße führt weiter entlang des palmengesäumten Flussbetts Richtung Norden. 5 km nach dem Abzweig von der Hauptroute geht es über das Oued westwärts und durch ein großes Dorf mit roten Häusern. Bei Gesamt-km 7 folgt eine Kreuzung: Geradeaus (Richtung Nordwesten) geht es einige hundert Meter durch Oasengärten bis zu einer Schule oberhalb des Flussbetts, wo die Straße für Pkw endet. Auf der anderen Seite des Oued thront der alte Ksar **Sidi Abdellah Ben M'Barek,** zu dem man zu Fuß spazieren kann. In **Agadir Oumghar** nahebei begann die Architektin *Salima Naji* 2012 mit der Renovierung des Minaretts der Almohaden-Moschee Lalla Baytou Allah aus dem 12. Jahrhundert (im Dorf danach fragen).

Zur Fortsetzung der Rundfahrt biegt man an der **Kreuzung von km 7 links** ab und folgt der Teerstraße über eine Furt durch einen herrlichen Palmenhain mit einigen Wasserbecken bis zum Dorf **Aït Rahal** (bzw. Aït Rahala, km 8). In den Palmengärten kann man schöne Wanderungen unternehmen. In Aït Rahal bietet eine einfache Herberge (Gîte) Unterkunft. Die Bevölkerung ist sehr freundlich. Anschließend führt die Straße einen Berghang hinauf mit schönem Ausblick auf die Oase. Die unverputzten grauen Betonhäuser verschandeln leider etwas das Oasenbild.

Bei km 10 führt eine Piste nach „Vieux Akka – Tagouramt". 4 km weiter, bei **Gesamt-km 14,** mündet diese Route 2 km südlich von Akka wieder in die N12 ein (Wegweiser „Kasbat Sidi Abdellah M'barek, Imitek").

## Weiterfahrt nach Tata

Etwa 5 km hinter Akka zweigt rechts eine Piste nach **Oum Laleg** ab. Am zweiten Bergrücken hinter dem Dorf, etwa 3 km von der Straße entfernt, finden sich **Felsgravuren** („gravures rupestres"). Zu den Gravuren nimmt man am besten einen Führer oder fragt *Patrick Simon* vom Dar Infiane in Tata (s.u.) nach einer genauen Beschreibung. Immer wieder säumen Berge und Palmenhaine die weitere Wüstenstrecke. **Nomaden** schlagen in der Region ihre Lager auf.

Etwa 46 km hinter Akka (227 km von Bou Izakarne, 17 km vor Tata, N 29°36,00', W 08°00,37') führt rechts eine Piste in Richtung eines niedrigen Felsrückens. Hier liegen einige **Gravuren** (Strauß, Elefant, Spiralen) verstreut, viele allerdings zerstört oder überkritzelt.

59 km hinter Akka (240 km von Bou Izakarne) zweigt links eine **Teerstraße nach Taroudannt** (über Imitek/Igherm) ab. Etwa 14 km vor Tata beginnt der Palmenhain. An einer von hellem Sand flankierten Felswand bieten sich ruhige Picknick- oder Übernachtungsplätze an. Durch den Palmenhain von Tata erreicht man 63 km hinter Akka (244 km hinter Bou Izakarne, 312 km von Tiznit entfernt) die Stadt Tata.

# Tata

Die im Norden und Westen von ausgedehnten Palmenhainen umgebene Stadt am Bergzug **Djabal Bani** entwickelte in den letzten Jahren eine neue Dynamik. Vorbei ist die Zeit, als es nichts zu sehen gab und Militär das Straßenbild dominierte; die Zahl der in Tata stationierten Grenzsoldaten beträgt nurmehr 300. Die 16.000 Einwohner der Hauptstadt der Provinz Tata setzen sich hauptsächlich aus **Chleuh-Berbern** und **Haratin,** den dunkelhäutigen Abkömmlingen ehemaliger Sklaven, zusammen. Der Araberanteil liegt bei 10%. Die traditionelle Tracht der Frauen besteht aus einem himmelblau glänzenden Rock und einem schwarzen Umhang. Die Menschen in Tata sind offen und sehr freundlich – hier kann man in Ruhe bummeln, ohne bedrängt zu werden. Der Bürgermeister engagiert sich sehr für den infrastrukturellen Ausbau von Tata, auch mit internationaler Unterstützung aus Frankreich und Deutschland (vgl. Exkurs).

Die Ortschaft bietet sich für kleinere und größere **Wüsten-Unternehmungen** an. Sie ist noch nicht von Touristen überlaufen und herrlich ruhig. Ein Spaziergang durch die **Oasengärten** am Rande der Stadt ist ebenso schön wie eine Wanderung hinaus zum Marabout oberhalb des Stadtteils Agadir-Lehne. Empfehlenswert sind **Ausflüge in die Douars** im Süden der Stadt: Tazart mit verfallender Mellah, El-Ayoun mit genossenschaftlich genutztem Waschwasserbrunnen, Jebair mit einer 350 Jahre alten Karawanserei aus Lehm-Mauerwerk (im Ort nach dem Schlüssel fra-

## Eine Wüstenoase geht die Zukunft an

**von Norbert Schmidt**

Die **Offenheit,** mit der die Tataoui ihren Gästen begegnen, ist Teil der Kommunalpolitik. So ist man beispielsweise stolz auf die Erfolge der Schulentwicklung. Der Anteil der Mädchen in den Eingangsklassen entspricht – dank eines UNESCO-Programms – der gesellschaftlichen Wirklichkeit: Beide Geschlechter sind gleich stark vertreten.

Im Rathaus bemüht man sich um **internationale Teilhabe** an der kommunalen Entwicklung: China, Frankreich, Japan, Monaco oder etwa „Brot für die Welt" bringen sich in Tata ein.

Wer in der Mairie bei **Bürgermeister Moulay Mehdi Lahbibi** (Tel. 0528 80 20 01 oder 0661 38 71 05) nachfragt, bekommt Auskunft über einzelne Projekte. Etwa den kooperativen Brunnenbau im Douar Taldnount: Die Bewässerungsanlage trägt zur Ernährung von rund 700 Menschen bei. Oder über die Initiative „Agouni" zur Frauen-Gleichstellung im ländlichen Raum.

Nicht zu vergessen die 1999 eingeleitete und 2003 unterzeichnete **Freundschaftsakte zwischen Tata und dem oberhessischen Städtchen Lich:** Unter anderem begegnen sich regelmäßig die Beschäftigten der neuen Poliklinik Tata und des Krankenhauses in Lich, Hebammen und Schwesternschülerinnen hospitieren in der Partnerstadt.

gen). Einen Besuch wert sind auch die **Grottes de Mesalites** an der Straße Richtung Tagmoute etwa 6 km außerhalb von Tata (über den Bd. Mohamed V. die Stadt nordwärts verlassen, Schild an der Straße, N 29°48,668', W 07°59,407'). Man kann vom dortigen Parkplatz zu Fuß in ein reizvolles Trockenflussbett mit Akazien absteigen, dessen steiler Felsabbruch von Grotten mit Stalaktiten und Stalakmiten durchlöchert ist.

## Praktische Informationen

### Touristeninformation

- **Office du Tourisme,** 70, Bd. Mohamed V. (ggü. der neuen Moschee an der Ortseinfahrt, von Akka kommend), Tel. 0528 80 21 31.

### Unterkunft

MEIN TIPP: **Dar Infiane**④, Douar Indfiane, etwa 1 km vor Tata (von Akka kommend, beschildert) links auf eine kleine Schotterstraße abbiegen, Mobil 0661 61 01 70, 0661 44 16 43, www.darinfiane.com, N 29°44,052', W 07°58,544'. Der Franzose *Patrick Simon* gestaltete dieses alte Steinhaus mitten in der Palmeraie mit viel Liebe zum Detail in ein originelles Gästehaus um. Alle 10 unterschiedlich großen Zimmer sind farbenfroh individuell eingerichtet, mit Berberteppichen und -decken, Bad, AC/Heizung und z.T. kleiner Terrasse. Ein Rundgang durch das verwinkelte Hofhaus mit niedrigen Decken und Türen, Dachbalken aus Palmholz und zahllosen Stufen ist ein Erlebnis. Gemütlicher Innenhof, fantastischer Ausblick von der Dachterrasse auf die Oase, WLAN. Hier bekommt man informative Broschüren und Karten zur Region, die Patrick wie seine Westentasche kennt. Ausflüge zu Felsgravuren und in die Wüste möglich.

■ **Oasis Dar Ouanou**③, Zufahrt etwa 3 km vor Tata rechts (von Akka kommend, beschildert). Einfaches, sauberes Gästehaus mit Camping in ruhiger Lage, vgl. „Campingplätze".

■ **Relais des Sables**②-③, Av. des F.A.R. (von Akka kommend beim Kreisel am Ortseingang geradeaus Richtung Oued Tata), Tel. 0528 80 23 01/02, N 29°44,364', W 07°58,461'. Das eigentlich hübsche Hotel im Kasbahstil wurde in den letzten Jahren leider wenig gepflegt: Die in Bungalowblocks untergebrachten Zimmer sind einfach eingerichtet und schon recht abgewohnt, im Bad funktioniert nicht immer alles. Es gibt einen (etwas trüben) Pool und ein Restaurant mit Alkoholausschank. DZ und Minisuite mit AC.

■ Das in die Jahre gekommene **Hotel La Renaissance** (9, Av. des F.A.R., Tel. 0528 80 20 42) ist nicht mehr empfehlenswert.

■ Die **Hotels Essalam**① und **Sahara**① im Zentrum sind sehr einfach und nicht immer sauber.

## Campingplätze

■ **Tigmmi Tata (Camping Municipale),** Bd. Mohamed V., Tel. 0528 80 65 02, elyamani.hicham@gmail.com, N 29°44,849', W 07°58,413'. Von Akka kommend in Richtung Zentrum (nach Norden, Richtung Tagmoute/Agadir) fahren, kurz vor dem Ortsausgang auf der linken Seite. Der ehemalige städtische Campingplatz ist nun in Privatbesitz. Leider ist der zentrumsnahe, ummauerte Betonplatz mit einigen Eukalyptus-Bäumen im Winter mit Wohnmobilisten völlig überfüllt. An den schattenlosen Stellplätzen auf Beton gibt es Strom (harter Untergrund für Zelte eher ungeeignet). Die sanitären Anlagen sind okay (heiße Duschen), WLAN vorhanden. Nachts Hundegebell. Direkt nebenan liegt das Freibad. 70 DH für 2 Pers. mit Auto inkl. Poolnutzung.

■ **Camping Hayat,** Mobil 0668 37 52 27, N 29°44,220', W 07°58,697'. Von Akka kommend am ersten Kreisel im Ort geradeaus zum Hotel Relais du Sable, direkt hinter dem Hotel links runter über die Furt des Oued Tata, der Campingplatz liegt wenige hundert Meter weiter auf der anderen Flussseite. Ummauerter und frisch bepflanzter Platz in sehr schöner Lage mit Blick auf die Palmeraie und das Oued, Stellplätze mit Strom, gute Sanitäranlagen mit heißen Duschen. Nette Betreiberfamilie, auch Übernachtung im Nomadenzelt möglich. 85 DH für 2 Pers. mit Auto.

■ **Oasis Dar Ouanou,** Zufahrt etwa 3 km vor Tata rechts (von Akka kommend, beschildert), Tel. 0528 80 26 96 oder Mobil 0662 49 15 20, N 29°42,856', W 07°57,964'. Das Gästehaus mit Campingplatz auf einem Kiesgelände liegt ruhig in einem Palmengarten. Die sanitären Anlagen für Camper sind sehr sauber. Es gibt ein Restaurant (Essen auf Bestellung, Tajine/Couscous 70 DH) mit Terrasse im Hofgarten und neun recht hübsche, klimatisierte Zimmer mit einfachem Bad. Camping 75 DH für 2 Pers. mit Auto, DZ inkl. Frühstück③.

## Verkehrsverbindungen

■ Der große, neu erbaute **Busbahnhof** am Ortseingang (von Akka kommend vor dem Einfahrtstor rechts) war im Herbst 2014 immer noch nicht in Betrieb. Grand Taxis und Privatbusse fahren vom Place Al Massira im Zentrum (unweit Bd. Mohamed V.).

■ **Busverbindungen:** Agadir – Casablanca 4x tägl., Ouarzazate 4x tägl., Tan-Tan 2x tägl., Fès 1x tägl., Rabat 2x tägl., Preise: Agadir 70–80 DH, Casablanca 170 DH, Ouarzazate 130 DH, Fès 200 DH.

## Sonstiges

■ Am Bd. Mohamed V. und um den Place Al Massira im **Zentrum** gibt es diverse einfache Cafés/Restaurants, eine Post, Banken (mit Geldautomat) und Läden für jeden Bedarf. Der **Wochenmarkt** findet sonntags auf dem Soukgelände hinter der neuen Moschee im Kasbahstil statt (von Akka kommend beim ersten Kreisel rechts am Ortseingang).

- **Souvenirs** (Teppiche, Schmuck, Fossilien etc.) gibt es im **Maison du Patrimoine Tataoui** (Bd. Mohamed V.).
- Einen Besuch wert ist die **Teppich-Kooperative.** Wer sie besichtigen möchte, wende sich an *Mohamed Idrame,* Mobil 0666 33 03 50.
- Im Sommer findet ein **Theater-Festival** statt.
- **Notfall: Poliklinik,** Tel. 0528 80 20 01.

# Von Tata über Foum-Zguid nach Tazenakht

- **N12 und R111, 233 km bzw. 277 km** (auf der R108 ins Drâa-Tal).
- Bis Foum-Zguid führt eine gute **Teerstraße,** danach wird sie schmäler und ist nur noch eineinhalbspurig. Diese Wüstenstrecke ist landschaftlich meist schön, vor allem um Tissint und hinter Foum-Zguid in Richtung Tazenakht. **Sammeltaxis** fahren von Tata nach Tissint, Foum-Zguid und Tazenakht. Außerdem steuern **Privatbusse** Tissint von Tata und Tazenakht an.
- Die **alternative Route** über Bou-Azzer und Aït Semgane ins Drâa-Tal (Teerstraße R108) ist ohne große Höhepunkte und verläuft entlang eines Wadis mit Streudörfern.

Beim Kreisverkehr am Ortseingang von Tata (= km 0) rechts fahren (Bd. Prince Sidi Heritier, vorbei an der Moschee) und bei der nächsten Kreuzung rechts über das Oued Tata nach Foum Zguid abbiegen (Richtung Osten, Bd. Hassan II.). Die Straße verläuft **kilometerlang schnurgerade** durch reizvolle Wüstenlandschaft, die durch die Bergkette des Djabal Bani im Süden und Norden begrenzt wird. Bei **km 48** zweigt links eine Teerstraße nach Taliouine und zur schönen Palmenoase **Akka Ighen** (Irhem) ab. Dann nähert sich von Norden ein breites Palmental, das nun parallel zur Straße verläuft.

**57 km** hinter Tata folgt **Tghit** (Trit) mit einem neuen Ort und einem alten Ksar an einem Palmen-Oued. In der Umgebung wird in Salinen von den Dorfbewohnern noch immer mit traditionellen Methoden Salz gewonnen.

Einige Kilometer weiter verläuft der **Oued Tissint** links der Straße (in den letzten Jahren weitgehend trocken). Er hat tiefe Furchen in den lehmig-sandigen Boden gegraben und hier eine bizzare Wüstencanyonlandschaft geschaffen.

Bei **km 67** (1 km vor Tissint) zweigt links eine Schotterpiste hinunter zum Oued und zum Dorf **Akka Nait Sidi** ab, dessen Steinhäuser auf den Felsen oberhalb des idyllischen Flusstals thronen. Bei **km 68** ist **Tissint** erreicht.

## Tissint

Die Bewohner der Oase sind aus dem alten Ksar in den **neuen Ort** Tissint **mit rosa Betonhäusern** gezogen. Am Ortseingang befindet sich ein Stützpunkt der Gendarmerie, die den durchreisenden Verkehr kontrolliert. Entlang der Straße zieht sich eine Arkadenzeile mit Läden für Lebensmittel und Alltagswaren. Es gibt einfache Cafés, einen Markt und eine Post. Im Juli findet ein Moussem zu

▷ Tissint am Fuß des Djebel Bani

Ehren des lokalen Heiligen am Marabout in Akka Nait Sidi statt. Die sehr freundliche Bevölkerung (Chleuh-Berber) trägt die für Südmarokko und Mauretanien typischen blau-schwarzen Kleider *(Fukias)*.

Fährt man am Ortseingang an der Gendarmerie geradeaus (N 29°54,443', W 07°18,995'), anstatt dem rechtwinkligen Knick der Hauptstraße zu folgen (Schild „Cascades d'Atiq"), erreicht man nach 300 m einen Parkplatz auf der linken Seite. Von hier führen Treppenstufen hinunter zum **Oued Tissint** mit den kleinen **Cascades d'Atiq.** Über eine Felsstufe sprudelt der Fluss in ein großes Wasserbecken, das man mitten in der Wüste nie vermuten würde und von der Hauptstraße aus nicht sieht. Nach langen Trockenperioden ist das (leicht salzhaltige) Wasser wenig einladend und veralgt. Wenn das Becken gut gefüllt ist, tummelt sich hier die ganze Dorfjugend zum Baden. Etwas ruhigere und schönere Badeplätze findet man, wenn man oberhalb der Kaskaden entlang des Flusses in Richtung Akka Nait Sidi marschiert.

Von den Kaskaden kann man zum **alten Ksar** von Tissint spazieren. Zunächst geht es vorbei an den Betonhäusern Richtung Palmeraie, nach einigen hundert Metern biegt man bei einem zwischen den Häusern verlaufenden Kanal zum Fluss ab. Diesem folgt man ein kurzes Stück bis zum Eingang ins Lehmdorf auf der rechten Seite. Gleich am Eingang

070m015 hp

des Ksar, beim ersten Türbogen rechts in der finsteren Gasse, befindet sich das frühere **Haus von Charles de Foucauld** (franz. Pater und Forschungsreisender, 1858–1916) – und verfällt zusehends. Der kleine Patio mit verzierten Säulen und Wandnischen ist immer noch sehenswert. Der ganze Ksar wird nicht mehr instand gehalten oder renoviert – es liegt viel Müll und Schutt herum.

Jeden **Samstag** findet in Tissint ein interessanter **Wochenmarkt** (Souk) statt. Dann bieten sich für Rucksackreisende die besten Mitfahrgelegenheiten in Sammeltaxis und Lkw. Privatbusse fahren täglich nach Tata.

## Unterkunft

■ **Unterkunft** (nur bei Voranmeldung) findet man im **Maison Chez Lahcen**④ im Dorf Akka Nait Sidi (vor Tissint auf die ruppige Schotterpiste abbiegen, dann über die Furt und links steil hinauf in den Ort). Das traditionelle Haus aus Lehm und Stein mit Palmholztüren und -dachbalken hat vier einfache, hübsche Zimmer mit Bad (heiße Dusche). Im gemütlichen Kaminsalon wird hervorragendes Essen serviert (nur auf Bestellung, Wein-/Bierausschank). Von der kleinen Terrasse bietet sich ein schöner Ausblick hinunter ins Oued.

**Mein Tipp:** Ebenfalls nur gegen Voranmeldung (ab 4 Pers.) kann man im **Campement Akka Nait Sidi** übernachten (N 29°55,548', W 07°20,673'). Dazu fährt oder marschiert man von Akka Nait Sidi am Marabout vorbei und über die weite Kiesebene etwa 2 km nordwärts. Die Piste endet oberhalb des Wüstencamps, das am Rand des ausgewaschenen Canyons liegt. Auf dem weitläufigen Gelände verteilen sich 14 große Nomadenzelte mit einfachen Betten, Teppichen und Waschschüssel (kein Strom). Es gibt zwei Sanitärblocks mit Toiletten und Duschen. Abends sitzt man unter dem Sternenhimmel am Lagerfeuer und speist bei Kerzenlicht in dem zum Restaurant umfunktionierten Nomadenzelt. In dieser weiten Landschaft mit bizarr erodierten, ockerfarbenen Felsformationen kommt echtes Wüstenfeeling auf. Der sehr nette, junge *Mohamed* (Mobil 0676 05 05 17) kümmert sich um die Gäste im Maison Chez Lahcen und im Campement. Er führt auf Wunsch Wanderungen oder zum alten Ksar. Hier kann man herrlich ruhige Wüstentage verbringen, durch die Palmengärten im Flusstal spazieren oder die bizarre Canyonlandschaft (zu Fuß oder mit 4x4) erkunden. Reservierung beider Unterkünfte: Tel. 0528 80 21 04, Mobil 0610 93 25 24 (*Simone Benhassi* spricht deutsch), cans.akkanaitsidi.88@gmail.com, www.cans-akkanaitsidi.net, www. chez-lahcen-sudmaroc.com.

# Weiterfahrt nach Foum-Zguid

Bei **km 72** ziehen sich weitere Palmenhaine zur Linken des Oued Tissint, der wegen des Salzgehaltes Oued Melh genannt wird. Nach etwa 4 km (bei N 29° 50,963', W 07°15,300') kann man mit Geländewagen, Mountainbike oder zu Fuß die Straße in Richtung Fluss verlassen und auf ein kleines Steinhaus mit zwei Palmen zuhalten. Dann – je nach Belastbarkeit des Fahrzeugs – bis zu einer leicht geneigten Fläche weiterfahren (N 29°51,097', W 07°15,323'). Dieser Platz ist ein schöner Übernachtungsplatz und von der Straße aus nicht einzusehen. Ein Naturpool mit ca. 3 m Wassertiefe (je nach Jahreszeit) ist in wenigen Schritten erreicht.

Etwa bei **km 86** kann man zu Fuß in nördlicher Richtung zum Oued gehen und trifft auf einen Salzsumpf mit Palmen und Wassertümpeln (Bademöglichkeit). Prähistorische Felszeichnungen liegen oben auf dem westlichen Ausläufer des kleinen, von der Straße gut sichtbaren Höhenzuges.

Nach weiteren 3½ km erreicht man das Dorf **Mirhimina.** Weiter führt die Straße durch Hammada, die ab und zu von Sanddünen südlich der Straße aufgelockert wird.

Bei **km 135** (N 30°03,652', W 06°52, 152') sind ein Wegweiser und die **Abzweigung zur Zawia Abd-er-Rahman und zum Lac Iriki** erreicht. Der Lac Iriki füllte sich früher in regenreichen Jahren mit Wasser des Oued Drâa, was wegen des Baus eines Stausees am Oberlauf des Flusses heute nur noch selten passiert. Östlich des Lac Iriki zieht sich ein großes Dünengebiet bis M'hamid (siehe dort).

Nach weiteren 5 km erreicht man bei **km 140** Foum-Zguid.

# Foum-Zguid

Das ganz in Rosatönen gehaltene ruhige Wüstenstädtchen Foum-Zguid mit ca. **10.000 Einwohnern** liegt am trockenen Oued Zguid am Fuße des Djabal Bani. Ein großer Torbogen an der Ortseinfahrt heißt Besucher willkommen. In Foum-Zguid selbst gibt es keine Sehenswürdigkeiten, die Umgebung bietet sich jedoch für Wüstenausflüge an.

**Markttag** ist der **Sonntag,** am Mittwoch findet ein kleiner Gemüsemarkt auf dem Souk hinter dem Café Iriki statt. Die Gendarmerie liegt oberhalb des Hauptplatzes (Gebäude mit Treppen und arabischer Aufschrift).

## Praktische Informationen

### Unterkunft

- Günstige Unterkunft bietet die **Auberge Iriki**② mit Café-Restaurant (Tel. 0528 80 65 68, einfache Zimmer mit Bad, Übernachtung auf Terrasse möglich, gute und günstige Tajine).
- Hübsche Zimmer mit Bad und z.T. Klimaanlage bietet die **Maison d'Hôtes Hiba**② (Douar Amezrou, Tel. 0528 21 64 87, www.maisondhoteshiba.com) einige Kilometer außerhalb Richtung El Mhamid in der Palmeraie.
- Am schönsten wohnt man im luxuriösen, riesigen Komplex **Bab Rimal**④ im Kasbahstil ca. 7 km außerhalb bei El Mhamid (Tel. 0528 21 62 78 oder Mobil 0661 61 74 36, www.babrimal.com): Die Bungalows mit Terrasse und klimatisierten Suiten im modernen Berberstil liegen im ruhigen Garten mit Palmen und Oliven verteilt; großer Pool, Restaurant im Salon oder im offenen Nomadenzelt (gutes, frisch zubereitetes Essen), eigener SPA mit Wellnessangebot, Boutique, WLAN.

### Campingplätze

- Camping ist im ruhigen **Khayma Park** am Südrand der Stadt (am Ortseingang, von Tata kommend) möglich: mit Palmen bepflanzter Kiesstellplatz mit Strom, einfache sanitäre Anlagen, auch Übernachtung in Nomadenzelten möglich.
- An der Piste Richtung Lac Iriki/Erg Chegaga liegt außerdem der günstige **Camping Sable d'Or** in einem ummauerten Hof: Die sanitären Anlagen sind sauber, es gibt ein kleines Restaurant, ein paar Bungalows① und Solarstrom. Die frisch gepflanzten Bäume bieten noch wenig Schatten. Freundlicher Empfang durch *Said Tabi*, günstiger Tarif.

### Busse

- Ein Bus fährt 1x täglich morgens in 2 Std. nach **Tazenakht.** Nach **Tissint** fährt abends ein Bus weiter nach Tata.

## Weiterfahrt nach Tazenakht

Knapp 5 km hinter Foum-Zguid zweigt beim Dorf **El Mhamid** (Lahamid) an einer Kreuzung mit Checkpoint eine Straße rechts nach Zagora und zum Hotel Bab Rimal (s.o.) ab. Nach Agdez/Tazenakht geht es weiter geradeaus. 15 km weiter (20 km hinter Foum-Zguid) liegt eine große Raststation mit Tankstelle, Restaurant und dem **Hotel El Fayja** an der Straße. Es gibt einen Stellplatz für Wohnmobile und einen Pool im Hinterhof.

Die schmale Teerstraße führt auf der weiteren Strecke durch zahlreiche Dörfer, Palmenhaine und Schluchten in schöner Wüstenberglandschaft und erreicht 72 km hinter Foum-Zguid (bei **Gesamt-km 212**) den Abzweig nach Bou-Azzer und Agdz (rechts, 65 km). Diese Alternativroute führt durch Berge und erreicht nach 11 km das unattraktive Bergbaudorf **Bou-Azzer,** in dem in Hunderte Meter tiefen Stollen Kobalt, Nickel und Kupfer abgebaut werden.

Weiter geht es landschaftlich unspektakulär entlang eines trockenen Flusstals über die große Palmenoase **Tasla** (30 km ab der Kreuzung, einfacher Campingplatz) bis nach Agdz im Draâ-Tal **(Gesamt-km 277).** Die Teerstraße befand sich 2014 im Ausbau.

Nach Tazenakht folgt man der R108 weiter nach links (Nordwesten, etwas mehr als 21 km).

# Von Tiznit nach Guelmim

- **Ca. 105 km, N1**
- Breite, **gute Teerstraße** durch Halbwüsten-Landschaft mit **Eukalyptus-, Arganien-, Palmen- und Olivenanpflanzungen** und vielen neuen Orten entlang der Strecke. Die landschaftlich attraktivere Route führt von Tiznit über Moussa d'Aglou und Sidi Ifni entlang des Meeres nach Guelmim (siehe Route Tiznit – Sidi Ifni – Guelmim).
- Gute **Busverbindungen** mehrmals täglich (siehe bei Tiznit bzw. Guelmim).

Die verkehrsreiche, zunächst vierspurig ausgebaute Straße führt auf 68 km nach Bou Izakarne (Beschreibung vgl. Route Tiznit – Bou Izakarne – Tata).

76 km hinter Tiznit befindet sich der Ort **Tagant** mit Tankstelle und vielen Geschäften. Nach gut 105 km fährt man in Guelmim ein.

# Guelmim

Guelmim, eine **stark expandierende Garnisonsstadt** in wüstenhafter Umgebung, hat rund **128.000 Einwohner.** Die nicht gerade attraktive Neustadt umgeben bergige Ausläufer des Anti-Atlas. Einst war Guelmim ein wichtiger Handelsposten für Karawanen aus Schwarzafrika, die hier auch Wasser schöpften – „Aguelmim" bedeutet auf Masirisch (Sprache der Berber) „wo es Wasser gibt". Die Männer der Region tragen traditionell eine **blaue Djellabah,** die Frauen hüllen sich in bunte Wickeltücher. Wegen ihres blauen Umhangs werden die ursprünglich nomadisch lebenden Mauren in der Westsahara auch „Blaue Männer" genannt.

Der interessante **Souk** und der berühmte **Kamelmarkt** finden am Samstag (für die Einheimischen schon am Freitagabend) an einem Platz an der Straße in Richtung Tan-Tan statt. Der Kamelmarkt hat seine wirtschaftliche Bedeutung verloren, da durch den Westsahara-Konflikt der Nomadismus stark abgenommen hat, keine Karawanen mehr verkehren und die Menschen sesshaft werden. Die Dromedare dienen jetzt u.a. der Touristenbeförderung, sei es für einen kurzen Ausritt oder auch eine längere Tour. Der Wochenmarkt ist heute ein normaler marokkanischer Gemüse- und Viehmarkt mit Schafen, Ziegen, Eseln – und wenigen Kamelen.

Die seit Jahren geplante **touristische Entwicklung** der Region Guelmim – Es-Smara mit Großprojekten am Plage Blanche sowie an den Mündungen von Oued Drâa (Foum Drâa) und Oued Chbika (Foum Chbika) an der Atlantikküste kam bisher nicht richtig in Gang. Die Eröffnung der ersten Hotels am Oued Chbika (www.chbika.ma), wo u.a. ein 18-Loch-Golfplatz, eine Marina und ein Club Med entstehen sollen, war ursprünglich für 2015 geplant.

# Praktische Informationen

## Touristeninformation

■ **Conseil Régional du Tourisme (C.R.T.),** 17, Rue Lahbab, Bd. Prince Héritier Sidi Mohamed (ggü. Wilaya auf der linken Seite), Tel. 0528 87 29 11, www.portailsudmaroc.com. Hier bekommt man ein recht informatives, dreisprachiges Heftchen mit Infos zu Sehenswürdigkeiten in der Region.

## Unterkunft

### Hotels in Guelmim

■ **Adil Moussafir**②, 869, Av. Mohamed VI., an der Stadteinfahrt (von Tiznit kommend), Tel. 0528 77 29 30/32, www.hoteladilmoussafir.com. 3-Sterne-Businesshotel im wenig ansprechenden marokkanisch-modernen Stil, 44 klimatisierte, saubere Zimmer mit Bad und TV, WLAN.

■ **Au rendez-vous des Hommes bleus**②, 447, Av. Hassan II. (an der Straße Richtung Sidi Ifni), Tel. 0528 77 28 21. Einfaches Hotel mit 18 klimatisierten Zimmern mit TV, die Bäder allerdings etwas schmuddelig und angeschlagen. Im Café im EG gibt es kein Essen.

■ **Bahich**①, 31, Av. Abainou (an der Straße Richtung Sidi Ifni), Tel. 0528 77 21 78, bahich_hotel@hotmail.com. Einfaches Budget-Hotel in der Nähe des Zentrums, saubere Zimmer mit Dusche.

■ **Carrefour**②, 3, Av. Mohamed V., Tel. 0528 77 15 10, www.hotelcarrefourguelmim.com. Recht neues, mehrstöckiges Mittelklassehotel direkt im Zentrum beim Place Bir Anzarane, Terrassencafé/-restaurant im EG, WLAN verfügbar. 21 ordentliche, klimatisierte Zimmer mit Bad, TV und Balkon.

■ **Étoile du Sahara**②, Av. Mohamed VI., Tel. 0528 87 10 95, an der Stadteinfahrt auf der rechten Seite. Nettes Restaurant und Café im EG, im OG ordentliche Zimmer mit schon etwas angeschlagenen Badezimmern.

■ **Salam**①, Av. Youssef Ben Tachfine (Richtung Tan-Tan), Tel. 0528 87 20 57. Die Zimmer dieses einfachen Hotels sind relativ sauber, aber laut vom Straßenlärm und den nächtlichen Gesellschaften an der Bar im EG. DZ ohne Frühstück.

### Unterkünfte in der Umgebung

■ **Hotel Abaynou,** s. „Ausflüge/Abeïno.

■ **La Maison Saharaouie Dar Zineb**③ (mit HP), in der Oase Tighmert, 13 km außerhalb Richtung Assa, Tel. 0528 87 07 06, www.lamaisonsahara-ouie.voila.net, N 28°56,818', E 09°57,786'. In diesem traditionellen Lehmhaus inmitten der Palmeraie wohnt man authentisch mit Familienanschluss. Es gibt sechs einfache, saubere Zimmer und einen Hammam. Gutes Essen im Salon. Organisation von Ausflügen möglich, Verkauf von lokalen Produkten.

■ **Facomtour**②, Farah Complexe Touristique, in Tighmert (13 km Richtung Assa), Tel. 0528 77 20 10, Mobil 0667 92 52 90. Camping, Restaurant und Hotel mit hübschen Zimmern.

■ **Fort Akabar,** s. „Campingplätze".

■ **Fort Bou Jerif,** ca. 42 km von Guelmim, etwas abseits der Straße zum Plage Blanche (vgl. nächste Route).

## Campingplätze

■ **In Abeïno** (vgl. „Ausflüge").

■ Beim **Fort Bou Jerif** (s. nächste Route).

■ **Domaine Khattab,** 11 km außerhalb von der Straße Richtung Icht/Tata rechts abbiegen, dann 1 km holprige Piste, beschildert, Mobil 0648 91 73

85 oder 0661 17 64 11, **N 28°58,046', W 09°56,999'.** Großes, schönes Campingareal mit Eukalyptus- und Olivenbäumen (viel Schatten) auf einem Farmgelände, kein Strom, sehr einfache, saubere Stehtoiletten und Eimerduschen (heiß), Essen auf Bestellung im Restaurant. Viele Wachhunde am Platz (nachts evtl. Gebell).

- **Fort Akabar,** 13 km in Richtung Assa in der Oase Tighmert, Tel. 0671 57 42 73. Gästehaus mit 10 Doppel- und Dreibettzimmern (mit Bad) in ruhiger Lage am Rande der Oase, gutes Restaurant und Pool. Es gibt einen ummauerten Stellplatz mit ordentlichen sanitären Anlagen. 2014 war der Platz vorübergehend geschlossen.
- **Oasis de Tighmert,** 13 km in Richtung Assa in der Oase Tighmert. Ummauerter, familiengeführter Platz mit Bäumen, guter Sanitärblock, Stellplätze mit Strom. Der Betreiber spricht deutsch.

## Essen und Trinken

- In den **Grilllokalen** *(Rôtisserie)* **am Place Bir Anzarane** kommen zu Mittag Grillhähnchen, Tajine und Omelettes (gut und günstig) auf den Tisch.
- Gute, günstige Tajine (30 DH) gibt es bei den kleinen **Lokalen neben der Post** (Av. Mohamed V., dort Parkplatz).
- Im **Restaurant des Hotels Étoile du Sahara** (Stadteinfahrt Guelmim von Bou Izakarne kommend) sitzt man nett auf der Terrasse und isst Brochette, Pizza und Sandwiches oder trinkt Milchshakes und Kaffee (allerdings ausschließlich männliches Publikum).

## Busse

- **Busbahnhof** an der Av. Abaynou (von Bou Izakarne kommend am Kreisverkehr rechts Richtung Abeïno).
- **CTM-Büro,** Tel. 0528 87 27 07.

### Verbindungen und Preise

- **Laâyoune – Tan-Tan – Dakhla:** 4x tägl., bis Laâyoune 7–8 Std. Fahrzeit, 165 DH; bis Dakhla, ca. 16 Std. Fahrzeit, 330 DH.
- **Agadir:** mehrmals tägl. mit CTM, ca. 4–5 Std., 85 DH.
- **Marrakesch:** CTM 7x tägl., davon 2 Nachtbusse, 7–9 Std. Fahrzeit, 185 DH.
- **Casablanca:** CTM 5x tägl., davon 2 Nachtbusse, ca. 12 Std., 285 DH
- **Privatbusse** mehrmals täglich nach **Sidi Ifni** (ca. 25 DH).
- **Supratours** fährt 6x täglich nach **Marrakesch,** 160 DH, 7–8 Std., und nach **Laâyoune,** ca. 8 Std., 160 DH.

## Sammeltaxis

- **Grand Taxis/Sammeltaxis** fahren am Markt (Straße Richtung Assa) und am Busbahnhof ab: Verbindungen nach Abeïno (10 DH), Bou Izakarne (35 DH), Tiznit (55 DH), Tan-Tan (ca. 60 DH) und Sidi Ifni (25 DH).

## Feste/Veranstaltungen

- Im Jahresverlauf finden in der Region **zahlreiche Moussems** statt (Termine im Touristenbüro erfragen).
- Die **Guedra,** der traditionelle Knietanz der Bewohner um Guelmim, ist meist nur noch im Rahmen von Touristenveranstaltungen zu bewundern.

## Sonstiges

- Der lebhafte **Markt** liegt vom Place Bir Anzarane an der Straße Richtung Assa (Bd. Mohamed V.).
- Am Place Bir Anzarane gibt es **Banken mit Geldautomat.** Weitere Banken an der Straße Richtung Markt/Assa (Bd. Mohamed V.).

- Modernes **Krankenhaus** an der Stadtausfahrt Richtung Assa/Icht.
- Das **Parken** kostet in Guelmim pauschal 10 DH für den ganzen Tag und alle Parkplätze.

# Ausflüge

## Abeïno

Bis Abeïno sind es 13 km. Nach 5 km auf der Straße nach Sidi Ifni geht es rechts ab (beschildert). In diesem nicht besonders ansprechenden Ort gelangt man zu 39 Grad heißen **Schwefelquellen** mit ordentlichen Badebereichen (getrennt für Frauen und Männer, Eintritt 10 DH).

Das **Hotel Abaynou** (Tel. 0528 87 28 92, hssolion@hotmail.fr) mit elf klimatisierten/beheizten Zimmern, Apartments und zwei Restaurants liegt direkt an den Thermalbädern. Es stehen hier zwei Stellflächen für Wohnmobile zur Verfügung (mit Strom, ordentlichen Duschen/ WCs, Waschmaschine), die im Winter überfüllt sind.

Der **Campingplatz La Vallée** befindet sich in ruhiger Lage etwa 2 km hinter Abeïno (gute Piste): schöne Stellplätze in einem schattigen Garten (mit Strom und Wasser), ordentliche Sanitäranlagen mit heißer Dusche, ca. 65 DH für 2 Pers. inkl. Fahrzeug. Camper können sogar Halbpension buchen.

## Plage Blanche

Der **lange Dünenstrand** im Südwesten Guelmims und südwestlich von Fort Bou Jerif ist entgegen seines Namens nicht weiß (siehe nächste Route).

## Oase Tighmert

Die Palmenoase Tighmert mit mehreren Dörfern erstreckt sich auf 8 km Länge östlich von Guelmim. Man erreicht sie, indem man Guelmim auf der Teerstraße Richtung Assa/Icht verlässt und nach etwa 3 km rechts nach Tighmert/Asrir abbiegt (beschildert). Es verkehren auch Sammeltaxis ab Guelmim. Auf der Karte ist die Oase, die sich in den letzten Jahren zu einem **alternativen Touristenziel** entwickelt hat, auch als **Aït Boukha** eingezeichnet. In den Lehmdörfern (Ksour) leben etwa 650 Saharaoui-Familien, die ursprünglich als Nomaden durch die Wüste zogen. In den von Bewässerungskanälen durchzogenen Palmengärten wächst Weizen, Gerste, Mais und Futterklee für das Vieh. Mehrere Quellen speisen die Brunnen von Tighmert. Wer hier ein oder zwei Nächte in einem der **familiengeführten Gästehäuser** verbringt, kann auf authentische Art das ursprüngliche Oasenleben kennenlernen.

› Zwischen Guelmim und Fort Bou Jerif

# Guelmim – (Fort Bou Jerif) – Plage Blanche

■ **62 km bis Plage Blanche, bis Fort Bou Jerif ca. 42 km** (davon 9 km Piste).

■ **Teerstraße** mit betonierten Furten. Zum Fort Bou Jerif (ab Kreuzung zum Plage Blanche) sind es 9 km Piste. Mit **Taxi** ab Guelmim-Zentrum (kein Sammeltaxi, diese fahren nur bis Laksabi).

■ Die Region soll im Zuge des „Plan Azur" zur **Tourismusentwicklung** in Marokko umfassend touristisch erschlossen werden – der Bau der Teerstraße war der Anfang. Hotelbauten am Plage Blanche sollen folgen.

Im Zentrum von Guelmim von Tiznit kommend rechts (gen Nordwesten) in Richtung Laksabi und Sidi Ifni abbiegen (Av. Hassan II.). Bei km 1,5 überquert die Straße auf einer Brücke den **Oued Lakhdar.** Bei km 2 zweigt beim Kreisverkehr die Route links nach Laksabi, zum Plage Blanche und zum Fort Bou Jerif ab (beschildert, N 29°00,058', W 10° 04,399'). Nach Sidi Ifni geht es geradeaus weiter.

Nach **12 km** zeigt ein Torbogen den Ortsbeginn von **Laksabi** an, kurz danach geht es rechter Hand zum Plage Blanche und Camping Fort Bou Jerif (Schild). Geradeaus führt die Straße in den Ort.

Bei **km 15** folgt erneut eine Gabelung (N 29°00,052', W 10°11,616'). Rechts geht es nach Taligouine und Ouadai As-

aga_43 dd

saka (alte 4x4-Strecke nach Fort Bou Jerif), geradeaus weiter zum Plage Blanche und nach Fort Bou Jerif.

Bei **km 33** ist der **Abzweig nach Fort Bou Jerif** (N 29°00,409', W 10°20,700') erreicht (vgl. Abstecher).

## Abstecher nach Fort Bou Jerif

Die **9 km lange, etwas holprige und löchrige,** aber mit Vorsicht auch mit Wohnmobil oder VW-Bus befahrbare **Piste** führt direkt zum Campingplatz und Motel und an diesen vorbei zum alten Fort. Es geht durch eine einsame Hügellandschaft, in der hin und wieder Saharaoui-Nomaden ihre weißen Zelte aufschlagen.

Bei **Gesamt-km 42** ist das **Motel Fort Bou Jerif** erreicht. Das Gelände mit Campingplatz, Restaurant, Pool und mehreren Gebäuden ähnelt selbst ein bisschen einer Festung mit Zinnen und Türmchen. Der Franzose *Pierre Gerbens* betreibt diesen Stützpunkt für Off-Roader, Naturfreunde und Wüstenfans nahe eines alten französischen Forts (Mobil 0672 13 00 17, www.boujerif.com, N 29° 04,940', W 10°19,853'). Der Platz ist gleichzeitig Infobörse für Saharadurchquerer, die nach Mauretanien unterwegs sind. Übernachtungsmöglichkeit besteht im Nomadenzelt①, im komfortablen (3-Sterne-)Hotel③ (geräumige DZ inkl. Frühstück), im (2-Sterne-)Petit Hotel③ mit kleinen, netten Zimmern oder im einfachen Motel② mit Gemeinschaftssanitäranlagen. Alle Zimmer sind sehr sauber, das Duschwasser ist hier in der Wüste etwas salzhaltig. Strom gibt es bis 23 Uhr, dann wird der Generator abgeschaltet. Auf Vorbestellung kann man ausgezeichnetes, aber teures Essen genießen (Menü 180 DH, Frühstück 40 DH, auch Alkoholausschank) – Spezialität des Hauses sind Tajine mit Kamelfleisch und als Dessert eine Früchte-Tajine mit Zimt und Honig. Auch das Campingareal ist sehr gepflegt, vor allem die sanitären Anlagen haben europäischen Standard (40 DH/Pers., 30 DH/Auto oder Motorrad, 40 DH/Geländewagen oder Wohnmobil).

Die Gegend hat ein sehr angenehmes Klima, da kühle Meereswinde hier für Abkühlung sorgen. Die Region eignet sich hervorragend für (ornithologische) **Wanderungen** oder **Ausflüge** mit dem Geländewagen, per Kamel oder Pferd. *Pierre Gerbens* ist gerne bei der Organisation diverser Aktivitäten behilflich.

Etwa 15 Minuten zu Fuß (1,3 km) vom Platz entfernt thront über dem Tal des **Oued Assaka** das **Fort Bou Jerif** (1935 von den Franzosen erbaut), mit herrlichem Ausblick auf das Oued, in dem sich in feuchteren Jahren und im Winter zwischen Steinen eine Art Badebecken bildet. Auch Wasserschildkröten und viele Frösche leben dort. Die steinige Piste von hier nach **Foum Assaka** (Mündung des Oued Assaka) und weiter südwärts zum Plage Blanche kann nur mit Geländewagen befahren werden.

## Weiterfahrt zur Plage Blanche

Weiter auf der Hauptroute in Richtung Plage Blanche (ohne Abstecher) erreicht man bei **km 39** ein **Dorf** mit Moschee.

Es geht durch eine hügelige, karge Landschaft mit einigen Getreidefeldern.

Bei **km 60** mündet von rechts die Piste von Foum Assaka ein (ca. 35 km, steinig und schlecht, nur mit 4x4).

Etwa **62 km hinter Guelmim** endet die Teerstraße bei einigen Häusern, einem Funkmast der Marine Royale und dem **Hotel Dromedaire** mit schäbigen Bungalows. Hier können Wohnmobile stehen bleiben, das Toilettenhäuschen ist allerdings verfallen und vermüllt.

Unterhalb eines Steilabbruchs befindet sich der leider nicht gerade saubere Strand **Plage Blanche** mit kleinen Dünen und der Flussmündung. Auf der anderen Flussseite liegt ein kleines Fischerdorf. Hier fließt der kalte Kanarenstrom vorbei, sodass sich vor allem im Hochsommer, wenn die Temperaturunterschiede zwischen Inland und Wasser hoch sind, ein Nebelband von ca. 40 km Breite die Küste entlangzieht. Zum Baden ist es daher oft zu kalt.

# Von Tiznit über Sidi Ifni nach Guelmim

**136 km, R104 oder P1909, N12**

Von Tiznit nach Sidi Ifni gibt es **zwei Strecken:** Die nur wenig kürzere R104 führt kurvig durchs Hinterland direkt nach Mirleft. Die landschaftlich schönere (hier beschriebene) Route P1909 verläuft über Sidi Moussa d'Aglou entlang der wildromantischen Steilküste. An kleinen Felsbuchten kann man baden. Das Städtchen Sidi Ifni steht im krassen Kontrast zu Agadir: dort Touristenrummel und moderne Hotelneubauten – dagegen weiß-blaue Kolonialgebäude und relaxte Surferatmosphäre in Sidi Ifni.

**Busverbindung** ab Guelmim bzw. Tiznit (Stadtbus Nr. 18 ab Tiznit nach Mirleft/Sidi Ifni über Sidi Moussa d'Aglou), auch **Sammeltaxis.** Zur schönen Bucht Legzira kann man sich mit dem Bus am Abzweig absetzen lassen und ca. 2 km zu Fuß laufen. Zurück muss man den Bus an der Straße anhalten.

Die **direkte Route nach Mirleft** (R104) zweigt gegenüber des Bab Laâounia (Bushaltestelle an der Stadtmauer) links Richtung Westen ab. Nach Aglou Plage fährt man weiter geradeaus nach Nordwesten.

Bei **km 13** führt eine schmale Teerstraße rechts nach Tassila und weiter zum Massa-Nationalpark (Schild „Camping Sidi Wassai").

2 km weiter, bei **km 15,** geht es an einer Kreuzung beim Campingplatz und Supermarkt links weiter nach Mirleft/Sidi Ifni und geradeaus in den Ort **Sidi Moussa d'Aglou** (s. Tiznit/Ausflüge).

Die Straße in Richtung Sidi Ifni führt vorbei an nur halb fertiggestellten Betonreihenhäusern, dann folgt sie der Steilküste mit Wildcampingmöglichkeiten und kleinen Sandbuchten unten am Wasser.

Bei **km 32** liegt die Pferdefarm **Les 2 Gazelles** von zwei Französinnen rechts der Straße (www.les2gazelles.com, Tel. 0666 26 66 86). Das Gästehaus hat acht hübsche Zimmer mit Bad, einen gemütlichen Salon und eine Terrasse. Es werden Reitstunden und Ausritte ins Hinterland oder entlang der langen Strände mit den Araberpferden der Farm angeboten – ideal für begeisterte Reiter. Kurz dahinter zweigt rechts die palmengesäumte Zufahrt zu einem riesigen Hotelneubau (Evasion Beach Club) ab.

Bei **km 36** durchfährt man das Dorf **Sidi Bou Ifdail.** 1 km weiter zweigt eine Straße zum Fischerhafen von Sidi Bou Ifdail und zu einem Wohnmobilstellplatz an der Küste ab.

Bei **km 40** kann man in einer sehr schönen, kleinen **Bucht** mit bizarren Felstürmen und Kiesstrand einen Badestopp einlegen. Auch hier finden Wohnmobilisten einen Stellplatz für die Nacht. Nur 1 km weiter (km 41) bietet das **Hotel Un thé au bout du monde**③ herrlich ruhige Unterkunft (Mobil 0661 97 57 42, www.untheauboutdumonde.com). Auf dem großen, grünen Gelände verteilen sich fünf blau-weiße Bungalows mit komfortablen Zimmern und Studios. Die sehr hübschen Zimmer mit Tadelakt-Bad, Terrasse und Meerblick sind alle unterschiedlich gestaltet. Die hellen Studios haben zusätzlich einen kleinen Salon, TV und eine Küche. Das Restaurant ist auch für Nicht-Gäste geöffnet.

Bei **km 43** mündet beim Dorf **Gourizim** diese Route in die Hauptstraße von Tiznit ein (R104), rechts geht es weiter nach Mirleft. 2 km weiter liegt die empfehlenswerte Surferunterkunft **Aftastrip** links der Straße (s.u.).

**48 km** hinter Tiznit zweigt rechts eine Zufahrt zum **Plage Imi n'Tourga** ab. Die Straße endet an einem Parkplatz oberhalb des von roten Felsen umrahmten Sandstrandes an der Flussmündung des Oued Mirleft (Wohnmobilstellplatz).

Bei **km 49** ist **Mirleft** erreicht.

# Mirleft

Das einst kleine Fischerdorf hat sich in den letzten Jahren zum **Surfer- und Badeziel** entwickelt. In Mirleft und Umgebung entstanden zahlreiche Ferienhäuser und komfortable Maisons d'Hôtes (Gästehäuser). Der Ort selbst ist wild gewachsen und nicht besonders attraktiv. Aber am schönen Sandstrand in der von roten, bizarr erodierten Kliffs umrahmten Bucht von Mirleft kann man in den kühlen Wellen des Atlantiks baden oder Bodysurfen. Die strandnahen Unterkünfte und das neue **Villenviertel Les Amicales** liegen (von Tiznit kommend) rechts der Hauptstraße (ca. 1 km). Im Ortszentrum links der Straße (von Tiznit kommend) gibt es einen Markt, viele Geschäfte mit Touristen- und Alltagswaren, Surfshops, eine Tankstelle, eine Post und eine Bank mit ATM.

Auf dem Hügel oberhalb des Orts thront ein altes französisches Militärfort (von 1935, ca. 1 km vom Ortszentrum bergauf). Ein Teil des Forts beherbergt heute die komfortabelste und teuerste Unterkunft am Platz: Les 3 Chameaux (s.u.). Der Hügel, auf dem das Fort thront, ist unter Gleitschirmfliegern bekannt: Von hier oben kann man herrlich zum Meer hinunter segeln.

## Praktische Informationen

### Unterkunft

- **Aftastrip**③, 4 km nördlich von Mirleft Richtung Tiznit, Mobil 0666 02 65 37 oder 0677 12 14 24. Hübsches Gästehaus mit Garten, eigener Surfschule und tollem Blick aufs Meer von den Zimmern und dem Restaurant im traditionellen Festzelt (gutes Essen). Übernachtung in großen DZ mit Tadelakt-Bädern oder im Nomadenzelt (ohne eigenes Bad) möglich. Sehr familienfreundlich, auch spezielle Surfkurse für Kinder. Man kann zu Fuß zu einer Felsbucht laufen (ca. 1 km). Außerdem werden Angel- und Kayaktouren angeboten.

**Abertih**② (inkl. Frühstück), Rue du Marché im Ortszentrum, www.abertih.com. Empfehlenswertes Travellerhotel mit hübsch gestalteten, farbenfrohen (z.T. dunklen) Zimmern mit oder ohne Bad (im Winter mit Heizung). Hier treffen sich die Gleitschirmflieger.

**Atlas**② (inkl. Frühstück), Rue du Marché im Ortszentrum, Tel. 0528 71 93 09, atlasmirleft@gmail.com. Beliebte Budgetunterkunft mit 17 sauberen, sehr ordentlichen Zimmern, einige mit Bad, andere mit Waschbecken im Zimmer und Dusche/WC auf dem Gang. Marokkanischer Salon mit TV, Dachterrasse, nettes Restaurant im EG.

**Dar Najmat**④, am Plage Sidi Mohamed Ben Abdallah, Tel. 0528 71 90 56, www.darnajmat.com. Das Gästehaus im modernen Kasbahstil thront in herrlicher Lage direkt über dem Strand in der Bucht 2 km südlich von Mirleft (Richtung Sidi Ifni). Sehr elegante Zimmer mit Tadelakt-Bädern und separatem WC, auch Familienzimmer und ein großes Apartment mit Privatterrasse, toller Infinity-Pool mit Ausblick. WLAN, Restaurant und Bar.

**Du Sud**①, Rue du Marché im Ortszentrum, neben Hotel Atlas, Tel. 0528 71 94 07 oder Mobil 0662 14 61 34, www.hoteldusud.fr. Günstiges, einfaches Hotel mit ordentlichen Zimmern (ohne Bad), Restaurant La Bonne Franquette mit marokkanischer und französischer Küche im EG. WLAN, Waschmaschine vorhanden.

**Les2Gazelles,** in Sidi Bou Ifdail an der Straße Richtung Aglou Plage, s. vorhergehende Routenbeschreibung.

**Les 3 Chameaux**④, Tel. 0528 71 91 87, Mobil 0666 54 85 79, www.3chameaux.com. In den umgebauten historischen Gemäuern auf dem Hügel über dem Ort herrscht rustikales Landhausambiente mit einem fantastischen Blick auf Mirleft und das Meer. Die Zimmer/Suiten mit Tadelakt-Bädern und TV sind sehr schön marokkanisch gestaltet. Die geräumigen, hellen Suiten mit Kamin haben eine Terrasse mit herrlichem Ausblick. Es gibt einen beheizten Pool (sehr angenehm im Frühjahr). Im Restaurant kommt hervorragende Küche jenseits der Standard-Tajine auf den Tisch (z.B. Fisch in Salzkruste und Blütensalat). WLAN, Alkoholausschank, Boutique mit ausgesuchtem Kunsthandwerk. Das französische Eigentümerpaar *Bouquillon* kann diverse Aktivitäten organisieren.

MEIN TIPP: **Sally's Bed & Breakfast**③, von Tiznit kommend im Ort rechts Richtung Les Amicales abbiegen, dann rechts halten, das gelbe Haus von Sally's liegt schräg ggü. des Restaurants La Braise, Tel. 0528 71 94 02, Mobil 0661 46 98 88, www.sallymirleft.com. Die Amerikanerin *Sally* ist begeisterte Reiterin und hat ihr Haus extravagant mit marokkanischen Antiquitäten, alten Fotos und Reiterutensilien dekoriert. Vom gemütlichen Wohnzimmer mit Kamin, den fünf klimatisierten Zimmern (im Winter mit Heizdecken) und dem Studio (mit Küchenzeile und eigener Terrasse) bietet sich ein unvergleichlicher Ausblick auf die Klippen oberhalb des Strands. Hauspapagei *Bella* sorgt für Erheiterung. WLAN, Waschmaschinenbenutzung möglich, schöne Dachterrasse mit Sonnenliegen, nur wenige Gehminuten über eine Betontreppe runter zum Strand.

**Un thé au bout du monde,** an der Straße Richtung Aglou Plage, s. Routenbeschreibung oben.

### Campingplatz/Stellplätze

Zu dem kleinen, einfachen **Camping Gîte Nomade** biegt man im Ort beim Wegweiser rechts ab Richtung Aftas (Mobil 0671 50 52 75). Auf dem Hofplatz gibt es allerdings keinen Schatten und nur wenige Stellplätze (20 DH pro Wohnmobil, Person und Zelt, 10 DH Auto, 10 DH Strom, 30 DH Waschmaschine, auch Apartments zu vermieten).

In der Bucht von Mirleft (unmittelbar vor dem Ort auf der rechten Seite von Tiznit kommend) gibt es strandnahe **Stellplätze für Wohnmobile.**

### Essen und Trinken

In der Rue du Marché im Ortszentrum (von Tiznit kommend links der Durchgangsstraße) reihen sich mehrere nette Restaurants aneinander. Empfehlenswert ist u.a. das **Restaurant Ayour** direkt neben dem Hotel Atlas: gemütliches, knallrotes Inte-

aga_47 dd

rieur mit Polstern und Kerzenlicht, auch Tische auf dem Gehsteig, sehr freundlicher Service, frisch zubereitete Fischgerichte (75 DH, evtl. längere Wartezeit), Tajine (60 DH, z.B. mit Crevetten oder Kamelfleisch) und Salate, Weinausschank.

- Die Deutsche *Ramona* betreibt das empfehlenswerte **Café Aftas** direkt am Strand mit marokkanischer Küche und Fischgerichten (Mobil 0656 18 37 62, mit angeschlossener Surfschule Chasseurs de Vagues).

### Sonstiges

- Die Umgebung von Mirleft und Sidi Ifni ist ein beliebtes Revier für Paraglider, die von den Hügeln im Hinterland bis zum Strand hinuntergleiten. **Paraglide Morocco** bietet Tandemflüge an: Tel. 0676 31 86 55, www.paraglidemorocco.com.
- **Stadtbus Nr. 18** fährt Mirleft von Tiznit an.

Die Felstore in der Bucht von Legzira

## Weiterfahrt nach Guelmim

Die Strecke weiter in Richtung Sidi Ifni folgt einer **wild zerklüfteten Steilküste** mit Ausblicken aufs Meer. Auf dem Plateau oberhalb des Strands finden Wohnmobilisten immer wieder aussichtsreiche Stellplätze.

2 km hinter Mirleft ist **Sidi Mohamed Ben Abdallah** mit sehr schönem Sandstrand, Felsinseln und Felstor erreicht. Unterkunft bietet das elegante **Dar Najmat** direkt oberhalb der Bucht (vgl. Mirleft/Unterkunft).

19 km hinter Mirleft zweigt rechts eine Teerstraße zur **Bucht von Legzira** ab (1 km). Oberhalb der Bucht entstand die große Ferienhaussiedlung Kasbah Legzira. Links vor der Einfahrt in die Anlage zweigt eine steile Piste hinunter zu den Restaurants/Herbergen in der Bucht und zum Parkplatz (gebührenpflichtig) ab.

Pkw-Fahrer parken besser oben und laufen zu Fuß runter.

## Legzira

Hauptattraktion an diesem ca. 3 km langen **Kies- und Sandstrand** sind zwei gewaltige, von Wind und Wellen geformte **Felstore** aus rotem Konglomerat (Achtung vor Steinschlag unter den Toren!). Die ehemals sehr ruhige und idyllische Bucht von Legzira hat sich in den letzten Jahren touristisch stark entwickelt. Mittlerweile herrscht **ziemlicher Trubel** mit mehreren Gästehäusern, Cafés und einem Surfshop in der ersten Bucht. Weiter südlich zwischen den beiden Felstoren ist weniger los, und ein Spaziergang bzw. Badestopp lohnt sich immer noch – Legzira zählt sicher zu den landschaftlich eindrucksvollsten Stränden in Marokko. Leider liegt viel angeschwemmter Plastikmüll herum, und die unvollendete Ferienanlage oberhalb der Bucht verschandelt etwas die Landschaft.

### Unterkunft/Essen und Trinken

- Einfach, ordentlich und sauber sind die Zimmer in der **Auberge Legzira** (Chez Abdoul)③ (inkl. HP) mit schattiger Terrasse (Mobil 0662 54 06 37, DZ mit Dusche/WC auf dem Gang, auch einige Zimmer mit Bad).
- Auch der **Beach Club Legzira**② (Mobil 0670 52 28 00, www.legzirabeachclub.com) bietet neben einer Terrasse mit Meerblick saubere, gut ausgestattete Zimmer mit Bad – allerdings haben nur manche ein Fenster nach außen zum Meer.
- Der junge *Abdallah* vom unmittelbar benachbarten **Sable d'Or**② ist sehr freundlich und um das Wohl seiner Gäste bemüht. Die sauberen Zimmer (mit und ohne Bad, mit Fenster zum Gang oder zum Meer) verteilen sich auf drei Etagen. Von der Terrasse genießt man einen herrlichen Blick aufs Meer und den Sonnenuntergang (Mobil 0661 30 24 95, sabledor1@gmail.com).
- Ordentliche Zimmer bietet auch das **Restaurant/Hotel Océan**② (Mobil 0670 63 67 71, Preise verhandelbar).
- In allen Herbergen kann man leckeren, frisch gegrillten **Fisch essen** (ca. 70 DH).

## Weiterfahrt nach Guelmim

27 km hinter Mirleft beginnt die vierspurige Einfahrtsstraße nach Sidi Ifni. Die **von Palmen gesäumte Allee** führt durch einen komplett neu errichteten Vorort von Sidi Ifni. 31 km hinter Mirleft (ca. 80 km von Tiznit) erreicht man schließlich eine Kreuzung an der Stadteinfahrt von Sidi Ifni: Rechts geht es zu den Campingplätzen und zum Hotel Aït Bamrane, links nach Guelmim und Laâyoune, geradeaus ins Zentrum von Sidi Ifni.

## Sidi Ifni

Die ehemalige Garnisonsstadt mit etwa **25.000 Einwohnern** lag viele Jahre im Dornröschenschlaf – besonders in den heißen Sommermonaten wirkte das Städtchen verschlafen und verstaubt. Erst in den letzten Jahren erwachte Sidi Ifni zu **neuem Leben:** Die lange Zeit verfallenden Art-déco-Gebäude aus der spanischen Kolonialzeit der 1930er Jahre um den Place Hassan II. erhielten einen frischen blau-weißen Anstrich, eine Strandpromenade wurde gebaut, und eine wachsende Zahl an Ferienwohnun-

gen und Gästehäusern bietet Unterkunft für Surfer und Strandurlauber. Der Atlantik ist zwar oft zu kalt zum Baden, aber wegen der relaxten Atmosphäre und des fast mediterranen Flairs lässt es sich in Sidi Ifni gut mehrere Tage aushalten. Der alte **Stadtkern** liegt oberhalb eines Steilabbruchs über dem Sand- und Kiesstrand, zu dem von der Plaza de Marina (Hotel Suerte Loca) eine Treppe hinunterführt. Vorbei am Camping El Barco kann man die Promenade entlang spazieren und die Surfer in den Wellen beobachten.

Von wirtschaftlicher Bedeutung ist der **Fischfang** – der Fischerhafen liegt 5 km südlich der Stadt. 2009 wurde Sidi Ifni als eigene Provinz in der Region Sous-Massa-Drâa ausgewiesen und ist seitdem **Provinzhauptstadt.**

## Geschichte

Sidi Ifni diente den **Spaniern** schon Ende des 15. Jahrhunderts als Stützpunkt für den Sklavenhandel und die Fischerei. Im 16. Jahrhundert fiel die Festung mit dem Namen Santa Cruz del Mar Pequeña nach diversen Aufständen zurück in marokkanische Hände. Erst nach dem spanisch-marokkanischen Krieg 1860 wurde das Gebiet als Enklave wieder an Spanien abgetreten und in den 1930er Jahren unter *Franco* zum wichtigen Militärstützpunkt ausgebaut. 1957 fand ein Aufstand der marokkanischen Bevölkerung gegen Spanien statt, weitere Angriffe von marokkanischer Seite folgten. **1969** wurde das Gebiet schließlich **an Marokko zurückgegeben.**

## Praktische Informationen

### Unterkunft

■ **Aït Bamrane**②, Rue de la Plage, Tel. 0528 78 02 17. Dieses typisch marokkanische Hotel direkt am Strand hat ordentliche, einfache Zimmer mit Bad und TV, z.T. mit Meerblick. Bewachter Parkplatz vor der Tür.

■ **Bellevue**①-②, 9, Place Hassan II., ggü. dem Rathaus, Tel. 0528 87 52 42, www.hotel-belle-vue-ifni.com. Das 2-Sterne-Hotel im kolonialspanischen Stil (1958 errichtet) in toller Lage über den Klippen des Atlantiks hat wie die benachbarten Gebäude einen neuen Anstrich bekommen. Es gibt ordentliche, aber angestaubte Zimmer mit Waschbecken und Dusche/WC auf dem Gang oder Zimmer mit Bad und kleinem Balkon zum Innenhof. Die Zimmer im neuen Trakt sind besser ausgestattet. Sicherer Parkplatz im Hof.

■ **Logis la Marine**③, 1, Av. Moulay Abdellah, Mobil 0641 76 60 96, www.logislamarine.com. Empfehlenswertes Gästehaus des belgischen Paares *Benoit* und *Dominique* mit vier nüchtern-modern gestalteten DZ mit Bad (z.T. Meerblick) und einem Familienzimmer für 4 Pers., WLAN und Gäste-PC verfügbar. Kleiner Garten, Sonnenterrasse und Wohnzimmer für die Gäste.

■ **Safa**③, Bd. de Caire (an der Straße Richtung alter Hafen, neben dem Krankenhaus), Tel. 0528 78 07 96/97, www.ifnimarina.com. Modernes Mittelklassehotel in dem neuen Komplex Ifni Marina mit Supermarkt, Restaurant, Bäckerei etc. Parkplatz vor der Tür, klimatisierte Zimmer mit kleinem Balkon.

■ **Suerte Loca**①-②, Av. Moulay Youssef, Tel. 0528 87 53 50, suerteloca36@yahoo.com. Dieses saubere, einfache Travellerhotel mit vielen Topfpflanzen hat die angenehmste Atmosphäre aller genannten Unterkünfte und ist ideal für Surfer. Es gibt eine Dachterrasse mit hübschem Salon und Meerblick, dort auch günstige Übernachtung auf Matratzen möglich. Im kleinen Restaurant im EG (mit Crêpes und Kuchen) gibt es einen Billardtisch und eine Internetecke. DZ ohne und mit Bad, Duschen/WC auf dem Gang etwas marode, aber sauber.

■ **Xanadu**③, 5, Rue El-Jadida, Tel. 0528 88 76 718, www.maisonxanadu.com. *Patrick* und *Sandrine Jacquin* sind sehr hilfsbereit und freundlich und kümmern sich super um ihre Gäste. Schöne, makellos saubere Zimmer, tolle Dachterrasse mit Ausblick, leckeres Frühstück. Von Lesern sehr empfohlen.

■ Außerdem befinden sich **Gästehäuser am Strand von Legzira** (s.o.).

### Campingplätze

Alle vier Campingplätze sind im Winter mit Wohnmobilen überfüllt.

■ **El Barco,** neben Hotel Aït Bamrane, Tel. 0528 78 07 07, www.complexe-elbarco.com. Freundlicher Campingplatz mit kleinem Restaurant und Terrassencafé direkt am Strand (Mauer zwischen Camping und Meer). Die sanitären Anlagen sind sauber. Die angeschlossenen, sehr ordentlichen Apartments mit Küche, Bad, TV und Terrasse mit Meerblick sind in der Nebensaison recht günstig (②). WLAN.

■ **Gran Canaria,** Av. El Houria (Rue de la Plage), Tel. 0528 87 68 21, von Mirleft kommend am Ortseingang direkt neben Solymar, www.campinggrancanaria.com. Großer, schattenloser Platz in Strandnähe, gute sanitäre Anlagen, 60 DH für 2 Pers. inkl. Fahrzeug und heißer Dusche.

■ **Sidi Ifni,** Tel. 0528 87 52 42, unterhalb des Hotels Suerte Loca. Der staubige Platz ohne Schatten ist durch eine Mauer vom Meer getrennt (direkter Zugang zum Kiesstrand möglich). Die sanitären Anlagen sind sauber und okay. Abwasserentsorgung für Wohnmobile möglich, auch Zimmervermietung in Betonbungalows①. Es gibt einen Pool (nur im Sommer geöffnet) und WLAN.

■ **Solymar,** von Mirleft kommend am Ortseingang auf der rechten Seite beim Oued, Tel. 0528 78 09 16. Schattenlose Stellplätze mit Strom, gute sanitäre Anlagen mit heißer Dusche. WLAN.

■ Der wenig ansprechende **Wohnmobilstellplatz Camping Municipal** liegt direkt neben dem neuen Komplex Ifni Marina (mit dem Hotel Safa, Restaurant, Bäckerei, Supermarkt) am Südrand der Stadt.

## Essen und Trinken

**In der Fußgängerzone** oberhalb des Steilabbruchs gibt es mehrere Restaurants mit Tischen auf dem Gehsteig und Blick übers Meer, darunter Tagout und Mar Pequena.

■ **Ere Nouvelle,** Av. Sidi Mohamed Abdallah, ggü. der Polizei, Tel. 0528 87 52 98. Einfaches Café/Restaurant im gleichnamigen Hotel mit gutem und preisgünstigem Essen.

■ **La Paella de la Playa,** direkt am Strand neben Camping El Barco, Mobil 0648 34 65 94, montags geschlossen. Winziges Restaurant mit Tischen an

072m015 ad

der Promenade, gute Paella mit frischen Meeresfrüchten und Fisch 85 DH, Spaghetti 45 DH. Hier kann man auch nur gemütlich einen Tee mit Meerblick schlürfen.

- **Mar Pequena,** 20, Av. Al Mouwahidin, Mobil 0675 66 16 26. Gemütlicher, kleiner Innenraum und Tische auf der Terrasse mit Meerblick, große Menüauswahl (Tajine, Grillgerichte, Brochettes, vegetarische Speisen). Da alles frisch zubereitet wird, dauert es etwas länger – dafür gibt's große Portionen, und es schmeckt sehr gut.
- **Nomad,** 9, Av. Moulay Yussef, Mobil 0662 17 33 08. Sehr nettes und gutes Lokal (Fischgerichte ca. 100 DH) mit lockerer Atmosphäre und viel Musik von Rai bis Rock und Pop. Im Juni geschlossen.
- **Ocean Miramar,** 3, Av. Moulay Abdellah (oberhalb des Hotels Suerte Loca an der Treppe), Tel. 0528 87 66 37. Freundlich, gemütlicher Innenraum, Dachterrasse mit Meerblick. Es gibt Pizza und Fischgerichte (ab 60 DH).

### Busse

- **Tiznit:** mit CTM 2x tägl. (vormittags und am Abend), 30 DH, ca. 1½ Std. Fahrzeit
- **Casablanca:** CTM 1x tägl. vormittags, 265 DH, ca. 10 Std. Fahrzeit
- **Marrakesch:** mit CTM 2x tägl., 165 DH, 6½ Std. bzw. 8 Std. (Nachtbus) Fahrzeit.
- **Agadir:** mit CTM 2x tägl., 70 DH, 4 Std. Fahrzeit
- **Laâyoune:** Nachtbus von CTM, 180 DH, ca. 8 Std. Fahrzeit.

### Sammeltaxis

- Nach **Agadir** kostet das ganze Taxi 300 DH (Sammeltaxi 50 DH), nach **Mirleft** ca. 15 DH (Sammeltaxi).

### Sonstiges

- Es gibt einen **Markt (Marché Municipal),** ein **Postamt,** mehrere **Banken** an der Av. Mohamed V., eine **Tankstelle** und **Internetcafés.** Am Samstag findet ein **Wochenmarkt** auf der Freifläche an der Südseite der Av. Hassan II. statt.
- Einmal jährlich im Sommer findet ein großer **Moussem** (Fest mit Reiterspielen) statt.
- Neben dem Hotel Suerte Loca betreibt *Malika Ayad* einen **Schmuckladen** mit hübschen Perlenketten, Arganienölprodukten und Souvenirs. Wenn der Laden geschlossen hat, im Hotel nach ihr fragen. Direkt nebenan befindet sich der **Sahara Surf Shop,** in dem man auch Mountainbikes leihen kann (80 DH/Tag). Ein weiterer Surfshop mit Ausrüstungsverleih liegt unten am Strand (bei Camping El Barco).

## Weiterfahrt nach Guelmim

Sidi Ifni in Richtung Guelmim und Abeïno verlassen. Die **Teerstraße** führt kurvig durch die mit Feigenkakteen, Dornbüschen und Arganien bewachsene Hügellandschaft im Hinterland. Sie ist auf den ersten 20 km häufig geflickt, dann breit und gut. Kleine Dörfer liegen an der Route.

22 km hinter Sidi Ifni liegt der kleine Ort **Mesti.** Hier kann man Arganienölprodukte direkt bei der **Frauenkooperative Tafyoucht** einkaufen.

49 km hinter Sidi Ifni führt links eine Teerstraße zu den **Thermalquellen von Abeïno** (vgl. Guelmim/Ausflüge) – geradeaus weiter. 3 km weiter ist die Stadteinfahrt von Guelmim mit den repräsentativen Bauten des Institut du Tourisme und des Konferenzzentrums erreicht.

Nach etwa 136 km Fahrt ab Tiznit (54 km ab Sidi Ifni) ist man im Zentrum von Guelmim angekommen.

◁ Blick auf den Strand von Sidi Ifni

# Von Guelmim nach Tarfaya

- **334 km, N1**
- **Gute Asphaltstraße,** die ursprünglich als Versorgungsachse für die marokkanischen Truppen in Richtung Westsahara gebaut wurde. Die Strecke in die Westsahara ist bis zur mauretanischen Grenze bei Guergarat frei befahrbar, bei den Kontrollposten vor und nach den Städten wird man als Tourist meist durchgewunken – hinter Laâyoune muss man die genauen Personendaten abliefern. Gute **Busverbindung** ab Guelmim (s. dort).
- Für Abenteuerlustige ist eine **Weiterfahrt nach Nouâdhibou** in Mauretanien problemlos möglich (Visum notwendig).
- Die Strecke sollte **nicht bei Nacht** befahren werden (viele Lkw mit überhöhter Geschwindigkeit!).
- Die **Küstenlandschaft** bis Tarfaya präsentiert sich als eine flache Steppe, gesprenkelt mit niedrigen Büschen, Sukkulenten und den stacheligen Euphorbia-Polstern. In wenigen Regionen wird Getreide angebaut, auf den restlichen, karg bewachsenen Flächen weiden Schafe und Ziegen. Die Wüstenlandschaft wird durch breite, canyonartige Quertäler verschiedener Oueds unterbrochen. Von diesen führen nur die **Oueds Drâa und Chbeika** gelegentlich Wasser. In den Mündungsgebieten kann man häufig **Flamingos** und andere Wasservögel beobachten, es finden sich auch traumhafte Übernachtungsplätze. Besonders schön sind das Naturschutzgebiet um das **Sebkha Naila** und die Salzsenken *(Sebkhas)* vor Laâyoune.

Viele Dutzende Kilometer führen jedoch durch **flache und langweilige Gegenden,** die Radfahrer angesichts der starken Seitenwinde vom Meer und der Eintönigkeit verzweifeln lassen.

Von Guelmim führt die Straße weitgehend durch flache Landschaft – die Berge sind etwas weiter weg – bis zum Ort **Ras Oumlil** (Tankstelle, Läden, Restaurants) bei **km 56.** Hier beginnen braune,

Schiffswrack in der Nähe von Tarfaya

im Winter vegetationslose Berge, und die Straße schlängelt sich über 16 km bergauf zu einer **Passhöhe** (350 m). In umgekehrter Richtung bieten sich bei klarer Luft fantastische Ausblicke auf die Ebene in Richtung Guelmim.

Bei **km 108** ist das **Oued Drâa** (mit Kontrollposten) nahe an dessen Mündung ins Meer erreicht. Hier beginnt die Provinz Tan-Tan.

Bei **km 127** zweigt eine asphaltierte Straße nach **M'sied** (frei befahrbar) ab.

1 km weiter ist Tan-Tan erreicht.

## Tan-Tan

Die etwa **76.000 Einwohner** zählende Stadt mit großen Kasernen ist **Gouverneurssitz,** hat eine Kasbah, mehrere

mal_004 ad

# Tan-Tan

0 200 m

Moscheen und einen großen Souk. Im Zuge der hohen marokkanischen Investitionen in der Westsahara entstanden auch in Tan-Tan diverse Neubauviertel und Parkanlagen rings um die Stadt. Der Hafen von Tan-Tan wurde mit großem Aufwand zum **Hochseehafen** ausgebaut. Die Küstengewässer sind sehr fischreich – jährlich werden hier mehr als 234.000 Tonnen Fisch eingeholt. Die saubere und gepflegte Stadt dient als Versorgungszentrum für den Süden: Elektrogeräte, Lebensmittel, Hygieneartikel – hier gibt es alles zu kaufen. Ein großes Geschäftsviertel (Suq Hebodmaire) liegt links von der Durchgangsstraße.

## Geschichte

Schon der berühmte Historiker *Ibn Khaldoun* berichtet von den Anfängen der Islamisierung und den **Auseinandersetzungen zwischen Berbern und Arabern** in der Region. Das Gebiet, ursprünglich von Sanhaja- und Zenata-Berbern besiedelt, wurde nach und nach von den arabischstämmigen Beni Hassan dominiert. Diese breiteten sich südwärts bis in die Westsahara aus. Das Hassania, ein arabischer Dialekt, wird auch in der Westsahara von den Saharaouis gesprochen, von denen viele der Ethnie der Beni Hassan angehören.

Im 14. Jahrhundert, als die **Spanier** die Kanarischen Inseln besetzten, fassten sie auch an der Küste südlich von Tan-Tan (an der Khnefiss-Mündung) Fuß und errichteten dort ein Handelsfort, das auch als Sklavenzwischenlager diente. Immer wieder gab es Kämpfe mit den Bewohnern des Hinterlandes, vor allem die Assa-Marabouts vereinten sich, die 1524 die Spanier vertreiben konnten. Später drangen die **Portugiesen** an der Drâa-Mündung ins Hinterland ein und lieferten sich Kämpfe mit der Bevölkerung. Bald beherrschten die Portugiesen die ganze Atlantikküste mit ihren Forts.

Mit der Ausweitung der Handelsniederlassungen und der Dominanz der europäischen Mächte in Marokko gelangte der schottische Händler *McKenzie* in die Region und errichtete in Tarfaya das **Casa Mar,** eine Burg im Meer, die als Handelslager diente. Zucker, Munition, Waffen und Gold wurden über dieses Zwischenlager transportiert, bis Sultan *Hassan I.* dem Treiben ein Ende setzte.

Ende des 19. Jahrhunderts eroberten die Spanier abermals das Gebiet südlich des Drâa und kolonisierten es bis hinunter nach Mauretanien. Die **spanische Kolonie Río de Oro** wurde geschaffen. Im Jahr 1953 überließen die Spanier das Gebiet nördlich von Tah-Daora den Marokkanern.

Die **„Befreiung" der Westsahara,** der **Grüne Marsch,** als 350.000 unbewaffnete Zivilisten zu Fuß in die gerade von den Spaniern verlassene Westsahara einmarschierten, startete am 6. November 1975 in Tan-Tan.

## Praktische Informationen

### Information

■ **www.portailsudmaroc.com,** Informationen zur Region Guelmim, zu Tata, Es-Smara und Tan-Tan auf Französisch.

### Unterkunft

■ **Afra**②, Av. Bir Anzarane, Tel. 0528 76 50 16, www.hotelafra.ma. 30 ordentliche, saubere Zimmer mit Bad. Restaurant, WLAN.

- **Bir Anzarane**, 154, Av. Hassan II., an der Straße nach El-Ouatia, Tel. 0528 87 78 34. Mit einem Stern klassifiziertes, empfehlenswertes und sauberes Hotel mit 32 Zimmern.
- **El Madina,** 68, Av. Hassan II., Tel. 0528 76 09 28. Einfaches Hotel mit 16 Zimmern.
- **Sables d'Or**①-②, 125, Av. Hassan II., Tel. 0528 87 80 69. Kleines Hotel mit schönen Zimmern mit Bad und TV.
- **Hagounia, Villa Ocean** und **Auberge Les 2 Chameaux,** vgl. El Ouatia (Tan-Tan Plage).
- Sehr einfache günstige Hotels findet man am Busbahnhof (Place de La Marche Verte), z.B. **Tafoukt** (sauber, heiße Dusche, etwas hellhörig, sehr freundlich) und **Dakar.**

### Campingplatz

- **Ksar Tafnidilt,** nördlich von Tan-Tan bei einem alten Fort (5 km Piste ab dem Abzweig bei km 106, s. vorherige Beschreibung), Mobil 0663 23 31 15, www.tafnidilt.net, **N 28°32,755', W 10°59,569'.** Großer Campingplatz, Herberge und empfehlenswerter Traveller-Treffpunkt, vor allem für Offroader. Es gibt Nomadenzelte, Zimmer mit/ohne Bad (③ inkl. HP), ein Restaurant und einen Pool. Menü 180 DH, Camping ca. 45 DH p.P. mit Fahrzeug.

### Busse

- **CTM-Büro,** Av. de la Plage, Tel. 0528 76 58 86.
- **Supratours-Büro,** Av. Hassan II., Tel. 0528 87 77 95.
- Der zentrale **Busbahnhof** *(gare routière)* liegt an der Av. Mohamed V./Rue Ain Rahma. Auch diverse Privatbusse verkehren hier.

**Verbindungen und Preise**

- **Laâyoune:** frühmorgens, nachmittags und spätabends (Nachtbus) mit CTM, 130 DH, Fahrzeit ca. 6 Std.
- **Agadir:** mehrmals tägl. mit CTM, 130 DH, ca. 5½ Std. Fahrzeit.
- **Marrakesch:** 3x tägl. mit CTM, 215 DH, 9–10 Std. Fahrzeit.
- **Supratours-Busse** verkehren mehrmals tägl. nach **Laâyoune** (130 DH) und **Agadir** (120 DH) und 2x tägl. (spätabends/nachts) nach **Marrakesch** (190 DH).
- **Private Busse** fahren nach **Assa** und **Fam el-Hism** oder nach **Bou Izakarne** und **Tiznit.**

### Sammeltaxis/Taxis

- **Petit und Grand Taxis** warten am Hauptplatz Moulay Rachid.
- **Sammeltaxis** nach Guelmim ca. 45 DH, nach Laâyoune ca. 95 DH, nach Tiznit ca. 85 DH.

### Sonstiges

- Das Krankenhaus **Hôpital Hassan II.** liegt an der Av. de la Plage (Straße Richtung Laâyoune, Tel. 0528 87 71 74).
- Diverse **Banken mit Geldautomat** entlang der Av. Hassan II.
- Viele günstige **Restaurants** findet man an der Av. Hassan II. und rund um den Place de La Marche Verte beim Busbahnhof.
- **Feste: Moussem Tan-Tan** (Touristen- und Folklorefestival, www.moussemdetantan.org) jedes Jahr im Sommer.

## Weiterfahrt nach Tarfaya

**Ab Tan-Tan** führt die gute Teerstraße nach El Ouatia. Die Strecke Ouatia (Tan-Tan Plage) – Tarfaya wurde zur Besetzung der Westsahara 1975 in Windeseile ausgebaut.

Wenige Kilometer hinter Tan-Tan zweigt links eine Straße zum Flughafen und 1 km weiter nach Es-Semara (Smara) in der Westsahara ab.

20 km hinter Tan-Tan (km 150) führt bei einer Tankstelle die Straße geradeaus nach El Ouatia und links weiter nach Tarfaya und Laâyoune. Der aufstrebende

Ort **El Ouatia** (ehemals **Tan-Tan Plage**) mit vielen Neubauten liegt 2 km abseits der Hauptstraße (an obiger Kreuzung geradeaus). Er dient als Sommerfrische für die Bewohner von Tan-Tan. Der **Fischereihafen** wurde enorm vergrößert, sodass hier inzwischen nach Laâyoune landesweit die größten Fischmengen pro Jahr eingeholt werden (vgl. Tan-Tan). Seit 1998 ist der Ort Sitz des Nationalen Meeresforschungsinstituts. Im Juli findet in El Ouatia ein Folklore-Festival statt. Zum Essen kann man in Fischrestaurants einkehren.

Bei der von einer Französin geführten **Auberge Les 2 Chameaux** (an der N1, Tel. 06 18 49 06 81) kann man campen und in Zimmern oder im Nomadenzelt übernachten. Es gibt Stellplätze mit Strom, eine Gemeinschaftsküche, Internet, einen Fernsehsalon und ein Restaurant (70 DH/Pers. im Nomadenzelt, Camping 70 DH für 2 Pers. mit Fahrzeug, Strom 15 DH, DZ②). Eine Campingmöglichkeit nur 200 m vom Strand entfernt besteht auch in der **Résidence Sable d'Or** mit Restaurant und Bungalows (Av. Hassan II., Tel. 0528 87 90 80, DZ②, saubere, gute sanitäre Anlagen, Camping ca. 50 DH/Fahrzeug). Saubere Zimmer mit Bad und TV bietet das typisch marokkanische 2-Sterne-Hotel **Hagounia**② (Av. El Wahda, Tel. 0528 87 90 20, hotel-hagounia@menara.ma).

**Hinter El Ouatia,** in Richtung Tarfaya, führt die Straße die ersten 15 km nahe am Kiesstrand entlang. Dann folgt Steilküste, an der sich meterhohe Wellen brechen. Eine flache Wüstenlandschaft breitet sich ins Landesinnere aus. Viele Fischer stehen mit meterlangen Angelruten am Steilabbruch. Bei ihnen kann man günstig frischen Fisch einkaufen.

Eine Kormoran-Kolonie hat sich bei km 174 unter den Küstenfelsen eingenistet. 6 km weiter (km 180) mündet das **Oued Chbika** ins Meer. Am Dünenstrand ist ein touristisches Großprojekt mit Golfplatz, Club Med und etlichen Luxushotels im Bau (www.chbika.ma). Auf dem Plateau oberhalb der Flussmündung finden Wohnmobilisten einen schönen Stellplatz.

Die Mündung des **Oued Ma Fatma** ist bei km 209 erreicht. Hier sieht man ebenso häufig Flamingos, wie auch an der Mündung des **Oued El Ouaar** (km 218, Brücke). Eine schöne Sandbucht wird von schwarzen, ausgewaschenen Felsterrassen mit Höhlen und Muschelbänken begrenzt.

Kurz darauf trifft man auf drei Tankstellen links der Straße. Ab hier kann man wesentlich **preiswerter** (zoll- und steuerfrei) **tanken** als im Norden. Das gesamte Gebiet der Westsahara ist zoll- und steuerfrei!

Bei km 238 trifft man auf die **Station de la Marine.** Nebenan findet man ein großes **Loch mit Meereseinbruch** rechts der Straße.

1 km weiter (Gesamt-km 239) ist der Ort **Sidi Akhfennir** erreicht. Einfache Häuser, eine Tankstelle und viele einfache Restaurants (mit Grillfisch) säumen die Straße. Eine empfehlenswerte Unterkunft ist **La Courbine d'Argent**③ (Mobil 0671 42 23 77, www.lacourbinedargent.com) in einem ummauerten Areal direkt am Meer hinter dem Ort: 10 saubere Zimmer mit Bad (Preis inkl. Frühstück), Restaurant, Organisation von Angelausflügen möglich.

Die Steilküste endet und geht in einen schönen, **kilometerlangen Sandstrand** über.

Bei **km 261** steht rechts ein gemauerter Wegweiser, der auf eine abzweigende Teerstraße (ca. 2 km) zum **Parc National de Khnifiss (Sebkha Naila)** hinweist. Die Straße endet an einem Parkplatz mit Militärposten und Fischerhäuschen. Hier können Wohnmobilisten gegen Gebühr übernachten. Fischer bieten Bootsausflüge an, und man kann bei ihnen direkt den Fang des Tages einkaufen. Eine breite Treppe führt vom Parkplatz runter zum Meer und zum Sebkha (leider mit angeschwemmtem Müll). Auch wenn man die Hauptstraße nach Laâyoune 3 km weiterfährt, hat man Ausblick nach rechts unten auf das schöne Naturschutzgebiet um den Salzsee, an einer großen, tiefblauen, von gelben Sanddünen und Schilf gesäumten Lagune. Hier tummeln sich viele Flamingos und andere Vögel.

Die Straße führt nun ca. 1 km vom Meer entfernt weiter gen Süden.

Das große **Sebkha Debira** bzw. **Tamzra** (km 278) breitet sich rechter Hand der Straße aus. An der Küste liegt das **Marabout des Sidi Lemsid** *(Sidi El Msid)*. Das Sebkha ist von einer Kette gelber Sanddünen eingerahmt und erstreckt sich von Westen nach Osten auf einer Länge von 25 km. An seiner Mündungslagune stehen die Reste eines viereckigen kleinen Forts, das seinerzeit die Einfahrt zum „Puerto Cansado" beschützte. Das ganze Küstenplateau ist übersät mit Muschelschalen, darunter fand man früher auch allerhand prähistorische Artefakte wie Pfeilspitzen, kleine Steinbeile, auch eine Menge Straußeneierschalen, manche mit Ornamentik versehen, sowie kleine Ringe aus diesem Material, welche einst die Frauen als Halskettenschmuck getragen haben mögen. Auch Skelettstücke von Walfischen wurden an dieser Küste gefunden. Ein Abstecher lohnt sich sowohl landschaftlich als auch auch wegen des traditionellen Salzabbaus.

Bei km 310 führt die Straße wieder am Meer entlang, darunter liegt die Steilküste mit Sandstrand.

Etwa ab km 326 bis Tarfaya sind immer wieder **gestrandete Schiffe** an der Küste zu sehen – die Ursache für die vielen Havarien ist uns leider nicht bekannt.

Etwa 4 km vor Tarfaya liegt der **Camping Villa Bens** (www.campingvillabens.com, N 27°57.135', W 12°52.101'): ein großer, ummauerter Platz mit guten Sanitäranlagen, Schattenpavillon, kleinem Shop und Restaurant, ca. 300 m vom Strand entfernt (70 DH für 2 Pers. mit Auto).

3 km vor Tarfaya führt ein Abzweig links nach Laâyoune (ca. 100 km), rechts geht es nach Tarfaya.

# Tarfaya

Viele Kasernen deuten auf die Wichtigkeit als militärischer Stützpunkt hin. Bereits unter den Franzosen war Tarfaya, damals wegen des vorgelagerten Kaps **Cap Juby** genannt, ein wichtiger Posten. Es gab einen Leuchtturm, der die Schiffe vor den Klippen der Steilküste warnt, und die Postfliegerstation des französischen Militärs, von der aus Briefe in die westafrikanischen Kolonien geflogen wurden. Der berühmte Schriftsteller **Antoine de Saint-Exupéry** war hier 1927–1929 als Postkurierflieger statio-

Übersichtskarte S. 100

niert. Hier holte er sich die Inspiration für einige seiner wichtigsten Bücher wie „Wind, Sand und Sterne", „Der kleine Prinz" oder „Stadt in der Wüste". Nach den schönen Beschreibungen des bekannten Schriftstellers erwartet man sich hier mehr als diesen kleinen Ort am Ende der Welt. Man kann jedoch noch die Kolonialfassade der französische Kaserne, in der jetzt marokkanisches Militär untergebracht ist, bewundern. Ein kleines Denkmal soll an den berühmten Flieger erinnern: ein aus Rohren zusammengeschweißtes Metallflugzeug am Strand, gegenüber der Kaserne. Von hier genießt man auch einen sehr schönen Ausblick auf den weiten Sandstrand und das **Casa Mar** (s. Tan-Tan/Geschichte), das der Schotte *McKenzie* mitten im Wasser errichten ließ.

Das Trinkwasser in Tarfaya ist leicht salzhaltig und von schlechter Qualität. Im Ort gibt es viele Geschäfte und einige Restaurants zur Einkehr. Einfache Unterkunft findet man bei privaten Zimmervermietern. Empfehlenswert ist das **Hotel Casa Mar**③ (Tel. 0528 89 53 26, WLAN) mit voll eingerichteten, sauberen Apartments mit Küche und Meerblick. Die Leute sind sehr freundlich, das gute Restaurant serviert Fisch und Meeresfrüchte (Menü ca. 120 DH).

An der Straße nach Laâyoune liegt der ausgebaute **Fischerhafen.** 2014 wurde außerdem an einem neuen **Fährhafen** (geplanter Fährverkehr zu den Kanarischen Inseln) und einer **Hotelzone** am Strand gebaut. Die unberührten Sanddünenstrände weiter südlich in der Westsahara sind vor allem für **Surfer** interessant.

Einsame Strände und grandiose Buchten laden zu Strandspaziergängen ein

090m015 ed

036m015 ad

3

# Marrakesch

Quirlige Märkte, prachtvolle Paläste, Gaukler und Geschichtenerzähler, schicke Gästehäuser, Bars und Restaurants – wohl in kaum einer anderen Stadt kann man die Gegensätze zwischen orientalischer Tradition und modernem Lebensstil so hautnah erleben wie in Marrakesch. Nicht weit von den

schneebedeckten Gipfeln des Hohen Atlas lockt die „Rote Stadt" Individualisten, Kulturinteressierte und sportlich Ambitionierte gleichermaßen an.

Eine Welt für sich – die Souks der Stadt

# ÜBERBLICK

Marrakesch, das Zentrum Südmarokkos, liegt in etwa 465 m Höhe auf der fruchtbaren Haouz-Ebene nördlich des Hohen Atlas, dessen 4000 m hohe Gipfel nur 50 km südlich der Stadt aufragen. Auf den Anbauflächen der Region Haouz, die jahrhundertelang mit Khettaras (unterirdischen Kanälen) bewässert wurden, wachsen vor allem Olivenbäume und Getreide. Die Gebirgskette des Hohen Atlas prägt das Klima der Region, und auch bei Temperaturen von über 35°C im Sommer weht in den Abendstunden noch ein kühler Wind von den Bergen her. Die hohen Lagen des Gebirges bedeckt von Ende Dezember bis Ende März meist eine dicke Schneeschicht – der Hohe Atlas bildet in dieser Zeit bei klarem Wetter eine traumhafte Kulisse am Horizont von Marrakesch. Der Atlantik (z.B. die Surferstadt Essaouira) ist knapp 200 km entfernt und daher auch auf einem Tagestrip zu erreichen.

Der Name der Metropole leitet sich vom Wort Mraksch (= „die Stadt“) ab, die Stadt selbst wiederum war namensgebend für das Land Marokko. Im Stadtgebiet von Marrakesch leben heute über 1 Million Einwohner, die sich stolz Marrakchis nennen. Die Marrakchis gelten unter Marokkanern als fröhliche sowie gastfreundliche und warmherzige Leute. Traditionell sind sie als begnadete Geschichtenerzähler bekannt, das Zentrum der mündlichen Überlieferung alter und neuer Geschichten bildet dabei natürlich der zentrale Stadtplatz Djamâa el-Fna.

026m015 ad

Nähert man sich Marrakesch vom Flughafen, also aus dem Südwesten, so präsentiert sich die Stadt als ein blühender Park: mit Palmenalleen, Rosen, Oleander, Bougainvilleen und plätschernden Springbrunnen. An den blitzsauberen Einfahrtsstraßen schießen Neubauviertel mit noblen Eigentumswohnungen aus der Wüstenerde. Vorbei an den Menara-Gärten gelangt man in die **Hivernage** westlich der Altstadt. Hier reiht sich ein Luxushotel mit exotischem Garten und Poollandschaft an das nächste.

Weiter nördlich schließt **Guéliz** an, die unter den Franzosen errichtete Neustadt und heute bevorzugtes Wohngebiet der Mittelschicht mit mehrgeschossigen Mietshäusern. Im Nordwesten fällt der einzige Hügel der Stadt auf, der **Djabal Guéliz** mit einer Militärbasis. Entlang der **Hauptverkehrsader Av. Mohamed V.** gibt es Banken, Straßencafés, Restaurants, Boutiquen, Autovermietungen, Reisebüros und Immobilienagenturen. Natürlich fehlt auch McDonald's nicht – dort hängt das obligatorische Porträt des Königs Mohamed VI. neben der Statue von *Ronald McDonald.* In der Neustadt überwiegt das moderne Leben bezüglich Baustil und Geschäften: Die Männer tragen meist Jeans oder dunkle Hose und Hemd, die Frauen schlendern mit offenem Haar und Jeans, Kostüm oder Hosenanzug im westlichen Stil oder züchtig bedeckt mit Kopftuch oder Djellabah über modernem Outfit durch die Straßen. Zunehmend sieht man jedoch auch schwarz verhüllte Damen im Niqab, dem Ganzkörperschleier aus den Emiraten und Saudi-Arabien, durch die Gassen und Einkaufsstraßen flanieren. Der Einfluss Saudi-Arabiens als Investor und Stifter von großen Moscheen wirkt sich in manchen Kreisen auch auf die religiösen Sitten aus.

Am südöstlichen Ende der Av. Mohamed V. markiert die **Stadtmauer** den Eingang in die **Medina,** die Altstadt. Die ockerrot gestrichenen Hauswände und Stadtmauern verhalfen Marrakesch zu seinem Beinamen „Al Hamra" oder „La Rouge" – die „Rote Stadt". Die **Kutubiya-Moschee** thront als Wahrzeichen von Marrakesch über der Medina. Schon von Weitem sichtbar, dient ihr mächtiges Minarett als Orientierungsmarke, um zum Djamâa el-Fna hin bzw. wieder aus der Medina herauszufinden.

☐ Der Hohe Atlas – Kulisse der Stadt

**NICHT VERPASSEN!**

- **Djamâa el-Fna:** Akrobaten, Schlangenbeschwörer, Geschichtenerzähler – der „Platz der Geköpften", ein Spektakel für Einheimische und Touristen | 194, 196
- **Souks:** in den verwinkelten Gassen der Altstadt gibt es alles zu kaufen – Gewürze, Lampen, Lederwaren, Pantoffeln, Fisch und Gemüse | 201
- **Medersa Ben Youssef:** die ehem. Hochschule für islamische Theologie ist ein Meisterwerk maurischer Architektur | 208
- **Saadier-Gräber:** Stuckornamente und Mosaiken in Vollendung | 217
- **Im Hammam:** die hohe Kunst der Entspannung | 244

**Diese Tipps sind gelb hinterlegt.**

Der nahe gelegene **„Platz der Geköpften" Djamâa el-Fna** ist zweifellos die größte Attraktion in Marrakesch. Am Nachmittag kann man hier Schlangenbeschwörer, Artisten und Gnawa-Musiker beobachten. Der Djamâa el-Fna trennt die Medina in einen nördlichen Teil mit den ausgedehnten Souks (Märkten) und einen südlichen Abschnitt mit Sehenswürdigkeiten wie dem El-Bahia- und El-Badi-Palast sowie dem Kasbah-Viertel.

Hinter den fensterlosen Mauern der Altstadt verbergen sich prachtvolle Hofhäuser, sogenannte **Riads** oder **Dars,** mit Mosaiken, Springbrunnen, Stuckornamenten und Zedernholzschnitzereien – einst Residenzen von Wesiren oder Sultanen. Jahrzehntelang drohte diesen z.T. einige hundert Jahre alten Häusern der Verfall. Nach der Unabhängigkeit und dem Abzug der Franzosen aus der Neustadt drängten arme Familien vom Land in die Medina, oft teilten sich mehrere Großfamilien die Geschosse der Häuser. Die bisherigen Bewohner der Altstadt, Angehörige der oberen Mittelschicht, zogen in die modernen Häuser der Neustadt um. Die Medina marginalisierte, war übervölkert, dreckig, ohne Strom und fließend Wasser. Das alte Kunsthandwerk in den Häusern konnte nicht instand gehalten werden. Angestoßen durch Berichte über die Medina in den europäischen Medien entwickelte sich ab den 1990er Jahren schließlich ein internationaler Immobilienmarkt für Wohnhäuser in der Altstadt.

Heute besitzen nicht mehr nur noch Reiche und Künstler einen Riad, auch Rentner und Orientliebhaber aus aller Welt gestalten sich in Marrakesch ihren eigenen kleinen Palast als privates Wohnhaus oder Maison d'Hôtes. Die **Immobilienpreise** steigen jährlich rasant, sodass eine Investition in Marrakesch schon als bombensicheres Geschäft gilt (zumindest vor der globalen Wirtschaftskrise). Inzwischen hat sich die internationale Prominenz von *Mick Jagger* bis *Kate Moss* in Marrakesch eingekauft. Entsprechend präsentiert sich die Altstadt heute: ordentlich gepflasterte Gassen mit funktionierender Stromversorgung und Kanalisation, an jeder Ecke Läden mit Waren für den touristischen Bedarf.

Nördlich der Medina und jenseits der Stadtmauern breitet sich der einzige Dattelpalmenhain nördlich des Hohen Atlas aus: die **Palmeraie.** Hier leben die Reichen der Stadt in großzügigen Villen, hier befindet sich ein Golfplatz und entstehen ständig neue Oberklassehotels.

Außerhalb des Zentrums liegen auch die großen **Gärten** der Stadt, die unter den Almohaden nach andalusischem Vorbild entstanden: die **Jardins Menara und Agdal,** beides alte Obst- und Olivengärten, in denen sich die Bevölkerung zum Picknick und zur Erholung trifft. Aber auch die großen Einkaufszentren von Marjane bis Carrefour und zahlreiche Edelhotels und Restaurants, Vergnügungs- und Fantasia-Gelände sowie Poollandschaften mit Clubcharakter haben sich in der Peripherie niedergelassen. Die Expansion scheint kein Ende zu finden, leider zu Lasten der großen Palmenhaine im Norden.

> Der Souk ist auch für Einheimische nach wie vor der Einkaufsort Nr. 1

# Geschichte

Im Gegensatz zu den Zentren des Nordens wie etwa Fès ist Marrakesch keine arabische Stadt, sondern berberischen Ursprungs. Nomaden des Sanhaja-Berberstamms (Almoraviden genannt) brachen Mitte des 11. Jahrhunderts Richtung Norden auf, um ihr Einflussgebiet zu erweitern. Wahrscheinlich im Jahr 1062 errichtete der Anführer der **Almoraviden, Abu Bakr,** ein Militärlager nördlich des Hohen Atlas, wo vorher nur gelegentlich Karawanen Halt gemacht hatten.

Sein Vetter **Yussuf Ibn Tashfin** (Regierungszeit 1061–1107) ließ die erste Moschee, einen Markt und unterirdische Bewässerungskanäle (*foggaras* bzw. *khettaras* genannt) erbauen. Die Siedlung wurde strategischer Stützpunkt zur Eroberung des Nordens und dann zur prosperierenden **Hauptstadt eines Almoraviden-Reiches,** das sich bis nach Andalusien erstreckte.

Der Sultan **Ali Ibn Yussuf** (1107–1143), Sohn *Ibn Tashfins,* baute Marrakesch aus und ließ die mächtige, neun Kilometer lange Stadtmauer errichten, die die Medina noch heute teilweise umgibt. Marrakesch erstrahlte in höfischem Glanz, diente als spirituelles und ökonomisches Zentrum mit neuen Moscheen, Koranschulen und Krankenhäusern.

Der vermeintliche Sittenverfall und die weniger strenge Befolgung der islamischen Lebensregeln unter *Ali Ibn Yussuf* führten dazu, dass sich islamische Erneuerer um **Ibn Tumart** gruppierten. Nachdem dieser 1121 aus der Stadt vertrieben worden war, zog er sich in die Festung Tin Mal südlich von Marrakesch im Hohen Atlas zurück. Dort predigte er den Islam und nannte sich „Mahdi", „Der von Gott Gesandte". Seine Anhänger bezeichneten sich als „El Muwahidun". Daraus entstand der Begriff **Almohaden** für die neue Herrscherdynastie, die unter **Abd el Moumen** (1130–1163) im Jahr 1147 Marra-

027m015 ad

kesch eroberte. Alle Bauwerke der Stadt bis auf die Stadtmauer wurden zerstört, die Almoravidenherrscher ermordet. Wenig später bauten die Almohaden die Stadt mit monumentalen Palästen, Moscheen und Stadttoren wieder auf. Sie errichteten die **Kutubiya-Moschee** und legten erstmals riesige **Gärten** mit Wasserreservoirs an (z.B. Agdal und Menara). Unter den nachfolgenden Herrschern *Abu Yaqub Yussuf* (1163–1184) und **Abu Yussuf Yaqub Al Mansour** (1184–1199) erblühte Marrakesch als Kulturstadt und erfreute sich starker Zuwanderung. *Al Mansour* („der Siegreiche") stellte die Kutubiya-Moschee fertig, ließ neue Souks sowie eine Kasbah mit zwölf Palästen errichten. Die mauri-

034m015 ad

sche Architektur und Kunst erlebten ihren schöpferischen Höhepunkt. Nach dem Tod *Al Mansours* leiteten Zwistigkeiten um die Thronfolge und Aufstände umliegender Berbervölker den Niedergang der Almohaden ein.

Unter der Dynastie der **Meriniden** ab dem Jahr 1269 erholte sich Marrakesch nicht. Fès wurde neue Hauptstadt, die „Rote Stadt“ fristete ein Schattendasein. Erst unter den **Saadiern** ab der Mitte des 16. Jahrhunderts erwachte die Hauptstadt des Südens wieder zum Leben. Der Sultan **Muhammad ech-Cheikh** (1554–1557), der 1554 Fès eroberte und die Meriniden-Elite ermorden ließ, entschied sich für Marrakesch als Hauptstadt des neuen Reiches. Die Saadier verhalfen Marrakesch zu einem neuen Wirtschaftsaufschwung und errichteten einige der prachtvollsten historischen Bauten, so z.B. den El-Badi-Palast, die Bab-Doukkala-Moschee und die Saadier-Gräber. Unter **Moulay Ahmed al-Mansour** (1578–1603) blühte der transsaharische **Karawanenhandel,** der das Reich bis an den Niger und in den Sudan erweiterte. Zu Anfang des 17. Jahrhunderts traten die **Alaouiten** die Nachfolge der Saadier an. Der prunksüchtige König **Moulay Ismaïl** (1672–1727) betrieb Raubbau an den Palästen der Saadier, ließ die Saadier-Gräber zumauern und andere Prachtbauten in der Kasbah vernichten, zerstörte den El-Badi-Palast und transportierte den Marmor von dort nach Meknès ab, um dort seine neue *Ville impériale* (Königsstadt) zu errichten.

Ende des 19. Jahrhunderts verloren die Alaouidenherrscher immer mehr an Einfluss, örtliche Paschas und mächtige Berberfürsten gewannen an Macht. Der Pascha **Madani al-Glaoui** unterstützte **Moulay Hafidh,** den Bruder des amtierenden Sultans, im Kampf um den Thron und wurde, als dieser die Sultans-

In den Abendstunden herrscht dichtes Gedränge im Souk von Marrakesch

würde erlangte, mit zahlreichen Machtbefugnissen ausgestattet.

Am 30. März 1912 unterzeichnete *Moulay Hafidh* die **Konvention von Fès,** mit der fast ganz Marokko (der nördlichste Teil unterstand spanischer Kontrolle) unter französisches Protektorat gestellt wurde. Die französische Armee verbündete sich mit **Thami al-Glaoui,** Angehöriger des Berberstammes der Glaoua und jüngerer Bruder *Madani al-Glaouis,* und vertrieb nur wenige Monate nach dem Einmarsch des Berberrebellen *El Hiba* im August 1912 diesen aus der Stadt. *Thami al-Glaoui* wurde zum neuen Pascha ausgerufen und kooperierte mit den Franzosen. Er verschaffte sich durch diese Verbindung zahlreiche Vorteile und wurde bald einer der einflussreichsten Männer Marokkos.

Als **Mohamed V.** 1956 den Thron eines unabhängigen Königreichs bestieg, war es aus mit der Herrlichkeit *al-Glaouis.* Drei Jahre später starb der einst so mächtige Pascha, sein Vermögen wurde vom Staat beschlagnahmt. Prächtige Stadtpalais in der Medina von Marrakesch und große Kasbahs im Süden Marokkos zeugen noch heute von seiner früheren Macht.

## Sehenswertes

In der **Altstadt** findet man nicht nur die wichtigsten sehenswerten Monumente wie etwa die Kutubiya-Moschee, die Medersa Ben Youssef und die Saadier-Gräber, sondern erlebt bei einem Bummel durch die Souks, die Mellah und das Kasbah-Viertel auch **orientalisches Alltagsleben.** Die gesamte Medina erschließt man am besten zu Fuß, große Teile sind ohnehin für den Autoverkehr gesperrt. Die wichtigsten Orientierungsmarken, die sich als Ausgangspunkt für eine Stadttour anbieten, sind die Kutubiya-Moschee und der Djamâa el-Fna.

### Djamâa el-Fna

Der **„Platz der Geköpften"** bietet zweifellos das größte Schauspiel, ist die bedeutendste Attraktion und das **historische Zentrum der Stadt.** Hier wurden einstmals Verbrecher und Rebellen hingerichtet und ihre Köpfe so lange ausgestellt, bis nur noch die kahlen Schädel übrig blieben. Heute wird der gepflasterte Platz nachmittags von den Darbietungen der Akrobaten, Tänzer, Schlangenbeschwörer, Märchenerzähler und Musikanten beherrscht.

Durch das **Gewirr von Menschen** auf dem Djamâa el-Fna tönt das Glockengeläut der Wasserverkäufer, das Hauptfotomotiv für Touristen. Frauen sitzen auf niedrigen Hockern und bieten Hennatattoos für Füße und Hände an (Vorsicht: Schwarzes Henna mit chemischen Zusätzen kann allergische Reaktionen auslösen!). Männer aus dem Süden verkaufen Wundermittelchen vom Strauß und andere Essenzen. Auch wenn man schnell annimmt, es würde sich bei dem Spektakel am Platz um eine Touristenshow handeln – das Gegenteil ist der Fall! Touristen sind zwar eine willkommene Einkommensquelle, aber vor allem abends ist das Areal voller Einheimischer, die den Märchenerzählern und Musikern lauschen, an Geschicklichkeitsspielchen teilnehmen oder die Dienste der Wunderheiler in Anspruch nehmen. Für viele Analphabeten oder die Wenigen, die keinen Fernseher besitzen, ist die *Halka* (= der Gesprächs- oder Erzählkreis) das einzige Amüsement im tristen Alltag.

Seit Jahrhunderten ist der Djamâa el-Fna ein **Platz der Begegnung, des Handels und des Austauschs.** Wegen seiner Einzigartigkeit wurde er 2001 von der UNESCO in die Liste der „Meisterwerke des mündlichen und immateriellen Erbes der Menschheit" aufgenommen.

Auch kulinarisch hat der Platz einiges zu bieten. An **Saftständen** gibt es köstlichen frisch gepressten Orangensaft (4 DH pro Glas). Andere Buden bieten diverse Dattelsorten, Nüsse und getrocknete Früchte an. Und zur Dämmerung weichen die Märchenerzähler, Schlangenbeschwörer und Akrobaten: Fahrbare, nummerierte **Garbuden** – inzwischen mit Strom und Anschluss an die Kanalisation – mit großen Kesseln, Tischen und Bänken öffnen ihre Küche. Bald duftet es nach Kebab, Suppe und Zuckergebäck. Ganze gedünstete oder gebratene Hammel- und Ziegenköpfe, kleine gekochte Schnecken mit gestreiftem Schneckenhaus, gegrillter Fisch, Kefta, die roten Merguez-Würstchen und allerlei Salate werden angeboten. Wer sich nicht scheut, einheimische Speisen zu probieren, kommt hier voll auf seine Kosten! Preiswert und erstaunlich hygienisch (die Gesundheitsbehörde kontrolliert regelmäßig) kommen die Speisen hier täglich frisch auf den Tisch. Der Preis für ein Gericht sollte vorher ausgehandelt werden bzw. auf der Speisekarte angegeben sein. Leider haben sich die Portionen in den letzten Jahren zusehends verkleinert, sodass der Preis auf der Speisekarte manchmal nur auf den ersten Blick günstig erscheint.

**Ob tagsüber oder abends:** All die optischen und akustischen Eindrücke am Djamâa el-Fna auf sich wirken zu lassen, ist ein einzigartiges und unvergessliches Erlebnis! Das ganze Schauspiel lässt sich am angenehmsten von einer Dachterrasse der vielen Cafés rund um den Platz aus beobachten. Man muss zur Benutzung dieser Aussichtsterrassen allerdings ein Getränk konsumieren oder einen kleinen Obolus bezahlen.

Achtung: Ein **Foto** auf dem Djamâa el-Fna ist nirgends umsonst zu haben – mit dem **Trinkgeld** für ihre Darbietungen verdienen die Künstler schließlich ihr tägliches Brot. Inzwischen werden zum Teil recht unverschämte Preise verlangt, man sollte jedoch nicht mehr als 10 DH (angemessen sind max. 5 DH) für ein Bild bezahlen! Heimliche Schnappschüsse aus dem Handgelenk können aggressive Reaktionen und unangemessen hohe Forderungen der Schausteller provozieren und sollten daher gar nicht erst versucht werden.

## Kutubiya-Moschee

Das monumentale Minarett der Kutubiya-Moschee, das **Wahrzeichen der Stadt,** überragt die Dächer der Medina und dient als Orientierungspunkt aus allen Richtungen, um zum Djamâa el-Fna zu finden.

Die Moschee wurde 1158 bis 1162 anstelle einer ersten Moschee erbaut, die nach der Fertigstellung der Kutubiya abgerissen wurde. Die Pfeilerstümpfe auf der Nordseite neben der Moschee und einige Mauerreste unter (zerschlagenen) Glasdächern zeugen von dem alten Bau.

# Im Meer der Sinnlichkeit – der Djamâa el-Fna in Marrakesch

von *Christoph Leisten*

Unter den berühmten Plätzen dieser Welt gibt es vermutlich nur wenige, deren äußeres **Erscheinungsbild** so **unspektakulär** ist wie das des Djamâa el-Fna in Marrakesch. Es ist kaum die Architektur, die seinen Reiz ausmacht, sondern vielmehr das unvergleichliche Leben, das auf ihm stattfindet – und vielleicht das Geheimnis, das er in sich birgt. Ganze Generationen von Künstlern und Schriftstellern hat dieser Platz in den Bann gezogen; für manche von ihnen war die pure Begegnung mit dem bunten Treiben ein Anlass, für immer in Marrakesch zu bleiben. Und vielleicht braucht es ja wirklich eine ganze Lebensspanne, um die sinnliche Vielfalt, den Farbenreichtum und die Komplexität dieses Platzes wenigstens im Ansatz zu begreifen.

Wer zum ersten Mal herkommt, dem präsentiert sich der Djamâa el-Fna als ein **unvergleichliches Gewirr** von Erzählern, Gauklern, Gnaoua-Musikern, Artisten, Naturheilern, Händlern und Garköchen, die hier Tag für Tag ihr Werk verrichten und die vom späten Nachmittag an unzählige Besucher anziehen, sodass sich der Platz bis zum Abend mit Tausenden von Menschen füllt. In Kreisen – *halqas* – von fast geometrischer Struktur sammeln sich die Zuschauer, um den Darbietungen beizuwohnen. Das, was dort geschieht, ist für den Fremden auf die Schnelle kaum zu greifen. Dies gilt umso mehr, als sich allenfalls ein gewisser Teil der Darbietungen vornehmlich an Touristen wendet, während vieles, was auf dem Platz stattfindet, tief im Volksglauben und der Tradition der Marokkaner selbst verwurzelt ist.

Dichter und Schriftsteller haben schon seit Mitte des 19. Jahrhunderts immer wieder versucht, das Geheimnis des Platzes zu lüften. Bereits in früheren Jahrhunderten war der Djamâa el-Fna offenbar das **Herz der Stadt,** das Einheimische, Reisende, Karawanen und Nomaden auf der Durchreise für Stunden zusammenführte zu Unterhaltung, Ablenkung, Einkauf und Lehre. Ob freilich die weit verbreitete Legende, hier seien früher die Köpfe der zum Tode Verurteilten ausgestellt worden, tatsächlich der Wahrheit entspricht, ist ungewiss. Als gesichert kann inzwischen aber gelten, dass die geläufigen Benennungen des Djamâa el-Fna als **„Platz der Geköpften"** und als „Versammlungsort der Toten" kaum angemessene Übersetzungsversuche darstellen, die auf einen französischen Reiseführer des 19. Jahrhunderts zurückgehen und von dort in alle möglichen Sprachen transportiert wurden. Manche Reisebeschreibungen, die mehr als 100 Jahre alt sind, lesen sich indes erstaunlich frisch und aktuell. Auch wenn der Platz einer **stetigen Metamorphose** unterliegt: Sein Grundzug, nämlich ein **organisiertes Chaos** zu sein, das wie beiläufig den Eindruck vermittelt, als sei hier exemplarisch gerade die ganze Menschheit versammelt, hat sich bis heute erhalten. *Juan Goytisolo,* der große spanische Romancier, dem neben *Elias Canetti* und *Hubert Fichte* die eindringlichsten Schilderungen des hiesigen Lebens zu verdanken sind, ermutigte die UNESCO 2001 dazu, den Djamâa el-Fna als erstes „Immaterielles Kulturerbe der Menschheit" auszuzeichnen.

Wer die Gelegenheit hat, etwas länger in Marrakesch zu verweilen, wird sich dem Platz vielleicht **in Etappen annähern.** Kommt man am Vormittag her, ist der Djamâa el-Fna beinahe überschaubar und leer – abgesehen von den um Kunden werbenden Orangensaftverkäufern,

092m015 ed

Hennamalerinnen und Schlangenbeschwörern sowie den – inzwischen deutlich seltener werdenden – Schreibern, die in der Mitte des Platzes hocken und Unkundigen ihre Dienste anbieten. Mit dem Fortlauf des Tages nimmt das Treiben zu, und immer mehr breitet sich ein anhaltender Klangteppich aus, der von den Trommeln der Gnaoua-Musiker herrührt. Wer am späteren Nachmittag, eine gute Stunde vor **Einbruch der Dämmerung,** auf einer der Caféterrassen Platz nimmt, wird zuerst die unendliche Farbenvielfalt wahrnehmen, die mit der sinkenden Sonne aus dem kaum überschaubaren Menschenmeer erwächst, bis er schließlich die aus der Verschmelzung all jener sinnlichen Eindrücke des Hörens, Sehens und Riechens aufgehende Einheit dieses Platzes zu erahnen vermag.

Letzteres gelingt vornehmlich dem, der sich schließlich hineinbegibt in das Geschehen. Wenn dies behutsam und respektvoll geschieht, mit Wertschätzung für das Andere dieser Kultur (und vielleicht auch mit einem angemessenen Obolus für die Darbietenden), dann offenbart sich dem Besucher ein **sinnlicher Kosmos.** Mit etwas Glück wird er in einer Halqa einem der letzten noch tätigen Geschichtenerzähler lauschen können – ein tief berührender Genuss selbst für den, der des Arabischen nicht mächtig ist. Vielleicht wird er dann im Anschluss an dieses Erlebnis ein Nachtmahl zu sich nehmen in einem der kleinen Restaurants am Rande des Platzes, oder aber mitten auf dem Platz an einem der mobilen Stände, wo zur Abendstunde unter improvisierten Lichtern Tausende speisen.

Nein, der Djamâa el-Fna ist kein Jahrmarkt. Der Platz ist **gleichermaßen Spiel und Ernst,** Tanz- und Lehrort, Zuschauertribüne und Bühnenraum, Touristenattraktion und heimische Agora, ein Ort, an dem Arm und Reich, Kleinod und Nepp ineinander übergehen, Darbietende und Zuschauer mitunter die Rollen tauschen, und zwar in einem Maße, dass das vermeintlich Gegensätzliche und Getrennte kaum mehr voneinander zu unterscheiden ist, sondern fortwährend ineinander fließt: ein Meer der Sinnlichkeit. Vermutlich gibt es kaum einen anderen Ort weltweit, an dem die extrem unterschiedlichen Lebensformen und -entwürfe einer globalisierten Welt schon im Erscheinungsbild der dort versammelten Menschen, mehr noch aber in dem, was geschieht, so sehr ineinander verwoben sind wie auf dem Djamâa el-Fna in Marrakesch. Dieser Platz ist **ein Bild des Menschlichen** – in all seinen Facetten.

Dieses Bild wurde durch einen **Terroranschlag** auf das Café Argana am 28. April 2011 schwer erschüttert. Wer auch immer diese schreckliche Tat zu verantworten hat: Er löschte mit seiner Attacke auf das Touristencafé nicht nur vielfach menschliches Leben aus, er traf auch den marokkanischen Fremdenverkehr und damit die gesamte Wirtschaft sowie – nicht zuletzt – das moralische Gefühl der Marokkaner an empfindlichster Stelle. Für einen schrecklichen Moment erschien es so, als habe sich das grausige Wort von der „Versammlung der Toten" doch noch bestätigt. Aber der Djamâa el-Fna lebt weiter. Und mit einigem Recht ließe sich sagen, dass schon im **Namen dieses Platzes** sein Weiter-Leben angedeutet ist: Das arabische Wort „Fna" stammt nämlich eigentlich aus der Sufi-Philosophie und bezeichnet dort – nahezu unübersetzbar – eine (nämlich die vorletzte) Stufe auf dem Weg zum Göttlichen. Behelfsmäßig ließe es sich als „Entwerdung" übersetzen, was so viel meint wie eine „Auflösung des Ichs im Ganzen". Die Sufi-Philosophie verwendet zur Veranschaulichung dieses Phänomens Metaphern wie „die Tropfen, die im Meer aufgehen" und „das Verschwinden eines Schattens im Sonnenlicht".

Und wirklich: Wer einmal tief in den Platz Djamâa el-Fna und das dortige Geschehen eingedrungen ist, der wird spüren, wie es sich anfühlt, in einer bislang unvorstellbaren Sinnenfülle angelangt zu sein, gleichsam wie „Tropfen, die im Meer aufgehen".

Der Schriftsteller **Christoph Leisten** bereist Marrakesch seit über 30 Jahren. Er publizierte unter anderem die Prosa-Bände „Marrakesch, Djemaa el Fna " (Rimbaud Verlag 2005) und „Argana. Notizen aus Marokko" (Rimbaud Verlag 2014). Infos auf www.christoph-leisten.de.

091m015 ad

Das **Minarett** der Kutubiya ist das einzige fertiggestellte der Almohadenzeit. Mit dem Hassan-Turm in Rabat und der Giralda in Sevilla – beides architektonische Vorbilder der Kutubiya – steht das Minarett bis heute beispielhaft für marokkanische Architektur. Seinen Namen erhielt es von den *Kutubiyn,* den Buchhändlern, deren Buden sich früher um das Gebäude gruppierten. Das Minarett misst 12,80 m in der Seitenlänge, ist bis zur Terrasse 69 m und zusammen mit den vergoldeten, die Turmkuppel krönenden Kugeln 77 m hoch. Außen verziert den Turm auf allen Seiten unterschiedliches, herrliches Dekor mit Blendarkaden und grünen Mosaikkacheln am oberen Abschluss. Am Fuße des Minaretts befinden sich die Reste einer **Koubba** (= Grabstätte) einer als heilig verehrten Frau, genannt *Lalla Zohra Bint el Kuch,* Tochter eines schwarzen Fürsten (was im arabisch-berberischen Kastensystem sehr selten war) aus dem 17. Jahrhundert. Sie ist Vorbild für viele Frauen Marrakeschs, und oft werden ihr zu Ehren Kinder geweiht.

093m015 ed

Das 90 m lange Gebäude der **Moschee** aus Ziegelsteinen wurde in T-Form mit einem Quer- und 17 Langschiffen errichtet. Mit ihren Hufeisenbögen, Pflanzenornamentkapitellen und dem beeindruckenden Gewölbedekor ist die Kutubiya eine der schönsten Moscheen Nordafrikas. Fast 20.000 Gläubige finden in ihr Platz. Bis zu ihrer Renovierung in den 1990er Jahren beherbergte die Kutubiya-Moschee noch eine wertvolle Minbar (Gebetskanzel) aus dem 12. Jahrhundert, die nun im Palais El-Badi ausgestellt ist. In Marok-

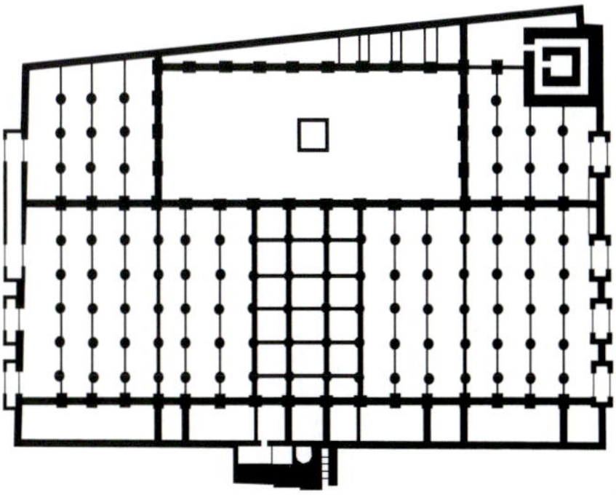

Grundriss und Minarett der Kutubiya-Moschee

# Marrakesch - Nordl. Medina

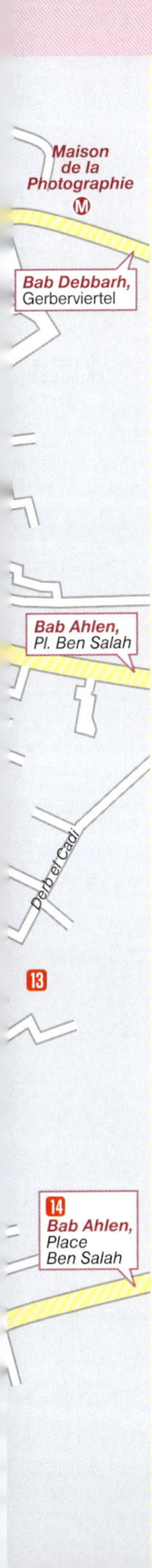


**Übernachtung**
1 Dar Malak
2 Riad Farnatchi
7 Riad Lyla
8 Riad Fatinat
12 Riad Enija
13 Riyad el Cadi
14 Bordj Dar Lamane

**Essen und Trinken**
3 Le Foundouk
4 Terrasse des Epices
5 Café Arabe
6 Le Bougainvillier
11 Café des Épices
15 Terrasses de L'Alhambra
16 Chez Chegrouni
17 Le Salama
18 France

**Einkaufen/Sonstiges**
9 La Maison de Caftan
10 Le Bain Bleu (Hammam)

Fußgängerzone
gedeckter Markt

ko dürfen Moscheen und Zaouias von Ungläubigen nicht betreten werden, daher bleibt Touristen ein Blick ins Innere leider verwehrt.

Der **Jardin Kutubiya** an der Südwestseite der Moschee wurde im 12. Jahrhundert von *Abd el Moumen* errichtet, Vorbild waren die andalusischen Gärten mit ihrer Blütenpracht und ihren Wasserspielen. In dieser gepflegten Parkanlage nur wenige Fußminuten vom Djamâa el-Fna lässt es sich herrlich zwischen Jasmin- und Pomeranzenbäumen, Rosen, Jacarandas und Palmen spazieren – mit Blick und guter Fotoperspektive auf das majestätische Minarett der Kutubiya-Moschee. Der Park beherbergt die Stadtbibliothek von Marrakesch.

## Die nördliche Medina und die Souks

Die Souks von Marrakesch sind **die größten des Landes,** die Orientierung im Gassengewirr fällt jedoch nicht so schwer wie z.B. in Fès oder anderen orientalischen Altstädten. Die traditionell nach Handwerkszweigen und Warenangebot gegliederten Soukviertel beginnen an der Nordseite des Djamâa el-Fna. Ziemlich ungestört kann man morgens zwischen 8.30 und 10 Uhr oder mittags von 13 bis 14.30 Uhr durch die Souks bummeln, dann öffnen gerade die Läden bzw. manche machen Mittagspause und im Souk ist am wenigsten los, weil die Touristengruppen entweder noch nicht unterwegs sind oder bereits zu Mittag essen. Die wichtigsten Durchgangsgassen in Richtung Musée de Marrakech und der Medersa Ben Youssef sind die Rue Mouassine, die Rue Souk Smarine und die Rue Kennaria.

Linker Hand des Cafés Les Terrasses de l'Alhambra am nördlichen Djamâa el-Fna gelangt man zunächst in eine schmale Gasse mit Olivenverkauf und Garbuden. An den Theken mit Schafsköpfen und Tanjia-Tontöpfen kann man schön beobachten, wie **Méchoui** zubereitet wird: Das auf einen Holzpflock gespießte ganze Lamm wird durch eine Luke im Boden in den Ofen abgelassen; fertig gegart wird es an der Stange herausgezogen, zerkleinert und an kleinen Tischen serviert.

Links weiter beginnt hinter einem Torbogen die gedeckte **Rue Souk Smarine** mit dem **Textilien-Souk.** Hier reihen sich kleine Läden mit Djellabahs, Babuschen, aber auch moderner Kleidung und Souvenirs aneinander. Bald weist ein Schild nach rechts zum Platz Rahba el-Kedima („Marché des épices") und kurz darauf zum Teppichmarkt Criée Bérbère („Souk principale des tapis").

Beim **Rahba el-Kedima** befand sich über viele Jahrhunderte der alte Sklavenmarkt. Jetzt haben sich hier die Gewürzhändler und Quacksalber niedergelassen, die sich mit dem wohlklingenden französischen Namen *Herboriste* (= Kräuterkundige) schmücken. In allerlei Tiegeln und Behältnissen findet man die eigenartigsten Mixturen und Grundessenzen. Aphrodisiaka und Mittel, die Frauen Fruchtbarkeit verschaffen sollen, lebende Chamäleons und Schildkröten, getrocknete Echsen, Rosenwasser, Moschusparfüm, die buntesten Gewürzschalen von Safran bis Paprika und die Gewürzmischung *Ras el Hanut* – alles gibt es hier zu kaufen: ein Eldorado für Liebhaber exotischer Spezialitäten und Fotografen. Auf dem Platz bieten Frauen auch allerlei hübsche Korbwaren feil.

# Marrakesch - Südliche Medina

# Marrakesch - Gueliz und Hivernage

Auf dem **Souk el Ghezel** unmittelbar südlich des Rahba el-Kedima verkaufen Händler dicke Wollbündel, und Frauen bieten Gebrauchtkleider an.

Nördlich des Rahba el-Kedima befindet sich der **Teppichmarkt Criée Berbère,** wo noch regelmäßig Teppichauktionen stattfinden.

Beim Rahba el-Kedima spaltet sich die stark frequentierte Hauptgasse in die Rue Souk Attarine und die Rue Souk el-Kebir v-förmig auf. Folgt man der Gasse **Souk el-Kebir** bzw. Souk al Henna nordwärts, führen zunächst Torbögen auf der linken Seite in die sogenannte **Kissaria** mit Touristenläden und Bekleidung, anschließend folgen Lederwarenshops, bevor der Platz vor dem Musée de Marrakech, der Koubba und der Medersa Ben Youssef erreicht ist.

Folgt man am Rahba el-Kedima links der Rue Souk Attarine, passiert man die **Souks der Kupferschmiede,** die u.a. Töpfe, Teekannen und Lampen fertigen. Hält man sich rechts, geht es weiter in den **Souk des Babouches** mit den traditionellen Pantoffeln in allen Größen und Farben.

In den Gassen links des Souk Attarine liegt der **Wollfärber-Souk.** Die quer über die Gassen gehängten bunten Wollbündel galten früher als Highlight für Fotografen und erfüllten das Klischeebild orientalischer Farbenpracht. Heute hat sich das Bild gewandelt: Mit dem Import gefärbter Stoffe, künstlicher Färbemittel und zunehmender industrieller Färbung hat das Handwerk an Bedeutung verloren und nur noch wenige Färber sind übrig geblieben. War früher schon die Herstellung der richtigen Mischung von natürlichem Farbstoff mit der dazu passenden Beize eine Kunst für sich, die über Generationen weitergegeben wurde, ist das Färben mit chemischer Farbe heute problemlos für jedermann möglich. Statt Naturfasern werden heute vor allem ganze Kleidungsstücke und fertige Stoffe gefärbt. In einem für Touristen zugänglichen Färberhof kann man noch beobachten, wie die Stoffe in erwärmten Kesseln gefärbt und anschließend zum Trocknen aufgehängt werden. In den Gassen des Viertels werden schöne kräftig-bunte Stoffe in allen Größen an Touristen verkauft.

Nur eine Gasse weiter befindet sich der **Holzschnitzer-Souk (Souk Chouari).** Dort entstehen Tische, Stühle, Hocker, Kästchen und allerlei andere Dinge aus Holz. Zwischen dem Souk Attarine und dem Place Ben Youssef (Musée Marrakech, Koubba Almoravide) liegt das **Viertel der Eisenschmiede (Souk Haddadine)** mit ihren lärmenden und rauchenden Werkstätten. Hier können Lampen und andere schmiedeeiserne Waren direkt vom Handwerker erstanden werden.

Folgt man – statt zum Holzschnitzer- und Wollfärber-Souk bzw. zur Moschee Mouassine links abzubiegen – der Rue Souk Attarine noch etwas nach Norden und biegt dann rechts auf die Riad Laarous ab, gelangt man zum **Ledermarkt (Souk Cherratine).** In der Nähe der Moschee Ben Youssef sitzen die Lederhändler vor Stapeln noch ungefärbter und -geschnittener Tierhäute und verkaufen diese weiter. In kleinen Werkstätten wird daraufhin das Leder zugeschnitten und z.B. zu Pantoffeln verarbeitet.

Kleidermarkt am Place Rahba el-Kedima, wo früher Sklaven verkauft wurden

aga08-324 ad

Westlich der Wollfärber- und Holzschnitzer-Souks erreicht man den arg verfallenen, aber kunstvoll mit Stuck und Zedernholzschnitzereien ausgestatteten **Brunnen Fontaine el Mouassine,** der größte der Stadt. Die abgesperrte Brunnenanlage umfasst drei überdachte Viehtränken und einen davon getrennten Brunnen für die Stadtbewohner. Die Fontaine el Mouassine gehört zu der für das Viertel namensgebenden **Moschee El-Mouassine,** die der Saadier-Sultan *Moulay Abdallah* Ende des 16. Jahrhunderts errichten ließ. Die Moschee umfasste ursprünglich auch ein Hammam, eine Koranschule, Unterkünfte für Staatsbeamte und eine Bibliothek.

Nahe der Moschee in einer neben dem Café Bougainvillier nach Norden abzweigenden Gasse (22, Derb Azzouz, kein Türschild) versteckt sich die **Galerie Ministero del Gusto.** Dieses bunte Haus ist ein Kunstwerk für sich – eine extravagante Mischung aus modernem Wohndesign und schwarzafrikanischem Ethnostyle. Ausgestellt (und zu kaufen) sind ausgewählte Möbel- und Kleidungsstücke, Bilder, Schmuck und Skulpturen, auch wechselnde Ausstellungen internationaler Künstler.

Nur ein Stück weiter entlang der **Rue Mouassine** zweigt gegenüber der Westseite der Moschee eine Gasse zum Kulturcafé Dar Cherifa ab. Entlang der Rue Mouassine erreicht man in südlicher Richtung wieder den Djamâa el-Fna.

Von der Mouassine-Moschee Richtung Norden und dann auf der Rue Dar El Bacha nach Westen gelangt man zum **Dar el Bacha.** In diesem hundert Jahre alten Palast residierte einst der Pascha *al-Glaoui.* Eine Besichtigung ist nicht möglich.

Weiter entlang der Rue Dar el Bacha erreicht man die große **Bab-Doukkala-Moschee,** im 16. Jahrhundert von der Mutter *Ahmed el-Mansours, Lalla Messaouda,* angelegt. Nur wenig westlich führt das Stadttor **Bab Doukkala** hinaus aus der Medina. Hier warten Taxis, die einen auf Wunsch zurück zum Djamâa el-Fna fahren.

### Musée de Marrakech

Schon der Hof vor dem Eingang des Museums lädt zum Verweilen ein: mit einem hübschen kleinen Café und einem Museumsladen mit Postkarten und französischsprachiger Literatur über Marokko. Das Museum, untergebracht in einem Palast aus dem 19. Jahrhundert, dem Dar M'Nebhi, wird von der *Fondation Omar Benjelloun* betrieben, die drei historische Stätten restauriert hat: die Medersa Ben Youssef, die Koubba El-Badiyin und eben dieses Museum. Dem Geschäftsmann und Kunstsammler *Omar Benjelloun* (1928–2003), der zeitweise bei Mercedes in Deutschland arbeitete, ist es zu verdanken, dass sich diese großartigen Monumente heute in einem außerordentlich guten Zustand befinden. Im Eingangsbereich sind Bilder von den Restaurierungsarbeiten im Jahr 1997 ausgestellt. Der 2000 $m^2$ große Dar M'Nebhi war Ende des 19. Jahrhunderts Residenz des Verteidungsministers *Mehdi M'Nebhi* unter Sultan *Moulay Abdelaziz.* Nach der Unabhängigkeit beherbergte das Gebäude die erste Mädchenschule in Marrakesch.

Um den **700 $m^2$ großen Innenhof** mit Marmor- und Mosaikboden gruppieren sich vier Salons und der traditionelle Hammam. Den ursprünglich offenen Hof mit drei Brunnenschalen bedeckt heute ein Zeltdach, von dem eine gigantische orientalische Metalllampe hängt. Neben dem Bahia-Palast veranschaulicht dieses Gebäude sicher am besten den Prunk des Sultans im 19. Jahrhundert: Säulen und Böden voll feiner Mosaike, bemalte Stuckornamente, kunstvoll geschnitzte Zedernholztäfelungen und -decken.

In den seitlichen **Salons** informieren Tafeln in Französisch über die Ausstellungsstücke in den Vitrinen (Schmuck, Stickereien, Stoffe, Keramik, Teppiche).

In der **Douiria** (= kleines Gästehaus) finden temporäre **Ausstellungen** mit Werken zeitgenössischer Künstler oder zu kulturellen Themen statt. Zudem dient das Dar M'Nebhi gelegentlich als Veranstaltungsort für Konzerte, Theateraufführungen und Seminare.

- **Info: www.museedemarrakech.ma,** Tel. 0524 36 09 11, tägl. 9–18 Uhr, im Ramadan 9.30–16.30 Uhr.
- **Eintritt:** Erwachsene 50 DH, Kinder (bis 12 Jahre) 30 DH; Kombiticket für Museum und Medersa Ben Youssef: 60 DH.
- **Wegbeschreibung:** Das Museum befindet sich in der nördlichen Medina am Ende der Rue Kennaria bzw. der Hauptgassen vom Djamâa el-Fna durch die Souks. Am einfachsten ist es, vom östlichen Ende des Platzes durch die Rue des Banques oder Rue Dabbachi zu laufen, in die Rue Kennaria links abzubiegen und nordwärts bis zum Museum zu gehen.

[>] Die Medersa Ben Youssef, ein Highlight maurischer Architektur und Ornamentik

### Medersa Ben Youssef

Die einst größte und bedeutendste Koranschule des Maghreb in einem der ältesten Gebäude der Stadt ist sicher eine der wichtigsten Sehenswürdigkeiten in Marrakesch.

Die **Gründung** dieser religiösen Lehr- und Wohnstätte geht auf die Meriniden im 14. Jahrhundert zurück, verdankt aber ihre heute noch erhaltene prachtvolle Gestalt dem späteren Saadier-Sultan *Abdallah el-Ghalib* (1557–1574). Die Medersa diente als Lehrstätte für theologische Studien und beherbergte vor allem Studenten aus den ländlichen Regionen, die hier zwischen ihrem 14. und 27. Lebensjahr wohnten. Der Lehrbetrieb wurde erst 1960 eingestellt und das Monument von 1999 bis 2002 aufwendig renoviert.

Die Medersa befindet sich ebenso wie die gleichnamige **Moschee Ben (Ibn) Youssef** (erbaut Anfang des 19. Jahrhunderts auf den Ruinen früherer Moscheen) am gepflasterten **Platz Ben Youssef.** Das bronzene Eingangsportal versteckt sich hinter einem Torbogen in einem engen Durchgang zwischen Moschee und Medersa auf der rechten Seite.

Den großen **Patio (= Innenhof)** der Lehranstalt betritt man durch eine prächtige Mashrabiya-Tür aus Zedernholz. Die Mashrabiya-Technik wurde auch an den Fenstern des Obergeschosses meisterhaft angewendet: ein Gitterwerk aus gedrechselten, auf Stifte gezogenen Zedernholzteilen, die zu geometrischen Ornamenten ineinandergesteckt werden. Den Boden des Innenhofs mit viereckigem Wasserbecken bedeckt Carrara-Marmor, der einst nach gleichem Gewicht gegen Zucker eingetauscht wurde.

116m015 ad

Die strukturelle und dekorative Gestaltung ist beispielhaft für vollendete maurische Architektur: mehrfarbige Kachelmosaike auf den unteren Wänden, Stützpfeiler mit Stuckkapitellen, Stuckornamente und arabische Schriftbänder mit den wiederkehrenden Begriffen „Friede“ und „Allah“ über den Mosaiken, im oberen Teil der Wände Täfelungen aus Zedernholz bzw. die genannten Mashrabiya-Fenster. Die ganze obere Fassade sowie die Türbögen sind mit Stuckdekorationen verziert, das Dach – typisch für religiöse Bauwerke – mit grünen glasierten Ziegeln ausgestattet.

Das **Wohnheim** im oberen Stockwerk (Zugang über den Vorraum) beherbergt 132 Kammern, in denen je zwei bis drei Studenten wohnten. Mehrere kleine Innenhöfe sorgen für Luft und Licht. In einigen kleinen Zimmern sind noch Gebrauchs- und Einrichtungsgegenstände der damaligen Studenten ausgestellt. Durch die Fenster kann man einen Blick nach unten in den großen Hof werfen.

■ **Info:** Tel. 0524 39 09 11/12, tägl. 9–18 Uhr.
■ **Eintritt:** Erwachsene 50 DH, Kinder (bis 12 Jahre) 30 DH; Kombiticket für Musée de Marrakech und Medersa Ben Youssef 60 DH.

### Koubba El-Badiyin

Direkt am Platz Ben Youssef gegenüber der Moschee Ben Youssef befindet sich die Koubba El-Badiyin bzw. Koubba Almoravide in einem abgesperrten Ausgrabungsareal etwas unter dem heutigen Bodenniveau. Die Koubba ist eines der wenigen **Überbleibsel aus der Dynastie der Almoraviden.** Etwa um 1120 errichtet, wurde sie erst im Jahr 1948 wiederentdeckt. Stufen führen nach unten zur zweigeschossigen Koubba mit quadratischem Grundriss, Fensterbögen im oberen Teil und einem großen Kuppeldach.

Besonders die Innenseite der **Kuppel** mit dem filigranen Dekor in Form von kunstvoll in den Stein geschlagenen Muscheln, Rosetten, Ranken und Blumen ist sehenswert. In der Mitte unter der Kuppel befindet sich ein rechteckiges Becken für Waschungen. Französische Tafeln geben Detailinformationen über die Stätte: Demnach war die Koubba das Zentrum einer Wasch-, Brunnen- und Latrinenanlage, von der heute nur noch Ruinen geblieben sind.

■ **Eintritt:** Das Gelände war 2014 wegen Renovierungsarbeiten geschlossen.

### Dar Cherifa

Hinter einem unscheinbaren Eingang ohne Türschild verbirgt sich dieses Kleinod. Der Dar Cherifa wurde im 16. Jahrhundert errichtet und gilt als das **älteste erhaltene Wohnhaus der Stadt.** *Abdellatif Aït Ben Abdallah,* Chef der Agentur „Marrakech Riads“ und Kenner der Kunstszene in Marrakesch, setzte zahlreiche Riads in der Altstadt instand und renovierte auch dieses wunderschöne Hofhaus mit viel Feingefühl. Die Flügeltüren und Verkleidungen aus geschnitztem Zedernholz und die Stuckornamente wurden nicht mit Farbe und Beton überkleistert, sondern in ihrer ursprünglichen Schönheit belassen.

In dem Gebäude finden **Kulturveranstaltungen** (Konzerte, Lesungen etc.) u.a. in Zusammenarbeit mit dem „Dialogpunkt Deutsch“ und dem Institut Français sowie wechselnde Kunstausstellungen (Malerei, Kalligrafie, Bildhauerei, Fotografie etc.) statt. Im Innenhof mit Polsterecken oder auf der Dachterrasse kann man für eine kleine Verschnaufpause Platz nehmen, die Atmosphäre sowie marokkanische Gerichte (Menü 120 DH), frische Säfte oder Tee mit Gebäck (15–25 DH) genießen. Dabei besteht zudem die Möglichkeit, in französischsprachiger Literatur zu schmökern.

**Info:** 8, Derb Charfa Lakbir, Mouassine, Medina, Tel. 0524 42 64 63, www.dar-cherifa.com, Tel. 0524 42 64 63, Eintritt frei, Café tägl. 10–19 Uhr.
**Wegbeschreibung:** Gegenüber der Moschee Mouassine in die mit „Riad les Jardins Mouassine, Dar Justo" beschilderte Gasse einbiegen, links um die Ecke, die nächste Gasse rechts durch einen niedrigen Durchgang, an der Tür direkt dahinter auf der rechten Seite anklopfen.

## Jenseits der Souks

Nördlich des Musée de Marrakech und der Medersa Ben Youssef endet das touristische Terrain. Doch ein Spaziergang durch die Viertel jenseits der Souks, wo **fast nur Einheimische** unterwegs sind, lohnt sich durchaus.

Von der Medersa Ben Youssef lohnt sich ein Abstecher in die Gasse **Souk des Fassis** (hinter der Medersa rechts/ostwärts). Entlang der Gasse liegen mehrere gut erhaltene **Funduqs;** in einer dieser alten Karawanserails ist das Restaurant Le Foundouk (vgl. „Essen und Trinken/Restaurants in der Medina") untergebracht. Kurz hinter dem Restaurant sollte man unbedingt einen Blick in das **Maison de la Photographie** auf der linken Seite werfen.

**Mein Tipp:** **Maison de la Photographie**
In dem schönen, weißen Hofhaus sind 4500 historische Fotografien ausgestellt. Die beeindruckenden Bilder von 1870–1950 zeigen Menschen, Städte, Architektur und Traditionen Marokkos. Außerdem kann man sich eine digitale Show von drei französischen Dokumentarfilmen aus den 1950er Jahren ansehen. Auf der Dachterrasse mit tollem Ausblick gibt es Tee und günstige Tajine.

**Info:** 46, Rue Souk des Fassis, www.maisondelaphotographie.ma, Tel. 0524 38 57 21, tägl. 9.30–19 Uhr, 40 DH Eintritt, Kinder unter 16 Jahren frei.

Marschiert man hinter der Medersa Ben Youssef statt nach Osten zunächst westwärts (links, vorbei am Hammam Bain d'Or) und biegt dann Richtung Norden ab, so erreicht man die **Fontaine Echroub ou Chouf** aus der Saadier-Zeit (16. Jahrhundert). Der einstmals prächtige Brunnen mit einem kunstvoll mit Ornamenten geschmückten Vordach aus Zedernholz ist zwar noch in Betrieb, aber stark renovierungsbedürftig.

Biegt man nach dem Brunnen in die erste Gasse links und die zweite Seitengasse wieder links ab, steht man vor dem Eingang des 2010 eröffneten **Musée de l'Art de Vivre** (2, Derb Cherif, Diour Saboune, Tel. 0524 37 83 73, www.museemedina.com, im Winter 9–17 Uhr, im Sommer 9–18 Uhr, 20 DH Eintritt). In diesem wunderschönen Hofhaus finden wechselnde Ausstellungen zu den Themenbereichen Volkskultur und orientalische Lebensart statt.

Entlang der Rue Bab Taghzout geht es weiter nördlich durch mehrere Wohnviertel zu den **Grabstätten** zweier der sieben Stadtheiligen, zur Zaouia Sidi Ben Slimane und zur Zaouia Sidi Bel Abbès (s.u.). Das heute innerhalb der Stadtmauern liegende Tor **Bab Taghzout** bildete einst die Grenze der Altstadt, bis man die Stadtmauern erweiterte, um auch das Heiligtum von Sidi Bel Abbès mit einzuschließen.

### Zaouia Sidi Bel Abbès

Die Zaouia Sidi Bel Abbès wurde Anfang des 17. Jahrhunderts für den 1204 verstorbenen heiligen *Abou el Abbès Ahmed ben Jafar* unter den Saadiern errichtet und 1998 von König *Hassan II.* renoviert. Besucher sollten auf jeden Fall den **Innenhof der Anlage** besichtigen und das schmucke Eingangsportal zum Mausoleum mit Stuckornamenten und grünem Ziegeldach bewundern. Durch ein kleines Gitterfenster kann man einen Blick ins Innere der Zaouia werfen, die von Nichtgläubigen nicht betreten werden darf. Im Schatten des Arkadengangs vor der Moschee und dem Mausoleum halten sich Alte, Blinde und Behinderte auf, als deren Beschützer *Sidi Bel Abbès* gilt. Neben dem Eingang zum Mausoleum befindet sich eine kleine Sonnenuhr und gegenüber ein sehr schöner Brunnen mit feinen Mosaiken.

Von der Zaouia Sidi Bel Abbés kann man sich zur nahe gelegenen **Zaouia Sidi Ben Slimane** führen lassen, von der von außen aber nur das grüne Kuppeldach und ein kleiner Brunnen vor dem Eingangsportal sichtbar sind. *Sidi Bel Abbès* und *Sidi Ben Slimane* sind zwei der sieben Stadtheiligen Marrakeschs, für die jeweils ein Heiligtum in der Stadt errichtet wurde.

### Gerberviertel

Das Gerberviertel von Marrakesch ist nicht so groß und malerisch wie das von Fès. Dennoch erhält man einen guten Eindruck von den harten Arbeitsbedingungen der Handwerker, die in großen Betonbottichen Rinds-, Kamel- und Ziegenleder gerben und färben. Für eine Visite eignet sich am besten der Vormittag, wenn es am betriebsamsten ist.

Wenn man vom Stadttor Bab Debbargh (Parkplatz an der Stadtmauer) aus kommend (in Richtung Medina-Zentrum) gleich in die erste Gasse links und noch einmal links um die Ecke biegt, gelangt man in einen Gerberhof (Torbogen mit Aufschrift „Tannerie"). In für unsere Verhältnisse unerträglichem **Schmutz und Gestank** sind auch viele Jugendliche bei der Arbeit. Ein *gardien* (franz. Wächter) verlangt evtl. ein paar Dirham Trinkgeld für die Besichtigung und fürs Fotografieren. Ein weiterer Gerberhof befindet sich in der ersten Gasse rechts ab dem Bab Debbargh hinter einer Holzflügeltür, ebenso in der Rue Bab Debbargh Richtung zentrale Medina (Musée de Marrakech). Geruchs- und schmutzempfindliche Naturen sollten sich allerdings gut überlegen, ob sie einen Besuch wagen …

## Die südliche Medina

Die von Souvenirläden flankierten Hauptgassen vom Djamâa el-Fna in Richtung Süden zum Place Ferblantiers, zum Marché couvert, zur Mellah und zum Kasbah-Viertel sind die parallel verlaufenden **Rue Riad Zitoun el Kedim** und **Rue Riad Zitoun el Djedid.** Über Letztere erreicht man am schnellsten das Dar-Si-Said- und das Dar-Tiskiwin-Museum sowie den Bahia-Palast. Über die Fußgängerzone Rue Bab Agnaou mit Restaurants und Shops und weiter über die Rue Oqba Ben Nafia gelangt man am einfachsten zum **Bab Agnaou,** dem schönsten Tor der Stadt und Eingang zum Kasbah-Viertel. Die Riad Zitoun el Kedim und Riad Zitoun el Djedid treffen im Süden auf den kleinen Platz **Bab el Mellah** mit Olivenbäumchen und Sitzbänken, wo sich abends die Marrakchis zum Plaudern treffen und Pferdekutschen auf Kundschaft warten. Hier befinden sich auch der überdachte Souk der Juweliere und der Eingang zum alten Judenviertel (Mellah) durch den Mellah-Markt.

Südlich angrenzend liegt der **Place des Ferblantiers,** das Quartier der Lampenmacher. Um den rechteckigen Platz gruppieren sich Läden, in denen Handwerker Lampen aus Messing, Kupfer und Eisen fertigen. Wer ein Stück orientalisches Alltagsleben hautnah erfahren möchte, der stattet dem **Marché couvert** an der Av. Houmman El Fetouaki einen Besuch ab: In den überdachten Markthallen verkaufen Händler frisches Obst, Gemüse, Fisch, Fleisch und Geflügel.

### Musée Dar Si Said

Östlich der Rue Riad Zitoun El Jedid und etwas nördlich des Bahia-Palastes liegt das Dar Si Said. Dieses viel besuchte **Volkskunstmuseum** wurde in einem Palast aus dem 19. Jahrhundert untergebracht und beherbergt eine umfangreiche **Sammlung berberischen Kunsthandwerks** aus Marokko. Im Eingangsbereich befindet sich eine Holzausstel-

☐ Bab Agnaou – Eingang zum Kasbah-Viertel

030m015 ad

lung mit antiken Gebrauchsgegenständen und Architekturelementen (Türen, Balustraden, Fenster) aus Zedern-, Pinien-, Oliven-, Feigen- und Nusshölzern. In den Salons des Innenhofs mit Springbrunnen und großen Bäumen sind u.a. Waffen, Musikinstrumente und Werkzeuge ausgestellt. Besonders sehenswert ist das Obergeschoss mit seinem prunkvollen Festsaal: Mosaike an Wänden und Böden, bemalte Stuckdekorationen und hohe Zedernholzdecken mit kunstvoller Bemalung verleihen dem Haus auf dieser Etage echten Palastcharakter. Im Untergeschoss ist das Gebäude dagegen schon stark baufällig: Risse in den Wänden, bröselnder Putz, stark in Anspruch genommene Bodenmosaike, marode Toiletten. Renovierungsarbeiten 2008 verbesserten die Situation etwas. In einem Zwischengeschoss können noch einige alte Küchenutensilien besichtigt werden.

■ **Info:** Tel. 0524 44 24 64, Mo 9–16.45 Uhr, im Ramadan bis 15.30 Uhr, Fotografieren verboten.
■ **Eintritt:** Erwachsene 10 DH, Kinder unter 12 Jahren 5 DH.
■ **Wegbeschreibung:** Das Museum liegt östlich der Rue Riad Zitoun Djedid, von wo es zwei beschilderte Zugänge gibt. Entweder man geht durch den südlichen Torbogen gegenüber dem Préfecture-Parkplatz vorbei am Dar Tiskiwin und biegt in die erste Gasse links ab, oder man spaziert durch den nördlicheren Torbogen (z.B. vom Djamâa el-Fna aus) in Richtung Museum (beschildert).

### Musée Dar Tiskiwin

Der Niederländer **Bert Flint** lebt seit mehr als 50 Jahren in Marrakesch. Seine Leidenschaft für die Traditionen und Kulturen der Menschen in Marokko sowie der Sahara- und Sahelländer veranlasste ihn dazu, 1985 ein privates Museum zu eröffnen. Hier präsentiert er seine wertvolle Sammlung, die er auf seinen vielen Forschungsreisen erwarb. 2006 vermachte *Flint* das „Maison Tiskiwin" der Universität von Marrakesch Cadi Ayyad. Das übergreifende Thema des **Volkskunstmuseums** ist der kulturelle und wirtschaftliche Austausch zwischen Marokko und den heutigen Sahelstaaten, der vor allem in Form des Karawanenhandels seit Jahrhunderten stattfindet. Die Ausstellungsräume gruppieren sich in zwei Etagen um den stuckverzierten Innenhof des Altstadthauses. Die Säle zeigen Kleidung, Utensilien des täglichen Lebens, Schmuck oder Arbeitsgegenstände der Regionen und Völker entlang der Karawanenroute von Marrakesch durch die Sahara nach Agadez und weiter in den Sahel bis nach Timbuktu. Auf dem virtuellen Rundgang von Marrakesch nach Timbuktu und zurück bewundert man u.a. Teppiche, Stoffe, landwirtschaftliche Utensilien im Oasenfeldbau, Lederwaren und Schmuck der Tuareg sowie Holzfiguren und Kleidung westafrikanischer Völker.

■ **Info:** tägl. 9–12.30 und 14.30–19 Uhr.
■ **Eintritt:** Erwachsene 20 DH, Kinder 10 DH.
■ **Wegbeschreibung:** Der Eingang zum Museum liegt in einer kleinen Quergasse der südlichen Rue Riad Zitoun Djedid. Vom Parkplatz nahe der Préfecture geht es durch einen Torbogen mit zum Verkauf ausgehängten Teppichen in die Gasse (Schild).

> Bahia-Palast

### MEIN TIPP: Bahia-Palast

Der Bahia-Palast trägt den Namen der Lieblingsfrau des Großwesirs *Ba Ahmed Ben Moussa*, der den Alaouiten-Sultan *Moulay Abdelaziz* Ende des 19. Jahrhunderts bei den Regierungsgeschäften unterstützte bzw. diese faktisch leitete. Angeblich lebte er mit vier Frauen und 80 Konkubinen in diesem riesigen Palast. Nach seinem Tod ließ sich die französische Protektoratsverwaltung in dem Komplex nieder. Die 50 prachtvoll im maurischen Stil mit geschnitzten und bemalten Zedernholzdecken, Stuckverzierungen und Marmor ausgestatteten Räume stehen heute leer. Der Gesamtkomplex bildet ein **Labyrinth aus miteinander verbundenen Zimmern, Sälen, Innenhöfen und Hofgärten.** Bei einer Besichtigung oder Führung kann man sich ein gutes Bild über den Prunk und die Ausstattung (inkl. Harem) orientalischer Fürstenhäuser um die vorletzte Jahrhundertwende verschaffen. Auch die herrlichen Gärten von Petit Riad (kleines Hofhaus) und Grand Riad (großes Hofhaus) mit Zitronenbäumen, Palmen und Bambussen lohnen die Besichtigung. In den Salons des Grand Riad versprechen die Kalligrafiebänder aus Stuck über den Mosaiken dem Bewohner des Hauses „Reichtum und Gesundheit". Die Mosaike, Schnitzereien und Säulen im Gebäudeteil „Grande cour d'honneur" sowie im Grand Riad waren lange Zeit ziemlich angeschlagen, sind inzwischen aber zum Teil renoviert. In der Hauptsaison herrscht im Palast großes Touristengedränge.

- **Info:** tägl. 9–16.30 Uhr, im Ramadan bis 15 Uhr.
- **Eintritt:** 10 DH
- **Wegbeschreibung:** Das unscheinbare Eingangstor in einer Mauer liegt an der südlichen Riad Zitoun Djedid nördlich des Place des Ferblantiers (kleines Schild).

### El-Badi-Palast

Südlich des Place des Ferblantiers befinden sich die Ruinen des Palastes El Badi. Den Komplex ließ ab 1578 der Saadier-Sultan *Ahmed el-Mansour* erbauen. Der

aga10_008 ad

Sultan wählte dafür einen Ort auf dem Gelände eines almohadischen Gartens und importierte für den Bau **kostbare Materialien aus der ganzen Welt,** so auch italienischen Marmor. Doch bereits um 1700 ließ der Alaouiten-Sultan *Moulay Ismaïl* große Teile des Palastes abtragen, um eine neue *Ville impériale* (Königsstadt) in Meknès zu errichten. Verbliebenes Dekor wie Mosaike und Stuck an Wänden und Böden vernichtete er. Heute lässt sich nur noch erahnen, dass der El-Badi-Palast einst eine der prächtigsten und größten Palastanlagen des Maghreb war.

Die Palasträumlichkeiten waren um einen rechteckigen Hof von 135 x 110 m mit einem großen Wasserbecken und Blumenrabatten angeordnet, der noch heute die einstigen Dimensionen des Palastes verdeutlicht. Mehr als die **Ruinen** der Palastanlage begeistern die Touristen heute meist die unzähligen **Störche,** die überall auf den Mauern nisten und sich von einem Turm des Palastes oder der Terrasse eines Cafés am Place des Ferblantiers schön fotografieren lassen.

Unter dem Hof des Palastes liegen ausgedehnte **Gefängnisse,** von denen oben nur die Lichtluken erkennbar sind. In den finsteren, staubigen Gewölben kann man sehen, wo die Gefangenen angekettet waren – es darf allerdings bezweifelt werden, ob sämtliche unterirdischen Räume als Gefängnis dienten; eher wurde ein Teil als Versorgungsräume genutzt. Die Freiflächen des El-Badi-Palastes sind jährlicher Hauptschauplatz des großen Folklorefestivals „Festival National des Arts Populaires".

Folgt man dem Schild „Minbar de la Kutubiya", erreicht man im südlichen Bereich des Ruinengeländes einen Raum, in dem das renovierte **Minbar** (Gebetskanzel) der Kutubiya-Moschee und eine Ausstellung zur Renovierung der Kanzel besichtigt werden können. Das Minbar aus der Almoravidenzeit gilt als die feinste erhaltene Holzarbeit aus dem islamischen Spanien (Al-Andalus) des Mittelalters. Es wurde 1137 in Córdoba im Auftrag des Almoraviden-Sultans *Ali Ibn Youssuf* entworfen. Die über 100 Bauteile aus Zedern-, Eben- und Sandelholz wurden dann 800 km nach Marrakesch transportiert und dort zusammengesetzt. Seit seiner Wiederherstellung in den 1990er Jahren ist das Minbar etwas stiefmütterlich im Palais El Badi ausgestellt – ursprünglich sollte es im Mittelpunkt eines neuen Museums für islamische Kunst stehen. Das Minbar mit acht Stufen, auf denen normalerweise der Vorbeter (Imam) beim Freitagsgebet steht, ist fast 4 m hoch, 1 m breit und 3,50 m tief. Kunstvolle Schnitz- und Einlegearbeiten mit geometrischen und floralen Mustern bedecken die Seitenwände, arabische Kalligrafiebänder mit religiösen und historischen Inskriptionen umgeben jede Flanke.

- **Info:** tägl. 9–16.45 Uhr, im Ramadan bis 15 Uhr.
- **Eintritt:** 10 DH, Minbar 20 DH extra.

### Kasbah-Viertel

Das schönste Tor der Stadt, **Bab Agnaou,** führt in das von Mauern umgebene Kasbah-Viertel am Südrand der Medina. Das Bab Agnaou blieb als einziges von acht Einlasstoren ins almohadische Kasbah-Viertel bis heute erhalten. Das reich ornamentierte Steintor mit übereinander liegenden Hufeisenbögen war einst von zwei Wachtürmen flankiert. Heute wird es deshalb auch „Widder ohne Hörner“ genannt. Während die Medina Wohnraum für die marokkanischen Muslime bot und die Mellah für die Juden eingerichtet wurde, beherbergte die Kasbah schon vor der Errichtung der Mellah die gesamte Infrastruktur für den **Hofstaat des Sultans.** Der Almohaden-Sultan *Yakoub el-Mansour* ließ diese durch Mauern geschützte *Cité imperiale* Ende des 12. Jahrhunderts errichten. Der Saadier-Sultan *Ahmed el-Mansour* baute die Kasbah später aus.

Eine breite Gasse führt vom Bab Agnaou direkt auf die 2006 umfassend renovierte, 70 x 77 m große **Kasbah-Moschee** im Zentrum des Viertels zu. Auch sie stammt aus der Almohaden-Dynastie unter *Yakoub el-Mansour* (12. Jh.). Ihr Minarett aus Bruch- und Ziegelstein mit seinem schönen Rautendekor galt die folgenden Jahrhunderte als beispielhaft für weitere Moscheebauten. Der Platz vor der Moschee erhielt 2011 ein komplett neues Aussehen mit einem modernen Kunstwerk in der Mitte. Nördlich der Moschee wurde durch den Abriss etlicher Gebäude und einen Mauerdurchbruch ein neuer Zugang zum Kasbah-Viertel geschaffen. Gleich südlich der Moschee führt eine Gasse zu einer der bedeutendsten Sehenswürdigkeiten der Stadt, den Saadier-Gräbern (s.u.).

Etwas abseits des Touristenrummels um die Kasbah-Moschee und die Saadier-Gräber kann man bei einem Bummel durch die Hintergassen noch ein Stück **ursprüngliches Quartiersleben** beobachten. Hier gibt es im Vergleich zur nördlichen Medina nur wenige Maison d’Hôtes. Im alternativen **Café Clock** mit leckeren Snacks sollte man unbedingt eine Pause einplanen (vgl. „Essen und Trinken/Cafés“).

Östlich schließen die hohen Mauern des alten **Königspalastes Dar el Makhzen** an. Der Königspalast wurde um 1747 vom Alaouiten-Sultan *Mohamed Ben Abdallah* erbaut, später erweitert und unter König *Hassan II.* umfassend renoviert. Von außen ist lediglich die hohe Mauer mit Eingangstoren sichtbar, die Palastanlage kann nicht besichtigt werden. Während des Besuchs des Königs sind die Portale stark bewacht und es darf nicht fotografiert werden.

### Saadier-Gräber

Der Alaouiten-Sultan *Moulay Ismaïl* ließ nicht nur den El-Badi-Palast zerstören, sondern auch dieses Kunstwerk seiner Vorgängerdynastie zumauern, sodass es erst **1917 von den Franzosen wiederentdeckt** wurde. Die Gräber sind in zwei verschiedenen Bauten untergebracht, auch im Innenhof mit schönen Königs- und Dattelpalmen befinden sich Grabsteine.

Das südliche Gebäude gleich links des Eingangs besteht aus drei miteinander verbundenen Sälen. Im **Saal des Mihrab** wird das zentrale, reich verzierte Kreuzgratgewölbe von vier Carrara-Marmorsäulen getragen. Der Saal der drei Nischen besteht – wie der Name sagt – aus drei mit Stuck und Mosaiken verzierten Nischen mit Gräbern von Nachkommen der Saadier-Herrscher.

Absoluter Höhepunkt der Besichtigung ist der **Saal der zwölf Säulen:** In diesem quadratischen Raum tragen vier Gruppen von jeweils drei weißen Säulen aus Carrara-Marmor mit bemerkenswerten Kapitellen die reich mit Stalaktitenschmuck verzierte Kuppel des Saals. Die Wände bedecken bis auf zwei Meter Höhe kleinteilige, ungemein kunstvoll gefertigte Kachelmosaike in Ornamenten und Arabesken. Den Abschluss der Mosaike bilden Kalligrafiebänder, darüber spannt sich eine Zedernholzdecke. Der Raum beherbergt den Sarkophag des Saadier-Sultans *Moulay Ahmed el-Mansour* (mittleres Grab).

Das **nördliche Gebäude** mit zwei Sälen auf der anderen Seite des Hofs ist weniger prunkvoll ausgestattet, aber dennoch sehr sehenswert. Dort und im Hof wurden weitere Angehörige der Saadier-Dynastie wie etwa Kinder, Frauen und Soldaten bestattet.

Die Saadier-Gräber sind eine der wichtigsten touristischen Sehenswürdigkeiten der Stadt, deshalb drängelt sich in der Hauptsaison vor allem vormittags eine **Unmenge an Besuchern** durch die Anlage. Man sollte den Gräbern deshalb möglichst gleich nach der Öffnung oder kurz vor der Schließung einen Besuch abstatten.

- **Info:** tägl. 9–16.45 Uhr, im Ramadan bis 15 Uhr.
- **Eintritt:** 10 DH.

### Mellah – das Judenviertel

Östlich des Place des Ferblantiers breitet sich die Mellah aus, das ehemalige Judenviertel. **Typisch für das Modell der islamischen Stadt** ist die Abgrenzung der islamischen Wohn- und Geschäftsviertel von nicht-islamischen Einflüssen. In Marokko fand dies Ausdruck in der Abschiebung der größten religiösen Minderheit, der Juden, in ein ummauertes Judenviertel, die sogenannte Mellah. Fès war die erste Stadt, in der Anfang des 15. Jahrhunderts eine Mellah entstand, Mitte des 16. Jahrhunderts wurde ein Judenviertel in Marrakesch errichtet, weitere Städte folgten.

Die Mellah von Marrakesch wurde an der Stelle errichtet, wo sich einst die königlichen Stallungen befanden, die gesamte jüdische Gemeinschaft musste umsiedeln. Nur ein abschließbares Tor zur Kasbah erlaubte Einlass in die Mellah, wo die jüdische Bevölkerung die kommenden Jahrhunderte – weniger eingesperrt als (in der unmittelbaren Nähe des Sultanspalastes mit seiner Garde) **geschützt vor Angriffen von außen und nichtjüdischen Einflüssen** – lebte. Heute umfasst die jüdische Gemeinde in Marrakesch nur noch etwa 260 Mitglieder, und das tägliche Leben in der Mellah ist muslimisch bestimmt.

Der Eingang zum alten Judenviertel führt durch den gedeckten **Mellah-Markt Bab es Salam** gegenüber dem kleinen Platz Bab el Mellah (mit Olivenbäumchen) am Südende der Riad Zitoun el Djedid. Hier türmen sich farbenfrohe Gewürzberge, kleine Läden verkaufen Dinge des täglichen Bedarfs. Vom Markt am nordwestlichen Ende der Mellah gelangt man in deren Gassen, wo sich das Leben zunächst kaum von dem in anderen Teilen der Medina unterscheidet. In der Mellah wurde **noch nicht so viel in Hausrenovierungen investiert,** deshalb sind hier einige Gebäude nur noch Ruinen – alles wirkt ein bisschen morbider, ärmer und schmutziger als rund um den Djamâa el-Fna. In den Seitengassen findet man gelegentlich noch architektonische Hinweise auf die jüdische Vergangenheit: Die mehrgeschossigen Häuser tragen Erker aus Holz, große Fenster mit Läden, und spanische Eisenbalkone weisen zur Straße, wogegen sich die Häuser der muslimischen Viertel nur nach innen öffnen und kaum Fenster nach außen aufweisen.

Im Zentrum der Mellah in einer Gasse nahe der Place Souweka (kleiner Platz mit Bäumchen) versteckt sich die 500 Jahre alte **Synagoge.** Vor der mit braunen Fliesen umfassten Metalltür ohne Hausnummer hält ein Polizist Wache. Vom großen blau-weißen Innenhof mit Springbrunnen und hebräischen Schriftzügen an den Balkonen betritt man rechts den schönen Gebetssaal. Samstags ist die Synagoge für Touristen geschlossen. Eine Spende (in die Spendenbox) nach der Besichtigung ist willkommen.

Spaziert man von der Synagoge ostwärts, so erreicht man die interessanteste Sehenswürdigkeit der Mellah: den von einer weißen Mauer umfassten **Jüdischen Friedhof.** Ein Metalltor mit hebräischen Lettern darüber führt in das ummauerte Areal (freitags ab 16 Uhr und samstags geschlossen). Auf dem großen Gelände führt ein betonierter Weg durch die Reihen Hunderter weißer, eng aneinanderliegender Gräber. Einige weisen noch hebräische Widmungen auf, neuere Grabsteine informieren auch über den Namen und das Todesdatum des Verstorbenen.

## Die Gärten

### MEIN TIPP: Jardin Majorelle

Der französische Künstler **Jacques Majorelle** (1886–1962) vereinte die auf seinen Reisen durch alle Kontinente gesammelten **exotischen Pflanzen** in diesem wunderschönen Garten, den er 1947 für die Öffentlichkeit zugänglich machte. 1980 erwarben der in Oran geborene Modeschöpfer *Yves Saint-Laurent* (1936–2008) und dessen Lebensgefährte *Pierre Bergé* die Gärten. Vor der umfassenden Renovierung im Jahr 2000 war dieser beinahe mystisch schöne Platz kaum bekannt. Heute drängeln sich schon am späten Vormittag unzählige Touristen auf den schmalen Wegen – ein früher Besuch ist deshalb ratsam.

Die Blütenpracht, das **üppige Grün,** das Vogelgezwitscher und die vielen Pflanzen in diesem verwunschenen Garten sind beeindruckend: Kakteen, Palmen, Bougainvillea, Bambus, dazwischen leuchtend blau gestrichene Pavillons, Fischteiche und knallbunte Blumentöpfe. Tafeln informieren über die aus der ganzen Welt gesammelten Pflanzen. Inzwischen ist dieser kleine botani-

☐ Ruhe in der Stadt – der Jardin Majorelle

aqa08-363 ad

sche Garten schon fast zu geschniegelt – kein Blättchen liegt auf der Erde. Im **Restaurant** kann man schön im Hof sitzen und zu Mittag essen oder einen Tee trinken. In der **Boutique** gibt es eine Auswahl an exquisiten orientalischen Accessoires zu kaufen, auch eine Buchhandlung ist angeschlossen.

Im ehemaligen Atelier von *Majorelle* ist das **Musée d'Art islamique** untergebracht. Das Museum beherbergt neben Werken des französischen Künstlers die persönliche Sammlung islamischer Kunst von *Pierre Bergé* und *Yves Saint-Laurent,* u.a. wertvolle Keramik, Textilien, Schmuck und Waffen.

- **Info: www.jardinmajorelle.com,** Tel. 0524 30 18 52, Hunde nicht erlaubt, Okt. bis April 8–17.30 Uhr, Mai bis Sept. 8–18 Uhr, im Ramadan 9–17 Uhr.
- **Eintritt:** 50 DH, das Musée d'Art Islamique kostet 25 DH extra.
- **Wegbeschreibung:** Der Garten liegt nördlich des Bab Doukkala in Guéliz und ist am besten mit einem Taxi oder der Pferdekutsche zu erreichen. Auch der rote Sightseeing-Bus fährt den Garten an.

### Jardins de la Ménara

Ursprünglich im 12. Jahrhundert **unter den Almohaden errichtet,** wurden die Ménara-Gärten im 19. Jahrhundert unter Sultan *Mohamed ibn Abd el-Rahman* als Obst- und Olivenplantagen neu angelegt.

Vom **Eingangstor** am Ende der Av. de la Ménara führt eine breite Promenade durch die von Bewässerungskanälen durchzogenen **Olivenhaine** in Richtung Wasserbassin. Im Gegensatz zu den

Beliebtes Fotomotiv – der Pavillon in den Menara-Gärten

menschenleeren Agdal-Gärten (s.u.) sind hier marokkanische Schulklassen unterwegs, treffen sich junge Leute zum Flanieren und Plaudern, picknicken marokkanische Familien im Schatten der knorrigen Olivenbäume. Touristengruppen lassen sich auf Kamelen mit bunten Sätteln ablichten. Wer sich hier länger aufhalten möchte, sollte eine Decke mitnehmen, denn es gibt kaum Bänke und auch keinen Rasen.

Am linken Ende des zentralen Bewässerungsbeckens von 150 x 200 m thront ein **Pavillon** vom Ende des 19. Jahrhunderts mit einem Pyramidendach aus grün glasierten Ziegeln. Das von Palmen und Oliven umrahmte **Wasserbecken** mit dem malerischen Pavillon ist eines der beliebtesten Prospekt- und Fotomotive – vor allem vor der Kulisse der schneebedeckten Gipfel des Hohen Atlas an klaren Tagen im Winter. Der Eingang zum Pavillon liegt auf dessen Rückseite, vom oberen Stockwerk bietet sich ein lohnenswerter Ausblick über die Gärten und die Stadt bis zum Djabal Guéliz. Die Innenräume sind leer, einzig bemerkenswert sind die bemalte Holzdecke im Erd- und das Kuppeldach im Obergeschoss.

aga10_09 ad

- **Info:** tägl. 8–18 Uhr.
- **Eintritt:** in die Gärten frei, für den Pavillon 10 DH.
- **Wegbeschreibung:** Die Ménara-Gärten sind entweder mit dem Petit Taxi (ca. 30 DH ab Djamâa el-Fna), der Calèche oder dem Bus Nr. 11 ab Place de Foucault erreichbar. Zu Fuß läuft man von der Kutubiya-Moschee ca. 30 Min. entlang der Av. de la Ménara vorbei an den großen Hotels der Hivernage.

### Agdal-Gärten

Die Gartenanlagen wurden bereits **1157 unter den Almohaden gegründet** und sind damit eine der ältesten der arabisch-islamischen Welt – älter als die Gärten der Alhambra. Angeblich gab *Abd el Moumen* den Auftrag, einen *Jardin imperial* in der Nähe der Sultanspaläste zu errichten. Während die Olivenernte den Almohaden großen Ertrag einbrachte, lagen die Gartenanlagen unter den Meriniden und Ouattasiden brach. Erst im 16. Jahrhundert (unter dem Saaditen *Moulay el-Mansour*) wurden die Agdal-Gärten regeneriert und das Bewässerungssystem wieder in Betrieb genommen.

Die heute ummauerten und umzäunten Gärten sind 515 Hektar groß und werden über einen **Kanal vom Stausee Lalla Takerkoust** am Rande des Hohen Atlas bewässert. Etwa 30.000 Oliven-, 24.000 Orangen- und Mandarinen-, 7000 Granatäpfel- und 720 Feigenbäume bringen jährlich eine reiche Ernte.

Die Gartenanlagen selbst sind nur bedingt sehenswert – z.B. wenn man ein bisschen ländliche Ruhe genießen und allein zwischen den Baumreihen mit schmalen Bewässerungsrinnen aus Erde schlendern möchte. Gelegentlich picknickt eine marokkanische Familie im Schatten eines Olivenbaums. Der Hauptzugang zu den Gärten befindet sich beim großen **Wasserbassin El Hana.** Ein Wärter öffnet das Zugangstor beim Gebäude einer alten Ölmühle (Trinkgeld wird erwartet). Im braunen Wasser des betonierten Bassins schwimmen dicke Karpfen, am Horizont zeichnet sich der Hohe Atlas ab.

**Info:** Zugang zum Bassin nur Fr und So geöffnet, **Eintritt frei.**

**Wegbeschreibung:** Zugang über den Méchouar südlich des Königspalastes (bei Besuch des Königs gesperrt) oder vom Stadttor Bab Ighli entlang der Stadtmauer Richtung Süden, dann links in die Rue d'Agdal bis zum Eingangstor auf der rechten Seite (unbeschildert). Von allen anderen Seiten sind die Gärten verschlossen und die Eingänge nur schwer auffindbar. Der weite Weg entlang der Straße bis zum Bassin bietet keinerlei Schatten, daher lässt man sich besser mit dem Taxi oder der Pferdekutsche am Eingangstor beim Grand Bassin absetzen. Bus Nr. 6 ab Place de Foucault.

### Palmeraie

Bei der Palmeraie handelt es sich um den einzigen Palmenhain nördlich des Hohen Atlas, der angeblich durch einen **Zufall** entstand. Der Legende nach lagerte hier *Youssouf Ben Tachfin* im 11. Jahrhundert mit seinen Truppen, die hier Dattelkerne hinterließen. Heute dienen die Palmen als exotische Kulisse für die dortigen Villen und Hotels.

Die 12.000 Hektar große Palmeraie im Norden der Stadt ist weniger ein zusammenhängender Oasengarten als vielmehr ein Areal für große **Hotelprojekte,** riesige Privatanwesen der Schönen und Reichen, ein internationales Konferenzzentrum und für den Golfplatz **Golf de la Palmeraie.** Die Palmeraie ist neben der Hivernage das teuerste Wohnviertel der Stadt, und wie an den südlichen Ausfallstraßen schießen auch hier immer mehr luxuriöse Apartmentanlagen und Hotels aus dem Boden.

Seit 2011 befindet sich hier das **Musée de la Palmeraie** (Dar Tounsi, Route de Fès, tägl. 9–18 Uhr). Das 2011 eröffnete Privatmuseum liegt in einem zwei Hektar großen Garten und zeigt Bilder, Fotografien, Skulpturen und Installationen moderner marokkanischer Künstler.

Eine **22 km lange Rundfahrt,** der **Circuit de la Palmeraie,** führt durch den Palmenhain mit abgegrenzten und zum Teil ummauerten Grundstücken, einzelnen Oliven- und Zitrusgärten und Reitkamelen für neugierige Touristen. Bei der Runde **„Tour Oasis"** im offenen Doppeldeckerbus von ALSA (vgl. „Praktische Informationen/Stadtführungen") kann man sich einen guten Eindruck vom Ausmaß der Palmengärten verschaffen. In der Palmeraie ist es schön ruhig, und die Luft ist besser als im Zentrum, ein Autoausflug an diesen Ort lohnt sich jedoch lediglich für speziell Interessierte.

### Cyber Parc (Arset Moulay Abdelslam)

Ein Besuch im sauberen, schönen Cyber Parc bzw. Arset Moulay Abdelslam direkt an der Av. Mohamed V. zwischen Medina und Guéliz lässt den Lärm, Smog und tobenden Verkehr der Stadt vergessen. **Familien, Studenten und Jugendliche flanieren** zwischen den akkurat geschnittenen Sträuchern, Jacarandas, Zitronenbäumen, Pinien, Palmen und Oliven. In der Mitte des Parks bietet ein modernes Cybercafé kostenpflichtigen Internetzugang. Im westlichen Teil wandelt sich der Charakter des Parks von englisch-gepflegt zum Oasengarten mit kleinen Erdbewässerungskanälen unter Palmen und Oliven.

Am Haupteingang ist in einem Glaspavillon eine kleine **Ausstellung** der Maroc Telecom zur Entwicklung der Telekommunikation in Marokko untergebracht.

## Neustadt (Guéliz und Hivernage)

Die Neustadt, das heutige Viertel Guéliz, entstand in der Kolonialzeit **im Westen der Medina** als modernes Wohnviertel für die Franzosen außerhalb der Stadtmauern – heute erstickt Guéliz im Verkehr. Das Stadtviertel ist besonders zum **Einkaufen, Essen und Ausgehen** geeignet, sonst aber ohne besondere Sehenswürdigkeiten. In den mehrstöckigen rosa Betonbauten entlang der **Hauptstraße Av. Mohamed V.** und in den Seitenstraßen sind Shops mit Kleidung und Souvenirs, Restaurants, Cafés und Bars, Lebensmittelläden, Banken, Immobilienbüros, Reiseagenturen und Autovermieter untergebracht.

Am großen **Place du 16. Novembre** entstand im Jahr 2008 die repräsentative **Marrakech Plaza,** ein moderner Gebäudekomplex mit Läden und Apartments vor einem hübschen Platz mit Springbrunnen und Palmen. In der verglasten Ladenpassage haben sich moderne Boutiquen (Mango, Zara etc.) und das empfehlenswerte Café 16 (s. „Praktische Informationen/Essen und Trinken") eingemietet. Dahinter, an der Ecke von Rue des Nations Unies und Rue Ibn Toumert, wurde der **Marché central** mit Lebensmitteln und Schnittblumen errichtet.

Am **Place Abdelmoumen** an der Kreuzung zum Bd. Zerktouni laden viele Cafés mit schattiger Terrasse auf dem Gehsteig zu einer Verschnaufpause ein. Das am Platz gelegene Office du Tourisme hält Infos für Besucher bereit.

Entlang der **Av. Mohamed Abdelkrim El Khattabi** gelangt man südwärts zur Kreuzung der Av. Mohamed VI. mit der Av. Hassan II. Hier thront der Stolz der Marrakchis, das 2001 fertiggestellte **Théâtre Royal** des tunesischen Star-Architekten *Charles Boccara.* Der gelbe Bau mit großer Kuppel, Säulen und Backsteinen weckt von außen Assoziationen zu Moscheen und Tempeln in Ägypten. Das Gebäude ist u.a. Veranstaltungsort beim Filmfestival *(Festival international du Film de Marrakech)* sowie für Theater- und Musikvorführungen.

Beim Théâtre Royale beginnt der südliche Abschnitt der **Av. Mohamed VI.** Diese vierspurige, von Palmen flankierte Prachtmeile säumen große Luxushotels, Cafés und Restaurants sowie der Kongresspalast *(Palais des Congrès).*

Die sogenannte **Hivernage** zwischen Av. Moulay el Hassan und Av. de la Ménara schließt westlich an die Medina und südlich an Guéliz an. In diesem blitzsauberen, mit Palmen und Oliven begrünten Quartier reihen sich edle Apartmentanlagen und Luxushotels aneinander – die Hivernage ist neben der Palmeraie das teuerste Wohnviertel der Stadt.

# Praktische Informationen

## Touristeninformation

■ **Office du Tourisme** (ONMT), Place Abdelmoumen, Guéliz, Tel. 0524 43 61 31/39. Kostenlose Broschüren und Faltpläne, keine Detailinfos oder Empfehlung von Stadtführern.

■ **www.madein-marrakech.com,** übersichtliche Sammlung aller wichtigen Adressen: Unterkünfte, Restaurants, Nachtleben, Einkaufen.

■ **www.marrakech-info.com,** deutschsprachige Seite mit Infos zur Stadt und Buchungsmöglichkeit von Hotels und Riads.

■ Beim Tourismusamt in der Neustadt (s.o.) und in vielen Gästehäusern liegen englisch- und französischsprachige **Broschüren** mit Stadtplan, Veranstaltungskalender, Hinweisen zu Sehenswürdigkeiten sowie Restaurant- und Hotelanzeigen aus, z.B. „Last Exit Marrakech", „Le guide Marrakech" und „Couleurs Marrakech Pocket".

## Stadtführungen

Kompetente deutschsprachige Stadtführer verlangen für eine halbtägige Führung 400–500 DH und für den ganzen Tag bis zu 1000 DH (unabhängig von der Personenzahl). Der Preis sollte immer vorher vereinbart werden! Die Hotels halten in der Regel eine Liste empfehlenswerter Stadtführer bereit.

**Empfehlenswerte offizielle und des Deutschen mächtige Führer** für alle Sehenswürdigkeiten sind: *Hassan Moumen* (Mobil 0661 58 16 81), *Jamal Benihoud* (Mobil 0662 20 32 81, www.benihoud-touristguide-marokko.com), *Abdelkader Dizi* (Mobil 0667 96 49 12), *Omar Faris* (Mobil 0661 16 36 22), *Mustapha Arabia* (Tel. 0666 59 03 10) und *Ahmed Tija* (Tel. 0524 30 03 37). Leser empfahlen zudem *Khalid Naciri* (Mobil 0661 34 84 22, nacirikhalid@gmail.com) und *Hakim Mrabet* (Mobil 0662 64 51 27, www.hakimerlebnis.com).

Ein roter **Doppeldeckerbus für Touristen** fährt alle wichtigen Sehenswürdigkeiten an und startet u.a. am Djamâa el-Fna, vgl. „Stadtbusse/Sightseeing-Busse".

## Hotels in der Neustadt

Ohne Reservierung ist ein Unterkommen in den größeren Hotels zur Hauptsaison an Ostern, Weihnachten und zu Ferienzeiten schwierig!

Fast alle **Hotels in der Neustadt** verfügen über eigene **bewachte Parkplätze,** mit Ausnahme einiger Hotels direkt an der Av. Mohamed V. (hier gibt es öffentliche bewachte Parkplätze).

### Günstig

■ **Auberge de jeunesse,** Rue el Jahed, Hivernage, Tel. 0524 44 77 13, www.hihostels.com, in einer Parallelstraße zum Bd. el Hansali. Die sehr saubere Jugendherberge liegt ruhig nahe des Bahnhofs. Hübscher kleiner Garten und TV-Salon, 7 Euro mit Frühstück im Mehrbettzimmer, auch Familienzimmer.

■ **Toulousain**②, 44, Rue Tariq Ben Ziad, Guéliz, Tel. 0524 43 00 33, www.hoteltoulousain.com. Zentral gelegenes einfaches Traveller-Hotel mit Parkmöglichkeit im Hinterhof. Nebenan befindet sich das Café du Livre (vgl. „Essen und Trinken"). Ruhig und angenehm, netter Innenhof, (z.T. recht Hitze stauende) DZ mit Dusche/WC inkl. Frühstück, auch günstigere Zimmer ohne Bad. Sauber, nur an manchen Stellen blättert der Putz.

### Mittelklasse

■ **Ibis**③, Av. Hassan II., Place de la Gare (direkt am Bahnhof), Tel. 0524 43 59 29 33, www.ibishotel.com. Schönes 3-Sterne-Mittelklassehotel mit Pool, freundlichem Service und gutem Frühstück, WLAN. Die Räume nach vorne sind laut, besser Zimmer zum Garten verlangen. Ein weiteres Ibis-Hotel liegt an der Ausfahrtsstraße Richtung Casablanca.

■ **Le Caspien**③, 12, Rue Loubnane, Ecke Rue Liberté, Guéliz, Tel. 0524 42 22 82, www.lecaspienhotel.com. Hübsche, saubere, modern marokkanisch gestaltete Zimmer (mit Bad, TV) auf mehreren Etagen rund um den Innenhof (auch Suiten mit Balkon). Das 3-Sterne-Haus hat ein angenehmes Bistro und einen Mini-Pool.

■ **Moroccan House**④, 3, Rue Loubnane, Ecke Bd. Zerktouni, Guéliz, Tel. 0524 42 03 05/06, www.moroccanhousehotels. com. Dieses empfehlenswerte Hotel ist etwas überladen orientalisch im Stil eines Riads gestaltet. Das Personal ist sehr freundlich, ein Pool bietet Erfrischung. Die 50 Zimmer verschiedener Farbgebung und Kategorie sind mit Baldachinbett, TV und Klimaanlage ausgestattet.

■ **Oudaya**③, 147, Rue Mohamed El Beqal (Nordende), Tel. 0524 44 85 12 oder 44 71 09, www.hotel-oudaya.com. Zentrumsnahes, modernes und gepflegtes Mittelklassehotel im marokkanischen Stil, ca. 20 Min. Fußmarsch zum Djamâa el-Fna. Sehr freundlich und korrekt, schöner Pool im Hof, behinderten- und kinderfreundlich, viel von Veranstaltern gebucht. Gut ausgestattete, saubere und klimatisierte Zimmer (z.T. klein) mit Sat-TV und z.T. Balkon zum Hof. WLAN. Das Restaurant ist nicht empfehlenswert.

■ **Ryad Mogador Menara**③, Ecke Bd. 11 Janvier/Bd. Prince My Abdellah, am Bab Doukkala, Tel. 0524 43 86 46, www.ryadmogador.com. Modernes, großes 3-Sterne-Hotel mit Pool, Parkplatz und gutem Preis-Leistungsverhältnis. Die Zimmer sind mit Sat-TV und Klimaanlage ausgestattet. Kein Alkoholausschank, WLAN. Ca. 15 Minuten Fußmarsch zum Djamâa el-Fna.

### Oberklasse

Die modernen Oberklasse-Hotels in der Neustadt (v.a. in der Hivernage) unterscheiden sich kaum in Komfort, Ausstattung und Angebot (klimatisierte Zimmer mit TV, mehrere Restaurants, Sport- und Wellnessangebot). Daher werden hier nur einige ausgewählte Adressen genannt.

■ **La Mamounia Palace**⑤, Av. Bab Djedid (zwischen Stadtmauer und Kutubiya-Moschee), Tel. 0524 38 86 00, www.mamounia.com. Das legendäre und weltbekannte Luxushotel wurde nach dreijähriger Renovierung 2009 glamourös wiedereröffnet. Das ursprünglich aus dem Jahr 1923 stammende, von *Henri Probst* entworfene Traditionshotel verbindet die märchenhafte Atmosphäre aus 1001 Nacht mit dem Komfort des 21. Jh. Es diente als Kulisse für zahlreiche Filme und als Domizil für Aristokraten, Stars und Politiker, darunter Stammgast *Winston Churchill.* Sterneköche sorgen im französischen und marokkanischen Gourmet-Restaurant fürs leibliche Wohl, der 2500 m² große SPA-Bereich garantiert Entspannung und ist (mit Reservierung) auch für Nichtgäste geöffnet. Unbedingt einen Besuch wert ist der traumhafte, **7 ha große Mamounia-Park** mit Pool unter Palmen. Nichtgäste können den Pool und Fitnesspavillon mit einem Tagespass (50 Euro) nutzen. Prachtvoll mit Mosaiken, Marmor, Stuck und moderner Hightech ausgestattete Zimmer und Suiten mit Balkon und Blick über die Gärten ab 600 Euro. Zutritt in den Park und ins Hotel für alle, die nicht zu den Gästen gehören, nur mit angemessener Kleidung (keine Sandalen!).

■ **La Renaissance**④-⑤, 89, Av. Mohamed V., Ecke Bd. Zerktouni, Tel. 0524 33 77 77, www.renaissance-hotel-marrakech.com. Nach der Renovierung wurde das Traditionshotel (seit 1952) 2010 als Designtempel wiedergeboren. Sehr zentral mit Touristinfo, Restaurants, Cafés etc. um die Ecke. Sky Bar (7. Stock) mit Panoramablick und Cocktails, Hammam, gutes französisches Restaurant, WLAN. Standard-Doppelzimmer ab 190 Euro, in der Nebensaison bei Online-Buchung ab 70 Euro.

## Maisons d'Hôtes und Hotels in der Medina

Maisons d'Hôtes sind **Gästehäuser in alten, renovierten Stadthäusern (Riads)** der Medina. Die mittlerweile mehreren hundert Gästehäuser der Altstadt sind in der Regel nicht mit dem Auto zugänglich! Die ungenauen Pläne der Medina mit ihren unzähligen Gässlein reichen zur Orientierung bzw. zum problemlosen Auffinden der Häuser nicht aus. Rufen Sie deshalb am besten vorher in der jeweiligen Unterkunft an und lassen Sie sich (z.B. vom Djamâa el-Fna) abholen, den Gepäcktransport organisieren und einen bewachten Parkplatz in der Nähe zeigen. Am Djamâa el-Fna kann man auch Träger mit Gepäckkarren anmieten (ca. 20 DH, vorher verhandeln!). Eine Reservierung ist für alle Gästehäuser unbedingt empfehlenswert.

Maisons d'Hôtes in der **nördlichen Medina** liegen in den Quartieren Kennaria, Dabbachi, Azbezt, Mouassine, Kat Benhadid, Riad Larousse, Bab Doukkala, u.a. nördlich des Djamâa el-Fna. Gästehäuser in den Quartieren Riad Zitoun el Jdid, Riad Zitoun el Kedim, Berrima, Mellah, Kasbah u.a. zählen wir zur **südlichen Medina.**

### Günstig

Die meisten preiswerten Gästehäuser liegen südlich des Djamâa el-Fna, z.B. in den Seitengassen der Rue Bab Agnaou und der Rue Riad Zitoun el Kedim.

■ **Ali**③ (mit Frühstück), Rue Moulay Ismail (wenige Schritte vom Djamâa el-Fna), südliche Medina, Tel. 0524 44 49 79, www.hotel-ali.com. Travellertreffpunkt Nr. 1 in Marrakesch, internationales junges Low-Budget-Publikum. Zimmer laut, nicht klimatisiert und sehr klein, aber sauber, bewachter Parkplatz. Jeden Abend günstiges All-you-can-eat-Büffet, eigener Pizzaofen. Abends lebhaftes Treiben im Café zur Straße. WLAN im EG, Wechselbüro (auch am Wochenende und abends geöffnet). Es können Tagesausflüge (z.B. nach Ouzoud) gebucht werden. Übernachtung auf der Dachterrasse mit tollem Blick auf den Platz (Matratze und Schlafsäcke vorhanden) ca. 70 DH inkl. Frühstück, auch 3er-Zimmer.

■ **El Amal**①, 93, Derb Sidi Bouloukate, in einer ruhigen Seitengasse der Riad Zitoun el Kedim, südliche Medina, Tel. 0524 44 50 43, mahmoud.kha@gmail.com. Etwas dunkle, kleine Zimmer mit Waschbecken in einem grün gestrichenen Hofhaus. Sehr einfache, typisch marokkanische Ausstattung, aber ordentlich und saubere Etagenduschen und WCs. Frühstück 20 DH.

■ **Essaouira**①-②, 3, Derb Sidibouloukate (Seitengasse der Riad Zitoun el Kedim), südliche Medina, Tel. 0524 44 38 05, www.jnanemogador.com/hotelessaouira-marrakech. Am Südende des Djamâa el-Fna durch einen Torbogen in die Riad Zitoun el Kedim einbiegen, dann ca. 5 Min. bis zum Hotel rechts in der zweiten kleinen Seitengasse. Einfaches, hübsches und sauberes, daher beliebtes Travellerhotel in einem kleinen Riad mit bunt bemalten Holzbalkonen. Hellhörige Zimmer mit Waschbecken oder eigenem Bad auf zwei Etagen um den Innenhof. Abendessen auf Bestellung. Dachterrasse mit Snackbar und Blick auf die Stadt und die Berge (Übernachtung auf der Terrasse ca. 50 DH). DZ mit Etagendusche (warm), nur eine Toilette pro Gang, sowie DZ mit Bad/WC.

■ **Gallia**③ (mit Frühstück), 30, Rue de la Recette (Seitengasse der Rue Bab Agnaou), südliche Medina, Tel. 0524 44 59 13, www.ilove-marrakech.com/hotelgallia. In diesem renovierten alten Stadthaus wird man sehr freundlich empfangen, den schönen Innenhof ziert eine große Palme, die 19 Zimmer sind sauber und klimatisiert. Häufig ausgebucht, Reservierung notwendig.

■ **Jnane Mogador**③ (mit Frühstück), 116, Riad Zitoun el Kedim, Derb Sidi Bouloukat, südliche Medina, nur wenige Meter vom Djamâa el-Fna, Tel. 0524 42 63 23/24, www.jnanemogador.com. Kleiner, hübscher Riad mit zwei Stockwerken, Internetecke, 18 schönen Zimmern mit TV und Klimaanlage, Dachterrasse ohne Schatten, kleiner Hammam, WLAN.

MEIN TIPP: **Riad Celia**③ (mit Frühstück), 1, Douar Graoua, Riad Zitoun Djedid, südliche Medina, Tel. 0524 42 99 84/81, www.hotelriadcelia.com. Hübscher, kleiner und freundlicher Riad in günstiger Lage nur wenige Minuten vom Djamâa el-Fna. Die klimatisierten Zimmer mit Bad gruppieren sich auf drei Etagen um den Innenhof mit riesiger Palme und TV-Salon. Dachterrasse mit Olivenbäumchen und gemütlicher Sitzecke (ohne Ausblick), WLAN.

■ **Sherazade**②-③, 3, Derb Djamaa, Riad Zitoun El Kedim (ca. 5 Min. vom Djamâa el-Fna), südliche Medina, Tel. 0524 42 93 05, www.hotelsherazade.com. Am Südende des Djamâa el-Fna durch einen Torbogen in die Riad Zitoun el Kedim einbiegen – links liegt eine kleine Parkgarage –, dann in die dritte Straße auf der linken Seite. Nettes, sauberes Gästehaus im marokkanischen Stil mit 21 Zimmern, das vom deutsch-marokkanischen Paar *Sabina* und *Ahmed Benchaira* geführt wird. DZ mit Bad (z.T. mit Klimaanlage) und DZ mit (sauberem) Etagenbad. Vorausbuchung notwendig.

■ **Sindi Sud**①-②, 109, Riad Zitoun el Kedim, Derb Sidi Bouloukate, südliche Medina, 10 m vom Hotel Essaouira, Tel. 0524 44 33 37. Einfaches Hotel mit freundlichem Personal, schöner Dachterrasse und ordentlichen Zimmern, gutes Preis-Leistungsverhältnis, WLAN. DZ ohne/mit Bad, Übernachtung auf der Dachterrasse möglich (am günstigsten).

### Mittelklasse

■ **Bordj Dar Lamane**④, 11, Derb Koudian, Ben Salah (direkt beim Place Ben Salah und der gleichnamigen Moschee), nördliche Medina, Tel. 0524 37 85 41, Mobil 0662 35 79 73, in Deutschland: Tel. 07663 94 94 55, www.marokko-aktiv-reisen.com. Das farbenfrohe Hofhaus unter deutsch-marokkanischer Führung hat sieben komfortable Zimmer, die sich auf zwei Stockwerken um den Innenhof mit Brunnen gruppieren. Von der Dachterrasse genießt man einen herrlichen Blick über die Dächer von Marrakesch. Essen auf Bestellung, individuelle Organisation von Ausflügen möglich.

■ **Dar Fakir**④, 16, Derb Sidi Boulafdail (in gleicher Gasse wie Riad Johenna), Kennaria, südliche Medina, www.darfakir.co.uk. Dieser Riad wirkt mit seinen beigen Tadelakt-Tönen, den dunklen Holzportalen und -fenstern sowie barock anmutenden Gemälden in den Salons vornehm-elegant. Im Innenhof mit Springbrunnen und Orangenbäumen herrscht abends romantische Atmosphäre bei Kerzenlicht. 7 Zimmer/Suiten mit AC und Fenstern zum Patio, z.T. etwas dunkel. Schöner Ausblick von der obersten Dachterrasse. Die freundliche deutsche Managerin *Kerstin Brand* kümmert sich um die Gäste und gibt viele Tipps. Sehr gute Lage nur etwa drei Gehminuten vom Djamâa el-Fna: vom Platz über Rue des Banques in Riad Zitoun Djedid abbiegen, dann erste Gasse rechts.

■ **Dar Limoun Amara**③-④, 71, Derb Jamaa, Riad Zitoun Djedid, Tel. 0524 38 18 09, www.dar-limounamara.com. Gute Lage nahe des Bahia-Palastes und Dar-Si-Said-Museums, wenige Minuten zum Djamâa el-Fna. Der freundliche *Gérard* kümmert sich um die Gäste der drei geräumigen Zimmer. Auf der Terrasse (leider ohne Blick) gibt es üppiges Frühstück mit selbst gemachten Kuchen und Konfitüren. Klimatisierte, marokkanisch gestaltete Zimmer, hübscher Innenhof mit Orangenbäumen. Essen auf Vorbestellung.

■ **Dar Malak**③ (mit AC, in der Hauptsaison plus 15%), 20, Derb Assabane, Riad Laarouss, nördliche Medina, Tel. 0524 38 58 06, Mobil 0667 48 19 36, www.darmalak.com, um die Ecke des Riad Zina. Die sympathischen Franzosen *Eric* und *Rose Ruel* kümmern sich persönlich um die Gäste ihres hellen „Hauses der Engel" mit nur drei Zimmern und einer Suite. Der Künstler *Eric* stellt in einem Atelier seine Gemälde aus. Bemalte Stuckdecke, ansonsten minimalistische Gestaltung, kleiner Hammam, WLAN, ruhige Lage, Essen auf Bestellung.

MEIN TIPP: **Riad du Rabbin**④, 105, Rue Souika/Ecke Rue Sekaia, Quartier Essalam in der Mellah (südliche Medina), Tel. 0524 38 90 90, www.riad-du-rabbin.com. Im Gewürzsouk des alten Judenviertels versteckt sich dieser herrliche Palast mit Arkadenbögen und z.T. sehr gut erhaltenen, bemalten Zedernholzdecken. Gute Lage nahe des Bahia- und Badia-Palastes und dennoch abseits der Touristenströme (10 Min. zum Djamâa el-Fna). Romantisches Ambiente in sanften Farbtönen, großzügige Suiten mit AC (EZ leider recht klein), tolle Dachterrasse mit Sonnenliegen und Ausblick auf den Atlas, kleiner Planschpool im Innenhof, Hammam, WLAN. Herzliche, deutschsprachige Betreuung durch die Managerin *Latifa*.

mar_001 ad

**Riad Aladdin**④, 7/8, Derb Touareg, Berrima, Place Ferblantiers, Tel. 0524 38 64 25, www.riad-aladdin. com. Sehr schöner Riad mit 17 individuell im Berberstil gestalteten klimatisierten Zimmern, ideale Lage beim Place des Ferblantiers und dem Bahia-Palast. Von der großen, grünen Dachterrasse mit Sonnenliegen lässt sich herrlich der allabendliche Einflug der Störche zu ihren Nestern auf den Mauern des El-Badi-Palastes beobachten.

**Riad Fatinat**④, 61, Arset Aouzel, Bab Doukkala, Tel. 0524 37 78 82, www.fatinat-marrakech.com. Dieser schöne Riad unter deutscher Leitung mit zwei Suiten und drei Zimmern ist romantisch-orientalisch und farbenfroh gestaltet. Mit Hammam und großer Dachterrasse mit Ausblick.

**Riad Johenna**③-④ (je nach Saison), 25, Derb Sidi Boulafdail (in der gleichen Gasse wie Dar Fakir), Kennaria, südliche Medina, Mobil 0671 23 63 24, www.riad-johenna.com. Der Oberbayer *Hans Kraus* renovierte mit seiner marokkanischen Frau *Sabah* liebevoll diesen kleinen Riad, in dem man sich wie zu Hause fühlt und persönlich betreut wird. Die drei Zimmer mit altem Stuck, Tadlakt, AC/Heizung und eigenem Bad orientieren sich zum kleinen offenen Innenhof, der bei Regen abgedeckt wird. Auf der Dachterrasse kann man die Geräuschkulisse des Djamâa el-Fna miterleben. Vom Platz kommend über Rue des Banques in Riad Zitoun Djedid abbiegen, dann erste Gasse rechts.

**Riad Lena**③-④ (je nach Saison, mit Frühstück), 8, Derb el Hammam (kein Türschild), Riad Laarouss, nördliche Medina (nicht weit vom Musée de Marrakech), Mobil 0661 28 02 79, www.riadlena.com. Sehr schönes, in sanften Farben und mit Leinen gestaltetes Haus. Kleines Badebecken im Innenhof, chillige Dachterrasse mit schattigen Sitzecken und Restaurant (Alkoholausschank). Elf nach Gewürzen benannte Zimmer und große Suiten für bis zu 4 Pers., angenehmer Kaminsalon im EG.

**Riad Lyla**③-④, 4/5, Derb Ouatani, Mouassine, nördliche Medina, von der Rue Mouassine kommend links ab in die Rue Sidi el Yamani, dann wieder links (Durchgang mit Schild „Derb Ouatani"), Tel. 0668 17 07 12, www.riad-lyla-marrakech.com. In diesem hellen, freundlichen Riad mit zwei Patios (einer davon mit kleinem Pool) fühlt man sich wie in einem Garten: üppig grüne Palmen, Orangenbäume, Kakteen und Aloe in den Höfen und auf der Dachterrasse. Kaminsalon im EG mit schönem Zedernholzportal, Dachterrasse auf mehreren Ebenen mit Sonnenliegen und schattigen Sitzpolstern. 7 hübsche, klimatisierte Zimmer. WLAN.

MEIN TIPP: **Riad Noga**④ (saisonabhängig), 78, Derb Jdid, Douar Graoua. Tel. 0524 37 76 70, 38 58 46, www.riadnoga.com. Vom Djamâa el-Fna auf der Derb Dabbachi nach Osten, nach der Kreuzung mit der Rue Kennaria die vierte Gasse rechts runter (ca. 10 Min. Fußmarsch). Das Riad Noga (unter deutscher Führung) ist eine Oase der Ruhe inmitten der Medina! Das Gästehaus besteht aus zwei wundervoll renovierten Stadthäusern mit kühlem Innenhof. Im Patio des ersten Hauses mit Orangenbäumen kann man in der Polsterecke in Marokko-Büchern schmökern. Im erdroten Patio nebenan befindet sich ein erfrischender Pool. Sieben individuell eingerichtete, hübsche DZ unterschiedlicher Größe mit Bad, Heizung/Klimaanlage, Sat-TV/DVD, z.T. mit offenem Kamin, Internet verfügbar. Sehr gutes Frühstück und Dinner (auf Bestellung, Alkoholausschank) auf der herrlichen Dachterrasse mit Ausblick. Reservierung notwendig!

**Riad Sahara Nour**③-④ (mit Frühstück), 118, Derb Dekkak, Bab Doukkala, nördliche Medina, Tel. 0524 37 65 70, www.riadsaharanour-marrakech.com. Kulturelles Begegnungszentrum und Gästehaus mit fünf Zimmern. Musiksalon, Bibliothek mit Marokko-Literatur und Zeitschriften, Kalligrafie-Kurse für Gäste möglich. Zwei große, helle Suiten

[<] Ein Paradies mitten in der Medina von Marrakesch – der Riad Noga und zwei kleine Zimmer auf der Dachterrasse (kein Blick), alle hübsch individuell gestaltet (z.B. Africa Suite). Sonniger Innenhof mit Zitrus- und Olivenbäumen. Der engagierte Besitzer *François* will den Dialog zwischen den Kulturen fördern.

### Oberklasse

■ **Dar Les Cigognes**⑤ (saisonabhängig), 108, Rue de Berrima, südliche Medina, Tel. 0524 38 27 40, www.lescigognes.com, an der Hinterseite des El-Badi-Palastes, mit Pkw zugänglich. Luxusriad für anspruchsvolle Reisende oder die Flitterwochen in zwei vom Star-Architekten *Charles Boccara* schick renovierten Häusern aus dem 17. Jh.: Decken, Türen und Balkone aus dunklem Zedernholz, helle Polstermöbel, offener Patio und Stuckbögen. Freundlicher, professioneller Service – hier kann man sich von der Massage bis zum Soukbummel oder Ausflug nach Essaouira alles organisieren lassen. Alkoholausschank, jeden Abend Teilnahme an einem 90-minütigen Kochkurs möglich. Große Dachterrasse voller Blühpflanzen mit Blick auf die Störche auf den Mauern des El-Badi-Palastes. 11 Zimmer und Suiten mit offenem Kamin und AC.

■ **Les Jardins de la Koutoubia**⑤, 26, Rue de la Koutoubia, südliche Medina, Tel. 0524 38 88 00, www.lesjardinsdelakoutoubia.com. In einem historischen Palast aus dem 18. Jh. entstand 2002 ein Luxushotel mit über 100 Zimmern in bester Lage zwischen Kutubiya-Moschee und Djâmaa el-Fna. Orientalischer Prunk und Architektur verbinden sich hier ohne Kitsch mit modernem Komfort – ein Traumhotel für Genießer. Luxuriöser Clarins-SPA, Tiefgarage, Restaurants mit indisch-asiatischer, europäischer und marokkanischer Küche. Frühstücksbüfett 19 Euro.

⊻ Erholung im La Mamounia Palace

037m015 ad

MEIN TIPP: **Riad Enija**⑤, 9, Derb Mesfioui, Rahba Lakdima, nördliche Medina, Tel. 0524 44 09 26, 44 00 14, www.riadenija.com. Kein Schild an der Tür, auf der linken Seite am Ende der Gasse (Haus Nr. 9). Dieser wunderschöne Luxusriad aus vier Stadtpalästen der Schweizer *Ursula Haldimann* und *Björn Conerdings* verbindet modernes, farbenfrohes Design mit der Architektur aus 1001 Nacht (Stuck, Mosaike, Patios mit Springbrunnen). Der Hofgarten im größten Patio gleicht einem Urwald mit Palmen, Orangenbäumen und Kakteen. In einem weiteren Innenhof sorgt ein Pool für Erfrischung. Günstige Lage nahe Djamâa el-Fna. Restaurant im Gewölbekeller. Zimmer/Suite ab 230 Euro.

■ **Riad Farnatchi**⑤, Derb el Farnatchi, Rue Souk el Fassis, Qua'at Ben Ahid, nördliche Medina, Tel. 0524 38 49 10/12, www.riadfarnatchi.com. Dieser traumhafte Riad besteht aus mehreren miteinander verbundenen Häusern des 16. Jh. und liegt mitten in der Medina in direkter Nachbarschaft zur Medersa Ben Youssef. Die neun sehr stilvoll marokkanisch gestalteten Suiten mit mehreren Räumen sind z.T. größer als die meisten Stadtwohnungen und bedienen alle Ansprüche: Kamin, Tadlakt-Wände und -Böden, Sat-TV, DVD, WLAN und Privatterrasse. Architektonische Highlights sind der Mosaik-Badebrunnen im ersten Innenhof sowie der Speisesalon mit Rankenrelief bis zur Decke und thronartigen Ledersesseln – das Essen selbst ist leider nur mittelmäßig. Die Kanadierin *Lynn Paris* kümmert sich persönlich um die Gäste und gibt Tipps für alle Belange. Das Personal spricht englisch. Suite ab 310 Euro inkl. Tee, Kaffee, Wasser, Gebäck, Obst, Djellabah und Sandalen, Hammam und Airporttransfer.

■ **Riyad el Cadi**④-⑤, 86/87, Derb Moulay Abd el Kader (kein Türschild), Dabbachi, nördliche Medina, Tel. 0524 37 86 55, www.riyadelcadi.com. Dieses edle Gästehaus besteht aus sieben miteinander verbundenen Hofhäusern mit 14 komfortablen Zimmern oder Suiten – durch seine Größe ist das Ensemble mit seinen grünen Patios, verwinkelten Treppen und Zimmern beinahe labyrinthisch. Das Haus wurde ursprünglich vom ehemaligen deutschen Botschafter in Rabat, *Dr. Herwig Bartels*, eingerichtet. Heute steht es unter der Führung seiner Tochter *Julia Bartels*. Die sehr großzügigen Suiten (z.T. mit mehreren Zimmern und Privatterrasse, mit AC, TV, Minibar, Kamin) überzeugen durch ihr minimalistisches Design aus wertvollen antiken Sammelstücken (z.B. Berbertextilien und Orientteppichen) kombiniert mit modernem Mobiliar. Das „Blaue Haus" kann komplett privat gemietet werden (4–5 Pers.). Sehr ruhige Lage in einem Wohnviertel nicht weit vom Platz, kleiner Pool, Hammam, große Dachterrasse mit Sonnenliegen und Schattenplätzen. WLAN. Man spricht deutsch.

Schlichte Eleganz im Riyad el Cadi

033m015 ad

# Leben wie ein Pascha in der Medina von Marrakesch

von Prof. Dr. *Anton Escher* und Dipl. Geogr. *Sandra Petermann*
(Geografisches Institut der Johannes-Gutenberg-Universität Mainz)

Wo ist das Unauffindbare findbar, wo das Unmögliche möglich, und wo werden dem Menschen alle Wünsche erfüllt? Glaubt man dem bekannten Filmarchäologen *Indiana Jones,* dann existiert nur ein Ort, an dem dies zutrifft: Marrakesch! Allein der Name Marrakesch genügt, um in der Fantasie und Vorstellung der Europäer den „Zauber des Orients", die Sehnsucht nach dem „Taumel des Seins" und das Versprechen zur Befriedigung aller sinnlichen Bedürfnisse zu erzeugen. Wenn man durch die Altstadt von Marrakesch bummelt und einen Blick hinter die zum Teil für Besucher geöffneten Türen der hohen Hausmauern wirft, entdeckt der Flanierende eine **märchenhafte Welt:** Verwinkelte Ateliers, kunstvolle Galerien, luxuriöse Gästehäuser, exotische Restaurants, völkerkundliche Museen und prachtvolle Privatdomizile mit Innenhofgärten (die berühmten Riads) laden ein, in die Welt der Paschas aus 1001 Nacht einzutauchen.

Zu Beginn des französischen Protektorats fanden europäische Künstler wie *Jacques Majorelle* den Weg nach Marrakesch, ihnen folgten über Tanger amerikanische Schriftsteller der

031m015 ad

Beatgeneration, der internationale Jet-Set und über Essaouira mit Blumen bekränzte Hippies. Heute besuchen nahezu alle Marokko-Touristen die „Rote Stadt". Im Gegensatz zu vielen verfallenden Altstädten des Orients, in denen die unterste Bevölkerungsschicht des Landes lebt, erfreut sich die Medina von Marrakesch eines vorher nicht gekannten Glanzes. Für die **umfassende Renovierung vieler Wohnhäuser** sind Europäer verantwortlich, von denen sich bereits Ende des 20. Jahrhunderts 150 in der Altstadt etabliert hatten. Im Jahr 2009 waren mehr als 2100 Immobilien in der Medina in ausländischer Hand. Die Neu-Marrakechi bauen einzelne Wohnhäuser oder Hauskombinationen bis hin zu ganzen Sackgassenabschnitten nach orientalistischen Vorstellungen aus und um.

Angestoßen wurde der ungeahnte europäische Zuzug einerseits durch den jungen belgischen Architekten *Quentin Wilbaux,* der in den 1990er Jahren Hunderte Wohnhäuser in der Altstadt durch Vermessung und Kartierung wissenschaftlich erfasste und einige Jahre später zusammen mit seinem marokkanischen Freund *Abdellatif Aït Ben Abdallah* über eine Immobilienfirma vermarktete. Andererseits bewirkten die Medien, allen voran das französische Fernsehen mit einer Sendung über den Hauskauf in den Altstädten von Marrakesch und Essaouira, dass die Medina nicht mehr lediglich Reiche und Künstler anzieht. In Zeitungen, Journalen, Spielfilmen und im Internet werden das orientalische Bild und das **märchenhafte Image** der Stadt Marrakesch sowie die Attraktivität der Riads immer wieder thematisiert. Im Laufe der letzen Jahre wurden so – ermöglicht durch die historische Bausubstanz und begleitet von wirtschaftlichen und politischen Veränderungen in Marokko – die Bedingungen für eine **weltweite Vermarktung** der Altstadt-Immobilien von Marrakesch geschaffen. Und die Nachfrage nach diesem Angebot scheint, trotz islamistischer Terroranschläge und globaler Wirtschaftskrise, nicht nachzulassen. Auch hat die Anwesenheit der Ausländer inzwischen dazu beigetragen, dass die kommunale Infrastruktur der Altstadt (Wegepflasterung, Parkanlagen, Wasser- und Stromversorgung sowie Kanalisation) erneuert wurde.

Der Zuzug in die Altstadt wird anhalten. Europäer und Marokkaner finden die Medina wieder attraktiv und investieren. Insgesamt kann die Entwicklung der Medina als positiv bezeichnet werden. Das nicht immer konfliktfreie **Zusammenleben** von Marokkanern und Europäern hat allerdings lediglich dann eine Zukunft, wenn sich beide Seiten gegenseitig in ihren kulturellen Unterschieden anerkennen und achten. Nur so werden Europäer den Zauber des Orients dauerhaft in Marrakesch genießen können.

< Grüne Terrassen im Riad Lyla

⌄ Literaturcafé Dar Cherifa

032m015 ad

## Hotels außerhalb

Vgl. auch S. 281, Ourika-Tal.

■ **Terre des etoiles**⑤ (mit HP), Agafay, Tel. 0524 44 73 75, www.terredesetoiles.com. Wer nur 25 km außerhalb von Marrakesch etwas Wüstenluft schnuppern möchte, ist in diesem *Bivouac* (Zeltcamp) richtig: zehn komplett eingerichtete Luxus-Zelte mit Bad in wüstenhafter Umgebung, Restaurant und Bar (abends Musik und Bauchtanz). Pferde-, Kamel- und Quadausflüge. Es gibt Strom und fließend Wasser – so komfortabel hat man es in den Bivouacs am Erg Chegaga nicht.

## Riad-Vermittlungsagenturen

Folgende Agenturen helfen bei der Vermittlung von Zimmern in Maison d'Hôtes (alle Kategorien) oder auch bei der Miete bzw. dem Kauf ganzer Häuser in der Medina:

■ **Medina,** 102, Rue Dar el Bacha, Souika Sidi Abd al Aziz, Medina, Tel. 0526 10 04 93 oder 0524 29 07 07, www.marrakech-medina.com.
■ **Marrakesch Riads,** 8, Derb Chorfa Lakbir, Mouassine, Medina, Tel. 0524 42 64 63, www.marrakech-riads.com.

## Campingplätze

■ **Camping Ferdaous,** Tel. 0524 31 31 67, N 31° 43,144', W 07°58,918', 13 km außerhalb an der Straße Richtung Casablanca (Route de Casa) auf der linken Seite (rosa Gebäude, ca. 100 m vor der Tankstelle links abbiegen; bzw. von Casablanca kommend ca. 100 m nach der Tankstelle rechts). Der wenig gepflegte und durch den Straßenverkehr sehr laute Platz ist in mit Bäumen und Büschen umzäunte Bereiche geteilt (ohne Schatten). Die sanitären Anlagen sind nicht voll funktionstüchtig. Preis pro Person/Tag mit Wohnmobil ca. 50 DH. Mit Taxi oder Bus kommt man zur Medina.
■ **Le Relais de Marrakech,** in der Palmeraie, Mobil 0664 71 73 28, www.lerelaisdemarrakech.com, N 31°42,408', W 07°59,407'. Vom franz. Paar *Gilles* und *Joelle* betriebener Campingplatz und Kasbahhotel mit marokkanischem Restaurant (Alkohollizenz, sehr gutes Essen auf Vorbestellung); WLAN. Die Stellplätze (85 DH plus Strom) zwischen kleinen Bäumen und Oleanderbüschen verteilen sich in der wunderschönen Gartenanlage mit großem, sehr einladendem Pool (Sonnenliegen). Die in marokkanischem Design gefliesten Sanitäranlagen mit heißer Dusche haben europäischen Standard; Waschmaschine. Mit dem Grand Taxi (kann zum Festpreis bestellt werden) kommt man in die Medina. Übernachtung in komfortablen Berberzelten②, z.T. mit Bad; DZ mit Bad im Kasbahhotel③. Die **Anfahrt** mit eigenem Fahrzeug ist nicht ganz einfach: Navis lotsen über die Autobahn Richtung Casablanca, von der man dann beim nächsten Kreisverkehr hinter der Palmeraie erst wieder zurück muss und über holprige Piste zum Camping gelangt. Besser beim Kreisverkehr hinter dem Oued Tensift links fahren (Richtung Fantasia-Restaurant Chez Ali, Beschilderung „Club-Hotel Sangho"); rechts geht's zur Palmeraie und Richtung Autobahn nach Casablanca. Dann biegt man beim Restaurant Le Mechoui und kurz nach der Residence Dar Lamnia von der Hauptstraße Richtung Club Sangho ab (N 31°42,243', W 07° 59,674', Campingschild).
■ **Manzil La Tortue,** Douar Gzoula, 12 km in Richtung Ouarzazate, Tel. 0525 11 88 86, www.manzil-la-tortue.com, N 31°36,654', W 07°54,28'. Anfahrt: Erst der Beschilderung Richtung Fès folgen, 500 m hinter Metro am Kreisverkehr in Richtung Ouarzazate abbiegen, 4,5 km hinter dem Kreisverkehr bei der amerikanischen Schule links und 2,5 km der Piste folgen. Schickes Gästehaus mit komfortablen Zimmern, Berberzelten und einigen Camping-Stellplätzen im Garten. Restaurant mit Küche aus Bioprodukten. Es gibt einen schönen Pool (kostenlos zu benutzen, wenn man dort isst, sonst 50 DH p.P.).

## Essen und Trinken

Erste Adresse für ein erlebnisreiches Mahl in Marrakesch sind natürlich die **Garbuden am Djamâa el-Fna,** wo man neben Einheimischen zu Abend isst. Hier gibt es nahezu alles: Salate, eingelegtes Gemüse, Eier, Fleischspießchen, gegrillten Fisch, Tajine, Suppe und sogar Schnecken und Schafsköpfe. Die Stände sind normalerweise sehr hygienisch, die Speisen werden frisch zubereitet und lagern nur kurz. Vorsicht: Manchmal werden nicht georderte Beilagen einfach mitserviert, diese müssen extra bezahlt werden

Sehr lecker ist der **frisch gepresste Orangensaft** von den zahlreichen Verkäufern auf dem Platz. Der Preis beträgt 4 DH pro Glas. Achten Sie darauf, dass der Saft wirklich frisch gepresst und kein (evtl. verkeimtes) Eiswasser beigemischt wird!

Neben dem obligatorischen „Dinner" am Djamâa el-Fna empfiehlt es sich, in einem der **Palast-Restaurants** à la 1001 Nacht ein delikates Menü zu genießen (z.B. Dar Zellij, Le Foundouk, Le Tobsil). Dort muss der Tisch allerdings frühzeitig reserviert werden, am besten von zu Hause aus! In einigen der teuren Restaurants mit marokkanischer Speisekarte kann nur ein ganzes Menü zu einem Komplettpreis und nicht à la carte bestellt werden. Getränke sind manchmal schon im Preis (300–600 DH) enthalten. Häufig gehört Live-Musik, manchmal auch Bauchtanz zum Rahmenprogramm.

In den **günstigen und mittelpreisigen Restaurants** muss nicht immer gleich ein ganzes Menü konsumiert werden; dort gibt es nur einen Salat schon ab 15 DH und eine gute Tajine ab 60 DH.

### In der Medina

■ **Café Arabe,** 184, Rue el Mouassine, nördliche Medina, Tel. 0524 42 97 28, www.cafearabe.com, tägl. 10–24 Uhr. Delikate, recht teure italienische und marokkanische Küche (kleine Portionen) im Innenhof eines eleganten Riads. Auf der Dachterrasse herrscht abends chillige Lounge-Atmosphäre auf weißen Polstergarnituren. Auch Sonntagsbrunch.

■ **Chez Chegrouni,** direkt am Djamâa el-Fna. Das ausschließlich von Touristen frequentierte Café hat die höchste Terrasse am Platz – von hier oben bietet sich ein entsprechend toller Blick auf das Treiben. Das Essen ist recht günstig, kann aber bei starkem Andrang etwas dauern. Salate 20 DH, Couscous/Tajine 70 DH.

■ **Dar Essalam,** 170, Riad Zitoun el Kedim, südliche Medina, Tel. 0524 44 35 20, www.daressalam.com, tägl. mittags und abends. Dieser prachtvolle Stadtpalast (17. Jh.) in gut auffindbarer Lage diente u.a. als Kulisse für *Hitchcocks* „Der Mann, der zu viel wusste". Sehr gute marokkanische Küche in mehreren mit Mosaiken und Stuck ausgestatteten Salons, viele Gruppen. 4-Gänge-Menü 250–400 DH.

MEIN TIPP: **Dar Zellij,** 1, Kaasour, Sidi Ben Slimane, nördliche Medina, Tel. 0524 38 26 27, www.darzellij.com, nur mit Reservierung, dann Abholung durch Mitarbeiter des Restaurants an der Moschee Sidi Ben Slimane (mit Taxi erreichbar, tägl. außer Di ab 19.30 Uhr). Hervorragende marokkanische Küche in einem wunderschönen Riad aus dem 17. Jh. ohne überflüssigen Orient-Kitsch: Hier speist man bei dezenter Live-Musik in äußerst romantischer Atmosphäre unter Orangenbäumen im offenen, weißen Innenhof mit Arkaden, vorher gibt es einen Aperitif auf der Dachterrasse. Die Ober sprechen auch englisch. 4-Gänge-Menü ab 32 Euro, Alkoholausschank (u.a. marokkanischer Wein). Jeden Sonntag ab 10 Uhr Brunch (16 Euro).

■ **Kasbah Café,** Place des Tombeaux des Saadiens, Tel. 0524 38 26 25, www.kasbahcafemarrakech.com. Traditionell gestaltetes Café/Restaurant (Frühstück, Mittag-/Abendessen) direkt ggü. der Saadier-Gräber, Dachterrasse mit Strohschirmen und Ausblick, erfrischende Wasserzerstäuber. Marokkanische Küche, auch vegetarische Gerichte, WLAN verfügbar.

■ **Kosybar,** 47, Place des Ferblantiers, Tel. 0524 38 03 24, tägl. 11–1 Uhr. In diesem orientalisch-schicken Riad mit Bar und empfehlenswerten marokkanischen Weinen sitzt man am besten auf einer der beiden Dachterrassen mit herrlich kühlenden Wasserzerstäubern – inklusive Blick auf die Störche des El-Badi-Palastes und die Koutoubia. Ein Gericht (internationale Küche von Tajine bis Sushi) kostet ca. 160 DH. Do, Fr und Sa Live-Musik.

■ **Ksar el Hamra,** 28, Sabt Ben Daoud (in einer Quergasse zwischen Riad Zitoun Kedim und Djedid), Tel. 0524 42 76 07, www.restaurant-ksarelhamra.net, tägl. mittags und abends. Gemütliche Atmosphäre im offenen Innenhof eines prächtigen Riads mit vielen Pflanzen und Springbrunnen. Ein Menü kostet 400–450 DH.

■ **Le Foundouk,** 55, Souk Hal Fassi, Kat Bennahid, nördliche Medina hinter dem Musée de Marrakech, Tel. 0524 37 81 90, www. foundouk.com, Küche von 12–24 Uhr. Exklusive Adresse in einem renovierten Funduq (Karavanserail), das vornehm in dunklen Tönen und einem Mix aus marokkanischen Elementen und modernem Design gestaltet ist. Sehr gutes Essen, Vorspeisen (Tarte, Lachs, Salate etc.) 50–135 DH, Hauptspeisen (Couscous, Pastilla, Tajine, Filet, Pasta) 120–170 DH. Auch marokkanische Weine und Cocktails.

■ **Le Salama,** 40, Rue des Banques, nur wenige Schritte vom Djamâa el-Fna, Tel. 0524 39 13 00. Kolonial angehauchte, romantische Atmosphäre mit Kerzenlicht, fantastischer Ausblick von der obersten Etage über die Dächer bis zum Atlas. Besonders schön für einen „Apéro" zum Sonnenuntergang (Cocktail 75 DH). Unbedingt probieren: *Tanjia* – eine Spezialität aus Marrakesch (in der Tonkaraffe zubereitetes Lammfleisch). Hauptgericht ab 190 DH. WLAN verfügbar.

■ **Le Tobsil,** 22, Derb Abdellah Ben Hessaien, Bab Ksour, nördliche Medina, Tel. 0524 44 40 52, Mi bis Mo ab 19.30 Uhr. Sehr gutes und unter in Marrakesch lebenden Ausländern beliebtes Restaurant mit intimer und romantischer Atmosphäre in einem schönen, relativ kleinen Dar mit Palmen, Bogengang und Galerie. Auf diese exklusive Adresse weist kein Schild hin und es öffnet nur nach Reservierung. Jeden Abend treten Gnawa-Musiker auf. Das feste Tagesmenü kostet 625 DH inkl. Wasser, Tee, Kaffee und ½ Liter Wein pro Person.

■ **Narwama,** 30, Rue Koutoubia (Seitengasse vom Bd. Mohamed V., ggü. Kutubiya-Moschee), Tel. 0524 44 08 44, tägl. abends geöffnet. Diese große „Oriental Lounge" in einem alten Riad ist gleichzeitig schickes Restaurant und Bar. Im roten Innenhof mit riesigem Bambus und knalliger Einrichtung herrscht eine chillige Atmosphäre. Der thailändische Chefkoch sorgt für Abwechslung, falls man schon genug Tajine und Couscous gegessen hat: thailändische (mild bis sehr scharf), mediterrane, vegetarische und marokkanische Küche ab etwa 160 DH pro Gericht. Zu späterer Stunde nimmt man auf den pinkfarbenen Polstersesseln der Salons noch einen Cocktail oder ein Glas Wein in internationaler Gesellschaft ein.

■ **Snack Toubkal,** am Südende des Djamâa el-Fna (nahe des Eingangs zur Gasse Riad Zitoun Kedim). Dieses einfache Lokal mit Tischen unter der Markise im EG und auf der Dachterrasse ist mittags brechend voll mit Einheimischen und Touristen, die hier sehr günstig und gut essen. Tajine/Brochette/Grillhähnchen für ca. 30 DH.

■ **Terrasse des Epices,** 15, Souk Cherifa, Sidi Abdelaziz, nahe Dar el Pacha in der nördlichen Medina, Tel. 0524 37 59 04, www.terrassedesepices.com. Auf der riesigen, mit Oliven und Papyrus begrünten Dachterrasse sitzt man gemütlich auf Polstern im Schatten oder mit Strohhut in der Sonne. Beliebter Treffpunkt junger Marokkaner und Ausländer, entspannte Atmosphäre. Wechselnde Tageskarte mit marokkanischen Gerichten (auch *Tanjia*), Salattellern, Fisch (Hauptgericht ca. 90 DH) und guter Dessertauswahl.

### In der Neustadt

■ **Al Fassia,** 55, Bd. Zerktouni, Guéliz, Tel. 0524 43 40 60 oder 43 79 73, tägl. außer Di 12–14.30 und 19.30–23 Uhr. Das Al Fassia ist eine der bekanntesten und besten Adressen für marokkanische Küche (aus Fès) und doch nicht zu teuer (Tajine und Couscous 110–150 DH). Im eleganten marokkanischen Interieur mit niedrigen Tischen und Polsterhockern bzw. Sitzecken bedienen nur Frauen, die in einer

Kooperative organisiert sind. Auf Vorbestellung (ab 4 Pers.) gibt es Mechoui und Pastilla. Alkoholausschank, Reservierung sinnvoll.

**Azar,** Rue Yougoslavie, Ecke Av. Hassan II., Guéliz, www.azarmarrakech.com, Tel. 0524 43 09 20, tägl. mittags und abends geöffnet. In dieser modern durchgestylten „Brasserie Libanaise" sollte man unbedingt die leckeren warmen und kalten *Mezze* probieren. Mezze (libanesische Vorspeisen) 45–75 DH, Menü mit Mezze, Grillgerichten oder Tajine und Dessert 600 DH/2 Pers. Auf der chilligen Terrasse lässt sich gemütlich Shisha rauchen. Jeden Abend um 22 Uhr orientalische Tanzshow. Alkoholausschank, auch gute alkoholfreie Saftcocktails.

**Bagatelle,** 103, Rue Yougoslavie, Ecke Bd. Moulay Rachid, Tel. 0524 43 02 74, tägl. 9–15 und 18.30–23 Uhr. In diesem alteingesessenen französischen Restaurant (seit 1949) mit nostalgischer Bistroatmosphäre sitzt man besonders schön auf der schattigen Terrasse. Alkoholausschank, Grillgerichte oder Tajine ca. 100 DH, WLAN verfügbar.

**Cantanzaro**, 50, Rue Tarik Ibn Zaid, Tel. 0524 43 37 31, neben Hotel Toulousain, tägl. mittags und abends (außer Di). Obwohl von außen wenig attraktiv, herrscht in diesem beliebten Restaurant mit italienischer Küche innen echte Pizzeria-Atmosphäre, leider ohne Tageslicht. Der Laden ist selbst mittags voll mit marokk. und internat. Publikum. Pizza aus dem Steinofen, Pasta, Wein und Bier, Menü ca. 150 DH. Reservierung notwendig (oder lange Wartezeit).

**Casanova,** 221, Av. Yacoub el Mansour, Guéliz, Tel. 0524 42 37 35, tägl. 12–15 und 19–24 Uhr. Auf der hübschen Terrasse mit Orangenbäumen und Topfpflanzen oder im modernen Interieur mit Bar bekommt man in diesem italienischen Restaurant relativ preiswerte hausgemachte Pasta (70–180 DH) oder (nur abends) Pizza aus dem Holzkohleofen (ab ca. 60 DH) serviert. Jeden Abend unterhält ein Pianist die Gäste.

**Comptoir Darna,** Av. Echouada, Hivernage, Tel. 0524 43 77 02, www.comptoirdarna.com, tägl. 19–3 Uhr. Hier bringen junge, hübsche Marokkanerinnen internationale und marokkanische Gerichte auf den Tisch. Trotz des sehr guten Service und Essens sind die Preise etwas überhöht (Hauptgericht ab 150 DH). Die Lampen und Räucherstäbchen sorgen für orientalisches Ambiente, im OG füllt sich die Lounge, bevor täglich um 22.30 Uhr eine sehr sehenswerte Bauchtanzshow beginnt. Alkoholausschank, Reservierung notwendig, Kreditkarten werden akzeptiert.

**La Taverne,** 23, Bd. Zerktouni, Guéliz, ggü. Cinéma Colisée, Tel. 0524 44 61 26. Der weiße Innenraum des freundlichen Restaurants mit marokkanischen und internationalen Gerichten (mittlere Preislage) wirkt etwas nüchtern-steril, dafür sitzt man sehr schön im schattigen Hofgarten mit Biergartenatmosphäre (Weinausschank).

**La Trattoria de Giancarlo,** 179, Rue Mohamed El Beqal, Guéliz, Tel. 0524 43 26 41, www.latrattoriamarrakech.com, tägl. 19–1 Uhr. Hier öffnen die sehr korrekten und zuvorkommenden Ober dem Gast schon die Taxitür und führen zum Aperitif (marokkanischer Wein, Bier, Cocktails u.a.) mit Olivensnack in den Vorgarten mit Palmen und Bambus. Der Hauptgang (wechselnde italienische Gerichte, keine Pizza) wird in eleganter Atmosphäre im offenen Innenhof voller großer Pflanzen am Rand eines beleuchteten Wasserbassins eingenommen. Wasserzerstäuber kühlen die Luft ab. Die Salons sind mit Kunst im hispano-maurischen Stil dekoriert. La Trattoria ist wohl das beste italienische Restaurant der Stadt – mit fairen Preisen: Pasta 120 DH, Fleisch-/Fischgerichte ca. 180 DH, auch ital. Desserts. Reservierung obligatorisch.

## Cafés und Pâtisserien

Alkohol wird in den kleinen Lokalen und Cafés in der Medina nicht ausgeschenkt!

In der **Neustadt** reihen sich mehrere Straßencafés entlang der Av. Mohamed V., besonders um den Place Abdelmounen.

### In der Medina

MEIN TIPP: **Café Clock,** 244, Derb Chtouka, Kasbah, www.cafeclock.com. Witziges „Cross Cultural Café" mit Kunstausstellung und Veranstaltungen wie marokkanischer Kochkurs, Jam Sessions, Kalligrafie, Geschichtenerzähler-Abende jeden Donnerstag etc. Frische, leichte Snacks (Spezialität: Kamelburger für 95 DH), Milchshakes und Eisbecher.

■ **Café Le Bougainvillier,** 33, Rue el Mouassine, nördliche Medina. Ganz in den lila-pinken Farben der Bougainvillea-Blüten gehaltenes nettes Café zum Entspannen in einem hübschen Innenhof und im angrenzenden Salon mit Ausstellungen marokkanischer Künstler. Neben Cappuccino und Minztee gibt es frische Säfte, Crêpes, marokkanische Gerichte sowie Pizza, Pasta (ca. 70 DH) und Paninis (ca. 55 DH). Ideale Zwischenstation bei einem Bummel durch die Souks. WLAN. Tägl. 10–22 Uhr.

■ **Café Le Bled** und **Café Bakchich,** Rue Kennaria, Ecke Rue des Banques, wenige Schritte vom Djamâa el-Fna. Die beiden kleinen Cafés mit Stühlen auf der Gasse und nettem Interieur (im Bakchich mit Recycling-Art) liegen unmittelbar nebeneinander. Neben Kaffee und Säften gibt es Pizza, Grillgerichte, Salate und andere Snacks zu mittleren Preisen (ca. 50 DH). WLAN.

■ **Café des épices,** 75, Rahba Kedima, www.cafedesepices.net. Dieses sehr nette Café liegt mitten in der Medina auf halbem Weg zwischen Djamâa el-Fna und Musée de Marrakech. Hier sitzen junge Traveller bei chilliger Musik auf der (heißen) Dachterrasse, auf niedrigen Polstern oder Basthockern im kühlen Zwischengeschoss oder an Tischen im Erdgeschoss mit Terrasse. Neben gutem Espresso gibt es Sandwiches (ca. 50 DH) und frische Säfte. Vom Dach hat man einen tollen Blick auf den kleinen Platz Rahba Kedima mit den Korbhändlerinnen (guter Fotostandort).

■ **Café de France,** nördlicher Djamâa el-Fna. Das Café ist eine der ältesten Institutionen für Touristen am großen Platz. Im EG gibt es neben den üblichen Getränken mittelmäßige À-la-carte-Gerichte– dort sitzt man in der ersten Reihe, wenn junge Akrobaten ihre Kunststücke vorführen. Auf der Terrasse im 1. Stock wird das Standard-Touristenmenü (Tajine und Couscous) serviert, von der Panoramaterrasse im 2. Stock (nur Getränke) bietet sich der schönste Blick.

■ **Café Les Terrasses de l'Alhambra,** direkt am Djamâa el-Fna. Dieses moderne Café im stylisch-andalusischen Outfit ist immer voller Touristen, die hier Lavazza-Kaffee, leckere Eisbecher, Panachés, aber auch Gerichte wie Couscous und Pizza mit Blick auf den Platz genießen. Das Untergeschoss ist innen klimatisiert, auf der Terrasse sorgen Wasserzerstäuber für Kühlung, unter der Markise auf der oberen Terrasse heizt es sich mittags stark auf.

■ **Earth Café,** 2, Derb Zawak (Seitengasse der Riad Zitoun el Kedim), südliche Medina, www.earthcafemarrakech.com, tägl. 12–21.30 Uhr. Im winzigen bunten Innenhof dieses jung-alternativen Cafés hängt der Küchendampf von frisch zubereiteten vegetarischen und veganen Gerichten (Veggie-Burger o.Ä. für 70 DH).

■ **Fîne du Marrakech,** Av. Houmman el Fetouaki. In der Auslage dieser von Marokkanern wie Touristen gleichermaßen frequentierten Pâtisserie liegen bergeweise zuckrig-klebrige Versuchungen. Beim Straßenverkauf gibt es neben Gebäck frische Croissants, im bestuhlten Inneren auch Café au Lait.

■ **Pâtisserie des Princes,** 32, Rue Bab Agnaou. Eine der ältesten und bekanntesten Konditoreien in Marrakesch: große Auswahl an leckerem Gebäck und Kuchen, auch gut verpackt zum nach Hause Mitnehmen.

■ **Ryad Jama,** 149, Rue Kennaria/Anfang Riad Zitoun Djedid. Ein unauffälliges Schild in der Riad Zitoun Djedid (vom Djamâa el-Fna südwärts) weist rechts in den kleinen Innenhof (Holztür mit Haus-Nr. 149), geöffnet 12–15 und 18.30–22 Uhr. Hier

▷ Eine Institution am Djamâa el-Fna – das Café de France

sitzt man gemütlich wie in einer Gartenlaube unter einem Orangenbaum und einer großen Palme und genießt einen frischen Orangensaft oder das Tagesgericht.

### In der Neustadt

■ **Café 16,** Place du 16 Novembre (Marrakech Plaza), Guéliz, Tel. 0524 33 96 70, www.16cafe.com, tägl. 7–24 Uhr. Das Motto dieses sehr modernen, in freundlichem Weiß und Hellgrün gestalteten Cafés und Restaurants am zentralen Vorzeigeplatz Marrakech Plaza könnte lauten: frisch und gesund. Denn es werden sehr leckere, toll angerichtete Salate (z.B. mit Lachs, 90–130 DH) und Sandwiches (75–120 DH), frisch gepresste Säfte, 16 Sorten Tee, aber auch diverse Eisbecher (60 DH) und Sorbets sowie Frühstück serviert. Man sitzt im kühlen, großzügigen Innenraum oder auf der Terrasse unter Sonnenschirmen. WLAN verfügbar.

■ **Café du Livre,** 44, Rue Tarik Ben Ziad, Guéliz, im Hinterhof vor dem Hotel Toulousain, Tel. 0524 43 21 49, www.cafedulivre.com, tägl. 9.30–23 Uhr, im Ramadan 11–19 Uhr. In dieser Einheit aus (klimatisiertem) Café, Restaurant und kleiner Bibliothek lässt es sich herrlich in verschiedensprachiger Literatur (Zeitschriften, Bücher, Reiseführer) über Marokko schmökern, nebenbei via WLAN mit dem Laptop die Mails checken und einen Kaffee trinken. Wegen der eher versteckten Lage im Hinterhof im OG ist das Café für Touristen noch ein Geheimtipp. U.a. gute Salate (z.B. geräucherter Forellensalat), Sandwiches (50–80 DH) und Tapas, Alkoholausschank. Es werden auch einige Bücher verkauft, ausgelesene Romane können getauscht werden. Mi und Sa Live-Musik von 19.30–22 Uhr, WLAN verfügbar.

■ **Café Extrablatt,** Ecke Av. Echouada/Rue al Quadissia, Hivernage, www.extrablatt-marrakech.com, tägl. 8–24 Uhr. Auf der großen Terrasse des Extrablatt in der grünen Hivernage treffen sich die junge marokkanische Oberschicht sowie in der Stadt lebende Ausländer und Touristen. Hier kann man in Ruhe ein Frühstück (ab 35 DH) oder einen hübsch angerichteten leichten Mittagssnack (Sandwiches, Salate 35–65 DH, Pizza ab 45 DH) genießen. Saftcocktails, diverse Kaffees, flotter Service, gutes Preis-Leistungsverhältnis.

aga08-361 ad

■ **Café Le Melting Pot,** Rue Yougoslavie, Guéliz, tägl. 7.30–23 Uhr. Hier verschmelzen Kunstgalerie und Café; modernes Interieur mit wechselnden Ausstellungen marokkanischer Künstler. Große Auswahl beim Frühstück (ab ca. 50 DH), Crèpes, Sandwiches/Paninis, Salate und Pizza.

■ **Dino Gelato Italiano,** Av. Mohamed V., neben Hotel Hasna, www.gelatsdino.com, tägl. 9–1 Uhr. Auf der großen Terrasse mit Schirmen oder im modernen Intérieur der Eisdiele gibt es Gebäck, tolle Eisbecher (60– 95 DH), Crêpes und Kaffee.

■ **Kechmara,** Rue de la Liberté, www.kechmara.com, tägl. 9–1 Uhr. Dieses durchgestylte In-Café mit verglaster Front, einigen Stühlen auf dem Gehsteig und weißem minimalistischen Interieur mit schwarzafrikanischen Bildern und Skulpturen könnte auch in München oder Mailand junges Publikum anziehen. An der Longbar gibt es Cocktails, an den Tischen mit weißen Plastikschalenstühlen gutes Frühstück (Crêpes, Schokocroissants, Saftcocktails etc.) sowie wechselnde Gerichte (ab 90 DH), WLAN verfügbar.

■ **Le Grand Café de la Poste,** Ecke Bd. el Mansour Eddahabi/Av. Imam Malik, Guéliz (direkt ggü. der Hauptpost), tägl. 8–1 Uhr. In diesem traditionsreichen Café (seit 1925) gibt es nach Aussagen in Marrakesch lebender Ausländer das beste Frühstück der Stadt (8–12 Uhr). Man sitzt auf der hübschen Terrasse oder im eleganten Salon mit kolonialem Ambiente. Feine französische à-la-carte-Gerichte (mittags und abends) ab 130 DH, Kreditkartenzahlung möglich, WLAN verfügbar.

■ **Pâtisserie Al Jawda,** 11, Rue de la Liberté, Guéliz, tägl. 8–20.30 Uhr. Eine der populärsten Pâtisserien der Stadt: Im kleinen Verkaufsladen kann man aus *Madame Alamis* hausgemachten köstlichen Gebäckvariationen mit Mandeln, Feigen, Honig, Sesam und Orangenblüten auswählen (180 DH/kg). Es gibt auch (für den Export mit Biosiegel bezeichneten) Honig, Marmelade und Arganöl.

Abends wird der Djamâa el-Fna zu einem einzigen großen Freiluftlokal

035m015 ad

■ **Salon de Thé Tchaba,** Av. Mohamed VI. (schräg gegenüber vom Palais de Congrès, neben dem Café L'Opera), Guéliz. In diesem Teesalon mit edlem Ambiente (inkl. WLAN) kann man nicht nur gemütlich Dutzende Teesorten, Smoothies und Kaffee genießen, sondern auch alles rund um Tee erwerben, z.B. die orientalische Tchaba-Teekollektion in Seidenbeuteln und hübschen Dosen. WLAN verfügbar.

■ Für Fast-Food-Liebhaber steht ein **McDonald's** am Place du 16. Novembre bereit sowie beim Marjane-Supermarkt weiter nördlich. An der südlichen Av. Mohamed V. gibt es zudem einen **Pizza Hut.**

## Nachtleben

Das Nachtleben spielt sich hauptsächlich in den **Discos in Guéliz** bzw. in den **teuren Hotels der Hivernage** ab, an die meist eigene Nightclubs und Bars angeschlossen sind – dort wird auch überall Alkohol von Bier bis Champagner ausgeschenkt. Inzwischen kann man in Klubs wie Pacha oder Le Théatro kaum unterscheiden, ob man sich in Marrakesch oder in einem entsprechenden Etablissement in Europa befindet. Einige Klubs bieten wochentags auch eine Ladies Night mit kostenlosen Getränken an. Alle größeren Klubs und Discos erheben einen Eintrittspreis zwischen 150 und 250 DH.

■ **Actor's,** im Hotel Medina & Spa, Av. Mohamed VI., tägl. ab 23 Uhr, Eintritt 150–200 DH. Der Klub eröffnete zum Filmfestival 2006, um die Stars im VIP-Bereich zu empfangen. Mi Ladies Night, täglich wechselnde Musik von Salsa, Funk bis orientalisch.

■ **Azar** (vgl. „Restaurants in der Neustadt"), Av. Yougoslavie, Guéliz. Auf der Terrasse dieser schicken „Brasserie Libanaise" gibt es Shishas, Wein und leckere Cocktails. Abends ab 22 Uhr Tanzshow, am Wochenende Live-Musik.

■ **Casino de Marrakech,** Av. El Qadissia, Hivernage, 50 m vom Hotel Es-Saâdi, Tel. 0524 44 88 11, tägl. 14–4 Uhr. Im ältesten Kasino des Landes (seit 1952) herrscht verrauchte Spielhöllenatmosphäre mit Spielautomaten, Black Jack, Poker und Roulette. Gelegentlich auch Tanz- und Akrobatikshows, kein Dresscode, v.a. männliches Publikum.

■ **Kosybar** (vgl. „Restaurants in der Medina"), 47, Place des Ferblantiers. Hier sitzt man entspannt bei Kerzen- und Laternenlicht auf der Dachterrasse eines vornehmen Riads und genießt den Blick auf die beleuchtete Kutubiya-Moschee. Es gibt Bier, marokkanischen Wein und Cocktails. Häufig Live-Musik.

■ **La Mamounia,** Av. Bab Jdid, Tel. 0524 38 86 00, www.mamounia.com. Zweites Kasino der Stadt im berühmten Luxushotel La Mamounia Palace (vgl. „Unterkunft/Oberklasse") am Rande der Medina.

■ **Le Diamant Noir,** Hotel Marrakech, Place de la Liberté, Av. Mohamed V., Guéliz, Tel. 0524 44 63 91, tägl. 23–3 Uhr. In diesem beliebten Klub tummelt sich wochentags v.a. homosexuelles Publikum, am Wochenende feiert man bei Pop- und Rai-Musik (= algerische Popmusik).

■ **Le Paradise,** im Hotel Mansour Eddahabi, Av. Mohamed VI., Tel. 0524 44 82 22, tägl. ab 22.30 Uhr. Eine der bekanntesten Discos der Stadt, in der Hotelgäste, Expats und Marokkaner zusammen feiern.

■ **Le Théâtro,** Av. El Qadissia, Hivernage (im Hotel Es-Saâdi), Tel. 0524 44 88 11, www.theatromarrakech.com, tägl. 23.30–5 Uhr. Dieser Klub ist momentan eine der ersten Adressen im Nachtleben der Stadt. Bekannte DJs (House-Musik) und Livespektakel unterhalten das hippe marokkanische und internationale Publikum. Di Ladies Night.

■ **Mégarama,** Bd. Mohamed VI., beim Pacha-Klub, Tel. 0890 10 20 20. Modernes Kino mit aktuellem Hollywoodprogramm (franz.).

■ **Pacha,** Av. Mohamed VI., Nouvelle zone hôtelière de l'Agdal (einige Kilometer außerhalb des Zentrums), Tel. 0661 21 73 97, www.pachamarrakech.com, tägl. 0–5 Uhr, Fr/Sa 250 DH Eintritt, Do Ladies Night. Während im Münchener Ableger des schicken Pacha-Klubs Sommerfeste mit dem Motto „A trip to Marrakech" stattfinden, wird in dieser Partyburg in Form einer Kasbah europäische Freizügigkeit unter dem Dresscode „From Kaftan to High Heels" gefeiert.

■ **SO Lounge,** Rue Haroun Errachid, im Sofitel Hotel, Hivernage, Tel. 0656 51 50 09, www.soloungemarrakech.com. Einer der angesagtesten Klubs in Marrakesch mit internationalen DJs und wechselnden Shows (Mi ab 20 Uhr Bauchtanz). Dresscode: schick.

■ **Suite Club,** Hotel Le Méridien N'Fis, Av. Mohamed VI., Tel. 0524 42 07 00, tägl. 23–4 Uhr. Der Suite Club bezeichnet sich als „the most exclusive club" mit den bekanntesten DJs, kosmopolitem Publikum und schick-barockem Interieur.

## Sport/Aktivitäten

### Baden und Strandleben

Baden ist in einigen der **Luxushotels** in der Hivernage gegen Gebühr möglich. Außerdem kann man in folgenden Anlagen entspannte Badestunden oder -tage verbringen:

■ **Beldi Country Club,** Route d'Amizmiz (6 km), Cherifia, Tel. 0524 38 39 50, www.beldicountryclub.com, tägl. 10.30–19.30 Uhr, Eintritt 200 DH, 370 DH inkl. Mittagessen. Wer außerhalb des Stadttrubels entspannen und baden möchte, ist hier richtig. Auf dem ruhigen Farmgelände mit Hotel gibt es einen großen Pool zum Schwimmen, zwei weitere zum Planschen, Liegeplätze unter Olivenbäumen und einen SPA-Bereich mit eigenen Wellness-Produkten. Anfahrt mit dem Taxi.

■ **La plage rouge,** km 10, Route de l'Ourika, www.laplagerougemarrakech.com, Tel. 0620 02 69 54, Eintritt 250 DH inkl. Liege, tägl. 11–20 Uhr. Hier gilt jeden Tag das Motto „Sehen und gesehen werden". An der Strandbar wird die ganze Palette alkoholischer Getränke von Bier, Cocktails und marokkanischen Weinen bis zu Champagner ausgeschenkt. Die schicke Anlage um einen zentralen, 80 x 40 m großen Pool mit Palmen, Polsterliegen, breiten Futons und Hängematten ist weniger für Familien geeignet. Häufig sorgen Live-Musik oder ein DJ für Stimmung am Pool. Anfahrt: Die Anlage liegt relativ weit außerhalb an der Straße nach Ourika (dort beschildert); viermal täglich mit privatem Shuttlebus ab dem Palais de Congrès, der Hauptpost in Guéliz oder von der Kutubiya-Moschee beim Café Islane zu erreichen; ansonsten mit Taxi.

■ **Oasiria,** km 4, Route d'Amizmiz, Cherifia (ggü. Club Equestre), Tel. 0524 38 04 38, www.oasiria.com, tägl. 10–18 Uhr. Schönes Familienbad auf einem 10 ha großen Gelände mit Oliven- und Eukalyptusbäumen und schattigen Rasenflächen. Das Wellenbad, ein 500 m langer Wasserkanal, in dem man sich mit Gummireifen treiben lassen kann, die Pirate Lagoon mit Piratenschiff und die Kid's Lagoon mit Abenteuerspielplatz bringen vor allem Kindern Spaß (Spaßbereich erst im Frühjahr ab ca. 1. April geöffnet). Anfahrt: mehrmals täglich kostenloser Shuttleservice ab dem Parkplatz an der Kutubiya-Moschee und ggü. von McDonald's in Guéliz. Ansonsten nimmt man am besten ein Taxi. Eintritt Erw. 210 DH/Tag, 170 DH/halber Tag (evtl. Vergünstigung bei Vermittlung über das Gästehaus), Kinder bis 150 cm Körpergröße 130 bzw. 100 DH, Kinder unter 80 cm kostenlos.

### Fahrrad und Quad

■ **Marrakech Roues,** 3 , Rue Bani Marine, Imm. Roux Marrakech (wenige Gehminuten südlich Djamâa el-Fna), Mobil 0663 06 18 92, www.marrakech-roues.com. Um die Entfernungen zwischen der Medina und Guéliz besser zu überbrücken oder einen Ausflug ins Umland zu unternehmen, kann man sich hier Fahrräder (12 Euro/Tag), Roller (25 Euro/Tag) und Quads mieten. Im höllischen Verkehr von Marrakesch macht Radeln allerdings wenig Spaß. Auch geführte Stadttouren im Angebot.

### Golfen

■ **Atlas Golf,** km 4, Route d'Amizmiz, www.atlasgolfmarrakech.com. 9-Loch-Golfplatz vor der Kulisse des Hohen Atlas.

■ **Palmeraie Golf Club,** www.pgpmarrakech.com. Die 18-Loch-Anlage mit sieben Wasserhindernissen wurde vom legendären Golfplatzarchitekten

*Robert Trent Jones* gestaltet. Zum Platz gehört das 5-Sterne-Hotel Palmeraie Golf Palace.

■ **Golf d'Amelkis,** km 12, Route de Ouarzazate, Palmeraie. Mitte der 1990er von *Cabbel Robinson* angelegter Platz mit 18 Löchern zwischen Erdwällen und Wasserhindernissen für technisch versierte Spieler.

■ **Royal Golf,** Ancienne Route de Ouarzazate. Der 18-Loch-Platz unter Palmen, Zypressen und Zitrusbäumen wurde bereits in den 1920ern angelegt.

### Hammam und Wellness

Auch in Marrakesch eröffnen immer mehr ausnehmend schöne Wellness-Oasen in renovierten Riads. Authentischer (und um ein Vielfaches billiger!) ist es, ein Quartier-Hammam aufzusuchen. Alle großen Hotels der Neustadt bieten Massagen, Hammam und Kosmetikbehandlungen an.

■ **Bain d'Or,** in der Gasse an der Rückseite der Ben-Youssef-Moschee, Öffnungszeiten für Männer 6–11 und 20–23 Uhr, für Frauen 11–20 Uhr, Eintritt 10 DH. Der älteste Hammam der Stadt wird noch heute von den Bewohnern des Quartiers genutzt. Bei diesem Bad handelt es sich um einen traditionellen Hammam, d.h. ohne Privatbehandlung oder besondere Wahrung der Intimsphäre wie bei Touristeneinrichtungen. Dafür erlebt man authentische marokkanische Alltagskultur.

■ **Hammam Ziani,** 14, Riad Zitoun Djedid, gegenüber dem Préfecture-Parkplatz nördlich des Eingangs zum El-Bahia-Palast, www.hammamziani.ma, tägl. 8–22 Uhr, getrennter Frauen- und Männerbereich. Wer sich in einem Quartier-Hammam nicht wohlfühlt, ist in diesem sehr sauberen Bad richtig. Packages mit Massage, Badeset (Sandalen, Seife, Bademantel), Peeling (Gommage) usw. für 350 DH. Eintritt ohne Massage 50 DH.

MEIN TIPP: **Le Bain Bleu,** 32, Derb Chorfa Lakbir, nördliche Medina, Mouassine-Viertel, Tel. 0524 38 38 04, www.lebainbleu.com, tägl. 10–23 Uhr. Von der Rue Mouassine ggü. der Mouassine-Moschee in Gasse abbiegen, vorbei an Dar Cherifa Abzweig geradeaus und in letzter Gasse rechts bis zum Ende. Moderner SPA mit sehr angenehmer orientalischer Atmosphäre, private Hammams, Jaccuzzi (Bikini mitbringen) und sehr professionelle Massagen. Terminvereinbarung notwendig. Traditionelle Anwendung (ca. 2 Std.) mit Hammam, Peeling, Ghassoul-Maske und Massage 600 DH.

### Kochkurse

Wer in die Kunst der marokkanischen Küche eintauchen und selbst leckere Vorspeisen, Tajine und Couscous zubereiten möchte, hat die Möglichkeit, an einem Kochkurs teilzunehmen. Inzwischen bieten auch einige Gästehäuser für interessierte Gäste einen Einblick in ihre Küche.

■ **Café Clock,** vgl. „Cafés in der Medina" und „Kunst und Kultur". In diesem Kulturcafé im Kasbah-Viertel finden regelmäßig Kochkurse statt. Die Zutaten kaufen die Teilnehmer gemeinsam auf dem Souk ein.

■ **Faim d'Épices,** Mobil 0600 04 88 00, www.faimdepices.com. Individuelle Kochkurse mit Abholung vom Riad, 550 DH/Pers. für einen ganzen Tag inkl. Getränke.

### Trekking/Bergführer

Die bis über 4000 m hohen Gipfel des **Hohen Atlas** erheben sich nur etwa 50 km südlich von Marrakesch und zeichnen sich an klaren Tagen am Horizont ab. Marrakesch eignet sich sehr gut als Ausgangspunkt, um eine mehrtägige Trekkingtour (z.B. am Djabal Toukbal, M'goun, Djabal Sahgro usw.) zu organisieren. Vorsicht: Von Dezember bis etwa April liegt in höheren Lagen Schnee. Die beste Zeit für Wanderungen ist April/Mai und Sept./Okt. (vgl. „Reisetipps A–Z/Sport").

Man sollte sich nur lizensierten, staatlich geprüften **Bergführern** anvertrauen, die meist mehrere Sprachen sprechen und sich auf Wunsch auch um den Gepäcktransport mit Mulis, Unterkünfte in Gîte d'étapes (einfachen Herbergen) und ggf. um die Verpflegung unterwegs kümmern. Ein deutschsprachiger Bergführer erhält ein Honorar von 400–500 DH/Tag, ein Mulitreiber etwa 150 DH/Tag. Wir empfehlen folgende, sehr kompetente und erfahrene Bergführer:

- **Abdeslam Ourbati,** Mobil 0676 79 03 66, Abdourbati@gmail.com, abdou_ourbati@yahoo.fr. Der junge, angenehm zurückhaltende *Abdou* spricht deutsch.

## Das Hammam – eine orientalische Institution

Zur Grundausstattung jedes Quartiers einer orientalischen Altstadt gehört – ebenso wie Bäckerei, Markt und Moschee – ein Hammam. Erst in den letzten Jahrzehnten wurden die alten marokkanischen Stadthäuser mit sanitären Anlagen versehen, vorher war die Körperwäsche nur in Hammams möglich. Zudem ist die rituelle „große Waschung" (z.B. nach Sex) eine religiöse Pflicht der Moslems. Der regelmäßige Besuch eines öffentlichen Bades gehört heute noch zum **Alltag der Marokkaner.** Auch der Marokko-Reisende sollte sich einen Besuch im orientalischen Dampfbad nicht entgehen lassen.

Die Hammams sind entweder nach Geschlechtern in zwei Bereiche geteilt, oder es gibt unterschiedliche Besuchszeiten. **Frauen** haben für gewöhnlich tagsüber Zutritt, in den Abend- und Nachtstunden (z.T. die ganze Nacht) ist der Hammam für die **Männer** reserviert. Kleine Jungs gehen übrigens mit ihren Müttern ins Hammam – hier bekommen sie gleichzeitig die ersten Aufklärungsstunden.

Ein Hammam ist traditionell **viergeteilt** in einen Ruhe- und Umkleideraum, einen Kaltraum, einen mittleren warmen Raum und einen Heißraum. Der Hammam wird von unten über einen Holzofen beheizt. An der Eingangstheke bezahlt man den Eintritt (ca. 10 DH) und kann seine Kleidung und den Rucksack zur Aufbewahrung abgeben. In den Shops neben dem Hammam oder am Eingang werden die notwendigen Utensilien verkauft: ein Schrubbhandschuh für die Haut (ca. 20 DH) und eine kleine Portion der dunklen, schmierigen und etwas unangenehm riechenden Olivenseife (franz. *savon noir,* ca. 5 DH). Mit Unterhose oder Badeanzug bekleidet wäscht man sich in den drei unterschiedlich temperierten Räumen ausführlich mit warmem, lauwarmem und kaltem Wasser aus kleinen Wandbrunnen oder Wasserhähnen (kleine Eimer dienen als Schöpfgefäße).

**Berührungsängste sind fehl am Platz:** Die marokkanischen Männer und Frauen gehen wohlmeinend zur Hand und reiben sich gegenseitig mit der schwarzen Seife ein. Frauen färben sich zudem die Haare mit Henna oder enthaaren sich – perfekte Sauberkeit ist hier im Gegensatz zu den kommerziellen Bädern nicht immer gewährleistet.

Zur Hammamroutine gehört auch, dass Badmitarbeiter einem mit dem mitgebrachten Handschuh kräftig den Körper abrubbeln, sodass sich ganze Spaghettirollen an alter Haut ablösen – eine Art marokkanisches Ganzkörperpeeling (franz. **gommage**). Die Männer erhalten meist eine gliederverbiegende Massage. Wohlig-erschöpft und mit einem nie gekannten Gefühl von Sauberkeit entspannt man schließlich noch ein bisschen im Ruheraum oder bei einem Tee im nächsten Straßencafé.

■ **Slimane Baadoud,** Mobil 0661 24 16 43, naturetrekking@yahoo.fr, www.naturetrek-maroc.com. *Slimane Baadoud* ist ein kompetenter französisch- und englischsprachiger Bergführer, der mehrere Jahre Leiter der Bergführervereinigung Marokkos war. Er organisiert mit seiner Agentur zuverlässig Berg-, Mountainbike-, Wildwasser- und sonstige Aktiv-Touren.

■ **Mohamed Kadaoui,** Mobil 0661 87 35 10, Tel. 0524 42 98 98, www.nomade-escapade.com. Der sympathische *Mohamed* spricht sehr gut deutsch. Als Bergführer arbeitete er lange für französische und deutsche Trekkingveranstalter, nun betreibt er seine eigene Agentur mit Touren im ganzen Land.

■ **Yasin el Hadi,** Mobil 0618 07 56 34, yasinguide@yahoo.fr. Der junge, immer gut gelaunte *Yasin* spricht sehr gut deutsch und führt seit Jahren für deutsche und französische Trekkingreiseveranstalter. Er organisiert auch individuelle (Berg-)Touren nach den Wünschen der Gäste.

■ **Hafida Hdoubane,** Mobil 0618 24 44 31, trekhafida@yahoo.fr, www.tawadatrekking.com. Die erste Bergführerin Marokkos leitet und organisiert Trekkings und Raftingtouren.

Außerdem haben viele Veranstalter und Reisebüros (s.u.) Bergtouren, Trekkings und Wüstenausflüge im Angebot.

### Reiten

■ **Les Cavalier d'Al Hamra,** Oued Lajar, km 15, Route de Fès, Mobil 0600 39 17 83 oder 0644 24 29 85, www.cavalieralhamra.com. Großer Reitstall mit Schulpferden an der Straße Richtung Fès. Es werden schöne Ausritte in der Umgebung und (Dressur-/Spring-)Kurse angeboten. 1½ Std. Ausritt 200 DH.

## Einkaufen

### Traditionelles Handwerk

■ Souvenirs gibt es in der größten Auswahl in der Medina in den Souks, hier muss man aber bis aufs Äußerste handeln (meist ist etwa ein Drittel des erstgenannten Preises möglich)! Auch in der Neustadt bekommt man Souvenirs – die Auswahl ist kleiner, dafür sind sie manchmal günstiger.

■ Empfehlenswert für alten, echten **Schmuck** sind diverse Läden in der **Rue Mouassine** (nördliche Medina, beginnend am Place Bab Ftouh).

■ Im **Ensemble Artisanal** an der Av. Mohamed V. kann man Kunsthandwerk zu Festpreisen kaufen. Vor allem zur Preisinformation vor dem Einkauf im Souk ist ein Besuch anzuraten.

■ Utensilien für die marokkanische **Teezeremonie** gibt es am Ostende des Bab Fteuh oder in der Rue Riad Zitoun Djedid (Tabletts, Teekannen, bunte Gläschen).

■ Gerade angesagte **marokkanische bzw. arabische Musik** kann man günstig an dem großen CD-Stand am Djamâa el-Fna kaufen.

■ Im **Gewerbeviertel Sidi Ghanem** (4 km außerhalb links der Straße nach Safi, www.sidighanem.net) kaufen Riad-Besitzer und Marrakchis orientalische Dekorationsgegenstände und Mobiliar ein. Nach Sidi Ghanem fährt der Stadtbus Nr. 15 ab Arset el-Blik. Mit dem Auto in Richtung Safi fahren und dann (vom Zentrum kommend) links in eine der Seitenstraßen einbiegen, N 31°40,332', W 08°02, 741'. Das Gewerbeviertel ist von der Hauptstraße nicht als solches erkennbar.

■ Auf dem **Souk el Khemis** am Nordende der Medina kann man mit etwas Glück schöne gebrauchte Antiquitäten, Lampen und Teppiche erstehen. Am meisten Betrieb herrscht samstags und donnerstags.

■ Originelle **Kunst aus Autoreifen** (Hocker, Bilderrahmen, Schalen) verkaufen Shops am südlichen Ende der Riad Zitoun el Kedim.

■ **Ets. Bouchaib,** Complexe d'Artisanat, Rue de la Kasbah, im Kasbahviertel, Tel. 0524 38 18 53, tägl. 8.30–20 Uhr. In diesem Kaufhaus gibt es auf zwei Etagen alles, was Marokko an Kunsthandwerk zu bieten hat: Lampen, Keramik, Teppiche, Kleidung, Lederwaren, Schmuck und sogar Arganienöl, Gewürze und Kosmetika. Wer keine Lust auf Handeln und lange Sucherei in der Medina hat, bekommt hier alle Waren zu fairen Festpreisen! Kreditkarten werden akzeptiert.

### Kleidung/Stoffe

■ **Kaftan Queen Boutique,** 44, Rue Ib Tarik Zaid, Guéliz. Kleine Designer-Boutique am Durchgang zum Hotel Toulousain mit schönen, orientalisch angehauchten Kaftans und Blusen.

■ **La Maison de Caftan,** 65, Rue Sidi Yamani, Mouassine, Medina. Bei der Mouassine-Moschee und dem Café Bougainvillier von der Rue Mouassine links abbiegen (vom Djamâa el-Fna kommend). Großer Laden mit einer riesigen Auswahl an Kaftans in allen Farben und Schnitten, auch handbestickte Kissen- und Bettbezüge, Tischdecken etc.

■ **Scènes de Lin,** 70, Rue el Houria (Rue de la Liberté), Guéliz, www.scenesdelin.com, Mo bis Sa 9.30–13 und 15.30–19.30 Uhr. Schicker Laden mit Dekorations- und Einrichtungsgegenständen für das modern-orientalische Interieur (Kissen, Stoffe, Tischdecken, auch Kaftans, v.a. in Leinen), auch Auftragsarbeiten.

### Teppiche

■ **Art Akhnif,** 6, Rue Mouassine, Medina, Tel. 0524 42 60 96. Schöne Kelims und Kelim-Kissenbezüge, auch andere Teppiche und Überzüge in verschiedenen Farben und Größen werden im kleinen Verkaufsraum präsentiert. Keine Touristenanmache, die Beratung ist freundlich, die Preise sind fair.

### Supermärkte/Lebensmittel/Gewürze

■ **ACIMA,** 107, Av. Mohamed Abdelkrim el Khettabi, tägl. 8.30–22 Uhr. Zentraler Supermarkt in der Neustadt, gut sortiert (auch Alkohol), mit Tiefgarage. Weiterer ACIMA-Markt schräg gegenüber vom Jardin Majorelle an der Av. Yacoub el Mansour.

■ **Carrefour,** Route de l'Ourika (ca. 6 km außerhalb), im Shopping Center Almazar. Riesiger Supermarkt der französischen Kette an der südlichen Stadtausfahrt Richtung Ourika, tägl. 9–24 Uhr, mit Tiefgarage.

■ **Marjane,** Route de Casablanca / Av. Mohamed Abdelkrim Khattabi, am Kreisverkehr bei Pizza Hut (N 31°40,027', W 08°00,740'), tägl. 9–22 Uhr. Riesiger Hypermarché nördlich der Neustadt. Europäisches Warenangebot von Alkohol über Lebensmittel bis zu Kleidung. Gutes und günstiges (Bio-)Arganienöl. Ein weiterer Marjane befindet sich an der Straße Richtung Essaouira (dort kein Alkoholverkauf).

■ **Gewürze, Kräuter und Öle** gibt es an Ständen rund um den **Rahba Kedima** in der nördlichen Medina und im **Marché Central** in der Neustadt. Besonders gut für den Lebensmitteleinkauf eignet sich der **Mellah-Markt** *(Marché couvert)* an der Av. Hoummam El Fetouaki in der Nähe des Place des Ferblantiers.

■ Die **Herboristerien,** die zurzeit mehr und mehr aus dem Boden sprießen und im Prinzip ausschließlich an Touristen verkaufen, bieten **Gewürze** meist zu überteuerten Preisen an. Dort werden in kommerziellen Verkaufsshows (oft auch auf Deutsch) allerlei traditionelle Heilmittel gegen Rheuma, Blähungen, Husten etc. und diverse Mittelchen für die Schönheit präsentiert. Das in den Herboristerien verkaufte Arganöl ist meistens nicht rein, sondern mit Olivenöl versetzt!

### Buchhandlungen/Zeitschriften

**Deutsche Zeitungen und Zeitschriften** von „Spiegel" bis „Bild" werden an der Bude neben dem Café Les Terrasses de l'Alhambra am Nordende des Djamâa el-Fna sowie an Straßenständen entlang der Av. Mohamed V. (z.B. am Place Abdelmoumen) in Guéliz verkauft.

■ **Librairie Darart,** Rue Yves Saint-Laurent (beim Jardin Majorelle), Imm. 79, tägl. 9–18 Uhr. Vielfältige Literatur zu marokkanischer Kunst, Küche etc., auch Belletristik auf Französisch und Englisch.

■ **Librairie Dar el Bacha,** 2, Rue Dar el Pacha, nördliche Medina, www.darelbacha.com. Winzige Buchhandlung mit erstaunlich großer Auswahl an Literatur über Marokko und Marrakesch (Reiseführrer, Bildbände, Belletristik). Mo bis Sa 9–13 und 15.30–18.30 Uhr.

### Kunst und Kultur

- **Dar Cherifa,** 8, Derb Chorfa Lakbir, Mouassine, Medina, Tel. 0524 42 64 63, www.dar-cherifa.com, tägl. 10–19 Uhr. Im Herzen der Medina liegt dieser stilvoll renovierte Riad aus dem 16. Jh. mit wunderschönen Zedernholzarbeiten und Arkaden. Hier finden regelmäßig Kulturveranstaltungen (Lesungen, Konzerte etc.) sowie wechselnde Ausstellungen marokkanischer Künstler statt. Eintritt frei. Im Innenhof und auf der Dachterrasse kann man einen Tee oder einen frischen Saft trinken und zu Mittag essen (Gericht ab 90 DH). Wegbeschreibung: Gegenüber der Moschee Mouassine in die beschilderte Gasse einbiegen, links um die Ecke, nächste Gasse rechts durch einen niedrigen Durchgang, an der Tür direkt dahinter auf der rechten Seite.
- **Café Clock,** 224, Derb Chtouka, Kasbah, Tel. 0524 37 83 67, www.cafeclock.com (vgl. „Cafés in der Medina“). In diesem jung-alternativen Kulturcafé im Kasbah-Viertel ist täglich etwas geboten: von Kochkursen bis zur Kurzeinführung in die Mentalität der Marrakchis, Live-Musik, Yoga- und orientalische Tanzkurse. Unbedingt besuchenswert ist der Hikayat-Abend jeden Donnerstag um 19 Uhr, an dem ein Meister des Märchenerzählens die Kunst an seine Schüler weitergibt. Die Geschichten werden für das Publikum ins Englische übersetzt.

## Stadtbusse

Eine Haupthaltestelle für **ALSA-Busse** in die Neustadt, zu den Ménara-Gärten oder zum Flughafen befindet sich am **Place Foucault/Arset el-Blik** zwischen Djamâa el-Fna und Kutubiya-Moschee (Fahrpreis: 5 DH). Auch am **Gare Routière** (Busbahnhof) beim Bab Doukkala halten viele Stadtbusse. Das Streckennetz ist ohne Arabischkenntnisse nur schwer zu durchblicken. An den Haltestellen klebt ein Netzplan, ansonsten Busfahrer fragen.

- **Linien 1–11:** Alle Linien (außer 6 und 9) fahren über die Neustadt (Av. Mohamed V.).
- Die **Linien 4 und 12** fahren zum Jardin Majorelle.
- Die **Linien 3 und 10** fahren zum Bab Doukkala.
- Die **Linien 4, 5 und 12** fahren zum Gare Routière (Busbahnhof), die **Linie 11** in die Av. de la Ménara in die Nähe des Flughafens.
- Die **Linien 3 und 8** fahren vom Bahnhof ins Stadtzentrum.
- Die **Linie 15** fährt ins Gewerbegebiet Sidi Ghanem.
- Die **Linie 19** fährt halbstündlich vom Flughafen zum Busbahnhof und zum Place Foucault (Djamâa el-Fna).

### Sightseeing-Busse/Touristenbahn

- Ein **roter Doppeldeckerbus** mit offenem Dach verkehrt auf zwei Rundkursen durch die Stadt (www.alsa.ma). Die **„Tour Historique“** startet am Tourismusbüro im Zentrum der Neustadt und klappert die Hauptattraktionen in Neu- und Altstadt ab (Zu-/Ausstieg an allen Stationen möglich, z.B. am Djamâa el-Fna). Die **„Tour Oasis“** führt in die Palmeraie. Mehrsprachige Erklärungen per Kopfhörer, Ticket (24 Std. gültig) für Erwachsene 145 DH, für Kinder 75 DH.
- Wer es ganz gemütlich mag, nimmt die kleine **Touristen-Bimmelbahn** von der Kutubiya-Moschee in die Neustadt (50 DH für 1 Std.).

## Fernverkehrsbusse

- Der **Busbahnhof** *(gare routière)* für Privat- und CTM-Linien liegt am Place el-Mourabiten (nahe Bab Doukkala), Tel. 0524 43 44 02, Schalter 10 in der Halle, geöffnet Mo bis So 6–22 Uhr. Ein weiterer CTM-Bahnhof (und -Büro) befindet sich in der Rue Abou Baker Seddik, Tel. 0524 44 74 20.
- Busse privater Linien an den Nordrand des Hohen Atlas (z.B. Amizmiz, Setti-Fatma) fahren auch am **Place er Robb** ab.

■ **Sammeltaxis in Richtung Asni** und **Ijoukak** (über den Tizi-n-Test, in Ijoukak Umsteigemöglichkeit nach Ouled Berhil) fahren ca. 1,5 km südlich des Bab er Robb an der Ausfallstraße Richtung Tahanoute und Asni ab. Vom Bab er Robb fährt ein Stadtbus zum Sammeltaxiparkplatz.

■ Der Busbahnhof von **Supratours** (mit Fahrkartenschalter, kleinem Café und Aufenthaltsraum) liegt an der Av. Hassan II., etwas westlich vom Bahnhof, Tel. 0524 43 55 25. Einen Tag im Voraus buchen!

### Supratours

■ **Essaouira:** 6x tägl., Fahrzeit 3.15 Std., 70 DH.

■ **Agadir:** zwischen 4.30 und 22.30 Uhr fährt etwa alle 1 ½ Std. ein Bus, Fahrzeit 4 Std., 100 DH.

■ **Tiznit – Guelmim – Tan-Tan – Tarfaya:** 3x tägl. bis Tarfaya 265 DH (14 Std.), 6x tägl. bis Guelmim 160 DH (9 Std.) und Tan-Tan 190 DH.

Blick vom Hotel Mamounia in Richtung der Kutubiya-Moschee (links)

- **Ouarzazate – Kelâa Mgouna – Boumalne – Tinerhir:** 2x tägl. (morgens und nachmittags) bis Ouarzazate 80 DH, Fahrzeit 5 Std., Kelâa Mgouna 105 DH (ca. 6 Std.), Boumalne 115 DH (ca. 7 Std.), Tinerhir 125 DH (ca. 8 Std.).
- Nach **Fès, Tanger, Rabat** und **Casablanca** verkehren Züge (s.u.).

### CTM

- **Agadir:** stündlich, 105 DH, Fahrzeit 5 Std.; auch Busse direkt ins Zentrum (statt nach Inezgane).

039m015 ad

- **Tiznit:** stündlich, ca. 5 Std., 130 DH.
- **Casablanca:** stündlich, 4 Std., 85 DH.
- **Essaouira:** 2x tägl., 3 Std., 70 DH.
- **Fès:** 5x tägl., ca. 9 Std., 160 DH.
- **Ouarzazate:** 6x tägl. (davon ein Nachtbus), 5 Std., ca. 85 DH.
- **Errachidia:** 1x tägl., 10 Std., ca. 160 DH.
- **Laâyoune:** 1x tägl., 17 Std., ca. 325 DH.
- **Zagora:** 2x tägl., 8 Std., ca. 130 DH.
- **Smara:** 1x tägl., 14 Std., 250 DH.

### Private Linien

Verschiedene Gesellschaften (Büros am Gare Routière Bab Doukkala) bieten u.a. mehrmals täglich **Verbindungen** nach Fès (ca. 9 Std. Fahrzeit) und Meknès (ca. 6 Std. Fahrzeit), Agadir, Taroudannt, Essaouira, Safi, El Jadida, Rabat, Casablanca und Ouarzazate an. Die Busse sind schlechter in Schuss als die von Supratours und CTM.

## Bahn

- Der repräsentative, moderne **Bahnhof** befindet sich an der Av. Hassan II./Ecke Av. Mohamed VI. im Westen der Neustadt, Tel. 0524 44 65 69. Die Medina liegt zu weit weg, um zu Fuß mit Gepäck hinzumarschieren – besser ein Taxi nehmen. Zur Jugendherberge sind es nur ca. 10 Min. Gehzeit.
- Genaue Abfahrtszeiten im Internet unter **www.oncf.ma.**

### Verbindungen und Preise

- **Casablanca:** 9x tägl. (ab 4.55 Uhr alle 2 Std.), 90 DH (2. Klasse), Fahrzeit ca. 3¼ Std.
- **Rabat:** 7x tägl., 120 DH (2. Klasse), Fahrzeit ca. 4¼ Std.
- **Tanger:** 4x tägl. (einmal mit Umsteigen in Sidi Kacem), 205 DH (2. Klasse), 9½ Std.
- **Fès:** 7x tägl. (ab 4.55 Uhr alle 2 Std.) 195 DH (2. Klasse), 7–8 Std.

## Flugverbindungen

Der **Flughafen Marrakesch-Ménara** liegt 6 km südwestlich des Zentrums, Fahrzeit ca. 15 Minuten aus der Neustadt, Tel. 0524 44 78 65. Ein Grand Taxi vom Flughafen in die Innenstadt kostet offiziell 150 DH, ein Petit Taxi 100 DH. In umgekehrter Richtung (aus der Stadt zum Flughafen) wird meist deutlich mehr verlangt – unbedingt verhandeln!

Am Flughafenparkplatz befindet sich die Haltestelle des **Shuttlebusses Nr. 19** (Navette), der von 6.30–21.15 Uhr halbstündlich zum Busbahnhof und zum Djamâa el-Fna fährt (einfache Fahrt 30 DH, hin und zurück 50 DH). Etwa 300 m entfernt vom Flughafengebäude an der Hauptstraße hält auch der **Linienbus Nr. 18** (4 DH).

**Royal Air Maroc** unterhält **Inlandsverbindungen** nach Agadir, Fès, Oujda und Tanger – mit der Bahn oder dem Bus am Ziel.

**Air Berlin, Easy Jet, Ryan Air, Transavia, Vueling** und **TuiFly** fliegen Marrakesch (z.T. nur saisonal) von verschiedenen deutschen und schweizerischen Flughäfen an. Weitere Verbindungen mit Royal Air Maroc über Casablanca (u.a. nach Genf, Wien, Zürich).

## Sammeltaxis/Taxis

### Petit Taxi

Eine **Stadtfahrt** mit den beigen Petit Taxis darf tagsüber 10–25 DH kosten, nachts 30–50 DH, je nach Entfernung. Die Taxifahrer in Marrakesch zocken inzwischen schamlos ab und schalten das Taxameter („compteur") meist nicht ein, obwohl sie gesetzlich dazu verpflichtet sind – also immer **vor dem Einsteigen hart verhandeln!** Taxistände z.B. am Djamâa el-Fna, am Bab er Robb und am Bab Doukkala.

Wer keine Lust aufs Feilschen hat, kann sich unter Tel. 0524 40 94 94 ein **Taxi Vert** bestellen: Grundpreis tagsüber 10 DH bzw. 15 DH nachts plus Taxameter-Tarif (0,24 DH pro gefahrene 100 m, nachts 50% Zuschlag).

### Grand Taxi (Sammeltaxi)

- Die **Grand Taxis** (Mercedes-Limousinen) nehmen bis zu fünf Passagiere mit und dürfen auch außerhalb des Stadtgebietes verkehren, z.B. für Ausflugsfahrten für den ganzen Tag (600–700 DH). Wenn man sich ein Fahrzeug bis zu einem bestimmten Ziel als Sammeltaxi mit anderen (marokkanischen) Passagieren teilt, verringert sich der Fahrpreis entsprechend. Grand Taxis (Sammeltaxis) warten z.B. gegenüber dem Place de Foucault, am Bahnhof sowie beim Gare Routière entlang der Stadtmauer nördlich des Bab Doukkala.
- Ein Grand Taxi **vom Flughafen** in die Innenstadt kostet offiziell 150 DH, ein Petit Taxi 100 DH. In umgekehrter Richtung (aus der Stadt zum Flughafen) wird meist deutlich mehr verlangt – unbedingt verhandeln!

## Pferdedroschken

Mit den **allgegenwärtigen** Pferdedroschken *(calèche)* kann man sich **zu allen Sehenswürdigkeiten** fahren lassen. Haltestellen befinden sich z.B. am Place de Foucault, beim Place de la Liberté Richtung Hivernage, am Westende der Kutubiya-Gärten nahe dem Hotel La Mamounia und beim Jardin Majorelle. Der offizielle Preis für 1 Stunde Rundfahrt beträgt 120 DH (25% Aufschlag nach 19 Uhr), unabhängig von der Passagierzahl. Die offiziellen Preise für bestimmte Strecken sind an der Scheibe hinter dem Kutscher angeschlagen, z.B. Djamâa el-Fna – Badi-Palast – Bahia-Palast – Saadier-Gräber 40 DH, Djamâa el-Fna – Jardin Majorelle – Menara-Gärten 50 DH. Die Kutscher verlangen jedoch trotzdem häufig astronomische Summen – daher hart verhandeln! Der ausgehandelte Preis gilt für die ganze Kutsche, also für max. vier Personen.

## Rund ums Auto

Die Orientierung im Verkehrschaos der Stadt fällt manchmal schwer. Wer sich nicht verfahren will, sollte ein Petit Taxi vorausfahren lassen.

### Parken

- Im Gegensatz zu anderen marokkanischen Städten kann man in der Medina **in direkter Umgebung des Djamâa el-Fna** gut parken. In den großen Straßen um die Kutubiya-Moschee (insbesondere in der Av. Houmane Fetouaki) finden sich mehrere bewachte Parkplätze. Auf einem ummauerten Gelände nahe der Moschee (60 DH/24 Std., N 31° 37,466', W 7°59,777') kann man mit dem Wohnmobil auch über Nacht bleiben. Das Gelände ist zwar nicht besonders schön, aber ruhig, sicher und in Fußweite zur Medina.
- Ein weiterer **Parkplatz** zentral in der Medina liegt **gegenüber der Préfecture** (bzw. Hammam Ziani) an der Riad Zitoun Djedid.
- In der **Av. Mohamed V.** kann man sowohl am Mittelstreifen als auch auf beiden Seiten parken (Gebühr am Parkautomaten bezahlen).
- Bei der **Marrakech Plaza** in der Neustadt steht eine Parkgarage zur Verfügung.
- Auch die **Gärten Menara und Agdal** haben bewachte Parkplätze.

### Autovermietung

- **Avis,** 137, Av. Mohamed V., Tel. 0524 43 25 25, geöffnet 8–12 und 14–19 Uhr; auch am Flughafen, Tel. 0524 43 31 69.
- **Amsterdam Car,** 112, Bd. Mohamed V., im 2. Stock (über Café Negociants), Guéliz, Tel. 0524 43 99 52, Mobil 0643 12 93 78, www.amsterdamcar.com. Zuverlässige, kompetente Abwicklung, gute Fahrzeuge. Der freundliche *Mohamed* spricht sehr gut deutsch (Mail-Korrespondenz in Deutsch möglich).
- **Brother's Cars,** 115, Rue Yougoslavie, App. 30 (1. Stock), Tel. 0667 51 36 87 *(Ibrahim)*. Miete eines Wagens inkl. Chauffeur für Tagesausflüge möglich (z.B. ins Ourika Tal, 500 DH/Tag).
- **Budget,** Bd. Zerktouni, Guéliz, Tel. 0524 43 11 80, auch am Flughafen, www.budget.com, geöffnet Mo bis Sa 8.30–12 und 14.30–19 Uhr.
- **Europcar,** 63, Bd. Zerktouni, Guéliz, Tel. 0524 43 12 28, www.europcar.com, auch am Flughafen (Tel. 0524 43 77 18).
- **First Car,** 234, Bd. Mohamed V., Imm. Zahir, Tel. 0524 43 87 64, und am Flughafen, www.firstcar.ma. Zentrale Reservierungsstelle in Casablanca: Tel. 0522 30 00 07.
- **Ifri Car,** Av. Hassan II., Koutoubia Center II (1. Stock, Büro N°5), Tel. 0662 26 77 93 oder 0661 77 67 66, www.rentalcarmorocco.com. Professionell geführte und zuverlässige Agentur, die Pkw sind gut in Schuss. Auch Vermietung von komfortablen, klimatisierten Geländewagen mit Fahrer. Englische Korrespondenz möglich.
- **Hertz,** 154, Av. Mohamed V., Tel. 0524 44 99 84, www.hertz.com, geöffnet 8–12 und 14.30–18.30 Uhr, So 9–12 Uhr; auch am Flughafen, Tel. 0524 44 72 30.
- **Marrakech Roues,** 3, Rue Bani Marine, Imm. Roux Marrakech (wenige Gehminuten südlich Djamâa el-Fna), Mobil 0663 06 18 92, www.marrakech-roues.com. Vermietung von Rollern, Mopeds und Quads.
- **Sister's Car,** 10, Rue Fatima El Fihria, Semlalia, Tel. 0524 43 93 28 oder Mobil 0661 18 12 63. Empfehlenswerte Agentur mit preiswerten Angeboten und gut gewarteten Fahrzeugen (z.B. Dacia Logan ab 20 Euro/Tag, Renault Kangoo ab 35 Euro/Tag).
- **Sixt,** 9, Bd. el Mansour Eddahabi, Tel. 0524 43 31 84, und am Flughafen, Tel. 0524 43 17 99, www.sixt.de.

## Medizinische Versorgung

- **Dr. Gertrud Michaelis,** 7, Rue Ibn Sina, Guéliz, Tel. 0524 44 83 43. Deutsche Ärztin für Allgemeinmedizin.
- **Clinique internationale de Marrakech,** Bab Ighli, Route de l'Aéroport (kein Schild an der Stra-

ße), Tel. 0524 44 40 40. Im Jahr 2010 eröffnete moderne Klinik.

- **Polyclinique du Sud,** Rue Yougoslavie, Ecke Rue Ibn Aicha, Guéliz, Tel. 0524 44 79 99. Privatklinik mit 24-Std.-Notfallaufnahme.
- **Apotheken** gibt es im gesamten Stadtgebiet. Die Nachtdienste der Apotheken *(pharmacies de garde de nuit)* werden wöchentlich neu eingeteilt. Infos beim Syndicat des Pharmaciens de Marrakech, Tel. 0524 44 75 20 oder 43 72 28, www.syndicat-pharmaciens-marrakech.com

## Banken/Wechselstellen

- **Banken mit Geldautomat** findet man überall in der Neustadt sowie in der Rue Bab Agnaou und am kleinen Place de Bab Ftouh nahe des Djamâa el-Fna in der Medina.
- Die **Wechselstube der Banque Populaire** am Südende des Djamâa el-Fna sowie diejenige **im Hotel Ali** haben auch sonntags geöffnet.

aga10_012 ad

## Post

- **Place du 16. Novembre,** Av. Mohamed V. (Hauptpost), und am Djamâa el-Fna.

## Internet

- Nahe des Djamâa el-Fna, in der Rue Bab Agnaou, im Cyber Parc (vgl. „Sehenswertes") sowie in der Neustadt gibt es diverse modern ausgestattete **Internetcafés.** Die Stunde online kostet ca. 10 DH (in den teuren Hotels bis zu 40 DH).
- Immer mehr Touristencafés und Restaurants bieten **kostenloses WLAN** als Service für die Gäste.

## Reisebüros/-veranstalter

Es gibt zahllose **Trekkinganbieter** in und um Marrakesch, die allerdings **nicht immer legal** arbeiten. Man sollte bei der Auswahl eines Veranstalters deshalb nicht nur auf den Preis, sondern auch darauf achten, dass die Touren ökologische und soziale Prinzipien berücksichtigen. Ein seriöser Anbieter kann daher keine Dumping-Preise bieten. Zu Empfehlungen kompetenter (deutschsprachiger) Bergführer vgl. „Sport/Trekking". Wir empfehlen folgende Veranstalter (in alphabetischer Reihenfolge):

- **Cultures Natur Voyages,** Rue Oum R'Bia, Imm. Nakhil, Appt. 19, Guéliz, Mobil 0661 24 05 99 oder 0662 10 51 69, www.culturenaturevoyage.com. Die Agentur der Bergführer *Mohamed Driouich* und *Lahcen Id Belaid* organisiert Trekkingtouren, Pferde- und Kameltrekkings und andere Aktivreisen.
- **Marabout Travel/Amalou Voyages,** 2, Rue Ibn Aicha, Appt. 9,, Tel 0524 43 22 21, www.mara-

< Lederverkäufer im Souk

boutreisen.ch. Die auf Wüstentouren (mit Kamelen und 4x4) und Trekkings spezialisierte Agentur wird von der Schweizerin *Brigitte Zahner* und ihrem Mann *Lahoucine Taha* geleitet, der aus dem Aït-Bougoummez-Tal stammt. Beide sprechen deutsch und legen besonderen Wert auf ökologische und soziale Nachhaltigkeit. Professionelle Betreuung, Reisen in Kleingruppen. Auch individuelle Touren für Familien.

- **Maroc Expedition,** N°564, Maatallah Askejour Menara, Mobil 0661 51 16 68 oder 0668 10 45 66, www.marocexpedition.com. Diese kompetente, freundliche Agentur bietet Tagesausflüge (z.B. ins Ourika-Tal oder nach Ouzoud) und Rundfahrten mit 4x4 oder Minibus an. Korrespondenz in Englisch möglich.
- **Omni Tours,** 220, Av. Mohamed V., Guéliz, Tel. 0524 42 16 60, www.omnitoursmaroc.com. Incoming-Agentur mit einem großen Fuhrpark von 4x4 bis Bussen, spezialisiert auf Wüstentouren, aber auch Tages- und Zweitagesausflüge zu verschiedenen Zielen.
- **Sahara Services/Sahara Experience,** 88, Bd. Zerktouni, Imm. Moutassali, App. 38 (4. Stock), zwischen Hotel Al Kabir und Boustane sowie weiteres Büro in Av. Hassan II., Koutoubia Center II., 1. Stock (Büro N°5), ggü. Gendarmerie Royal, Guéliz, Tel. 0524 42 06 73, Mobil 0661 77 67 66, www.sahara-experience.com. Zuverlässige und sehr empfehlenswerte Agentur des gut englisch sprechenden *Abdel Benalila*. Ein- oder ganztägige Mountainbike- und Reit-Ausflüge, mehrtägige 4x4-Wüstentouren, Kameltrekkings und andere Rundtouren ab Marrakesch, Begleitung durch deutschsprachige Führer möglich. Sahara Services betreibt drei luxuriöse Wüstencamps im Erg Chegaga, Erg Chebbi und in der Umgebung von Marrakesch (www.mrocco-luxury-camps.com). Mietwagenfirma Ifri Cars angeschlossen (vgl. „Rund ums Auto"). 3 Tage/2 Nächte Rundtour über Aït Benhaddou, Drâa-Tal, Erg Chegaga und zurück für 235 Euro/Pers.
- **Sport Travel,** 154, Bd. Mohamed V, Tel. 0524 43 63 69, www.sporttravel-maroc.com. Die professionell arbeitende Agentur ist spezialisiert auf Aktiv-Reisende: Trekking-, Ski- und Pferdetouren, Mountainbiking, Canyoning etc.
- **Tamsilt,** Tel. 0524 34 37 98, Mobil 0672 70 99 57, tamsilt@menara.ma (Korrespondenz in Deutsch möglich). Der freundliche Bergführer *Lahoucine Oulkadi* und die Schweizerin *Beatrice Buschor Oulkadi* führen kleine Trekkinggruppen durch den Hohen Atlas und die Wüste. Lahoucine stammt aus dem Aït-Bougoummez-Tal, einer der schönsten Wanderregionen Marokkos, die er wie seine Westentasche kennt. Beide betreiben eine nette Herberge in Agouti. Individuelle Tourenorganisation, Miete von Minibussen und Allradfahrzeugen mit Chauffeur ab Marrakesch möglich.

## Feste/Veranstaltungen

- **Festival National des Arts Populaires** (FNAP), eine Woche im Juli. Dies ist die größte und wohl bedeutendste Kulturveranstaltung der Stadt mit Folklore-Musikgruppen und Artisten aus allen Teilen Marokkos. Bei den Spektakeln im El-Badi-Palast und an anderen Veranstaltungsorten kann der Besucher die kulturelle Vielfalt Marokkos und ihre musikalischen Ausprägungen kennenlernen: traditionelle Musik der Berber aus dem Hohen Atlas, andalusisch geprägte Melodien aus Nordmarokko, mystische Rhythmen der Gnaoua aus Essaouira usw.
- **Festival International du Film de Marrakech,** www.festivalmarrakech.info, neun Tage Anfang Dez. Jedes Jahr kommt zum Internationalen Filmfestival unter Schirmherrschaft von König *Mohamed VI.* für ein paar Tage ein bisschen Hollywood-glamour nach Marrakesch. In den letzten Jahren wurde der rote Teppich z.B. für internationale Produzenten und Stars wie *Martin Sheen, Leonardo di-Caprio* und *Martin Scorsese* ausgerollt. Das Festival widmet sich internationalen Filmen jeden Genres. An den verschiedenen Veranstaltungsorten werden Hunderte Filme gezeigt, darunter auch nicht nominierte, international ausgestrahlte Kinofilme.

## Umgebung von Marrakesch

# Ausflüge

## Organisierte Ausflüge

**Hotels und Reisebüros** bieten eine breite Palette an Ausflügen an: Tagesfahrten ins Ourika-Tal, nach Asni und Aghbalou, nach Asni und Ouirgane, nach Ouarzazate, nach Essaouira, Zweitagesfahrten nach Zagora etc.

Ein sehr breit gefächertes Ausflugsprogramm ab Marrakesch (z.B. eine Tagestour nach Essaouira inkl. Besuch einer Arganölkooperative oder Mountainbike- und Reitausflüge) bietet **Sahara Experience** an (vgl. Reisebüros bei Marrakesch, www.sahara-experience.com).

Viele große Hotels oder gute Maisons d'Hôtes haben ein eigenes **Stadtbesichtigungsprogramm,** z.B. Souk-Besuch mit Besichtigung der Medersa Ben Youssef, Kutschfahrt entlang der Stadtmauer mit Besuch des Jardin Majorelle, der Menara-Gärten etc.

Oft kann man auch einen sehr touristischen **Fantasia-Abend** (Reiterspiele

und Mechoui-Abendessen) oder **Berber-Abend** (mit Vorführungen und Diner im Festzelt) buchen.

## Ausflüge auf eigene Faust

(mit Mietwagen, Sammeltaxi oder öffentlichen Verkehrsmitteln)

**Halbtagesausflüge** zum **Lalla Takerkoust** (Stausee des **Oued N'Fiss** 20 km südlich; Bade- und Einkehrmöglichkeit).

Als **Tagesausflug** bietet sich die Weiterfahrt nach **Ouirgane** und **Tameslout** an, einem religiösen Zentrum in der Haouz-Ebene. Hier liegt die Zaouia des **Sidi Ahmed Ben Laaroussi,** dem Mann, der viele Wunder bewirkte und angeblich in 366 Wissenschaften bewandert war. Die Zaouia ist leider innen nicht zu besichtigen, dafür die Reste einer alten Kasbah. Anfahrt: 19 km von Marrakesch in Richtung Taroudannt, nach 5 km in Richtung Amizmiz abbiegen und bei km 15 wieder rechts. Ein wichtiger Moussem findet am Aid el Fitr statt, siehe Feiertage und islamischer Kalender.

**Tagesausflüge** können auch ins **Ourika-Tal** und nach **Oukaïmeden** unternommen werden, nach **Moulay Brahim** (Wallfahrtsort) oder **Asni, Ouirgane** und nach **Tin Mal** zur Gründermoschee der Almohaden; ferner nach **Demnate – Pont Naturel Imi-n-Ifri** und zu den **Ouzoud-Wasserfällen.**

**Zweitagesausflüge** bieten sich an nach **Telouèt,** zu der Kasbah des Paschas *El Glaoui,* und nach **Aït Benhaddou,** zu dem von der UNESCO geschützten Lehmksar. Beide liegen auf der Strecke in Richtung **Tizi-N-Tichka** und Ouarzazate. Telouèt geht auch an einem Tag.

**Dreitagesausflüge: Wandern** im **Nationalpark Djabal Toubkal,** mit Anfahrt über Asni und **Imlil,** ab dort zum **Djabal Toubkal,** oder nach Agouti oder Tabant im **Aït-Bougoumez-Tal.**

118m015 ad

# 4 Nördlicher Hoher Atlas

Der Hohe Atlas lädt zu Wanderungen, Trekking und Touren mit dem Mountainbike ein. Auf den Gipfeln bis über 4000 m Höhe liegt von Dezember bis März Schnee, im Sommer herrschen in der Region angenehmere Temperaturen als in Marrakesch oder

Ouarzazate. Die schroffe Bergwelt durchziehen fruchtbare Flusstäler, in denen Berberdörfer über grünen Terrassenfeldern an den Hängen kleben.

< Trekking am Lac d'Ifni im Toubkal-Gebiet

# ÜBERBLICK

Nur etwa 50 km südlich von Marrakesch erhebt sich der Hohe Atlas. Er ist mit den Gipfeln Djabal Toubkal (4167 m, Besteigung ab Imlil) und Ighil M'goun (4013 m, Besteigung ab Agouti) das höchste Gebirge in Nordafrika. Der Hohe Atlas, der die natürliche Trennlinie zur Sahara bildet, ist nur wenig besiedelt. In den grünen Flusstälern wachsen zahllose Apfel- und Nussbäume. Auf von Bewässerungskanälen durchzogenen Terrassenfeldern bauen die Dorfbewohner Getreide und Mais an. In den höheren Lagen gedeihen nur noch einige Thujen, Pinien und knorriger Wacholder. Die Bergbewohner leben in ursprünglichen Dörfern mit an den Hängen klebenden Häusern aus Stampflehm und Bruchstein und Flachdächern aus Knüppelholz. Im Sommer ziehen Hirten mit ihren Ziegen und Schafen über die vielen kleinen Pfade quer durch die Berge und campieren in einfachen Schäfereien (franz. bergerie, berb. azib) auf Hochweiden.

Überquert man den Hohen Atlas über einen der beiden Straßenpässe Tizi-n-Tichka oder Tizi-n-Test Richtung Süden, wähnt man sich in einer anderen Welt. Die Berge werden kahl und unwirtlich, die Landschaft bekommt mehr und mehr wüstenhaften Charakter. Die schroffen, im Abendlicht rot schimmernden Südhänge durchziehen tiefe Schluchten wie die Dadès- und Todrha-Schlucht.

Die Dörfer im Hochgebirge kennen kaum Tourismus – nur ein paar Trekker und Geländewagenfahrer verirren sich gelegentlich hierher. Ein gewisses Gespür für die in einfachsten Verhältnissen (z.T. ohne Strom und fließend Wasser) lebenden Einwohner sollte man dort unbedingt mitbringen. Bei Wanderungen über die Pässe, durch die Dörfer und Täler knüpft man nette Kontakte und nähert sich den Menschen auf die natürlichste Art. Wer lange genug Zeit hat, sollte unbedingt eine mehrtägige Trekkingtour im Hohen Atlas (z.B. ab Agouti, Imlil, Oukaimeden oder Setti-Fatma) oder im Djabal Saghro einplanen.

Typisches Berberdorf im Hohen Atlas

# Zu den Ouzoud-Wasserfällen und dem Stausee Bin-el-Ouidane

- **195 km von Marrakesch bis zu den Ouzoud-Wasserfällen, 257 km bis Bin-el-Ouidane; N8, R304.**
- Um mit öffentlichen Verkehrsmitteln nach Ouzoud zu kommen, nimmt man in Marrakesch entweder einen **Bus in Richtung Beni-Mellal** und steigt an der Kreuzung nach Aït Attab aus, oder man fährt mit einem **Bus Richtung Azilal** mit Ausstieg an der Kreuzung nach Ouzoud. Von beiden Kreuzungen verkehren Sammeltaxis zu den Wasserfällen. Viele Hotels und Veranstalter bieten die Ouzoud-Wasserfälle als Tagesausflug an.
- Die im ersten Drittel eintönige Strecke über Aït Attab führt im weiteren Verlauf malerisch durch Steineichen und Thujenwälder oberhalb der Abid-Schlucht entlang und weiter zum Bin-el-Ouidane-Stausee. Eine landschaftlich weniger reizvolle **Alternativroute** startet in Marrakesch und führt auf der R210 und der R304 (gute Teerstraßen) über Demnate von Süden zu den Wasserfällen (vgl. „Von Azilal nach Demnate").

Die **Route beginnt in Marrakesch** beim Bab Doukkala (an der Nordseite der Medina). Folgt man der Beschilderung in Richtung Ouarzazate und Fès, passiert man die Palmeraie und erreicht nach 5 km einen Kreisverkehr (BMW-/Landrover-Niederlassung). Die vierspurige, von Palmen gesäumte Ausfahrtsstraße erreicht nach etwa 4 km einen weiteren Kreisverkehr mit Veranstaltungsorten für Festivitäten. Hier folgt man weiter den Schildern nach Fès/Beni-Mellal in Richtung Nordosten (N8).

Nach etwa **19 km** liegen das **Hotel Sidi Mansour** (schöne Gartenanlage und Pool) und ein weiteres Kasbahhotel an der Strecke. Die weitere Route führt durch landwirtschaftliches Gebiet (Oliven und Zitrusfrüchte), bis nach **52 km** der große Ort **Tamelelt** erreicht ist (Straßencafés).

Nach knappen 5 km (Gesamt-km 57) besteht die Möglichkeit, **rechts** (Richtung Osten) **nach Demnate und Azilal** und auf direktem Weg (R208) zu den Ouzoud-Wasserfällen zu gelangen (nicht über die Schlucht El Abid).

Es folgen weitere Kreisverkehre, bis bei etwa **km 84** die hübsche Kleinstadt **El Kelâa des Sraghna** erreicht ist (Übernachtungsmöglichkeit im Hotel Zaouia

**NICHT VERPASSEN!**

- **Ouzoud-Wasserfälle:** willkommene Erfrischung | 264
- **Die Täler Aït Bougoumez (Agouti) und Mizane (Imlil):** bei einer Wanderung eröffnen sich herrliche Ausblicke auf die Bergwelt des Hohen Atlas | 274, 275, 296
- **Tin Mal:** die Moschee war die Geburtsstätte der Almohaden-Dynastie und ist mit der Moschee Hassan II. das einzige Gotteshaus in Marokko, das Nicht-Muslime betreten dürfen | 300
- **Telouèt und Aït Benhaddou:** in den beeindruckenden Kasbahs lernt man authentische Berberarchitektur kennen | 305, 310

**Diese Tipps sind gelb hinterlegt.**

# Nördlicher Hoher Atlas

Marok_K04

0 50 km 

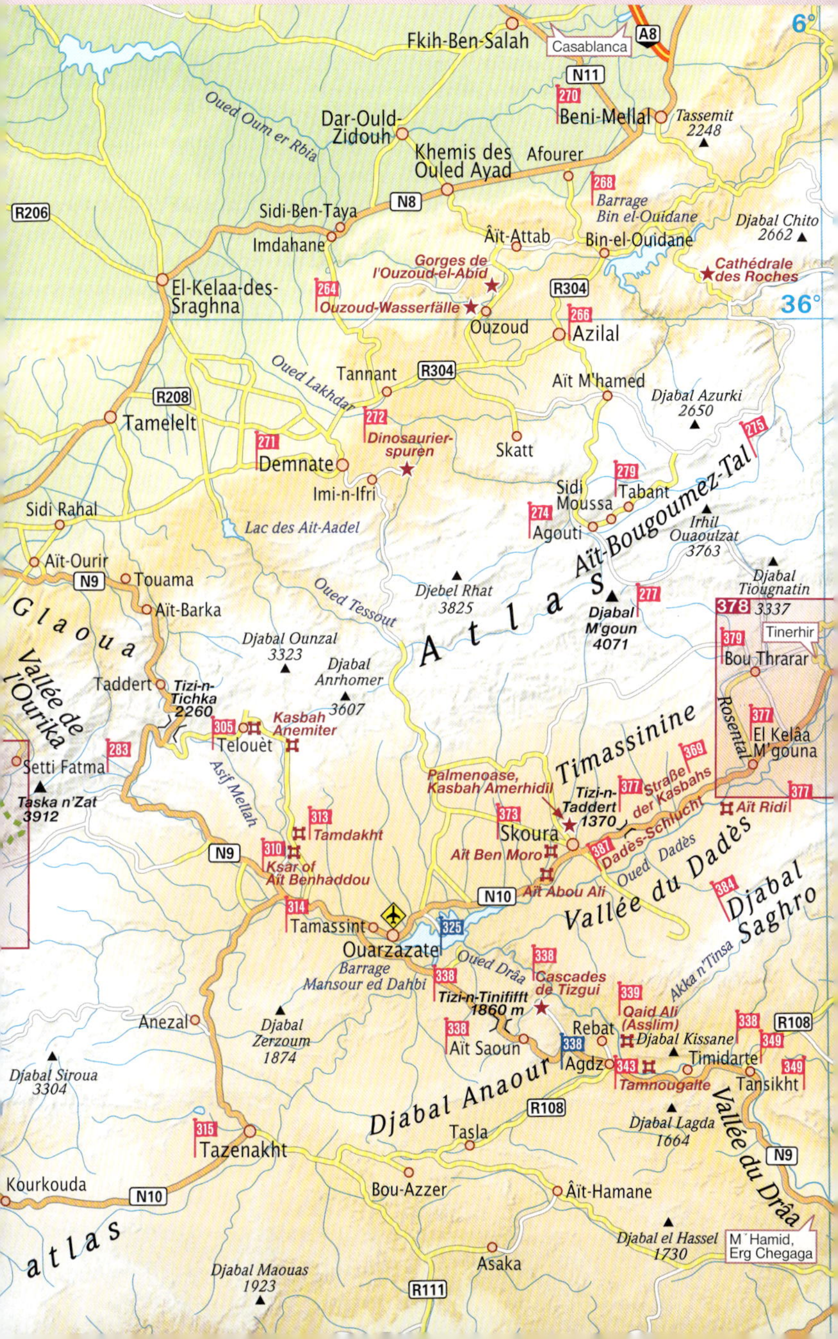

6°
36°
Casablanca
A8
N11
Fkih-Ben-Salah
270
Beni-Mellal
Tassemit
2248
Oued Oum er Rbia
Dar-Ould-Zidouh
Khemis des Ouled Ayad
Afourer
268
Barrage Bin el-Ouidane
Djabal Chito
2662
R206
Sidi-Ben-Taya
N8
Imdahane
Âït-Attab
Bin-el-Ouidane
Gorges de l'Ouzoud-el-Abid
Cathédrale des Roches
El-Kelaa-des-Sraghna
264
Ouzoud-Wasserfälle
R304
Ouzoud
266
Azilal
Oued Lakhdar
Tannant
R304
Aït M'hamed
R208
Djabal Azurki
2650
Tamelelt
272
Dinosaurier-spuren
275
271
Demnate
Skatt
Imi-n-Ifri
279
Sidi Moussa
Tabant
Aït-Bougoumez-Tal
Sidi Rahal
274
Agouti
Irhil Ouaoulzat
3763
Lac des Aït-Aadel
Aït-Ourir
N9
Touama
Oued Tessout
Djebel Rhat
3825
Djabal Tiougnatin
Atlas
277
378
3337
Aït-Barka
Djabal M'goun
4071
Glaoua
Djabal Ounzal
3323
379
Tinerhir
Bou Thrarar
Vallée de l'Ourika
Djabal Anrhomer
3607
Taddert
Tizi-n-Tichka
2260
305
Kasbah Anemiter
Telouèt
Timassinine
Rosental
377
El Kelâa M'gouna
283
Setti Fatma
Asif Mellah
369
Taska n'Zat
3912
Palmenoase, Kasbah Amerhidil
Tizi-n-Taddert
1370
377
Straße der Kasbahs
Aït Ridi
377
313
Tamdakht
373
Skoura
Dadès-Schlucht
N9
310
Ksar of Aït Benhaddou
Aït Ben Moro
387
Oued Dadès
Aït Abou Ali
Vallée du Dadès
384
Djabal Saghro
N10
314
Tamassint
325
Ouarzazate
Barrage Mansour ed Dahbi
Oued Drâa
338
Cascades de Tizgui
338
Tizi-n-Tinififft
1860 m
339
Qaid Ali (Asslim)
Akka n'Tinsa
Anezal
Djabal Zerzoum
1874
338
Aït Saoun
Rebat
338
Djabal Kissane
338
349
R108
Agdz
343
Tamnougalte
Timidarte
Tansikht
349
Djabal Siroua
3304
Djabal Anaour
R108
Djabal Lagda
1664
Vallée du Drâa
315
Tazenakht
Tasla
N9
Kourkouda
N10
Bou-Azzer
Âït-Hamane
atlas
Djabal el Hassel
1730
M´Hamid, Erg Chegaga
Djabal Maouas
1923
Asaka
R111

mit Pool oder im Hotel Tassaout, ferner gibt es Tankstellen, einen Marjane-Supermarkt, einen Markt, Cafés etc.).

Bei einem Kreisverkehr 15 km hinter El Kelâa des Sraghna zweigt eine Straße nach Settat und Casablanca ab; weiter geradeaus nach Fès und Beni-Mellal (beschildert). 6 km weiter ist der **Canal Tassaout** zu sehen – der breite Kanal bewässert die Ebene zwischen Beni-Mellal und Marrakesch. Bei einer großen Afriquia-Tankstelle gibt es eine Raststätte mit Pizzeria und Café.

Bei **km 121** und einer weiteren Afriquia-Tankstelle führt rechts wieder ein Abzweig nach Azilal (R307). Geradeaus geht es weiter nach Beni-Mellal und Fès. Hier beginnt der Mittlere Atlas.

Bei **km 130** (9 km hinter dem Abzweig nach Azilal) kann man bei einer

039m015 ad

Olivenmühle auf der linken Seite kaltgepresstes Olivenöl direkt einkaufen (Hausbemalung mit Olivenölflasche, N 32°10,603', W 006°58,440').

Bei **km 146** liegt der expandierende Ort **Khemis des Ouled Ayad.** Hier muss man rechts nach Aït Attab (25 km) abbiegen (beschildert). Vorbei an einer Zuckerraffinerie geht es bis zu einer V-Kreuzung (1 km): Zu den Cascades d'Ouzoud geht es rechts am Steinbruch und zwei Restaurants vorbei bergauf. Euphorbienpolster und Gehöfte mit Ölbäumen liegen am Weg. An der Straße wird Honig verkauft.

Nach **157 km** wird eine kleine **Passhöhe** (980 m) passiert, dann geht es bergab – der Bewuchs ist wesentlich dichter. Einige Bauerngehöfte sind aus der typischen roten Erde dieser Region gebaut. Der große Taleinschnitt des **Oued El Abid** liegt vor uns. Eine breite Straße führt bis zu dem recht mülligen Ort **Aït Attab,** der nach **167 km** erreicht ist. Hier gibt es eine Tankstelle, Markttag ist Mittwoch. Ein Bus fährt zur Straße nach Marrakesch bzw. Beni-Mellal.

In Aït Attab geht es geradeaus weiter. Die Straße windet sich bergauf ins Tal des Oued El Abid und folgt dann diesem nach Süden. Über eine Stahlbrücke geht es bei **km 174** über den **Oued El Abid** (550 m). Die Straße schlängelt sich in vielen Serpentinen durch Thujen, Wacholder, Pinien- und Eichenwald bergauf am Canyonrand entlang. Die Sicht auf die Oued-Abid-Schlucht und Aït Attab ist überwältigend. Die schöne Strecke führt durch dünn besiedeltes Gebiet auf eine **Passhöhe** (1040 m) und weiter zum Weiler **Ouzo** (Forsthaus) bei **km 193.** 1 km weiter spannt sich eine Stahlbrücke über den Fluss.

Kurz danach (500 m), bei **km 194,** ist das Dorf **Ouzoud** erreicht. Beschilderung zurück: nach „Aït Attab 26 km", links nach Azilal.

☐ Die Ouzoud-Wasserfälle sind die höchsten und schönsten des Landes

## Ouzoud

Der Ort Ouzoud ist wegen der **höchsten und schönsten Wasserfälle Marokkos** bekannt. Diese fallen in mehreren Etagen 110 m über rote Sinterterrassen nach unten, wenn nicht eine lang anhaltende Trockenheit nur noch Rinnsale übrig lässt. Im Juli und August entwickelt sich der Platz zum Treffpunkt von Marokkanern und Touristen. Dann sammelt sich oft Müll am Flussufer, und das eigentlich klare Wasser fließt vom aufgewühlten Schlamm dreckig braun dahin. Ruhig und zum Baden einladend ist es nur noch ein ganzes Stück weiter unten, wo der Trubel aufhört.

Vom Parkplatz in Ouzoud führt (vorbei am Hotel Dar Essalam und Chellal d'Ouzoud) ein **betonierter Fußweg** nach links zu den Wasserfällen. An dem Weg mit vielen Treppenstufen nach unten reihen sich Souvenirbuden und Tajine-Restaurants aneinander. Trotz des touristischen Hochbetriebs wirkt die Szenerie mit den vielen Kakteen, Feigenbäumen, Oliven und Oleandersträuchern recht idyllisch. Im Gebüsch springen Makakenaffen herum, die frech Ausschau nach Essbarem halten.

Der Weg verzweigt sich nach etwa 5 Min. Fußmarsch: Der linke Betonpfad führt zu einer **Aussichtsplattform** mit schöner Fotoperspektive auf die Wasserfälle, der rechte hinab zum Fuß der Fälle. Für Fotografen herrscht am frühen Nachmittag das beste Licht, morgens und abends liegen die Wasserfälle im Schatten. Bis ganz unten sind es ca. 15 Min. Fußmarsch ab dem Parkplatz, der Aufstieg in der Mittagshitze ist recht schweißtreibend. Schon vom Weg aus bieten sich tolle Ausblicke auf die Wasserfälle. Am **Fuß der Fälle** gibt es eine marode und deshalb gesperrte Metallbrücke. Man kann mit aus Tonnen zusammengebastelten Booten den Fluss überqueren oder eine „Ausflugsfahrt" flussabwärts unternehmen (nicht gerade sehr vertrauenerweckend). Baden ist offiziell verboten, daran hält sich aber niemand.

Vom Platz im Ort rechts am Riad Cascades d'Ouzoud vorbei kann man auch an die **Oberkante der Wasserfälle** (schöner Blick, nicht gesichert, also Vorsicht!) und auf einem steilen Weg auf der rechten Seite der Fälle nach unten gelangen bzw. als Alternative zum gängigen Weg vom Parkplatz aus durch die Olivenhaine entlang des Flusses (Ausgangspunkt ist die Brücke am Ortsausgang Richtung Aït Attab, s.o.) wandern. Auf einem etwa zehnminütigen Spaziergang erreicht man dann die obere Kante des Wasserfalls und kann entweder von dort über eine kleine Brücke auf die andere Seite gelangen und zurück zum Parkplatz oder aber bergab marschieren zum Fuß des Wasserfalls (s.o.; nach Regenfällen sehr glitschig).

Im Ort und bei den Hotels bieten sich Führer zur **„Mexican village"**, einem Lehmdorf, das an die Pueblodörfer in Mexiko erinnert, an. Zu den Wasserfällen braucht man keinen Führer, vielleicht aber für Ausflüge zu erodierten **Grotten** mit vielen Fledermäusen nahe des Flussufers. Wer Trekking und Bergtouren in der reizvollen Umgebung unternehmen will, kann sich vom Hotel oder Camping Zebra einen Führer vermitteln lassen.

In Ouzoud kann man neben den Wasserfällen noch alte **Öl- und Mehlmühlen** in Betrieb besichtigen.

## Praktische Informationen

### Unterkunft

■ **Chellal d'Ouzoud/des Cascades**③ (mit Frühstück), vom Hotel Essalam ca. 100 m am Weg zu den Wasserfällen, Tel. 0523 42 91 80 oder Mobil 0672 38 47 91, http://hotelchellal.weebly.com. Einfache, aber sehr ordentliche und saubere Zimmer mit Bad, empfehlenswert. Hübsches Restaurant mit Terrasse.

■ **Hôtel de France**②, Tel. 0523 42 91 76, www.hotelfrance-ouzoud.com. Etwas außerhalb des Ortes auf der anderen Flussseite, beschildert, N 32° 01,006', W 06°43,041'. Ordentliches Hotel mit sehr sauberen Zimmern mit und ohne Bad. Camping im Garten mit Olivenbäumen möglich (für Caravans wenig Platz). Restaurant (80 DH für Tajine oder Couscous, Frühstück 30 DH).

■ **Kasbah Ouzoud**③-④, neben dem Camping Zebra am Ortseingang, Tel. 0523 42 92 10, www.kasbahouzoud.com. Voll eingerichtete, hübsche Zeltzimmer oder Bungalows mit eigener Terrasse im wunderschönen Garten. Pool (auch für Nicht-Gäste gegen Gebühr nutzbar), Restaurant im Festzelt (Menü 130 DH), sicheres Parken im Hof möglich. Sehr empfehlenswert.

■ **Riad Cascades d'Ouzoud**③-④ (DZ oder Minisuite inkl. Frühstück, Kinder bis 5 Jahre frei, bis 10 Jahre 50% Ermäßigung), Tel. 0523 42 91 73 oder Mobil 0662 14 38 04, www.ouzoud.com. Komfortabler, geschmackvoll im Berberstil gestalteter Riad in einem restaurierten zweistöckigen Lehmhaus mit Innenhof. Die neun rustikalen Zimmer (alle mit Bad und Heizung, zum Teil mit AC) sind sehr schön. Vom Restaurant auf der Dachterrasse hat man einen herrlichen Blick. Hier kann man einen beschaulichen Urlaub weitab vom Großstadttrubel verbringen (auch Organisation von Ausflügen). Sehr gutes Menü für 120 DH (nur für Gäste oder auf Bestellung).

■ **Zebra,** s. „Campingplätze".

⊻ Nur für Mutige – Fahrt zu den Fällen

040m015 ad

### Campingplätze

■ **Camping/Auberge Zebra,** 1 km außerhalb am Ortseingang von Ouzoud, Mobil 0666 32 85 76, www.campingzebra.com, N 32°00,351′, W 06°43, 177′. Die sehr gut deutsch sprechenden Holländer und Afrikareisenden *Paul* und *Renate* eröffneten im Jahr 2009 diesen Campingplatz mit mehreren Geländeterrassen und gemütlichen Sitzecken – einer der schönsten und angenehmsten Campingplätze des Landes zum Entspannen in herrlicher Lage. Es gibt ein gemütliches Zeltrestaurant mit Kaminfeuer (Menü 85 DH), ein Hammam, saubere (heiße) Duschen und WCs sowie zehn sehr saubere Zimmer in Bungalows, vier mit Dusche und Toilette (DZ③, Zimmer oder Nomadenzelt ohne Dusche②, günstigere Angebote bei Langzeitaufenthalt). Buchung von 4x4-Wüstentouren und Ausflügen in der Umgebung möglich, Vermittlung von Bergführern. Sehr entspannte und freundliche, familiäre Atmosphäre. Camping 85 DH für 2 Pers. inkl. Auto.

■ **Camping Amalou,** an der Straße Richtung Azilal, Mobil 0670 25 43 76. Relativ großer und ebener Platz mit Stromanschlüssen in einem schönen Olivenhain, im Winter und Frühjahr allerdings mit Caravans überfüllt, dann sind die Toiletten und Duschen auch in einem sehr schlechten Zustand. 40 DH/Pers., 10 DH/Auto, 20 DH/Wohnmobil, 10 DH für Strom.

■ **Oberhalb der Wasserfälle am Fluss** finden sich einfache, meist wenig gepflegte Campingplätze (darunter Camping de la Nature) mit einfachsten Sanitäranlagen in schöner Lage zwischen Pappeln und Olivenbäumen.

### Essen und Trinken

■ **Relais de Titrite**, Tel. 0523 42 91 91. Kleines, hübsches Restaurant am Platz gegenüber dem Riad Cascades d'Ouzoud. Gute, frisch zubereitete Tajine (evtl. längere Wartezeit).

■ **Diverse einfache Restaurants** am Platz, weitere **Tajine-Stände und Cafés** auf dem Weg zu den Wasserfällen.

### Sammeltaxis/Taxis

Die Leute von den Campingplätzen oder Hotels sind bei der Taxibeschaffung behilflich. Ein Sammeltaxi bis Marrakesch kostet ca. 500 DH für 6 Pers. Ab der Kreuzung Marrakesch – Azilal hält morgens und nachmittags ein Bus nach Marrakesch.

## Weiterfahrt zum Stausee Bin-el-Ouidane

**17 km hinter Ouzoud** (Gesamt-km 211) mündet die Route in die Straße nach Azilal, zum Stausee Bin el-Ouidane und nach Beni-Mellal (links) ein. Rechts geht es nach Demnate und Marrakesch (R304).

**Links weiter** fährt man an einem Oliven- und Obstanbaugebiet entlang, danach geht es bergauf durch eine steinige Gegend mit Macchia, kleinen Steineichen und Wacholderbäumen. Dann folgt ein landwirtschaftlich genutztes Gebiet, die steinige Erde ist mit Weizen, Mandel- und Olivenbäumen bepflanzt, dazwischen liegen wenige Häuser. Bei **km 231** ist Azilal erreicht.

## Azilal

Die gepflegte, ruhige Provinzstadt Azilal (1400 m) mit ihren rosa Häusern ist in den letzten Jahrzehnten enorm gewachsen und beherbergt inzwischen **über 90.000 Einwohner.** Entlang der von Platanen gesäumten Durchgangsstraße Av. Hassan II. liegen viele Verwaltungsgebäude, Cafés und Banken. Unterhalb der Av. Hassan II. und des kleinen Hauptplatzes bei der großen Moschee befindet sich der Souk mit vielen Läden.

Azilal ist Ausgangspunkt für Fahrten ins Aït-Bougoumez-Tal (Agouti) und für **Trekking- bzw. Mountainbiketouren im Hohen Atlas:** auf den Djabal Azourki, 3690 m; zum Lac d'Izourar; nach Aït Bougoumez, zur Steinkathedrale *(Cathédrale des Roches);* zum Irhil M'goun, 4071 m; ins M'goun-Tal weiter bis Kelâa M'gouna zur Straße der Kasbahs. Aït Mohamed und das südliche Tabant im Aït-Bouguemez-Tal sind die Zentren der marokkanischen Bergführerausbildung.

In der Nähe von Azilal, in einem Trockenflussbett nahe der Ortschaft Woudane, fand man 1987 eines der größten **Dinosaurierskelette** der Welt, die ca. 165 Mio. Jahre alten Überreste eines *Atlasaurus Imelakai.* Die Ausgrabungsarbeiten dauerten Jahre, die über 500 Kilo schweren Knochen mussten mit dem Hubschrauber ausgeflogen werden. Jetzt ist das Skelett im Bergbaumuseum in Rabat zu besichtigen.

Die Berberfrauen tragen in der Gegend von Azilal sehr schöne bunte, mit Pailletten verzierte Umhängetücher, die man auf dem **Souk am Donnerstag** kaufen kann.

## Praktische Informationen

### Touristeninformation

- **Délégation du Tourisme,** Rue Tarik Ibn Ziad/Av. Hassan II., Tel. 0523 45 87 22. Hier kann man eine sehr gute Touristenkarte der Region kaufen (Maßstab 1:250.000).

### Unterkunft

- **Assounfou**②, Av. Hassan II., Tel. 0523 45 92 20. 2-Sterne-Hotel mit 26 Zimmern und Terrassenrestaurant im Zentrum. DZ (nicht immer sauber) mit Dusche, Sat-TV und Frühstück.
- **Binazi**②-③ (mit Frühstück), 1 km außerhalb an der Straße Richtung Aït Mohamed auf der rechten Seite, Tel. 0523 45 82 61. Hotel im marokkanischen Stil mit Restaurant und sechs sehr sauberen Dreibett-Zimmern (einfach ausgestattet) mit Bad, z.T. mit Balkon. Im Garten gibt es einen großen Pool. Man kann auch im Schlafsaal übernachten.
- **Souss**①, Av. Hassan II. im Zentrum, Tel. 0523 45 81 14. Einigermaßen sauberes Hotel am großen Platz rechter Hand, wenn man von Marrakesch kommt.
- **Tanout**①-②, Av. Hassan II., Richtung Bin-el-Ouidane an der Ortsausfahrt auf der rechten Seite, Tel. 0523 45 93 23, www.hoteltanout.com. Die meist ordentlichen, teilweise auch klimatisierten Zimmer sind fast alle nordseitig orientiert (im Sommer kühler und kein Straßenlärm). Einfache DZ mit und ohne Bad.

### Essen und Trinken

An der Av. Hassan II. liegen einfache Cafés und Restaurants. Zu empfehlen ist das **Restaurant Ibnou Ziad,** linker Hand an der Av. Hassan II., ca. 100 m vor dem Hauptplatz: gute, preiswerte Tajine, viel besucht; im 1. Stock gibt es ruhigere Plätze.

### Busse

Der Busbahnhof liegt nahe der Av. Hassan II./Tarik Ibn Ziad im Zentrum; es bestehen Verbindungen nach:

- **Beni-Mellal:** 5x tägl., 1½ Std.
- **Casablanca:** 4x tägl., 5 Std.
- **Marrakesch:** ca. 5x tägl., 3–4 Std.
- Nach **Agouti** (Aït-Bouguemez-Tal) verkehren Sammeltaxis (s.u.).

### Sammeltaxis/Taxis

**Grand Taxis** halten hinter der großen Moschee im Zentrum. Sammeltaxis zu den Ouzoud-Wasserfällen fahren jedoch meist auf dem Souk von einer Anhöhe ab – von Marrakesch kommend auf der linken Seite der Hauptstraße.

Ein Sammeltaxi nach **Marrakesch** kostet ca. 80 DH p.P., nach **Beni-Mellal** ca. 40 DH, nach **Agouti** bzw. **Tabant** 40 DH und nach **Aït Mohamed** ca. 30 DH.

### Trekking/Bergführer

Azilal ist neben Imlil eines der Bergsteigerzentren Marokkos. Das Touristenbüro vermittelt (lizensierte) Führer für Berg-, Ski- oder Kajak- und Riverrafting-Touren. Bei allen Bergführern ist eine frühzeitige Anmeldung sinnvoll bzw. notwendig, da sie häufig unterwegs sind.

- Sehr zu empfehlen ist der geprüfte Bergführer **Lahoucine Oulkadi** (tamsilt@menara.ma). Er spricht englisch und deutsch und betreibt mit seiner Schweizer Frau *Beatrice* eine Gîte d'étape in Agouti (s. dort).
- Angenehm zurückhaltend und sehr freundlich ist der gut deutsch sprechende Bergführer **Mohamed Boutahar,** der mit seinem Bruder *Hassan* die Herberge Dar Afra im Aït-Bougoumez-Tal betreibt (vgl. Agouti/Unterkunft): Mobil 0662 10 59 52, www.de.darafra.com. Organisation von individuellen Trekkings möglich.
- Von einem Leser wurde der Bergführer **Mustapha Almazdi** (mustalma@hotmail.com) sehr empfohlen. Er spricht französisch und englisch und organisiert Touren ganz nach den Wünschen der Teilnehmer. Fragen Sie im Ort nach ihm.
- Empfohlen wird zudem der Bergführer **Lahoucine Outezdot** (Mobil 0671 19 22 87, www.aitayoub-voyages.com), der im Aït-Bougoumez-Tal die Gîte d'étape Aït Ayoub betreibt. Er vermittelt auch andere Führer.
- Weitere empfehlenswerte (deutschsprachige) Bergführer siehe bei Marrakesch unter „Aktivitäten/Trekking".

### Sonstiges

- **Moussem Sidi Hmad ou Ameur,** im Douar Aganane, Caidat Aït M'Hamed (Aït Mohamed); in der ersten Maiwoche.

## Weiterfahrt zum Stausee Bin-el-Ouidane

Hinter Azilal führt die Straße **in Richtung des Stausees Bin-el-Ouidane** durch steinige Gegend mit Steineichen, Getreidefeldern und verfallenden Tighremts (Steinburgen). Nach einer kleinen Passhöhe (ca. 1500 m, 13 km hinter Azilal) verläuft die Straße bergab; es bietet sich ein toller Ausblick auf den weit verzweigten Stausee mit seinen Inseln und Lagunen. Die Erde rund um die Seeregion leuchtet dunkelrot – welch ein Kontrast zum hellblauen Wasser des Sees!

Bei **km 257** (26 km nach Azilal) sind die Kaserne und der Ort **Bin-el-Ouidane** (Markttag ist Donnerstag) erreicht.

Etwa 1 km hinter Bin-el-Ouidane führt die Straße über die Staumauer mit Militärposten (Fotografieren verboten!). An der Kreuzung bei Bin-el-Ouidane (2 km) kann man entweder links nach Afourer oder rechts entlang des Stausees nach Ouaouizarth und Tilouggite abbiegen.

## Stausee Bin-el-Ouidane

Der riesige, 1955 erbaute Stausee Bin-el-Ouidane schließt die Schluchten des Oued el Abid ab, der zwischen der Hauptkette des Mittleren Atlas und dem parallelen Vorgebirge zum Hohen Atlas, dem Dir, verläuft. Der See liegt **auf 1200 m Höhe** zwischen Bergen und Wäldern. Die Ufer sind mit Euphorbienpolstern bewachsen, die im Frühjahr herrlich blühen. Das Seewasser dient zur Bewässerung der Ländereien und Obstplatagen um das Gebiet von Beni-Mellal.

Die Staumauer wird vom Militär bewacht – hier ist **Fotografieren verboten!** Das Verbot wird damit begründet, dass solche Objekte für das Land von immenser Bedeutung und der Stolz der Nation seien – und somit auch Ziel eines Anschlags sein könnten.

Es befinden sich einige Ansiedlungen nahe des Sees, die Umgebung lädt zum **Wandern** ein. In den letzten Jahren entstanden auch diverse schicke Ferienhäuser (s.u.) entlang des Ufers.

Die **schönen Lagunen** kann man mit halbwegs geländegängigem Fahrzeug erreichen. Am Seeufer lässt sich **campen.** Das Ufer ist ein bisschen schlammig – die Hügel etwas oberhalb mit netten Pinien- und Olivenwäldchen eignen sich deshalb besser für Zelte. Mit einem Boot kann man schöne Ausflüge unternehmen oder angeln (Erlaubnis über die Forstämter).

## Unterkunft

■ **Bin el-Ouidane**④, ca. 6 km in Richtung Ouaouizarht, Tel. 0523 44 26 00, www.hotelbinelouidane.com. Sehr hübsch im Berberstil dekorierte Suiten/ Apartments für bis zu sechs Pers., z.T. mit Küche und Terrasse – ideal für einen (Familien-)Urlaub in ländlicher Idylle. Gemütliches Zeltrestaurant auf der Dachterrasse mit Seeblick, Garten mit Pool. Diverse (Wasser-)Aktivitäten können organisiert werden.

■ **Chems du Lac**④, am Ortseingang von Bin el-Ouidane links, Tel. 0523 44 29 11/12, www.chems-hotels.com. Großes, sehr schönes 4-Sterne-Hotel mit Pool, Panoramaterrasse und modern ausgestatteten klimatisierten Zimmern (mit Balkon) und Suiten (z.T. mit Jacuzzi und Kamin) in herrlicher Lage mit Seeblick.

■ **L'Eau Vive**②, ca. 3 km Richtung Afourer/Beni-Mellal (R304), unterhalb der Staumauer am Oued el Abid (beschilderter Abzweig links runter), Tel. 0523 44 29 31, Mobil 0666 64 21 83, yahya.trekk@gmail.com, www.dar-eauvive.com. Nettes Gästehaus mit Restaurant (Essen auf Bestellung) und Traumpanorama auf den von Pinienwald gesäumten breiten Fluss. Drei saubere Zimmer mit Gemeinschaftsbad, WLAN. **Camping** ist auf Terrassen etwas unterhalb möglich (Strom, Sanitäranlagen). Ein kleiner Pfad führt runter zum Fluss, wo man im ziemlich kalten Wasser herrlich baden kann. Die **Auberge du Lac** etwas weiter unterhalb (dort endet die Zufahrtsstraße) verfällt, auf dem gegenüberliegenden Gelände unter großen Bäumen kann man wild campen (keine sanitären Anlagen).

■ **Widiane Suites & Spa**⑤, Chemin du Lac, Route de Ouaouizarth, Tel. 0523 44 27 76, www.widiane.net. Diese traumhafte 5-Sterne-Anlage im Kasbahstil mit großem Pool, Wellnessareal, Luxussuiten mit Balkon, Panoramaterrasse und Liegewiese lohnt sich für eine Kaffeepause auf dem Weg.

# Weiterfahrt nach Beni-Mellal

Fährt man an der Kreuzung bei Bin-el-Ouidane weiter in Richtung Ouaouizarht, folgt die Straße dem mit Olivenbäumen bewachsenen Seeufer. Über kleine Feldwege kann man immer wieder das Ufer erreichen (Badegelegenheiten). Nach 15 km liegt rechter Hand **Ouaouizarht** etwas oberhalb des Stausees. Im Ort gibt es diverse Geschäfte, Cafés, einfache Unterkunft und eine Tankstelle. In der Ortsmitte zweigt eine Straße rechts Richtung Zaouiat Ahansal ab (Schild „Gîte d'étape La Cathédrale"). Die landschaftlich grandiose Strecke führt über Tilouggite (Ende der Teerstraße) und Zaouiat Ahansal bis ins Aït-Bougoumez-Tal (Piste, nur mit 4x4). Auf der Teerstraße R306 gelangt man von Ouaouizarht weiter nach Beni-Mellal.

Fährt man von Bin-el-Ouidane **weiter in Richtung Afourer,** erreicht man ca. 3 km nach dem Ort den Abzweig zum Gästehaus L'Eau Vive und zur Auberge du Lac unterhalb der Staumauer am El-Abid-Fluss (s.o. „Unterkunft"). 3 km weiter thront ein schöner Tighremt links unterhalb der Straße. Es geht kurvig bergauf bis zu einer Passhöhe auf ca. 1300 m etwa 16 km hinter Bin-el-Ouidane. An den Hängen wachsen Pinien, Steineichen und Mandelbäumchen. Nun geht es in Serpentinen bergab, es eröffnen sich herrliche Ausblicke auf die fruchtbare Ebene von Beni-Mellal.

Etwa 32 km hinter Bin-el-Ouidane (29 km ab dem Abzweig zu den Herbergen) ist der große Ort **Afourer** erreicht (Tankstelle, Krankenhaus, Straßenrestaurants, Bank mit Geldautomat). Unterkunft bietet das große, für Gruppenreisende eingerichtete 4-Sterne-**Hotel Le Tazarkount**④ (Tel. 0523 44 01 01, www.tazarkount.com) mit Wellnessangebot und Pool im großen Garten. Es werden u.a. Wander-, Angel- und Reitausflüge in der Region organisiert.

Die Straße führt hinter Afourer bergab in die Ebene von Beni-Mellal, die intensiv landwirtschaftlich genutzt wird. 6 km hinter Afourer mündet die Route in die breite, verkehrsreiche **Hauptstraße von Marrakesch nach Beni-Mellal** (N8) ein. Rechts entlang sind es noch 19 km bis **Beni-Mellal** (Zucker- und Obstanbauzentrum, nicht besonders sehenswert). Nach links besteht die Möglichkeit, nach Marrakesch (280 km) zurückzufahren.

Am Stausee Bin-el-Ouidane

109m015 ed

# Von Azilal nach Demnate

■ **70 km bis Demnate, R304;** Weiterfahrt nach Marrakesch auf der R210 und N8 möglich (etwa 100 km ab Demnate).

■ **Gute Teerstraße. Busse** fahren von Beni-Mellal oder Marrakesch nach Azilal bzw. Demnate, **Sammeltaxis** nach Ouzoud und Imi-n-Ifri. Der Ausflug kann gut mit den Ouzoud-Wasserfällen kombiniert werden, allerdings sollte man dann überlegen, ob man die zusätzlichen Kilometer bis zum Bin-el-Ouidane-Stausee fährt.

**Azilal in Richtung Westen** (vorbei an großer Ziz-Tankstelle) **verlassen.** Die Strecke führt durch eine steinige Hügellandschaft mit Getreidefeldern, Öl-, Mandel- und Olivenbäumen.

**20 km** hinter Azilal folgt der Abzweig zu den Ouzoud-Wasserfällen rechts. Von den Wasserfällen kommend biegt man an dieser Kreuzung rechts Richtung Marrakesch ab.

Bei **km 42** ist der kleine, wenig attraktive Ort **Tanannt** erreicht (Tankstelle). Halblinks bzw. geradeaus geht es nach Demnate und zur Naturbrücke von Imi-n-Ifri, rechts nach Bzou und zur Schnellstraße N8 zwischen Marrakesch und Beni-Mellal. 5 km weiter folgt ein weiterer Abzweig zur N8 (Beschilderung nach Casablanca).

Bei **km 59** zweigt links die Straße nach Demnate und Imi-n-Ifri ab; links weiter. Geradeaus geht es nach Tamelelt zur N8. Nach 66 km geht es zum Cercle de Demnate rechts ab; geradeaus weiter.

**70 km** hinter Azilal ist **Demnate** erreicht.

# Demnate

Der große Ort liegt hübsch zwischen Bergen, Olivenbäumen und Pinien. **Sehenswert** sind die (leider verfallende) alte Stadtmauer und der Sonntagsmarkt. Entlang der Hauptstraße und in den Parallelstraßen zum Markt kann man sich in **vielen Läden** mit Lebensmitteln eindecken, außerdem gibt es eine Tankstelle und eine Bank mit Geldautomat. Günstige, auf Holzkohle gegarte Tajines bieten die kleinen **Restaurants** direkt an der Hauptstraße an (ca. 40 DH).

Ende September wird der **Moussem Sidi Ali Ben Hamdouch** gefeiert.

## Praktische Informationen

### Unterkunft

■ Das einfache **Hotel Atlas**① liegt direkt hinter dem Busbahnhof, Tel. 0523 50 82 16. Es ist sauber und freundlich, das Essen gut, die DZ verfügen über eine Dusche.

■ Ebenfalls zu empfehlen ist das **Hotel Marrakech**① an der Straße Richtung Marrakesch, Tel. 0523 50 69 96. Sehr sauber, leider etwas Straßenlärm, Etagendusche mit warmem Wasser.

■ Sehr hübsche Unterkunft bietet das traditionell gestaltete Gästehaus **Kasbah Timdaf**③, Tel. 0523 50 71 78, www.kasbah-timdaf.com, DZ mit Bad im Berberstil. Die Herberge liegt etwas außerhalb auf einem Hügel mit tollem Ausblick (Abholung in Demnate bei Anruf).

■ Das sehr stilvoll aus Natursteinen erbaute **Maison d'Hôtes Tizouit**③ mit Garten und Pool befindet sich 2 km außerhalb von Demnate in herrlicher Lage (in Aït Oumghar, Richtung Imi-n-Ifri, Mobil 0658 34 61 48, www.tizouit.ma).

### Busse/Sammeltaxis

Von Demnate bestehen **Busverbindungen** nach Marrakesch (7x täglich, 2 Std. Fahrzeit), nach Azilal und Beni-Mellal und weiter nach Casablanca (etwa 8x täglich). **Grand Taxis (Sammeltaxis)** halten an der Kreuzung, an der es rechts nach Marrakesch und links nach Imi-n-Ifri geht.

### Sonstiges

- **Touristeninformation, Guide, 4x4-Ausflüge und Bergführungen:** guidedemnate@gmail.com, Mobil 0677 84 87 08.

# Ausflüge

## Imi-n-Ifri

Imi-n-Ifri liegt auf 1069 m Höhe und ist **Ausgangspunkt für Ausflüge und Wanderungen** in der Umgebung. Neben Dinosaurierspuren (s.u.) und Felszeichnungen wurde hier eines der größten intakten Dinosaurierskelette der Welt entdeckt. Im Winter herrschen in der Gegend recht frostige Temperaturen – mit Schneefällen ist schon ab November zu rechnen.

In Demnate Richtung Imi-n-Ifri abbiegen. Am Haus der Forst- und Wasserverwaltung *(Eaux et Fôret)* vorbei und durch Pinienwälder geht es bergauf und vorbei an mehreren Hotels (u.a. **Maison d'Hôtes Tizouit,** s.o.).

6 km hinter Demnate ist Imi-n-Ifri mit der **Pont Naturel** erreicht: Der Oued Lakhdar hat sich unter der Erde und durch den Stein durchgegraben und eine Naturbrücke geschaffen. An der Kreuzung bei der Brücke informieren Tafeln über Wandermöglichkeiten, über prähistorische Fundstellen und die Dinosaurierspuren. Es bieten sich zahlreiche, etwas lästige Führer an. Man kann von der Brücke über eine gemauerte Treppe zum Fluss hinuntersteigen (ca. 20 Min.) und unter der Brücke hindurch und auf der anderen Seite mit etwas Kletterei wieder nach oben gelangen (ca. 45 Min.). An den Steilhängen zur Brücke nisten unzählige Vögel in kleinen Höhlen und Nischen, im Fluss leben Wasserschildkröten. Oberhalb des Flusses dehnen sich Pinienwälder aus, das üppig bewachsene Ufer säumen Oleander und Feigenbäume.

Eine landschaftlich sehr reizvolle Strecke führt über eine schmale Teerstraße **weiter ins Tessaout-Tal** im Hohen Atlas und bis kurz vor Ouarzazate. Außerdem besteht von Imi-n-Ifri eine **Pistenverbindung nach Osten** über Aït Blal nach Abachkou (Aït Bouwli) und ins Aït-Bougoumez-Tal (nur mit 4x4).

### Unterkunft

- Unterkunft bietet die einfache, saubere **Gîte d'étape Imi-n-Ifri.** Wer es etwas komfortabler mag, steuert das **Riad Aghbalou**②-③ an (Tel. 0523 50 74 98, www.riad-iminifri.com): 10 Zimmer mit oder ohne Bad, Pool im Garten, Essen auf Bestellung. Es steht auch eine Gemeinschaftsküche zur Verfügung.

## Dinosaurierabdrücke

Gegenüber der Gîte d'étape Imi-n-Ifri (N 31°41,447', W 06°58,301', beschildert „Iwassiden 8, Aït Blal 35") zweigt eine kleine Teerstraße links von der Hauptstraße ab; die nach etwa 30 m links wegführende Piste ignorieren. Bei **km 4** ist ein kleiner **Pass** erreicht, dann geht es bergab in einen Talkessel. Es bietet sich ein herrlicher Blick auf den Hohen Atlas und einige Dörfer. Bei **km 7** führt die Straße bei einem Steinabbruch (flache, schräge Platten) nach unten. Kurz vor zwei Dörfern auf einem Hügel befinden sich die Saurierabdrücke auf den 20 x 10 m großen, roten Steinplatten links der Straße (Infotafel über die Saurier, N 31° 43,578', W 06°54,502'). Meist stehen die Dorfkinder schon auskunftsbereit auf den Platten. Es soll in ca. 4 km Entfernung (zu Fuß etwa 1 Std.) weitere Abdrücke geben.

## Weiterfahrt nach Marrakesch

Von Demnate geht es auf der guten R210 durch die landwirtschaftlich intensiv genutzte **Haouz-Ebene** mit Olivenhainen, Getreidefeldern und Zitrusfarmen. Im großen Ort **Sidi Rahal** (51 km hinter Demnate) gibt es eine Tankstelle, diverse Straßenrestaurants und eine Grand-Taxi-Haltestelle. 86 km hinter Demnate mündet die Route in die N8 ein (Vorsicht: viele Verkehrskontrollen!). Dann sind es noch etwa 15 km bis Marrakesch.

# Von Azilal ins Aït-Bougoumez-Tal

■ **68 km bis Agouti, ca. 80 km bis Tabant, R302.**

■ Die Strecke ist bis kurz vor Tabant im Aït-Bougoumez-Tal geteert und mit Pkw befahrbar (ca. 2 Std. Fahrzeit). Vorsicht bei Gegenverkehr auf der einspurigen, schmalen Bergstraße. Der Asphalt ist (besonders nach starken Regenfällen) z.T. löchrig und an manchen Stellen (besonders im Bereich von Flussfurten) unterbrochen. Ab Azilal fahren **Minibusse und Sammeltaxis.** Hinter Imelghas in Richtung Zaouiat Ahansal ist die Piste nur noch für Geländewagen oder Mountainbikes und nicht im Winter befahrbar. Das Aït-Bougoumez-Tal ist Ausgangspunkt für **Wanderungen** und mehrtägige **Trekkings** rund um den Djabal M'goun (4071 m). Ohne Vorbuchung kann man auch direkt ab Agouti oder Tabant Bergführer und Gepäckmulis anheuern.

Biegen Sie in Azilal ca. 1 km nach dem Zentrum (von Marrakesch kommend) nach rechts ab (Beschilderung „Réserve naturelle de Tamga").

Etwa 18 km hinter Azilal zweigt links eine Straße nach **Aït M'hamed** ab (ca. 3 km, Schild), rechts geht es weiter nach Aït Bougoumez.

4 km weiter erhebt sich eine hohe Kasbah (bzw. Tighremt oder Irherm) aus Schichtsteinen links unterhalb im Tal (Aguerd-n-Ouqidoun). Das grüne **Tal des Assif Bernat** begrenzen Pappeln und Felder, die roten Steinhäuser mit Flachdächern zieren weiß umrahmte Fenster. Es geht durch Berglandschaft mit Getreidefeldern, Pinien, Wacholder

und Steineichen. Die Region ist sehr ursprünglich, die Berber haben sich ihre Traditionen abseits des Touristentrubels bewahrt.

36 km hinter Azilal ist die **Passhöhe Tizi-n-Oughbar** (2250 m) erreicht. Es bietet sich eine grandioser Ausblick nach unten. Einige Kilometer fährt man einen Sattel entlang bevor die Straße in Serpentinen und weiten Kurven bergab ins **Lakhdar-Tal** führt. Die ersten (im Frühjahr schneebedeckten) Gipfel des Hohen Atlas tauchen auf.

54 km hinter Azilal führt eine Furt über den breiten Gebirgsfluss **Oued Lakhdar,** der zur Schneeschmelze viel Wasser führt. Die Straße verläuft nun oberhalb entlang des von Feldern und Mandelbäumen gesäumten Flusstals. Malerische mehrgeschossige Lehmgehöfte kleben an den steilen Hängen. Wieder bieten sich großartige Ausblicke und Fotomotive! Die Landschaft hat immer mehr Gebirgscharakter, die Berge ragen hoch über dem Flusstal auf.

Bei km 66 biegt die Teerstraße nach Osten in das **Tal Aït Bougoumez** (sprich Aït Bugmes) ein. Es ist nach der hier lebenden Volksgruppe benannt (*Aït* = abstammend von) und wird auch **„Vallée des hereuses“** (Tal der Glücklichen) genannt, denn der Fluss führt hier selbst in trockenen Jahren ausreichend Wasser. Dank des kontinentalen Gebirgsklimas in 1800 m Höhe (zwischen November und März liegt Schnee, im Sommer herrschen südeuropäische Temperaturen) sind die Ernten gut, es wachsen viele Obst-, vor allem Apfelbäume. Die Dörfer sind inzwischen an das Strom- und Telefonnetz angeschlossen, die Bewohner leben vorwiegend von der Landwirtschaft und immer mehr vom Tourismus.

3 km weiter, 69 km nach Azilal, ist Agouti erreicht.

## Agouti

Das Dorf in 1800 m Höhe ist ein **beliebter Ausgangspunkt für Trekkingtouren,** lohnt sich aber auch für einen längeren Aufenthalt im angenehmen Bergklima. Wer keine größeren Unternehmungen plant und sich nur erholen will, kann gemächlich durch die Felder und Dörfer der Umgebung spazieren. Ein wunderschönes Panorama bietet sich von der **zerfallenen Speicherburg** auf einem Hügel. Ebenso lohnenswert ist ein Besuch der **Schnitzerkooperative** und der Frauenkooperative mit Handarbeiten wie schmucken Ketten, Schafwollteppichen und gefilzten Taschen. Im Ort gibt es kleine Lebensmittelläden und eine Téléboutique.

### Praktische Informationen

#### Unterkunft

Im gesamten Aït-Bougoumez-Tal finden Reisende einfache Unterkunft in zahlreichen **Gîtes d'étapes** (Familienhäuser mit einfachen Zimmern und gemeinschaftlichen Toiletten/Duschen). Essen gibt es meistens nur auf Bestellung.

■ **Auberge Flilou – La maison berbère**①-② (mit HP), gleich am Ortseingang von Agouti auf der linken Seite, Mobil 0672 70 99 57, tamsilt@menara.ma (Korrespondenz in Deutsch möglich). Der geprüfte Bergführer *Lahoucine Oulkadi* und die Schweizerin *Béatrice Buschor* betreiben diese nette, marokkanisch gestaltete Gîte d'étape und das Restaurant mit Blick auf das M'goun-Massiv. Gäste haben die Wahl zwischen vier einfachen Großzimmern mit Gemeinschaftsbad und sieben sauberen, hübschen Doppelzimmern mit neuen Bädern sowie einer Ferienwohnung für 6 Pers. *Mohamed* kümmert sich um die Gäste, wenn die Betreiber auf Trekkingtour sind. Neben der Gîte/Auberge kann man campen (30 DH/Pers.) oder in einem geschlossenen Hof sicher parken (Wohnmobil mit Elektroanschluss 75 DH/Pers.). Organisation von Trekkingtouren im gesamten Hohen Atlas möglich.

■ **Dar Afra**②, im Dorf Aït Ziri (wenige Kilometer Richtung Tabant), Mobil 0666 28 66 31 oder 0662 10 59 52, www.de.darafra.com. Hübsches Gästehaus mit sechs Zimmern (mit Bad) im Berberstil des gut deutsch sprechenden, sehr angenehmen Bergführers *Mohamed Boutahar* und seines Bruders *Hassan*. Terrasse mit Bergblick. Organisation von Wanderungen und diversen Ausflügen (auch für Kinder) möglich.

■ **Dar Itrane**④ (mit HP), in Imelghas, ca. 9 km von Agouti in Richtung Tabant, Tel. 0524 45 93 12 oder 0670 05 18 46, www.dar-itrane.com. Das gemütliche, renovierte Lehmhaus mit Innenhof liegt gleich am Ortseingang links (ca. 300 m Piste bergauf, Tel. 0524 45 93 12, www.dar-itrane.com). Die hübschen Zimmer (auch zwei Familienzimmer) im Berberstil haben Tadelakt-Bäder, von der Terrasse bietet sich ein toller Ausblick, in den beiden Salons kann man am Kamin sitzen oder in der Bibliothek stöbern. Hier bekommt man auch viele Tipps und sogar Beschreibungen für individuelle oder geführte Wanderungen in der Umgebung.

■ **Dar Sihamou**③, ca. 9 km von Agouti Richtung Tabant (1 km hinter der Kreuzung auf der linken Seite), Mobil 0661 07 34 82. Wunderschönes kleines Steinhaus mit sieben Zimmern im Berberstil (mit Bad), toller Aussicht von der Terrasse auf den Mosesberg und gutem Essen (auf Bestellung) im Kaminzimmer. Reservierung notwendig.

■ **La Casbah du M'goun**①-②, im Dorf Douar Aguerd N'Ouzrou gegenüber Sidi Moussa auf der anderen Flussseite, Mobil 0662 77 81 48, www.hotel-ait-bouguemez.com. Empfehlenswerte Herberge des deutsch sprechenden Bergführers *Ahmed Nassiri* in einer stilvoll renovierten Original-Kasbah. *Ahmed* gibt Tipps zu sämtlichen Aktivitäten in der Region von Trekking, Klettern, Paragliding bis hin zu Skitouren etc. DZ (im Berberstil) mit und ohne Bad.

### Sammeltaxis

Nach Azilal fahren Sammeltaxis (Grand Taxis) für ca. 60 DH pro Person, von dort nach Marrakesch ca. 120 DH pro Person.

## Wanderungen

Das **Aït-Bougoumez-Tal** und das **Massiv von M'goun** zählen zu den schönsten Trekking- und Wanderregionen in Marokko – von einfachen Wanderungen bis zur Besteigung des 4000ers Djabal M'goun ist hier alles möglich. Als Besucher der Region sollte man unbedingt **ein- oder mehrtägige Ausflüge** zu Fuß unternehmen. Bei der Vermittlung von Bergführern und Gepäckmulis sowie der Routenwahl sind die genannten Unterkünfte behilflich.

Sehr nützliche Informationen über die Region sowie die Gîtes liefert die Karte der Professoren *Herbert Popp* und *Mohamed Aït Hamza* **„Kulturtrekking im Zentralen Hohen Atlas"** im Maßstab 1:100.000, zu beziehen über die Geografische Fakultät der Universität Bayreuth (www.stadtgeo.uni-bayreuth.de/de/publications/maghreb-karten). Zudem gibt es noch zwei hervorragende Karten der *Division de la Cartographie* in Rabat: **Carte touristique Region Tadla – Azilal,** 1:250.000, Maroc Haut Atlas, **Carte des randonnés de Zaouit Ahançal,** 1:100.000. Wenn man Glück hat, erhält man die Karten auch im Touristenbüro in Azilal oder Beni-Mellal.

Von Agouti ist eine schöne Tageswanderung durch die **Schlucht des Assif-n-Arous** – ein enger Canyon mit steilen Sandsteinwänden – lohnenswert, ferner der Besuch der nahen Ortschaft Arous, deren Stampflehmhäuser an einem Hang oberhalb grüner Felder liegen.

Auf einer Tagestour kann man außerdem die **Schlucht von Ikkis** sowie einfache Felsgravuren am **Tizi-n-Tighrist** (in Aït Bouwli/Abachkou) erkunden (ca. 2 Std. von Agouti). Von Ikkis führt eine Piste über Aït Blal nach Demnate und zu den Dinosaurierspuren bei Imi-n-Ifri.

041m015 ad

Von Tabant (s.u.) kann man eine Tageswanderung auf den **Pass Tizi-n-Aït Imi** (2905 m) unternehmen.

Blick vom Mosesberg ins Aït-Bougoumez-Tal

## Besteigung des Djabal M'goun

Zur Besteigung des Djabal M'goun **(4071 m)** sollte man sich vier Tage Zeit nehmen. Entweder man heuert sich über eine der Herbergen einen Bergführer (ca. 300 DH/Tag) und Gepäckmulis (ca. 120 DH/Tag) für die Tour an, oder man trägt seinen Rucksack selbst (sollte dann aber Zelt, Matte, Schlafsack und genug Verpflegung einpacken). Auch im Mai kann es auf über 3000 m noch schneien – warme Kleidung ist also ein Muss!

**Am ersten Tag** marschiert man von Agouti zunächst auf einer Piste auf die andere Flussseite Richtung Süden zum **Dorf Aït Said** (4 km, 1 Std.) am Eingang zum Arous-Tal. Im Dorf gibt es eine Gîte d'étape. Weiter geht es auf einem kleinen Fahrweg zum sehr ursprünglichen, sehenswerten Dorf **Arous** (ca. 1½ Std. ab Agouti) mit der **Gîte d'étape Tamazirt** (www.tamazirtreizen.nl). Dort endet die Piste und startet auch die Wanderung in die Arous-Schlucht (s.o.). Auf einem nur gelegentlich markierten Saumpfad geht es den Assif Arous entlang, immer leicht bergan. Nach ca. 1 Std. Marsch ab Arous kommen die Terkeddit- und M'goun-Bergketten in Sicht. Nach 3–4 Std. Gesamtgehzeit ist bereits die erste Tagesetappe erreicht: die Schäferhütten von **Azib'n'Ikis** (2300 m), die idyllisch auf einer grünen Alm mit plätschernden Gebirgsbächen liegt. Hier kann man zelten.

**Am zweiten Tag** zweigt man bei Ikis auf einem Weg nach rechts (Westen) in ein Seitental ab und folgt diesem bergauf bis fast ans Ende des Talkessels. Dann geht es in Serpentinen steil bergauf in Richtung eines roten markanten Felsblocks und vorbei an einer kleinen Quelle (letztes Wasser bis zum Terkeddit-Plateau!). Nach etwa zwei anstrengenden Stunden erreicht man einen Sattel (6 Std. ab Agouti). Weiter über einen zweiten Sattel erreicht man nach noch einmal 2 Std. Marsch auf einem Serpentinenpfad den **Tizi-n-Aghouri** auf 3400 m – hier ist die Höhe schon deutlich spürbar. Bei klarem Wetter bietet sich ein toller Ausblick auf die M'goun-Kette. Vom Pass geht es wieder in steilen Serpentinen bergab zum **Terkeddit-Plateau mit der Terkeddit-Hütte** (2910 m) unterhalb des Djabal M'goun. In der Hütte gibt es Lagerbetten, Essen, Wasser und Getränke, im Sommer auch heiße Duschen (Refuge de Terkeddit, Tel. 0524 43 99 68, 90–130 DH/Pers., www.sporttravel-maroc.com). Im Umkreis der Hütte gibt es gute, ebene Zeltplätze. Zwischen Dezember und April kann man von der Hütte aus **Skitouren** unternehmen.

**Am dritten Tag** steht die Besteigung des Djabal M'goun auf dem Programm. Der höchste Gipfel der Kette ist 4071 m hoch und bis auf die erforderliche Höhenanpassung nicht schwierig zu besteigen. Der Aufstieg ab dem Terkeddit-Plateau dauert etwa 5 Std. und führt z.T. über Geröll und lose Steine. Oben ist es meistens sehr windig, dafür hat man einen grandiosen Ausblick.

**Am vierten Tag** steigt man in einer langen Etappe über den Pass und Azib' n'Ikis wieder ab nach Agouti. Sehr fitte Bergsportler können die Tour natürlich auch in drei Tagen bewältigen.

Wer noch länger trekken möchte, kann vom Terkeddit-Plateau über das Oulilimt- ins Ouzighimt-Tal wandern und von dort nach Süden durch das M'goun oder Ameskar-Tal bis ins Dadès-Tal zur Straße der Kasbahs (mindestens fünf Tage).

## Weiterfahrt ins Aït-Bougoumez-Tal

Die Straße führt **von Agouti weiter** durch das idyllische, grüne Aït-Bougoumez-Tal mit Getreidefeldern, Pappeln, Walnuss- und Obstbäumen, ursprünglichen Lehmhäusern und Kasbahs – im Frühjahr vor der Kulisse schneebedeckter Gipfel. Das Leben scheint hier noch wie vor 100 Jahren abzulaufen: Haupttransportmittel ist der Esel, die Felder werden mit Hacke und Sichel bearbeitet, das Wasser vom Dorfbrunnen geholt. Die alten mehrstöckigen Lehmhäuser sind nicht nur Wohnstätte für die Menschen, sondern auch für ihre Schafe und Ziegen, deren Ställe sich im nach Süden geöffneten Obergeschoss befinden.

Beim Ort **Sidi Moussa,** nur 7 km von Agouti entfernt, thront der sogenannte **Mosesberg** (2008 m) mit einer alten, runden **Speicherburg** in der Mitte des Tals. Die Lehmburg beherbergt das Grab des Marabout *Sidi Moussa.* Ein Fußpfad führt vom Dorf zunächst zum Funkmast und dann in Serpentinen bergauf zur Speicherburg (ca. 20 Min.). Von oben bietet sich ein fantastischer Blick auf das Tal, das sich hier in das Assif-n-Rabat- und das Assif-n-Aït-Hkim-Flusstal teilt. Ein Wärter bewacht das Gebäude, serviert den Besuchern Tee und erlaubt gegen ein kleines Trinkgeld die Besichtigung. Die Burg ist etwa 200 Jahre alt, dank des Engagements der Talbewohner gut erhalten und sehr sehenswert. Neben Speicherkammern für Wertgegenstände und die Ernte der Familien birgt eine dunkle Kammer das **Grabmal des Heiligen Sidi Moussa.** Frauen pilgern traditionell hierher, um für die Erfüllung ih-

110m015 ad

res Kinderwunsches zu bitten. Es gibt außerdem einige alte Gebrauchsgegenstände zu bewundern, über eine Holzleiter kann man aufs flache Dach steigen. Der alte Wärter, dessen Bilder innen aushängen, ist nur selten anwesend – er soll mittlerweile über 100 Jahre alt sein.

1 km hinter Sidi Moussa endet die Teerstraße an einer **Kreuzung:** Rechts geht es nach Tabant, links auf steiniger Piste nach Imgelghas.

Der Ort **Tabant** auf der anderen Flussseite ist Sitz einer Bergführerschule und Ausgangspunkt für die „Große Atlasdurchquerung", eine anstrengende zweiwöchige Trekkingtour für Wanderer mit Ausdauer. Der Wochenmarkt am Sonntagvormittag lohnt einen Besuch. Sehr hübsch wohnt man im **Dar Sihamou** nur 1 km nach der Kreuzung Richtung Tabant auf der linken Seite (vgl. Agouti/Unterkunft). Dinosaurierspuren findet man in **Ibbakliouineim.**

Fährt man an der Kreuzung (8 km hinter Agouti) links, erreicht man **Imelghas** (1860 m), ein weiteres beliebtes Wanderziel. Dort betreibt *El-Ouakhmi Said* eine einfache, saubere und gemütliche **Gîte d'étape** (Matratzenlager, warme Dusche). Es gibt im Speiseraum eine gute Bibliothek mit Literatur zur Region. Vorausbuchung über die *Délegation du Tourisme* in Azilal (siehe dort). Gemütliche Unterkunft findet man außerdem im **Dar Itrane** gleich am Ortseingang links oben (vgl. Agouti/Unterkunft).

Die holprige Piste hinter Imelghas ist vorsichtig auch mit Pkw befahrbar. Sie führt leicht bergauf am Flusstal entlang durch die ursprünglichen Dörfer **Aït Wanougdal** und **Ifrane** nach **Aït Ou-**

Der Mosesberg im Aït-Bougoumez-Tal

**ham** (ca. 20 km nach Agouti) auf etwa 2050 m Höhe. Die Kinder betteln ab und zu nach Kugelschreibern und Bonbons.

**Hinter Aït Ouham** ist die Piste nur noch mit dem Geländewagen befahrbar (z.T. tief ausgewaschen, sehr steinig). Sie führt über den Tizi-n-Tighrist (2600 m) und den Tizi-n-Illisi (2600 m) in Richtung Zaouiat Ahansal (ca. 70 km hinter Agouti). Von dort geht die Strecke weiter bis zum Stausee Bin-el-Ouidane (ab Tilouggite auf Teerstraße).

# Von Marrakesch nach Amizmiz und Ouirgane

**86 km, Teerstraße.**

An der Straße nach Amizmiz thronen drei schöne **Kasbahs,** mächtige Wohnburgen aus rotbraunen, dicken Lehmmauern mit zinnengekrönten Ecktürmen, auf denen Störche nisten. Die Bäche in den Tälern säumen rosa blühender Oleander und bewaldete Berghänge. Walnuss-, Mandel-, Ölbäume und Feigen wachsen hier. Entlang des Oued N'Fiss führt diese landschaftlich großartige Strecke bis zur Passstraße von Agadir/Taroudannt nach Asni (R203). Es fahren **Busse und Sammeltaxis** ab Marrakesch.

**Man verlässt Marrakesch** auf der Straße in Richtung Ouirgane und Asni und fährt nach 5 km geradeaus weiter. Die Straße nach Asni (und weiter über den Tizi-n-Test) bleibt links.

Bei **km 32** führt eine Brücke über den **Oued N'Fiss.** Flussabwärts liegt der 7 km lange **Stausee Lalla Takerkoust,** der in erster Linie der Bewässerung der Haouz-Ebene dient. Am Wochenende kommen viele Ausflugsgäste aus Marrakesch zum Baden hierher – es werden auch organisierte Tagestrips zum Stausee angeboten. In der Nähe des z.T. von Pinien umgebenen Seeufers finden sich nette Picknick-, Camping- und Badeplätze. Unterkunft bietet die **Villa du Lac**⑤ (mit HP; Tel. 0524 45 82 33) mit schönem Garten direkt am Ufer, kleinem Pool und sechs marokkanisch eingerichteten Zimmern mit Bad und Tadlakt-Verputz. Ruhig und idyllisch wohnt man in **Jnane Tihihit**④ (Tel. 0524 38 73 52, www.riad-t.com/jnane-tihihit) auf einem Farmgelände mit Oliven und Wein. Die geräumigen Gästehäuser für bis zu sechs Personen haben eine eigene Terrasse. Das Essen wird aus selbst angebautem Gemüse zubereitet. Etwas günstigere, aber ebenso stilvolle Zimmer hat die **Auberge/Restaurant Le Flouka**③ (Mobil 0664 49 26 60, www.leflouka.com, klimatisierte DZ, Pool, WLAN). Das Restaurant hat auch für auswärtige Gäste geöffnet.

Weiter entlang der Straße nach Amizmiz liegt bei **km 49** linker Hand der Straße die **Zaouia des Heiligen Sidi Boudhaj,** der hier sehr verehrt wird.

Bei **km 54** ist **Amizmiz** erreicht. Den 11.000-Einwohner-Ort auf ca. 1000 m Höhe teilt der Fluss in zwei Teile. Dienstags ist großer Souk – einer der größten, ganz und gar untouristischen Märkte im Hohen Atlas, auf dem sich die Cleuh-Berber der Gegend treffen. Hier werden hübsche Tongefäße verkauft. In Amizmiz findet jeden Sommer ein **Festival** mit Folkloreveranstaltungen und Kunsthandwerksausstellungen statt.

Die **Umgebung von Amizmiz** ist sehr schön. 4 km südlich des Ortes, nahe der

Straße nach Marrakesch, erreicht man über eine unbefestigte Straße das gute **Restaurant/Hotel La Source bleue**③ (Hinweisschilder beachten, Tel. 0524 45 45 95) mit wunderbarer Aussicht. Sehr komfortable Unterkunft findet man bei Amizmiz in der **Maroc Lodge**④ (Mobil 0661 20 25 37, www.maroc-lodge.com) mit herrlichem Garten, Pool, Gourmet-Küche und vier 80 $m^2$ großen Bungalows für bis zu 4 Personen (mit Schlaf- und Wohnzimmer mit Kamin, Terrasse etc.). Ebenso nobel wohnt man im **Boutiquehotel Kasbah Igoudar**④-⑤ 7 km vor Amzimiz (Mobil 0663 77 89 44, www.kasbah-igoudar.com, klimatisierte/beheizte Zimmer und Suiten mit Bad, Sat-TV, Minibar etc.) auf einem großen Farmgelände.

In Amizmiz folgt man dem Wegweiser „Ouirgane". Die Straße führt durch kahle Hügellandschaft, die teilweise mit Eukalyptus aufgeforstet wurde und erreicht bei **km 60,5** das Dorf **Amghrass.** Man fährt an weiteren Weilern und kleinen Dörfern vorbei, bis bei **km 71,5** eine **betonierte Furt** durch den Oued N'Fiss führt. Auf der Ostseite etwas oberhalb liegt das Dorf Aouzzer.

Die Straße führt kontinuierlich bergauf bis zur **Passhöhe** bei **km 79.** Dann geht es bergab durch ein schönes Bergland mit Aussicht auf das Oued-N'Fiss-Tal. An den Hängen wachsen Ginster, Salbei, Lavendel, Absinth, Zistrosen, Thujen und Wacholder, die im Frühjahr herrlich blühen.

An einer Saline rechter Hand vorbei führt die Straße durch Olivenhaine und Felder. Bei **km 86** ist **Ouirgane** erreicht.

# Von Marrakesch ins Ourika-Tal und nach Oukaïmeden

■ **63 km nach Setti-Fatma, P2017; ca. 77 km nach Oukaïmeden, P2017 und P2030**

■ Zunächst gute, dann im Ourika-Tal z.T. vom Regen beschädigte Teerstraße. Kurz hinter Asguine sind **zwei Varianten** möglich: weiter nach Setti-Fatma (Variante 1) oder hinauf zum Skiort Oukaïmeden (Variante 2). Variante 1 führt durch das sehr schöne und inzwischen ziemlich touristische Ourika-Tal mit vielen Restaurants und Herbergen. Das idyllische Flusstal des Oued Ourika mit Oliven, Pappeln, Apfel- und Nussbäumen umrahmen rote, erodierte Berghänge. An der Strecke werden viele Tonwaren verkauft. Außerdem warten Reitkamele für Kinder am Straßenrand. An heißen Wochenenden im Sommer herrscht in Setti-Fatma Hochbetrieb.

■ Setti-Fatma ist Ausgangspunkt für schöne **Wanderungen** zu den Wasserfällen oder in die Aït-Boulmane-Schlucht. Von dort bieten sich auch mehrtägige **Trekkingtouren,** z.B. zum Djabal-Yagour-Plateau (interessante Felsgravuren), an. Auch in Oukaïmeden beginnt eine Trekkingtour über den Tizi-n-Eddi-Pass (2928 m) ins Imenane-Tal (Gîtes z.B. in Ouaneskra, Imsker). Die Wege führen durch die grandiose Bergwelt des Hohen Atlas und zu abgelegenen Berberdörfern.

■ **Sammeltaxis** fahren bis Setti-Fatma (ca. 40 DH) oder Oukaïmeden; ein **Bus** ab Marrakesch bis Arhbalou, dann weiter mit Taxi. Man kann den Ausflug auch in Marrakesch buchen.

Marrakesch auf dem Prachtboulevard Mohamed VI. Richtung Süden verlassen – dieser mündet am Stadtausgang bei einem großen Kreisel in die **Route de l'Ourika P2017** ein.

Etwa **9 km** südlich von Marrakesch liegt das Farmgelände von **La Ferme Berbère**③ (Mobil 0661 92 09 41, www.lafermeberbere.com), das Leser wärmstens für einen Familienurlaub empfahlen: 10 schöne Zimmer im marrokanischen Stil und möblierte Berberzelte in absolut ruhiger Lage, mit Pool und Hammam, sehr gutes (marokkanisch-französisches) Essen.

Etwa **10 km** (ab Zentrum Marrakesch) zweigt links die Zufahrt zum Nobel-Freizeitbad und Klub **La Plage Rouge** (tägl. 11–20 Uhr, 250 DH/Pers. inkl. Sonnenliege, nicht für Familien geeignet, www.laplagerouge-marrakech.com) ab. Die verkehrsreiche Straße führt weiter Richtung Süden, mit herrlichem Blick auf den im Frühjahr verschneiten Hohen Atlas.

Etwa bei **km 13** weist bei der großen Moschee ein Schild auf das Gästehaus **Les Jardins d'Issil**④ hin (Abzweig links, ca. 6,5 km, www.jardinsissil.com, luxuriös ausgestattete Festzelte zur Übernachtung für bis zu 4 Pers., mit Bad und Klimaanlage, herrlicher Garten mit Pool, Restaurant, evtl. auch Camping auf dem Gelände möglich).

Bei **km 31** geht es an einem Abzweig links (großes Schild, 3 km immer dem kleinen Kanal entlang) zum Safran-Projekt **Le Paradis du Safran** im Dorf Douar Takateret. Die Schweizerin *Christine Ferrari* kultiviert in ihrem besuchenswerten Schaugarten auf 2,5 Hektar über 90 Pflanzenarten, darunter Safran, Medizinalpflanzen, Zitrus- und exotische Früchte (Mobil 0628 79 69 79, www.paradis-du-safran.com, tägl. 9–18 Uhr). Auf einer etwa einstündigen Führung (50 DH/Pers. inkl. 1 Beutel Heilkräuter, Kräutertee mit Safran) erfahren Besucher alles über die kultivierten Pflanzen, über (echten und falschen) Safran, können Gewürze testen, auf einem Natur-Barfußweg laufen und die Füße in einem Kräuter-Waschbecken baden. Im Shop wird reiner Safran aus eigener Ernte verkauft.

Bei **km 33** geht es am **Kreisverkehr** links nach Tnine de l'Ourika und Aït Ourir (an der N9), rechts nach Tahanoute (R203) und **geradeaus weiter** durch das Dorf **Ourika** (mit vielen Läden und einfachen Restaurants) Richtung Setti-Fatma. Biegt man am Kreisverkehr links Richtung Aït Ourir ab, so erreicht man den Marktort **Tnine de l'Ourika** (viele Läden, einfache Hotels) abseits der Hauptstraße. Montags findet hier ein sehenswerter ursprünglicher **Wochenmarkt** statt (Soukgelände an der Straße nach Aït Ourir am Oued Ourika, 3 km ab der Kreuzung).

**Hinter Ourika** (an obiger Kreuzung geradeaus Richtung Setti-Fatma) führt die Straße nun kurvig bergauf entlang des herrlich grünen Ourika-Tals. Rote, z.T. bewaldete Berghänge begrenzen die Straße. An diversen Ständen werden lokale Töpferwaren aus rotem Ton angeboten. Im Töpferzentrum **Douar Tafza** am Eingang zum Ourika-Tal kann man dem **Ecomusée berbère de l'Ourika** (etwa 2 km nach dem Abzweig zum Ort Ourika, Beschilderung nach rechts oben, Tel. 0524 38 57 21, www.museeberbere.com) einen Besuch abstatten. In Privatinitiative entstand hier ein Museum in einer restaurierten Kasbah, das interessante historische Fotografien und Gebrauchsgegenstände der Berber im Hohen Atlas ausstellt.

Bei ca. **km 37** führt rechts eine Piste (3 km) zur traumhaft auf einem Hügel gelgenen **Kasbah Bab Ourika**④ (Mobil 0668 74 95 47, www.kasbahbabourika.com). Das Boutique-Hotel hat neben einer grandiosen Aussicht einen Pool, einen Gemüsegarten, lauschige Terrassen und geschmackvolle Zimmer im Berberstil zu bieten.

Bei **km 41** liegt die verspielt gestaltete **Kasbah de Tifirte** auf der linken Seite: Im großen Souvenirshop gibt es u.a. Töpferwaren und Teppiche sowie einige antike Stücke zu kaufen.

Bei **km 45** ist das Dorf **Asguine** erreicht.

An der **Kreuzung 2 km hinter Asguine,** etwa 47 km von Marrakesch-Zentrum entfernt, geht es **rechts nach Oukaïmeden** und **links nach Setti-Fatma.**

## Variante 1: nach Setti-Fatma

Links weiter entlang des Ourika-Tals.

1 km nach der Kreuzung lädt rechts an der Straße das **Restaurant/Hotel Le Maquis** (vgl. Setti-Fatma/Unterkunft) zu einer Rast ein. Kurz darauf folgt das Dorf **Aghbalou.**

Entlang der weiteren Strecke findet man überall Unterkunft in einfachen Gästehäusern *(Maisons d'Hôtes).*

Bei **km 51** liegt das Palastrestaurant **Kasbah de l'Ourika** rechts und direkt gegenüber das **Hotel Amnougour** (vgl. Setti-Fatma/Unterkunft). 1 km weiter bietet das 2-Sterne-**Hotel Ramuntcho** ein wesentlich ansprechenderes Ambiente als das Hotel Amnougour.

Die z.T. beschädigte (und bei Hochwasser evtl. gesperrte) Straße führt nun – gesäumt von diversen Läden und Restaurants – direkt am Fluss entlang durch mehrere Ortschaften. Dank touristischer Nachfrage wird nun auch hier **Arganienöl** von „Kooperativen" verkauft, obwohl im Hohen Atlas gar keine Arganbäume wachsen, sondern nur im südlicheren Anti-Atlas.

**61 km** nach Marrakesch folgt das Dorf **Tigminou,** 1 km weiter **Assgaour** und kurz darauf Setti-Fatma.

### Setti-Fatma

Der **Ausflugsort** zieht sich entlang des Flusses und der Hauptstraße bis zum Ende des Asphalts an einem Parkplatz (gebührenpflichtig). Es gibt mehrere einfache Unterkünfte, Cafés, Restaurants, eine Grand-Taxi-Haltestelle (Sammeltaxi nach Marrakesch ca. 40 DH), Läden und ein *Bureau des guides et accompagnateurs* (Vermittlung von autorisierten Führern). Auf der anderen Flussseite reihen sich die Plastiktische der einfachen Restaurants direkt am Wasser aneinander – ideal für ein Mittagessen und um die Füße ins kühle Nass zu hängen. Mehrere Fußgängerbrücken führen hinüber. Besonders an heißen Wochenenden pilgern zahllose Familien aus Marrakesch und Touristen hierher, um das kühle Gebirgsklima zu genießen. Kinder können sich auf Pferden und Kamelen herumführen lassen. Empfehlenswert für ein Mittagessen im hübschen Garten unter Pappeln am Fluss ist das **Restaurant Le Noyer** (blaues Gebäude mit Dachterrasse auf der rechten Seite, zu den Gartentischen über die Hängebrücke auf die andere Flussseite, Menü 100 DH). Bei Setti-Fatma bieten sich sehr schöne Wandermöglichkeiten an.

### Wanderung zu den Wasserfällen

An der Grand-Taxi-Haltestelle den Fluss überqueren und auf einem kleinen, steinigen Pfad aufsteigen. Diese etwa **halbstündige Wanderung** führt durch das grüne Flusstal mit Nussbäumen und großen Felsen bergauf (ein wenig Kletterei ist angesagt), vorbei an einigen Cafés zu den kleinen Kaskaden. Wer gut zu Fuß ist, kann noch weiter nach oben in die Berge wandern (feste Schuhe empfehlenswert). Im Winter ist der Weg ohne Führer nicht leicht zu finden und sollte nur bei trockenem Wetter ohne Schnee begangen werden.

### Mein Tipp: Wanderung in die Aït-Boulmane-Schlucht

Diese sehr schöne Flusswanderung ist **nur bei niedrigem Wasserstand** möglich. Am Ende der Straße in Setti-Fatma folgt man der Piste am rechten Flussufer entlang zum Dorf Agadir-n-Aït Boulmane. Hinter dem Dorf ist das von Feldern gesäumte Tal noch recht breit, doch schon bald verengt es sich zu einer tollen Schlucht mit roten Felswänden, Pappeln und Walnussbäumen. Um den idealen Weg zu finden, muss der Fluss immer wieder gequert werden – deshalb trägt man für diese Wanderung am besten Trekkingsandalen oder alte Turnschuhe. Nach etwa einer Stunde ist eine klapprige Metallbrücke erreicht. Hier dreht man entweder um oder hängt noch eine **Bergtour** (mit festen Schuhen) an die Schluchtenwanderung an: Kurz hinter der Brücke führt ein Pfad links bergauf, der in Serpentinen in etwa einer Stunde zum ursprünglichen Dorf **Tamatert** mit Terrassenfeldern auf 1800 m Höhe führt. Vom Dorf geht es etwa eine Stunde weiter aufwärts bis zum **Pass Tizi-n-Tamatert** mit knorrigen Wacholderbäumen auf 2155 m Höhe. Bis dorthin sind es ab Setti-Fatma 4–5 Stunden Gehzeit.

### Unterkunft/Essen und Trinken

■ **Au Bord de l'Eau**②-③, in Assgaour, kurz vor Setti-Fatma, Mobil 0661 22 97 55, www.obordelo.com. Das portugiesisch-belgische Paar *Polou* (spricht englisch) und *Martine* betreibt dieses Gästehaus mit vier kleinen, liebevoll gestalteten Bungalows direkt am Wasser. WLAN, Salon mit Kamin, Organisation von Atlas-Touren möglich. Zimmer mit oder ohne eigenes Bad/WC, Menü ab 100 DH.

■ **Amnougour**②, etwa 12 km vor Setti-Fatma (vgl. Routenbeschreibung), Tel. 0524 48 45 45, www.hotelamnougour.com. Restaurant mit kitschig-marokkanischem Interieur und Terrasse mit Blick auf den Fluss. Nüchtern geflieste und einfach ausgestattete klimatisierte Zimmer mit Bad.

■ **Chez Larbi**③, bei km 46 ab Marrakesch, etwa 14 km vor Setti-Fatma, Mobil 0672 49 56 46, www.chezlarbi-ourika.com. Kleines, hübsches Gästehaus mit tollem Garten, Kaminsalon, Restaurant und Hammam, sehr freundlicher Empfang. DZ mit Bad und z.T. mit Terrasse.

■ **Le Maquis**④, etwa 15 km vor Setti-Fatma (vgl. Routenbeschreibung), Tel. 0524 48 45 31, www.lemaquis.com. Alteingesessenes Hotel und Restaurant mit Pool direkt an der Straße im Ourikatal. Sicherer Parkplatz, Spielplatz.

■ **La Perle d'Ourika**①-②, Mobil 0624 85 75 93, www.laperledourika.com. 1 km vor Setti-Fatma liegt die schöne, mit viel Liebe zum Detail gestaltete Herberge an der Straße oberhalb des Flusses. Gutes Couscous, sehr freundlich. 5 DZ mit Bad und ein Schlafsaal für bis zu 6 Pers. Tolle Aussicht ins Tal.

■ **Ramuntcho**④ (mit HP), etwa 11 km vor Setti-Fatma (vgl. Routenbeschreibung), Tel. 0524 48 45 21. 2-Sterne-Hotel mit schöner Terrasse mit Ausblick, Pool im Innenhof und tollem Garten mit Feigen, Zitronen, Bougainvillea etc. Kaminsalon, Bar mit Alkoholausschank, saubere, aber schon etwas abgewohnte Zimmer mit AC.

# Variante 2: nach Oukaïmeden

Zurück an der Kreuzung 2 km hinter Asguine (s.o.) geht es weiter nach Oukaïmeden. Diese Route liegt **abseits des großen Ausflugsverkehrs;** hier reihen sich keine Souvenir- und Tonwarenstände mehr aneinander. Die schmale, z.T. beschädigte Straße verlässt das Flusstal und schraubt sich in Serpentinen von 1300 bis auf 2600 m Höhe nach oben. Einfache Häuser aus Stein und Lehm kleben an den rot-braunen Hängen mit Terrassenfeldern, Apfel- und Nussbäumen, Agaven und Feigenkakteen. Nach etwa 11 km (ab der Kreuzung) führt eine **Teerstraße rechts nach Tahanoute/Asni** (vgl. Routenbeschreibung nach Oukaïmeden). Je höher die Straße klettert, desto schroffer wird die Bergkulisse. Ab 2100 m Höhe verschwinden dann endgültig alle Gehöfte, Felder und Bäume. Hier im **Hochgebirge,** mit Schnee von etwa November bis März, wachsen nur noch Ginster und einige Wacholderbüsche. Nach etwa 30 km ist Oukaïmeden erreicht.

## Oukaïmeden

Der Bergort auf 2650 m Höhe ist **Marokkos einziges hochalpines Skigebiet.** Am Ortsanfang befindet sich ein kleiner Stausee. Hier fühlt man sich eher ins schottische Hochland versetzt als in Marokko. Im Vergleich zur sommerlichen Hitze in Marrakesch ist es angenehm kühl, im Winter und Frühjahr ziemlich kalt mit Schnee. Die Berge sind oft in Wolken gehüllt.

Ein Sessellift am Ende der Straße führt auf den 3265 m hohen **Djabal Oukaïmeden,** weitere Schleppliftanlagen erschließen das Gebiet. Im Ort und auf der Bergstation steht ein Skiverleih zur Verfügung.

In und bei Oukaïmeden gibt es einige kaum mehr erkennbare bzw. zerstörte **Felsgravuren** zu sehen: eine sonnenförmige Gravur hinter der Ladenzeile beim Refuge de Club Alpin Français, eine Kuh und ein Dolch auf den Felsplatten am Ortseingang rechts hinter den Häusern.

Den Ort verunstalten einige **hässliche Betonbauten,** insgesamt besteht er aus nicht viel mehr als einem kleinen Markt mit Lebensmittelläden, einem Posten der Gendarmerie, einigen Unterkünften mit Restaurant und den Baracken des *Bataillon des Skieurs.* Im Sommer wirkt der Ort bis auf einige Schaf- und Ziegenherden, die hier oben weiden, sehr verlassen.

Die Teerstraße entlang des Tales endet beim Sessellift am Fuße des Skigebiets (Übersichtstafel). Eine Piste führt weiter hinauf zum **Tizi-n-Eddi** (2928 m). Von dort bietet sich eine tolle Aussicht auf das Imenane-Tal. Zu Fuß wandert man etwa zwei Stunden bis zum Pass.

Fährt man am Ortsende von Oukaïmeden vorbei an Chez Juju auf einer Piste geradeaus bergauf, so erreicht man eine **Aussichtsplattform** (2740 m). Hier hat man einen großartigen Panoramablick auf den Tizi-n-Test, Djabal Toubkal und Marrakesch. Mit Glück sieht man einen der seltenen Bartgeier.

### Unterkunft

■ **Chez Juju**③, direkt an der Hauptstraße im Ort, Tel. 0524 31 90 05, www.hotelchezjuju.com. Herberge im französischen Hüttenstil, recht komforta-

# Henna – uralte Kulturpflanze und Segensbringer

von *Jamila Guntermann*

Der **Name „Henna"** soll aus dem Persischen stammen und bezieht sich auf den Hennastrauch (lat.: *Lawsonia inermis*). Dieser ist beheimatet in Nord- und Ostafrika, in Vorder- und Ostasien sowie in Australien. Die Blätter liefern einen rotbräunlichen Farbstoff, die Blüten werden zu einem wohlriechenden Parfümöl verarbeitet. Die Wurzel gibt zusätzlich roten Farbstoff für fettende Öle ab.

**Bekannt war Henna bereits zur altägyptischen Zeit.** Bei den alten Römern wurde es zu kosmetischen Zwecken verwendet.

**Bei den islamischen Völkern** gilt Henna noch heute als Überträger von „Baraka" (göttlicher Segen) und wird von einer „Neqqacha/Hennaya" (Henna-Zeremonienmeisterin) bei Hochzeitsfeierlichkeiten o.Ä. in stundenlanger Arbeit auf die Hände und Füße der Braut mit ei-

111m015 ed

nem zarten Spitzenmuster aufgetragen. Diese kunstvollen **Körperbemalungen** färben sich später von Grün zu Rot. Zu den Füßen der Braut, traditionsgemäß in Grün und Weiß gekleidet, steht ein großes Messingtablett mit den vorgeschriebenen Schalen voller Henna, getrockneter Rosenknospen und Nelken sowie den Zuckerhüten (Symbole der Reinheit), Eiern (Symbole der Fruchtbarkeit) und den drei kleinen Tellern mit Dufthölzern oder Gewürzen, die verbrannt werden und einen intensiven Geruch verbreiten, der die bösen Geister von der Braut fernhalten soll. Den orientalischen Männern und Kindern werden des öfteren dabei die Handinnenflächen leicht mit Henna betupft.

Hauptanwendungsgebiet von Henna ist jedoch die Verwendung als **kosmetisches Mittel,** hauptsächlich zur Haarfärbung, wobei die nassen Haare mit Henna (eine Paste, zu einem grünlichen Schlamm zusammengerührt) bestrichen werden. Nachdem die Paste eingezogen ist und wieder ausgewaschen wurde, ist die rötliche Färbung der Haare erkennbar.

Einige Orientalen benutzen Henna als durchblutungsanregendes **Heil- und Schönheitsmittel** für die Fußsohlen. Henna wird außerdem noch verwandt zur Färbung von Leder und Textilien sowie für Cremes und Lotionen.

◁ Henna ist seit Urzeiten ein bewährtes kosmetisches Mittel

ble Zimmer mit Bad, üppiges Frühstück. Restaurant, Bar und Terrasse. WLAN. Zimmer im Winter am teuersten.

■ **Le Courchevel**③-④ (mit HP), Tel. 0524 31 90 92, www. lecourchevelouka.com. Größtes Hotel im Ort mit einfach ausgestatteten Zimmern für bis zu 5 Pers. mit Bad, z.T. mit Terrasse. Restaurant und Aufenthalts-/TV-Raum mit Kamin, Bar mit Alkohol. Auch Lagerbetten.

■ **Chalet d'Oukaïmeden,** Tel. 0524 31 90 36, http://cafmaroc2011.ffcam.fr. In dieser empfehlenswerten Unterkunft des **Club Alpin Français** herrscht gemütliche Hüttenatmosphäre. Es gibt top gepflegte Mehrbettzimmer (Stockbetten, Schlafsack mitbringen), blitzsaubere Waschräume mit heißen Duschen und einen Gemeinschaftssalon mit Kamin. Alkoholausschank, 1:50.000-Karten des Gebiets zur Ansicht, Treffpunkt der Skitourengeher und Bergsteiger. 75 DH/Pers. für Alpenvereinsmitglieder, 120 DH für andere Gäste, Abendessen 80 bzw. 100 DH.

## Rückfahrt nach Marrakesch

Von Oukaïmeden etwa 19 km wieder zurück bis nach **Aït Lekak (N 31°15, 850', W 07°49,272')** kann man auf einer Teerstraße durch einsame, schöne Gegend **in Richtung Tahanoute/Asni** (an der R203) fahren. Beim großen Ort **Tadmamt** unterhalb am Hang zweigt eine unbeschilderte Piste links nach Asni ab (sehr schmal, z.T. sehr schräg, schöner Blick auf den Djabal Toubkal). Die Straße rechts weiter mündet bei **N 31°20, 107', W 07°56,859'** nahe Tahanaoute in die Teerstraße R203 von Asni nach Marrakesch ein.

# Von Marrakesch über den Tizi-n-Test nach Taroudannt

- **224 km (bis Asni 48 km), Asphalt, R203.**
- Diese **landschaftlich sehr schöne Strecke** ist etwas abenteuerlicher als die Passstrecke über den Tizi-n-Tichka. Die Teerstraße wurde jedoch 2014 ausgebaut und verbreitert, sodass nun auch größere Wohnmobile die Route problemlos befahren können. In der Vergangenheit war die Straße besonders auf der Atlas-Südseite sehr kurvig und schmal, ohne Seitenbegrenzungen zur Talseite und daher besonders bei schlechtem Wetter nicht ganz einfach zu befahren. **Wintersperre nach frischem Schneefall.** Zwischen Asni und Ouled Berhil gibt es keine Tankstelle!
- Mit dem **Bus oder Sammeltaxi** in Marrakesch vom Bab er Robb nach Asni. Von dort fahren Busse nach Ouled Berhil. Viele Busse fahren nur bis Asni, es gibt aber auch einen Privatbus nach Taroudannt. Außerdem besteht Sammeltaxiverkehr. Bis Moulay Brahim kostet ein Grand Taxi komplett ca. 500 DH (für 5 Fahrgäste).

Ab Marrakesch beachten Sie die **Beschilderung** nach Taroudannt bzw. ins **Ourika-Tal.** Etwa 1–2 km hinter Marrakesch geht es links weiter in **Richtung Asni,** das kleine Schild ist leicht zu übersehen. Bei **km 5** liegt rechter Hand vor der Kreuzung das **Oasira-Freizeitbad** (vgl. Marrakesch). An der Kreuzung geht es links in Richtung Taroudannt weiter, rechts führt eine Straße nach Amizmiz. Die Route führt vorbei am **Argana Golf Resort** (1 km weiter) und entlang einer Mimosenallee. Die Besiedelung wird spärlicher. Bei **km 29** wird die Straße vor Tahounate vierspurig.

Am **Kreisverkehr** vor dem Ort Tahanaoute bei **km 31** ignorieren Sie den Abzweig links ins Ourika-Tal (rechts geht es nach Amizmiz), geradeaus weiter fahren. In **Tahanaoute** gibt es eine Tankstelle. Auf dem Soukgelände findet dienstags ein **schöner Markt** statt. Trotz vieler Touristen aus Marrakesch ist dieser Souk noch recht ursprünglich.

Die Straße führt durch Olivenhaine am Rande des Atlasgebirges. Nach **34 km** bzw. 4 km nach dem Kreisverkehr zweigt eine Straße links nach Oukaïmeden (vgl. vorherige Route) ab, und das Dorf **Saour** ist erreicht. Viele Souvenirläden bieten an der Straße ihre Waren an. Nach 3 km führt eine Brücke über den **Assif Reraïa.** Rote Lehmhäuser, die sich kaum von der Umgebung abheben, ziehen sich entlang der Hänge. Die Straße führt nun bergab am Fluss entlang.

Bei **km 42** warten geschmückte **Reitpferde und -kamele** für Ausflügler und Wallfahrer am Straßenrand. Oberhalb auf dem Berg thront der Wallfahrtsort Moulay Brahim (s.u.). 3 km weiter bietet sich das **Restaurant-Pizzeria Bab Toubkal** zum Mittagessen an.

1 km weiter, bei **km 47,** kann man zur Zawia (Zaouia) und **nach Moulay Brahim** abzweigen (4 km).

## Moulay Brahim

Dieses schön gelegene Bergdorf auf 1200 m Höhe ist ein **Wallfahrtsort,** der nach dem „Heiligen“ *Moulay Brahim* benannt ist. Einige Tage nach Mauladbeginn findet dort ein wichtiger **Moussem** statt, der unbedingt sehenswert ist. Moulay Brahim ist in erstere Linie Wallfahrtsziel für Frauen mit unerfülltem Kinderwunsch.

Es gibt eine **Wohn- und** eine **Marktregion.** Diese erreicht man, wenn man am Ortseingang bei den Restaurants oder beim Hotel Haute Roches parkt und linker Hand die Treppen nach oben geht. Beim Aufgang drängen sich die Frauen, um ihren Geschlechtsgenossinnen die Hände mit **Henna** zu verzieren – das bringt „baraka", den göttlichen Segen (vgl. Exkurs oben). Die Tradition der Hennabemalung ist vor allem in Wallfahrtsorten zu sehen und auch bei Hochzeiten üblich. Touristinnen können sich ebenfalls schmücken lassen (Preis verhandeln!). Der Souk-Bereich zieht sich zur Zaouia hin, und je näher man dem Heiligtum (an dem grünen Dach zu erkennen) kommt, desto mehr Devotionalien werden verkauft.

Vom Marktbereich gelangt man zum Wohnbereich. Dazwischen kann man noch die **heiligen Quellen** besichtigen und im Wohnbereich sehr schöne Einblicke in das Leben einer ländlichen Gemeinde gewinnen.

Beim Ort beginnen die Schluchten des Moulay Brahim mit dem **Oued Moulay Brahim.**

Moulay Brahim wirkt von der Straße aus etwas schmuddelig und touristisch: Cafés, geschmückte Reitpferde und Kamele usw. Hierher kommen aber **fast nur marokkanische Pilger** und Ausflügler aus Marrakesch, und der Ort ist als typischer kleiner Wallfahrtsort (evtl. mit Führung) sehr sehenswert.

Übernachten kann man im ziemlich heruntergekommenen **Hotel Haut Roches**① oder im ebenfalls einfachen (mäßig sauber, Klospülung mit Eimer) **Star Hotel**① etwas oberhalb. Wer es komfortabler will, sollte in Imlil oder Ouirgane eine Unterkunft suchen.

Folgt man der Straße weiter, so gelangt man auf das Plateau (fantastische Aussicht) und weiter nach Aguergou (ca. 10 km) und nach weiteren 5 km zur **Kasbah Tifferouine,** einem Ausflugsziel marokkanischer Veranstalter.

## Weiterfahrt nach Taroudannt

**Hinter Moulay Brahim** schlängelt sich die Straße hinauf ins Bergland. Es wachsen Oleander, Thuja, Kiefern und Steineichen. Nach 1 km ab dem Abzweig, bei **km 48,** ist Asni erreicht.

## Asni

Asni hat eine herrliche Silberpappelallee, die die ganze Straße überdacht. Im Ort stehen eine Kasbah und Sommerhäuschen wohlhabender Bewohner von Marrakesch. Wochenmarkt ist am Freitag. Von Asni kann man Wanderungen oder Bergtouren in den Hohen Atlas unternehmen. Der Ort ist Ausgangspunkt für eine **Djabal-Toubkal-Besteigung** von Imlil aus (s.u. und Exkurs auf den nächsten Seiten). Asni ist außerdem das Zentrum für die Mineralien- und Fossilienverkäufer des Hohen Atlas. Überall entlang der Straße zum Tizi-n-Test bieten die **Fossilienhändler** ihre echte oder auch gefälschte Ware feil.

# Bergsteigen im Djabal-Toubkal-Gebiet

**Imlil bzw. Aroumd** im Mizane-Tal sind die **Ausgangsorte** für die Besteigung des Djabal Toubkal und viele weitere Bergtouren im Hohen Atlas. In und um Imlil (vgl. Asni/Ausflug nach Imlil) hat sich inzwischen eine **gute Infrastruktur** für Trekker entwickelt: Diverse Cafés/Restaurants, viele Läden und eine wachsende Zahl an Herbergen empfangen die Gäste. Im Garten der Hütte des **Club Alpin Français (CAF)** liegt ein hübscher Zeltplatz unter Pinien. Das Bureau des Guides de Montagne neben der Hütte des CAF am Parkplatz vermittelt Bergführer für die Toubkal-Besteigung. In Imlil kann man auch Mulis für den Gepäcktransport anmieten. Vertrauen Sie sich nur staatlich geprüften, diplomierten Bergführern an (Ausweis zeigen lassen). Ein deutschsprachiger Bergführer erhält einen Tagessatz von 400–500 DH (unabhängig von der Gruppengröße). Mulitreiber bekommen 120–150 DH am Tag. Dreitägige Toubkal-Besteigungen werden in Imlil auch als Pauschalpaket inkl. Bergführer/Verpflegung/Gepäcktiere für ca. 800 DH p.P. angeboten.

Für die Besteigung des Toubkal rechnet man **3 Tage.** Für eine Rundtour über mehrere Gipfel sind 5 Tage zu veranschlagen. In der Regel steigt man am ersten Tag bis zur Hütte auf und verbringt dort den Nachmittag zur Akklimatisation (wichtig!). Am zweiten Tag geht es auf den Gipfel und wieder zurück zur Hütte, am dritten Tag steigt man über Sidi Chamharouch bis Imlil ab. Fitte Bergsteiger können auch am Gipfeltag wieder ganz bis Aroumd absteigen, dann sind allerdings knapp 1000 anstrengende Höhenmeter im Aufstieg und über 2000 Höhenmeter im Abstieg zu bewältigen.

Ab Aroumd rechnet man etwa 4–5 Stunden Gehzeit bis zur Toubkal-Hütte (ex Neltner) auf 3207 m. Von dort sind es noch 3–4 Std. bis zum Gipfel auf 4167 m Höhe. Die Tour ist generell nur für geübte Geher zu empfehlen, der Anstieg zum Gipfel führt z.T. über loses Geröll (Trittsicherheit unbedingt notwendig). Schon im September und bis in den Mai kann es in der Höhe schneien – warme Funktionskleidung, Regenschutz, Mütze und Handschuhe müssen ins Gepäck. Wer zeltet, muss seine Lebensmittel und Ausrüstung selbst mitbringen.

Die **Toubkal-Hütte** sowie die neuere und gepflegtere **Hütte Les Mouflons** (Mobil 0663 76 37 13, Tel. 0524 44 97 67, www.refugetoubkal.com, 400 DH/Pers. inkl. guter HP) direkt unterhalb sind ideale Zwischenstationen für die Besteigung des Djabal Toubkal und weitere Gipfel rund ums Mizane-Tal. Die Hütten haben Lagerschlafplätze sowie heiße Duschen. Beide bieten eine Kochgelegenheit für mitgebrachte Verpflegung und servieren eine warme Mahlzeit auf Vorbestellung. In einem kleinen Shop in der Mouflon-Hütte gibt es Wasserflaschen, Saft, Cola/Fanta, Schokolade, Klopapier etc. Im gemütlichen Salon der Mouflon-Hütte sorgt ein Kamin für wohlige Wärme, ansonsten ist es in den Innenräumen meist frisch. In der Umgebung der Hütten sowie weiter unterhalb entlang des Bachs finden sich ebene Flächen für Zelte. In der Toubkal-Hütte des Club Alpin Français können Alpenvereinsmitglieder ermäßigt übernachten, Nichtmitglieder zahlen etwa 90 DH pro Nacht (Preise saisonabhängig, heiße Dusche extra). Die Umgebung der Hütten ist von den vielen Wandergruppen schon stark in Mitleidenschaft gezogen worden: überall Müll und Hinterlassenschaften mit Klopapierfahnen. Jeder Bergsteiger sollte deshalb seinen Müll wieder mit ins Tal nehmen und das Klopapier verbrennen!

## Der Aufstieg

In Imlil folgt man der Straße geradeaus bergauf bis zur Betonbrücke und dem Schild „Parc National du Toubkal". Weiter geht es auf dem Fahrweg und schließlich auf Pfaden durch die Terrassenfelder mit Walnussbäumen entlang des Tales bis nach **Aroumd** (1950 m). Alternativ kann man (zu Fuß oder mit dem Auto) die 5 km lange Piste am Berghang oberhalb nach Aroumd nehmen. Eine kleine Brücke quert zum Schluss den Fluss zum Terrassendorf auf der Ostseite.

Von Aroumd geht es entlang der Ostseite des Flussbetts ca. eine ½ Stunde talaufwärts (Süden), bis ein breiter Schotterpfad beim grünen Nationalparkschild links nach oben abzweigt. Zur Zeit der Schneeschmelze oder nach Regenfällen kann der Fluss recht reißend sein, ansonsten liegt er meist trocken.

Auf dem einfachen, nur leicht ansteigenden Pfad geht es in gemütlichen 2 Stunden zum Pilgerort **Sidi Chamharouch** (2450 m), wo der Bach auf einer Betonbrücke überquert wird. Unter dem großen, weiß bemalten Stein wurde angeblich ein Heiliger verschüttet. Pilger kommen hierher zum Freitagsgebet und hoffen auf Erfüllung ihrer Wünsche. Es gibt mehrere Souvenirbuden, Teestuben und einen Kiosk mit Getränken und Schokoriegeln. Der weitere Weg führt noch vor den Buden rechts vorbei in Serpentinen nun etwas steiler aufwärts. In 2–3 Stunden ist der weite Kessel mit den Campplätzen und zwei **Hütten** (3207 m) erreicht.

Der Gipfelaufstieg führt durch den südlichen Irhzer n'Ikhibi, das Tal, das etwa bei der Toubkal-Hütte ins Haupt-(Mizane-)Tal mündet. Es handelt sich um einen steilen, nach Westen exponierten Anstieg, der vormittags lange im Schatten liegt.

Direkt oberhalb der Hütten hält man sich links (der Weg geradeaus nach Süden führt zum Tizi-n-Ouagane) und überquert bei einem kleinen Wasserfall den Bach. Dann geht es durch steiles Geröll Richtung Osten bergauf. Weiter stetig bergauf, z.T. über Felsblöcke und Platten, erreicht man auf 3600 m nach etwa 1½ Std. Gehzeit eine Terrasse. Hier endet das Blockgelände und man sieht oberhalb erstmals die Toubkal-Scharte **(Tizi-n-Toubkal),** ein Sattel am rechten Ende des Gipfelgrats. Der Weg führt nun über Serpentinen (bei Eis und Schnee teils rutschig) zum Sattel auf knapp 4000 m Höhe hinauf (2–3 Std. ab den Hütten). Weiter geht es nach links einfach über den SW-Grat zum Gipfel (45 Min. bis 1 Std. ab Sattel), dessen **Gipfelpyramide** aus Metall erst sehr spät in Sicht kommt. Die Gehzeit beträgt 3–4 Stunden ab der Toubkal-Hütte. Der Weg ist nur unregelmäßig mit Steinmännchen markiert. Für den Abstieg sollte man mit zusätzlichen 2–2½ Std. rechnen. Gesamtgehzeit rauf und runter ab den Hütten: ca. 7 Std.

Vom Gipfel kann man auch über eine **nördliche Variante** absteigen. Dieser Weg führt über wesentlich steileres, schwierigeres Geröllgelände und mündet etwa 300 Höhenmeter unter den Hütten in den Aufstieg-/Abstiegsweg von/nach Sidi Chamharouch.

### Alternativroute: vom Lac de Ifni zum Djabal Toubkal

Wer dem Trubel in Imlil aus dem Weg gehen möchte, kann die Toubkal-Hütten auch vom malerischen Lac de Ifni im Süden ansteuern. Das Trekking startet im Dorf **Amsouzart** (1766 m) im Flusstal Assif Tisgui. Hier finden Wanderer einige kleine Läden, Cafés, ein Hammam sowie die einfache Gîte d'étape Amessouzart mit Matratzenlager (WC/Dusche am Gang, nicht immer

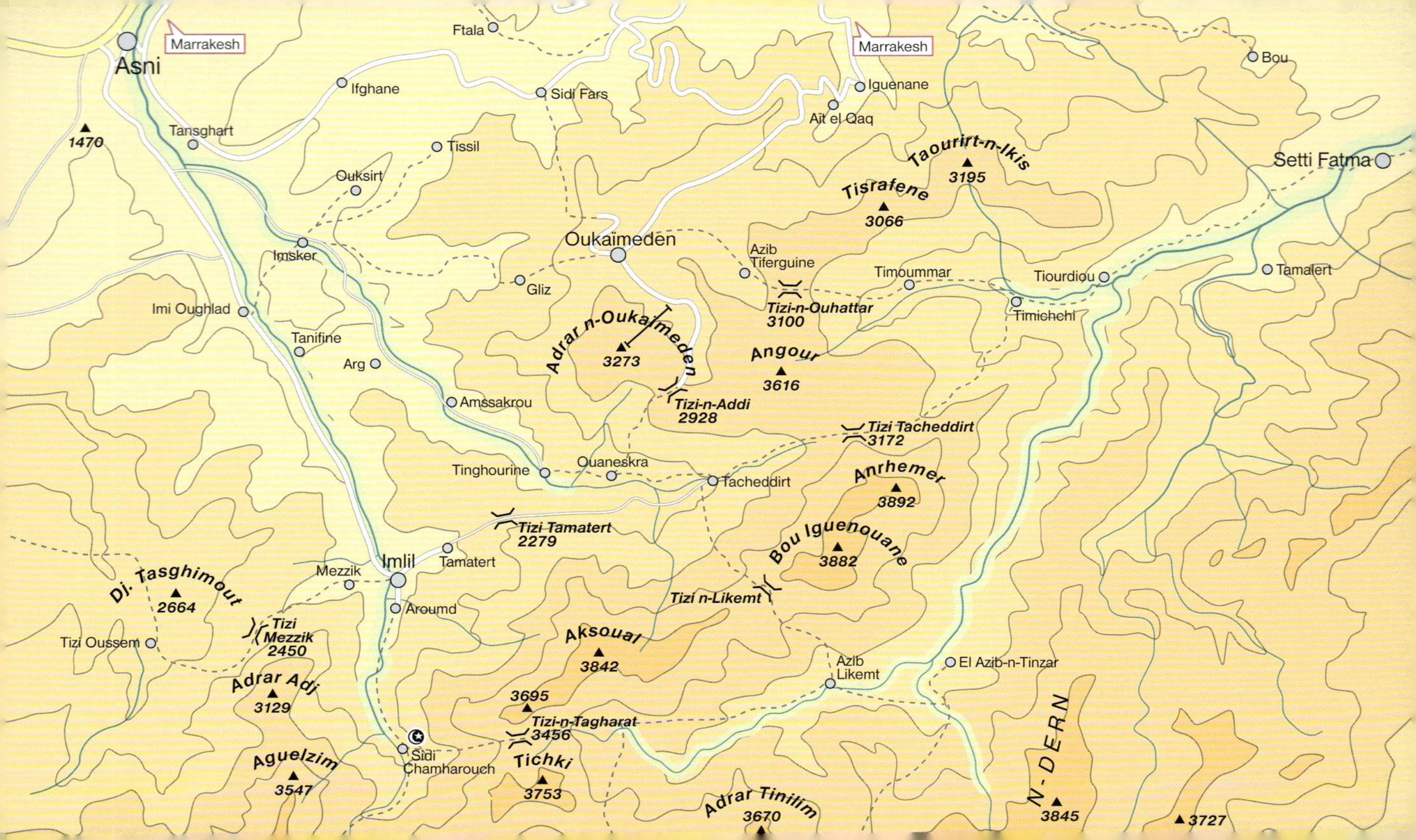

Asni
Marrakesh
Ftala
Marrakesh
Bou
Ifghane
Sidi Fars
Iguenane
Aït el Qaq
1470
Tansghart
Tissil
Taourirt-n-Ikis
3195
Setti Fatma
Ouksirt
Tisrafene
3066
Oukaïmeden
Imsker
Azib Tiferguine
Timoummar
Tiourdiou
Tamalert
Gliz
Tizi-n-Ouhattar
3100
Timichchi
Imi Oughlad
Adrar n-Oukaïmeden
3273
Tanifine
Arg
Angour
3616
Amssakrou
Tizi-n-Addi
2928
Tizi Tacheddirt
3172
Ouaneskra
Tinghourine
Tacheddirt
Anrhemer
3892
Tizi Tamatert
2279
Bou Iguenouane
3882
Imlil
Mezzik
Tamatert
Dj. Tasghimout
2664
Aroumd
Tizi n-Likemt
Tizi Mezzik
2450
Aksoual
3842
Tizi Oussem
Azib Likemt
El Azib-n-Tinzar
Adrar Adj
3129
3695
N-DERN
Tizi-n-Tagharat
3456
Sidi Chamharouch
Tichki
Aguelzim
3547
3753
Adrar Tinilim
3670
3845
3727

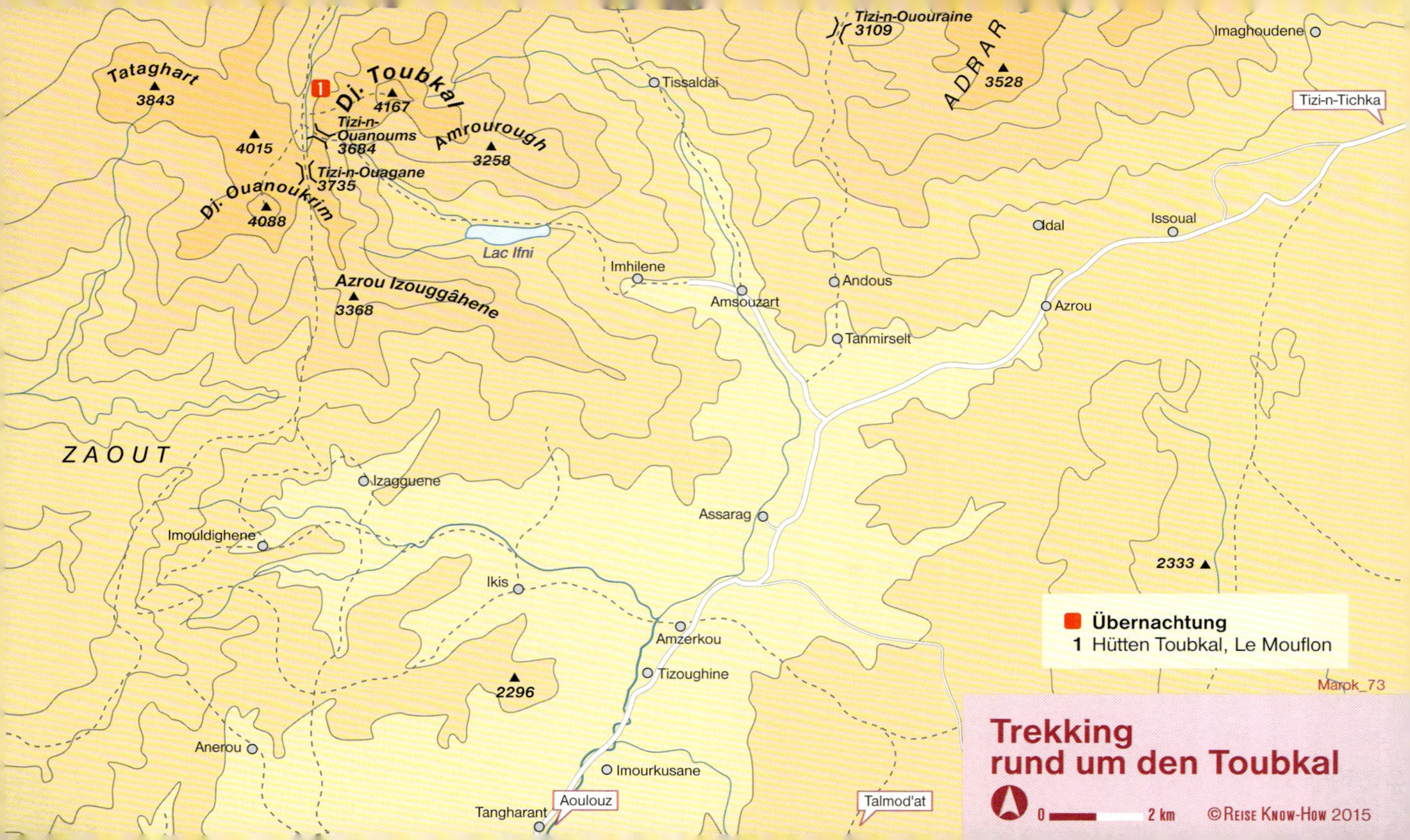
Trekking
rund um den Toubkal
0 2 km
©Reise Know-How 2015
Marok_73
Übernachtung
1 Hütten Toubkal, Le Mouflon
Tataghart
3843
4015
Dj. Toubkal
4167
Tizi-n-Ouanoums
3684
Amrourough
3258
Tizi-n-Ouagane
3735
Dj. Ouanoukrim
4088
Lac Ifni
Azrou Izouggâhene
3368
Tizi-n-Ououraine
3109
ADRAR
3528
Imaghoudene
Tizi-n-Tichka
Tissaldaï
Idal
Issoual
Imhilene
Amsouzart
Andous
Azrou
Tanmirselt
ZAOUT
Izagguene
Assarag
Imouldighene
2333
Ikis
Amzerkou
Tizoughine
2296
Anerou
Imourkusane
Aoulouz
Talmod'at
Tangharant

sauber) vor. Außerdem gibt es einen kleinen Zeltplatz. Man erreicht Amsouzart entweder von Norden von der Passstraße über den Tizi-n-Tichka (Abzweig von der N9 in Agouim) oder von Süden aus Aoulouz (N10). Es verkehren Minibusse/Sammeltaxis.

Von Amsouzart wandert man am **ersten Trekkingtag** zunächst noch auf einer Piste bergauf durch Dörfer mit Terrassenfeldern; an einer Kreuzung geht es links zum Lac de Ifni, rechts nach Tiselday. Nach etwa 1 Stunde ist das Dorf **Aït Igrane** mit einer Herberge inkl. Café unter Walnussbäumen erreicht. Man folgt weiter der steinigen Piste in Serpentinen bergauf bis zu einem **Pass** auf 2370 m Höhe (ca. 1 Std. ab Aït Igrane, ca. 2 Std. ab Amsouzart). Von hier eröffnet sich ein schöner Blick auf den grün schimmernden Lac de Ifni zwischen rot-braunen, fast vegetationslosen Berghängen. Nun steigt man auf einem z.T. gerölligen Weg zum See hinab. Bei einem Laden auf einer Aussichtsterrasse kann man sich mit einer Cola erfrischen. Etwas oberhalb des nördlichen Seeufers führt der Pfad weiter bis an die Westseite des Sees mit Kiesstrand und Steinhütten von Snack- und Getränkeverkäufern. An diesem schönen Platz kann man sein Zelt mit Seeblick aufbauen. Ab Amsouzart sollte man inkl. Pausen mit einer Gehzeit von rund 4 Stunden rechnen (700 Höhenmeter rauf, 100 Höhenmeter runter). Der **Lac de Ifni** (rund 2300 m Höhe) befindet sich im Nationalpark, und es sollte darin nicht gebadet werden, um Verschmutzungen mit Shampoo und Sonnencreme zu vermeiden!

Am **zweiten Trekkingtag** stehen 6–7 Stunden Gehzeit und 1300 Höhenmeter Aufstieg zum Pass Tizi n'Ouanoums und 500 Höhenmeter Abstieg zu den Toubkal-Hütten bevor – entsprechend früh sollte man starten. Ein Bergpfad führt durch das geröllige Flusstal des Assif N'Moursain (im Sommer trocken) und eine rötliche Schlucht bergauf. Nach etwa 1 Stunde wird der Serpentinenpfad immer steiler, einige Geröllstufen müssen überwunden werden. Der Pass – ein breiter Sattel links neben einer engen Scharte in der Mitte der Schlucht – kommt erst auf etwa 3300 m Höhe in Sicht. Nach insgesamt 4–5 Std. Aufstieg ist der **Pass Tizi n'Ouanoums** auf rund 3550 m Höhe endlich erreicht. Zurück eröffnet sich ein schöner Ausblick auf den See, nach vorne in ein grünes Tal, aber noch nicht bis zu den Hütten. Nach etwa 45 Min. Abstieg in engen Serpentinen bietet sich eine Mittagspause an einem Bach an. Von hier ist es noch ca. 1 Std. Marsch (ca. 2 Std. ab Pass) bis zu den Toubkal-Hütten (s. oben).

## Weitere Gipfel im Bereich der Toubkal-Hütte

Neben dem Djabal Toubkal gibt es noch eine ganze Reihe anderer leicht zugänglicher hoher Berge.

Zum **Ras n'Ouanoukrim** (4083 m) und **Timesguida** (4088 m) folgt man oberhalb der Hütten dem Tal südwärts (nicht über den Bach links ab zum Toubkal) und steigt in etwa 2 Stunden bis zum Pass Tizi-n-Ouagane (2730 m) auf. Vom Pass sind es dann noch 1½–2 Std. zunächst in leichter Kraxelei über Felsblöcke, dann über einen Geröllpfad entlang der flachen Südflanke des Ras n'Ouanoukrim zum weiter hinten liegenden Gipfel des Timesguida (flacher Kopf mit Steinpyramide). Von hier bietet sich ein fantastischer Ausblick auf die weite Gebirgswüste aus Stein und Geröll und hinüber zum Toubkal – hier steht man im Gegensatz zum Nachbarberg ganz alleine auf dem Gipfel!

Die Gipfel **Akioud** (4010 m) und **Afella** (4015 m) erreicht man über die Amrharas-n-Iglioua-Scharte nördlich des Tizi-n-Ouagane. Ein weiteres beliebtes Ziel ist der **Tazaghart** (3980 m), dort kann man in der im Sommer bewirtschafteten Tazaghart-Hütte (ex Lepiney, Tel. 0522 99 01 41) des Club Alpin Français übernachten. Den Schlüssel dafür bekommt man im Winter in Tizi Oussem ausgehändigt.

Diese Routen auf die höchsten Gipfel Nordafrikas sind auch als **Skihochtouren** möglich. Die Monate März bis Mai gelten als die beste Zeit, um im Atlasfirn hinunterzuwedeln.

Für **Kletterer** gibt es jede Menge Routen, zumeist Gratklettereien mittlerer Schwierigkeitsgrade, jedoch auch extrem schwierige Wandklettereien. Die bekanntesten Kletterberge in der Region sind Tadat (3760 m), Le Clochtons (3963 m) und Tadaft (ca. 3900 m) sowie der Djabal-Toubkal-Westgipfel. Je nach Jahreszeit sind in den diversen Rinnen und Couloirs auch Eis- und kombinierte Fahrten möglich.

## Informationen

- **Club Alpin Français (CAF) de Casablanca,** 50, Bd. Sidi Abderrahamane, 20200 Casablanca, Tel. 05 22 99 01 41, http://cafmaroc2011.ffcam.fr. Infos und Reservierung für die Hütten im Hohen Atlas.
- **Bureau des guides Imlil,** neben der Hütte des CAF im Zentrum von Imlil, Tel. 0524 48 56 26, bureau.guides@yahoo.fr. Mo bis So 8–18 Uhr.
- **Karte: „Djebel Toubkal im Hohen Altas",** Touristikkarte, 1:100.000 und 1:60.000, Spruck/Zylka 1999, FH Karlsruhe.
- Empfehlungen für (deutschsprachige) **Bergführer** s. bei Marrakesch und bei Asni/Imlil.

## Tipp

Die Mulitreiber, Bergführer und ihre Familien freuen sich über gute (nicht völlig abgetragene oder löchrige) **Gebrauchtkleidung,** Schuhe sowie jegliche Art an Alpinausrüstung (inkl. Ski). Man kann die mitgebrachten Dinge gegen lokale Produkte eintauschen oder an die Begleitmannschaft verlosen.

042m015 ad

## Praktische Informationen

### Unterkunft

- **Kasbah Tamadot**⑤, ca. 4 km Richtung Imlil, Tel. 0524 36 82 00, www.kasbahtamadot.virgin.com. Auf dem riesigen Gelände dieses ultraluxuriösen Hideaway des britischen Milliardärs *Sir Richard Branson* verbergen sich 24 mit wertvollen Antiquitäten ausgestattete Suiten sowie sehr komfortable Zeltsuiten. Hier bleiben garantiert keine Wünsche offen – ideal für die Flitterwochen (wer es sich leisten kann) oder für besondere Anlässe. Das Kanoun Restaurant steht mit Reservierung auch Nicht-Gästen offen (Hauptgericht ab 200 DH). Für Entspannung sorgen der Innen- und Außenpool, ein Tennisplatz und der Hammam mit diversen Wellnessangeboten. DZ ab 400 Euro.
- Weitere (bezahlbare) Unterkünfte in Imlil und Ouirgane (s.u.).

### Sammeltaxis/Busse

Sammeltaxis und Kleinbusse **fahren am Marktplatz ab.**

- **Sammeltaxis bis Imlil** für ca. 10 DH.
- **Grand Taxi nach Marrakesch** (komplett für 4–5 Pers.) ca. 400 DH, **Sammeltaxi** ca. 40 DH.
- **Bus nach Ouled Berhil:** 1x tägl. vormittags, 40 DH. Alternative: mit Kleinbus bis Ijoukak, dort Umsteigen in ein Sammeltaxi/anderen Kleinbus.

## Weiterfahrt nach Taroudannt

Bei **km 50** hinter Marrakesch zweigt links die Straße nach **Imlil** ab (vgl. „Ausflug nach Imlil"), Ausgangspunkt für die Djabal-Toubkal-Besteigungen.

## Ausflug nach Imlil

Eine schmale Teerstraße führt über 17 km zum 1740 m hoch gelegenen Bergdorf Imlil **im Mizane-Tal** mit un-

043m015 ad

zähligen Nuss- und Apfelbäumen zwischen Terrassenfeldern. Der schön gelegene Ort ist mittlerweile stark von Touristen und Tagesausflüglern aus Marrakesch frequentiert: Cafés, Internetcafés, Läden, Souvenirhändler und immer mehr Herbergen reihen sich aneinander. Einige Shops bieten sogar gebrauchte Bergausrüstung an. Imlil ist letzter Versorgungspunkt für eine Besteigung des **Djabal Toubkal,** des höchsten Berges Nordafrikas (4167 m, vgl. Exkurs „Bergsteigen im Djabal-Toubkal-Gebiet"). Inzwischen wurde eine Teerstraße von Imlil weiter gen Osten über Tamatert bis nach Tacheddirt fertiggestellt.

Von Imlil lohnt sich eine Wanderung zum höher gelegenen **Aroumd** etwas weiter südlich im Mizane-Tal (vgl. Exkurs oben): Die Moschee und die Häuser von Aroumd thronen am Hang oberhalb des Flusstals. Nur etwa 1 km flussaufwärts beginnt der Aufstiegspfad zum Djabal Toubkal. Ganz oben im Dorf gibt es einen traditionellen **Hammam,** in dem man sich nach der Toubkal-Besteigung den Staub vom Leib waschen kann: ca. 50 DH/Pers. inkl. Olivenseife und Peelinghandschuh, Eintritt für Damen 8–15 Uhr, für Herren 15.30–24 Uhr.

**Grand Taxis und Minibusse** (ca. 40 DH/Pers. ab/bis Marrakesch) halten gegenüber dem Café Aksoual bei der Hütte des Club Alpin Français.

☒ Teepause in Sidi Chamharouch auf dem Weg zur Toubkal-Hütte

## Praktische Informationen

### Unterkünfte in Imlil und Aroumd

Wer am nächsten Tag zum Toubkal aufbrechen möchte, übernachtet am besten in Aroumd weiter oben im Tal, wo der Weg startet.

■ **Auberge Atlas/Chez Omar le Rouge**①, direkt am Fluss (Westufer) an der Piste Richtung Aroumd, Tel. 0524 48 57 50, Omar_id_mensour@hotmail.com. Sehr einfache, günstige Herberge am Ausgangsort für die Toubkal-Besteigung, Zimmer mit Matratzen und Übernachtung auf der Dachterrasse möglich, auch eine Suite mit Bad, warme Duschen, Schlafsack oder Leintuch selbst mitbringen. **Camping** im kleinen ummauerten Hof unter Nussbäumen möglich (15 DH/Pers., 20 DH/Auto).

■ **Club Alpin Français** (CAF), am Ortseingang von Imlil auf der linken Seite (von Marrakesch kommend), Tel. 0524 48 51 22, Mobil 0677 30 74 15. Hütte des französisch-marokkanischen Alpenvereins mit Bettenlager (75 DH/Pers.), Essen auf Bestellung (80 DH), **Camping** im Garten unter Pinien möglich. Mulis zum Gepäcktransport können organisiert werden.

■ **Dar Adrar**②, 10 Min. Fußmarsch von Imlil durch das Tal Richtung Aroumd, Anmeldung im Atlas Trek Shop in Imlil (Gepäcktransport mit Mulis), Mobil 0668 76 01 65, www.daradrar.com. Hübsche Herberge unter der engagierten Führung von *Mohamed* und *Ibrahim Aztat,* schöne Lage mit Blick Richtung Toubkal, gutes Preis-Leistungsverhältnis. DZ mit Bad und z.T. mit Kamin.

■ **Dar Mezik**② (mit Frühstück), Douar Mezzik, Mobil 0661 34 44 31, www.imlil-darmezik.com. Die einfache, sehr saubere Herberge in einem Steinhaus oberhalb von Imlil mit herrlicher Aussichtsterrasse wird vom Bergführer *Brahim Azdour* (s.u.) betrieben. Das Essen ist sehr gut und üppig.

■ **Étoile du Toubkal**② (mit Frühstück), zentral in Imlil, Tel. 0524 48 56 18, www.hotel-etoile-toubkal.com. Rosa Steinhaus mit 18 ordentlichen Zimmern mit Bad, Terrassenrestaurant mit Aussicht.

■ **Gîte Imlil**①, am Ortsausgang von Imlil, über die Brücke, dann 100 m hinter der Schule (ca. 7 Min. Fußmarsch vom Zentrum), Mobil 0661 24 16 43 oder 0661 40 61 91, www.naturetrek-maroc.com. Diese Herberge des erfahrenen Bergführers *Slimane Baadoud* (s.u.) hat 10 Zimmer mit WC/heißer Dusche auf dem Gang und eine schöne Terrasse.

■ **Hotel Armed**② (mit HP), an der Piste bei Aroumd auf der westlichen Flussseite, direkt hinter Chez Omar le Rouge, Mobil 0661 55 28 46. In dem recht nett gestalteten Gästehaus des Bergführers *Mohamed Id Belaid* gibt es saubere DZ und Matratzenlager. Saubere, gemeinschaftliche Sanitäranlagen mit heißer Dusche. Schöne Terrasse mit Blick auf den Fluss.

■ **Imi n'Ouassif**② (mit HP), im Zentrum von Imlil ca. 100 m abseits der Hauptstraße, Mobil 0662 10 51 26, iminouassif@gmail.com. Empfehlenswerte, sehr saubere Herberge von *Mohamed Bouinbaden* (pensionierter Bergführer) mit 10 Zimmern. Die unteren Zimmer haben ein eigenes Bad, die oberen teilen sich eine Etagendusche/WC und Waschbecken auf dem Gang. Schöne Frühstücksterrasse, Küchenbenutzung möglich.

■ **Les terrasses de Toubkal**①-②, kurz vor Imlil (von Marrakesch kommend), zu Fuß ca. 10 Min. ins Zentrum, Mobil 0661 34 27 12. Empfehlenswertes Hotel in schöner Lage direkt am Fluss, mit Zimmern für bis zu 4 Pers. und günstigen Schlafsälen. Gutes Frühstück und Abendessen.

■ **Kasbah du Toubkal**④ (mit Frühstück), Tel. 0524 48 56 11, www.kasbahdutoubkal.com. Die renovierte und zum Hotel umfunktionierte Kasbah (ca. 20 Min. Aufstieg) thront zwischen Imlil und Aroumd über dem Flusstal. Die im Berberstil dekorierten Suiten und Zimmer sind sehr schön, sollten aber weit im Voraus reserviert werden und haben ihren Preis. Es gibt auch ein Familienhaus (Gardenhouse) mit drei Zimmern und verglaster Front und Balkon mit Toubkal-Blick sowie zwei Berbersalons (für 3–4 Pers.) mit gemeinschaftlichen Duschen/WC. Von den Terrassen bietet sich ein herrlicher Ausblick auf das Mizane-Tal und die Bergwelt. Das Hotel engagiert sich in Form einer Association für die Entwicklung der Region. Es können diverse Tagesausflüge und Trekkings gebucht werden.

■ **Riad Imlil**③ (mit Frühstück), im Zentrum von Imlil an der Brücke, Tel. 0524 48 54 85, www.riad-imlil.com. Hübsches, massives Steinhaus mit mehreren Panoramaterrassen, 23 kleinen Zimmern und zwei Suiten mit Bad und Heizung. WLAN. Der Eigentümer *Mohamed* ist Bergführer.

■ **Roches Armed**①-②, im Zentrum von Aroumd (ganz oben im Dorf), Tel. 0524 48 57 51, www.rochesaremd.com. Stilvolle, sehr gepflegte und freundliche Herberge mit gemütlichen Doppel- und Mehrbettzimmern. Schöner Frühstücksraum und Salon, 360°-Panoramaterrasse mit Aussicht auf den Toubkal und gutes Essen.

■ **Zaratoustra** (vormals Atlas Gîte Imlil/Chez Jean Habib)③ (mit HP), ca. 700 m vom Zentrum am Ortsausgang (über die Brücke und vorbei an der Schule), Tel. 0524 48 56 01, atlasgite@yahoo.fr. Größeres Gästehaus mit mehreren Terrassen und Innenhöfen unter belgisch-marokkanischer Führung. Freundliche, familiäre Atmosphäre, Hammam und blitzsaubere Zimmer mit oder ohne Bad. Leckeres Essen, WLAN.

### Bergführer

Engagieren Sie **nur lizensierte Bergführer** (Ausweis zeigen lassen). Alle Bergführer organisieren Wanderungen und Trekkings nach individuellen Wünschen – von einfachen Spaziergängen durch die Terrassenfelder im Mizane-Tal bis zu mehrtägigen Trekkings im Hohen Atlas. Sie kümmern sich auch um den Gepäcktransport mit Mulis. Nur wenige Bergführer haben profunde Kenntnisse über Skitouren und die Einschätzung der Lawinengefahr. Kontaktieren Sie die hier empfohlenen Bergführer frühzeitig, weil sie häufig unterwegs sind.

■ **Slimane Baadoud,** Mobil 0661 24 16 43, www.maroctrekking.com. Der sehr erfahrene, nette *Slimane* spricht gut englisch.

- **Mohamed Id Belaid,** Mobil 0661 55 28 46. Der Bergführer betreibt das Hotel Armed (s.o.).
- **Hassan Ben Mohamed Azdour**, Mobil 0666 39 59 21, www.trektoubkal.com, www.natur-atlas.com. *Hassan* und sein Cousin *Brahim* (s.u.) führen seit 30 Jahren und zählen zu den erfahrensten Guides der Region. Hassan spricht englisch und etwas deutsch. Er betreibt die **Gîte Tizi Mizik** in Mzik (zwischen Imlil und Aroumd).
- **Brahim Azdour,** Mobil 0661 34 44 31 oder Tel. 0524 48 56 79. Der sehr erfahrene Bergführer *Brahim* ist Betreiber der Herberge Dar Mezik (s.o.). Er spricht gebrochen deutsch und gut französisch.
- **Mohamed Id Mansour,** Mobil 0678 45 79 14 oder 0524 48 57 50, www.trakaumaroc.ch. Mohamed „Le Rouge" hat mehr als zehn Jahre Erfahrung als Guide und spricht neben französisch auch englisch. Er betreibt eine Gîte in Aroumd.
- Weitere sehr kompetente **deutschsprachige Bergführer vgl. „Marrakesch/Trekking".** Außerdem vermittelt das **Bureau des Guides** (Bergführerbüro) beim Parkplatz neben der Hütte des Club Alpin Français in Imlil (siehe Exkurs) Bergführer, Tel. 0524 485626, bureau.guides@yahoo.fr.
- Ausführliche **Informationen** zum Trekking in der Region vgl. Exkurs „Bergsteigen im Djabal-Toubkal-Gebiet".

## Weiterfahrt nach Taroudannt

Beim Ort **Imarighen (km 59)** führt rechts ein Abzweig nach Amizmiz.

Bei **km 60** zweigt rechts die Zufahrt zur **Kasbah de Ouirgane** ab (vgl. Ouirgane/Unterkunft). Ein Steinschild zeigt den Weg zum noblen **Landhaus La Bergerie** (vgl. Ouirgane/Unterkunft).

1 km weiter führt eine Straße rechts zum Stausee, der **Barrage Yacoub El Mansour.** Das Oued N'Fiss ist hier seit 2008 zu einem See aufgestaut, der u.a. Marrakesch mit Wasser versorgt. Kurz darauf folgt **Ouirgane** bei **km 61.**

## Ouirgane

Der **beliebte Ausflugs- und Sommerkurort** Ouirgane eignet sich als Ausgangspunkt für Wanderungen und andere Unternehmungen in der schönen, ruhigen Umgebung. Einige ansprechende Unterkünfte laden dazu ein, hier ein paar Tage zu verweilen – zum Beispiel zur Entspannung nach einem hektischen Stadtaufenthalt in Marrakesch. An der Hauptstraße liegt eine **Ölmühle,** in der im Januar/Februar die Oliven zu Öl verarbeitet werden. Ein kleines Ortsmuseum zeigt alte Gebrauchsgegenstände. Als Wanderführer zur Erkundung der Umgebung empfahlen Leser den englisch sprechenden *Abdellatif Aït Wakrim* (Mobil 0667 23 11 78, Atlas-nature@hotmail.com); er führt z.B. zu nahe gelegenen Salinen.

### Unterkunft

- **Chez Momo II**③, nahe der Ortsmitte, Tel. 0524 48 57 04 oder 0524 48 57 12, www.aubergemomo.com. Romantisch gestaltete Herberge mit sehr freundlichem Personal. Sie liegt traumhaft mitten in einem Olivenhain, hat einen Pool, einen Salon mit Kamin und stilvolle Zimmer und Suiten. Schöne Wanderung ostwärts nach Tassa Ouirgane am Talende möglich (Übersichtskarte an der Rezeption).
- **Dar Tassa**②-③, im Dorf Douar Tassa, vor Ouirgane links auf Piste abbiegen (Schild, 6 km), Tel. 0524 48 43 12, www.dartassa.co.uk. Gästehaus in ruhiger Lage mit komfortablen, klimatisierten Superior Rooms mit Bad und einfacheren Standard

Rooms mit WC/Dusche auf dem Gang. Es gibt auch eine Familiensuite. Freundlicher Empfang mit Tee und Gebäck. WLAN.

■ **Domaine de la Roseraie**④ (mit HP), Tel. 0524 43 91 28, www.laroseraiehotel.com. Exklusive Hotelanlage und **Pferdefarm** mit Tennisplätzen, Pool und Reitplatz in herrlicher Berggegend direkt am Fluss. Das Essen ist sehr gut und wird im Sommer im duftenden Rosengarten serviert.

■ **La Bergerie**④ (mit Frühstück), etwa 1 km vor Ouirgane (vgl. Routenbeschreibung), Tel. 0524 48 57 17, www.labergerie-maroc.com. Hier genießt man gemütliche Landhausatmosphäre, es gibt komfortable (beheizte) Zimmer und einen Pool im grünen Garten. Im Restaurant mit Kamin wird gute französische und marokkanische Küche serviert (Menü 150 DH inkl. Poolnutzung).

■ **Le Moflon**② (mit Frühstück), in Ouirgane, Mobil 0668 94 47 24. Von Lesern empfohlene günstige Herberge mit Restaurant (sehr gute, frisch zubereitete Tajine) von *Farid Elkassbi.*

■ **Kasbah de Ouirgane**③ (mit HP), etwa 1 km vor Ouirgane (vgl. Routenbeschreibung), Tel. 0524 48 48 37, http://kasbahdeouirgane.blogspot.de. Sehr freundliche Herberge in toller Lage mit weitem Blick übers Tal, nette Zimmer mit Bad, gutes Essen. Camping vor dem Haus möglich.

## Weiterfahrt nach Taroudannt

Hinter Ouirgane verläuft die schmale, ausgefranste Straße **weiter durch sehr schöne Gebirgslandschaft** im grünen Tal des **Oued N'Fiss.** Bei **km 73** ist das Dorf **Imegdal** im schönen Flusstal erreicht. Nach 3 km verengt sich das palmenbestandene Tal, Häuser aus Bruchstein kleben an den Berghängen.

Bei **km 93** ist der kleine Ort **Oued Agoundis bzw. Ngoundis (Ijoukak)** mit Forsthaus erreicht. Etwa 1½ km weiter gibt es eine Tankstelle. Ein Abzweig führt nach **Talat n'Yacoub,** einem wichtigen Zentrum des Goundafa-Stammes. Dort kann man in der **Gîte d'étape Imnir**① von *Lahcen Imnir* (Mobil 0662 03 63 64) übernachten. Das Privathaus in ruhiger Lage bietet einfache Gästezimmer mit gemeinschaftlichen Duschen und WC (Preis inkl. Frühstück, Essen auf Bestellung).

1 km entfernt thronen zwei mächtige Kasbahs an der Straße, die **Goundafa-Kasbahs Agadir N'Gouj** (links) und **Tagoundaft** (rechts).

**Etwa 97 km** nach Marrakesch führt ein Abzweig rechts nach **Tin Mal.**

## Tin Mal (Tin Mel)

Auf einer kleinen Brücke überquert man den Oued N'Fiss und erreicht nach ca. 1 km oder 15 Min. Fußweg die **festungsartige Moschee** auf dem Hügel über einem Lehmhüttendorf in wunderschöner Umgebung.

Moschee Tin Mal (unten: Grundriss)

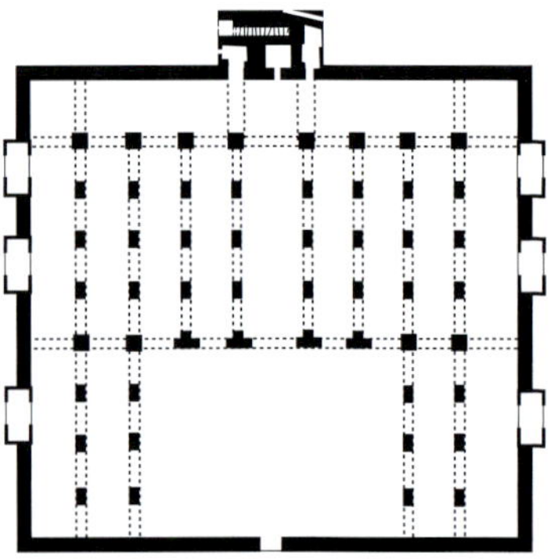

ma07_808 ad

Die Moschee und Zawia Tin Mal ist **Ursprungsort der Almohaden.** Der von den Almorawiden verfolgte *Ibn Tumart* fand 1120 hier Zuflucht. Der Marabout wurde von seinen Anhängern als Mahdi verehrt, bekehrte die hier wohnenden Masmuda-Berber zum Islam und gründete das Kloster Ribat. Die Klosterbrüder nannten sich „Al Mohawadun", daraus wurde später der Name „Almohaden" (s.a. „Land und Leute/Geschichte").

Der Nachfolger von *Ibn Tumart,* **Abd al-Mu'min,** eroberte von hier aus in sieben Jahren Marokko. Marrakesch wurde Hauptstadt. Tin Mal blieb weiter heiliger Ort und letzte Zufluchtsstätte der Almohaden, als die Meriniden das Reich eroberten. Die **Moschee** ließ *Abd al-Mu'min* 1154 erbauen, sie wurde 1276 von den Meriniden zerstört. Schon seit 1993 wird die Moschee mit großem Aufwand von Stuttgarter Architekten renoviert und kann gegen eine Eintrittsgebühr von 10 DH p.P. besichtigt werden. Im freundlichen **Café/Restaurant Chez Abdou** bei der Moschee kann man einen Tee trinken oder sich mit einem Snack stärken.

## Weiterfahrt nach Taroudannt

Ab **km 100** folgen kleine Dörfer mit Lehmhäusern. Die Teerstraße führt entlang des grünen, von Pappeln, Oliven- und Obstbäumen gesäumten Tals des Oued N'Goundis. Bei **km 105** führt die Route wieder kurvig bergauf durch ein weiteres Lehmdorf mit Terrassenfeldern.

**Ca. 114 km hinter Marrakesch** liegt das Dorf **Idni.** Weiter kurvig bergauf erreicht man 1,5 km hinter Idni die **Barrière de Neige.** Ab hier bzw. bei km 152 wird bei starkem Schneefall die Strecke von Süden her gesperrt.

Steile Abhänge ohne Begrenzung fallen hinab zum **Oued N'Goundis.** An die stark erodierten Hänge sind kärgliche Lehmhäuser gebaut, die sich kaum von der roten Erde abheben.

Bei **km 133** ist der **Pass Tizi-n-Test** in 2093 m Höhe erreicht (N 30°32,086', W 008°22,754'). Am Parkplatz warten diverse Mineralienhändler und ein Café auf Kundschaft. Ab dem Pass ist eine schöne Wanderung entlang der Piste zu einer Fernsehstation möglich (ca. 2 Std., traumhafte Aussicht). Das **Hotel/Restaurant Tizi-n-Test** folgt 1 km hinter dem Pass.

Auf der Südseite des Tizi-n-Test wurden die nun deutlich schrofferen Berghänge mit Pinien aufgeforstet, um die fortschreitende Erosion einzudämmen. Die schmale Straße führt bergab, immer wieder bieten sich herrliche Ausblicke. Nach 4 km ragt ein Felsüberhang über die Straße, der Fahrzeugen über 3,50 m Höhe Probleme bereiten dürfte.

7 km hinter der Passhöhe liegt das für seine einfache Ausstattung überteuerte **Hotel La Bellevue**②-③ (mit HP) mit Panoramaterrasse und geschäftstüchtigem Betreiber (Mobil 0667 59 57 58, Du/WC auf dem Gang, gutes Restaurant mit Kamin). Empfehlenswerter ist die sehr gepflegte, gemütliche **Auberge La Haute Vue**③-④ (mit HP; Mobil 0661 40 01 91 oder 0666 93 47 65, lahautevue@yahoo.fr) mit vier einfachen Zimmern im Berberstil (mit Bad) etwa 100 m weiter oben.

Nach 9 km folgt das Dorf **Dar Issoufen** mit Café-Restaurant und schönem

Ausblick auf die Berge und hinunter ins grüne Tal.

Es geht weiter in Serpentinen ohne Randbegrenzung bergab. Lavendel, Ginster, Steineichen und Stechpalmen wachsen an den Hängen. Innerhalb von 30 km führt die Straße von 2000 m Höhe bis auf eine Höhe von nur noch 500 m im Soustal!

**148 km** hinter Marrakesch trifft man auf eine weitere **Barrière de Neige**, daneben Mineralienhändler und ein einfaches Café.

Ca. **158 km** hinter Marrakesch flachen sich die Hänge des Hohen Atlas zur Sous-Ebene hin ab, und das Arganiengebiet beginnt. Auf den **Arganbäumen** klettern die Ziegen bis in die oberen Äste, um die im Sommer reifen Früchte zu erhaschen.

Bei **km 173** mündet die Strecke in die breite Straße Richtung Taroudannt (rechts) und Ouarzazate (links) ein.

Der große Ort **Oulad Berhil** ist etwa bei **km 184** erreicht. Ein Hinweisschild führt zum **Palais Riad Hida**③ (Tel. 0528 53 10 44, www.riadhida.com). Bei den Schildern im Zentrum unmittelbar links auf eine Piste, die am Markt vorbeiführt, abbiegen und dann 1,1 km geradeaus. Der prachtvoll renovierte ehemalige **Paschapalast** mit sechs Zimmern ist mit typisch maurischem Dekor ausgestattet. Im schönen Garten mit tropischen Pflanzen, Pool und Terrasse stolzieren Pfauen umher. Besonders schön ist das Zimmer Nr. 10, das ehemalige Schlafgemach des Paschas. Ein Bus über den Tizi-n-Test fährt von Ouled Berhil zweimal am Tag nach Asni, es verkehren auch Sammeltaxis nach Taroudannt.

Entlang der weiteren Strecke mit vielen Orten wird **Landwirtschaft** betrieben – das fruchtbare Soustal zieht sich von Ouled Berhil bis nach Agadir. Immer wieder passiert man große Zitrusfrucht-Plantagen und Landgüter. 18 km vor Taroudannt liegt rechts das hübsche Gästehaus **Riad L'Arganier d'Or** mit Pool (beschildert, www.riadhotellarganierdor.com). 1 km weiter, etwa bei **km 209,** folgt der große Ort **Aït Igass** mit Apotheke, Geschäften, Cafés. Nach weiteren 9 km ist **Freja** erreicht (vgl. Taroudannt).

**224 km** hinter Marrakesch fährt man in **Taroudannt** ein. Bis Agadir sind es noch ca. 67 km (je nach Strecke, auf Schnellstraße oder Landstraße).

# Marrakesch – Tizi-n-Tichka – Ouarzazate

- **204 km, Asphalt, N9.**
- Von Marrakesch führt die meist gute und breit ausgebaute Teerstraße in herrlicher Berglandschaft hinauf zum Tizi-n-Tichka auf 2260 m Höhe. Vor allem im Frühjahr, wenn alles blüht, ist diese Route ein Genuss. Die zwei großen **Atlas-Pässe** – Tizi-n-Tichka und Tizi-n-Test (*Tizi* = berberisch „Pass") – gehören zu den **landschaftlich schönsten Routen Marokkos**. Die abenteuerlichere Strecke verläuft über den Tizi-n-Test. Der breit und gut ausgebaute Tizi-n-Tichka ist auch für Wohnanhänger geeignet. Er ist (bis auf kurzzeitige Sperrungen wegen Schneeräumarbeiten) auch im Winter passierbar. Tanken Sie in Marrakesch voll, denn es gibt auf rund 150 km an der Strecke keine Tankstelle.
- Die Bewohner der Täler verdienen sich ein Zubrot durch den Verkauf von **Halbedelsteinen und Fos-**

**silien,** die sie entweder selbst suchen oder von Zwischenhändlern erwerben – Vorsicht vor Fälschungen!

- Südlich des Tizi-n-Tichka **täuschen Autofahrer gelegentlich Pannen vor** und bitten Touristen, eine bestimmte Adresse aufzusuchen, um Hilfe zu holen – man landet dann in einem Teppichladen.
- Es fahren **Busse nach Ouarzazate** (4 Std. Fahrzeit, siehe bei Marrakesch).

**Man verlässt Marrakesch** am einfachsten über die nördliche Umfahrung der Altstadt (Route de Fès/Ouarzazate, N8) und zweigt dann nach ca. 7 km bei einem Kreisverkehr rechts in Richtung Ouarzazate auf die N9 ab. Oder man fährt von der Medina auf der Rue Sidi Mimoun/Route d'Ourika Richtung Kasbahviertel und zweigt hinter dem Bab Ahmar links auf die Route de Remparts (entlang der Stadtmauer) ab, bis man am Nordrand der Altstadt ebenfalls in die N8 nach Fès/Ouarzazate einmündet.

Die Route führt zunächst über die fruchtbare **Haouz-Ebene.** Im Frühjahr bietet sich bei klarem Wetter ein fantastisches Panorama auf die Palmeraie, die grünen Felder und die Berge des Hohen Atlas.

**33 km** hinter Marrakesch zweigt links eine Straße zum Ort **Aït Ourir** ab; es geht geradeaus weiter.

5 km weiter passiert man die Brücke **Pont du Zate.** Ordentliche Zimmer gibt es im **Hotel Le Coq Hardi**① (Tel. 0524 48 00 56, www.lecoq-hardi.com, mit Restaurant, Pool, WLAN).

Bei **km 51** im Ort **Touama** kann man sich im freundlichen, sauberen **Hotel Dar Oudar**① (Tel. 0524 48 47 72, www.daroudar.moonfruit.fr) einmieten. Es gibt zehn einfache Zimmer mit Du/WC und ein Restaurant.

Etwa bei **km 60** liegt die **Arganienölkooperative Takarkoute** an der Straße. Im Hohen Atlas wachsen gar keine Arganien – das Öl stammt aus dem Anti-Atlas! Wer nicht die Gelegenheit hat, das Öl direkt bei einer Frauenkooperative im Anti-Atlas einzukaufen, kann sich hier von den freundlichen Damen die Herstellung erklären lassen. 250 ml Speiseöl kosten etwa 200 DH.

Bei **km 63** ist der kleine Ort **Toufliht/Aït Barka** erreicht. Einfache Unterkunft bietet die **Auberge Toufliht**② (Tel. 0524 48 48 61).

Die Straße führt bergauf zunächst durch Pinien- und Steineichenwälder, dann nimmt die Landschaft immer mehr kargen Gebirgscharakter an. Es geht über den **Tizi-n-Aït Imguer** (1470 m bei **km 67**) mit Blick auf den Djabal Tistouit (3224 m), links unten das Dorf Aghbalouh.

4 km vor Taddert liegt das empfehlenswerte **Restaurant Glaoui** mit Panoramaterrasse am Weg (gutes und günstiges Mittagessen, flotter Service, sauberes WC).

Bei **km 91** durchfährt man den Ort **Taddert** mit zahlreichen Cafés, Restaurants und Lkw-Rastplatz 1 km weiter. Das Tal des Oued Tazlida ist im Ortsbereich leider vermüllt. Der Durchgangsort lädt nicht zum Übernachten ein, wer dennoch hier bleiben muss (oder will), findet Zimmer in der einfachen **Auberge des Noyers**①. Bei Taddert befindet sich eine *Barrière de neige*, im Winter ist die Straße nach Schneefällen evtl. zeitweise gesperrt (Wartezeit 2–3 Std.).

Die weitere, landschaftlich schöne Strecke führt in **Serpentinen** durch schroffe, zerklüftete Berge mit einigen knorrigen Wacholderbäumen an den

Hängen. Im Kontrast dazu stehen die grünen Täler mit sprudelnden Bächen und ursprünglichen Dörfern.

Bei **km 103** liegt das **Restaurant Assanfou** mit Garten, Terrasse und Spielplatz in schöner Lage rechts an der Straße. Das Interieur ist nostalgisch gestaltet, es gibt gute Pizza, Tajine, Brochette, Salate und Frühstück. Wohnmobile finden hier einen Stellplatz für die Nacht.

**107 km** nach Marrakesch überquert die Straße die **Passhöhe von Tizi-n-Tichka** auf 2260 m. Ein Steinmonument informiert über die Konstruktionsgeschichte, jede Menge Händler bieten in Buden Mineralien und Fossilien an. Die Straße führt nun bergab.

Etwa bei **km 111** auf 2113 m Höhe (N 31°15,721', W 07°23,059') zweigt links rechtwinklig eine kleine **Teerstraße nach Telouèt** und **Anemiter** ab, die entlang des Assif-Ounila-Tals bis nach **Aït Benhaddou** führt. Dieser 75 km lange Abstecher gehört zu den **schönsten Strecken in Marokko** und verbindet die beiden Highlights der Kasbaharchitektur, Telouèt und Aït Benhaddou.

## Abstecher nach Telouèt und über Anemiter bis Aït Benhaddou

- Schmale, kurvige **Teerstraße,** anfangs z.T. sehr löchrig und ausgefranst, ab Anemiter meist gut. Die früher häufig schlechte 4x4-Piste ab Anemiter ist inzwischen vollständig geteert und auch für Pkw befahrbar.
- Die Strecke nach Telouèt verläuft vom Tizi-n-Tichka **durch das Tal des Oued Ounila** (Assif Ounila) in einer grandiosen, stark zerklüfteten Bergkulisse. Bei klarem Wetter bieten sich herrliche Ausblicke.

7 km nach dem Abzweig von der Passstraße passiert man das einsam an der Straße gelegene, empfehlenswerte **Gästehaus Agdal Argue**② in einer hübschen Steinkasbah (Tel. 0667 59 59 52, auberge.atlas@yahoo.fr, 8 Zimmer mit Bad, Restaurant und Camping, familiäre Atmosphäre, gutes Essen, Trekking-/Wandermöglichkeit in der Umgebung).

1 km darauf folgt das Dorf **Argue** mit Schule. Die ausgefranste Straße schlängelt sich weiter durch rote, erodierte Hochgebirgslandschaft.

**20 km** nach dem Abzweig ist **Telouèt** erreicht.

### Telouèt

Telouèt auf 1870 m Höhe hat mehrere (Souvenir-)Geschäfte, Restaurants, ein Hotel und weitere einfache Übernachtungsmöglichkeiten für Touristen zu bieten. Markttag ist der Donnerstag. Etwas erhöht thront ca. 800 m nach dem eigentlichen Ort rechter Hand das von zinnenbewehrten Mauern umgebene **Dar Glaoui,** einst Herrschaftssitz eines der mächtigsten Berberfürsten, des *El Glaoui* (sprich *Glawi*). Die El-Glaoui-Stammesfürsten beherrschten das Glaoui-Bergland südlich von Marrakesch und kontrollierten hier den Handelsweg, der von Süden über den Hohen Atlas nach Marrakesch führte. Am mächtigsten wurde der **Pascha Thami al-Glaoui** (1879–1956), der zunächst mit dem Sultan paktierte und als Großwesir die politischen und wirtschaftlichen Angelegenheiten im Süden regelte. Während der Protektoratszeit wechselte er die Seiten und verbündete sich mit den Franzosen. Im französisch besetzten Marokko etab-

074m015 ad

lierte er endgültig seinen Machteinfluss und war mächtiger als der Sultan. Während seiner Glanz- und Prunkzeit in den 1930er/40er Jahren führte er zahlreiche Handelsunternehmen vom Bergbau bis zum Oliven- und Dattelhandel. Ab 1950 kämpfte er gegen die Unabhängigkeitsbewegung unter *Mohamed V.*, die er jedoch nicht aufhalten konnte. 1956, im Jahr der Unabhängigkeit Marokkos, starb der exzentrische Pascha.

Die **Kasbah** von Telouèt wurde Anfang des 20. Jahrhunderts von *Thami El Glaoui* als Symbol seiner Macht und seines Reichtums erbaut. Von außen sieht man den Gemäuern aus Stein und Lehm nicht an, welcher Prunk sich im Inneren verbarg. El Glaoui stattete seine Residenz im Stil eines maurischen Palastes aus: mit Stuckverzierungen, kleinteiligen Mosaiken und kunstvoll geschnitzten und bemalten Zedernholzdecken. In den letzten Jahrzehnten verfiel die Kasbah El Glaoui, da der Staat kein Geld in die Renovierung der ehemaligen Paläste des ungeliebten Franzosenfreundes Thami El Glaoui investierte (mit Ausnahme der Kasbah Taourirt in Ouarzazate). Inzwischen wurden Teile der Residenz in Privatinitiative renoviert, sodass man die einstige Pracht wieder nachvollziehen kann. Am besten erhalten sind das prunkvolle Empfangszimmer und der Harem. Von der Dachterrasse hat man einen wunderbaren Ausblick auf die umliegenden Berge und ins Flusstal.

Bei der Ankunft am Dar Glaoui fährt man am besten gleich durchs Tor und parkt dort kostenlos. Es bieten sich mehrere **Führer** für eine Besichtigung an. Empfehlenswert ist der gut englisch sprechende **Mohamed Boufoud** (Tel. 0670 97 47 34). Es werden 20 DH Eintritt als Renovierungsbeitrag verlangt, der Führer kostet extra (Verhandlungssache).

## Unterkunft/Essen und Trinken

■ **Auberge Telouèt Chez Ahmed**②, 500 m vom Ort in Richtung Kasbah, Tel. 0524 89 07 17, Mobil 0662 13 44 55, www.telouet.com. Gutes Essen und saubere Zimmer (mit/ohne WC, auch auf der Dachterrasse) im schön ausgestatten Neubau mit kunstvoll gestalteter Front aus Legesteinen,. Der sehr freundliche Besitzer *Ahmed Boukhas* kümmert sich herzlich um die Gäste. Wer mehrere Tage bleiben möchte, kann sich auch in hübsche private Wohnhäuser einmieten (Infos über die Herberge).

■ **Gîte de Lac**② (mit Vollverpflegung), im Ortsteil laarabene, 550 m vom Hauptort entfernt, Mobil 0668 19 29 17, www.trek-atlas.com. Die einfache Herberge und Trekkerunterkunft wird von *Mohamed Bennouri* betrieben und liegt 5 Min. oberhalb des Souks. Saubere und schlichte 2- und Mehrbettzimmer mit Gemeinschaftsdusche, gutes Essen, sehr freundlich.

■ **Le Palace de Telouèt**, Mobil 0668 37 77 30, www.palacedetelouet.com. Kleines, hübsches Restaurant im Berberstil linker Hand am Ortsanfang von Telouèt (ggü. einige Souvenirschäfte).

■ **Lion d'Or Atlas**①-②, direkt vor dem Eingang zur Kasbah, Tel. 0524 88 85 07 oder Mobil 0673 01 43 33. Kleine, einfache und saubere Herberge, DZ mit oder ohne eigenes Bad. Auch Camping und Übernachtung auf der Dachterrasse möglich. Restaurant im nett gestalteten Salon nebenan, Menü 110 DH (gut, aber zu teuer).

■ **Maison d'Hôtes Agdal Argue,** s. Routenbeschreibung.

## Einkaufen

■ Im Zentrum befindet sich das **Maison Nomade** der Brüder *Alla,* die schöne Kelims und Berberschmuck zu vernünftigen Preisen anbieten.

## Busse

■ Ein Bus fährt ab Anemiter und Telouèt frühmorgens **nach Marrakesch.**

■ **Nach Ouarzazate** fahren bei Bedarf Kleinbusse.

Hinter dem Ort folgt die Gendarmerie Royale und dann ein Hinweisschild zur Auberge Tasga (links bzw. Nord). Die schlechte Straße mit nur noch wenigen Teerresten wurde 2014 für eine neue Asphaltierung vorbereitet. Die Route führt durch einen roten Canyon mit bizarren Felsformationen (Erosionslandschaft) und Salzablagerungen. Nach 7 km führt links ein Abzweig zu einer Salzmine. Pinienaufforstungen sollen eine weitere Erosion der Landschaft verhindern.

Nach **31 km** erreicht man den Weiler **Anemiter** (Inmiter) mit einem kleinen Laden, der sich etwas hochtrabend *Supermarché* nennt. Es gibt mehrere Unterkunftsmöglichkeiten: Auberge Ouahsouss, Riad Kasbah und Auberge Camping Le Jardin Ametter linker Hand bei einer großen Wiese am Fluss. Die saubere **Auberge Anmiter**① (Tel. 0524 89 07 80) mit einfachem, guten Essen liegt am Flussufer gegenüber (schwer zu finden, evtl. hinführen lassen).

Von Anemiter kann man eine schöne acht- bis neunstündige **Wanderung zum Tamda-See** unternehmen. Dafür nimmt man sich am besten zwei Tage Zeit und übernachtet unterwegs in der Gîte d'étape, 2 Std. Gehzeit von Anemiter entfernt. 200 m nach Beginn der Teerstraße zweigt eine Piste (von Anemiter kommend) rechts ab. Die Piste führt zwischen Hügeln hindurch und links am Berghang an mehreren Dörfern vorbei, um sich vor dem Dorf Tizgha in einen Muliweg zu verwandeln. Dort liegt die

☐ An der Route zwischen Telouèt und Aït Benhaddou

einfache Gite d'étape Tighza. Den Muliweg entlang geht es weiter durch eine Talenge in einen Boden voller Gärten. Der Weg führt weiter auf der rechten Talseite, um an einer breit ausgetretenen Kreuzung links abzubiegen, sobald man etwas rechts das rosa Minarett der Moschee sehen kann. Im nächsten Dorf **Aloukrite** gibt es eine Herberge *(Gîte)*. Dann folgt der Maultierweg konsequent dem Bach und durchquert noch ein weiteres Dorf, dann wird es etwas einsamer. An einer tief eingeschnittenen Stelle mit einer steineren Schäferhütte geht es (dem Wasser nach) links bis in den weiten Talboden hinein. Dort weiter rechts bis zum See (manchmal trocken). Die grandiose Berglandschaft in diesem Hochtal ist unbedingt sehenswert. Wasser gibt es aus dem Bach (entkeimen!) und aus einer Quelle unterhalb des Sees. Wer Zeit und Ausrüstung zur Übernachtung hat (es kann kalt werden), dem sei der Ausblick von der Bergkette im Norden (3600 m) empfohlen. Zurück auf dem gleichen Weg.

**Ab Anemiter** ist die schmale Teerstraße wieder in gutem Zustand. Die Strecke führt durch das Dorf Anguelez und nach 3 km über eine Brücke. Nun folgt die Straße dem grünen Flusstal des **Assif Ounila,** umgeben von den kargen lehmbraunen bis orangeroten Bergen des Hohen Atlas, dessen Hänge z.T. steil ins Tal abfallen und einen Canyon bilden. In den vielen Lehmdörfern entlang des Flusstals thronen alte beeindruckende Kasbahs und Ksour auf die man immer wieder großartige Ausblicke hat. Pappeln, Mandelbäume, Oliven und Obstbäume säumen das Flussufer.

Bei **km 37** erreicht man das Dorf Taguendoucht, und gleich danach folgt Tajegujite. Bei **km 39** liegt die Gite d'étape Oumazir am Wegesrand (einfache Übernachtungsmöglichkeit).

Bei ca. **km 40** sind eine Passhöhe und das Dorf **Assaka** auf 1635 m Höhe erreicht. Teile des alten Ksar und der Kasbah kleben wie ein Adlerhorst sehr malerisch an der Felswand am Schluchtrand. Die Straße führt eng durch das Dorf und nahe dem Schluchtrand bis sie nach 2 km etwas entfernter vom Flusstal kurvig etwas bergab nach Tizgui führt.

Bei km 48 ist die Gite d'étape (einfache Herberge) Tizgui erreicht, und nach einem weiteren Kilometer bei **Gesamt-km 49** geht es rechts ins schöne Kasbahdorf **Tizgui N'Barda.** Der Fluss schlängelt sich wie ein grünes Band durch die karstige Wüstenlandschaft. Nach einem Kilometer lockt das Maison d'Hôtes Restaurant Achoud in einem schönen rosaweißen Haus mit tollem Ausblick aufs Tal zur Einkehr. Es folgt der **Lehmksar Tamakochte** mit Moschee, durch den sich die Straße hindurch zieht. Aït Fars und Tigritte sind bei **km 54** erreicht. Hier verbreitert sich die Straße. Unterkunft bietet sich im **Maison d'Hôtes Les Grottes Camping Chez Mohamed** (Tel. 0668 64 03 41 mta.grotte@yahoo.fr).

Bei **km 57** liegt der Ort **Tiffste.** Malerische Lehmksour säumen beide Ufer des Flusses. Nach weiteren 2 km, bei **Gesamt-km 59,** erreicht man **Oua-Oum Sesritte** und die Kasbah Ounila auf 1357 m. Am Ortsanfang zweigt rechts eine Straße (beschildert nach Tizlet, N 31°06,776', W 07°08,219') auf die andere Flussseite ab, wo man zu Fuß oder per Allrad weiter die Gegend erkunden kann. In der **Kasbah Ounila** bietet das **Maison d'Hôtes Tigmi del Jacoub** am Ortsanfang einfache Zimmer an.

Bei **km 60** ist Tamdakht mit der alten **Kasbah Tamdakht** erreicht. Sehr komfortabel wohnt man in den zum Hotel umfunktionierten Lehmburgen **Kasbah Cigogne** und **Kasbah Ellouze** (vgl. Aït Benhaddou/Ausflug). Bis **Aït Benhaddou** (bei **km 66**) folgen zahlreiche weitere Unterkünfte.

## Weiterfahrt nach Aït Benhaddou

Fährt man vom Tizi-n-Tichka ohne Abstecher entlang der N9 weiter, erreicht man bei **km 113** das Dorf **Agouelmous** mit Café, Mineralienverkäufern und Häusern aus roter Erde, die mit den grünen Terrassenfelder kontrastieren. Walnussbäume wachsen im Tal. Es folgt der Ort Tamesna und 4 km weiter kann man beim **Café/Restaurant Tizi-n-Tichka** eine Rast einlegen. Es gibt eine Aussichtsterrasse mit lohnendem Blick auf der Rückseite, saubere Toiletten und Läden von Mineralienhändlern.

1 km weiter (6 km ab Abzweig) folgt der hübsche Ort **Irherm-n-Ougdal** mit einfachen Restaurants, einer Herberge und Souvenirläden. Links oberhalb thront eine bewohnte Speicherburg (Agadir). Im Ort befindet sich die **Barrière de Neige,** falls man aus der anderen Richtung kommt. 2 km weiter folgt ein Rastplatz mit Restaurant und Mineralienläden.

Bei **km 122** folgt das Restaurant Rafik (saubere Toiletten und Busparkplatz).

Beim großen Ort **Agouim** (km 130) mit schönem Samstagsmarkt geht rechts eine Straße zum Lac d'Ifni auf der Südseite des Djabal Toubkal ab. Danach werben viele „Arganienkooperativen" für ihre Produkte – obwohl im Hohen Atlas gar keine Arganbäume wachsen.

Eingebettet in die tolle Felsenlandschaft liegt bei **km 145** oberhalb des Dorfes **Tisselday** das **Gästehaus I Rocha** ③ am Hang (kleines Schild an der Zufahrtspiste, Mobil 0667 73 70 02, www.irocha.com). Die sehr hübsche rustikale Herberge hat sieben Zimmer im Berberstil mit Bad und AC/Heizung, gruppiert um einen kleinen Hof. Hier herrscht eine sehr ruhige, erholsame Atmosphäre. Es gibt eine schattige Terrasse mit Ausblick, einen kleinen Pool und einen gemütlichen Salon mit Kamin.

Bei **km 155** folgt das hübsche **Restaurant und Gästehaus Issalene** im Kasbahstil rechts an der Straße. 3 km weiter ist **Imini** mit einer kleinen Steinkasbah und dem Gästehaus **Kasbah Imini**①-② erreicht (Mobil 0661 58 22 06, Kasbah_Imini2001@yahoo.fr, Preise je nach Saison; 10 einfache, sehr saubere und originelle Zimmer mit Dusche/WC auf dem Gang, netter Innenhof, ummauerter Parkplatz; die Leute sind sehr freundlich, das Essen ist gut, und als Zugabe gibt es eine schöne Aussicht von der Terrasse).

Bei **km 172** zweigt rechts die Straße nach Tazenakht (N10, 64 km) ab.

**176 km** nach Marrakesch zweigt in **Tabourath** bzw. im gleich anschließenden **Tissargate** links die Teerstraße nach Aït Benhaddou ab (8 km bis Zentrum). An der Kreuzung gibt es Tankstellen und eine Auberge. Den Abstecher zum beeindruckenden Lehmksar von Aït Benhaddou sollte man nicht verpassen.

Gute 3 km nach dem Abzweig in Richtung Aït Benhaddou liegt rechts der Campingplatz Atlas View (vgl. Aït Benhaddou/Unterkunft).

## Aït Benhaddou

Das Ksar Aït Benhaddou gehört **seit 1987** zum **UNESCO-Weltkulturerbe.** Hier und in den Filmstudios von Ouarzazate (s. dort) wurden zahlreiche Filme gedreht, darunter „Sodom und Gomorrha" (1962), „Lawrence von Arabien" (1962), *Martin Scorceses* „Die letzte Versuchung Jesu" (1988), „Gladiator" (2000), „Alexander" (2004), „Königreich der Himmel" (2005) und „Prince of Persia: Der Sand der Zeit" (2010).

Aït Benhaddou ist ein **wunderschönes Beispiel traditioneller Lehmbauarchitektur** der Berber. Das **Ksar** (= befestigtes Dorf) auf der östlichen Seite des **Oued Mellah** besteht aus einem Labyrinth an Häusern, Türmen und Kollektivspeichern, von denen es sechs Stück in Aït Benhaddou gab. Die aus Stampflehm errichteten und mit Ornamenten geschmückten Häuser liegen ineinander verschachtelt am Berghang und sind als Ensemble ein beeindruckender Anblick. Lange Zeit verfielen die Gebäude, da die Bewohner in moderne Häuser im neuen Ortsteil auf der Westseite des Oued Mellah (*mellah* = Salz, benannt nach dem leicht salzhaltigen Wasser) umzogen und die Kasbahs nicht mehr instand hielten. Erst in den letzten Jahren wurden viele Kasbahs renoviert.

Über die Teerstraße erreicht man zunächst den **neuen Ortsteil,** der sich in den letzten Jahren enorm entwickelt hat. Inzwischen gibt es viele Herbergen, Cafés, Restaurants und Souvenirbuden, die auf Touristenfang sind. Mittags strömen die Besucher in Scharen aus den Bussen und kehren in ein Restaurant ein, bevor das alte Ksar besichtigt wird. Planen Sie möglichst den frühen Vormittag oder späten Nachmittag für Ihre Besichtigungstour ein. Lassen Sie sich nicht von Führern, die nur abkassieren oder sich als illegaler Guide aufdrängen wollen, zu vermeintlichen Parkplätzen leiten.

Ein empfehlenswerter **offizieller Führer** ist **Hassan Boulkayed** (Mobil 0661 94 11 53), der sich sehr für die Erhaltung des Ksar einsetzt und ein kleines Museum eingerichtet hat. Besonders lustig ist eine Führung mit dem über 80-jährigen **Abdoul „Le Chakal",** der gebrochen deutsch spricht. Er kann über das Hotel La Kasbah oder Mobil 0663 22 07 61 kontaktiert werden. Für eine zweistündige Führung sind 150 DH Honorar angemessen.

Ein **großer Parkplatz** befindet sich von Ouarzazate kommend rechts (von Telouèt kommend links) der Straße vor dem *Complexe touristique La Kasbah.* Von dort führt der Weg an einigen **Souvenirläden** vorbei hinunter zum Oued und zum Ksar auf der anderen Flussseite. Das alte **Ksar** ist nur zu Fuß erreichbar. Es führt mittlerweile eine hässliche Betonbrücke über den Fluss, auf der man trockenen Fußes zum Ksar gelangt. Bei niedrigem Wasserstand (was meistens der Fall ist) kann man das Oued auch über Sandsäcke überqueren. Bei den beiden offiziellen Zugängen in den Ksar muss **kein Eintritt** bezahlt werden: Einer führt ganz links über die Fußgängerbrücke, der andere ganz rechts auf der anderen Flussseite seitlich in den Ksar (weiße Aufschrift „Entrée" auf Lehmwand, dann weißen Pfeilen folgen). Betritt man den Ksar durch den

[>] Aït Benhaddou – rechts das Ksar, links der neue Ortsteil

Torbogen in der Mitte, kommt man in eine private Kasbah, für die 10 DH Renovierungsbeitrag verlangt werden.

Durch den **beeindruckenden Komplex aus Dutzenden Kasbahs** führen Gässchen und Steintreppen, auf denen man bis nach oben auf den Hügel mit einem alten Agadir (Kollektivspeicher für die Bewohner des Ortes) gelangt. Von hier oben bietet sich ein toller Ausblick auf die Umgebung, die niedriger gelegenen Häuser und die vielen Storchennester (im Frühjahr) auf den verzierten Türmen. Wichtige Gebäude im Komplex wie die alte Moschee und die Koranschule wurden mit Infotafeln versehen.

Das **„Maison berbère“** der Familie von *Ibach Brahim* kann besichtigt werden (Trinkgeld). Das einfache typische Haus mit einigem Original-Interieur vermittelt eine Vorstellung vom traditionellen Wohnen. Ein weiteres **„Maison traditionelle“** (Trinkgeld) ist im oberen Bereich des Dorfes zu finden. Es gehört dem überaus netten *Ali Aït Malik* und seiner Familie.

Inzwischen bieten viele **Souvenirhändler und Galerien** in kleinen Läden ihre Waren an. Sehenswert ist die Vorführung der **Aquarellmaler,** die mit zunächst durchsichtigen Farben aus Tee und Safran Postkarten und Bilder malen. Die „Wunderfarben“ werden erst bei Erhitzung über einer Flamme sichtbar.

Am Geburtstag des Marabouts und Schutzpatrons *Sidi Ali Ouamate* im August wird ein großer **Moussem** veranstaltet. Nach einem ausgiebigen Mahl gehen alle ins Dorf zurück, dann wird zum Takt der Bendirs und Flöten die ganze Nacht hindurch gesungen und getanzt.

073m015 hp

## Praktische Informationen

### Unterkunft/Essen und Trinken

Hinweis: Das **Duschwasser** in Aït Benhaddou ist **leicht salzig.** Alle Unterkünfte bieten Exkursionen in der Umgebung an.

■ **Auberge Bagdad Café**③, Tel. 0524 88 25 06, www.auberge-bagdad-cafe.com. Sehr freundliches, familiäres Gästehaus im Lehmbaustil, mit traditionellen Materialien gestaltete Zimmer (Tadelakt-Bäder, Palmholz-Decken, mit Klimaanlage/Heizung). Pool im Innenhof, WLAN. Doppel-, Dreier- und Vierbettzimmer inkl. Frühstück.

■ **Auberge Tiguami Khadija**③ (mit HP), an der Hauptstraße, Mobil 0660 85 31 84, www.auberge-khadija.com. Von Lesern sehr empfohlene, familienfreundliche Herberge des österreichisch-marokkanischen Ehepaars *Andreas* und *Khadija Baabbouz-Reinhartz:* sechs hübsche, geräumige und saubere Zimmer (mit/ohne Bad), sehr gute Tajine, leckeres Frühstück mit *Amlou* (Arganienöl mit Mandeln und Honig). *Andreas* führt durch den Ksar, gibt Ausflugstipps und organisiert Eselsausritte für Kinder.

■ **Complexe touristique La Kasbah**③, ggü. vom Restaurant La Kasbah, von Ouarzazate kommend am Ortsanfang rechts, Tel. 0524 89 03 02/08, www.hotel-lakasbah.com. Größtes Hotel am Platz mit riesigem Parkplatz (Caravan-Stellplatz), das Interieur ist etwas seltsam kitschig-marokkanisch gestaltet. Die klimatisierten Zimmer (z.T. mit Balkon) im Hauptgebäude sind sauber und ordentlich, aber etwas düster. Die Bäder in den Zimmern im alten Trakt sind schon etwas angeschlagen. Der Pool und der große Garten mit Terrasse und tollem Blick auf das Ksar befinden sich hinter dem Hotel (Richtung Ksar) am Oued. Restaurant mit Alkoholausschank.

■ **Dar Mouna**④ (mit HP), hinter dem Hotel La Baraka Richtung Oued (kleines Schild), Tel. 0528 84 30 54, www.darmouna.com. Nettes Maison d'Hôtes mit 12 gemütlichen Zimmern mit AC und Blick auf den schönen Pool oder das Ksar. Restaurant mit Kamin. Herrliche Aussicht von der Terrasse.

■ **Defat Kasbah**②, Douar Assfalou, ca. 3 km außerhalb an der Straße Richtung Tamdakth, Tel. 0524 88 80 20, www.defatkasbah.com. Hübsche, einfache Herberge mit Pool, sehr freundlich.

■ **Kasbah Cigogne,** in Tamdakth neben Ellouze, vgl. Ausflug.

■ **Kasbah Ellouze,** in Tamdakth, vgl. Ausflug.

■ **Kasbah Hajja Aït Ben Haddou**④ (mit Frühstück), Mobil 0652 03 38 25 oder Tel. 0524 88 72 22, www.hajja-aitbenhaddou.com. Sehr schönes Gästehaus in einer renovierten Kasbah aus dem 18. Jh. mitten im alten Ksar. Es gibt ein (auch für Nicht-Gäste geöffnetes) Restaurant und Café mit sehr schöner Aussichtsterrasse. Acht traditionell gestaltete Zimmer mit Bad.

■ **Kasbah du Peintre**④ (mit Frühstück), im Amerzagane, 5 km in Richtung Tamdakth, Tel. 0524 88 59 24, www.kasbahdupeintre.com. Farbenfroh gestaltetes Gästehaus einer marokkanischen Künstlerfamilie in ruhiger Lage. Fünf Zimmer (mit Bad und Terrasse), Hammam (Massageangebot) und schöner Ausblick auf das Flusstal. Es werden auch Aquarellkurse angeboten.

■ **Kasbah Isfoula**②, wenige Kilometer außerhalb an der Straße Richtung Tamdakth, Tel. 0524 88 59 55, www.isfoula.com. Hübsches Hotel im Kasbahstil mit Pool, Jacuzzi und (z.T. barrierefreien) Zimmern mit Klimaanlage/Heizung, TV. Terrasse mit Aussicht, gutes Essen.

■ **Kasbah Tebi**④ (mit HP), im alten Ksar, Mobil 0661 94 11 53, www.kasbah-tebi.com. Der sehr freundliche, deutsch sprechende *Hassan Aït Ougram* und seine Familie betreiben diese originalgetreu renovierte Kasbah mitten im alten Ksar. Romantische Atmosphäre bei Kerzenlicht (kein Strom), sechs sehr saubere und hübsche Zimmer mit Bad, familiäre Atmosphäre beim gemeinsamen Abendessen. Hassan setzt sich sehr für den Erhalt des Ksar ein und unternimmt gerne eine Führung mit den Gästen.

■ **La Baraka**①, Tel. 0524 89 03 05, www.hotel-labaraka.com. Günstiges, sauberes Hotel im Kasbahstil mit gutem Zeltrestaurant (Menü ab 80 DH). Man kann auch campen, auf der Dachterrasse oder im Nomadenzelt übernachten. DZ mit Bad und z.T. klimatisiert/beheizt.

■ **La Rose du Sable**②, Tel. 0524 89 00 22, www.larosedusable.com. Freundliches Hotel mit Pool im ummauerten Hof und 30 sauberen, klimatisierten Zimmern mit Bad (nicht immer heißes Wasser). Parkplatz vor der Tür, WLAN.

■ **Maison d'Hôtes Chez Brahim**③ (mit HP), *Brahim Boulkayed,* Mobil 0671 81 63 12. Die Herberge bietet sechs saubere, einfache Zimmer mit Bad und einen tollen Blick auf den Ksar.

■ **Riad Maktoub**④, von Ouarzazate kommend an der Ortseinfahrt auf der rechten Seite, Tel. 0524 88 86 94, www.riadmaktoub.com. Hübsches Gästehaus im traditionellen Lehmbaustil, kleiner Pool im Innenhof. Teilweise recht kleine und hellhörige DZ mit Bad.

### Camping

**Wohnmobile** können am großen Parkplatz vor dem Complexe Touristique La Kasbah über Nacht stehen. An der Teerstraße Richtung Ouarzazate liegt der **Camping Tissa** (s. weitere Routenbeschreibung unten).

■ **Camping Atlas View,** 5 km in Richtung Tabourath (Ourazazate), N 31°00,872', W 07°06,237'. Der hübsche Platz mit Olivenbäumchen liegt neben einem kleinen Bauernhof in wunderschöner Lage am Rand des Oueds, mit Ausblick auf die Dörfer am gegenüberliegenden Ufer. Im Hauptgebäude befinden sich eine saubere europäische Toilette und eine Dusche. Die Familie des Betreibers *Youssef Houma* ist unglaublich freundlich, serviert auf Wunsch Essen in einem kleinen Salon und führt durch den einfachen Bauernhof, in dem die Familie lebt – hier kann man das Landleben live mitverfolgen. Morgens frisches Brot aus dem eigenen Ofen. 2 Pers. mit Auto ca. 50 DH plus Strom.

■ **Camping Zaytoune,** am Ortsausgang Richtung Tamdakth. Ummauerter Kiesplatz mit Parzellen für Womos und Stromanschluss, saubere Sanitäranlagen. Gegen Gebühr kann der Pool der benachbarten Kasbah Le Jardin genutzt werden. 2 Pers. mit Fahrzeug 50 DH, Strom 20 DH.

## Ausflug zur Kasbah Tamdakth

Vorbei an den Herbergen Defat Kasbah und Kasbah Isfoula (s.o.) führt die kleine Teerstraße von Aït Benhaddou in 6 km nach Tamdakht (Leser warnten vor der desolaten Brücke kurz vor dem Ort).

Die mächtige Kasbah Tamdakht gehörte wie diejenigen in Telouèt und Ouarzazate einst dem Glaoui-Pascha. Nachdem die Lehmburg lange leer stand und verfiel, wurde in den letzten Jahren ein Teil renoviert und als **Kasbah de Cigogne**③ (Storchenkasbah) zum Gästehaus umgebaut (Tel. 0524 89 03 71, www.kasbah-cigogne.com). Der prächtige Komplex war vorher Wohnsitz von Tauben, Falken, Blauracken und Eulen, auf den Türmen bauten Störche ihre Nester. Heute gibt es hier stilvolle Zimmer mit Bad, eine Terrasse mit traumhaftem Ausblick und gutes Essen vom freundlichen Wirt *Mohamed.* Er ist Hobbykünstler und verkauft seine Bilder im angeschlossenen Laden.

Direkt neben der Kasbah liegt das wunderschöne **Hotel Kasbah Ellouze**④ (mit HP) unter Führung des sehr netten französischen Paares *Michel* und *Colette Guillen* (Tel. 0524 89 04 59, www.kasbahellouze.com). Das traditionelle Lehmhaus hat neun sehr hübsche, große Zimmer im rustikalen Berberstil mit Balkon, Bad und AC. Die Terrassen und Zimmer bieten zum Teil einen herrlichen Blick auf die Kasbah, das Oued und die Störche. Kühle, gemütliche Salons sind ideal zum Ausruhen nach einer Besichtigung in der Hitze. Organisation von Exkursionen (z.B. mit Kamelen) in die reizvolle Umgebung möglich.

Besucher, die nicht in Tamdakth übernachten, können die Kasbah und die Oasengärten besichtigen oder in eines der Cafés im Ort einkehren.

## Weiterfahrt nach Ouarzazate

**Zurück auf der Teerstraße nach Ouarzazate** liegt 1 km weiter der **Camping Tissa** auf der rechten Seite (einfache, saubere Sanitäranlagen, großer, gemütlicher Salon, gutes Essen auf Bestellung, wenig Schatten). Gegenüber dem Campinggelände liegt das **Gästehaus Tigminou**③ (Tel. 0524 89 10 59, www.tigminou.com), das von Lesern sehr gelobt wurde: klimatisierte Zimmer mit Bad in kleinen Lehmhäusern in einem frisch bepflanzten Garten mit Pool, familiäre und sehr herzliche Atmosphäre, leckeres Essen, WLAN, gutes Preis-Leistungsverhältnis.

Bei etwa **km 190** (von Marrakesch aus, ohne Abstecher) liegen die riesigen **CLA Filmstudios** an der Straße. Hier und in den Atlas Filmstudios wurden zahlreiche Hollywoodstreifen gedreht (s.u.). Am Kreisverkehr direkt dahinter zweigt rechts eine kleine Teerstraße zur **Kasbah Tiffoultoute** (2 km) und nach Zagora ab. Die verfallende Kasbah des ehemaligen Kalifen *Abderrachmane* liegt imposant über dem palmenbestandenen Oued Tifoultoute. Im Ausflugsrestaurant neben der Kasbah finden Folkloreabende für Gruppen statt. Die Aussicht vom zinnenbewerten Dach auf das Drâa-Tal ist sehr schön.

Nach **192 km** ist **Tamassint** erreicht. Hier kann man im 3-Sterne-**Hotel Oscar** ③ übernachten (Garten mit Pool, Tel. 0524 88 22 12, www.hotel-oscar-ouarzazate.com). Daneben liegen die älteren **Atlas Filmstudios,** die man besichtigen kann (Okt. bis Feb. 8.15–17.15 Uhr, März bis Sept. 8.15–18.45 Uhr, Eintritt 50 DH, Kinder 35 DH, zahlbar an der Rezeption des Hotels, www.studiosatlas.com). Den Eingang flankieren riesige Imitationen ägyptischer Statuen. Die Gegend zwischen Aït Benhaddou und Zagora dient als Kulisse für zahlreiche internationale Filme mit Starbesetzung. In den Atlas-Filmstudios erhalten Besucher einen Einblick in die Filmindustrie Marokkos. Viele der hier ausgestellten Kulissen mit Gipsfassaden und Holzgerüsten sind verstaubt oder in schlechtem Zustand – die Führung durch die surreale Szenerie mitten in der Wüste ist dennoch interesant. Zu bewundern sind u.a. der tibetische Tempel aus „Kundun“, der Papp-Düsenjet aus dem „Juwel vom Nil“, der ägyptische Tempel aus „Asterix und Obelix – Mission Kleopatra“ sowie die Jerusalem-Kulisse aus „Königreich der Himmel“. Zuletzt wurden hier u.a. Szenen für den Kassenschlager „Der Medicus“ (2013) gedreht. Auch die CLA Studios (s.o.) können besichtigt werden (Eintritt 40 DH).

Nach weiteren 4 km, bei Gesamt-km 196 (ohne Abstecher), ist Ouarzazate erreich – an einem Kreisverkehr mit einer Filmrollenplastik in seiner Mitte.

# Ouarzazate – Taliouine – Taroudannt

■ **293 km, N9, N10; 260 km, P1706.**

■ Die **gute Teerstraße** führt an der Südseite des Hohen Atlas und an den Ausläufern des Anti-Atlas entlang. Die Strecke ist landschaftlich, je nach Jahreszeit, sehr reizvoll – im Frühjahr breitet sich ein Blumenteppich aus, nach langen Trockenperioden wirkt das einsame Bergland dagegen karg und schroff. Das wilde vulkanische Massiv **Djabal Siroua** nördlich von Taliouine wird von Touristen kaum besucht, obwohl hier Trekkingrouten durch eine der schönsten Landschaften Marokkos führen. Wer es untouristisch und einsam liebt, ist hier genau richtig. Die Gegend zwischen Tazenakht, Taliouine und Aoulouz ist **Safranland:** Hier wird Safran angebaut und in den Dörfern verkauft. Die Region um Tazenakht ist außerdem für ihre Teppiche bekannt.

■ Es fahren **Busse ab Ouarzazate** in Richtung Agadir (s. bei Ouarzazate).

Fahren Sie ab Ouarzazate in Richtung Marrakesch. Von dort erreicht man bei **km 15** den Ort **Tabourath.** Rechts führt ein Abzweig nach Aït Benhaddou, geradeaus geht es weiter.

Nach **19 km** zweigt links die Straße nach Agadir ab (Wegweiser), weiter durch einsame Hügellandschaft.

Bei **km 56** ist **Anezal** (Anzal) erreicht, ein Ort in schroffer Gebirgslandschaft. Unterkunft bietet die **Auberge Sirwa**①: Die um den Innenhof gruppierten Zimmer mit schöner Aussicht sind einfach ausgestattet, die WC-Spülung funktioniert leider nicht immer. Der nette und zurückhaltende Besitzer führt durch die Oasengärten. Im Ort sollte man unbedingt die **Teppichkooperative Jemaite – Tfawine** besuchen (Tel. 0674 74 48 30, Mo bis Do 9–12 und 14–18 Uhr, So 9–17 Uhr). Die Damen der Kooperative wirtschaften auf eigene Rechnung (Festpreise) und schaffen kreative Muster – von Rauten, Wellen bis Zickzackmustern in kräftigen Farben.

Wenige Kilometer hinter Anezal geht es bergauf – die Felsberge erinnern an den Sinai, die Ausblicke auf das Umland sind herrlich.

Den **Pass Tizi-n-Bachkoum** (1700 m) erreicht man nach **67 km**, danach geht es 2 km bergab in einen weiten, hügeligen Kessel bis **Tazenakht (km 82).**

## Tazenakht

Tazenakht ist für seine schwarz-gelben (mit Safran gefärbten) und aus Schaf-/Ziegenwolle gefertigten **Glaoui- und Ouzgita-Teppiche** bekannt. Inzwischen bieten mehrere Teppichkooperativen *(Coopérative de Tapis)* in Tazenakht und Taliouine ihre Ware direkt zum Verkauf an. Die erste Kooperative wurde von *Wilfried Stürzer* aufgebaut, der sich intensiv mit dem Berberteppich und seiner Geschichte befasst und auch ein Buch dazu verfasst hat (*W. Stürzer, H. Reinisch:* Berber. Hersberger Collection). Die Frauen und Mädchen lernen in den Kooperativen schon früh das Teppichweben und -knüpfen – der Großteil des Gewinns bleibt den Frauen, die sich damit ein eigenes Einkommen sichern. Es werden Touren zu den Kooperativen inkl. Mittagessen angeboten.

Tazenakht ist ein **angenehmer Ort,** in dem man in Ruhe durch den schönen **Markt** im Arkadenhof bummeln kann. Von Donnerstag bis Samstag findet ein Wochenmarkt auf dem Gelände ca. 2 km außerhalb in Richtung Talioune statt.

In der Umgebung wird **Safran,** das teuerste Gewürz der Welt, angebaut. Im Oktober und November kann man den Bauern bei der Ernte der Blütenfäden der lila Krokusse zusehen. Für 1 g Safran müssen die Stempel von 140 bis 230 Krokussen geerntet werden. Früher wurde Safran mit Gold aufgewogen und bereits im Mittelalter z.B. mit Öl bedampft, damit es schwerer wird. Heute werden die wertvollen Fäden z.T. mit anderen gefärbten Samen vermischt. 1 g echter Safran kostet zwischen 40 und 80 DH. Häufig wird Gelbwurz auf den Märkten der Städte als gemahlener Safran angeboten oder gefärbte Getreidespelzen vermischt mit wenigen Safranfäden.

## Praktische Informationen

### Unterkunft/Essen und Trinken

- **Bab Sahara**③, im Zentrum, Tel. 0524 84 10 70. Das 3-Sterne-Hotel ist das komfortabelste und schönste am Platz. Pool, gutes Café und Restaurant, große Zimmer mit Heizung und TV.
- **Taghadoute**① (mit Frühstück), zentral an der Hauptstraße, Tel. 0524 84 13 93. Einfaches, sauberes Hotel, nicht alle Zimmer mit Bad; Terrassencafé.
- **Zenaga**①, direkt an der Hauptstraße in der Ortsmitte, Tel. 0524 84 10 32, zenaga_hotel@hotmail.com. Sauberes und freundliches Hotel, einfache Zimmer mit Bad, heißes Wasser nur abends.
- **Wohnmobilisten** können am großen Parkplatz vor der Polizei übernachten.
- **Tankstellen** und mehrere **Restaurants** bieten einfache Kost an.

### Einkaufen

- Im **Ensemble Artisanal** in einer Seitenstraße nahe des Postamtes kann man Teppiche zu Festpreisen erstehen.
- Die **Teppichkooperative Ahilal** 8 km außerhalb in Richtung Taliouine (2,5 km Piste, Beschilderung beachten) ist einen Besuch wert.
- Auch bei der **Teppichkooperative in Anezal** (s. vorherige Routenbeschreibung) kann man zu Festpreisen direkt einkaufen.

### Busse

- 1x tägl. mit **CTM** nach Ouarzazate (2.45 Std., 35 DH) und über Taroudannt nach Agadir (105 DH, 3½ Std.).

## Weiterfahrt nach Taroudannt

Nach Süden (links) zweigt eine Straße nach Foum-Zguid ab, unsere Route führt nach Nordwesten (rechts) weiter in Richtung Taroudannt.

14 km hinter Tazenakht, bei **km 96,** liegt linker Hand ein verfallenes Ksar mit Moschee und Marabout, die **Zawia Sidi Lahsain.**

Bei **km 108** ist der größere Ort **Kourkouda** erreicht (Tankstelle, Fossilienverkauf). Ein alter Ksar schmiegt sich an den Hang. Weiter führt die Straße durch braune Hügel in der Halbwüste.

Nach **139 km** beginnt der Ort **Tinfrat** mit zwei Marabuts links der Straße. Der Hauptort mit Cafés und Safranverkauf folgt erst 2 km weiter. Bei **km 144** folgt das Dorf **Sidi Hssaine** (mit Tankstelle).

Bei **km 151** geht es links nach Tata und Agadir-Melloul (36 km).

Knapp 2,5 km weiter führt ein **lohnenswerter Abstecher** zum Dorf **Ifri,** das sehr schön an einem Flüsschen liegt. Auf dessen Ostseite erhebt sich eine Felswand, in die von fern nicht sichtbar ein **Agadir** mit vielen raffiniert in den Fels geschlagenen und mit Türen verschlossenen Kammern. Den Speicher kann man mit dem Speicherwärter besuchen, der im Dorf wohnt. Am Dorfanfang führt ein Abzweig zu einer Schule, an dieser vorbeifahren bis zum Wasserturm. Dort parken und in Richtung Moschee laufen, in der Gasse rechts davor einbiegen und nach dem Wärter fragen **(N 30°26,726', W 07°50,440').** Innen kann man nicht sehr viel sehen, es ist ziemlich dunkel, verschachtelt und eng, aber von außen ist der Speicher sehr imposant. Der Wärter verdient ein Trinkgeld (ca. 50 DH).

Zurück an der Kreuzung ist ohne Abstecher bei **km 165 Taliouine** erreicht.

# Taliouine

Die stark expandierende und sehr angenehme **Palmenoase** mit etwa **6000 Einwohnern** ist von den schroffen Bergen des Hohen Atlas (Djabal Siroua) im Norden und im Süden vom Anti-Atlas umrahmt. Eine **Kasbah** mit schöner Ornamentik im oberen Bereich thront auf einem Hügel an der Ortseinfahrt. Sie wurde von Pascha *El Glaoui* errichtet. Hinter der Kasbah im alten Ortskern findet montags ein sehenswerter **Markt** statt.

Der Ort lohnt sich aufgrund seiner schönen Lage für einen längeren Aufenthalt und für Ausflüge in die umliegenden Täler und Berge des über 3000 m hohen **Djabal Siroua** – ein reizvolles Gebiet für mehrtägige **Trekkingtouren** (s.u.).

## Praktische Informationen

### Unterkunft

■ **Auberge Askaoun**①-②, gegenüber Le Safran, nach der Furt über das Oued am Ortseingang auf der rechten Seite, Tel. 0528 53 40 17, aubergeaskaoun@yahoo.fr. Das empfehlenswerte Hotel wurde vor einigen Jahren komplett renoviert. Große, einfach ausgestattete, sehr ordentliche Zimmer mit oder ohne Bad, z.T. mit Balkon. Sehr freundliches Personal. Im Terrassenrestaurant werden Spezialitäten mit Safran serviert. DZ mit Bad und (ältere) Zimmer ohne Bad.

■ **Auberge Souktana**②, an der Hauptstraße auf der rechten Seite (von Ouarzazate kommend), Tel. 0528 53 40 75, souktana@menara.ma. Das empfehlenswerte kleine Hotel wird vom engagierten Besitzer *Ahmed Jadid* und seiner französischen Frau *Michelle* betrieben. Es gibt hübsche Zimmer mit Bad sowie Klimaanlage/Heizung im Haus oder kleine Hütten (mit Waschbecken) und winzige Zelte (mit Betten) im Garten (sehr saubere gemeinschaftliche Duschen und WC). Im Garten kann man zelten, es ist jedoch wenig Platz für Fahrzeuge. Von der schattigen Gartenterrasse des Restaurants (sehr gutes Essen) hat man einen schönen Blick auf die Kasbah. Innen sitzt man gemütlich am Kamin. DZ mit Bad, Hütte, Zelt (80 DH/2 Pers.). Es können Trekkingtouren im Djabal Siroua organisiert werden (mit Führer, Gepäckmuli, Essen und Übernachtung im Zelt).

■ **Ibn Toumert**③, Tel. 0528 53 41 25. Verstaubtes, überdimensioniertes Hotel mit 100 Zimmern und Pool in schöner Lage neben der Kasbah. Der Esssaal hat den Charme eines Krankenhauses, doch das Personal ist sehr freundlich. WLAN, große Zimmer mit Bad.

■ **Le Safran**② (mit Frühstück), am Ortsanfang auf der linken Seite, Tel. 0528 53 40 46, safranauberge @yahoo.fr. Herberge mit sauberen Zimmern in sehr schöner Lage mit Blick auf die Kasbah, fast alle Zimmer mit WC/Bad (sanitäre Anlagen mäßig). Der sehr nette Besitzer und diplomierte Bergführer *Mahmoud Mohiydine* spricht gut englisch und bietet

aga10_014 ed

Touren in den Anti- und Hohen Atlas an. Menü mit Safran-Gerichten ca. 70 DH (Weinausschank).

### Campingplätze

- **Toubkal,** ca. 2 km vor Taliouine rechts (von Tazenakht kommend), Tel. 0528 53 40 17. Viel besuchter Campingplatz (auf drei Terrassen) und sehr einfache Auberge① (kleine Zimmer mit Bad) mit Pool, kleinem Laden und einem Restaurant im Berberzelt. Die sanitären Anlagen sind sauber und okay.
- **Zagmouzen,** ca. 2 km vom Zentrum Richtung Askoun (auf der rechten Seite). Sehr ruhig gelegener Platz mit schönem Garten und sauberen sanitären Anlagen, auch Übernachtung im Berberzelt möglich.
- Außerdem Camping beim **Hotel Souktana** (s.o.) möglich.

Die Kasbah von Taliouine

### Einkaufen

- Die **Coopérative Souktana du Safran** (Schild, tägl. 8–20 Uhr) liegt am Ortsanfang (von Ouarzazate kommend) auf der rechten Seite. Hier kann man das wertvolle Gewürz direkt einkaufen. Es gibt einen kleinen Ausstellungsraum mit alten Gebrauchsgegenständen aus der Region und einen Verkaufsraum mit Infos über den Safrananbau.
- In der Umgebung kann man **Teppichkooperativen** besuchen.

### Verkehrsverbindungen

- **Busse** verkehren nach Ouarzazate, Taroudannt und Agadir.
- **Sammeltaxis** bedienen die Nebenstrecken in die Umgebung.

## Ausflüge

Von der Auberge Souktana aus werden mehrtägige Trekkingtouren ins **Djabal-Siroua-Gebiet** veranstaltet. Es geht durch traumhaft schöne vulkanische Wüstenberge mit Basaltsäulen und schwarzen Schluchten mit Palmen (3–5 Std. Gehzeit täglich).

Von Taliouine lohnt sich ein Ausflug zum **Agadir** (Speicherburg) von **Ifri** (vgl. vorherige Beschreibung).

Empfehlenswert ist auch ein Ausflug nach **Askaoun** im **Djabal-Siroua-Gebiet** auf landschaftlich sehr schöner Strecke (10 km Asphalt, dann gute Piste; Askaoun: **N 30°54,034', W 07°47,932'**, über Tozro und Tala: **N 30°36,450', W 07°50, 189'**). Dort wird Safran angebaut, außerdem kann man dort in der sehr ursprünglichen Region herrlich wandern. Eine Rundfahrt über Aoufour – Aoulouz und zurück nach Taliouine ist möglich.

## Weiterfahrt nach Taroudannt

13 km hinter Taliouine bzw. 178 km hinter Ouarzazate liegt der Ort **Iouzioua Ounneïne** bzw. **Assaki** (Tankstelle und Geschäfte). Nach der Brücke über den **Oued Assaki** zweigt eine geteerte **Straße nach Igherm (90 km, R106) und Tata** ab, eine lohnenswerte Variante (Speicherburgen, bizarre Gebirgslandschaft), falls man den Anti-Atlas besuchen will. Nach dem Oued weicht die karge Felslandschaft mit Palmenoasen und Kasbahs Arganienbäumen und Getreidefeldern. Es bietet sich immer wieder ein schöner Ausblick auf den Atlas.

29 km hinter Taliouine bzw. bei km 194 führt links die Straße P1706 in Richtung **Agadir** und Taroudannt. Diese Strecke nach Agadir und Taroudannt ist ungefähr 35 km kürzer, aber landschaftlich langweiliger. Geradeaus führt die (hier beschriebene) alte Route (N10) über **Aoulouz** nach **Ouled Berhil.**

### Abkürzung in Richtung Agadir

Nach der Kreuzung führt diese kürzere Variante (P1706) auf guter Straße durch das flache, landwirtschaftlich extensiv genutzte **Sous-Tal** mit Obsthainen, Weizen, Zuckerrohr und Arganienbäumen über Khemis Arazane (km 47) bis zur Einmündung in die Straße Agadir – Taroudannt bei km 71. Geradeaus weiter nach Taroudannt (6 km), links nach Tata und Igherm.

## Weiterfahrt nach Taroudannt

Bei **km 202** erreicht man auf der N10 **Aoulouz,** einen großen Ort mit Tankstelle und Geschäften. Hier kann man auf eine kleine Straße nach Amsouzart abbiegen, wo eine schöne Trekkingroute zum Lac d'Ifni und von Süden zu den Toubkal-Hütten startet (s. Exkurs „Bergsteigen im Djabal-Toubkal-Gebiet").

Die Kreuzung rechts nach Marrakesch über den Tizi-n-Test ist bei **km 237** erreicht. Links geht es weiter nach Taroudannt/Agadir.

**Km 244 Oulad Berhil** (vgl. Beschreibung „Nach Asni, Ouirgane und über den Tizi-n-Test nach Taroudannt"). Weiter führt die Straße durch dicht besiedelte Regionen und erreicht bei **km 293 Taroudannt.**

119m015 ad

# 5 Ouarzazate und das Drâa-Tal

Der „Große Süden" ist das Land der Ksour und Kasbahs, der Palmenoasen und Wüstenlandschaften. Ouarzazate ist das Hollywood Marokkos und die Touristenmetropole des Südens – von hier geht es

ins Drâa-Tal, zum Djabal Saghro, zu den Sanddünen des Erg Chegaga und zu den Lehmburgen und Palmenoasen an der berühmten „Straße der Kasbahs".

< Blick von der Kasbah Tamnougalte ins Drâa-Tal

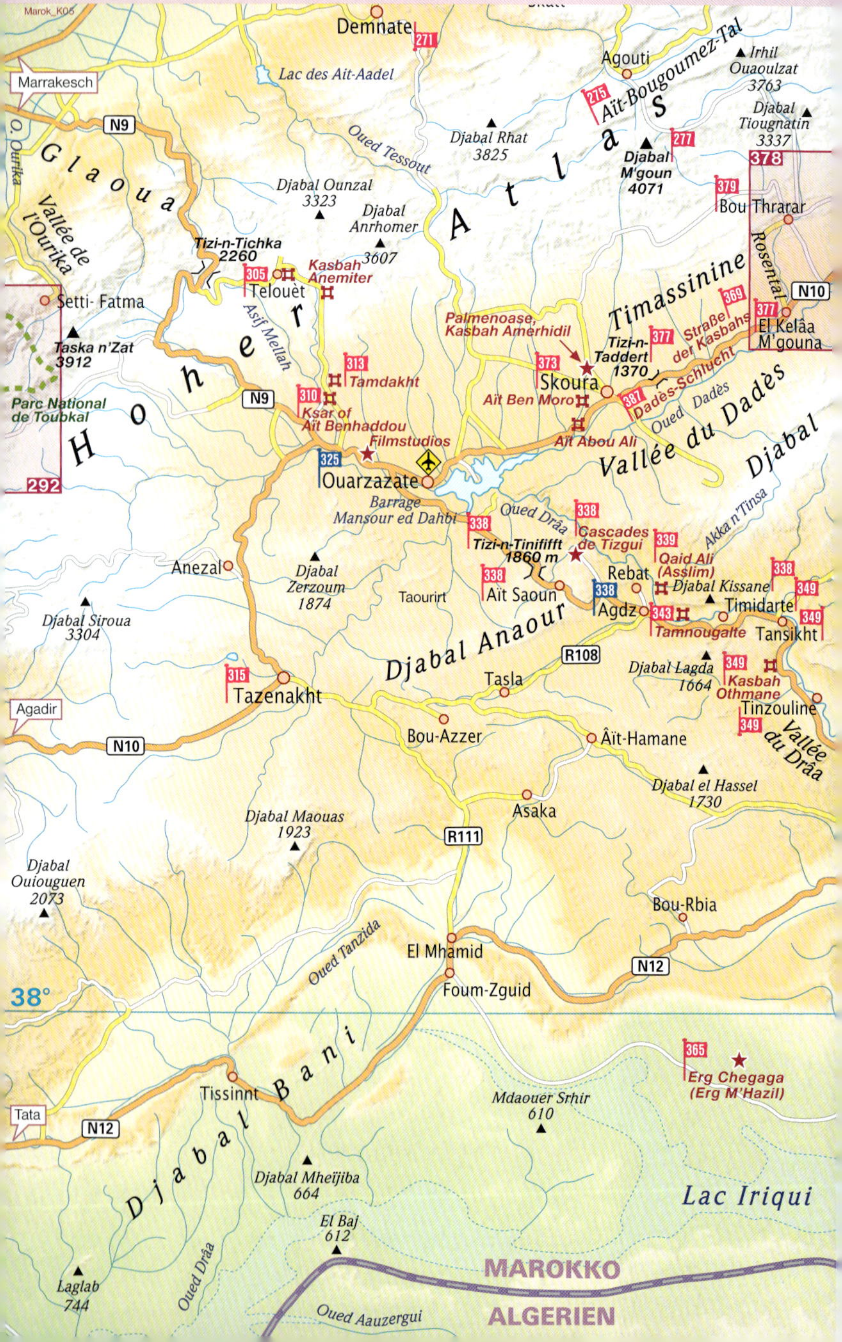

Marok_K05
Demnate
271
Marrakesch
Lac des Aït-Aadel
Agouti
Aït-Bougoumez-Tal
275
Irhil Ouaoulzat 3763
Djabal Tiougnatin 3337
N9
O. Ourika
Glaoua
Oued Tessout
Djabal Rhat 3825
Djabal M'goun 4071
277
378
Atlas
Djabal Ounzal 3323
Djabal Anrhomer 3607
379
Bou Thrarar
Vallée de l'Ourika
Tizi-n-Tichka 2260
305
Telouèt
Kasbah Anemiter
Rosental
N10
Setti- Fatma
Asif Mellah
Timassinine
369
377
El Kelâa M'gouna
Taska n'Zat 3912
Palmenoase, Kasbah Amerhidil
Tizi-n-Taddert 1370
Straße der Kasbahs
313
Tamdakht
373
Skoura
Parc National de Toubkal
N9
310
Ksar of Aït Benhaddou
Aït Ben Moro
387
Dadès-Schlucht
Oued Dadès
Hoher
Filmstudios
Aït Abou Ali
Vallée du Dadès
292
325
Ouarzazate
Djabal
Barrage Mansour ed Dahbi
338
Oued Drâa
338
Cascades de Tizgui
Akka n'Tinsa
Tizi-n-Tinififft 1860 m
339
Qaid Ali (Asslim)
Anezal
Djabal Zerzoum 1874
Taourirt
338
Aït Saoun
Rebat
338
Djabal Kissane
Timidarte
349
Agdz
343
Tamnougalte
Tansikht
349
Djabal Siroua 3304
Djabal Anaour
R108
315
Tazenakht
Tasla
Djabal Lagda 1664
349
Kasbah Othmane
Tinzouline
349
Agadir
N10
Bou-Azzer
Âït-Hamane
Vallée du Drâa
Djabal el Hassel 1730
Djabal Maouas 1923
Asaka
R111
Djabal Ouiouguen 2073
Bou-Rbia
Oued Tanzida
El Mhamid
N12
Foum-Zguid
38°
Djabal Bani
365
Erg Chegaga (Erg M'Hazil)
Tissinnt
Mdaouer Srhir 610
Tata
N12
Djabal Mheïjiba 664
Lac Iriqui
El Baj 612
Laglab 744
Oued Drâa
MAROKKO
ALGERIEN
Oued Aauzergui

# ÜBERBLICK

Ein Meer aus grünen Palmenwipfeln, die sich sanft im Wind neigen, spendet Schatten für die Oasengärten am Oued Drâa und am Oued Ziz. Die süßen Datteln aus der Gegend zählen zu den besten im Lande. Am Rande der Oasen erheben sich mächtige Kasbahs, Burgen aus Lehm, von denen einst die Handelswege zwischen der Sahara und dem Norden kontrolliert wurden. Entlang des Flusstales folgt ein malerischer Ksar (befestigtes Lehmdorf) auf den nächsten, und die Menschen scheinen noch heute zu leben und zu wirtschaften wie vor Hunderten Jahren. Nahe der algerischen Grenze im äußersten Süden des Landes versickern Drâa und Ziz in der Wüste.

## NICHT VERPASSEN!

- **Die Oasengärten im Drâa-Tal:** bei einer Wanderung lernt man traditionelle Bewässerungstechniken kennen, z.B. in Agdz | 341
- **Kasbah Tamnougalte:** die teilweise renovierte Kasbah ist eine der ältesten Lehmburgen Marokkos | 343
- **Erg Chegaga:** mit Kamelen erreicht man die Dünen am gemütlichsten – drei Tage sind es ab M'hamid | 365

**Diese Tipps sind gelb hinterlegt.**

Der **Große Süden** mit seinen abwechslungsreichen Wüstenlandschaften und Palmenoasen bietet jede Menge Entdeckungen für Wanderer, Mountainbiker und Individualtouristen. Die **Wüste** lässt sich besonders naturnah auf dem Rücken eines Kamels ab Zagora oder M'hamid erleben. Bei einer mehrtägigen Exkursion reitet oder marschiert man einige Stunden bis zu einem schönen Lagerplatz. Abends bleibt genug Zeit, um die Umgebung zu erkunden und am Lagerfeuer zu sitzen, während die Begleiter Brot im Sand backen und Tajine in der Glut garen.

Zentraler Dreh- und Angelpunkt für Touristen(-gruppen) aus aller Welt ist **Ouarzazate;** hier reiht sich ein komfortables Hotel an das nächste. Drei moderne Filmstudios bieten die nötige Infrastruktur für internationale Produktionen – Leonardo DiCaprio, Brad Pitt und andere Stars weilten schon in der Stadt. Von Ouarzazate starten Touren zu den **touristischen Highlights im Süden:** in die Sanddünengebiete Erg Chegaga und Erg Chebbi, ins Trekkinggebiet Djabal Saghro sowie in die Palmentäler des Drâa, Dadès und Ziz. In Ouarzazate beginnt auch die „Straße der Kasbahs" nach Errachidia, entlang der sich – wie der Name sagt – Hunderte beeindruckender Lehmburgen reihen.

Das Klima im Süden ist durch **starke Temperaturunterschiede** geprägt. Trockene, sehr heiße Sommermonate mit Tagestemperaturen bis über 40°C und Nachtwerten bis zu 28°C stehen der Winterzeit gegenüber, in der es nachts manchmal bis auf -5°C abkühlen kann, tagsüber aber in der Regel angenehme 25°C herrschen. Auch Regenfälle sind im Winter, heftige Gewitter manchmal auch im Sommer, zu erwarten. Für den Winter empfiehlt sich wegen der kühlen Nächte warme Kleidung und für Wüstenexkursionen ein guter Schlafsack. Im Sommer ist es in stickigen Zimmern kleiner Hotels ohne Klimaanlage oder Ventilator dagegen kaum auszuhalten. Dann sollten Reisende mit schmalem Geldbeutel besser auf der Dachterrasse (Sternenhimmel inklusive) oder auf einem Campingplatz übernachten.

112m015 ed

< Kasbah Amerhidil im Drâa-Tal

# Ouarzazate

Ouarzazate (sprich: Warsasat) hat sich vom ehemaligen Militärstützpunkt zu einer **sauberen, modernen Stadt** mit knapp 100.000 Einwohnern (290.000 in der gesamten Provinz) gemausert. Schon während der Protektoratszeit war Ouarzazate wichtiger Militärstützpunkt und nach dem Krieg waren auch deutsche Kriegsgefangene in Ouarzazate interniert. Nach der Unabhängigkeit nutzten die Marokkaner den Ort weiterhin als Militärbasis.

In den 1980er Jahren wurde im Zuge der Förderung des Wüsten- und Rundreisetourismus die touristische Infrastruktur von Ouarzazate wesentlich ausgebaut, die Stadt erhielt ein **neues Gesicht.** Braune und rote Häuser, Mauern mit weiß abgesetzten Zinnen, ein hübscher Hauptplatz (Place du 3 Mars) mit Springbrunnen, eine palmengesäumte **Fußgängerzone** (Rue du Marché) und ein großes Hotelviertel geben dem Ort das Aussehen und das Ambiente einer Touristenstadt mit marokkanischem Lokalkolorit. Das Konzept ging auf, und so nutzen inzwischen viele internationale Reiseveranstalter Ouarzazate als Ausgangsort für Rundtouren. Pauschaltouristen fliegen von Casablanca zum kleinen Flughafen der Stadt ein.

Aber Ouarzazate ist nicht nur eine **Touristenstadt** mit Hotels, Supermärkten, Autovermietungen, Reiseagenturen und Restaurants, sondern auch **Filmmetropole.** Ein Monument mit zwei Filmrollen in der Mitte des Kreisverkehrs an der Stadteinfahrt aus Richtung Marrakesch symbolisiert diesen Status. *Bernardo Bertolucci, Martin Scorsese, Oliver Stone, Orson Welles* und *Alfred Hitchcock* sind nur ein paar der berühmten Regisseure, die sich Marokko als Drehort auswählten. Die Filmografie ist lang: Es begann 1956 mit *Hitchcocks* „Der Mann, der zu viel wusste“. Es folgten – um nur wenige zu nennen – „Lawrence von Arabien“ (1962), „The Jewel of the Nile“ (1985), „Himmel über der Wüste“ (1990), sämtliche Folgen von „Die Bibel“ (1994–1999), „Kundun“ (1997), „Die Mumie“ (1999), „Gladiator“ (2000), „Alexander“ (2004), „Königreich der Himmel“ (2005), „Die Päpstin“ (2008) und der „Der Medicus“ (2013). Einige Kulissen können in den **Atlas Filmstudios** wenige Kilometer vor Ouarzazate (von Marrakesch kommend) bewundert werden. 2005 wurden mit den **CLA Studios** (www.cla-studios.com) die größten Filmstudios Marokkos eröffnet, die ebenfalls besichtigt werden können (vgl. Route Marrakesch – Ouarzazate). Außerdem informiert das **Musée du Cinéma** gegenüber der Kasbah Taourirt über die Geschichte der Filmstadt (s.u.). Wegen der großen Nachfrage der internationalen Filmindustrie wurde in Ouarzazate sogar eine Filmschule eingerichtet, an der Ausbildungen wie Produktionsmanagement, Bühnen-, Masken- und Kostümbildner angeboten werden.

## Sehenswertes

Ouarzazate hat **nur wenige Sehenswürdigkeiten** zu bieten. Wegen der zentralen Lage zwischen Hohem Atlas und Wüste eignet sich die Stadt jedoch hervorragend als Ausgangspunkt für Ausflüge in die Umgebung.

# Ouarzazate

Marok_36

Die **Kasbah Taourirt** (tägl. 8–18 Uhr, 20 DH Eintritt) am östlichen Rand von Ouarzazate – einst Wohnsitz des Paschas von Marrakesch (*El Glaoui*, siehe Marrakesch und Telouèt) – ist der Inbegriff der stadtähnlichen Kasbah mit Fürstensitz und Wohnvierteln. Der riesige verschachtelte Bau hinter hohen Mauern bot einst einem ganzen Stamm Unterkunft. Das Kasbahviertel hinter dem Palastgebäude ist auch heute noch bewohnt. Der sehenswerte Palastbereich hat schöne Holz- und Stuckverzierungen in den Innenräumen und wurde vor einigen Jahren renoviert. Ein offizieller Führer – es gibt auch einen deutsch sprechenden Herren – verlangt für eine etwa einstündige Führung etwa 100 DH (für eine ganze Gruppe).

Das **Kasbahviertel** hinter der Kasbah Taourirt (Durchgang links vom Haupteingang des Palastes) ist ein Dorf für sich: mehrgeschossige Lehmbauten, eine Burg, Türme und eine *Mellah* (Judenviertel). Alles fügt sich zu einem Ganzen zusammen, der Kasbah – in diesem Falle die ganze Altstadt, einst eine der größten in Marokko. In der **Mellah** wohnen keine jüdischen Bewohner mehr. In der Synagoge ist eine Teppichweberei unterge-

bracht. Ein Rundgang durch die verwinkelten Gassen des Kasbahviertels ist ein faszinierendes Erlebnis, auch wenn sich inzwischen einige Souvenirhändler niedergelassen haben und Kinder sich als Führer aufdrängen. Die Bevölkerung ist zwar freundlich, in Anbetracht des Touristenansturms aber nicht mehr ganz so begeistert von den vielen Fremden …

Gegenüber der Kasbah, auf der anderen Straßenseite, werden in einem Ladenkomplex allerlei Souvenirs und Teppiche verkauft. Daneben befindet sich der Eingang ins **Musée du Cinéma** (tägl. 8.30–12.30 und 14.30–18.30 Uhr, freitags ab 15.30 Uhr, 30 DH), das über die Filmgeschichte der Stadt informiert. Auf dem Gelände steht u.a. die Kulisse einer weißen Kirche mit Glockenturm aus dem Bibelfilm „Bethlehem“. Dieser falsche Kirchturm ist z.B. aus den oberen Etagen der Kasbah Taourirt zu sehen und sorgt bei europäischen Besuchern häufig für Verwirrung.

Einen Besuch wert ist der kleine **Souk** (bis 22 Uhr), der zwar nicht mit den Märkten der großen Städte konkurrieren kann, aber durchaus eine nette Auswahl an Waren zu bieten hat. Markttag ist der Sonntag.

Die **Kasbah Tifoultoute** im gleichnamigen Dorf an der Verbindungsstraße Marrakesch – Zagora (ca. 10 km) liegt imposant auf einem Hügel über dem Oued Drâa. Sie wurde im 17. Jahrhundert zum Empfang der Gäste des Paschas von Marrakesch gebaut. Heute ist darin ein Restaurant untergebracht; der Ausblick von der Terrasse ist grandios.

Die **Kasbah des Cigognes** (Storchenkasbah) und ein anderes Ufer des Stausees erreicht man ebenfalls auf der Strecke in Richtung Zagora. Wenn man etwa 4 km hinter Ouarzazate links abbiegt (Beschilderung „Dar Daif"), erreicht man die alte Festung mit den Storchennestern. In der Kasbah ist das Gästehaus Dar Daïf untergebracht (s.u.).

Der **Stausee Mansour ed Dahbi** ist von schroffen Wüstenbergen umgeben und ca. 15 km von Ouarzazate entfernt. Hier entstanden an einem kleinen Bereich des Nord-Ufers ein Nobelwohnviertel und ein Touristikkomplex mit (mittlerweile aufgelassenem) Golfplatz, Surf- und Segelcenter. Das mit Palmen und mediterranen Pflanzen begrünte Villenviertel ist aber in den Anfängen stecken geblieben. Das Viertel wirkt unwirklich und abgeschieden inmitten der ansonsten kahlen Uferlandschaft. Das Ufer des Stausees kann man nicht besuchen, die Zufahrt an der Straße Richtung Zagora ist durch das Militär gesperrt.

Zum Ausflugsprogramm der Hotels gehört ein Abstecher in die 15 km entfernte, hübsch gelegene **Palmenoase Fint.** Die Tour lohnt sich eigentlich nur, wenn man sonst keine Oase entlang der Straße der Kasbahs (z.B. Skoura) oder im Drâa-Tal besucht. Zu erreichen ist Fint, indem man auf der Straße in Richtung Zagora und dann gleich beim nächsten Ort nach rechts auf die Umgehungsstraße um Ouarzazate fährt. Nach ca. 1,5 km folgt ein Schild, das links zur Oase weist. Die Oase selbst liegt hinter einem Bergrücken.

# Praktische Informationen

## Information

■ **Délégation du Tourisme de Ouarzazate,** Av. Mohamed V., Tel. 0524 88 24 85, cptzagora@gmail.com. Leider kann man hier bis auf ein wenig Infomaterial nicht viel Service erwarten …

## Unterkunft

### Oberklasse

**Mein Tipp: Dar Kamar④**, 45, Kasbah Taourirt, kleine Zufahrt ins Kasbahviertel direkt links vom Haupteingang der Kasbah, dort Parkplatz (Auto bewachen lassen!), dann ca. 100 m zu Fuß erste Gasse rechts bergab, Tel. 0524 88 87 33, www.darkamar.com. Die Atmosphäre in diesem Lehmbau, einem alten Gerichtshof aus dem 17. Jh., ist einmalig. Die spanischen Betreiber *Carmen* und *Juan Antonia* haben hier einen künstlerischen und absolut stilvollen Mix aus alter marokkanischer Lehmarchitektur und schwarzafrikanischen Elementen geschaffen: Springbrunnen und Waschbecken aus Fossilien, Tadlakt-Bäder, afrikanische Masken und Gebrauchsgegenstände, bunte Lampenvariationen, Bilder von Afrikareisen usw. Im Restaurant lässt es sich vornehm und sehr gut dinieren (Menü 250 DH). Von der Dachterrasse hat man einen fantastischen Blick

> Die Kasbah Taourirt in Ouarzazate

auf die Umgebung und das Kasbahviertel. Zur Entspannung gibt es ein Hammam (mit Massage). Klimatisierte Zimmer mit Bad.

■ **Le Bérbère Palace**④ (am günstigsten bei Buchung über Onlineportal), Tel. 0524 88 31 05, www.leberberepalace.com. Gepflegtes, älteres Luxushotel im Kasbahstil mit geräumigen Zimmern – kein 5-Sterne-Standard mehr, aber immer noch sehr gut. 241 Zimmer mit allem Komfort, schöner Poolbereich, WLAN im Haus. Das Restaurant ist zu teuer, das Frühstücksbüfett dafür üppig und gut.

■ **Les Tourmalines**④ (mit Frühstück), außerhalb beim Stausee, Tel. 0524 88 71 07 oder Mobil 0661 24 95 82, www.lestourmalines.net. Sehr sauberes Hotel mit Pool am Seeufer, unter der Leitung eines netten französischen Ehepaares, wunderbarer Blick auf den Stausee und den Atlas, Essen im Berberzelt, klimatisierte Zimmer.

■ **Karam Palace**④ (am günstigsten bei Buchung über Onlineportal), Bd. Moulay Rachid, Tel. 0524 88 22 25, www.karampalace.com. Sauberes, in die Jahre gekommenes 4-Sterne-Hotel, auch mit Apartments, schöner Poolbereich, Bar und Disco, SPA.

■ **Sultana Royal Golf**④, direkt am Stausee Mansour ed Dahbi, ca. 25 km außerhalb der Stadt Richtung Tinerhir (vgl. nächste Routenbeschreibung), Tel. 0524 88 47 21 www.hotelsultanaroyalgolf.com. Luxus-Boutique-Hotel im Kasbahstil mit großem Pool, Garten und gutem Restaurant. Die Innengestaltung ist allerdings nicht so umwerfend wie die Lage am See.

### Mittelklasse

■ **Dar Bergui**③, Sidi Hssaine Ben Nasser (hinter dem gleichnamigen Hospital nördlich der Av. Mohamed V. im Zentrum), Tel. 0524 88 77 27, www.darbergui.com. Hübsches Gästehaus mit großen, unterschiedlich gestalteten Zimmern mit separater Toilette. Schöner Pool, gutes Essen und Frühstück auf der Terrasse, herzlicher Empfang durch *Martine* und *Jean Michel.*

■ **Dar Chamaa**③, im Zentrum Richtung Zagora abbiegen, über die Brücke und dann links, Tel. 0524 85 49 54, www.darchamaa.com. Sehr schönes Maison d'Hôtes im Kasbahstil in ruhiger Lage außerhalb des Zentrums, mit offenem Innenhof, Pool,

mar_003 ed

Restaurant mit Alkohollizenz und 20 geräumigen, klimatisierten Zimmern. Sehr freundlicher Empfang. Eigener Parkplatz, WLAN.

■ **Dar Daïf**③-④, Douar Talmasla, 5 km außerhalb Richtung Zagora (Abzweig beschildert, N 30°54,35', W 06°52,85'), Tel. 0524 85 49 47, www.dardaif.ma. 14 schöne Zimmer unterschiedlicher Größe in der alten Storchenkasbah, herrlicher Palmengarten, Pool und Hammam.

Aussicht von der Dachterrasse des Maison d'Hôtes Dar Kamar

■ **Ibis**②-③ (am günstigsten bei Buchung über Onlineportal), Bd. Moulay Rachid, Tel. 0524 89 91 10, www.accorhotels.com. Wie die meisten Ibis-Hotels empfehlenswert: Pool, 104 klimatisierte Zimmer, WLAN, sehr gutes Preis-Leistungsverhältnis.

■ **Al Baraka des Loisirs**③, Route de Marrakech, ggü. CLA Ouarzazate (Filmstudios), Tel. 0524 88 41 40, www.hotel-albaraka-ouarzazate.com. Mittelklassehotel mit 18 klimatisierten Zimmern und Pool, am Kreisverkehr 2 km in Richtung Marrakesch neben Afriquia-Tankstelle, für einen kurzen Stopover an der Route günstig und okay.

■ **Le Fint**③, Av. Mohamed V. (gegenüber der Kasbah Taourirt), Tel. 0524 88 48 86, www.finthotel.com. Hübsches Hotel mit 74 klimatisierten/beheizten Zimmern, Pool und nettem Restaurant mit Aussichtsterrasse.

■ **Le Petit Riad**③, Hay Al Wahda (bei der gleichnamigen Moschee nahe des Flughafens), Tel. 0524 88 59 50, www.lepetitriad.com. Netter, kleiner Riad mit fünf farbenfrohen, klimatisierten Zimmern mit Sat-TV, Pool im Innenhof und sehr gutem Essen. Trotz der Lage direkt neben einer kleinen Moschee und am Flughafen kaum Lärmbelästigung.

aga08-430 ad

■ **Rose Noire**④, Rue de la Mosquée, Taourirt (Kasbahviertel), Tel. 0524 88 20 16, www.maisondhoterosenoire.com. Familiäres Gästehaus in den Gassen des Kasbahviertels mit sauberen, klimatisierten Zimmern und herzlichem Empfang. Gutes Frühstück auf der Dachterrasse mit Ausblick auf die Altstadt.

### Günstig

■ **Al Waha**①, 32, Quartier Artisanal, direkt beim Busbahnhof, Tel. 0524 88 66 66. Einfache Herberge mit Restaurant, wegen der Lage am Gare Routière laut, aber für eine Nacht okay. 3er-Zimmer und DZ mit oder ohne (kleinem) Bad.

■ **Auberge de Jeunesse**①, Quartier Tkhissa Inzbiaten, ca. 3 km außerhalb des Zentrums, Tel. 0526 51 15 64 oder 0661 74 68 78, www.hihostels.com. Auf N9 Richtung Zagora, dann an Kreuzung hinter Oued (in Tabounte) rechts, nach ca. 1 km links abbiegen zur Jugendherberge, Buslinie 1. Zimmer für 2 bis 6 Pers., Nomadenzelt auf der Terrasse, Waschmaschine vorhanden. Übernachtung im Mehrbettzimmer ca. 7 Euro/Pers., DZ 14 Euro, Ermäßigung mit Internationalem Jugendherbergsausweis.

■ **Auberge La Roche Noire**②, in der Oase Fint (vgl. „Sehenswertes"), Tel. 0526 40 56 89, Mobil 0671 51 99 62, www.larochenoire-oasis-fint.com. Authentische, familiäre Herberge in einem Lehmhaus in ruhiger Umgebung. Einfache, saubere Zimmer mit Bad. Geführte Oasenwanderungen und Ausflüge in die Umgebung möglich.

■ **Atlas**①, 13, Rue du Marché, Tel. 0524 88 77 45. Sehr zentral gelegen und sehr einfach, aber ordentlich und sauber, die Zimmer riechen z.T. unangenehm nach Rauch. Preis verhandelbar.

■ **Baba**①, Quartier Artisanal, direkt beim Busbahnhof, Tel. 0524 89 07 23. Einfaches, helles und freundliches Hotel. Die Zimmer sind sauber, aber nicht immer mit frischer Bettwäsche versehen. Große DZ mit/ohne Bad, mit/ohne AC.

■ **La Gazelle**②, Av. Mohamed V., Tel. 0524 88 21 51. 1-Stern-Hotel mit nicht besonders großen, aber ordentlichen Zimmern (mit Klimaanlage und TV), gruppiert um einen Innenhof mit kleinem Garten und Pool. WLAN, gutes Frühstück, Parkmöglichkeit im Hof.

■ **La Vallée**②, in Tabounte, außerhalb der Stadt an der Straße nach Zagora, hinter der großen Furt über den Oued Ouarzazate, Tel. 0524 85 40 34, www.hotellavalleemaroc.com. Beliebtes Travellerhotel mit hübschem Innenhof mit Pool, Zeltrestaurant mit Live-Berbermusik (gutes Essen, Alkoholausschank). Der Außenbereich ist schmucker als die einfachen Zimmer, in denen zum Teil nicht mehr alles funktioniert. DZ mit Bad und Frühstück, günstigere Zimmer ohne Dusche auf der Dachterrasse.

■ **Les Jardins de Ouarzazate**② (mit Frühstück), in Tabounte, außerhalb der Stadt an der Straße nach Zagora, Tel. 0524 85 42 00, www.hotel-les-jardins-de-ouarzazate.com. Angenehmes 3-Sterne-Kasbahhotel mit schöner Frühstücksterrasse zum Palmengarten mit Pool. WLAN, klimatisierte Zimmer mit TV, von der Hauptstraße manchmal laut. Sehr gutes Preis-Leistungsverhältnis!

■ **Marmar**② (mit Frühstück), 16, Av. Prince Moulay Abdallah, Tel. 0524 88 88 87, www.hotel-marmar.com. Ordentliches, typisch marokkanisches Hotel mit einfachen Zimmern mit Bad. Freundlicher Empfang, gute Lage nahe Busbahnhof. Cafeteria, WLAN, bewachter Parkplatz.

■ **Royal**①, 24, Av. Mohamed V., Tel. 0524 88 22 58. Einfaches, nicht ganz ruhiges Hotel in zentraler Lage mit Innenhof. Einige DZ mit (warmer) Dusche, aber ohne WC, sonst gibt es Etagenduschen. Saubere Sanitäranlagen, freundlicher Empfang.

## Campingplätze

■ **Camping Municipal,** Tel. 0524 88 25 78, N 30° 46,509', W 05°33,265'. Hinter der Kasbah Taourirt in Richtung Stausee, dann ca. 1 km nach der Kasbah rechts (4 km vom Zentrum). Schattige Standplätze, im Winter mit Wohnmobilen überfüllt, einfache sanitäre Anlagen (nicht immer sauber). Nebenan liegt das öffentliche Schwimmbad. Abends kann man Folkloreveranstaltungen akustisch mitverfolgen.

■ **Camping La Palmeraie,** Douar Tajda, ca. 2 km in Richtung Zagora, Tel. 0524 85 42 37, www.camping-ouarzazate.com. Schöne Wohnmobil-Stellplätze (mit Strom), Zimmer mit Bad und Berberzelte in einem Palmenhain auf der südlichen Seite des Oued Ouarzazate. Es werden 4x4-Ausflüge organisiert, WLAN vorhanden. Sehr netter Empfang und ökologische Ausrichtung (Mülltrennung, Anbau von Bio-Lebensmitteln für das Restaurant). DZ mit Frühstück②, Camping 2 Pers. mit Auto ca. 75 DH, Strom 20 DH.

■ **Camping Tissa,** Richtung Marrakesch, vgl. Routenbeschreibung vor Ouarzazate.

## Essen und Trinken

**In den Hotels,** z.B. im La Gazelle bzw. Hotel La Vallée, isst man gut und preiswert (mit Alkoholausschank). Preiswerte Restaurants gibt es auch um den Souk und in der Av. Mohamed V. gegenüber der Touristeninformation.

■ **Accord Majeur,** schräg gegenüber Bérbère Palace, Tel. 0524 88 24 73. Hier wird mittags und abends eine gelungene Mischung aus marokkanischer und südfranzösischer Küche serviert (Tajines, Suppe, Foie gras und Coupe arabica), auch Weine aus Meknès, etwas gehobene Preisklasse.

■ **Chez Dimitri,** 22, Av. Mohamed V., Tel. 0524 88 73 46, www.dimitri-restaurant-ouarzazate.com. Nur von 19.30–22 Uhr geöffnet. Schönes Restaurant, stilvolles Ambiente mit Autogrammfotos vieler Filmstars an der Wand, gute Küche, Alkoholausschank. Das traditionsreiche (seit 1928) Restaurant profitiert vom Ruf vergangener Zeiten. Hauptgericht (z.B. Moussaka oder Tajine) ca. 95 DH, Kreditkarten werden akzeptiert.

■ **Chez Nabil,** Bd. Moulay Rachid, Tel. 0524 88 45 45, beim Supermarché Dadès. Gutes marokkanisches Essen, auch Café und Eisdiele, gemischtes Publikum (Marokkaner und Touristen), Hauptgericht ab ca. 50 DH.

**Côté Sud,** einige Kilometer außerhalb in Tifoultoute (N9 Richtung Marrakesch, dann links Richtung Zagora), Tel. 0540 01 93 87, www.cotesud-maroc.com. Auf einer Fläche von 20.000 m² hat der spanische Architekt *Jordi Ros* ein ambitioniertes Kultur- und Architekturprojekt ins Leben gerufen. Neben einem Restaurant gibt es in diesem modernen Lehmkomplex mit Garten einen Kino-, einen Ausstellungs- und Konzertsaal, vier Suiten mit Privatterrasse sowie eine Kochschule. Täglich wechselnde Gourmet-Küche des spanischen Chefkochs aus frischen, saisonalen Zutaten. Fisch- und Grillgerichte ab 100 DH.

**Douyria,** am Eingang ins Kasbahviertel (links neben der Kasbah Taourirt), Tel. 0524 88 52 88, www.restaurant-ouarzazate.net. Fröhlich buntes, modern marokkanisches Interieur, toller Ausblick von der Dachterrasse, leckere marokkanische Küche, Tajine ab 60 DH (auch mit Kamelfleisch).

**La Datte d'Or,** Bd. Moulay Rachid, Tel. 0524 88 71 17. Gepflegtes, freundliches Restaurant mit marokkanischer Küche und Weinausschank.

**La Kasbah,** gegenüber der Kasbah Taourirt, Tel. 0524 88 20 33. Schöner Blick auf die Kasbah, aber zu teuer und sehr überrannt von Bustouristen.

**La Kasbah des sables,** 195, Aït Kdif, Tel. 0524 88 54 28, www.lakasbahdessables.com. Im Wohnviertel Aït Kdif östlich der Kasbah Taourirt, rechts der Av. Mohamed V. (stadtauswärts), bewachter Parkplatz vorhanden. Ein viel gelobtes Restaurant im Kasbahstil mit internationaler und marokkanischer Küche und schickem marokkanischen Ambiente. Französische Besitzerin, gehobenes Preisniveau (ca. 170–200 DH), aber erstklassig bzgl. Service und Qualität.

**Le petit gourmand,** 512, Bd. Mohamed V., Tel. 0524 88 73 88. Hübsches Café-Restaurant an der Ortseinfahrt von Tinerhir kommend. Pizza oder Tajine ca. 45 DH, auch Salate und Hamburger.

**Manar du Sud,** Av. Mohamed V., Kasbah Taourirt, abseits der Hauptstraße im Kasbah-Viertel, Tel. 0673 26 24 94, www.restaurant-manardusud.com. Stilvolles, gutes Restaurant mit marokkanischer Küche und Ausblick von der Dachterrasse. Mittlere Preisklasse.

**Massinissa,** Rue du Marché, in der Fußgängerzone beim Souk, Tel. 0524 88 46 46. Recht nette Terrasse, Brochettes, Steak, Couscous oder Tajine ab ca. 50 DH.

**Pâtisserie Habous,** 22, Place Mouahidine. Zentral gelegenes Café mit köstlichem marokkanischen Gebäck, Croissants etc. Von der Terrasse kann man gut das Treiben auf dem Platz beobachten.

**Pizza Veneziano,** Bd. Moulay Rachid, neben dem Restaurant Obelix, Tel. 0524 88 76 76. Gute Pizza zum vernünftigen Preis, Terrasse, aufmerksame Bedienung.

**Relais Saint-Exupéry,** 13, Bd. Moulay Abdellah, Tel. 0524 88 77 79, www.relais-ouarzazate.com. Der Name des Lokals ist Programm: Viele Accessoires zum Autor des „Kleinen Prinzen". Guter

aga10_015 ad

Auf den Lehmmauern im Kasbahviertel nisten Störche

Service, gehobene und gute Küche (u.a. Fisch- und Grillgerichte, Tajine und Pastilla für 120–200 DH).

■ **Snack El Hassania,** 32, Rue du Marché (zwischen Hotel Atlas und dem Souk). Kleines, schlichtes Restaurant, dafür preiswert und schmackhaft, freundlich und ehrlich (Tajine 30 DH).

■ **Snack Taourirt,** Av. Mohamed V. Nettes Café/Restaurant mit Terrasse neben der Kasbah Taourirt.

■ Im Restaurant des **Complexe Touristique** (Tel. 0524 88 31 10, Sidi Daoud, östlich der Kasbah Taourirt und südlich der Av. Mohamed V.) finden in der Saison jeden Abend Folkloreveranstaltungen mit Musik und Tanz für Touristen statt.

## Sport

### Tennis, Baden

■ Ein **Sportzentrum** mit Tennisplätzen gibt es im Hotelviertel oberhalb der Av. Mohamed V. (gegenüber dem Hotel Bélère). Alle großen **Hotels** haben einen Pool – einige können auch von Nicht-Gästen gegen Gebühr genutzt werden.

■ Beim **Complexe Touristique** in Richtung Camping an der Av. Annasr gibt es ein **öffentliches Schwimmbad** *(Piscine Municipale).*

### Trekking

■ Empfehlenswerte **Bergführer** für Wanderungen im Hohen Atlas und im Djabal Saghro siehe bei Marrakesch und Imlil.

■ Weitere **Bergführer** kann man über das **Bureau des guides et accompagnateurs** in Kelâa M'gouna anheuern. Auch das Touristenbüro in Ouarzazate vermittelt Bergführer.

### Sonstiges

■ **Quads Aventures,** Tel. 0524 88 40 24, www.quadsaventures.com. Organisation von Quad-Ausflügen ins Drâa-Tal und in die Wüste. Auch Kanutouren auf dem Stausee.

■ Auf dem Stausee sind **Angelausflüge** möglich (buchbar über eines der Reisebüros).

## Einkaufen

■ **Marché Municipal** *(Marché couvert),* in einer nördlichen Parallelstraße bzw. am Platz zur Av. Mohamed V. (von Marrakesch kommend links). Hier gibt es ein umfassendes Angebot an Frischwaren.

■ **Supermarché Dimitri,** in der Av. Mohamed V. (gegenüber Restaurant Chez Dimitri). Gute Auswahl an Konserven, Alkoholika und Drogeriewaren. Geöffnet von 8–21 Uhr.

■ **Supermarché Dadès,** Av. Moulay Rachid, neben Restaurant Chez Nabil. Gutes Angebot, aber teurer als in kleinen Geschäften, Mittagspause bis 16 Uhr.

■ **Souvenirgeschäfte** gibt es rund um die Kasbah Taourirt. In der **Teppichkooperative** gegenüber der Kasbah bieten Frauen ihre handgewebten Berberteppiche an.

■ Außerdem hat Ouarzazate einen kleinen, interessanten **Souk** (bis 22 Uhr geöffnet).

## Busse

**Vorsicht:** An den Busbahnhöfen lauern **„faux guides“,** die Touristen gegen hohe Provision in bestimmte (nicht unbedingt gute) Hotels schleppen wollen.

■ Der **CTM-Busbahnhof** liegt an der Av. Mohamed V.; Büro: 5, Av. Mohamed V., Tel. 0524 88 24 27 (tägl. 7–22 Uhr). CTM bietet nur noch wenige Verbindungen an; andere Privatbusse bedienen diverse Ziele mehrmals täglich.

■ Der **Busbahnhof für andere Buslinien** liegt am westlichen Stadtrand an der Parallelstraße zur Av. Mohamed V. 50 m südlich halten auch die Sammeltaxis.

■ Das **Supratours-Büro** befindet sich an der Av. Mohamed V. (Nr. 66), Tel. 0524 84 89 31.

■ In Ouarzazate verkehren grüne **Stadtbusse** von Lux Transports, u.a. von Aït Kdif im Osten der Stadt bis zu den CLA Studios an der Route de Marrakech.

### Verbindungen und Preise (CTM und Supratours)

- **Inezgane/Agadir:** 2x tägl. mit CTM (einmal mittags und ein Nachtbus), 6.15 bis 7 Std. Fahrzeit, 150 DH.
- **Agdz – Zagora – M'hamid:** nach Agdz 4x tägl. mit CTM (2x frühmorgens, 2x nachmittags), 75 Min. Fahrzeit, 30 DH; nach Zagora 3x tägl. mit CTM und 1x tägl. mit Supratours, 3 Std. Fahrzeit, 60 DH; nach M'hamid 1x nachmittags mit CTM, 5 Std. Fahrzeit, 80 DH.
- **Boumalne – Tinerhir:** 1x tägl. mit CTM, 2x tägl. mit Supratours, nach Boumalne 40 DH, ca. 2½ Std. Fahrzeit, nach Tinerhir ca. 5½ Std., 65 DH.
- **Casablanca:** 4x tägl. (zwei Nachtbusse) mit CTM, 170 DH, ca. 9 Std.
- **Marrakesch:** 6x tägl. mit CTM, 3x tägl. mit Supratours, 90 DH, ca. 5 Std.
- Um nach **Aït Benhaddou** zu kommen, kann man den Bus nach Marrakesch nehmen und an der Kreuzung (Tabourath) aussteigen. Dort findet man für die restlichen 11 km meist eine Mitfahrgelegenheit.

## Taxis

### Stadttaxis

Tagsüber kostet das Petit Taxi einheitlich **4 DH** im ganzen Stadtbereich (zu den 4-Sterne-Hotels wird mehr verlangt, Preis vorher aushandeln).

### Sammeltaxis/Grand Taxis

**Abfahrt an drei verschiedenen Stellen** (für unterschiedliche Richtungen) beim Busbahnhof für Privatlinien am westlichen Stadtrand an der Parallelstraße zur Av. Mohamed V. (Taxis in Richtung Norden, u.a. nach Marrakesch und Aït Benhaddou).

Der Standplatz für die **Taxis nach Osten,** z.B. nach Skoura, Tinerhir und Erfoud (mit Umsteigen), liegt an der N10 außerhalb der Stadt noch etwas hinter dem Abzweig zum Zoo. Man hangelt sich auf der Strecke nach Osten von Ort zu Ort, z.B. bis M'gouna, von dort nach Boumalne du Dadès, von Boumalne weiter nach Tinerhir.

Ein Grand Taxi **zum Flughafen** (nur 3 km vom Stadtzentrum) kostet pauschal 60 DH. Ein Grand Taxi nach Marrakesch kostet 600 DH (100 DH p.P.).

**Nach Aït Benhaddou** hin und zurück 200–300 DH, nach **Zagora** 300 DH, nach **Agdz** 150 DH. Ein komplettes Taxi nach Skoura kostet 70 DH.

## Flugverbindungen

- **Flughafen,** Taourirt, Tel. 0524 88 22 97.
- **Royal Air Maroc** (RAM), 1, Bd. Mohamed V., Tel. 0524 88 50 80.
- Täglich Flüge mit RAM nach **Casablanca** und von dort Anschlussflüge in andere (marokkanische und europäische) Städte. Royal Air Maroc fliegt Ouarzazate außerdem zweimal täglich von Paris an.

## Rund ums Auto

**Das Fahrzeug über Nacht nur auf einem bewachten Parkplatz abstellen,** denn besonders im Kasbahviertel besteht Einbruchgefahr!

Besucher der Kasbah Taourirt und des Museums können am Parkplatz vor dem Musée du Cinéma parken.

### Autovermietung

- **Amzrou Transport touristique,** 41, Bd. Mohamed V., Tel. 0524 88 23 23. Bietet auch diverse Exkursionen in die Umgebung an (u.a. Oase Fint, Tamnougalte, Telouèt).
- **Avis,** Ecke Bd. Mohamed V./Place du 3 Mars, Tel. 0524 88 80 00, und am Flughafen. Geöffnet Mo bis Sa 8–19 Uhr, So bis 12 Uhr.
- **Budget,** Av. Mohamed V., Tel. 0524 88 42 02 und am Flughafen. Geöffnet Mo bis Sa 8.30–12 und 14.30–17 Uhr, So 9–12 Uhr.
- **Drâa Car,** Av. Mohamed V., Imm. Charafi Nr. 2 (beim Hotel Amlal), Tel. 0524 88 81 06, Mobil 0661

64 64 46, www.draa-car.com. Gute Autos und günstige Angebote (ab 20 Euro/Tag).

- **Europcar,** Av. Mohamed V./Place du 3 Mars und am Flughafen, Tel. 0524 88 20 35.
- **Hertz,** 33, Av. Mohamed V., Tel. 0524 88 20 84. Mo bis Fr 8–12 und 14.30–18.30 Uhr, So 9–12 Uhr.
- **Sam Tour,** 9, Av. Moulay Rachid, Tel. 0524 88 70 54. Seriös und ausgesprochen freundlich. Autos werden ins Hotel gebracht und wieder abgeholt.
- **Tafoukt Cars,** 88, Av. Mohamed V., Tel. 0524 88 26 90, tafouktcars@hotmail.fr. Neben Mietwagen auch Organisation von Tagesausflügen nach Skoura, Aït Benhaddou und in die Dadès-Schlucht.
- **Week End Car,** 4, Av. Mohamed V./Place du 3 Mars, Tel. 0524 88 28 80. Guter Service, kulant und empfehlenswert.

**Siehe auch Reiseveranstalter/-büros:** Einige vermieten Geländefahrzeuge; Preisvergleich und Handeln lohnen sich.

### Werkstatt

- **Garage Tichka,** 75, Av. Mohamed V., Tel. 0524 88 51 96.

## Notfall/Notrufe

- **Notruf:** Tel. 190.
- **Feuerwehr:** Tel. 150 oder 0524 88 21 15.
- **Polizei:** Tel. 190, Av. Mohamed V., Touristenpolizei *(Brigade Touristique)* an der Ecke Rue de la Poste und Rue Al Mansour Eddahabi.
- **Krankenhaus:** Hôpital Sidi Hssaine Ben Nasser, Hay Sidi Hssaine, Tel. 0524 88 21 28 oder 88 22 00.

## Post/Banken

- Die **Hauptpost** liegt an der Av. Mohamed V./Bd. Moulay Rachid.
- Diverse **Banken mit Geldautomat** entlang der Av. Mohamed V., außerdem am Bd. Moulay Rachid.

## Reiseveranstalter/-büros

Diverse Büros rund um den Place du 3 Mars und den Place Al Mouahidine. Empfehlenswert sind folgende Agenturen:

- **Daya Travels,** Av. Mohamed V., Tel. 0524 88 77 07. Verleih guter Fahrräder ohne Nepp. Es wird holländisch, englisch und französisch gesprochen, Service und Beratung sind sehr freundlich.
- **Desert Evasion,** Av. Mohamed V., Imm. El Ghifari, Tel. 0524 88 86 82, www.desert-evasion.net. Organisation von ein- und mehrtägigen Ausflügen (z.B. Aït Benhaddou, Dadès- und Todrha-Schlucht) im klimatisierten Geländewagen oder Minibus.
- **Desert et Montagne,** Douar Talmasla, Dar Daif (vgl. Mittelklasse-Hotels), Tel. 0524 85 49 49, www.desert-montagne.ma. Wüstenreisen und Bergtouren, Verleih von Geländewagen.
- **Farhana,** 23, Rue du Marché, Tel. 0524 88 53 04, www.farhana-transport.com, www.maroc-tours.ch (Korrespondenz auf Deutsch). Agentur unter marokkanisch-schweizerischer Führung mit individuellen Tourangeboten (buchbar in Marokko oder der Schweiz): von Halbtagesausflügen bis zu mehrtägigen Touren mit Übernachtung, mit 4x4, Fahrrad, zu Fuß oder per Kamel.
- **Ksour Voyages,** 11, Place de 3 Mars, Tel. 0524 88 28 40, www.ksour-voyages.com. Halbtages- und Tagesausflüge nach Aït Benhaddou, Skoura und ins Drâa-Tal, auch mehrtägige Touren. *Mohamed Takhchi* spricht gut deutsch.
- **Maroc Expedition,** Hay Salam El Jedid, Mobil 0668 10 45 66 *(Lahcen)*. Zuverlässige Organisation von individuellen Wüstentouren und Tagestrips, Transfers im klimatisierten Minibus, auch Autoverleih.

## Feste/Veranstaltungen

- **Semaine de Ouarzazate,** in Sidi Daoud bei Ouarzazate, im April.

■ Weitere fünfzig **Moussems** finden in der Provinz Ouarzazate statt.

■ **Symphonies du Désert,** im Juni. Klassische Konzerte in der Wüste (Näheres über das Fremdenverkehrsamt).

■ **Festival National d'Ahwach,** im September. Kulturfestival mit traditionellen Tänzen, Gesang und Percussion von Musikgruppen aus dem Süden.

## Ausflüge

### Individuelle Ausflüge

Nach **Aït Benhaddou** und **Telouèt** (großes Ksar mit Kasbahs, Glaoui-Fürstensitz). Wenn man nicht über ein eigenes Auto verfügt und mit öffentlichen Verkehrsmitteln unterwegs ist (bis Tabourath, dann per Anhalter), sollte man sich zumindest für den Rückweg von Aït Benhaddou von anderen Touristen mitnehmen lassen.

Entlang der **Straße der Kasbahs** in Richtung **Skoura** oder als Zweitagesausflug weiter nach Kelâa M'gouna, Boumalne de Dades (Dadès-Schlucht) und Tinerhir (Todrha-Schlucht).

Ins **Drâa-Tal,** zu den **Cascades du Drâa** und nach **Agdez** (siehe nachfolgende Route).

Zum **Stausee** und zur **Oase Fint** (siehe Stadtbeschreibung oben).

Zu den **Atlas bzw. CLA Filmstudios** siehe Routenbeschreibung nach Ouarzazate.

### Organisierte Ausflüge

In allen großen **Hotels** hängen Ausflugsprogramme aus, z.B. auch zur Oase Fint, nach Boumalne du Dadès oder zu den Kasbahs in Skoura und Kelâa M'gouna (Straße der Kasbahs). Halbtagestouren im **Reisebüro** nach Aït Benhaddou kosten zwischen 400 und 800 DH p.P. (je nach Teilnehmerzahl), im privaten Taxi etwa 400 DH (Verhandlungssache!). Alle oben genannten Reisebüros führen Ausflüge und Mehrtagestouren durch.

# Ouarzazate – Agdz – Zagora

■ **Ca. 250 km, gute Teerstraße, N9.**

■ Die Route führt durch wild zerklüftete braune Wüstenberglandschaft bis Agdz, dann landschaftlich sehr schön entlang der Palmenhaine des **Oued Drâa** (südliche Straße der Kasbahs). Der Drâa ist von einem breiten Palmenband gesäumt, er führt in der Regel Wasser bis Zagora, in regenreichen Jahren bis M'hamid, und versickert dann in der Sahara. Der Oued Drâa erreicht als einziger Fluss Marokkos aufgrund des Staudamms in Ouarzazate den Atlantik nicht mehr – davor wenigstens noch von Zeit zu Zeit. Sein lang gezogenes Flussbett und die Mündung sind allerdings sowohl auf der Landkarte als auch in natura gut zu erkennen. Viele erhaltene **Kasbahs** und ursprüngliche **Ksour** sind auf der linken Drâa-Seite zu bewundern. Die Gegend lieferte die traumhaft schönen Landschaftsbilder für *Bertoluccis* Film „Der Himmel über der Wüste".

■ **Busse** verkehren ab Ouarzazate.

Im Zentrum von Ouarzazate vor dem Tourismusamt (von Marrakesch kommend) rechts abbiegen, dann führt eine Furt über den Oued Ouarzazate. **2 km** hinter Ouarzazate liegen die Hotels Les Jardins de Ouarzazate und La Vallée (vgl. Ouarzazate/Unterkunft). Bei der darauffolgenden Kreuzung geht es rechts nach Marrakesch und geradeaus weiter nach Zagora.

Nach **4 km** zweigt links die Zufahrt zum Gästehaus und Camping Dar Daif (Kasbah des Cigognes, vgl. Ouarzazate/Sehenswertes) ab und bei km 15 führt ein Abzweig zum Stausee El Mansour Eddhabi (s. Ouarzazate).

**42 km** hinter Ouarzazate ist der Ort **Aït Saoun** erreicht.

Hinter dem Ort führt die Straße in Serpentinen bergauf zum **Tizi-n-Tinififft** (1860 m), der nach 4 km erreicht ist, Von der Passhöhe bietet sich in Richtung Norden an klaren Tagen ein weiter Blick auf die Bergkette des Hohen Atlas mit seinen (schneebedeckten) Gipfeln. **4 km weiter** auf der Serpentinenstraße bergab folgt ein **Aussichtspunkt** – das Panorama auf das grüne Drâa-Tal inmitten der braunen Berglandschaft ist überwältigend. Die gänzlich unbewachsenen Gesteinsschichten sind wie verrutschte Tortenböden schräg übereinander gefaltet. In einem engen Canyon zwängt sich der Drâa durch die faszinierenden Wüstenberge.

Bei **km 58** kann man einen Abstecher nach Osten (links, Schild „Camping" oder „Cascades", N 30°43,572', W 06°32, 058') zu den kleinen Wasserfällen **Cascades de Tizgui** unternehmen. Die gute, breite Piste (in der Regel auch mit Pkw oder Wohnmobil befahrbar) führt durch bergige Landschaft. Fahren Sie nach ca. 6 km bei einer Pistengabelung links. Bei km 8 geht es links kurvig bergab, bis nach ca. 700 m ein Parkplatz auf 1029 m Höhe erreicht ist, auf dem man in wunderschöner Gegend mit dem Wohnmobil auch über Nacht stehen kann (N 30° 46,704', W 06°31,754') Rechts führt die Piste weiter zum **Douar Tizgui;** die Palmenoase liegt im breiten Flusstal des Oued Drâa.

Vom Parkplatz führen Treppen (Hinweisschild) an einem steinigen Flussbett entlang zu den **Cascades de Tizgui** (ca. 8 Min. Fußweg). Der kleine Wasserfall (in regenarmen Jahren manchmal trocken) ergießt sich von einer romantischen Schlucht mit Palmen und Tümpeln nach unten in ein Wasserbecken. Ist genügend Wasser vorhanden, kann man hier herrlich baden und die Rinne von der letzten Steinstufe als Rutsche benutzen. *Omar* hat hier ein bescheidenes Freiluftrestaurant errichtet und betrachtet sich als Wärter der Wasserfälle – bei ihm kann man einen Tee trinken oder eine Tajine bestellen, die unter dem mit Teppichen ausgelegten Schattendach schmoren. Hier kann man ein paar entspannte Stunden verbringen.

Zurück auf der Hauptstraße durchfährt man nach 2 km (**km 59** ab Ouarzazate) das Dorf **Ourika** (1100 m) in einem Palmenhain.

**Agdz** (auch Agdez geschrieben) ist **67 km** nach Ouarzazate erreicht.

## Agd(e)z

Das Städtchen, früher eine französische Garnison, wächst wie viele marokkanischen Orte rasant. Agdz (900 m) liegt am Oued Drâa am Fuße des 1531 m hohen **Djabal Kissane,** der als schwarzer, lang gezogener Tafelberg die Kulisse bestimmt. In der Festung auf einem Hügel sind marokkanische Soldaten stationiert. Auf dem Marktplatz findet donnerstags ein sehenswerter **Souk** statt (bis 12 Uhr, links der Straße nach Zagora).

Die Händler in den **Läden an der Durchgangsstraße** (Arkaden) bieten manchmal recht offensiv ihre Waren an.

097m015 ed

Man kann hier dennoch einige schöne Dinge finden.

Wem es in Ouarzazate zu touristisch und modern ist, der wird sich in Agdz wohl fühlen, denn die Menschen hier – im Siedlungsgebiet der **Mezguita-Berber** – sind freundlich und (abgesehen von den Basaristen) keineswegs aufdringlich. Die schöne Lage im Drâa-Tal lädt zu Ausflügen in die Umgebung ein.

Biegt man im Zentrum am Knick der Hauptstraße (Beschilderung u.a. „Dar Qamar, Camping Palmeraie") links in Richtung Norden auf eine kleine Teerstraße ab, so erreicht man nach etwa 2,5 km die beiden lange Zeit verfallenden **Kasbahs Qaid Ali (Asslim)** im Palmenhain. Die untere Kasbah mit hohen Wehrtürmen direkt neben dem Campingplatz ist über 150 Jahre alt, im angeschlossenen Riad können Zimmer gemietet werden (vgl. „Campingplätze/Kasbah Palmeraie"). Die obere Kasbah ist ca. 250 Jahre alt. Beide Lehmburgen gehören der Familie *Aït el Qaid;* in den 1950er Jahren lebten noch etwa 200 Mitglieder des Familienclans in den beiden Kasbahs. Der Soziologe *M'Barek Aït el Qaid,* einer von vier Brüdern, eröffnete 1990 den Campingplatz, um durch die Einnahmen den Erhalt der Kasbahs zu gewährleisten. Sein Großvater war der letzte Qaid des nördlichen Drâa-Tals **(Qaid Ali).** Inzwischen wurde die untere Kasbah mit Hilfe der privaten Organisation Lehmexpress (www.lehmexpress.de), der Bauhaus-Universität Weimar und freiwilligen Helfern teilweise restauriert. Im Obergeschoss ist eine kleine Ausstellung untergebracht, die die Architektur der Kasbah und die Renovierung dokumentiert. Die Ausmaße der al-

⌃ Kasbah Qaid Ali (Asslim)

Agdz
0 500 m
©Reise Know-How 2015
Marok_80
Palmeraie
Palmeraie
Oued Drâa
Friedhof
Alter Ksar
Lycée
Supratours
Haupt-platz
CTM
Markt
Ouarzazate
Zagora
Übernachtung
1 Casbah des Arts
2 Kasbah Azul
4 Kasbah Caïd Ali, Camping Kasbah Palmeraie
5 Rose du Sable
6 Dar Jnane
7 Dar Qamar
8 Kasbah Drâa
10 Riad Tabhirte
Essen und Trinken
8 Kasbah Drâa
9 Sable d'Or
Sonstiges
3 Eden Aventure
Taxis

ten Familienresidenz sind beeindruckend; es bleibt noch viel Restaurierungsarbeit zu tun. Von den sechs Türmen hat man – besonders im Abendlicht – einen herrlichen Blick auf den Djabal Kissane, den verschachtelten Ksar und die Oasengärten. Die Kasbah kann in Begleitung eines Familienmitglieds besichtigt werden.

Von der Palmeraie und dem angrenzenden alten (großteils verfallenden) Ksar sind tolle **Wanderungen und Touren mit dem Mountainbike** ins obere Drâa-Tal, durch die Oasen und Dörfer möglich. Eine schöne Wanderung führt zum Beispiel in 2–3 Stunden (ca. 8 km) durch die **Oasengärten** bis Tamnougalte. Am besten man lässt sich vom Gästehaus oder Camping einen Führer vermitteln.

## Praktische Informationen

### Unterkunft

■ **Auberge d'Ouriz**①, 2 km vor Agdz (von Zagora kommend, etwas abseits der Hauptstraße, beschildert), Tel. 0524 84 39 60, www.maison-ouriz.com. Schlichtes, kleines Gästehaus mit sauberen Zimmern mit Ventilator. Der nette, zurückhaltende *Abdellah Elkamili* organisiert mehrtägige Eseltrekkings im Drâa-Tal mit Übernachtung bei lokalen Familien (von Lesern sehr gelobt) – so lernt man auf authentische Art das Dorfleben im Süden kennen. Abdellah spricht auch englisch.

■ **Casbah des Arts**④ (mit Frühstück), Mobil 0668 51 95 52 oder 0662 84 75 12, www.casbahdesarts.com. *Kamal el Kacimi* (spricht deutsch) und *Abderazak Aït el Qaid* (Enkel des letzten Qaids) gestalteten diese 300 Jahre alte Kasbah zu einem Gästehaus um. Sieben hübsch traditionell gestaltete Zimmer mit Tadelakt-Bad, Restaurant, Organisation diverser Aktivitäten möglich.

■ **Dar Jnane**③, Mobil 0673 18 13 14 *(Lahcen)*, dokali.vrinat@wanadoo.fr. Leser empfahlen dieses wunderbare Gästehaus des freundlichen frankomarokkanischen Paars *Lahcen* und *Dominique* im alten Ksar im ruhigen Palmenhain. 2 Zimmer, eine Familiensuite, großer Garten mit Terrasse, WLAN.

MEIN TIPP: **Dar Qamar**③, in der Palmeraie, ca. 2 km vom Zentrum entfernt (Richtung Kasbah Qaid Ali, dann rechts ab von der Hauptstraße in den alten Ksar), Tel. 0524 84 37 84, www.darqamar.com, N 30°42,440', W 06°26,918'. Sehr schönes Gästehaus im Lehmbaustil mit üppigem Hofgarten (Rosen, Hibiskus, Orangen) und beheiztem Pool unter Palmen. Sieben große Zimmer im Berberstil mit AC und Tadelakt-Bädern. Wunderbar ruhige Lage am Rande des alten Ksar und der Oasengärten. Exquisites französisch-marokkanisches Essen (nicht nur Tajine und Couscous), Alkoholausschank, Parkplatz im Hof, Hammam, WLAN.

MEIN TIPP: **Kasbah Azul**④, Douar Asslim, Tel. 0524 84 39 31, Mobil 0670 72 33 89, www.kasbahazul.com. Diese wunderschöne Herberge ist eine Oase der Ruhe inmitten des Palmenhains. Die Anlage mit sieben Zimmern (mit großen Tadelakt-Bädern) und zwei Suiten (mit je zwei Räumen und Bädern) wird von dem sehr netten französisch-marokkanischen Paar *Sylvie* und *Nasser* geführt. Das Gästehaus liegt in einem herrlichen Garten mit beheiztem Pool am Ende der Palmeraie. Hier findet man Ruhe und Luxus mit marokkanischem Ambiente. WLAN.

■ **Kasbah Drâa**②, vor Agdz (von Ouarzazate kommend) auf der linken Seite, Tel. 0524 84 33 46. Einfache, ordentliche Zimmer in einem Bungalow im großen Oliven- und Obstgarten, gutes Restaurant (vgl. auch „Essen und Trinken“).

■ **Kasbah Caid Ali**②, einfache Zimmer in den Lehmgemäuern der alten Kasbah (vgl. „Campingplätze/Kasbah Palmeraie“).

■ **Kissane**②, Av. Mohamed V., am Ortsanfang rechts (von Ouarzazate kommend), Tel. 0524 83 30 44, kissane@menara.ma. Das einzige klassifizierte Hotel erfüllt keinen 3-Sterne-Standard, der Pool ist nicht immer gefüllt. Alkoholausschank.

■ **Riad Tabhirte**③, Mobil 0678 45 80 76 oder 0668 68 00 47, www.riadtabhirte.com. Hübsches Gästehaus mit Hofgarten unter Führung von *Hussein Achabak* und seiner französischen Frau *Evelyne Fabre*. Es gibt auch günstige und nette Nomadenzelte im Garten. Sicherer Parkplatz, im Winter beheizter Salon. Drei Zimmer mit Bad.

■ **Rose du Sable**③ (mit Frühstück, günstiger bei Zahlung in Euro), in der Palmeraie, ca. 2 km vom Zentrum entfernt (Richtung Campingplatz/Kasbah Asslim), Tel. 0524 84 30 62, Mobil 0666 04 76 22, www.rosedusable.com. Hübsches, in traditioneller Lehmbauweise errichtetes Gästehaus der Schweizerin *Katrin Bänziger*. Die acht (2er- und 3er-) Zimmer mit AC/Heizung schmücken originelle Ornamente aus verschiedenfarbigen Graniten. Vier klimatisierte Zimmer im OG und auf dem Dach mit eigenem Bad und Blick über die Palmeraie. Die Zimmer im EG mit Innenhof und TV-Salon teilen sich zwei Bäder. Es gibt einen hübschen kleinen Garten mit einer schattigen Laube und einem kleinen Pool. Sehr ruhige Lage in der Palmeraie, entspannte Atmosphäre, üppiges Menü auf Bestellung. Ausflüge können organisiert werden (Kameltouren, mit 4x4 etc.).

### Campingplätze

■ **Kasbah Palmeraie,** Tel. 0524 84 36 40, 0524 24 84 33 87, www.casbah-caidali.net, N 30°42,700', W 06°26,795'. In der Ortsmitte bei der abknickenden Hauptstraße nach Norden (von Ouarzazate kommend links) abbiegen (Schild), dann ca. 2 km Teerstraße und Piste bis zum Platz (200 m hinter dem Gästehaus Rose du Sable auf der rechten Seite). Der weitläufige Platz liegt romantisch und ruhig unter hohen Dattelpalmen (dennoch bei den Stellplätzen wenig Schatten) zwischen der Kasbah Qaid Ali und den Oasengärten. Er wird von *Aziz Aït al Qaid* und seiner französischen Frau *Gaelle* betrieben. Die Sanitäranlagen sind sauber, es gibt Stromanschlüsse für Caravans. Die Zisterne dient als Pool – es läuft ständig Frischwasser nach, es wird regelmäßig entleert, doch die Wände und der Boden sind nicht immer algenfrei. Neben dem Pool gibt es ein einfaches Restaurant mit WLAN (Essen auf Bestellung, Menü 75 DH). Es besteht auch die Möglichkeit, im ca. 100 Jahre alten Riad neben der Kasbah sehr einfache Zimmer zu mieten (saubere Dusche/WC separat). *Gaelle* spricht deutsch und führt kompetent durch die sehenswerte Kasbah, die in Zusammenarbeit einer Privatinitiative von *Manfred Fahnert* (www.lehmkunst.de) und einer deutschen Uni fachgerecht renoviert wurde.

Von Gaelle kann man sehr viel über die Umgebung erfahren und gute Tipps für Ausflüge bekommen. Auf Wunsch werden diverse Ausflüge (z.B. Cascades de Tizgui, Kasbah Tamnougalte) organisiert. Nach Tamnougalte marschiert man von hier aus etwa 2 Std. (8–9 km). Preise: Camping 14 DH p.P. (10 DH Kind), Auto 12 DH, Wohnmobil 22 DH, Geländewagen mit Dachzelt oder Kleinbus 17 DH, Zelt 12 DH, Strom 20 DH, Zimmer im Riad② (je nach Saison), Bei Aufenthalten ab vier Nächten gibt es Rabatt. Besichtigung der Kasbah 30 DH (etwa 1 Std.). Gegenüber befindet sich ein Hammam (Frauen nachmittags, Männer morgens und abends, 10 DH).

■ Eine weitere Camping- und Übernachtungsmöglichkeit im Nomadenzelt besteht beim **Camping La Palmeraie Caravane Targuix** (ausgeschildert) in der Nähe der Kasbah Qaid Ali, aber nicht so schön und mit wenig Schatten, dafür preiswerter.

### Essen und Trinken

**Am Hauptplatz** vor dem Marktgelände gibt es mehrere einfache Restaurants.

■ **Kasbah Drâa,** vor Agdz (von Ouarzazate kommend) auf der linken Seite, Tel. 0524 84 33 46. Kasbah-Restaurant in einem schönen Olivengarten mit hübscher Terrasse und nüchtern gefliestem Speisesaal für die Bustouristen, die hier einkehren (saubere WCs).

■ **Sable d'Or,** im Ortskern an der Hauptstraße. Gutes, preiswertes Essen, auch Pâtisserie.

### Busse

Die **CTM-Busse** von Marrakesch, Ouarzazate und Agadir halten in Agd(e)z auf dem Weg nach Zagora.

Das **CTM-Büro** liegt direkt am Markteingang. Unter den Arkaden an der Hauptstraße gibt es ein **Supratours-Büro** (ggü. Attijariwafa Bank).

**Sammeltaxis** halten am zentralen Platz gegenüber dem Markteingang.

**Verbindungen und Preise**

- **Zagora:** CTM-Bus 3x tägl., ca. 2 Std. Fahrzeit, ca. 40 DH. Supratours-Bus 1x tägl. spätabends.
- **Agadir:** CTM-Bus 2x tägl. (von Zagora kommend über Taznakht, Taliouine)
- **Ouarzazate:** CTM-Bus 3x tägl., ca. 75 Min., ca. 35 DH. Supratours-Bus 1x tägl. morgens (Bus nach Casablanca).
- **Marrakesch:** CTM-Bus 1x tägl. abends, ca. 6 Std. Fahrzeit, ca. 115 DH. Supratours 1x tägl. morgens (Bus nach Casablanca).
- **Casablanca** (über Ouarzazate, Marrakesch): CTM-Bus 2x tägl. (morgens und abends), ca. 10 Std. Fahrzeit, ca. 205 DH. Supratours 1x tägl. morgens.
- **Sammeltaxis** halten am Hauptplatz im Zentrum (z.B. nach Zagora und Ouarzazate). Ein Grand Taxi nach Ouarzazate kostet ca. 25 DH p.P. (bei Vollbesetzung mit 5 Pers.) bzw. 150 DH für das ganze Taxi.

### Feste/Veranstaltungen

- **Moussem Sidi El Haj,** im Douar Zaouite Taoudacht bei Agdz, im August.
- **Moussem Sidi Hssaine,** in Agdz, Ende Sept.
- **Moussem Zaouite Timesla,** bei der gleichnamigen Zaouia bei Agdz, am 18 Rabia I.
- **Moussem Sidi Ameur,** im Douar Sidi Ameur bei Agdz, 12 Rabia I.

### Sonstiges

Im Ort gibt es eine **Post** (an der Straße Richtung Palmeraie), mehrere **Internetcafés** und einige **Banken mit Geldautomat** (z.B. am Hauptplatz ggü. dem Eingang zum Souk).

## Weiterfahrt nach Zagora

**Hinter Agdz** ändert sich die Szenerie. Die schöne Strecke führt durch das Tal des Oued Drâa und ist landschaftlich recht abwechslungsreich. Das Flusstal wird zur Linken von dem hohen Bergzug des Djabal Kissane begrenzt – davor ein breiter Saum von Dattelpalmen und vielen Kasbahdörfern: Dar Cheikh-el-Arabi, Dar Fatima u.v.m. Tamarisken und Schirmakazien geben der Landschaft einen ostafrikanischen Anstrich.

Ein lohnender Abstecher führt bei **km 72** (5 km hinter Agdz) links über die Brücke in den **Ksar Tamnougalte.**

## Tamnougalte

Hier finden sich mehrere schöne Kasbahs innerhalb des befestigten Dorfes (Ksar), darunter auch die **älteste Kasbah des Drâa-Tals.** Die Besichtigung des alten Ksar sollte man sich keinesfalls entgehen lassen. Jahrhundertelang war die **Kasbah Tamnougalte** – was übersetzt so viel wie „Ort des Zusammentreffens" bedeutet – Herrschaftssitz und Schutzburg für die umliegenden Dörfer (vgl. Exkurs unten). Ihre Gründung geht auf den Begründer der Alawitendynastie, *Moulay Rachid,* zurück, der im 17. Jahrhundert herrschte. Tamnougalte war ein wichtiger Marktflecken auf der Karawanenroute in Richtung Timbuktu. Die Kasbah als Fürstensitz und Karawanserei sicherte den Machtanspruch der Herrscher in diesem Gebiet.

Bereits auf dem Weg ins Dorf passiert man nach ca. 1 km die links auf einem Hügel thronende etwa 60 Jahre alte **Kasbah Taouirt** (nicht zu verwechseln mit

# Tamnougalte – die Geschichte einer Kasbah und viel mehr …

von *Muriel Brunswig-Ibrahim*

Jahrhundertelang war die Kasbah von Tamnougalte **Herrschaftssitz und Schutzburg** für die umliegenden Dörfer. Herrschaftlich, wenn auch vom Verfall bedroht, ist sie heute noch. Nicht nur der bekannte Regisseur *Bernardo Bertolucci* hat die Schönheit und die Mystik dieses Ortes erkannt. Zahlreiche Filme wurden hier gedreht, und es war für keinen schwer, den Zauber Tamnougaltes einzufangen.

Irrtümlicherweise wird die Kasbah Tamnougalte oft mit ihrer Schwester Taouirt verwechselt, die nur wenige hundert Meter daneben stolz auf einem Hügel thront. Stolz auch darauf, dass sie in dem berühmten Film „Der Himmel über der Wüste" eine Rolle spielen durfte: die des Fort Bounoura, in welchem der Protagonist stirbt. Abgesehen davon hatte sie keine Funktion. Erst vor 60 Jahren erbaut und nie vollendet, war sie nicht mehr als ein „Lückenfüller" im Konkurrenzkampf zwischen Glawi- und Qa'id-Familien. Nicht so die Kasbah Tamnougalte, die sich inmitten des alten Dorfes erhebt. Sie war die **erste Kasbah des Drâa-Tals,** sie kann auf eine lange und bewegte Geschichte zurückblicken.

Ein alter Mann, würdig im blauen Anzug, eine Zigarette im Mundwinkel, ansonsten jedoch zahnlos, erzählt die Geschichte seiner Familie. Er ist der Neffe des vorletzten Qa'ids von Tamnougalte und über 80 Jahre alt. Er freut sich, dass eine Europäerin etwas über seine Familie erfahren möchte und so beginnt er zu erzählen:

Weißt Du, sagte er, das ist eine lange Geschichte. Erinnerst Du Dich an *Moulay Rachid?* Ich frage ihn, ob er damit den Begründer der **Alawiten-Dynastie** meint, den Vorvater des heutigen Königs, der Mitte des 17. Jahrhunderts die Macht übernahm. Natürlich den, wen denn sonst? Nach einer kurzen Pause, in der ich zweifelnd gemustert werde, ob ich es wohl wirklich wert bin, dass man mir diese Geschichte anvertraut, nimmt der alte Mann den Faden wieder auf: **Moulay Rachid** war unzufrieden. Jahrelang hatte er das Herrscherhaus beobachtet und den steten Verfall seiner Macht erkannt. Ihm war klar, dass die Dynastie dem Untergang geweiht war, und so beschloss er, das Schicksal in seine Hände zu nehmen und selbst Sultan zu werden. Das Problem war *Ben Micha'il,* ein Jude, der immer an der Seite des Sultans war und ihn beschützte. Wenn man die Macht wollte, musste man an Micha'il vorbeikommen – aber wie? Er fragte seinen engsten Vertrauten, **Ali Mansur.** *Ali,* ein gewitzter Berber aus dem Rifgebirge, überlegte und ersann einen teuflischen Plan: Micha'il war für seine Gier nach Gold bekannt. Also würde er eine Kiste mit Gold erhalten, die so groß sein sollte, dass darin Ali selbst und zwei weitere Krieger Platz hätten. Die Kiste wurde zu Micha'il gesandt, und als dieser sie öffnete, sprangen die Krieger heraus, töteten den Mann und erlangten so die Herrschaft für Rachid. Meuchelmord also, der den ersten Sultan der neuen Dynastie an die Macht brachte, die bekannte Geschichte vom trojanischen Pferd.

[>] Die Kasbah von Tamnougalte vor ihrer Renovierung

Der alte Mann fragt mich, ob dieser Umstand ein schlechtes Bild auf seine Familie werfe, denn, man ahnt es schon, der mutige Ali Mansur war niemand anderes als der Vorfahr der Familie *Ad't al-Qa'id,* die bis zum heutigen Tag in der Kasbah lebt. Ich weise darauf hin, dass dies nicht der einzige Fall gewaltsamer Machterlangung sei und er sich deswegen keine Sorgen zu machen brauche. Er freut sich, denn Ali Mansur war es, der auf diese Weise die Herrschaft der Familie im Drâa-Tal etablierte.

Moulay Rachid hatte aus den Fehlern seiner Vorgänger gelernt. Ein zentral geführter Staat, das hatte die Geschichte bewiesen, ließ sich nicht regieren. Also setzte er Verwalter ein, **Gouverneure,** die in seinem Namen das Land regierten. Als Dank für das, was Ali Mansur mit seinen zwei Brüdern für ihn getan hatte, ernannte er ihn zum **Qaid** (arab. Führer, Gouverneur) des Drâa-Tals und ließ als dessen Herrschaftssitz die erste **Kasbah** in Tamnougalte errichten. Und da steht sie noch heute. Sichtlich angeschlagen, aber sie steht. Großartig das Tor, reich verziert die Innenräume. *Jalil,* der Großneffe des alten Mannes, der mir so spannend die Geschichte seiner Familie erzählte, führt mich durch die Burg und erklärt mir ihre Funktionen, denn eine Kasbah war mehr als nur ein Herrschaftssitz. Sie war Schutzburg für umliegende Dörfer, die den Stammeskriegen ausgesetzt waren, sie war Versammlungsort für den Dorfrat, Wohnort für die Herrschaftsfamilie und Marktfleck zugleich. Mit einer Fackel führt er mich durch dunkle Gänge von Hof zu Hof, erklärt mir die Architektur des Lehmbaus und erzählt mir viel über die Geschichte des Hauses. Von einer Kasbah gelangen wir über die Dächer zur nächsten, denn bald schon wurden mehr und mehr Kasbahs errichtet, zwei davon im selben Dorf, die anderen in Sichtweite der jeweils nächsten – eine Kette von Kasbahs, die sich, parallel zum Fluss, das Tal entlang bis nach Zagora zieht.

aga_110 dd

Tamnougalte, was in der Übersetzung so viel bedeutet wie „Ort des Zusammentreffens“, war seit ewigen Zeiten ein **wichtiger Marktfleck** auf der langen Handelskarawanenstraße von Fès nach Timbuktu: die erste Oase, wenn man – von Marrakesch kommend – die Berge des Hohen Atlas und des Tinifift hinter sich gelassen hatte, die letzte für die Karawanen, die Gold, Elfenbein, Sklaven und Salz vom Süden nach Marrakesch transportierten.

Die Kasbahs des Drâa-Tales nördlich von Zagora blieben in den Händen der Nachkommen Alis. Starb ein Qa'id, übernahm – ganz im Sinne Moulay Rachids – der älteste Bruder dessen Funktion. So war es ausgemacht, damals, 1656, als Ali Mansur die Herrschaft im Drâa-Tal übernahm. Denn seine Brüder waren es gewesen, mit deren Hilfe er Ben Micha'il hatte meuchelmorden können. Nur unter der Bedingung, dass es keinen Bruder mehr gibt, darf das Amt an den ältesten Sohn übergeben werden oder – falls es diesen nicht gibt – an den Neffen. Auf diese Weise wurde es bis Mitte der 1940er Jahre gehandhabt, als die Familie ihren Titel abgeben musste. Nicht nur das, sie verlor ihren Besitz, ihr Land, ihre Kasbahs und somit ihre Ehre. Schuld daran war das französische Kolonialsystem, oder, besser gesagt, der kollaborierende **Berberfürst Tami ibn Mohamed al-Maswari al-Glawi.**

Betretenes Schweigen, als ich nach diesem Mann frage, dann blitzt Zorn aus den Augen des alten Mannes, der mir so schön die Geschichte seiner Vorfahren erzählt hatte. „Ein Verräter“ zischt er, „nicht wert, dass man sich seiner erinnert“. Natürlich bin auch ich empört, möchte dann aber doch mehr erfahren über diesen Mann, der auch von offizieller Seite in Marokko totgeschwiegen wird. Von den Menschen des Südens erfährt man nicht mehr, als dass die Glawis Verräter waren, Zorn bei der Erwähnung seines Namens. Kramt man aber ein wenig in der Literatur, wird man schnell fündig: Auf ihn gehen prächtige Kasbahs wie die Kasbah Taouirt in Ouarzazate oder Telouèt zurück.

Schon im 19. Jahrhundert schaffte es der **Berberclan der Glawa,** sich durch skrupellose Kämpfe als größter Großgrundbesitzer des Südens zu etablieren. Seine Herrschaft war gefürchtet, seine Brutalität bekannt. Während die Berber erbittert gegen die französische Vorherrschaft kämpften, nutzte jener berüchtigte *Tami ibn Mohamed* die Gunst der Stunde und schloss sich den **Franzosen** an, die das Land 1912 zu ihrem Protektorat erklärt hatten. Spätestens damit begann sein Verrat. Seite an Seite mit den Franzosen erkämpfte sich der „Sultan des Südens“, wie er zu dieser Zeit genannt wurde, die Vorherrschaft im Drâa-Tal. Bis Mitte der 1940er Jahre konnten sich die Qa'ids mit Hilfe der Bevölkerung noch halten, dann wurde der letzte Widerstand gebrochen. *Si Ali,* der letzte Qa'id von Tamnougalte (welch Ironie des Schicksals, dass der letzte Qa'id denselben Namen trug wie der erste), musste ins Exil, seine Familienmitglieder wurden aus der Region verbannt, einige wanderten ins Gefängnis.

Heute noch sichtbares Zeugnis dieser Zeit der großen **Konkurrenz zwischen den sultanfreundlichen Qa'ids und den franzosentreuen Glawis** sind die zahlreichen Kasbahs, die mit Beginn des 20. Jahrhunderts in der Region entstanden. Jede Familie versuchte, mit dem Bau einer Kasbah die andere Familie zu übertrumpfen. Wo eine Qa'id-Kasbah stand, wurde in direkter Nachbarschaft eine Glawi-Kasbah errichtet; exponierte Orte, wie der Hügel bei Tamnougalte, wurden durch den Bau einer Kasbah „besetzt“. Nicht nur die wunderschöne Kasbah Taouirt von Tamnougalte besteht fast nur aus den Außenmauern, **viele Kasbahs wurden nie**

**vollendet,** waren wie Taouirt nur „Lückenfüller" im Konkurrenzkampf. Heute zerfallen die Glawi-Kasbahs mehr und mehr, nur wenige werden – im Zeichen eines zunehmenden Tourismus – zögernd restauriert. Das erzählt mir der alte Mann nicht …

Der Triumph der Glawi hielt nicht lange an. Schon 1956 musste sich Tami ibn Mohamed ergeben und sich dem **Sultan Mohamed V.** unterwerfen. Sein Besitz wurde verstaatlicht, seine Familie wanderte nach Frankreich aus. Er selbst starb nur wenige Monate nach seiner Niederlage. Der Untergang des einen war der Sieg des anderen: Aufgrund ihrer langen Sultanstreue erhielt die Familie Ad't al-Qa'id ihren Besitz zurück. Natürlich konnte das alte System der Qa'id-Herrschaft in dem jungen Staat nicht übernommen werden, aber die Ehre war wiederhergestellt und Si Ali konnte eines zufriedenen Todes sterben. Er hinterließ seinen Söhnen und Neffen zehn Kasbahs. Ein paar davon sind heute zerfallen, denn die Lebensdauer einer Kasbah ist – wenn man sie nicht fortwährend erneuert und restauriert – kurz. Die meisten aber sind von den Nachfahren der Erben bewohnt, darunter sind zwei, die man besichtigen kann. Die eine ist die „Originalkasbah" in Tamnougalte, inzwischen fast 350 Jahre alt, die andere ist die **Kasbah Qaid Ali (Asslim)** in Agdz.

Der alte Mann lächelt mir zu und gebietet seinem Enkel, mir noch einmal Tee einzuschenken. Ob ich noch eine andere Geschichte hören möchte, die Geschichte vom furchtlosen Abdelkrim, der die Franzosen bekämpfte. Mir scheint, er muss beweisen, dass al-Glawi keine Brüder hatte. Ich nicke begeistert. Er zündet sich eine Zigarette an, nimmt einen Schluck des köstlichen Tees und beginnt zu erzählen …

der Kasbah Taourirt in Ouarzazate) – besser bekannt als das „Fort Bounoura" aus *Bernardo Bertoluccis* Film „Himmel über der Wüste" (1990). Für den Film wurden eigens ein Tor gebaut und eine Sanddüne angekarrt, um das Fort Bounoura, in dem der Hauptdarsteller starb, stilecht darzustellen. Leider verfällt die Kasbah heute (Besichtigung möglich).

Kurz darauf befindet sich auf der rechten Seite das **Hotel Kasbah Itrane** (s.u.). Die schmale Piste führt rechts durch ein Eingangsportal – vorbei am Marabout Sidi Abdullah ou Ali – in den Ksar Tamnougalte zum Parkplatz vor dem Restaurant und **Gästehaus Chez Yacob** (s.u.). Direkt am Eingang in den Ksar beim Parkplatz befindet sich ein **Hammam** (tagsüber für Frauen, ab dem Abend für Männer geöffnet).

Der **Ksar Tamnougalte** ist ein verschachteltes Labyrinth aus dunklen Gängen, die drei Caid-Kasbahs miteinander verbinden. Es leben noch etwa zwanzig Familien im Ksar. Die **Kasbah des Caids** aus dem 16. Jahrhundert wurde in Privatinitiative von der Eigentümerfamilie *Aït el Caid* renoviert. In der Kasbah mit schmucken Innenhöfen, Salons, Hammam, Küche und Dachterrasse kann man alte Gebrauchsgegenstände bewundern und bei einer Führung viel über die Lebensweise in einem Ksar erfahren. Besonders interessant ist die Architektur aus traditionellen Bauelementen einer Kasbah (Lehmmauern, Holztüren, Deckenbalken aus Palmholz) und maurischen Elementen (Bogengänge, Deckenbemalungen). Das **Eingangsportal** in den Ksar mit alter Holztür und Steinornamenten wurde sehr schön renoviert. Sehenswert ist auch der **Funduq Labarjj** mit Stuckverzierungen, Säulen und bemalten Tamariskenholzdecken. Wegen der Renovierungsarbeiten kann momentan nur ein Teil des Gesamtkomplexes besichtigt werden – dennoch lohnt sich ein Besuch.

Zur weiteren Renovierung und Erhaltung des Museums wird ein **Eintritt** von 20 DH pro Person verlangt. Eine **Führung** durch die Kasbah und das alte, verfallende Judenviertel (Mellah) dauert gut 1 Std. und kostet etwa 100 DH (Verhandlungssache). Ein empfehlenswerter Führer ist *Baba Abdellah*, Tel. 0662 40 35 68. Mit ihm kann man auch eine schöne Wanderung von Agdz durch die Oasengärten bis Tamnougalte bzw. zurück unternehmen (2–3 Std.).

Weitere **Infos** unter www.kasbah-descaids.com.

## Praktische Informationen

### Unterkunft/Essen und Trinken

■ **Au Jardin de Tamnougalte**③ (mit Frühstück), an der Zufahrtspiste nach Tamnougalte am anderen Flussufer auf der rechten Seite, Tel. 0524 84 36 14, lesjardinsdetamnougalt@gmail.com. Die freundliche Familie von *Ismail Elalaoui* vermietet saubere Zimmer mit Bad in einem sehr schönen Palmengarten. Wohnmobilisten können im ummauerten Hof (kaum Schatten, keine Dusche/WC) **campen.**

**Bab el Oued**④, hinter dem Abzweig zur Kasbah Tamnougalte rechter Hand, mehr oder minder unterhalb der Kasbah Taouirt, Tel. 0660 18 84 84 oder 0619 40 28 32, www.babelouedmaroc.com. Diese Ecolodge der Französin *Mathilde Richard* ist ein wahres Kleinod im Palmenhain. Mathilde wurde 2012 für ihr Projekt mit dem Preis „Trophées Maroc du Tourisme responsable" (Preis für verantwortlichen Tourismus) ausgezeichnet. Fünf geräumige, klimatisierte Bungalows reihen sich entlang des Pools im herrlichen Garten. Es gibt ein Restaurant mit gutem, aber teurem Essen (150–200 DH) und marokkanischem Gebäck. Das Haus wird ökologisch vorbildlich mit biologischer Klärgrube und Solarstrom betrieben.

■ **Chez Yacob**③ (mit HP) im Ksar (direkt am Parkplatz), Tel. 0524 84 33 94 oder Mobil 0666 10 43 05, www.lavalleedudraa.com. In diesem freundlichen Restaurant in einer Kasbah aus dem 18. Jh. sitzt man entweder im kühlen Patio oder auf der Dachterrasse mit schönem Ausblick. Gute Tajine/Couscous/Brochette u.a. 65 DH. 9 große, saubere Zimmer mit Bad (heißes Wasser) und AC.

■ **Kasbah Auberge/Camping Itrane**③, Tel. 0524 84 33 17, Mobil 0666 77 88 20, www.kasbahitranetamnougalte.com. Das nicht sehr kreativ gestaltete Hotel im Kasbahstil liegt direkt am Palmengarten und hat ein Restaurant mit Terrasse zum großen Pool. 10 großzügige Zimmer mit schlichten gefliesten Bädern und 5 kleinere Zimmer (etwas günstiger). Ein netter **Campingplatz** ist angeschlossen.

■ **Kasbah Timidarte,** vgl. Timidarte in der weiteren Routenbeschreibung.

### Busse

Busse **nach Agadir, Zagora und Ouarzazate** können an der Hauptstraße angehalten werden.

### Routenvariante

Wer nicht auf der Teerstraße Richtung Zagora weiterfahren möchte, kann von Tamnougalte aus die Piste nehmen, die **links des Drâa** an zahlreichen schönen Lehmdörfern und Kasbahs vorbei nach Süden führt. Sie ist ab Tansikht allerdings nicht mehr für Pkw befahrbar.

# Weiterfahrt nach Zagora

Wieder Richtung Zagora geht es **auf der Hauptstraße** entlang des palmengesäumten Drâa-Tals mit malerischen Oasengärten und Ksour.

Bei **km 83** (16 km hinter Agdz) führt eine 1 km lange Piste zu dem Ort **Timidarte.** Am Eingang zum alten Ksar liegt die **Kasbah Timidarte** aus dem 17. Jh., die *Hussein Achabak* in jahrelanger Arbeit sehr authentisch mit alten Handwerkstechniken restauriert und zu einer Herberge② (mit Frühstück) umgestaltet hat (Mobil 0668 68 00 47, www.kasbah-timidarte.com). Die sauberen Zimmer im OG mit Dusche/WC auf dem Gang sind sehr einfach ausgestattet; vier Zimmer haben ein eigenes Tadelakt-Bad. Budgettouristen können auch im Salon übernachten (① mit Frühstück). Es gibt einen Garten im Hof, auf Wunsch wird Essen zubereitet. Von der Dachterrasse hat man einen schönen Blick auf den gänzlich verlassenen Ksar. Der freundliche *Abdou* kümmert sich um die Gäste. Die Kasbah hat 2014 den Preis für verantwortlichen Tourismus *(Trophée Maroc du Tourisme responsable)* erhalten.

Bei **km 91** (24 km hinter Agdz) zweigt bei **Tansikht** links die Straße (R108) nach Nekob und Tazzarine ab. Hier liegt unter Palmen die kleine Auberge Tansikht. Wenig später führt die Straße an der kleinen Staumauer **Barrage Deriaba** vorbei.

Bei **km 108** (41 km hinter Agdz) thront die imposante **Kasbah Othmane** rechts oberhalb der Straße (Besichtigung möglich). Im Ort gibt es eine Tankstelle.

Der Ort **Tinzouline** (Tankstelle, Souk am Montag und Donnerstag) mit beeindruckender Kasbah folgt 13 km weiter (Gesamt-km 121). Die diversen Cafés/Restaurants im Ort haben Tajine anzubieten (Preis vorher aushandeln). In der Nähe von Tinzouline gibt es **prähistorische Gravuren** *(gravures rupestres)* von Gazellen, Straußen und Reitern. Die Zufahrt (7 km schlechte Piste, dann ca. 250 m zu Fuß das Oued entlang) ist schwer zu finden, daher sollte man sich einen Führer nehmen.

Bei **km 128** (61 km hinter Agdz) führt eine Piste über eine Brücke auf die andere Seite des Drâa zum Ort **Zorgane** (2 km). Dort gibt es die aus Lehm gebaute **Gîte d'étape Chez Hammou Aït Hssaine**① (Tel. 0524 84 65 08, Mobil 0667 35 90 80, aithssaine12@hotmail.com) mit sauberen, ordentlichen Zimmern mit Gemeinschaftsdusche. Die Herberge liegt nach der Durchquerung des Palmenhaines am Rande der Berge nahe des alten Ksar. Es ist auch Camping möglich.

Weiter entlang der Teerstraße reiht sich ein verfallender Ksar an den anderen. Ein breiter, schöner **Palmenhain** säumt den Drâa. Die Frauen der Region tragen schwarze Umhänge und sind zwar nicht ganz verschleiert, ziehen aber oft den Umhang vor das Gesicht, wenn sich ein Fremder nähert.

Es besteht immer wieder die Möglichkeit, einen Abstecher zu den **Oasen** am anderen Drâa-Ufer zu machen, das von Touristen kaum besucht wird. Die Orte sind dort noch um einiges ursprünglicher als entlang der Hauptroute.

**148 km** hinter Ouarzazate (beschildert „Circuit de la Palmeraie", 81 km hinter Agdz) und 4 km weiter (beschildert „Camping Oued Drâa", 85 km hinter Agdz) führen Abzweige links auf die andere Flussseite zum liebevoll angelegten **Camping Oued Drâa bzw. Camping Evasion** unter schattigen Palmen. Es gibt leckere marokkanische Küche, die Familie ist sehr nett, die sanitären Anlagen sind einfach. Bei Interesse kann man die Familienkasbah besichtigen.

Camping oder Übernachtung im Berberzelt möglich.

2 km weiter, bei **km 151,** liegt der noch gut erhaltene, sehenswerte Ksar von **Tissergate.** Im Gegensatz zu den meisten Ksour in der Region wurde in Tissergate in den Erhalt der alten Baustruktur investiert und die Häuser auch an das Stromnetz angeschlossen. Deshalb leben heute noch etwa 90 Familien im Ksar mit seinem Labyrinth aus überdachten Gassen. Die meisten Männer arbeiten jedoch auswärts in Rabat oder Casablanca. In einer alten Kasbah eröffnete die Familie *Naji* (Inhaber von Camping Paradis Garden, Mobil 0661 34 83 88/*Azizi Naji*) ein **Museum,** das über das tägliche Leben in den Oasen informiert sowie Alltagsgegenstände und Kunsthandwerk zeigt. Daneben liegt das hübsche **Gästehaus Kasbah Ziwana**③ (Tel. 0524 84 70 61, www.kasbah-ziwana-zagora.com).

**Mein Tipp:** Sehr empfehlenswert ist das wunderschöne **Gästehaus Le sauvage noble**③ (Tel. 0524 83 80 72, Mobil 0661 34 84 13, Korrespondenz in Deutsch möglich, www.sauvage-noble.org) der Reiseagentur Renard Bleu Touareg (vgl. bei Zagora). In dem sehr stilvoll mit traditionellen Materialien restaurierten Lehmhaus gibt es 16 individuell gestaltete, romantische Zimmer mit Tadelakt-Bädern, allerdings ohne Klimaanlage. Alle Zimmer sind mit Moskitogittern an den Fenstern und Ventilator ausgestattet. Manche Zimmer haben einen Jacuzzi, und in einem angeschlossenen Gartengelände nahebei (2 Min. zu Fuß) gibt es einen Hammam für die Gäste. Im herrlichen Rosengarten sorgt ein Planschpool für Erfrischung. Von der Sonnenterrasse bietet sich ein schöner Blick auf die Palmeraie. Ganz ruhig ist es jedoch nicht mehr, da unweit des Hauses die Hauptstraße nach Zagora verläuft. Der Anthropologe *Abdellah Najji* kann viel über die Region erzählen und spricht gut deutsch. Von hier aus kann man diverse Ausflüge in die interessante Umgebung unternehmen (z.B. in die Palmeraie, nach Tamegroute) und viel über die Lebensweise in den Oasen lernen. Bei einem geführten Rundgang durch den Ksar erfährt man mehr über die Sozialprojekte von Renard Bleu Touareg bzw. Azalay e.V., z.B. beim Besuch einer Frauen-Teppichkooperative.

Nur etwa 2 km hinter Tissergate zweigt links die Zufahrt zum **Camping Oasis Enchantée** ab (vgl. „Zagora/Unterkunft").

Nach **157 km** (90 km hinter Agdz) ist **Zagora** erreicht.

# Zagora

Die **große Oase** zählt mittlerweile **56.000 Einwohner und ist Provinz- und Garnisonsstadt.** Sie liegt **am Rande der Wüste** an den palmengesäumten Ufern des Drâa und wird von den Wüstenbergen **Djabal Adafane** (1027 m) und **Djabal Zagora** (974 m) im Osten begrenzt. Auf dem Djabal Zagora befinden sich Reste einer Almoravidenfestung aus dem 11. Jahrhundert. Da sich dort das Militär niedergelassen hat, ist die Zufahrt mit dem Auto verboten, man darf aber in etwa einer halben Stunde zu Fuß hinaufwandern – es bietet sich ein schöner Fernblick über das Drâa-Tal und die Palmenoasen.

Zagora war früher wichtige Karawanenstation – das viel fotografierte (erneuerte) **Schild „52 Tage nach Timbouctou“** im Zentrum am Kreisverkehr gegenüber des Gouverneurspalasts zeugt davon. In der Protektoratszeit französischer Militärstützpunkt, hat sich die Stadt dank des Tourismus mittlerweile sehr zum Positiven entwickelt.

Auf der vierspurigen Einfahrtsstraße (von Agdz kommend) passiert man zunächst riesige Neubauviertel, bevor man das alte Zentrum mit den rosafarbenen Häusern und den Geschäften unter Arkaden erreicht. Die Infrastruktur ist gut, man kann sich hier mit allen Vorräten eindecken. Auch das Marktgelände mit Markthalle im Zentrum ist gut sortiert mit einer breiten Fleisch- und Gemüseauswahl. Mittwochs wird auf dem großen, sehenswerten **Berbermarkt** auf dem Freigelände alles angeboten, was die Bevölkerung des Umlands für den täglichen Bedarf braucht: Gewürze, Werkzeug, Elektrikzubehör, Kleider, Kleinkram, Kunsthandwerk u.v.m. Aber auch Touristen können schöne Dinge entdecken. Inzwischen ist der Tourismus die wichtigste Einkommensquelle für die Bevölkerung der Region.

Zagora eignet sich hervorragend als Basisstation für **Wüstenexkursionen** (per 4x4 oder Kamel), aber auch zum Relaxen in einem der Hotels unter Palmen. Da fortwährend neue Reiseagenturen entstehen und der Konkurrenzdruck steigt, werden Touristen in Zagora leider immer wieder von Schleppern oder Tourenanbietern auf der Straße angesprochen und aufgefordert, mit diesem oder jenem Unternehmen eine Tour in die Wüste zu unternehmen. Unsere Liste empfehlenswerter **Reiseagenturen** (vgl. weiter unten) soll bei der Auswahl eines seriösen Anbieters helfen. Diese Agenturen haben sich seit Jahren bewährt und erhielten positive Leserresonanz.

Der Oasenfeldbau wird vorwiegend für den Eigenbedarf entlang des Oued Drâa betrieben. In den **Oasengärten von Amezrou** (ca. 2 km südlich vom Zentrum) kann man noch das traditionelle Bewässerungssystem bewundern, bei dem die Kanäle gezielt blockiert und wieder geöffnet werden, um die verschiedenen Parzellen zu bewässern. Ausgangspunkt für einen Spaziergang durch die Gärten ist der Weg zum Camping Amezrou, der links am Hotel Fibule du Drâa und Riad Dar Lamane und einigen Wohnhäusern vorbei in den Palmenhain führt. Die **Kasbah** im alten Ksar Amezrou kann besichtigt werden. Dort wird auch altes Kunsthandwerk verkauft (u.a. Töpferwaren).

Mit Unterstützung der deutschen GTZ (heute GIZ, Gesellschaft für Internationale Zusammenarbeit) wurde im Jahr 2000 das **Réserve de Biosphère des Oasis du Sud Marocain** (RBOSM) von der UNESCO anerkannt. Das riesige Reservat erstreckt sich über die Grenzen der Provinzen Zagora, Ouarzazate und Errachidia. Ziel des Projekts ist die nachhaltige und ökologisch sinnvolle Entwicklung der Oasenregionen unter Berücksichtigung ihres kulturellen und architektonischen Erbes. Die fortschreitende Desertifikation soll durch die Oasenbewirtschaftung verhindert werden.

Für die Lebensbedingungen der Nomaden und der Oasenbewohner engagiert sich das **Tourismus- und Sozialprojekt Renard Bleu Touareg,** gegründet vom deutschen Verein **Azalay e.V.** (www.azalay.de) und dem aus der Regi-

# Zagora

(Umgebung Zagora nicht maßstabsgerecht)

**Einkaufen/Sonstiges**
- 4 Zeitungen
- 5 Supermarkt
- 10 Tombouctour
- 13 Sahara Aventures
- 22 Agence Caravane du Sud

**Übernachtung**
- 1 Camping Prends ton temps
- 2 Camping Oasis Enchantée
- 3a Karim Sahara
- 6 La Palmeraie
- 7 Camping Les Jardins de Zagora
- 8 Ksar Tinsouline
- 9 Camping Sindibad
- 14 Chez Ali
- 15 Reda Framotel Zagora
- 16 Dar Nekhla
- 16a Jardins du Drâa
- 17 La Perle du Drâa
- 18 Dar Raha
- 18a La petite Kasbah
- 19 Riad Lamane
- 20 La Fibule du Drâa
- 24a Riad Dar Sofian
- 21 Palais Kasbah Asmaa, Kasbah Asmaa
- 23 Zagour
- 24 Kasbah Sirocco
- 25 Camping La Montagne
- 26 Camping Oasis Palmier
- 27 Dar Douni

**Essen und Trinken**
- 3 Dromadaire Gourmand
- 11 Adrar
- 12 Café Timbuktu
- 14 Chez Ali
- 20 La Fibule du Drâa
- 23 Zagour

on stammenden Anthropologen *Abdellah Najih* (s.o. Gästehaus Le sauvage noble). Auf einer von Nomaden begleiteten Kameltour (vgl. „Ausflüge/Kameltouren") erfährt man mehr über die verschiedenen Projekte.

## Praktische Informationen

### Information

■ **Conseil Provincial du Tourisme,** Av. Hassan II., im Zentrum in der Nähe des Gouverneurspalastes, Tel. 0524 84 72 52. Hier bekommt man einen Stadtplan mit Hotels, Restaurants etc. und eine Karte der Region mit touristischen Informationen und Camps in den südlichen Wüstenregionen von Zagora. Außerdem gibt es eine stimmungsvolle DVD über Zagora und Umgebung.

### Unterkunft

#### Oberklasse

■ **Palais Asmaa**④, Tel. 0524 84 75 55, www.asmaa-zagora.com. Palastartiges 4-Sterne-Hotel neben Kasbah Asmaa (s.u.) mit 79 Zimmern und Pool im Palmengarten. Orientalisches Flair, komfortable Zimmer mit AC/Heizung, Bar und Restaurant.

■ **Riad Dar Sofian**④, 15, Route de Nakhla, Tel. 0524 84 73 19, www.riaddarsofian.com. Dieses wunderschöne Gästehaus in einem renovierten Familienpalast lässt keine Wünsche offen: Der Standard der zehn Zimmer im modern-marokkanischen Stil kann sich mit jedem Luxushotel messen. Großer Pool, Palmengarten, WLAN. Der sehr freundliche Manager *Moulay Slimane* spricht gut deutsch. Übernachtung im Berberzelt①.

#### Mittelklasse

■ **Dar Nekhla**③, in der Palmeraie von Amezrou, in Richtung M'hamid, dann rechts am Rande eines Kanals in der Oase (beschildert), Mobil 0668 88 63 94 *(Brahim)* oder Tel. 0524 84 64 72, www.riadzagora.fr. Das „Palmenhaus" mit nur vier klimatisierten, individuell eingerichteten Zimmern mit Bad liegt ruhig am Rande des Palmenhains. Es gibt eine Terrasse mit Aussicht. Man kann das ganze Haus für 1500 DH/Tag mieten.

■ **Dar Raha**③, in Amezrou, Tel. 0524 84 69 93, www.darraha.com. Neun hübsche, individuell im Berberstil dekorierte Zimmer (je drei teilen sich ein Bad) in einem renovierten Lehmhaus. Dachterrasse mit schönem Ausblick, Vermittlung von kompetenten Führern für Kameltrips oder durch die Oase. Die französischen Betreiber verkaufen eine interessante Broschüre über den alten Ksar.

■ **Kasbah Asmaa**③ (mit gutem Frühstück), Richtung Amezrou nach der Drâa-Brücke, Tel. 0524 84 75 99, www.asmaa-zagora.com. Das angenehme 3-Sterne-Hotel mit orientalischer Atmosphäre hat einen hübschen Garten mit Pool, einen bewachten Parkplatz gegenüber und großzügige klimatisierte Zimmer mit Balkon (am ruhigsten mit Blick zum Pool und Garten).

■ **Kasbah Sirocco**③ (günstige Buchung über Online-Portale möglich), Tel. 0524 84 61 25. Über die Drâa-Brücke in Richtung Camping Montagne (vom Zentrum kommend links) abbiegen, dann ca. 150 m auf der linken Seite. Sehr schöne Anlage im Kasbahstil mit Garten und Pool, freundlichem Personal und 20 komfortablen Zimmern mit AC und guten Sanitäranlagen.

■ **Kasbah Ziwana,** in Tissergate, vgl. Routenbeschreibung vor Zagora.

■ **Ksar Tinsouline**③, Av. Hassan II. (im Ortskern nach dem Torbogen links), Tel. 0524 84 72 52, www.ksar-tinsouline.ma. Älteres Hotel mit 96 Zimmern, Pool im Garten und Hammam, kein 4-Sterne-Standard mehr.

■ **La Fibule du Drâa**③, in Amezrou, 300 m nach der Brücke des Oued Draâ, Tel. 0524 84 73 18, www.casbah-fibule.ma. Angenehmes Travellerhotel im Kasbahstil mit Pool und Bar im ummauerten schönen Palmengarten, gutes Restaurant im marokkanischen Stil (Weinausschank). Ordentliche DZ mit Bad und AC, einfache Zimmer① im alten Teil des Hotels (klein und eng, mit Gemeinschaftsdusche).

■ **La Perle du Drâa**③ (mit Frühstück), in Amezrou, ca. 4 km in Richtung M'hamid links an der Teerstraße, Tel. 0524 84 62 10, www.perledudraa.ma. Das sehr hübsche Mittelklassehotel im Kasbahstil hat 40 klimatisierte Zimmern (mit Bad und Balkon). Der Empfang ist sehr freundlich, es gibt einen bewachten Parkplatz, einen großen Pool im Garten und WLAN. Nicht-Gäste dürfen den Pool benutzen, wenn sie hier zu Mittag essen.

■ **Le sauvage noble,** in Tissergate, siehe Routenbeschreibung vor Zagora.

■ **Les Jardins du Draâ**③, Amezrou, Tel. 0524 84 67 66 oder Mobil 0661 96 99 85, www.riad-zagora.com. Nettes Gästehaus mit sieben klimatisierten Zimmern sowie Garten und Pool im Palmenhain von Amezrou.

■ **Ma Villa au Sahara**②-④, Amezrou, Tel. 0524 84 60 32, www.mavillaausahara.com. Sehr schönes Gästehaus mit Pool umgeben von einem herrlichen Garten. Drei Zimmer und zwei Suiten mit Bad, Zimmer mit Außenbad, Übernachtung im Berberberzelt.

■ **Reda Framotel Zagora**③ (günstige Buchung über Online-Portale möglich), Richtung Amezrou, kurz vor der Drâa-Brücke, Route de M'hamid, Tel. 0524 84 70 79, fram_reda@iam.net.ma. Großzügige Hotelanlage mit 156 klimatisierten Zimmern, die schon bessere Zeiten gesehen hat (relativ alte Möblierung). Pool und schöne Gartenanlage, aber kein 4-Sterne-Standard.

MEIN TIPP: **Riad Lamane**③-④ (mit HP), im Palmenhain von Amezrou (zwischen Fibule du Drâa und Camping Amezrou) Tel. 0524 84 83 88, www.riadlamane.com. Das sehr gepflegte, schöne Gästehaus wurde von dem in Deutschland lebenden *Mohamed El Hachimi* ausgebaut und wird von seinem marokkanischen Partner und dessen Sohn gemanagt. Der Komplex im Stil einer verschachtelten Kasbah ist eine wahre Oase: mit fantastischem Garten, Pool und Zeltrestaurant unter Dattelpalmen. Die klimatisierten Zimmer mit Dachterrasse liegen in Bungalows im Garten verteilt und sind alle unterschiedlich gestaltet. Es gibt außerdem befestigte Zeltzimmer mit Gemeinschaftsbad sowie herrliche 2-Zimmer-Suiten im afrikanischen Stil. Die Zimmer im alten Trakt sind etwas düster (besser Gartenzimmer wählen). WLAN, Bibliothek, bewachter Parkplatz (N 30°18,55', W 05°49,47').

■ **Zagour**③, Amezrou, hinter der Drâa-Brücke links abbiegen, dann ca. 100 m auf der rechten Seite am Fuße des Djabal Zagora, Tel. 0524 84 61 78. Das von außen unscheinbare 2-Sterne-Hotel hat seinen früheren Charme verloren, dennoch: saubere Zimmer mit Bad und AC, Pool, schöne Terrasse mit Blick auf die Palmengärten, sehr gutes Essen. Preis verhandelbar.

### Günstig

■ **Chez Ali**② (mit HP), Av. Atlas (am südlichen Kreisverkehr auf der linken Seite, bevor man nach Amezrou abbiegt), Tel. 0524 84 62 58, www.chezali.net. Diese kleine Herberge in einem traumhaften Garten hat ein sehr hübsches Restaurant, einfache, sehr saubere Zimmer mit gemeinschaftlichen Sanitäranlagen im Garten sowie komfortable, schöne Zimmer mit Bad. Traveller mit kleinerem Budget kommen in günstigen Berberzelten unter. Der Besitzer ist sehr freundlich und hilfsbereit. Die hauseigenen Kamele kommen bei Wüstentouren zum Einsatz (empfehlenswert).

■ **Dar Douni**①, 3 km außerhalb in Richtung Camping La Montagne auf der linken Seite zwischen Straße und Flusstal, Tel. 0524 84 70 61. Gîte d'étape der Familie *Azizi Naji* mit Matratzenlagern (2- und 5-Personen-Zimmer) und Kochgelegenheit. Es gibt eine große Terrasse, einen schönen Garten, warme Duschen und saubere Toiletten.

■ **Karim Sahara**① (mit Frühstück), Hay Mansour Dhabi, 500 m hinter der Polizei auf der linken Seite, Mobil 0610 09 86 65, www.karimsahara.com. Kleine, familiäre Herberge mit Terrassenrestaurant, WLAN, sieben Zimmer mit Bad. Tourenorganisation über die gleichnamige Agentur.

■ **La Palmeraie**②, Av. Mohamed V., Tel. 0524 84 70 08, palmeraie_zagora@menara.com. Empfehlenswertes Traveller-Hotel mit angenehmer Atmosphäre, gutem Restaurant, freundlichem Personal und sauberen, geräumigen, etwas nüchtern eingerichteten Zimmern mit Bad. Bewachter Parkplatz.

■ **La petite Kasbah**②, in Amezrou, an der Straße nach M'hamid auf der rechten Seite, Tel. 0524 84 80 43, Mobil 0671 51 61 97, www.hotelzagora.com. Sauberes und schönes Gästehaus im Kasbahstil der sehr freundlichen und hilfsbereiten Familie von *Brahim El Badri:* gutes Essen im netten Restaurant, fünf Zimmer mit Bad. Die Familie organisiert gerne eine interessante Führung durch das Dorf und Wüstenexkursionen.

■ **Ternata**② (je nach Saison), Av. Mohamed V., Tel. 0524 84 69 69, ternata_zagora@menara.ma. Dreistöckiges Hotel im Zentrum mit ordentlichen klimatisierten Zimmern mit TV und AC, Dachterrasse, Parkplatz und Pool.

■ **Vallée du Draâ**①, Av. Mohamed V., Tel. 0524 84 71 10. Einfaches, aber sauberes und angenehmes Budgethotel. Die Räume zum Innenhof sind ruhig, zur Straße laut. DZ mit und ohne Bad.

■ Einfache und günstige Unterkunft finden **Backpacker** auch bei den Campingplätzen (Übernachtung in Berberzelten, s.u.).

## Campingplätze

■ **Amezrou,** in Richtung Amezrou, unmittelbar hinter dem Hotel La Fibule du Drâa rechts abbiegen (noch vor dem Kanal), Tel. 0524 84 74 19. Der saubere, kleine und angenehme Platz liegt idyllisch inmitten eines großen, wunderschönen Palmengartens – es gibt sogar Rasen. Die Sanitäranlagen sind gut in Schuss, haben warme Duschen und Sitzklos.

■ **La Montagne,** auf der anderen Seite des Oued Drâa in ruhiger Lage am Fuße des Djabal Zagora in Richtung Amezrou, Mobil 0666 41 58 06. Das schöne Gelände unter schattigen Tamarisken ist inzwischen nicht mehr gut gepflegt (die sanitären Anlagen sind baufällig und nicht besonders sauber). Der englisch sprechende Pächter *Mohamed Azaghar* ist ein angenehmer Gesprächspartner, der gerne über das Oasenleben erzählt. Seine **Kameltouren** (mit den eigenen Kamelen) in die Umgebung sind nach wie vor sehr empfehlenswert und wurden von vielen Lesern gelobt (vgl. „Ausflüge/Kameltouren").

■ **Les Jardins de Zagora,** am nordöstlichen Ende der Av. Hassan II., links neben dem Hotel Ksar Tinsouline, Tel. 0524 84 69 71. Empfehlenswerter, schöner Platz in zentraler und dennoch ruhiger Lage mit sauberen sanitären Anlagen. Der Betreiber *Mohamed Akhatar* ist sehr nett und spricht gut englisch. Auch Berberzelte① und Zimmer mit Bad①. Kamel- und 4x4-Ausflüge möglich.

■ **Oasis Enchantée,** Mobil 0677 87 35 79, www.oasis-enchantee.com. 2 km vor Zagora von Agdz kommend auf der linken Seite (300 m Piste, gegenüber Friedhof), N 30°22,154', W 05°50,460'. Schöner, ummauerter Platz unter Palmen mit Pool und Restaurant. Auch Übernachtung im Nomadenzelt① möglich.

■ **Oasis Palmier,** auf der anderen Seite des Oued Drâa, an der Piste Richtung Amezrou und Camping Montagne, Mobil 0666 56 97 50, N 30°19,378', W 05°49,508'. Sehr gepflegter kleiner Platz in einem herrlichen, schattigen Palmengarten. Der freundliche Besitzer scheut keine Mühen, damit sich seine Gäste wohlfühlen, und alles – sogar die Toiletten! – ist liebevoll dekoriert. Die kleinen sanitären Anlagen sind sehr sauber, das Essen ist gut. Auch Kameltouren werden organisiert.

■ **Prends ton temps,** Hay El Mansour Dhabi (von Agdz kommend vor dem Zentrum links, beschildert), Tel. 0524 84 65 43, Mobil 0671 72 80 18, www.prendstontemps.com, N 30°20,262', W 05°49, 920'. Der Platz trägt den netten Namen „Nimm Dir Zeit" – so könnte das Motto vieler Marokkaner lauten. Das Campingareal mit Palmen hat eher Parkplatzcharakter, der Garten mit den darum gruppierten kleinen Hütten ist aber liebevoll mit Wandmalereien gestaltet (ordentliche, einfache Zimmer① mit gemeinschaftlicher Du/WC). Prends ton temps liegt näher am Busbahnhof (ca. 2 km) als die anderen Unterkünfte im Zentrum. *Belaide Laalili* ist ein lustiger Typ, der gerne für die Gäste musiziert (falls gerade vor Ort). Auch der gut deutsch sprechende *Abdellah Boughenbour*, der in Deutschland studiert hat, kümmert sich um die Gäste. Die sanitären Anlagen sind nicht immer sauber. WLAN. Camping 60 DH für 2 Pers. inkl. Auto.

■ **Sindibad,** Tel. 0524 84 75 53, nahe Hotel Tinsouline, N 30°19,580', W 05°50,000'. Der Platz inmitten eines großen Palmengartens hat ein schönes, von Quellwasser gespeistes Schwimmbecken (nicht immer gefüllt). Die sanitären Anlagen sind extrem einfach. Es gibt auch sehr kleine, einfache Zimmer① und ein nettes Restaurant mit sehr gutem Essen und üppigem Frühstück. Der Platz ist Treffpunkt für jüngere Touristen und Marokkaner.

■ **Camping Oued Drâa,** siehe bei Tissergate (8 km nördlich von Zagora).

## Essen und Trinken

**An der Hauptstraße Bd. Mohamed V.** reihen sich verschiedene einfache Lokale unter den Arkaden, mit traditionellen marokkanischen Gerichten bis zu Pizza im Angebot.

■ **Adrar,** Bd. Mohamed V., nahe des Markts (vom Norden kommend auf der rechten Seite). Preiswert und gut (Hühnchen oder Brochettes mit Pommes und Salat).

■ **Café Timbuktu,** Bd. Mohamed V., schräg ggü. der Post bzw. Kaserne. Empfehlenswertes kleines Café direkt an der Hauptstraße mit leckeren Sandwiches, Tajine und Frühstück.

■ **Chez Ali,** siehe günstige Hotels. Sehr gut, freundlich und preiswert.

■ **Dromadaire Gourmand,** im Norden (Stadteinfahrt) am Bd. Mohamed V. neben der Total-Tank-

Berühmter Wegweiser in Zagora

aga10_016 ad

stelle (Beschilderung beachten), www.dromadaire-gourmand.com. Im derzeit besten Restaurant der Stadt sitzt man in einem typisch marokkanischen Salon mit umlaufenden Sitzpolstern. Es gibt große Portionen zu fairen Preisen. Der Betreiber *Mustapha* organisiert Kameltrekkings und 4x4-Touren.

- **La Fibule du Drâa,** siehe Mittelklasse-Hotels. Gutes Essen mit Musik im schönen Speisesaal, auch Weinausschank. Qualität, Service und Wartezeit variieren nach Leseraussagen. Menü ca. 150 DH.
- **Zagour,** siehe Mittelklasse-Hotels. Sehr gutes Essen zu mittleren Preisen.

## Busse

- Das **CTM-Büro** befindet sich an der Hauptstraße Bd. Mohamed V. im Süden nahe beim Kreisverkehr und Hotel La Palmeraie, Tel. 0524 84 73 27.
- Der **Gare routière** (Bahnhof für Fernbusse) befindet sich ca. 2 km vor dem Stadttor (von Agdz kommend), der regionale Busbahnhof liegt kurz hinter dem Stadttor links.

### Verbindungen und Preise

- **Ouarzazate – Marrakesch:** 2x tägl. mit CTM (morgens und abends, Bus fährt weiter nach Casablanca), 140 DH, ca. 8 Std. Fahrzeit (Ankunft nachmittags bzw. um 3 Uhr nachts in Marrakesch). Nach Ouarzazate 60 DH (ca. 3½ Std.), nach Agdz 30 DH. Supratours-Bus 1x täglich um 6 Uhr morgens.
- **Agdz:** Die CTM-Busse nach Marrakesch fahren über Agdz, Fahrzeit 1½ Std., 30 DH. Weitere Privatbusse mehrmals täglich.
- **Ouarzazate – Casablanca:** CTM-Bus 2x tägl. (morgens und abends), 240 DH, Fahrzeit ca. 12 Std.
- **M'hamid:** 1x tägl. (abends) CTM-Bus, 2 Std. Fahrzeit, 30 DH.
- **Agadir:** 1x tägl. Nachtbus von CTM, 185 DH, 10½ Std.; weitere Privatbusse über Ouarzazate (lange Strecke mit vielen Stopps, endet nachts in Inezgane).

## Taxis

**Sammeltaxis (Grand Taxis)** fahren vom Busbahnhof nach Ouarzazate (ca. 15 DH), Tamegroute (ca. 10 DH), M'hamid (mit Umsteigen in Tamgroute, ca. 30 DH) und Tazzarine (ca. 50 DH). Am Busbahnhof kann man ein **Petit Taxi** (6 DH) nehmen, wenn man zu den entfernteren Hotels in Amezrou will.

## Flüge

An der Straße Richtung Foum-Zguid gibt es seit 2011 einen **Flughafen,** der aber selten angeflogen wird – wahrscheinlich die größte Fehlinvestition im Süden, denn bisher führen alle Inlandsflüge der Royal Air Maroc über Casablanca, es besteht also kein direkter Anschluss nach Marrakesch. Eine Direktverbindung nach Ouarzazate ist geplant.

## Feste/Veranstaltungen

- **Marathon des Sables,** im April, www.marathondessables.com. Der wohl härteste Marathon der Welt (1 Woche), bei dem sich die Sportler selbst versorgen müssen, verläuft jedes Jahr auf einer anderen Strecke durch weglose Stein- und Sandwüste. Der Ultramarathon beginnt immer in Zagora.
- **Moussem Zaouite Tamegroute,** bei der bekannten Zawia am 10. Moharrem (siehe Ausflüge).
- **Moussem Sidi Ali ou Brahim,** im Ksar Tinsouline, im August.
- **Rencontre Internationale du Film Transsaharien,** Filmfestival im Oktober/November, www.ccm.ma/festzagora.asp.
- **Ralley du Maroc,** 4x4- und Enduro-Rallye im Mai, http://rallyemaroc.npo.fr.
- **Ralley Aicha des Gazelles,** im März, www.rallyeaichadesgazelles.com. Bei der reinen Frauen-Wüstenrallye beweist das weibliche Geschlecht, dass es das Offroad-Fahren genauso gut beherrscht wie die Männer.

# Ausflüge

## Organisierte Ausflüge

Folgende professionell arbeitende und empfehlenswerte **Agenturen** bieten ein- und mehrtägige Geländewagen- und andere Wüstenexkursionen in der Umgebung an:

- **Biosahara Exploration,** 14, Av. Mohamed V./ Rue ancien Marché, Tel. 0524 84 73 52, www.biosahara.com; Kontakt in der Schweiz (deutschsprachig): Tel. 0041-78-658 82 43. *Houcine Elkharassi* spricht englisch und legt Wert auf naturnahe, ökologisch vertretbare Reisen. Zusammen mit *Verena Schatanek* veröffentlichte er den sehr empfehlenswerten Naturführer „Sahara. Tiere, Pflanzen, Spuren", Franckh-Kosmos Verlag).
- **Sahara Aventures,** Hay El Massira, Mobil 0661 21 27 41, www.sahara-aventure.com. Der freundliche *Brahim El Meddiki* organisiert zuverlässig und zu fairen Preisen 4x4-Touren in der Wüste. Sein Sohn, der die Touren begleitet, gibt Erklärungen in englischer Sprache.
- **Trek Morocco Desert,** Oulad Atmane, Mobil 0613 40 54 39, www.trek-morocco-desert.co.uk. Der junge, deutsch und englisch sprechende *Nourddine Aït Hommad* organisiert zuverlässig verschiedene Wüstenexkursionen.

## Mein Tipp: Kameltouren

**Zagora ist das Zentrum der Kameltouren-Anbieter,** sodass man als Neuankömmling mit (nicht immer seriösen!) Angeboten überhäuft wird. Man sollte vor der Buchung unbedingt Preisvergleiche anstellen und sich versichern, ob der Tourenanbieter tatsächlich über eigene Kamele, Equipment, Bivouacs (Zeltcamps) etc. verfügt und nicht nur vermittelt und Provision kassiert. Viele Anbieter bezahlen ihren Kameltreibern und Guides Minimallöhne, daher sollte man nicht das Angebot mit dem niedrigsten Preis wählen, sondern sich lieber an eine (vielleicht etwas teurere) Agentur wenden, die soziale Fairness verspricht. Der **Konkurrenzkampf** ist enorm, sodass es sogar Behauptungen gibt, Anbieter würden Touristen bestechen, damit diese (positive bzw. die Konkurrenz verleumdende) Leserbriefe an den Verlag schicken. Uns ist es nicht möglich, in der Flut von Lob und Beschimpfung die Wahrheit herauszufinden – die unten (in alphabetischer Reihenfolge) genannten Agenturen können jedoch guten Gewissens empfohlen werden.

In der Regel werden Kameltouren von einer Stunde bis zu einer Woche angeboten – wobei es schon etwas Kondition bedarf, mehrere Tage auf einem schaukelnden Kamelrücken durchzustehen. Es steht jedoch jedem frei, zur Schonung des Hinterteils und für ein abwechslungsreiches Wüstenfeeling etappenweise neben dem Kamel zu laufen. Unterwegs übernachtet man in einfachen **Bivouacs** (befestigten Nomadenzelten mit Teppichen und Matratzen) oder wahlweise unter freiem Himmel in der Wüste. Zur **Ausrüstung** gehören ein guter Sonnenschutz (Hut mit Nackenschutz oder Chech), feste Schuhe, ein Tagesrucksack, eine Taschenlampe und im Winter ein eigener warmer Schlafsack. Radlerhosen schonen das Gesäß auf dem harten Sattel. Der Tourenanbieter sollte für die Wasserversorgung unterwegs sorgen (Mineralwasserflaschen oder abgekochtes Teewasser). Vor der Buchung sollte man sich versichern, ob das Essen unterwegs frisch zubereitet wird (z.B. im Feuer gebackenes Fladenbrot, Gemüse-Tajine) oder nur aus Konservenkost besteht. Zudem sollte der Führer über passable Sprachkenntnisse verfügen (zumindest in Französisch!). Der Kamelführer erwartet am Ende des Trips ein Trinkgeld.

Der **Preis** einer Kameltour hängt oft von der Teilnehmerzahl ab: ein Tag ca. 350 DH; ein Tag (Start nachmittags) und eine Nacht mit Abendessen, Frühstück und Übernachtung im Nomadenzelt ca. 700 DH p.P.; ein Tag von 8–17 Uhr ca. 500 DH p.P. mit Essen; drei Tage 2200–3000 DH p.P. mit Verpflegung. Getränke müssen gesondert bezahlt werden.

### Tourenanbieter (alphabetisch geordnet)

■ **Bachir Razgui,** Rue Bouskri 73a, Zagora, Tel. 0661 77 55 89, Razgui20@yahoo.fr. Kameltouren ab Zagora oder M'hamid, auch alle Transfers (ab Flughafen/Hotel) können organisiert werden. Ansprechpartner in Deutschland: *Sibylle Walden,* sibylle.walden@gmx.de (Themenreisen in der Wüste für kleine Frauengruppen).

■ **Brahim Tours,** ggü. dem Hotel Ksar Tinsouline, Zagora, Mobil 0672 31 66 10 *(Brahim El Haddouchi),* www.brahimtours.com. Die Agentur unter marokkanisch-schweizerischer Führung wurde für die Berücksichtigung individueller Wünsche, die gute Verpflegung und die freundliche, zurückhaltende Betreuung unterwegs gelobt.

■ **Bivouac Oasis Mille et une nuits,** Bd. Mohamed V., Tel. 0524 84 70 61, Mobil 0661 34 83 88, fmazizi@yahoo.fr. Die Familie *Azizi* organisiert diverse Wüstentrips; weiteres Büro in Ouled Driss.

■ **Caravane Azul,** Tel. 0524 84 75 13, Mobil 0668 88 57 46, www.caravaneazul.com. Von Lesern gelobte Agentur von *Ahmad Boucetta:* kompetente Organisation von Kameltouren am Erg Chegaga, fürsorgliche Betreuung unterwegs.

■ **Caravane du Sud,** gegenüber dem Hotel La Fibule du Drâa, Tel. 0524 84 74 97, www.caravanesud.com. Die Agentur von *Ali Yassine* bietet ein individuelles Tourenprogramm mit 4x4 oder Kamelen.

■ **Caravane Mille Étoile,** 45, Av. Mohamed V., Tel. 0524 84 62 35, Mobil 0668 94 93 82. Mehrere Leser/innen lobten den Kamelführer *Abdellah Douini,* bei dem sich auch allein reisende Frauen wohlfühlen – professionell, zuverlässig und immer korrekt.

■ **Discovering South Morocco,** 3 km südlich von Zagora an der Straße nach M'hamid, gegenüber dem Restaurant La Baraka, Tel. 0524 84 61 15, Mobil 0667 23 35 83, www.zagora-desert.info. Die Touren von *Mohamed Sirirou* wurden von Lesern gelobt: gute Organisation, authentisches Wüstenerlebnis.

■ **Jnane Dar,** in Tamegroute, Tel. 0524 84 06 22, www.jnanedar.ch. Das Gästehaus in Tamegroute (s. dort) unter Führung von *Abdessadek Naciri* und *Doris Paulus* (deutschsprachig) hat fünf eigene Kamele in Ouled Driss (bei M'hamid) und organisiert zuverlässig mehrtägige Exkursionen.

MEIN TIPP: **Mohamed Azaghar (Camping Montagne),** Tel. 0524 84 75 78, Mobil 0666 41 58 06, www.azagarscamels.de, Hossahara@yahoo.fr. *Mohamed* und sein Sohn *Hossein* haben viele Kamele und organisieren ihre Touren zuverlässig und sehr familiär. Mohamed war einer der ersten Anbieter in Zagora. Die Beiden unternehmen auf die individuellen Wünsche der Kunden abgestimmte Kameltouren (von einigen Stunden bis zu mehreren Tagen) zu fairen Preisen. Die meist französischsprachigen Tourenbegleiter (Hossein und Mohamed sprechen auch englisch) sind freundlich und bereiten das Essen unterwegs frisch zu (keine Konserven, im Sand gebackenes Brot). Kunden werden in Zagora vom Busbahnhof abgeholt, ein Transfer von Ouarzazate kann ebenfalls arrangiert werden. Unterkunft im preiswerten, sauberen Quartier in Amezrou nahe des Startpunkts am Tage vor dem frühmorgendlichen Aufbruch kann vermittelt werden.

■ **Renard Bleu Touareg,** Av. Mohamed V., Mobil 0661 34 84 13, Tel. 0524 84 62 51, www.renard-bleu-touareg.org, www.azalay.de. Die Agentur des freundlichen Anthropologen *Abdellah Najih Azizi* (spricht gut deutsch), der als Nomade aufwuchs, setzt sich für sozial und ökologisch verantwortlichen Tourismus ein. Kompetente Organisation, sehr positives Feedback. *Abdellah* begleitet die Touren und kann sehr viel über die Region erzählen. Vgl. vorige Routenbeschreibung, Tissergate/Gästehaus Le sauvage noble.

- **Sahara Feeling,** 315, Haz Draa I, Mobil 0667 77 45 50, www.sahara-feeling.com. Die mehrtägigen Kamel-/Geländewagentouren von *Ali Mohamed Banane* wurden von Lesern sehr gelobt: individuelle und kompetente Organisation, gute Betreuung und tolles Erlebnis in der Wüste.
- **Weitere Anbieter** von Wüstentouren siehe bei M'hamid.

### Individuelle Ausflüge

Ein Halbtagesausflug führt 18 km südöstlich von Zagora zum Ort Tamegroute mit einem altem Ksar, der Zawia Tamegroute und einer interessanten Töpferkooperative (s. dort). Weitere Ausflüge führen nach M'hamid, zu den Dünen von Tinfou und zum Erg al-Yahudi bzw. Erg M'hazil/Erg Chegaga und zur Source Sacrée. Für die Tour bis M'hamid einschließlich der Abstecher sollte ein ganzer Tag veranschlagt werden.

Südlich von Tamegroute beginnt die Wüste

## Zagora – M'hamid

- **91 km, Teerstraße N9.**
- Die einspurige Teerstraße führt durch typische Wüstenlandschaft ohne große Highlights, mit kleinen Dünen und Sandverwehungen, einigen Tamarisken und Dattelpalmen. Bei kleinen Abstechern in die Palmentäler kann man schöne Oasen entdecken. Richtiges **Wüstenfeeling** mit großen Dünen erlebt man erst hinter M'hamid: Voraussetzung für eine individuelle Fahrt zu den Dünen des Erg Chegaga und zum Lac Iriki sind ein Geländewagen und Wüstenerfahrung. In Zagora oder M'hamid können aber auch 4x4- oder Kameltouren bei den Veranstaltern und in Hotels gebucht werden.
- Ab Zagora bzw. ab Marrakesch verkehrt einmal täglich ein **Bus nach M'hamid.**

Im Zentrum von Zagora zweigt links die Straße nach Amezrou und M'hamid ab (vorbei am repräsentativen Bau der Préfécture und über die Drâa-Brücke); rechts geht es nach Foum-Zguid. Nach 14 km durchquert man die neue Ansiedlung Timetigue und erreicht nach 18 km Tamegroute.

## Tamegroute

Die wichtigste Sehenswürdigkeit des Ortes ist die **Zawia Tamegroute** (am Wochenende und an Feiertagen geschlossen). Dieses berühmte Heiligtum des Nassirya-Ordens beim Duar Tamgroute wurde im 17. Jahrhundert von *Mohamed Bennacer* gegründet. Es enthält eine **alte Bibliothek,** welche 4189 handgeschriebene Bücher und Schriften beherbergt (im Jahr 2006 renoviert). Die ältesten Handschriften stammen aus der Zeit vom Ende des 12. bis zum 16. Jahrhundert; sie sind in einem gläsernen Wandschrank untergebracht und können natürlich nicht herausgenommen werden. In der Zawia, dem Marabout neben der Bibliothek, befinden sich die **Gräber** von sieben heiligen Männern und einer heiligen Frau, die unter großen, grünen Brokatdecken in einem Raum mit sehr schöner Wanddekoration ruhen. Auch der Vorraum, der besichtigt werden kann, hat schöne Holzintarsien sowie eine prächtige Holztüre.

Zu finden sind die Zawia und Bibliothek, wenn man im Ort links abbiegt (beschildert) – das Heiligtum mit seinem grün gedeckten Dach ist nicht zu verfehlen. Etwa 100 m davor gibt es einen großen Parkplatz mit Parkwächter, der sich auch gleich als Führer für die Zawia, die Töpferei und den alten Ksar anbietet … Wer diesen Service in Anspruch nehmen möchte, sollte den Preis vorher aushandeln. Der Ort Tamegroute ist außerdem wegen seiner grün glasierten **Töpferwaren** bekannt. Die Handwerker formen die Töpfe mit der Hand auf einer runden Drehscheibe, die mit den Füßen gedreht wird. Die Töpfer haben sich zu einer Kooperative zusammengeschlossen (Verkaufsraum an der Hauptstraße links), in der man günstig die sehr schöne Keramik kaufen kann. Die Leute der Kooperative sind sehr freundlich und führen auch gerne durch den Ort.

Der alte, sehr ursprüngliche Ortsteil von Tamegroute besteht aus einem noch intakten **Lehmksar** mit engen, zum Teil überdeckten Gassen und verschachtelten Bauten. Touristen werden dort nicht besonders gern gesehen. Der interessante und völlig untouristische **Markt** in Tamegroute findet samstags statt.

120m015 ad

### Unterkunft

**Jnane Dar Diafa**①-③, gegenüber der Bibliothek, Tel. 0524 84 06 22, Mobil 0661 34 81 49, www.jnanedar.ch. Das Hotel wird von der Deutschen *Doris Paulus* und ihrem Geschäftspartner *Abdessadek Naciri* (deutschsprachig) engagiert geführt. Die hübsche Herberge hat neun einfache, aber hübsche Zimmer (auch Familienzimmer und eine Suite für bis zu 6 Pers.) inmitten eines großen Palmen-, Blumen- und Gemüsegartens. Sehr gutes Essen im Garten im Zelt oder in einem wunderschönen Pavillon. Es gibt einen Pool (nicht immer gefüllt) und einen abgeschlossenen Parkplatz. Kameltouren können vor Ort gebucht werden (fünf eigene Kamele). Ein Leser empfahl den vom Hotel vermittelten Führer *Hassan Boudlal* (Mobil 0677 78 09 53), der auch einen Souvenirladen gegenüber betreibt. Frau Paulus kann auch eine Villa außerhalb Marrakeschs zur Miete vermitteln. DZ unterschiedlicher Größe mit Bad, Zimmer ohne Bad, Übernachtung im Nomadenzelt möglich (am günstigsten).

## Weiterfahrt nach M'hamid

Weiter in Richtung M'hamid ist etwa bei **km 25 Tinfou** erreicht. Links etwas abseits der Straße liegt das **Kasbah Hotel Sahara Sky**④ (mit HP), Mobil 0661 17 28 66 (deutsch) oder 0667 35 19 43 (franz.), www.hotel-sahara.com oder www.saharasky.com (Observatorium). Das Kasbahhotel unter der Leitung des Deutschen *Fritz Gerd Koring* steht einsam und ruhig in der Wüste, direkt an den **Dünen von Tinfou.** Ist der Eigentümer abwesend, macht das große Haus einen etwas versandeten und verlassenen Eindruck, das Observatorium ist dann geschlossen. Attraktion des Hotels ist das **Sternenobservatorium** mit Teleskopen auf der Dachterrasse. Unterkunft finden Sternengucker in hübschen, klimatisierten, etwas hellhörigen DZ mit Bad und Ausblick. Falls man nicht zu den Hobby-Astronomen zählt, fühlt man sich durch den nächtlichen Betrieb evtl. etwas gestört. Diese sind jedoch von der professionellen Ausstattung des Observatoriums begeistert (Voranmeldung sinnvoll, damit Herr Koring anwesend ist). Es gibt eine Sauna mit Jacuzzi (200 DH für 4 Std.) und WLAN.

9 **km danach** wird das Oued Drâa überquert; die Straße führt durch Ausläufer der schwarzbraunen, steinigen Berge des **Djabal Bani** und nach 11 km ist die Passhöhe erreicht. Nach 8 km durch die Berge eröffnet sich ein umwerfendes Panorama auf das Drâa-Tal und Tagounite bzw. Ouled Driss nach Süden

**58,5 km** hinter Zagora weist ein Schild links nach Nasrate und zum **Bivouac Auberge Aït Issfoul**① (ca. 2 km Piste durch einen Palmenhain, Mobil 0670 22 66 39, www.aitisfoul.com). Vom Restaurant mit Nomadenzelt hat man einen traumhaft schönen Blick auf die Wüstenlandschaft. Übernachtung im Berberzelt oder in einfachen Zimmern (jeweils mit HP). Es gibt auch ein **Campinggelände.**

Bei **km 60** hinter Zagora zweigt links eine kleine Teerstraße in den Palmenhain zum **Ksar Nasrate** (9,5 km, malerisches Lehmdorf mit Palmenhain), zu einer sehenswerten Kasbah und zur Geländewagenpiste nach Hassi Remlia und Taouz ab.

**Tagounite,** eine wachsende Wüstenoase mit Militärbasis und der letzten Tankstelle (!), folgt nach 4 km **(Gesamt-km 64).** Am Ortseingang liegt eine Ziz-Tankstelle mit kleinem Supermarkt und Imbiss. Im Ort gibt es Cafés, ein einfaches Hotel, Gendarmerie, Geschäfte und einen Markt. Am Ortsende führt ein Abzweig links zum **Camping La Palmeraie** der freundlichen Familie *Omari* (Mobil 0666 05 20 02) auf einem einfachen und wenig schattigen Palmengrundstück mit festen Nomadenzelten (Gemeinschaftsküche, WC/Duschen okay).

Linker Hand steht nach **66,5 km** die schöne **Kasbah Aït Arbaa.**

Ab **km 73** steigt die Straße zur Passhöhe **Tizi-Beni-Salmane** an. Auf einem Kegelberg steht ein Turm, ein Torbogen weist auf die Passhöhe hin. Der Blick zurück ins Draâtal ist sehr schön.

Bei **km 83** zweigt eine 6 km lange, gute Piste zu den Dünen des **Erg al-Yahudi** (auch Erg Lihoudi genannt), den Judendünen, ab. Einer Legende zufolge soll hier einmal ein Jude, der die Nomadenzelte am Rande der Dünen als Händler aufsuchte, verschwunden sein. In Vollmondnächten hört man ihn rufen … In den Bivouacs (fest installierte Nomadenzelte), die von organisierten Gruppen angesteuert werden, kann man übernachten. Geländewagenfahrer können an den Dünen wild campen (Pkws bleiben hier stecken). Vom Erg al-Yahudi ist es möglich, M'hamid auf einer Wüstenpiste (nur 4x4) direkt anzusteuern.

Bei **km 84** ist **Ouled Driss** erreicht. In diesem ruhigen, angenehmen Lehmdorf liegt rechter Hand ein informatives **Museum** zum Leben in der Kasbah (Schild im Dorf, von Zagora kommend rechts).

Links der Straße liegt sehr hübsch im Palmenhain das große Areal der **Auberge/Camping Kasbah Ouled Driss**② (Tel. 0524 84 86 91, www.ouled-driss.org). An den Caravan-Stellplätzen gibt es Strom, außerdem kann man in befestigten Nomadenzelten übernachten. Der Betreiber des Platzes hat in einem renovierten Wohnhaus des Ksar ein Museum eingerichtet. Eine weitere Unterkunftsmöglichkeit bietet **Kasbah Caravane/ Carrefour des Caravanes**①-③ (Tel. 0524 84 86 65, www.hotelkasbahcaravane.com), ebenfalls in einem Palmenhain am Rande von Sanddünen kurz hinter Ouled Driss. Es gibt ein Restaurant und einen kleinen Pool. DZ mit AC und Bad, auch voll eingerichtete Nomadenzelte mit Gemeinschaftsbad. Es werden diverse Wüstentouren mit Kamel und 4x4 angeboten. Das Campingareal ist heruntergekommen (schlechte sanitäre Anlagen).

Die authentische **Herberge Dar Talhaya**② (Mobil 0667 96 64 68, www.dartalhaya.com) mit vier hübschen Zimmern mit Bad liegt linker Hand der Hauptstraße in einem umgebauten Wohnhaus des alten Ksar. Auch zum 2 km entfernten **Gästehaus Dar Paru**②-③ im Oasendorf **Bouanane** (Beschilderung beachten) biegt man in Ouled Driss links ab. Diese kleine, hübsche Herberge inmitten der Wüste, in unmittelbarer Nähe zur algerischen Grenze (von Militär bewacht und sicher), wird von *Paru (Ingeborg) Greuzinger* geführt (Mobil 0662 29 88 45, Tel. 0524 84 70 00, www.das-zelt.com). Es gibt fünf einfache, aber stilvolle Zimmer unterschiedlicher Größe (EZ/DZ, Suiten und Nomadenzelte) in einem sehr schönen Garten und Plamenhain – ideal für einen abgeschiedenen Wüstenurlaub ohne Stress, Internet und Verkehr.

1,5 km hinter Ouled Driss liegen die sehr schöne **Hotelanlage Dar Azawad** und die **Reiseagentur Bivouac Mille et une Nuits** der Familie *Azizi* nebenan an der Straße (Kameltouren und 4x4-Ausflüge, Tel. 0524 84 70 61, Mobil 0661 34

83 88). Wenig später passiert man **Chez Le Pacha** (vgl. M'hamid).

Bei knapp **km 88** folgen das große **Hotel Tabarkat** (s.u.) und der **Camping Paradise Garden** (2014 geschlossen).

Nach **91 km** erreicht man **M'hamid.** Gleich am Ortseingang liegt das **Hotel Kasbah Sahara** mit der Niederlassung von **Sahara Services** – hier sollte man sich informieren, wenn man einen organisierten Ausflug zu den Dünen des Erg Chegaga plant.

**Im Ort** gibt es ein großes Fort, einen kleinen Souk, wo man den obligatorischen Kopfschal *(chech)* kaufen kann, diverse (Souvenir-)Geschäfte und eine Sanitätsstation. Eine Tankstelle und einen Geldautomaten sucht man vergeblich! Der wöchentliche **Souk** findet montags statt. Viele Frauen sind von Kopf bis Fuß in leuchtend blaue, rote oder orange Baumwolltücher gehüllt – ihre ethnische Verbindung zu den Sahrawis in der Westsahara und Mauretanien lässt sich nicht leugnen.

# M'hamid

Die **große Oase** liegt am Oued Drâa und besteht aus insgesamt **acht Ksour.** In M'hamid endet die Asphaltstraße, die Oase liegt unmittelbar an der algerischen Grenze und ist deshalb militärisch von Bedeutung. M'hamid selbst hat keine Attraktionen zu bieten, ist aber **Ausgangspunkt für schöne Wüstentouren,** sodass die Oase im Frühjahr und im Herbst/Winter einem Offroader-Treffpunkt gleicht, während sie außerhalb der Saison recht verlassen und staubig wirkt. Neu ankommende Touristen werden sofort mit Angeboten für Wüstentrips per Geländewagen oder Kamel überhäuft (Vorsicht vor Schleppern!).

mal_003 ad

▷ Erg Chegaga bei M'hamid

Sehr schön ist ein Bummel durch die Palmenhaine am Oued Drâa oder eine Tour im Geländewagen zum Dayet Chegaga (einem Zeitsee) und dem angrenzenden **Erg Chegaga (Erg M'Hazil)** etwa 60 km westlich von M'hamid (ca. 2 Std. Fahrt), zur **Zawia Abd er Rahman** und der **Oase Source Sacrée**. Sehenswert ist auch die weite Lehmebene des **Lac Iriki** in einsamer Wüstenlandschaft zwischen den Sanddünen und dem Gebirgszug des Djabal Bani. Der Erg Chegaga ist neben dem Erg Chebbi bei Erfoud das zweite große **Sanddünengebiet** Marokkos. Es soll hier Dünen bis zu 300 m Höhe geben, die aber mit dem Fahrzeug kaum erreichbar sind. Vor allem um Ostern herrscht wie am Erg Chebbi touristischer Hochbetrieb; es gibt inzwischen viele fest installierte Bivouacs diverser Veranstalter. Dennoch erlebt man hier mitten in der weiten Landschaft, weitab von einem Ort und der nächsten Teerstraße, noch mehr (manchmal sogar einsames) Wüstenfeeling als in Merzouga.

# Praktische Informationen

## Unterkunft

■ **Chez Le Pacha**③-④ (mit HP), Ouled Driss, ca. 3 km vor M'hamid, Tel. 0524 84 86 96, www.chezlepacha.com, N 29°49,666', W 05°40,346'. Sehr schöne, traditionell gestaltete Anlage mit komfortablen befestigten Nomadenzelten (mit Bett) mit gemeinschaftlichen Sanitäranlagen sowie mit klimatisierten/beheizten Zimmern und Suiten mit Bad und Sitzecke (Suiten auch mit Terrasse). Ausgezeichnetes klimatisiertes Restaurant (im Winter mit Kamin), Garten, schöner Pool und Bar. Das Personal spricht z.T. deutsch. Es können Tages- und Mehrtagesausflüge per Kamel und 4x4 unternommen werden. Beim Hotel werden Gewürze, Oliven- und Arganöl, Kosmetika, Marmeladen etc. des sozialen Frauenprojekts AMINA verkauft.

■ **Dar Azawad**③-④, Ouled Driss, ca. 4 km vor M'hamid, Tel. 0524 84 87 30, www.darazawad.com. Nach einem Betreiberwechsel wird die sehr schöne Anlage mit Pool und Sonnenterrasse leider nicht mehr so professionell geführt wie vorher. Die 15 in einem Mix aus traditionellen und modernen Elementen gestalteten klimatisierten Zimmer und Suiten liegen in Lehmbungalows im herrlichen Garten verteilt. Restaurant in einem Pavillon im Garten, Bar im gemütlichen Kaminsalon. Sicheres Parken möglich.

■ **Dar Talhaya, Dar Paru** und **Kasbah Caravane** vgl. bei Ouled Driss in der Routenbeschreibung.

■ **Hamada du Drâa,** hübscher Platz mit klimatisierten Zimmern, s.u.

■ **Kasbah Azalay**④ (mit Frühstück), El Ghizlane, im Ort links auf die andere Ouedseite abbiegen (letzten 400 m Steinpiste), Tel. 0524 84 80 96/98, www.azalay.com, N 29°49,267', W 05°43,067'. Das sehr gepflegte Kasbah-Hotel auf einem großen Gartenareal mit Palmen und Oleander hat sehr schöne, komfortable Zimmer und Suiten mit AC, Kühlschrank, TV und Mosaikbädern. Es gibt einen großen Pool. Im marokkanischen Restaurant wird sehr gutes Essen und Wein serviert. Übernachtung im Nomadenzelt deutlich günstiger.

■ **Kasbah Sahara**①-②, direkt am Ortseingang auf der rechten Seite, Tel. 0524 42 06 73, Mobil 0661 77 67 66, www.hotelmhamid.com. Hübsches, sehr empfehlenswertes Kasbahhotel mit vier fest befestigten (klimatisierten) Zeltzimmern im Garten sowie 14 Zimmern/drei Suiten mit AC und Bad. Traveller können sich hier austauschen und Touren über Sahara Services (vgl. „Reiseagenturen") direkt buchen. Gutes Essen im Restaurant mit schöner Terrasse, erfrischender Pool im Garten, WLAN. Campingareal hinter dem Haus (vgl. „Campingplätze"). Sahara Services betreibt außerdem ein luxuriöses **Wüstencamp am Erg Chegaga** sowie ein Bivouac am Erg Lihoudi. Wüstenexkursionen können hier direkt gebucht werden.

■ **Tabarkat**③, Douar Kdar Bounou, etwa 3 km vor M'hamid auf der linken Seite, Tel. 0524 84 86 88, www.tabarkat.com. Hübsches Hotel im Kasbahstil in einem ummauerten Palmengarten mit Pool. 22 klimatisierte Zimmer mit Bad. Restaurant und sichere Parkmöglichkeit.

## Campingplätze

Camping ist an diversen Plätzen vor M'hamid (siehe Anfahrt auf den vorherigen Seiten) und auf der anderen Seite des Flusses in den Palmenhainen möglich (im Ort links abbiegen). In M'hamid liegen folgende Campingplätze:

■ **El Khaïma,** Mobil 0662 13 21 70, N 29°50,190', W 05°45,753'. *Bachir Elkhadiri* vermietet einfache Khaimas (Nomadenzelte) und Zimmer mit Du/WC und Küche für bis zu 5 Pers. in der Lehmkasbah②. Zelten ist direkt auf dem Palmengelände möglich, Campingmobile stehen auf einer betonierten Fläche mit Palmenbeschattung. Sehr saubere Sanitäranlagen. Restaurant und Hammam vorhanden.

■ **Hamada du Drâa,** Mobil 0662 13 21 54, www.hamada-sahara.com. Hübsche Anlage mit nettem

Vorgarten, Berberzelten② (mit Frühstück), und klimatisierten Zimmern② mit Bad. Pool, Hammam, Restaurant. Stellplätze mit Strom, warme Dusche inklusive. Der Service ist aufmerksam und freundlich. Es steht WLAN zur Verfügung.

■ **Kasbah Sahara,** am Ortseingang auf der linken Seite (vgl. „Unterkunft"). Campingareal mit Strom und heißen Duschen hinter dem Hotel. Camper können das gute Restaurant (Frühstück 35 DH, Mittag- bzw. Abendessen 90 bzw. 120 DH) und den Pool im Garten kostenlos nutzen. Camping 60 DH für 2 Pers. inkl. Kfz und Strom. WLAN auf dem Gelände.

■ **La Boussole du Sahara,** am Ortsende an der Piste in Richtung Lac Iriqi, Mobil *(Khalifa)* 0672 73 25 64, www.laboussoledusahara.com, N 29°49,635', W 05°43,894'. Netter Campingplatz der sehr freundlichen Familie *Boudani* auf einem Hügel mit sehr schönem Blick zu den Dünen, auch einfache Zimmer① mit gemeinschaftlicher Du/WC, ein wenig unordentlich und verstaubt, aber für einfache Ansprüche okay. Camping 40 DH mit Strom und Wasser.

■ **Paradise Garden,** vgl. Routenbeschreibung vor M'hamid.

## Reiseagenturen

Zuverlässige Veranstalter von **Kamel- und Geländewagentouren** in der Wüste sind:

■ **Caravane de Rêve,** im Zentrum (El Ghizlane), Mobil 0670 02 00 33 oder 0677 19 40 27, caravanedereve@hotmail.com. Kleine Agentur des freundlichen *Ali Laghfiri* und der Deutschen *Monika Diefenbach.* Wüstenwanderungen, Kameltrekking und Geländewagentouren, eigenes Bivouac ca. 10 km von M'hamid im Erg Lihoudi (vgl. vorhergehende Routenbeschreibung).

■ **Desert Bivouac,** im Zentrum (El Ghizlane), Mobil 0670 84 21 16, www.desertbivouac.com. Die Agentur von *Ismail Sbai* organisiert zuverlässig Kamel- und 4x4-Touren mit Bivouac am Erg Chegaga.

■ **Maroc Desert,** im Zentrum, Tel. 0524 84 80 88, Mobil 0661 61 74 36 oder 0668 16 74 36, www.maroc-desert.com, www.chez-naji.com. Das Wüstencamp (Bivouac Chegaga) von *Naji* wurde von einem Leser gelobt. Kompetente Durchführung von Kamel-, 4x4- und Quadexkursionen. Naji betreibt auch das luxuriöse Hotel Bab Rimal in Foum-Zguid (s. dort).

■ **Nomads Travel,** im Zentrum (El Ghizlane), Mobil 0642 50 22 96, www.nomads-travel.com. Agentur unter deutsch-marokkanischer Führung (*Christine Goerig* und *Zaid Harmach*) mit individuellem Tourenprogramm per Kamel oder Geländewagen.

MEIN TIPP: **Sahara Services,** am Hauptplatz im Zentrum neben dem Restaurant Dunes d'Or (Buchung auch über Kasbah Sahara Services möglich), Mobil 0661 77 67 66, www.saharaservices.info, www.morocco-luxury-camps.com, N 29°49,517', W 05°43,205'. Sehr empfehlenswerte Agentur des gut englisch sprechenden *Abdel Benalia.* Abdel organisiert zuverlässig nach den Wünschen der Gäste jegliche Aktivität, auch mit Abholung am Flughafen in Ouarzazate oder Marrakesch. Er ist Betreiber der gleichnamigen Herberge im Ort, verfügt über neue Landcruiser und betreibt ein **Luxuszeltcamp** direkt an den Dünen im Erg Chegaga (fünf große, voll eingerichtete Nomadenzelte mit Bad, Bett, Teppichen etc.). Auch allein reisende Frauen fühlen sich auf seinen Touren wohl.

## Feste/Veranstaltungen

■ Das dreitägige **Festival internationale des Nomades** mit Musik-/Kulturveranstaltungen und Diskussionen findet jedes Jahr in Zentrum von M'hamid statt. Es wird vom 2004 gegründeten Weltverband der Nomaden „Association Nomades du Monde" veranstaltet.

■ Beim **Festival Taragalte** (www.taragalte.org, drei Tage im November) treten Musikgruppen der Region sowie aus Mali und Mauretanien im alten Ortsteil der Oase auf.

078m015 ad

# 6 Die Straße der Kasbahs

Die „Straße der Kasbahs“ verläuft von Ouarzazate nach Nordosten durch spektakuläre Landschaften, vorbei an zahlreichen festungsartigen Lehmburgen (Kasbahs) und -dörfern (Ksour). Neben Spaziergängen durch Oasen und Dattelpalmenhaine

lohnen sich Ausflüge in die Dadès- und in die Todrha-Schlucht.

In der Dadès-Schlucht

# Die Straße der Kasbahs

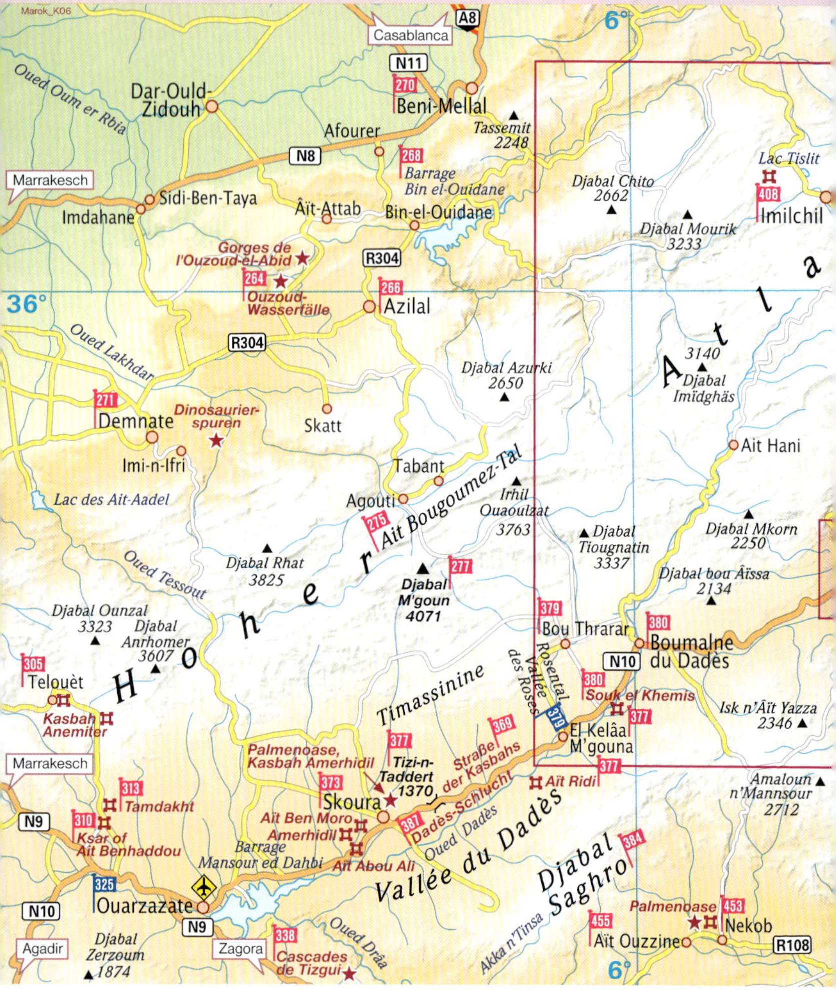


# ÜBERBLICK

Zwischen der im Frühjahr schneebedeckten Gipfelkette des Hohen Atlas im Norden und der braunen Steinwüste des Djabal-Saghro-Massivs im Süden verläuft die „Straße der 1001 Kasbahs". Grüne Dattelpalmenoasen kontrastieren mit der kargen Wüstenlandschaft, die zinnenbewehrten Türme mächtiger Lehmburgen ragen in den stahlblauen Himmel. Die Flüsse Todrha und Dadès

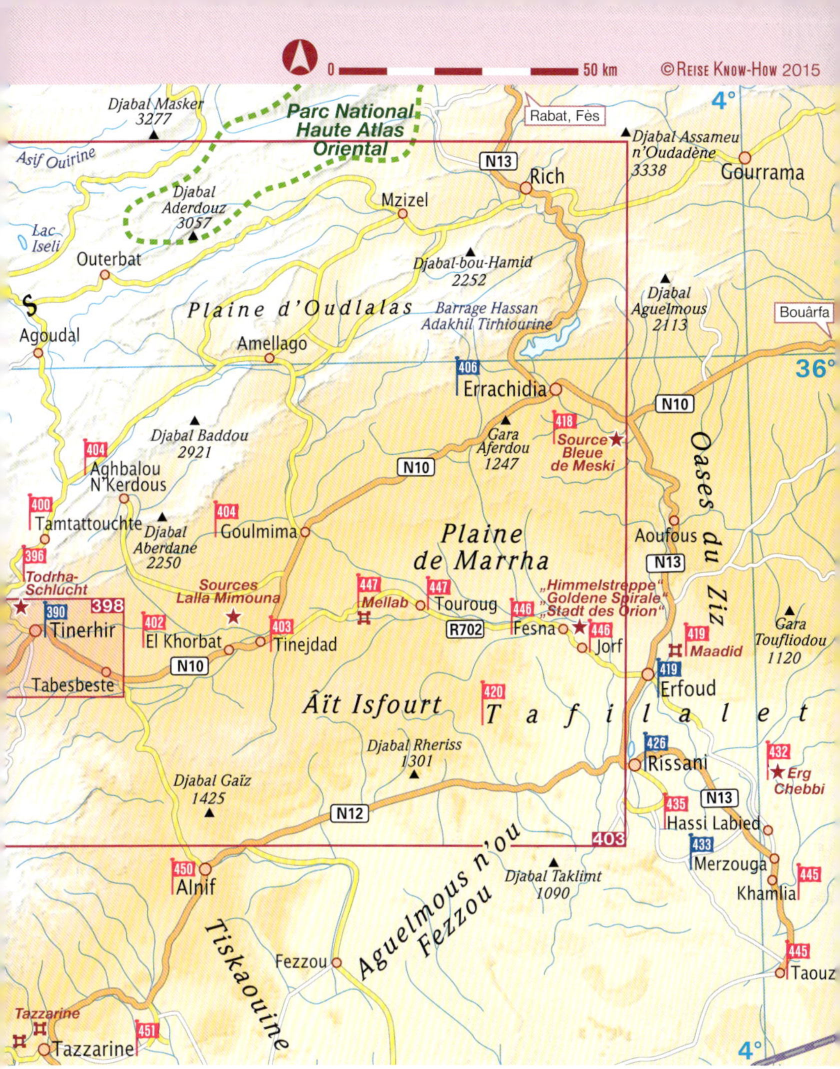


haben tiefe Schluchten in die im Abendlicht rot schimmernden, schroffen Berge des südlichen Hohen Altas gewaschen. Sie bewässern die Terrassenfelder der Oasen, auf denen Getreide, Gemüse, Mandeln und Obst gedeihen. Farben, Formen und das Spiel des Lichts vereinen sich entlang der Straße der Kasbahs zu einer kontrastreichen Bilderbuchlandschaft, wie man sie nur hier vorfindet. Eine der schönsten Trekkingrouten in Marokko führt in fünf Tagen quer durch die eindrucksvolle Bergkulisse des Djabal-Saghro-Massivs bis nach Nekob.

Die Teerstraße von Ouarzazate zieht sich im ersten Routenabschnitt nach Tinerhir flussaufwärts **am Dadès entlang,** mit Oasendörfern, Dattelpalmen und Kasbahs. Der Fluss entspringt im Hohen Atlas und windet sich in einem tiefen Canyon hinab zur Dadès-Schlucht. Bei Boumalne du Dadès mündet er aus dem Hohen Atlas in die Hochebene zwischen Boumalne und Ouarzazate. Nördlich von Boumalne gibt es in der Dadès-Schlucht eindrucksvolle Felsformationen zu bestaunen. Vor Ouarzazate wird der Fluss zu einem großen See gestaut.

**Skoura** ist die größte Dattelpalmenoase Marokkos und kann mit prächtigen Kasbahs und herrlichen Oasengärten aufwarten. **Tinerhir** hat einen fast ebenso großen Palmenhain, der eingebettet zwischen rötlich-braunen Bergen malerisch am Oued Todrha (Todgha) liegt. Hier beginnt die Straße in die **Todrha-Schlucht** mit ihren mächtigen, steil aufragenden Felswänden. Sowohl im Todrha- als auch im Dadès-Tal sind reizvolle Spaziergänge möglich.

Der letzte, weniger besuchte Teil der Straße der Kasbahs führt von Tinerhir weiter durch karge, steinige Wüstenlandschaft über **Goulmima** bis nach **Errachidia.** Die Bergzüge des Djabal Tisdafine im Norden und des Djabal Ougnat im Süden begrenzen die Route.

Von Errachidia lohnt sich ein Ausflug in den zentralen Hohen Atlas nach **Imilchil.** Hier kann man schöne Wanderungen unternehmen oder einfach nur das ursprüngliche Dorfleben beobachten.

**NICHT VERPASSEN!**

- **Skoura:** Entspannen in der idyllischen Palmenoase | 373
- **Djabal Saghro:** auf einer der schönsten Trekkingrouten durch das vulkanische Massiv | 384
- **Dadès-Schlucht:** rote Felsen und mächtige Lehmburgen im grünen Flusstal | 387
- **Todrha-Schlucht:** die steilen Felswände sind ein Eldorado für Kletterer | 396
- **Lalla Mimouna:** Quellen und Museum | 402
- **Imilchil:** Kasbahs, Schluchten und Seen | 408

**Diese Tipps sind gelb hinterlegt.**

# Von Ouarzazate nach Tinerhir

- **165 km, N10.**
- **Gute Teerstraße** durch schöne Wüstenlandschaft mit Oasendörfern, Kasbahs und Dattelpalmenhainen. Busverbindung nach Tinerhir mehrmals täglich (siehe Ouarzazate).

Bei der Kasbah von Taourirt in Ouarzazate nimmt die Route ihren Anfang. Von dort verläuft die N10 ostwärts zunächst über ein Wüstenplateau.

Nach ca. 20 km zweigt links (beschildert „Ghassate 24 km, Demnate 139 km") die kleine Teerstraße nach Demnate und Imi-n-Ifri ab (Route C24). Diese ausgefranste, schmale Straße führt landschaft-

› Die Oase Skoura mit Khettara-Stollen

lich grandios durchs Tessaout-Tal über den Hohen Atlas. Im Winter bei Schneefall nur mit Allrad geeignet!

1 km nach der3 km danach folgt die **Auberge Le Lion blanc**① (Tel. 0254 88 57 57) mit schönem Palmengarten an der Straße und 1 km weiter liegt rechts der **Stausee Mansour ed Dahbi** (siehe Ouarzazate) bei km 18. Es bietet sich ein schöner Ausblick auf den See. Nach einem weiteren Kilometer folgt der beschilderte Abzweig zum See und zum **Luxushotel Sultana Royal Golf** mit gutem Restaurant (vgl. Ouarzazate/Oberklasse-Hotels).

Nach weiteren 11 km befindet sich das **Café/Restaurant La Pergola** in einem schattigen Pinienwald links (nördlich) der Straße. Die Route führt durch Wüstenerosionslandschaft mit Blick auf die schneebedeckten Berge des Hohen Atlas (Spätherbst bis Frühjahr). 5 km vor Skoura liegen das **Gästehaus Chez Talout** sowie die **Kasbah d'hôtes Ayad** am Oued El Hajhaj. Es folgt das **Gästehaus Dar Ikras** im Palmental, und nach einem weiteren Kilometer ist bei der **Kasbah Aït Ben Moro** nach insgesamt 39 km Skoura erreicht.

## Skoura

In dieser herrlichen großen **Palmenoase** mit typischer Oasenbewirtschaftung liegen auf der nördlichen Seite des (meist trockenen) Oueds zahlreiche schöne Kasbahs versteckt, die mit Ornamenten verzierte Mauern und Türme aufweisen. Viele der **Kasbahs** von Skoura sind verlassen und dem Verfall preisgegeben, einige jedoch wurden in den letzten Jah-

076m015 hp

ren renoviert und als Herbergen wiederbelebt. An der Straße stehen neue Betonhäuser, in die die Bewohner auf der Suche nach mehr Komfort umgezogen sind. Der Lehmbau ist vielen zu mühsam geworden, da die Häuser nach starkem Regen immer wieder restauriert werden müssen.

Direkt an der Straße auf der linken Seite liegt die **Kasbah Aït Ben Moro** mit Souvenirstand, ca. 2 km vor dem Ortsanfang von Skoura (von Ouarzazate kommend). Sie wurde in ein stilvolles **Hotel** umfunktioniert (s. „Unterkunft").

Typisch für die Region ist die Herstellung von **Rosenwasser,** das überall an der Straße der Kasbahs verkauft wird. Auch in Skoura gibt es große Rosengärten zur Gewinnung von Rosenwasser und -öl.

Die Kasbah von Skoura
(Abb. aus W. Wrage: „Straße der Kasbahs")

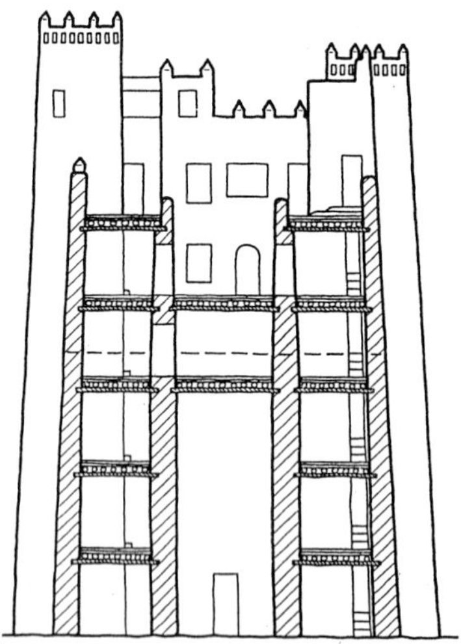

Versteckt im nordöstlichen Palmenhain neben einer Quelle im großen Oasengarten liegt die wunderschöne **Kasbah Aït Abou Ali** (s. Abstecher unten).

Die große und unbedingt sehenswerte **Kasbah Amerhidil** aus dem 17. Jahrhundert erreicht man, indem man kurz hinter der Kasbah Aït Ben Moro links abbiegt (N 31°02,865', W 06°34,337', Schild Musée Ameridil und Caming Ameridil „Les jardins de Skoura"). Die mit bemalten Felsen markierte Piste führt durch das Flussbett auf die andere Seite des Oueds. Insgesamt ca. 900 m von der Teerstraße entfernt liegt die Kasbah (N 31°02,779', W 06°34,867'). Sie ist auch gut zu Fuß durch die Oasengärten vom Parkplatz des Hotels Ben Moro erreichbar. Eine Besichtigung der prachtvollen Lehmburg ist gegen ein Trinkgeld (20–50 DH) für den kompetenten Führer möglich. Die engagierte Familie *Naciri,* der die Kasbah seit Generationen gehört, hat das Gebäude kompetent renoviert. Ein kleines Museum im EG zeigt alte Werkzeuge und Gebrauchsgegenstände. Die Kasbah wurde vor allem durch *Werner Wrages* Standardwerk „Die Straße der Kasbahs" bekannt und ist auf dem alten 50-DH-Schein abgebildet. An die alte Kasbah baute die Familie ein Gästehaus an (vgl. „Unterkunft").

Eine interessante zweistündige **Führung** in französischer Sprache durch die Oasengärten inkl. Erläuterung der Pflanzen und des Bewässerungssystems sowie zu zwei Kasbahs und einem Marabout (Heiligengrab) bietet **Abdul Hadi** an (Service Abdul, kleines Haus links der Straße Richtung Kasbah Amerhidil und Camping, ggf. beim Camping fragen, Tel. 0668 22 24 95, Preis verhandeln, ca. 150 DH).

## Praktische Informationen

### Unterkunft

Die Anfahrt zu vielen Unterkünften durch das Flussbett ist nach starken Regenfällen evtl. schwierig oder vorübergehend nicht möglich.

■ **Chez Slimani**② (mit HP), Douar Magramane, Mobil 0661 74 68 82, Tel. 0524 85 23 59, www.chezslimani. com. Anfahrt wie zur Kasbah Amerdihil (s.o.), der Beschilderung folgen, kleiner Eingang in der Mauer rechts (N 31°03,039', W 06°34,925'). Saubere Gîte d'étape in hübscher Familienkasbah mit neun einfachen Zimmern. Kleiner Salon, schattiger Garten, Organisation von Ausflügen.

■ **Chez Talout**③ (mit Frühstück), Oulad Arbia, Tel. 0524 85 26 66, www.talout.com, N 31°02,538', W 06°36,241'. Schöne, sehr gepflegte Herberge mit Restaurant (gutes Essen) und tollem Ausblick auf die Oase von den Terrassen. Herzlicher Empfang und liebevolle Betreuung der Gäste. Klimatisierte/beheizte komfortable DZ mit Bad.

■ **Dar Lorkam**④ (mit HP), ca. 5 km abseits der Hauptstraße in der Palmeraie (andere Seite des Oueds), Tel. 0524 85 22 40, www.dar-lorkam.com, N 31°05,95', W 06°35,05'. Liebevoll gestaltete Herberge in ruhiger Lage mit Pool und netten Zimmern im Berberstil mit Bad. Das Essen wird mit Gemüse aus dem Garten zubereitet.

■ **Espace Kasbah Amridil**③ (mit Frühstück), unmittelbar neben der Kasbah Amerhidil, Tel. 0524 85 22 97, www.espaceamridil.com. Freundliches Gästehaus in einer im Lehmbaustil nachgebildeten Kasbah mit 10 Zimmern mit Bad (einige klimatisiert). WLAN, Essen auf Bestellung im Innenhof.

■ **Kasbah Aït Abou Ali,** vgl. Ausflug. Gästehaus in einer schönen Kasbah.

■ **Kasbah Aït Ben Damiette**③-④, Douar Ouled Ali Khamsa (2 km in Richtung Toundoute in der Palmeraie), Tel. 0524 85 20 02, www.kasbahaitbendamiette.com. 12 typisch marokkanisch gestaltete, klimatisierte/beheizte Zimmer und Suiten mit Bad. Es gibt einen Pool sowie Restaurant, Fernsehsalon und Bar um den offenen Innenhof. Herzlicher Empfang durch die französischen Gastgeber *Yannick* und *Colette*. Auch Übernachtung auf der Dachterrasse (mit Ausblick) möglich.

■ **Kasbah Aït Ben Moro**④, Tel. 0524 85 21 16, www.kasbahaitbenmoro.com. Die Kasbah aus dem 18. Jh. wurde stilvoll und authentisch instand gesetzt und zu einem komfortablen Hotel umgestaltet. Die 13 Zimmer mit Bad (kein AC) und drei Turmzimmer mit Dusche/WC auf dem Gang sind sehr gemütlich, z.T. mit Privatterrasse, Kamin oder Blick auf die Palmeraie. Schöner Garten mit Terrasse und Pool. Von der Dachterrasse traumhafter Ausblick auf den Palmenhain und den Hohen Atlas.

■ **Kasbah d'hôtes Ayad**② (mit Frühstück), kurz vor Skoura an der Hauptstraße, Tel. 0524 85 20 47, chezayad@yahoo.fr. Schöne Unterkunft in einer renovierten Kasbah (ca. 100 Jahre alt). *Hassan Ayad* und seine Familie empfangen Gäste herzlich und sind sehr freundlich. Es gibt sechs DZ mit Bad und barrierefreie Zimmer im EG. Gutes Frühstück und Abendessen auf der Terrasse im Palmengarten.

■ **Kasbah La Palmeraie**①-②, Tel. 0662 15 30 49, www.lapalmeraie-skoura.com. Nette Gîte d'étape der Familie *El Gharbi* in einer Kasbah, ca. 800 m vom Zentrum im Douar Rouha. Es gibt Zimmer mit oder ohne Bad, auch Übernachtung auf der Dachterrasse ist möglich.

■ **La Perle de Skoura**①, Oulad Amira, in der Palmeraie nahe der Kasbah Amerhidil, Mobil 0668 64 13 67, laperledeskoura@gmail.com. *Mohamed Alaoui* empfängt seine Gäste herzlich und bietet auf seinem Gartengelände einfache Unterkunft in Berberzelten. Touren in der Umgebung möglich.

■ **Les Jardins de Skoura**④ (mit Frühstück), Tel. 0524 85 23 24, Mobil 0661 73 04 61, www.lesjardinsdeskoura.com, N 31°03,605', W 06°35,730'. Anfahrt wie zur Kasbah Amerdihil (s.o., Schild an der Straße), im Flussbett rechts halten und durch die Palmeraie hindurch immer den roten Pfeilen folgen (ca. 3 km). In diesem Landhotel mit schönem Garten mit Hängematten und Pool herrscht eine wunderbar ruhige und erholsame Atmosphäre. Die französische Betreiberin *Caroline* ist sehr um ihre Gäste bemüht. Hübsche, sehr große Zimmer und Suiten im Berberstil, z.T. mit Kamin und Privatterrasse (Familiensuite).

- **Les Nomades** (Chez Aziz)② (mit Frühstück), Mobil 0661 89 63 29, www.skoura-nomades.com, ca. 600 m hinter dem Dorf am Rande des Palmenhains. Hübsches Kasbahhotel der freundlichen Familie *Assilah* mit acht Zimmern mit Bad. Die Turmzimmer auf der Dachterrasse sind klimatisiert. Gemütlicher Salon mit Restaurant.
- **Maison Dmana**②, Douar Rouda Oulad Yakoub (Dorf hinter der Kasbah Amerhidil), Mobil 0613 87 73 22. Sehr freundliches Gästehaus mit nach Leseraussagen „bester vegetarischer Tajine", gutem Frühstück und hübschen Zimmern.
- **Sawadi**③-④ (mit Frühstück), Douar Tajanate, in der Palmeraie, Tel. 0524 85 23 41, www.sawadi.ma. Leser bezeichneten die Gästefarm von *Catherine Quenisset* und *Philippe Ferrer Mora* als „kleines Paradies": geräumige, unterschiedlich gestaltete Suiten in einzelnen kleinen Kasbahs (mit Privatterrasse, z.T. mit Klimaanlage und Kamin) auf dem 1 ha großen Gartengrundstück. Anbau von Bio-Gemüse und Obst für den Eigenbedarf, toller Pool, kleines Hammam, Restaurant und Kinderspielplatz. Besonders für einen ruhigen Familienurlaub geeignet. Abholung aus Ouarzazate und diverse Ausflüge möglich.

## Campingplatz

- **Amridil** (Camping International de Skoura), Mobil 0666 25 11 54, www.camping-amridil-ouarzazate.com, nördlich der Hauptstraße am Oued, ummauertes Gelände nahe der Kasbah (Wegweiser, N 31°02,980', W 6°34,593'). Sehr liebevoll gestalteter Campingplatz und idealer Ausgangspunkt zur Oasenbesichtigung: netter Empfang, sehr saubere und gute sanitäre Anlagen (warme Dusche kostet extra, 70 DH inkl. Dusche und Strom für 2 Pers.), schattiger Salon/Restaurant (Essen auf Bestellung), Stellplätze (mit Strom) leider mit wenig Schatten, da die Bäume noch klein sind. Auch Bungalows③ im Kasbahstil. Vom Rand der Mauern bietet sich ein herrlicher Ausblick auf die im Winter schneebedeckten Berge und den Palmenhain.

## Essen und Trinken

- **El Baraka,** an der Hauptstraße. Café/Restaurant mit guter marokkanischer Küche, ideal für eine Mittagsrast auf der Durchreise.
- In vielen der genannten Gästehäusern kann man auch nur zum Essen einkehren.

## Sonstiges

- Ein **Grand Taxi** nach Ouarzazate kostet ab Skoura etwa 30 DH. Die Busse von Ouarzazate (s. dort) nach Tinerhir halten z.T. in Skoura.
- Zahlreiche **Moussems** finden in den umliegenden Dörfern zwischen 12. und 20. Rabia I statt; in Skoura selbst der **Moussem Sidi Othmane** am 14. Rabia I.
- Der Veranstalter Sport Travel in Marrakesch (s. dort) betreibt eine **Pferderanch** *(Centre Equestre)* in Skoura, wo Reiter Ausritte unternehmen können. Anfahrt: Von Ouarzazate kommend in Skoura links ab auf die Teerstraße nach Toundoute, vor der Auberge Bouarif links auf eine Piste, nach 500 m ist die Ranch erreicht (Douar Tiriguioute, Mobil 0661 22 52 63).

## Ausflug zur Kasbah Aït Abou Ali

Dieser Abstecher ist **auch für Radfahrer und Fußgänger empfehlenswert,** da er durch die Oasengärten von Skoura führt. Man kann direkt vom Ortszentrum starten und über das Oued nordostwärts dorthin gelangen.

Kurz vor Ortsende in Richtung El Kelâa, Tinerhir weist das Schild „Gîte d'étape Kasbah Aït Abou Ali“ nach links. Entlang der Teerstraße geht es knapp 7 km bis zu einem Dorf mit einer Kasbah. Dort auf eine Piste links abbiegen und nach 2,4 km auf einer kleinen **Brücke** ein Oued überqueren **(N 31°06,056', W 06°33,897').** Kurz darauf wieder auf guter Piste ein Oued queren. Weiter durch die Oasengärten: Nach 1,1 km erreicht man ein Dorf. Weiter an Lehmmauern entlang geradeaus durch die Gärten, nach 500 m rechts abbiegen (Pfeil auf Mauer). Nach 800 m liegt links die wunderschöne **Kasbah Aït Abou Ali**③ (Tel. 0524 85 22 34, www.kasbah-ait-abou.com, **N 31°06,442', W 06°34,714'**). Das Kasbahhotel mit schönen Zimmern im Berberstil mit Bad (auch Familienzimmer, z.T. mit Klimaanlage/Heizung) hat einen Hammam. In den herrlichen Gärten gibt es ein Quelle und jede Menge Dattelpalmen – eine Oase der Ruhe abseits der Touristenströme.

## Weiterfahrt nach Tinerhir

**Hinter Skoura** führt die N10 weiter durch wüstenhafte Gegend, die lediglich im Drâa-Tal grüne Farbe zeigt. Entlang der Straße liegen malerische Kasbahs. Die Hauptverbindungsstrecke verläuft dann bergauf über ein ödes Plateau zum Pass **Tizi-n-Taddert** auf 1370 m Höhe (km 61). Danach geht's hinab ins grüne Dadès-Tal nach **Imassine** (km 66).

**Aït Ridi,** ein kleiner Ort mit Dattelpalmenhain und vielen Kasbahs, ist nach **85 km** erreicht. Hier steht rechts der Straße ein großer, pilzförmig erodierter Felsen, der als Aussichtsplattform dient. Unterhalb gibt es Souvenirläden, einen Parkplatz und Cafés.

4 km weiter führt eine Brücke über den **Assif M'goun.** In der Nähe haben sich viele Restaurants, Cafés und Steinverkäufer entlang der hübschen Palmenhaine angesiedelt.

Die landschaftlich sehr schöne Strecke führt weiter entlang des Dadès, der sich tief in den roten Sandstein gegraben hat. Bei **km 89** liegt das **Hotel Rosa Damaskina**③ (Tel. 0524 83 69 13, www.rosadamaskina.com) an der Pont d'Almou (Brücke) mit herrlichem Blick und einfach ausgestatteten, sauberen Zimmern mit Bad (üppiges Frühstück). Im Restaurant kann man zu Mittag essen.

**El Kelâa M'gouna** folgt bei **km 94**.

## El Kelâa M'gouna

Die schöne Oase mit ca. **15.000 Einwohnern** liegt 1467 m hoch am Fluss Assif M'goun, der hier vom Hohen Atlas kommend ins Dadès-Tal mündet und wenige Kilometer vor El Kelâa M'gouna in den Dadès-Fluss fließt. Auf einem Felsen, der die Oase überragt, liegt die **Kasbah** des früheren Pascha von Marrakesch, *El Glaoui*. Es bieten sich im Ort Führer dorthin an. Die Kasbah gab dem Ort seinen Namen: *Kelâa* bedeutet Festung, *M'gouna* heißt der hier ansässige Stamm. Die Oase ist vor allem für die Herstellung von **Rosenwasser und -öl** bekannt, Ersteres wird für Kosmetik sowie zum Backen und Kochen verwendet, Letzteres als Essenz für die Parfümherstellung (ca. 40 DH/125 ml). In El Kelâa M'gouna wird Mitte Mai zur Rosenernte die **Fête des Roses** gefeiert.

# Mgoun-Tal/Rosental

0 3 km ©Reise Know-How 2015

Agadi_06

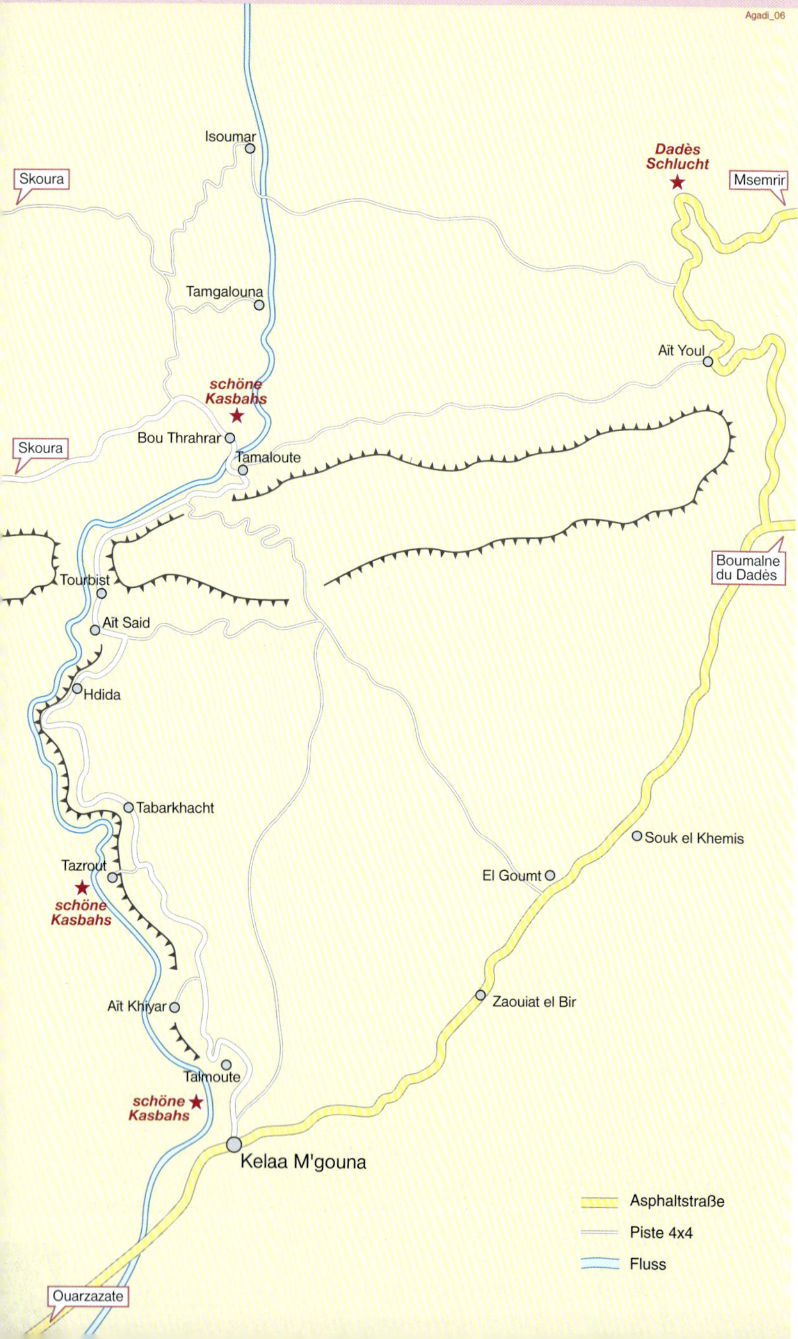

**Markttag** ist der **Mittwoch** – dieser sehr sehenswerte Wochenmarkt ist größer als der in Boumalne.

## Praktische Informationen

### Unterkunft

- **Hotel du Grand Atlas**①, Av. Mohamed V., Tel. 0524 83 68 38. Einfaches, ordentliches Hotel mit Duschen/WC auf dem Gang.
- **Kasbah Itran**②-③ (mit Frühstück), Richtung Rosental, Tel. 0524 83 71 03, Mobil *(Mohamed)* 0662 62 22 03, www.kasbahitran.com. Maison d'Hôtes in traditioneller Lehmbauweise unter spanisch-marokkanischer Führung, 7 Zimmer mit oder ohne Bad (z.T. mit Balkon).
- **Ksar Kaissar**③, 3 km hinter dem Zentrum Richtung Tinerhir links ab (Schild), Tel. 0524 83 67 42/76. 64 klimatisierte Zimmer, 50 Höhlenzimmer und großer Pool; die Zimmer im alten Hotelteil sind nicht so sauber, die im neueren besser. Es gibt einen terrassenartig angelegten, weitläufigen **Campingplatz** mit schattigen Wohnmobilstellplätzen und toller Aussicht. Die Sanitäranlagen sind etwas vernachlässigt, Poolnutzung für Camper 30 DH/Pers.

### Essen und Trinken

- **Café Errabia Chez Abdou,** ggü. Supratours-Bushaltestelle. Ein Leser empfahl dieses freundliche Café mit leckerem Essen.
- **Almanadir,** am Ortseingang. Gutes, einfaches Restaurant mit schönem Blick aufs Flusstal. Tajine ca. 50 DH.

### Campingplatz

- Camping am **Ksar Kaissar,** s.o.

### Verkehrsverbindungen

- Einmal täglich (mittags) verkehrt ein **CTM-Bus nach Tinerhir** (von Ouarzazate kommend), ca. 2 Std. Fahrzeit, 30 DH. Derselbe Bus fährt **nach Errachidia** weiter: 70 DH, ca. 4 Std. Fahrzeit. Der CTM-Bus **nach Ouarzazate** startet vormittags (35 DH, ca. 75 Min. Fahrzeit) und fährt **nach Marrakesch** weiter (105 DH, ca. 6½ Std. Fahrzeit). Weitere Privatbuslinien.
- Zweimal täglich (morgens und nachmittags) verkehrt ein **Supratours-Bus nach Ouarzazate** (40 DH, ca. 75 Min. Fahrzeit) und weiter **nach Marrakesch** (115 DH, 5½ Std.).
- **Sammeltaxis nach Boumalne** ca. 10 DH, nach **Ouarzazate** ca. 20 DH.

## Ausflüge

Von El Kelâa kann man einen Ausflug ins **Rosental (Vallée des Roses)** unternehmen. Der Abzweig in der Ortsmitte ist ohne Hinweisschild. Die Strecke ist inzwischen bis ins Dadès-Tal (über Bou Thrarar, Aït Youl) geteert. Nur anfänglich und dann wieder ab Hdida führt die Straße unmittelbar am Tal entlang und bietet herrliche Ausblicke auf das unten gelegene Flusstal – dazwischen geht es durch uninteressante Steinwüste. Deshalb sollte man unbedingt einen Abstecher direkt ins Flusstal bzw. eine Wanderung dorthin unternehmen. Im ursprünglichen Ort **Bou Thrarar** kann man eine Nacht im einfachen **Gästehaus Amnay**② (Mobil 0612 02 86 98) verbringen. Das liebevoll restaurierte Lehmhaus liegt toll oberhalb des Flusses. Die sehr freundlichen Betreiber *Hassan* und *Youssef* sprechen auch englisch und organisieren Trekkingtouren.

- Tipps für Unternehmungen in der Region (Wandern, Ausflüge etc.) gibt das **Bureau des guides et accompagnateurs de montagne** 1 km vor El Kelâa M'gouna (von Ouarzazate kommend auf der linken Seite, Tel. 0524 83 73 68/71) und in Souk el Khemis (s.u.). Die Büros vermitteln Bergführer.

## Weiterfahrt nach Tinerhir

**Zaouiat el Bir** folgt nach **103 km.** Ab hier führt die Route durch dicht besiedeltes Gebiet, man kommt nur noch langsam vorwärts. Nur noch gelegentlich bieten sich Ausblicke auf die Kasbahs und die Berge.

Bei **km 108** ist **Souk el Khemis** erreicht. Rechts neben der Straße steht eine schön renovierte **Kasbah mit Museum** (beschildert), außerdem das *Bureau des guides et accompagnateurs de montagne,* das Bergführer vermittelt (Tel. 0524 85 04 11).

Bei **km 115** ist **Boumalne** erreicht.

## Boumalne du Dadès

Das Markt- und Verwaltungszentrum der Region hat **etwa 11.000 Einwohner.** Es liegt auf 1586 m zwischen den kahlen, verwitterten Berghängen des Hohen Atlas im Norden und des Djabal Saghro im Süden. Der schöne, von mächtigen Kasbahs umgebene Ort ist **Zentrum der Aït-Atta-Berber.** Die Bewohner leben in erster Linie von der Landwirtschaft (Gemüse-, Obst-, Getreideanbau), die hier entlang der Flüsse im Terrassenfeldbau betrieben wird. Palmen gedeihen auf dieser Höhe aufgrund der Winterkälte nicht mehr.

Markt ist am Mittwoch – ein Besuch des **Souks,** zu dem alle Bewohner der Umgebung kommen, lohnt sich (Marktgelände ca. 2 km außerhalb an der Straße nach Tinerhir). In Boumalne steht eine schöne **Kasbah,** die noch als Speicherburg genutzt wird.

Unbedingt einen Abstecher wert ist die **Dadès-Schlucht** (vgl. Ausflüge unten). Die Schlucht ist zumindest im oberen Bereich eindrucksvoller als die Todrha-Schlucht. Die Teerstraße endet bei Msemrir, wer nicht bis dorthin vordringt, sollte zumindest bis Aït Oudinar fahren. Schon nach wenigen Kilometern flussaufwärts thronen imposante Kasbahs in dem von roten Felsen umrahmten grünen Flusstal – eine faszinierende Landschaft voller Kontraste.

### Praktische Informationen

#### Unterkunft in Boumalne du Dadès

■ **Al Manader**①, Bd. Mohamed V. (ca. 500 m außerhalb in Richtung Tinerhir auf der rechten Seite), Tel. 0524 83 01 72, www.hotelmanader.com. Einfaches Hotel mit sauberen, geräumigen Zimmern mit heißer Dusche und WC (nur durch Vorhang abgetrennt), vom Balkon herrlicher Blick ins Tal. Sehr freundliches Personal und gutes Essen, eigener Parkplatz.

■ **Bougafer**①, direkt im Zentrum am kleinen Platz auf der linken Seite (von Ouarzazate kommend). Die einfache Unterkunft ist sauber, nett eingerichtet und hat eine hübsche Terrasse und Dachterrasse. Viel gelobtes Restaurant mit gutem Essen. Zimmer mit Dusche/Waschbecken (ohne WC), auch 3er-Zimmer.

■ **Casbah La Jeanne**③ (mit Frühstück), Slillou, 2 km vom Stadtzentrum entfernt (Abholung bei Anruf), Tel. 0524 83 00 72, Mobil 0667 41 56 97. Das Kasbahhotel von *Moha Mansoub* und seiner Familie wurde von Lesern wärmstens empfohlen: großzügige, schöne Zimmer mit Bad und Blick auf die Gärten am Fluss (schöne Spaziergänge möglich), familiäre Wohlfühlatmosphäre. Moha bietet Touren in die Berge und die Wüste sowie Trekkings an. Auch 3er- und 4er-Zimmer.

■ **Kasbah de Dadès** (ex Chems)③ (mit Frühstück), Bd. Mohamed V., in der Kurve Richtung Tinerhir, Tel. 0524 83 00 41, www.kasbahdedades.

077m015 ad

com. Freundliches, sauberes Hotel im Kasbahstil mit schöner Aussicht, Pool und Restaurant oberhalb des Ortes. WLAN. DZ mit Dusche und Balkon.

■ **Kasbah Tizzarouine**③-④ (je nach Saison), am Ortsausgang Richtung Tinerhir rechts abbiegen (beschildert), dann einige 100 m Piste, Tel. 0524 83 06 90, www.tizzarouine.com. Großes Hotel im Kasbahstil mit Pool, die Terrasse am hinteren Ende der riesigen Anlage bietet einen tollen Blick auf Boumalne. Eines der zwei hübschen Restaurants befindet sich in einem Berberzelt (abends Folklore), meist gutes Essen und aufmerksamer Service (in der Hauptsaison bei viel Gruppenandrang evtl. weniger gut). Übernachtung in Standard-Zimmern, in kleinen Höhlenzimmern (ohne Fenster, mit eigener Terrasse) oder in Berberzelten möglich (bei Ansturm nicht immer sauber).

■ **Soleil Bleu**②-③, oberhalb des Ortes (2 km) in Richtung Tinerhir und dann links (vom Hotel Madayeq ca. 400 m weiter auf Piste, N 31°22,684', W 05°58,872'), Tel. 0524 83 01 63, www.hotel-soleil-bleu-dades.com. In den sauberen Zimmern mit Bad und Balkon (im OG) und z.T. Ausblick ins Tal ist nicht immer alles voll funktionsfähig. Das Personal ist sehr freundlich. Es gibt ein gutes Restaurant mit sehr schöner Terrasse und herrlichem Blick. Alte Zimmer im EG, neue Zimmer im OG. **Camping** im Hof möglich (Stellplatz im ummauerten Hof wenig ansprechend, sanitäre Anlagen aber ordentlich und sauber, warme Duschen).

■ **Vallée des Oiseaux**①, Bd. Mohamed V. (am Ortsende in Richtung Tinerhir links), Tel. 0524 83 07 64, www.valleedesoiseaux.com. Nettes Hotel mit einfachen Zimmern mit Du/WC (nur durch Vorhang abgetrennt). Sehr freundliches Personal, gutes Essen in einem großzügigen Speiseraum.

■ **Xaluca Dadès**③, Tel. 0524 83 00 60, www.xaluca.com. Komfortables 3-Sterne-Kasbahhotel mit tollem Blick über das Dadès-Tal. Pool, Hammam und 110 hübsche, afrikanisch gestaltete Zimmer mit Bad, TV, kabellosem Internet und Heizung/AC.

⌃ Verkauf von Schmuck in Boumalne du Dadès

## Herbergen in der Dadès-Schlucht

Die Unterkünfte sind entsprechend ihrer Reihenfolge entlang der Straße durch die Dadès-Schlucht aufgelistet (von Süden nach Norden).

■ **Auberge Panorama**③ (mit Frühstück), in Aït Ibrirne in der Dadès-Schlucht, ca. 11 km von Boumalne, Tel. 0524 83 15 55, www.aubergepanorama.com. Hübsche Herberge im Kasbahstil mit Restaurant und Panoramaterrasse. Die sieben sauberen Zimmer mit Bad sind unterschiedlich und liebevoll gestaltet.

■ **Auberge Tifawen**②, ca. 11 km von Boumalne, direkt nehen Auberge Panorama, Tel. 0524 83 18 54, www.tifawen.com. Sehr freundliche Herberge im Kasbahstil mit sieben hübschen Zimmern (mit Balkon) um den offenen Innenhof herum, Panoramaterrasse.

■ **Dar Tougha**②, Aït Ibriren, ca. 12 km hinter Boumalne auf der rechten Seite (alleinstehend außerhalb des Ortes), Mobil 0667 15 99 41, dar-tougha@hotmail.fr. Das Gästehaus des sehr netten und bemühten *Oussakt Ibrahim* hat nur wenige Zimmer, einen Stellplatz für zwei bis drei Wohnmobile sowie eine kleine Wiese für Zelte. Ruhige Lage, leckeres Essen im Restaurant.

■ **La Kasbah de Mimi**④ (mit HP), ca. 12 km von Boumalne in der Dadès-Schlucht, Tel. 0524 83 05 05, http://kasbah-mimi.webliberte.net. Sehr schönes Kasbahhotel mit Pool und Restaurant unter französischer Führung.

■ **Kasbah Aït Arbi**①, ca. 12 km von Boumalne in der Dadès-Schlucht, Tel. 0524 83 17 23. Diese kleine, authentische Herberge hat eine sehr schöne Aussichtsterrasse und saubere Zimmer mit warmer Dusche, man kann auch auf der Dachterrasse übernachten. Der junge, herzliche Eigentümer *Ahmed Boumadir* organisiert Touren in die Umgebung und die Besichtigung der Kasbah Aït Arbi.

■ **Auberge Tamlalte**② (mit HP), ca. 16 km von Boumalne auf der rechten Seite in einer Kurve, Tel. 0524 88 68 53, www.hoteltamlalte.com. Schöne helle Zimmer mit Bad, fantastische Aussicht, freundliches Personal, gutes Essen, schöne Wanderungen möglich.

■ **Les 5 lunes – Chez Daoud**②, ca. 23 km von Boumalne in der Dadès-Schlucht, Tel. 0524 83 07 23, www.les5lunes.com. Die Herberge der Familie *Ochatou* mit sechs Zimmern im Berberstil und Restaurant ist liebevoll-verspielt gestaltet (Wandmalereien).

■ **Auberge Aït Oudinar – Gorges du Dadès**③ (mit HP), in Aït Oudinar, ca. 25 km von Boumalne in der Dadès-Schlucht, Tel. 0524 83 02 21, Mobil 0676 60 02 85, www.aubergeaitoudinar.com. Das schön direkt am Fluss gelegene Hotel ist liebevoll im Berberstil eingerichtet, die einfachen Zimmer sind sauber und haben ein (z.T. schon etwas angeschlagenes) Bad, AC und Balkon. Gutes Essen wird auf der Terrasse oder im Berberzelt serviert. Es gibt einen angeschlossenen Souvenirshop und einen kleinen **Campingplatz** mit Schatten spendenden Bäumen. Von hier kann man in Begleitung eines Familienmitglieds eine sehr schöne Wanderung durch eine Nebenschlucht des Dadès unternehmen (halber Tag). Camping 20 DH/Caravan, 10 DH/Pers., 20 DH Strom, 15 DH Zelt.

■ **Chez Pierre**③, ca. 26 km von Boumalne in Aït Oudinar, Tel. 0524 83 02 67, www.chezpierre.org. Ein Franzose betreibt dieses aus Lehm im Kasbahstil errichtete Hotel mit zehn sehr stilvollen Zimmern mit Bad, Zentralheizung (in Marokko eine Rarität) und kleiner Terrasse zum Garten. Es gibt einen Pool und hervorragendes, viel gelobtes Essen (Menü ab 10 Euro). Es werden auch (Wander-)Ausflüge organisiert und Mountainbikes verliehen.

■ **La Gazelle du Dadès**①, in Aït Ouffi, ca. 27 km hinter Boumalne in der Dadès-Schlucht, Tel. 0524 83 17 53, www.lagazelledudades.com. Nette, saubere Herberge, auch günstige Übernachtung im Nomadenzelt oder im Salon möglich.

■ **La Fibule**② (mit HP), ca. 27 km von Boumalne in der Dadès-Schlucht (bei Aït Oudinar), Tel. 0524 83 17 31 oder Mobil 0670 22 43 39, ijoudmustapha@yahoo.fr. Empfehlenswerte Herberge mit netten Leuten und gutem Essen. DZ mit kleinem Heizofen.

■ **Auberge des Peupliers**③ (mit HP), in Aït Ouffi, ca. 28 km hinter Boumalne in der Dadès-Schlucht, Tel. 0524 83 17 48, www.aubergedespeupliers.net. Das einfache, saubere Hotel mit Restaurant und **Campingmöglichkeit** gehört *Mohamed Echaouich*, der Wanderungen zu den in den Bergen lebenden Höhlennomaden führt. Restaurant mit Kamin für den Winter, WLAN, DZ mit warmer Dusche.

■ **Kasbah de la Vallée**③ (mit HP), in Aït Ouffi (neben Auberge des Peupliers), ca. 28 km hinter Boumalne in der Dadès-Schlucht, Tel. 0524 83 17 17, www.kasbah-vallee-dades.com, N 31°31,288', W 05°55,837'. Ordentliche, saubere und typisch marokkanisch (Polstermöbel) eingerichtete Herberge. Sehr kleiner **Campingplatz** angeschlossen, die sanitären Anlagen (heiße Duschen) im Hotel können von Campern mitbenutzt werden. Gutes Essen.

■ **Auberge Tissadrine**② (mit HP), in Aït Ouffi, ca. 28 km hinter Boumalne in der Dadès-Schlucht, Tel. 0524 83 17 45 oder Mobil 0670 23 34 18. Einfache, aber sehr angenehme Herberge der freundlichen Brüder *Ourizi Lahsen, Daud* und *Youssef* in traumhafter Lage direkt am Fluss. Hübsche Zimmer mit heißer Dusche, kleines Restaurant mit preisgünstigem und gutem Essen, **Camping** möglich.

■ **Atlas Berbère**①, am Ortsausgang von Aït Ouffi, ca. 28 km hinter Boumalne in der Dadès-Schlucht, Mobil 0661 97 60 05, www.atlas-berbere.com. Kleine, hübsch traditionell gestaltete Herberge im Kasbahstil, Terrasse am Fluss und auf dem Dach, netter Besitzer, sehr gutes Essen, kleiner Souvenirshop.

■ **Le Vieux Chateau**③ (mit HP), am Ortsausgang von Aït Ouffi, ca. 28 km hinter Boumalne in der Dadès-Schlucht, Tel. 0524 83 12 61, www.hotellevieuxchateau.com. Wegen seiner Dimensionen wirkt das Hotel etwas steril, aber die Zimmer sind groß und hübsch und die Leute sehr nett. Jeden Abend wird Musik gemacht. Lärmempfindliche Menschen sollten im linken Flügel schlafen, da rechts der Generator brummt.

■ **La Kasbah de Victor**②, ca. 31 km hinter Boumalne in der Dadès-Schlucht, Mobil 0622 29 02 68, lakasbahdevictor@yahoo.fr. Das empfehlenswerte Kasbahhotel mit nur drei Zimmern hat eine fantastische Lage auf einem Hügel mit grandiosem Ausblick ins Tal. Herzlicher Empfang, gutes Essen im Nomadenzelt (auch Weinausschank), Pool.

■ **La Source du Dadès**③ (mit Frühstück), ca. 33 km hinter Boumalne, direkt vor der engsten Stelle der Dadès-Schlucht, Mobil 0675 74 12 71, www.hotelsourcedades.com. Fünf ordentliche, einfache Zimmer.

■ **Berbère de la Montagne**③ (mit HP), ca. 34 km hinter Boumalne am Ende des Dadès-Tals bei Imdiazen, Tel. 0524 83 02 28, www.berbere-montagne.com. Nettes, sauberes Kasbahhotel mit Restaurant und **Campingplatz** (großer, schattiger Stellplatz, saubere Sanitäranlagen). Zwei- bis Vierbettzimmer mit Bad und Klimaanlage/Heizkörper. Camping 15 DH/Pers., 12 DH/Auto, 30 DH/Caravan, 15 DH/Zelt.

■ **Au nom de la rose**③ (mit HP), ca. 100 m hinter Berbère de la Montagne (34 km von Boumalne bei Imdiazen), Tel. 0524 83 13 65, www.auberge-aunomdelarose-dades.com. Kleine Herberge mit drei sauberen Zimmern mit Bad. Hübscher Salon, leckeres Essen (Tajine 95 DH) und sehr freundlicher Besitzer, der auf Wunsch eine reizvolle dreistündige Wanderung in eine Nebenschlucht und zu den Höhlen der Nomaden begleitet.

### Essen und Trinken

■ **Bougafer,** beim gleichnamigen Hotel (s.o.) im Zentrum. Schöne, von Wein überwachsene Terrasse, gutes Menü, Treffpunkt der Bergführer (auch Vermittlung).

■ **In viele Herbergen** entlang der Straße in der Dadès-Schlucht kann man zum Mittagessen einkehren.

### Busse

Die **Privatbusse** fahren mehrmals täglich an der Sammeltaxihaltestelle etwa 100 m südlich der Moschee an der Hauptstraße ab.

# Trekking im Djabal Saghro

Das Djabal-Saghro-Massiv zieht sich als östliche Fortsetzung des Anti-Atlas 200 km **vom Drâa-Tal bis zum Ziz** im Süden Marokkos. Das Gebirgsmassiv ist e**ine der unwirtlichsten Regionen des Landes** mit nur durchschnittlich 200 mm Regenfall im Jahr. Im Frühjahr zieren ein paar gelbe, weiße und blaue Farbflecke die Hänge dieser schwarz-braunen Steinwüste. Knorrige Wacholderbäume – die einzigen Bäume in dieser Höhe – neigen sich in Windrichtung. Die karge Bergwelt ist Lebensraum der **Berber vom Volk der Aït Atta.** Sie betreiben bescheidene Landwirtschaft in den tief eingeschnittenen, grünen Tälern. Auf ihren Feldern gedeihen Weizen, Gerste, Henna, Mandel- und Walnussbäume. Ihre traditionelle Lebensgrundlage ist die Wechselweidewirtschaft. Im Winter weiden die Aït Atta ihre Ziegen und Schafe in der Sahara südlich der Berge, im Frühjahr treiben sie die Tiere auf die Hänge des Djabal Saghro, nach deren Abweidung ziehen sie schließlich in den Hohen Atlas, der nach der Schneeschmelze neue Weidegründe bietet.

Das Djabal-Saghro-Massiv fasziniert durch die **Klarheit von Formen und Farben:** bizarr erodierte Felsen, Steine und Kiesel in Schwarzbraun, die in unvergleichlicher Weise mit dem klaren, kristallblauem Himmel kontrastieren. Das hohe geologische Alter von 200 bis 500 Millionen Jahren zieht zudem Geologen, Fossiliensammler und Naturliebhaber an. Besonders bekannt ist das **Bab'n'Ali,** das „Tor von Ali": zwei markante, nebeneinander stehende Felsdaumen inmitten der imposanten Bergkulisse nördlich von Nekob.

**In vier Tagen** können Wanderer mit etwas Kondition das Massiv durch fantastische Schluchten hindurch, vorbei an markanten Felstürmen und -spitzen, ursprünglichen Berberdörfern und über mehrere Gipfel von mehr als 2000 Metern Höhe, durchqueren. **Der Trekk startet am Nordrand des Djabal Saghro in Tagdilt (südlich von Boumalne du Dadès) oder von Süden in Handour (nördlich von Nekob).** Im Frühjahr kann es nachts noch empfindlich kalt werden, mit Temperaturen nahe an der Nullgradgrenze. Tagsüber herrschen dafür angenehme 25 bis 35 Grad, während es im Sommer bis zu 45 Grad heiß wird. Am romantischsten ist die Übernachtung in Zelten unter dem klaren Sternenhimmel. Es ist aber auch möglich, in einfachen Gîte d'étapes – von Berberfamilien geführten, einfachen Unterkünften in den Oasen – unterzukommen (Schlafsack mitbringen). Wer sein Gepäck nicht selbst tragen möchte, kann in Boumalne oder Nekob bei den dortigen Bureau des guides et accompagnateurs Mulitreiber mit ihren Tieren anmieten. Ein marokkanischer Bergführer sollte auf jeden Fall angeheuert werden, da die Wege nicht markiert sind und die Orientierung auf den weit verzweigten Pfaden schwer fällt. Ein Bergführer kostet pro Tag ca. 400 DH, dazu kommen die Kosten für Maultiere und Mulitreiber (ca. 150 DH/Tag), sodass man mit Kosten von 60–100 Euro pro Tag (für die gesamte Gruppe) rechnen muss.

## Etappen

■ **1. Tag:** Tagdilt (1670 m, südlich von Boumalne du Dadès) – Tizi-n-Tazoughat (2200 m) – Tizi-n-Iferd (2500 m) – Almoun-n-Ouarg (2200 m). Gehzeit ca. 7 Std., 900 Höhenmeter Aufstieg, 300 Höhenmeter Abstieg.

■ **2. Tag:** Almoun-n-Ouarg – Kouaouch (2592 m) – Igli (1730 m). Gehzeit ca. 7 Std., 400 Höhenmeter Aufstieg, 900 Höhenmeter Abstieg.

■ **3. Tag:** Igli – Afourar-Schlucht (1440 m) – Bab'n'Ali (1380 m). Gehzeit ca. 4 Std., 350 Höhenmeter Abstieg.

■ **4. Tag:** Bab'n'Ali – Irhazzoun (1300 m) – Handour (1200 m, 15 km nördlich von Nekob). Gehzeit ca. 7 Std., 150 Höhenmeter Aufstieg, 250 Höhenmeter Abstieg.

## Unterkunft/Versorgung

■ **Gîte d'étape in Tagdilt:** Einfache, aber saubere Unterkunft des herzlichen *Brahim Bourig* (Gîte de Bourig, Mobil 0661 77 67 08) mit seiner Familie. 50 DH p.P. in zwei Salons mit Matratzen, heiße Dusche 10 DH, gutes Essen auf Bestellung.

■ Beim **Lagerplatz in Igli** gibt es Duschen, Softdrinks und Schokoriegel.

■ Beim **Bab'n'Ali** stehen ein Shop mit Getränken und die ordentliche, einfache Auberge Tazlout (Tel. 0524 93 97 40, Mobil 0661 68 81 70) für Mountainbiker und Trekker zur Verfügung.

■ Auch am Endpunkt des Trekkings in **Handour** (nahe Nekob) gibt es eine nette, saubere Gîte d'étape.

■ **In einigen Dörfern** kann man bei Berberfamilien einen Tee trinken und evtl. Wasserflaschen kaufen, ansonsten muss das Proviant selbst mitgebracht werden.

## Karte

■ **„Kultur-Trekking im Dschebel Saghro"** von *Mohamed Aït Hamza* und *Herbert Popp,* Maßstab 1:100.000, beziehbar über www.stadtgeo.uni-bayreuth.de/de/publications/maghreb-karten.

aga10_017 ad

- **Ouarzazate** und **Marrakesch:** mehrmals tägl. verschiedene Busse (CTM 1x tägl., Supratours 2x tägl.), 40–50 DH, ca. 2½ Std. Fahrzeit nach Ouarzazate; 115–125 DH, 6–7 Std. Fahrzeit bis Marrakesch.
- **Errachidia (über Tinerhir):** CTM 1x tägl., 55 DH, 3 Std. Fahrzeit bis Errachidia (von dort Weiterfahrt nach Erfoud, Rissani und Merzouga möglich). Nach Tinerhir ca. 75 Min. Fahrzeit, ca. 30 DH (2x tägl. mit Supratours).
- **Erfoud:** Privatbusse mehrmals tägl., ca. 50 DH, 4 Std. Fahrzeit.

### Sammeltaxis/Grand Taxis

Mittags ab der **Bushaltestelle (bei der Moschee)** in die Dadès-Schlucht bis Aït Youl ca. 10 DH und bis Aït Oudinar ca. 20 DH, bis Msemrir ca. 40 DH, nach Tinerhir ca. 20 DH. Nach Ouarzazate Abfahrt an der Hauptstraße ca. 100 m südlich der Moschee. In den Djabal Saghro nach Iknioun fahren nur Lastwagen.

ag02_393 dd

### Sonstiges

- Im Zentrum gibt es **Banken** (mit Geldautomat) und Internetcafés.
- Die **Post** liegt oberhalb des Zentrums zwischen den Hotels Madayeq und Soleil bleu.

## Ausflüge

Der Ort eignet sich als Ausgangspunkt für **Touren** in die wildromantische Dadès-Schlucht (s.u.), ins Rosental (am interessantesten zur Rosenernte im Mai, vgl. El Kelâa M'gouna) oder nach Süden ins Djabal-Saghro-Massiv. Außerdem werden von den Hotels Touren ins Vallée des Oiseaux (Vogeltal) angeboten.

Das **Bureau des guides et accompagnateurs de montagne** in Souk el Khemis (kurz vor Boumalne) kann Touren in die Dadès-Schlucht und ins Rosental organisieren und Führer bzw. Bergführer vermitteln.

Sehr reizvoll sind Trekkingtouren im Massiv des **Djabal Saghro** (vgl. Exkurs), einem wild zerklüfteten und bergigen Wüstengebiet vulkanischen Ursprungs. Durchquerungen zu Fuß werden auch von deutschen Trekkingveranstaltern angeboten (Start ab dem Dorf Tagdilt etwas südlich von Boumalne).

Außerdem sind Wanderungen in den Hohen Atlas zu den Höhlennomaden oberhalb der Dadès-Schlucht oder zur **Todrha-Schlucht** bei Tinerhir möglich.

Felsformationen in der Dadès-Schlucht

**Ausflug in die Dadès-Schlucht**

- Zur Beschreibung der **Unterkünfte** siehe bei Boumalne du Dadès „Herbergen in der Dadès-Schlucht".
- Wer über **kein eigenes Fahrzeug** verfügt, kann mit dem Sammeltaxi bis Aït Youl oder Aït Oudinar fahren oder ein ganzes Grand Taxi anmieten (ca. 300 DH für einen halben Tag).
- Die Straße in die Dadès-Schlucht ist **bis Msemrir asphaltiert,** auf den letzten 10 km vor dem Ort ist der Belag allerdings von Überschwemmungen und Steinschlag stark beschädigt. **Hinter Msemrir** ist die Piste (nach Imilchil bzw. in die Todrha-Schlucht) **nur noch mit Allrad** oder hochbeinigem Fahrzeug (z.B. VW-Bus) befahrbar. Nach starken Regenfällen und im Winter kann die Strecke unterbrochen und nicht befahrbar sein. Im Winter ist es hier auf über 2000 m Höhe sehr kalt, es liegt z.T. Schnee.

Von Boumalne in Richtung Ouarzazate geht es nach dem Ortszentrum nach rechts (beschildert mit „Gorge Dadès, Msemrir 60 km"). Der **Dadès** windet sich als grünes Band durch die Landschaft und bildet einen wunderschönen Kontrast zu den kargen Felsbergen. **Oasengärten** mit Feigen-, Walnuss- und Obstbäumen sowie Silberpappeln gedeihen im Tal. Wegen der relativ hohen Lage und Kälte im Winter wachsen hier nur vereinzelt Palmen. Die Straße führt weiter in großen Kehren bergauf. Viele Häuser reihen sich entlang des Tales, darunter immer mehr Herbergen und Restaurants.

Bei **km 7** liegt rechter Hand im Tal die imposante **Kasbah Aït Youl,** zusammen mit der braunen Bergkulisse ein beliebtes Fotomotiv. Bei **Aït Ibrirne (km 10)** bietet die hübsche **Auberge Panorama** im Kasbahstil rechts an der Straße Unterkunft und Möglichkeit zur Einkehr. 2 km weiter folgt die **Kasbah de Mimi,** ebenfalls ein schönes Kasbahhotel (s. bei Boumalne du Dadès).

Zwischen **km 15** und **km 17** fallen rechter Hand auf der anderen Flussseite **bizarre Felsformationen** bzw. -verwerfungen auf, die häufig in Marokko-Prospekten und auf Postkarten abgebildet sind. Sie werden wegen ihrer Form auch „Affenpfoten" genannt. Im grünen Tal stehen die Reste einer Kasbah. Oberhalb bietet sich ein Parkplatz für einen Fotostopp an.

Bei **km 17** ist der Ort **Tamlalt** mit Auberge und Campingmöglichkeit erreicht. Nur ein kurzes Stück weiter thront die schöne **Kasbah Aït Arbi** in fantastischer Landschaft. Man kann sie besichtigen (10 DH). Kurz danach folgt das **Hotel/ Restaurant Kasbah Aït Arbi** (s. bei Boumalne du Dadès).

Danach zweigt links die **Straße in Richtung Rosental** ab (s. bei El Kelâa M'gouna). Diese Route kann auf dem Rückweg als Variante zur Hauptstraße nach El Kelâa M'gouna gewählt werden.

Bei **km 22** folgt das Dorf **Aït Ali** mit einer Teppichkooperative. Das Hotel und **Restaurant Les 5 lunes – Chez Daoud** (s. bei Boumalne du Dadès) liegt 1 km weiter rechts der Straße.

Bei **km 25** passiert man **Aït Oudinar,** einen lang gezogenen kleinen Marktort. An der Straße (links gleich nach der Brücke) liegt die sehr empfehlenswerte **Auberge Gorges du Dadès** mit **Campingplatz** (s. bei Boumalne du Dadès). Ein Mitglied der Betreiberfamilie führt auf Anfrage gerne auf einen benachbarten Aussichtsberg mit Höhlennomaden und weiter in eine kleine Nebenschlucht des Dadès. Eine **Rundwanderung** von hier über den Berg in die spektakuläre Nebenschlucht bis in die Dadès-

Schlucht und durch die Oasengärten zurück zur Herberge dauert ca. 3 Std. und ist sehr lohnenswert (ca. 100 DH Trinkgeld für mehrere Personen, festes Schuhwerk notwendig!).

1 km hinter Aït Oudinar befindet sich rechts am Hang die **Auberge Chez Pierre.** 700 m weiter folgt die **Auberge La Fibule** (s. bei Boumalne du Dadès).

Kurz darauf, bei **km 27,5,** ist **Aït Ouffi** erreicht, ein kleiner Ort, der sich die Felswände an der Straße entlangzieht. Reisende haben hier die Auswahl zwischen **mehreren Herbergen,** z.B. Hotel des Peupliers, La Gazelle, La Kasbah de la Vallée, Auberge Tissadrine, Atlas Bérbère, Le Vieux Chateau (s. bei Boumalne du Dadès). Von den Unterkünften aus bietet sich eine **spektakuläre Wanderung** an: Gleich unterhalb der Auberge Tissadrine kann man den Dadès überqueren und dann in eine Seitenschlucht einbiegen. Die Schlucht verengt sich immer mehr, und man wandert zwischen hohen Felswänden und über einige Felsblöcke hinweg talaufwärts – eine reizvolle Canyoning-Tour auf dem Trockenen! Diese Wanderung kann man auch von der anderen Richtung in Aït Oudinar beginnen; sie mündet dann hier wieder in die Dadès-Schlucht.

Hinter Aït Ouffi verengt sich die Schlucht. Die Felswände ragen immer höher und spektakulärer neben der Straße auf, die sich in Serpentinen weiter bergauf windet.

**30 km hinter Boumalne du Dadès** (2,5 km weiter) thront das **Hotel La Kasbah de Victor** links der Straße in einer Kurve über der Schlucht (s. bei Boumalne du Dadès).

Ab **km 32** durchfährt man den **engsten Abschnitt der Schlucht.** Die Straße

führt auf den nächsten Kilometern direkt am Fluss entlang. Nach starken Regenfällen ist sie hier oft überschwemmt, entsprechend beschädigt ist der Asphalt. Direkt am Eingang in die enge Schlucht liegt die Herberge **La Source du Dadès.** Etwa 1 km weiter (km 34), wo sich das Tal wieder etwas weitet, befindet sich die Unterkunft **Berbère de la Montagne** (s. bei Boumalne du Dadès).

121m015 ad

Etwa bei **km 36** ist **Aït Toukhsine** erreicht. Die Häuser und Felder im Tal umgibt die Kulisse stark zerklüfteter und schräg gefalteter, brauner Berge. Es wachsen Pappel-, Äpfel-, Feigen- und Walnussbäume.

Bei **km 47** verengt sich das Tal wieder, die Straße führt auf einer kleinen Brücke über den Dadès und zunächst unmittelbar am Wasser entlang. Dann schlängelt sich die Route eng am Felshang entlang bergauf (Vorsicht: Steinschlag!). Auf 2100 m Höhe angekommen, bietet sich ein **grandioses Panorama in den Canyon des Dadès.** Unten windet sich der

⌃ Blick auf die Schlucht des Dadès an der Route Richtung Msemrir

Fluss in grünen Schleifen durch die grau-braunen, schroffen Berge.

Ab **km 54** geht es wieder bergab ins Flusstal. Etwa bei **km 59** ist **Msemrir (N 31°41,717', W 05°49,214')** erreicht. Den großen Ort umgeben Felder mit Mais, Getreide und Apfelbäumen. Wochenmarkt ist am Samstag. Im Spätherbst, Winter und Frühjahr ist es hier oben sehr kalt, es wurde uns von -10°C im April berichtet! Neben anderen einfachen Herbergen bietet sich die **Auberge El Warda** als Unterkunft an. Der Besitzer *Mohamed Outakhchi* ist Bergführer, sehr hilfsbereit und kompetent.

**In Msemrir endet die Teerstraße.** Von Msemrir kann man mit 4x4-Geländewagen über ein Hochtal (2700 m) auch bis in die **Todrha-Schlucht** weiterfahren (dort ab Aït Hani geteert).

## Weiterfahrt nach Tinerhir

Wieder **zurück in Boumalne du Dadès** geht es auf der N10 in Richtung Tinerhir durch eine baumlose Hochebene. Die Route ist im Norden begrenzt durch den Hohen Atlas, im Süden durch den Djabal Saghro.

**135 km** hinter Ouarzazate folgt der Ort **Imiter** mit schönen Kasbahs.

Nach **165 km** ist **Tinerhir** (Tineghir) erreicht.

# Tinerhir (Tineghir)

Dieses ehemalige Festungsdorf liegt auf 1342 m Höhe inmitten einer großen Palmenoase. Die etwa **60.000 Einwohner** leben vom **Oasenfeldbau** sowie von Handel und Tourismus. Tinerhir setzt sich aus **25 Oasendörfern** zusammen, die sich das Tal entlangziehen. Tinerhir ist Kreisstadt, Provinzstadt und Verwaltungszentrum für 72 Orte des Umkreises. Durch den Tourismus ist Tinerhir in den letzten Jahren stark expandiert. Entlang der Hauptstraße wird überall gebaut, sodass das Zentrum zeitweise einer einzigen Baustelle gleicht. Architektonisch entwickelt sich die Stadt mit hässlichen mehrstöckigen Neubauten leider nicht zum Positiven.

Tinerhir bietet alle Versorgungsmöglichkeiten (Banken, Internetcafés etc.). Sonntags und montags findet auf dem Souk-Gelände am Stadteingang (von Boumalne kommend) ein **großer Wochenmarkt** statt.

## Sehenswertes

Tinerhir eignet sich als Ausgangspunkt für Ausflüge in die **Oasengärten** und die Todrha-Schlucht. Die Oasenfelder werden traditionell in „Stockwerken" angelegt: Die Dattelpalme als höchster Baum beschattet Obstbäume und Sträucher und diese wiederum die Bodenkulturen (Gemüse, Getreide). Zur Bewässerung durchzieht ein System aus Erd- oder Betonkanälen die Felder.

Einen **Spaziergang** durch die Oase startet man am besten kurz nach dem Abzweig der Straße in die Todrha-Schlucht (dort auf der linken Seite parken). Grundsätzlich ist es angebracht, beim Bummel durch die Gärten die dort arbeitenden Bauern um Erlaubnis zu fragen oder einen einheimischen Führer zu engagieren, da es sich um private Grundstücke handelt.

Auf einem Hügel über Tinerhir in Richtung Errachidia erhebt sich eine einstmals imposante **Kasbah des Pascha El Glaoui** (1919 erbaut). Ein Teil der Kasbah wurde zum Hotel umgebaut, der Rest ist vom Militär besetzt.

### Moschee und Koranschule Iklane

In Richtung Errachidia versteckt sich inmitten der Oasengärten rechter Hand der Straße ein **wahres Kleinod:** die Moschee und Koranschule Iklane aus dem 17. Jahrhundert, die mit Hilfe von *Roger Mimó* vom Hotel Tomboctou und einer Association sorgfältig renoviert wurde. Der kleine Lehmbau hat eine schöne Dachterrasse mit umwerfendem Ausblick; vom Vorraum der kleinen Moschee mit Waschbrunnen und einigen historischen Bildern darf man einen Blick in die Säulenhalle werfen. Die Moschee wird von der Bevölkerung nicht mehr als solche genutzt, deshalb ist sie auch für Touristen zugänglich.

■ **Anfahrt:** Entweder vom Zentrum in Richtung Errachidia 1 km zu Fuß laufen oder bis zu einem kleinen Parkplatz am Rande der Straße fahren (N 31° 31,701', W 05°31,708'); dort bei einem kleinen Haus rechts den weißen Pfeilen in die Oasengärten folgen, der Weg ist z.T. mit „Mosquée" ausgeschildert.

■ **Besichtigungszeiten:** 8.30–12 Uhr und 15 Uhr bis Sonnenuntergang, außer an religiösen Feiertagen und Freitagmittag, 20 DH Trinkgeld für den Wärter.

## Praktische Informationen

### Touristeninformation

■ Informationen über die Region und die Medersa Iklane (vgl. „Sehenswertes") gibt **Roger Mimó** (vgl. Hotel Tomboctou) auf seiner Website (franz. und span.) www.rogermimo.com.

### Unterkunft in Tinerhir

#### Oberklasse

■ **Saghro**③-④, Tel. 0524 83 41 81. Das Beste an diesem in die Jahre gekommenen Hotel ist die tolle Lage auf einem Hügel mit herrlichem Ausblick. Es gibt einen Pool und ordentliche, im Winter aber kalte Zimmer (die Heizung funktioniert nicht immer). Das Frühstück fällt eher mager aus. Zimmerpreis evtl. verhandelbar.

#### Mittelklasse

■ **Kasbah Lamrani**③, Bd. Mohamed V. (am Ortsanfang links (von Boumalne kommend), Tel. 0524 83 50 17, www.kasbahlamrani.com. Sehr schönes 3-Sterne-Hotel im Kasbahstil, mit Restaurant im Berberzelt (sehr gute marokkanische und europäische Küche). Bewachter, schattiger Parkplatz vor dem Haus, Pool und Garten mit Olivenbäumen. Die klimatisierten Zimmer sind großzügig und geschmackvoll eingerichtet. Das Personal ist zuvorkommend und freundlich.

■ **Kenzi Bougafer**③, Bd. Mohamed V., am Ortsanfang auf der linken Seite (von Boumalne kommend), Tel. 0524 83 32 60, 0524 88 32 60. Großes Hotel mit komfortablen Zimmern (Heizung/AC manchmal defekt) und einem schönen Pool.

■ **Tomboctou**③ (mit Frühstück), 126, Av. Bir Anzarane, Tel. 0524 83 51 91 oder 0524 83 46 04, www.hoteltomboctou.com, N 31°30,917', W 05°32, 028'. Das sehr schöne und stimmungsvolle Mittelklassehotel ist in einer 1944 errichteten Kasbah des *Cheikh Bassou Ou Ali* untergebracht. Es gehört *Roger Mimó,* der seit vielen Jahren in Marokko lebt und sich wie kaum ein anderer für die Erhaltung von alten Kasbahs und Dörfern einsetzt. Im schönen, ruhigen Garten gibt es einen Pool und ein Restaurant im Festzelt (gutes Essen, Alkoholausschank). Das mehrsprachige Personal ist freundlich, von der Dachterrasse bietet sich ein toller Blick über die Stadt. Eigener Parkplatz mit Wächter. Kartenmaterial zur Umgebung ist an der Rezeption zu bekommen – hier kann man auch gut Infos zur Region einholen. Unterschiedlich, afrikanisch gestaltete DZ mit Bad und AC/Heizung, auch Suite (teurer) und Familienzimmer. Kreditkarten werden (mit Aufschlag) akzeptiert. Führungen zur Moschee Iklane, in die Oasengärten sowie zum Museum El Khorbat bei Tinjedad möglich.

### Günstig

■ **Agdal**② (mit HP), 97, Bd. Mohamed V., Tel. 0524 83 20 60. Ordentliches Hotel mit elf sehr sauberen Zimmern und sehr netter, bemühter Familie.

■ **Bachir**① (mit Frühstück), 369, Bd. Mohamed V., Tel. 0524 83 36 23. Einfaches, sauberes Hotel mit 12 Zimmern (Duschen auf dem Gang), Restaurant mit Terrasse.

■ **El Fath**①, 56, Av. Hassan II., Tel. 0524 83 48 06. Die sanitären Anlagen und Zimmer des kleinen einfachen Hotels (Travellertreffpunkt) sind nicht immer sauber, aber die Besitzer sind freundlich, und das Essen ist gut und preiswert. Du/WC auf dem Gang.

■ **Kasbah**③ (mit HP), 69, Bd. Mohamed V., Tel. 0524 83 44 71, Barkaouimohamed2006@yahoo.fr. Glauben Sie den Schleppern im Ort nicht, die behaupten, das Haus hätte geschlossen! Empfehlenswertes, oft gelobtes Hotel und gemütliches Restaurant (viel von Touristenbussen angesteuert). Der

## Tinerhir

Entwurf: Roger Mimó

**Übernachtung**
1 Saghro
2 Kasbah
3 Agdal
4a Bachir
6 El Fath
7 L'Avenir
10 Tomboctou
12 Kenzi Bougafer
13 Kasbah Lamrani
14 Camping Ourti

**Essen und Trinken**
2 Kasbah
5 Central
6 El Fath

**Einkaufen/Sonstiges**
4 Fahrradverleih
8 mehrere Hammam
9 mehrere Autowerkstätten
11 Autoteile und Werkstätten

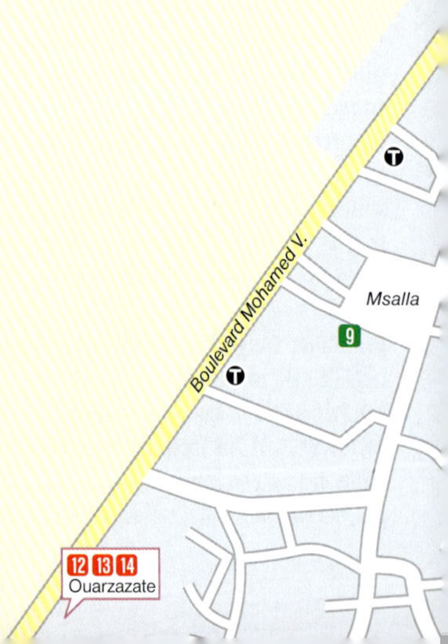

0
100 m
© Reise Know-How 2015
Marok_57
Todrha-Schlucht,
Moschee Iklane,
Erfoud, Errachidia
Glaoui Kasbah
Ksar Tasga
Aussichtspunkt
Alte Kaserne
Oued Todrha
Boulevard Mohamed V.
Gericht
Caidat
Bibliothek
Supratours n. Marrakesch
Polizei
Markt
Gerber
alte Mellah
Olivenmarkt
Kissaria
Suq Tahtani
Friedhof
QUARTIER
AIT BARRA
Friedhof
1
2
3
4
4a
5
6
7
8
8
8
9
9
10
11
11
11
11
11

sehr freundliche, englisch sprechende Besitzer *Mohamed El Barkaoui* ist sehr um seine Gäste bemüht und weiß gut über Berbertraditionen Bescheid. Es gibt saubere und hübsche Zimmer mit und ohne Bad (heißes Wasser) sowie neuere DZ (z.T. mit AC/Heizung). Überdachte, abgeschlossene Parkplätze für Autofahrer.

■ **L'Avenir**①, 27, Rue Zaïd Ouhmed (im Zentrum), Tel. 0524 83 45 99 oder Mobil 0672 52 13 89. Der Besitzer ist nett, aber etwas aufdringlich. Zehn zweckmäßige Zimmer, saubere sanitäre Anlagen mit warmen Duschen auf dem Flur, sehr gutes Essen mit frischen Zutaten. Auch Übernachtung auf der Dachterrasse möglich.

## Herbergen in der Todrha-Schlucht

In der Todrha-Schlucht entstehen ebenso wie in der Dadès-Schlucht ständig neue Herbergen. Die folgenden Empfehlungen sind nach ihrer Entfernung (aufsteigend) von Tinerhir sortiert.

■ **Kasbah Petit Nomade**③ (mit HP), Village Ichmarine, nahe der Kasbah etwa 300 m abseits der Straße, Mobil 0668 49 58 38, www.kasbah-petitnomade.com. Kleines, freundliches und sauberes Gästehaus mit nur drei schönen Zimmern im Berberstil mit Bad sowie Klimaanlage/Heizung. Frühstück auf der Dachterrasse mit tollem Ausblick auf die Oase. WLAN.

■ **Tissili Guest House**②, ca. 6 km außerhalb von Tinerhir in Ihajjamne, Mobil 0677 18 78 93, www.tissiliguesthouse.com. Dreistöckiges Hotel mit großartigem Blick über die Palmenoase. Der freundliche Besitzer erzählt gern und viel über die Region. Saubere Zimmer mit Ausblick. Ein Leser klagte über sehr harte Betten. WLAN, eigener Parkplatz.

■ **Panorama Todra**③ (mit HP), in Aït Snane, ca. 8 km von Tinerhir in Richtung Schlucht in einer Kurve auf der rechten Seite, Tel. 0524 89 50 16, www.panoramatodra.com, N 31°33,053', W 05°34,966'. Sehr hübsche, liebevoll gestaltete Herberge mit tollem Ausblick von der Terrasse ins Flusstal. Es gibt fünf blitzsaubere Zimmer (für bis zu 5 Pers.) mit Bad (heißes Wasser), z.T. mit Panoramafenstern. Im Restaurant mit schattiger Terrasse gibt es sehr gutes Essen.

■ **Le Soleil**①-②, ca. 8 km von Tinerhir in Richtung Todrha-Schlucht, Tel. 0524 89 51 11, www.hotel-campinglesoleil.com, N 31°32,858', W 05°35' 370'. Angenehmes, sehr sauberes Hotel mit WLAN, Pool, gutem Restaurant und Camping auf Kiesplätzen im schattigen Plamengarten neben einem hübschen Garten. Für Camper gibt es sehr gute und saubere Sanitäranlagen, warme Duschen, eine Waschmaschine und Kasettenentsorgungsmöglichkeit für Womos. Zimmer mit Du/WC und ohne, auch Übernachtung auf der Terrasse möglich.

■ **Anissa**②, 10 km hinter Tinerhir in Richtung Schlucht (nach den Campingplätzen) auf der rechten Seite, Tel. 0524 89 52 37, www.maisonanissa.com. Kleines Gästehaus mit netten Zimmern mit Bad und AC. Sehr gute Küche (viele Gruppen), romantischer Garten mit Palmen und Berberzelt, WLAN, freundliches, englisch sprechendes Personal.

■ **Amazir**③ (mit Frühstück), 10 km hinter Tinerhir in Richtung Schlucht auf der rechten Seite, Tel. 0524 89 51 09. Hübsches, sehr sauberes kleines Hotel mit Pool und Restaurant, betrieben vom Besitzer des Camping Atlas.

■ **Aicha**① (mit Frühstück), Douar Tizgui, 12 km von Tinerhir in Richtung Todrha-Schlucht, Tel. 0524 89 52 10, www.dar-aicha.com. Kleines, einfaches Gästehaus mit Doppel-, Dreier- und Fünferzimmer mit Bad. WLAN.

■ **Valentine**②, Douar Tizgui, 13 km von Tinerhir in Richtung Todrha-Schlucht, Tel. 0524 89 52 25, Mobil 0667 05 86 12, www.hotel-valentine.net. Empfehlenswerte Herberge mit sechs sauberen Zimmern (DZ, 3er- oder 4er-Zimmer mit Bad). Die sehr nette Betreiberfamilie ist bei der Organisation von Ausflügen behilflich.

■ **Yasmina**②, 15 km von Tinerhir, Tel. 0524 83 42 07, 0524 89 51 18. Die älteren Herbergen Yasmina und Les Roches (s.u.) liegen spektakulär an der engsten Stelle der Schlucht – tagsüber herrscht Touristenrummel. Das Essen ist etwas einfallslos und geschmacksneutral.

■ **Les Roches**③, 15 km von Tinerhir, neben dem Yasmina mitten in der Schlucht, Tel. 0524 89 51 34, www.hotel-roches-todra.com. Ordentliches Hotel mit 36 Zimmern mit Bad (heiße Duschen). WLAN. Von Touristenbussen viel besuchtes Terrassenrestaurant.

**Auberge Le Festival**②-③, 22 km von Tinerhir, 7 km vom Eingang der Schlucht, Tel. 0661 26 72 51 oder 0673 45 43 07, www.aubergelefestival-todragorge.com. Dieses familiäre Hotel in fantastischer Lage ist wie eine Burg direkt an den Berg gebaut – fünf Zimmer wurden höhlenartig in den Fels gehauen. Die Zimmer (in Höhlen oder im Neubau) verschiedener Kategorien sind unterschiedlich groß und sehr hübsch marokkanisch gestaltet. Das ökologisch orientierte Hotel baut Gemüse und Kräuter selbst an und hat eine eigene Wasserversorgung und Solaranlage. An kalten Tagen wärmt der heiße Whirlpool, für den Sommer gibt es einen Pool. Großes Aktivitätenangebot von Wandern, Mountainbiken und Klettern bis Eselreiten für Familien. Sehr gutes Essen, freundlicher Empfang, vorwiegend outdoororientiertes, junges Publikum. DZ mit und ohne Bad, Turmzimmer mit Ausblick.

## Campingplätze

■ **Atlas,** 9 km von Tinerhir in Richtung Todrha-Schlucht, Tel. 0524 89 50 46. Sehr schöner Campingplatz unter riesigen, schattigen Palmen: netter Besitzer, Restaurant (Essen okay), ordentliche sanitäre Anlagen, heiße Duschen, auch Vermietung von Zimmern①, manchmal etwas laut, da viele Feste gefeiert werden. Camping 85 DH für 2 Pers. mit Kfz.

■ **Le Lac – Garden of Eden,** 9 km von Tinerhir, direkt neben Camping Atlas auf der rechten Seite, Tel. 0524 89 50 05. Schöner Platz in idyllischer Lage zwischen Palmen oberhalb der Oasengärten, direkt an der heiligen Quelle – das glasklare Quellbecken befindet sich talaufwärts gleich hinter dem Camping. Ein Ableitungskanal führt quer über das Gelände und eignet sich gut zum Kühlen von Getränken und zum Baden. Das freundliche Personal (spricht französisch und spanisch) ist gerne bereit, Gäste durch die Oasengärten und zu einer halb verfallenen Kasbah zu führen. Auch Übernachtung in Zimmern①-② (mit/ohne Bad), im Nomadenzelt oder auf der Dachterrasse möglich. Gutes Essen auf Bestellung.

■ **Source des Poissons Sacrés,** Mobil 0668 25 53 09. Schattiger und sehr idyllischer Platz oberhalb des Camping Le Lac. Die heilige Quelle ist in ein Becken gefasst, in dem Fische herumschwimmen. Einfache saubere sanitäre Anlagen, ebensolche Zimmer①.

■ **Ourti,** Tel. 0524 83 32 05, am Ortsanfang von Tinerhir (von Boumalne kommend). Kleiner, ummauerter Platz mit Eukalyptusbäumen und schönem Pool (Juli bis Sept.). Sehr saubere, großzügig bemessene Sanitäranlagen (heiße Duschen). Es gibt auch einen Salon mit marokkanischem Restaurant und sehr ordentliche Zimmer① (inkl. Frühstück) mit Balkon und Moskitonetz. Übernachtung auf der Dachterrasse möglich.

■ **Le Soleil,** siehe oben unter „Herbergen in der Todrha-Schlucht".

## Essen und Trinken

■ **Central,** 48, Av. Hassan II. (ggü. einer kleinen Parkanlage). Ausgezeichnete Tajine, auch vegetarisch, Menü 60 DH.

■ **Chez Michèle,** 2 km Richtung Todrha-Schlucht (Aït Ourjdal), Tel. 0524 83 51 51, www.chez-michele.com. Sehr gepflegtes Restaurant mit gediegenem Ambiente. In den Salons oder auf der Panoramaterrasse wird französische und marokkanische Küche serviert.

■ **El Fath,** Av. Hassan II. (vgl. günstige Hotels), gutes und preiswertes Essen.

■ **Inass,** ca. 3 km von Tinerhir Richtung Todrha-Schlucht auf der linken Seite, Tel. 0524 83 33 00. In diesem hübschen Gartenrestaurant wird sehr gute Tajine u.a. in schattigen Lauben oder im Nomadenzelt serviert. Viele Gruppen halten hier zum Mittagessen.

■ **Kasbah,** Bd. Mohamed V. (vgl. günstige Hotels), sehr empfehlenswert, aber viele Bustouristen.

### Busse

■ **Merzouga** (über Errachidia): 1x tägl. (nachmittags) Supratours-Bus aus Marrakesch, ca. 90 DH, 5 Std. Fahrzeit.

■ **Goulmima – Errachidia:** mehrmals tägl. (1x mit CTM), bis Errachidia 50 DH, 2½–3 Std. Fahrzeit.

■ **Erfoud – Rissani** (über Errachidia): 1x tägl. mit Supratours (nachmittags), bis Erfoud ca. 40 DH, 3½ Std. Fahrzeit, bis Rissani ca. 60 DH.

■ **Ouarzazate:** mehrmals tägl. (1x mit CTM, 2x mit Supratours), 3–3½ Std., 55–65 DH.

■ **Marrakesch** (über Ouarzazate): 2x tägl. mit Supratours (aus Errachidia), 1x tägl. mit CTM, 8 Std., 130–135 DH.

■ Langstreckenbusse verkehren nach **Agadir, Fès, Casablanca, Rabat** und **Tanger.**

### Sammeltaxis/Taxis

■ **Petit Taxis** in Tinerhir kosten 5 DH.

■ **Sammeltaxis (Grand Taxis)** fahren am Platz vor der Post in alle Richtungen ab: nach Tinjedad ca. 1 Std., ca. 25 DH; nach Ouarzazate 55 DH; in die Todrha-Schlucht ca. 10 DH (jeweils bei Vollbesetzung mit 6 Pers.). Nach Erfoud muss man den Umweg über Errachidia in Kauf nehmen.

■ Wer von Tinerhir mit öffentlichen Verkehrsmitteln zur **Dadès-Schlucht** will, sollte mit dem Bus oder Sammeltaxi bis Boumalne fahren und weiter mit einem Taxi in die Schlucht.

### Reiseveranstalter

■ **Suprateam Travel,** 126, Av. Bir Anzarane (siehe Stadtplan), Tel. 0524 83 29 89, Mobil 0661 24 36 02, www.supratravel.com. Erfahrener und zuverlässiger Veranstalter unter schweizerisch-marokkanischer Führung (*Aimrane Diani* und *Edi Kunz*): Geländewagen-, Quad-, Fahrradtouren, Kameltrekking, Rundreisen, Trekking und Fahrt mit dem Oriental-Zug (historischer Zug von Oujda bzw. Fès nach Bouedenib mit anschließender Rundreise im Süden, www.trainmaroc.com). Suprateam organisiert auch Touren und Rundfahrten in der Umgebung.

### Einkaufen

■ Im **Supermarkt Chez Michèle** am Bd. Mohamed V. (in Richtung Boumalne auf der linken Seite) werden europäische und marokkanische Waren sowie Alkohol verkauft (im Ramadan geschlossen).

## Ausflug in die Todrha-Schlucht

■ Von Tamtattouchte im Hohen Atlas windet sich der **Oued Todrha Richtung Süden** durch die enge Schlucht. Den Fluss säumen Palmen und Oleander, links und rechts ragen die steilen Felswände in schwindelerregende Höhe, Ziegen klettern auf schmalen Pfaden entlang der steil abfallenden Schluchtränder. Auch **Kletterer** aus aller Welt finden hier ein Eldorado mit vielen eingebohrten Sportkletterrouten. Zu Unterkünften in der Schlucht siehe bei Tinerhir.

■ Die **Straße von Tinerhir** in die Todrha-Schlucht ist bis Aït Hani und weiter bis Imilchil (nach Norden) geteert (zum Teil nur einspurig und löchrig). Zwischen Aït Hani und Agoudal (über den Tizi Tirherhouzine, 2700 m) sind momentan weitere Aspahltierungsarbeiten im Gang. Ab Imilchil führt eine gute Teerstraße nach El Ksiba.

Im Frühjahr kann die Straße nach starken Regenfällen unpassierbar und stark beschädigt sein, während im Sommer der Fluss nur bis zur Auberge Yasmina fließt. Wenn man nicht die ganze Rundfahrt durch die Todrha- zur Dadès-Schlucht (oder umgekehrt) unternehmen will oder kann (bisher nur mit 4x4), sollte man keinesfalls versäumen, wenigstens einige Kilometer hineinzufahren oder zu wandern. Bis Aït Hani verkehren Sammeltaxis.

■ Eine **lohnenswerte Variante** ist die **Drei-Schluchten-Rundfahrt** durch die Todrha-Schlucht (131 km ab Tamtatouchte bis Goulmima) nach Aït Hani, von dort auf schmaler Teerstraße entlang grüner Täler mit alten Kasbahs und Ksour nach Assoul und durch eine wunderschöne Schlucht nach Imiter und Amellago. Zurück geht es auf guter Asphaltstraße durch die ebenfalls grandiose Rheris-Schlucht nach Goulmima.

1 km von Tinerhir in Richtung Goulmima und Errachidia zweigt links die Straße in die Todrha-Schlucht ab (R703). Kurz darauf folgt das **Restaurant Le Michèle** (vgl. bei Tinerher), dann ein Hammam und das Restaurant Royal Palmiers. Ein Aussichtspunkt über die Oasengärten, an dem sich Kamelführer mit ihren Tieren postiert haben, ist knapp 3 km hinter der Kreuzung erreicht. Hier liegt auch die nette **Unterkunft Petit Nomade** (vgl. bei Tinerhir „Herbergen in der Todrha-Schlucht").

Weitere **Aussichtspunkte** mit Ausblick in den Canyon mit einem verfallenen Ksar auf der gegenüberliegenden

099m015 ed

# Palmeraie du Todrha (Todrha-Oase)

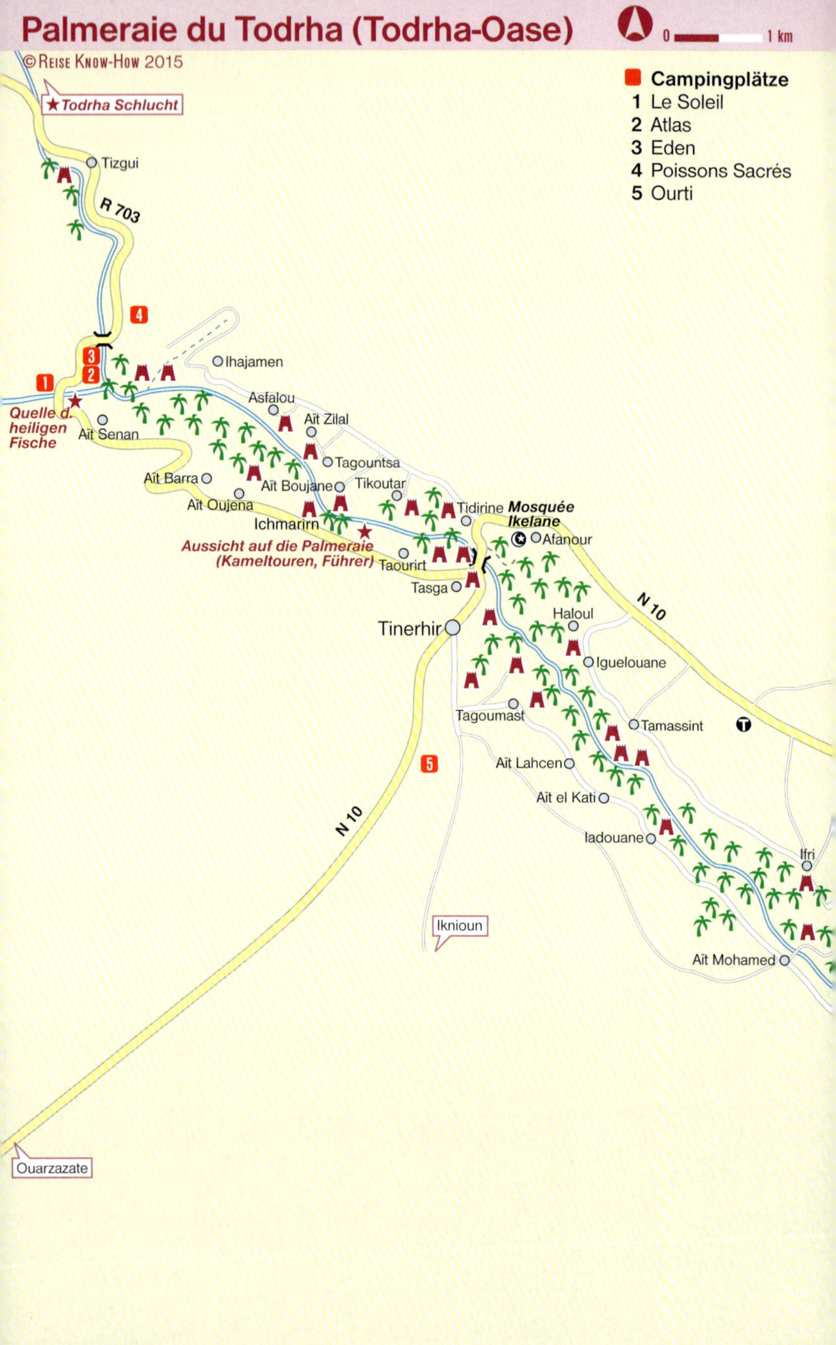


Entwurf: Roger Mimó

# Ausflug nach Aghbalou N'Kerdous

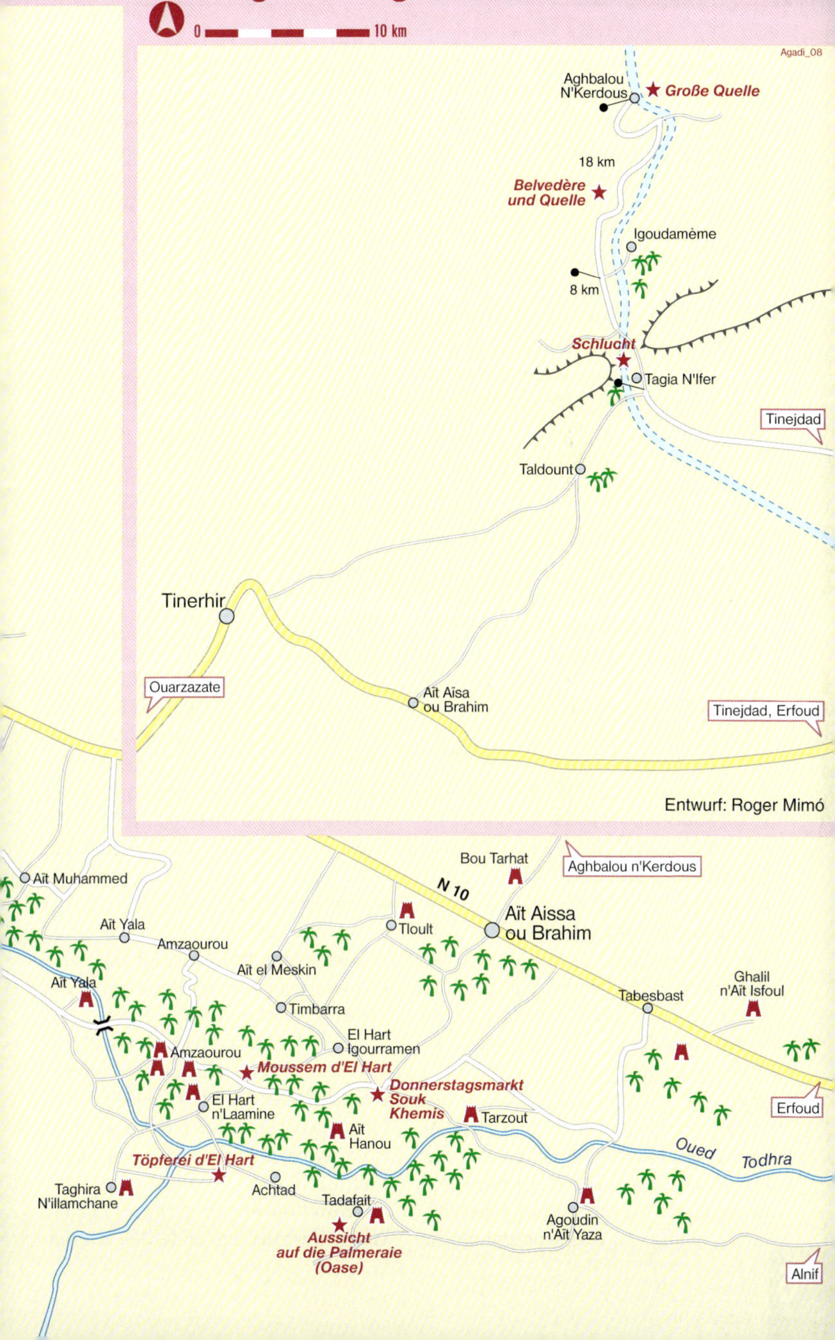

Flussseite folgen nach weiteren 3 bzw. 4 km. Dann geht es vorbei am einfachen **Camping La Lune de Gorges** bis zum Ort **Aït Ouritane** (8,5 km hinter dem Abzweig). Auf den folgenden Kilometern reihen sich mehrere Campingplätze und Gästehäuser aneinander. Besonders empfehlenswert ist der sehr schöne, schattige **Campingplatz Le Soleil** im Palmenhain (vgl. bei Tinerhir „Herbergen in der Todrha-Schlucht").

1,5 km weiter am **Camping Auberge Le Lac – Garden of Eden** liegt das **Restaurant** (und Camping) **Source des Poissons Sacrés** (vgl. bei Tinerhir „Herbergen in der Todrha-Schlucht"), wo man eine Pause einlegen sollte, um die glasklare idyllische „Quelle der heiligen Fische" zu besichtigen.

**12 km** nach Tinerhir folgt das empfehlenswerte **Gästehaus Aicha** mit kleinem Museum (vgl. bei Tinerhir) links der Straße. 1 km weiter kann man im **Maison d'Hôtes Valentine** Unterkunft finden (vgl. bei Tinerhir). Bei **km 14** bzw. kurz darauf folgen das Hotel Étoile de Gorges, die Auberge La Vallée, das Hotel Mansour sowie das Maison d'Hôtes Panoramique. Hier beginnt die Todrha-Schlucht: Am besten man parkt hier und wandert zu Fuß weiter.

Bei **km 15** befindet sich rechts das **Hotel-Restaurant Yasmina,** daneben das **Hotel Les Roches** (vgl. bei Tinerhir). Beide Häuser liegen nahe der Segen bringenden Quelle, die eingangs der Schlucht entspringt (rechter Hand vor der Brücke).

Bei den beiden Hotels ist die **engste und spektakulärste Stelle der Strecke** erreicht. Die roten Felswände ragen steil in den klaren blauen Himmel. Eine betonierte, häufig von Überschwemmungen beschädigte Furt führt durch den Fluss. Hier wimmelt es zu manchen Jahreszeiten von Touristen und wochenends auch von einheimischen Ausflüglern. Im Winter ist es dagegen ziemlich ruhig. Früher sammelte sich der **Touristenstrom** am Anfang der Schlucht, seit der Asphaltierung dringt er bis hinauf nach Tamtattouchte vor. Die Schlucht hat dadurch viel von ihrem ursprünglichen Reiz eingebüßt: Souvenirhändler reihen sich aneinander, Taxis und Busse parken entlang der Straße, die Felsen sind von Graffiti verunstaltet, spärlich bekleidete Touristen schlendern umher.

**Kletterer** mit eigener Ausrüstung haben die Möglichkeit, auf mehreren gesicherten Routen die Felswände zu erklimmen.

**Hinter dem engen Teil** der Schlucht führt die Straße in gleichmäßiger Steigung entlang des Todrha bergan, ab und zu muss der Fluss gequert werden. Wanderer sollten nach 2–3 km umdrehen, da der weitere Weg durch die Schlucht keine Abwechslung bietet. Wanderer mit Ausdauer können bis Tamtattouchte laufen und oberhalb am östlichen Rand der Todrha-Schlucht bis zu den alten Ksour vor Tinerhir hinuntergehen. Durch die Oasengärten geht es dann nach Tinerhir. Dafür ist ein ganzer Tag einzuplanen.

Nach **17 km** trifft man auf die letzten Palmen, viele Furten führen durch das Kiesbett. Bei **km 22** liegt links in der Schlucht das **Burghotel Le Festival** (vgl. bei Tinerhir „Herbergen in der Todrha-Schlucht"). Bei **km 29** ist ein kleiner Marabout erreicht, und 3 km danach führt ein Abzweig links nach **Msemrir** (in der Dadès-Schlucht).

**Tamtattouchte,** ein größerer Ort mit vielen Kasbahs am Ende der Todrha-

Schlucht, ist bei **km 33** erreicht. Vor allem im Winter kann es hier auf etwa 1800 m Höhe recht kühl werden. Am Ortseingang von Tamtattouchte liegt der **Campingplatz Timlilay** (160 DH für 2 Pers. inkl. Auto, Strom, Dusche, Toilettenentleerung).

Übernachtsmöglichkeit besteht außerdem in der **Herberge Chez Baddou** (Mobil 0672 52 13 89, www.aubergebaddou.com) gleich zu Beginn des Ortes mit einfachen, hübschen, blitzsauberen Zimmern②-③ mit oder ohne Bad (Etagenduschen) und Heizung, einem gemütlichen Aufenthaltsraum mit Bibliothek, schönem Pool, nett angelegtem Campingplatz (warme Duschen) und gutem Restaurant. Der Besitzer *Ahmed Abaz* ist sehr freundlich und gibt viele gute Ratschläge. Ahmed bietet sich als Führer z.B. nach Agoudal oder zu einem kleinen Salzbergwerk an, außerdem kann man dort Geländewagen mieten. Schräg gegenüber auf einem Hügel mit schöner Aussicht liegt die **Kasbah Taymat (Chez Moha)**③ mit komfortableren Zimmern mit Bad und gemütlichem Innenhof. Daneben bzw. direkt gegenüber von Baddou befindet sich die sehr hübsche **Auberge Bougafer**②-③ (Mobil 0670 20 35 36, www.aubergebougafer.com, mit schönem Garten und Zimmern mit und ohne Bad), in der der nette Chef persönlich und gut kocht. Eine Leserin empfahl das Restaurant der **Auberge Haut Atlas (Chez Brahim).** Auch die **Auberge Les Amis**③ (mit HP; Mobil 0670 23 43 74, amistamt@yahoo.fr) am Ortseingang rechts wurde von Lesern sehr gelobt: freundlich, luftige, große und recht hübsche Zimmer mit Du/WC, betrieben von zwei gastfreundlichen Brüdern (einer spricht deutsch). Man kann auch auf der Dachterrasse übernachten oder auf dem Gelände campen.

Etwa 1,5 km weiter am Ortsende von Tamtattouchte geht es links auf **Piste nach Msemrir** und in die Dadès-Schlucht (N 31°40,848', W 05°32,226', auf 1779 m Höhe) und geradeaus weiter bergauf **nach Aït Hani und Imilchil.** Kurz darauf liegt links die **Auberge Amazagh,** hübsch aus Natursteinen gebaut, rechts der **Camping Tafyout** und bald danach der schön angelegte **Camping Adrar** (N 31°40,967', W 05°31,356') mit Teppichweberei.

# Von Tinerhir nach Goulmima und Errachidia

■ **137 km, N10.**

■ Der letzte, weniger besuchte Teil der Straße der Kasbahs führt von Tinerhir durch **karge, steinige Wüstenlandschaft.** Die Bergzüge des Djabal Tisdafine im Norden und des Djabal Ougnat im Süden begrenzen die Route über Goulmima bis nach Errachidia.

Tinerhir in Richtung Norden auf der N10 verlassen. **20 km hinter Tinerhir** passiert man die **Auberge/Camping Tizmotine** (mit Restaurant) in einem schönen Oasengarten am Rande der Wüste.

Etwa knappe **23 km** hinter Tinerhir zweigt eine Teerstraße nach Alnif Richtung Süden ab (47 km durch schöne Landschaft des Djabal Oughnat, vgl. Goulmima/Ausflüge).

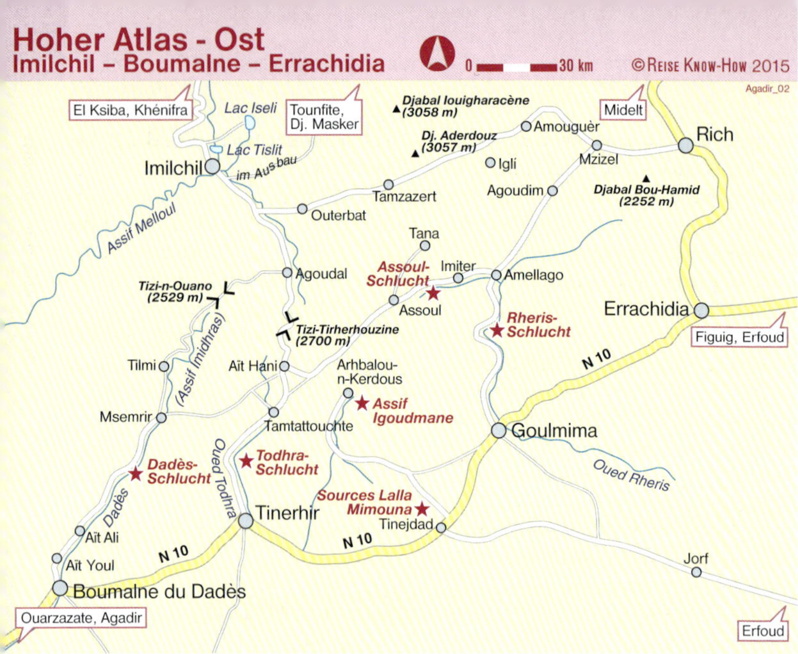


**34 km** hinter Tinerhir lohnt es sich, **beim Schild „Sources, Musée, Galerie d'Art"** auf die Piste (500 m) links zu den **Quellen und dem Museum Lalla Mimouna** abzubiegen. Hier hat der Künstler *Zaïd Abbou,* der auch eine Galerie in Tinejdad betreibt (s.u.), mit sehr viel Engagement ein Freiluftmuseum geschaffen und fünf vormals vermüllte Quellen gesäubert und in Steinbecken gefasst. Der sehr freundliche *Zaïd* hat in Heidelberg studiert, spricht hervorragend deutsch und führt selbst durch die Anlage. Auf dem großen bepflanzten Areal widmen sich die Gebäude mit antiken Ausstellungsstücken verschiedenen Themen wie Landwirtschaft, Nomaden, Kunsthandwerk, Handschriften und Wasser. *Zaïd* will die Menschen der Region für Umweltthemen sensibilisieren, Kultur vermitteln und vor allem die glasklaren, türkisfarbenen, gas- und mineralhaltigen Quellen schützen. Seine Sammlungen und sein Wissen über die Kultur sind wirklich beeindruckend und den Eintritt von 50 DH wert. In einer kleinen angeschlossenen Galerie verkauft er eigene Kalligrafien sowie Werke lokaler Künstler. Es gibt ein Café und ein sehr sauberes Toilettenhäuschen.

Bei **km 43** folgt eine **Tankstelle mit Café/Restaurant Hotel Belle Vue.** Kurz darauf (**47,5 km** ab Tinerhir) zweigt rechts beim Schild **„Musée des Oasis, Maison d'Hôtes el Khorbat"** eine Piste ab. Auf ihr gelangt man an einer Töpferei vorbei zum malerischen, auf 1019 m gelegenen **Ksar El Khorbat** (ca. 1 km).

## Ksar El Khorbat

Zur Besichtigung des alten Lehmdorfs bzw. des Museums kann man das Auto auf zwei Parkplätzen abstellen – auf dem größeren finden Wohnmobile auch einen Stellplatz für die Nacht (ohne sanitäre Anlagen). Im Ksar liegt das **Maison d'Hôtes und Museum El Khorbat** (Tel. 0535 88 03 55, Mobil 0676 52 73 92 www.elkhorbat.com) des Spaniers *Roger Mimó*. In drei renovierten alten Häusern des Ksar ist das sehr informative Museum über die Berber zwischen Dadès, Drâa und Ziz untergebracht (geöffnet 8–18 Uhr, Eintritt 20 DH), das in Marokko seinesgleichen sucht. In vier Sprachen werden deren Lebensweise und Traditionen erklärt. *Roger*, der Marokko wie seine Westentasche kennt, führt bei Interesse selbst durch das Museum und gibt den Besuchern viele Tipps zur Umgebung. In drei weiteren zusammengeschlossenen Häusern sind die Gästezimmer untergebracht: große, einfach eingerichtete Zimmer④ (mit HP) im Berberstil mit AC, zum Teil mit eigener Terrasse. Man wohnt hier dunkel und kühl zwischen den dicken, alten Lehmmauern; kleiner Pool im Innenhof. Wer möchte, kann im kühlen Salon oder auf der Terrasse zu Mittag essen (gutes Menü ab 80 DH). Leser empfahlen außerdem die **Unterkunft MuXu Berbere**③ ca. 500 m vor dem Ksar El Khorbat (freundlich, sauber, WLAN, Tel. 0535 88 09 15, www.muxuberbere.com).

Ein **Spaziergang** durch den sehr ursprünglichen Ksar el Khorbat mit seinen symmetrisch angeordneten, gedeckten Gassen ist ein Erlebnis! Der Hauptort des Berberstamms der **Aït Morhad** ist mittlerweile großteils durch eine Association originalgetreu restauriert worden. In Zusammenarbeit mit den Einheimischen soll die Infrastruktur verbessert werden, sodass das alte Lehmdorf besiedelt und erhalten bleibt. Schilder in der Umgebung weisen auf nachhaltigen Tourismus und Müllvermeidung hin – im Ksar ist es erfreulicherweise weitgehend müllfrei, entlang des Oueds leider nicht. In El Khorbat wird vorbildliche Arbeit geleistet, um das Bewusstsein der Bevölkerung für ihre Umwelt und ihr kulturelles Erbe zu stärken.

## Weiterfahrt nach Errachidia

Bei **km 50** erreicht man **Ferkla** (Aferkla). Am Ortsanfang ist die „Coopérative de Tissage Ferkla" (Weberei) ausgeschildert. Bei **km 52** folgt **Tinejdad.**

## Tinejdad

Der große Ort ist mittlerweile mit Ferkla zusammengewachsen und bietet alle Versorgungsmöglichkeiten. Tinejdad ist für die meisten Touristen nur ein Durchgangsort, obwohl das Hinterland viel zu bieten hat (vgl. Ausflüge von Goulmima und Route Erfoud – Tinejdad, Himmelstreppe von *Hans-Jürgen Voth*). Mehrere **Restaurants** und zahlreiche Cafés bieten sich für eine Einkehr an. Im Ort gibt es Tankstellen, eine Bank und eine Post. Unterkunft findet man im **Hotel Reda** (Mobil 0671 70 89 42). Sammeltaxis und **Busse** verkehren nach Erfoud, Errachidia und Ouarzazate.

Tinejdad selbst hat keine besonderen Sehenswürdigkeiten zu bieten. Es empfiehlt sich ein Blick in **Zaïds Galerie,** eine unglaublich umfangreiche Kunsthandwerksausstellung mit altem marokkanischen Interieur und Schmuck, Töpferwaren, Hausrat, Büchern und Fotos.

*Zaïd* (vgl. vorige Routenbeschreibung, Lalla Mimouna) sammelt seit über 25 Jahren alte Gegenstände seines Landes, und bei Interesse kann man ihm etwas abkaufen. Auch wenn man nur durch die Ausstellungsräume und den tollen Garten spaziert, lohnt sich ein Besuch. Es gibt kaum irgendwo einen Laden oder auch ein Museum, wo so eine Fülle an schönen Dingen zu sehen ist!

### Ausflug nach Aghbalou N'Kerdous

Dieser Ausflug (ca. 60 km Teerstraße) führt **durch eine hübsche Schlucht zur Quelle** Aghbalou N'Kerdous. 3 km hinter Tinejdad (1 km nach dem Abzweig nach Erfoud) zweigt eine Teerstraße links ab. Die Straße führt durch die Dörfer Ksiba N'Igouramène, Tadert N'Oumira (in der Nähe gibt es präislamische Tumulusgräber) und Irbiben nach Taghia N'Ifer und durch die Schlucht von Taghia N'Ifer. Auf dem Weg passiert man einen schönen Aussichtspunkt mit kleiner Quelle. Nach etwa 60 km ist die große, schön gelegene Quelle Aghbalou N'Kerdous erreicht.

## Weiterfahrt nach Errachidia

Kurz nach Tinejdad **(km 55)** hinter einer großen **Tankstelle mit Café-Restaurant** (mit sauberen Toilettenanlagen) zweigt rechts die R702 nach Erfoud ab (beschildert „Arfoud 86", N 31°30,976', W 05°00, 880'); links weiter (beschildert „Goulmima 18, Errachidia 80"). **73 km** hinter Tinerhir liegt **Goulmima.**

## Goulmima

Die sehr angenehme, expandierende Stadt mit ihren roten Häusern hat etwa **15.000 Einwohner** und besteht aus einem neuen und einem alten Teil. In der **Neustadt** befinden sich alle wichtigen Geschäfte, die CTM-Busstation, Tankstellen, Banken und das Krankenhaus. Auf dem ummauerten **Souk-Gelände** findet am Donnerstag der Wochenmarkt statt. Die unbedingt **sehenswerte Altstadt** (Beschilderung ab Kreisverkehr rechts „Ksar Goulmima") 1,2 km südlich der Neustadt ist ein typischer Lehmksar aus engen, dunklen und zum Teil überdachten Gängen mit einem Hauptplatz, einer Moschee und einem alten, sehr schönen Eingangstor mit quadratischen Ecktürmen. Die Bewohner des Ksar reagieren freundlich auf Touristen. Allerdings ist wie in vielen Städten Marokkos die wohlhabende Bevölkerung aus der Altstadt in neue Häuser gezogen, sodass im Ksar fast nur noch ärmere Familien (vorwiegend Haratin) leben. Vor dem Eingangstor bieten Führer ihre Dienste an, die es evtl. ermöglichen, ein Wohnhaus von innen zu besichtigen.

Im Zentrum beim Kreisverkehr links zweigt eine Teerstraße ab, die durch die **Schluchten des Oued Gheris** (Rheris) nach Amellago und weiter nach Rich durch fantastische Landschaft führt.

### Praktische Informationen

#### Unterkunft/Camping

■ **Camping Les Tamaris (Chez Michèle),** Av. Hassan II. (am Stadteingang auf der linken Seite von Tinejdad kommend) in einem rosa ummauertem Gelände mit großem Einfahrtstor, Tel. 0535 88

54 13, Mobil 0661 17 30 53, www.chez-michele.com. Sehr empfehlenswerter und gepflegter Campingplatz unter französischer Leitung. Gute sanitäre Anlagen, sauberer Pool (im Winter nicht immer gefüllt), teilweise schattig. 70 DH für 2 Pers. mit Kfz, Strom 25 DH, Waschmaschine 50 DH. Der Busbahnhof liegt in unmittelbarer Nähe.

■ **Gîte Chez Pauline**③ (mit Frühstück), 18 km außerhalb in Richtung Tadighoust – Ammelago, Tel. 0535 88 54 25. Die Herberge liegt am Ortsanfang der Palmenoase Tadighoust links auf einem Farmgelände in schöner, ruhiger Umgebung. Auf der Farm gibt es drei sehr hübsche Zimmer, eine Suite und zwei Pavillons für 4 bis 10 Personen. Camper finden Stellplätze unter Palmen (gute Sanitäranlagen mit heißer Dusche, 100 DH für 2 Pers. mit Kfz, Strom 20 DH, Waschmaschine 30 DH). WLAN vorhanden.

■ **Gîte d'étape Les Jardins**②-③ (mit HP), 19, Hay Outamane (beim alten Ksar), Mobil 0654 49 11 16, www.gitelesjardins.com. WLAN. Einfache, nette Herberge mit Restaurant, Organisation diverser Ausflüge. DZ mit oder ohne Bad.

### Sonstiges

Hinter dem letzten Kreisverkehr in Richtung Osten (Richtung Errachidia) liegt das ummauerte Gelände von **Cyber Café/Piscine Chez Rahim.** Hier kann man gegen Eintritt baden und im Internet surfen. Außerdem gibt es ein **Piscine Municipal** (öffentliches Schwimmbad) in Richtung Kreisverkehr/Errachidia.

## Ausflüge

**Hammou Srhou** (Mobil 0611 62 59 88, lespalmiers.odile@menara.ma, 6 bis, Hay Outamane, in Richtung alter Ksar in der ehemaligen Auberge Les Palmiers) unternimmt mit seinem Geländewagen reizvolle **Ausflüge ins Wüsten-Hinterland** zu schönen Sanddünen und Oasen mit Foggara-Bewässerung in der Oase Ksiba und in Tan Hassit, zu einem Dayet (Zeitsee bzw. Senke) umgeben von kleinen Dünen, zu den alten Ksour Marandja und Ighli, zu Fossiliensteinbrüchen, Rundgräbern und zum Djabal Oughnat. Im **Djabal Oughnat,** einem steilen Wüstengebirgszug, leben teilweise sesshaft gewordene Nomadenstämme. *Hammou* kennt sich exzellent mit archäologischen Fundstellen und geologischen Formationen aus. Außerdem weiß er viele Hintergrundinformationen zu Land und Leuten. Hammou spricht ein wenig englisch, besser jedoch französisch. Eine Ganztagestour kostet zwischen 1500 und 1700 DH und lohnt sich vor allem für französisch sprechende Touristen.

## Weiterfahrt nach Errachidia

Nach dem letzten Kreisverkehr im Osten der Stadt führt die weitere Strecke über das Palmenoued und dann bergauf über eine wenig abwechslungsreiche Hochebene. Von der Gegenrichtung kommend hat man bei der Abfahrt nach Goulmima einen wunderschönen Blick auf die Oase. Bei **km 131** ist **Errachidia** erreicht.

# Errachidia

Die stark wachsende Universitätsstadt am Kreuzungspunkt zweier Straßen weist die typischen rosa-weißen Mauern und Häuser des Südens auf, hat etwa **210.000 Einwohner** und ist ein wichtiger Standort der marokkanischen Truppen. Früher war Errachida (damals noch Ksar-es Souk) Stützpunkt der Fremdenlegion. Die Stadt hat keine besonderen touristischen Attraktionen zu bieten, doch die Lage am Rande der Sahara macht sie zu einem guten Ausgangspunkt für Ausflüge in die Wüste und Oasen (Ziz-Schlucht, Erfoud, Rissani, Erg Chebbi). In Errachidia sind beste Versorgungsmöglichkeiten gegeben.

## Praktische Informationen

### Touristeninformation

■ **Office de Tourisme,** Av. Moulay Ali Cherif, Tel. 0535 62 34 60.

### Unterkunft

**Auberge Tinit**③ (mit Frühstück), Route de Goulmima (am Stadtrand Richtung Ouarzazate), Tel. 0535 79 17 59, tinit_auberge2000@yahoo.fr. Das Hotel im Kasbahstil in ruhiger Lage unter marokkanisch-südtirolerischer Leitung hat einen schönen Garten (u.a. Anbau von Heilpflanzen und Gemüse) und einen Pool (mit schattigen Sitzlauben), um den sich die hübschen Zimmer mit Bad gruppieren. WLAN. Nicht-Gäste können auf der Terrasse zwischen 12 und 15 Uhr sehr gut zu Mittag essen.

■ **Errachidia**②, 31, Rue Ibn Battouta (beim Busbahnhof), Tel. 0535 57 04 53. Einfaches, sauberes 2-Sterne-Hotel mit Restaurant.

■ **Kasbat Aferdou**③, Zone touristique, Route de Goulmima (2,5 km vom Zentrum, neben Le Riad), Tel. 0535 57 01 10, www.kasbataferdou.com. Gutes Mittelklasse-Kasbahhotel mit klimatisierten Zimmern (ohne besonderen Stil) mit Bad, WLAN, Pool.

■ **Kenzi Rissani**③-④, Av. Moulay Ali Cherif, am Ortsausgang Richtung Erfoud, Tel. 0535 57 25 84, www.kenzi-hotels.com. Das Hotel ist ein außen wenig ansprechender Betonbau mit komfortablen klimatisierten Zimmern mit TV, jedoch kein 4-Sterne-Standard. Es gibt einen Pool, Bar, Restaurant und einen bewachten Parkplatz.

■ **Le Riad**③, Route de Goulmima, Tel. 0535 79 10 06/07, www.hotelleriad.com. Sehr schönes, luxuriöses Gästehaus mit tollem Pool im Garten und komfortablen Zimmern/Suiten mit Sat-TV, AC, WLAN etc.

■ **M'Daghra**①, 92, Rue M'Dghra/Oued Lahmer, Tel. 0535 57 40 47. Sauberes, aber etwas dunkles Hotel mit Restaurant.

■ **Zitoune**①, 25, Place Hassan II., Tel. 0535 57 24 49. Sauberes Hotel mit sieben Zimmern, sehr netter Besitzer, bei Vollbelegung warme Dusche nur auf Anfrage.

## Essen und Trinken

■ **Cordoba,** außerhalb des Marché Municipal. Kleines, sauberes Restaurant mit Pizza und anderen abwechslungsreichen Speisen. Gutes Preis-Leistungs-verhältnis.

■ **Fiesta,** Rue el Mesjia (Seitenstraße der Av. Moulay Ali Cherif), ggü. Café/Restaurant Imilchil. Gutes Restaurant mit moderner Ausstattung, u.a. Grillspeisen.

■ **La Perle,** Rue Sidi Bou Abdallah (gegenüber Hotel Oasis). Gemütliches Restaurant mit gutem Essen zu fairen Preisen, saubere Toiletten.

■ **Miramar,** an der kleinen Verbindungsstraße vom Marché Municipal zur Attajariwafa-Bank. Größeres, sauberes Restaurant mit Pizza und einer recht vielfältigen Speisekarte.

■ **Tinit,** vgl. Auberge Tinit oben. Gutes Essen auf der Gartenterrasse.

## Busse

■ **CTM-Büro:** am Busbahnhof, Tel. 0535 57 20 24, **Supratours-Büro:** 6, Rue Moulay Youssef, Tel. 0535 79 16 36.

■ **Marrakesch** *(über* **Ouarzazate**): 1x tägl. mit Supratours und CTM (frühmorgens), 175 DH, ca. 10 Std. Fahrzeit. Nach Ouarzazate 100 DH, ca. 5 Std. Fahrzeit.

■ **Tinerhir – Boumalne Dadès – Ouarzazate:** mehrmals tägl. verschiedene Busse. CTM 1x tägl. (Bus nach Marrakesch, s.o.). Bis Tinerhir 50 DH (ca. 2½ Std.), bis Boumalne 55 DH (ca. 3 Std.).

■ **Casablanca:** 2x tägl. mit CTM (morgens und spätabends), Fahrzeit ca. 10 Std., 215 DH.

■ **Erfoud** und **Rissani:** mehrmals tägl., 1x tägl. frühmorgens mit CTM, nach Erfoud 1½–2 Std. Fahrzeit, ca. 35 DH. Nach Rissani 40 DH, 2 Std. Fahrzeit.

■ **Fès/Meknès:** mehrmals täglich (ca. alle 2 Std.) mit verschiedenen Bussen, ca. 90 DH, mit CTM 1x tägl., 120 DH, ca. 7 Std.

■ **Bouarfa** und **Figuig:** mehrmals tägl. Busse nach Bouarfa, dort Umsteigen nach Figuig.

## Sammeltaxis/Taxis

Der **Sammeltaxi-Parkplatz** befindet sich bei der Moschee unweit (5 Gehminuten) der Bushaltestelle. Die Taxis verkehren in alle Richtungen. Preise:

nach Erfoud ca. 25 DH, nach Tinjedad ca. 20 DH, nach Meski ca. 10 DH.

### Sonstiges

- Die zuverlässige **Renault-Werkstatt Sjilmassa** liegt an der Hauptstraße rechts am Stadtanfang Richtung Erfoud.
- **Hauptpost** am Bd. El Alaouiyin, neben dem Polizeipräsidium, von Ouarzazate aus kommend hinter der Stadtmitte und kurz vor der Brücke über den Ziz-Fluß links abbiegen.
- Es gibt **mehrere Banken mit Geldautomat.**
- In der Stadt gibt es zwei **Alkoholläden** (einer ggü. des Polizeipräsidiums).
- Inzwischen steht ein **Acima-Supermarkt** zur Verfügung.
- **Polyclinique Tafilalet,** Route de Méknes/Boutalamine, Tel. 0535 57 43 21. Sehr gute Privatklinik mit deutsch und englisch sprechenden Ärzten.
- **Zahnarzt**: Dr. Rachid Benjiali, Tel. 0535 79 03 56, oberhalb vom Marché Municipal unmittelbar links neben dem weithin sichtbaren Café Vitamine. Dr. Benjiali hat in Frankreich studiert, seine Praxis hat europ. Niveau.
- Zahlreiche **Internetcafés** in der Stadt.
- **Ausflüge** in die Wüste (im klimatisierten Toyota) organisiert *Mhamid Mohamed,* Tel. 0661 53 31 93, www.marocvoyages.com.

## Ausflüge

Von Errachidia kann man gut Ausflüge zur **Source Bleue de Meski** (Richtung Erfoud) unternehmen (siehe nächstes Kapitel).

Auch zum **Stausee Hassan Adakhil Tirhiourine** und in die **Ziz-Schlucht** zum Tunnel der Legionäre (an der Strecke nach Midelt) lohnt sich ein Ausflug.

Kein spektakulärer Ausflug, aber durchaus einen kurzen Abstecher wert ist ein kleiner **Marabout mit moslemischem Friedhof** bei einem verfallenen Ksar. Anfahrt: Vom Kreisverkehr an der Stadtausfahrt 2 km Richtung Erfoud, dann links (westwärts) auf eine kurze, vermüllte Piste am Rande eines Wohngebiets abbiegen. Gegenüber liegt eine Militäranlage in einem Kasbahkomplex mit Grünanlage an der Straße. Man sieht das Heiligengrab auf einem kleinen Hügel von der Straße aus. Der Blick von dort über den Friedhof und hinüber zu den (nach Jahreszeit schneebedeckten) Bergen bei klarer Sicht ist umwerfend.

### Imilchil

Ein lohnenswerter **2-Tage-Ausflug** führt nach Imilchil im Hohen Atlas. 63 km nördlich von Errachidia zweigt eine Straße nach **Rich** ab (4 km). Von dort führt eine z.T. beschädigte Teerstraße (130 km, Fahrzeit 3½–4 Std.) über Igli, Aït el Rhazi, Aït Taddert und Outerbat bis Imilchil. Auf der Strecke müssen viele Furten durchquert werden, was nach starken Regenfällen evtl. problematisch sein kann. Es verkehrt einmal täglich (morgens) ein CTM-Bus von Errachidia nach Rich, von dort kommt man mit dem Sammeltaxi oder Minibus weiter nach Imilchil.

Imilchil liegt auf einem wunderschönen Hochplateau am Fluss Assif Melloul auf 2100 m Höhe, das Ortsbild prägen die **mächtigen Kasbahs.** Interessant ist die Tracht der Aït-Hadiddou-Frauen mit schwarz-weiß gestreiften Wollumhängen und den roten Wolltroddeln. Am häufigsten wird sie in den benachbarten

Orten zwischen Agoudal und Imilchil getragen.

Imilchil wurde vor allem durch den Mitte September (Fr bis So) stattfindenden **Moussem der Bräute** bekannt. Eigentlicher Veranstaltungsort ist **Agda** etwas südlich von Imilchil. Die hier lebenden **Aït Hadiddou** mit ihren Untergruppen Aït Brahim und Aït Yazza gehören zur großen Berbergruppe der Beraber. Sie treffen sich hier mehrere Tage zu Ehren eines Lokalheiligen. Die Frauen dieser Bergstämme sind frei und selbstständig. Auf dem bekannten **Heiratsmarkt** von Imilchil werden Braut und Bräutigam von den Eltern vermittelt oder von den Kandidaten selbst ausgewählt. Dieser Brauch entwickelte sich angeblich deshalb, weil im ganzen Jahr irgendwo Hochzeiten stattfanden und dazu immer sämtliche Aït Hadiddou der Umgebung eingeladen wurden. Um das zu vereinfachen und die Hochzeit preiswerter zu gestalten, wurde der einmal jährliche Hochzeitstermin ins Leben gerufen. Da die Frauen nach einer Trennung den Ehepartner frei wählen können, sind die Scheidungen sehr häufig geworden. Damit geht der Brautpreis, den die Familie des Ehemannes zahlen musste, verloren. Am Moussem sind die Frauen der Aït Hadiddou stark geschminkt und geschmückt. Die verheirateten Frauen und die Geschiedenen erkennt man an der hohen, spitzen Haube. Ist man sich einig geworden oder wurde die Vermählung vorher schon von den Eltern abgesprochen, marschiert man am letzten Tag des Moussems zum Qadi, um den Heiratsvertrag aufzusetzen. Wenn der Vertrag unterschrieben ist, wird in der Qubba der Marabout der Segen des Heiligen erfleht.

Inzwischen ist der Heiratsmarkt ein **Touristenspektakel:** Der ganze Moussem gleicht einem riesigen Markt mit vielen Tieren und sonstigen Waren – Verheiratungen finden kaum mehr statt. Trotzdem ist der Moussem sehenswert, vor allem freitags, wenn Viehmarkt ist. Die meisten Touristen kommen erst am Samstagnachmittag, am Sonntag ist es bereits wieder ruhig. Übernachten kann man während des Moussems in Nomadenzelten bei Agda (mit Wolldecken ca. 120 DH p.P.) und in den kleinen Hotels der umliegenden Orte. Dort darf man auch sein Zelt aufstellen.

Imilchil mit seinen alten Kasbahs

aga10_018 ad

aga10_019 ad

Herbststimmung am Lac Tislit

Imilchil lädt wegen der schönen Gebirgslandschaft in der Umgebung zum **Wandern** ein (z.B. im Flusstal des Assif Melloul). Im Ort existieren eine Tankstelle, mehrere Herbergen, einige Straßencafés und diverse Läden zur Versorgung. Am Samstag wird in Imilchil ein sehr ursprünglicher **Markt** abgehalten.

Direkt an der Teerstraße von Imilchil Richtung El Ksiba/Beni-Mellal (ca. 4 km Richtung Norden) liegt der **Lac Tislit,** ein schöner, von Birken umgebener See. Man kann eine kleine Wanderung rund um den See unternehmen oder in der Auberge Tislit einen Tee trinken. Nicht weit entfernt gibt es noch einen weiteren See, den **Lac Iseli** (ca. 9 km von Imilchil). Dieser See ist unbewohnt und liegt in kahler, unwirtlicher Umgebung. Die beiden Seen werden als „Braut" (Lac Tislit) und „Bräutigam" (Lac Iseli) bezeichnet. Der Sage nach sind sie durch die Tränen eines Liebespaares entstanden, das nicht heiraten konnte, weil die beiden Stämme, von denen Braut und Bräutigam abstammten, verfeindet waren. Die Legende wird in enge Verbindung zum Heiratsmarkt gebracht. Die Seen sind sehr fischreich, im Lac Iseli lebt ein endemischer Fisch, der 1940 erstmalig entdeckt wurde und dessen Bestand regelmäßig kontrolliert wird.

### Unterkunft

- **Kasbah Adrar**②, an der Ortsausfahrt Richtung El Ksiba, Tel. 0523 44 21 84. Hotel im Kasbahstil mit Restaurant und Mehrbettzimmern mit Dusche (warmes Wasser) und Toilette.
- **Chez Bassou**①, Tel. 0523 44 24 02, www.chezbassou.com. Der Betreiber dieses ordentlichen Hotels und Restaurants, *Bassou Chabou,* ist Bergführer. Es gibt einfache saubere Zimmer mit und ohne Bad. Parkplatz vor der Tür.
- **Izlane**③, im Zentrum, Tel. 0523 44 28 06 oder Mobil 0661 22 48 82, www.hotelizlane.com. Kleines, ordentliches Hotel mit 15 sauberen, einfach eingerichteten Zimmern (bis 4 Pers.) mit oder ohne Bad. Restaurant/Café, Frühstück auf der Terrasse. Der Preis ist etwas zu hoch fürs Gebotene.
- **Hotel du Lac – Auberge Tislit**③ (mit HP), direkt am **Tislit-See** (an der Route Richtung El Ksiba), Tel. 0535 52 63 44, Mobil 0661 46 83 75. Bei dieser empfehlenswerten Herberge werden Gäste sehr freundlich empfangen. Die kleinen Zimmer (warme Dusche auf dem Gang) sind einfach, aber ordentlich und sehr sauber, im Winter wird im großen Salon der Kamin eingeheizt (keine Heizung im Zimmer).

Gutes Essen im Restaurant, sehr faire Preise. Wohnmobile finden hier eine **Campingmöglichkeit** direkt am See (herrlich ruhiger Stellplatz ohne eigene Einrichtungen, auf Anfrage Nutzung von Dusche/WC im Hotel möglich, Zufahrt am Hang, z.T. uneben).

### Camping

- Beim **Hotel du Lac am Lac Tislit** (s.o.). Einige Herbergen (z.B. Izlane) gestatten es Wohnmobilisten, kostenlos auf ihrem Parkplatz zu campen, wenn sie im Restaurant essen gehen.

### Verkehrsmittel

- Ein **Bus** fährt jeden zweiten Tag **nach Rich** (Mo, Mi, Fr, am Sa wegen des Marktes 2x, nicht am So).
- **Sammeltaxis und Lkw** verkehren täglich nach Kasba Tadla (von dort Weiterfahrt mit dem Bus möglich).

### Trekking

Ein empfehlenswerter, freundlicher **Bergführer** für die Region ist **Lhousain Oukhatar** (Mobil 0666 10 30 80, oukhatarimilchil@yahoo.fr). Er betreibt mit seiner Familie auch die nette **Gîte d'étape Tadmert** mit sauberen 4er-Zimmern, einem kleinen Salon und sehr einfachen sanitären Anlagen (kalte Dusche).

### Sonstiges

Bei der Ortsausfahrt von Imilchil liegt linker Hand eine **Werkstatt** mit freundlichem und geschicktem Mechaniker, der trotz mangelhaftem Werkzeug gut improvisiert. **Diesel** ist ist dort aus Fässern erhältlich.

☐ Im Ortszentrum von Imilchil

080m015 ad

103m015 ed

# 7 Das Tafilalet und der Südosten

Südlich der Garnisonsstadt Errachidia beginnt das Tafilalet mit den Wüstenoasen Erfoud, Rissani und Merzouga. Bei Merzouga befindet sich das größte Dünengebiet Marokkos, der Erg Chebbi.

Die Bevölkerung des Tafilalet, dunkelhäutige Haratin und berberische Nomadenstämme, lebt vom Oasenfeldbau und vom Tourismus.

Wüstenoase Nekob: Aussicht von der Kasbah Aït Omar

# ÜBERBLICK

Das Tafilalet ist das größte zusammenhängende Oasengebiet Marokkos und erstreckt sich von Erfoud über Rissani bis zum Erg Chebbi mit seinen riesigen Sanddünen. Nahe Erfoud befinden sich die Ruinen der einst blühenden Handels- und Karawanenstadt Sijilmassa. Sie ist die Wiege der arabischen Herrscherdynastie der Alaouiten. Von hier brachen die Chorfa, Nachkommen Mohameds und Begründer der Alaouiten, Anfang des 17. Jahrhunderts auf, um das ganze Land religiös zu erneuern. Und von hier zogen schon im Mittelalter die Karawanen nach Schwarzafrika und kamen mit Sklaven und Gold zurück. Raffinierte Bewässerungssysteme sichern seit Jahrhunderten die Wasserversorgung der Oasen. Im Tafilalet ist heute noch das System der khettaras erhalten: Mittels unterirdischer Leitungen wird Wasser aus höheren Lagen in die Oasen geleitet. In regelmäßigen Abständen führen Schächte zur Wartung der Leitungen an die Oberfläche. In den Oasengärten wird das Wasser in einem Kanalsystem (seguias) verteilt. Die Kanäle lassen sich leicht mit Erde verschließen, so kann das Wasser je nach Bedarf zu den Feldern geleitet werden. Die Gärten sind im Stockwerksystem bepflanzt: Die Dattelpalmen spenden Schatten für darunter stehende Obstbäume, diese beschatten die Gemüsebeete.

aga08-504 ad

Heute ist die Region um Erfoud bekannt für die **Fossilienverarbeitung:** Aus großen Steinbrüchen in der Wüste werden Platten mit 400 Mio. alten versteinerten Meerestieren geborgen und zu Schalen, Anhängern, Tischen und Waschbecken verarbeitet.

Bis zu 200 m hoch türmen sich am **Erg Chebbi** bei Merzouga die Sandmassen. Golden schimmernde Dünen heben sich gegen die schwarze Steinwüste und den blauen Himmel ab. Wie eine Fata Morgana erscheint das Wasser des Zeitsees **Dayet Sri,** der nach starken Regenfällen in den letzten Jahren immer wieder Wasser führte. Erklimmt man eine der Dünen, so eröffnet sich gen Osten das Bild eines endlosen Sandmeeres. An der Westseite des Erg Chebbi reiht sich Herberge an Herberge aneinander – der **Wüstentourismus** nahm in den letzten Jahren deutlich zu. Statt Oasenbauern zu werden, hoffen immer mehr Menschen auf ein lukratives Einkommen im Tourismus: als Gästehausbesitzer, als Kameltourenanbieter oder einfach als „faux guide", als unautorisierter Touristenführer.

☐ Dünenwanderung im Erg Chebbi

# Errachidia – Erfoud – Rissani

- **104 km, N13.**
- Hinter Errachidia führt die gute Teerstraße durch trockene Wüstenlandschaft mit Streusiedlungen **entlang des Ziz-Tals.** Der Oued Ziz fließt ca. 1 km westlich in einem tiefen Taleinschnitt mit grünen Oasengärten, Palmen und Lehmdörfern – der Kontrast zu den Wüsten-Plateaubergen der Umgebung könnte nicht stärker sein.
- Auf der Strecke besteht eine **gute Busverbindung.**

**16 km hinter Errachidia** zweigt eine kleine Straße ins Tal zu den Quellen von Meski ab (600 m).

**NICHT VERPASSEN!**

- **Erfoud:** in einer Werkstatt zusehen, wie über 300 Mio. Jahre alte Fossiliensteine zu Tischplatten und Schalen verarbeitet werden | 419
- **Rissani:** über den ursprünglichen Wochenmarkt am Sonntag schlendern | 426
- **Merzouga:** bei Sonnenaufgang mit dem Kamel oder zu Fuß eine Düne im Erg Chebbi besteigen | 433
- **Kunst in der Wüste:** die Himmelstreppe von Hannsjörg Voth | 448
- **Nekob:** ein paar ruhige Tage in einem Kasbahhotel in der Palmenoase verbringen | 453

**Diese Tipps sind gelb hinterlegt.**

# Das Tafilalet und der Südosten

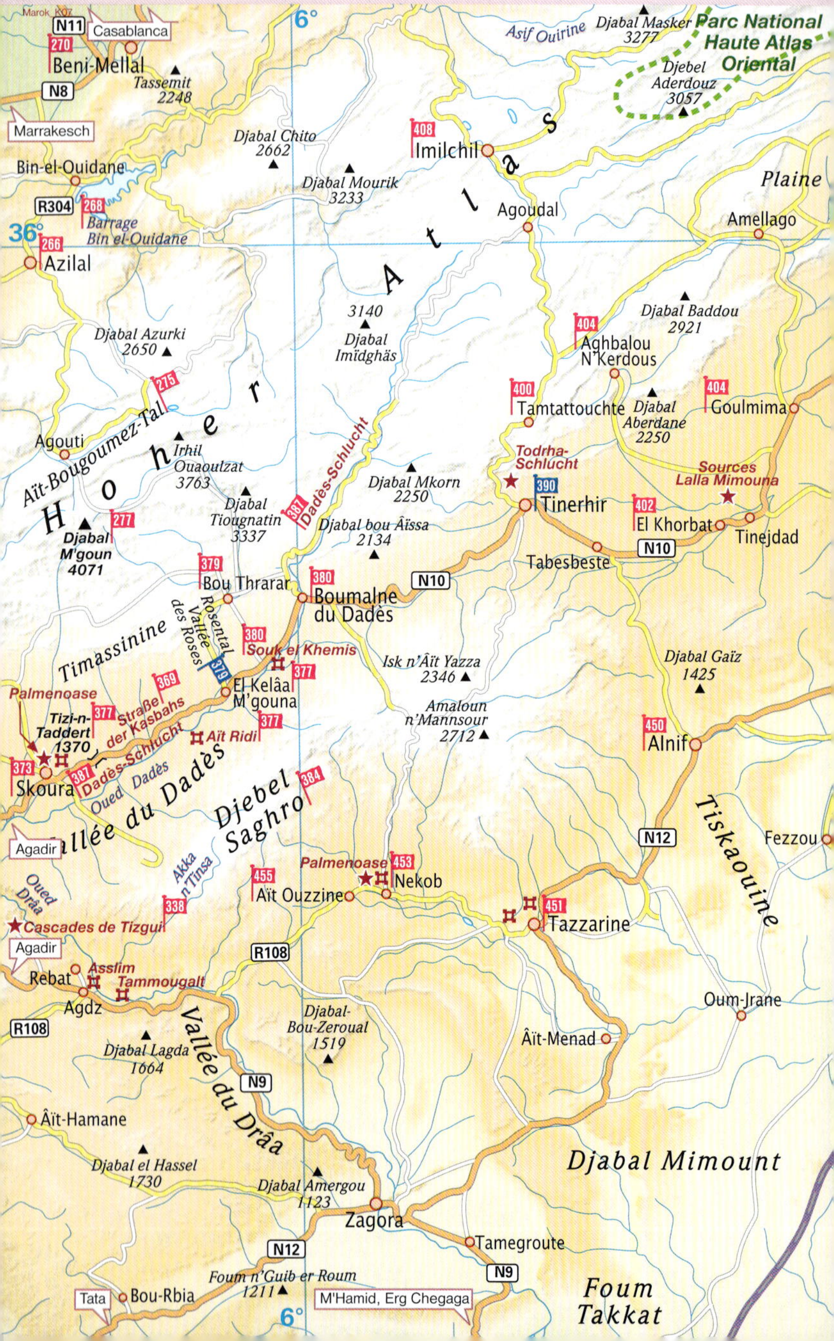

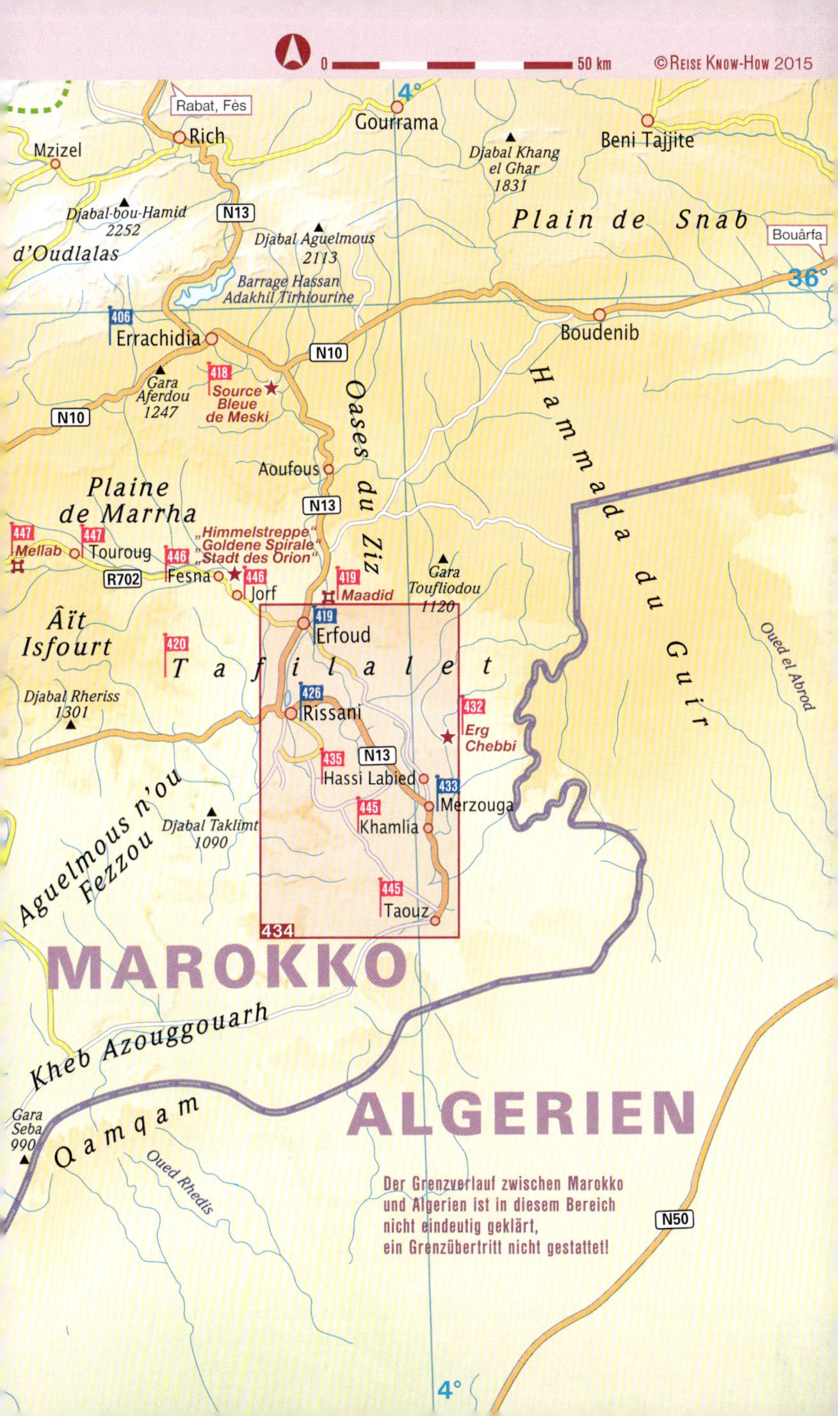

0
50 km
©Reise Know-How 2015
4°
Rabat, Fès
Rich
Mzizel
Gourrama
Beni Tajjite
Djabal Khang el Ghar 1831
Djabal-bou-Hamid 2252
N13
Djabal Aguelmous 2113
Plain de Snab
Bouârfa
d'Oudlalas
Barrage Hassan Adakhil Tirhiourine
36°
406
Errachidia
Boudenib
N10
418
Source Bleue de Meski
Gara Aferdou 1247
N10
Oases du Ziz
Hammada du Guir
Aoufous
Plaine de Marrha
N13
447
Mellab
447
Touroug
„Himmelstreppe"
„Goldene Spirale"
„Stadt des Orion"
446
Fesna
446
Jorf
R702
419
Maadid
Gara Toufliodou 1120
419
Erfoud
Âït Isfourt
420
Tafilalet
Oued el Abrod
Djabal Rheriss 1301
426
Rissani
432
Erg Chebbi
435
N13
Hassi Labied
433
Merzouga
445
Khamlia
Djabal Taklimt 1090
Aguelmous n'ou Fezzou
445
Taouz
434
MAROKKO
Kheb Azouggouarh
Gara Seba 990
Qamqam
ALGERIEN
Oued Rhedis
Der Grenzverlauf zwischen Marokko und Algerien ist in diesem Bereich nicht eindeutig geklärt, ein Grenzübertritt nicht gestattet!
N50
4°

## Source Bleue de Meski

Die „Blaue Quelle von Meski" **oberhalb des Ziz-Flusses** liegt in einem tiefen, von Palmen gesäumten Taleinschnitt. Sie wurde während der französischen Protektoratszeit gefasst und fließt durch **mehrere Steinbecken** – wovon das größte als Schwimmbad genutzt wird – in die Oasengärten. Die Becken mit kaltem, sehr klarem Wasser, in dem Fische schwimmen, säumen hohe Dattelpalmen. Zwischen den verschmutzten Palmengärten liegt ein schattiger Campingplatz mit Café und einigen Souvenirläden (alle mit guter Auswahl). Die Händler sprechen fast alle deutsch und preisen leider häufig recht aufdringlich bei den Campern ihre Ware an. Nach Angaben eines Lesers verwalten sie neuerdings (Info vom Sommer 2014) den Schlüssel für die Sanitäranlagen, sodass man sich zur Nutzung der Duschen/WCs an die Händler wenden muss.

Die ehemals schön konzipierte Anlage ist im öffentlichen Besitz, die sanitären Anlagen sind leider – vor allem bei voller Belegung des Campingplatzes – in sehr schlechtem hygienischen Zustand. Immer wieder wurden hier neue Sanitärblocks gebaut, die aber so vernachlässigt und schlecht gepflegt wurden, dass sie nach kurzer Zeit wieder kaum mehr benutzbar waren. Meski ist im Sommer **Treffpunkt der marokkanischen Jugend** und von Soldaten. Vor allem am Wochenende sind die Plätze rund um das Schwimmbecken voll besetzt. Außerhalb der Saisonzeiten im zeitigen Frühjahr und Spätherbst findet man die Anlage halbwegs ordentlich vor, jedoch sind das Schwimmbad und die Treppen ins Becken sehr algig (Rutschgefahr) – schade um diesen ehemals wundervollen Platz! Wer hier nicht campt, muss Eintritt ins Schwimmbad und Parkgebühr zahlen (ca. 10 DH).

Oberhalb der Quelle **im Ort** gibt es eine kleine Post, eine Téléboutique, einen Laden, das einfache Restaurant Le Soleil und ein Restaurant unter französischer Führung, das – außerhalb der Saison nur auf Vorbestellung – gutes Essen anbietet. Von der Blauen Quelle empfiehlt sich ein **Ausflug zur anderen Seite des Flusses,** wo die halb verfallene **Kasbah Meski** steht. Die Kasbah liegt auf einem Felssporn, von dem sich vor allem morgens oder abends ein schöner Blick auf das Flusstal eröffnet. Man kann direkt vom Campingplatz hinunter durch die Oasengärten ins malerische Ziz-Tal laufen, wo Frauen am Fluss Wäsche waschen und Bauern die Felder bestellen. Beim Waschplatz kann man relativ trockenen Fußes den Fluss überqueren, hinauf zur Kasbah laufen und diese zu Fuß umrunden – ein Ausflug, der sich lohnt! Am Campingplatz bieten sich auch Führer zur Kasbah an.

In Bewässerungskanälen und Tümpeln der Oase (nicht im Badebecken mit fließendem Wasser) ist evtl. Vorsicht vor einer Bilharziose-Infektion geboten.

Zwischen Errachidia und Erfoud fahren **Sammeltaxis**, die auf Wunsch in Meski anhalten.

## Weiterfahrt nach Erfoud

**Zurück auf der Hauptstraße** befinden sich ca. **10 km** hinter der Quelle ein Parkplatz und ein **Aussichtspunkt** mit herrlichem Blick auf das Ziz-Tal und seine Palmenhaine. Der tiefe Taleinschnitt des Oued Ziz zieht sich als grünes Band, gesäumt von Lehmdörfern und Plateaubergen, durch die Wüste.

2 km weiter liegt die **Zawia Amelkus** rechts im Palmenhain, danach folgen schöne Lehmdörfer rechts der Straße.

**Etwa 30 km** hinter Errachidia finden Camper und Budget-Traveller bei der **Camping/Auberge Tissirt** (Mobil 0661 35 82 19, http://campingtissirtziz.free.fr) einen schönen Platz im Palmenhain von Oulad Chaker: Übernachtung in einfachen Zimmern mit Zeltdach 50 DH/ Pers. (Gemeinschaftsbad), Camping 20 DH/Pers., Auto 15 DH, Caravan 30 DH; mit Restaurant (Tajine 60 DH).

Der große Ort **Aoufouss** folgt 42 km nach Errachidia. Hübsche rosafarbene Häuser mit rot-weißen, von Zinnen gekrönten Arkaden schmücken das Städtchen. Es gibt eine Tankstelle. An der Hauptstraße liegt das Supratours-Büro. Der **Camping Hakkou** bietet 30 Stellplätze für Wohnmobile und Zelte (kaum Schatten), heiße Duschen (kosten extra) und ein Restaurant. Leser empfahlen die **Herberge Vallée de Ziz,** die von zwei Brüdern geführt wird: saubere Zimmer mit Bad (heiße Dusche) und Klimaanlage, Terrasse mit Blick auf die Wipfel der Dattelpalmen, Organisation von Wandertouren in der Wüste und den Bergen möglich, faire Preise.

Am palmenbewachsenen Ziz-Tal entlang führt die Straße nun in das Gebiet des **Tafilalet** und nach Erfoud.

Bei **km 73** ist der Ort **Maadid** erreicht. Der alte Ksar hat ein prächtiges Eingangstor aus der Zeit der Almohaden und ist von mächtigen Mauern und schönen Oasengärten umgeben.

**Erfoud** folgt bei **km 77 (N 31°25,87', W 04°13,50').**

## Erfoud (Arfoud)

Die Stadt hat ca. **25.000 Einwohner** und ist **Hauptstadt des Tafilalet.** Der einst malerische Ort aus roten Lehmbauten liegt auf 802 m Höhe am Fuße des Djabal Erfoud (935 m). Er wurde 1917 von den Franzosen gegründet und war **im Mittelalter Karawanenstützpunkt** auf dem Weg nach Sijilmassa (20 km südlich von Erfoud). Sklaven und Gold wurden aus Schwarzafrika nach Marokko, Arabien und später auch in die europäischen Länder gebracht.

Erfoud selbst hat keine besonderen Sehenswürdigkeiten aufzuweisen, ist aber als Ausgangspunkt in das – neben dem Erg M'Hazil/Erg Chegaga südlich von M'hamid – einzige Dünengebiet Marokkos, den **Erg Chebbi,** zum **versteinerten Korallenriff** und in die südlichen Wüstenoasen Merzouga und Taouz interessant. Auch das im Spätherbst (meist im November zur Dattelernte) stattfindende **Dattelfest** ist sehenswert.

Es gibt gute Versorgungsmöglichkeiten und einen kleinen **Souk** mit Frischwaren und Kunsthandwerk, das auch in diversen Läden angeboten wird.

Erfoud ist bekannt für seine **Fossilien.** Das fossilienreiche Gestein wird aus Steinbrüchen versteinerter Korallenriffe in der Umgebung gewonnen und anschließend bearbeitet (geschliffen und poliert). Die versteinerten Meerestiere wie Tintenfische mit Gehäuse (Belemniten und Ammoniten), Seelilien, Trilobiten und Schnecken stammen aus dem Devon (vor 320 bis 400 Millionen Jahren). Man geht davon aus, dass die Sahara damals von einem Flachmeer bedeckt war. Trilobiten stammen meist nicht von den Fundstellen bei Erfoud, sondern aus

# Das Tafilalet

Das Tafilalet-Gebiet erstreckt sich **südlich von Erfoud** über eine Länge von 30 km und eine Breite von 4–16 km. Am Horizont der blauschwarzen Steinwüste dehnt sich der **Erg Chebbi** aus, Berge gelber Sanddünen, durchwachsen von einigen Grasbüscheln, im Sand Spuren von Käfern, Vögeln und Schakalen, die die spärlichen Grasbüschel nach Wüstenratten durchsuchen.

**Sijilmassa,** im 10./11. Jahrhundert Hauptstadt dieser Landschaft, war so mächtig, dass sie sich mit Fès und Marrakesch messen konnte. Die Ursprünge von Sijilmassa sind umstritten, nach *Leo Africanus* war es eine römische Gründung, nach dem Geografen *El Bekri* eine Gründung des Schmieds *Midrar* aus Meknès. Jedenfalls war es die Wiege der Alouiten: Von hier brachen die **Chorfa,** Nachkommen Mohameds und Begründer der heute noch regierenden Alouiten-Dynastie, Anfang des 17. Jahrhunderts auf, die religiöse Erneuerung ins ganze Land zu tragen. Sie eroberten Marrakesch und unter *Moulay Rachid* 1666 auch Fès und den Norden.

Das Tafilalet war wichtiges **Karawanen- und Handelszentrum.** Von hier zogen die Karawanen nach Timbuktu und Schwarzafrika, auf ihrem Rückweg brachten sie Sklaven und Gold mit. Doch der Stern des Tafilalet erlosch langsam, und auch Moulay Ismail, der große Sultan von Meknès und Beherrscher Marokkos über einen Zeitraum von 55 Jahren, konnte Ende des 17. Jahrhunderts die Region, aus der seine Vorfahren stammten, nicht wieder voranbringen – Sijilmassa wurde bedeutungslos.

Heute ist das Tafilalet bekannt für die Herstellung von **Töpferwaren** und besonders schönen **Ledererzeugnissen,** den sogenannten *Filali.* Diese werden mit dem speziellen Gerbstoff „Takaout“ präpariert, der dem Leder seine natürliche Farbe lässt.

Im Tafilalet kämpfen Menschen, Tiere und Pflanzen einen ungleichen **Kampf gegen den Sand.** Der Wüstensturm bläst Myriaden von Sandkörnern ins Kulturland, haushohe Dünen wälzen sich wandernden Sandwogen gleich und überfluten die Oasen, sodass die Menschen zum Abwandern gezwungen werden. Die Gegenwehr ist mühsam: Hecken aus Palmenzweigen werden gegen den Wind errichtet und Reihen bestimmter genügsamer Gräser angepflanzt, deren Wurzeln den Boden festigen. Im Windschatten der Gräser kommt dann der Sand zur Ruhe.

Das Tafilalet ist das **größte zusammenhängende Oasengebiet Marokkos.** Hier wachsen unzählige Dattelpalmen, und die Menschen kultivieren in ihren Oasengärten, die mit Khettaras und Schöpfbrunnen (Segouias) bewässert werden, Gemüse, Getreide und Futterpflanzen. Die Kulturen werden von Obstbäumen beschattet, diese wiederum von den Dattelpalmen. Die Trockenheit Anfang der 1980er und 1990er Jahre hat das Tafilalet stark in Mitleidenschaft gezogen. Die Palmenhaine sind in vielen Bereichen verdorrt, zudem macht eine gefährliche Pilzkrankheit den Bäumen zu schaffen. Nach Jahren der Trockenheit folgen zwar immer wieder bessere Zeiten, für viele Oasenbauern und Palmenhaine ist es jedoch zu spät.

Als Licht am dunklen Horizont erscheint der **anwachsende Tourismus,** von dem sich viele Einwohner einen finanziellen Aufschwung versprechen. Zu wünschen wäre wegen der permanenten Wasserknappheit ein ökologisch angepasster Tourismus, der die Wasserreserven nicht zur Befriedigung touristischer Luxusbedürfnisse ausbeutet – angesichts überlaufender Hotelpools andernorts und der Ansprüche vieler Touristen wahrscheinlich nur Wunschdenken …

dem 110 km entfernten Alnif. Strikt abzuraten ist vom Kauf der ebenfalls angebotenen jungsteinzeitlichen Steinbeile und Pfeilspitzen – deren Ausfuhr ist verboten. Mehrere Fossilienwerkstätten in Erfoud (an der Straße Richtung Rissani) führen durch ihren Betrieb und verkaufen diverse Schalen und Anhänger bis zu ganzen Tischplatten und Springbrunnen aus geschliffenem Fossilienstein (vgl. Einkaufen). Vorsicht: Besonders schöne und große Ammoniten entpuppen sich immer wieder als Fälschung, d.h. sie sind geschickte Steinmetzarbeiten.

Vom **Bordj Est,** einem Fort, das sich auf dem **Djabal Erfoud** über dem Ort erhebt, hat man eine grandiose Aussicht über das Tafilalet, vor allem bei Sonnenuntergang. Man kann bis zu einer Aussichtsplattform unterhalb des Gipfel hinauffahren. Das Fort am Gipfel ist vom Militär besetzt.

Kunstwerke der besonderen Art sind in Richtung Tinejdad zu bewundern, wo der Künstler und Architekt *Hannsjörg Voth* mitten in der Wüste die **„Himmelstreppe“** und die **„Goldene Spirale“** geschaffen hat. Diese Freiluftkunst kann man **nur mit autorisiertem Führer ab Fezna** besichtigen.

## Praktische Informationen

### Unterkunft (Oberklasse)

Fast alle Hotels bieten verschiedene (4x4) Exkursionen in die Wüste an. Die meisten der genannten 4-Sterne-Hotels können über Online-Portale (z.B. Booking.com) günstiger gebucht werden.

■ **Belere**④, an der Straße nach Rissani, Tel. 0535 57 81 90. Von Reisebussen viel frequentiertes Luxushotel mit Bungalows. Swimmingpool, Zimmer mit AC, internationales Buffet-Restaurant, freundliches Personal.

■ **Chergui**④ (mit HP), außerhalb an der Straße nach Errachidia (5,5 km), Tel. 0535 57 85 04, www.hotelchergui.com. 4-Sterne-Kasbahhotel mit 100 klimatisierten Zimmern mit TV. Schöner Pool mit Palmen, marokkanisches Rest., Hammam, WLAN.

■ **El Ati**④, ca. 1 km außerhalb Richtung Rissani, Tel. 0535 57 73 73, www.hotelati.com. Der klotzige Bau hat wenig Atmosphäre, die Zimmer sind jedoch komfortabel (mit AC) und sauber, das Personal freundlich. Großer Pool im Innenhof (wenig Schatten), WLAN, gutes Abendbuffet.

■ **Kasbah Xaluca**③ (mit Frühstück), 5 km an der Straße nach Errachidia (in Maadid), Tel. 0535 57 84 50/51, www.xaluca.com. Sehr schönes Kasbah-Hotel der Xaluca-Gruppe mit Liebe zum Detail: geschmackvoll eingerichtete, geräumige Zimmer, Suiten und Bungalows (Waschbecken aus Fossilienstein usw.) mit AC, Sat-TV, Decken aus Palmholz, Betten auf Steinsockeln. Restaurant mit gutem Essen, großer Pool, beheizter Innenpool und schöner SPA-Bereich, sehr freundliches Personal, reichhaltiges Frühstück. Camping im Hinterhof möglich mit separaten Sanitäranlagen.

■ **Ksar Assalassil**④-⑤, ca. 1 km außerhalb an der Straße nach Errachidia, Tel. 0535 57 82 27, http://hotelksarassalassil.e-monsite.com. Luxus-Herberge im Kasbahstil in ruhiger Lage, schöner Pool im Palmengarten, bewachter Parkplatz. 14 klimatisierte, saubere und geräumige Zimmer und Suiten mit Sat-TV und WLAN.

■ **Palais du Desert**⑤, Route du Jorf, 1 km hinter Kasbah Tizimi (s.u.) Richtung Fezna/Jorf, Tel. 0535 57 82 91, www.palaisdudesert.com. Das Luxushotel mit SPA wirkt von außen wie eine Wüstenburg, innen ist es – wie der Name sagt – ein Palast.

■ **Palm's Hotel Club**④, ca. 4 km außerhalb an der Straße nach Rissani, Tel. 0535 57 61 44, www.palmotel.ma. Großer Komplex (4 Sterne) im Kasbahstil in einem Palmengarten mit Pool, 110 nüchtern eingerichtete, klimatisierte Zimmer mit Sat-TV, Hammam und Massageangebot.

## Unterkunft (Mittelklasse)

■ **Chez Gaby**③, an der Kreuzung Richtung Jorf/Tinejdad, nahe Kasbah Tizimi. Tel. 0535 57 81 11, www.chezgabyhotel.com. Kleines, schönes Hotel eines Franzosen, mit Innenhof, Pool unter Palmen und Restaurant, alles farbenfroh im marokkanischem Stil. Bewachter Parkplatz.

■ **Kasbah Tizimi**③, Route de Jorf (in Richtung Tinejdad ca. 700 m ab Kreuzung), Tel. 0535 57 61 79, www.kasbahtizimi.com. Schönes Kasbah-Hotel mit Pool, die klimatisierten Zimmer sind geschmackvoll im marokkanischen Stil ausgestattet.

■ **Riad Salam**③, Route de Rissani, Tel. 0535 57 66 65. Älteres 3-Sterne-Hotel mit sauberen, klimatisierten Zimmern, Ausstattung allerdings nicht ganz up to date. Gutes Essen, bewachter Parkplatz, schöner Garten mit Pool, WLAN in der Lobby.

## Unterkunft (günstig)

■ **La Gazelle**①, Av. Mohamed V. Kleines, sehr einfaches Hotel, dafür supergünstig und sauber (Zimmer mit kalten Duschen). Preis verhandelbar.

■ **Merzouga**①, Av. Mohamed V., Tel. 0535 57 65 32. Nettes und sauberes Hotel, Zimmer mit Bad, sehr freundliche Leute, Übernachtung auch im Berberzelt.

■ **Sable d'Or**①, 141, Av. Mohamed V. (im Zentrum), Tel. 0535 57 63 48, an der Hauptkreuzung im Ort, schräg ggü. der Post. Einfaches, freundliches Hotel mit sauberen DZ mit Du/WC.

■ Beim **Camping Tifina** kann man günstig in Berberzelten übernachten.

### Campingplatz

■ **Camping Tifina,** einige Kilometer Richtung Rissani (ummauerter Platz auf der rechten Seite), N 31°22,90', W 04°16,30', Tel. 0535 88 20 58, www.tifina-marokko.com. Sauberer, gepflegter Platz (europäischer Standard!) unter französischer Führung. WLAN, Pool, Stellplätze mit Wasseranschluss und Strom, Abwasserentsorgung für Wohnmobile, auch Luxusstellplätze mit Pergola und privater Dusche/WC, Restaurant mit Alkoholausschank, außerdem Übernachtung im Bungalow② oder Berberzelt① möglich. Stellplatz je nach Ausstattung 80–150 DH für 2 Pers. inkl. Auto.

■ **Camping Karla (Casa de Berbère),** in Maadid, 5 km von Erfoud an der Straße nach Errachidia, Tel. 0535 57 87 28, www.campingrestaurantekarla.com, N 31°28,898', W 04°13,015'. Schön angelegter, großer Platz unter Palmen, saubere und gute Sanitäranlagen, heiße Duschen, Souvenirshop, hübsches Restaurant mit Terrasse. Auch Zimmer und Nomadenzelte zur Übernachtung, Organisation von Ausflügen möglich, WLAN.

### Essen und Trinken

■ **Café du Sud,** 19, Av. Mohamed V., Tel. 0535 57 71 54. Sehr gutes Restaurant, in dem auch die Einheimischen essen gehen (marokkanische Küche), mittlere Preise (Verhandlungssache).

■ **Dakar,** Av. Moulay Ismail (am Ortsausgang Richtung Errachidia gegenüber der Ziz-Tankstelle), Mobil 0661 35 16 52. Gepflegtes, gutes und günstiges Restaurant mit Suppen, Salaten, Pizza, Brochette und Tajine zu mittleren Preisen. Der Besitzer zeigt gern unverbindlich seine Fossiliensammlung im UG.

■ **Des Dunes,** Av. Moulay Ismail, Mobil 0661 35 16 52, neben der ZIZ-Tankstelle. Sehr gutes Restaurant mit abwechslungsreicher Speisekarte (von Pizza bis Tajine) – herausragende Spezialität des Hauses ist ein Fleischragout in Tajine, genannt *Kalia*.

■ **Le Coucher du Soleil,** Av. Moulay Ismail, preisgünstiges Essen in angenehmer Atmosphäre.

■ **Le Clap,** 7, Rue Allal Ben Abdellah, am Busbahnhof beim CTM-Schalter. Sehr gut und freundlich.

### Einkaufen

■ Die **Av. Moulay el Hassan** führt direkt auf den Souk zu. An ihr sowie an der **Av. Mohamed V.,** die ebenfalls zum Place des F.A.R und zum Markt bzw. Taxistandplatz führt, sind sämtliche wichtigen Geschäfte, Banken und Tankstellen zu finden. Am Platz vor dem Souk (Place des Forces Armee Royale) befinden sich die Polizei und andere wichtige Ämter sowie ein großer Parkplatz.

■ Den **Souk** erreicht man durch einen rotweißen Eingangsbogen. Neben dem Eingangstor liegen rechter Hand diverse Souvenirgeschäfte, in denen man günstig einkaufen kann. Hinter dem Hofbereich des Souk, auf dem Waren der Saison, z.B. im Herbst Datteln, angeboten werden, liegt der überdachte Bereich des **Lebensmittel-Souks.** Hier gibt es jede Menge gutes und preiswertes Obst und Gemüse, Milchprodukte etc. Der **große Wochenmarkt** am Sonntag findet neben dem Souk-Gelände statt.

■ Einen **Supermarkt** gibt es an der Av. Mohamed V. gegenüber dem Hotel Sable d'Or. Daneben befindet sich ein Geschäft für **Autoersatzteile** (besonders Geländewagen).

■ In Erfoud kann man wunderschöne geschliffene **Fossilien** einkaufen. Bei **Adarissa Atelier – Pierre d'Erfoud** (Tel. 0535 57 75 96 oder 0535 57 71 59, am Ortsausgang Richtung Rissani auf der linken Seite neben einer Tankstelle), bei **Macro Fossiles** (ggü. Hotel Belere und El Ati, Ortsausfahrt Richtung Rissani) und bei der **Fossilienfabrik Marmar** (an der Straße Richtung Tinerhir) kann man sich von einem deutsch sprechenden Führer durch die Fabrik führen lassen. Hier kann man beobachten, wie der Fossilienstein mit einer Diamantenschneide zugeschnitten und dann mit verschiedensten Werkzeugen poliert und bearbeitet wird. In der großen Verkaufsausstellung mit (verhandelbaren, relativ hohen) Preisen gibt es alle denkbaren Gegenstände aus Fossilienstein bzw. präparierte Fossilien aller Größen. Bezahlung mit Kreditkarte ist möglich, große bzw. schwere Waren werden auch nach Europa verschickt.

### Busse

- **CTM- und Supratours-Büro** an der Av. Mohamed V.

**Verbindungen und Preise**

- **Errachidia – Meknès:** je 1x tägl. mit CTM (abends) und Supratours, nach Errachidia 30 DH, 1 Std. Fahrzeit; nach Meknès 155 DH, 9 Std. Fahrzeit (über Nacht).
- **Rissani:** mehrmals tägl. (CTM 1x tägl. morgens), 20 DH, Fahrzeit ca. 30 Minuten.
- **Fezna** (Himmelstreppe) bzw. **Tinejdad:** Kleinbus gegenüber der Post, 5 DH nach Fezna, 15 DH nach Tinejdad, Fahrzeit 2–3 Std.
- **Rich – Midelt:** 4x tägl., nach Rich ca. 50 DH, 2 Std. Fahrt; nach Midelt ca. 85 DH, 3 Std. Fahrt. Der CTM-Bus nach Meknès (Nachtbus, s.o.) fährt auch über Rich und Midelt.

■ **Errachidia – Tinerhir – Ouarzazate – Marrakesch:** 1x tägl. (vormittags) mit Supratours, bis Tinerhir 3½ Std. Fahrzeit, bis Ouarzazate ca. 7 Std., bis Marrakesch ca. 11 Std., ca. 150 DH.

■ **Merzouga:** tägl. Supratours-Bus über Rissani (ca. 50 DH, vgl. auch Merzouga). Man sollte sich vorab über eine Rückfahrmöglichkeit am gleichen Tag erkundigen, sonst muss man sich auf eine Übernachtung in Merzouga einstellen (empfehlenswert).

### Sammeltaxis/Taxis

■ **Abfahrt der Sammeltaxis:** Place des F.A.R.

■ **Tinerhir:** ca. 25 DH p.P., 1½ Std. Fahrzeit.

■ **Rissani, Merzouga:** Ein **Sammeltaxi-Kleinbus** fährt mehrmals tägl. bis 21 Uhr über Rissani nach Merzouga.

### Rund ums Auto

■ **Garage Royal (Chez Barji Aziz),** an der Straße nach Rissani/Errachidia, neben der ZIZ-Tankstelle, empfehlenswerte Werkstatt und Pannendienst, Mobil 0661 67 41 02.

### Feste/Veranstaltungen

■ Im September, anlässlich der Dattelernte, findet das **Dattelfest** statt (ein Wochenende).

## Ausflüge

In allen Hotels und im Ort kann man **Touren zum Erg Chebbi oder nach Rissani** buchen. **Merzouga** und die Dünen sind inzwischen auf Teerstraße über Rissani erreichbar, daher sind hohe Preise für einen Geländewagen nicht mehr gerechtfertigt. Das Wüstenerlebnis ist jedoch auf der Pistenfahrt entlang der Dünen von Erfoud nach Merzouga größer – besonders schön ist eine Umrundung des Erg Chebbi (zwischen 60 und 85 km, je nach Strecke). Wer zum Sonnenuntergang nach Merzouga fahren will, sollte spätestens um 15 Uhr aufbrechen, um noch genügend Zeit zu haben, die Dünen zu erklimmen. Schöner ist der Sonnenaufgang, da die Sonne hier hinter den Dünen aufgeht, während sie über Merzouga untergeht.

100m015 ed

☐ Abendstimmung am Erg Chebbi

Ein Tagesausflug mit dem Geländewagen zu den Dünen ab Erfoud kostet etwa 1200 DH für bis zu 6 Personen.

**Anbieter**

- Empfehlenswert sind (landesweite) Geländewagentouren mit Brahim Karaoui, der gut deutsch spricht und in Merzouga das hübsche Riad Nezha betreibt; Mobil 0661 98 79 77.
- Ein Leser empfahl für eine Wüstentour mit dem Geländewagen außerdem die Agentur **Sand Fish von Omar** (Mobil 0661 92 62 63, www.sandfish.com). Er betreibt eine Auberge am Nordrand des Erg Chebbi.

## Weiterfahrt nach Rissani

**Von Erfoud** geht es an Palmenhainen entlang, am Palms Hotel Club (links) vorbei, auf der breiten Teerstraße **nach Rissani.**

**5 km hinter Erfoud** überquert man eine Khettara (Foggara), einen unterirdischen Bewässerungskanal.

Nach 15 km ist das Hotel Kasbah Asmaa ereicht, 2 km weiter (km 17) das Hotel Kasbah Ennasra (siehe Rissani). Bei einem Kreisverkehr zweigt rechts (östlich) die **Straße nach Alnif und Tazzarine** bzw. Zagora ab (ZIZ-Tankstelle, beschildert „90 Alnif 225 Zagora"). Nach wiederum 1 km geht es an einem weiteren Kreisverkehr links nach Merzouga und zum Circuit Touristique (s.u.). Geradeaus weiter führt die Straße am Busbahnhof vorbei durch das schöne Stadttor ins Zentrum von **Rissani,** das bei **Gesamt-km 104** erreicht ist.

# Rissani

Rissani liegt **am Rande der Wüste,** zählt ca. **10.000 Einwohner** und ist einer der Orte, die in keinem Reiseprogramm fehlen. Der **Massentourismus** hat seine Spuren hinterlassen: aufdringliche Kinder, die im Extremfall mit Steinen werfen, und so viele, zuweilen recht aufdringliche „faux guides" (nicht lizensierte Führer), wie der Erg Chebbi Sandkörner zählt. Wenn man hier alleine spazieren geht, hat man wenig Ruhe, deshalb empfiehlt es sich, einen lizenzierten Führer für einen Rundgang anzuheuern. Trotzdem ist Rissani ein hübscher Oasenort mit rosa getünchten Lehmhäusern, einer großen Kasbah und einem herrlichen, inzwischen aber auch touristischen Markt – alles umrahmt von einem riesigen Palmenhain. In den Oasen rings um das Dorf wird noch typische Oasenbewirtschaftung betrieben. Wichtigste Handelsware ist die Dattel.

## Geschichte

**Rissani war das legendäre Sijilmassa,** die ehemalige Hauptstadt des Tafilalet, von der aber außer ein paar kläglichen Mauerresten 2 km außerhalb Rissanis nichts mehr erhalten ist.

Der marokkanische Reisende *Leo Africanus* (1495 bis ca. 1550) führt die Gründung auf die Römer zurück, der Geograf *Al-Bekri* glaubt an eine Grün-

> Ksar Oulad Abd el Halim bei Rissani

dung im Jahre 757. Damit wäre das Reich Sijilmassa eines der ersten Sultanate auf islamischem Boden. 922 errangen die Fatimiden die Staatsgewalt über das Wüstenreich, und 1056 besetzten die Almoraviden Sijilmassa, danach folgten die Almohaden und 1255 die Meriniden. Im Mittelalter war der Ort ein bedeutender **Karawanenstützpunkt** und Handelszentrum, in dem Datteln, Salz, Leder- und Metallwaren gegen Gold, Elfenbein und Sklaven getauscht wurden. Mitte des 17. Jahrhunderts eroberten die Alawiden-Cherife aus dem Tafilalet unter *Moulay al-Rashid* (1664–1672) Fès und Marrakesch und gründeten die auch heute noch regierende Alawiden-Dynastie. Zahlreiche Kasbahs wurden errichtet, nach und nach aber wurde Rissani zur Hauptstadt des Tafilalets, und Sijilmassa verfiel.

## Sehenswertes

### Torbogen

Die **Einfahrt von Rissani** schmückt ein großer, prachtvoll verzierter Torbogen, der unter dem Königsvater *Hassan II.* zum Gedenken an seine aus der Gegend stammenden Vorfahren der Alaouiten-Dynastie errichtet wurde.

### Markt

Besonders sehenswert ist der Markt. **Sonntag ist großer, Dienstag und Donnerstag kleiner Markt.** Zwischen den Mauern des Souk hocken die Händler mit Gemüse, unter den Arkaden befinden sich die Läden mit der Handwerks-

aga_86 ad

## Rissani

kunst sowie die Bäcker und Fleischer. In einigen Höfen werden Schafe, Ziegen, Hühner und vieles mehr verkauft. Der Handel dürfte sich – abgesehen von modernen Errungenschaften wie Uhren, Textilien sowie Plastikwaren, die auch auf dem Markt verkauft werden – noch genauso abspielen wie vor hundert Jahren. Hier lässt es sich wunderbar beobachten, zuhören, staunen. Auch wenn man selbst nichts kaufen will, ist der Markt ein Erlebnis.

Sehenswert ist der **Parkplatz der Nomaden** (nur an Markttagen). Nein, kein Parkplatz für Autos oder Fahrräder – ein Eselsparkplatz und ein kleiner Kamelparkplatz. Vor zwei umfriedeten Höfen werden die Sättel der Vierbeiner gelagert, dies allein schon ein imposanter Anblick. Früher war dieser Platz ein Schauspiel für sich: Im Hof selbst wimmelte es von Eseln, die dicht gedrängt standen, oftmals auch übereinander, da man ja selten so viele hübsche Eselinnen auf einmal trifft … Wenn die Eselstute nach dem Marktbesuch trächtig war, hat sich der Markt für viele Bauern in zweifacher Hinsicht gelohnt. Doch mit zunehmendem Wohlstand und Ausbau des Straßennetzes reisen inzwischen die meisten Marktbesucher mit Pickups bzw. Bus und Lkw an – nichtsdestotrotz ist der heutige Vierbeinerparkplatz immer noch recht malerisch.

## Kasbahs

Neben dem Hotel El Filalia liegt der sehenswerte, leider recht vernachlässigte **Ksar Abouam** mit der Kasbah Moulay Ismail. Der Lehmkomplex mit seinen verschachtelten Gassen und Innenhöfen hat ein prachtvolles, von mächtigen Türmen flankiertes Eingangstor. Der Ksar diente als Kulisse für die Filme „Marco Polo", „The secret of the Sahara" und „Himmel über der Wüste". Im Komplex ist der schöne Kunsthandwerksladen der Brüder *Slimane, Hafid* und *Ismail Dribi Alaoui,* **La Maison Saharienne** (s.u.), mit mehreren Ausstellungsräumen untergebracht, wo man sehr unaufdringlich auf Deutsch beraten und in keinster Weise zum Kauf genötigt wird. Ein sehenswertes Museum ist in einer Kasbah gegenüber dem Hotel Sijilmassa untergebracht.

Im Zentrum nahe des Ksar Abouam können Touristen das **Maison de la Culture** in einem renovierten Palast besuchen. Neben ein paar ausgestellten Fossilien, Teppichen, einem geschichtlichen Überblick und Bildern zu Sijilmassa gibt es allerdings nicht viel zu sehen.

## Mausoleum Moulay Ali Cherif

Nicht unbedingt lohnenswert ist ein Besuch des **2 km entfernten** Mausoleums (Zawia) von *Moulay Ali Cherif,* da Nicht-Moslems die Moschee und mosaikgeschmückte Grabkammer nicht betreten dürfen. *Moulay Ali Cherif* ist ein Vorfahre des jetzigen Königs.

## Oasenrundfahrt

Auf der Oasenrundfahrt *(Circuit touristique)* passiert man zahlreiche schöne Ksour, so das **Ksar Abbar,** ein riesiger Lehmbaukomplex mit herrlicher Ornamentik auf dem von mächtigen Türmen flankierten Eingangstor. Diesen Komplex schuf der Sultan *Moulay Abd al-Rahman* Mitte des 19. Jahrhunderts, der hier sowohl seine Schätze als auch seine zahlreichen Frauen von einer schwarzen Leibgarde bewachen ließ. 2 km weiter auf der Piste, die am Mausoleum vorbeiführt, gelangt man zu den Resten des **Ksar Oulad Abd al-Halim** aus dem 19. Jahrhundert, das noch bewohnt ist und einst eines der schönsten Wehrdörfer in der Wüste war. Inzwischen stark verfallen, zeugt es doch von einer prunkvollen Vergangenheit, und Reste einstmals kunstvoller Lehmhausarchitektur sind noch zu besichtigen. Das malerische, aber auch kärgliche Leben zwischen den halb verfallenen Mauern ist zumindest genauso interessant, wie es die Reste aus alten Zeiten sind. Sehenswert ist auch das **Ksar Dar al-Beida** (18. Jh.), für das sogar Marmor aus Volubilis herangeschafft wurde. Teilweise sind die Außenmauern und Wehrtürme noch gut erhalten. Weiter geht es auf der Oasenrundfahrt durch zahlreiche, zum Teil abgestorbene Palmenhaine. Schließlich ist nach insgesamt 20 km („Circuit touristique Rissani – Zawia Moulay Ali Sherif – Rissani") wieder Rissani von Süden her erreicht.

101m015 ed

Insgesamt lohnt sich die Rundfahrt nicht, interessant sind nur die ersten 8–10 km an der Zawia vorbei entlang der alten Ksour. Zudem ist die Straße für Pkw eher schlecht zu befahren.

## Praktische Informationen

### Unterkunft

■ **Kasbah Ennasra**④ (saisonabhängig), ca. 2 km außerhalb Richtung Erfoud, Tel. 0535 77 44 03, www.kasbahennasra.net. Schönes Kasbahhotel mit 15 Zimmern/Suiten (auch Familienzimmer) mit Himmelbett, Bad, AC und kleiner Terrasse. Pool im hübschen Innenhof, gemütliches Restaurant (Alkohol) mit Terrasse zum Hof, Parkplatz, WLAN.

■ **Kasbah Asmaa**③ (mit Frühstück), Tel. 0535 77 40 83, asmaabivouac@yahoo.fr, ca. 3 km vom Zentrum in Richtung Erfoud auf der linken Seite. Hübsche, mit traditionellen Elementen gestaltete Anlage mit sehr schönem Garten. Das Essen ist sehr gut. Die Zimmer sind nicht mehr alle gut in Schuss, das Personal ist nicht immer freundlich.

■ **Merzouga**②, größeres Hotel und Restaurant an der Straße in Richtung Merzouga. Einfache und geräumige Zimmer mit Bad. Kleiner Innenhof und gutes Essen.

■ **El Filalia**①, Grand Place Rissani (bei der Bushaltestelle), Tel. 0535 57 51 03. Die Zimmer sind einfach und nicht immer sauber, manche etwas rauchig und stickig, da die Fenster nach innen zu einem Schacht weisen. Die Duschen und Toiletten liegen auf dem Flur (kein warmes Wasser). Auch Übernachtung auf der Dachterrasse möglich.

### Essen und Trinken

Eine Spezialität des Tafilalet ist **Maflouka,** auch „Berberpizza" genannt: ein großes, mit Fleisch, Zwiebeln, Knoblauch, 44 (!) Gewürzen und Eiern gefülltes Fladenbrot. Dieses sehr leckere Gericht gibt es häufig nur auf Vorbestellung. Auch die meisten Herbergen am Erg Chebbi offerieren Maflouka.

■ Empfehlenswert sind die Restaurants **Toumbouctou** und **Merzouga** an der Straße Richtung Merzouga sowie das Restaurant **El Manzah** (Tel. 0662 06 14 93) beim Ksar Oulad Abd al-Halim (vgl. Oasenrundfahrt).

## Einkaufen

■ **Maison Saharienne,** Ksar Abouam, zwischen Kasbah und Moschee, Tel. 0535 57 52 89, Mobil 0661 35 16 85. Der nette Laden gehört den Brüdern *Dribi* (s.o. bei Kasbah), die sehr freundlich und sachkundig sind. Dort werden schöne Teppiche und Schmuck, Kupfer- und Lederarbeiten verkauft und auf der Dachterrasse soll ein Restaurant errichtet werden.

■ An der Stadtausfahrt Richtung Merzouga liegen die **Sahara Gallery** mit einer großen Auswahl an marokkanischem Kunsthandwerk und Fossilien, kurz darauf das **Maison Touareg,** Tel. 0535 77 01 75, mit einem großen Sortiment an Teppichen und Kunsthandwerk, fast daneben **Les Frères Oulbadi Fossilien.**

## Verkehrsverbindungen

Die **Busse und Sammeltaxis** fahren ab dem Gare Routière vor dem Stadttor (in Richtung Erfoud). Der **CTM-Bahnhof** liegt nahe des Kreisverkehrs kurz hinter dem Stadttor in Richtung Erfoud/Zagora.

### Verbindungen und Preise

■ **Merzouga:** 2x tägl. mit Supratours, ca. 30 Min. Fahrzeit. Außerdem Sammeltaxis ab dem Busbahnhof (ca. 15 DH).

■ **Erfoud – Errachidia:** mehrmals täglich Busse und Sammeltaxis. Supratours fährt 2x tägl. (morgens und abends) nach Errachidia, CTM 1x tägl. (abends), ca. 1.45 Std. Fahrzeit, 40 DH; nach Erfoud 20 DH, 30 Min. Fahrzeit. Die Sammeltaxis sind schneller und nur unerheblich teurer als die Busse.

■ **Errachidia – Midelt – Fès:** Nachtbus von Supratours und CTM, 9–11 Std. Fahrzeit, 180 DH bis Fès. Es verkehren auch Busse weiter nach **Meknès.**

■ **Ouarzazate – Marrakesch:** 1x tägl. morgens mit Supratours (via Erfoud, Errachidia, Tinerhir, Boumalne Dadès), ca. 12 Std. Fahrzeit bis Marrakesch. Von dort Umsteigemöglichkeit nach **Casablanca.**

■ Weitere Fernverkehrsbusse fahren täglich nach **Zagora, Rich, Rabat, Tanger** und **Casablanca** (Nachtbusse).

## Sonstiges

■ Ein empfehlenswerter **lizensierter Führer** für die Stadt und die Region ist **Mohamed Naceur.** Er arbeitet seit 30 Jahren als Touristenführer, spricht u.a. deutsch und kennt die Gegend wie seine Westentasche. Man findet den netten Mohamed beim kleinen Café neben der Banque Populaire, oder man kontaktiert ihn über Mobiltel. 0662 56 29 20. Eine Führung durch den alten Ksar und Markt kostet ca. 50 DH, ca. 100 DH kostet die Begleitung für den Circuit Touristique (s.u. Oasenrundfahrt). Da die Jugend bzw. einige Händler und „faux guides" recht lästig sein können, macht diese Ausgabe durchaus Sinn, denn Mohamed hält die Schlepper vom Leib.

■ Für den **Notfall** stehen ein Centre Medical und Apotheken zur Verfügung. Das nächste Krankenhaus befindet sich in Erfoud.

◁ Mohamed Naceur, lizensierter Stadtführer in Rissani

### Feste

- Im Frühjahr findet das **Recontre Sijilmassa Melhoun,** ein Musikfestival mit klassischer Musik, statt.
- Mitte Dezember gibt es **an der Université Moulay Ali Cherif** ein Fest.
- Seit 2003 findet in Rissani und Merzouga regelmäßig das **Festival des Musiques du Désert** statt.

## Ausflüge

Bei Merzouga bzw. Taouz liegen am **Erg Chebbi** – neben den Dunes de Chegaga südlich von M'hamid – die einzigen höheren **Sanddünen** Marokkos (bis zu 200 m hoch). Wegen der vielen Herbergen entlang der Dünen findet man hier Wüsteneinsamkeit nur viele Kilometer abseits der Piste bzw. auf der Ostseite des Dünengebietes. Trotzdem empfinden Saharaneulinge den Erg Chebbi als das Wüstenerlebnis schlechthin. Touren nach Merzouga werden von den Hotels in Erfoud und Rissani angeboten, am schönsten ist ein Dünenspaziergang oder Kamelausflug zum Sonnenaufgang. Die Preise für eine Tour sind meist verhandelbar und hängen vor allem von der Dauer ab (ob Halbtagestour oder mit Übernachtung/Essen, s.a. Ausflüge bei Erfoud).

Wer über ein eigenes Fahrzeug und Zelt verfügt, kann den Sonnenauf- bzw. -untergang wesentlich ruhiger und stimmungsvoller abseits des Trubels in den Dünen genießen, denn Wildcampingmöglichkeiten gibt es am Rande des Erg Chebbi genug.

Sehr schön ist der **Dayet Sri,** ein flacher Zeitsee in der Wüste, der nach den vielen starken Regenfällen in den letzten Jahren immer wieder Wasser führte. Hier kann man gelegentlich auch Flamingos und badende Kamele beobachten. Auch beim Café Yasmina am Nordrand des Erg Chebbi und südlich von Merzouga bilden sich in regenreichen Jahren Seen, die zusammen mit den Sanddünen ein herrliches Bild ergeben.

Etwas nordwestlich des Erg Chebbi an der Straße von Merzouga nach Rissani hat sich ein **neues kleines Dünengebiet** gebildet, in dem die Sandberge zwar nicht so hoch sind, aber ansonsten alles geboten ist, was eine Wüste ausmacht – von der Tier-/Pflanzenwelt bis zu einsamen Lagerplätzen zwischen den kleinen Dünen.

# Rissani – Merzouga

- **39 km, N13, gute Asphaltstraße.**
- Die Straße führt zunächst sehr kurvenreich durch die Oasengärten und den Palmenhain von Rissani, dann geradeaus Richtung Osten. Die beeindruckende Silhouette der **Dünen** ist bei klarem Wetter schon am Horizont zu sehen. Entlang der Route erstreckt sich ein regelrechter Schilderwald der unzähligen Auberges am Erg Chebbi (Infos zu den Unterkünften bei Merzouga).
- **Mercedes-Kleinbusse** und ein **Supratours-Bus** verkehren ab Erfoud und Rissani (siehe dort), **organisierte Touren** werden von den Hotels angeboten.

Rissani an der Gabelung **(N 31°17,308', W 04°15,441')** links nach Nordosten verlassen (rechts geht's zum Mausoleum

Ali Cherif), vorbei am Souvenirshop Sahara Gallery, Maison Touareg und Frères Oulbadi.

Nach 4 km beginnen die Oasengärten und man passiert einen alten, verfallenen Ksar. Nach **6 km** liegt der **Camping/Piscine Le Trésor** an der Straße, ein kleiner ummauerter Campingplatz in der kahlen, flachen Ebene. Nach weiteren 2 km folgt ein Abzweig zum 1,8 km entfernten alten Ksar Haroua.

Bei **km 12** führt eine **Brücke** über den **Oued Ziz,** gesäumt von **Fossilien-Korallenriffen.** Hier macht die Straße einen deutlichen Knick nach Süden, ab und zu gibt es Gendarmerie-Kontrollen. Dann folgt der erste Pistenabzweig Richtung Erg zur Kasbah Hotel Said (12 km), Sand Fish und Kasbah Derkaoua (5 km).

Bei **km 16** zweigt die Zufahrt zu den Auberges Lahmada (14,5 km), Kasbah Yasmina (14 km), La Caravane (12 km) u.a. ab.

**17 km** hinter Rissani zweigt links eine Piste nach **Hassi Labied** (Schild) ab; die bessere Zufahrt (Teerstraße) befindet sich bei km 30.

Etwa **20 km** hinter Rissani zieht sich rechts der Straße ein kleines Dünengebiet entlang, das durchaus einen Abstecher lohnt bzw. für autarke, geländegängige Fahrzeuge nette Picknick- bzw. Übernachtungsplätze bietet.

**Km 22,** Abzweig zu Les Dunes d'Or (6 km), La Baraka (6 km), Auberge du Sud (8 km), Kasbah Erg Chebbi (5 km).

**Km 25,** Abzweig zu La Baraka, Étoile de Dunes etc.

**Km 29,** Abzweig zu Atlas du Sable, Ocean des Dunes, Secret du Sahara, Nasser Palace (jeweils 2 km). Alle paar Meter folgen weitere Abzweige und Schilder zu Herbergen an den Dünen.

Bei **km 30** zweigt eine Teerstraße links nach **Hassi Labied** und zu den dortigen Herbergen ab. Geradeaus weiter nach Merzouga.

Bei **km 31** folgt eine ZIZ-Tankstelle mit kleinem Supermarkt.

**Km 35,** Abzweig zum Hotel/Restaurant Panorama, das wie eine Festung vor den Dünen auf einem Hügel thront.

**Km 36, Ortseinfahrt von Merzouga (N 31°06,042', W 04°01,079'.).** An der Kreuzung in Höhe des Restaurants Bab Rimal kann man rechts direkt nach Taouz weiterfahren (Teerstraße). Weiter geradeaus erreicht man bei **km 38** die Ortsmitte von Merzouga (Wegweiser „Riad Nezha"). Etwa 1,5 km weiter endet die Teerstraße an einem Wendeplatz vor der großen Düne.

# Merzouga

**Diese kleine Wüstenoase (ca. 3000 Einwohner) liegt am Rande des Erg Chebbi, des größten Dünengebiets Marokkos.** Rot-gelb schimmern die bis zu 200 m hohen Dünen im Abend- oder Morgenlicht und wirken wie ein Abziehbild der großen algerischen Wüstenlandschaften. Die Vermarktung ist dementsprechend, der Ort lebt – abgesehen von geringfügiger Landwirtschaft – von Touristen. Seit der Fertigstellung der Teerstraße eröffnen immer mehr Herbergen mit Café/Restaurant und Campingplatz entlang der Dünen, deren Qualität infolge der großen Konkurrenz von Jahr zu Jahr besser wird. Von Spätherbst bis Frühjahr herrscht rund um Merzouga touristischer Hochbetrieb und das Mo-

# Tafilalet

0 — 5 km ©Reise Know-How 2015

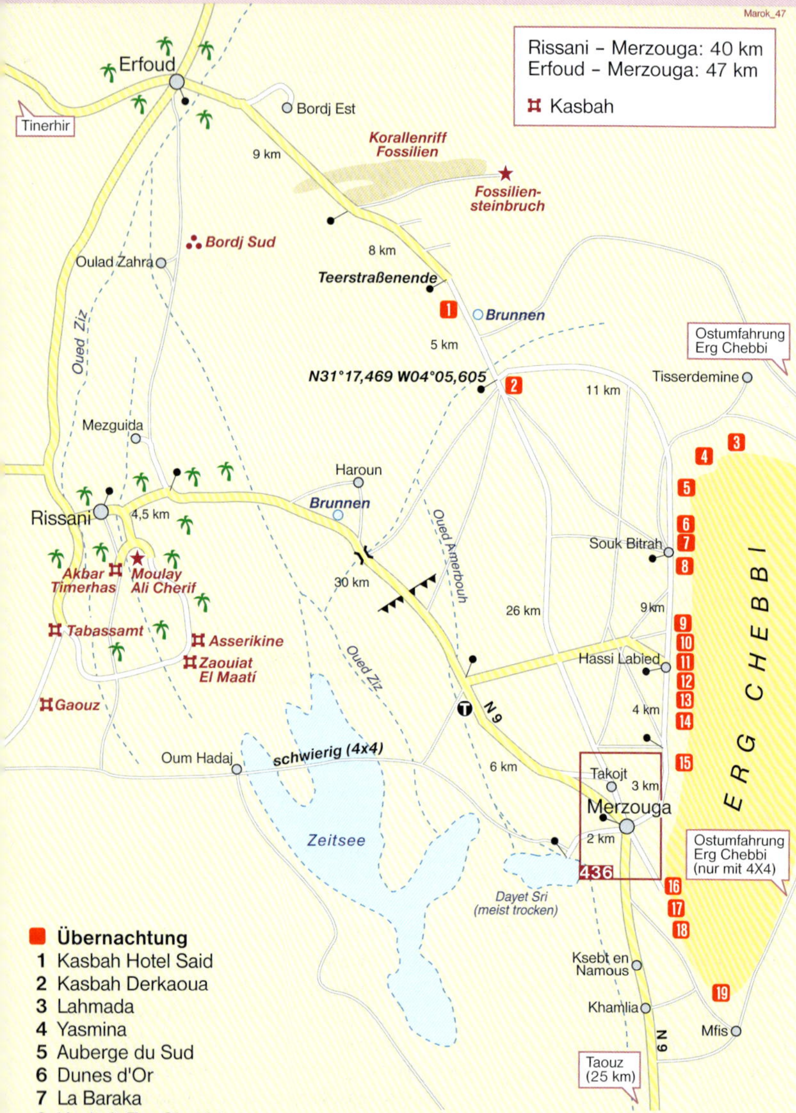


**Übernachtung**

1 Kasbah Hotel Said
2 Kasbah Derkaoua
3 Lahmada
4 Yasmina
5 Auberge du Sud
6 Dunes d'Or
7 La Baraka
8 Kasbah Erg Chebbi
9 Atlas du Sable, Riad Mamouche, Auberge Oasis, La Source, Nasser Palace
10 Merzouga Guesthouse
11 Kasbah Sable d'Or, Auberge Sahara
12 Haven La Chance, Kasbah Aiour, Auberge Ksar Merzouga
13 Riad Amazir, Kasbah Mohayut, Kanz Erremal
14 Kasbah Tombouctou, Dar el Janoub
15 Suerte Loca, Lac de Sahara
16 Les Pyramides, Merzouga
17 Les Portes du Désert
18 Rose de Sable
19 Nomad Palace

torenbrummen der Quads sorgt nicht gerade für erholsames Wüstenfeeling. Die Preise für Ausflüge sind zum Teil übertrieben teuer: Ein kurzer Kamelritt hinauf auf die Dünen wird gelegentlich sogar für mehr als 200 DH verkauft – zu Fuß ist man schneller auf den Dünen. Auch Flaschenwasser wird in Merzouga wesentlich teurer verkauft, eine Bevorratung in Rissani ist ratsam. Etwas abseits der Herbergen kann man dennoch sehr schöne Wanderungen im Dünengebiet unternehmen.

Das **Ortszentrum** bei der Moschee wurde aufwendig mit Pflasterung, Begrünung und Sitzbänken mit Pergola umgestaltet. Dieser Umbau ist aber heftig umstritten, da die Gestaltung wenig zum Ambiente einer Wüstenoase passt und die Oasenbewohner den Platz als Treffpunkt nicht angenommen haben. Die Einheimischen treffen sich lieber am kleinen Dünenzug in Richtung Taouz am Ortsende, wo man wunderbar den Sonnenuntergang beobachten kann. Wer mit den aufgeschlossenen Bewohnern ins Gespräch kommt, wird vielleicht zu einem Gläschen Tee eingeladen.

Auch der **Nachbarort Hassi Labied** direkt an den Dünen wurde aufgehübscht und hat sich in den letzten Jahren touristisch ziemlich entwickelt. Zum einst staubigen Wüstendorf aus Lehmhäusern führt inzwischen eine geteerte Zufahrt von der Hauptstraße vor Merzouga (im Ort Quadverleih, Internetcafé, Pistenzufahrt zu den Herbergen an den Dünen).

Ein Besuch der **Oasengärten** und die Besichtigung der **Bewässerungsanlagen** ist lohnenswert. Es existieren noch ein paar wenige Ziehbrunnen, an denen die Frauen das Wasser holen.

Die Weiterfahrt in den Süden nach **Taouz** (nahe der algerischen Grenze) bietet wenig, abgesehen vielleicht von einem Besuch der **Gnaoua-Musiker in Khamlia** (vgl. „Variante: von Merzouga nach Taouz") und der Felsgravuren. Die Jahrtausende alten Gravuren kann man jedoch nur mit Führer besuchen bzw. eine Tour im Hotel buchen.

3 km westlich von Merzouga liegt der **Dayet Sri,** ein flacher Zeitsee, der in regenreichen Jahren im Winter Wasser führt und wo man sehr selten auch Flamingos beobachten kann. Der See trocknet während einer längeren Trockenperiode aus. Fahren Sie vom Restaurant des Amis die Mauer entlang in Richtung Westen, danach gleich rechts die Piste entlang, die erste Abzweigung wieder rechts und dann ziemlich geradeaus. Die Piste führt auf leichte Hügel zu, von wo aus der See bzw. die Senke gut zu überblicken ist (auch mit Pkw kein Problem, GPS-Koordinaten siehe Karte Tafilalet).

## Praktische Informationen

### Unterkunft

Bei den meisten der genannten Herbergen (Auberges) ist **Camping** möglich, alle bieten diverse **Aktivitäten** für Touristen an: Kameltrips in die Dünen zum Sonnenauf- oder -untergang (max. 150 DH p.P.), Kameltouren in den Erg mit Übernachtung im Berberzelt und Verpflegung (300–700 DH), Quadtouren und Wanderungen zur höchsten Düne. Ein halbtägiger Geländewagenausflug kostet 700–1200 DH. In vielen Herbergen wird abends Live-Musik für die Besucher gemacht.

**„Faux guides"** haben sich darauf spezialisiert, ankommende Touristen (z.T. bereits im Bus nach Merzouga) abzufangen und gegen hohe Provision

# Merzouga und Umgebung

in eine Herberge zu schleppen. Lassen Sie sich auch von hartnäckigen Überredungsversuchen nicht beirren und steuern Sie direkt die von Ihnen gewählte/gebuchte Unterkunft an, um Nepp und Betrug zu verhindern!

### Herbergen/Camping in Merzouga und südlich in Richtung Taouz

Diese Herbergen in Merzouga sowie an der Straße nach Taouz sind alphabetisch sortiert (vgl. auch Plan zu Merzouga).

■ **Africa**①, Mobil 0666 73 84 05, www.auberge-africa.com, N 31°05,714', W 04°00,327'. Einfache, sehr saubere Herberge mit Strom, schön gelegen direkt vor den Dünen am Dorfrand. Sehr nette, zurückhaltende Familie, angenehme und ruhige Atmosphäre, gute marokkanische Gerichte. Zimmer mit und ohne Bad, auch Berberzelte.

**Chez Julia**②-③ (mit HP), Ortseingang links (beschildert), hinter der Moschee, Tel. 0535 57 31 82, www.chez-julia.com. Kleine, einfache, sehr saubere Auberge mit 5 Zimmern und Restaurant, betrieben von der sehr freundlichen Österreicherin *Julia Günther.* 2 Zimmer teilen sich je eine Dusche und WC. *Julia* legt Wert auf individuelle Betreuung und gibt gute Tipps für die Erkundung der Umgebung. Persönliche und ruhige Atmosphäre, besonders für alleinreisende Frauen eine gute Anlaufadresse. Von der Dachterrasse hat man einen schönen Ausblick. Vegetarische, marokkanische und österreichische (Bio-)Küche für 65–120 DH. Auch Vermietung einer kompletten Wohnung im Nachbargebäude für 4–5 Personen.

■ **Chez Tonton**②, von Rissani kommend im Ort links, Mobil 0666 66 04 61, www.tonton-merzouga.com, N 31°06,21', W 04°00,95'. Nette Herberge des gastfreundlichen *Ahmed Aït Bahaddou* und seiner Familie. 6 saubere hübsche Zimmer mit Bad (z.T. klimatisiert).

■ **Complexe touristique Merzouga – Chez Sadoq**③ (mit HP), von Rissani kommend immer geradeaus durch Merzouga bis zum Wasserturm (ca. 2 km), Tel. 0535 57 63 22 oder Mobil 0661 21 61 07, www.complexemerzouga.com, N 31°05,373', W 04° 00,294'. Großer, ummauerter Hofkomplex mit hübsch eingerichteten und mit Mauern befestigten Berberzelten direkt an den Dünen und großem Zeltrestaurant mit Pizzeria. Pool, Restaurant und Bar, WLAN, Angebot von Kameltouren.

■ **Kasbah Azalay**③ (mit HP), Mobil 0662 08 55 73, 0667 25 99 52, www.kasbahazalay.com, am nördlichen Ortsende erhöht auf einem kleinen Hügel, N 31°06,694', W 04° 00,343'. Geschmackvoll gestaltetes, neueres Hotel mit Pool und schönem Rundumblick. Freundlicher Besitzer.

■ **Kasbah Le Touareg**③ (mit Frühstück), am Ortsausgang 2 km in der Palmeraie, gegenüber der großen Düne, Tel. 0535 57 72 15 oder Mobil 0662 09 70 86, www.kasbahletouareg.com, N 31°05,166', W 04°0,516'. Die Anlage im Stil einer Kasbah bietet 35 saubere Zimmer (mit Bad und AC), die sich um den großen Garten mit Palmen, Oleander und schönem Pool gruppieren. Salon mit Kamin für kalte Tage. Es gibt auch einen ummauerten Campingplatz. Auch Übernachtung auf der Terrasse und im Nomadenzelt (günstiger).

■ **Ksar Bicha**③ (mit HP), am Rande der Oase, 150 m vom Palais Berbère (vgl. „Einkaufen"), Tel. 0535 57 71 13, Mobil 0666 50 64 81, www.ksarbicha.com, N 31°06,438', W 04°00,635'. Hübsches und sauberes Hotel im Kasbahstil der Familie *Oubassidi* mit bepflanztem Innenhof mit Pool, reichhaltigem und gutem Essen. Ordentliche Zimmer im Berberstil mit geräumigem Bad (heißes Wasser und AC), von der Dachterrasse schöner Blick auf die Dünen. Der sehr freundliche Betreiber *Ali* spricht deutsch. Menü 100 DH.

■ **Ksar Sania**②-③ (mit HP), am Ortsende ca. 2 km in Richtung Taouz linker Hand, direkt an den Dünen, Tel. 0535 57 74 14 oder Mobil 0661 35 99 10, www.ksarsaniahotelmerzouga.com, N 31°05, 115', W 04°00,453'. Das komfortable Ksar Sania unter französischer Führung wurde von der Flut im Jahr 2006 komplett zerstört und danach wieder komplett neu aufgebaut. Traditioneller (klimatisch vorteilhafter) Lehmbau mit insgesamt 40 hübschen Zimmer unterschiedlicher Qualität, von einfachen Zelthütten bis zu stilvoll gestalteten Zimmern mit Bad. Gutes Essen auf Vorbestellung. Camping 25 DH p.P. plus Strom 20 DH, Heißwasserversorgung mit Solarzellen.

■ **Lac de Sahara**①, vor der großen Düne in Merzouga, Mobil 0661 78 72 75, Tel. 0535 57 72 02, N 31°05,569', W 04°00,271'. Einfach eingerichtete, aber saubere Herberge mit nettem Aufenthaltsraum, sehr freundlich, kein Strom. Die teureren Zimmer sind recht geräumig.

■ **Le Petit Prince**③ (mit HP), direkt an den Dünen, Mobil 0672 03 96 15, www.lepetitprincemerzouga.com, N 31°05,868', W 04°00,395'. Die Herberge von *Mohamed Haddany* hat hübsche Zimmer mit Bad in Richtung Innenhof oder Dünen, gute Sanitäranlagen mit Sitzklos und warme Duschen für Camper. WLAN, sehr gute Küche. Camping 60 DH für 2 Pers. mit Auto.

■ **Les Portes du Desert**②-③, Mobil 0667 61 13 03, Tel. 0535 57 79 30, www.lesportesdudesert.com, N 31°04,793', W 04°00,616'. Sauberer Campingplatz und hübsche Herberge südlich von Merzouga, sehr schön direkt an den Dünen gelegen. Swimmingpool, klimatisierte Zimmer mit Bad und Restaurant. Übernachtung im Berberzelt und Camping 30 DH.

■ **Les Pyramides**③ (mit HP), am südlichen Ortsausgang zwischen Hotel Merzouga (s.u.) und Kasbah Le Touareg (s.o.), Mobil 0670 13 76 73, www.lespyramidesmerzouga.com. Schöne Herberge im Kasbahstil, gutes Essen, *Mohamed* ist sehr um seine Gäste bemüht. Auch Übernachtung auf der Terrasse möglich.

■ **Les Roches**②-③ (mit HP), von Rissani kommend 100 m hinter dem Stadttor links in Zufahrtsweg abbiegen, Mobil 0670 36 27 84 oder 0666 44 30 34, www.auberge-merzouga.com. Schöne, einfache Zimmer. Sehr aufmerksames Personal (spricht z.T. deutsch), das intensiv für die angebotenen Kameltouren wirbt … Camping inkl. Strom 50 DH für 2 Pers. mit Auto.

■ **Nomad Palace**③ (mit HP), ca. 7 km südlich von Merzouga Richtung Taouz, Tel. 0535 88 20 89, Mobil 0662 19 12 44, www.hotelnomadpalace.com, N 31° 02,831', W 03°59,743'. Hübsches und komfortables Kasbahhotel mit Pool und traditionell gestalteten Zimmern (mit Bad) um den Innenhof. Ruhige Lage am Südrand des Erg Chebbi abseits des großen Touristentrubels.

■ **Panorama**③, ca. 1 km von Merzouga Richtung Hassi Labied, Tel. 0524 83 15 55, www.aubergepanorama.com, N 31°06,873', W 04°00,765'. Die Herberge mit empfehlenswertem Restaurant liegt links auf einem Hügel mit herrlichem Ausblick, ca. 1 km entfernt von den Dünen. Der Besitzer *Youssef Aït Behaddou* kümmert sich nett um die Gäste. Sehr saubere DZ mit Bad, Übernachtung auch auf der Dachterrasse oder im Nomadenzelt (günstiger). Fahrradverleih.

MEIN TIPP: **Riad Nezha**④ (mit HP), im Zentrum von Merzouga, N 31°06,02', W 04°00,50', Mobil 0661 98 79 77 oder 0661 53 65 58, Tel. 0535 57 65 89, www.riadnezha.com. Dieses stilvolle und gepflegte Kasbahhotel unter der kompetenten und freundlichen Führung des sieben Sprachen (auch Deutsch) sprechenden *Brahim Karaoui* hat große hübsche Zimmer und Suiten im marokkanischen Stil (alle mit Bad und Klimaanlage). Von der Dachterrasse bietet sich ein toller Blick über die Oase und auf die große Düne und den übrigen Erg Chebbi. Die Betten sind komfortabel. Gutes Essen im Keller-Restaurant oder auf der Hofterrasse bzw. Frühstück auf der Dachterrasse, kostenloses WLAN, sehr schöner, 14 x 7 m großer Pool. Brahim organisiert diverse Aktivitäten (Kameltouren, Bivouacs etc.) und tut alles, um die Kunden zufriedenzustellen. Eigener, beschatteter Parkplatz. Gutes Preis-Leistungsverhältnis.

Brahim betreibt ein eigenes **Zeltcamp** (Bivouac mit Wasserspültoiletten) am Fuß der Dünen in einer Oase inmitten des Erg Chebbi. Er bietet verschiedene Touren von 350–850 DH p.P. an (nur Zeltcamp, mit Kameltour oder Jeep-Rundfahrt etc.). Eine Standardtour mit Kamelen vom Hotel aus dauert 1½ Tage und umfasst Abendessen in der Wüste,

Übernachtung im Zeltcamp, ein ausgiebiges Frühstück und Duschmöglichkeit im Hotel nach Rückkehr am nächsten Morgen (Gepäckdepot im Hotel möglich).

■ **Rose de Sable**④ (mit HP), an der Straße nach Taouz, Tel. 0535 57 34 14, Mobil 0666 03 91 81, www.aubergerosedesable.com, N 31°04,848′, W 04°00,524′. Schöne, sehr saubere Auberge im Kasbahstil mit 18 Zimmern (davon 5 klimatisiert) und Pool, WLAN. Der Besitzer *Brahim* spricht gut englisch. Auch Übernachtung auf der Dachterrasse und Camping möglich (günstiger).

■ **Takojt**③ (mit HP), ca. 1½ km nördlich von Merzouga, Tel. 0535 57 426, Mobil 0670 36 27 81, www.takojt.com, N 31°06,975′, W 04°00,400′. Sehr stilvolle Herberge eines überaus netten marokkanisch-französischen Ehepaars. Hübsche, klimatisierte Zimmer mit Tadelakt-Bädern.

### Herbergen/Camping entlang des Erg Chebbi

Viele der früher sehr einfachen Herbergen wurden inzwischen recht komfortabel um-/ausgebaut und haben z.T. sogar 3-Sterne-Standard. Die Gästehäuser befinden sich alle an der Piste entlang der Dünenwestseite südlich der Kasbah Derkaoua bis Hassi Labied und Merzouga. Die nachfolgend genannten Herbergen sind von Nord nach Süd geordnet, die erstgenannten Unterkünfte sind folglich am weitesten von Merzouga entfernt (vgl. auch Übersichtskarte zum Tafilalet). Die meisten Unterkünfte sind über direkte Querpisten (auch mit Pkw) erreichbar, die von der Teerstraße Rissani – Merzouga abzweigen (Beschilderung beachten). Gehobenen (europäischen) Standard bieten die Herbergen Kasbah Hotel Said, Kasbah Derkoua, Yasmina, Dunes d'Or, Riad Mamouche, Mohayut, Kanz Erremal, Tombouctou, Dar Janoub, Suerte Loca, Ksar Merzouga, Takojt, Azalay und einige unter Merzouga genannte Hotels.

■ **Kasbah Hotel Said** und **Kasbah Derkaoua,** vgl. unten „Variante: auf Piste von Erfoud nach Merzouga".

■ **Lahmada**③ (mit HP), am Nordrand des Erg Chebbi (N 31°13,036′, W 03°58,750′), ca. 350 m zu den Dünen, Mobil 0661 40 98 16 oder 0661 35 16 93, www.kasbahbivouaclahmada.com. Einfache Herberge mit Zimmern und Berberzelten, geschäftstüchtige Leitung. Die WCs/Duschen könnten sauberer sein (hängt von Belegung ab, warmes Wasser). Strom wird abends zugeschaltet. Gutes Couscous.

■ **Yasmina**③-④ (mit HP), 11 km Piste ab dem beschilderten Abzweig von der Teerstraße (von Rissani kommend) und ca. 14 km ab der Kasbah Derkaoua (Piste von Erfoud kommend), Mobil 0661 35 16 67, www.hotelyasminamerzouga.com. Die ziemlich abgeschiedene Herberge von *Youssef Karaoui* ist in einer ehemaligen Moschee am Rande der Dünen untergebracht. Bei reichlich Regen liegt ein See direkt zwischen den Dünen und der Auberge. Großer Speisesaal, urige und angenehme Atmosphäre (abends Live-Musik), schöner Pool, freundliches Personal. 20 gepflegte DZ mit Bad (warme Dusche) und Terrasse, z.T. mit AC. Übernachtung im Berberzelt und auf der Dachterrasse möglich (günstiger).

■ **Auberge du Sud**③-④ (mit HP), Mobil 0661 60 28 85 *(Hamid)* oder 0661 21 61 66 *(Moha)*, www.aubergedusud.com. Der nette Manager *Hamid* und sein deutsch sprechendes Personal kümmern sich um die Gäste. Rustikale, liebevoll eingerichtete Zimmer, ungezwungene Atmosphäre, reichhaltiges und gutes Essen, Pool. DZ mit Bad, Terrasse und AC/Heizung, auch Übernachtung auf der Terrasse, im Nomadenzelt und Camping möglich.

■ **Dunes d'Or**③-④ (mit HP), ca. 20 km ab Derkaoua, Mobil 0661 35 06 65, Tel. 0535 57 71 46, N 31°12,096′, W 04°01,642′. Sehr schöne, saubere und freundliche Herberge in einem gepflegten Areal mit Bäumen und Bänken vor den Dünen und einem Pool. Hübsche, recht komfortable DZ/Suite (z.T. mit Heizung/AC), Übernachtung auf der Terrasse oder im Berberzelt möglich (günstiger), auch Camping. Um die Herberge wurden viele Schatten spendende Bäume gepflanzt, sodass sich hier ein kleiner Mimosenwald gebildet hat.

**La Baraka**③ (mit HP), 6 km Piste ab dem beschilderten Abzweig von der Teerstraße (von Rissani kommend), Mobil 0662 41 19 18, http://auberge-labaraka.com, N 31°11,766', W 04°01,803'. Kleine Herberge und Campingplatz der netten Familie von *Mohamed Otalb,* hübsch zwischen kleinen Bäumen gelegen, direkt an den Dünen. DZ mit oder ohne Bad, Übernachtung im Nomadenzelt günstiger.

**Kasbah Erg Chebbi**③ (mit HP), ca. 22 km ab Derkaoua, Mobil 0670 77 83 15, www.kasbaherg-chebbi.com, N 31°10,960', W 04°01,895'. Komfortable Unterkunft direkt an den Dünen mit 30 Zimmern und Garten im Innenhof – ideale Lage für einen Spaziergang bei Sonnenaufgang zur höchsten Düne. Der Betreiber *Mohamed Boumesaoud* spricht deutsch. Gutes Essen auf Bestellung, WLAN, abends Trommelmusik. Schöne, große, aber nicht immer saubere (Laken) DZ mit Dusche.

**Atlas du Sable**③ (mit HP), in Hassi Labied, Tel. 0535 57 70 37, www.alielcojo.com. 40 saubere Zimmer mit Bad und sechs klimatisierte Suiten im Berberstil, mit Bad (warme Dusche), gutes Essen, sehr freundlich, mit Pool.

**Riad Mamouche**③ (mit HP), Tel. 0535 57 60 77, Mobil 0666 66 21 10, www.riadmamouche.com. 2009 eröffnetes, komfortables Hotel mit begrüntem Innenhof und Dachterrasse mit schönem Blick auf die Dünen. Erfrischender Pool, Skiverleih (!), WLAN. Hübsche klimatisierte DZ mit Bad (und Föhn).

**Nasser Palace**③-④ (mit HP), in Hassi Labied, Tel. 0535 57 80 10, Mobil 0655 01 01 21, N 31°08, 683', W 04°01,567'. Neueres Kasbahhotel mit hübschen DZ mit Blick zum Innenhof oder auf die Dünen, auch Suiten mit Klimaanlage. Pool im schönen Arkadenhof, Hammam mit Massageangebot. Übernachtung im Nomadenzelt günstiger.

102m015 ed

**Auberge La Source**②-③ (mit HP), in Hassi Labied, Mobil 0662 10 15 85, www.auberge-lasource.com. Die sehr freundlichen und deutsch sprechenden Brüder *Hassan* und *Omar* mussten die Herberge direkt an den Dünen nach den Überschwemmungen 2006 komplett neu aufbauen. Einfache, saubere Zimmer mit oder ohne (warme) Du/WC bzw. mit Bad und Klimaanlage.

**Auberge Oasis**③, in Hassi Labied, Tel. 0535 57 73 21, Mobil 0661 73 90 41, www.aubergeoasis.net, N 31°08,505', W 04°01,448'. Die sehr freundlichen Brüder *Oubana* bieten in ihrer Herberge hübsche, saubere Zimmer mit großem Bad und sogar ein kleines Apartment mit Mini-Küche an. Man kann auch auf der Terrasse übernachten, von der man einen sehr schönen Blick auf die Dünen hat. Organisiert werden u.a. Ausflüge in das Gnawa-Dorf südlich von Taouz.

**Merzouga Guesthouse**③ (mit HP), in Hassi Labied, Mobil 0661 25 46 58 *(Lahcen)* oder 0667 76 68 32 *(Ali)* bzw. Festnetz 0535 57 72 99, www.merzouga-guesthouse.com, N 31°08,320', W 04°01,336'. Die gemütliche Herberge mit schönem Garten und Pool der sehr freundlichen Familie *Seggaoui* bietet saubere Zimmer unterschiedlicher Preiskategorien (Bad mit heißer Dusche), einen netten marokkanischen Salon, ein Speisezimmer mit Kamin (gutes Essen) und eine schöne Dachterrasse. Die Familie betreibt auch einen Souvenirladen für Fossilien. *Lahcen* spricht deutsch und informiert gerne über die Region.

**Kasbah Sable d'Or**② (mit HP), in Hassi Labied, Tel. 0535 57 78 59, www.kasbah-sable-dor.net. Kleine Herberge mit vier einfachen Zimmern im Berberstil, Nomadenzelt und Campingareal (mit heißen Duschen und Strom). Das französisch-marokkanische Paar *Isabelle* und *Rachid* ist ein herzlicher Gastgeber, *Isabelle* kocht selbst für ihre Gäste (gutes Essen). Zimmer mit/ohne Bad, auch Camping und Übernachtung im Nomadenzelt oder auf der Dachterrasse möglich (günstiger).

◁ Blick von der Dachterrasse des Riad Nezha auf Merzouga

**Auberge Sahara**②-④ (mit HP), ca. 4 km nördlich von Merzouga in Hassi Labied, Abzweig von der Teerstraße ab Rissani bei km 30 (Teerstraße nach Hassi Labied), Tel. 0535 57 70 39, Mobil 0666 76 63 55, www.aubergesahara.com, N 31°08,148', W 04° 01,233'. Die empfehlenswerte, sehr saubere Herberge im Kasbahstil liegt direkt an den Dünen und wird von den netten Brüdern *Bourchuk* geführt. Neben kleinen Zimmern mit Gemeinschaftsbad gibt es auch geräumige, hübsche Zimmer/Suiten mit Bad. Von der Terrasse hat man direkten Blick auf die Dünen. Im liebevoll dekorierten Salon/Restaurant mit Wandgemälden gibt es einen Fernseher. Erfrischung bietet der kleine Pool mit Liegen. Abends Trommelkonzert im Salon oder auf der Terrasse. Camping (mit guten sanitären Anlagen, heißes Wasser, Kasettenentsorgung) unter Palmen 40 DH/Pers. mit Strom, auch Übernachtung auf der Dachterrasse oder im Nomadenzelt möglich (50 DH bzw. Zelt 150 DH/Pers. inkl. HP).

**Haven La Chance**③ (mit HP), ca. 4 km nördlich von Merzouga in Hassi Labied, Abzweig von der Teerstraße ab Rissani bei km 30, Mobil 0668 59 93 40, 0535 57 72 69, www.desert-hotel.com, N 31° 08,031', W 004°01,128'. Familiäre Herberge von *Hmad* und *Elena* mit 18 Zimmern (mit Bad, z.T. klimatisiert) im traditionellen Stil. Es gibt auch Nomadenzelte (200 DH/Nacht) rund um den großen Pool und ein Restaurant. Das Personal spricht etwas deutsch. Campinggelände mit Strom für Wohnmobile (70 DH/Kfz, WC-Abwasserentsorgung), sicherer Parkplatz für Gäste, WLAN vorhanden.

MEIN TIPP: **Auberge Ksar Merzouga**③ (mit HP), in Hassi Labied, Tel. 0535 57 88 03, Mobil 0662 08 28 12, www.ksar-merzouga.com. Diese sehr schöne, 2012 eröffnete Herberge mit einem auffälligen, von zwei Burgtürmen flankierten Tor liegt direkt an den Dünen. Sie wird von dem sehr freundlichen, mehrsprachigen *Bari Aalla* betrieben und ist eine der stilvollsten Unterkünfte am Erg. Es gibt einen großen, gemütlichen Salon, ein Esszimmer, ein sehr schönes Freiluft-Restaurant mit einem Tisch direkt auf den Dünen – hier lohnt sich allein eine Kaffeepause. Ausgesprochen schöne, farblich unterschiedlich gestaltete Zimmer mit Tadelakt-Bädern, auch Camping (ca. 60 DH/Fahrzeug).

■ **Kasbah Mohayut**④ (mit HP), ca. 3 km nördlich von Merzouga, Mobil 0666 03 91 85, www.mohayut.com, N 31°07,869', W 04°01,034'. Diese sehr schöne Herberge mit Camping von *Mohamed Oubadi* („Moha" im Namen) und der deutschen Reiseveranstalterin *Jutta Payne* („Jut") liegt direkt neben dem Riad Amazir. *Mohamed* spricht sehr gut deutsch, ist sehr nett und hilfsbereit und kennt sich hervorragend in der Gegend aus. Die Anlage ist komfortabel und schön konzipiert: Große geschmackvolle Zimmer mit Bad/WC und zwei Bungalows. Ein großer Wohnmobilstellplatz mit Strom, sauberen Toiletten, warmen Duschen und Entsorgungsstation steht Campern zur Verfügung (mit Waschmaschine). WLAN, Pool, hübsches Restaurant (Weinausschank). Auch Suiten mit Dachterrasse (teurer).

■ **Riad Amazir**②-③ (mit HP), neben obiger Herberge direkt an den Dünen, Tel. 0535 57 72 03, Mobil 0669 11 40 47, www.auberge-amazir.com. Liebevoll gestaltete Herberge von *Mohamed Aït Bahadou* mit toller Aussichtsterrasse auf die Dünen und 20 hübschen einfachen Zimmern mit eigenem Bad, z.T. mit Zugang zur Terrasse. Es gibt ein nettes Restaurant. Wenige Zimmer ohne Bad im Altbau mit sehr sauberen Gemeinschaftsduschen und WCs (günstiger), sonst DZ mit Bad.

■ **Kanz Erremal**③ (mit Frühstück), 3 km außerhalb von Merzouga Richtung Hassi Labied, Tel. 0535 55 84 82, www.kanzerremal.com, N 31°07,741', W 04°00,819'. Die sehr schöne und im Vergleich zu vielen anderen sehr komfortable Auberge im Kasbahstil liegt direkt am Dünenrand. Den großen Innenhof/Salon umgibt eine offene Galerie zum 1. OG. Die zehn großen DZ und Suiten mit Bad (z.T. mit AC/Ventilator) und vier Turmzimmer sind sehr hübsch im Berberstil gestaltet und bieten zum Teil einen tollen Ausblick direkt auf die Dünen. Es gibt auch einen Pool. Camping (moderne sanitäre Anlagen) und Übernachtung im Nomadenzelt neben dem Hotel oder in den Dünen möglich. Restaurant mit sehr gutem Essen.

■ **Kasbah Tombouctou**③ (mit Frühstück), direkt neben Kanz Erremal Richtung Merzouga, Tel. 0535 57 84 50/51, www.xaluca.com, N 31°07,633', W 04°00,802'. Der große Komplex im Kasbahstil mit mehreren Lehmgebäuden und vielen Türmchen direkt an den Dünen hat ein bisschen Disneyland-Charakter. Die sehr geräumigen, originell und sehr schön dekorierten Suiten (mit AC und Tadelakt-Bädern) verteilen sich auf drei Blocks und sind sehr sauber. Es gibt einen Pool, ein Hammam (mit Massage), von der Terrasse des Restaurants hat man Dünenblick (üppiges Abend- und Frühstücksbuffet, Alkoholausschank). Hier kommen vor allem Gruppen unter. Kamel-/Quad-/4x4-Touren in den Dünen. Camper können den Parkplatz nutzen (sanitäre Anlagen vorhanden).

■ **Dar el Janoub**③, südlich angrenzend an die Kasbah Tombouctou, Tel. 0535 57 78 52 oder Mobil 0672 08 56 58, www.dareljanoub.com, N 31°07,579', W 04°00,880'. Wunderschönes Maison d'Hôtes, das mit schlichter Eleganz überzeugt, statt dick mit marokkanischen Stilelementen aufzutragen. Helle, freundliche Wohlfühl-Atmosphäre, etwas trüber Pool. 21 Zimmer mit AC in kleinen Bungalows mit Garten, zum Teil mit Privatterrasse, eigene Stromversorgung. Sehr schöne schattige Terrasse mit Blick direkt auf die Dünen.

■ **Chez Tirhi – Suerte Loca**③ (mit HP), von der Teerstraße ab Rissani bei km 33 links abbiegen (Schild), an den Dünen südlich des Hotels Tombouctou, Tel. 0535 57 65 77, Mobil 0661 38 18 43, www.tuaregexpeditions.com, N 31°07,434', W 04° 00,713'. Sehr schöne, großzügig angelegte Herberge mit großem Innenhof, Restaurant, großem Wohnmobilstellplatz und Pool. Sehr saubere und geschmackvoll eingerichtete Zimmer mit Bad (z.T. mit Heizung/AC), Übernachtung auch im Berberzelt (günstiger).

## Camping

Sehr viele Herbergen (vgl. oben) bieten Camping an, haben aber oft nicht ausreichend Fläche, Stromanschluss oder Entsorgungsmöglichkeit für Wohnmobile. Sehr empfehlenswert ist der Platz bei der **Kasbah Mohajut,** ein weiterer großer Platz mit Palmen in einem ummauerten Hof findet man bei der **Auberge-Camping Sahara.** Der einfache **Campingplatz La Tradition** liegt an der Straße nach Taouz.

## Essen und Trinken

- **Bab Rimal,** an der Kreuzung Rissani – Taouz auf der linken Seite, nahe des Wasserturms. Gute marokkanische Küche, sehr bemühter Betreiber, angenehme Atmosphäre.
- **Complexe touristique Merzouga,** vgl. Herbergen in Merzouga. Mit gemütlicher Pizzeria.
- **Panorama,** vgl. Herbergen in Merzouga. Das Restaurant liegt wischen Merzouga und Hassi Labied auf einem Hügel mit herrlichem Weitblick auf den Ort und den Dayet Sri.
- Gutes Essen, auch kleine Gerichte, erhält man außerdem bei **Chez Julia,** im **Restaurant des Amis** und in der **Kasbah Mohayut.**

## Einkaufen

Am **Markt** und in kleinen **Läden** sind alle Lebensmittel erhältlich. Brot gibt es in der Bäckerei in Merzouga (ca. 150 m von Riad Nezha Richtung Westen, nördlich der Moschee) und in Hassi Labied bei einem Haus mit grünem Tor und aufgemalten Broten. An der einzigen **Tankstelle** (ca. 5 km Richtung Rissani) gibt es gute Einkaufsmöglichkeiten, u.a. Käse.

- **Nomade,** Hassi Labied, Mobil 0648 88 67 06. Der sehr schöne Teppich- und Kunsthandwerksladen gehört Said Amroui (Topi), der u.a. gut deutsch spricht. Die Teppiche der Familien werden in Kommission genommen und bei *Said* verkauft (faire Preise).

## Taxis und Busse

Die Verbindungen in Merzouga sind nicht so gut wie in den meisten anderen Orten Marokkos – eine frühzeitige Organisation des Transports ist sinnvoll. Ein Sammeltaxi-Kleinbus fährt mehrmals täglich bis 19 Uhr nach **Rissani** (ca. 15 DH p.P., Gepäck extra, Abfahrt im Zentrum). Die Herbergenbesitzer helfen gerne, eine Fahrmöglichkeit zu beschaffen.
Täglich um 19 Uhr fährt ein **Supratours-Bus** über **Rissani** (ca. 25 DH), **Erfoud** (ca. 50 DH), **Errachidia** (ca. 60 DH) und **Midelt** nach **Fès** (2 Tage Reisezeit). Außerdem verkehrt ein Supratours-Bus **zwischen Merzouga und Marrakesch** (via Rissani, Erfoud, Errachidia, Tinerhir, Boumalne Dadès, Ouarzazate). Der Bus startet jeden Morgen um 8 Uhr in Merzouga, die Fahrt bis Marrakesch dauert etwa 13 Std. Preise: nach Tinerhir ca. 90 DH, nach Boumalne Dadès ca. 110 DH, nach Ouarzazate ca. 150 DH, nach Marrakesch ca. 220 DH.

## Sonstiges

- Die **Post** befindet sich in dem rosafarbenen Gebäude mit grünem Dach am Ortseingang von Merzouga.
- Die **Gendarmerie Royale** (Polizei) befindet sich neben der Post, Tel. 0535 57 61 26.

## Veranstaltung

- **Festival International de Merzouga des Musiques du Monde (FIM):** Das alljährlich im Frühjahr stattfindende Festival will jungen Nachwuchsmusikern aus Marokko eine Bühne bieten und lädt außerdem internationale Musiker in die Wüste ein.

### Touren/Ausflüge

Sämtliche Hotels organisieren **Kamel-, Quad- und 4x4-Touren.** Viele Herbergen haben auch ein eigenes Zeltcamp *(Bivouac)* im Dünengebiet eingerichtet und bieten Ausflüge mit einer Übernachtung in der Wüste an. Empfehlenswerte, auch individuelle Touren in ganz Marokko im (klimatisierten) Geländewagen und Mini-Bus organisiert **Brahim Karaoui** (Mobil 0661 37 35 58 oder über das Gästehaus Riad Nezha in Merzouga kontaktierbar, www.moroccooverland.com). In der Umgebung kann man mit ihm die Minen bei Taouz und die Gnaoua-Musiker in Khamlia besuchen.

## Variante: auf Piste von Erfoud nach Merzouga

Diese **46 km** lange Strecke wurde 2012 zur Asphaltierung vorbereitet, aber bisher noch nicht fertiggestellt. Vor Fertigstellung sollten Pkw-Fahrer in Richtung Merzouga und zu den Herbergen die geteerte Route über Rissani wählen, vor allem wenn man über keine Wüsten- oder Pistenerfahrung verfügt! Will man das Ganze als Rundtour unternehmen, so ist es mit dem Pkw günstiger, erst von Rissani nach Merzouga und zurück diese Route nach Erfoud zu fahren, da dann bei kritischen Sandstellen manchmal bergab gefahren werden kann. Möchten Sie es als Pkw-Fahrer dennoch versuchen, so sollten Sie sich nicht zu sehr den Dünen nähern und auf den ausgefahrenen Spuren bleiben. Auch mit großen Wohnmobilen mit geringer Bodenfreiheit sollte diese Strecke keinesfalls gewählt werden (Gefahr des Aufsitzens bei Wadidurchfahrten, Bewässerungskanälen, Abbruchkanten etc.). Zu den Herbergen zweigen gute Pisten von der Teerstraße ab, die auch mit Wohnanhängern und Caravans befahrbar sind. Mit GPS-Gerät kann man sich nach den in der Tafilalet-Karte und bei den Herbergen genannten Koordinaten orientieren.

Die Straße von Erfoud führt am Souk und Hauptplatz vorbei (der Beschilderung Busbahnhof/Souk folgen), geradeaus über die Brücke den Ziz-Fluss überqueren und am Bordj Est vorbei.

Etwa **9 km** östlich von Erfoud erstreckt sich links ein 350 Millionen Jahre altes **Korallenriff,** wo schöne Versteinerungen zu finden sind **(N 31°22,851', W 04°10,422').** Dann folgen Abzweige zu Fossilienläden, z.B. der Familie *Zegra,* danach ein Hinweisschild zu einem Fossilienladen der Familie *Seggaoui* (s.u.).

**2 km weiter** geht links eine Piste zu einem weiteren **Fossiliensteinbruch** (5 km), dem Hauptladen der Familie *Seggaoui.* Nach 2 km erreicht man die Häuser der Familie und anderer Händler, die Fossilien aus dem Steinbruch abbauen. Man kann dort auch einkaufen, sollte aber handeln und sich vorher in Erfoud bereits einen Überblick über die Preise verschafft haben. *Ahmed Seggaoui* hat hier inzwischen ein wahres Museum errichtet. Neben sonstigen Souvenirs gibt es geschliffene und Rohfossilien, ganze Drusen, noch unpolierte Steinplatten und ein riesiges Lager an Tonkrügen. Polierte Fossilien werden an zahlreichen weiteren Ständen entlang der Piste verkauft. Auch *Brahim Boumia* nahe dem Haus der *Seggaouis* bietet Fossilien zum Verkauf an. Er ist sehr bescheiden und unaufdringlich. Zu empfehlen ist außerdem der Laden des netten *Ali Tirhi (La Carriere des Fossiles de Boutachrafine).*

Bei **km 17** endet die Teerstraße. Die Route verläuft etwas links der alten Straße als breite Wellblechpiste weiter und ist infolge von Bauarbeiten zum Teil zerfurcht mit vielen Fahrspuren.

Bei **km 19** führt eine Zementfurt über ein Oued. Ein 20 m hoher Sendemast und ein Brunnen dient als Orientierung. 200 m rechts davon liegt das **Kasbah Hotel Said**④ (mit HP; **N 31°18,869', W 04°06,287'**, Mobil 0664 49 40 50 und 0661 70 30, Tel. 0535 57 71 54, www.kasbah-hotel-said.biz) des Spaniers *Fredi* und des Betreibers des Restaurant du Sud in Erfoud, *Said*. Das sehr schöne Hotel mit geschütztem und begrüntem Innenhof verfügt über 17 geschmackvolle Zimmer mit Bad und einen Pool. Auch Übernachtung im Nomadenzelt und Camping ist auf einem ummauerten Gelände möglich.

**Km 23 Furt und Wadi,** 200 m weiter folgt die **Kasbah Derkaoua, Chez Michel**③ (mit Frühstück; **N 31°17,383', W 04°05,517'**, Tel. 0535 57 71 40, Mobil 0661 34 36 77, www.aubergederkaoua.com). Die Kasbah Derkaoua war 1988 die erste Herberge der Region. Ihr Gründer *Michel* ist mittlerweile verstorben. Heute wird das hübsche, sehr gepflegte Hotel mit 22 Zimmern (mit Bad und AC) von *Said* und *Rachidia* aus Marrakesch betrieben. Es gibt einen herrlichen kleinen Garten, einen schönen Pool und einen Hammam. Die Herberge ist von Erfoud auch gut mit Pkw erreichbar.

Bei **km 31** geht es nordwestlich zu den Dünen, fährt man geradeaus bzw. etwas östlich liegen am Nordende des Ergs die Herbergen Palmeras Yulness, Sand Fish, La Belle Étoile und das Bivouac des Hotels Kasbah Xaluca in Erfoud. An der Dünenwestseite folgen u.a. die Auberge Cinq Frères und Auberge du Sud (vgl. bei Merzouga „Herbergen/Camping entlang des Erg Chebbi").

Die **Hauptpiste zieht sich rechter Hand nordwärts,** etwas entfernt von den Dünen. Fährt man hier weiter, erreicht man bei **km 34** einen Schilderwald der Herbergen und kommt ebenfalls zu den Dünen.

Zunächst passiert man das sehr schöne Hotel/Camping Dunes d'Or (vgl. bei Merzouga „Herbergen/Camping entlang des Erg Chebbi"). Weiter vorbei am Abzweig nach Hassi Labied und zur Auberge Oasis (vgl. bei Merzouga „Herbergen/Camping entlang des Erg Chebbi") ist etwa bei **km 46 Merzouga** erreicht.

## Variante: von Merzouga nach Taouz

Die Weiterfahrt auf der Teerstraße Richtung Süden bietet landschaftlich nur wenig Abwechslung.

Nach Taouz kurz vor Merzouga rechts der unbeschilderten Asphaltstraße nach Süden folgen. Nach **7 km** erreicht man das Dorf **Khamlia,** das für seine **Gnaoua-Musiker** schwarzafrikanischer Herkunft bekannt ist. Musikinteressierte können hier mehr über die Gnaoua erfahren. Einfache Unterkunft bietet das **Dar El Khamlia**② (Mobil 0670 91 43 51, www.khamliahouse.com). 1 km vor Khamlia kann im **Nomad Palace** übernachtet werden (vgl. bei Merzouga).

**Km 12 Abzweig** ostwärts (links) nach M'Fis zu den Bleiminen (7,5 km).

Bei **km 21** ist **Taouz nahe der (geschlossenen) algerischen Grenze** erreicht; hier endet die Teerstraße im

Nichts. Ein kleines Café ist die einzige Versorgungsmöglichkeit in diesem Dorf mitten in der Wüste. Nahe des Ortes gibt es Bleiminen, im Nordwesten wenig spektakuläre Felszeichnungen, zu denen man sich von Jugendlichen gegen Bakschisch führen lassen kann. Im Ort werden Fossilien sowie prähistorische Faustkeile, Haifischzähne etc. zum Verkauf angeboten.

Im hübschen Gästehaus **Itrane Sahara** in **Jdaid** (ca. 15 km abseits der Hauptstraße von Taouz, N 30°52,85', W 04° 08,47', Mobil 0662 18 667, www.itrane-sahara.com) mitten in der Wüste kann man Urlaub abseits des Touristentrubels am Erg Chebbi machen (Quad-Exkursionen, Wanderungen etc.).

Bei **km 7** führt eine Brücke über den **Oued Gheris,** der bei Regen im Frühjahr viel Wasser führt. Rechts der Straße liegt ein versteinertes Korallenriff.

**Jorf,** einen größeren Ort mit Palmenhain und schönem Ksar, Tankstelle, Geschäften und dem Café-Restaurant El Baldines, erreicht man nach **19 km.** Hier findet mittwochs ein ursprünglicher, sehenswerter Wochenmarkt statt. Die Frauen in schwarzen Gewändern sind hier fast voll verschleiert.

Bei **Fezna (km 20)** zweigt eine Straße zum Stausee ab. Ab Fezna kann man schöne Abstecher ins Hinterland unternehmen (vgl. Goulmima/Ausflüge) oder im Rahmen einer Führung die Kunstwerke in der Wüste bestaunen.

# Erfoud – Tinejdad

- **87 km, R702.**
- Diese **Abkürzungsstrecke zurück zur Straße der Kasbahs** führt durch eine schöne Wüstengegend auf einer z.T. etwas holprigen (rissigen) Teerstraße mit einigen Sandverwehungen (vorausschauend fahren). Nach starken Regenfällen kann die Route im Bereich von Furten überschwemmt oder beschädigt sein.
- **Busverkehr** zwischen Erfoud und Tinejdad spärlich, besser mit dem **Sammeltaxi.**

**In Erfoud** biegen Sie an der Kreuzung beim Hotel Chez Gaby rechts (vom Zentrum kommend) in Richtung Jorf/Tinejdad ab. Etwa 4 km vom Zentrum liegt ein Ort mit schöner Lehmkasbah links der Straße. Hier befindet sich das Luxushotel Palais du Désert (vgl. Unterkünfte bei Erfoud).

## Abstecher zur „Himmelstreppe", „Goldenen Spirale" und „Stadt des Orion"

Wer die **Kunstwerke von Hannsjörg Voth** (www.hannsjoerg-voth.de) besuchen möchte (6–7 km von Fezna entfernt), muss Folgendes beachten: Die Kunstwerke sind bewacht und werden zu bestimmten Zeiten als Atelier privat genutzt. Ohne einen **vom Künstler autorisierten Führer** können sie nicht besucht werden! Wer die „Himmelstreppe", die „Goldene Spirale" oder das jüngste Projekt „Stadt des Orion" besichtigen möchte, meldet sich bei dem Führer *Cheikh Hassan* aus Fezna einen Tag vorher telefonisch an (vgl. Exkurs). Es muss ein Eintrittsgeld entrichtet werden. Die Anfahrt zu den Kunstwerken ist nur mit geländegängigem Fahrzeug möglich.

Eine geführte Rundtour mit dem Geländewagen dauert 2–3 Stunden. Mit dem Auto sollten Fahrten durch die Ksour von Fezna und deren Oasengärten vermieden und zum Schutz der Landschaft nur die vom Führer vorgegebenen Pisten befahren werden. Als Barriere gegen Motorräder und Geländewagen wurden um die Kunstwerke Steinkreise gesetzt. Fahrzeuge müssen auf den ausgewiesenen Plätzen außerhalb der Steinkreise parken. Die Strecke von den Steinkreisen zu den Skulpturen ist zu Fuß zurückzulegen, denn die Plätze gehören zu den Kunstwerken.

Die „Goldene Spirale" kann in den Wintermonaten von Oktober bis März nicht besichtigt werden. Der Künstler möchte in dieser Zeit ungestört dort seiner Arbeit nachgehen und bittet um Verständnis. Weitere Informationen zur Besichtigung und den Kunstwerken vgl. Exkurs auf der nächsten Seite.

## Weiterfahrt nach Tinjedad

**6 km hinter Fezna** (km 26) findet man Unterkunft im komfortablen und schönen **Kasbahhotel Ksar Jallal Chez Heléne**④ der Französin *Hélène Viant-Benardt* (Tel. 0524 43 75 47 oder Mobil 0610 73 84 89, www.ksarjallal.com).

Bei **km 28** ist die Palmenoase **Ksar Jallal** erreicht.

Hinter Ksar Jallal fallen rechter Hand über ca. 3 km eine Reihe von Erdhaufen neben der Straße auf: Es handelt sich um Wartungsschächte einer Foggara/Khettara. Dieses unterirdische Bewässerungssystem beförderte früher gutes (weniger salzhaltiges) Wasser aus höheren Lagen am Rande des Atlas in die Oasen. Die Kanäle wurden von Sklaven ausgehoben und über die Schächte instand gehalten bzw. von Sand befreit. Man kann auf die Aushubkegel gehen und einen Blick in die Tiefe werfen. Viele Zelte mit Cafés wurden entlang des kleinen Dünenzugs und der Foggara angelegt, auf deren Öffnung selbsternannte „Blaue Männer" stehen und mit Seilzügen und Wasserbehältern hantieren, um die historischen Wasserkanäle etwas zu veranschaulichen (obwohl die Kanäle nicht mehr im Betrieb sind).

Nach **35 km** beginnen die Oasendörfer am **Oued Gheris.**

**Touroug,** eine große Oase mit einem alten Ksar an einem breiten Oued, begrenzt von schwarzbraunen Wüstenbergen passiert man nach **52 km.** Der neue Teil des Dorfes mit Cafés zieht sich entlang der Straße.

Etwa **65 km** hinter Erfoud liegt der große Ort **Mellab** mit einem alten Lehmksar und neuen rosafarbenen Häusern zwischen schräg gefalteten Bergen in idyllischer Lage am Oued Todrha. **Markttag** ist der Dienstag. Linker Hand der Straße zieht sich der Bergzug des Djabal Oughnat, der im Westen in den Djabal Saghro übergeht. In dieser sehr ursprünglichen Berglandschaft gibt es viele Fossilien und Versteinerungen. Außerdem leben hier Bergnomaden (vgl. Goulmima/Ausflüge).

Bei **km 70** durchquert man **Igli** (Mechaniker, Geschäfte). Die Bevölkerung dieses Araberdorfs wurde stark von den saudischen **Wahabiten** beeinflusst. Die wenigen Frauen auf der Straße sind voll verschleiert. In der Region gibt es reine Berber- und reine Wahabitendörfer – die Trennnung der Orte hat sich mit steigendem Einfluss der strenggläubigen Wahi-

# Kunst in der Wüste – die „Himmelstreppe“ und die „Goldene Spirale“

Die aus Lehmziegeln gefertigte **„Himmelstreppe“ des Münchner Künstlers Hannsjörg Voth** wurde 1986 fertiggestellt und hat die Form eines Dreiecks. Das Dreieck, dessen langer Schenkel 23 m misst (Boden), hat eine Höhe von 16 m. Die Hypothenuse beträgt 28 m: Hier verläuft zwischen zwei 140 cm hohen und 52 cm breiten Wangen-Brüstungen eine Treppe mit 52 Stufen. Die Stirnseite des Dreiecks ist an der Basis 6,80 m breit und verjüngt sich bis zur Spitze auf 3,60 m. Diese senkrechte Seite wird durch einen 60 cm tiefen Einschnitt profiliert und vertikal gegliedert. Die 52 Treppenstufen führen zu einer Plattform, die 4 m unterhalb der Spitze des Bauwerks liegt.

ag5404kl pd

Im Inneren der Treppe befinden sich im oberen Raum zwei Flügel mit Federkleid aus handgeschmiedeten Messern. Die Spannweite beträgt 3,50 m.

Das zehn Jahre später realisierte Objekt der **„Goldenen Spirale“** hat, wie der Name sagt, die Form einer Spirale und ist über einen Brunnen gebaut. Der Grundriss ist aus neun Viertelkreisen konstruiert. Die Spirale wurde mathematisch durch eine Summenreihe wiedergegeben, in der jede Zahl die Summe der zwei vorangegangen zahlen ist: 1, 2, 3, 5, 8, 13, 21, 34, 55, 89 usw. („Fibonacci-Reihe“ des *Leonardo von Pisa,* 1180–1250). Jede Tirade dieser Summenreihe ergibt eine Annäherung an den Pi-Wert des Goldenen Schnittes. Diese Verbindung des Goldenen Schnittes über die Fibonacci-Reihe ist eine Gesetzmäßigkeit, die in vielen ungestört ablaufenden Prozessen in der Natur stattfindet: in Kristallen, Muscheln, Pflanzen, auch im menschlichen Körper.

Die **Umfassungsmauer** der Anlage erreicht nach 260 m den höchsten Punkt von 6 m. Eine aufgeschüttete Rampe führt ins Zentrum der Spirale.

**„Sehr geehrte Besucher,** dank der Genehmigung und Unterstützung durch das Königreich Marokko konnte ich die »Himmelstreppe«, die »Goldene Spirale« und die »Stadt des Orion« bauen. Ich habe diese Kunstwerke entworfen, ihre Realisierung durchgeführt und selbst finanziert. Ihr Interesse an meinen Kunstwerken ehrt und freut mich. Doch seit geraumer Zeit wurde das Interesse von Kunstfreunden und Touristen, diese Skulpturen zu besichtigen, immer größer, leider zum Nachteil der Kunstwerke. Durch unsachgemäßes Verhalten vieler Besucher häuften sich die Schäden an den Bauwerken. Um diese bedauerlichen Folgen zu vermeiden bitte ich Sie um Verständnis, dass eine kontrollierte Führung zu den Kunstwerken und deren Überwachung notwendig geworden sind. Ich bitte Sie, die Hinweise des Führers und Bewachers zu beachten, denn ich habe ihnen die Verantwortung übertragen, die Kunstwerke und ihr Umfeld zu schützen.

Die Besichtigung der »Himmelstreppe«, »Goldenen Spirale« und »Stadt des Orion« kann nur über *Cheikh Hassan*, Erfoud, Oase Fezna und dem von mir autorisierten Bewacher *Brahim Ben Moha* durchgeführt werden. Bitte melden Sie sich vorher telefonisch bei Cheikh Hassan an und besorgen Sie sich bei ihm eine Eintrittskarte: Mobil 0661 43 53 50 (spricht französisch). Eintrittspreise: Einzelpreis 200 DH (Kinder bis 12 Jahre frei), 2–6 Personen 180 DH/Pers., 7–12 Personen 140 DH/Pers., ab 13 Personen 80 DH/Pers. Bei Bedarf werden Geländewagen mit Fahrer extra berechnet (600–800 DH pro Wagen). Bitte den Unkostenbeitrag vor Antritt der Führung unaufgefordert an Cheikh Hassan entrichten und auf dem Formular quittieren. Die Einnahmen werden ausschließlich für die Bewachung und Pflege der Kunstwerke sowie für die Führung (ca. 3 Std.) verwendet.

Filmen und Fotografieren ist lediglich für private Zwecke gestattet, das Urheberrecht liegt beim Künstler. Die Innenräume der »Goldenen Spirale« sind Privatbereich des Künstlers und nicht zu besichtigen. Der Verein übernimmt keine Haftung im Zusammenhang mit dem Besuch der Kunstwerke bei Unfällen, Eigentumsverlusten oder Witterungsproblemen. Das Campen in der Maha-Ebene ist nicht gestattet."

■ **Hannsjörg Voth,** www.hannsjoerg-voth.de/10_besucherinfo_marokko.html

biten aus der Golfregion durchgesetzt und war für Marokko früher nicht üblich. Igli hat einen malerischen alten Ksar (rechter Hand der Straße) mit Friedhof und altem Steinminarett.

**Nach 1 km** überquert die Straße erneut eine Foggara mit zum Teil 1,50 m hohen Ausgrabungshügeln bei einem kleinen Sanddünengebiet.

**83½ km** von Erfoud entfernt mündet die R702 in vermüllter Gegend bei einer großen Tankstelle und beim großen **Café/Restaurant Mohida** (mit sauberen Toiletten, N 31°30,976', W 05°00,880') in die N10: beschildert „Arfoud 86" (zurück), „Errachidia 80" (rechts), „Goulmima 18" (links). Links weiter geht es nach Tinejdad und Ouarzazate.

Bei **km 87** folgt **Tinejdad.**

# Rissani – Tazzarine – Nekob – Draâ-Tal

■ **231 km, N12, R108.**

■ Diese **asphaltierte Route** ins Drâa-Tal bietet sich zur Rückfahrt an, um nicht auf gleicher Strecke wieder nach Ouarzazate zurückzukehren. Die Straße ist meist gut und durchgehend zweispurig.

Die schöne Strecke, die zwischen **Djabal Saghro** und der **Sahara** nördlich der algerischen Grenze verläuft, ist weniger frequentiert als die Straße der Kasbahs, bietet aber auch weniger Höhepunkte. Sehenswert sind **Tazzarine** und die nahe gelegenen Felsgravuren sowie die Palmenoase **Nekob** mit ihren vielen Kasbahs.

■ Eine **Busverbindung** besteht von Rissani aus (siehe Rissani). **Sammeltaxis** verkehren nach Alnif bzw. Nekob. In Nekob halten auch ein Supratours-Bus und der CTM-Bus von Marrakesch nach Tazzarine. Ab Tazzarine gibt es Sammeltaxis Richtung Zagora, d.h. bis zur Straße N9 (Ouarzazate – Zagora), ab dort Busse in beide Richtungen.

**Verlassen Sie Rissani** durchs Stadttor in Richtung Erfoud. Fahren Sie am Kreisverkehr 2 km hinter dem Tor (3 km ab Zentrum) beim Schild „Circuit Touristique" (links) und „90 Alnif, 225 Zagora" nach rechts (Westen); geradeaus geht es nach Errachidia.

Nur wenige Kilometer weiter kündigt sich mit kleinen Sanddünen das Ende der Tafilalet-Oasen an. Bei **km 11** erstreckt sich ein **fossiles Korallenriff** rechts der Straße.

Kurz danach bei **km 12** (9 km nach dem Abzweig, **N 31°16,169', W 04°23, 386')** führt eine Piste nach rechts (nordwärts) auf einen **kreisförmigen Berg mit Krater** zu. Besser ist es aber, erst nach **14,5 km** (von Rissani aus, **N 31°16, 173', W 04°24,706')** abzubiegen. Hier führt die breite Piste ohne Umweg und für jedes Fahrzeug befahrbar zu dem Berg, der bei **N 31°17,858', W 04°24, 099'** erreicht ist. Dieser Berg ist nach Westen hin offen und durch eine große dicke Mauer bis auf einen ca. 3 m breiten Einlass zugemauert. Eine Zufahrt führt nach innen, eine schmale Piste nach oben bis an den Kraterrand. Von oben hat man eine herrliche Aussicht auf die ehemalige Meeresebene und die Korallenriffabhänge. Das Gestein enthält auch Fossilien. Der Krater diente früher angeblich Karawanen als Schutz vor Sandstürmen und später der französischen Armee als Festung. Die Einheimischen nennen ihn **Lamdouar,** was so viel wie „runder Berg" bedeutet. Einige Fossilienhändler kommen tagsüber hierher, um ihre aus dem Stein geklopften Fossilien zu verkaufen.

Nach 23 km liegt das **Bordj Taguerroumt** zur Linken. Bis Mecissi erstreckt sich ein schwarzes und schroffes Bergmassiv zur Rechten.

**Mecissi,** ein kleiner Ort mit spärlichen Versorgungsmöglichkeiten und Tankstelle, ist nach **55 km** erreicht. Unterkunft bieten das einfache **Camping Restaurant Tombouctou** und das **Camp Azourite** (Schild). Das Café im Camping Tombouctou hat eine nette Terrasse und guten Kuchen, aber auch Brochettes werden serviert.

Weiter verläuft die Route durch schwarz-braune Wüstenlandschaft mit kleinen Bergen, Dornbüschen und einzelnen Akazien. Bei **km 80** folgt **Achbarou,** eine lang gezogene Palmenoase. Ein verfallener Ksar liegt malerisch am Berg links der Straße. Weiter folgt die Strecke einem palmenbestandenen Flusstal.

Der stark wachsende Ort **Alnif** mit Militärposten ist bei **km 94** erreicht.

## Alnif

Die nicht besonders attraktive Siedlung mit ihren rot-weißen Häusern ist bekannt für die hier käuflichen Trilobiten und die Fossilienfundstellen in den Bergen der Umgebung (Vorsicht vor Fälschungen!). Es gibt eine große Tankstelle und den kleinen **Souvenir- und Mineralienladen** von *Ihmadi Mohand* (Mobil 0666 22 15 93, trilobitesihmadi@yahoo.fr oder alnifearth@gmail.com, http://trilobitesihmadi.wordpress.com) gegenüber dem Hotel Bougafer. Der Geologe *Ihmadi* ist eine kompetente Informationsquelle für Fundstellen oder die Zuordnung selbst gesuchter Fossilien. Schlepper duldet er nicht in seinem Laden. Alle Preise sind fair und angeschrieben. Er gibt Interessierten auch Informationsblätter mit einer Auflistung der geologischen Erdzeitalter und der aus dieser Zeit stammenden Fossilien, wie Trilobiten etc. Geologen kann er Touren zu den Fundstellen organisieren. Auch *Mohamed Bouyiri* (Mobil 0672 15 29 52) erzählt in seinem Laden gegenüber der Afriquia-Tankstelle sehr viel über die Region und seine Fossilien- und Mineraliensammlung.

Ein Leser empfahl das **Hotel Le Palmier**① (Mobil 0667 20 23 025, benamerlomar@yahoo.fr) mit sechs einfachen, aber sehr sauberen Zimmern mit warmer Dusche, das Essen ist gut. Die Betreiber *Lahcen* und *Mohamed* sind sehr freundlich und unternehmen Exkursionen in die Berge und zu Fossilienfundstellen. Hier finden auch Wohnmobile in einem ummauerten bewachten Hof einen Stellplatz (70 DH).

## Weiterfahrt ins Draâ-Tal

Bei **km 103** taucht die Palmenoase **Tisernay** am **Oued Tazlaft** zwischen schwarzen Bergen auf. Die Straße führt durch eine flache Steinwüste, die von Bergketten gesäumt wird.

13 km südwestlich von Alnif bietet die **Kasbah Meteorites**③ (Ksar Tiguirna, Tel. 0535 78 38 09, Mobil 0661 47 39 43, www.kasbahmeteorites.com) mitten in der Wüste empfehlenswerte Unterkunft für Traveller: klimatisierte Zimmer mit Bad und TV, großer Pool, marokkanisches Restaurant mit Alkohollizenz.

Nach **124 km** passiert man **Imi-n-Ouzrou,** den Hauptort einer großen Palmenoase, die sich über mehrere Kilometer hinzieht.

Bei **km 152** mündet die Straße von Taghbalte und Zagora ein.

Bei **km 155** ist **Tazzarine** erreicht.

## Tazzarine

Die grüne, sehr schöne und ursprüngliche **Palmenoase mit großen Kasbahs** wird nach und nach vom Tourismus entdeckt. Tazzarine ist noch lange nicht so überlaufen wie die Oasen entlang der Straße der Kasbahs, obwohl die Oase ebenso schön ist wie viele Orte entlang der Route Tinerhir – Ouarzazate. Lehmhäuser, enge Gassen und Bewässerungskanäle in den Oasengärten prägen das Ortsbild, die Bevölkerung ist sehr freundlich. Tazzarine eignet sich hervorragend als Ausgangspunkt für 4x4-Touren oder Trekkingtouren in den Djabal Saghro. Nahebei befindet sich ein Militärstützpunkt. Es gibt außerdem einen hübschen Marabout mit Friedhof, einige Geschäfte und eine Tankstelle.

### Praktische Informationen

#### Unterkunft/Campingplätze

■ **Bougafer**③ (mit Frühstück), Tel. 0524 83 90 05, Mobil 0668 22 07 70. Von Agdz kommend rechts über die Brücke, Beschilderung „Village touristique", am Ortsanfang sofort links. Das ehemals schöne Hotel mit Restaurant und Pool und schönem Garten wird von Lesern recht unterschiedlich bewertet. Die Zimmer sind meistens ordentlich, wenn auch etwas abgewohnt. Sonntagmittag treffen sich viele westlich orientierte Einheimische im Gartenrestaurant mit Alkoholausschank (120 DH/Menü). Der etwas sterile, ummauerte **Campingplatz** bietet noch wenig Schatten (kleine Bäumchen angepflanzt). Er ist auch für größere Wohnmobile geeignet (Poolnutzung für Camper gegen Gebühr).

■ **Camping Amasttou,** gut ausgeschildert, Tel. 0524 83 90 78, Mobil 0623 43 34 64 (Verwalter *Hassan Belkassin*), www.amasttou.com, N 30°46,509′, W 05°33,265′. Für sehr große Wohnmobile ist die geteerte Zufahrt entlang der Mauer und in den Oasengärten nicht geeignet. Der wunderschön gelegene Campingplatz ist sehr zu empfehlen: Stellplätze für kleinere Wohnmobile und Geländefahrzeuge im Palmengarten, sehr gute Sanitäranlagen und schattige Sitzgelegenheiten im gepflegten Garten. Gutes Essen im Zeltrestaurant gegen Vorbestellung, auch Übernachtung im luftigen Nomadenzelt① (mit durchgelegenen Matratzen und Bettwäsche) und in etwas heißen kleinen Zimmern② (mit Ventilator und warmer Dusche). Camping 15 DH/Pers., 25 DH/Caravan, Strom 12 DH, heiße Dusche 10 DH. Der Platz liegt zwischen Lehmmauern des alten Ksar am Rande der **Oasengärten.** Von hier kann man wunderbar die Gärten und die alten Ortsteile besichtigen. Es werden auch **Ausflüge** zu den nahe gelegenen **Felszeichnungen** Tirourirines und Abdi Boulili und Aït Ouazik, zu den Wasserfällen Imi Nougizi Noukbache und nach Taghbalte organisiert. Auch **Kameltouren** sind möglich. Der Verwalter vermittelt Ausflugstouren oder auch einen Führer zur Besichtigung der örtlichen **Kasbahs Aït Chaib** und **Aït-Ali Ouhda.** In einer der Kasbahs ist ein sehenswertes **Museum** eingerichtet (Eintritt 10 DH). Gute Detailkarten über die Gegend hängen in der Rezeption aus.

■ **Camping Sardrar,** Mobil 0667 23 80 22 und 0666 48 10 34, N 30°43,318′, W 05°28,547′. Südöstlich von Tazzarine in Richtung Oum Jrane: An der Ortsausfahrt links (von Alnif kommend) auf Teerstraße abbiegen, nach 12 km wieder links ab (Schild) auf Piste, weitere 5 km bis zum Camping. Großes Gartengelände mit Palmen und Berberzelten zur Übernachtung sowie einem Restaurant. Sanitäre Anlagen mit heißen Duschen. Es gibt auch einige Zimmer.

■ **Les Jardins de Tazzarine,** Zaouiat Sidi Msaâd, Mobil 0666 64 89 67, www.lesjardinsdetazzarine.com, N 30°45,793′, W 05°33,104′. Von Alnif kommend durch den Ort fahren und über die Brücke, dann noch etwa 3,4 km der Beschilderung folgen. Die familiäre Auberge mit Campingplatz eignet sich perfekt für einen ruhigen Aufenthalt in der Oase: Übernachtung im gemütlichen Nomadenzelt② (mit Betten und Strom, inkl. Frühstück) oder im Zimmer, herzlicher Empfang der Familie *Ziani*, gutes Essen mit frischen Produkten aus dem Garten (Menü 75–140 DH), saubere Sanitäranlagen.

■ **Oasis de Mezgarne,** Douar Aït Ballouk, Mobil 0661 74 36 17, www.mezgarne.com, N 30°46,869′, W 05°31,403′. 7 km vor Tazzarine links auf Piste abbiegen (3 km, für Pkw auf dem letzten Stück evtl. zu sandig). Hier kann man in ruhiger Lage auf einem ehemaligen Farmgelände campen oder im Berberzelt② übernachten (inkl. Frühstück). Küche für Selbstversorger, Dusche (abends und morgens warm). Es werden verschiedene Exkursionen in der Umgebung angeboten (per 4x4 oder Kamel).

### Verkehrsverbindungen

Einmal täglich (frühmorgens) fährt ein **CTM-Bus** über Tansikht, Agdz, Ouarzazate nach Marrakesch: **nach Marrakesch** 140 DH, ca. 7½ Std. Fahrzeit; **nach Ouarzazate** 60 DH, ca. 3 Std. Fahrzeit, **nach Agdz** 35 DH, ca. 75 Min. Es verkehren außerdem Sammeltaxis in Richtung Tansikht und Rissani.

## Ausflüge (organisiert)

Die Herbergen können Ausflüge zu den nahe gelegenen **Felszeichnungen** Tirourirines, Abdi Boulili und Aït Ouazik sowie zu den **Wasserfällen** Imi Nougizi Noukbache und nach Taghbalte organi-

aga_90 dd

sieren. Zu den Felsgravuren von Aït Ouazik führt eine durchgehend gute steinige Piste (notfalls auch mit Pkw zu befahren). Auch **Kameltouren** oder die Miete eines kompletten Landrovers (1100 DH pro Tag) sind möglich.

## Weiterfahrt ins Drâa-Tal

Die **Straße in Richtung Nekob** führt durch eine sehr schöne Wüstenlandschaft parallel zum Oued, gesäumt von Palmen und Bergen. Nach 6 km endet der Palmenhain von Tazzarine.

Ca. **10 km nach Tazzarine** liegt der kleine Ort **Tamsahalte.** Hier zweigt links eine 1 km lange Piste zum **Hotel Riad du Sud**③ ab (Tel. 0524 88 64 53, www.riaddusud.net). Die Familie *Laandour* betreibt diese ruhig gelegene, stilvolle Herberge in einer renovierten Kasbah auf einem Hügel. Das Hotel hat neun etwas dunkle, dafür kühle und saubere Zimmer mit Bad sowie AC/Heizung, die sich um einen Innenhof mit Garten und Berberzelt gruppieren. Von der Terrasse bietet sich ein schöner Blick auf die Oase.

**22 km von Tazzarine** bzw. 178 km von Rissani entfernt erreicht die Straße den kleinen Ort **Ilal.**

**6 km weiter** liegt **Aït Massaoud,** ein kleiner Ksar mit Moschee und Kasbah.

Bei **Gesamt-km 191** ab Rissani, 36 km hinter Tazzarine, folgt **Nekob.**

## Nekob

Der **expandierende Ort** liegt auf 1000 m Höhe. Es gibt eine Geschäftsstraße, einen Mechaniker, ein *Bureau des guides* (Vermittlung von Bergführern) und eine

⌃ Felsgravur in Aït Ouazik

Tankstelle. Markt ist samstags und sonntags. Wer nach einem besonderen Mitbringsel sucht, wendet sich an den örtlichen Schuhmacher *Ofafa,* der in seinem kleinen Laden an der Hauptstraße individuelle „Aït Atta"-Sandalen verkauft. Was man von der Hauptdurchgangsstraße nicht sieht, sind der **große Palmenhain** und die vielen **mächtigen Kasbahs** im Ort – es sollen 45 Stück sein, die meisten sind noch bewohnt. Momentan werden die historischen Kasbahs des Ortes mit Hilfe von öffentlichen Mitteln schrittweise saniert. Es ist geplant, das eindrucksvolle Ensemble in den nächsten Jahren unter staatlichen Schutz zu stellen.

Nekob eignet sich als **Ausgangspunkt für Wander- und Trekkingtouren,** ob Rundtour oder Tagesausflug. Bei einer Tagestour in den westlich angrenzenden Gebirgszug Amoun begibt sich der Wanderer noch auf Neuland. Auch mit dem Fahrrad oder dem Auto kann man von hier aus viele Ausflugsziele ansteuern.

Nekob liegt am Südrand des kargen, erdgeschichtlich uralten Massivs des **Djabal Saghro,** das man bei einem fünftägigen, sehr lohnenswerten Trekking nach Boumalne du Dadès durchqueren kann (vgl. Exkurs im Kapitel „Die Straße der Kasbahs"). Das Massiv ist nicht nur ein Paradies für Wanderer, sondern auch für Mineralien- und Fossiliensammler.

## Praktische Informationen

### Unterkunft

■ **Kasbah Aït-Atta**② (mit HP), am westlichen Ortsrand, Mobil 0667 45 88 67. Schöne Zimmer in einer Kasbah am Rande der Palmeraie, toller Blick von der Dachterrasse. *Zaid* und *Aisha* kümmern sich rührend um die Gäste. *Zaid* ist Bergführer und organisiert Touren in den Djabal Saghro. DZ inkl. HP EE (günstig).

**Mein Tipp: Kasbah Aït Omar**②-④ (je nach Ausstattung, mit Frühstück), Tel. 0524 83 99 81, hotel.aitomar@gmail.com, www.hotel-aitomar.de. Die Kasbah Aït Omar wurde von den Globetrottern *Dr. Jutta Frieß* und *Hartmut Dahnelt* gemeinsam mit einheimischen Handwerkern in jahrelanger Arbeit liebevoll renoviert und zum Hotel umgebaut. Die wunderschöne Kasbah hat neun Apartments (davon eines behindertengerecht) und zwei Einzelzimmer mit Bad, Klimaanlage und Fußbodenheizung (!). Außerdem gibt es eine eigene Ferienwohnung (für max. 8 Pers.) und zwei weitere DZ für bis zu 4 Pers. im unteren Teil der Kasbah mit direktem Zugang zum Parkplatz. Im Restaurant (ebenfalls mit Klimaanlage und Fußbodenheizung) werden neben marokkanischen auch vegetarische Gerichte aus frischen, saisonalen Lebensmitteln zubereitet (Berücksichtigung besonderer Ernährungswünsche auf Anfrage). Pool, Fitness- und Yogaraum, Hammam, WLAN, traumhafter Ausblick auf die Palmenoasen und die Berge. Es können diverse Aktivitäten organisiert werden (Wandern, MTB, Besichtigungen, Kinderprogramm).

■ **Kasbah Baha Baha**②-③, Abzweig einer beschilderten Piste rechts am Ortseingang (ca. 200 m), Tel. 0524 30 78 01, www.kasbahabaha.com. Die 50 Jahre alte Kasbah wurde 1999 von *Lahcen* und *Brahim El-Ouarzizi* zum Hotel umgebaut. Die gesamte Anlage ist liebevoll eingerichtet, mit einem kleinen ethnografischen Museum (10 DH), Pool und stilvollem Restaurant. Zu besichtigen ist auch die alte, restaurierte Küche, wo sich Besucher über traditionelle Kochweisen kundig machen können. Von der Terrasse hat man einen herrlichen Blick über das ganze Tal. Zwei Zimmer haben ein Bad, die Gemeinschaftsduschen (draußen) sind jedoch sehr sauber. Auch Übernachtung im Nomadenzelt (mit Matratzen und frischer Bettwäsche).

■ **Kasbah Ennakhile**②-③, am Ortsausgang Richtung Tazzarine (1 km) links an der Straße, Tel.

0524 83 97 19, Mobil 0672 64 15 11, www.kasbah-nkob.com. Familiäre Herberge im Kasbahstil: fünf hübsche Zimmer (mit Bad), Restaurant, toller Ausblick von der Dachterrasse. Der Betreiber *Houssaine Benaamer* ist sehr freundlich und spricht gut englisch. DZ ohne und mit Bad.

■ **Kasbah Imdoukal**④, Hinweisschild an der Straße, nahe Kasbah Baha Baha, Tel. 0524 83 97 98, www.kasba-imdoukal.com. Schönes Gästehaus in traditioneller Lehmarchitektur, mit Pool im Hof und Restaurant. 18 Zimmer im Berberstil mit Bad und AC/Heizung.

### Verkehrsverbindungen

■ Morgens fährt ein **CTM-Bus** über Tansikht und **Agdz** (20 DH, ca. 1 Std.) nach **Ouarzazate** (45 DH, 2½ Std. Fahrzeit), Weiterfahrt nach **Marrakesch** möglich (120 DH, ca. 9 Std. ab Nekob). Von Ouarzazate/Marrakesch kommend nimmt man den Bus nach Tazzarine und steigt in Nekob aus. In Agdz oder Tamsikht kann man auch in einen Bus **nach Zagora** und weiter nach M'hamid umsteigen.

■ **Grand Taxis** verkehren in alle Richtungen. Preisbeispiele: nach Agdz 35 DH, nach Ouarzazate oder Zagora 60 DH, nach Marrakesch 100 DH.

### Bergführer

Von Nekob kann man wunderschöne Ausflüge ins **Djabal-Saghro-Massiv** unternehmen (vgl. Exkurs „Trekking im Djabal Saghro" im Kapitel „Die Straße der Kasbahs") oder das Gebirge auf einem mehrtägigen Trekking von Nord nach Süd durchqueren. Empfehlenswerte lizensierte Bergführer in Nekob sind:

■ **Mohamed Yaaqoub,** Tel. 0524 88 47 95, Mobil 0667 48 75 09, jane@moroccotrek.net. Der erfahrene, sehr ruhige, gut englisch sprechende Bergführer betreibt das *Bureau des Guides* in Nekob.

■ **Hammou Maarir,** Mobil 0673 51 94 35, azoul.hamou@gmail.com. *Hammou* hat Geografie studiert und spricht sehr gut englisch.

## Weiterfahrt ins Drâa-Tal

Etwa **4 km hinter Nekob** liegt der Ort **Aït Ouzzine** am Fuß schwarzer Tafelberge. Hier findet man schöne Unterkunft im **Maison d'Hôtes Ksar Jenna**③ im Kasbahstil (Tel. 0524 83 97 90, www.ksarjenna.com, günstige Buchung über booking.com möglich) links an der Straße. Das Gästehaus hat einen paradiesischen Garten mit Rasen, Palmen, Rosen in allen Farben und Sorten, Oleander, Orangen etc. Die sieben Zimmer sind hell in Pastellfarben gestaltet und komfortabel mit AC und schönen Bädern versehen. Es gibt eine Bar in einem verglasten Pavillon im Hof. Gemütliches marokkanisches Restaurant. Das Haus ist eine wahre Oase inmitten der wüstenhaften Landschaft!

Die Straße weiter in Richtung Drâa-Tal führt durch flache steinige Steppe mit niedriger Buschvegetation.

Ca. **40 km hinter Nekob** (Gesamt-km 231) mündet die Route nördlich von **Tamsikht** in die N9 enlang des Drâa-Tals. Rechts geht es nach **Agdz** (29 km) und **Ouarzazate** (ca. 100 km), links nach **Zagora** (66 km).

8

# Reisetipps A–Z

Gewürzhändler auf dem Markt in Zagora

# Als Gast in Marokko

Touristen bringen Geld, und Marokko ist um den weiteren Ausbau des Tourismus bemüht. Allerdings kommen die Devisen nur zum Teil der marokkanischen Bevölkerung zu Gute, denn ein großes Stück vom Kuchen bleibt den Touristen in Form von Luxusgütern, die importiert werden müssen, um die Ansprüche der Besucher zu befriedigen. Auch sonst hat der Tourismus nicht nur positive Seiten. Wenn man beobachtet, wie Busladungen kamerabewehrter Urlauber sich zur Schnellvisite über ein Bergdorf ergießen oder Touristinnen in knappen Shorts und tief ausgeschnittenen Tops durch arabische Altstädte bummeln, lässt sich erahnen, welch **unterschiedliche Welten und Moralvorstellungen** hier aufeinanderprallen. Daher sollte nie vergessen werden: Auch wer bezahlt, bleibt Gast und hat die **landestypischen Sitten zu respektieren.** Religion, Gebräuche, Kultur und Mentalität der meisten Marokkaner weichen nun einmal stark von europäischen Maßstäben ab.

Wo zu viele Fremde auftauchen, hat sich das **Verhalten der Einheimischen verändert.** Während man sich entlang der Küste und in den großen Städten an Touristen gewöhnt hat und diesen mal reserviert, mal geschäftstüchtig, aber weitestgehend freundlich begegnet, wird der Besucher an stark frequentierten Ausflugszielen oft bedrängt, gelegentlich regelrecht belästigt und angebettelt. Man bedenke jedoch: Für den einfachen Marokkaner ist ein Europäer, der sich eine Auslandsreise leisten kann, der gut gekleidet in für ihn unerschwinglichen Hotels wohnt, zumindest reich genug, um auch ihn daran teilhaben zu lassen. Wenn wohlmeinende, aber gedankenlose Touristen Geschenke, Bonbons oder gar Geld an die vermeintlich armen Kinder verteilen, ist es kein Wunder, wenn die nächsten Besucher umso forscher bedrängt werden. In manchen Regionen hat sich daraus regelrecht ein Sport entwickelt, nach dem Motto „Wer luchst den Touristen am meisten ab?“. Unterstützen Sie diese Entwicklung nicht! Spenden Sie lieber an Hilfsorganisationen oder geben Sie Sachspenden, z.B. an Schulen. Abseits der Touristenpfade, aber oft auch in den Touristenhochburgen trifft man nach wie vor auf eine überaus freundliche Bevölkerung und herzliche Gastfreundschaft.

Das **große Geld im Tourismus** machen vorwiegend Veranstalter und (immer mehr europäische) Hotelbesitzer. Angestellte und kleine Dienstleistende finden oft nur saisonweise Arbeit und müssen bei geringem Einkommen und häufig ohne soziale Absicherung zusehen, wie die Gäste in Saus und Braus leben. Die Terroranschläge des 11. September 2001 (mit darauffolgenden Anschlägen weltweit), die zunehmende Islamisierung von Teilen der nordafrikanischen Bevölkerung sowie die Destabilisierung des gesamten arabischen Raums infolge des „Arabischen Frühlings“ schreckten viele Touristen von einer Reise nach Nordafrika ab, sodass der **Konkurrenzkampf** von Teppichhändlern, Souvenirverkäufern und Tourenanbietern immer härter wurde. Nur wer ständig auf sich und seine Ware aufmerksam macht, hat Chancen auf ein Geschäft – so die Denkweise vieler Marokkaner im Tourismusgeschäft. Man sollte das berücksichtigen, wenn die Händler wieder einmal besonders penetrant und nervend zum Kauf animieren. Leider belagern auch vielerorts **Schlepper** die Touristen an Bahnhöfen und in den Altstädten – sie bieten sich als (illegale) Führer an, vermitteln Unterkünfte oder führen in den Laden des Cousins, natürlich gegen Provision. Wegen der hohen Arbeitslosigkeit und mangels Sozialhilfe sehen viele Jugendliche und junge Erwachsene keine andere Möglichkeit, als sich so ein Zubrot von den Touristen zu verdienen.

Es lässt sich nie ganz vermeiden, dass man in einem fremden Land da oder dort ins Fettnäpfchen tritt. Wer sich jedoch für die Menschen, ihre Lebensart und ihren Alltag interessiert und versucht, sie zu verstehen, wird viele nette Kontakte knüpfen. **Der ignorante Reisende,** der gern die orientalische Kulisse sucht und gleichzeitig den Kontakt mit den „lästigen" Einheimischen meidet, weil er nur an Erholung und Entspannung interessiert ist, wird in Marokko sicherlich negative Erfahrungen machen. Wer auf jedes fremde Gesicht und jeden Spruch eines Händlers mit einer unbewussten Abwehrhaltung, Angst oder Aggression reagiert, wird auf eine ebensolche Reaktion stoßen. Das deutsche Sprichwort „Wie man in den Wald hineinruft, so schallt es heraus" trifft auch auf Marokko zu. Mit einem freundlichen Lächeln und einem Scherz lösen sich viele Unsicherheiten wie von alleine auf.

Für weitere Tipps zum Umgang mit den Marokkanern siehe Kapitel „Verhaltenstipps".

## Mut zu eigenen Unternehmungen

**Direkte Kontakte mit Einheimischen** und persönliche Beobachtungen prägen sich tiefer ein und bleiben oft stärker in Erinnerung als jedes noch so spektakulär organisierte Programm. Sie machen den eigentlichen Reiz jeder Reise aus, und auf solche Erlebnisse sollte kein Besucher, auch nicht der organisiert Reisende, verzichten.

Wer zum ersten Mal nach Marokko, vielleicht auch zum ersten Mal nach Afrika, kommt wird zunächst vermutlich ziemlich „fremdeln". **Vieles ist anders als bei uns,** die Sprache, die Religion, die Mentalität der Landesbewohner. Man kennt sich nicht aus mit öffentlichen Verkehrsmitteln, ist unsicher beim Einkaufen und in Restaurants, fühlt sich schutzlos im Gewühle eines Marktes oder in unbekannten Stadtvierteln. Kurzum: Viele Pauschalurlauber trauen sich oft kaum aus ihrem ghettoartigen Hotelbereich hinaus. Ausflüge werden meist nur unter den Fittichen erfahrener Agenturen und Reiseleiter unternommen, die zweifellos bemüht sind, so viel wie möglich an Sehenswertem in ihre Touren zu packen. Das hat allerdings zur Folge, dass das Programm prallvoll ist und es keine Zeit zum „Atmosphäre schnuppern", keine Chance für private Erlebnisse lässt.

Nichts spricht dagegen, Ausflüge und Rundfahrten zu buchen – manches lässt sich ohnehin kaum oder nur mühsam in der Kürze der Zeit auf eigene Faust organisieren. Wer jedoch das Land und seine Menschen wirklich kennen lernen will, sollte versuchen, die **ausgetretenen Tou-**

**ristenpfade** zu **verlassen.** Das ist für jeden Hotelgast problemlos möglich und keineswegs ein riskantes Unterfangen, wie Reiseleiter gelegentlich – in weiser Berechnung – zu suggerieren versuchen.

**Die Marokkaner sind ausgesprochen gastfreundlich, tolerant, hilfsbereit und kontaktfreudig.** Man spürt dies schnell und fühlt sich dadurch auch bald sicherer in der fremdartigen Umgebung. Wenn Sie sich irgendwo verlaufen haben oder sonst wie Hilfe brauchen, sprechen Sie einen Passanten an oder gehen Sie ins nächstbeste Geschäft. Man wird Sie notfalls so lange „weiterreichen", bis irgendjemand gefunden ist, der Ihnen (immer häufiger sogar in deutscher Sprache) weiterhilft. Begegnen Sie den Menschen offen und ohne Scheu, dann werden Sie ebenso empfangen. Wer dagegen ängstlich und genervt durch die Gassen schleicht, wird sich schneller provoziert und (meist völlig unberechtigt) bedroht fühlen.

## Urlaub und Umwelt

**Wasserknappheit** ist ein zunehmendes Problem in den Sahara- und Sahelländern, so auch in Südmarokko wie im südlichen Drâa- und Ziz-Tal und im Tafilalet. Gehen Sie sparsam, zumindest bewusst mit Wasser um und überlegen Sie sich, ob Sie in der Wüste wirklich nicht auf einen Pool verzichten können! Einige Touristenhotels machen ihre Gäste gezielt auf dieses Problem aufmerksam, indem sie beispielsweise die Handtücher nicht täglich waschen. Weisen Sie ggf. die Rezeption darauf hin, dass z.B. das tägliche Wechseln von Handtüchern und Bettwäsche nicht notwendig ist. Gut gefüllte Pools und Wellnessbereiche in allen besseren Hotels gaukeln Wasser in Hülle und Fülle vor, aber nur durch den kostspieligen Bau von immer mehr Stauseen kann die Versorgung des Landes mit Trinkwasser aufrechterhalten werden. Die Hotelzentren in Agadir wurden z.B. selbst in Trockenjahren immer mit Wasser versorgt, während der einheimischen Bevölkerung das Wasser rationiert wurde. **Besonders kritisch ist die Situation in den Oasen im Drâa-Tal,** wo durch den Stausee Mansour ed Dahbi bei Ouarzazate und den unverhältnismäßig hohen „touristischen" Bedarf der Grundwasserspiegel sinkt und mittlerweile die gesamte Oasenwirtschaft gefährdet ist.

Wer sich öfter in Dritte-Welt-Ländern aufhält, gewöhnt sich an den **Müll,** den Schutt und die Plastiktüten, die wild verstreut in der Gegend herumliegen. Auch Marokko erreicht natürlich keinen deutschen Umweltstandard. Aber im Vergleich zu vielen anderen Entwicklungsländern herrschen zumindest in den marokkanischen Neustädten *(Villes nouvelles)* paradiesische Zustände – mit begrünten Prachtboulevards, gepflasterten Gehwegen und einer (weitgehend) funktionierenden Müllabfuhr. Ausnahmen sind vor allem die Randgebiete der Großstädte, wo selbst die dunkelste Sonnenbrille nicht vor dem Anblick der überall herumfliegenden schwarzen Plastiktüten bewahrt. Auch in den Gassen der Altstädte stapeln sich besonders abends, wenn die Läden geschlossen haben, die Mülltüten in den Ecken. Diese werden nachts entweder von Reinigungskolonnen aufgeräumt oder von Katzen zerfleddert. Fährt man bei einer späten Ankunft am Flughafen von Marrakesch über die palmengesäumten Prachtalleen in die Stadt ein und marschiert wenige Minuten später durch dunkle, schmutzige und menschenleere Gassen zum Gästehaus in der Medina, so ist der Kulturschock für viele Reisende bereits vorprogrammiert. Doch keine Sorge: Sobald sich die Tür zum Hotel oder Gästehaus öffnet, entsprechen die hygienischen Verhältnisse den Anforderungen der ausländischen Kundschaft. Heerscharen von Bediensteten und Putzpersonal sind im Einsatz, um Zimmer, Außenanlagen und Strände in Schuss zu halten. Leider endet die Verantwortlichkeit schon vor der Tür, und außerhalb der Touristenmeile und des Stadtzentrums ist es oft vorbei mit der Sauberkeit. Gleiches gilt übrigens für die privaten marokkanischen Haushalte: Ihr gepflegter und sauberer Charakter steht in krassem Gegensatz zu dem Schmutz im öffentlichen Raum.

Eine perfekte **Müllentsorgung** und **Straßenreinigung,** wie wir sie kennen, existiert in Marokko nur in Ansätzen. Müll, Luft- und Umweltverschmutzung werden mit zunehmender Bevölkerungszahl und Industrialisierung ein immer brennenderes Problem. Zwar sind in größeren Städten Müllcontainer aufgestellt (in kleineren Orten offene Kübel oder Fässer), man bemüht sich auch um die Aufklärung der Bevölkerung, trotzdem landet viel Abfall einfach im Gelände. Außerdem sorgen Wind, Hunde und Katzen dafür, dass der gesammelte Müll wieder verteilt wird. Besonders in den Gassen der Medinas gibt es meist keine funktionierende Abfallentsorgung.

Eine regelrechte „Landplage" sind die **Plastiktüten,** die beim Einkauf großzügig ausgegeben werden und dann landesweit Straßen, Gehwege, Gärten und Felder verunzieren und an Zäunen, Sträuchern und Bäumen hängen. Hier wäre ein gewaltiger Schritt in Richtung Umweltschutz möglich, würde eine Gebühr auf Plastiktüten erhoben. Dann würden Einheimische und Touristen wohl schnell auf die traditionellen Bastkörbe zurückgreifen.

Der **Mangel an Umweltbewusstsein** ist erschreckend. Wenn Strände, Park- oder Picknickplätze und sogar die Pfade und Kanäle in abgelegenen Bergdörfern übersät sind mit Plastikflaschen und rostigen Sardinenbüchsen, dann könnte man schon in Depressionen verfallen – auch wenn von Zeit zu Zeit Säuberungsaktionen stattfinden, vor allem wenn der König im Land herumreist. Andererseits sollte berücksichtigt werden, dass Umweltschutz und die entsprechende Bewusstseinshaltung immer auch in direkter Beziehung stehen zum allgemeinen Wohlstand eines Landes und seiner Einwohner. Eine bekannte Weisheit paraphrasierend, könnte man formulieren: „Fressen kommt vor Sauberkeit" – und viele Marokkaner haben nun mal in erster Linie damit zu tun, ihren Lebensunterhalt zu sichern, und sorgen sich wenig um die Sauberkeit außerhalb ihrer vier Mauern. Wie in allen arabischen Ländern ist es dafür in der eigenen Wohnung umso sauberer!

Besonders ärgerlich ist es, wenn der in ökologischer Hinsicht sensibilisierte **Tourist im Ausland** alle Hemmungen fallen lässt, nur weil sich die meisten Einheimischen einen Dreck um die Umwelt kümmern. Hier besteht eine gute Gelegenheit, als Vorbild aufzutreten: Hinterlassen Sie keinen Müll, gehen Sie sparsam mit Wasser um, verwenden Sie umweltfreundliche Shampoos, Seifen und Waschpulver, da die Abwässer meist ungeklärt ins Meer fließen.

Das Erscheinungsbild mancher Dörfer und Städte wird auch beeinträchtigt durch deren anhaltenden **Baustellencharakter.** Häuser bleiben lange Zeit halbfertig und unverputzt. Steine, Sand, Bauschutt und Abfall werden nach der Fertigstellung nur peu à peu weggeräumt. Der Wind wirbelt Staub und Dreck unbefestigter Bodenflächen durch die Gassen. Mancherorts stolpert man bei Rundgängen über hochstehende Steinplatten, steigt über Sandhaufen und Baumaterial, hüpft über Löcher und offene Kanalschächte – und niemand stört sich daran. **Rollstuhlfahrer** haben es deshalb, auch mangels durchgehend gepflasterter Gehwege, besonders schwer. Wenn dann die wenigen gut ausgebauten Fußgängerwege noch mit Buden und Caféstühlen vollgestellt sind, gleicht das Fußgängerdasein eher einem Hindernislauf.

Abstriche von der uns gewohnten Sauberkeit und Hygiene müssen häufig auch gemacht werden, wenn **Billighotels,** kleine Restaurants und **Garküchen** besucht werden – von **öffentlichen Toiletten** ganz zu schweigen.

Diese Zu- und Missstände sind den Verantwortlichen durchaus bewusst. In Ministerien, Kommunen, Universitäten und Schulen sind landesweit **Umweltspezialisten** eingesetzt, die forschen, informieren und aufklären – ein weites Aufgabengebiet, das viel Geld kostet.

☒ Der Flug von München nach Agadir dauert rund 4 Stunden

# Anreise nach Marokko

## Flugverbindungen

**Direktverbindungen** nach Marokko aus dem deutschsprachigen Raum bestehen mit Royal Air Maroc, Lufthansa und Austrian Airlines nach Casablanca, mit Edelweiss Air nach Marrakesch, mit TUIFly, Ryanair und Easyjet nach Marrakesch und Agadir, mit Condor und German Wings nach Agadir und mit Air Berlin nach Marrakesch und Agadir.

Daneben gibt es etliche **Umsteigeverbindungen** verschiedener europäischer Linienfluggesellschaften mit mindestens einem Zwischenstopp im Heimatflughafen der jeweiligen Airline.

**Pauschalurlauber** erreichen Marokko im Allgemeinen mit Ferienfluggesellschaften wie Air Berlin, TUIFly und Condor. Sie fliegen von vielen Flughäfen in Deutschland, Österreich und der Schweiz direkt nach Agadir/Aït Melloul oder Marrakesch. Vom Flughafen erfolgt dann der Bustransfer ins Hotel.

Die **Flugzeit** z.B. von München nach Agadir beträgt rund 4 Stunden.

In Marokko selbst lassen sich **Inlandsflüge** über die Royal Air Maroc buchen, jedoch gehen diese in der Regel nicht von Stadt zu Stadt, sondern immer über Casablanca, sodass sich diese Art des Reisens im Land nicht lohnt.

Bei **Flugbuchung im Internet** wird eine Kreditkarte benötigt. Die Airlines stellen in der Regel keine Papiertickets mehr aus, sondern senden ein **E-Ticket** mit einer Buchungsnummer per E-Mail zu. Vorteil für Reisende: Bei Verlust des Tickets reicht beim Check-in nur der Ausweis.

Billig- bzw. Charterfluglinien steuern Marrakesch und Agadir häufig nur saisonal an. Bei einigen **Billigfluglinien** wie Ryanair entstehen **Extrakosten** für die Sitzplatzwahl und für aufgegebenes Gepäck. Auch die Bordverpflegung (Getränke, warme Mahlzeiten) ist nicht im Flugpreis enthalten.

## Flugpreise

Je nach Fluggesellschaft, Jahreszeit und Aufenthaltsdauer **schwanken** die Preise für einen Hin- und Rückflug nach Agadir oder Marrakesch **erheblich.** So kann es im Januar, Februar, Juni oder November durchaus möglich sein, einen Flug ab 150 Euro zu ergattern – mit Ryanair sogar ab 50 Euro one way. Während der Oster- oder Pfingstferien muss man jedoch mit etwa 450 Euro für ein Hin- und Rückflugticket rechnen.

**Kinder** unter zwei Jahren fliegen ohne Sitzplatzanspruch für 10% des Erwachsenenpreises, ansonsten werden für ältere Kinder die regulären Preise je nach Airline um 25–50% ermäßigt. Ab dem zwölften Lebensjahr gilt der Erwachsenentarif.

Ist der Flug von dem zum Wohnort nächstgelegenen Flughafen wesentlich teurer als von einem weiter entfernten Airport, macht evtl. ein **Rail-and-Fly-Ticket** Sinn, um per Bahn zum entsprechenden Flughafen zu reisen. Man kann je nach Fluglinie auch einen preiswerten **Zubringerflug** der gleichen Airline von einem kleineren Flughafen in Deutschland buchen. Zudem gibt es **Fly&Drive-Angebote,** d.h. eine Fahrt vom und zum Flughafen mit einem Mietwagen ist im Ticketpreis enthalten.

001m015 ad

Reist man viel per Flugzeug, kann man als Mitglied eines **Vielflieger-Programms** auch indirekt sparen, z.B. im Verbund der www.star-alliance.com (Mitglieder u.a. Austrian Airlines, Lufthansa). Die Mitgliedschaft ist kostenlos, und die gesammelten Flugmeilen bei Fluggesellschaften innerhalb eines Verbundes reichen dann vielleicht schon für einen Freiflug bei einer der Partnergesellschaften beim nächsten Flugurlaub. Bei Einlösung eines Gratisfluges ist langfristige Vorausplanung nötig.

## Last Minute

Einige Airlines bieten Last-Minute-Flüge mit deutlicher Ermäßigung ab etwa 14 Tage vor Abflug an. Die Flüge lassen sich nur bei Spezialisten buchen:

- **L'Tur,** www.ltur.com
- **Lastminute,** www.lastminute.de
- **5 vor Flug,** www.5vorflug.de
- **Holiday Check,** www.holidaycheck.at

## Kleines „Flug-Know-how"

### Check-in

**Nicht vergessen:** Ohne gültigen Reisepass (bzw. Personalausweis; siehe „Ein- und Ausreise") kommt man nicht an Bord eines Flugzeuges nach Marokko. Kinder benötigen eigene Dokumente!

Man sollte **zwei bis drei Stunden vor Abflug am Schalter** der Fluggesellschaft einchecken. Je nach Airline kann man das in der Regel ab 23 Stunden vor dem Flug zu Hause im Internet erledigen und muss am Flughafen nur die ausgedruckte Boardkarte mit Barcode nach unten auf den Scanner legen und sein Gepäck am entsprechenden

002m015 ad

Schalter abgeben. Reist man nur mit Handgepäck, kann man je nach Airline nach einer kurzen Prüfung gleich durch die Schranke in den Boardingraum.

## Gepäck

In der **Economy Class** darf man pro Person in der Regel ein Handgepäckstück von bis zu 7 kg in die Kabine mitnehmen (max. 55 x 40 x 20 cm) und zwei Gepäckstücke bis zu jeweils 23 kg aufgeben. In der **Business Class** sind es pro Person meist zwei Handgepäckstücke (insgesamt bis zu 12 kg) und zwei Gepäckstücke bis zu 30 kg. Bei sog. Billigfluggesellschaften wie z.B. Ryanair gelten andere Gewichtsklassen – man sollte sich beim Ticketkauf über die jeweiligen Bestimmungen informieren.

Beim **Handgepäck** sollte darauf geachtet werden, dass man Getränke oder vergleichbare Substanzen (Gel, Parfüm, Shampoo, Creme, Zahnpasta, Suppe, Käse, Lotion, Rasierschaum, Aerosole etc.) nur in geringen Mengen bis zu jeweils 100 ml mit ins Flugzeug nehmen darf. Diese Substanzen sind separat in einem durchsichtigen Plastikbeutel (z.B. Gefrierbeutel) zu transportieren, den man beim Durchleuchten in eine der bereitstehenden Schalen auf das Fließband legt. Auch das Notebook oder Smartphone muss in eine solche Schale gelegt werden. Hat man einen Gürtel mit einer Schnalle aus Metall, sollte man diesen ebenfalls in die Schale legen, da sonst der Metalldetektor anschlägt und man vom Flughafenpersonal abgetastet wird.

**Aus Sicherheitsgründen** dürfen Nagelfeilen sowie Messer und Scheren aller Art, also auch Taschenmesser, nicht im Handgepäck untergebracht werden. Diese Gegenstände sollte man unbedingt daheim lassen oder im aufzugebenden Gepäck verstauen, sonst werden sie bei der Sicherheitskontrolle einfach weggeworfen. Zudem dürfen leicht entzündliche Gase in Sprühdosen (Schuhspray, Campinggas, Feuerzeugfüllung), Benzinfeuerzeuge und Feuerwerkskörper etc. weder im Koffer noch im Handgepäck transportiert werden.

# Mit dem Auto

Auto- oder Motorradfahrer können ihr Fahrzeug **(bis zu sechs Monate) zollfrei einführen.** Erforderliche Dokumente sind der (nationale) Führerschein sowie Fahrzeugschein *(carte grise)*. Sie benötigen für Marokko außerdem die **Grüne Versicherungskarte,** die ihren Versicherungsschutz in der Kfz-Haftpflichtversicherung bescheinigt. Erkundigen Sie sich rechtzeitig bei Ihrer Kfz-Versicherung, ob diese eine Deckungszusage für Marokko gibt und die Versicherung für Marokko gültig schreibt. Ohne Grüne Versicherungskarte muss an der Grenze eine lokale Haftpflichtversicherung abgeschlossen werden (ca. 90 Euro für einen Monat mit sehr niedrigen Deckungssummen).

**Mittelmeerfähren** verkehren von Spanien, Frankreich und Italien. Die billigsten und kürzesten Verbindungen sind von Algeciras und Tarifa nach Ceuta oder Tanger. Die längste und teuerste Überfahrt, dafür aber die kürzeste und bequemste Anreise nach Südfrankreich, haben Sie mit der Verbindung Genua – Tanger (48 Std.) und Sète – Tanger/Nador (34–36 Std.). Es operieren u.a. die Fährlinien Trasmediterranea, Balearia, FRS und Grand Navi Veloci.

< Das Gebirgsmassiv des Hohen Atlas

# Ausrüstung

## Reisegepäck

**Eine rechtzeitig angelegte Checkliste** hilft, dass man nichts einzupacken (und vorab zu erledigen) vergisst. Im Grunde erfordert eine Marokkoreise kaum andere Vorbereitungen als eine beliebige Südeuropareise. Zu beachten ist jedoch, dass man in ein arabisches Land reist (u.a. Kleidungssitten).

Auch wenn Sie etwas zu Hause vergessen haben – bis auf hochmoderne Reise- und Outdoorausrüstung lässt sich **in Marokko alles nachkaufen.** Generell ist wichtig, an die persönlichen und unersetzlichen Dinge zu denken, z.B. Personaldokumente, Brille und Medikamente, Adressen sowie Wörterbuch bzw. Sprachführer (z.B. Kauderwelsch „Marokkanisch-Arabisch – Wort für Wort", Reise Know-How Verlag). Reiseführer und -karte sowie Urlaubslektüre (deutsche Tageszeitungen, Zeitschriften) sind auch in den Urlaubszentren erhältlich.

**Fotografen** sollten das Ladegerät für die Kamera (kein Adapter notwendig), evtl. Ersatzbatterien und eine Speicherkarte mit ausreichend Kapazität mitnehmen (Speicherkarten sind in marokkanischen Fotoläden erhältlich, aber teurer). Bei Wüstenausflügen kann auch ein Reinigungspinsel nicht schaden, um die Linse von Staub zu befreien.

Sollten Sie vorzugsweise in Billigunterkünften nächtigen, kann ein (schnell trocknendes) **Handtuch** nicht schaden, denn dieses gehört nicht immer zur Ausstattung. Low-Budget-Touristen sollten auch an einen **Hüttenschlafsack** (aus Seide oder Baumwolle) denken, falls keine oder nur verschmutzte Bettwäsche vorhanden ist. Ein wärmerer Schlafsack ist notwendig, wenn man plant, auf Dachterrassen, im Zelt oder open air in der Wüste zu übernachten. Packen Sie eine kleine **Taschenlampe** (z.B. LED-Stirnlampe) ein: Sie brauchen sie bei evtl. Stromausfällen, bei abendlichen Spaziergängen durch schlecht oder unbeleuchtete Gassen, bei Touren über Land oder Trekkings für Übernachtungen in Zelten oder Hütten. Ein kleiner **Schirm** ermöglicht Spaziergänge notfalls auch bei Regen (im Frühjahr und Spätherbst).

Denken Sie an einen guten **Sonnenschutz** für Kopf und Haut (Sonnencreme mit hohem Lichtschutzfaktor).

Empfehlenswert ist die Mitnahme einiger individueller **Geschenkartikel** als Dank für kleinere Dienstleistungen und als Mitbringsel bei Einladungen. Besonders beliebt sind Proben von duftenden Kosmetikartikeln (Shampoo, Bodylotion o.a.), die man in großer Auswahl z.B. im Drogeriemarkt findet. Auch typische bzw. aussagekräftige Souvenirs aus dem Heimatland (Kalender, Postkarten, Bildband) kommen gut an.

In einem **Notizbuch** kann man Erlebnisse, Adressen und praktische Infos zu besuchten Hotels, Restaurants etc. festhalten. Zu Hause fällt anhand der Notizen die Zuordnung der Reisebilder leichter und bei einer evtl. weiteren Reise kann man leicht auf das Notierte zurückgreifen.

Ein **Laptop, Tablet oder Smartphone** ist in Marokko nützlich: In vielen Hotels, Restaurants und Cafés in großen Städten und touristischen Zentren wie Agadir, Essaouira und Marrakesch kann man kabellos im Internet surfen (WLAN). Wer länger in Marokko unterwegs ist, kann über die Anschaffung einer marokkanischen SIM-Karte nachdenken, um Telefonkosten zu sparen (vgl. „Post/Telefon/Internet"). Prüfen Sie dafür vor der Abreise, ob Ihr **Mobiltelefon** per SIM-Lock für andere Karten gesperrt ist oder nicht. Packen Sie ggf. zusätzlich ein altes Handy für die Nutzung mit der marokkanischen SIM-Karte ein.

Ein **Navigationsgerät** kann für Urlauber, die mit dem Mietwagen reisen, hilfreich sein. Für die Nutzung in Marokko muss vorher die entsprechende Kartensoftware erworben werden (vgl. „Mit dem Auto unterwegs/Straßennavigation"). Bei einigen Mietwagenfirmen kann ein Navigationsgerät mit installierten Karten hinzugebucht werden. Ein leichtes Handgerät ist bei selbstständigen Trekkings im Hohen Atlas ein sinnvolles Accessoire. In diesem Buch sind einige Koordinaten von schwer auffindbaren Abzweigen oder Orten angegeben.

**Kopien von Pass und Dokumenten** – separat aufbewahrt – sind nützlich bei Verlust der Originale. Am sinnvollsten ist es, eine digitale Kopie der Dokumente in einem Onlinespeicher (Cloud) zu hinterlegen (z.B. bei Dropbox) – so sichert man sich bei Verlust jederzeit und überall auf der Welt den Zugriff auf Passdaten o.Ä.

☑ Familienbetrieb – der Sohn als Verkäufer in einem typischen Kramerladen

003m015 ad

## Kleidung

Generell auf Reisen empfehlenswert ist **leichte und atmungsaktive Kleidung.** Moderne Funktionskleidung trocknet schnell und bietet einen besonders guten UV-Schutz. Der Tragekomfort von Baumwolle ist jedoch häufig höher. Mit leichten Hosen oder Röcken, die bis über die Knie reichen, sowie nicht zu engen Blusen oder T-Shirts ist man unterwegs nicht nur einigermaßen „anständig" angezogen, sondern auch vor der intensiven Sonneneinstrahlung geschützt. Marokkaner wird man außerhalb der Küstenstädte selbst im (sehr heißen) Hochsommer allenfalls in knielangen Shorts auf der Straße antreffen. Auch der wohlgeformteste Mann würde sich daneben benehmen, liefe er mit entblößter Brust herum. Diese Regeln gelten umso mehr, je weiter man sich von touristischen Zentren entfernt.

Selbst in der größten Hitze muss **Rücksicht auf das islamische Gastland** genommen werden. Nacktbaden ist in Marokko verboten, „oben ohne" wird allerhöchstens an den Hotelpools geduldet, an Stränden jedoch signalisiert die barbusige Europäerin dem männlichen Marokkaner sexuelle Bereitschaft, was Belästigungen nach sich zieht. „Freizügige" Kleidung wie sehr kurze Röcke/Shorts und tief ausgeschnittene oder rückenfreie Shirts sollten Frauen nur im Hotelbereich oder in den modernen Neustädten von Marrakesch und Agadir tragen. In ländlichen Regionen, in Bergdörfern, in den Altstädten und vor allem beim Besuch von religiösen Monumenten (z.B. Medersen) trägt frau besser knie- und schulterbedeckende Kleidung, um keinen Unmut zu provozieren.

Das **Tragen marokkanischer Landestracht** empfiehlt sich nur zu geeigneten Anlässen: Als Kopfbedeckung bei einer staubigen Tour unter sengender Sonne etwa, ist ein Chech (Wickelkopftuch der Tuareg und anderer Saharavölker) sehr praktisch. Beim Rundgang in der Altstadt kann durchaus eine Djellabah getragen werden. Insgesamt aber sollte auch hier das nötige Fingerspitzengefühl bewiesen werden.

Für Frauen empfiehlt sich ein großes, leichtes **Tuch,** das frau beliebig über Kopf und/oder Schultern tragen kann – im Süden kann für diesen Zweck auch ein Chech gekauft werden. Dies ist nicht nur ein empfehlenswertes Zugeständnis an die Landessitte, es schützt auch Kopf und Nacken vor der Sonne und das Haar vor Austrocknung und Staub – zudem lässt sich damit beim Besuch z.B. von Moscheen, Museen, Souks, Restaurants ein etwaiges Zuviel an nackter Haut im Schulterbereich dezent verhüllen.

Auch ins Sommergepäck gehören ein **warmer Pullover, Windstopper oder Fleece** für kühle Abende sowie ein leichter Wind- und Regenschutz. Im Winter braucht man vor allem im Gebirge, aber auch in der Wüste (Nachtfrost!), warme Klamotten und einen guten Schlafsack. Für Trekkingtouren im Hohen Atlas müssen vor März und ab September Mütze und Handschuhe ins Gepäck!

Feste, geschlossene **Schuhe** sind nicht nur für Wüstenexkursionen empfehlenswert, sondern auch für längere und kürzere Wanderungen, Ausflüge ins Gelände und Besichtigungen antiker Ruinenstätten. Ansonsten sind robuste Trekkingsandalen ideal, sowohl für den Altstadtbummel als auch für Spaziergänge abseits der Straße.

# Barrierefreies Reisen

**Marokko ist kein ideales Land für Behinderte.** Es gibt nur wenige behindertengerechte Hotels, öffentliche Einrichtungen oder gar öffentliche Verkehrsmittel. Öffentliche Toiletten sind meist Stehtoiletten. Die Hotels und Riads (Maisons d'Hôtes) haben europäische Bäder und manchmal auch einige barrierefreie Zimmer. In den mehrstöckigen Riads existieren keine Aufzüge, und die gewundenen Treppenaufgänge sind steil und eng. Am ehesten funktioniert das Reisen noch mit der Bahn. Gehsteige (und Straßen) eignen sich nicht für einen Rollstuhl: So sind Gehwege oft nicht vorhanden bzw. häufig uneben, mit Löchern und hohen Bordsteinkanten. In den Medinas sind die Gassen oft so eng, dass man schon als normaler Fußgänger seine liebe Not hat, Mopeds, Eselswagen und Menschen auszuweichen. Rollstuhlfahrer sollten deshalb mit Begleitperson reisen. Es gibt zwar Rollstuhlfahrer, die sich alleine durch Marokko geschlagen haben, aber dieses Unterfangen ist ausgesprochen mühsam – immerhin lautet das einstimmige Urteil aller, dass die Bevölkerung Behinderten gegenüber sehr aufgeschlossen, hilfsbereit und freundlich ist.

Eine Leserin im Rollstuhl wies darauf hin, dass man Flickzeug für die Räder einpacken sollte. Zu manchen öffentlichen Sehenswürdigkeiten (z.B. Bahia-Palast und Saadier-Gräber in Marrakesch) haben Besucher mit Behinderung freien Eintritt.

- Eine kostenlose **Beratung für barrierefreies Reisen** erhält man beim **Bundesverband Selbsthilfe Körperbehinderter e.V.:** Tel. 06294 42 81-0, www.bsk-ev.org/beratung.

# Diplomatische Vertretungen

Adressen aller Vertretungen auch online unter www.auswaertiges-amt.de, www.bmeia.gv.at und www.eda.admin.ch.

## Botschaften des Königreichs Marokko

- Niederwallstr. 39, 10117 **Berlin,** Tel. 030 20 61 240, www.botschaft-marokko.de
- Hasenauerstr. 57, 1180 **Wien,** Tel. 01 586 66 50, 586 66 51, emb-pmissionvienna@morocco.at
- Helvetiastr. 42, 3005 **Bern,** Tel. 031 351 03 62 oder 351 46 30, sec_eco_amb@bluewin.ch

## Vertretungen in Marokko

- **Deutsche Botschaft: Ambassade de la République fédérale d'Allemagne**
7, Zankat Madnine, Rabat, Tel. (00212) (0)537 21 86 00 und im Notfall außerhalb der Öffnungszeiten Tel. (00212) (0)661 14 70 59 oder per SMS, www.rabat.diplo.de; Rechts- und Konsularreferat: 12, Av. Mehdi Ben Barka, Souissi, Tel. (00212) (0)537 63 54 00
- **Deutsches Konsulat: Consulat de l'Allemagne**
6, Rue de Madrid, Secteur résidentiel, Agadir, Tel. (00212) (0)528 84 10 25, agadir@hk-diplo.de

**Österreichische Botschaft:**
**Ambassade de l'Autriche**
2, Zankat Tiddas, Rabat, Tel. (00212) (0)537 76 40 03, 76 16 98, und nur für Notfälle außerhalb der Dienststunden Tel. (0670) 05 76 48, rabat-ob@bmeia.gv.at

**Schweizerische Botschaft:**
**Ambassade de Suisse**
Square de Berkane, Rabat, Tel. (00212) (0)537 26 80-30/-31, www.eda.admin.ch/rabat

# Drogen

Der Konsum von **Cannabis (Kif)** gehört in manchen Regionen zum marokkanischen Alltag und ist im Gegensatz zum Alkoholkonsum nach religiöser Auslegung nicht „haram" (verboten). Kif ist Marokkanern für den Eigenverbrauch erlaubt, für Touristen jedoch streng verboten. Junge Männer z.B. in Essaouira versuchen sich als Drogendealer oder locken Touristen mit fragwürdigen Einladungen, wo man entweder ausgenommen oder beschwatzt wird, Drogen zu kaufen.

**Konsum, Besitz und Handel von Drogen sind in Marokko verboten!** Wer erwischt wird, dem drohen lange Haftstrafen. Die Haftbedingungen entsprechen Dritte-Welt-Niveau!

Ein Problem in Marokko ist die leichte Erhältlichkeit bzw. die zwiespältige Handhabung im Umgang mit Drogen. Weniger gebräuchlich sind harte Drogen, aber **Marihuana bzw. Haschisch** sind allgegenwärtig – vor allem im Norden. Hanf/Cannabis wird im Rif-Gebirge angebaut. Da Hanf häufig die einzige, sicherlich aber die lukrativste Einnahmequelle, der armen Bergbauern ist und die Rif-Kabylen schon immer aufsässig gegen die Regierung waren, unternimmt der Staat wenig gegen die Hanfanpflanzer, um sich in diesem Gebiet die Ruhe zu sichern. Andererseits will sich Marokko nicht den Ärger der westlichen Partner USA und Europa einhandeln und bestraft deshalb nicht nur den Handel mit harten Drogen sondern auch den Marihuana-/Haschischhandel und -besitz. Nach Zeitungsberichten wurde inzwischen ein Fonds der UNO gegründet, um die Bauern aus der Abhängigkeit vom Hanf-Anbau zu lösen. Dieses Programm bietet den Bewohnern landwirtschaftliche Beratung und finanzielle Unterstützung zur Anpflanzung von Obstbäumen und Getreide sowie zur Züchtung von Rindern, Schafen und Ziegen.

Die **Anmache** durch Händler und Bauernburschen **im Rif-Gebirge** ist ziemlich bedeutungslos geworden, hier reist man mittlerweile problemlos und meist unbelästigt. Die Zeiten der Verfolgungsjagden mit Autos sind definitiv vorbei. Nur in den Städten (z.B. Chefchaouen, Tétouan) erhält man gelegentlich im Vorbeigehen ein unauffällig geflüstertes Angebot.

Touristen sollten unbedingt die Finger von diesen Angeboten lassen, denn ein schneller Joint unter „Freunden" führt nicht selten zu Komplikationen. Rucksackreisende berichten gelegentlich von **massiven Erpressungsversuchen** bei „Einladungen". Vermeintlich freundlichen Studenten auf den Leim gegangen, stellt sich oft heraus, dass diese nichts anderes im Sinne haben, als ihren Stoff zu verkaufen. Grundsätzlich sollte man vorsichtig sein und keinesfalls leichtfertig Einladungen annehmen!

Wer sich immer noch Illusionen hingibt, was Rauschgiftkonsum und dessen Folgen in Marokko anbelangt, sollte sich von *amnesty international* die Berichte deutscher Gefangener in Marokko zuschicken lassen.

# Ein- und Ausreise

## Einreisebestimmungen

Deutsche Staatsbürger benötigen für einen Aufenthalt in Marokko bis zu 90 Tagen einen **noch sechs Monate gültigen Reisepass,** Kinder brauchen für die Ein- und Ausreise einen Kinderreisepass, ab 12 Jahren einen regulären Reisepass mit elektronischen Daten. Für deutsche **Pauschalreisende,** die einen Charterflug (fester Hin- und Rückflugtermin) mit Hotelaufenthalt für die gesamte Reisedauer gebucht und bezahlt haben, genügt der **Personalausweis. Impfvorschriften bestehen nicht.**

Reisen **Minderjährige** nicht in Begleitung beider Eltern, kann man bei Rückkehr in die EU (vor allem per Flugzeug) nach einer **Einverständniserklärung** des anderen Sorgeberechtigten gefragt werden, eine Schutzmaßnahme gegen eine mögliche Kindesentführung.

Eine **Verlängerung des Aufenthalts** ist grundsätzlich **nicht möglich,** es sei denn, der Ausländerpolizei wird ein vollständiger Antrag mit Nachweis über finanzielle Mittel, ggf. Arbeitsvertrag in Marokko und Begründung, warum ein längerer Aufenthalt erforderlich ist, vorgelegt. Ein Aufenthalt über 90 Tage hinaus stellt einen Verstoß gegen das Aufenthaltsrecht dar und wird strafrechtlich geahndet.

Die **Abfertigung am Flughafen** ist unproblematisch. Dem Polizeibeamten legt man den Pass und den ausgefüllten Ein-/Ausreisezettel *(Carte d'Embarque-*

### Hinweis

Da sich die **Einreisebedingungen** kurzfristig ändern können, raten wir, sich kurz vor Abreise beim Auswärtigen Amt (www.auswaertiges-amt.de bzw. www.bmeia.gv.at oder www.dfae.admin.ch) oder der jeweiligen Botschaft zu informieren.

Einreiseformular

**CARTE DE DEBARQUEMENT**
**EINREISE**

1 Nom: ..........
Name (Druckschrift)

Nom de jeune fille: ..........
Geburtsname

Prénoms: ..........
Vorname

2 Date de naissance: ..........
Geburtsdatum

3 Lieu de naissance: ..........
Geburtsort

4 Nationalité: ..........
Nationalität

5 Profession: ..........
Beruf

6 Domicile: ..........
Heimatadresse

7 Passeport no .......... délivré à .......... le ..........
Reisepaß-Nr. ausgestellt in am

8 Allant à (adresse): ..........
Zielflughafen

Réservé à l'Administration
Für behördliche Eintragung

Form 300012 -95

006m015 ad

*ment/Débarquement)* vor, der manchmal schon im Flugzeug ausgegeben wird. Daraufhin erhält man den **Einreisestempel mit Identifikationsnummer** *(Numéro d'entrée),* auf deren Lesbarkeit man achten sollte, da sie beim Einchecken in die Hotels und für weitere Einreisen benötigt wird. Bei der Ausreise ist der gleiche Zettel auszufüllen, der meistens bei den Säulen am Flughafen rumliegt, und dem Beamten mitsamt Pass und Ticket vorzulegen. Falls man mit dem Personalausweis einreist (was nur für Pauschaltouristen im Rahmen einer Gruppenreise möglich ist), erhält man ein gesondertes Blatt mit dem Einreisestempel, das bei der Ausreise wieder vorgezeigt werden muss. Bei der Zollabfertigung werden Gruppenreisende selten kontrolliert.

Am Bahnhof in Marrakesch

## Zollbestimmungen

**Private Gebrauchsgegenstände** (Kamera, Laptop, Radio, Sportausrüstung etc.) können **zollfrei** eingeführt werden. Die Einfuhr von Barmitteln, deren Gegenwert 100.000 Dirham (ca. 9000 Euro) übersteigt, muss bei der Einreise deklariert werden – dies ist für Touristen jedoch kaum relevant.

Erwachsene Reisende dürfen an **Genussmitteln** 200 g Tabak, 1 Liter Wein und 1 Liter Spirituosen oder drei Flaschen Wein zollfrei mitführen. Die marokkanische **Währung (Dirham)** darf bis zu einem Höchstbetrag von 2000 Dirham ein- oder ausgeführt werden.

Die Mitnahme von **Funkgeräten und Waffen** ist verboten. Amateurfunker (nicht CB) können aber in Deutschland bzw. Österreich oder der Schweiz eine Gastlizenz beantragen. Die Einfuhr von Pornografie oder in anderer Form moralisch verwerflicher Medien ist ebenfalls nicht gestattet.

Die Ein- und Ausfuhr von Rauschgift (harte Drogen, Substanzen aus Anis oder Absinth, **Cannabis** in Form von Haschisch, Marihuana und Kif) ist verboten und wird mit langen Gefängnisstrafen geahndet.

Bei der **Mitnahme von Hunden (und Katzen)** sind vor allem die Bestimmungen für die Wiedereinfuhr in die EU relevant: Der EU-Heimtierpass muss eine gültige Tollwutimpfung vor wenigstens einem Monat und nicht länger als zwölf Monaten nachweisen. Außerdem brauchen Sie einen sogenannten Tollwut-Titer, der den Nachweis erbringt, dass die Impfung auch angeschlagen hat. Das Tier muss tätowiert oder mit einem implantierten Chip gekennzeichnet sein. Für die Einreise nach Marokko ist offiziell ein amtstierärztliches Zeugnis nötig, das in den Impfpass eingetragen wird und nicht älter als drei Tage sein darf. Offiziell muss das Tier bei der Einreise am Grenzposten von einem Tierarzt des Landwirtschaftsministeriums gecheckt werden. Nach Bezahlung einer kleinen Gebühr erhält man von ihm eine Bescheinigung über die tierärztliche Kontrolle. Das Prozedere wird jedoch selten so streng gehandhabt.

Beachten Sie, dass es Probleme gibt, wenn Sie einen **Hund aus Marokko** mitbringen: Selbst wenn dieser geimpft ist und ein amtsärztliches Zeugnis aus Marokko vorliegt, wird dies oft nicht anerkannt und das Tier muss in Quarantäne.

Bei der **Rückeinreise** gibt es auch auf europäischer Seite Freigrenzen, Verbote und Einschränkungen. Folgende **Freimengen** darf man zollfrei einführen (EU und Schweiz):

- **Tabakwaren** (für Personen ab 17 Jahren): 200 Zigaretten oder 100 Zigarillos oder 50 Zigarren oder 250 g Tabak oder eine anteilige Zusammenstellung dieser Waren.
- **Alkohol** (für Personen ab 17 Jahren) in die EU: 1 Liter Spirituosen über 22 Vol.-% oder 2 Liter unter 22 Vol.-% oder eine anteilige Zusammenstellung dieser Waren, und 4 Liter nicht-schäumende Weine, und 16 Liter Bier; in die Schweiz: 2 Liter bis 15 Vol.-% und 1 Liter über 15 Vol.-%.
- **Andere Waren** (in die EU): 10 Liter Kraftstoff im Benzinkanister; für See- und Flugreisende bis zu einem Warenwert von insgesamt 430 Euro, über Land Reisende 300 Euro, alle Reisende unter 15 Jahren 175 Euro (bzw. 150 Euro in Österreich); (in die Schweiz): neu angeschaffte Waren für den Privatgebrauch bis zu einem Gesamtwert von 300 SFr; bei Nahrungsmitteln gibt es innerhalb dieser Wertfreigrenze auch Mengenbeschränkungen.

Wird die Wertfreigrenze überschritten, sind **Einfuhrabgaben** auf den Gesamtwert der Ware zu zahlen und nicht nur auf den die Freigrenze übersteigenden Anteil. Die Berechnung erfolgt pauschal oder nach dem Tarif jeder einzelnen Ware zuzüglich sonstiger Steuern.

**Einfuhrbeschränkungen** bestehen u.a. für Tiere, Pflanzen, Arzneimittel, Betäubungsmittel, Feuerwerkskörper, Lebensmittel, Raubkopien, verfassungswidrige Schriften, Waffen und Munition; in Österreich auch für Rohgold und in der Schweiz auch für CB-Funkgeräte. Geldmittel ab einem Wert von 10.000 Euro bzw. Schweizer Franken müssen angemeldet werden.

### Nähere Informationen

- **Marokko:** www.douane.gov.ma
- **Deutschland:** www.zoll.de
oder unter Tel. 0351 44 83 45 10
- **Österreich:** www.bmf.gv.at
oder unter Tel. 01 514 33 56 40
- **Schweiz:** www.ezv.admin.ch
oder unter Tel. 061 287 11 11

## Elektrizität

Die Netzspannung beträgt **220 V.** Die deutschen Gerätestecker passen in die marokkanischen Steckdosen – es ist kein Adapter notwendig.

› Typischer Straßenmetzger

# Essen und Trinken

## Die marokkanische Küche

Wer sie noch nicht kennt, der wird sie lieben: die marokkanische Küche! Wenn im Hotelrestaurant zum wiederholten Male die Standard-Tajine mit Kartoffeln, Erbsen und Hühnchen auf den Teller kommt, entsteht der Eindruck, die marokkanische Küche sei eintönig. Aber das Gegenteil ist der Fall! Die marokkanische Küche ist eine der vielfältigsten der Welt, mit Einflüssen aus den Mittelmeerländern und den östlichen arabischen Gebieten. Die Zubereitung köstlicher und üppiger Speisen gehört in Marokko dazu, besonders zur Bewirtung eines Gastes und zu festlichen Anlässen wie etwa einer Hochzeit. Auf den Märkten türmen sich sonnengereiftes **Gemüse und Früchte** von Marokkos Anbauflächen: Paprika, Tomaten, Kartoffeln, Auberginen, Orangen, Erdbeeren, Aprikosen, Äpfel. In den Souks werden – zu spitzen Bergen gestapelt – eingelegte Oliven und Zitronen sowie verschiedene Dattelsorten verkauft. Den Eiweißbedarf decken Fisch, Meeresfrüchte und Geflügel, Schaf-, Ziegen- und Rindfleisch.

Den richtigen und unverwechselbaren Geschmack geben **Gewürze:** Kreuzkümmel, Zimt, Koriander, Ingwer und die edlen Safranfäden. Der Anblick der bunten Gewürzberge auf den Märkten gehört zu den faszinierendsten Eindrücken einer Marokkoreise.

Die pikante **Gewürzmischung Ras el-Hanout** besteht aus 44 verschiedenen Gewürzen und wird überall verkauft – sie eignet sich besonders gut als Mitbringsel.

Auch **Kräuter** sind in der marokkanischen Küche elementar, darunter Thymian, Wermut, Koriander, Minze, Lorbeer und Petersilie.

005m015 ad

Eine der wichtigsten Zutaten für die marokkanische Küche ist das im Land gewonnene, kaltgepresste **Olivenöl.**

Eine Spezialität Marokkos ist das **Arganienöl,** das in einem aufwendigen Prozess aus den gerösteten Kernen der gelben Arganienfrüchte gepresst wird und nussartig schmeckt. Das Speiseöl und kosmetische Produkte aus Arganienöl werden vor allem in der Souss-Region (vgl. Exkurs im Anti-Atlas-Kapitel) verkauft.

In den Neustädten locken moderne **Patisserien** mit einer großen Auswahl an Gebäck, in der Medina sind es kleine Backhäuser oder Verkaufsstände, an denen viele verschiedene Variationen in Häuflein angerichtet sind. Es ist beinahe wie Weihnachten – nur gibt es hier die köstlichen Plätzchen mit Sesam, Mandeln, Rosinen und Honig ganzjährig zu unglaublich niedrigen Preisen. Die halbmondförmigen, sesambestreuten „Gazellenhörner" *(Kaab el-ghazal)* haben eine weiche Mandelfüllung, die klassisch runden Kekse *(Ghoriba)* sind mit einer Mandel oder Sesam garniert. Als Ramadan-Gebäck gibt es *Griouch* (von Hand gefaltet) und *Chebakia.*

Das Gebäck wird traditionell zur Begrüßung mit dem **Thé à la menthe** gereicht. Das Nationalgetränk wurde erst 1854 von britischen Händlern eingeführt. Heute ist der zuckersüße Tee in den nordafrikanischen Ländern allgegenwärtig; das gemeinsame Teetrinken hat eine wichtige soziale Funktion. Findige Händler bieten ihn – vor der selbstverständlich unverbindlichen Teppichvorführung – als „Whiskey marocain" an. Der grüne chinesische Tee wird mit sehr viel Zucker und aromatischer Nana-Minze (marokkanische Pfefferminzart) in der Kanne serviert. Dazu gehört ein Tablett, auf dem die Gläschen angeordnet sind. Nun beginnt die eigentliche **Teezeremonie:** Der Tee wird mehrmals in großem Bogen von der Kanne in ein Glas gefüllt und wieder zurückgegossen, bis die obligatorische Schaumkrone und das richtige Gemisch entstehen. Schließlich bekommt der erste Gast den Tee gereicht, erhebt mit einem „bismillah!" („Im Namen Gottes!") das Glas und trinkt es schlürfend aus. Ein arabisches Sprichwort besagt, dass immer drei Gläser getrunken werden sollen: „Das erste Glas ist süß wie die Liebe, das zweite hart wie das Leben und das dritte bitter wie der Tod." Neben Tee gibt es in jedem Kaffeehaus auch **Café au lait** und frisch gepressten Orangensaft.

Das marokkanische Festmahl beginnt mit köstlichen **Vorspeisen:** Pasten aus Auberginen, Zucchini und Paprika mit Olivenöl, geriebene Karotten mit Orangensaft, Kichererbsenmus, gekochtes und rohes Gemüse. Auch **Salate** sind in verschiedensten Variationen erhältlich. Der typische *Salade marocaine* besteht aus Tomaten, Gurken, Zwiebeln, Kartoffeln, Roter Beete und Oliven.

Die bekanntesten **Hauptgänge** sind **Couscous und Tajine** (sprich: Taschin). Couscous ist das Nationalgericht und wird in fast allen nordafrikanischen Ländern gegessen. Als **Dessert** werden meist *Oranges à la canelle* (Orangenstücke mit Zimt), frisches Obst oder Gebäck gereicht. Und dann beginnt alles wieder von vorne mit dem *thé à la menthe.*

[>] Bewirtung mit Couscous, dem marokkanischen Nationalgericht

**Traditionell** wird in Marokko **auf Holzkohle gekocht.** Viele marokkanische Hausfrauen ziehen immer noch ein Holzkohlestövchen dem Gasherd vor, auch wenn dieser längst Einzug in die Küchen gehalten hat. Traditionell isst die ganze Familie mit den Händen aus der Tajine- oder Couscousschale in der Mitte des Tisches. Inzwischen dominieren jedoch auch in marokkanischen Restaurants und Haushalten chinesische Plastikteller mit bunten Mustern …

## Bekannte Gerichte

### Couscous

Das marokkanische **Nationalgericht** besteht aus Hartweizengrieß, der in einem Sieb über einem Eintopf aus Hammel-, Lamm- oder Hühnerfleisch mit sieben verschiedenen Gemüsen und Kichererbsen gedämpft wird. Dazu kommt eine sehr scharfe Soße aus **Harissa** (Paprikapaste). Die Zubereitungsarten von Couscous variieren stark, je nach Geldbeutel des Gastgebers und auch danach, zu welchem Anlass es gekocht wird. Bei vielen Familien kommt Fleisch nur an Festtagen auf den Tisch, ansonsten gibt es Gemüse-Couscous. Bei wohlhabenderen Familien findet sich dagegen meistens reichlich Fleisch auf dem Couscous. Es gibt auch noch ein süßes Couscous, das mit Rosinen, Zimt und Mandeln als Nachspeise zubereitet wird.

**Traditionell** wird Couscous **am Freitag serviert,** oftmals wird von reichen Familien auf dem Lande mehr gekocht und in die Moschee gebracht, um dort bedürftige Familien zu speisen.

105m015 ed

### Mechoui

Ein junger **Hammel** wird ganz am Spieß oder im Ofen gebraten, gewürzt mit Knoblauch, Salz, Kreuzkümmel, Paprika und Cayennepfeffer, eingerieben mit Smen, dem marokkanischen Butterschmalz. Dies geschieht gewöhnlich über einem Holzkohlenfeuer. Das Gericht ist das **traditionelle Festmahl,** das vor allem zum Opferfest Aid al-kabir 50 Tage nach Ramadan-Ende, aber auch zum Maulad (Mohameds Geburtstag) oder zum Neujahrsfest Ashura zubereitet wird.

### Bastillia (B'stilla)

Die Bastillia ist ebenfalls ein Festgericht. Es handelt sich um **eine Art Pastete** aus hauchdünnen Teigblättern (Warkha), die mit Rosinen, Mandeln und Taubenfleisch, oft auch mit Früchten und Geflügel gefüllt ist. Die Zubereitung ist sehr aufwendig. In manchen Restaurants bekommt man Bastillia auf Vorbestellung.

### Tajine

Die Tajine ist **DAS landestypische Gericht** und wird überall in Restaurants und am Straßenrand angeboten. Für die Zubereitung wird ein (gleichnamiger) Tontopf mit spitzhaubigem Deckel verwendet, in dem das Gericht direkt über der Holzkohle im Kanoun geschmort wird. Häufig kommt Tajine aus gebratenem Hähnchen mit Kartoffeln, Karotten, Erbsen und Oliven oder aus Hähnchenschenkeln mit eingelegten Zitronen und Oliven *(Tajine au poulet)* auf den Tisch. Besonders lecker schmeckt Tajine mit Lammfleisch, Pflaumen und gerösteten Mandeln *(Tajine d'agneau aux prunes et amandes)*. Es gibt unzählige Zubereitungsmöglichkeiten – leider bekommen Urlauber in den Touristenlokalen oft dieselbe Tajine vorgesetzt.

### Kebab (Brochettes)

Die **gegrillten Spieße** mit Lamm- oder Rindfleischstücken gibt es in jedem einfachen Straßenrestaurant. Zu den Brochettes isst man Salat oder Pommes.

### Kefta

Hierbei handelt es sich um Kügelchen oder Würstchen aus gerolltem **Lammhack,** ziemlich scharf gewürzt und in Öl gebraten oder gegrillt. Ein Gericht, welches im gesamten Vorderen Orient und von Ägypten bis in den Maghreb beheimatet ist.

### Merguez

Die rötlichen **Würstchen,** die wie unsere Bratwürstchen gebraten oder gegrillt werden, sind ein beliebter Imbiss.

### Harira

Die **traditionelle Fastensuppe** ist eine dicke, nahrhafte Suppe aus Lammbrühe, Lammfleisch, Linsen, Kichererbsen, gehackten Tomaten, Zwiebeln und frischen Kräutern und Gewürzen. Das Gericht ist in der ganzen arabischen Welt verbreitet und wird vorwiegend im Winter gegessen, wenn frisches Gemüse fehlt.

**Im Ramadan** wird diese Suppe meist mit dem Ruf des Muezzin, der das Fastenbrechen verkündet, als **erste Mahlzeit** eingenommen. Inzwischen wird diese nahrhafte Suppe aber auch zu anderen Jahreszeiten gegessen, in Fès gibt es sogar eine spezielle Diätversion für heiße Tage.

## Restaurants und Cafés

In den meisten Stadthotels kann zwischen **europäischer** (meist französischer) und **marokkanischer Küche** gewählt werden. In den Gästehäusern *(Maisons d'Hôtes)* und Herbergen *(Gîtes)* gibt es meist Tajine auf Vorbestellung. In den touristischen Zentren muss kein Tourist auf gewohnte Kost verzichten, in Agadir kommt sogar deutsches Bier vom Fass und Wiener Schnitzel auf den Tisch. In Marrakesch kann man französisch, italienisch, thailändisch, chinesisch und sogar Sushi essen. Auch **Pizza und Fast Food** (Burger King, Pizza Hut, McDonald's) haben in allen größeren Städten Einzug gehalten.

**Speisekarten** in den Touristenlokalen sind häufig zusätzlich in Deutsch (in Agadir) und Englisch abgefasst.

**Restaurants** mit marokkanischer und französischer Küche gibt es in den Großstädten in reicher Auswahl. In der **Altstadt** dominieren einfache **Garküchen** mit einheimischem Essen. In der Medina von Marrakesch kann man sich auch in **Palastrestaurants** verwöhnen lassen: In den Gassen verstecken sich wahre Gourmettempel in alten, prunkvollen Stadtpalästen mit einer abwechslungsreichen Speisekarte und gehobenen Preisen (20–60 Euro für ein Menü, z.T. inkl. Wein, manchmal auch mit Musik- und Tanzshows).

Ein **3-Gänge-Menü,** bestehend aus Suppe, Hauptspeise (Tajine/Couscous/Brochette) und Dessert (z.B. Obstsalat), ist in einem mittelpreisigen Restaurant für 70–150 DH zu bekommen. Da sich die Lokale meist auf bestimmte Stadtviertel (meist in der Neustadt oder am zentralen Platz) konzentrieren, kann man bei einem Stadtbummel anhand der aushängenden Speisekarten einen Preisvergleich anstellen. In einfachen Lokalen mit marokkanischer Küche und weniger Atmosphäre (z.B. Plastikstühle, keine Tischdecken, evtl. verschmutzte Toiletten) ist ein Hauptgericht schon ab 40 DH zu haben. In **Grill-Schnellimbissen** *(Rôtisseries)* entlang der Fernverkehrsstraßen, an Tankstellen und großen Kreuzungen gibt es preisgünstig *Poulet rôti* (Grillhähnchen) mit *Pommes frites*, *Kefta* (Rinderhackwürstchen), *Merguez* (rote Würstchen) oder *Brochettes* (Fleischspieße) für jeweils 35–50 DH. In sog. *Casse-croûte* an den Straßen werden Sandwiches, Pizzas oder Omelettes angeboten.

Entlang der Küste bieten Restaurants hervorragend zubereitete **Meeresfrüchte** *(Fruits de mer)* und **frischen Fisch** an. Am besten und frischesten isst man Fisch direkt im Hafenbereich (z.B. in Essaouira).

Der Besuch eines der zahllosen einfachen **Cafés** gehört zum Marokkoerlebnis. Ein marokkanisches Sprichwort beschreibt scherzhaft die Kaffeehausdichte in den Altstädten: „Zwischen einem Café und einem Café ist ein Café".

Das **traditionelle Café** im islamischen Kulturkreis ist **Männertreffpunkt,** Kommunikationszentrum und Austauschbörse, häufig auch Vermittlungsort von Prostituierten und Kiffertreffpunkt. Wie bei uns reicht hier die Bandbreite der Lokale von gediegen bis zwielichtig, was natürlich entscheidend vom Viertel abhängt. In kleineren Orten kann das Café aber auch sämtliche der genannten Funktionen erfüllen, ohne dass ein Tourist das merkt. Die traditionellen marokkanischen Cafés in der Medina (mit reinem Männerpublikum) sind vor allem für allein reisende Frauen tabu. In Marrakesch, Agadir und Essaouira finden Touristen aber auch viele moderne Cafés und Eisdielen, wo sich die marokkanische Jugend trifft. Dort trinkt man am besten einen **marokkanischen Tee** *(Thé à la menthe)* oder einen **frisch gepressten Orangensaft.**

## Selbstversorger

Selbstversorger finden auf den **Märkten** (*Marché central* oder *Marché municipal*) bzw. den Wochenmärkten in den kleineren Orten *(Souk hebdomaire)* und in den Lebensmittelgeschäften *(Alimentaire)* alles, was man für die Küche braucht. Das Angebot auf den Märkten variiert mit der Jahreszeit. Im Frühjahr gibt es alle erdenklichen **Obst- und Gemüsesorten** zu kaufen, im Sommer wird das Angebot etwas spärlicher mit Paprika, Kartoffeln, Blumenkohl, Karotten, Tomaten und Zwiebeln sowie Orangen und Zitronen. Selbst in abgelegenen Dörfern der Westsahara und in den Bergen ist frisches Obst und Gemüse erhältlich.

In allen großen Städten gibt es zudem riesige **Supermärkte** (Marjane, Carrefour, ACIMA, Metro) mit einem Angebot, das demjenigen in Europa in nichts nachsteht – abgesehen von Schweinefleisch und Schwarzbrot.

Trekkingtouristen und Outdoorsportler sollten einen kleinen Vorrat an Müsli-/Energieriegeln und **leichter Fertignahrung** (entweder gefriergetrocknete Expeditionsnahrung oder Fertigpackun-

gen aus dem Supermarkt) von zu Hause mitnehmen, um bei mehrtägigen Exkursionen mit Übernachtung in der Natur versorgt zu sein.

**Brot** (arab. *chobs*) wird in Form von französischem Stangenweißbrot und Fladenbrot verkauft – frisch schmeckt beides ausgezeichnet. Im Ramadan wird Brot evtl. erst nachmittags verkauft, um dann zum Fastenbrechen bei Sonnenuntergang ganz frisch auf den Tisch zu kommen.

Der Anblick von **Fleisch** auf marokkanischen Märkten ist nicht für jedes Gemüt erträglich: unförmige Fleischfetzen oder ganze Ziegen- oder Kamelköpfe hängen am Fleischerhaken vor der Metzgerei. Auch Rinderhälften oder Schafskeulen, Pansen und Darmhäute

010m015 ad

Café und Souvenirstand am Tizi-n-Tichka im Hohen Atlas

dekorieren die Auslage. Der Hygienestandard ist jedoch großteils gut: Die Metzgereien bekommen das Fleisch frisch angeliefert und bis auf kleine Mengen, die auf der Theke liegen, wird das Fleisch im Kühlschrank aufbewahrt. Eine gute Auswahl an Frischfleisch findet man u.a. auf dem **Marché municipal** (in einer Markthalle untergebrachter öffentlicher Markt) in jeder Stadt. Auf kleineren Märkten wird meist Schaf- oder Ziegenfleisch *(chèvre)* verkauft, in größeren Orten auch Rind und Kamel.

Auf dem *Marché municipal* kann man sich auch mit Eiern und **Milchprodukten** wie Frischmilch, Joghurt, Schmelzkäse (vorwiegend *La vache qui rit*) und Butter eindecken. Im **südlichen Marokko** und in kleinen Dörfern ist Frischmilch evtl. schwer aufzutreiben, dafür aber Milchpulver (franz. *Lait entier en poudre*, z.B. der Marke Nido), das sich gut in lauwarmem Wasser auflösen lässt und billiger verkauft wird als bei uns. Aromatisierten Joghurt von Danone gibt es in jedem Ort, frischen Käse wie Edamer und Emmentaler nur in den größeren Orten und Supermärkten.

An der Atlantik- und Mittelmeerküste kann man direkt bei Fischern oder in den Markthallen nahe der Fischerhäfen guten und frischen **Fisch** kaufen.

In **abgelegenen Orten** im Süden oder im Gebirge ist es bei Nachfrage oft möglich, Eier, Obst und Tomaten direkt von den Bauern aus deren Oasengärten und Obsthainen zu kaufen. Konserven wie Sardinen, Erbsen, Tomatenmark etc. sind in jedem noch so kleinen Laden auf dem Land erhältlich.

**Olivenöl** kann man mancherorts direkt von der Presse beim Bauern kaufen, der Liter kostet ca. 60 DH. Im Süden entstehen immer mehr Arganienölkooperativen, die das besonders gesunde und nussig schmeckende **Arganienöl** an Touristen verkaufen. Das Öl hat sich in den letzten Jahren wegen der steigenden Nachfrage rapide verteuert, inzwischen kostet ein Liter ca. 250 DH.

**Vorsicht bei Safran und Arganienöl:** Besonders in sehr touristischen Städten wie Marrakesch versuchen die Händler in den sogenannten „Herboristerie" unechten oder minderwertigen Safran und gepanschtes Arganienöl zu verkaufen. Unbedarften Touristen wird sogar Curcuma als „gemahlener" Safran angeboten. Manche Gerichte in Restaurants werden mit künstlichem Farbstoff (Tartrazin, als „poivre jaune" in Streuern erhältlich) besonders gelb gefärbt. Der Farbstoff kann allergieauslösend wirken.

**Alkoholika** (wie Bier und Wein) erhalten Sie nur in den großen Städten in den Supermärkten, in kleineren Orten in manchen Läden der Neustadt und in größeren Hotels und Restaurants mit Alkohllizenz. In den größeren Hotels wird überall recht guter marokkanischer Wein ausgeschenkt, die Vier- und Fünf-Sterne-Hotels verfügen über eine Bar oder einen Night Club, wo auch härtere Alkoholika über den Tresen gereicht werden.

**Soft-Drinks** und **Mineralwasser** in 1,5-Liter-Flaschen (z.B. Sidi Ali, Sidi Harazem, Oulmès) gibt es an jeder Ecke zu kaufen. Verpackter Fruchtsaft ist in Supermärkten oder auf den *Marchés municipaux* erhältlich. Am besten schmeckt der **frisch gepresste Orangensaft,** z.B. in einem Café oder an den Ständen am Djâmaa el-Fna in Marrakesch.

Im Gegensatz zu anderen Waren in den Suqs wird **bei Lebensmitteln kaum**

**gehandelt,** außer bei größeren Mengen oder ab und zu beim Gewürzeinkauf. In den *Marchés municipaux* sind die Lebensmittel meist mit Preistäfelchen ausgezeichnet.

Beim Einkaufen sollte man auch **auf** die marokkanischen **Festtermine achten,** während des *Aid el-kebir* (Hammelfest) herrscht für eine Woche im öffentlichen Leben Stillstand. Dann sollte man unbedingt am Wochenende vorher einkaufen!

## Besonderheiten

**Alkohol** darf in Marokko **nur in lizensierten (d.h. großen oder teureren) Restaurants und Hotels** ausgeschenkt werden. In den lizensierten Lokalen bekommt man u.a. guten marokkanischen Wein aus der Region um Meknès, Casablanca oder Essaouira. In Agadir, Essaouira und Marrakesch ist Alkohol im Gegensatz zu den ländlichen Gebieten und den weniger touristischen Städten leicht erhältlich. Die Alkoholabhängigkeit marokkanischer Männer steigt daher vielerorts trotz islamischen Alkoholverbots. Im ländlichen Marokko ist Alkohol kaum aufzutreiben, und vor allem will man in der Öffentlichkeit nicht damit gesehen werden. Allenfalls wird, verschämt in der Plastiktüte versteckt, eine Flasche Wein oder Bier für einen Gast nach Hause gebracht.

**Rauchen ist in allen Restaurants und Cafés gestattet.** Nur während des Ramadan sollte man Rücksicht üben und nicht in der Öffentlichkeit rauchen.

**Schweinefleisch** ist in keinem islamischen Land (außer in speziellen Metzgereien in manchen Städten) erhältlich und steht in den Restaurants nicht auf der Speisekarte.

Im **Ramadan** kann es auf dem Land sehr schwierig werden, ein geöffnetes Restaurant oder Café zu finden. Im touristischen Marrakesch muss der Europäer zur Fastenzeit zwar nicht verhungern, jedoch servieren die Terrassenrestaurants am Djamâa el-Fna die Speisen tagsüber nur im Obergeschoss. Vorwiegend von den Einheimischen frequentierte Straßencafés und Garbuden öffnen erst abends. Die Touristenlokale in Agadir haben auch im Ramadan durchgehend geöffnet.

# Feiertage

## Der islamische Kalender

**Das islamische Jahr wird nach Mondmonaten gerechnet,** ist also kürzer als das Sonnenjahr. Ein Hidjri (bzw. *Higri*) entspricht einem Jahr christlicher Zeitrechnung minus zehn bis elf Tage je nach Mondaufgang. 100 Hidjri sind also ungefähr 97 Jahre christlicher Zeitrechnung. Da die arabischen Ziffern ebenso von muslimischen Türken wie von nichtmuslimischen Arabern verwendet werden, sagen Inschriften und Jahresangaben ohne den Zusatz „Hidjri" nicht eindeutig aus, ob sie sich auch tatsächlich nach der islamischen Zeitrechnung richten.

**2015** ist nach islamischer Zeitrechnung das Jahr **1436/1437.** Jedes neue islamische Tagesdatum beginnt abends nach Sonnenuntergang, jeder neue islamische Monat mit dem Mondaufgang.

## Religiöse Feiertage

Von allen Muslimen gemeinsam werden nur zwei Feste gefeiert: Aid al-Fitr und Aid al-Adha. Die anderen Feste sind jedoch in vielen weiteren islamischen Ländern üblich. Die **aktuellen Festtermine** sind im Internet **unter www.islam.de** zu finden. Aufgrund verschiedener Berechnungsgrundlagen kann das Datum der Feste um einen Tag variieren.

### Aid al-Fitr oder Aid as-Saghir

Das **Fest am Ende des Fastenmonats Ramadan** (s.u.) findet 2015 zwischen dem 17. und 19. Juli statt.

### Aid al-Adha oder Aid al-Kabir

Das **Opferfest,** im Volksmund auch **Hammelfest,** erinnert an die – uns durch das Alte Testament ebenfalls bekannte – nicht vollzogene Opferung *Ismails (Isaaks)* durch seinen Vater *Ibrahim (Abraham).* Dieses Fest dauert vier Tage bis eine Woche, und überall in der islamischen Welt werden zu diesem Anlass Hammel geschlachtet. Das Opferfest findet am zehnten Tag des Pilgermonats statt, und jede Familie, die es sich leisten kann, schlachtet ein Schaf, Rind oder Kamel. Zwei Drittel des Fleisches sind für die Armen bestimmt, ein Drittel behält die Familie selbst.

In der Festzeit sind die meisten **Geschäfte geschlossen,** auch Ämter haben nur gelegentlich offen. Viele Verkehrsmittel verkehren nicht. Man sollte sich unbedingt am Donnerstag oder Freitag vor Beginn des Festes mit einem Lebensmittelvorrat eindecken und Amtsgänge vorher erledigen. Fleisch ist in diesem Zeitraum kaum zu bekommen, da die Familien selber schlachten und dies für einige Zeit reicht. Geschlachtet werden darf nach islamischen Regeln nur ein männliches erwachsenes Tier, das mindestens zwei Jahre alt ist. Arme Familien können sich lediglich ein Huhn leisten, da ein ganzer Hammel für viele Familien mehr als ein Monatsgehalt kostet. Die Banken haben die ersten beiden Tage des Festes geschlossen und die restlichen Tage meist vormittags offen, besser aber noch vorher Geld wechseln!

- **Termin:** Das Hammelfest beginnt 2015 am 23.9.

### Mevlid (Maulad)

Am 12. Tag des 3. Monats (Rabia I), **Geburtstag Mohameds.** Im Islam werden Geburtstage eigentlich nicht gefeiert, dieser Tag ist aber zugleich ein Gedenktag an die Emigration der Muslime von Mekka nach Medina (früher Yathrib), die Hidjra.

- **Termin:** 2015 am 2./3.2.

### Wochentage

- **Sonntag** = *nhar el had*
- **Montag** = *nhar et tnin*
- **Dienstag** = *nhar el tlata*
- **Mittwoch** = *nhar el arba*
- **Donnerstag** = *nhar el khemis*
- **Freitag** = *el djemâa*
- **Samstag** = *nhar es sebt*

### Ashura

Am 1. Tag des Monats Muharram. Ursprünglich ein Trauertag zur Erinnerung an den Tod von *Hussein,* Enkel des Propheten. Heutzutage wird Ashura in Marokko ähnlich wie Weihnachten in unseren Gefilden mit **Geschenken und Süßigkeiten für die Kinder** gefeiert.

**Termin:** 2015 am 23.10.

### Ramadan

Der neunte Monat ist der **Fastenmonat.** Während dieser Zeit dürfen alle erwachsenen, gesunden Gläubigen von Sonnenaufgang bis Sonnenuntergang nicht essen, trinken, rauchen oder Geschlechtsverkehr haben. Diese Maßnahme legt das öffentliche Leben ziemlich lahm, da nachts gegessen und gefeiert wird und tagsüber, soweit möglich, geschlafen. Banken und Ämter sind im Ramadan meist nur vormittags offen. Dörfer wirken häufig verwaist, viele Restaurants und Cafés sind tagsüber geschlossen, Brot ist meist nur abends erhältlich! In größeren Städten bleiben viele Touristenrestaurants geöffnet. Der Tag, an dem der Ramadan endet, wird kurzfristig berechnet, je nachdem wann der Vollmond im neuen Monat aufgeht.

**Termin:** 2015 vom 17.6. bis 17.7.

### Die Pilgerfahrt (Hadj)

Beginn der Pilgerfahrt im 12. Monat des islamischen Kalenders. Auf diesen Tag fällt in der ganzen islamischen Welt der Aufbruch zur **Pilgerfahrt nach Mekka.** Hat man einmal in seinem Leben dieses Pilgerziel erreicht, darf man sich „al Hadj" nennen, eine der wichtigsten Auszeichnungen in der muslimischen Welt.

### Vefat/Wafa

**Todestag des Propheten Mohamed** am 2. Rabia I.

## Staatliche Feiertage

- **31. Dezember/1. Januar:** islamisches Neujahrsfest *(Fête du Nouvel An)*
- **11. Januar:** Tag der Unabhängigkeitserklärung *(Manifeste de l'Indépendance)*
- **1. Mai:** Tag der Arbeit *(Fête du Travail)*
- **30. Juli:** Thronfest *(Fête du Throne),* Thronbesteigung *Mohamed VI.*
- **14. August:** Tag der Integration der Westsahara *(Fête de Oued Eddahab)*
- **20. August:** Fest des Königs und des Volkes *(Fête du Roi et du peuple)*
- **21. August:** Fest der Jugend *(Fête de la Jeunesse)* am Geburtstag von König *Mohamed VI.*
- **6. November:** Jahrestag des Grünen Friedensmarsches zum Wiederanschluss der ehemals spanischen Sahara *(Anniversaire de la Marche Verte).*
- **18. November:** Unabhängigkeitsfest *(Fête de l'Indépendance).*

**Wochenfeiertag und arbeitsfreier Tag ist der Sonntag,** freitags sind mittags zu Gebetszeiten zahlreiche Ämter zu, aber auch im Souk sind Freitag vormittag viele Läden geschlossen.

# Geld und Finanzen

## Währung und Wechselkurs

Währungseinheit ist der **Marokkanische Dirham (DH).** Bis zu einer Summe von 2000 DH darf die Währung ein- und ausgeführt werden. Der Dirham ist in 100 Centimes unterteilt. Es gibt Scheine zu 20, 50, 100 und 200 DH sowie Münzen zu 1, 5, 10, 20 und 50 Centimes sowie 1, 2, 5 und 10 DH. Der Kurs des Dirham richtet sich nach dem US-Dollar, sodass der Wechselkurs zum Euro von dessen Stärke oder Schwäche abhängt.

### Wechselkurse (Februar 2015)

- **1 DH** = 0,09 Euro
- **1 Euro** = 10,82 DH
- **1 DH** = 0,10 SFr, 1 SFr = 10,18 DH
- **Aktuelle Wechselkurse** im Internet z.B. unter **www.oanda.com.**

## Geldwechsel

An den Grenzen und Flughäfen befinden sich **Wechselstuben,** die Bargeld tauschen. Autorisierte Wechselstuben findet man auch in großen Hotels, in manchen Reisebüros und in den Touristenstädten in der Nähe stark frequentierter Plätze oder Straßen. Fast alle großen Banken wie Attijariwafa, BMCI und BMCE sind in den Städten vertreten und haben auch Geldautomaten (s.u.). Auch größere Hotels wechseln Euro, allerdings zu einem schlechten Kurs (meist 1:10). Der **Euro** wird überall gern gesehen, auch im Souk (Suq) und in Geschäften der Touristenzentren können Sie damit zahlen, wenn Ihnen die Dirhams ausgegangen sind. Auf der Straße zu tauschen ist illegal und kann auch eher dazu führen, über's Ohr gehauen zu werden, als finanzielle Vorteile zu erzielen.

Lassen Sie sich bei den Banken **genügend Kleingeld** geben, denn grundsätzlich herrscht überall Kleingeldmangel. Selten kann etwa ein Gemüsehändler auf größere Scheine herausgeben, und wenn kleine Dienstleistungen zu zahlen sind oder ein Bettler seinen Obolus fordert, dann ist es sinnvoll, einige Münzen griffbereit zu haben.

Warten Sie mit dem **Wechseln** nicht bis zum Nachmittag, wenn Ihre Dirhams knapp werden, denn **am Vormittag hat jede Bank geöffnet.** Über Mittag sind die Banken in der Regel geschlossen, die Öffnungszeiten nachmittags variieren, manche kleine Banken schließen bereits sehr zeitig. Immer wieder findet man Banken oder Wechselstuben, die auch Samstagvormittag geöffnet haben, **im Notfall** gibt es die Möglichkeit, **in Hotels** zu wechseln (die Wechselschalter werden oft von einer Bank betrieben). Auch **Geldautomaten** (ATM) sind hin und wieder nur zu den Banköffnungszeiten in Betrieb, beachten Sie evtl. Hinweise.

Bei der **Ausreise** können übrige Dirham-Beträge (z.B. am Schalter im Flughafen im bzw. vor dem Check-in-Bereich und vor der Handgepäckkontrolle) zurückgetauscht werden – jedoch zu einem ungünstigen Kurs.

▷ Teepause beim Trekking

Die früher weit verbreiteten **Travellerschecks** werden in den meisten Ländern der Welt inzwischen abgelehnt. Auch in Marokko verweigern Banken und Wechselstuben die Annahme von Reiseschecks.

### Öffnungszeiten der Banken

- **Montag bis Donnerstag:** 8.30 (9)–11.30 und 14.30–16.30 (17) Uhr.
- **Freitag:** evtl. nachmittags geschlossen oder längere Mittagspause.
- **Im Ramadan bzw. Sommer:** 8–14 (14.30) Uhr.
- Während der **Aid-Feiertage** (siehe „Feiertage") sind Banken und Amtsstuben **mehrere Tage geschlossen.**

## Geld- und Kreditkarte

Die regelmäßige Abhebung von **Bargeld am Automaten** bietet sicher die bequemste Geldversorgung unterwegs und hat den Vorteil, dass man nicht von Anfang an sein gesamtes Reisebudget mit sich rumträgt. Im Hafen, an den Flughäfen sowie in allen Städten gibt es Bankomaten, an denen man mit seiner **Maestro-Bankkarte** (nicht mit V-Pay-Karte!) unter Angabe der PIN-Nummer Geld abheben kann, max. 2000 DH. Dies funktioniert auch mit der **Kreditkarte** (verbreitet sind die VISA-Karte und vor allem MasterCard, American Express ist eher unbekannt). Ob und welche Kosten

018m015 ad

für die Barabhebung anfallen, ist abhängig von der kartenausstellenden Bank. Man sollte sich daher vor der Reise bei seiner Hausbank informieren, mit welcher marokkanischen Bank sie zusammenarbeitet. Im ungünstigsten Fall wird pro Abhebung eine Gebühr von bis zu 5,5% des Abhebungsbetrages berechnet. Für Vielreisende empfehlen wir die Einrichtung eines kostenfreien Kreditkartenkontos z.B. bei der **Deutschen Kreditbank Berlin** (www.dkb.de): Mit der VISA-Card der DKB kann weltweit bei beliebigen Banken kostenlos Geld abgehoben werden. So kann man unterwegs ohne die lästigen Abhebekosten immer nur die Summe am Automaten ziehen, die man in nächster Zeit benötigt.

**Kreditkartenzahlung** wird nur in großen Hotels und in einigen teuren Restaurants in den Touristenstädten akzeptiert. An Tankstellen werden Kreditkarten fast nie angenommen. Für das bargeldlose Zahlen per Kreditkarte werden 1–2% für den Auslandseinsatz berechnet. Bei Verlust der Kreditkarte siehe Kapitel „Notfälle“.

019m015 ad

# Gesundheit

Eine Reise nach Marokko birgt normalerweise keine größeren gesundheitlichen Risiken als eine Reise in ein beliebiges südeuropäisches Land. **Impfungen sind nicht vorgeschrieben.** Einen guten Überblick und alle Informationen zu gesundheitlichen Risiken, Impfempfehlungen, Präventivmaßnahmen, Reiseapotheke, Adressen qualifizierter Berater, von Impfstellen und Tropenmedizinischen Instituten u.v.m. findet man auf der Internetseite **www.crm.de** (siehe auch **im Anhang**).

Das Risiko, während eines Aufenthalts in Marokko (schwer) zu erkranken, ist geringer als das Risiko, Opfer eines Verkehrsunfalls oder von Kriminalität zu werden. Reisestil, Reisezeit, Aufenthaltsdauer und -orte spielen natürlich bei der Beurteilung des Risikos eine wichtige Rolle. Das Risiko einer **Infektionskrankheit** ist in Marokko nur gegeben, wenn man sehr viel Kontakt mit der einheimischen Bevölkerung auf dem Land hat und dort auch isst. Im eigentlichen touristischen Bereich ist die Wahrscheinlichkeit, ernsthaft zu erkranken, sehr gering.

## Reisedurchfall

Die **häufigste Erkrankung** während eines Marokkoaufenthalts ist der sog. Reisedurchfall. Meist wird er durch relativ harmlose landesspezifische Bakterien – an die der Einheimische gewöhnt ist, nicht aber der Tourist – oder durch Viren hervorgerufen. Seltener sind die gefährlichen Erreger des Typhus, der bakteriellen Ruhr, der Cholera, Lambliasis und Amöbenruhr Ursache von Durchfall. Die Ansteckung erfolgt über verschmutztes Wasser und damit verunreinigte Lebensmittel. Auch Wurminfektionen (z.B. Spulwürmer, Ascaris) und Hepatitis A werden über verunreinigte Lebensmittel übertragen. Häufig genug erkranken Touristen nicht vom Essen der Garküchen, sondern vom vermeintlich „guten Essen" der Hotelküche. Man kann keine verbindliche Regel aufstellen, warum und weswegen man das eine oder andere Mal an Durchfall erkrankt oder nicht. Vieles hängt von den eigenen Abwehrkräften und der momentanen gesundheitlichen Gesamtkonstitution ab. Wer längere Zeit im Ausland weilt, stärkt sein Immunsystem eher durch einheimisches Essen, als wenn man versucht, möglichst „keimfrei" zu essen.

Folgende **Vorbeugemaßnahmen** helfen, einen Reisedurchfall zu vermeiden:

- Zum **Trinken** sollten nur abgepackte Getränke oder abgekochtes Wasser verwendet werden. Das Leitungswasser in den Städten Marokkos ist ausreichend gechlort, sodass es zum Zähneputzen reicht. Zum Abkochen muss das Wasser mindestens 10 Minuten sprudelnd kochen. Im Handel befindliche Tabletten zur chemischen Wasserdesinfektion können in Marokko das Abkochen ersetzen. Desinfizieren Sie bei Auto-/Motorrad-/Fahrradreisen Ihr Trinkwasser mit Micropur, Romin oder Certisil, das es flüssig (nur ein Jahr haltbar), in Pulver- oder Tablettenform gibt. Flaschenwasser gibt es überall preiswert zu kaufen. Filterpumpen müssen unbedingt nach Herstelleranweisung regelmäßig gereinigt werden.
- **Tee und Kaffee** aus nur kurz erhitztem Wasser sind nicht keimfrei.
- **Eiswürfel** sind in einfachen Hotelanlagen und Restaurants zu meiden.
- **Kohlensäurehaltige Getränke** sollten bevorzugt werden, da die vorhandene Kohlensäure als Beweis der intakten Originalverpackung gelten kann.
- **Obst** sollte man selbst schälen.
- **Fleisch und Gemüse** sollten stets stark gekocht sein, wenn man sich selbst versorgt am besten im Dampfkochtopf. Über rohes oder nicht ausreichend gegartes Fleisch kann eine Ansteckung mit Trichinen erfolgen. In Restaurants sollte bei Kurzgebratenem, wie Brochettes oder Kefta, darauf geachtet werden, dass das Fleisch ganz durchgebraten wurde. Tajines und Couscous sind immer lange genug gegart, hier braucht man keine Bedenken zu haben. Auf rohe Salate und Obst ohne Schale sollten Sie verzichten, wenn Sie zum erstenmal im Land und noch nicht abgehärtet sind. Marokkanischer Salat besteht meist aus gekochten Roten Rüben, Kartoffelsalat, geschälten Gurken und Tomaten – man kann ihn bedenkenlos essen. Blattsalat wird ohnehin selten verwendet.
- **Eier** sollten Sie nach Möglichkeit in Läden mit Kühlschrank kaufen, da sie auf den normalen Märkten oft tagelang in der Sonne brüten.
- **Rohmilch** sollte gemieden werden, da über sie Rindertuberkulose und die Brucellose übertragen werden kann.

Kommt es trotzdem zu Durchfall, sollte man darauf achten, dass die dadurch entstehenden Wasser- und Elektrolytverluste ausgeglichen werden. Dazu gibt es in den Apotheken erhältliche Elektrolytpulver (z.B. Elotrans), die man aber gewöhnlich nicht braucht. Im Notfall kann man sich mit einem Teelöffel Kochsalz, zehn Teelöffel Zucker und einem Glas Orangensaft auf einen Liter Tee behelfen. Das sind Zutaten, die Sie in Marokko überall bekommen. Diese **Kochsalzmischung,** ähnlich Elotrans, kann man

021m015 ad

in Marokko ebenfalls in Apotheken bekommen; sie heißt *Sels de Rehydration orale.* Zur Überbrückung kann kurzfristig Loperamid (z.B. Immodium) eingesetzt werden. Da der Durchfall durch die Ausscheidung der Erreger auch zur Heilung führt, sollte man der Sache, sobald eine geeignete Toilette zur Verfügung steht, unbedingt freien Lauf lassen. Antibiotika sollten nicht selbstständig eingenommen werden. Lang anhaltender Durchfall mit Fieber oder Blut im Stuhl sollte sofort zum Arztbesuch führen. Sinnvoll ist erstmal schwarzer Tee (kein Kamillentee) sowie Zwieback oder Salzstangen. Am zweiten Tag Hühnerbrühe, Haferschleimsuppe und leicht verdauliche Speisen. Gegen Erbrechen und Durchfall wirkt auch Coca-Cola. Hungern ist lediglich bei starkem Erbrechen vorzuziehen.

Sonnenuntergang im Erg Chebbi

## Sonnenschutz

In Marokko ist wegen der hohen UV-Einstrahlung (besonders im Hohen Atlas und in der Wüste) ein guter Sonnenschutz **dringend zu empfehlen.** Lange Sonneneinstrahlung (z.B. am Strand eingeschlafen) kann zu schweren Hautverbrennungen, Sonnenstich, Hitzeerschöpfung oder Hitzschlag führen. Durch Benutzen einer Sonnencreme, Tragen eines Sonnenhuts und regelmäßiges Trinken kann man dem vorbeugen. In den heißesten Stunden des Tages hält man es am besten so wie die Einheimischen und ruht an einem schattigen Platz unter einer Palme oder im Haus.

## Bilharziose

Die Krankheit wird durch winzige Würmer übertragen, die **beim Baden** oder Waten in befallenen Gewässern durch die Haut eindringen. Die Eiablage der Würmer erfolgt in Blase und Darm und hat starke (bei Nichtbehandlung tödliche) Folgen. Vorsicht ist in Marokko vor allem im Falle stehender Wassertümpel, bei Bewässerungskanälen in den Oasen südlich des Atlas geboten! Die Würmer können sich nur bei warmen Temperaturen halten, deshalb gibt es diese Krankheit nicht in den Gebirgsregionen des Atlas. In Bergseen und Gebirgsbächen kann man problemlos baden!

## Tollwut

Für Fahrrad- oder Motorradfahrer, die abseits der Hauptrouten unterwegs sind, besteht die Gefahr, von **streunenden Hunden** gebissen zu werden. Eine Tollwutimpfung ist bei dieser Reiseform oder auch wenn man mit eigenem Hund reist (wegen evtl. vermehrtem Kontakt mit anderen Hunden) unbedingt empfehlenswert! In Marokko kam es in den letzten Jahren vereinzelt zu Tollwutinfektionen bei Menschen, die durch streunende Hunde übertragen wurden.

## Haut-/Augenschutz

Sonne und Wind trocknen die Haut aus. Eine **Fettcreme** und ein Fettstift für die Lippen gehören ins Gepäck. Eine gute **Sonnenbrille** schützt die Augen vor grellem Licht und Staub.

## Insektenschutz

**Haut**- bzw. **Anti-Insektensprays** und **Lotions** (z.B. *Autan, NoBite, Zedan*) halten Stechmücken fern bzw. bringen sie um; Insektensalbe (in Marokko *Mousticrème*) oder -stift (z.B. *Soventol* oder *Fenistil*) verhindern Schwellungen und lindern den Juckreiz, wenn die Biester trotzdem gestochen haben.

## Schlangenbisse/ Skorpionstiche

Vergiftungen durch Giftschlangen und Skorpione sind in Marokko bei Touristen **sehr selten.** Eine gewisse Vorsicht ist bei Kindern angebracht: Sie sollten nicht unbeaufsichtigt in der Wildnis spielen, denn unter dem einen oder anderen Stein mag ein Skorpion sitzen, vielleicht sonnt sich auch auf einem Felsen ganz unscheinbar eine Schlange oder zieht nahe einer Wasserstelle ihre Bahnen.

## HIV/AIDS

Ansteckungsgefahr mit AIDS (franz. **SIDA**) besteht hauptsächlich bei ungeschütztem Geschlechtsverkehr, am besten schützt also sexuelle Zurückhaltung. Die AIDS-Quote liegt offiziell bei nur 0,1% (vergleichbar mit Deutschland), bei Prostituierten und Homosexuellen jedoch mit Sicherheit um ein Vielfaches höher. Die höchste HIV-Rate besteht in Agadir, Marrakesch und Casablanca. Die Zahl der Neuinfektionen stieg in den letzten Jahren besonders unter Frauen und jungen Erwachsenen.

## Mit Kleinkindern unterwegs

Sie brauchen **keine Bedenken** zu haben, Ihre Kinder mit nach Marokko zu nehmen. Auch Säuglinge haben solche Touren mit einigen Vorsichtsmaßnahmen gut überstanden. Was Wasserdesinfektion, Durchfallvorsorge und das Essen anbelangt, gelten die gleichen Empfehlungen wie für Erwachsene.

Vor **Mücken und Fliegen** schützen Sie Ihr Kind bei einem Campingaufenthalt am besten mit einem Moskitonetz über dem Bettchen, evtl. sollten Sie das Kind mit einem Moskitomittel aus ätherischen Ölen wie z.B. Zedan einreiben. Engen Kontakt zu streunenden Hunden und Katzen sollten Sie meiden. Kontakt mit der Bevölkerung ist auf Reisen immer wünschenswert, aber mit kleinen Kindern nicht ganz ungefährlich. Jeder will Ihrem Baby auch die Hand schütteln oder es gar abküssen, und bei einer Einladung stoßen Sie auf Unverständnis, wenn Sie Ihr Kind nicht vom gemeinsamen Teller mitessen lassen.

Ungünstig ist die Mitnahme von **Kindern im Krabbelalter** (außer Sie planen einen reinen Hotelaufenthalt), da der Boden in tropischen und nordafrikanischen Ländern meist stark verschmutzt ist. Zudem stecken Kinder in diesem Alter fast alles in den Mund. Wenn Ihr Kind laufen kann, steht einer Mitnahme nichts mehr entgegen. Mit kleinen Kindern sollten Sie natürlich möglichst selbst kochen und das Essen in sehr einfachen Marktlokalen vermeiden.

Ein Blick auf die **sanitären Anlagen** eines Restaurants ist oft ein Gradmesser für die restliche Sauberkeit. Starrt das Örtchen vor Dreck, fehlen die Wasserhähne bzw. tropft das Wasser nur, dann können Sie davon ausgehen, dass die Küche ebenfalls ungepflegt ist und der Koch mit nicht gerade sauberen Händen seine Mahlzeiten bereitet. Eis ist oft eine Infektionsquelle (verunreinigte Milch), inzwischen aber in den Touristengebieten wie Agadir unbedenklich genießbar. Innerhalb der Touristikkomplexe von Agadir und den Königsstädten ist ohnehin für einwandfreie europäische Kost gesorgt.

## Versicherungsschutz

Die staatlichen Krankenhäuser und Gesundheitszentren in Marokko bieten ihre **Grundleistungen** auch für Ausländer kostenlos an. Sonderleistungen, Behandlungen in den besser ausgestatteten Privatkliniken und private Konsultationen müssen allerdings selbst bezahlt werden. Die Kosten für eine Behandlung in Marokko werden von den gesetzlichen Krankenversicherungen in Deutschland und Österreich nicht übernommen, daher ist der Abschluss einer privaten **Auslandskrankenversicherung unverzichtbar.** Bei Abschluss der Versicherung – die es mit bis zu einem Jahr Gültigkeit gibt – sollte auf einige Punkte geachtet werden. Zunächst sollte ein Vollschutz ohne Summenbeschränkung bestehen, im Falle einer schweren Krankheit oder eines Unfalls sollte auch der Rücktransport übernommen werden. Diese Zusatzversicherung bietet sich auch über einen Automobilclub an, insbesondere wenn man bereits Mitglied ist. Diese Versicherung bietet den Vorteil billiger Rückholleistungen (Helikopter, Flugzeug) in extremen Notfällen. Auch wichtig: Im Krankheitsfall wird der Versicherungsschutz über die vorher festgelegte Zeit hinaus automatisch verlängert, falls die Rückreise nicht möglich ist.

**Schweizer** sollten bei ihrer Krankenversicherungsgesellschaft nachfragen, ob die Auslandsdeckung auch für Marokko inbegriffen ist. Sofern man keine Auslandsdeckung hat, kann man sich kostenlos bei Soliswiss (www.soliswiss.ch) über mögliche Krankenversicherer informieren.

Zur **Erstattung der Kosten** benötigt man ausführliche Quittungen (mit Datum, Namen, Bericht über Art und Umfang der Behandlung, Kosten der Behandlung und Medikamente).

## Medizinische Versorgung im Land

**Vor einer Marokko-Reise empfiehlt sich ein Zahnarztbesuch,** da vor Ort eine qualifizierte zahnärztliche Versorgung problematisch sein kann.

In den Städten ist eine gute **ärztliche Versorgung** gewährleistet. Auf dem Land gibt es Gesundheitsstationen, die auch für Touristen eine kostenlose Erstversorgung gewährleisten. Größere Hotels verfügen gelegentlich über einen eigenen (teuren) medizinischen Dienst bzw. Hotelarzt oder empfehlen zuverlässige Ärzte. Auch über die Botschaften oder Konsulate können Sie Adressen von zuverlässigen Ärzten vor Ort erfahren. In den Ferienorten nennen Ihnen Hotelrezeptionen und Fremdenverkehrsämter die jeweils diensthabenden und evtl. auch englisch- oder sogar deutschsprachigen Ärzte. Beim ADAC (www.adac.de) können sich Mitglieder vorab erkundigen, wo sich in Marokko deutsch sprechende Ärzte befinden. Sie finden auch Empfehlungen in den Städtekapiteln!

In den Städten gibt es **staatliche Krankenhäuser** *(Hôpital)* und **private Kliniken** *(Clinique)*, in kleineren Orten oft nur Polikliniken, einfache Ambulatorien *(Dispensaire)* oder mobile Stationen. Adressen in den Stadt-Kapiteln.

**Apotheken** *(Pharmacie)* führen einheimische und ausländische Medikamente, die meist rezeptfrei und billiger als bei uns zu haben sind. In jedem größeren Ort gibt es Bereitschaftsapotheken *(Pharmacies de garde)*, die auch nachts und an Sonn- und Feiertagen geöffnet und oft in den Rathäusern untergebracht sind.

# Informationen

## Fremdenverkehrsämter

Die offizielle Website der Fremdenverkehrsämter **www.visitmorocco.com** gibt in mehreren Sprachen Auskunft über das ganze Land: Unterkünfte, Städte, Routenplaner, Transport, Wetter, Veranstaltungen etc.

### In Deutschland

- **Staatliches Marokkanisches Fremdenverkehrsamt (ONMT),** Graf-Adolf-Straße 59, 40210 Düsseldorf, Tel. 0211 37 05 51/52, MarokkoFVA@aol.com, www.visitmorocco.com. Das Fremdenverkehrsamt verschickt eine Übersichtskarte sowie stimmungsvolle Prospekte zu touristischen Zielen (u.a. Marrakesch und Agadir) mit schönen Fotos, die aber wenig Informationen enthalten. Es sind auch Broschüren mit Urlaubstipps und praktischen Informationen sowie zum Trekking erhältlich. Die Publikationen können online bestellt werden.

### In der Schweiz

- **Staatliches Marokkanisches Fremdenverkehrsamt (ONMT),** Schifflände 5, 8001 Zürich, Tel. 044 252 77 52, info@marokko.ch.

### In Marokko

Die Hauptniederlassung des Fremdenverkehrsamtes und die Vertretung des Tourismusministeriums befinden sich in Rabat. Die Auskünfte sind nicht wesentlich besser als in anderen marokkanischen Städten. Sie erhalten dort dieselben Prospekte wie in Deutschland. Zweigniederlassungen des ONMT gibt es in den großen Städten und wichtigen Touristenorten. Adressen siehe im Routenteil bei den jeweiligen Orten.

- **Office National Marocain du Tourisme** (ONMT bzw. Tourismusministerium), Angle Rue Oued El Makhazine/Rue Zallaqa, **Rabat-Agdal,** Tel. (00212) (0)537 27 83 00, contact@onmt.org.ma

## Vereine

- **ADAC Reiseservice,** Info-Tel. 0800 51 01 112, www.adac.de (Mail-Anfragen zu verschiedenen Themengebieten möglich). Hier erhalten ADAC-Mitglieder ein TourSet mit Infos über Einreise- und Verkehrsbestimmungen, Kfz-Schutzbrief und Auslandskrankenversicherung. Der ADAC unterhält eine Niederlassung in Agadir (s. dort).

Folgende Vereine haben sich **Völkerverständigung** oder **interkulturellen Austausch** zum Ziel gesetzt:

- **Deutsch-Arabische Gesellschaft,** Calvinstr. 23D, 10557 Berlin, Tel. 030 80 94 19 92, www.d-a-g.de. Vorträge, Newsletter mit Nachrichten aus dem arabischen Raum etc.
- **Euro-Arabischer Freundeskreis e.V.,** c/o *Helmut Six,* Trautmannstr. 5, 81373 München, Tel. 089 76 04 498, www.eaf-ev.de. Monatliches Informationsheft über Kulturelles und Touristisches aus arabischen Ländern, regelmäßige Treffen in München u.v.m.

## Informationen im Internet

- **www.marokko.com**
Eine sehr aktive Website mit Wirtschaftsinfos, Reiseberichten, Fotos, Videos, Städte- und Landesinfos sowie Diskussionsforum zu Themen von Tourismus bis Politik und marokkanischer Küche. Viele Links zu anderen Marokko-Seiten.
- **www.visitmorocco.com**
Offizielle Seite des ONMT (Office Nationale Marocain du Tourisme (s.o.). Informationen und Bilder zu den meistbesuchten Destinationen (deutschsprachig), Bestellmöglichkeit von Broschüren.
- **www.tourismemaroc.com**
Offizielle Seite des Tourismusministeriums mit aktuellen Zahlen, Tourismusprojekten, News etc.
- **www.saharaforum.kohlbach.org**
Aktives Forum von *Edith Kohlbach* mit Diskussionsbeiträgen über Hotels, Campingplätze, Straßenverhältnisse etc.
- **www.oncf.ma**
Fahrplan, Preise und weitere Informationen der Bahn und der Buslinie Supratours.
- **www.ctm.ma**
Busverbindungen in Marokko (Preise, Fahrpläne).
- **www.telecontact.ma**
Gelbe Seiten und Telefonbuch für Marokko (franz.)
- **www.tripadvisor.de**
Hilfreicher Überblick zu Hotels und Gasthäusern in allen touristischen Regionen des Landes, mitsamt Bewertungen von Gästen.

- **www.madeinmedina.com**

Die Seiten von „Made in Medina" geben einen sehr guten Überblick über alle touristischen Adressen (Restaurants, Hotels, Freizeitangebote) in Agadir, Casablanca, Essaouira, Fès, Marrakesch, Meknès, Ouarzazate, Rabat und Tanger.

- **www.aufait.ma**

Tägliche News (franz.) aus Marokko: Gesellschaft, Wirtschaft, Politik, Kultur und Sport.

- **www.qantara.de**

Die deutschsprachige Website ist ein Projekt der Deutschen Welle und möchte den Dialog mit der islamischen Welt fördern. Berichte u.a. über Politik, Gesellschaft, Kultur aus dem islamischen Raum, häufig interessante Artikel zu Marokko.

- **www.amazighs.fr**

Interessante Seite zu den Berbern in Nordafrika: Kultur, Politik, Geschichte, News etc. (franz.)

- **www.telquel-online.com**

Webseite der unabhängigen Zeitung „Telquel" mit vielen Hintergrundinfos, die nicht immer regierungskonform sind (franz.).

- **www.hcp.ma**

(Nicht immer ganz aktuelle) offizielle Statistiken und Zahlen zu Bevölkerung und Wirtschaft in Marokko (franz.).

- **www.worldbank.org/en/country/morocco**

Informationen über Projekte der Weltbank in Marokko (engl.).

- **www.marokko.ahk.de**

Diverse nützliche Informationen und Links der Deutschen Industrie- und Handelskammer in Casablanca. Bestellmöglichkeit von Publikationen.

- **www.arso.org**

Aktuelle Infos zur Westsahara (franz.).

- **www.daerr.net**

Website der Autorin *Astrid Därr* mit Hinweisen zu den neuesten Publikationen und von ihr geleiteten Marokkoreisen.

- **www.wuestenschiff.de**

In diesem sehr aktiven Forum tauschen Individualreisende aktuelle Infos zu Reisezielen in Afrika und im Nahen Osten aus.

- **www.lehmexpress.de**

Projekt von *Manfred Fahnert* zur Erhaltung der traditionellen Lehmarchitektur in Marokko, besonders der Kasbah Caid Ali in Agdz.

- **www.marokko-per-rad.de**

Forum, Berichte und nützliche Informationen zu Radreisen in Marokko von *Jan Cramer*.

# Notfälle

## Autopanne/-unfall

Der **ADAC** und der **ÖAMTC** stehen Mitgliedern z.T. auch im außereuropäischen Ausland beratend zur Seite. Als ADACPlus-Mitglied erhält man beispielsweise weltweit Hilfestellung: Kredit- und Bargeldservice, Rechtsberatung und Notrufservice mit Beratung im Falle einer Fahrzeugpanne oder eines Unfalls. Die Kosten zur Pannenbehebung und Abschleppkosten werden für ADAC-Plus-Mitglieder bis zu jeweils 200 Euro erstattet. Informationen bei den großen Automobilclubs.

### Automobilclubs

- **ADAC** (Deutschland), Tel. (0049) (0)89 22 22 22 bei Fahrzeugschaden (man wird mit einer evtl. deutschsprachigen Notrufstation vor Ort verbunden), Tel. (0049) (0)89 76 76 76 für medizinische Notfälle
- **ÖAMTC** (Österreich), Tel. (0043) (0)1 25 12 000 oder Tel. (0043) (0)1 25 12 020 für medizinische Notfälle
- **TCS** (Schweiz), Tel. (0041) (0)58 87 22 20
- **Marokkanischer Automobilclub: Royal Automobile Club Marocain (RACM),** 13, Rue de Blida, Casablanca, Tel. 0522 20 03 96

## Verlust von Geldkarten

Bei Verlust oder Diebstahl der Kredit- oder Maestro-Bankkarte sollte man diese **umgehend sperren** lassen. Für deutsche Maestro- und Kreditkarten gibt es die einheitliche **Sperrnummer 0049 116 116** und im Ausland zusätzlich 0049 30 4050 4050. Der TCS (Schweiz) betreibt einen Kartensperrservice; Infos unter 0844 888 111. Für österreichische und schweizerische Karten gelten:

- **Maestro-Karte/Bankomat,** (A)-Tel. 0043 1 204 88 00; (CH)-Tel. 0041 44 271 22 30, UBS: 0041 848 888 601, Credit Suisse: 0041 800 800 488
- Für **MasterCard** und **VISA** sollten Österreicher und Schweizer sich vor der Reise die Rufnummer der kartenausstellenden Bank notiert haben.

## Geldnot

Wer in Marokko dringend eine größere Summe Geld benötigt (wegen eines Unfalles oder Ähnlichem), kann sich **über Western Union Geld schicken lassen.** Für den Transfer muss man die Person, die das Geld schicken soll, vorab benachrichtigen. Diese kann es via www.westernunion.de online über ihr Bankkonto versenden oder muss bei einer Vertretung von Western Union (in Deutschland u.a. bei der Postbank) ein entsprechendes Formular ausfüllen und den Code der Transaktion telefonisch oder anderweitig übermitteln. Mit dem Code und dem Reisepass geht man zu einer beliebigen Vertretung von Western Union in Marokko, wo das Geld nach Ausfüllen eines Formulares binnen Minuten ausgezahlt wird. Je nach Höhe der Summe muss der Absender eine Gebühr zahlen.

Campingplatz am Atlantik (Sidi Ifni)

061m015 ad

## Ausweisverlust/ dringender Notfall

Wird der Reisepass oder Personalausweis im Ausland gestohlen, muss man dies **bei der örtlichen Polizei melden.** Darüber hinaus sollte man sich an die nächste diplomatische Auslandsvertretung seines Landes wenden, die ein Ersatzdokument zur Rückkehr ausstellt (ohne kommt man nicht an Bord eines Flugzeuges!).

Auch in **dringenden Notfällen** (z.B. medizinischer oder rechtlicher Art, bei der Vermisstensuche, Hilfe bei Todesfällen, Häftlingsbetreuung) können die Auslandsvertretungen vermitteln (siehe Kapitel „Diplomatische Vertretungen“).

**Notrufnummern in Marokko**

- **Rettungsdienst/Feuerwehr:** Tel. 150 oder 15
- **Polizei:** Tel. 190 oder 19
- **Gendarmerie:** Tel. 177
- **Maroc Assistance:** Tel. 0522 30 30 30
- **SOS Médecin:** Tel. 0522 44 44 44

## Öffnungszeiten

Generell sind die Öffnungszeiten **im Ramadan und in der Woche nach dem Opferfest** (Aid el Kebir) **sehr eingeschränkt.** (Post-)Ämter und Behörden haben dann meist nur von 9.30–15 Uhr geöffnet, Geschäfte nach Lust des Besitzers manchmal nur vormittags oder nur in den späten Nachmittagsstunden. Am Freitagmittag (Moscheebesuch und islamischer Feiertag) haben viele Geschäfte in den Souk-Vierteln und in Dörfern geschlossen. Am Nachmittag ab 15/16 Uhr ist dann wieder mit offenen Läden zu rechnen.

**Geschäfte und Büros:** Da es in Marokko kein Ladenschlussgesetz gibt, hier nur die Kernöffnungszeiten der Geschäfte: montags bis samstags von 9.30–13 und 15–19 Uhr.

Die **Ämter und Behörden** sind montags bis donnerstags von 8.30–12 und 14.30–18.30 Uhr geöffnet, freitags von 8–11.30 und 15.30–18.30 Uhr.

**Museen und Sehenswürdigkeiten:** Die meisten Museen sind täglich außer Dienstag 9–17.30 Uhr geöffnet, der Eintritt beträgt 10–40 DH. Auch bei Sehenswürdigkeiten wie Palästen, Medersen (Koranschulen) etc. gelten diese Eintrittspreise und in etwa die gleichen Öffnungszeiten, wobei muslimische Sehenswürdigkeiten wie Koranschulen meist am Freitagvormittag geschlossen haben.

## Post

**Postämter** gibt es in allen größeren Orten (Aufschrift „P.T.T.“). Die gelben **Briefkästen** zum Einwurf von Postkarten/Briefen sind leicht zu erkennen und auch in allen Orten zu finden.

**Briefmarken** sind oft auch in Tabak- und Schreibwarenläden erhältlich, in denen Postkarten verkauft werden. Postkarten und Briefe bis 20 g nach Deutschland müssen bei Luftpost mit 7 DH frankiert werden.

Die **Laufzeit** für Briefe und Karten in die Heimat bewegt sich zwischen einer und drei Wochen.

# Reiseveranstalter und Rundreisen

Marokkoreisen werden in deutschen Reisebüros in vielfältiger Form angeboten, neben reinem **Badeurlaub** auch immer mehr interessante **Rundreisen** diverser Veranstalter. Dabei handelt es sich vor allem um Touren zu den **Königsstädten** Rabat, Fès, Meknès und Marrakesch, **zu Kasbahs und Speicherburgen,** um Bus- oder **Geländewagenfahrten** in die **Berge** und die **Wüste.** Beachten Sie aber bei Rundreisen durch das ganze Land, dass eine solche Unternehmung mindestens 14 Tage dauern sollte, eher länger. Für eine Tour im Süden, also von Agadir nach Marrakesch und weiter nach Ouarzazate und entlang der Straße der Kasbahs, reichen 14 Tage, auf eine 8-Tage-Rundreise sollten Sie sich auch hier nicht einlassen.

Ferner werden u.a. **Wander- und Trekkingtouren, Golfreisen** sowie **Rundfahrten mit Mietwagen** angeboten. Ein Badeurlaub lässt sich problemlos anhängen. Aber auch Bausteinprogramme (Flug, kombiniert mit individuellen Destinationen und Ausflügen oder Mietwagen) kann man buchen.

Wer das Land und seine Leute wirklich kennenlernen und sich auch abseits der touristischen Zentren und Hauptrouten bewegen möchte, sollte bei spezialisierten Reiseveranstaltern buchen. Gute lokale Veranstalter sind in den jeweiligen Kapiteln genannt.

Auch der Hotelurlauber wird (wenn nicht im Katalog, dann an Ort und Stelle) auf das vielfältige **Ausflugsprogramm** hingewiesen. Meist erläutert der Reiseleiter schon beim „Begrüßungs-Drink" die verschiedenen Touren und nimmt Buchungen entgegen. Wer innerhalb seines Hotelarrangements Ausflüge bucht, bezahlt für Übernachtung und Verpflegung jedoch u.U. doppelt.

## Hinweise und Tipps

- Die über die Reiseveranstalter oder Hotels gebuchten Touren werden von **offiziellen Agenturen** mit örtlichen (oft deutschsprachigen) Reiseleitern durchgeführt. Die Ausflüge sind meist gut organisiert und die Teilnehmer versichert, was bei Buchung über private Anbieter nicht garantiert ist. Eintrittsgelder (ohne Fotogebühr), bei Ein- und Mehrtagesfahrten die Übernachtungen und Mahlzeiten (ohne Getränke) sind im Preis inbegriffen. Kinder erhalten meist Ermäßigung. Bei Abwesenheit gibt es weder „Lunchpakete" noch eine Kostenerstattung.
- Informieren Sie sich vor einer Buchung (z.B. anhand dieses Führers) über die jeweiligen **Ziele,** und vergleichen Sie die Angebote evtl. auch mit jenen der Nachbarhotels. Achten Sie darauf, kein allzu dicht **gedrängtes Besichtigungsprogramm** zu buchen. Wer überall nur durchhetzt, hat zwar viel abgehakt, aber wenig gesehen.
- **Ausflugskosten** belasten die Urlaubskasse spürbar im Verhältnis zum oft günstigen Pauschalpreis. Prüfen Sie, was Sie (individuell und billiger) **allein unternehmen** können.
- Bei manchen Fahrten werden fakultative, also extra zu bezahlende Ausflüge angeboten. Fahrer und Reiseleiter erwarten zum Schluss ein angemessenes **Trinkgeld.**
- Seien Sie darauf gefasst, dass Sie bei Ortsbesichtigungen irgendwann in ein **Teppich- und Souvenirgeschäft** geführt werden. Tätigen Sie größere Souvenirkäufe aber besser an einem Ort, wo genügend Zeit und Möglichkeit zum Vergleichen und

Handeln bleibt. Bei Gruppenreisen wird die Provision des Führers bzw. Reiseleiters (bis 50%) im Kaufpreis einkalkuliert. Auch bei gratis angebotenen Fahrten zur Besichtigung von Leder-, Teppichfabriken etc. wird natürlich auf die Kauflust der Teilnehmer spekuliert.

# Reisezeit

Vgl. auch den Abschnitt „Klima" im Kapitel „Land und Leute".

Die angenehmste Reisezeit in Marokko ist **von Anfang März bis Ende Mai.** In **Südmarokko** hat es tagsüber oft **schon im Februar** angenehme Temperaturen (nachts ist es jedoch kalt), im Anti-Atlas blühen zu dieser Zeit die Mandelbäume. Im Frühjahr zeigt sich die im Herbst grau-braune Landschaft in ihrem schönsten Kleid, alles grünt und blüht. Die Zeit um Ostern ist jedoch auch diejenige mit den meisten Touristen, also Hochsaison, was sich vor allem in Marrakesch in erhöhten Preisen und vollen Hotels auswirkt. Preiswerter wird es im Mai, jedoch ist gerade Agadir um diese Zeit häufig mit einer Nebeldecke verhüllt. Trotz meist sehr angenehmer Temperaturen im Frühjahr kann es zu dieser Zeit auch starke Regenfälle und Kälteeinbrüche geben.

Im **Sommer,** vor allem im August, während der europäischen und marokkanischen Ferien, sind die Badeorte am Atlantik (und am Mittelmeer) überfüllt, und die Campingplätze quellen von marokkanischen Großfamilien über, mit der Folge, dass die Zustände auf manchen Plätzen unerträglich sind. Im Landesinnern dagegen lässt es sich vor allem an den hoch gelegenen Seen des Mittleren Atlas gut aushalten, und auch der Hohe Atlas ist noch nicht von Touristen überlaufen. Übrigens bietet selbst der Hochsommer keine Schönwettergarantie. Gerade im Gebirge sind sturzflutartige Regenfälle nicht selten.

Der **Herbst** ist wiederum eine sehr beliebte Reisezeit auch für Gruppen- und Trekkingreisen. Es fehlt jedoch die Farbenpracht des Frühjahrs, und, wie bereits erwähnt, wirken weite Landstriche aufgrund der abgeernteten Felder braun und kahl.

011m015 ad

Nach erfolgreicher Besteigung des Djabal Toubkal wird stolz die bayerische Fahne gehisst

Wichtig ist es, bei der Reiseplanung zu überlegen, ob die Reisezeit in den Fastenmonat **Ramadan** fällt. Da ein erwachsener Moslem während dieser Zeit von Sonnenaufgang bis Sonnenuntergang nichts essen darf, bleibt es nicht aus, dass man, sofern man tagsüber etwas zu sich nimmt, als Tourist entweder unangenehm auffällt oder sich irgendwohin zurückziehen muss. Rucksacktouristen haben es etwas schwerer als Pauschaltouristen, da in kleinen Restaurants und arabischen Hotels nicht gekocht wird und der Geldbeutel für große Hotels zu schmal ist. Touristen müssen im Ramadan jedoch nicht zwangsläufig mitfasten – die Supermärkte haben auch während der Fastenzeit geöffnet (kleine Läden öffnen etwas später), sodass man sich gut selbst versorgen kann. Cluburlauber und Gäste größerer Hotels brauchen auf die gewohnte Küche nicht zu verzichten, aber einem marokkanischen Hotelangestellten wird man es kaum verübeln, wenn er angesichts opulenter Buffets und eigenem knurrenden Magen nur noch mürrisch seiner Arbeit nachgeht. Das öffentliche Leben insgesamt läuft während des Ramadan auf Sparflamme: Man kann nur vormittags mit geöffneten Schaltern rechnen; Museen und andere Sehenswürdigkeiten haben verkürzte Öffnungszeiten; Cafés sind tagsüber geschlossen; Brot gibt es in kleineren Orten erst nachmittags, alle anderen Lebensmittel aber sind reichlich auf den Märkten zu haben.

**Nach Sonnenuntergang** wird umso üppiger gegessen und gefeiert, auf den Straßen ist viel mehr los, und wegen des turbulenten Nachtlebens kann es recht interessant sein, zu Ramadanzeiten zu reisen.

# Sicherheit

Die **Kriminalitätsrate** in Marokko ist im Vergleich zu den westlichen Industrienationen **sehr gering.** In deutschen Städten, in Italien und Spanien ist es viel wahrscheinlicher, bestohlen oder überfallen zu werden als in Marokko. Besonders immer wieder kursierende Schauergeschichten über lauernde Drogenhändler und entführte blonde Mädchen müssen eindeutig ins Reich der Märchen verwiesen werden. Raubüberfälle und Vergewaltigungen sind in Marokko sehr selten. **Allgemeine Vorsichtsmaßnahmen** zur Verhinderung von **Diebstählen** sind allerdings in den Großstädten und touristischen Destinationen wie Casablanca, Tanger, Fès, Marrakesch, Agadir u.a. angebracht. Im Gedränge sind (wie überall auf der Welt) Taschen- und Trickdiebe unterwegs. Bei abendlichen Spaziergängen (z.B. zum Djâmaa el-Fna in Marrakesch) nimmt man am besten nur das nötigste Geld mit und deponiert den Rest im Hotelsafe oder im verschlossenen Koffer. Die Gefahr, vom Hotelpersonal bestohlen zu werden, ist in Mittel- und Oberklassehotels bzw. entsprechenden Gästehäusern auf jeden Fall geringer, als im Gedränge auf den Suqs oder am Strand Opfer eines Diebstahls zu werden.

**Unterwegs** sollten keine teuren Elektronikgeräte (Laptop, Smartphone etc.) oder Schmuckstücke offen zur Schau getragen werden, um Diebe nicht in Versuchung zu führen. Auch teure Kameras trägt man in den Städten besser gut verstaut in einer Kameratasche oder im Rucksack und nicht lose an der Schulter.

Im Gedränge auf dem Suq oder in der Medina tragen Sie eine Umhängetasche oder den Rucksack am besten nach vorne oder unter den Arm geklemmt, um einen schnellen Zugriff von hinten zu vermeiden. **Pass, Kreditkarte, größere Geldsummen etc.** tragen Sie am besten im **Brust- oder Hüftbeutel** oder im **Geldgürtel** direkt am Körper unter der Kleidung. Der Beutel macht natürlich nur Sinn, so lange er unter der Kleidung versteckt bleibt und nicht in der Öffentlichkeit präsentiert oder im Auto oder auf dem Restauranttisch liegen gelassen wird. Für die täglichen Einkäufe und Ausgaben hält man am besten einen kleinen Geldbeutel griffbereit, in dem nur ein geringer, für den Tag benötigter Betrag enthalten ist. Verteilen Sie grundsätzlich das Barvermögen auf möglichst viele Stellen (im Auto, Rucksack oder am Körper), damit im Zweifelsfall nicht alle Geldreserven verloren sind.

**Meiden Sie** in Städten **abends dunkle Viertel und menschenleere Gassen,** vor allem wenn sie alleine unterwegs sind. Allein reisende Frauen sollten auf nächtliche Spaziergänge in der Medina (nach 22 Uhr) oder am Strand verzichten. Fragen Sie im Zweifelsfall im Gästehaus/Hotel, welche Bereiche der Medina spätabends oder frühmorgens eher gemieden werden sollten. Grundsätzliche No-Go-Areas gibt es in Marokko (im Gegensatz zu Großstädten in vielen anderen Entwicklungsländern) jedoch nicht. Tagsüber kann man/frau sich überall völlig frei und ohne Angst vor Bedrohungen bewegen.

Gehen Sie beim **Baden** immer abwechselnd ins Wasser, um die Wertsachen oder auch den Autoschlüssel im Blick zu behalten.

**Kurbeln Sie im Auto die Fenster hoch,** wenn Sie durch große Menschenmengen (z.B. am Markttag in einem Ort) fahren oder beim Anhalten von Kindern umringt werden. Damit verhindern Sie einen schnellen Zugriff auf im Auto herumliegende Dinge. **Sperren Sie das Auto immer ab,** auch wenn Sie sich nur kurz für ein paar Meter entfernen.

In dichter besiedelten Gebieten sollten beim **Wildcampen** nachts keine Stühle, Schuhe oder Ausrüstungsgegenstände draußen vor dem Auto bleiben. Lassen Sie keine Wertsachen über Nacht in Ihrem Fahrzeug, sondern nehmen Sie diese mit ins Zelt oder Hotelzimmer! **Autoaufbrüche** sind zwar selten, kommen aber besonders dann, wenn im Fahrzeug von außen einsehbar Gepäck gelagert ist, immer wieder vor. Lassen Sie **nie Geld, Papiere oder wertvolle Fotoausrüstung im Wagen,** es sei denn, Sie haben eine gut getarnte und befestigte Sicherheitskasette im Auto.

Parken Sie Ihr Auto an belebten Stränden und in Städten möglichst nur auf **bewachten Parkplätzen** oder so, dass Sie es beim Café- oder Restaurantbesuch vom Tisch aus sehen können. In den größeren Orten gibt es überall in der Nähe von Sehenswürdigkeiten, der Stadttore und bei Ämtern bewachte Parkplätze, für die nur eine geringe Gebühr bezahlt werden muss. Häufig bieten sich auch herumhängende Jugendliche an, auf das Auto aufzupassen – diese bekommen dann bei der Rückkehr zum Auto ein Trinkgeld von ein paar Dirham. Merken Sie sich genau, wen Sie beauftragt haben, das Auto zu bewachen, sonst dürfen Sie hinterher die ganze Meute bezahlen. In Gebirgsregionen und abseits der touristischen Städte ist es kein Problem, sein

Fahrzeug z.B. für eine Trekkingtour ein paar Tage stehen zu lassen. Am besten parken Sie das Auto bei der Herberge, in der sie vor oder nach der Exkursion übernachten, oder alternativ vor der Gemeindeverwaltung, der Polizei oder bei einem Forsthaus. Sie sollten allerdings die Beamten oder den Qaid darüber informieren, wie lange sie weg sind.

Für **Rucksackreisende,** die in einfachen Quartieren oder Jugendherbergen absteigen, ist es manchmal nicht leicht, unbeschwert durch die Stadt zu bummeln, ohne einen schweren Rucksack mit sich rumzuschleppen. In vielen Unterkünften gibt es einen abgesperrten Raum, in dem man sein Gepäck deponieren kann. Auch an den Busbahnhöfen kann man sein Gepäck am Schalter lagern, falls man ein Busticket für die spätere Weiterfahrt gebucht hat. Wichtige Wertsachen (Pass, Kreditkarte, Ticket) sollten nicht im großen Rucksack, sondern in einem Brustbeutel oder Hüftgurt am Körper versteckt werden.

Das **Sicherheitsrisiko durch Terroranschläge** schätzen wir in Marokko nicht höher ein als in Europa. Als Tourist wird man im Land von der überwiegenden Mehrheit der Menschen nach wie vor höchst willkommen geheißen! Der marokkanische Staat bekämpft den islamistischen Terror rigoros, die Präsenz der (uniformierten oder als Zivilisten getarnten) Polizisten in den Städten ist sehr groß. Vgl. dazu auch den Abschnitt zur Terrorismusbekämpfung im Kapitel „Land und Leute/Politik".

[>] Lampen in allen Variationen gibt es in Marrakesch und Essaouira

# Souvenirs

Marokko hat eine **fantastische Auswahl an geschmackvollen Souvenirs** – vor allem das Kunsthandwerk ist weltweit berühmt.

Die größte Auswahl und die günstigsten Preise für Souvenirs findet man auf dem **Suq** (franz. **Souk** = Markt). Diese sind nach **Handwerkervierteln** gegliedert, wo man auch die Möglichkeit hat, die Handwerker bei ihrer Arbeit zu beobachten. In den typischen **Souvenirgeschäften** ist die Auswahl meist nur auf den Touristen abgestimmt, alltägliche Gebrauchsgegenstände sind in der Regel dort nicht zu bekommen.

Auf den **regionalen Märkten** werden oft sehr hübsche Töpferwaren und Dinge des täglichen Gebrauchs angeboten, das „Drumherum" ist wesentlich ursprünglicher und schöner als in den Großstadtsuqs.

Beim Einkauf in den Souks muss immer hart verhandelt werden (außer für Lebensmittel oder Dinge des täglichen Bedarfs). Der erstgenannte Preis ist besonders in Touristenstädten wie Marrakesch, Agadir und Essaouira um ein Vielfaches zu hoch. **Tipps zum Handeln** vgl. „Verhaltenstipps".

## Lederwaren

Die Lederbearbeitung in Marokko beruht auf **jahrhundertealter Tradition,** die Produkte fanden schon früh in Europa Absatz (Lederwarengeschäfte heißen in Frankreich „Maroqinerie"!).

In der Gegend von Tétouan und im Rif sind die großen braunen und beigefarbenen Ledertaschen der Hirten und Nomaden mit farbigen Riemen verziert. Die Lederwarenhersteller von Rabat verfeinerten diese Technik und benutzten gefärbtes Leder mit gepunzten Ledermustern, um Taschen, Geldbeutel und Gürtel herzustellen. Die Vergolder von Fès bringen auf den verschiedensten Lederwaren goldene Ranken, Girlanden, Sterne und Muster an. In Marrakesch verzieren Sticker gelbes, violettes und weißes Leder mit farbiger Seide und verarbeiten es zu wunderschönen Kissen und Taschen. Diese werden dann mit roten oder blauen Riemen versehen. In der Gegend von Zemmour werden Sandalen, Gürtel und Taschen mit Filzringen und Silberfäden verziert.

Neben den traditionellen Lederwaren gibt es natürlich auch „moderne", z.B. Taschen und Rucksäcke, zum Teil mit Kelimgewebe durchsetzt, Geldbeutel, Bekleidung, Sitzkissen etc.

## Messing- und Kupferwaren

Die Messing- und Kupferbearbeitung ist in Marokko, wie in allen arabischen Staaten, **sehr verbreitet.** Die Gegenstände werden nach jahrhundertealten Mustern mit geometrischen Flechtwerken, Ranken, Blumen und Ornamenten verziert. Tabletts, Wasserkessel, Teekannen, Zuckertöpfe, Mokkaservices, Mörser, Leuchter, Laternen, Becher, Türklopfer und vieles mehr werden dadurch zu wertvollem und wunderschönem Haus-

007m015 ad

rat. Leider ist gerade dieses Handwerk durch das Vordringen von Plastikgegenständen und billigem Aluminiumhausrat stark gefährdet.

## Kunstschmiede

Bei den Kunstschmieden wird **hauptsächlich Eisen** zu Ranken, Bändern, Scheiben und Ornamenten verarbeitet, die Eingangstüren, Leuchter und Blumenvasen, Gartentore, Balkonbrüstungen, Fenster u.v.m. verzieren.

## Fossilien

In der Region um Erfoud werden in Steinbrüchen in der Wüste riesige Fossilienblöcke mit versteinerten Lebewesen aus der Thetys (urzeitliches Meer, das einst die Sahara bedeckte) gewonnen. Die **zugeschnittenen und polierten Fossiliensteine** werden vor allem in Südmarokko in Form von Schalen, Anhängern, Waschbecken und ganzen Tischplatten angeboten. Vor allem bei Trilobiten und Ammoniten ist jedoch Vorsicht geboten: Die versteinerten Gliederfüßer und Kopffüßer aus dem Erdaltertum werden in geschickter Steinmetzarbeit massenweise gefälscht.

## Schmuck

**Silber- und Goldschmuck** ist in den Dörfern der Hochebenen bei den Berbern immer noch eine wertvolle Geldanlage. Er ist Aussteuer, Brautgeschenk und Prestigeobjekt zugleich, und man trägt ihn dauernd bei sich.

Der Silberschmuck der Berber wird mit Kerben und einfachen Linien dekoriert und zu sehr schweren Armbändern, Kopf- und Gürtelschmuck, Ringen und Anhängern verarbeitet, die oft **mit Bernstein, Malachit oder Korallen verziert** sind.

Der Schmuck dient in Form von Amuletten vor allem zur **Abwehr des „Bösen Blickes"**. Silber und Kupfer wird eine segensreiche Wirkung zugesprochen, welche noch durch die Form des Schmuckstückes verstärkt werden kann. So sind vor allem Amulette als fünffingrige Hand üblich, welche als „Hand der Fatima" (nach der Tochter Mohameds) oder als *chamsa* (arabisch für fünf) bezeichnet werden. Diese Amulette sollen ebenfalls böse Geister und Unglück abwehren. Die Fünf wird als magische Zahl angesehen: Schon das Aussprechen der Zahl oder auch nur das Ausstrecken der rechten Hand genügt, um den bösen Blick von sich abzuwenden. Die Fünf bestimmt in zahlreichen Kombinationen das Design der Schmuckstücke, so auch in Form von Kreuzen und Sternen mit fünf Zacken (Doppelkreuz mit gemeinsamem Mittelpunkt) und als Kreuzbalken in Blütenform. Aber auch Dreiecksamulette und Amulette in Form eines stilisierten Auges sind sehr üblich.

Traditionell wird Schmuck bei Berbervölkern von **männlichen Schmieden** hergestellt, die je nach Gebiet einen unterschiedlichen Status haben. Da sie magisches Material verarbeiten, werden ihnen häufig **magische Kräfte zugesprochen.** Schmiede werden oft als Berater hochgestellter Persönlichkeiten herangezogen, sie werden aber auch wegen ihrer Kräfte gefürchtet und deshalb im öffentlichen Leben gemieden. Meist stehen sie außerhalb der Sozialordnung. Der Beruf des Schmiedes wird innerhalb der Familie weitervererbt.

Oft übernahmen den Beruf des Schmiedes Zugewanderte, Nachkommen von Negersklaven *(Haratin)* und Juden, welche vor allem in den jüdischen Vierteln *(Mellah)* der Städte die Mehrheit der Schmiede stellten. Sie verarbeiteten auch den **Goldschmuck,** der vor allem von der arabisierten Bevölkerung der Städte gekauft wurde. Da aber die Juden nach dem Ersten Weltkrieg in großer Zahl das Land verließen, zudem die Edelmetalle für viele Familien unerschwinglich wurden, ist ein **Niedergang des Schmuckhandwerks zu beobachten.** Oft wird anstelle von Silber Aluminium verwendet, damit viele sich überhaupt noch Schmuck leisten können. Goldschmuck wird hauptsächlich in der Stadt zu zierlichen Schmuckstücken verarbeitet. Sie werden mit Smaragden, Türkisen, Perlen und Granaten besetzt und haben einfache, aber trotzdem kunstvolle Muster. Besonders schön und inzwischen auch sehr wertvoll sind die silbernen, mit Edelsteinen verzierten Dolche und Gewehre der Berber.

**Alter Schmuck** ist selten geworden. In Agadir und Marrakesch haben Antiquitätengeschäfte solchen Schmuck zu sehr hohen Preisen im Angebot.

## Intarsienarbeiten

Dazu wird das **Holz von Zeder, Zitronen-, Nussbaum und Thuja** verwendet. Für Intarsien in Schmuckkästchen, zierlichen Möbeln, Schränken und Zigarettendosen kommt oftmals auch Perlmutt, Silber und Ebenholz zum Einsatz, um besonders hübsche Farbschattierungen und -nuancen zu erreichen. Die Muster bestehen in erster Linie aus Arabesken, Blumendekors und Linien. Die fertigen Stücke werden auf Hochglanz poliert und spiegeln in goldenen, braunen, beigen, schwarzen Farbtönen, jedes auf seine Art. Besondere Tradition hat die Intarsienarbeit in Essaouira, wo kunstvoll Kästchen, Tische und andere Möbelstücke gefertigt werden.

## Holzschnitzereien

Viele Moscheen, Koranschulen und auch neuere Bauwerke wie das Mausoleum Mohamed V. bieten herrliche Beispiele für die **Kunstfertigkeit** der Holzschnitzer. Decken und Kuppeln, Wände und Leuchter sind mit Unmengen von Sternen, Geflechten und Ranken kunstvoll verziert (zu besichtigen beispielsweise im Palais de la Bahia in Marrakesch). Auch an Grabmälern und in Medersas (Koranschulen) findet man prachtvolle Holzschnitzereien, ebenso werden Musikinstrumente, Teller, Tabletts, Pfeifen etc. verziert. Den Touristen werden in der Regel nur kleinere Stücke interessieren, aber auch komplette Türen (mit Malereien) und Fensterläden kann man mit Glück im Souk erstehen. Wer will und es zu transportieren weiß, kann sich eine Wohnzimmereinrichtung anfertigen lassen.

## Keramik

Die Töpferei des Abaka-Stammes ist bekannt für ihre rustikalen Formen und das fahlrote und weiße geometrische

Dekor. Rotbraun glasierte Töpfe für Tajine, Couscous und andere Gerichte bilden das übliche **Geschirr** marokkanischer Hausfrauen. Kobaltblaue, schwarz umringte Muster auf Email verzieren Schüsseln, Buttertöpfe, Krüge, Schalen und Vasen. Salé ist auf Ziertöpferei mit farbigem Email spezialisiert, ebenfalls aus Ton sind die grünen Ziegel der Dächer von Fès, Meknès und manchen Heiligtums.

Die **bekanntesten Keramiken** stammen aus **Fès** (typische blau-weiße Keramik) **und Safi,** aber auch aus der Region Tétouan. Sie sind durchaus mit Keramiken aus Italien und Spanien vergleichbar, oft wegen der kunstvollen Bemalung sogar schöner.

Am besten kauft man direkt bei den Töpfern. Man kann aber auch in den Touristikzentren oft teure, sehr schöne Keramiken erstehen, mitunter sogar in Kunsthandwerksläden in Deutschland.

## Stickereien

Stickereien sind vor allem als **Raumschmuck** beliebt – Kissen, Tischdecken, Nischenvorhänge und Wandbehänge werden mit Baumwoll- oder Seidenfaden auf Baumwollstoff gefertigt. Die Stickereien stammen aus dem Norden, wo sich in allen großen Städten (Meknès, Fès, Tétouan, Chefchaouen, Rabat, Salé) ein eigener Stil herausgebildet hat.

**Bestickte Kleidungsstücke,** z.B. *Djeballahs* oder *Gandouras,* eignen sich hervorragend als Mitbringsel.

Qual der Wahl beim Stoffeinkauf

008m015 ad

## Teppiche

**Sie fehlen in keinem Haushalt.** Selbst in den Nomadenzelten der Berber verwendet man sie als Sitzgelegenheit und als Bettdecke in kühlen Nächten. Als Materialien werden Baumwolle, Wolle und Seide verwendet.

In einfacheren Häusern sieht man oftmals nur Rohrmatten, auf die mit Wolle Muster geknüpft wurden. **Kelims,** Webteppiche, findet man **bei den Berbern,** bei denen sie *Hambel* heißen. Sie sind sehr strapazierfähig; erst werden sie einfarbig gewebt, danach Muster darauf gestickt.

Am häufigsten sind **Knüpfteppiche;** sie schmücken den Boden oder Wände.

Die **Teppichornamente sind sehr vielfältig.** Häufig verwendet werden Rautengitter-Muster. Das Dekor besteht aus unverbundenen, in sich geschlossenen Längs- oder Querstreifen mit Rauten oder Zickzackbändern oder miteinander verbundenen Rechteckketten. Bei vielen Teppichen, vor allem bei den Hochzeitsteppichen, die als Aussteuergut dienen, werden Geschichten aus dem täglichen Leben einer Familie dargestellt und in die einzelnen Ornamente Bilder von Häusern und Tieren eingearbeitet, seltener auch Menschenfiguren.

**Traditionelle Berberteppiche** haben geometrische Muster und im Gegensatz zu den asiatischen Orientteppichen nie eine abschließende Bordüre, die den Teppich umrahmt. Erst Anfang des 20. Jahrhunderts tauchten Teppiche mit Bordüren auf, in Anlehnung an asiatische Vorbilder. Sie scheinen farblich den Berglandschaften angepasst zu sein. Fahlrot und Beige bevorzugen die Marmouchka-Stämme im Hohen Atlas, die Beni Ouarain Schwarz, Weiß und Grün. Bei den Uled Besseba in der Haouz-Ebene bei Chichoua werden Teppiche mit stilisierten Menschen, Tieren und Mustern in den Farben Ocker und Rot gefertigt. Nomadenteppiche werden in der Grundfarbe Orange gefertigt.

**Rif-Teppiche** werden in drei Techniken hergestellt: gewebt, geknüpft und gestickt.

Hafid Dribi vom Maison Saharienne in Rissani hält einen Vortrag über Teppiche

106m015 ed

Sehr berühmt sind die **Teppiche der Glawa** (Glaoua) aus dem Hohen Atlas. Die Stämme der Aït Glawa weben in farbenfrohen Mustern, vor allem in Orange, Schwarz, Gelb, Grün und Weiß. In der Gegend von Ouarzazate werden Blau, Rot und Weiß bevorzugt.

Die in den Städten vertriebenen Teppiche werden in den Nachbarregionen **von Stämmen gefertigt,** zu denen traditionell enge Handelsbeziehungen bestehen, z.B. von den Beni Nguild und den Zayan im Mittleren Atlas.

**Gebetsteppiche** werden nur zum Beten benutzt und sind nicht durch traditionelle Muster zu erkennen.

**Berberteppiche** scheinen in der Farbgebung den Berglandschaften angepasst zu sein. Fahlrot und Beige bevorzugen die Marmouchka-Stämme im Hohen Atlas, die Beni Ouarain Schwarz, Weiß und Grün. Bei den Uled Besseba in der Haouz-Ebene bei Chichoua werden Teppiche mit stilisierten Menschen, Tieren und Mustern in den Farben Ocker und Rot gefertigt.

Sehr berühmt sind die Teppiche der Glawa aus dem Hohen Atlas. Die Stämme der Aït Glawa weben in farbenfrohen Mustern, vor allem in Orange, Schwarz, Gelb, Grün und Weiß. In der Gegend von Ouarzazate werden Blau, Rot und Weiß bevorzugt.

Der **einzige Teppich städtischer Herkunft ist der Rabatteppich,** der zum Vorbild den Orientteppich hat.

**Gebetsteppiche** werden nur zum Beten benutzt, sind häufig industriell gefertigt und nicht durch traditionelle Muster zu erkennen.

# Sport

**Marokko ist ein Mekka für Outdoorenthusiasten!** Alles ist möglich, und das in wunderschöner Umgebung: kurze Oasen- und Strandwanderungen oder mehrtägige Trekkingtouren im Hohen Atlas, Radfahren in der Wüste und den Bergen, Wind-, Body- und Kitesurfen in den Wellen des Atlantiks, Paragliden am Tizi'n'Test und im Anti-Atlas, Quadfahrten im Gelände und am Strand, Kajakfahrten auf Assif M'goun, Dadès und Drâa, Ausritte zu Pferd oder Kamel, Alpin- und Sportklettern im Hohen und Anti-Atlas, Frühjahrs-Skitouren am Djabal Toubkal oder Pisten-Skifahren in Oukaïmeden, Segeln und Hochseefischen in Agadir, Golfen in Essaouira und Agadir. Zu empfehlenswerten Aktivitäten, Veranstaltern und Bergführern siehe die Regional-/Städtekapitel.

> Trekking durch Blumenwiesen im Hohen Atlas

# Wandern/ Trekking/Klettern

**Tipps** für Wanderungen in den Oasengärten, zu Kasbahs, Agadirs und durch Schluchten geben die Unterkünfte vor Ort (s.a. jeweilige Regionalkapitel). Häufig hängt dort auch eine Karte mit allen Highlights der Umgebung aus.

Die schönsten Regionen für mehrtätige **Trekkingtouren oder Tageswanderungen** sind der Hohe Atlas um Imlil (vgl. Exkurs zum Djabal Toubkal) und das Aït-Bougoumez-Tal mit den über 4000 m hohen Gipfeln des Djabal Toubkal und Djabal M'goun, das Djabal-Saghro-Massiv (vgl. entsprechenden Exkurs), der Anti-Atlas um Tafraoute und das Djabal-Siroua-Gebiet. Die beste Jahreszeit für Wanderungen in Höhen über 2000 m ist das Frühjahr ab etwa April und der Herbst ab September. Im Sommer ist es sehr heiß, im Winter liegt hier Schnee. Detaillierte Wanderkarten der Gebiete sind leider schwer erhältlich, deshalb ist für weniger erfahrene Wanderer auf jeden Fall das Engagement eines lizenzierten Bergführers *(Guide de montagne breveté)* sinnvoll. Die marokkanischen **Bergführer** werden nach einem vom französischen Alpenverein in Marokko etablierten Programm ausgebildet und geprüft. Häufig sprechen sie englisch oder sogar deutsch. Ein Bergführer, ein lokaler Veranstalter oder das „Bureau des guides et accompagnateurs" vor Ort organisieren bei Bedarf auch Gepäckmulis samt Mulitreiber und einen Koch für mehrtägige Trekkings in der Gruppe. Berghütten, wie wir sie aus den Alpen kennen, gibt es in Marokko nur am Djabal Toubkal und am Djabal M'goun. Wer nicht im Zelt übernachten

004m015 ad

möchte, kann seine Tour so planen, dass er in kleinen Bergdörfern bei einheimischen Familien in einfachen Gîtes d'étape (vgl. „Unterkunft") schläft. Camping- und Kochausrüstung für eine gebuchte Trekkingtour stellt die Agentur. Diese kümmert sich auch um den Einkauf der Lebensmittel und der Wasserflaschen. Selbst mitbringen sollte man einen Schlafsack, gut eingelaufene Wanderstiefel sowie je nach Jahreszeit ausreichend warme Kleidung und Regenbekleidung. Ausführliche Trekking-Informationen und Beschreibungen von Wandertouren im Hohen Atlas und Djabal Saghro gibt das Büchlein **„Trekking in the Atlas Mountains"** (engl.) von *Karl Smith*, Cicerone Guide 2004.

013m015 ad

Zum Trekking vgl. auch die Exkurse „Bergsteigen im Djabal-Toubkal-Gebiet" und „Trekking im Djabal Saghro".

### Die schönsten Trekkingtouren in Marokko

- **Djabal-Toubkal-Besteigung:** Imlil – Toubkal-Hütte – Djabal-Toubkal-Gipfel – Toubkal-Hütte oder Imlil; 3 Tage, max. Höhe 4167 m.
- **Djabal-Saghro-Durchquerung:** Tagdilt – Almoun'n'Ouarg – Igli – Bab'n'Ali – Tifdassine – Nekob; 5 Tage, max. Höhe 2592 m.
- **Trekking im Hohen Atlas:** verschiedene Routen möglich, z.B. Oukaimeden – Ouaneskra – Imi Oughlad – Azib Tamsoult – Imlil (anschließende Djabal-Toubkal-Besteigung möglich); 4 Tage, max. Höhe 2960 m.
- **Ighil-M'goun-Überschreitung:** Tabant – Azib 'n'Ikiss – Terkkeddit-Plateau – Ighil M'goun – Oulilimt-Tal – Ouzighimit-Tal – Achaabou-Schlucht – Vallée des Roses – Boumalne Dadès; 8 Tage, max. Höhe 4068 m.
- **Große Atlasdurchquerung:** Imilchil – Quellen von Aghbaloul – Batli – Assif Melloul – Hochplateau von Kousser – Zaouiat Ahançal – Assem Souk – Aït-Bougoumez-Tal – Timit – Oulilimt-Tal – Ighil M'goun – Terkkeddit-Plateau – Tessaout-Tal – Tifardzine – Tamda-See – Ounila-Tal/Telouèt; 16 Tage, max. Höhe 4068 m.

**Kameltrekkings** werden vor allem in Zagora und in M'hamid zum Dünengebiet des Erg Chegaga angeboten (siehe dort). Eine Tour mit diesen liebenswürdigen Tieren ist vor allem für Familien ein tolles Erlebnis. Bei einer mehrtägigen Kameltour wird jeden Tag bis zu sechs Stunden marschiert oder geritten. Für das nicht abgehärtete Gesäß ist es empfehlenswert, zunächst nur ein bis zwei Stunden zu reiten und dann wieder zu laufen, sonst reitet man sich schnell wund. Übernachtet wird in der Wüste unter freiem Himmel oder in einem fest installierten Nomadenzelt auf Matratzen, abends gibt es Tajine am romantischen Lagerfeuer. Die Kamelführer sind „Söhne der Wüste" und können sich auch im Sandsturm problemlos orientieren, bei der vermittelnden Agentur sollte man sich jedoch nach den Sprachkenntnissen erkundigen. Auch ein kurzer Kamelritt durch die Dünen zum Sonnenaufgang am Erg Chebbi ist reizvoll.

In den Felsen gebohrte **Sportkletterrouten** existieren in der Todrha-Schlucht, im Anti-Atlas um Tafraoute und im Aït-Bougoummez-Tal. Schöne **alpine Touren** sind sicherlich auch an den vulkanischen Felstürmen im Djabal-Saghro-Gebiet möglich, müssen jedoch selbst gesichert werden.

## Radfahren

Marokko mit dem eigenen Rad/Mountainbike zu bereisen, wird immer beliebter. Schöne **Mountainbike-Touren** sind z.B. am Südrand des Djabal Saghro (Bab'n'Ali, Tizi'n'Tazazert), im Gebiet der Todrha- und Dadès-Schlucht oder in der Aït-Mansour-Schlucht bei Tafraoute möglich. Häufig kann man Fahrräder in Hotels oder bei lokalen Veranstaltern vor Ort für etwa 100 DH/Tag mieten.

Marokko mit dem eigenen Fahrrad zu bereisen, verspricht ein besonders **hautnahes Erlebnis** von Natur, Land und Leuten, allerdings muss man sich wegen der großen Distanzen und z.T. schlechten Straßenverhältnisse auf eine sehr begrenzte Region beschränken. Kilometerleistungen von 50 km pro Tag auf Pisten und 80 km auf Straßen sind realistisch. Die beste Reisezeit ist wie bei Wanderungen das Frühjahr und der Herbst.

■ Ausführliche **Infos mit Routentipps** und zahlreichen Fotos finden Radfahrer auf der Website von *Jan Cramer,* der Marokko viele Male durchradelt hat: www.marokko-per-rad.de.

## Surfen

Marokko wurde in den letzten Jahren in der internationalen Surferszene immer beliebter. Die besten Spots für **Wind-, Body- und Kitesurfer** befinden sich in Essaouira, südlich davon bei Sidi Kaouki und Immsouane, nördlich von Essaouira in Moulay Bouzerktoun, in Agadir und an den nördlichen Stränden bei Taghazoute und Tamri, in Mirleft, Sidi Ifni und entlang der südlichen Atlantikküste in der Westsahara. In Essaouira und Agadir existieren diverse Agenturen, die pauschale Surfreisen inkl. Unterkunft in einer Surferpension und Transfers zu den besten Spots, Surfkurse und Ausrüstungsverleih anbieten. Man kann sich aber auch vor Ort stunden- oder tageweise Ausrüstung ausleihen und Surfunterricht nehmen (Adressen in den jeweiligen Ortsbeschreibungen).

■ **Infos** zum Surfen, zu guten Spots, Unterkünften etc. online unter www.windsurfing-morocco.com oder www.oceanvagabond.com (Surfschule und Hotel in Essaouira).

## Golfen

Das Angebot für Golftouristen wurde in Marokko **in den letzten Jahren stark ausgebaut.** Selbst der König nimmt regelmäßig an Golfturnieren teil. Allein in Agadir und Marrakesch existieren jeweils vier Golfplätze (mehr Infos siehe dort), in Essaouira gibt es einen 18-Loch-Platz bei Diabat. Die Green Fee variiert zwischen etwa 25 und 50 Euro. In Agadir bieten mehrere Hotels spezielle Packages für Golfer an, mit vergünstigten Tarifen und täglichem Bustransfer zum Platz (z.B. Club Méd, Tikida Beach Hotel). Informationen zum Golfen in Marokko enthält die Zeitschrift „Golf du Maroc" (www.golfdumaroc.com).

# Sprache

In Marokko sind **Arabisch** – gesprochen wird Darija, maghrebinisches Arabisch – und die **Berberdialekte** (Masirisch) **offizielle Landessprachen.**

**Französisch** ist seit der Kolonialzeit Verkehrs-, Bildungs- und Handelssprache, also bei Behörden, in Büros und im Geschäftsverkehr üblich. Es ist Pflichtfach in den Schulen, in den meisten höheren Schulen sogar Unterrichtssprache. In den Ferienhotels und an populären Ausflugszielen hat man sich auf die ausländischen Besucher eingestellt. Hotelpersonal, Fremdenführer und Souvenirhändler verblüffen oft mit passablen Deutschkenntnissen. Im Norden Marokkos (Tanger, Tétouan, Rifgebirge) sprechen viele Menschen eher spanisch als französisch.

**Außerhalb der Touristenzentren** muss man ohne Kenntnis wenigstens der wichtigsten französischen Grundbegriffe und Redewendungen mit Verständigungsschwierigkeiten rechnen. Es lohnt sich also, vor der Reise die Französischkenntnisse aufzupolieren und zumindest ein Wörterbuch oder kleinen Sprachführer (s.u.) mitzunehmen. Wer sich gar die Mühe macht, wenigstens ein paar Begriffe, Grußformeln, Redewendungen etc. auf Arabisch zu lernen, erleichtert Kontakte mit den Bewohnern und steigt in deren Achtung. In abgelegenen Dörfern im Gebirge sprechen die Menschen häufig nur eine Berbersprache und arabisch – hier kann die Kommunikation manchmal schwierig werden.

Eine einheitliche **berberische Sprache** existiert nicht. In Marokko unterscheidet man drei Hauptsprachen: **Tashelhai** (im Sous, Anti-Atlas sowie um Marrakesch), **Tamazirt** (im zentralen Hohen Atlas, im Mittleren Atlas sowie im Gebiet zwischen Taza und Melilla) sowie **Tarifît** (im Rif-Gebirge). Seitdem die Berberdialekte als offizielle Landessprachen anerkannt wurden, sind immer mehr offizielle Gebäude (Schulen etc.) und Straßenschilder in Südmarokko auch in berberischer Sprache und Schrift (Tifinar) beschriftet.

Eine kleine **Sprachhilfe** findet sich im Anhang dieses Buches. Sehr zu empfehlen für den Aufenthalt in Marokko sind zwei handliche und praxisnahe **Sprachführer** aus der Kauderwelsch-Reihe des Reise-Know-How-Verlages: „Marokkanisch-Arabisch – Wort für Wort" sowie „Französisch – Wort für Wort".

# Telefon und Internet

## Telefonieren (Festnetz)

**Kartentelefone** sind an jeder Ecke zu finden. Telefonkarten *(Télécartes)* gibt es bei allen Niederlassungen der Maroc Telecom und in den meisten Läden zu 5, 10, 20, 50 und 100 DH. Die Gesprächsminute nach Deutschland kostet mit Maroc Telecom 0,50 DH (Herbst 2014).

In jedem Ort existieren privat betriebene **Téléboutiquen** (teils mit Fax und Internet) mit Münzapparaten. Das Personal hilft bei Problemen und wechselt Kleingeld.

Telefonieren nach Deutschland **vom Hotel** aus ist horrend teuer (3–5 Euro/ Min.). Am günstigsten ist es, sich mit einer deutschen Billigvorwahl zurückrufen zu lassen oder per Skype zu Hause anzurufen (vgl. „Internettelefonie").

Im Zuge der Privatisierung der marokkanischen Telefongesellschaft **Maroc Telecom** (www.iam.ma) wurde das Telefonnetz komplett modernisiert. Dazu gehörte auch die **Änderung der marokkanischen Vorwahlen.** Statt acht Vorwahlbereichen existieren seit 2006 nur noch zwei Vorwahlkreise: Zone Nord mit den ersten beiden Ziffern 02 (ehemals 02 und 04), Zone Süd mit den ersten beiden Ziffern 03 (ehemals 03 und 05). 2009 wurden die Vorwahlen für Festnetz und Mobilfunk erneut angepasst. Allen Vorwahlen wurde noch eine Ziffer vorangestellt, sodass die Vorwahl nun vierstellig und die gesamte Telefonnummer zehnstellig ist:

**Festnetz**

- **02x wurde zu 052x**
- **03x wurde zu 053x**
- **08x wurde zu 080x**
- **09x wurde zu 089x**

**Mobilfunk**

- **01x wurde zu 061x**
- **04x wurde zu 064x**
- **05x wurde zu 065x**
- **06x wurde zu 066x**
- **07x wurde zu 067x**

**Achtung:** Die Telefonnummern auf vielen Visitenkarten und Websites wurden bis heute nicht aktualisiert! Wenn also auf alten Visitenkarten oder nicht aktualisierten Websites nur eine dreistellige Vorwahl angegeben ist, fügen Sie hinter der 0 nach obigem Beispiel eine 5 (Festnetz) oder eine 6 (Mobilfunk) ein. In Marokko wählt man in Städten die Nummer immer komplett, d.h. inklusive der Vorwahl.

Bei Gesprächen vom Ausland wählt man die **Vorwahl für Marokko 00212** und die zehnstellige Nummer ohne die 0 am Anfang.

Das **marokkanische Telefonbuch** sowie die **Gelben Seiten** *(Les Pages Jaunes)* findet man auch online: **www.pj.ma** oder **www.telecontact.ma.**

Die **Telefonauskunft** erreicht man in Marokko unter der Nummer **160.**

### Ländervorwahlen

- **Deutschland: 0049**
- **Österreich: 0043**
- **Schweiz: 0041**
- **Marokko: 00212**

## Mobil telefonieren

Die meisten deutschen Mobilfunkgesellschaften haben **Roamingverträge** mit den marokkanischen Gesellschaften Maroc Telecom und Méditel (beide GSM 900 MHz), sodass man das Mobiltelefon problemlos in Marokko nutzen kann. Erkundigen Sie sich bei Ihrem Anbieter nach den (meist sehr hohen) Roamingtarifen in Marokko. Wenn man von zu Hause auf dem deutschen Handy in Marokko angerufen wird, entstehen zudem passive Kosten (Mailbox abstellen!). Der Anrufer zahlt nur die Gebühr ins heimische Mobilnetz, die teure Rufweiterleitung ins Ausland zahlt der Empfänger. Wesentlich preiswerter ist es, sich auf SMS zu beschränken, denn der Empfang ist kostenfrei.

Inzwischen ist die **Netzabdeckung fast überall** (sogar in der Westsahara) gewährleistet. Nur an manchen einsamen Stränden, im Gebirge oder in der Wüste gibt es kein Netz.

Falls das Mobiltelefon **SIM-lock-frei** (keine Sperrung anderer Provider vorhanden) ist und man längere Zeit in Marokko reist, lohnt sich die Anschaffung einer **lokalen SIM-Karte** mit Prepaid-Guthaben. Den SIM-lock kann man sich übrigens in den Telefongeschäften oder bei Bastlern in Marokko auch entfernen lassen. Eine marokkanische SIM-Karte (z.B. von Jawal, Méditel, INWI) kann man häufig bereits am Flughafen sowie in den überall vertretenen Läden der Mobilfunkanbieter kaufen. Mit einer marokkanischen SIM-Karte sparen Sie sich die teuren Roaminggebühren für ankommende Anrufe und Telefonate in Marokko. Sogar die Kosten für Anrufe nach Deutschland sind wesentlich günstiger als mit dem deutschen Mobiltelefon. **Prepaid-Karten** *(Carte de recharge)* zur Aufladung des Guthabens gibt es in Supermärkten (z.B. Marjane) und in kleinen Läden in jedem Ort. Eine marokkanische SIM-Karte von Maroc Telecom (www.iam.ma) oder INWI (www.inwi.ma) kostet nur wenige Euros, meist inklusive niedrigem Gesprächsguthaben. Im Prepaid-Paket „zen“ von INWI für nur 100 DH sind 1000 SMS, 3 Std. internationale Telefonate und 3 GB Datenvolumen enthalten.

## Internettelefonie

Telefonate über das Internet sind die billigste Art der weltweiten Kommunikation. Wer viel/länger im Ausland unterwegs ist, sollte einen kostenlosen **Skype-Account** (www.skype.com) anlegen. Wer einen Laptop, ein Tablet oder ein Smartphone mitnimmt, kann in einem Hotel oder Café mit WLAN über Skype eine Festnetz- oder Mobilfunknummer zu Hause anrufen und zahlt dafür nur sehr geringe Gebühren (ca. 2,2 Cents/Min. nach Deutschland). Telefonate von Skype zu einem anderen Skype-Mitglied sind kostenlos.

## Satellitentelefon

Wer wirklich abseits der Hauptwege reist (Kameltouren, Weiterreise nach Mauretanien und andere Saharastaaten, Bergtrekking) oder geschäftlich **immer erreichbar** sein muss, für den lohnt sich unter Umständen die Miete eines Satellitentelefons. Mit einem Thuraya-Satellitentelefon kostet die Gesprächsminute etwa 1,49 Euro ins Handy- und Festnetz (egal welchen Landes), mit Inmarsat nur 1,17 Euro – das ist günstiger als die Roaminggebühren der deutschen Mobilfunkanbieter für diese Ländergruppe.

Weitere Infos unter www.thuraya.de oder www.expeditionstechnik.de.

## Internet

In immer mehr **Gästehäusern, Hotels und Touristencafés** steht den Gästen kostenloses **WLAN** (WiFi) zum kabellosen Surfen zur Verfügung. Internetcafés findet man mittlerweile in jedem größeren Ort (1 Std. surfen 5–15 DH). **Kommunikation per E-Mail** ist in Marokko nicht mehr die Ausnahme, sondern bei Firmen oder touristischen Unternehmen zum Alltagsgeschäft geworden. So kann man sein Hotelzimmer oder den Mietwagen meist problemlos per E-Mail buchen. Man sollte sich allerdings etwas gedulden – manchmal lässt die Antwort auf sich warten …

Wer auch außerhalb einer WLAN-Zone mit dem Laptop online gehen möchte, kann sich problemlos **mit einer marokkanischen SIM-Karte ins Internet einwählen.** Alle großen Mobilfunkanbieter haben spezielle Internet-Pakete. Das „Pack Modem 3G“ von Méditel enthält alles, um mit dem Laptop oder Tablet unterwegs schnell per UMTS online zu gehen: Ein 3G-USB-Modem inkl. einem Monat Internet (10 MB Volumen täglich) kostet 229 DH. Die 3G-SIM-Karte ohne USB-Modem (z.B. zur Nutzung mit dem Smartphone oder mitgebrachtem USB-Modem) kostet nur 10 DH. Aufladekarten gibt es in allen Méditel-Läden.

- **Internet-Konfiguration für Maroc Telecom** (3G Internet Jawal): Passwort: keines, Benutzername: keiner, APN: wap.iamgprs.ma; **für Méditel:** Passwort: MEDINET, Benutzername: MEDINET, APN: internet1.meditel.ma; **für INWI:** Passwort: WANA, Benutzername: WANA, APN: www.wana.ma

# Trinkgeld

Trinkgeld spielt eine **wichtige Rolle** angesichts des geringen Einkommens der meisten Einheimischen bzw. im Dienstleistungssektor Beschäftigten. **Zimmermädchen, Kofferträger** (5–10 DH) und **Kellner** im Hotel sollten nicht erst bei der Abreise bedacht werden – ein Trinkgeld vorweg bzw. zwischendurch hebt die Stimmung und sorgt für besseren Service.

In Restaurants erhält der **Kellner** – sofern er einen freundlich bedient hat (was nicht selbstverständlich ist) – ein paar Dirham Trinkgeld. In Touristenrestaurants mit großem Durchlauf kann es schon mal vorkommen, dass die Bedienung ihr Trinkgeld eigenmächtig auf die Rechnung aufschlägt. In so einem Fall sollte man reklamieren und so viel geben, wie man für angemessen hält.

Auch ehrliche **Taxifahrer,** die das Taxamter einschalten statt einen Fantasiepreis zu nennen, haben eine kleine Belohnung verdient, und man rundet die Summe um 2–5 DH auf. **Busfahrer, Reiseleiter, Berg-/Kamel-/Mulifführer** oder **Köche** (bei Trekkings) bekommen ihren Tarif, erwarten aber trotzdem Trinkgeld von der Gruppe, die mindestens 50 DH, bei viel persönlichem Einsatz 100 DH oder mehr pro Führungstag bezahlen sollte. Bei Trekkings erhält natürlich der Bergführer mehr als ein Kamel- oder Muliführer. Für Fahrer einer Gruppe sind ebenfalls 50–100 DH am Tag angemessen.

Falls Sie jemanden als Aufpasser *(Gardien)* für Ihr **Auto** engagieren, darf dieser 3–5 DH erwarten, falls nicht ein offizielles Ticket einen anderen Preis ausweist. Parken über Nacht kostet 10–25 DH. In Touristenstädten wie Essaouira und Marrakesch wird schon mal deutlich mehr verlangt, vor allem wenn man gezwungen ist, sein Fahrzeug über Nacht auf einem öffentlichen Parkplatz abzustellen, weil man nicht in die Altstadt fahren darf.

# Uhrzeit

In Marokko gilt die Westeuropäische Zeit (UTC), daher müssen Besucher aus Deutschland, Österreich und der Schweiz (MEZ) ihre Uhren **um eine Stunde zurückstellen,** während der Sommerzeit (MESZ) um zwei Stunden. In dem Zeitraum, in dem sich die neu eingeführte **marokkanische Sommerzeit** und die deutsche Sommerzeit überschneiden, beträgt der Zeitunterschied wiederum nur eine Stunde.

Die Einführung der Sommerzeit in Marokko brachte einige Verwirrung mit sich, da sich der Zeitraum, in dem in Marokko die Sommerzeit gilt (Anfang Mai bis Mitte August), nicht mit dem in Europa deckt. **Im Ramadan** wird die Uhr um eine Stunde vorgestellt, damit die Sonne „früher“ untergeht und das Fasten bis am Abend nicht so lange dauert. Das ändert sich wahrscheinlich wieder, wenn der Ramadan nicht mehr in den Hochsommer und die längsten Tage des Jahres fällt.

[>] Der Innenhof mit Pool im Riad Lyla in der Medina von Marrakesch lädt zur Entspannung ein

# Unterkunft

Marokkos Angebot an Unterkünften reicht **von Luxus-Palästen** wie aus 1001 Nacht (z.B. La Mamounia Palace in Marrakesch) **bis zu einfachsten Herbergen** bei Berberfamilien im Hohen Atlas *(Gîte d'étape)*. Besonders stilvoll und authentisch wohnt man in renovierten **Riads** *(Maison d'Hôtes)* in den Altstädten oder zwischen Lehmmauern in umgebauten **Kasbahs** in den Oasen. Die Zahl der Kasbahhotels und Maisons d'Hôtes wuchs in den letzten zehn Jahren rasant, sodass das **Angebot** in den Touristenzentren inzwischen **ziemlich unübersichtlich** geworden ist. In diesem Reiseführer nennen wir in den jeweiligen Kapiteln nur eine Auswahl an wirklich empfehlenswerten Adressen. Wer sich vor der Reise einen Überblick über gute Hotels/Gästehäuser am Zielort verschaffen will, wirft einen Blick auf die hilfreichen **Bewertungen** von Gästen z.B. bei www.tripadvisor.de. Einen Überblick über das Hotelangebot inklusive Preisen und Bewertungen findet man auch bei www.trivago.de und im umfassenden „Hotelführer Marokko“ von *Edith Kohlbauch* (www.mobilunterwegs.eu).

015m015 ad

**Individualreisende,** die schon vor der Tour eine Unterkunft am Zielort auswählen, erhalten bei frühzeitiger Internetbuchung z.B. über www.booking.com häufig einen wesentlich günstigeren Preis als vor Ort ohne Vorausbuchung *(walk-in-rate).* Dies gilt vor allem für Mittelklasse- und Luxushotels. Ein vorheriger Vergleich der auf der Hotel-Homepage angegebenen Tarife und derjenigen eines Buchungsportals für dasselbe Hotel lohnt sich also. Die meisten Unterkünfte können problemlos **per Mail** oder Buchungsformular auf der Homepage gebucht werden (evtl. Anzahlung per Kreditkarte oder PayPal notwendig). Bei E-Mail-Anfragen lässt die Antwort jedoch selbst bei Oberklasse-Hotels manchmal eine Woche auf sich warten. Die meisten kleinen, günstigen Unterkünfte haben keine E-Mail-Adresse. Hier fragt man entweder telefonisch an oder verlässt sich darauf, dass bei Ankunft noch ein Zimmer frei ist – bei den allermeisten Budgethotels ist keine Vorausbuchung notwendig.

**In der Hochsaison** (Ostern, Weihnachten, Neujahr, in Agadir auch August) sollten Individualreisende die Unterkunft in Marrakesch, Essaouira und Agadir besser reservieren, um vor Ort nicht lange nach einem freien Bett suchen zu müssen. **Außerhalb der Urlaubszeiten** reicht es, wenn für die erste Nacht in der Ankunftsstadt ein Zimmer vorgebucht wird. Entlang der Hauptreiserouten finden flexible Urlauber immer ein Zimmer.

Hitzeempfindliche Menschen sollten im Sommer ein **klimatisiertes Zimmer** buchen. Eine **Heizung** gehört bei den marokkanischen Hotels nicht zur Standardausstattung, kann aber in den kalten Wintermonaten in den Bergen oder in der Wüste sehr angenehm sein. Manche Gästehäuser haben ein gemütliches Kaminzimmer oder Zimmer mit eigenem Kamin, wo man sich aufwärmen kann.

Es ist marokkanischen Hotels **verboten, ein Zimmer gemeinsam an Ausländer und Marokkaner zu vermieten.** Das soll Prostitution oder gar homosexuelle Kontakte unterbinden. Homosexualität ist in Marokko offiziell verboten! Übernachtung ohne Trauschein gehört sich nicht, deshalb sollte man bei „Multikulti-Ehen" den Trauschein nicht vergessen. Bei nicht verheirateten ausländischen Paaren wird nicht nachgefragt.

Mit einem **Hund** kann es erhebliche Probleme bei der Hotelsuche geben: Viele Hotels akzeptieren keine Tiere in den Zimmern!

## Hotels, Apartments, Clubs

In Marokko gibt es **klassifizierte Hotels** aller Kategorien. Gruppenreisende werden in der Regel in den besseren Ober- und Mittelklassehotels untergebracht. In den Reiseprospekten bzw. im Internet findet man dazu recht vernünftige Informationen inklusive Bildern. Wer Reisekosten sparen will, kann durchaus auf ein Mittelklassehotel zurückgreifen. Diese sind oft kleiner, persönlicher und genauso sauber wie die großen. **Ab drei Sternen** aufwärts kann man meist mit sauberen, oft sogar mit komfortablen und geräumigen Zimmern rechnen. Sie bieten Reisenden mit normalen Ansprüchen guten Komfort: Dusche/WC im Zimmer, TV sowie Klimatisierung/Heizung sind in dieser Kategorie selbstverständlich. Oft gehören auch ein Restaurant, Swimmingpool und/oder Garten zum Hotel. Außerhalb der Saison kann man bei den Mittelklassehotels oft den Preis herunterhandeln, Nachlässe bis zu 15% sind keine Seltenheit. In den Prospekten der Reiseveranstalter sind die günstigsten Zeiten mit saisonaler Ermäßigung oder Preisnachlass bei längeren Aufenthalten angegeben.

Wichtiger ist, vor allem in Agadir, ob sich das Hotel in Strandnähe befindet, sofern man sich dort länger aufhalten will, oder auf einer Königsstädtetour die Nähe zur Medina. Auf die **Lage** an verkehrsreichen oder ruhigen Straßen sollte ebenso geachtet werden wie auf die eigenen Bedürfnisse, vor allem hinsichtlich des Abendprogramms. Will man viel marokkanische Atmosphäre erleben und sich ins Alltagsgetümmel werfen, dann sollte man ein Hotel nahe der Altstadt oder sogar einen Riad mitten in der Medina wählen. Legt man mehr Wert auf Restaurantbesuche und Bars, dann ist man besser entweder in der Neustadt der Königsstädte oder in Agadir gleich in den Touristikhochburgen entlang der Küste aufgehoben. Will man mehr Erholungsurlaub, dann sollte sowohl auf Strandnähe als auch auf eine Lage möglichst am Rande der Touristenzentren, oder gar einige Kilometer davon entfernt, geachtet werden. Denn gerade im „complexe touristique" in Agadir, wo die meisten Hotels und Restaurants zu finden sind, dröhnt bis Mitternacht laute Musik durch die Gassen.

**Für Familien** sind Hotels in der Neustadt evtl. besser geeignet als Riads *(Maisons d'Hôtes)* in der Altstadt. Die Fenster der Zimmer in den Riads zeigen meistens zum Innenhof, sodass alle Geräusche aus den Zimmern bzw. von außen (wenn die Kinder schlafen sollen) hörbar sind. Zudem sind die Zimmer häufig nicht so groß, oder man muss verwinkelte Treppen auf- und absteigen – mit Kleinkindern eher ungünstig. Erkundigen Sie sich deshalb vorher beim Gästehaus, ob Familienzimmer oder andere Serviceleistungen (Kinderbett o.Ä.) für Familien angeboten werden. Hotels in der Neustadt haben im Gegensatz zu den meisten Riads einen Garten und einen Swimmingpool, wo sich die Kinder austoben können.

**Für Autoreisende** ist die Parkplatzsituation in den Städten relevant. Die meisten Gästehäuser in den Altstädten sind nicht direkt mit dem Kfz erreichbar. Lassen Sie sich von den Betreibern den nächsten bewachten Parkplatz zeigen/beschreiben. In Marrakesch befinden sich viele bewachte Parkplätze in der Umgebung des Djamâa el-Fna. Wer sein Auto direkt vor der Tür parken möchte, wählt besser ein Hotel in der Neustadt.

Im **Ramadan** ist in Hotels mit angeschlossenen Restaurants, die nicht nur von Touristen besucht werden, mit **Musikveranstaltungen** zu rechnen oder in Hotels mit benachbarten Lokalen mit Live-Musik – vor 1 Uhr nachts ist dann nicht an Schlaf zu denken!

Neben den Hotels gibt es auch komfortable **Ferienclubs** (Club Valtur, Club Med, Club Robinson), Clubhotels mit vielfältigem Sportangebot und Kinderbetreuung sowie geräumige **Apartments** (Résidence oder Apart-Hotel) und Bungalows für Selbstversorger. Selbstversorger-Apartments werden zu sehr günstigen Preisen als Wochenarrangements von den Reiseveranstaltern in Deutschland angeboten.

## Maisons d'Hôtes (Riads)

Der Begriff **Riad** (oder Ryad) stammt aus dem Arabischen und bedeutet ursprünglich „Garten". Der Begriff wurde für ein traditionelles Stadthaus mit Gartenelement (z.B. Blumenrabatte, Orangenbäume) und Springbrunnen im Innenhof übernommen. Inzwischen wird der Einfachheit halber auch ein **Dar,** ein Stadthaus ohne Grün im Innenhof, als Riad bezeichnet. Ein Riad war früher meist das Haus eines reichen Händlers, Wesirs oder anderweitig wichtiger Menschen, die sich in der Altstadt z.B. von Marrakesch, Essaouira oder Fès ein prachtvolles Haus leisten konnten. Solche Häuser wurden in den letzten zehn Jahren in zunehmendem Maße zu individuellen und sehr stilvoll marokkanisch gestalteten Hotels mit fünf bis maximal zehn Zimmern umgebaut, den soge-

014m015 ad

nannten **Maisons d'Hôtes.** Die Besitzer sind meist Ausländer (Deutsche, Franzosen, Italiener), aber auch wohlhabende Marokkaner. Diese Gästehäuser sind wahre Kleinode, jedes Zimmer ist traditionell und individuell eingerichtet – häufig auch in einem schicken Stilmix mit modernen Elementen –, die Räume sind mit Mosaiken, Springbrunnen, Stuckornamenten und Zedernholzschnitzereien versehen. Die Auswahl in Marrakesch, Fès, Asilah und Essaouira ist groß, allein in Marrakesch gibt es mittlerweile Hunderte Gästehäuser. Die Zimmerpreise in einem Riad reichen von 30 bis 400 Euro für das Doppelzimmer bzw. eine Suite. Manchmal kann man ein Haus auch komplett mieten.

**Hinweis:** Besonders in Marrakesch, aber auch in anderen marokkanischen Städten, gibt es unzählige **Maisons d'Hôtes ohne offizielle Autorisation** des marokkanischen Tourismusministeriums. Das heißt sie arbeiten informell, zahlen weder Abgaben noch Steuern, und sie melden ihre Mitarbeiter nicht bei der Sozialversicherung an. Ein Gast sollte sich darüber im Klaren sein, dass diese Gästehäuser ihre Dienstleistungen zu geringeren Preisen weitgehend auf Kosten der sozialen Absicherung ihrer Mitarbeiter anbieten. Hinweise darauf, dass ein Riad angemeldet ist und seine Mitarbeiter versichert, sind eine offizielle Kategorisierung (Kategorie 1 oder 2) sowie die Angabe einer Steuernummer *(Identification fiscal)* auf einem offiziellen Briefbogen oder einer Rechnung. Wenn der Gast bei Ankunft kein Registrierungsformular ausfüllen muss, ist dies ein Hinweis darauf, dass das Maison d'Hôtes informell operiert.

Selbst im äußersten Süden findet man mittlerweile stilvolle Unterkünfte (im Bild die Terrasse des Dar Infiane in Tata)

## Billigunterkünfte

Billighotels finden Rucksackreisende vor allem in der **Nähe der Busstationen** und in der **Altstadt** (Medina). In den kleinen Zimmern der einfachen Hotels gibt es meist nicht viel mehr als ein Metallbettgestell mit durchgelegener Federkernmatratze, kratziger Wolldecke und einem (hoffentlich sauberen ...) Laken. Manchmal gibt es noch ein Waschbecken und einen Ventilator im Zimmer. Die Duschen und WCs auf dem Gang teilt man sich mit den anderen Gästen. Nicht in allen Herbergen ist heißes Wasser vorhanden. Die **Toiletten** sind wie in den meisten Ländern der Dritten Welt gewöhnungsbedürftig: Nicht immer sauber, für Klopapier muss man selbst sorgen, die Spülung funktioniert häufig nicht, und auch die arabischen Stehklosetts sind für viele Europäer ungewohnt. Manchmal stehen ein Wasserhahn und Eimer als Spülung bereit, dann wieder sind Gemeinschaftsduschen mit den Toiletten kombiniert, und man duscht über der Stehtoilette.

**Besichtigen Sie** in einfachen Hotels das Zimmer und die sanitären Anlagen, bevor Sie fest zusagen. **Testen Sie,** ob die Duschen funktionieren, **überprüfen Sie** das Bettzeug nach Sauberkeit und Ungeziefer. Zu hohe Ansprüche können Sie hier nicht stellen, aber in den meisten größeren Orten ist die Auswahl an billigen Hotels groß. Einfache Hotels dienen gelegentlich als Stundenhotels.

Es ist empfehlenswert, einen eigenen **Schlafsack** aus Baumwolle oder Seide mitzunehmen, da die Matratzen und Laken oft nicht die saubersten sind. Im Winter sollte man einen dickeren Schlafsack einpacken.

In den letzten Jahren sind zumindest in den viel besuchten Städten immer mehr durchaus gute, saubere Budgetunterkünfte für Rucksacktouristen eröffnet worden: mit nettem Gemeinschaftssalon, Dachterrasse und gratis WLAN. Empfehlenswerte Herbergen findet man z.B. unter **www.hostelworld.com** (mit Buchungsmöglichkeit).

In Marokko existieren außerdem **Jugendherbergen** des internationalen Jugendherbergsverbands (www.hihostels.com). Sie sind in der Regel zentral gelegen, gepflegt und sauber (genaue Adressen bei den jeweiligen Städten im Reiseteil). Die Herbergen haben ganzjährig geöffnet, eine Übernachtung im DZ kostet etwa 150 DH mit Frühstück, im Mehrbettlager ca. 70 DH p.P.

**In den Bergregionen** bieten sogenannte **Gîtes d'étape** einfache Unterkunft für Trekkingtouristen. Hier übernachtet man in typischen Familienhäusern auf Matratzen in Schlafsälen oder kleinen Zimmern. Die Stehtoiletten und Duschen sind nicht immer sauber, und es gibt nicht überall heißes Wasser. Eine Übernachtung kostet in der Regel 55–100 DH p.P. In den Gîtes macht man sehr nette Bekanntschaften mit der Familie des Hauses und erfährt etwas über die Lebensbedingungen auf dem Land.

### Tipps

- In den **Herbergen des internationalen Jugendherbergsverbands** (www.hihostels.com) kann man unabhängig von seinem Alter absteigen! Mit einem internationalen Jugendherbergsausweis aus dem Heimatland schläft man hier zum günstigeren Tarif als Nicht-Mitglieder.
- In vielen günstigen Hotels und Riads kann man mit dem Schlafsack auf einer Matratze oder Polstern **auf der Dachterrasse** nächtigen (ca. 50 DH p.P.).

■ Einige Campingplätze und Hotels im Süden bieten günstige Übernachtungen in **Nomadenzelten** (*Khaima, Bivouac* oder *Tente Bérbère*) im Garten an.

## Preise

Bezüglich der Hotelpreise – zumindest für Mittelklasseunterkünfte – gehört Marokko im Vergleich zu manchen Ländern in Südostasien nicht zu den billigsten Destinationen. Im Reiseteil sind die Hotelpreise nach **Kategorien** angegeben (①-⑤). Die Preise im Buch beziehen sich in der Regel auf die im Internet auf der Website des Hotels veröffentlichten Tarife. Bei Online-Buchung können manche Hotels deutlich billiger gebucht werden. **Die Preise im Buch gelten für zwei Personen im Doppelzimmer,** manchmal mit Frühstück oder Halbpension (HP) – das wird entsprechend angegeben. Der Preis eines Zimmers sagt nicht zwangsläufig etwas über die Qualität der Unterkunft aus – günstigere Zimmer können durchaus Mittelklasse-Niveau haben. Entsprechend sind die Unterkünfte in diesem Reiseführer zusätzlich in die Kategorien „Oberklasse", „Mittelklasse" und „Günstig" eingeteilt. Wer die Details seiner Unterkunft ganz genau wissen will, sollte telefonisch oder per Mail beim Hotel anfragen.

Der Preis in **einfachen Billig- und in 1-Stern-Hotels** liegt bei 50–200 DH für ein Doppelzimmer (Preisklasse ①). Einzelzimmer sind in der Regel schwer zu bekommen. Selbstverständlich kann man sich sein Mehrbettzimmer auch mit anderen Gästen teilen. Auf diese Weise ist ein Hotelzimmer oft nicht teurer als eine Jugendherberge.

Meist recht einfache und nicht immer saubere **2-Sterne-Hotels**② kosten 200–350 DH.

**Ab 3 Sternen** aufwärts kann man mit sauberen und komfortablen Zimmern rechnen. In diesen **Mittelklassehotels**③ werden zwischen 350 und 700 DH fällig.

**Gehobene Mittelklasse-/Oberklassehotels** (4 Sterne) mit sehr guter Ausstattung, Klimaanlage, TV, Balkon und Terrasse kosten ab 700 DH aufwärts (④).

Sollten Sie ein **5-Sterne-Hotel**⑤ präferieren, müssen Sie pro Nacht 1600–3500 DH für ein Doppelzimmer oder eine Suite berappen.

Der Preis für ein Doppelzimmer in einem **Maison d'Hôtes** kann je nach Ausstattung (einfach-familiär bis durchgestylter Superluxus) von 30 bis über 400 Euro reichen. Die meisten guten Riads bewegen sich in der Preisspanne von 50 bis 150 Euro für ein Doppelzimmer.

Die offiziellen Hotelpreise müssen gut leserlich an der Rezeption angeschlagen sein. Der Preis beeinhaltet nicht immer

### Unterkünfte: Preiskategorien

① sehr einfaches Hotel/Billigunterkunft oder Bivouac/Nomadenzelt: 50–200 DH
② einfaches Hotel/Gästehaus: 200–350 DH
③ Mittelklassehotel/-gästehaus: 350–700 DH
④ gehobene Mittel-/Oberklasse: 700–1600 DH
⑤ Luxushotel/-gästehaus: 1600–3500 DH

das **Frühstück** (30–150 DH) und die **Touristensteuer,** die von der Hotelkategorie abhängig ist.

### Saisoneinteilung

- **Hauptsaison:** Anfang Juli bis Anfang September, Ostern und Weihnachten. Höchste Preise in den Hotels.
- **Zwischensaison:** Anfang April bis Ende Juni und Mitte September bis Ende Oktober. Günstige Hotelpreise, wenig Betrieb.
- **Nebensaison:** November bis Mitte Dezember und Mitte Januar bis März. Niedrigste Hotelpreise.

## Campingplätze

Es gibt in Marokko eine stattliche Anzahl von Campingplätzen unterschiedlichster Qualität, teils in staatlicher, teils in privater Hand. Während die privaten Plätze je nach Engagement des Besitzers durchaus passabel, manche sogar hervorragend ausgestattet sind, verfügen die vor über 30 Jahren konzipierten staatlichen bzw. städtischen Anlagen nur über eine rudimentäre Ausstattung.

Abgesehen von den neueren Plätzen entsprechen die Toiletten und **sanitären Einrichtungen meist nicht europäischen Normen.** Häufig gibt es nur Stehtoiletten. Die WCs sind oft verdreckt, die Spülung funktioniert selten, aus den Duschen läuft (oder tröpfelt) oft nur kaltes Wasser.

Die **Sauberkeit** der Plätze **schwankt nach Jahreszeit und Andrang.** Im August, zur Ferienzeit der Marokkaner, muss man vor allem entlang der Atlantikküste mit überfüllten und verdreckten Anlagen rechnen.

In der Umgebung von Agadir, Essaouira, Sidi Ifni und Tafraoute, wo viele Rentner aus Frankreich, Spanien und Deutschland mit ihren **Wohnmobilen überwintern,** entstanden in den letzten Jahren komfortable Campingplätze mit Pool, sehr guten Sanitäranlagen, Entsorgungsmöglichkeit für Chemietoiletten, Waschmaschine, Shop, WLAN etc. Allerdings sind diese Plätze und alle anderen einfachen Stellplätze entlang der südlichen Atlantikküste und südlich des Hohen Atlas in den Wintermonaten oft völlig überlaufen.

Individualreisende, die **mit dem Zelt** unterwegs sind, müssen sich bei den meisten Campingplätzen auf einen harten Untergrund einstellen, denn viele Anlagen sind für Wohnmobile konzipiert. Hier findet man häufig nur Beton- oder Kiesplätze.

Die **Campingplatzgebühren** betragen 70–100 DH für zwei Personen inkl. Auto oder Caravan. Für Strom am Platz (nicht überall verfügbar) müssen etwa 20 DH extra bezahlt werden. Manchmal kosten auch die heißen Duschen extra (10 DH). Für ein Zelt werden 10–20 DH berechnet. Für Langzeitcamper werden ab etwa 7, 14 oder 30 Tagen Aufenthalt gestaffelte Ermäßigungen gewährt.

▷ An der Strandpromendae von Sidi Moussa d'Aglou

# Verhaltenstipps

## Autoritäten

**Beamten** sollte man immer **freundlich begegnen.** Autoritäten werden in Marokko noch wesentlich mehr respektiert als bei uns. Die Autorität des Staates, von Amtspersonen, aber auch der Eltern ist noch kaum in Frage gestellt. Daher sollten kritische oder gar beleidigende Äußerungen, sowohl was den König (Straftatbestand!) als auch das Land betrifft, unterbleiben. Der Stolz auf das Land, seine Kultur und seine Werte ist groß, und selbst dem System kritisch gegenüberstehende Marokkaner werden selten negativ über ihre Heimat sprechen.

## Einladungen

Der Besucher Marokkos entwickelt mit der Zeit ein **Gespür** dafür, ob echte Gastfreundschaft oder nur Geschäftssinn hinter einer Einladung steckt. In touristischen Hochburgen kann ein gesundes Misstrauen nicht schaden. Zwar mag das Angebot einer Tasse Tee schließlich in einen Teppichladen führen, doch wer partout nichts kaufen will und dies klar kundtut, wird ohne Groll wieder entlassen.

**Abseits der touristischen Zentren** wird der Besucher im Allgemeinen auch heute noch traditionsgemäß herzlich und ohne kommerzielle Hintergedanken begrüßt und aufgenommen. Legen Sie dann Ihre europäische Hektik ab, zeigen Sie Interesse für Ihre Gastgeber, ziehen

017m015 ad

Sie Ihre **Schuhe** vor dem Betreten des Empfangszimmers aus, und strecken Sie Ihrem Gegenüber niemals die Fußsohlen entgegen.

Traditionell werden die Gäste in einem Salon mit rundum laufenden Sitzpolstern und niedrigen Tischen bei einem Glas süßen Tee begrüßt. Manchmal läuft hier auch der **Fernseher,** von dem man sich nicht irritieren lassen sollte – er gilt noch immer als Zeichen des Fortschritts und des Wohlstands. **Frauen** werden Sie in konservativ orientierten Familien auf dem Land in der Regel nur zum Auftragen der Speisen sehen. Traditionell üblich essen die Frauen und Kinder von den Männern getrennt. Bei Touristinnen wird eine Ausnahme gemacht. **Essen Sie nur mit der rechten Hand, die Linke gilt als unrein** (da man sich damit nach der Toilette und bei der rituellen Reinigung vor dem Gebet an „unreinen" Körperteilen wäscht). Bei einer privaten Einladung sind **Gastgeschenke** willkommen: z.B. für die Kinder Bonbons, für die Männer Zigaretten, für die Frauen kleine Kosmetikprodukte wie Cremes und Parfumproben. Überreichen Sie die Gastgeschenke ebenfalls nur mit der rechten Hand.

Die übliche marokkanische **Begrüßung** auf der Straße ist: „Läbäs (bes)?", was in etwa heißt: „Wie geht's?". Die Antwort darauf lautet „Läbäs el hamdulilah" – „Es geht gut, Gott sei Dank". Im Haus wird man meist mit „marhaba" – „Willkommen" bzw. dem arabischen „Salam aleikum" in Empfang genommen (Antwort: „Aleikum assalam"). Zur Verabschiedung sagt man „Besslama" bzw. „Ma Salama" – „Auf Wiedersehen". Man reicht sich zur Begrüßung die rechte Hand, die als Zeichen des besonderen Respekts anschließend ans eigene Herz geführt wird. Marokkanische Männer begrüßen sich häufig mit Wangenküsschen, während sie die Begrüßungsformeln austauschen.

## Fotografieren

Die vielen fremdartigen Motive Marokkos verlocken zu häufigem Gebrauch der Kamera. Aber **Vor- und Rücksicht!** Grundsätzlich verboten ist das Filmen und Fotografieren militärischer Einrichtungen im weitesten Sinne, dazu gehören auch die Staumauern der Stauseen. Zurückhaltung also, wenn Antennenanlagen, beflaggte Gebäude oder Militärzäune mit in die „Schusslinie" kommen. Auch Uniformierte (Gendarmerie, Polizei) sollte man grundsätzlich fragen, bevor man sie fotografiert.

Nach strenger Koranauslegung ist jede **bildliche Darstellung des Menschen** verboten, daher ist vor allem bei Personenaufnahmen äußerstes Feingefühl gefragt. Wer Menschen fotografieren will (und dies nicht unbemerkt tun kann), sollte sich durch Fragen oder entsprechende freundliche Gestik vergewissern, dass der Betroffene nichts dagegen hat. Im Zweifelsfall: kein Foto. Während die berberische Bevölkerung zumeist aufgeschlossen aufs Fotografieren reagiert, ist es nach wie vor undenkbar, z.B. eine traditionell gekleidete arabische Frau ungefragt aus der Nähe „abzuschießen". Auf wenig Verständnis stoßen auch Fotografen, die ärmliche Verhältnisse (Slums, Müllhalden, baufällige Häuser, Bettler etc.) als Motiv wählen.

Manch fotoscheuen Menschen kann man eventuell doch von einem Foto überzeugen, indem man ihm einen Blick auf das Display der Digitalkamera gewährt – die Freude, das eigene Abbild so schnell bewundern zu können, lässt die Skepsis vielleicht schwinden.

**Digitalaufnahmen,** von denen man auch in Marokko Abzüge machen lassen kann, sind eine gute Möglichkeit, sich für eine Einladung oder Dienstleistung zu revanchieren, ebenso das (natürlich einzuhaltende) Versprechen, Bilder später von zu Hause aus zu schicken.

## Frauen allein unterwegs

**Besonders jungen, blonden Frauen** wird es nicht verborgen bleiben: Für einige marokkanische Junggesellen scheinen diese Merkmale einen Schlüsselreiz darzustellen, der sie zu einem zuckersüßen „Bonjour, la gazelle" oder einem leisen Pfeifen oder Zischen im Vorbeigehen veranlasst. Allein reisende Frauen müssen in marokkanischen Großstädten immer wieder mit Anmache und anzüglichen Bemerkungen rechnen, in einem ernsthaften Sinne belästigt wird frau jedoch äußerst selten.

Um Anmache zu vermeiden, sind **angemessene Kleidung** (keine schulterfreie, tief ausgeschnittene oder sehr enge Kleidung, keine Mini-Röcke) und ein **sicheres Auftreten** wichtig: Blickkontakt vermeiden, selbstbewusst und zielsicher weitergehen, ohne auf Kommentare zu reagieren. Ledige Frauen sollten bei der Frage nach der Familie immer einen Ehemann und am besten auch Kinder „erfinden", die zu Hause warten.

Bis auf gelegentlich nervige Kommentare können sich allein reisende Frauen in Marokko problemlos frei und sicher bewegen. Sollte doch einmal ein Mann zudringlich werden, dann sollte frau laut rufen und mit der Touristenpolizei drohen – sofort werden mehrere Personen zu Hilfe eilen. **Traditionelle Cafés** mit ausschließlich männlichem, einheimischem Publikum (besonders in den Medinas) sollten gemieden werden.

## Führer und „Faux guides"

Immer wieder werden Reisende von sogenannten „faux guides" – Jugendlichen oder jungen Männern, die sich illegal als Führer anbieten – belästigt. Es ist ratsam, sich unbedingt einen **offiziellen, staatlich geprüften Stadtführer** zu nehmen und sich gegebenenfalls seine Führerlizenz oder -plakette zeigen zu lassen. Die offiziellen Führer sprechen mehrere Sprachen und geben geschichtliche Hintergrundinformationen. Faux guides zielen hingegen hauptsächlich darauf ab, von einem Souvenirgeschäft zum nächsten und zu Restaurants zu führen, von denen sie eine hohe Provision erhalten.

Der Ärger mit (inoffiziellen) Fremdenführern und die Belästigung durch aufdringliche Kinder, Jugendliche und/oder „Mopedguides" haben in der Vergangenheit wesentlich zum touristischen **Negativimage** Marokkos beigetragen. Kampagnen in TV und Rundfunk sowie verstärkte Polizeikontrollen haben vor allem in den Großstädten die Situation wesentlich verbessert. Dennoch werden Touristen in manchen Oasen und Altstädten weiterhin von „faux guides", Souvenirhändlern, Schleppern oder bettelnden Kindern bedrängt, die man nur mit viel Gleichmut und (freundlicher) Hartnäckigkeit abwimmeln kann.

# Touristenknigge

■ **Beginnen Sie Ihre Reise unvoreingenommen** mit dem Wunsch, mehr über das Land und seine Menschen zu erfahren.

■ **Respektieren Sie die Gefühle der gastgebenden Bevölkerung.** Bedenken Sie, dass Sie durch Ihr Verhalten auch ungewollt verletzen können. Dies trifft vor allem auf das Fotografieren zu.

■ Gewöhnen Sie sich an, **zuzuhören** und zu beobachten anstatt nur zu hören und zu sehen.

■ Halten Sie sich vor Augen, dass andere Völker oft **andere Zeitbegriffe** haben – diese sind nicht schlechter, nur eben verschieden.

■ Entdecken Sie, wie interessant und wertvoll es sein kann, **eine andere Art des Lebens kennenzulernen.**

■ Machen Sie sich mit den **örtlichen Sitten** und Gebräuchen vertraut. Sie werden sicher jemanden finden, der Ihnen dabei hilft.

■ **Legen Sie die Gewohnheit ab, auf alles eine Antwort parat zu haben.** Seien Sie mal derjenige, der eine Antwort haben möchte.

■ Denken Sie daran, dass Sie nur einer von Tausenden Touristen im Land sind. **Beanspruchen Sie keine besonderen Privilegien.**

■ **Wenn Sie etwas günstig eingekauft haben,** denken Sie daran, dass Ihr Vorteil vielleicht nur deswegen möglich war, weil die Löhne in Ihrem Gastland niedrig sind.

■ **Machen Sie niemandem Versprechungen,** wenn Sie nicht sicher und willens sind, sie auch zu halten.

■ **Nehmen Sie sich täglich etwas Zeit, um Ihre Erlebnisse zu verdauen;** sie werden dann mehr vom Reisen haben.

■ **Wenn Sie es auf Reisen wie zu Hause haben wollen,** dann sollten Sie Ihr Geld nicht fürs Reisen verschwenden und lieber daheim bleiben.

Ein **empfehlenswertes Buch** zu dieser Thematik ist (aus dem Reise Know-How Verlag, Bielefeld):

■ *Muriel Brunswig-Ibrahim,*
**KulturSchock Marokko**

016m015 ad

Touristen ohne Französischkenntnisse oder Urlauber, die zum ersten Mal den Orient bereisen und sich im Gassengewirr der Altstädte unsicher fühlen, sollten zur Orientierung am ersten Tag einen offiziellen Führer engagieren. Gästehäuser und Hotels sowie die lokalen Tourismusämter vermitteln deutsch- oder englischsprachige Führer. Einige empfehlenswerte offizielle Führer sind in den Stadtkapiteln genannt. **Kompetente deutschsprachige Stadtführer** verlangen für eine halbtägige Führung ca. 500 DH (40 Euro) und für den ganzen Tag 600–1000 DH (50–90 Euro) – unabhängig von der Personenzahl. Der **Preis** sollte immer **vorher vereinbart** werden! Auch offizielle Führer erhalten Provision, wenn Touristen in den Läden einkaufen, in die sie führen. Man sollte deshalb vor der Führung klar vereinbaren, ob man am Besuch einer Kunsthandwerksstätte oder eines Teppichladens interessiert ist oder nicht.

## Handeln

Sollten Sie Spaß am **Feilschen** haben, so können Sie das in den Großstadtsouks stundenlang betreiben und auch einen Gegenstand einigermaßen günstig erstehen. Billig ist in den Städten allerdings nichts mehr, viele Gegenstände werden nur noch für den Verkauf an Touristen gefertigt. Normalerweise konnten wir jeden genannten **Preis bis auf die Hälfte herunterhandeln,** inzwischen werden aber in Touristenorten dermaßen unverschämt hohe Summen angesetzt, dass es sinnvoll ist, 75% unter dem genannten Preis mit dem Handel anzufangen. Man sollte nie ohne **Preisvergleich** handeln und sich niemals als Marokko-Neuling outen. Wenn Sie auf entsprechende Fragen Ihres Pendants mehrere Städte aufzählen, in denen Sie schon gewesen sind und einen Aufenthalt in Marokko von mindestens drei Wochen angeben, suggeriert dies Erfahrung, und die Verhandlungsbasis ist eine ganz andere.

Eine Ausnahme ist **silberner Berber-** und auch **Goldschmuck,** hier sind die Preise relativ konstant, es wird meist nach Gramm abgerechnet.

**Beim Feilschen gilt eine Anstandsregel:** Beginnen Sie **keinen Handel, wenn Sie nicht die Absicht haben,** den Gegenstand wirklich **zu kaufen.** Manchmal wird man zwar fast zum Handeln gezwungen, aber meist kann man bekunden, dass kein Interesse besteht. Sollte der Händler trotzdem nicht lockerlassen, nennt man einen so idiotisch niedrigen Preis, dass ihm von selbst die Lust zum Handeln vergeht. Haben Sie bei dem Handel das Gefühl, auch nach 50% Reduktion oder mehr noch übers Ohr gehauen zu werden, so trösten Sie sich: Das geht jedem so! Das Wort Betrug in diesem Zusammenhang würde ich vermeiden. Die Araber sind ganz einfach geschickte Händler, und man macht es sich zu leicht, die Geschäftsmethoden als Betrug abzustempeln, wenn Preise nicht festgesetzt sind und die Einheimischen an den Touristen eine ganze Menge Geld verdienen.

**Touristen, die nicht handeln,** werden belächelt. Handeln Sie aber wie ein Araber, werden Sie Ihrem Gegenüber gehörigen Respekt abringen.

Sollten Sie am Handeln keinen Spaß finden oder Angst haben, zu teuer zu kaufen, dann besuchen Sie die **staatli-**

**chen Läden Ensemble Artisanal** in den großen Städten. Diese führen ein gutes Sortiment an landestypischen Handwerksprodukten. Hier können Sie zu **Festpreisen** kaufen und bekommen die Waren auf Wunsch sogar nach Hause geschickt.

Grundsätzlich gilt: **Lassen Sie sich nie von einem Händler unter Druck setzen!** Will er Sie am Gehen hindern, oder schlägt er einen aggressiven Ton an, sagen Sie ihm in aller Deutlichkeit, was Sie davon halten und drohen Sie ggf. mit der Touristenpolizei. Dann ist dieses Theater sehr schnell beendet.

## Religion und religiöse Stätten

Der **Zutritt** ins Innere von Moscheen, Zaouias und Marabouts ist für Nicht-Muslime **verboten** (mit Ausnahme der Moschee Hassan II. in Casablanca und Tin Mal im Hohen Atlas). Auch das Fotografieren von Betenden oder Gläubigen bei der rituellen Waschung, etwa durch den Eingang einer Moschee, ist unangebracht.

Nach der Religion gefragt, sollte man sich nicht als Atheist, sondern als Christ bekennen, wenn man nicht Unverständnis ernten will.

Während des Fastenmonats **Ramadan** sollten auch Touristen in der Öffentlichkeit Zurückhaltung bezüglich Rauchen, Essen und Trinken üben. **Alkoholgenuss** sollte generell auf Hotels, Bars und Restaurants beschränkt bleiben. Animieren Sie keinen Moslem zum Alkoholkonsum!

## Schlepper und Nepper

Ein freundlicher junger Mann, der einem im Gassengewirr den Weg zurück zum Gästehaus zeigt – mit Abstecher in den Gewürzladen des Bruders. Ein Brief aus Deutschland, der dringend einen Übersetzer sucht – im Souvenirladen von *Mohamed.* Die Marokkaner sind einfallsreich, und so gibt es **unzählige Tricks,** Touristen in einen Verkaufsladen zu locken und möglichst nicht mehr rauszulassen. Eine **gesunde Portion Misstrauen** gehört dazu, wenn man sich nicht ständig zwischen Teppichen und Silberschmuck wiederfinden möchte. Vorsicht auch bei Aussagen zu touristischen Einrichtungen: „Informationen" wie „Hotel/Restaurant/Sehenswürdigkeit XY hat geschlossen" sind meistens erfunden, um den Besucher zu einem anderen Haus zu führen, von dem der Schlepper dann eine Provision erhält.

Auf manchen von Touristen viel frequentierten Routen (z.B. über den Tizi-n-Tichka und weiter ins Drâa-Tal) kommt es gelegentlich vor, dass eine **Autopanne vorgetäuscht** wird, mit der Bitte, den Beifahrer in die nächste Stadt mitzunehmen. Darauf folgt selbstverständlich eine Einladung zum Tee – im nächsten Teppichladen! Man übe sich in freundlicher, aber selbstsicherer und konsequenter Ablehnung – dann kehrt Ruhe ein, zumindest für kurze Zeit …

## Umgang mit Bettlern

Besonders in den Altstädten begegnen Touristen immer wieder der **Armut:** Alte gebrechliche Frauen und Männer betteln vor den Eingängen einer Moschee,

Mütter sitzen mit kleinen Kindern auf dem Schoß auf dem Gassenboden, ein Junge führt seinen blinden Großvater mit offener Hand durch die Gegend, sechsjährige Knirpse verkaufen Kekse oder Taschentücher auf der Straße. Das **Almosengeben** ist eine **muslimische Pflicht,** und so kann man regelmäßig Marokkaner beobachten, die Bettlern etwas zustecken. Auch als Tourist kann man Gutes tun, indem man gelegentlich ein oder zwei Dirham, Datteln oder ein Stück Brot an Arme verschenkt. Es ist jedoch sehr wichtig, nicht wahllos Geld ohne Gegenleistung zu verteilen, sondern nur gezielt an wirklich Bedürftige!

**Unangebrachte Mitleidsspenden** an bettelnde Kinder führen mittelfristig dazu, dass Touristen von schreienden, aggressiven Kinderhorden verfolgt und die Kleinen statt zur Schule zum Betteln geschickt werden.

## Umgang mit dem anderen/ gleichen Geschlecht

Gefühlsbezeugungen oder gar der Austausch von **Zärtlichkeiten** zwischen Mann und Frau **in der Öffentlichkeit** widersprechen den islamischen Moralvorstellungen. Umgekehrt lässt sich beobachten, dass marokkanische Männer häufig Händchen haltend oder Arm in Arm durch die Straßen gehen. Dies ist meist Ausdruck einer ganz „normalen" guten Freundschaft unter Männern und in Marokko durchaus üblich. **Homosexualität** ist verboten, aber weit verbreitet – viele Marokkaner machen ihre ersten sexuellen Erfahrungen mit dem gleichen Geschlecht. Diesbezügliche Offerten werden daher immer wieder an männliche Touristen herangetragen.

**Als ungebührlich gilt,** wenn ein männlicher Tourist in der Öffentlichkeit eine marokkanische Frau anspricht, und sei es nur, um nach dem Weg zu fragen. Ganz und gar ungewöhnlich ist es, als Mann von einer oder mehreren marokkanischen Frauen angesprochen zu werden. Diese Form der Kontaktaufnahme wird nur von Prostituierten gewählt, selbst wenn die Damen überhaupt nicht danach aussehen und sich erst ganz harmlos als am Fremden interessierte Studentinnen ausgeben.

Außereheliche und gleichgeschlechtliche **Sexualbeziehungen** sind in Marokko Straftatbestände, die Praxis zeigt allerdings, dass eine Sexualbeziehung unter europäischen unverheirateten Hetero-Paaren geduldet wird, jedoch Schwierigkeiten auftreten, wenn einer der unverheirateten Partner die marokkanische Staatsbürgerschaft besitzt.

Frauensache: Henna wird aufgetragen

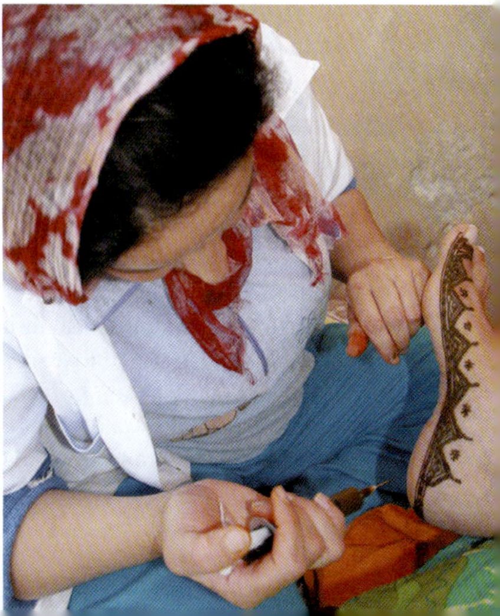

122m015 ad

# Verkehrsmittel

Dem Urlauber stehen vielerlei Transportmittel zur Verfügung, um auf eigene Faust das Land zu erkunden. Für den Nahbereich eignet sich das **Fahrrad,** Moped oder Quad (Verleih z.B. in Agadir und Marrakesch). In Marrakesch und Taroudannt verkehren **Pferdekutschen** *(calèches).* Für größere Distanzen bieten sich **Busse, (Sammel-)Taxis** und die **Bahn** an. Absolut unabhängig reist man mit dem **Mietwagen.**

## Busse

Die größten Busunternehmen in Marokko mit Verbindungen in fast alle Städte des Landes sind **CTM** (*Compagnie de Transport au Maroc*, www.ctm.ma), **Supratours** (www.oncf.ma) sowie im Süden **SATAS** mit Niederlassungen in Agadir und Marrakesch. Des Weiteren existiert eine Reihe kleinerer privater Buslinien. Busse sind das billigste und populärste Transportmittel, sowohl für Überland- wie für Stadtfahrten. Zwischen den großen Städten der Küste verkehren alle ½–2 Std. Busse verschiedener Linien, zwischen den anderen Orten/Städten mehrmals täglich, im äußersten Süden nur einmal täglich, zu abgelegenen Zielen evtl. gar nicht.

Die Busse von CTM und Supratours sind in gutem Zustand, schnell und pünktlich, viele **Langstreckenbusse** sind sogar klimatisiert und sehr komfortabel. Supratours hat zwei Fahrer an Bord, und diese fahren auch nicht schneller als die vorgeschriebenen 80 km/h. Fahrer der Privatlinienbusse legen öfter mal eine Essenspause ein und halten die vorgegebenen Fahrzeiten und meist auch die Geschwindigkeitsbegrenzungen nicht ein. Das führt zu schlimmen Unfällen, auch die Häufigkeit der Pannen ist bei den Privatbussen höher, weil die Busse oft in schlechtem Zustand sind. Vorteile der Privatbusse sind, dass sie häufiger auch abgelegene Ziele frequentieren und preislich günstiger sind. Allein reisende Frauen empfinden die Busse wegen der Enge u.U. als unangenehm.

Die **Abfahrtszeiten und -preise** für die Hauptverbindungsstrecken erfährt man am Schalter der entsprechenden Busgesellschaft direkt am Busbahnhof *(Gare routière)* bzw. im jeweiligen Stadtbüro der Gesellschaft. In den Fenstern der Schalter sind die Abfahrtszeiten manchmal angeschlagen (bei privaten Gesellschaften häufig nur auf Arabisch).

Die **Busbahnhöfe** liegen manchmal noch am Rande der Altstadt, wurden aber in fast allen Großstädten an eine wichtige Haupt- oder Ausfallstraße am Rande der Neustadt verlegt. Hin und wieder gibt es einen Bahnhof für CTM, einen für Supratours sowie einen weiteren für die anderen Privatlinien. Die Adressen sind bei den Ortsbeschreibungen im Routenteil angegeben, ebenso die Häufigkeit der Abfahrten der CTM-Linien (Hauptverbindungsstrecken) und die Fahrpreise. Es empfiehlt sich, die CTM- und Supratours-Busse **schon am Vortag der Reise** zu **buchen,** jedoch spätestens eine Stunde vor Abfahrt, sonst sind sie voll. Stehplätze werden nicht verkauft. Meistens muss pro **Gepäckstück** (abhängig von Größe und Gewicht) eine extra Gebühr bezahlt werden (10–15 DH).

**Abfahrtszeiten/-preise und Online-Buchung**
- **CTM,** www.ctm.ma
- **Supratours,** www.oncf.ma
(Bus- und Zugverbindungen)

## Taxis

In den Städten verkehren **Petit Taxis,** die höchstens drei Passagiere befördern dürfen. Die Petit Taxis sind dank ihrer einheitlichen Farbe leicht zu erkennen (z.B. Rot in Marrakesch).

Man sollte den **Preis immer vorher aushandeln** oder am besten darauf bestehen, dass der **Taxameter eingeschaltet** wird. Eine Stadtfahrt im Zentrum bzw. innerhalb einer Kleinstadt darf tagsüber normalerweise nicht mehr als 15 DH kosten. Weigert sich der Fahrer, den Taxameter einzuschalten und nennt einen überzogenen Preis, sollte man gar nicht erst einsteigen oder wieder aussteigen – dies bewirkt meist ein schnelles Einlenken. Gerade in Touristenstädten wie Marrakesch muss hart verhandelt werden. Es ist üblich, den am Taxameter angezeigten Preis aufzurunden, also das Wechselgeld als Trinkgeld zu geben.

Die **offiziellen Taxitarife** stehen auf der Windschutzscheibe auf der Beifahrerseite: 1,70 DH Grundgebühr + 0,24 DH pro 100 m, 7 DH Mindestsumme (nachts 10 DH), nachts 50% Aufschlag.

**Grand Taxis** führen sowohl Stadtfahrten als auch Fahrten in andere Städte durch. Sie können entweder **privat für Ausflugsfahrten gemietet** werden oder verkehren als **Sammeltaxis,** bei denen sich alle fünf Fahrgäste den Fahrpreis teilen. Ein Sammeltaxi fährt erst ab, wenn alle Plätze besetzt sind. Es empfiehlt sich auch hier, vor Antritt der Fahrt einen festen Preis auszuhandeln. Bei kompletten Tagesmieten muss ein Sonderpreis vereinbart werden (600–1000 DH). Meist ist es bequemer und kaum teurer, mit dem Bus statt mit dem vollgestopften, überladenen Sammeltaxi zu fahren. Die Sammeltaxis warten u.a. neben dem Busbahnhof.

Von/zu den meist außerhalb des Stadtbereichs liegenden **Flughäfen** fahren **nur Grand Taxis** – stellen Sie sich darauf ein, um nicht ewig auf ein kleines Taxi zu warten! In Marrakesch verkehren auch Petit Taxis zum zentrumsnahen Airport. In der Nähe der Flughäfen an den Hauptverkehrsstraßen halten auch Busse, die Sie für ca. 4 DH ins Zentrum befördern. Für die Fahrt mit dem Grand Taxi vom/zum Flughafen gibt es in jeder Stadt Festtarife von 120 bis 350 DH, je nach Tageszeit und Entfernung. Teilen Sie sich evtl. ein Taxi mit anderen Fluggästen. Die Festpreise für ein Taxi in die Stadt sind am Flughafen in Marrakesch vor der Halle ausgehängt.

Erwähnt seien noch **Pick-ups** *(Camionettes)* und **Berber-Trucks** *(Camions),* auf denen man gegen (ausgehandelte) Bezahlung auf der Pritsche mitfahren kann. Die günstigste Gelegenheit, zuzusteigen, bietet sich auf dem örtlichen Markt.

## Bahn

Die Eisenbahn in Marokko ist **pünktlich, bequem, preiswert und zuverlässig.** Die Orientierung an den Bahnhöfen fällt meist leicht, am Schalter erhält man Informationen und Tickets der 1. und 2. Klasse. Für die 1. Klasse bekommt man reservierte Plätze in einem klimatisierten Abteil zugeteilt. Der Standard der Züge entspricht in etwa unseren Regionalzügen, nur die Toiletten sind manchmal wenig gepflegt. Es werden Getränke und Snacks während der Fahrt verkauft. An neu erbauten, modernen Bahnhöfen wie in Marrakesch informieren sogar digitale Anzeigetafeln über Abfahrts- und Ankunftszeiten sowie die Gleisnummer.

Während das Schienennetz im Nordteil des Landes (vor allem an der Küste) recht gut ausgebaut ist, verlaufen die Gleise im Süden nur bis Marrakesch. Der Ausbau ist zwar bis Agadir und in die Westsahara geplant, doch wann es so weit ist, weiß allein Allah … Zwischen Marrakesch und Agadir und weiter in den Süden verkehren allerdings Busse der bahneigenen Linie Supratours.

**Fahrplan, Preise und weitere Informationen**
**www.oncf.ma**

# Mit dem Auto unterwegs

## Mietwagen

In Marokko sind **sehr viele, auch internationale Autovermietungen** (Avis, Hertz, Europcar usw.) vertreten, die in der Regel nie ausgebucht sind.

Wenn Sie versiert im Handeln sind und französisch sprechen, können Sie vor Ort bei Vermietern günstigere Tarife als von Deutschland aus erzielen. Bei der Preiskalkulation zu beachten ist allerdings, dass bei manchen marokkanischen Vermietern die Autos in schlechtem Zustand sind und bei den Angeboten in Deutschland **unbeschränkte Kilometerzahl** *(Kilometrage illimité)* sowie lokale **Steuer** (20% T.V.A.) und **Versicherung** enthalten sind. In Marokko können Sie wählen zwischen Tagespreisen und Wochenpauschalen. Handeln ist immer möglich. Bei der Entgegennahme des Mietwagens vor Ort muss meist eine **Kaution in Höhe der Selbstbeteiligung** der Versicherung in Form eines Blanko-Kreditkartenabzugs hinterlegt werden, bzw. es wird die entsprechende Summe per Online-Buchung auf dem Kreditkartenkonto bis zur Rückgabe des Fahrzeugs geblockt.

**Voraussetzungen zur Miete** eines Fahrzeugs sind: Man muss offiziell mindestens 21 Jahre alt und ein Jahr im Besitz eines gültigen Führerscheins sein. Für größere Fahrzeugklassen gilt sogar häufig ein Mindestalter von 25 Jahren.

**Tipp: Checken Sie das Mietauto gut durch,** schon aus eigenem Sicherheitsinteresse (Bremsen, Licht, Reifen, Bordwerkzeug) und auch, um eventuelle Forderungen des Vermieters bei Rückgabe des Fahrzeugs zu vermeiden – wenn es etwa heißt, Sie hätten die Beule im Kotflügel zu verantworten, die aber tatsächlich schon fünf Jahre alt ist … Machen Sie ggf. Fotos vom Auto. Auch der Zustand der Reifen sollte geprüft werden.

Es gibt unterschiedliche **Versicherungspakete.** In der Regel sind bei der Grundversicherung nur Schäden am Fahrzeug des Unfallgegners versichert, nicht am Mietfahrzeug; wenn Sie also einen selbst verschuldeten Unfall mit dem Mietfahrzeug haben, wird der Vermieter die Kosten auf Sie abwälzen bzw. die Kaution einbehalten. Am unbeschwertesten reisen Sie, wenn Sie gegen einen Aufpreis eine Vollkaskoversicherung ohne Selbstbeteiligung *(Assurance tous risques sans franchise)* abschließen.

Zu den kleinsten und preiswertesten **Mietwagen-Typen** zählen z.B. die häufig angebotenen Modelle Hyundai i10 und Kia Picanto (Kat. A) sowie Peugeot 206, Skoda Fabia und Dacia Logan (Kat. B/C). Die **Tagespreise** bewegen sich hier zwischen 22 und 49 Euro. Zu Fahrzeugen der Kategorie C zählen z.B. Hyundai i30 Confort und VW Golf. Etwas größere Fahrzeuge wie z.B. Peugeot 308, Skoda Octavia, Renault Kangoo oder VW Passat sind in die Kategorien D und E eingestuft, sie kosten 45–70 Euro/Tag. Am größten und teuersten sind Geländewagen (Kat. G), franz. Bezeichnung „Kat-Kat" (von franz. 4x4), wie Mitsubishi Pajero, Nissan Patrol oder Toyota 4x4 Prado; hier muss man als Tagesmiete 100–200 Euro rechnen. Für ein **Navigationsgerät** mit marokkanischer Kartensoftware müssen etwa 10 Euro/Tag zusätzlich bezahlt werden. Inzwischen haben die meisten Fahrzeuge aller Klassen eine **Klimaanlage**.

Meist sind die Fahrzeuge bei der Anmietung **voll getankt,** falls nicht, wird der Tankstand notiert. Die Autos müssen mit der entsprechenden Tankfüllung wieder zurückgegeben werden.

### Versicherungs-ABC

Die in Französisch oder Englisch abgefassten Versicherungsbedingungen der lokalen Vermieter sind oft schwierig zu verstehen. Hier die **Übersetzung** häufig verwendeter Begriffe/Abkürzungen:

- **A.C.:** *Air Condition,* mit Klimaanlage
- **Assurance tous risques:** Vollkaskoversicherung
- **Conducteur additionnel/supplémentaire:** zusätzlicher Fahrer, muss meist kostenpflichtig hinzugebucht werden
- **Pas de franchise:** ohne Selbstbehalt
- **Kilométrage illimitée:** unbegrenzte Kilometer
- **T.P.:** *Theft Protection,* Diebstahlschutzversicherung
- **C.D.W.:** *Collision Damage Waiver,* Vollkaskoversicherung mit (meist relativ hoher) Selbstbeteiligung
- **S.C.D.W.:** Vollkaskoversicherung mit reduzierter oder ohne Selbstbeteiligung
- **T.T.C.:** *toutes taxes comprises,* alle Steuern und Abgaben sind inbegriffen

## Straßennetz

**Marokko verfügt über das dichteste Teerstraßennetz ganz Nordafrikas.** Die Hauptstraßen *(Routes principales)* sind vorwiegend in sehr gutem Zustand. Das Autobahnnetz wurde in den letzten Jahren kontinuierlich ausgebaut. Inzwischen existieren (mautpflichtige) **Autobahnen** von Tanger über Rabat und Casablanca nach El Jadida, von Ceuta nach Tétouan, von Casablanca über Marrakesch nach Agadir, von Casablanca nach Beni-Mellal und von Rabat über Fès nach Oujda. Vorsicht: Die Seitenstreifen der marokkanischen Autobahnen werden nicht selten von Tieren und Fußgängern bevölkert, die gelegentlich sogar die Fahrbahn überqueren!

**Auf den Nebenstrecken** lässt der Asphaltbelag manchmal zu wünschen übrig (v.a. bedingt durch Wetterschäden). Die Seitenstreifen sind häufig ausgefranst und die Bankette schlecht befestigt. Da die Nebenstraßen und Pisten oft nicht breit genug für zwei Fahrzeuge sind, muss man sich bei Gegenverkehr darauf gefasst machen, den Teer seitlich zu verlassen. Es gleicht manchmal einem Machtkampf, wer am längsten die Nerven behält, den Platz auf dem schmalen Teerstreifen für sich zu beanspruchen –

der Schwächere weicht schon rechtzeitig aus. Fahren Sie besser gleich (möglichst vorsichtig) zur Seite.

Die **Gebirgsstrecken** im Hohen Atlas sind mit kleinen Alpenpassstraßen in Europa vergleichbar. Für (nicht schwindelfreie) Flachlandbewohner kann sich eine Fahrt durchs marokkanische Gebirge zum Alptraum entwickeln, denn oft kommen die schmalen Straßen ohne Leitplanken, Seitenbegrenzung oder Mittelstreifen aus. In **endlosen Kurven** winden sich viele Gebirgsrouten bergauf und -ab, neben der Straße tut sich ein tiefer Abgrund auf. Nach Unwettern sind die Bergstrecken häufig beschädigt und der Belag z.T. weggeschwemmt oder durchlöchert. Wohnmobilisten sollten schmale Gebirgsstrecken meiden.

**Pistenfahrten** (nicht die im Buch genannten Strecken!) sind nur mit Allradfahrzeug und entsprechender Ausrüstung und Erfahrung möglich.

Die **Straßenbeschilderung** ist inzwischen entlang der größeren Straßen durchwegs in Französisch, sodass eine Orientierung relativ leicht fällt. In ländlichen Gebieten und im Anti-Atlas fehlen gelegentlich sämtliche Wegweiser oder es existieren nur arabische Schilder – dann sollte man in den Dörfern nachfragen, die Leute helfen gerne.

Der Verkehr hat in Marokko in den letzten Jahren deutlich zugenommen, und es passieren leider auch viele tödliche Unfälle. **Erhöhte Vorsicht ist im Bereich von Großstädten und nachts** geboten: Fußgänger, Hunde und Esel überqueren plötzlich die Straße, Mopeds und andere Fahrzeuge scheren unerwartet aus und nutzen jede Lücke, um sich unvermittelt wieder einzureihen, oder blockieren wegen einer Panne eine Spur. Oft haben Pannen-Lkw kein Warndreieck, stattdessen werden auf Landstraßen, im Gebirge auch an unübersichtlichen Kehren Äste oder Steine auf die Straße gelegt und nach Ende der Panne liegen gelassen! Viele alte Laster sind nicht oder nur schlecht beleuchtet und oft erst im letzten Moment auszumachen. Wer hier nicht über gute Nerven verfügt, schwitzt „Blut und Wasser“, wie es ein Leser ausdrückte.

## Stadtverkehr

Die großen Städte Marokkos teilen sich i.d.R. in zwei Bezirke: Medina (Altstadt) und Neustadt *(Ville Nouvelle)*. In den **Neustädten** ist die **Orientierung meist kein Problem,** da diese in der französischen Kolonialzeit angelegt wurden und klar gegliedert sind. Die Hauptstraße der Neustadt ist entweder nach dem Königsvater *Hassan II.* oder nach König *Mohamed VI.* benannt. Viele früher gebräuchlichen französischen Straßennamen wurden in **arabische Straßennamen umbenannt.** So wird heute häufig statt des französischen *Rue* das arabische *Zankat* oder *Sharia* verwendet (z.B. Rue d'Algier = Zankat al Jazair), *Derb* bezeichnet eine Gasse. Da die Schreibweise aber selten nach der offiziellen **Transkription** vom Arabischen ins Lateinische, sondern in der im Französisch gebräuchlichen Transkription vorgenommen wurde, differieren hier die Schreibweisen erheblich. So gibt es z.B. für den arabischen Eroberer *Yussuf ibn Tashfin* (offizielle Transkription), nach dem viele Straßen benannt sind, die Schreibweisen *Youssouf Ben Tachfine* (franz.), *Yussef ibn Tachfin, Jussef ben Taschfin* usw. Ebenso für *Moulay Idris* z.B. *Moulay Idriss, Moulay ben Driss, Moulay Ibn Driss* oder bei *Mohamed* alias *Muhamad* (offiz. Transkription) oder *Muhammed* bzw. *Mohammed.* Diese Beispiele ließen sich beliebig fortsetzen. Manche Stadtpläne geben noch alte Straßennamen an, was es erschwert, sich zurechtzufinden. Straßenschilder sind in kleineren Orten üblicherweise nur an den Hauptstraßen angebracht, eine Adresse in der Medina oder in einem Wohnviertel ausfindig zu machen erweist sich deshalb meistens als ziemlich schwierig.

Die **Medinas** kann man, abgesehen von sehr wenigen Durchgangsstraßen, **nicht mit dem Auto befahren.** Die Gassen sind so eng, dass sich allenfalls wenige Lieferfahrzeuge, meist aber nur Packesel und Mopeds durch das Menschengewühl drängen. Bewachte Parkplätze findet man am Rand der Medina nahe der Eingangstore (arab. *Bab*).

Bei **Orientierungsproblemen** fragen Sie am besten einen Polizisten nach dem Weg. Die Beamten sind durchweg sehr hilfsbereit und sprechen gutes Französisch, evtl. auch Englisch.

Insgesamt ist der **Stadtverkehr** in Marokko nach europäischen Maßstäben recht **chaotisch.** Besonders in den vielen Kreisverkehren drängeln sich ständig verwegene Moped- und Fahrradfahrer, Taxis und Pferdekutschen durch den Verkehr nach vorne. Immerhin werden rote Ampeln (im Gegensatz zu manch anderen Ländern) respektiert, Zebrastreifen aber beispielsweise konsequent ignoriert. Deshalb drängen sich auch Fußgänger einfach kreuz und quer über die Straße. Die Hupe wird oft und gerne benutzt. Wird ein Auto mal von hinten oder seitlich touchiert, entstehen zwar lautstarke Wortgefechte, aber meistens setzen nach einigen Minuten beide Fahrer ihren Weg fort.

## Verkehrsregeln

Es herrscht Rechtsverkehr. Es gilt wie bei uns **rechts vor links.** Ausnahme: Neuerdings haben alle Fahrzeuge im **Kreisverkehr** Vorfahrt! Allgemein gilt, dass man in Marokko nicht zu sehr auf sein Vorfahrtsrecht bestehen, sondern lieber defensiv und umsichtig fahren sollte.

An **Geschwindigkeitsbeschränkungen** sind zu beachten: 100 km/h außerhalb von Ortschaften, 120 km/h auf Autobahnen, in Ortschaften 40–60 km/h (je nach Beschilderung), beim Überholen von Militärkolonnen 30 km/h. **Polizei- und Geschwindigkeitskontrollen sind in Marokko sehr häufig.** An fast jedem Kreisverkehr vor und nach größeren Städten stehen uniformierte Polizisten – manchmal sogar mit Radarpistole bewaffnet – versteckt auf dem Grünstreifen zwischen den Autobahnspuren. Kontrollen an den Straßen werden (leider nicht immer) durch runde, rot-weiße Schilder (wie allgemeines Fahrverbot) mit der Aufschrift „Ralentir, gendarmerie“ und „Halte, gendarmerie“ angekündigt. In den letzten Jahren wurden die **Strafgelder für Verkehrsübertretungen** drastisch erhöht – inzwischen liegt das Strafgeld bei pauschal 700 DH. Auch für Parken im Halteverbot, für überladene Fahrzeuge, Sichtbehinderung etc. sind empfindliche Geldbußen vorgesehen. Zu hoffen ist, dass Marokkos Straßen dadurch sicherer werden. Touristen sei geraten, sich strikt an die Straßenverkehrsordnung zu halten. Besonders Geschwindigkeitskontrollen per Radarpistole nahmen in den letzten Jahren drastisch zu (auch auf Autobahnen).

Für Fahrer und Beifahrer herrscht **Anschnallpflicht.** Es gilt ein **absolutes Alkoholverbot!** Rot-weiße Streifen am Randstein zeigen ein **Halteverbot** an. Offiziell müssen Motorrad- und Mopedfahrer einen **Helm** tragen, was jedoch nicht immer eingehalten wird.

### Treibstoffversorgung

Es gibt ein **dichtes Tankstellennetz** in Städten und entlang der Hauptstraßen. Auch bleifreies Benzin und Super ist fast überall erhältlich. Auf Nebenstraßen in dünn besiedelten Gebieten sollte man vorsichtshalber einen Ersatzkanister mit sich führen bzw. zeitig auftanken.

**Kraftstoffpreise (pro Liter/Januar 2015)**
- **Bleifrei/Super** *(sans plombe):* ca. 12,20 DH
- **Diesel** *(gasoil):* ca. 8,70 DH

Die Spritpreise sind innerhalb einer Provinz gleich – je abgelegener die Provinz, desto teurer ist der Treibstoff. Südlich von Tan-Tan und **in der Westsahara** (Zollfreigebiet) ist Diesel und Benzin **deutlich billiger.**

### Straßennavigation

Im unübersichtlichen Großstadtverkehr, aber auch bei Überlandfahrten kann ein **Navigationsgerät** mit der passenden Kartensoftware in Marokko gute Dienste leisten. Entweder man nimmt sein eigenes Gerät von zu Hause mit und spielt vor der Reise die Straßenkarten (z.B. Garmin CityNavigator Marokko NT, siehe www.garmin.de) auf, oder man bucht bei der Mietwagenfirma ein Navi dazu (ca. 10 Euro/Tag). In diesem Buch sind einige Koordinaten von schwer auffindbaren Abzweigen oder Orten angegeben.

Eine günstige Alternative zum Navigationsgerät ist ein **Smartphone oder Tablet mit GPS-Empfänger.** Installiert man die Android-App **Open Street Map** (www.openstreetmap.de) und lädt die kostenlose Marokko-Karte herunter, so lässt sich mit dem Smartphone/Tablet fast ebenso gut navigieren wie mit einem normalen Navigationsgerät. Die Karten sind erstaunlich präzise und enthalten zahllose *Points of Interest* (POI) wie Tankstellen etc. Mit einer Autohalterung und (USB-)Ladegerät für den Zigarettenanzünder kann man auch während der Fahrt die Karte im Blick behalten. Im Gegensatz zur Navigation mit Google Maps muss man bei dieser Lösung nicht online sein.

## Versicherungen

Zur **Reisekrankenversicherung** siehe „Gesundheit/Versicherungsschutz".

Ist man mit einem Fahrzeug unterwegs, ist der **Europaschutzbrief** eines Automobilclubs eine Überlegung wert. Wird man erst in der Notsituation Mitglied, gilt diese Mitgliedschaft nur für dieses Land, und man ist in der Regel verpflichtet, fast einen Jahresbeitrag zu zahlen, obwohl die Mitgliedschaft nur für einen Monat gültig ist. Adressen der Automobilclubs siehe im Kapitel „Notfälle". Die Schutzbriefe (z.B. ADAC plus) beinhalten fast sämtliche unten aufgeführten Versicherungen inklusive Krankenversicherung und Rückholflug im Notfall.

Ob der Abschluss einer Reiserücktritts-, Reisegepäck-, Reisehaftpflicht- oder Reiseunfallversicherung nötig ist, ist individuell abzuklären. Gerade diese Versicherungen enthalten viele Ausschlussklauseln, sodass sie nicht immer Sinn machen.

Eine **Reiserücktrittsversicherung** (der Beitrag hängt vom Reisepreis ab) lohnt sich nur für teure, lang im Voraus bei einem Veranstalter gebuchte Reisen und gilt nur für den Fall, dass man vor der Abreise einen schweren Unfall hat, schwer erkrankt, schwanger wird, gekündigt wird oder nach Arbeitslosigkeit einen neuen Arbeitsplatz bekommt, die Wohnung abgebrannt ist u.Ä.; nicht gelten hingegen: Terroranschlag, Streik, Naturkatastrophe etc.

Die **Reisegepäckversicherung** lohnt sich seltener, da z.B. bei Flugreisen verlorenes Gepäck oft nur nach Kilopreis und auch sonst nur der Zeitwert nach Vorlage der Rechnung ersetzt wird. Wurde eine Wertsache nicht im Safe aufbewahrt, gibt es bei Diebstahl auch keinen Ersatz. Kameraausrüstung und Notebook dürfen beim Flug nicht als Gepäck aufgegeben worden sein. Gepäck im unbeaufsichtigt abgestellten Fahrzeug ist ebenfalls nicht versichert. Die Liste der Ausschlussgründe ist endlos … Überdies deckt häufig die Hausratversicherung schon Einbruch, Raub und Beschädigung von Eigentum auch im Ausland. Für den Fall, dass etwas passiert ist, muss der Versicherung als Schadensnachweis ein Polizeiprotokoll vorgelegt werden.

Eine **Privathaftpflichtversicherung** hat man in der Regel schon. Hat man eine **Unfallversicherung,** sollte man prüfen, ob diese im Falle plötzlicher Arbeitsunfähigkeit aufgrund eines Unfalls im Urlaub zahlt. Auch durch manche (Gold-)Kreditkarten oder eine Automobilclubmitgliedschaft ist man für bestimmte Fälle schon versichert. Die Versicherung über die Kreditkarte gilt aber meist nur für den Karteninhaber!

## Veranstalter: Pleite!

Jeder, der eine Rund- oder Pauschalreise bucht, hat das Recht, sich zu vergewissern, dass der Veranstalter gegen eine Insolvenz versichert ist. Spätestens bei der ersten (An-)Zahlung sollte der Veranstalter bzw. das Reisebüro dem Kunden deshalb einen **Sicherungsschein** aushändigen.

Wenn kein Sicherungsschein ausgehändigt wird und man annehmen muss, dass der Veranstalter nicht versichert ist, sollte man ermessen, wie wahrscheinlich eine Insolvenz bei diesem Unternehmen ist. Das **Risiko** ist bei namenhaften Veranstaltern eher gering, bei sogenannten **Billigveranstaltern** jedoch durchaus möglich. Im Zweifelsfall erhält man bereits bezahlte Reiseleistungen nicht – beispielsweise den Rückflug … Jedoch gibt es auch Veranstalter, die als Landeskenner z.B. individuell einmal pro Jahr eine Reise veranstalten, dann ist per Gesetz ein Sicherungsschein nicht notwendig – eine Buchung bei solchen Veranstaltern ist Vertrauenssache.

# 9 Land und Leute

Der Agadir Aglaoui thront über dem Flusstal des Assif Boulgous bei Amtoudi

063m015 ad

# Geografie

Marokko liegt in seiner Nord-Süd-Erstreckung zwischen dem 36. Breitengrad und dem nördlichen Wendekreis im äußersten Süden bei 23,3°. Das Land bildet zusammen mit Tunesien und Algerien den Landschaftsraum der **Atlasländer.** Die Gipfelhöhen des Atlas-Gebirgsmassivs nehmen westwärts von Tunesien über Algerien nach Marokko hin ständig zu und erreichen im Hohen Atlas ihre größten Höhen. Die beiden Gebirgsketten des nördlichen Rifgebirges an der Mittelmeerküste und des Mittleren Hohen Atlas, der sich Richtung Südwesten bis zur Atlantikküste bei Agadir fortsetzt, umschließen den atlantischen Kernraum Marokkos, die Meseta.

In geologischen Fachkreisen wurde zeitweise diskutiert, ob Afrika nicht schon jenseits der Pyrenäen beginnt oder umgekehrt Europa nicht erst in Südmarokko endet. Diese Vorstellung mag abwegig klingen, sie rührt jedoch daher, dass – geologisch betrachtet – die uralte afrikanische Tafel erst südlich des Hohen Atlas beginnt (und sich marokkanische und spanische Meseta landschaftlich äußerst ähnlich sind). Tatsächlich trennt die Grenze zwischen Hohem Atlas und Anti-Atlas (die sich geologisch im Dadès-Tal weiterzieht) als sogenannte **vorafrikanische Furche** die alte afrikanische Tafel (Alter über 1 Milliarde Jahre mit einzelnen Gebirgsbildungen von ca. 350 Mio. Jahren).

Wenn von Marokko als einer „Insel" gesprochen wird, so ist der beschriebene Kernraum mit den umrahmenden Gebirgen im Norden, Osten und Süden gemeint. Damit ist aber nicht einmal die Hälfte der Fläche Marokkos abgedeckt. Die übrigen Gebiete werden oft als das **transmontane Marokko** bezeichnet: Hierzu gehören der Nordosten Marokkos östlich des Flusses Moulouya – ein altes Hochlandmassiv, das jenseits der Grenze nach Algerien in das Hochland der Schotts übergeht – und die Landschaftsräume im Süden und Südosten, die zum eigentlichen afrikanischen Festlandsockel gezählt werden. Es sind im Wesentlichen die Gebiete des Anti-Atlas und des östlich anschließenden Djabal Sarhro sowie die atlantischen Wüstenbereiche der Westsahara im äußersten Südwesten Marokkos.

Die **landschaftliche und klimatische Gestaltung** Marokkos wird wesentlich von den Ketten des Atlas-Gebirges geprägt. So sind bereits in der gebirgsbildenden Hebungsphase vor 30 bis 50 Millionen Jahren Teile auch der zentralen Meseta in die Hebung mit einbezogen worden. Gleichzeitig bedecken die bei der Gebirgsbildung abgetragenen Sedimente weite Bereiche des alten Massivs Zentralmarokkos, wie auch der transmontanen Hochsteppen und Wüsten. Die Wassermassen der Flüsse werden fast ausschließlich von den Gebirgshängen des Atlas gespeist und gelenkt. Und nicht zuletzt bildet diese Gebirgsmauer die alles dominierende Klimascheide Marokkos und ist damit für die unterschiedlichen Klimate sowie für die mögliche agrarische Nutzung der verschiedenen Landesteile verantwortlich.

[>] Regenbogen nach einem Gewitter im Mittleren Atlas

## Mittlerer Atlas

Von Westen her gehen die Mittelgebirge der zentralen Meseta südlich von Meknès und Fès in den sogenannten Flächenatlas und dieser schließlich in den eigentlichen Mittleren Atlas über. Dieser gefaltete und am stärksten gehobene Gebirgsteil erreicht im äußersten Osten seine größten Höhen mit über 3300 m. Ein schroffer, steiler Abfall zum Moulouya-Tal auf 700–800 m markiert dann deutlich die Grenze zu den ostmarokkanischen Hochsteppen.

Die **Niederschläge** sind im Hochgebirge des Mittleren Atlas **sehr reichlich** (bis über 1000 mm) und ermöglichen (meist über Stauseen) die Bewässerung weiter Landesteile. Der Schnee bleibt in den Wintermonaten oft vier bis fünf Monate liegen, sodass selbst Skifahren in diesem Gebiet möglich ist. Zur Zeit der Schneeschmelze in den Monaten März und April sind deshalb plötzliche Hochwasser nicht selten.

Verbreitet sind auf den zentralen Hochplateaus diverse **Karsterscheinungen,** etwa Dolinen (Erdfälle oder größere Senken, die zuweilen Seen enthalten) oder Karren (scharfe Gesteinskämme, vergleichbar dem Gottesacker). Die Baumgrenze wird bei 2600–2800 m erreicht. Es wachsen insbesondere die Steineiche, daneben Laub abwerfende Eichen und die Atlaszeder.

Die **Dörfer** im Mittleren Atlas liegen, abgesehen von manchen Randgebieten, **sehr weit verstreut.** Die Bewohner betreiben als **Halbnomaden** zumeist **Transhumanz,** d.h. sie wohnen im Winter in ihren Häusern in den Tälern, während im Sommer ein Teil der Bevölkerung mit den Tieren (Schafe und Ziegen, aber auch Rinder) auf die Hochweiden

045m015 ad

zieht und dort in selbst gebauten Zelten (Khaimas) lebt. Der übrige Teil der Bewohner bleibt zurück und bewirtschaftet die meist terrassierten Felder. Große Städte entstanden erst mit der Einrichtung von Militärstützpunkten oder an den Handelsplätzen. Auf den 900 bis 1500 m hoch gelegenen Ebenen zwischen dem Mittleren und dem Hohen Atlas, vor allem in der Region Midelt, gewinnt der Apfelanbau immer mehr an Bedeutung.

## Hoher Atlas

Gewaltiger noch als der Mittlere Atlas ragt das Gebirge des südlicheren Hohen Atlas empor. Seine Ausdehnung vom Atlantischen Ozean bei Agadir in nordöstlicher Richtung beträgt ca. 700 km, seine höchsten Gipfel erreichen über 4100 m. Die **Gipfelketten trennen das mediterrane vom saharischen Marokko,** sie schieben die Wüstensteppe gewissermaßen um mehrere hundert Kilometer nach Süden (vgl. dagegen z.B. das weitere Vordringen der Wüste nach Norden in Algerien).

Der Gegensatz zwischen den von Vegetation bedeckten Nordhängen und den nackten, schroffen Südhängen zeigt sich am deutlichsten im gewaltigen Massiv des **Hohen Atlas von Marrakesch.** Südlich davon trennt die schmale Depression des Sous und Dadès nochmals die Kette des Anti-Atlas und des Djabal Sarho ab, bevor dann die Wüstensteppe endgültig das Landschaftsbild beherrscht.

Der **östliche Hohe Atlas** ist im Gegensatz zum zentralen (paläozoischen = erdaltertümlichen) Hohen Atlas aus **„mittelalterlichen" Jurakalken** aufgebaut (Alter ca. 169–190 Millionen Jahre). Er geht nach Osten in den sogenannten Sahara-Atlas über, der das Bindeglied zum algerischen Teil des Atlas bildet. Die Gebirgshänge sind vor allem oberhalb von 3000 m von mächtigen Schutthalden überdeckt. Sie sind das Resultat häufigen Frostwechsels vor allem in den winterlichen Grenzmonaten (stärkere Erwärmung tagsüber, nächtlicher Frost). Große, eiszeitlich gebildete Hangmulden (sog. Kare) und beachtliche Schuttmäntel auch in den niederen Höhen unter 2700 m zeugen von einer eiszeitlichen Vergletscherung des Hohen Atlas.

Der Wald ist in weiten Teilen des Hohen Atlas durch **Überweidung** dezimiert. Allerdings ist auch unter natürlichen Bedingungen der Wald im Hohen Atlas aufgrund der geringen Niederschläge nie so dicht gewesen wie im Mittleren Atlas.

## Anti-Atlas und Sous-Ebene

Der Hohe Atlas und der Anti-Atlas sind durch die bereits erwähnte **„vorafrikanische Furche"** getrennt. Diese ist als von Ost nach West verlaufende Längssenke ausgebildet, bestehend aus der Sous-Ebene und dem Dadès-Tal. Als einzige Nahtstelle zwischen den beiden Gebirgssystemen fungiert das vulkanische Massiv des Djabal Siroua.

Die fruchtbare **Sous-Ebene** zeichnet sich durch eine offene Lage zum Atlantik hin aus. Der hier vorbeiströmend kalte Kanarenstrom führt deshalb bis 30 km landeinwärts zu häufigen Nebelbänken, welche die geringen Niederschläge von unter 200– 300 mm zumindest teilweise wettmachen und den Anbau von Zitrusfrüchten, Mandeln, Artischocken und weiteren Gemüsearten ermöglichen.

Der **Anti-Atlas** erweist sich als trocken-felsiges, in weiten Teilen wenig reliefiertes Gebirge mit Höhen bis 2100 m. Das Gestein besteht im zentralen Bereich aus Granit, während es an den Rändern von (karbonischen) Kalken umgeben ist, die schließlich im Djabal Sarhro in sandige Sedimente übergehen. Im Süden und Südosten dagegen tauchen die Sedimente der auslaufenden Berghänge allmählich unter die weiten Hammada-Flächen.

Kennzeichnend für die lichten Wälder des Anti-Atlas ist der in Marokko endemische **Arganienbaum,** bei uns auch als Eisenholzbaum bekannt. Ferner wachsen Gummi-Akazien und Palmen. Jahresniederschläge von meist unter 200 mm machen eine Vorratswirtschaft notwendig. Zu diesem Zweck sind in und unweit der Dörfer **riesige Speicherburgen** angelegt worden.

# Klima

Marokko hat von Norden her **bis etwa zum Anti-Atlas** Anteil am **gemäßigten Mittelmeerklima.** Dieses zeichnet sich durch trockene, warme Sommer und milde Winter aus. Die je nach Region zwischen 300 und 600 mm schwankenden Niederschläge fallen überwiegend im Winterhalbjahr, wenn atlantische Tiefausläufer bis nach Marokko vorstoßen. Ergänzt werden sie am Atlantik und insbesondere in den Mündungsebenen durch ausgedehnte morgendliche Nebel.

Der **kalte Kanarenstrom** zeigt seine ausgleichende Wirkung unmittelbar an der Atlantikküste bis weit in den Süden Marokkos hinein. Die Tagesmitteltemperaturen bewegen sich fast immer zwischen 18 und 25°C. Im Landesinneren sorgt der Atlantik bis zu den Atlasketten für jahreszeitlich relativ ausgeglichene Temperaturen. Die mittlere Jahrestemperatur liegt meist um 18°C, das Monatsmittel der wärmsten Monate um 25°C (mit Tagesmaxima über 35°C).

**Südlich der als Klimascheide wirkenden Atlas-Ketten** bewegen wir uns bis etwa zum Breitengrad der Kanarischen Inseln bei 28°C im **Bereich des Steppenklimas.** Hier sinken die Niederschläge bereits deutlich auf meist unter 200 mm im Jahr ab, die Temperaturschwankungen zwischen Tag und Nacht nehmen spürbar zu. Das Jahresmittel der Temperatur liegt meist noch unter 18°C, die Tagesmaxima im Sommer klettern allerdings bereits auf über 40°C.

**Wesentlich heißer und trockener** wird es im **Wüstenklima der Westsahara und der südöstlichen Hammadas.** Tagestemperaturen von 40 bis 50°C im Sommer und immer noch bis 30°C im Winter stehen nächtliche Werte gegenüber, die zwischen 20°C im Sommer und 2,5°C im Winter, d.h. teilweise bis unter dem Gefrierpunkt liegen.

Auch **zum Landesinneren hin** wird das **Klima allgemein extremer,** d.h. die Temperaturunterschiede zwischen Tag und Nacht und – vor allem im Gebirge – zwischen Sommer und Winter nehmen zu. So können in den Hochgebirgen des Atlas oberhalb 2000 m die reichlichen Niederschläge von bis zu 1000 mm als geschlossene Schneedecke oft bis ins Frühjahr hinein liegen bleiben.

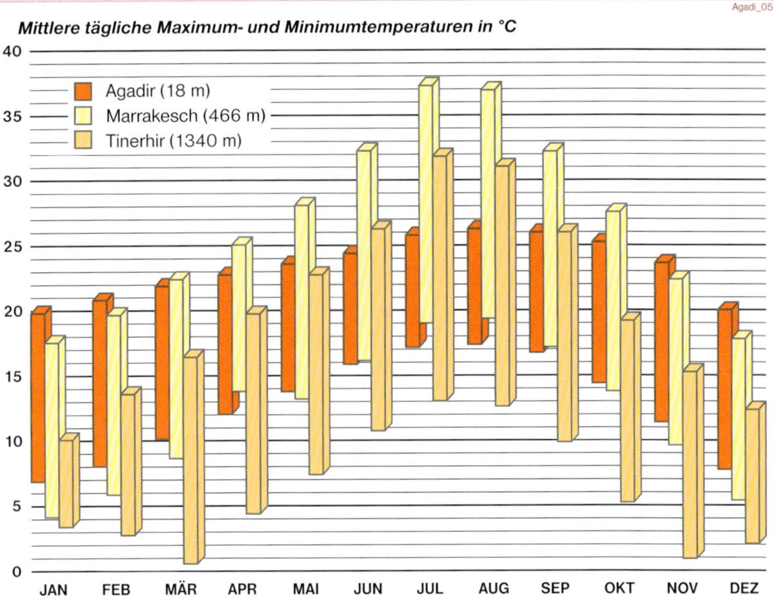


Ein **besonders angenehmes Klima** herrscht im Mittleren Atlas **in der Gegend von Ifrane und Azrou** mit Sommertemperaturen um 25°C und Schneereichtum im Winter, sodass sich diese Region zum bevorzugten Erholungsgebiet reicher Marokkaner entwickelt hat. Im Hohen Atlas herrschen im Winter eisige Winde und sehr kalte Temperaturen, und im Sommer ist es selbst in den Hochtälern sehr heiß und trocken.

Die Gebiete des **östlichen transmontanen Hochlandes** weisen ein **typisches Steppenklima** auf. Die Sommer sind trocken und heiß mit Durchschnittstemperaturen im Juli von 25 bis 30°C, die Winter relativ kalt mit Januarmittel unter 10°C und zeitweisem Schneefall.

Die tägliche (astronomisch mögliche) **Sonnenscheindauer** in Marokko weicht von den Verhältnissen in unseren mittleren Breiten bereits deutlich ab. Die Sonne steht im Sommer, je weiter wir nach Süden zum Wendekreis kommen, umso näher im Zenit. Dies bedeutet auch, dass der nächtliche Schattenwurf, eingedenk der Erdrotation, größer ist und damit länger andauert als bei uns. Die höchste Sonnenscheindauer im Sommer erreicht deshalb nur etwa 14 Stunden. Im Winter steht die Sonne dagegen nie so tief wie bei uns, die kürzeste (mögliche) Sonnenscheindauer sinkt deshalb kaum unter zehn Stunden ab.

Ursache für die regelhaften Windsysteme und damit verantwortlich für die Wetterlagen in Marokko sind das vor allem im Sommer relativ ortsfeste **Azoren-Hoch** sowie das ebenfalls im Sommer ausgeprägte **Sahara-Hitzetief.**

Das Hoch bewirkt im Uhrzeigersinn umlaufende Winde, die auf die marokkanische Küste als Nord- oder Nordwestwinde treffen. Nach Süden zum Wendekreis hin gehen sie mit einer leichten Drehung in den **Nordostpassat** über.

Das Hitzetief der Sahara dagegen bewirkt leicht gegen den Uhrzeigersinn umlaufende Winde. Sie erreichen den Süden Marokkos aus östlicher Richtung oft als **heiße Wüstenwinde (Schirokko),** die mehrere Tage andauern können und weite Landstriche austrocknen. Diese großräumig wirkenden Zirkulationssysteme werden häufig durch vielfältige lokale Winde überlagert. Als Beispiel mag das bei allgemein windarmen Wetterlagen auffällig in Erscheinung tretende Land-See-Windsystem gelten. Danach weht der Wind tagsüber vom Meer aufs Land, weil sich dieses stärker erwärmt und die dadurch aufsteigende Luft bodennah eine Sogwirkung erzeugt, die die kühlere Meeresluft nachfließen lässt. Umgekehrt weht abends und in der Nacht der Wind aufs Meer hinaus, weil dann das Wasser gegenüber dem sich auskühlenden Land vergleichsweise wärmer ist.

Die **Wassertemperaturen** im Atlantik werden in ihrem Jahresverlauf vom kalten, aber gleichmäßig temperierten Kanarenstrom geprägt. Sie sinken im Januar und Februar auf noch erträgliche 17°C ab, steigen aber im Sommer kaum über 21°C.

Zur besten **Reisezeit** vgl. den entsprechenden Abschnitt in „Reisetipps A–Z".

# Geschichte und Politik

## Frühgeschichte

Die Besiedlung Marokkos ist durch den Fund des *Homo erectus atlanthropus* in den Steinbrüchen von Sidi Abd er-Rahman in der Nähe von Casablanca **bis auf die Zeit um 300.000 v.Chr.** nachgewiesen. Überreste eines *Homo sapiens neandertaliensis* bei Rabat und Tanger werden der Zeit um 100.000 v.Chr. zugeordnet. Werkzeuge aus Feuerstein und Knochen, entdeckt vor allem im algerisch-marokkanischen Grenzgebiet, stammen aus der Jungsteinzeit (um 40.000 v.Chr.) und weisen auf die Präsenz des *Homo sapiens* hin. Im östlichen Rif-Gebirge südlich von Melilla wurden noch ältere Funde getätigt (bis zu 130.000 Jahre alt) und Ergebnisse zu allen Epochen der Menschheitsgeschichte – vom Altpaläolithikum bis in die Jungsteinzeit – zutage gefördert. Besonders ergiebig waren die 1997 begonnenen und mittlerweile abgeschlossenen Grabungen am Abri (Felsüberhang) Ifri n'Ammar an einem Verbindungsweg zum Oued Moulouya. Die Funde von Lagerplätzen, Steinwerkzeugen, menschlichen und Tierskeletten, Keramiken und den ältesten jemals entdeckten Schmuckgegenständen aus Schnecken reichen bis ins 13. und 10. Jahrtausend zurück und waren laut Deutschem Archäologischen Institut, das die Grabungen leitete, die ergiebigsten in ganz Nordafrika. Neuere Funde bei Ausgrabungen des Instituts in den Jahren 2005 und 2006 wurden im Raum

Al Hoceima gemacht, die in die Zeit von 5600 bis 7000 v.Chr. zurückreichen.

**Bis 5000 v.Chr.** treten die **Capsien-** und die **Mouillien-Kultur** auf (nach den Fundorten Capsa = Gafsa, Tunesien, und Mouillah bei Maghnia, marokkanisch-algerischer Grenzbereich). Aus dieser Zeit liegen Werkzeug- und Skelettfunde vor, auch Gräber wurden entdeckt. Ein Bezug dieser Kulturen zu den Berbern der geschichtlich fassbaren Zeit ist noch ungeklärt.

Die letzte Epoche der Neusteinzeit **8000 bis 2000 v.Chr.** ist die **Zeit der Felsbilder und Megalithkulturen.** Der bekannteste Steinkreis, dessen Ursprünge Bezüge zu einer unbekannten Seefahrerkultur aufweisen, die auch Dolmen und Steinkreise in der Bretagne, an der Ostseeküste und in Korsika geschaffen hat, liegt in Mzoura südlich von Tanger. Felsgravuren finden sich überwiegend im Hohen Atlas (Oukaimeden und Djabal Yagour südlich von Marrakesch) und im Anti-Atlas bei Tazzerine und Foum el-Hassan.

Im Laufe des frühen zweiten Jahrtausends v.Chr. wird auch die Einwanderung der Berber vermutet. Stichhaltige Beweise fehlen jedoch, sodass nicht auszuschließen ist, dass es sich bei den Berbern um die Urbevölkerung handelt, die als Nomaden im dünn besiedelten Maghreb umherstreifte.

⊡ Die römischen Ruinen von Volubilis

## Phönizier und Karthager

**Ende des 2. Jahrtausends v.Chr.** begannen Phönizier von Tyros (Libanon) aus im gesamten Mittelmeerraum Handelskolonien zu bilden. Man nimmt an, dass sie um 1100 v.Chr. durch die Meerenge von Gibraltar in den Atlantik vorstießen. In der Folgezeit wurden u.a. Gadir (Cadiz, Südspanien) und Liks (röm. Lixus, bei Larache in Nordmarokko) sowie Rusaddir (Melilla) gegründet. Gehandelt wurde mit der einheimischen Bevölkerung. Bis Mitte des 1. Jahrtausends v.Chr. wurden weitere Handelsstützpunkte angelegt, die den Karthagern zugerechnet werden: Tingis (Tanger), Rusibis (Mazagan, Al-Jadida) und Chellah (bei Rabat). Der südlichste Punkt lag bei Mogador (Essaouira). Diese übernahmen nach der Gründung von Karthago (Nordwest-Tunesien) 814 v.Chr. die Oberhoheit über die bis dahin phönikischen Handelsniederlassungen im westlichen Mittelmeerraum.

460 v.Chr. stieß der karthagische Seefahrer *Hanno* bei seiner „Afrika-Umsegelung" bis in die Gegend des Río de Oro, womöglich bis zum Golf von Guinea, vor. Das **bekannteste Handelsgut** wurde die **Purpurschnecke,** aus der der rot-lila Farbstoff Purpur gewonnen wurde. Die Schnecken stammten ursprünglich aus der Levante (Libanon) und gediehen auf den Inseln vor Mogador hervorragend.

Die einheimische Bevölkerung war – außerhalb ihres Stammes – bis in die letzten vorchristlichen Jahrhunderte nur sehr lose organisiert. Erst im Laufe des 3. Jh. v.Chr. scheint sich eine Art Herrschaftsbereich beidseits des Moulouya-Flusses herausgebildet zu haben; in der Geschichtsschreibung ist er als das mauretanische **Königreich von Marusia** bekannt geworden. In diesem Kontext ist möglicherweise auch die Erwähnung des Masmudakönigs *Baga* zu sehen.

## Römer und Byzantiner

Nach dem 3. Punischen Krieg und dem **Fall der Stadt Karthago** im Jahre 146 v.Chr. übernahmen die Römer die Herrschaft über die karthagischen Gebiete und gaben den Masmuda oder (I)masiren bzw. Amazigh (die Freien), wie sie sich selbst nennen, auch ihre bis heute geläufigen Namen: **Berber** (von lat. *barbarus,* vom griech. *barbaroi* = „stammeln" bzw. ein mit der einheimischen Sprache nicht vertrauter Ausländer) und **Mauren** (lat. *mauri,* von griech. *amauros* = dunkel). Mauretanien ist also das „Land der Dunkelhäutigen". Es umfasste das nördliche Marokko bis zum Fluss Ampsaga (dem heutigen Oued al-Kebir im westlichen Algerien).

Der wohl bekannteste Herrscher der Mauren war **Juba II.,** den *Augustus* im Jahre 25 v.Chr. auf den Thron von Numidien und Mauretanien hob. Er behielt diese Stellung bis ins Jahr 23 n.Chr. Seine Frau *Kleopatra Selene,* die Tochter der berühmten ägyptischen Herrscherin und des *Antonius,* brachte das griechische Kulturgut nach Nordwestafrika. *Juba II.* residierte in Jol (Cherchell in Algerien) und in **Volubilis,** der wohl bekanntesten römischen Stadt in Marokko, die auch schon vor der Römerzeit von Masmuda besiedelt war.

Im Jahre 40 n.Chr. wurde Jubas Sohn *Ptolemäus* auf *Caligulas* Geheiß in Rom ermordet. In der Folge kam es in Mauretanien zu **Aufständen,** die im Jahre 42 von Kaiser *Claudius* niedergeschlagen

046m015 ad

wurden. Er teilte die Provinz in zwei Teile: **Mauretania Tingitana** (Hauptstadt Tanger) und **Mauretania Caesarea** (Hauptstadt Cherchell) mit dem Fluss Mulucha (Oued Moulouya) als Grenze. Der römische Einfluss beschränkte sich letztendlich auf einen ziemlich kleinen Teil des heutigen Marokko: auf die nördlichen Küstenstädte und (ungefähr) auf die Linie Salé – Fès – Taza – Oujda. Südlich dieser Linie, die im Jahre 146 teilweise durch einen Limes befestigt wurde, blieben die Berber unabhängig.

Die ersten nachchristlichen Jahrhunderte waren eine Zeit der Wirren, in der es einigen Statthaltern immer wieder gelang, sich für einige Zeit von Rom loszusagen. Anfang des 5. Jahrhunderts beherrschte Rom nur noch das Gebiet von Tingis (Tanger) und Septem (Ceuta).

Im Jahre 429 kamen die **Wandalen** über die Meerenge von Gibraltar nach Afrika. Die Berber schlossen sich dem Wandalenkönig *Geiserich* an. Dieser besetzte Tingis und Septem, zog aber bald mit dem Großteil seines Heeres und einer nicht unbeträchtlichen Anzahl von Berbern gen Osten, um seinen Feldzug fortzuführen. **Nach dem Tod Geiserichs** im Jahr 477 **zerfiel das Reich der Wandalen,** und die Berber übernahmen die westlichen Gebiete. Der letzte Wandalenherrscher *Gelimer* wurde von den Truppen *Justinians I.* unter dem Feldherr *Belisar* 533 besiegt. Kaiser *Maurikios* (582–602) fasste Tingis und Septem mit einigen südspanischen Küstenstädten und den Balearen zur Provinz Mauretania Secunda zusammen. Dieser Schritt hatte allerdings fast nur noch nominale Bedeutung, denn die Masiren waren die faktischen Herrscher Marokkos, abgesehen von den beiden Küstenstädten.

## Islamisierung

Das erste Eindringen der Araber in Marokko ist mit dem Namen **Uqba Ibn Nafi** verbunden, der im Rahmen des **großen islamischen Eroberungsfeldzuges** des 7. Jahrhunderts der Überlieferung nach im Jahre 682 bis zum Atlantik, auf der Höhe des heutigen Agadir, vorstieß. Danach kämpfte er gegen die Berber im Mittleren Atlas, die in großer Zahl den Islam annahmen. Doch deren Widerstand war damit nicht gebrochen; zahlreiche Aufstände zwangen *Uqba Ibn Nafi* zum Rückzug nach Osten, bei dem sein Heer in der Nähe von Biskra (Algerien) von der Berberarmee unter *Kusaila Ben Lemzen* vernichtend geschlagen wurde und *Uqba* den Tod fand.

Zwischen 698 und 709 gab es weitere Vorstöße Richtung Atlantik unter der Führung *Musa Ibn Nusairs.* Marokko wird dem **Omayyaden-Kalifat** von Damaskus einverleibt und Teil der Provinz Ifriqiya (= Afrika).

Der **Islam breitete sich** unterdessen **immer weiter unter den Berbern aus,** und zwar in Form der kharidjitischen Lehre, denn sie ging davon aus, dass es keine Unterschiede unter den Muslimen aufgrund ihrer Herkunft geben dürfe und so die Araber nicht automatisch das Recht auf das Kalifenamt besaßen. Nur der beste Muslim sei für dieses Amt geeignet, nicht der mächtigste. Dieses Dogma machte es ihnen zur Pflicht, eine Art „Heiligen Krieg“ gegen die „illegitimen“ Kalifen zu führen.

**711** setzte **Tariq Ibn Ziyad** nach Gibraltar (= Djabal at-Tariq/Berg des Tariq) über und leitete die **Eroberung der iberischen Halbinsel** ein. Binnen zwei Jahren gelang es dem arabisch-berberischen Heer, nahezu das ganze heutige Spanien in seinen Besitz zu bringen.

In Marokko kam es in den folgenden Jahrzehnten zu mehreren Aufständen, deren bedeutendster, von *Maisara al-Matghar* geführt (739–740), die **Loslösung vom Kalifat** zur Folge hatte und das Land in Anarchie stürzte.

Die **Dynastie der Idrissiden** (788–974) unternahm den ersten Versuch zur Organisation eines selbstständigen staatlichen Gemeinwesens. *Idris I.* errichtete sein befestigtes Lager *Madinat Fas,* das unter seinem Nachfolger *Idris II.* (803–828) die Züge der künftigen **Stadt Fès** annahm. Um das Ende des 8. Jahrhunderts erfolgte die Errichtung der Moschee der Fatima, der nachmaligen Kairawiyine-Moschee. Arabisch wird als Verwaltungssprache immer gebräuchlicher, und der sunnitische Islam (die orthodoxe Richtung des Bagdader Kalifats) gewinnt allmählich die Vorherrschaft.

Am Anfang des 10. Jahrhunderts entwickelte sich in Nordafrika die **Fatimiden-Dynastie** (974–1061), die sich gegen das herrschende, auf die Umayyaden folgende Kalifat der Abbasiden stellte und dem schiitischen Glaubenszweig (Ismailiten) anhing. Die Herkunft dieser neuen Herrscherfamilie lag im Bereich zwischen Ostalgerien und dem westlichen Libyen. Im Verlauf weniger Jahrzehnte dehnte sie ihre Macht bis Ägypten (969) und Marokko aus. Da sich das Interesse der Fatimiden nach der Eroberung Ägyptens immer mehr nach Osten orientierte, konnte sich in Nordalgerien eine neue Dynastie etablieren, die **Ziriden,** die zum sesshaften Zweig der Sanhadja-Berber gehörten. 1051 sagte sich *al-Mu'izz,* der bedeutendste Ziridenemir, von den Fatimiden los und unterstellte sich dem Kalifat von Bagdad. Diesen Ungehorsam beantwortete der Fatimidenherrscher *al-Mustansir* mit der wohl folgenschwersten Entscheidung für den gesamten Maghreb, mit der Entsendung der **Beni-Hillal-Nomaden** nach Westen.

Ursprünglich vom Hidjaz auf der südlichen arabischen Halbinsel stammend, kam dieser Nomadenstamm schon in der ersten Hälfte des 8. Jahrhunderts zusammen mit dem Bruderstamm der Sulayman nach Unterägypten, von wo sie wegen ihres Ungehorsams im letzten Drittel des 10. Jahrhunderts vom Fatimidensultan *al'Aziz* nach Oberägypten umgesiedelt wurden. Um die Mitte des 11. Jahrhunderts veranlasste dann, wie erwähnt, *al-Mustansir* die Strafexpedition der Beni Hillal gegen die abtrünnigen Ziriden im westlichen Maghreb. Damit begann eine große **Wanderungsbewegung** nach Nordafrika (um 1052), zu deren Beginn die Hillalscharen die Felder und Dörfer niederbrannten und die Bewohner zur Flucht in die Städte zwangen. Nachdem schon 1053 die *Banu Ridyah*, die Vorhut des Hauptstammes, Gabes (Tunesien) erreicht hatten und der Ziridenemir *al-Mu'izz* besiegt war, stießen die Beni Hillal weiter nach Zentralalgerien vor.

Hier herrschten die **Hammadiden,** die die plündernden Horden zu zähmen wussten, indem sie sie teilweise in die eigene Armee eingliederten und ihnen Subsidien zahlten. Der Tauschhandel der arabischen Nomaden mit der einheimischen Bevölkerung forcierte deren Assimilation zusätzlich, sodass im Laufe der folgenden Jahrzehnte ein mehr oder minder friedliches Zusammenleben zustande kam. Der **Ansturm der Almo-**

**haden** (s.u.) ließ das Ziriden- und Hammadidenreich endgültig zusammenbrechen. **Abd al-Mu'min,** der erste große Herrscher der neuen Dynastie, besiegte die Beni Hillal bei Setif und Kairuan und drängte sie mehr und mehr in die nordmarokkanische Tiefebene.

Festzuhalten bleibt, dass alle **Beduinen** zwischen der Atlantikküste und den Grenzen Ägyptens Nachkommen des Beni-Hillal-Stammes sind (und zweier weiterer Stämme, die diesem folgten, des Ma'qil- und des Sulaimstammes). Auf sie geht die Verbreitung der arabischen Sprache in Nordafrika zurück.

Die von 1061–1147 herrschenden **Almoraviden** (arab.: *al-murabitun,* von *ribat* = eine Art „Wehrkloster", ähnlich der Zaouia; die Bewohner dieser Klöster sind die *murabitun,* also Mönche mit offensivem Missionseifer) kamen als eine **Reformbewegung** an die Macht, die die Rückkehr zur reinen, ursprünglichen Lehre des Islam propagierte. An der Spitze standen der Theologe **Abdallah Ibn Yasin** und seine Gemeinschaft von „Kriegermönchen" vom Stamm der Sanhadja-Berber, die den Schleier trugen und deshalb *Al-Mulathamin* genannt wurden (von *litham* = Schleier/t = „th"). Begründer der Almoraviden-Dynastie war der Neffe einer der ersten Gefährten *Ibn Yasins,* **Yussuf Ibn Tashfin,** der von 1061–1106 lebte.

Um 1040 brachen die **Sanhadja** auf, um den Senegal und den Sudan zu islamisieren. Nachdem sie ihre Vorherrschaft im Süden gefestigt hatten, überquerten sie unter der Führung von *Yussuf Ibn Tashfin* den Atlas und schlugen ihr Heerlager in der Haouz-Ebene auf (1062), aus dem sich dann **Marrukusch/ Marrakesch** (wörtl.: „die Stadt") entwickelte. Von dort ausgehend eroberten sie im Laufe von weniger als zwanzig Jahren ganz Marokko und Westalgerien bis Algier. 1085 wurde Marrakesch Residenzstadt. Nach der Eroberung Toledos durch *Alfons VI. von Kastilien und León* riefen die andalusischen Moslems *Ibn Tashfin* zu Hilfe, der im Jahre 1086 den Christen in der Schlacht bei Zallaqa (Provinz Badajoz) eine schwere Niederlage beibrachte. In der Folge dehnte sich das Almoravidenreich auch über große Teile Spaniens aus, das seit Anfang des 11. Jahrhunderts in viele kleine moslemische Teilreiche (Taifa-Könige) zerfallen war.

Der **Almoravidenstaat** beruhte auf einer losen Organisation von Provinzen, deren Statthalter auf die Wahrung ihrer Autonomie bedacht waren. Der andalusische Einfluss wurde sehr stark spürbar. *Ibn Tashfin* holte Gelehrte, Dichter und Schriftsteller aus al-Andalus in die neue Hauptstadt Marrakesch und sorgte in seinem Reich für eine **Blüte andalusisch-maurischer Geisteskultur.** Auch auf dem Gebiet des Kunsthandwerks und der Architektur wird das andalusische Wissen verarbeitet und weiterentwickelt (besonders in der Ornamentik). In dieser Zeit ist der Ursprung des typisch „maurischen" Stils in Nordafrika zu suchen.

Nach dem Tode *Alis,* der die Nachfolge seines Vaters, *Ibn Tashfins,* 1106 übernommen hatte, erlosch das Reich der Almoraviden sehr schnell und mit ihm auch die kurze Hochblüte der Geisteskultur. Die regen theologischen Forschungen und Diskussionen machten einer immer dogmatischeren Starrheit Platz, die Entstehung einer neuen religiösen Bewegung war regelrecht absehbar: Es sollte die **Dynastie der Almohaden** (1147–1269) sein.

Der Aufstieg der Almohaden (arab.: *al-muwahhidun* = die Bekenner der göttlichen Einheit, abgeleitet vom arabischen Wort für eins = *wahid*) ist mit dem Namen eines Masmuda-Berbers aus dem Stamm der Hargha verknüpft: **Mohamed Ibn Abdallah Ibn Tumart,** der um 1080 geboren wurde und schon in früher Jugend eine asketische Lebensweise und religiösen Eifer an den Tag legte. Nach langjährigem Aufenthalt in Andalusien und im arabischen Osten zur Vertiefung seiner Studien kehrte er um 1115–1120 von Ägypten nach Marrakesch zurück. Auf seinem Wege entlang der nordafrikanischen Küste predigte er in vielen Städten, und es sammelte sich bereits eine kleine Schar von Adepten um ihn (u.a. *Abd al Mu'min,* der spätere Herrscher). Aus Marrakesch als Agitator vertrieben, ließ er sich um 1125 schließlich in Tin Mal, im zentralen Hohen Atlas, wo heute noch sein Ribat (Kloster) zu sehen ist, nieder. Von dort aus verbreitete sich seine Lehre in wenigen Jahren über das gesamte Atlasgebiet. Deren Grundprinzip ist die rigorose, doch vergeistigte Interpretation des islamischen Dogmas von der Einheit Gottes; der bei den Berbern tief verwurzelte Glaube an einen Erlöser = *Mahdi,* als der er sich verstand, kam *Ibn Tumart* zugute.

Es folgten die **Ausrufung des Heiligen Krieges gegen die Almoraviden** und langwierige Kämpfe. In dieser Zeit (1130) starb *Ibn Tumart,* und sein Schüler **Abd al-Mu'min** übernahm nach und nach die Führung der neuen Bewegung. Bis 1148 eroberte er mit großer Brutalität ganz Marokko, das moslemische Spanien sowie Algerien und Tunesien (Hinrichtung von fast 30.000 Rebellen). Das Almohadenreich erreichte damit eine größere Ausdehnung als alle Dynastien vor- und nachher. Im Jahre 1162 nahm er den Kalifentitel an. *Abd al-Mu'min* gilt als **großer Förderer der spanisch-maurischen Kultur,** er gründete Universitäten und organisierte die Verwaltung, indem er die traditionellen Stammesinstitutionen der Berber (mit einer religiös-militärischen Hierarchie) übernahm und sie mit der aus Andalusien stammenden Administrationspraxis verband. Marrakesch, das er mit prächtigen Bauten schmücken ließ, blieb auch die Hauptstadt des Almohadenreiches.

Nach *Abd al-Mu'mins* Tod (1163) übernahm sein Sohn **Abu Yaqub Yussuf** (bis 1184) das wohl bestorganisierte Imperium des arabischen Westens. Dieser war vor allem ein großzügiger Gönner von Religionswissenschaft und Philosophie. Den strengen Puritanismus, den die ersten Anhänger der Almohadenlehre befolgten, hatte er abgelegt. Unter ihm und seinem Sohn **Abu Yussuf Yaqub Al Mansour** erreichten die Baukunst und die geistige Kultur Marokkos und Südspaniens ihren Höhepunkt. Die drei „verwandten" Minarette wurden errichtet: der Hassan-Turm in Rabat, die Giralda in Sevilla und die Kutubiya in Marrakesch sowie u.a. die Kasbah der Oudaia in Rabat, die Kasbah von Marrakesch und das Bab Agnaou ebendort. Unter Yaqub al-Mansur wurde **Rabat** die neue **Hauptstadt.**

Doch schon bald nach der **Schlacht bei Las Navas de Tolosa** (1212), in der der Urenkel von *Abd al-Mu'min, Mohamed an-Nasir,* von *Alfons VIII.* besiegt wurde, brach das Reich auseinander. Die

Almohaden mussten sich aus Spanien zurückziehen, in Tunesien löste sich die berberische Dynastie der Hafsiden, und in Algerien übernahmen die Abdalwadiden die Stadt Tlemcen und den Osten des Landes.

Im zentralen Kernland etablierten sich einige Jahrzehnte später die **Meriniden,** die dann von 1269–1420 an der Macht blieben.

Aus dem Osten und Südosten des heutigen Marokko stammend, konnten diese Zenata-Berber nur ungenügend in die almohadische Armee integriert werden. Ihr Führer **Abu Yahya Abdelhaqq** (bis 1258) organisierte den Widerstand gegen die Almohaden, den sein Bruder *Abu Yussuf Yaqub* verstärkte; schließlich gelang es diesem, Marrakesch im Jahre 1269 einzunehmen. Unter ihm und seinem Sohn kam es zur **Ausdehnung des Reiches bis Algier.**

Nach den Regierungszeiten von *Abu al-Hassan Ali* (1331–1351) und seines Sohnes *Abu Inan Faris* (1351–1358) verloren die Meriniden immer mehr an Macht und Bedeutung.

Die **Wattasiden,** ein über viele Jahrzehnte treu ergebener Clan, übernahmen die Regierungsgeschäfte und ließen die Merinidennachkommen als Marionettenherrscher an der Macht. Da den Meriniden das religiöse Prestige ihrer Vorgänger fehlte, versuchten sie dieses Manko wettzumachen, indem sie die Vorkämpfer des Islam in Marokko zu Heiligen erhoben, allen voran *Idris I.,* der bis heute als **Moulay Idris** im religiösen Leben der Marokkaner eine wichtige Rolle spielt.

Die **spanisch-maurische Kultur erlebte nochmals eine Blüte.** Die Universität von Fès, die Kairawiyine, zog viele Gelehrte aus dem gesamten arabischen Westen an, so auch den berühmtesten arabischen Geschichtsschreiber *Ibn Khaldun* und den großen andalusischen Dichter *Ibn al-Khatib.* **Fès,** die **neue Hauptstadt,** wurde mit Palästen, Moscheen und Medresen (Koranschulen) versehen und entwickelte sich zur wichtigsten Handelsstadt im Maghreb.

Doch dem Merinidenreich fehlte eine stabile Organisation, vielen lokalen Persönlichkeiten gelang es immer wieder, **autonome Klein- und Kleinstreiche** zu gründen. Im Jahre 1465 schließlich, nachdem der letze Sultan durch ein Attentat ums Leben gekommen war, übernahmen die Bani Wattas offiziell die Macht im „äußersten Westen", wie Marokko im arabischen Sprachgebrauch genannt wird.

## Christliche Offensive

Die **internen Schwierigkeiten,** mit denen die Meriniden und Wattasiden zu kämpfen hatten, machten es den Christen leicht, eine offensive Position gegen die Mauren zu beziehen. 1415 nahmen die **Portugiesen** Ceuta ein, 1471 Tanger. In den folgenden Jahrzehnten eroberten sie an der Atlantikküste eine Stadt nach der anderen: Asilah, Anfa (Casablanca), Azzemour, Safi, Mazagan (Al-Jadida) und Santa Cruz (Agadir). Nur Larache blieb unabhängig. Damit waren also nahezu die gesamte Atlantikküste und das angrenzende Binnenland unter portugiesischem Einfluss.

Im Osten wurden die Wattasiden von den Spaniern bedrängt. Nachdem im Zuge der **Reconquista 1492** die letzte maurische Dynastie auf andalusischem

Boden, die Nasriden von Granada, von der Halbinsel vertrieben worden war, setzten die Spanier ihren „christlichen Eroberungsfeldzug" an der nordafrikanischen Küste fort (1507 fiel Marsa al-Kabir, 1509 Oran).

Diese Bedrohung durch die Christen hatte eine **Renaissance des Islam** im 15. und 16. Jahrhundert zur Folge. Vorbereitet wurde diese Entwicklung einerseits durch die aus dem Osten importierten Sufi-Lehren (Sufismus = islamische Mystik), andererseits durch das **Entstehen von religiösen Bruderschaften** (arab.: *tariqa,* vom arabischen Wort für „Weg" = *tariq* abgeleitet), in denen die Anhänger dieser Lehren organisiert waren. Die Berber, die noch immer dem Maraboutismus anhingen, schlossen sich der Entwicklung schnell an (Maraboutismus = Verehrung „lokaler Heiliger"; das Wort *marabut* bedeutet „Heiliger", bezeichnet aber auch das Grabmal desselben, das etwa zur Befreiung von Krankheiten aufgesucht wurde). Die **religiösen Führer** übten im regionalen Bereich einen sehr starken moralischen Einfluss aus, der von der Bevölkerung bereitwillig aufgenommen wurde und zur Bildung eines „religiösen Gemeinschaftsgewissens" führte. Die Folge war eine starke Solidaridät unter den Anhängern der verschiedenen „Tariqat" (Mehrzahl von *tariqa*), die bis zum heutigen Tag noch spürbar bleibt!

## Die Scherifen

Die **Saaditen** (1554–1659) sind, wie ihre Nachfolger, die Alawiten, Scherifen (arab: *shurafa,* sing.: *sharif*). Das bedeutet wörtlich „die Edlen" und bezeichnet diejenigen, die ihre **Herkunft von der Familie des Propheten Mohamed** ableiten. Damit kommen wir in die **arabische Epoche** und lassen die der Berberdynastien hinter uns.

Die Saaditen stammten wie die Beni Hillal aus dem Hidjaz (arabische Halbinsel) und wanderten zu Beginn des 14. Jahrhunderts in Südmarokko ein; dort ließen sie sich im Drâatal (franz. *Vallée du Drâa*) nieder. Aufgrund ihrer scherifischen Herkunft und ihres religiösen Ansehens waren die Saaditen dazu berufen, den **Kampf gegen die Portugiesen** zu führen. 1511 begann der Scherif von Tagmaddart einen Kleinkrieg gegen die Invasoren mit Unterstützung der Marabouts. Aber erst unter seinem Sohn *Mohamed al-Mahdi* nahm der Aufstand überregionale Dimensionen an. Bis 1541 waren die Portugiesen aus fast allen Küstenstädten vertrieben, im Jahr 1554 fiel Fès, die Hochburg der Wattasiden.

**Mohamed I.,** erster Herrscher der neuen Dynastie, wählte Marrakesch zur neuen Hauptstadt. Die Autorität über Marokko wurde wiederhergestellt, das Reich administrativ gefestigt. Im Jahr 1578 wurden die Portugiesen in der **„Dreikönigsschlacht"** bei Ksar al-Kebir vernichtend geschlagen.

Der Sieger der Schlacht, **Ahmad al-Mansur** („der Siegreiche"), Sohn von *Mohamed I.,* gilt als der fähigste Herrscher der Dynastie. Er leitete eine Periode des „Friedens und Wohlstandes" ein, und das Reich expandierte. 1591 eroberten seine Truppen Timbuktu und brachten von dort mehrere tausend schwarze Sklaven nach Marokko. Die Saaditen wurden für ein halbes Jahrhundert die Herren über den westlichen Sudan, ein Gebiet, das sich vom Senegal bis nach Bornu im heutigen Tschad erstreckte.

Doch wie so oft, kam es auch diesmal nach dem Ableben eines starken Herrschers (*Ahmad al-Mansur* starb 1603) zu einem rapiden **Verfall.** Im Verlauf der Thronstreitigkeiten unter den Söhnen *al-Mansurs* zerfiel die Zentralmacht zusehends. Larache wurde von den Spaniern eingenommen, Fès entzog sich der Oberherrschaft, eine Reihe von religiösen Fürstentümern, mit Marabouts und Sherifen an ihrer Spitze, betrat die Bühne: so im Sous *Sidi Ali,* im Gharb (Nordwest-Marokko) *al-Ayyaschi* und im Tafilalet die Hassani-Sherifen, besser bekannt unter dem Namen **Alawiten** (seit 1659).

Diese unternahmen Raubzüge im Norden und brachten den Osten unter ihre Gewalt. **Moulay ar-Rashid** (1664–1672) gelang es, Fès einzunehmen, bald darauf auch Marrakesch. Erneut kam es zur **Schaffung eines gesamtmarokkanischen Reiches,** das die Alawiden – in Ermangelung einer soliden scherifischen Abstammung – mit Hilfe von Scherifenfamilien mit einem tragfähigen religiösen Fundament untermauerten. Die Nachfolge von *Moulay ar-Rashid* trat **Moulay Ismail** an, der bis 1727 an der Macht war. Während der ersten 15 Jahre bildete er eine **Armee aus schwarzen Sklaven** heran, die er im Laufe seiner langen Regierungszeit durch regelrechte „Zucht" auf 150.000 Mann anwachsen ließ. Das **„bilad al-makhzan",** das Land unter staatlicher Kontrolle, erstreckte sich über nahezu ganz Marokko. Der Unterlauf des Moulouya-Flusses bildete für lange Zeit die Ostgrenze des scherifischen Reiches.

Nach dem Tod Moulay Ismails kam es drei Jahrzehnte lang zu Streitigkeiten um den Thron. **Moulay Mohamed** (1757–1792) gelang es schließlich, die Autorität der scherifischen Dynastie wiederherzustellen. Mit der Eroberung von Mazagan (Al Jadida) im Jahre 1769 nahm er die letzte Bastion der Portugiesen ein. Er versuchte, die miserable finanzielle Lage, in der sich das Reich befand, durch Forcierung des Handels mit Europa zu verbessern. Er schloss **Handelsverträge** mit Dänemark, Schweden, England und Frankreich und gründete die Stadt **Mogador** (Essaouira) als zentralen Handelspunkt, um Kaufleute anzuziehen.

**Moulay Sulayman** (1794–1822) hatte lange Zeit mit dem nach dem Tode *Moulay Mohameds* neu entfachten Widerstandsgeist der Berber zu kämpfen, die sofort die Gelegenheit, die sich durch eine schwache Regierung bot, ergriffen, um sich selbstständig zu machen.

Moulay Ismail

*Moulay Sulayman* war es, der Marokko nach außen hin abschloss. Die Kontakte mit christlichen Kaufleuten wurden auf ein Minimum reduziert, aus Furcht vor verschwörerischen Verbindungen mit den aufsässigen Berbern. Auch die Nachfolger *Moulay Slimans* verfolgten eine **Politik der Abschottung,** was aber nicht verhinderte, dass der **Einfluss der Europäer** auf die Wirtschaft und Politik des Landes zunahm. Im Land sagten sich die vom Machtzentrum weit entfernten Gebiete von der Regierung los, und die Kontrolle über das Land schrumpfte von Jahrzehnt zu Jahrzehnt.

**Moulay al-Hassan,** der 1873–1894 das Sagen hatte, konnte den Zusammenbruch noch um einige Jahre verzögern, auch weil sich die Situation auf der internationalen Bühne grundlegend geändert hatte. Die **Franzosen** hatten schon 1830 mit der **Kolonialisierung Algeriens** begonnen, und auch Marokko weckte die imperialistischen Gelüste der europäischen Großmächte. Es war schon mehrmals zu Gefechten zwischen Europäern und Marokkanern gekommen. Am folgenschwersten aber war sicherlich der **1859** von den Spaniern errungene Sieg, der als Antwort auf die andauernden marokkanischen Angriffe auf die spanischen Enklaven gefeiert wurde. Resultat war der **Vertrag von Tétouan** (1860), in dem Marokko verpflichtet wurde, 100 Millionen Riyal (!) als Wiedergutmachung zu zahlen. Dies war der **Grundstein für den Ausverkauf Marokkos** durch die Kolonialmächte und das 50 Jahre später errichtete spanisch-französische Protektorat. Unter Sultan **Abd al-Aziz** (1894–1908) traten die **Unabhängigkeitsbestrebungen der Berberstämme** wieder in den Vordergrund.

Anfang des 19. Jahrhunderts begann dann die europäische Aufteilungspolitik in Afrika. 1906 wurde als Folge der wirtschaftlichen Ambitionen des Deutschen Reiches in Marokko die Unantastbarkeit des Landes in der **Konferenz von Algeciras** festgelegt. Doch schon ein Jahr darauf provozierten die Franzosen in Marokko Unruhen, denen sie dann durch die Entsendung eines Expeditionskorps entgegentraten. Die Städte Casablanca, Agadir, Rabat, Safi und Essaouira wurden besetzt.

1911 rief der durch die Berber in Fès eingeschlossene Nachfolger *Abd al-Aziz'*, Sultan **Abd al-Hafiz,** die Franzosen zu Hilfe, die daraufhin Mitte des Jahres in Fès einmarschierten. Auch das „Unternehmen Panthersprung" – das Erscheinen des deutschen Kanonenbootes „Panther" vor Agadir – konnte die Schutzherrschaft Frankreichs über Ma-

> Moulay al-Hassan

rokko nicht verhindern. **Am 30. März 1912 wurde fast ganz Marokko** – der nördlichste Teil unterstand spanischer Kontrolle – **zum französischen Protektorat.**

## Die Protektoratszeit (1912–1956)

Die Hauptstadt des französischen Territoriums wurde Rabat, die Spanier wählten Tétouan zum Verwaltungssitz. Tanger wurde internationale Zone. Der französische **Marschall Louis Hubert Lyautey** übernahm zwölf Jahre als Generalresident mehr oder minder die Regierungsgeschäfte, dem Sultan kam eine rein formelle Funktion zu. Es bedurfte zwanzig Jahre kontinuierlicher militärischer Anstrengungen, ehe Frankreich und Spanien den Kleinkrieg gegen die einheimischen Stämme gewannen.

Im Norden, im Rifgebirge, konnte sich der Berber **Abd al-Karim al-Khattabi** (bekannt unter dem Namen *Abd al-Krim*) jahrelang gegen die Spanier erfolgreich zur Wehr setzen und sogar eine **„Rif-Republik"** ausrufen, die von 1922–1926 Bestand hatte. Er wurde schließlich von einer französisch-spanischen Armee unter massivem Einsatz von deutschem Giftgas (!) besiegt und auf die Insel Réunion verbannt, von der er 1947 flüchten konnte. Er starb 1963 in Ägypten. Im Süden vereinte **Ahmad al-Hiba** die Berber des Sous, nachdem schon sein Vater *Ma'al-Ainain* erfolgreich gegen die europäischen Usurpatoren gekämpft hatte.

Die **„Befriedung" Marokkos** kostete einer halben Million Moslems das Leben, auf französischer Seite waren es knapp 30.000 Tote – ein Verhältnis, das sich 30 Jahre später im algerischen Befreiungskrieg wiederholen sollte.

**1930** wurde von den Franzosen im Namen von Sultan **Mohamed V.,** damals 21 Jahre alt, das **Berber-Dekret** (der „Dahir") erlassen, das die Trennung von Arabern und Berbern zum Ziel hatte, getreu der schon von den Römern angewandten machtpolitischen Maxime des „divide et impera" (Teile und herrsche). Den Berbern wurde eine eigene Rechtssprechung nach ihrem Gewohnheitsrecht zugebilligt, während die Araber am islamischen Recht festhalten sollten. Doch die „umma al-islamiyya", das islamische Zusammengehörigkeitsgefühl, war stärker als die politischen Ziele der Franzosen. Ein **marokkanischer Nationalismus** erwachte, erste politische Parteien wurden gegründet, das „Marokkanische Aktionskomitee" in der französischen Zone und die „Nationale Reformpartei" auf spanischem Territorium. Aus dem Komitee entstand 1944 nach dem Zusammenschluss mit der Partei der Marokkanischen Volksbewegung die „Marokkanische Unabhängigkeitspartei" oder **Istiqlal,** wie sie auf Arabisch genannt wurde. **Allal al-Fassi** wurde ihr legendärer Führer und die bestimmende Person im Unabhängigkeitskampf.

Die Rede, die Sultan *Mohamed V.* 1947 in Tanger hielt, in der er unverhohlen die Linie der Istiqlal-Partei vertrat, war der Ausgangspunkt zur **Verbreitung des Unabhängigkeitsgedankens** auch im ländlichen Raum beim „einfachen Volk". Die nationalistische Bewegung konnte auch in den Bergen Fuß fassen, im Ausland entstand bald ein Propagandaapparat. In der Folge kam es zu Masseninhaftierungen, Presseverbot und

047m015 ad

Landesverweisungen. Im August 1953 wurde *Mohamed V.* abgesetzt und nach Madagaskar ins Exil geschickt. **Ben Arafa** wurde zum Marionettensultan von Frankreichs Gnaden erhoben. Die folgenden zwei Jahre konnte der Aufruhr trotz Repression und Einkerkerungen nicht mehr eingedämmt werden. Ende 1955 dankte *Ben Arafa* ab.

*Mohamed V.* kehrte aus dem Exil zurück und wurde begeistert in Rabat empfangen. In einer Reihe von Abkommen wurde schließlich am **2. März 1956** das **Ende des französischen Protektorats** besiegelt, **am 8. April 1956 trat Spanien als Schutzmacht zurück.** Tanger blieb bis 1960 internationaler Freihafen, Ceuta und Melilla befinden sich bis heute in spanischem Besitz.

Am 16. August 1956 nahm **Mohamed V.** den Königstitel an. Er starb 1961. Die Nachfolge trat sein Sohn **Hassan II.** an, der 38 Jahre lang die marokkanische Politik bestimmte. Ihm folgte am 23. Juli 1999, dem Todestag *Hassan II.*, sein Sohn **Mohamed VI.** auf den Thron.

# Politik und Staat

## Staatsform

„Marokko ist eine **konstitutionelle, demokratische und soziale Monarchie**" (Art. 1 der Verfassung). Das demokratisch gewählte Parlament ist jedoch in vielen Bereichen durch den König kontrolliert. Die **16 Regionen und 61 Provinzen** (mit Westsahara) werden zentralistisch regiert, doch in Vorbereitung ist

⌃ Ein Führer erklärt die Kalligrafie und Stuckarbeiten in einer Medersa eine weitgehende Dezentralisierung, die sich auch das Föderalismusprinzip in Deutschland zum Vorbild nimmt.

## Staatsoberhaupt

Der **König ist religiöses und staatliches Oberhaupt** des Landes mit Erbfolge aus dem Geschlecht der Alouiten, das seit dem 17. Jahrhundert regiert. Marokko ist Monarchie seit dem 8. Jahrhundert und damit das am längsten währende Königreich der Welt. Der König gilt als direkter Nachkomme des Propheten Mohamed, er ist Anführer der Gläubigen und „de facto" unangreifbar.

Die fast **autokratische Position des Königs** im Wechselspiel der Staatsgewalten zeigt sich vor allem in der Tatsache, dass er einen Großteil exekutiver und legislativer Entscheidungen per Dekret treffen/beeinflussen und den Ausnahmezustand ausrufen kann. Bislang hat er noch den Vorsitz im Obersten Rat der Richter und Staatsanwälte *(Cour suprême)*, auf dessen Vorschlag unabsetzbare Richter durch königlichen Erlass ernannt werden (eine Verfassungsreform mit Änderungen dieser weitreichenden Befugnisse steht kurz vor dem Abschluss). Schließlich ist der König auch Oberbefehlshaber der Streitkräfte.

Die **Exekutive** setzt sich neben dem König aus dem Kronrat (qualifizierte Fachberater am Hof des Königs), dem Regierungschef und den Ministern, die vom Regierungschef und dem König ernannt werden, zusammen. Der König ernennt nach Art. 47 der Verfassung den Regierungschef aus der Partei, die als Sieger aus den Parlamentswahlen hervorgeht.

## Verfassung

**1961** wurde eine Verfassung mit 17 Artikeln verkündet, in denen die Grundrechte und Pflichten der Marokkaner festgelegt waren. Diese Verfassung wurde am 7. Dezember 1962 durch Volksabstimmung angenommen, aber bereits drei Jahre später von König *Hassan* wieder außer Kraft gesetzt. Denn bereits zu Beginn seines Amtsantrittes gab es aufgrund wirtschaftlicher Probleme Unruhen, darauf folgten Wahlmanipulationen und drastische Übergriffe auf Oppositionelle.

**1970** trat eine **neue Verfassung** in Kraft, die am 10. März 1972 nach einem Referendum revidiert wurde. Das Einkammerparlament mit 306 Abgeordneten, von denen 206 in direkter und 100 in indirekter Wahl gewählt wurden, ersetzte die alte Repräsentantenkammer. Die Machtbefugnisse des Königs blieben de facto unangetastet.

Nach einer erneuten **Volksabstimmung im September 1992** wurde eine weitere Verfassungsrevision genehmigt. Auch hier fielen die Änderungen nur bescheiden aus.

Einen neuen **Markstein in der Verfassungsgeschichte** Marokkos bedeutete die Verfassung, die am **13. September 1996** per Referendum angenommen wurde. Festgeschrieben sind u.a. Gewaltenteilung, Meinungsfreiheit, Gleichheit der Geschlechter, Streikrecht, Recht auf Eigentum und Erziehung. Entscheidend aber ist die Verankerung des Zweikammerparlaments im Abschnitt „Titre III.: Du Parlament/De l'Organisation du Parlament". Damit stellt Marokko nun eine staatliche **Mischform aus Königsherrschaft und Demokratie** dar, wobei das

Schwergewicht immer noch beim Monarchen liegt.

Als Reaktion auf die Protestbewegungen im Frühling 2011 in Nordafrika und die daraus in Marokko entstandene „Bewegung des 20. Februar" leitete der König **2011** eine **Verfassungsreform** ein, die per Volksabstimmung mit großer Mehrheit angenommen wurde. Mit der Reform gab der König einige seiner autokratischen Privilegien ab und behielt nur den Vorsitz über den Ministerrat, den Obersten Rat der Richter und Staatsanwälte (Änderungen vorgesehen, s.o.) und sein Amt als Oberbefehlshaber der Armee.

Ferner fanden im November **2011 Neuwahlen zum Parlament** statt, aus denen erstmalig ein Ministerpräsident *(Abdelilah Benkirane)* aus der gemäßigten islamischen Partei für Gerechtigkeit und Entwicklung (PJD) als Sieger hervorging.

Die marokkanische Verfassung von 2011 ist in deutscher Übersetzung online unter www.marokko.net/info/land-und-leute/html/verfassung.html abrufbar.

## Volksvertretung

Mit der Verfassungsreform vom September 1996 wurde das alte Einkammersystem durch ein **Zweikammerparlament** ersetzt. Die Volksvertretung setzt sich nun zusammen aus Erster – *Chambre des Répresentants* – und Zweiter Kammer – *Chambre des Conseillers*. Die 395 Abgeordneten der Ersten Kammer werden direkt vom Volk für fünf Jahre gewählt, die Vertreter in der Zweiten Kammer (270 Sitze) zu drei Fünfteln von einem Wahlgremium bestimmt, das sich aus Wahlmännern der Gebietskörperschaften zusammensetzt und zu zwei Fünfteln von regionalen Wahlgremien, die aus Vertretern von Standesorganisationen, Berufsverbänden und Arbeitnehmerorganisationen bestehen. Die Mitglieder der Zweiten Kammer werden für eine neunjährige Amtszeit gewählt, wobei im Turnus von drei Jahren jeweils ein Drittel neu gewählt wird.

Die **Regierung** muss sich gegenüber dem König (und dem Parlament) verantworten. Wichtige politische Fragen werden im **Ministerrat** behandelt, dessen Vorsitz der König hat (Art. 25).

## Politische Parteien

Die großen Parteien sind während der gemeinsamen **Frontstellung gegen die Protektoratsmacht Frankreich** entstanden. Die programmatischen Unterschiede prägten sich im Laufe der Zeit immer mehr aus und sind heute erheblich. Die Monarchie, der Anspruch Marokkos auf das Gebiet der Westsahara sowie der Islam als Staatsreligion sind jedoch unantastbar. Volljährige Männer und Frauen sind laut marokkanischer Verfassung politisch gleich- und wahlberechtigt.

Das **Mitspracherecht** der Oppositionsparteien wurde von 1965 an nachhaltig eingeschränkt. Unter König *Hassan II.* wurden zahlreiche Parteien verboten und unliebsame Politiker eingesperrt. Diese Zeit, als „bleierne Zeit" in die Geschichte Marokkos eingegangen, wurde in zahlreichen Anhörungsprozessen und Veröffentlichungen aufgearbeitet. Seit 1997 ist ein **Demokratisierungsprozess** im Gange, 2006 wurde ein

**neues Parteiengesetz** erlassen, das eine weitere Parteienzersplitterung verhindern soll. Es verbietet zudem programmatische Zusammenschlüsse auf rein religiöser, ethnischer, regionaler oder sprachlicher Grundlage und setzt einen prozentualen Frauenanteil in jeder Partei fest. Schon bei den Wahlen 2002 wurde eine **Frauenquote** festgelegt, sodass im Parlament seitdem mindestens 30 Frauen – eine höhere Zahl als in den meisten anderen arabischen Ländern – sitzen.

## Regierungsparteien

Bei den vorgezogenen Neuwahlen 2011 gewann die gemäßigt islamische **Partei für Gerechtigkeit und Entwicklung (PJD);** bei den Wahlen 2002 war sie noch drittstärkste Kraft gewesen, 2007 hatte sie an zweiter Stelle gelegen. Sie stellt nun den Regierungschef **Abdelilah Benkirane** und bildet eine Koalition mit den Parteien *Rassemblement National des Indépendants, Mouvement Populaire* und *Parti du Progrès et du Socialisme.*

Die **Opposition** setzt sich zusammen aus der konservativen *Istiqlal* (Unabhängigkeitspartei), *Union Socialiste des Forces Populaires* und *Union Constitutionelle.*

Radikalislamistische Gruppierungen wie die **Vereinigung Gerechtigkeit und Wohlfahrt (Al Adlwa Lihsane)** unter Führung von *Mohamed Abbadi* und – im Hintergrund – *Nadia Yassine,* der Tochter des Parteigründers Scheich *Yassine,* werden offiziell nicht als Partei zugelassen und sind von Wahlen ausgeschlossen.

048m015 ad

## Gewerkschaften

Gewerkschaftliche Vereinigungen sind nach der Verfassung **zugelassen** und gewannen im Land vor allem in den Zeiten der Repression stark an Einfluss. Streiks zur Durchsetzung von Forderungen wurden von der Regierung allerdings regelmäßig verboten.

Stärkste Gruppe ist die Gewerkschaft **Union Marocaine du Travail (UMT).** Ihr Einfluss in Wirtschaft und Handel ist ziemlich bedeutend, und sie konnte auch ansehnliche Erfolge verbuchen. Das 1962 erlassene Arbeitslosen- und Altersversorgungsgesetz ist zum großen Teil auf ihre Arbeitskämpfe zurückzuführen. Weitere wichtige Gewerkschaften sind *Union Générale des Travailleurs Marocains (UGTM), Union nationale du travail (UNTM), Conféderation Démocratique du Travail (CDT)* und *Fédération démocratique du travail (FDT).*

Die Gewerkschaften sind zu einer Gegenmacht im Staate geworden, vor allem auch, weil sie sich dem **Kampf gegen die Korruption** verschrieben haben.

## Verwaltung

Den **16 Regionen, 61 Provinzen** (mit Westsahara) und selbstständigen Stadtpräfekturen in Rabat und Casablanca stehen **Gouverneure** vor. Ihnen steht beratend eine Abgeordnetenversammlung zur Seite. In ländlichen Gebieten und bei den Nomaden existieren noch Stammesfraktionen, angeführt vom „Qa'id" oder „Shaykh".

Hier sind Arabischkenntnisse gefragt …

## Armee und Polizei

Die marokkanische Armee ist ein **wichtiger Machtfaktor im Lande** und zählt zu den bestausgebildeten Truppen Afrikas. Infolge des Saharakrieges wurde die Armee von 57.500 (1974) auf rund 200.000 Mann aufgestockt. Die Verteidigungsausgaben machen heute etwa 5% des Bruttoinlandsproduktes aus. Marokko ist an diversen UN-Auslandseinsätzen beteiligt. In Marokko herrscht keine allgemeine Wehrpflicht.

Da Marokko als wichtiger **Verbündeter der USA** im Kampf gegen den Terrorismus zählt, erhält das Land Militärhilfe von den Vereinigten Staaten.

Die **Polizei** ist ebenfalls **straff organisiert** und nicht zimperlich, z.B. bei Kundgebungen der Islamisten von *Al Adlwa Lihsane* oder *Saharawi*-Demos in der Westsahara. Korruption und Machtmissbrauch waren früher an der Tagesordnung; da aber der neue König nach 1999 viele Verantwortliche gerade bei der Polizei auswechseln ließ, hat sich manches zum Besseren gewandelt. Verstöße gegen das Gesetz, z.B. gegen das **Rauschmittelgesetz** (Marokko ist der weltweit größte Cannabisproduzent!), werden vor allem bei Touristen streng bestraft und haben viele europäische Kiffer hinter Gitter gebracht.

Die **Gefängnisse** in Marokko entsprechen eher mittelalterlichen Verliesen als unseren Vorstellungen eines modernen Strafvollzugs. Im Zuge der Demokratisierungsmaßnahmen seit 1996 wurden einige der berüchtigten politischen Gefängnisse des Landes wie z.B. Tazmamart geschlossen und auch einige der übelsten Folterer belangt sowie komplett durch neues Personal ersetzt.

# König Mohamed VI.

König Mohamed VI. (im Volksmund „M6") wurde am 23. August 1963 als **Sidi Mohamed Ben (ibn) al-Hassan** in Rabat geboren. Seine Schulzeit absolvierte er in der königlichen Schule, wo er 1981 das Abitur ablegte. 1987 erwarb er den Abschluss in Politikwissenschaften an der Universität Mohamed V. in Rabat, zusätzlich 1988 den Abschluss in Öffentlichem Recht. 1993 erhielt er von der Universität Nizza den Doktortitel für Rechtswissenschaften. Am 21. März 2002 heiratete *Mohamed VI.* die Informatikingenieurin *Salma Benanni*. Bei den Feierlichkeiten in Rabat wurde zum ersten Mal in der Geschichte des Landes die Frau des Königs offiziell gezeigt und auch fotografiert. Da es den Titel Königin in Marokko nicht gibt bzw. die First Lady unter *Hassan II.* nur „Mutter der Prinzen" hieß, erhielt Salma Benanni den Titel „Prinzessin". Seitdem tritt sie immer wieder öffentlich ohne Schleier auf und verbreitet zusammen mit dem König und den Kindern das Bild eines modernen Familienlebens und Königshauses. Am 8. Mai 2003 kam Kronprinz *Moulay Al-Hassan*, am 28. Februar 2007 Prinzessin *Lalla Khadija* zur Welt.

Mohamed VI., **Herrscher seit 1999,** gilt als moderner König und trägt im Volksmund den Titel **„König der Armen",** da er sich vor allem zu Beginn seiner Herrschaft für soziale Reformen stark machte. Er ist Vorstand der „Stiftung Mohamed V.", die sich wie eine humanitäre NGO um die Armen kümmert; er begibt sich häufig in die Dörfer, wenn dort Projekte eingeweiht werden. Zudem engagiert er sich für die Alphabetisierung und die Rechte der Frauen. 2004 setzte er ein von der islamischen Opposition stark kritisiertes **neues Familienrecht (Moudawana)** durch, das die Rechte der Frauen stärkt. Das Heiratsalter der Frauen wurde mit 18 Jahren demjenigen der Männer angeglichen und das Recht zur Polygamie für Männer eingeschränkt. Zudem wurde ein Scheidungsverfahren mit Antragsrecht beider Partner und gleichmäßiger Aufteilung der in der Ehe erworbenen Güter eingeführt. Die einseitige Scheidung durch den Ehemann (Verstoßung nach dem Koran) unterliegt strengen Vorschriften und wird richterlich überwacht. Mit dem neuen Familienrecht wurden auch die Rechte der Kinder gestärkt und ein eigenes Familiengericht eingerichtet.

Das neue Frauenrecht wurde in einem Spiegel-Interview mit *Nadia Yassine,* einer islamisch orientierten Frauenrechtlerin, „als Gesetz für Gymnasiastinnen bzw. für die Oberschicht" kritisiert, das nicht der Wirklichkeit Marokkos und dem Willen des Volkes entspräche. Sie betont, dass es seitdem immer mehr illegale Eheschließungen gäbe und dass es einer Frau wenig nütze, wenn sie sich scheiden lassen kann, aber dann auf der Straße stehe.

Eine wichtige innenpolitische, vom König initiierte Maßnahme war die **„Nationale Initiative für menschliche Entwicklung" (INDH).** Das Programm stellte von 2005 bis 2010 Geldmittel in Höhe von einer Milliarde Euro zur Verfügung, um gezielt Armut und soziale Ausgrenzung in den ärmsten ländlichen Gebieten und städtischen Armenvierteln zu bekämpfen.

Der **Personenkult** um den König, wie er schon unter Hassan II. gepflegt wurde, setzt sich fort. Überall hängen Porträts, in Ämtern, Läden und an vielen Straßenkreuzungen.

**Tabuthemen** (auch für die Presse) sind nach wie vor die Führungsposition bzw. Unantastbarkeit des Königshauses sowie der Anspruch Marokkos auf das Gebiet der Westsahara.

In einer Umfrage der regierungskritischen Zeitung „Telquel" zum zehnten Jahrestag der Thronbesteigung 2009 war durchaus **Zufrie-**

**denheit** mit dem Königshaus festzustellen. Jeder Zweite hielt das Regime für demokratisch, 90% der Marokkaner hatten in der Regierungszeit von M6 eine Verbesserung der Lebensumstände bemerkt, insbesondere im Hinblick auf Schulen, Gesundheitswesen und Straßen. Kritik wurde jedoch auch hier an der Ausdehnung der Frauenrechte geübt, die den meisten Marokkanern zu weit geht.

Als wichtiges Projekt des Königs gilt auch die **Einigung des Volkes** bzw. der Volksgruppen der Berber bzw. Amazigh (Imaziren) mit der arabisch dominierten Oberschicht, deren Spaltung im französischen Kolonialreich vorangetrieben wurde. Der Schulunterricht in der Grundschule findet mittlerweile in den Berbergebieten in deren Sprache statt, es gibt ein Radioprogramm und in den Berberregionen auch Straßen- und Ortschilder in der Berberschrift Tifinagh.

Auch auf die **religiösen Gruppen** geht der König zu. So sucht er den Kontakt zu gemäßigten islamischen Rechtsgelehrten und den Sufis, deren Mystik vor allem im einfachen Volk regen Zuspruch findet. Zudem wurden unter Aufsicht der Regierung in Moscheen Alphabetisierungsschulen für Frauen und Kinder eingerichtet, um einer Radikalisierung vorzubeugen.

Seit den Aufständen und Staatskrisen in der arabischen Welt seit dem Jahr 2011 sieht sich auch Mohamed VI. verstärkt mit Forderungen nach Demokratisierung, sozialer Gerechtigkeit und Korruptionsbekämpfung konfrontiert. Er initiierte daraufhin eine Volksabstimmung über eine Verfassungsreform, mit der er dem Parlament mehr Vollmachten erteilte und u.a. auf einige seiner Privilegien verzichtete, z.B. das Recht, sämtliche Minister zu bestimmen. Auch wenn der König nicht mehr so häufig in der Öffentlichkeit zu sehen ist wie zu Beginn seiner Amtszeit, nimmt er seine Aufgabe ernst, das Land zu **modernisieren,** besonders im Bereich der Energieversorgung (Solarstrom aus der Wüste) und beim Ausbau der Infrastruktur. Bei seiner Rede an das Volk im Oktober 2014 betonte er die Notwendigkeit einer Reform der Justiz, der Korruptionsbekämpfung und der Bildungsförderung. Er forderte den Hochschulrat auf, eine Bildungsreform einzuleiten.

Auch wenn der König selbst bisher nicht in Frage gestellt wird, bleibt abzuwarten, wie er sich den existenziellen Herausforderungen für das Land stellt und die Menschen weiterhin von seiner Politik überzeugt.

049m015 ad

## Menschenrechte/Arabischer Frühling

Seit dem Amtsantritt von König *Mohamed VI.* (vgl. Exkurs) ist die Regierung bezüglich Menschenrechten und Meinungsfreiheit einen weiten Schritt vorangekommen. Waren unter *Hassan II.* Foltergefängnisse weit verbreitet und wurden politische Gegner kurzerhand weggesperrt, untersuchte ab Januar 2004 die Kommission „Instance Equité et Réconciliation" (IER) **Menschenrechtsverletzungen** in der Zeit der „bleiernen Jahre" zwischen 1956 und 1999. Das Mandat der IER war zwar begrenzt, doch brachte vor allem die öffentliche Anhörung der Opfer eine breite gesellschaftliche Diskussion in Gang. Die im Abschlussbericht festgelegten Empfehlungen zur Entschädigung der Opfer sind weitgehend umgesetzt worden.

Im Jahr 2005 wurde ein Gesetz verabschiedet, das **Folter** explizit verbietet und unter Strafandrohung stellt. Von Inhaftierten werden allerdings weiterhin Foltervorwürfe erhoben – in einzelnen Fällen wurden inzwischen marokkanische Beamte der Folter angeklagt und rechtskräftig verurteilt.

Über die Abschaffung der **Todesstrafe** – die de facto in Marokko nicht mehr vollstreckt wird – wird diskutiert.

Nach den Demonstrationen und politischen Unruhen in Tunesien, Ägypten, Libyen, Syrien und anderen Ländern des arabischen Raums formierten sich auch in Marokko Anfang 2011 Bürgerinitiativen, die zu Reformen aufriefen. Am 20. Februar 2011 demonstrierten Zehntausende Menschen in sieben marokkanischen Städten weitgehend friedlich für mehr Freiheit und Arbeit, weniger Korruption und eine Verfassungsreform zur Einschränkung der königlichen Machtbefugnisse. Seitdem fanden im Rahmen dieser **„Bewegung des 20. Februar"** bis 2014 regelmäßig Demonstrationen statt, die größtenteils friedlich verliefen und nicht den Rücktritt des Königs zum Ziel hatten, sondern demokratische Reformen, die Bekämpfung der Korruption und eine wirksame Gewaltenteilung. Der König proklamierte daraufhin den Übergang zu einer konstitutionellen Monarchie und ließ am 1. Juli 2011 über eine neue Verfassung abstimmen, die mit 98% der abgegebenen Stimmen bei einer Wahlbeteiligung von 73% angenommen wurde.

**Meinungs- und Pressefreiheit** sind mit der neuen Verfassung von 2011 garantiert, aber noch nicht mit den Standards demokratischer Staaten zu vergleichen – die Westsaharapolitik und der König sind nach wie vor tabu und von jeglicher Kritik ausgeschlossen. Jedoch ist durch die weitgehend freie Diskussion und vor allem durch regierungskritische Zeitungen die Sensibilität in der Öffentlichkeit gewachsen.

Eine **Reform des Rechtssystems und der Sicherheitskräfte** sowie die Durchsetzung der Menschenrechte bei den relevanten Behörden und eine Verankerung in der Verfassung wurden in der Verfassungsreform 2011 berücksichtigt. Der 2012 gegründete **Nationalrat für Menschenrechte (CNDH)** agiert unabhängig und hat gegenüber dem König ein Vorschlagsrecht für Menschenrechtsverbesserungen, das er aktiv ausübt. Die Entscheidung der UN, das Mitgliedsland Marokko u.a. mit Deutschland von 2014 bis 2016 in den Menschenrechtsrat der Vereinten Nationen zu wählen, zeugt von den großen Erfolgen, die das Land inzwischen erreicht hat. Doch im Zuge der Terrorismusbekämpfung und der Bedrohung durch die *Maghreb-Al-Qaida* (Aqim) bzw. neuerdings den *IS* (arab: *da'esh*) sowie infolge der Eingliederung der Westsahara und der damit einhergehenden Proteste wird Marokko wohl weiterhin autoritär-repressiv ausgerichtet bleiben.

## Terrorismusbekämpfung

Die Regierung pflegt **enge Beziehungen zu den USA.** Der König war einer der ersten Staatschefs, die ihr Bedauern über den Terroranschlag des 11. September 2001 ausdrückten. Jedoch waren unter den Attentätern und Unterstützern viele Marokkaner, sodass die Gefahr eines Anschlags von Al-Qaida auch in Marokko drohte.

Und der Terror ließ nicht auf sich warten: Am 16. Mai 2003 kam es zu einer **Anschlagsserie** in Casablanca durch eine verhältnismäßig wenig bekannte radikale islamistische Partei, bei der 41 Menschen ums Leben kamen und 60 verletzt wurden. Ziele des Attentats waren ein Luxushotel, ein spanisches Club-Restaurant, eine Straße nahe des Belgischen Konsulats, ein jüdischer Friedhof und ein Club der Israelischen Gemeinde. Die Täter kamen aus dem islamistischen Milieu der Armenviertel der Stadt. Die Bevölkerung reagierte mit großer Bestürzung und Entsetzen – es kam zu den größten Demonstrationen seit der Unabhängigkeit.

Der König ließ ein **Antiterror-Gesetz** in Kraft treten, das Festnahmen, Hausdurchsuchungen und die Überwachung von Post und Telekommunikation wesentlich erleichtert. Die Sicherheitspolitik wurde massiv verschärft, die Polizeipräsenz im Land ist wesentlich gestiegen. Bei öffentlichen Veranstaltungen gelten höchste Sicherheitsvorkehrungen. Im August 2003 wurden vier der Unterstützung des Attentats Verdächtige schuldig gesprochen und zum Tode verurteilt.

Trotz des harten staatlichen Vorgehens gegen radikale islamistische Gruppen kam es im März und April 2007 zu mehreren terroristischen Vorfällen in Casablanca mit acht Toten und etwa 40 Verletzten. Am verheerendsten jedoch war der islamistische **Bombenanschlag** mitten **in Marrakesch** Ende April 2011 mit 17 Toten, darunter mehrere Ausländer (s.a. bei Marrakesch). Die Täter wurden bald gefasst und zwei der Hauptverantwortlichen zum Tode verurteilt (bisher nicht vollstreckt). Nach einem deutlichen Rückgang der Touristenzahlen im Jahr 2011 erholte sich der Tourismus in Marokko bis zum Jahr 2014 wieder. Aber durch die immer radikaleren Parolen und den Vormarsch des IS im Nahen Osten sowie die Morde von IS/da'esh, u.a. an dem französischen Bergsteiger *Hervé Gourdél* im Nachbarland Algerien, sind viele Reisende verunsichert. Der **Rückgang im Tourismus** in Marokko betrug seit dem Mord im September 2014 allein im Oktober über 15%. In Marokko wird diese Entwicklung sehr ernst genommen, denn der Tourismus trägt mit 10% zum BIP bei.

Marokko hat sich der Allianz von 60 Ländern im **Kampf gegen IS** angeschlossen (Hilfe erfolgt allerdings nur indirekt) und betreibt die Verfolgung von Terroristen im eigenen Land systematisch. Marokko führt eine Hub-

# Der vergessene Krieg in der Westsahara

Bereits seit dem Mittelalter führten **Karawanenrouten** durch den Süden nach Timbuktu und bis zum Senegal. Die marokkanischen Händler unterhielten Handelsbeziehungen zu den Nomaden in der Sahara. Die Shaiks der Stammesfraktionen in dem Gebiet der heutigen Westsahara leisteten dem marokkanischen Sultan den Treueeid, dafür fungierte Marokko als Schutzmacht bei Bedrohung von außen.

Ende des 19. Jh. sicherte sich jedoch die Handelsflotte der Compagnie Commerciale Hispano-Africaine die Herrschaft über die Bucht von Dakhla, und durch den Vertrag von Berlin erhielt **Spanien** das Protektorat über das Gebiet von Cap Bojador bis Cap Blanc. Der Konflikt mit Frankreich endete 1900 mit der Vereinbarung, die Hauptsahara Frankreich und das Gebiet **Río de Oro** Spanien zuzuteilen. Río de Oro wurde 1958 in Provinz Sahara umgetauft.

Zunächst nur an den Küsten stationiert, rückten die Spanier nach und nach auch ins Landesinnere vor, die stationierten Truppen wurde immer mehr: 1970 hielten sich in der Westsahara mehr spanische Soldaten auf als Saharawis. Die **Nomadenbevölkerung** – ihre Zahl wurde auf 200.000 geschätzt – setzte den Spaniern keinen Widerstand entgegen, obwohl die Spanier mit eiserner Faust regierten. Mit der Entdeckung des Phosphats änderte sich die Situation. Die Saharawis gaben zu Tausenden das Nomadenleben auf, um in den **Phosphatminen** zu arbeiten. Vom verlockenden Stadtleben angezogen, siedelten sie sich in den Elendsquartieren um die Städte an. Als dergestalt die Ausbeutung und Unterdrückung offensichtlich wurden und die Saharawis, im Gegensatz zu den Spaniern, durch das Phosphat keineswegs reicher wurden, regte sich der Unmut, und 1973 bildete sich die **POLISARIO** (Volksfront für die Befreiung der Seguiet el Hamra und des Río de Oro) und unternahm ihre ersten Vorstöße von Mauretanien aus.

Die UNO verzeichnete die Westsahara – obwohl diese nie eine Nation war – bereits 1963 auf einer Liste von Staaten, denen das Recht auf **Selbstbestimmung** immer noch verwehrt werde. 1965 forderte die UN-Vollversammlung Spanien auf, das Gebiet zu entkolonialisieren, und verlangte ein Referendum über die Selbstbestimmung der Saharawis. Spanien versuchte, Zeit zu gewinnen, und beutete das Land immer stärker aus. 1975 verkündete eine UN-Delegation, dass die überwiegende Mehrheit der Bevölkerung für Unabhängigkeit sei und die POLISARIO unterstütze.

Dies rief **König Hassan II.** von Marokko auf den Plan, der keinesfalls einen sozialistisch orientierten Staat, noch dazu von Libyen und Algerien unterstützt, an der Südgrenze Marokkos dulden wollte. Ferner sah sich der König als Vollstrecker des historischen Auftrags, den saharischen Süden, dessen Stämme starke traditionelle Bindungen zu Marokko pflegten, in sein Reich einzugliedern.

Ein Beschluss des Internationalen Gerichtshofes von Den Haag, der historische Bindungen einiger Volksgruppen der Westsahara an Marokko anerkennt, diente Hassan II. dann als Legitimation für seinen Vorstoß. In Windeseile wurden Straßen in Richtung Westsahara zum südlichsten marokkanischen Zipfel nach Tarfaya gebaut, und 350.000 Menschen zogen am 6.11.1975 über die ehemaligen spanischen Grenzen. Dieses Schauspiel, der **„Grüne Marsch"**, wurde vom marokkanischen Fernsehen live übertragen und beschleunigte die Entwicklung zugunsten der marokkanischen Interessen.

Das spanische Parlament trat in Eile zu einer Abstimmung zusammen, bei der die „Rabat-freundliche" Fraktion siegte. Angeblich soll der marokkanische König bereits am Krankenbett von General *Franco* die problemlose Übergabe der Westsahara ausgehandelt haben. Am 14.11.1975 wurde in Madrid ein **Abkommen** zwischen Spanien, Marokko und Mauretanien unterzeichnet, wonach alle spanischen Streitkräfte bis zum 28.2.1976 aus der Westsahara abzuziehen hatten; Spanien wurde eine Beteiligung an den Phosphateinnahmen zugesichert, und es stimmte einer Aufteilung des Landes unter Marokko und Mauretanien zu.

Die POLISARIO erklärte den Vertrag für null und nichtig, konnte aber nicht verhindern, dass mit spanischer Hilfe 4000 marokkanische Soldaten in Laâyoune einzogen. Am 19.12.1975 wurde nach heftigen Kämpfen auch La Guera besetzt. 100.000 Saharawis, praktisch die Hälfte der ursprünglichen Bevölkerung, flüchteten nach der Bombardierung von Saharawi-Dörfern mit Napalm und Phosphor über die Grenzen nach Algerien und bildeten mit Unterstützung der algerischen Regierung Lager bei Tindouf. Gestärkt durch die algerische Hilfe begann zwischen der POLISARIO und Marokko ein **Krieg,** der bis zum Waffenstillstandsabkommen am 6.9.1991 mit gnadenloser Härte geführt wurde.

Am 29.2.76 wurde die **unabhängige Republik Sahara** ausgerufen, die von vielen Ländern der Welt anerkannt wurde, nicht aber von den Weltmächten. Viele Staaten haben ihre Anerkennung inzwischen allerdings widerrufen, zurzeit sind es noch 80 Länder, die die Arabische Republik Sahara als eigene Nation anerkennen.

Nach dem Sturz des mauretanischen Präsidenten *Ould Daddah* 1978 beschloss die neue mauretanische Regierung einen Waffenstillstand mit der POLISARIO. Daraufhin besetzte Marokko den südlichen Teil der Westsahara, da es keinen Ministaat mit POLISARIO-Regierung im Süden zulassen und Algerien den erwünschten Zugang zum Atlantik verwehren wollte (14.8.79). Algerien unterstellt Marokko jedoch, sich die Westsahara wegen dessen Rohstoff- und Fischreichtums einverleibt zu haben.

Marokko brachte die Westsahara mit hohem militärischen Aufwand unter Kontrolle, wobei nicht vor einer **brutalen Repression der Zivilbevölkerung** zurückgeschreckt wurde. Gegen Übergriffe von den in Algerien, Mali und Mauretanien agierenden Kämpfern der POLISARIO baute Marokko einen elektronisch und mit Minen gesicherten **Schutzwall** östlich von Bou Craa und Smara.

Nach einer kurzzeitigen Verbesserung der **Beziehungen zu Algerien** erklärte sich König Hassan II. März 1985 zu einer Volksabstimmung in der Westsahara bereit, wenn die UNO dies in die Wege leite. Aber die Kämpfe gingen weiter, und die Verhandlungen mit der UNO zogen sich hin. Im August 1988 verkündeten sowohl POLISARIO als auch die marokkanische Regierung, dass sie zur Aufnahme von **Friedensverhandlungen** nach einer Volksabstimmung bereit wären. UN-Friedensvermittler sollten dazu ein Referendum ausarbeiten. Aber erst am 27.6.1990 wurde ein konkreter Plan zur Abhaltung einer Volksabstimmung in der Westsahara vom UN-Sicherheitsrat gebilligt, und eine UN-Kommission reiste zu ersten Sondierungen in die Westsahara. Im Februar 1991 hieß es, dass alle Unstimmigkeiten über den Zeitplan bereinigt seien und der Plan verwirklicht werden könne. Eine UN-Kommission zur Überwachung des Referendums wurde gebildet **(MINURSO).** Unter Vermittlung der UNO wurde am 6.9.91 ein **Waffenstillstandsabkommen** geschlossen, und Marokko stimmte einer Truppenhalbierung von 130.000 auf 65.000 Mann zu, was aber nicht eingehalten wurde.

Das für Januar 1992 geplante Referendum und alle weiteren Termine seither sind jedoch immer wieder verschoben worden, da sich beide Seiten nicht über die Anzahl der Wahlberechtigten einigen konnten. Dahinter steht die entscheidende Frage, wer als Saharawi zu gelten habe. Im Verlauf der Houston-Verhandlungen im Jahr 1998 unter dem Vermittlungsvorsitz des vormaligen amerikanischen Außenministers *James Baker* wurde die **„saharische Staatsbürgerschaft"** anhand von einigen Kriterien definiert: Eines davon ist die Bevölkerungszahl von 1974 (nach spanischem Zensus ca. 75.000), ein weiteres die Aufenthaltsdauer in der Westsahara, ein drittes die Abstammung von einem Saharawi-Vater.

Im September 1997 verständigten sich Marokko und POLISARIO auf einen „Verhaltenskodex" für eine **Volksabstimmung.** Die UN legten daraufhin den 7.12.1998 als nächsten Termin fest, doch die Registrierung der Wähler verzögerte sich – bis 1999 sollte sie abgeschlossen sein und etwa 150.000 Wahlberechtigte umfassen. Wiederum gab es keine Einigung, und die UN drohte unverhohlen mit dem Abzug ihrer Truppen. Ein neuer Kompromissvorschlag von James Baker sah daraufhin eine Teilautonomie unter marokkanischer Herrschaft vor, mit Volksabstimmung nach fünf Jahren, also 2003, der aber aufgrund eines Vetos Algeriens und der POLISARIO scheiterte.

In seiner Rede zur Nation im April 2006 sprach König Mohamed VI. erstmals in der Öffentlichkeit von einer **Autonomie unter marokkanischer Oberhoheit:** Marokko behält die Souveränität über das Gebiet der Westsahara, die Rechts- und Militärhoheit, während die internen Angelegenheiten das Volk der Saharawi selbst in die Hand nehmen kann. Diesen Plan hat der König in einer Rede im Januar 2010 abermals bekräftigt und eine Expertengruppe beauftragt, ein Modell der Dezentralisierung zu erarbeiten, das auch für andere Provinzen des Landes gelten soll.

Bei diesem Plan erhält der König Unterstützung von den USA, Frankreich, Spanien, Italien und China. Die POLISARIO hält davon nichts und ist enttäuscht, dass die UNO keinen Druck auf Marokko ausgeübt hat, denn das Scheitern der bisherigen Verhandlungen wird in erster Linie Marokko zur Last gelegt.

Nach langer Diskussion mit der UN wurde auf Empfehlung von Generalsekretär *Ban Ki Moon* im Oktober 2010 beschlossen, das im April 2011 auslaufende MINURSO-Mandat abermals zu verlängern. In seinem Bericht stellte der Generalsekretär fest, dass keine der Konfliktparteien die Bedingungen der jeweils anderen Seite als Grundlage einer Wiederaufnahme der Verhandlungen akzeptierte – ein bitteres Resümee.

**Die Zeit arbeitet** jedoch **für Marokko.** Das Ende des Kalten Krieges hat den Geldstrom aus den ehemals sozialistischen Staaten an die POLISARIO versiegen lassen. Die Flüchtlingslager bei Tindouf (Algerien) sind auf internationale Spenden angewiesen. Einige führende POLISARIO-Politiker sind auf die marokkanische Seite übergelaufen, weil sie den Kampf für aussichtslos halten: 2002 der ehemalige Militär- und Gendarmeriechef der saharawischen Interimsregierung *Lahbib Ayoub,* 2010 der ehemalige Polizeichef der Polisario *Ahmed Ould Souilem,* der Scheikh einer der wichtigsten Saharawi-Stämme der Oulad Denim, der sich offen für das Autonomie-Projekt des marokkanischen Königs aussprach. Er wurde im Herbst 2010 zum marokkanischen Botschafter in Madrid ernannt. Der neue Botschafter äußerte sich laut SZ vom 14.10.2010 folgendermaßen: „Mehr als 900 junge Saharawis sind zurück nach Marokko gegangen, wo das Leben weniger rau ist als in den Lagern. Es gibt eine schweigende Bewegung für die Rückkehr." Angeblich soll sich auch mit Unterstützung Marokkos in Tindouf die Oppositionsgruppe „Reform und Gerechtigkeit" gebildet haben. Algerien unterstützt weiterhin die POLISARIO, die bisher sämtliche Autonomievorschläge unter marokkanischer Verwaltung ablehnt und Ban Ki Moon offen der Parteinahme für Marokko bezichtigt. Einige westliche Regierungen sprechen mittlerweile nicht mehr von Annektierung der Sahara, sondern von „marokkanischer Verwaltung", was de facto den derzeitigen Stand wiedergibt.

Die POLISARIO drohte im Jahr 2000 ganz offen mit einem neuerlichen Krieg, nachdem es in der Westsahara Demonstrationen für die Verbesserung der Rechte der Saharawis gegeben hatte, die von marokkanischen Sicherheitskräften niedergeschlagen wurden. Auch in den Folgejahren kam es zu größeren **Demonstrationen** und auch Inhaftierungen in Laâyoune und anderen Städten. Die letzten großen Zwischenfälle gab es am 8.11.2010, als das Zeltlager Gdaim Izik bei Laâyoune, in dem Saharawis sich einen Monat zum Demonstrieren versammelt hatten, von den marokkanischen Sicherheitskräften gewaltsam geräumt und niedergebrannt wurde. Immerhin sind seit dem Jahr 2007 über das UNCHR (Flüchtlingswerk der Vereinten Nationen) wieder Familienbesuche von Saharawis aus dem marokkanisch verwalteten Teil in Tindouf möglich.

Die POLISARIO drängt auf Einhaltung der Menschenrechte von Seiten der Marokkaner, auch als wesentliche Bedingung für weitere Verhandlungen mit der UNO, obwohl ihnen selbst ein rücksichtsloser Umgang mit ihren Gefangenen vorgeworfen wird. Die POLISARIO hielt über 1000 marokkanische Kriegsgefangene als Faustpfand unter übelsten Bedingungen über 25 Jahre in den Lagern bei Tindouf gefangen; nach Intervention der UNO und des Roten Kreuzes wurden die letzten Gefangenen erst 2005 freigelassen. Mittlerweile wird der POLISARIO nicht nur von den Marokkanern, sondern auch von westlichen Geheimdiensten Unterstützung der **Al-Qaida des Maghreb** nachgesagt. Anfang 2011 wurde von der marokkanischen Polizei eine Terrorzelle zerschlagen, die Bombenanschläge auf Polizisten geplant haben soll und Waffenverstecke in der Westsahara unterhielt.

Die Weltöffentlichkeit nimmt von dem Konflikt kaum mehr Kenntnis, es sei denn bei spektakulären Aktionen wie dem Hungerstreik der aus der Westsahara stammenden Menschenrechtlerin *Haidar* in Lanzarote, der die Einreise in die Westsahara verwehrt wurde, weil sie auf den Einreiseformularen als Staatsbürgerschaft „Saharisch" angegeben hatte, oder der Räumung des Zeltlagers bei Laâyoune 2010 (s.o.). Alle Proteste und Menschenrechtsverletzungen konnten nicht verhindern, dass das MINURSO-Mandat jedes Jahr aufs Neue verlängert wurde. Ein Vorstoß der Saharawi-Widerstandskämpfer, der MINURSO auch für die Einhaltung der Menschenrechte in der Westsahara ein Mandat zu erteilen, scheiterte bei der UN am Widerstand Frankreichs und Marokkos.

Marokko arbeitet mit einer **Verzögerungstaktik,** um seine Autonomiepläne durchzusetzen und ein Referendum zu verhindern und erhofft sich durch Investitionen in der Westsahara eine Abstimmung zu seinen Gunsten. De facto hat Marokko durch die Beherrschung von 90% des Gebietes, den Ausbau der Infrastruktur und die wirtschaftlichen Investitionen den Anschluss schon fast erreicht. Die Hauptstadt **Laâyoune** ist inzwischen eine moderne Hafenstadt mit über 200.000 Einwohnern. Marokko hat nach eigenen Angaben fast 1 Mrd. Euro in die Westsahara investiert (dazu Steuersubventionen und Zollfreiheit in den südlichen Provinzen).

Zu hoffen ist, dass in absehbarer Zeit eine offizielle, international gültige Vereinbarung unterzeichnet wird, die für beide Seiten akzeptabel ist und dem politischen Ränkespiel ein Ende macht. Zu befürchten ist jedoch, dass sich POLISARIO-Anhänger radikalisieren und sich immer mehr mit dem Terror der Aqim bzw. IS identifizieren. Wenn man Demonstrationen beobachtet oder auch Filmausschnitte auf youtube sieht, dann werden oft genug Selbstmordanschläge als letzte Möglichkeit des Widerstands gepriesen.

schrauberüberwachung der Grenze zu Algerien durch und errichtet auch Grenzbefestigungen an sicherheitsrelevanten Grenzpunkten. Der Polizeieinsatz in Städten und gefährdeten Zonen wurde verstärkt. Im Jahr 2014 wurden insgesamt über 1900 Sympathisanten des IS in Marokko ausgemacht und einige Zellen in Rabat und Casablanca ausgehoben, welche systematisch Kämpfer für den Krieg in Syrien angeworben hatten. Auch die spanischen Enklaven Melilla und Ceuta sollen Brutstätten des Terrorismus sein; von dort sollen gezielt Marokkaner aus Tanger, Tetuan und Nador für den IS rekrutiert werden. Vor diesem Hintergrund erließ die Regierung im Oktober 2014 ein Gesetz, welches das Anwerben von Kämpfern für IS und auch die Unterstützung von IS unter Strafe stellt.

Das **Auswärtige Amt** gibt für den Sahararaum einen allgemeinen **Reisehinweis,** warnt vor der Entführungsgefahr in „nicht hinreichend durch wirksame Polizei- oder Militärpräsenz gesicherten Gebieten der Sahara" und rät dazu, Menschenansammlungen zu meiden. Dieser Hinweis gilt für alle nordafrikanischen Länder und ist mehr als Vorsichtsmaßnahme mit Blick auf Regressansprüche, denn als Hinweis auf akut drohende Gefahren für Touristen zu verstehen. Bislang gab es in Marokko (das am äußersten Nordrand der Sahara liegt) keine einzige Entführung von Ausländern. Marokko ist derzeit wahrscheinlich in punkto Terrorismus, Gesundheit und

Ein typischer Wochenmarkt im Tafilalet

050m015 ad

Kriminalität das sicherste Land Afrikas. Das betonte auch der parlamentarische Staatssekretär im deutschen Wirtschaftsministerium, *Thomas Silberhorn,* bei seinem Besuch in Marokko im Oktober 2014, als er Marokko als **„Stabilitätsanker in der Region“** bezeichnete.

Zur Sicherheit in Marokko vgl. auch Kapitel „Reisetipps A–Z“.

# Wirtschaft

**Marokko wandelt sich vom Agrar- zum Industrie- und Dienstleistungsland.** König *Mohamed VI.* steht für eine Modernisierung der Wirtschaftspolitik. Marokko soll zu einem Schwellenland mit wettbewerbsfähigem Industrie- und Dienstleistungssektor werden. Dafür wurden zahlreiche Förderprogramme in den Bereichen Industrie, Handel/Logistik, Digitalisierung, Landwirtschaft und Tourismus ins Leben gerufen. Das Wirtschaftsministerium gewährt Investitionsanreize und Steuervorteile zur Ansiedlung von Industriebetrieben. Vor allem die klein- und mittelständische Industrie soll in Zukunft Förderung erhalten – Standortvorteile sind die niedrigen Produktionskosten und die Nähe zum Hauptwirtschaftspartner EU. Die Telekommunikations- und Verkehrsinfrastruktur (Autobahnen, Flughäfen, Häfen etc.) wurde in den letzten zehn Jahren massiv ausgebaut. Außerdem investiert Marokko in den Ausbau erneuerbarer Energien (Wind- und Solarenergie).

Das **Bruttoinlandsprodukt** betrug im Jahr 2013 rund 105 Mrd. US$; für 2014 ging die Regierung von einer Steigerung des BIP um bis zu 4% aus. Das **Wirtschaftswachstum** lag 2013 bei rund 5%. Die Weltwirtschafts- und Finanzkrise hat das Land bei Weitem nicht in dem Maße erfasst wie die europäischen Nachbarländer Spanien und Portugal. Die Landeswährung Dirham ist mit einer konstanten **Inflationsrate** von 2 bis 2,5% stabil.

## Landwirtschaft

**39% der Bevölkerung** leben von der Land- bzw. Forstwirtschaft und von der Fischerei. Die Erträge aus Land-, Forst- und Fischwirtschaft tragen zusammen etwa 14% zum Bruttoinlandsprodukt bei. Der **Wirtschaftsplan „Plan Maroc Vert“** sieht umfangreiche Subventionsmaßnahmen zur Professionalisierung der Landwirtschaft und zum Aufbau einer modernen und konkurrenzfähigen Verarbeitungsindustrie vor.

**Fast 22% der Landfläche entfallen auf Ackerland** und Dauerkulturen. Neben der traditionellen kleinteiligen Landwirtschaft gibt es einen **hochmodernen Agrarsektor,** der **exportorientiert** und auf großen Landgütern beheimatet ist. Vor allem der Anbau von **Weizen, Gerste und Hafer** nimmt mehr als die Hälfte der landwirtschaftlichen Fläche ein. Hinzu kommen Mais, Zuckerrohr, Zuckerrüben und **Gemüse** wie Bohnen, Kichererbsen, Linsen, Erbsen und Kartoffeln, das großflächig kultiviert wird. Im **Obstanbau** dominieren Orangen, Zitronen, Mandarinen und Mandeln. Zwei Drittel der Weintrauben werden zu **Wein** verarbeitet und zum Großteil exportiert.

Aus den zahllosen Olivenbäumen in Marokko werden Olivenöl und Speiseoliven gewonnen. Jedes Jahr werden rund 160.000 Tonnen **Olivenöl** im Land produziert, davon gehen rund 10% in den Export. Bis 2020 soll die Produktion im Rahmen des „Plan Maroc Vert" auf 330.000 Tonnen gesteigert werden.

In Marokko gibt es nach offiziellen Schätzungen rund 4,8 Millionen Dattelpalmen. Die meisten **Datteln** (verschiedener Sorten) werden im Ziz- und Drâa-Tal geerntet. Viele Dattelpalmenhaine waren in den letzten 15 Jahren stark von der Pilzkrankheit *Bayoud (Fusariosse)* betroffen, sodass die Ernten immer schlechter wurden. Marokko importiert für den Eigenverbrauch Datteln aus dem Irak und Tunesien. Der „Plan Maroc Vert" sieht bis 2020 die Anpflanzung von rund 3 Mio. resistenten Dattelpalmenarten vor.

Im Anti-Atlas wird immer mehr **Arganienöl** hergestellt, das zwar nur einen winzigen Beitrag zum Export leistet, aber aufgrund seiner hohen Qualität und Einzigartigkeit (der Arganienbaum wächst nur in Südmarokko) immer mehr Nachfrage in der Lebensmittel- und Kosmetikindustrie erfährt (vgl. entsprechenden Exkurs).

Im Osten Marokkos wird **Halfagras** angebaut und zur Papierherstellung verwendet. In geringem Maße werden auch **Baumwolle und Tabak** produziert.

Illegal werden aus dem **Hanfanbau** (Marihuana, Haschisch) im Rif-Gebirge nach Schätzungen ca. 8 Mrd. Euro (!) Jahresumsatz erzielt.

Angesichts der ständig ungewissen jährlichen Regenmengen werden die **Bewässerungsanlagen ausgebaut und erweitert,** um die Nutzflächen zu vergrößern. Denn regelmäßig wird Marokko von **Dürreperioden** heimgesucht, die der Landwirtschaft starke Einbußen bringen. Weizen z.B. muss regelmäßig teuer importiert werden. Das Land verfügt über etwa 100 große Talsperren, Dutzende weitere sind in Planung.

Ein wirtschaftlicher Rückschlag für Marokko war der Beitritt Portugals und Spaniens zur **EU** am 1. Januar 1986 (Marokkos Aufnahmeantrag wurde abgelehnt). Seitdem sind die Exportchancen für (land-)wirtschaftliche Erzeugnisse durch die Abschottungspolitik der EU beeinträchtigt. Seit Mai 2013 verhandelt Marokko mit der **EU** über ein **Freihandelsabkommen,** das Verbesserungen für die Landwirtschaft bringen soll.

- Informationen des Marokkanischen Ministeriums für Landwirtschaft und Fischfang: www.agriculture.gov.ma

## Forstwirtschaft

Etwa 13% der Landesfläche sind bewaldet. Die Wälder befinden sich fast ausschließlich in staatlichem Besitz. Den größten Baumbestand bilden **Steineichen.** Es folgen **Akazien** und die endemischen **Arganienbäume** (Eisenholzbäume) im Anti-Atlas. Weitere in Marokko vertretene Baumarten sind Thujen, Korkeichen, Zedern, Pinien und Wacholder. Für **Bau- und Feuerholz** werden **Zedern, Pinien und Eukalyptus** abgeholzt. Die Holzproduktion in Marokko deckt nicht den nationalen Bedarf, sodass Nadelholz aus Europa und Tropenhölzer aus Schwarzafrika importiert werden müssen.

Zur **Aufforstung** des Landes wurden in den letzten drei Jahrzehnten enorme Anstrengungen unternommen. Das Land drohte, ähnlich wie alle südlichen Mittelmeerländer, zu verkarsten, da die Nomaden und Kleinbauern vorwiegend Ziegen und Schafe halten, die die jungen Triebe der Bäume fressen und so alles Grün mit der Zeit vernichten. Zudem sorgt die zunehmende Desertifikation im Süden für Probleme.

Die Aufforstung in den 1970er/-80er Jahren bediente sich vor allem schnell wachsender Arten wie Eukalyptus, Akazien, Pinien und Pappeln. Heute werden wieder **vermehrt einheimische Arten** wie Kork- und Steineichen gepflanzt. Denn gerade Eukalyptus ist ein starker Wasserverbraucher und trägt zur Verwüstung seiner Umgebung bei. Trotz massiver Bemühungen des Forst- und Wasserministeriums zur Aufforstung und Bekämpfung der Desertifikation ist mit einer weiteren Verringerung des Waldbestandes zu rechnen.

■ Informationen des Marokkanischen Wasser- und Forstministeriums: www.eauxforets.gov.ma

## Viehzucht

Die Viehhaltung hat für die Gesamtwirtschaft einen geringen Stellenwert, bringt aber **ein Drittel der Erlöse in der Landwirtschaft.** Die Erzeugung tierischer Produkte ist im Vergleich zu anderen nordafrikanischen Ländern gering. Die industrielle Fleischproduktion steigt jedoch an. Wesentliche Bedeutung hat die Viehwirtschaft für die Kleinbauern, für den Eigenverbrauch und den Verkauf auf den Märkten der Provinz.

**Rinder-, Schaf- und Hühnerfleisch** ist für den nationalen Lebensmittelmarkt am wichtigsten. Rinder gibt es in den Ebenen zwischen Rif und Atlas, im Rharb (Gharb), Sous und in den milden, grünen Gebieten des Mittleren Atlas. Abseits der großen landwirtschaftlichen Ebenen werden **Schafe und Ziegen** in Wechselweidewirtschaft gehalten.

**Esel, Maultiere** und **Pferde** sind die beliebtesten Arbeits- und Reittiere, ihnen begegnet man im ganzen Land. **Kamele** sieht man fast ausschließlich in den Regionen südlich des Atlas, aber auch zwischen Essaouira und Agadir. Sie dienen als Last- und Reittiere, das Fleisch wird aber auch für Tajines und Couscous verarbeitet.

## Fischerei

Der im Atlantik vor Marokkos Küsten fließende Kanarenstrom mit seinem Planktonreichtum sorgt für **ertragreiche Fischgründe.** Zur Förderung der Fischerei wurde 1981 ein eigenes Ministerium geschaffen, und zahlreiche Fischereihäfen vor allem an der südlichen Atlantikküste wurden ab den 1990er Jahren ausgebaut. Die Hälfte der Fangmenge stammt aus den Gewässern vor der Westsahara – der wichtigste Fischereihafen ist Laâyoune, gefolgt von Tan-Tan. Im Jahr 2012 wurden in Marokko insgesamt rund 840.000 Tonnen Fisch eingeholt, davon allein 261.000 Tonnen in der Provinz Laâyoune.

An den Küsten zwischen Larache und Agadir werden Thunfisch, Seezungen, Sardinen, Makrelen, Meeraale, Rochen, Brassen, Austern und Tintenfische gefangen. Vor den Küsten Agadirs und Essaouiras werden Langusten und Hummer in großer Zahl eingebracht. Die Hochseefischerei liefert in erster Linie Sardinen. Marokko ist **weltweit zweitwichtigster Erzeuger von Sardinenkonserven** und zweitgrößter Hersteller des Rotalgenextrakts Agar-Agar.

Die **Binnengewässer** Marokkos, vor allem die Bergseen des Mittleren Atlas, sind reich an Süßwasserfischen wie Forellen, Hechte, Brassen, die aber in erster Linie von Hobbyfischern geangelt werden.

1995 kam es über die Frage der **Fischereirechte vor der marokkanischen Küste** zu einem Streit zwischen Spanien und Marokko, der im selben Jahr mit einem **Fischerei- und EU-Assoziierungsabkommen** beigelegt werden konnte. 1999 ergaben sich zur fälligen Verlängerung des Fischereiabkommens mit der EU Auseinandersetzungen, denn Marokko wollte nicht nur über Quoten und Zahlungen für Konzessionen verhandeln, sondern auch Gelder zur Modernisierung der eigenen Fischwirtschaft fordern. Im Jahr 2006 gab es schließlich eine Einigung mit einem neuen Fischereiabkommen, das im November 2013 verlängert wurde. Die Vereinbarung legt neben einer Fangquote und einem jährlichen finanziellen Ausgleich auch eine hohe Summe für die Modernisierung und Umstrukturierung der marokkanischen Küstenflotte, für die Förderung von Vermarktung und Absatz sowie die Unterstützung der wissenschaftlichen Forschung fest.

■ Informationen des Marokkanischen Ministeriums für Landwirtschaft und Fischfang: www.agriculture.gov.ma

## Bodenschätze und Energie

Marokko verfügt über reiche Bodenschätze, die bei Weitem noch nicht alle erforscht und genutzt werden. **Wichtigstes Bergbauprodukt ist Rohphosphat.** Die jährliche Fördermenge beträgt rund 26 Millionen Tonnen. 78% der Phosphatreserven der Welt liegen auf marokkanischem Territorium (vor allem auch in der Westsahara). *Mohamed VI.* gab im Frühjahr 2013 den Startschuss zum Bau eines riesigen neuen Phosphatindustriekomplexes in Safi. Bis 2020 soll der marokkanische Phosphatabbau auf 50 Millionen Tonnen pro Jahr verdoppelt werden. Im Rahmen dieses Großprojekts entstehen in Safi außerdem ein Wärmekraftwerk, eine Meerwasserentsalzungsanlage sowie ein Forschungs- und Entwicklungszentrum zum Thema Phosphatabbau und -verarbeitung.

Für den Export bedeutsam sind zudem Mangan, Eisenerz, Blei und Zink.

Die bekannten marokkanischen **Erdölvorkommen** im Gharb sind fast erschöpft. Die im Jahr 2000 groß verkündeten Öl- und Erdgasvorkommen in der Nähe von Talsinnt haben sich nicht bewahrheitet. Aber vor der marokkanischen Atlantikküste (Westsahara) werden noch Ölvorkommen vermutet.

Der Abbau von Uran (Kernenergie) und die Nutzung der großen **Erdgasvorkommen** werden stark gefördert. Die Ausbeutung von **Ölschiefern** bei Timadhite und Tarfaya wurde in einzelnen Gebieten wegen mangelnder Rentabilität wieder aufgegeben. Aus der Erdgaspipeline, die von Algerien nach Südeuropa 525 km über marokkanisches Terrtorium führt, kann Marokko für den Eigenbedarf entnehmen.

Bislang muss Marokko noch 95% der Energieträger importieren (Strom meist über Unterseekabel aus Spanien), wofür das Land einen stetig wachsenden Anteil seiner Devisen ausgibt. Deshalb wird immer mehr in **erneuerbare Energien** investiert. Marokko brachte sich als wichtigster afrikanischer Partner und Standort in das 2009 von der Deutschen Rück, Siemens, Bosch, EON und dem Bundesumweltministerium geförderten **Desertec-Programm** zur Erzeugung von Solarstrom in der Wüste ein, jedoch zogen sich 2014 alle deutschen Partner zurück. Die Hoffnung der Europäer, von Wüstenstrom zu profitieren, wie es das 400-Milliarden-Euro-Programm Desertec vorsah, wird sich wegen des gigantischen Eigenbedarfs der Maghrebstaaten, aber auch wegen der politischen und wirtschaftlichen Unwägbarkeiten in der arabischen Welt nicht erfüllen: Allein in Marokko wächst der Stromverbrauch pro Jahr um 6,5%. Die Desertec-Gründer, rund 50 europäische Großunternehmen, hatten ursprünglich geplant, bis 2050 rund 20% des europäischen Energiebedarfs mit Wüstenstrom aus arabischen Ländern zu decken.

Marokko betreibt nun mit Hilfe von Partnern aus Saudi-Arabien und Qatar das Projekt Wüstenstrom selbst weiter und plant **Solarkraftwerke,** die 2000 Megawatt produzieren sollen, um sich aus der Abhängigkeit vom europäischen Strom zu lösen. In der marokkanischen Wüste wird bei Ouarzazate das größte Solarkraftwerk der Welt gebaut; die Anlage soll 500 Megawatt leisten – fast so viel wie ein mittlerer Kernreaktor und ausreichend für die Stromversorgung von rund einer halben Millionen Menschen. Bereits seit einigen Jahren in Betrieb ist das erste marokkanische Solarkraftwerk Aïn Beni Mathar (zwischen Oujda und Figuig) mit einer Leistung von gerade mal 20 Megawatt.

## Industrie und Außenhandel

Rund **11,5% der Bevölkerung** arbeiten im industriellen Sektor. Privatisierung, Liberalisierung und Investitionsförderung stehen im Mittelpunkt der marokkanischen Wirtschaftspolitik. So wurde der ökonomische Anschluss an den Westen erreicht: eine marktfreundliche Wirtschaftsordnung, Schutz des Eigentums, Preisbildung hauptsächlich durch Angebot und Nachfrage, realistische Wechselkurse, Gewerbe- und Niederlassungsfreiheit.

**Wichtige Industrien** sind der **Nahrungsmittelsektor**, die **Textilindustrie** und Lederprodukte, die **chemische Industrie** (Phosphate, Sulfate, pneumatische und Kunststoffartikel, Zement) und die **Zulieferindustrie** in den Bereichen IT, Automobile und Luftfahrt sowie die **Automobilindustrie** mit Niederlassungen von Renault und BMW.

Der marokkanische **Außenhandel** ist **defizitär** (minus 20 Mrd. US-$) – das sind 19% des BIP –, vor allem verursacht durch die hohen Ausgaben für Gas und Öl. Die Exporte machen gerade einmal 50% der Importe aus. Doch die marokkanische **Exportbilanz** entwickelt sich positiv. Chemische Erzeugnisse (Dünger, Phosphat) stehen als Exportprodukte an erster Stelle, gefolgt von Textilien, Nahrungsmitteln und Elektrotechnik. Marokkanische Textilien konkurrieren jedoch auf dem europäischen Markt zunehmend mit asiatischer Ware. Unter den Abnehmerländern steht Frankreich mit rund 21% an erster Stelle, gefolgt von Spanien (16%), Brasilien, Indien, USA, Italien und Deutschland (3%).

In trockenen Jahren entfallen bis zu 10% der **Importe** auf Nahrungsmittel (vor allem Getreide, Tee, Kaffee, Zucker, Tabak, Vieh). Den größten Posten mit etwa einem Viertel der Einfuhren nehmen Konsumgüter, Investitionsgüter wie Erzeugnisse des Maschinenbaus, elektrotechnische Produkte und Fahrzeuge ein, gefolgt von bearbeiteten Waren (darunter Eisen und Stahl). Der größte Lieferant Marokkos ist Spanien, dann folgen Frankreich, China, USA, Saudi-Arabien, Russland und Italien.

Die Zahlen lassen die EU als mit Abstand wichtigsten Handelspartner erkennen. Im Jahr 2000 wurde ein **Assoziierungsabkommen mit der EU** abgeschlossen. Seit Mai 2013 verhandelt Marokko mit der EU wegen eines **Freihandelsabkommens,** das die wirtschaftliche Zusammenarbeit stark erleichtern soll. Laut EU bzw. *Manuel Barroso* soll „die vertiefte und umfassende Freihandelszone Handelshindernisse sowohl an der Grenze als auch hinter den Grenzen beseitigen und somit einen wichtigen Schritt zur schrittweisen Einbindung der marokkanischen Wirtschaft in den EU-Binnenmarkt darstellen. Die vertiefte Integration wird dadurch erreicht, dass Marokko seine handelsbezogenen Vorschriften, Industrienormen, technischen Vorschriften sowie tier- und pflanzengesundheitlichen Maßnahmen an die EU-Vorschriften annähert; zudem wird die Freihandelszone ein umfassendes Spektrum von Feldern abdecken, die die Grundlage für ein modernes, transparentes und stabiles Handels- und Investitionsklima bilden."

## Tourismus

Der Tourismus ist die **zweitwichtigste Devisenquelle Marokkos** (nach dem Geldtransfer der Gastarbeiter aus dem Ausland) und wichtiges Ausgleichsinstrument für die Handelsbilanz. Zudem trägt er zur ökonomischen und infrastrukturellen Entwicklung vieler (vor allem ländlicher) Regionen bei. Allerdings hat das Land nach einem starken Anstieg der Touristenzahlen und der Förderung der klassischen Standbeine Bade- und Rundreisetourismus im Zusammenhang mit dem internationalen Terrorismus und dem Arabischen Frühling immer wieder mit Einbrüchen bzw. Stagnation zu kämpfen.

Mit dem **„Plan Azur"** bzw. der **„Vision 2010"** formulierte die marokkanische Regierung Anfang der 2000er Jahre einen ehrgeizigen Plan zur touristischen Entwicklung, der vor allem den Ausbau des **Badetourismus** sowie die Steigerung auf 10 Mio. Touristen pro Jahr bis 2010 vorsah – das Ziel wurde mit 9,2 Mio. Touristen (davon 4,3 Mio. Marokkaner) nur knapp verfehlt. Im Rahmen des Plan Azur sollten sechs Badezentren am Mittelmeer (z.B. Saidia) und Atlantik (u.a. Mogador Essaouira, Taghazoute) neu erschlossen werden. Einige Projekte wurden jedoch bis heute nicht fertiggestellt. Das Tourismusministerium setzt zudem verstärkt auf die Förderung des **Tourismus im ländlichen Raum.** Dazu zählen der Bereich Ökotourismus, die Errichtung von Herbergen *(Gîtes)* und der

051m015 ad

Ausbau der sportlichen Aktivitäten im Bereich Trekking, Radfahren etc. In den letzten Jahren war außerdem zu beobachten, dass besonders im Luxussegment investiert wurde – sowohl in den Städten als auch an der Küste entstanden immer mehr 4- und 5-Sterne Hotels. Inzwischen hat **Marrakesch** bezüglich der Bettenzahl Agadir als wichtigste Touristendestination überholt. Besonders das Angebot an **Maisons d'Hôtes** (vgl. „Reisetipps A–Z/Unterkunft") stieg in den letzten Jahren kontinuierlich an. Diese Unterkünfte in traditionellen Stadthäusern der Medina oder in restaurierten Kasbahs bieten Touristen ein wesentlich authentischeres Urlaubserlebnis als die oft gesichtslosen Hotelbauten der 1980er und 1990er Jahre. Inzwischen entfallen auf Maisons d'Hôtes insgesamt 11% der Gesamtbettenzahl im Land.

Aufbauend auf die Vision 2010 hat das Tourismusministerium die **„Vision 2020"** formuliert. Diese basiert auf den Säulen Authentizität (Erhaltung des kulturellen Erbes), Vielfalt (von Landschaft und Kultur), Qualität (des touristischen Angebots) sowie Nachhaltigkeit (im sozialen und ökologischen Bereich). Ehrgeiziges Ziel der Vision 2020 ist es, Marokko bis zum Jahr 2020 zu einer der 20 wichtigsten Touristendestinationen weltweit auszubauen. Zu den konkreten Zielen gehören die Verdoppelung der Bettenzahl und der internationalen Touristenankünfte, die Verdreifachung der heimischen Touristenzahlen sowie die Schaffung von 470.000 neuen Arbeitsplätzen im Tourismus. Dazu sollen vor allem Maßnahmen in sechs Bereichen gefördert werden: Ökotourismus (Aus-

⌃ Der Tourismus ist ein wichtiger Wirtschaftsfaktor für Marokko

bau des Tourismus unter Erhalt der natürlichen Ressourcen), Kulturtourismus (Kulturstätten bewahren und touristisch erschließen), Sport- und Aktivtourismus (Ausbau der Infrastruktur und des Sportangebots), Gesundheits- und Geschäftstourismus (Marokko als Wellnessdestination etablieren und die Aufenthaltsdauer von Geschäftstouristen steigern) sowie Binnentourismus, d.h. ein auf die Bedürfnisse der Marokkaner abgestimmtes Angebot schaffen.

Die Gesamtzahl der **ausländischen Besucher** stieg seit 2010 kaum mehr an und liegt bei etwa 9,3 Mio. Die mit Abstand meisten internationalen Touristen kommen aus Frankreich, gefolgt von Spanien, Großbritannien, Belgien und Deutschland. Fast die Hälfte der Touristen im Land sind Marokkaner, was die Bedeutung des Binnentourismus veranschaulicht.

Im Übrigen: **Der Tourismus hat natürlich nicht nur positive Seiten.** Er bringt auch erhebliche soziokulturelle und ökologische Probleme mit sich. Die Preise in Touristengebieten steigen auch für Einheimische stark an, und der Zusammenstoß fremder Kulturen und Mentalitäten ist nicht immer fruchtbar. Alkoholismus und Prostitution nehmen zu, die Kriminalität ebenso. Jeder Tourist – egal welchen Status er in seinem Heimatland einnimmt – wird als „reich" eingestuft und als zahlungskräftiger Kunde betrachtet. Viele Marokkaner versuchen deshalb mit einem Kleinbetrieb – sei es ein Café/Restaurant, ein kleines Hotel oder eine Souvenirbude – am Tourismus zu verdienen. Das verschafft manchen Anbietern sicher Ansehen und Einkommen, viele scheitern aber aufgrund mangelnder Kenntnisse und Kapital. Die Konkurrenz ist groß, vor allem im Süden: Nahezu jede Familie bietet Kamel- oder andere Wüstentouren an bzw. betreibt ein kleines Gästehaus. Was in unseren Augen als gesunder Wettbewerb erscheint, gestaltet sich in Marokko häufig ruinös – und das Vorgehen gegen unliebsame Konkurrenz gleicht gelegentlich Mafiamethoden.

■ Informationen des Marokkanischen Tourismusministerums: www.tourisme.gov.ma

# Bevölkerung und Sozialwesen

27% der rund **33 Millionen Einwohner** Marokkos sind jünger als 15 Jahre. Das Durchschnittsalter beträgt 28 Jahre. 33% der Bevölkerung können weder lesen noch schreiben. Die **Arbeitslosenquote** beträgt laut offizieller Statistik durchschnittlich 9%, am stärksten betroffen sind die Städte sowie Frauen und die Altersklasse zwischen 15 und 24 Jahren, hier liegt die Quote sogar bei 33,5%. Dramatisch ist auch die Zahl der arbeitslosen Akademiker. Zwischen Stadt und Land bestehen erhebliche Unterschiede in Einkommen und Lebensstandard. Die **Schere zwischen Arm und Reich** öffnet sich immer weiter. Etwa 15% der Marokkaner leben unterhalb der Armutsgrenze. Das birgt sozialen Sprengstoff, der zur Radikalisierung bestimmter Bevölkerungsgruppen oder zu verstärkter illegaler Einwanderung nach Europa führt. Die Bekämpfung der Armut ist ein erklärtes Ziel von König *Mohamed VI.*, eine Bildungsreform ist beauftragt, und im Oktober 2014 wurde vom zuständigen Minister ein 19 Milliarden DH schweres Paket zur Städtesanierung angekündigt, denn gerade in den Armutsvierteln der Großstädte bilden sich soziale Brennpunkte, die ganz wesentlich zur Radikalisierung der jungen Bevölkerung beitragen. Der **HDI** (*Human Development Index* der Vereinten Nationen), der verschiedene Entwicklungsfaktoren wie Lebenserwartung, Bildung etc. berücksichtigt, weist Marokko 2012 auf Platz 130 von 187 Ländern aus.

Das jährliche (statistische, undifferenzierte und wenig aussagekräftige) **Pro-Kopf-Einkommen** in Marokko lag 2013 bei 5500 US-$. Auch wenn seit 1996 gesetzliche **Mindestlöhne** (SMIG = *Salaire Minimum interprofessionell garanti,* 12,85 DH/Std.) gelten, wird die Entlohnung vor allem in den Städten kaum den Lebenshaltungskosten gerecht bzw. der Mindestlohn oft auch nicht eingehalten. Ein Industriearbeiter verdient etwa 3000 DH im Monat, ein Diplomingenieur oder Arzt 12.000 bis 20.000 DH, ein Uni-Professor max. 35.000 DH. Häufig wird in Form von Bestechungsgeldern ein Zubrot verdient.

Seit 2004 der **Code du Travail** verabschiedet wurde, gilt in Marokko die **44-Stunden-Woche.** Ferner wurden die Regelungen zum Mutterschutz, zu Arbeitsunfällen, Invalidität, Altersrente, Familien und Hinterbliebenen ausgeweitet. Zwangsarbeit und Kinderarbeit unter 15 Jahren sind unter Strafandrohung verboten, kommen aber trotzdem weiter vor.

Es gab außerdem seit 2005 Änderungen bei der **Sozialversicherung,** die den Kreis der Empfänger ausweiten; bisher sind die meisten Marokkaner jedoch nicht sozialversichert. Meist bleiben die eigenen Kinder immer noch die zuverlässigste Krankheits- und Altersvorsorge. Die Sozialversicherungspflicht galt bisher nur bei Beschäftigung länger als acht Monate. Die Folge: Sie wurde häufig umgangen, indem Leute nur für acht Monate eingestellt wurden. Die Angestellten hatten somit keinerlei Versicherung, auch wenn sie faktisch jahrelang für den gleichen Arbeitgeber arbeiteten.

Der überwiegende Teil (39%) der marokkanischen **Erwerbstätigen** arbeitet in Landwirtschaft und Fischerei, 11,5% in der Industrie und 13,2% im Handel. Hierzu zählt auch der informelle Sektor, der typisch für Entwicklungs- und Schwellenländer ist.

Der **Anteil der arbeitenden Frauen** (ab 15 Jahren) betrug 1980 nur 8%, 2012 waren es knapp 25%, mehr als die Hälfte davon in der Landwirtschaft. Erst seit den 1990er Jahren können verheiratete Frauen ohne Erlaubnis ihres Ehemannes einer bezahlten Arbeit nachgehen.

**Prostitution** existiert offiziell nicht. Vielen Frauen in wirtschaftlicher Notlage und Mädchen, die vor der Heirat ihre Jungfräulichkeit eingebüßt haben, bleibt aber kein anderer Ausweg, als ihren Körper zu verkaufen. Auch Männerprostitution (hetero- und homosexuell) ist häufig. Marokko – vor allem Marrakesch – ist in Europa schon lange als Homosexuellen-Treffpunkt bekannt. In Agadir und Umgebung fallen nicht nur Insidern die älteren Damen auf, die in Begleitung junger Marokkaner unterwegs sind. Bei vielen jungen Männern, die sich mit einer Europäerin einlassen, ist das Hauptmotiv sicher die Hoffnung auf ein besseres Leben in Europa. Enttäuschte europäische Frauen berichten immer wieder von marokkanischen Heiratsschwindlern („Bezness“).

**Kinderprostitution,** häufig unter Beteiligung einheimischer Vermittlung, ist leider keine Seltenheit. In den letzten Jahren wird endlich auch von staatlicher Seite strenger durchgegriffen; einige Ausländer wurden wegen Pädophilie verurteilt und inhaftiert. Die gesundheitlichen Folgen der Prostitution – Geschlechtskrankheiten und HIV/AIDS (franz. SIDA)– bleiben sicher nicht aus. Nach offiziellen Schätzungen sind bisher (ähnlich wie in Deutschland) 0,1% der Bevölkerung mit dem HI-Virus infiziert.

## Schulwesen

Zu Beginn der Unabhängigkeit waren 80% aller Marokkaner im schulfähigen Alter Analphabeten. So stand die Regierung vor der gewaltigen Aufgabe, die Kinder in die Schulen zu bekommen. 1959 begann die **Vereinheitlichung des Schulsystems,** das zuvor vorwiegend aus spanischen, französischen, jüdischen und muslimischen Schulen bestand. 1963 wurde die allgemeine Schulpflicht für 7- bis 13-Jährige eingeführt.

1956 besuchten erst 200.000 Kinder die Schule, 1982 betrug die **Einschulungsquote** in den Primärschulen erst 50% (mit einem starken Übergewicht in den städtischen Gebieten). Heute liegt sie bei erfreulichen 96,6% (2013). Jedoch besucht nur noch knapp über die Hälfte der 12- bis 14-Jährigen anschließend eine Sekundarschule. Vor allem in den unzugänglichen Gebieten des Atlasgebirges und unter den Nomaden ist es schwierig, die Kinder zur Schule zu schicken. Aber selbst in den Städten werden vor allem kleine Mädchen als billige Arbeitskräfte benutzt, um zum Familieneinkommen beizutragen.

Die **Analphabetenquote** beträgt immer noch an die 33%, bei den Frauen sogar 58%. Eine Initiative der „Stiftung Mohamed VI.“ des Königs führte Unterricht an Moscheen ein, der vor allem Frauen zugute kommt. Diese Maßnahme verhindert, dass konservative Männer aus meist religiös orientierten Bevölkerungsschichten ihren Frauen den Unterricht außer Haus verbieten.

Das **Schulsystem** ist **nach französischem Vorbild** aufgebaut. Es gibt staatliche und private Schulen. Eine wichtige Rolle spielen nach wie vor die Koranschulen. Neben Primarschulen *(écoles primaires)* und Sekundarschulen *(écoles secondaires)* gibt es technische Schulen *(écoles techniques)*. Die **Regelschulzeit** in staatlichen Schulen beträgt sechs Jahre in der Primarstufe (Abschluss *Certificat Moyen*). Die Sekundarstufe, zu denen die Gymnasien *(lycées)* zählen, beträgt ebenfalls sechs Jahre. Diese zweite Stufe der Ausbildung gibt es nur in den Städten.

**Unterrichtssprache ist meist Arabisch.** Seit der Anerkennung von Tamazight als offizielle Landessprache wird in den Grundschulen auch in Berberisch unterrichtet. Arabisch ist in vielen Gebieten Marokkos für die Schüler eine Fremdsprache.

Mädchen aus Imilchil vom Stamm der Aït Haddidou (aufgenommen vor 50 Jahren)

Unter den Fremdsprachen nimmt **Französisch** eine Vorrangstellung ein. Es gibt viele private französische Schulen, die Schulgeld kosten und auf die vorwiegend Kinder der Ober- und Mittelschicht geschickt werden. So kommt es, dass viele Oberschichtkinder besser französisch als arabisch sprechen.

Nach wie vor sind **gewaltige Anstrengungen nötig,** um das Schulsystem zu verbessern und zu modernisieren. So sind Lehrkräfte weiterhin Mangelware, und schulische Einrichtungen fehlen ebenso. Auch wenn der Schulbesuch kostenlos ist, können sich viele Familien nicht einmal Hefte und Stifte leisten – Betteleien nach einem „stylo" werden so verständlicher. In den letzten Jahren bekam Marokko zum Teil erhebliche Unterstützung aus dem Ausland, um den Bildungssektor zu reformieren.

**Universitäten** befinden sich in den Städten Rabat, Casablanca, Fès, Oujda, Marrakesch, Meknès, Ifrane, Errachidia, El Jadida, Kénitra, Agadir und Tétouan. Jeder sechste Akademiker in Marokko ist arbeitslos, und immer wieder kommt es zu Demonstrationen der arbeitslosen Jungakademiker. Denn bisher gibt es fast nur Stellen beim Staat, und die sind schwer zu bekommen bzw. nur durch Beziehungen.

## Gesundheitswesen

Das marokkanische Gesundheitswesen ist im Vergleich zu anderen afrikanischen Staaten **relativ gut ausgebaut,** zwischen Stadt und Land jedoch sehr unterschiedlich. Ein Arzt kommt in Marokko auf etwa 2000 Einwohner – in

mahb_4kl hhb

052m015 ad

Deutschland steht im Durchschnitt ein Arzt für 270 Einwohner zur Verfügung.

**In den Städten** ist die ärztliche Versorgung gut. Dort lässt sich die Mehrzahl der Ärzte nieder, weil eine bessere Infrastruktur zur Verfügung steht und das Publikum zahlungskräftiger ist.

In den öffentlichen **Krankenhäusern** ist die Versorgung kostenlos, Korruption aber an der Tagesordnung, sodass meist doch nur derjenige behandelt wird, der erfolgreich geschmiert hat. Grundsätzlich sind private Krankenhäuser und Ärzte wesentlich besser ausgestattet als die öffentlichen.

2005 wurde eine **gesetzliche Krankenversicherung** (*Assurance Maladie Obligatoire,* AMO) eingeführt, die den Zugang der Bevölkerung zu medizinischer Versorgung verbessert hat. Es wird jedoch noch lange dauern, bis die Mehrheit über einen Versicherungsschutz verfügt.

Die **ärztliche Versorgung auf dem Lande** wird in erster Linie durch die Gesundheitszentren garantiert. Hier wird kostenlos, freundlich und kompetent eine medizinische Grundversorgung gewährleistet. Zusätzlich wurden fahrbare ambulante Pflegestationen eingerichtet.

Die Versorgung mit **Medikamenten** ist in allen größeren Orten gut, wo oft mehrere Apotheken *(pharmacie)* zur Verfügung stehen. In den entlegenen Gebieten wirken alle möglichen **Wunderheiler,** oft anstelle von Ärzten. Der Glaube an die Wirkung diverser volkstümlicher Heilmittel ist weit verbreitet.

Im Tafilalet tragen die Frauen nach wie vor schwarze Ganzkörperschleier

Als **Hebammen** fungieren meist ältere Frauen und Familienangehörige. Aufgrund der verbesserten ärztlichen Versorgung ging die Säuglingssterblichkeit in den letzten Jahren erheblich zurück.

**Familienplanung** wird seit den 1960er Jahren staatlich gefördert. Im Zusammenspiel vor allem mit der zunehmenden Verstädterung ist das jährliche **Bevölkerungswachstum** von 3% auf ca. 1,2% zurückgegangen: Bekam eine Frau 1962 im Schnitt noch sieben Kinder, sind es heute statistisch nur noch 2,1.

## Ethnische Gruppen

Die einheimische Bevölkerung Marokkos besteht in der Mehrheit aus **Masiren (Berbern)** und **Arabern,** die mit der Ausbreitung des Islam nach Marokko kamen. Marokkanische Araber sind überwiegend Stadtbewohner. Vor allem die gehobenen Schichten von Fès sind arabischer Herkunft. Die Fassis (die Stadtbewohner von Fès) übten zu allen Zeiten einen entscheidenden Einfluss auf das Land und den Handel aus. Die fruchtbarsten Gebiete und die größten Fabriken befinden sich arabischer Hand.

Die **Berber** sind keine homogene Ethnie, sie haben äußerlich wenig gemeinsam und sprechen auch keine einheitliche Sprache. Die Herkunft der Masiren (Selbstbezeichnung der Berber) ist noch nicht eindeutig geklärt, womöglich geht sie auf die Libyer zurück, die bereits in ägyptischen Quellen des alten Reiches (3. Jahrtausend v.Chr.) erwähnt sind und in blonde (Temhu) und dunkle Libyer (Tehennu) unterschieden wurden. Dazu gehören auch die Garamanten, die im Fezzan in Libyen siedelten und mittlerweile als Vorfahren der Tuareg angesehen werden, welche auch zu den Berbervölkern zählen. Die Abstammung z.B. von den blonden Libyern würde auch erklären, warum unter den Berbern so viele blonde und rothaarige Menschen zu finden sind. Man definiert einen Masiren (Amazigh) heute als einen Menschen, der einen Berberdialekt spricht – sei es Tarifit, Tamzight, Tachelheit oder Tamaschek (Sprache der Tuareg). In der marokkanischen Politik sind die Berber nach wie vor nicht gleichgestellt. Der Schulunterricht findet bis jetzt nur in einigen Schulen in den ersten beiden Klassen in Masirisch statt, es gibt nur ein sehr begrenztes Radio- und TV-Programm, und viele masirischen Namen sind in Marokko nach wie vor verboten. Zu beobachten ist aber z.B. im Anti-Atlas, dass mehr und mehr Ortsschilder masirische Namen aufweisen und auch in Tifinagh geschrieben sind.

Aufgrund der starken Vermischung von Arabern mit Berbern und der Arabisierung von Berbern ist eine klare Zuordnung heute schwierig.

Eine weitere Bevölkerungsgruppe rekrutiert sich aus den **Schwarzen (Haratin),** die hauptsächlich als Sklaven ins Land gebracht wurden und sich im Laufe der Zeit mit der einheimischen Bevölkerung vermischten. Viele der ehemaligen Haratin bezeichnen sich stolz als Berber, obwohl ihr schwarzafrikanischer Ursprung unverkennbar ist.

Hinzu kommt eine Minderheit von **Juden** (vor allem in Casablanca) und Nachfahren europäischer Moslems und Juden, die im Zuge ihrer Flucht vor der Reconquista aus Spanien nach Marokko gelangten.

In der **Westsahara** leben nach der letzten Volkszählung **373.000 Einwohner.** Etwa 50.000 sind noch „echte" Sahrawis der Stämme Reguibat, Kunta, Tekna, Beni Hassan, Brakna, Aulad Delim, Aulad Dada u.a. Etwa 2000 sind Nomaden, die wie ihre Nachbarn in den angrenzenden Saharaländern nur von ihrem Vieh leben und in Zelten wohnen, und die je nach Ertrag der Weidegründe weit umherziehen. Es leben jedoch etwa 150.000 Sahrawis in Flüchtlingslagern bei Tindouf in Algerien, wo sie sich eine vorbildlich verwaltete Stadt mit dem Namen Smara aufgebaut haben und weiterhin auf einen eigenen Staat hoffen (siehe Exkurs über die Westsahara).

Grundsätzlich wäre zu sagen, dass es **keinen einheitlichen marokkanischen Typ** in ethnischer und sprachlicher Hinsicht gibt. Das Zusammengehörigkeitsgefühl wurde in erster Linie von der gemeinsamen Geschichte und Religion geprägt, wobei sich der Großteil der Sahrawis nicht Marokko zugehörig fühlt.

## Ehe und Familie

Die wichtigste soziale Einrichtung ist nach wie vor die Familie. Im Gegensatz zu europäischen Verhältnissen lebt die Mehrzahl der Bevölkerung im Verbund der **Großfamilie,** wobei in den Großstädten die Tendenz zur Kleinfamilie (Eltern und Kinder) zunimmt.

Die **Ehe** kommt nach marokkanischem Recht mit einem Vertrag zustande, durch den sich Mann und Frau zum gemeinsamen und dauerhaften ehelichen Leben verpflichten. Die für die Eheschließung erforderlichen Erklärungen werden vor zwei Adoulen (Notar) in Anwesenheit beider Ehepartner abgegeben. Bei dem Adoulen wird auch der Ehevertrag hinterlegt, der u.a. die Höhe des Brautpreises und Einzelheiten im Falle einer Scheidung (etwa die Verteilung des in der Ehe erworbenen Vermögens) festlegt.

Nach dem Islam kann der Mann vier Frauen heiraten, vorausgesetzt, er kann alle gleichrangig behandeln und ernähren. Auch wenn in Marokko schon vor der Verabschiedung des neuen Familienrechts im Jahr 2004 nur 2% der Männer eine zweite Ehefrau hatten, wurde die **Mehrehe deutlich erschwert.** Ein Mann kann nach dem Gesetz nur dann eine zweite Ehefrau heiraten, wenn sich die erste laut Ehevertrag damit einverstanden erklärt. Eine Frau kann mit dem Ehevertrag eine Verheiratung des Mannes mit weiteren Frauen auch von vornherein ausschließen.

Die in vielen arabischen Ländern gültige gesetzliche Regelung, dass ein **Vergewaltiger** einer Verurteilung entgeht, wenn er sein Opfer heiratet, wurde in Marokko 2014 nach zahlreichen Demonstrationen abgeschafft. Auslöser war der Selbstmord eines 16-jährigen Mädchens, das nach einer Vergewaltigung zwangsverheiratet wurde.

Die **Ehemündigkeit** tritt bei beiden Geschlechtern mit Vollendung des 18. Lebensjahres ein. Bei einer vorherigen Genehmigung muss ein Vormund *(Wali)* eingesetzt werden. Es ist nicht mehr wie früher nötig, dass die Frau generell durch einen Wali vertreten wird.

Bei der **traditionellen Heirat auf dem Lande** sucht nach wie vor der Vater des Bräutigams die passende Braut für seinen Sohn aus. Die Braut wird in der Regel nach Gesichtspunkten wie Reichtum, Familienverbindungen und Ansehen ausgewählt. Jedoch muss die Frau nun in die Ehe einwilligen.

Im modernen Leben der **Städte, aber auch zunehmend auf dem Land,** nimmt der europäische Einfluss stark zu, und das traditionelle Wertdenken wird oft als rückständig angesehen. Hier gehört die **Liebesheirat** mittlerweile zum Alltag, auch wenn diese gegenüber den Eltern nicht immer durchsetzbar ist.

Die **Scheidung** war für den Mann nach islamischem Recht einfach, ist aber inzwischen nur mit der Erlaubnis eines marokkanischen Richters möglich, der zudem Versöhnungsversuche unternehmen muss. Rechtliche Scheidungsgründe für die Frau sind z.B. Nichterfüllen der Unterhaltspflicht, Misshandlung oder schwere Krankheiten des Mannes, die der Frau vor der Eheschließung nicht zur Kenntnis gebracht wurden. Auch die Verheiratung mit einer zweiten Frau trotz Widerspruchs der ersten Frau im Ehevertrag ist ein Scheidungsgrund.

Gesetze sollen die Frau davor bewahren, nach einer Trennung in Armut zu verfallen. Meist wird der Brautpreis, den der Mann zur Hochzeit entrichten musste, von der Familie der Frau zur Hälfte eingefordert (für den Verlust der Arbeitskraft bzw. falls die Frau nach einer Scheidung wiederaufgenommen werden muss), die zweite Hälfte bekommt die Frau, ebenso den oft teuren Brautschmuck. Nach den Ehegesetzen hat der Mann der Frau bei Verstoßung ein **Schmerzensgeld** zu zahlen, das seinen Mitteln und den Verhältnissen der Frau entspricht. Da nach islamischem Recht **Gütertrennung** gilt, kann die Frau ein vor/in der Ehe erworbenes Vermögen selbst verwalten und darüber verfügen.

**Theorie und Praxis** gehen hier aber oft weit auseinander: Wenn der Mann nicht zahlen kann oder die Morgengabe bei armen Familien ohnehin sehr gering war und die Familie der Frau sie nicht mehr aufnehmen will bzw. kann, dann bleibt nur noch der Weg in die Armut, der oft in der Prostitution endet. Natürlich gibt es auch Frauen, die in gute Verhältnisse einheiraten und dank Ausgleichszahlung, Morgengabe und Unterhaltszahlungen für die Kinder nach der Scheidung wesentlich besser dastehen als der Ehemann.

Die Zahl der Scheidungen ist ziemlich hoch, vor allem bei einigen Berberstämmen, z.B. den Aït Haddidou, wo die Scheidung geradezu im Interesse der Frau liegt, da diese danach das Recht hat, sich den Mann selbst zu suchen …

Gerade auf dem Land oder bei den Islamisten stößt das „moderne" **Ehegesetz** auf Widerstand, denn nach der Sharia wird eine Frau ehemündig, wenn sie die Geschlechtsreife erlangt. Außerdem ist durch die Anhebung des Heiratsalters die junge Frau für die Familie ein unnötiger Esser mehr. Die neuen Scheidungsrechte sind zudem für viele Männer unannehmbar. So ist die Zahl der Eheschließungen seit der Einführung der neuen Gesetze deutlich zurückgegangen.

Im Leben des männlichen Marokkaners ist die **Beschneidung** ein wichtiges Ereignis, meist im Alter von etwa fünf Jahren durchgeführt. Das für den Buben schmerzhafte und für die Familie ehrenvolle Ereignis wird mit dem ersten Moscheebesuch des Jungen und einem großen Fest (meist auch mit Hupkonzert und einer Prozession auf den Straßen) begangen. Die Beschneidung bei Frauen wird in Marokko nicht praktiziert.

# Die Situation der Frau in Marokko

von *Muriel Brunswig-Ibrahim*

Ein Mann kam zum Gesandten Gottes und fragte ihn: Wer von den Menschen hat das größte Recht auf meine Liebenswürdigkeit und mein Wohlwollen? Der Prophet erwiderte: Deine Mutter! Und als nächstes? Deine Mutter! Und als nächstes? Deine Mutter! Und als nächstes? Dein Vater!
(*Sahih al-Bukhari:* Nachrichten von Taten und Aussprüchen des Propheten Mohamed)

Seit Beginn der Islamisierung gab es immer Frauen, die aktiv in der Politik waren. Frauen wie *Aischa,* die Lieblingsfrau des Propheten Mohamed, Sultaninnen und Königinnen in Kairo, Sanaa oder Granada bis hin zu modernen Staatschefinnen, wie *Benazir Bhutto* oder *Tansu Giller,* haben bewiesen, dass auch sie innerhalb einer islamischen Gesellschaft Möglichkeiten haben, politisch zu agieren, ja sogar zu herrschen. Auch in Marokko haben **Frauen in der Geschichte** mitgewirkt: *Fatima al-Fihiria* zum Beispiel, die Erbauerin der Kairawiyin-Moschee in Fès, oder ihre Schwester *Mariam,* auf die die al-Andalus-Moschee zurückgeht, spielten zu ihrer Zeit eine wichtige politische Rolle. Aber auch *Khnata bint Bekkar,* eine der Witwen des verstorbenen *Moulay Ismail,* herrschte ein Vierteljahrhundert lang, um das Reich vor dem drohenden Chaos zu bewahren. Und auch *Lalla Fatima,* eine Frau aus dem Rifgebirge, spielte in der nationalen Geschichte Marokkos eine wichtige Rolle, als sie sich gegen die Kolonialherrschaft und auf die Seite *Abdelkrims* stellte.

Sie alle waren gläubige Musliminnen, die ihre religiöse Aufgabe in ihrer politischen Tätigkeit sahen. Darauf bauen auch **moderne gläubige Feministinnen:** Die Erkenntnis, dass sich Unterdrückung und Ausschluss der Frauen aus dem öffentlichen Leben nicht durch den Islam rechtfertigen lassen, ist ein wesentlicher Bestandteil ihrer Argumentation. Es ist ihnen wichtig zu zeigen, dass (entgegen der Meinung vieler sogenannter Fundamentalisten) **Islam und Frauenrechte keinen Widerspruch** darstellen. Mit dem Verweis auf die islamische und marokkanische Geschichte, in der Frauen und Männer zumindest zeitweise gleichberechtigt waren und Politik keine ausschließlich männliche Angelegenheit war, entkräften sie eines der Hauptargumente ihrer Gegner, nämlich, dass die Emanzipation der Frauen eine „Verwestlichung" der islamischen Gesellschaft bedeute. Wichtig ist außerdem zu sehen, dass der Koran durchaus feministisch interpretierbar ist und es auch einige Völker gibt, bei denen der Islam und ein hohes gesellschaftliches Ansehen der Frau miteinander harmonieren, z.B. bei den Minangkabau in Indonesien oder den Tuareg in der Sahara.

Aber so schön der Koran auch ausgelegt werden kann, die **Realität** in Marokko sieht für Frauen heute meist anders aus. Dabei geht es weniger um die Frauen, die glücklich in ihrer Rolle als Mutter aufgehen, die sich hinter einem Schleier geborgen und geschützt fühlen und die uns Europäerinnen ob unserer mangelnden Sicherheit im Leben bemitleiden, sondern vielmehr um eine große Anzahl von Frauen, die sich mehr und mehr von der Gesellschaft, in der sie leben, verraten fühlen.

Gerade in Marokko ist die Position der Frau noch immer nicht gleichberechtigt mit der des Mannes, obgleich laut Verfassung alle Bewohner Marokkos als gleichberechtigt gelten und ein 2004 in Kraft getretenes Gesetz der Frau die völlige **Gleichberechtigung** bescheinigt. Während die marokkanischen Frauen per Gesetz schon lange dieselben politischen Rechte wie Männer hatten, sah es im **Familienrecht** ganz anders aus – bis im Jahr 2003 Revolutionäres passierte. „Wie kann man auf Fortschritt und Wohlstand hoffen, wenn die Interessen der Frauen missachtet werden?" Die Rede, die König *Mohamed VI.* am 10. Oktober 2003 im Parlament hielt und die wenige Monate später die Änderung des Familienrechts nach sich zog, rief ein wahres Erdbeben hervor.

Damit wurde in Marokko als erstem islamischen Land die vollkommene Gleichberechtigung der Frau im Gesetz verankert. Die alten, frauenfeindlichen Gesetze wurden aufgehoben. War es bis dahin den Männern erlaubt, ihre Gattinnen zu verstoßen oder gegen ihren Willen eine zweite, dritte und vierte Frau zu ehelichen, ist dies nun nahezu unmöglich. Die Frauen sind nicht mehr verpflichtet, ihren Ehemännern zu gehorchen. Neu ist auch, dass Marokkanerinnen selbst bestimmen dürfen, wen sie heiraten; sie brauchen keinen Vormund mehr. Außerdem wurde das Mindestalter für die Ehe von 16 auf 18 Jahre hinaufgesetzt.

Lange Zeit hatte der König versucht, dieses Gesetz in Marokko zu verabschieden und war immer wieder am energischen Widerspruch der Parlamentarier und am Vorwurf, **unislamisch** zu handeln, gescheitert. Der parlamentarische Protest ließ den König vergleichsweise kalt, doch der Vorwurf, sich gegen den Islam zu stellen, war natürlich ein ernsthaftes Hindernis. Also erarbeitete Mohamed VI. mit Hilfe islamischer Gelehrter einen Gesetzestext, der in allen Punkten mit dem Koran übereinstimmt. Damit nahm er den islamischen Gegnern der Gleichberechtigung der Frau den Wind aus den Segeln, indem er sie mit ihren eigenen Waffen schlug!

Doch natürlich reicht ein Gesetz allein nicht aus, um tief verwurzelte Strukturen und Denkweisen zu ändern, die in **Marokko traditionell patriarchalisch-chauvinistisch** geprägt sind. Bis das Gesetz in den Köpfen der (männlichen) Marokkaner angekommen sein wird, wird wohl noch einige Zeit vergehen. So kommt es zum Beispiel immer noch, vor allem in ländlichen Gebieten, zu unnötigen Todesfällen bei Frauen, da ihnen nicht gestattet wurde, sich von einem männlichen Arzt untersuchen zu lassen.

Auch wenn dem Analphabetismus verstärkt der Kampf angesagt wurde, so ist die Anzahl der Frauen auf dem Land, die weder schreiben noch lesen können, erschreckend hoch (sie liegt bei ca. 60%!).

Hinzu kommt die **Mehrfachbelastung für arbeitende Frauen,** sei es in einer Fabrik oder auf dem Feld. Auch wenn Frauen mehr und mehr in Berufe vorpreschen, die in Marokko noch immer als ausgesprochene Männerberufe gelten, das heißt, in alle Akademikerjobs, bedeutet das dennoch nicht, dass sie nach ihrer beruflichen Tätigkeit nicht mehr ihren Mann, Kinder und Haushalt versorgen müssten. Männer helfen dabei nur in Ausnahmefällen – dann nämlich, wenn die Frau vor Erschöpfung krank geworden ist.

Die meisten marokkanischen **Frauen** sind so **in Traditionen verwurzelt,** dass sie häufig gar nicht merken, wie diese Tradition ihnen Freiheiten vorenthält, die sich keine Europäerin nehmen lassen würde. Nur langsam, und vor allem in der städtischen, intellektuellen Oberschicht, bildet sich unter den Frauen das Bewusstsein aus, dass sie nun weit mehr Rechte haben als bisher. Aber auch Frauen aus den unteren sozialen Schichten fangen ganz langsam an zu begreifen, dass sie sich gegen das Unrecht wehren können, dass sie immer wieder erfahren haben. Während die Damen der oberen Schichten für bessere Positionen kämpfen und ihr neues Recht auf Scheidung nutzen, wehren sich Marokkanerinnen aus ärmeren Verhältnissen vor allem gegen die Polygamie.

Auch wenn Frauen nach dem neuen Gesetz nun gleichberechtigt sind, so gibt es doch einige Punkte, in denen die Tradition sie nach wie vor benachteiligt. Dazu gehört der Wert, der der **Jungfräulichkeit** der Frau beigemessen wird. Kein Gesetz schreibt vor, dass eine Frau als Jungfrau in die Ehe gehen muss, und doch ist dies eines der bedeutendsten (wenn auch ungeschriebenen) Gesetze Marokkos, das dazu führt, dass Frauen weniger Rechte haben als Männer. Die Grundlage dafür ist, dass die Jungfernschaft einer Frau äußerst bedeutsam für die **Ehre der Familie** ist. Und das beschränkt sich keinesfalls nur auf konservative Familien. Es kommt in der Tat häufig vor, dass ein Mann seine Freundin verlässt, nachdem er sie entjungfert hat, allein aus dem Grund, weil sie nun in ihrer Hochzeitsnacht nicht mehr Jungfrau ist. Auch kommt es immer wieder vor, dass Frauen gezwungen werden ihren Vergewaltiger zu heiraten, damit ihre Ehre erhalten bleibt. So bizarr uns dieses Verhalten vorkommen mag: Es ist durchaus üblich. Den Frauen wird von klein auf eingetrichtert, „rein" zu bleiben, sich für den Mann ihres Lebens „aufzuheben". Sie haben diese „Weisheit" so sehr verinnerlicht, dass sie sich um ihr Jungfernhäutchen (arab. *bakara*) mehr sorgen als um alles andere auf der Welt. Verlieren sie es, auch wenn dies vollkommen unschuldig geschieht, wie z. B. durch eine Vergewaltigung, so kann es passieren, dass sie aus der Familie verstoßen werden. Da viele Frauen nie gelernt haben, ihren Lebensunterhalt allein zu bestreiten, hat das wiederum katastrophale Folgen für sie.

Eine ganz andere Sache ist die mit dem **Schleier.** Dieses ehemalige Statussymbol der muslimischen Frauen ist für europäische Betrachterinnen in der Regel ein deutliches Zeichen für die Unterdrückung der Musliminnen. Diese sehen das allerdings meist ganz anders. Der Schleier an sich bedeutet keine Unterdrückung. Ganz im Gegenteil ist er ein Zeichen der Gleichheit unter den Menschen. In vorislamischer Zeit war der Schleier allein adeligen Frauen vorbehalten. Laut dem Islam aber gibt es vor Gott keine Unterschiede unter den Menschen. Aus diesem Grund gestattete der Prophet allen Frauen, dieses Statussymbol zu tragen.

Im Koran selbst gibt es keinen konkreten Hinweis darauf, dass der Kopf verschleiert werden soll. Wohl steht da, man sollte sich verhüllen, aber das ist, wie alles, weit interpretierbar. Ein Kopftuch symbolisiert für die meisten Frauen häufig nicht viel mehr als ihre Zugehörigkeit zu der Gemeinschaft der Gläubigen. Viele marokkanische Migrantinnen in Europa kehren so auch wieder zu ihrer Schleiertradition zurück, um damit ihr **Zugehörigkeitsgefühl** zu der eigenen Kultur zu demonstrieren.

Diese Aspekte sprechen wenig für eine „Unterdrückung durch den Schleier". Häufig tragen Frauen ihn jedoch deswegen, weil sie sich darin aufgehoben, geschützt und geachtet fühlen; dann aber ist es nicht das Kopftuch, das die Muslima unterdrückt. Vielmehr lässt der Grund, weswegen sie es tragen möchten, Rückschlüsse auf ihr Ansehen in der Gesellschaft bzw. diese als solche zu. Wenn sich die Frau dahinter geborgen fühlt, weil sie sonst von den marokkanischen Männern als reines Sexualobjekt betrachtet wird (und leider entspricht das nur allzu häufig der Wahrheit), wirft das ein trauriges Bild auf die Männer im Land.

Aber der Schleier ist auch ein **politisches Symbol.** Viele Frauen bringen damit ihren Unwillen gegen eine „Verwestlichung" ihrer Gesellschaft zum Ausdruck oder ihren Wunsch nach einem Staat, in dem die Religion mehr in den Vordergrund rückt.

*Lalla Salma,* die junge Frau von König Mohamed VI., verkörpert den gegenwärtigen Trend in Marokko: Sie trägt sogar zu offiziellen Anlässen ihre Haare offen und ermuntert somit die Frauen des Landes, es ihr gleich zu tun.

**Buchtipp: KulturSchock Marokko,** *Muriel Brunswig-Ibrahim,* Reise Know-How Verlag

Der **Tod** ist im Leben eines gläubigen Moslems **kein trauriges Ereignis,** da der Tote zu Allah zurückkehrt. Die Toten werden schnell mit dem Kopf gen Mekka beerdigt. Ein Totenmahl findet wie bei uns bei der Familie des Toten statt. Männer und Frauen besuchen getrennt den Friedhof, die Witwen tragen als Zeichen der Verbundenheit oder auch als Trauerkleidung vier Monate lang ein Kleidungsstück des Mannes und dürfen in dieser Zeit nicht wieder heiraten.

## Dorf und Stamm

Bei den Amazigh (Berbern), die noch in festen Stammeseinheiten leben, sind die Sippen und Großfamilien nach wie vor die **grundlegende Sozialeinheit.** Die Leitung der Sippe obliegt dem ältesten Mann; im Besitz der Sippe befinden sich Grund und Vieh. Viele der Sippen besitzen einen gemeinsamen Speicher, einen Agadir. Er wurde früher auch als Fluchtburg der Familie benutzt. Mehrere verwandte Sippen bewohnen ein Ksar, eine befestigtes Dorf, das aus vielen von Familien bewohnten Kasbahs (oder masirisch Igherm) besteht, oder ein Duar, eine Siedlung aus Zelten (jetzt auch festes Dorf).

Die Männer der verwandten Sippen bilden die **Jemâa** (Ratsversammlung). Diese wählt den Vorsitzenden, den „Muqadam“ oder „Amghar“. Durch Verwandtschaft verbundene Dörfer bilden eine **Stammesfraktion,** „Taqbilt“ oder „Fechda“ genannt. Sie besitzt oft einen gemeinsamen Wochenmarkt und zählt meist zwischen 5000 und 10.000 Mitgliedern. Der **Stamm** oder **Qibla** besteht aus mehreren Stammesfraktionen. Diese spielen im normalen Leben keine entscheidende Rolle, lediglich in Notzeiten oder im Kriegsfall.

Der **Ursprung des Stammes** geht auf einen gemeinsamen Urahn zurück. Dem Namen des Stammes wird „Aït“ (berberisch) oder „Aulad“ bzw. „Beni“ (arabisch) vorangestellt, was so viel wie „Söhne von …“ bedeutet.

Stammesbündnisse von kurzer Dauer wurden gelegentlich bei Eroberungszügen in der Vergangenheit geschlossen. Heute gibt es ungefähr **300 Berberstämme** in Marokko.

Die Stammesfraktionen halten ebenso ihre Jemaas ab wie die Dörfer. Allerdings wurde der gewählte Vorsitzende oft durch den **Führer der Stammesfraktion,** den „Schaykh“ oder **„Qaid“** ersetzt. Die **Ämter** waren innerhalb der Familien **erblich.** Jetzt werden die Qaids jedoch von der Regierung gestellt. In den Versammlungen verfügen nur die Männer über ein Stimmrecht.

Führer in der Kasbah Telouèt

053m015 ad

# Religion

**Rund 98% der marokkanischen Bevölkerung bekennen sich zum Islam.** Er ist **Staatsreligion** und gleichzeitig einigende Klammer aller Volksgruppen. Der König ist das geistliche Oberhaupt. Die Marokkaner gehören der **sunnitischen Richtung** des Islam an. Der Islam durchdringt derart den Alltag, dass ohne seine Kenntnis das Verhalten der Menschen oft nicht verständlich wirkt. Bislang wird der Islam in Europa meist nur negativ rezipiert, oft stehen einer angemessenen und vorurteilsfreien Beurteilung „kulturelle Imperative“ der Aufklärung und des christlichen Glaubens im Weg.

Das heilige Buch des Islam ist der **Koran.** Als schriftliche Fixierung der Äußerungen des Propheten Mohamed zu seinen Lebzeiten, gibt der Koran dem Anhänger des Islam die Gewissheit, dass es sich um das **Wort Gottes** handelt, d.h. nicht nur um bloße Glaubensformeln, sondern um ein moralisch und gesellschaftlich bindendes Gesetz. Die gesamte islamische Rechtsprechung beruht daher auf dem Koran. Wo keine Aussagen zu finden sind, wird er von der **Sunna** ergänzt, dem vom Propheten vorgelebten Beispiel, das selbst alltäglichen Tätigkeiten wie zum Beispiel dem Essen und Waschen die Form gibt.

▷ Typische maurische Architektur in der Kasbah von Telouèt

## Die fünf Säulen des Islam

### Das Glaubensbekenntnis (Sahada)

Der wichtigste Satz des Glaubensbekenntnisses lautet: **„Es gibt keinen Gott außer Allah, und Mohamed ist sein Prophet.“** Dieser Satz wird bei zahlreichen Gelegenheiten ausgesprochen, er dient auch als Formel beim Übertritt zum Islam.

### Das Gebet (Salat)

Der Gläubige muss sich **fünfmal am Tag gen Mekka** wenden und knieend beten: bei Sonnenaufgang, mittags, nachmittags, bei Sonnenuntergang und nachts. Vor dem Gebet wäscht sich der Moslem nach genauer Vorschrift und verrichtet sein Gebet nicht auf blanker Erde (sondern auf Gebetsteppichen, Decken oder ähnlichem) und ohne Schuhe.

### Das Fasten (Ramadan)

Der **neunte Monat im islamischen Kalender** ist der Fastenmonat Ramadan. Während dieser Zeit darf der Gläubige zwischen Sonnenaufgang und -untergang weder essen noch trinken, nicht rauchen oder sich weltlichen Vergnügungen (das schließt Sex ein) hingeben. Reisende und Kranke, Schwangere und Kinder bis zu 12 Jahren sind von den Vorschriften ausgenommen, Erstere müssen das Fasten aber nachholen. Die Nichteinhaltung des Fastens wird bestraft. Der Ramadan dauert 29 Tage, sein Ende wird mit dem Aid al-Fitr festlich begangen. Der erste Tag des Ramadan wird erst unmittelbar vorher über die Medien bekannt gegeben, da er sich nach dem Neumond richtet.

**Im Ramadan** ertönt zum Sonnenuntergang ein Sirenensignal oder der Ruf des Neffar *(Muezzin)* von der nächstgelegenen Moschee – ab diesem Zeitpunkt darf gegessen werden. Die erste Mahlzeit *(Ftur)* ist in der Regel die Harira, eine nahrhafte Gemüsesuppe. Ihr folgt zwei bis drei Stunden später das Hauptgericht und vor Sonnenaufgang ein Frühstück *(Shour)* zwischen 3 und 4 Uhr morgens. Hierzu wird man entweder wieder vom Ausrufer der Moschee oder von einer Sirene geweckt. Es werden alle drei Mahlzeiten nachts eingenommen. Gefastet wird also eigentlich nicht. Im Gegenteil: Meist fällt das Essen üppiger und festlicher aus als sonst, Gesangs- und Tanzveranstaltungen zwischen den Mahlzeiten sind in den Lokalen üblich. In der Stadt wird zwischen den Mahlzeiten promeniert, oder man hält sich im Café auf. Im Ramadan geht es abends wesentlich lebhafter auf den Straßen zu, oft bis weit nach Mitternacht, während sonst ab 22 Uhr nicht mehr viel los ist. Auf dem Lande wird der Ramadan eher im Kreise der Familie zugebracht.

Der Ramadan, vergleichbar mit unserer Adventszeit, soll ein **Monat der Besinnung,** der Freude, Kraft und Güte, der inneren Einkehr sein – aber er ist auch ein Monat der Gelüste, Düfte und Gerüche, ebenso ein Monat der Gebete, der Selbstverleugnung, der Sammlung, Unterwerfung, Mildtätigkeit und ein Monat der Gefühle, Solidarität und Brüderlichkeit unter den Gläubigen.

055m015 ad

Auswirkungen für **Reisen im Ramadan:** Die Arbeitsleistung der Marokkaner ist während des Tages selbstverständlich auf ein Minimum reduziert, sodass das Hotelpersonal oder Taxifahrer bisweilen sehr lustlos sind. Körperliche Arbeit wird wenn möglich – vor allem bei großer Hitze – vermieden, sodass es zu dieser Zeit z.B. schwierig sein kann, Bergführer oder Mulitreiber für ein paar Wandertage zu engagieren. Viele Cafés und Restaurants auf dem Land haben tagsüber geschlossen, und einige Läden öffnen erst nachmittags. Während des dreitägigen Festes Aid Fitr zum Ende des Ramadan steht das öffentliche Leben fast still: Ämter und Banken sind geschlossen, es fahren kaum öffentliche Verkehrsmittel. Ansonsten ist es ein besonderes Erlebnis, den Ramadan mitzuerleben und das köstliche, klebrige Ramadangebäck zu probieren.

Ramadan-Termine für die nächsten Jahre siehe „Reisetipps A–Z/Feiertage".

## Die Barmherzigkeit (Sakat)

Armen etwas von seinem Verdienst zu geben, ist eine wichtige Pflicht für den Moslem. **Almosen** sind selbstverständlich, früher wurde eine Armensteuer erhoben, die sich auf 10% der Ernte und des Herdenzuwachses und 25% vom zehnten Teil der Geldeinnahmen belief. Inzwischen sind die Almosen an die Armen aber wieder freiwillig.

Aus der Verpflichtung, Almosen zu geben, wird das Betteln bzw. die Anspruchshaltung der Armen gegenüber den Reichen (in diesem Fall auch gegenüber den Touristen) wohl verständlicher.

## Die Pilgerfahrt (Hadj)

Im letzten Monat des Jahres begibt sich der Moslem auf Wallfahrt zu den Pilgerstätten. Einmal in seinem Leben soll er dabei **Mekka** besucht haben; er darf dann den Titel „al-Hadj" führen. Die Qaaba in Mekka verehren die Moslems als ein von Abraham *(Ibrahim)* und *Ismail* erbautes Heiligtum. Ihr Besuch ist eine Wiederbegegnung mit der ursprünglichen, monotheistischen Überlieferung, welche auf Abraham zurückgeht und als deren Erneuerung sich der Islam betrachtet.

In Marokko und auch anderen Ländern wird es zunehmend Sitte, während des Wallfahrtsmonats zu den Gräbern der Landesheiligen zu pilgern, in Marokko z.B. zum Grab des Staatsgründers *Moulay Idris.* Wer es sich allerdings leisten kann, zieht natürlich den Besuch Mekkas vor – der „Titel" *al-Hadj* ist nach wie vor die größte Ehre.

## Weitere wichtige Regeln

Zahlreiche Regeln **bestimmen das Leben des Gläubigen.** So darf der Moslem keinen Alkohol trinken, er soll nur Fleisch von geschächteten Tieren essen, also von gänzlich ausgebluteten Tieren, denen die Kehle durchschnitten wurde, er soll kein Blut trinken oder mit Blut verarbeitete Speisen essen. Auch die Frau in der Menstruation gilt als unrein und muss während dieser Zeit zahlreiche Vorschriften einhalten.

Das ganze Leben des Moslems ist durch den Koran und die Sunna geregelt. Für alle denkbaren und undenkbaren Lebensvorgänge gibt es einen Verhaltenskatalog. Dazu gehören auch die zahlreichen Hygienevorschriften, die u.a. die **täglichen Waschungen** vor dem Gebet, die teilweise rituellen Charakter erhalten haben, vorschreiben.

Gebetsräume der **Moscheen** dürfen in Marokko von Ungläubigen nicht betreten werden. Touristen sollten auch beim Fotografieren Zurückhaltung üben.

## Mystik und Bruderschaften

Es gibt im Islam keine übergeordnete Einrichtung, die unserer Kirche vergleichbar wäre, also auch **kein Priestertum.** Als Verbreiter der Glaubensgesetze gelten die Gelehrten, die meist Rechtsgelehrte sind. Man verlangt von einem Moslem zwar, dass er die Glaubensvorschriften befolgt, sein inneres Glaubensleben aber geht nur ihn allein etwas an. Da jedoch der Koran immer wieder die geistige Vertiefung in den Glauben empfiehlt, sind Lehrer und Meister hervorgetreten, welche die **Besinnung auf den innersten Gehalt der Religion** lehren. Aus dieser Besinnung hat sich die islamische Mystik herausgebildet, deren Vertreter die **Sufis** sind. Die Mystik selbst wird als „Tasawuf" bezeichnet. Etwa seit dem 13. Jahrhundert formierten sich die Überlieferer der Mystik zu Orden oder Bruderschaften (Zaouia), unseren Klöstern vergleichbar, welche **großen Einfluss** auf das Volk haben. Aus solch einem Orden ging zum Beispiel auch das Herrschergeschlecht der Almorawiden hervor. Diese **Zaouias** wurden von *Marabuts* (Weise/Gelehrte) gegründet, die als „Heilige" verehrt werden (obwohl es laut strengem wahabitischen Islam keine Heiligen gibt), deshalb ist der Zaouia das Grab des Marabut angeschlossen. Zu einer Zaouia gehören meist auch Unterkünfte für die Schüler, ähnlich einem Kloster oder Internat. Neue Schulen werden vom Religionsministerium gefördert, sind aber mehr einer Koranschule als einer Schule in unserem Sinne gleichzusetzen.

## Der Heiligenglaube

Im Zusammenhang mit islamischer Mystik und den Glaubensvorstellungen der Berber entwickelte sich in Marokko ein besonderer Heiligenglaube, der allerdings von strenggläubigen Moslems nicht als reiner islamischer Glaube anerkannt wird.

Die Heiligen verfügen über **„Baraka"** (Segen), eine göttliche Kraft. Sie wird lebenden und verstorbenen Personen zugeschrieben. Diese Heiligen werden auf Arabisch **Marabuts** (franz. *Marabout*) und auf Berberisch *Igourramen* genannt. Die berühmtesten islamischen Heiligen waren Begründer von „geistigen Schulen". Sie haben meist **sittliche Vorschriften und Anweisungen** zu einem Leben in Besinnung und geistiger Versenkung hinterlassen, die von Schülern weitergegeben wurden und denen durch das Beispiel des Heiligen eine rettende und verwandelnde Wirkung beigemessen wurde. Den Heiligen werden oft Wundertaten zugeschrieben. Wunderheiler werden auch *Fkih* oder *Fakih* genannt.

Plätze, an denen Heilige gewohnt oder sich auch nur zur Rast niedergelassen haben, werden besonders verehrt, ebenso die **Grabstätten der Marabuts,** die man im ganzen Land findet. Das Baraka soll an diesen Plätzen auf die Gläubigen übergehen, deshalb sind diese Stätten Pilgerziele: Frauen erbitten sich Fruchtbarkeit oder Bauern einen reichen Erntesegen. Viele Feste (**Moussems** bzw. *Mausims*) finden jedes Jahr an den zahlreichen Marabuts zu Ehren der Dorfheiligen statt.

Die Kraft des Baraka kann aber auch in Dingen wohnen: Baraka besitzt das Korn, das im Kreislauf der Natur immer wieder neues Leben hervorbringt, oder das **Henna** (Henna, die rötlich-braune Farbe), eine Gabe Gottes und des Propheten Mohamed. Daher rührt auch die Sitte, sich Haare, Nägel und Hände mit Henna zu färben. Dieser Baraka-Glaube spielt vor allem bei den Atlas-Berbern eine erhebliche Rolle. Der Heiligenglaube ist aber in ganz Marokko verbreitet, und die Baraka-Wirkung wird vielen Personen, die sich durch Glaubenstaten hervorgetan haben, zugeschrieben, so auch Mohamed. Dieser vererbte sie auf seine Tochter Fatima. Und da das Herrschergeschlecht der Alawiten auf Mohamed zurückgeht, verfügt auch der König über das Baraka.

Weit verbreitet ist der Glaube an die **Djinnen,** die guten und bösen Geister. Man schützt sich mit Salz, Metallen (Silber bringt Glück, Eisen und Gold Unglück, allerdings nur bei den Berbern, nicht bei den Arabern) oder Schießpulver oder besänftigt sie mit Opfergaben.

Vielerorts anzufinden ist auch der **Glaube an den Bösen Blick.** Hier helfen Amulette oder die „Hand der Fatima", ein Talisman in der Form einer Hand. Es mehren sich freilich die Stimmen, die in der Heiligenverehrung eine Bedrohung des Monotheismus sehen. Diese Auffassung vertreten vor allem die Wahabiten, deren Glaubensrichtung im 19. Jahrhundert aufkam, und die moderne ägyptische Islamforschung. Für die strenggläubigen Moslems aus dem Osten ist der in Marokko praktizierte Islam nichts anderes als Sektentum.

# Kunst und Kultur

## Vorislamische Kunst

Auf marokkanischem Boden waren es die **Römer** (im damaligen *Mauretania tingitana*), die erste bleibende Kunstwerke hinterließen. Zunächst orientierten sie sich am Stil der Griechen, kauften oft für viel Geld griechische Originale oder ließen Kopien anfertigen. Erst als für römische Bürgerhäuser, Tempel und Gräber der Bedarf an Skulpturen und Steinmetzarbeiten wuchs, entwickelten sich ein eigener Stil und ein lebhaftes Kunstschaffen. Vor allem öffentliche Bauten wurden kostbar geschmückt. Teure Plastiken aus Bronze und Marmor wurden hergestellt, von denen auch in Nordafrika wertvolle Stücke gefunden wurden, z.B. die Bronzefiguren aus Volubilis, Banasa und Thamusida. Besonderer Wert wurde auf die Verschönerung von reichen Privathäusern, Thermen, öffentlichen Gebäuden und Bädern gelegt.

Die Baumeister verwandten große Sorgfalt darauf, die Bauten der Landschaft anzupassen. Tempel und Säulenhallen wurden so angelegt, dass sie den Blick auf Berge und Täler frei ließen. Ein Beispiel für die schöne Lage und prachtvolle Baukunst ist **Volubilis,** die

**bedeutendste Stadt aus römischer Zeit in Marokko.** Sie liegt auf einer Hochebene am Fuß des Zerhoun-Massivs in der Nähe von Fès und Meknès. Das Ruinenfeld erstreckt sich über 40 ha; der Platz war bereits vor den Römern sowohl von Berbern besiedelt als auch von maurischen Königen geschätzt. König *Juba II.* (25 v.Chr. bis 23 n.Chr.) errichtete hier eine seiner Hauptstädte. Sie wurde Residenzstadt der Prokuratoren und mit einer 2350 m langen Mauer und 40 Bastionen gut gegen die aufständischen Berber geschützt.

Das Ruinenfeld von Volubilis wurde früher als Steinbruch genutzt, sodass dadurch viele wertvolle Kunstgegenstände und Bauten zerstört wurden. Erst 1915 begann man dort systematisch mit Ausgrabungen.

Viele **Bronzen, Skulpturen und Stelen** aus den römischen Städten kann man im Archäologischen Museum in Rabat besichtigen. Dort findet man auch Keramiken, Werkzeuge und Kunstgegenstände aus der Punierzeit und der Steinzeit.

## Islamische Kunst

Die islamische Kunst **basiert auf Elementen der römisch-hellenistischen, persisch-sassanidischen und christlichen Kunst.** Aus diesen Bestandteilen formte sich ein eigener Stil, für den sich die Bezeichnung „maurisch“ durchgesetzt hat. Charakteristika sind die Vernachlässigung der Fassaden, die Ausdehnung in die Breite, scheinbare Auflösung der Deckenlasten durch Verjüngung der Säulen und Stalaktitengewölbe sowie Betonung von Details, wobei sich durch die Anwendung der stilisierten Muster trotzdem ein zusammenhängendes harmonisches Gesamtbild ergibt.

Das **dekorative Moment** wurde zum **wichtigsten Bestandteil der islamischen Architektur.** Es verziert Decken, Wände, Bögen und Gewölbe. Die charakteristischen Dekors sind der **Hufeisenbogen und Stalaktitenverzierungen, Arabesken und Ornamente.** Da dem Moslem bildliche Darstellungen verboten sind, wurden diese Dekors immer neu variiert.

Arabesken geometrischer Ornamente wurden kombiniert mit pflanzlichen Formen, wodurch abstrakte Bilder entstanden. Linien, Kurven, Blätter und blütenartige Gebilde ohne Anfang und

Bronzebüste von Juba II.

aga_6-2 dd

Ende fügen sich zu einem kompletten Ganzen. Die **Arabeske** ist eine typische Schöpfung der maurischen Kunst. Sternförmig ineinander geschlungen illustrieren sie die Unendlichkeit des Universums (auch „Spinngewebe Gottes" genannt), oder als Palmetten, ein Rankenwerk aus Blumenformen und Blättern, deren ursprüngliche Gestalt nicht mehr zu erkennen ist, formen sie sich zu Spiralen und Wellen, verzieren hölzerne Fenstergitter, Wände und Fliesen.

Das **Schriftornament** verbindet sich oft mit Arabesken und stellt so ein Rankengebilde aus Schrift und Muster dar. Es dominieren zwei Stilformen, eine in der eckigen Schrift des *Kufi,* die andere in der Kursivschrift des *Nesschi.* Die Schriftornamente werden so weit stilisiert, dass sie oft zum herausragenden Element des Gesamtdekors werden. Den **Inhalt der Ornamente** bilden **Koranverse,** die sich immer auf die Allmacht Allahs beziehen, und der Gruß *Salam,* was so viel wie Frieden bedeutet.

Die wichtigsten Bauwerke der maurischen Kunst entstanden unter der Herrschaft der Araber in Spanien, so z.B. die **Alhambra in Granada.** Von Spanien aus, zumal nach der Vertreibung der Mauren von der Iberischen Halbinsel, verbreitete sich dieser Stil unter den Almoraviden und Almohaden auch in Marokko. Die **Kairaouyine-Moschee in Fès,** ursprünglich nur ein bescheidener Betsaal, wurde unter dem **Almoraviden** *Yussuf Ben Tashfin* in der zweiten Hälfte des 11. Jahrhunderts mit gewaltigem Aufwand ausgebaut. Sie bekam reiche Verzierungen, macht aber wegen ihrer wuchtigen Pfeiler und den nur geringen Höhen der Bögen einen schwerfälligen Eindruck. Unter den Almohaden in der zweiten Hälfte des 12. Jahrhunderts wurde die marokkanische Architektur zu neuen Glanzleistungen geführt. *Abd al Mu'min* (1130–1163) gründete die Moscheen von Tin Mal, Taza und Marrakesch und veranlasste den Bau des Agnaoua-Tors in Marrakesch. Sein Sohn *Abu Yaqub* (1163–1184) gab in Sevilla eine später zerstörte Moschee in Auftrag. Außerdem ließ er die große Moschee von Salé errichten. Sein Enkel *Abu Yussef Yaqub al Mansur* (1184–1199) vollendete in Marrakesch die von seinem Vater begonnene Kasbah und versah sie mit einer riesigen Moschee. In Rabat errichtete er den großen Almohaden-Mauerring mit seinen berühmten Minaretts, die er aber nicht vollenden konnte.

Die **Meriniden** (13. bis Ende des 15. Jahrhunderts) führten die Baukunst der Almohaden fort. So wurde von ihnen neben Fès-al-Bali auch Fès-al-Jedid errichtet, das Arsenal von Salé, die Medersa von Taza und Chellah in Rabat, das zur Königsnekropole (Totenstadt) wurde. Die Kunst der Meriniden war nicht nur dem Krieg und der Religion geweiht, sie diente auch dem persönlichen Vergnügen und der Verschönerung der Städte und Paläste.

Unter den Nachfolgern der Meriniden und Ouassiten, den **Saadiern** bzw. Saaditen (16. bis Mitte des 17. Jahrhunderts), entstanden weniger bedeutende Bauwerke. Eindrucksvollstes Zeugnis sind die Saaditengräber in Marrakesch.

Unter der Aliden- bzw. **Alawitendynastie** (1663 bis heute) verflachte die Kunst gänzlich. Meknès wurde mit riesigen Stadtmauern, Kasernen und Stallungen versehen, berühmtestes Bauwerk dieser Zeit ist das Bab al Mansur in der Stadt.

## Das städtische Haus

Die Städte hatten und haben Bedeutung als zentrale Markt- und Produktionsorte, als religiöse und administrative Zentren. Arabische Städte waren **im Mittelalter** wesentlich besser organisiert als europäische Städte und verfügten über Kanalisation und Wasserleitungen. Auch kulturell waren sie den Städten in Europa überlegen. In den marokkanischen Städten hatte sich eine Schicht aus Großgrundbesitzern, Großkaufleuten, Beamten des Sultans, Besitzern von Teppichmanufakturen, Juwelieren, Professoren etc. herausgebildet, die durchaus mit dem europäischen Großbürgertum im 19. Jahrhundert zu vergleichen ist. Sie ließen sich prunkvolle Häuser bauen, die zum Teil in den Altstädten (vor allem von Fès) noch erhalten sind.

Die Bauweise des städtischen marokkanischen Hauses lässt sich vom alten orientalischen Hofhaus ableiten **(Riad),** das wiederum römische Vorbilder hat. In der Regel handelt es sich um ein zweistöckiges, aus sehr flachen, plattenförmig gebrannten Ziegeln aufgemauertes **Flachdachhaus mit Innenhof (Patio).** Dieser Innenhof ist in der Regel offen, es gibt aber auch Häuser, denen ein Glasdach aufgesetzt wurde. Die schwere hölzerne Haustür befindet sich in der linken Hausecke, von der ein rechtwinkliger Gang in den Innenhof abzweigt, sodass dieser von der Haustüre nicht eingesehen werden kann. Dadurch wurde den Frauen ermöglicht, beim Erscheinen eines Besuchers rechtzeitig den Rückzug antreten. Dieser Innenhof ist mit Mosaikfliesen belegt, in der Mitte befindet sich ein marmorner Brunnen. Um den Innenhof sind symmetrisch die **vier Haupträume** (Empfangszimmer, Schlafraum des Hausherrn, Aufenthaltsraum der Frauen, Familienraum), kleinere Nebenräume und die Küche angeordnet. Vier achteckige, mit Fliesen und Stuck verzierte Säulen tragen die Galerie des überdachten Ganges vor den Räumen. In die vier Haupträume führen geschnitzte Doppelflügeltüren. Lichteinfall erhalten die unteren Räume durch ein ca. 1,50 m hohes und 1 m breites vergittertes Fenster ohne Scheiben, vor dem hölzerne Fensterläden angebracht sind.

**Islamische Häuser** haben im Gegensatz zu den jüdischen Wohnhäusern in der Mellah (Judenstadt) **keine Fenster zur Straßenseite,** sondern lediglich zum Innenhof oder zum Garten hin. Die Fenster zum Innenhof sind holzgeschnitzt mit doppeltem oder einfachem Hufeisenbogen. Die Holzläden und Türen bestehen aus meist farbig gefasstem Zedernholz, tragende Balken aus geschnitztem, dunklem Zedernholz. Die Räume des Obergeschosses entsprechen im Grundriss in der Regel denen des Untergeschosses und werden von den Frauen bewohnt. Geschlafen wird auf Polstern in den Schlafräumen, nach Geschlechtern getrennt. Die nicht verzierten Teile eines Raumes sind gekalkt, das obere Drittel der Wände ist meist durch eine Stuckdekorbordüre verziert, an die eine bemalte Holzkassettendecke anschließt. Die Böden und Wände der Innenhöfe wie auch die Säulen sind mit Mosaikfliesen (Zelliges) in den Farben Schwarz, Weiß, Flaschengrün, Dunkelblau und Ocker belegt. Hier gibt es einige immer wiederkehrende Muster in Pfeilform oder als achteckiger Stern. Die Stuckverzierungen an den oberen Teilen der Wände, aber auch die Holzdecken

sind mit vielfältigen Ornamenten und Arabesken gestaltet.

Zum **Mobiliar** gehören Polster am Boden, die als Rückenstütze (bzw. Kissen) dienen, unter denen häufig auch ein einfaches Holzgestell angebracht ist. Bei vornehmen Familien waren die Stoffpolster aus Brokat, und kunstvoll bestickte Kissen wurden als Rückenpolster verwendet. Im Empfangsraum stehen noch einige wenige kleine Holztische. Der Tee wird auf einem Metalltablett serviert, das auf einem Holzgestell abgestellt wird oder Füße hat. Als zusätzliche Einrichtung gibt es noch gelegentlich hölzerne, verzierte **Wandborde.** Sehr kunstvoll verziert waren auch die hölzernen Brottische, die inzwischen sehr selten geworden sind. Schränke fehlen völlig: Decken sowie Schmuck und Kleider wurden in **Truhen** aufbewahrt, die von der Frau in die Ehe mitgebracht werden. Sie sind aus braun gebeiztem Zedernholz und bemalt.

Die **Lampen** sind aus Messing oder Bronze gegossen, an schweren Ketten aufgehängt und mit typischen marokkanischen Ornamenten durchbrochen.

Derartige Häuser finden sich noch zahlreich **in den Medinas;** sie werden infolge veränderter Gegebenheiten (weniger Frauen, ärmere Familien) meist von mehreren Familien gemeinsam genutzt. In den Volkskundemuseen in Meknès, Tètouan und Fès und im Palais el Bahia in Marrakesch kann man solche Wohnstätten sehr gut besichtigen, da die Museen in ehemaligen Wesirspalästen untergebracht, mit zahlreichen Exponaten aus Bürgerhäusern bestückt und so hervorragende Beispiele gehobener islamischer Wohnkultur und Architektur sind. In den letzten Jahren wurden traditionelle Häuser **(Riad)** als Restaurants, Gästehäuser *(Maison d'Hôtes)* oder als Teppichpaläste verwendet und so vor dem Verfall gerettet, denn kaum jemand kann sich mehr den Unterhalt eines solchen Hauses leisten. In Marrakesch, Fès und Essaouira wurden zahlreiche Riads von Europäern erworben und zu **stilvollen Gästehäusern** umgebaut.

Reiche Familien bauten sich in den 1970er bis 1990er Jahren nach europäischen und maurischen Vorbildern gestaltete und mit allem Komfort ausgestattete **Villen** in den Vororten bzw. Nobelvierteln der großen Städte (z.B. Casablanca-Anfa) und statteten diese teils sehr geschmackvoll, manchmal auch orientalisch überladen, mit westlichem Mobiliar aus. Dieser Trend war auch in Mittelklassefamilien zu beobachten. Da aber inzwischen marokkanische Wohnkultur – modern aufgepeppt – in Europa und Amerika schick geworden ist, besinnen sich Marokkaner der Mittel- und Oberklasse in zunehmende Maße wieder eines gehobenen marokkanischen Lifestyles.

In den großen Städten werden ähnlich wie in Europa zahlreiche **Trabantensiedlungen** angelegt, deren Bauweise nur noch wenig mit islamischer Tradition zu tun hat. Sie weisen, wie auch bei uns üblich, Balkone und Fenster nach außen auf. Nach wie vor sind aber wegen der geringen Regenfälle begehbare Flachdächer, auf denen Wäsche oder Früchte getrocknet werden, vorherrschend.

◁ Kennzeichen islamischer Kunst: Stuckornamente, Zelliges und Kalligrafie

Ein großzügiges Haus kann sich in der Stadt kaum mehr jemand leisten, die **Mieten** für eine Dreizimmerwohnung in einfachen Neubauvierteln sind für viele ebenfalls unerschwinglich und lassen sich nur durch den Verdienst mehrerer Familienangehöriger bezahlen. Da auch der Zuzug vom Land in die Stadt anhält, wachsen in den Vororten der Großstädte, vor allem in Casablanca, die **„Bidonvilles"**, einfache, selbst zusammengezimmerte Häuser aus Ziegelsteinen, Wellblech und Pappe ohne Wasser- und Stromversorgung, durch hohe Mauern den Blicken der vorbeifahrenden Autofahrer auf der Autobahn entzogen.

## Die Baukunst der Berber

So unklar wie die Herkunft des Berbervolkes ist auch die **Entstehung** der berberischen Baukunst. Eine Verwandtschaft zu babylonisch-assyrischen Bauten lässt sich nicht leugnen. Eine große Ähnlichkeit besteht vor allem zu den Wohnburgen im Hadramaut (Jemen).

Die **Ksour** (Sg. *Ksar*), die **befestigten Dörfer der Berber,** sind vom Aufbau her alle gleich. Sie bestehen aus einer Aneinanderreihung mehrerer Wohnstätten in verschiedener Höhe mit konisch zulaufenden Mauern und wenigen Fenstern. Sie sind mit Türmchen und Zinnen versehen, oft mehrere Stockwerke hoch und haben eine hohe Umfassungsmauer. Innerhalb der Ksour befinden sich oft bis zu 100 Feuerstellen, je nach Größe des Familienverbandes. Ein Ksar beherbergt oft einen ganzen Stamm oder eine Sippengemeinschaft. In ihnen herrscht nicht selten ein Leben wie bei uns auf den mittelalterlichen Burgen.

Bei Überfällen bot die **Kasbah** (arab. für Burg, berberisch: **Igherm**) Schutz vor Überfällen feindlicher Stämme.

**Vier Ecktürme** sind charakteristisch für eine Kasbah, aber auch für eine Familienburg **(Tighremt).** In den Ecktürmen führen die Treppen nach oben. Die Tore der Umfassungsmauern eines Ksar oder eines ummauerten Marktplatzes sind ebenfalls von solchen quadratischen Türmen flankiert. Die Tighremts sind vor allem im Süden zu finden und durch ihr wehrhaftes Aussehen und ihre reichhaltigen Verzierungen innerhalb der Ksour besonders dominant. Es gibt zwei Arten von Tighremts: solche mit Innenhof und andere mit Mittelgang, von außen in der Regel nicht zu unterscheiden. Diejenigen mit Innenhof findet man öfter in den Tälern und Ebenen, die andere Form im Gebirge.

Die Tighremts oder Kasbahs sind häufig **fünf bis sechs Stockwerke** hoch. Die Kasbah als Fürstensitz einer Sippe wird von den Nebengebäuden und manchmal mit einer Mauer innerhalb des Gesamtkomplexes umfasst.

Der **Grundriss** der Burg ist bei allen Anlagen mehr oder minder gleich. Das Erdgeschoss besteht gewöhnlich aus mehreren kleinen oder einem großen Raum und wird meist als Stall oder Abstellraum für Arbeitsgerät benutzt. In der Regel besitzt die Burg nur eine Tür, durch die man in einen dieser dunklen Räume gelangt; in einem der Ecktürme führt die Treppe in die weiteren Stockwerke. Das 1. Stockwerk wird in den meisten Fällen noch als Speicher für Getreide und Hülsenfrüchte benutzt. Im 2. Stockwerk befinden sich die Schlafräume und im 3. Stock die Wohnräume. Sie sind mit Teppichen und Polstern ausgelegt. Sessel und Stühle gibt es bei den Berbern nicht.

Die **Fenster sind nicht verglast,** sondern nur mit einem oft schmiedeeisernen Gitter versehen. Die weißen Wände sind hin und wieder mit bunten Ornamenten verziert.

Die **Außenmauern** einer Kasbah oder eines Tighremt sind ebenfalls mit **Ornamenten** geschmückt, die häufig erst in Höhe des Wohntraktes beginnen. Die Ornamente haben magische Bedeutung. Sie verfügen über Baraka, Heil bringenden Segen (siehe „Religion/Der Heiligenglaube"), und sollen vor bösen Geistern schützen. Die Ornamente wurden in ihrer Ausgestaltung geringfügig durch den Islam beeinflusst, beruhen aber meist auf alten Stammestraditionen.

Häuser und Burgen sind **aus Stampflehmerde hergestellt.** Man sticht an dem Platz, an dem das Gebäude entstehen soll, den Lehmboden aus und mischt den Lehm mit Wasser und Maisstroh. Dann wird der Lehmbrei in Holzkästen gefüllt, die die Breite der geplanten Mauern haben, man lässt das Ganze trocknen und zieht dann den Holzkasten ab. Über die fertigen Mauerteile legt man Holzknüppel zur Befestigung, setzt den oben und unten offenen Holzkasten darauf, füllt ihn mit Lehm, lässt die Masse trocknen und löst die Bretter. Nach dem Trocknen zieht man die Balken heraus, sodass in bestimmten Abständen Löcher entstehen, die wie Fenster oder Schießscharten wirken. Bei besonders sorgfältig gebauten Kasbahs werden diese Löcher mit Lehmbrei ausgefüllt. In den oberen Stockwerken führt man manchmal den Bau mit luftgetrockneten Lehmziegeln zu Ende. Durch eine bestimmte Anordnung der Ziegel oder durch Aussparungen kann man nun Muster und Zeichen an der Mauer gestalten. Manche Kasbahs im Hohen Atlas (z.B. im Tessaout-Tal) sind wegen der besseren Haltbarkeit aus Trockensteinen errichtet. Die Decken der Innenräume werden mit Baumstämmen befestigt und mit geflochtenen Rohrmatten in Fischgrätmuster belegt.

Eine Kasbah vergrößerte sich mit dem Anwachsen der Familie. Es wurden immer wieder neue Anbauten mit Türmen, Höfen und Mauern geschaffen, die den Kasbahs ihr jetziges festungsartiges Aussehen gaben und oft Hunderten von Menschen Platz boten. Oftmals war eine

aga_14 dd

Berberarchitektur in Amtoudi: der Agadir Id Aïssa

**Kasbah auch Privatwohnsitz mächtiger Herrscher** mit prachtvoll ausgeschmückten Räumen und Nebengebäuden für Gesinde und Günstlinge, so z.B. die Kasbahs des Paschas *al-Glawi.*

**Kasbahs als Sitz eines Qaids** wurden entlang der Karawanenwege, vor allem im Drâa- und Dadèstal errichtet, und hatten die Funktion, den Handel zu kontrollieren, Macht zu demonstrieren und Karawanen zu beherbergen. Mehr und mehr Kasbahs wurden an exponierten Stellen gebaut, alle dem jeweiligen Qaid unterstellt. Als nun im Süden der mit den Franzosen paktierende **Pascha al-Glawi** *(El Glaoui)* an Machtfülle gewann, baute dieser jeweils neben einer qaidalen Kasbah seine eigene Kasbah. Dies erklärt die Fülle an Kasbahbauten vor allem im Drâatal, durch das der Karawanenweg nach Timbuktu führte.

**Früher** hatten viele Kasbahs eine lebenswichtige Funktion, da sich die Berberstämme laufend bekriegten. Durch die Befriedung der Berberstämme, aber auch aufgrund des eingestellten Karawanenhandels, verloren die Kasbahs ihren ursprünglichen Zweck und wurden, wenn der Unterhalt zu viel Geld verschlang, von den Familien aufgegeben. Früher wurden die Lehmmauern der Kasbahs fortwährend instand gehalten, verbessert und verschönert, sodass kaum eine Kasbah im Laufe der Jahrhunderte das gleiche Gesicht behielt. Denn gerade die starken Regenfälle im Winter zwangen die Menschen dazu, ihre Kasbahs zu renovieren. Vor allem die Besitztümer des mit den Franzosen kooperierenden Pascha *al-Glawi,* der nach der Unabhängigkeit alle seine Ämter verlor, wurden dem Verfall preisgegeben. Einige wenige seiner prachtvollen Fürstensitze (so z.B. die Kasbah Taourirt in Ouarzazate) wurden in das Förderprogramm der Cerkaz (der staatlichen Stelle zur Erhaltung der Kasbahs) aufgenommen. Manche fürstliche, aber auch Familien-Kasbahs haben mit zunehmendem Tourismus eine **Renovierung** erfahren und dienen jetzt als Hotel. Die Kasbahs befinden sich ausnahmslos im Süden Marokkos, vor allem in den Tälern Dadès, Drâa, Todrha und Ziz.

**Innerhalb der Ksour,** vor allem im südlichen Hohen Atlas und im Anti-Atlas, findet man meist mehrere **Vorratsspeicher (Agadir)** für die Dorfgemeinschaft. Sie ähneln einer Burg, haben ein oder zwei Wachtürme und sind von zwei Verteidigungswällen umgeben. Der Agadir hat einen einzigen Eingang, an dem ein Wachposten steht. Es gibt zwei Arten von Agadiren, den **Hof**- und den **Zellen-Agadir.** Beim Hof-Agadir sind die Aufbewahrungszellen um einen Innenhof gruppiert, sodass man dort auch noch Vieh unterbringen kann. Diese Form der Agadire ist vor allem bei Halb-Nomaden beliebt. Zellen-Agadire findet man im Anti-Atlas, in ihrem Falle sind die Aufbewahrungszellen entlang eines Ganges angebracht. **Große Agadire haben 200 bis 300 Aufbewahrungszellen, die abschließbar sind.** Manchmal befindet sich innerhalb des Agadirs auch das Grab eines Heiligen, dem einige Vorratskammern geweiht sind. Dieser ist oft ein Urahn der Sippe. So ist dieser Ort besonders geschützt und ein heiliger Bezirk, der nicht entweiht werden darf (etwa durch Gewalttaten).

**In den Vorratskammern** werden Feldfrüchte, Häute, Waffen, Familienbesitz, Urkunden etc. untergebracht. Die Zellen werden über vorstehende Ziegel oder Balken erreicht. Am gefragtesten sind die mittleren Zellen, da in diese weder durch das Dach noch durch den Boden Feuchtigkeit dringen kann.

Besonders schön und typisch für die Speicher sind die **großen Holzschlösser.** Solch ein Schloss besteht aus einem ausgehöhlten Holzblock mit einem ebenfalls ausgehöhlten Riegel, der sich innerhalb des Blockes hin- und herschieben lässt. In das Loch des Riegels führt man einen hölzernen Schlüssel mit aufrecht stehenden Zacken ein, die man genau unter die dazugehörigen Löcher steckt. Dort befinden sich bewegliche Holzstifte, die das Schloss blockieren, wenn man den Schlüssel abzieht.

**Literatur**

- *Neumann, W.:* **Die Berber. Vielfalt und Einheit einer alten nordafrikanischen Kultur.** DuMont, Köln 1983.
- *Bianca, S.:* **Hofhaus und Paradiesgarten. Architektur und Lebensformen in der islamischen Welt.** C.H. Beck, München 2001.
- *Brentjes, B.:* **Die Kunst der Mauren. Islamische Traditionen in Nordafrika und Südspanien.** DuMont, Köln 1992.
- *Wirth, E.:* **Die islamische Stadt.** Verlag Ph. v. Zabern, Mainz 2000.

## Kunsthandwerk

Vieles, was uns als Kunsthandwerk erscheint (z.B. Textilien, Metall-, Lederarbeiten), ist für den Marokkaner **Gebrauchsgegenstand.** Deshalb haben sich bis heute die alten Handwerkstraditionen lebendig erhalten. In einer Stadt wie Fès arbeiten Hunderte von Schneidern, Silberstickern und Metallhandwerkern vor allem für den marokkanischen Markt, auch wenn ein Vordringen der „Plastikkultur" – meist billige Importware aus China – in die marokkanischen Haushalte zu beobachten ist und die Fertigung für den Souvenirmarkt zunehmend auch industriell erfolgt.

Die **Überflutung mit europäischen Waren** seit der französischen Protektoratszeit führte zu einer **Verflachung der handwerklichen Kunst** und zu tiefgreifenden Veränderungen. Denn die Trennung zwischen Handwerker und Kunsthandwerker ist dem Marokkaner eigentlich fremd. Er benutzt die französische Bezeichnung „artisan" (Künstler) für jeden Handwerker. So sehr dieser auch kreativer Individualist ist, sein bestimmendes Anliegen ist es, Gegenstände zu schaffen, die allen nützen und „alltäglichen" Ansprüchen gerecht werden.

Der Touristenstrom nach Marokko hat zu einer gewissen **Vereinheitlichung** im handwerklichen Schaffen geführt, sodass „echte" marokkanische Handwerksstücke oft nicht mehr auf dem Markt zu finden sind, sondern nur noch direkt bei den Handwerkern oder in Geschäften, die außerhalb der touristischen Gegenden liegen. Insgesamt aber begegnet man bei einem Aufenthalt in Marokko nach wie vor der Vielfältigkeit des marokkanischen Kunsthandwerks.

In den **Souks** und auf **Märkten** findet man für die verschiedensten Handwerkszweige eigene Gässchen und Viertel, so etwa Messing- und Kunstschmieden, Teppichwirkereien, Gerbereien, Färbereien, Töpfereien; Leder- und Schmuckwaren, Intarsienarbeiten, Holzschnitzereien und viele andere kunstvolle Arbeiten werden hier gefertigt.

Weitere Infos zum Kunsthandwerk im Kapitel „Reisetipps A–Z/Souvenirs".

## Film

Der marokkanische Film erlebte in den letzten Jahren eine Art Frühlingserwachen, vor allem in den Großstädten. So finden Filmfestivals in Tanger und Tétouan (Mittelmeer-Filmtage), in Settat (Amateurfilmfestival) und Agadir (Dokumentarfilmfestival) statt. Weltweit bekannt ist das **Internationale Filmfestival von Marrakesch,** das seit 2001 jedes Jahr Ende November mit internationalem Staraufgebot veranstaltet wird. Waren in der Vergangenheit nur wenige marokkanische Filmer wie *Mohamed Tazi* in Europa bekannt, finden sich zunehmend marokkanische Filme und Namen unter den Wettbewerbsbeiträgen, wie *Said Taghmoui,* der das Leben eines Straßenjungen in Casablanca thematisierte, oder die Regisseurin *Zakia Tahiri,* deren Gesellschaftskomödie „Number one", in der sich ein Macho in einen Feministen verwandelt, ein Kassenhit in Marokko wurde. Eine Pionierin des marokkanischen Films und mittlerweile auch in Europa und Amerika bekannt ist die Drehbuchautorin, Regisseurin und Produzentin *Farida Belyazid,* die vorwiegend feministische Themen aufgreift, aber auch Dokumentationen z.B. über die Fischerei oder Frauen im Sahel gedreht hat.

Inzwischen laufen in spezialisierten Kinos oder bei Filmfestwochen **auch in Deutschland** marokkanische Filme. Aber nicht nur marokkanische Filmer greifen Thematiken aus und in Marokko auf, sondern auch deutsche Regisseure wie *Michael Dreher* in seinem Fim „Die zwei Leben des Daniel Shore" oder in seinem Erstling „Fair Trade", der 2006 weltweit viele Preise erhielt. Beide Filme spielen zum großen Teil in Marokko unter Beteiligung einiger marokkanischer SchauspielerInnen. Großen Erfolg in Marokko und Frankreich (DVD auch in deutscher Sprache erhältlich) hatte der Film „Quelle der Frauen" von *Radu Mihaileanu* mit *Leila Bekhti* in der Hauptrolle, der in einem Bergdorf in Marokko spielt.

Marokko ist zudem international **eines der beliebtesten Kulissenländer,** der bekannteste Drehort ist Ouarzazate und Umgebung (siehe dort). Nur einige bekannte Beispiele sind *Hitchcocks* „Der Mann, der zu viel wusste" (1956), „Lawrence von Arabien" (1962), „Auf der Jagd nach dem Juwel vom Nil" (1985), „Himmel über der Wüste" (1990), sämtliche Folgen von „Die Bibel" (1994–1999), „Kundun" (1997), „Die Mumie" (1999), „Gladiator" (2000), „Alexander" (2004), „Asterix & Obelix: Mission Kleopatra" (2002), „Königreich der Himmel" (2005), „Babel" mit *Brad Pitt* und *Cate Blanchett* (2006), *Sönke Wortmanns* „Die Päpstin" (2009), „Der Medicus" (2013) und „Exit Marrakesch" (2013) mit *Ulrich Tukur.* Die Filmindustrie ist zu einem wichtigen Wirtschaftsfaktor geworden, sowohl was den Arbeitsmarkt als auch die Einnahmen betrifft.

## Theater

Die **wenigen vorhandenen Bühnen** in Marokko bringen eher klassische arabische Musik-, Folklore- und Ballettveranstaltungen in ihrem Programm als Theaterstücke. So fand die Uraufführung der Theateradaption des Buches „Nacht der Unschuld" des berühmtesten marokkanischen Schriftstellers *Tahar Ben Jelloun*

1994 in Zürich statt. Theater war immer eher eine Musikveranstaltung oder fand in der Öffentlichkeit als Jahrmarkt statt (etwa auf dem Djamâa-el-Fna in Marrakesch) und hat keine Tradition in Marokko. Immerhin: Seit der Eröffnung des Nationaltheaters Mohamed V. in Rabat, des Théâtre Royal in Marrakesch und dank verschiedener Theaterfestivals findet Theater mehr und mehr Zuspruch in der Bevölkerung. So gibt es mittlerweile 30 Theaterbühnen im Lande, und sogar in Erfoud am Rande der Wüste finden Theaterveranstaltungen statt (siehe dazu in den Regionalkapiteln).

## Bildende Kunst

von *Sybille Kroll*

**Malerei und Grafik** als zweckfreie bildende Künste sind in Marokko eine verhältnismäßig junge Erscheinung, doch reichen ihre visuellen Wurzeln bis tief in die Geschichte des Landes zurück: Malerei war in Marokko lange vor der Kolonialisierung bekannt. Färberei, Tätowierung, Webkunst, Keramik, Buchmalerei oder Kalligrafie und andere traditionelle Kunsthandwerke haben die bildende Kunst genauso beeinflusst wie abendländische Leinwandgemälde. Unter den freien Künsten ist die Malerei in Marokko mit Abstand am stärksten vertreten. Sie wurde von drei Traditionen geprägt: von der präislamischen, der arabo-islamischen und der europäischen.

Aus der Begegnung und dem Austausch mit der europäischen Kunst erwuchs Anfang des 20. Jahrhunderts eine marokkanische Tradition der **Leinwandmalerei.** Während der Protektoratszeit wurden in Tétouan und Casablanca Kunstschulen gegründet. In den **1940er Jahren** erlebte die „spontane" Malerei marokkanischer Autodidakten ihren Aufschwung. Zu den herausragenden Repräsentanten dieser frühen „Naiven" zählen **Mohamed Ben Allal, Moulay Ahmad Drissi** und **Ahmad Louardighi.** Ungeachtet individueller Stilunterschiede lässt ihre Malerei insgesamt eine Vorliebe für fantastische, märchenhafte oder surreale Welten erkennen.

Die **marokkanische Moderne** beginnt in den 1960er Jahren. Dank Auslandsstipendien entstand ein reger Austausch mit der europäischen Kunst. Marokkaner studierten in Sevilla, Madrid, Paris, Amsterdam, Rom, Prag und Warschau. Zwei der wichtigsten Vertreter dieser Epoche sind **Ahmad Cherkaoui** und **Jilali Gharbaoui.** Beide Künstler trugen wesentlich zur Entwicklung einer modernen Bildsprache in Marokko bei.

Wichtige intellektuelle Impulse gingen von der 1964 wiedereröffneten **École des Beaux-Arts** von Casablanca aus. Ihr damaliger Direktor **Farid Belkahia,** einer der bedeutenden Künstler Marokkos, rief gemeinsam mit Künstlerkollegen wie **Mohamed Melehi** die **Pro-Arte-Bewegung** ins Leben. Man nahm sich vor, die kulturelle Identität Marokkos neu zu definieren und vor allem Kunst und Künstler besser in das soziale Leben zu integrieren. *Belkahia* setzte die marokkanische Volkskunst auf den Lehrplan und bestand auf der Beherrschung handwerklicher Fähigkeiten. Dementsprechend sind seine eigenen Werke nicht durch den Gebrauch von Leinwand und Ölfarben bestimmt, sondern eher durch die Verwendung landestypischer Materialien wie Messing,

Tierhaut und Färber-Pigmente. Nach demselben Prinzip arbeitete der aus Essaouira stammende Künstler und Museumsleiter **Boujmaa Lakhdar.**

Eine der berühmtesten Malerinnen ist **Chaibia Tallal,** deren vitale Bilder bereits in zahlreichen Museen Europas zu sehen waren und sind, Autodidakt ist auch **Abbes Saladi,** dessen surreale, filigrane Zeichnungen voller Rätsel, Allegorien und Symbole sind.

In Ermangelung einer geeigneten Infrastruktur bekam in den 1960er Jahren die unabhängige **private Initiative** eine tragende Rolle. Es entstanden zahlreiche Künstlerorganisationen. Der Initiative von Künstlern ist es zu verdanken, dass seit 1978 in Asilah das Internationale Kulturfestival stattfindet, das zu einer Begegnungsstätte für Intellektuelle und Künstler aus ganz Marokko wurde.

Seit den 1970er Jahren erhielt das **Galeriewesen** wachsende Bedeutung. Ein Pionier war die Galerie l'Atelier, die 1971 in Rabat eröffnete. Mittlerweile gibt es in Marokko zahlreiche Galerien: Zentren sind Rabat, Casablanca, Marrakesch, El Jadida, Tanger und nicht zuletzt Essaouira, wo um die Galerie Frederic Damgaard eine erfolgreiche Künstlerkolonie gewachsen ist.

Das Museum Moderner und Zeitgenössischer Kunst Mohamed VI (MMVI) in Rabat, das am 7. Oktober 2014 mit der von *Mohamed Rachdi* kuratierten Ausstellung „100 Jahre Schaffen“ eröffnet wurde, zeigt zeitgenössische **Kunst von 1914 bis zur Gegenwart:** die Anfänge

Wohnen mit moderner marokkanischer Kunst

056m015 ad

von Malerei und Fotografie, Installationen und Skulpturen des 21. Jahrhunderts. Mehr als 400 Arbeiten von 200 Künstlern zeichnen ein ziemlich vollständiges Bild von der Entwicklung der bildenden Kunst im Land.

Heute stehen in Marokko zahlreiche Ausbildungsstätten für bildende Kunst zur Auswahl. Manche marokkanischen Künstler ziehen es allerdings vor, im Ausland zu studieren und zu arbeiten. So auch der zwischen Paris und München pendelnde Fotokünstler **Touhami Ennadre,** der in Deutschland ansässige Maler **Nacir Chemao** und die in Berlin lebende Künstlerin **Dounia Oualit.**

Das marokkanische Volk hat gelernt, dass es eine Kunst gibt. Viele Künstler versuchen vor allem an touristischen Orten dank ihrer Kunst zu leben. Die gehobene Schicht hat gemerkt, dass Kunstgegenstände eine neue Art von Geldanlage sein können, und bei Veranstaltungen und privaten Festen werden immer wieder Künstler eingeladen. Die gemeine marokkanische Bevölkerung wird nie eine Beziehung zur Kunst finden und eine Liebe dazu aufbauen können. Es fehlen dazu alle notwendigen Voraussetzungen. Der vorherrschende Wandschmuck marokkanischer Wohnungen bleiben Suren aus dem Koran und Fotos der Familie. Kunst muss zuerst von unten, schon in den Grundschulen, gefördert werden, damit eine **andere Einstellung zur Kunst** entstehen kann. Auch hier wurden Etappen übersprungen, welche niemals mehr aufgeholt werden können und die sich nicht mehr wiederholen werden. Mit der Kunst verlief es wie mit dem Telefon – die Entwicklung ging vom fehlenden Apparat zu Hause direkt zum Handy für überall.

## Sprache und Literatur

Die Berberliteratur basiert im Wesentlichen auf der **mündlich überlieferten Volksdichtung,** die heute noch in Märchen und Legenden lebendig ist. Aus der Kultur der Berbervölker nicht wegzudenken sind die Märchenerzähler auf den Stadtplätzen, bei Festen und Veranstaltungen. Auch Balladensänger, die den Alltag oder die Liebe besingen, oder der Vortrag von kleinen Theaterstücken und Satiren, die sowohl vom Alltag als auch von Zauber- und Hexenmeistern erzählen, sind heute noch Bestandteil der literarischen Volkskunst.

Die **berberische Sprache gehört zu den ältesten der Welt** und war vor der römisch-christlichen Herrschaft von den Kanarischen Inseln über Nordafrika bis nach Mauretanien und Libyen verbreitet. Sie differenzierte sich später in viele Mundarten, von denen heute die meisten ausgestorben sind. An geschriebener Sprache existieren lediglich Felsinschriften, die heute noch von den Tuareg gelesen werden können, die übrigens als einziges Berbervolk eine Schriftsprache (das Tifinagh) entwickelt haben. Der geistige Austausch zwischen Römern, Puniern und Berbern brachte einige bedeutende berberische Denker hervor. Auch nach der Islamisierung traten Berber durch literarische Leistungen hervor, vor allem durch Übersetzungen des Koran. Hervorzuheben ist das Loblied von *Al-Busiri* (1213–1295) auf den Propheten Mohamed.

Einige **arabische Reiseschriftsteller** berichteten bereits im Mittelalter in eindrucksvoller Weise von Marokko und legten so schriftliches Zeugnis von der damaligen, für den Europäer noch gänzlich fremden Welt ab. Am bekanntesten ist **Ibn Battuta,** der 1325 von Tanger nach Mekka aufbrach und über diese Pilgerfahrt eine der ältesten arabischen Reisebeschreibungen überhaupt verfasste. Spektakulär ist die Geschichte des aus Granada stammenden **Leo Africanus** (ca. 1487 bis ca. 1550), mit richtigem Namen *Al Hassan bin Mohamed bin Ahmad el Wassan,* der nach seiner Flucht vor der Reconquista von Spanien nach Fès als Diplomat in Diensten des Sultans tätig war und durch seine „Beschreibung von Afrika" sowie als Berater des Papstes *Leo X.* berühmt wurde. In dessen Dienste gelangte er, nachdem er von christlichen Eroberern als Sklave nach Rom verschleppt wurde und dort zum Christentum konvertierte.

Die **moderne marokkanische Literatur** ist meist in Französisch verfasst – ein Dilemma für die modernen Autoren, da dies die Sprache der Kolonialmacht ist. Andererseits bildet, laut Harenbergs Lexikon der Weltliteratur, das Hocharabische, als Sprache des islamischen Erbes, ein Hindernis in der Auseinandersetzung mit der modernen Welt.

Ein Problem, sich weiten Teilen der Bevölkerung verständlich zu machen, besteht darin, dass ein großer Teil der Bevölkerung nach wie vor in nur mündlich überlieferten Sprachen – Dialektarabisch und Berbersprachen – spricht. So befinden sich die Marokkaner in der kulturell schwierigen Lage, dass ihnen eine **gemeinsame, geschriebene Muttersprache als verbindendes Element fehlt.** In den Schulen wird zwar als erste Sprache Arabisch gelehrt, das Hocharabisch weicht aber vom maghrebinischen Arabisch deutlich ab. Nach langjährigen Auseinandersetzungen mit den Berbern wird nun in Ortschaften mit überwiegender Amazigh-Bevölkerung auch in Tamzight oder Chleu bzw. Tachelheit unterrichtet. Das Problem dabei war, dass die Berber Marokkos über keine Schriftsprache verfügen und deshalb nun auf das Tifinagh der Tuareg (die einzige Schrift eines Berbervolkes) zurückgreifen.

Als zweite Sprache war vor Einführung des Unterrichts in Berbersprachen **Französisch** üblich (und ist es noch in den Städten), sodass – vielleicht auch mit Blick auf den europäischen Markt – Französisch zur Schriftsprache der Intellektuellen wurde.

Die modernen Schriftsteller befassen sich vor allem mit der **Aufarbeitung des tristen marokkanischen Alltags und der überlieferten Wertvorstellungen,** religiösen Riten und Aberglauben, die Konfliktstoff auf dem Weg zur modernen Gesellschaft bilden. Werke, die bis Anfang der 1950er Jahre entstanden sind, sind eher ethnografisch und folkloristisch angelegt und haben die Gewohnheiten des Volkes – Heirat, Familie, Traditionen usw. – zum Thema. Zu dieser Generation gehörte der Schriftsteller *Ahmed Sefrioui* (1915–2004) aus Fès, der vor allem durch seine Kindheitsschilderung „Das marokkanische Wunderkästlein" (1954) bekannt wurde.

**Nach der Unabhängigkeit** wurde die Literatur nationalistischer, aber auch kritischer. Zunehmend werden soziale Fragen, die Willkür des Mannes gegenüber der Frau, aber auch die des Vaters gegenüber den Söhnen, schließlich die Willkür des Staates und der Behörden auf- und angegriffen. Die Machtlosigkeit im Alltag, Hoffnungslosigkeit und Tristesse angesichts von Hunger und Arbeitslosigkeit, aber auch die Unterdrückung der Sexualität und die daraus resultierenden Probleme sind tragende Themen der neuen Literatur.

Wohl der wichtigste und produktivste marokkanische Schriftsteller der heutigen Zeit ist **Tahar Ben Jelloun,** der sich in seinen Romanen „Sohn ihres Vaters", „Nacht der Unschuld", „Das Gebet für den Abwesenden", „Mit gesenktem Blick", „Der korrumpierte Mann", „Zina oder die Nacht des Irrtums", „Das Schweigen des Lichts" und „Arabischer Frühling: Vom Wiedererlangen der arabischen Würde" mit allen brisanten Themen der marokkanischen bzw. arabischen Gesellschaft auseinandersetzt.

Ein weiterer bedeutender Autor ist **Driss Chaibri,** der in der Schilderung des Alltags versöhnlicher ist als sein Kollege **Abdelahak Serrane,** der in seinen Romanen „Messauda" und „Söhne der engen Gassen" ein düsteres Bild der marokkanischen Wirklichkeit zeichnet.

Zeitkritische Autoren sind auch *Mohamed Mrabet* und **Mohamed Choukri.** Dessen bekanntester Roman „Das nackte Brot", von *Tahar Ben Jelloun* ins Französische und von *Paul Bowles* ins Englische übersetzt, war in Marokko wegen seiner realistischen Schilderung der Armut, die mit sittenwidriger Ausbeutung einhergeht, unter dem Vorwurf der Obszönität zeitweise verboten, findet sich aber in allen Buchhandlungen. *Choukri* wuchs selbst in ärmsten Verhältnissen auf, lebte und arbeitete als Kind und Jugendlicher viele Jahre in Straßencafés, war im Gefängnis und beschloss dann mit 20 Jahren, Lesen und Schreiben zu lernen und sich als Schriftsteller zu betätigen. Er starb 2003 68-jährig an einem Krebsleiden in Rabat.

Eine wichtige Autorin kritischer Dokumentationen ist die Soziologieprofessorin **Fatima Mernissi,** die in Amerika studierte und jetzt an der Universität Rabat Soziologie lehrt. Sie beschäftigt sich in ihren Büchern („Der Harem in uns" oder „Der politische Harem: Mohamed und die Frauen") vor allem mit der Situation der Frau in der marokkanischen Gesellschaft.

Als wichtiger Schriftsteller darf **Paul Bowles,** gebürtiger und nach Marokko ausgewanderter Amerikaner, nicht vergessen werden. Er hat sowohl Romane marokkanischer Autoren nach mündlichen Erzählungen aufgeschrieben (*Driss Ben Hamed Charhadi:* „Ein Leben voller Fallgruben") als auch Kurzgeschichten zu Marokko gesammelt. Für seine eigenen Romane wählte er auch marokkanische Schauplätze. Sein Buch „Himmel über der Wüste" hat Weltruhm erlangt. Er verstarb im November 1999 in Tanger.

Genannt werden sollte auch **Elias Canetti,** der mit seinem Buch „Die Stimmen von Marrakesch" bekannt wurde und ein immer noch eindrucksvolles Stimmungsbild der Stadt schuf.

## Marokkanische Musik

von *Jürgen Sieberer,* überarbeitet
von *Muriel Brunswig-Ibrahim*

**Musik ist in Marokko allgegenwärtig.** Man wird von ihr in den Straßen, den Cafés, den Souks auf Schritt und Tritt begleitet. Dabei ist der Musikgeschmack der Marokkaner sehr vielfältig; fast alles kann man hier antreffen: **Moderne westliche Musik,** vorwiegend frankophon, **klassisch arabische** und **andalusische** Musik, **moderne arabische** Musik, sei es der typisch nordafrikanische **Rai,** der in unseren Breitengraden vor allem von Sängern wie *Cheb Khaled* mit „Aisha" oder *Cheb Mami* bekannt gemacht wurde, oder aber die **Folklore** der einzelnen Volksgruppen der Berber, Gnaoua (Gnawa) und Araber.

## Die klassisch-andalusische Musik

Die klassisch-andalusische Musik ist vor allem mit dem Namen **Ziryab** verbunden. Dieser begnadete Musiker kam im Jahr 820 von Bagdad nach Córdoba, wo er am dortigen Sultanshof eine Musikschule gründete, die fortan tonangebend für andalusische Musik wurde. Unter ihm entstand das zentrale musikalische Stück der Andalusier, die Nuba, eine Art Suite mit instrumentalen und vokalen Teilen. Unter *Ziryab* wurde auch die Laute zu einem kammermusikalischen Instrument. Neben der Laute, die wohl am sinnbildlichsten für die andalusische Musik ist, sind es vor allem die Geige, die Tontrommeln, die Zither und das Rbab, ein zweisaitiges Instrument, die in dieser Musikrichtung den Ton angeben.

**Nach Ziryabs Tod** in Córdoba entwickelte sich die andalusische Musik weiter. Mit der Vertreibung der Araber aus Spanien gelangte die Musik nach Marokko und etablierte sich schnell in den Kunstzentren des Landes, vor allem in Fès. Hier findet man bis heute das beste andalusische Orchester, denn gerade die Fassis sind stolz darauf, diese musikalische Tradition zu pflegen, sehen sie sich doch als die Bewahrer der „echten" andalusischen Künste.

## Rai-Musik

Diese Musik erfreut sich – vor allem seit dem Hitparadenerfolg von *Cheb Khaled* mit „Aisha" – auch in Europa höchster Beliebtheit. *Rai* (arabisch für „Meinung") ist eine **sehr junge Musikrichtung,** die in Algerien entstand und deren bekannteste Vertreter immer noch aus diesem Land kommen. Wie das Wort „Rai" schon ausdrückt, wollen hier vor allem junge Menschen (das „Cheb" vor dem Künstlernamen bedeutet „junger Mann") ihre Meinung ausdrücken. Meist verstecken sie diese in eher banalen Texten, denn die Angst vor politischen Reaktionen ist groß. Rai ist eine moderne Musik, die sich an orientalischen Weisen orientiert und dabei durchaus europäische Elemente in sich trägt, z.B. Dudelsack und spanische Gitarre.

## „Marocpop"

Die zweite moderne Musikrichtung in Marokko ist eine **Mischung aus traditioneller marokkanischer Musik und allen möglichen Stilen,** die sich bisweilen auch an der westlichen Popmusik orientieren, wenn auch nicht in so massiver Form, wie man das in der Rai-Musik findet. Diese Musik ist bei der jungen und mittelalten Bevölkerung überaus beliebt. Die *Beatles* und *Coldplay* der Marokkaner sind die Gruppen *Lemchaheb*, *Jil Jilala* und *Nass el-Ghiwane*. Die Texte zeichnen sich durch äußerst sozialkritische Inhalte aus, sodass fast alle Mitglieder dieser Bands einige Monate im Gefängnis verbracht haben, was ihre Popularität nur enorm gesteigert hat.

057m015 ad

## Gnaoua-Musik

Die Gnaoua kamen mit den Sklaven, die die Saadier mit der Eroberung Timbuktus nach Marokko verschleppt hatten, nach Nordafrika, und wie alle Sklaven brachten auch sie ihre Musik, ihre Religion, ihre Tänze und ihre Kulte aus ihrer Heimat Mali mit und schafften es, diese über die Jahrhunderte hinweg zu bewahren. Bis heute spielen sie ihre Musik zu Riten, in denen Geister und Dämonen auftreten, die sich der Menschen bemächtigt haben und die es zu besänftigen gilt. Dadurch hat diese Musik eine wichtige **sozialpsychologische Funktion,** denn für viele psychisch Labile oder Kranke bietet sie die Möglichkeit, durch Tanz und sich monoton wiederholende Körperbewegungen und Sprachformeln in Trance zu fallen und Aggressionen und seelische Unstimmigkeiten abzubauen.

Die Musik der Gnaoua findet man vor allem im **Süden Marokkos,** wo die meisten ihrer Herkunft leben. Sie verwenden für ihre Musik fast ausschließlich das **Saiteninstrument Hajhuj,** das zugleich als Rhythmus- und Melodieinstrument dient, und die **Qarqaba** (eine Art Kastagnetten aus Metall) als Begleitung zu dunklem, melodiösem Gesang. Außerdem findet eine große Trommel Verwendung, die man um die Schulter hängt und die mit zwei Schlegeln beidseitig bearbeitet wird.

Ein beliebter Vertreter dieser Musikrichtung ist *Muallim Susu* mit der Gruppe *Hamdawa.* Ein weiterer ist *Mahmud Guinea.* Bekannt über die Grenzen Marokkos hinaus ist der aus Marrakesch stammende Gnaoua-Interpret **Hassan Hakmoun.**

Der blinde Abdessalam vom „Maison traditionelle" in Oumesnat spielt auf der Oud

## Berbermusik

Berbermusik wird fast ausschließlich von Berbern gehört, ist aber weit über die Landesgrenzen bekannt. Überall dort, wo Berber leben, ist diese Musik noch lebendig. Sie ist die **älteste Musikgattung in Nordafrika** und für einige Berbervölker, wie z.B. die Tuareg, noch immer ein wichtiger Teil ihrer Geschichte – sie rettet ein Stück Tradition in die Moderne. Bei den Arabern findet sie keine Beachtung und wird meist als unhörbar abgetan.

Der **Ursprung der Berbermusik und -lyrik** ist in der alten Vorliebe für Dichtung zu suchen, die bei den Berbern einen großen Stellenwert besitzt und oft in Begleitung mit Musik dargeboten wurde. Diese Mischung aus Lyrik und Musik nennt man **Amarg.** Die Musik und Gesänge wurden von den Müttern an ihre Töchter weitergegeben. **Frauen** gelten von jeher bei den Berbern als Bewahrerinnen der Traditionen. Das Repertoire umfasst Wiegenlieder, Gebete, Begräbnisgesänge und rituelle Lieder bei religiösen Handlungen. Daneben gibt es die „professionellen" Sänger, die **Ruwat.** Ihre Aufgabe ist die des mittelalterlichen Minnesängers, d.h. sie fungieren als Nachrichtenübermittler, die Neuigkeiten von Dorf zu Dorf bringen und Missstände anprangern. Diese Berufsmusiker sind gänzlich im Verschwinden begriffen, das Radio hat ihre Funktion übernommen. Einige wenige Berber sind auch über Nordafrika hinaus bekannt geworden, so *Mohand u Mohand* aus der Kabylei (Algerien) oder der Tuareg *Baly Othmani*, der zusammen mit *Steve Shehan* die CD „Assouf" aufgenommen hat und damit international Anerkennung fand. Dank ihnen bleibt der Nachwelt die traditionelle Berbermusik zumindest noch für eine Weile erhalten.

Die **moderne Berbermusik** unterscheidet sich für Europäer anfänglich nicht von der arabischen Populärmusik, was sich allerdings nach genauerem Studium als Trugschluss erweist. Nicht nur die Sprache ist unterschiedlich, deutlich kann man auch den Bezug zur traditionellen Musik heraushören. Meist handeln die Lieder – darin unterscheidet sich die Musik kaum von der modernen arabischen Musik – von der Liebe. Eine in Südmarokko sehr bekannte Vertreterin dieser Musik ist *Bnat Irsmukn*, eine sehr bekannte Gruppe ist *Inerzaf.*

## Volksmusik und -tänze

Die Volksmusik ist abwechslungsreicher und fantasievoller als die andalusische Musik und kennt kein grammatisches Maß. Sie ist der leichten Musik zuzurechnen, etwa wie bei uns der Schlager. Sie wird in arabischen Dialekten gesungen und ist für den Mann auf der Straße bestimmt. Man unterscheidet **diverse Ausdrucksformen:** Der *Griha* (bedeutet Improvisation) räumt dem Gedicht viel Platz ein und ist ein von Schlaginstrumenten begleitetes Rezitativ. Die *Aïta* (Aufruf) wird im Haouz in der Gegend von Marrakesch gesungen; sie ist ein schriller Leidensschrei, der am Ende eines von Frauen aufgeführten Tanzes ausgestoßen wird, der im Rhythmus der Klänge von Terrakotta-Tambourinen getanzt wird. Es gibt auch Schaukelgesänge, die vor allem dichterisch wertvoll sind. Zur Volksmusik gehört auch Zugmusik, die von Tamburin- und Dudelsackkapellen und langen geraden Trompeten, *N'Fir*, bei allen Familien und religiösen Festen und Umzügen gespielt wird.

Die berberische oder ländliche Musik wird allein zum **Rhythmus des Bendir** (kreisförmige, mit Ziegenfell umspannte Trommel) gespielt. Die Tänze und Gesänge der Berber, *Ahwach* genannt, sind Schauspiele und Gruppentänze mit vielen Gedichten und reich an Ausdruckskraft, die durch die malerische Kulisse der Landschaft und Nomadenzelte besonders wirksam sind. Die Musik ändert ihren Charakter je nach Ort und Stamm.

Die **Volkstänze** werden meist **zu großen Festen** nachts um ein Holzfeuer getanzt. Bei diesen Gelegenheiten tragen die Frauen die schönsten Kleider und wertvollen Schmuck. Diese Volksfeste dürfen nicht mit Moussems verwechselt werden (s.u.). Sie sind Ausdruck der Lebensfreude der jeweiligen Region und keine religiösen oder kulturellen Veranstaltungen.

## Fantasia

Die Fantasia ist kein Tanz, sondern ein **Reiterspiel,** ein Höhepunkt diverser Feste und Festspiele. Die prachtvoll geschmückten Pferde und Reiter jagen in einer Staubwolke dahin und halten jäh an, begleitet vom Knallen aller Pulverflinten der Reiter.

Eine hervorragende Vorstellung der besten Gruppen und bekanntesten Volkstänze bietet das **Folklore Festival in Marrakesch** *(Festival des Arts Populaires),* welches jährlich Ende Juni oder Anfang Juli stattfindet.

## Moussems und Festivals

Ein **Moussem** (arab. *Mausim*) ist eine **Wallfahrt zum Grab eines Heiligen.** Und da fast jedes Dorf einen Dorfheiligen hat, der in einem Marabout begraben ist, findet dort auch jährlich ein Moussem statt, d.h. zu einem bestimmten Datum oder einer festgelegten Jahreszeit wird am Grab des Heiligen zu dessen Ehren ein Fest gefeiert.

Moussems stellen eine **Mischung aus Wallfahrt, Volksfest und Jahrmarkt** dar. Je nach Charakter finden sich bisweilen Tausende von Marokkanern ein, um um Vergebung zu bitten, Segen zu empfangen, Wünsche zu äußern oder Handel zu treiben.

Moussems werden häufig **auf islamische Feiertage** gelegt, die sich nach dem islamischen Mondkalender richten; dadurch verändern sich die Termine der Feste jedes Jahr. Die regionalen Veranstaltungen (Musikfestivals, Moussems) sind im jeweiligen Kapitel im praktischen Teil dieses Buches genannt.

**Neben den traditionellen Volksfesten und Moussems** gibt es eine Reihe von **Musik-, Theater- und anderen Kulturfestivals.** Die Veranstaltungen für Touristen und Einheimische finden zum größten Teil im Sommer statt. Zu den bekanntesten Festivals in Marokko zählen das **Gnaoua-Festival** (www.festival-gnaoua.net) in Essaouira, das **Internationale Filmfestival** in Marrakesch sowie das **Internationale Kulturfestival** in Asilah. Die meisten Festivals zu allen möglichen Kulturbereichen finden in Marrakesch statt.

# Pflanzen- und Tierwelt

in Zusammenarbeit
mit *Carola Stoob*, Ethologie
und Wildforschung, UZI, Zürich

Bemerkenswert an Marokko ist nicht eine bestimmte Landschaftsformation oder das einzigartige Vorkommen von Pflanzen und Tieren, sondern der **Wechsel** und das zum Teil **sehr krasse Nebeneinander der verschiedenen Landschaftstypen.** Zwischen Laub-Mischwald und Wüste sind alle Übergänge anzutreffen, dazu kommen zwei verschiedene Küstenregionen und spezielle Kulturformen wie die „sagenhaften" künstlich bewässerten Gärten aus 1001 Nacht, die Palmenhaine und die Oasen.

Marokko ist ein **Agrarland**, und ein großer Teil der Produkte dient der Subsistenz der einheimischen Bevölkerung. Die Landwirtschaft ist auf natürlich vorkommendes Wasser angewiesen (Täler, Wadis, Oasen). Dessen Ausnutzung wird durch Bewässerungssysteme verbessert. Unter solchen Voraussetzungen fallen zunächst Kulturpflanzen und Haustiere oder sogenannte Kulturfolger, z.B. Spatzen, ins Auge.

Die **wichtigsten Kulturpflanzen** sind etwa: Olivenbäume (= Ölbaum), Pistazien, Lorbeer, Drum- oder Dattelpalmen, Agaven, Feigenkaktus, Agrumen (das sind die Bäume, die die Zitrusfrüchte liefern), Mandel, Pfirsich, Maulbeere, Walnuss, Feige, Wein, Banane, Baumwolle, Weizen, Gerste, Hirse, Paprika, Artischocke, Aubergine, Mais, Eukalyptus, sog. Mimosen (es sind aber Akazien), Oleander, Thuja, Zypressen, Pappeln und Arganien. Einige dieser Pflanzen sind uns aus dem Supermarkt durch ihre Früchte oder andere essbare Teile längst bekannt, trotzdem kann die Entdeckung der ganzen Pflanze zum Erlebnis werden – meine erste Artischocke, die als Riesen-Distel daherkam, hat mich jedenfalls beeindruckt!

Marokko lässt, bedingt durch die unterschiedliche Höhe und Klimazonen, sowohl **Mittelmeervegetation** wie auch eine **tropische Vegetation** zu. Diesen Vorteil nutzen zahlreiche Hotels, indem sie ihre Gärten zu wahren Pflanzenparadiesen gestalten: so wachsen zwischen verschiedensten Palmenarten prachtvoll leuchtende Bougainvilleen, Jacarandas, Kakteen, Agaven, Bambus- und sogar Bananenstauden.

Vor allem die **Rosenzucht** hat in Marokko eine lange Tradition. Wer Ende Mai bis Ende Juni durch Marokko reist, wird den Duft der Rosen, der aus Haus-, Hotel- und Oasengärten strömt, nicht mehr vergessen. Rosen werden entlang der Oasen der Straße der Kasbahs als Nutzpflanzen geerntet und zu Rosenwasser und Rosenöl, auch als Grundsubstanz für Parfüms, verarbeitet.

**Nutztiere** sind Geflügel, Schafe, Ziegen, Rinder, Pferde, Kamele, Esel und Maultiere. Hunde und Katzen sind nicht eigentlich „Haustiere", sondern führen in Marokko ein recht freies, wildes Leben. Kamel, Pferd, Esel und Maultier sind traditionelle Transportmittel.

In den Lebensraum der Kulturpflanzen gehört selbstverständlich auch eine Reihe von Tieren, die der Mensch nicht direkt nutzt oder als schädlich bezeichnet. Aufgrund der Temperaturen ist Marokko ziemlich ideal für **Insekten.** Diese bilden die **Nahrungsgrundlage für Reptilien** (z.B. Eidechsen, Geckos, Skinke), **Vögel, Nagetiere** und – systematisch – sog. **Insektenfresser** (das sind z.B. Igel und Spitzmäuse). Man findet hier neben „alten Bekannten" wie Bienen, Ameisen, Tag- und Nachtfaltern, Spinnen, Smaragdeidechsen, Tauben, Spatzen, Nachtigallen, Käuzen, Eulen, Mäusen und Igeln auch Arten, die man bei uns gar nicht oder höchst selten zu Gesicht bekommt: den Dungkäfer Skarabäus oder den echten „heiligen" Skarabäus, die „biblische" Wanderheuschrecke, Fangschrecken, die Maulwurfsgrille, den Hirschkäfer, Skorpione, den Mauretanischen Mauergecko, Hausammer, Steinsperling, verschiedene Grasmückenarten (z.B. Cistensänger), Blaumerle, Bienenfresser, Blassspötter, Heckensänger, Zwergohreule und diverse Spitzmausarten.

## Atlantikküste und Mittelmeer

Der reine Sandstrand und ein Strand aus Kies verdanken ihren optischen Reiz vielleicht gerade der Abwesenheit von Pflanzen und Tieren – als Biotope sind sie vergleichsweise **artenarm.** Für Pflanzen bieten sie beispielsweise keine Möglichkeit der Verwurzelung, und nur wenige Spezialisten vertragen Salzwasser (sog. Halophyten wie Sode, Queller, Salzkraut).

Ein typischer Bewohner des Sandstrandes ist der **Sandflohkrebs** *(Talitrus),* der aber lieber in gestrandeten Algen Deckung sucht, als dass er auf dem bloßen Sand umherhüpft. Die meisten anderen Sandbewohner graben sich ein und bilden dabei eine röhrenförmige Behausung (Borsten- und Sandröhrenwürmer). Auf dem Sand direkt unter Wasser leben nur wenige vegetarische oder räuberische Schnecken, z.B. die Hornschnecke, *Cerithium,* die Netzreusenschnecke, *Nassarius,* und die Halsbandschnecke *(Natica).* In tieferem Wasser oder in Tümpeln mit stehendem Meerwasser können sich Algen entwickeln und bereits einer größeren Vielfalt von Tieren als Lebensraum dienen.

**An felsigen Küsten** entfaltet sich dann der ganze Artenreichtum des Meeres – mal abgesehen von der Möglichkeit, dass die Einleitung von Abwässern oder die letzte Tankerkatastrophe dort ihre tödlichen Wirkungen hinterlassen haben. Es ist unmöglich, an dieser Stelle die verschiedenen Schwämme, Seeigel-, Seestern-, Muschel-, Schnecken-, Krebs- und Fischarten aufzulisten.

Der Rand des Festlandes ist vor allem dort, wo er für den Menschen „unattraktiv" oder schwer zugänglich ist (etwa als Steilküste oder verschlammte Flussmündung), ein **Rückzugsgebiet für Wasservögel.** „Besucher" sind eigentlich immer „ungebetene Gäste", und man sollte die Tiere daher nur durch ein Fernglas beobachten.

## Wald

Neben den tropischen Wäldern stellt sich der Tiergeograf unter „Wald" vor allem die sommergrünen Laubwälder gemäßigter Breiten vor, die sich überwiegend aus Eichen, Buchen und Ahorn zusammensetzen. Diesen Waldtyp wird man in Marokko jedoch vergeblich suchen, aber aufgrund der Restbestände nimmt man an, dass vor ein paar tausend Jahren das Rif, der Mittlere und der Hohe Atlas dicht bewaldet waren.

Die **Atlas-Zeder** *(Cedrus atlantica)* ist – wie der Name schon sagt – der typische Baum Marokkos und eine der wenigen ursprünglichen Arten. Sie wird im Rahmen von Aufforstungsprogrammen zusammen mit Libanon-Zedern *(C. libani)* und eingeführten Kiefern *(Pinus)* und Tannen *(Abies)* kultiviert. Auch Korkeichen *(Quercus suber)* sind in Marokko heimisch und bildeten vermutlich mit Stein- und Kermeseichen *(Q. ilex, Q. coccifera)* den ursprünglichen, immergrünen Eichenwald bis in eine Höhe von 1100 m. Weiter oben findet man Thuja und Wacholder *(Cupressaceen)*.

058m015 ad

Reiner **Nadelwald** ist wegen der Ansäuerung der Böden ein recht schwieriger Lebensraum. Nadelbäume haben jedoch den wirtschaftlichen Vorteil, dass sie geringere Ansprüche an die Bodenbeschaffenheit und Wasserversorgung stellen und relativ schnell wachsen. Die Aufforstung der Zedern- und Eichenwälder mit teilweise nicht heimischen Laub- und Nadelbäumen ist ein Kompromiss zwischen den Nutzungsaspekten des Waldes und dem Bedürfnis nach Erhaltung oder Wiederherstellung einer relativ ursprünglichen Vegetation und Tierwelt.

Zum Wald gehören pflanzenfressende oder -saugende **Insekten:** Blattkäfer, Rüsselkäfer (an diversen Eichenarten), *Coccinelliden* (erinnern an Marienkäfer – der VW-Käfer heißt auf Französisch *coccinelle*), *Chrysomeliden* (kleine, gedrungene, metallisch glänzende Käfer; eine Art ist auf Minze spezialisiert), Schmetterlinge und ihre Raupen, Bienen, Ameisen, (Holz-)Wespen und Zikaden – um nur einige zu nennen. „Ameisenlöwen", Wanderheuschrecken und Maulwurfsgrillen trifft man eher an trockenen Standorten. Hundert- und Tausendfüßler (die einen meint man gerade noch zählen zu können, bei den anderen versucht man es gar nicht mehr), Laufkäfer (dazu gehören die beiden häufig anzutreffenden Skarabäusarten) sowie Spinnen leben eher im Verborgenen.

Wegen der Vielfalt der Nahrungsquellen und der guten Deckung ist der **Wald bzw. der Waldrand bei Vögeln beliebt.** Kuckuck, Eichelhäher, Grün- und Bunt-

◁ Die Atlas-Zeder ist typisch für die Vegetation im Mittleren Atlas

specht, Amseln, Drosseln, Finken – Stare weniger –, aber Baumläufer, Meisen, Nachtigall, Fitis, Rotkehlchen, Ammern, Würger, Dorn- und Mönchsgrasmücke, Ziegenmelker, Uhu und Waldohreule sind entweder „alte Bekannte“ oder kommen in einer nah verwandten spezielleren Art vor: zum Beispiel Einfarbstar, Häherkuckuck, Rothalsziegenmelker, Zaunammer, Alpendohle, Berglaubsänger und Rotflügelgimpel. Spezielle Bewohner Marokkos sind z.B. die Atlasgrasmücke, der Diademrotschwanz und der Blauwangenspint.

**Nagetiere** wie Eichhörnchen und Mäuse gehören in den Wald, und in Marokko kommen zudem Stachelschweine *(Hystrix christata)* vor. Spezialisierte Insektenfresser sind der Wanderigel *(Erinaceus algirus)* und die Rot- und Weißzahn-Spitzmäuse (*Soricidae, Crociduridae* = Wimpernspitzmäuse), die aber auch einen Wurm nicht verschmähen. Neben dem Fuchs, dem marderartigen Wiesel, Dachs und Fischotter könnten in den marokkanischen Wäldern auch Ginsterkatzen *(Genetta genetta)*, Luchse und der Serval *(Felis lynx, F. serval)* vorkommen. Es soll noch Leoparden *(Panthera pardus)* und Berberhirsche *(Cervus elaphus barbarus)* geben, aber es fehlen aktuelle Angaben dazu. Wildschweine *(Sus scrofa)* gibt es genug, da sie kaum gejagt werden.

Bergkamele weiden auf über 2000 m Höhe zwischen Krüppelwacholder, Zypressen und Zedern

107m015 ed

aga10_001 ad

Erwähnenswert im Vergleich zur heimischen Fauna ist sicher das Vorkommen der **Berberaffen** (*Macaca sylvanus*, franz. *magot*). Marokko besitzt neben Gibraltar und Algerien die letzten nennenswerten Bestände dieser schwanzlosen, „winterfesten" Makakenart, die vor den Kaltzeiten auch in Europa verbreitet war. Weltweit gibt es nach Schätzungen nur noch etwa 4000 Berberaffen – auch in Marokko sind die Bestände immer mehr gefährdet, weil Tierfänger Affenbabys an Privathaushalte oder für Tiershows (wie am Djemâa el-Fna in Marrakesch) verkaufen.

**Stehende und fließende Gewässer** bilden einen eigenen Lebensraum innerhalb des Waldes. Hier kommen Rohrkolben *(Thypha)*, Binsen *(Juncus)*, Süßgräser *(Poaceen)* und „passende" Tiere vor: Libellen, Barben, Hechte, Forellen (eingeführt), Frösche, Kröten, Salamander, Wasserschildkröten, (Bach)stelzen, Wasseramseln, Eisvögel und Gebirgsstelzen.

**In felsige, höhere Lagen** können sich Mufflons *(Ovis ammon)* und Mähnenschafe *(Ammotragus lervia)* zurückziehen. Einige Vogelarten bevorzugen die Felsen als unzugängliche Brutplätze (beispielsweise Greifvögel, verschiedene Segler, Blaumerle oder Alpenbraunelle). Stachelschwein, Fuchs und Hase sowie die Landschildkröte und verschiedene Greifvogelarten kommen auch im offeneren Gelände und in den sich an den Wald anschließenden trockeneren Regionen vor. In diesen **Übergangsgebieten** kann man außerdem gestreiften Hyänen *(Hyaena hyaena)* begegnen.

## Trockengebiete

Die **Macchie** (franz. *le maquis*) besteht aus immergrünen Sträuchern und Bäumen mit harten Blättern (1–6 m hoch). Dazu gehören Lorbeer *(Laurus)*, Erdbeerbaum *(Arbutus unedo)*, Myrte *(Myrtus)*, Lentisken *(Pistacia lentiscus)*, Rosmarin, Ginster *(Genista),* Kreuzdorn *(Rhamnus),* Baumheide *(Erica)* und aromatische Büsche wie Lavendel und Thymian. Sie bilden ein dichtes Gewirr von Zweigen und Ästen. Ihren Namen verdankt die Macchie der spanischen Bezeichnung für eine charakteristische Pflanze, die Zistrose *(Cistus).*

Auf durchlässigem Kalkstein degeneriert die Macchie zur **Garrigue** (auch *Garide*). Die Vegetation besteht aus **niederwüchsigen,** ca. 1 m hohen **Sträuchern und Polsterpflanzen.** Zwischen bloßem Felsen wachsen z.B. Stechginster, Lavendel, Salbei und andere Gewürz- und Heilkräuter. Übergänge zu den Vegetationstypen Steppe und Wald kommen vor; oft sind die Gebiete nur kleinräumig und liegen wie Inseln zwischen anderen Regionen. Größere Areale, die aber auch unter menschlichem Einfluss stehen, befinden sich in der Meseta (Atlantikküste nördlich von Agadir bis Rabat und landeinwärts bis an den Fuß des Hohen und Mittleren Atlas) und in der Ebene von Sebou, die sich nordostwärts daran anschließt. Auch in der Garrigue gibt es Korkeichen, die hier aber nur Strauchhöhe erreichen.

In diesem Vegetationstypus sind **manche Tiere leichter zu finden und besser zu beobachten** als im Wald oder in der Macchie: Ein einzelner Tritt kann eine Vielzahl von ihnen aufscheuchen. Man kann ihnen dann vorsichtig folgen. Wieder sind Insekten und insektenfressende Arten stark vertreten. Es gibt spezielle Heuschrecken, Spinnen (z.B. die Wolfsspinne *Lycosa*), Eidechsen, Schlangen und Vögel. Landschildkröten aufzuspüren, ist dagegen nicht so einfach. Skorpione lieben dunkle, feuchte Unterschlupfe, die sie nicht nur unter Steinen, sondern manchmal auch in Camper-Schuhen finden. Eine gewisse Vorsicht ist daher angebracht. Lässt man ihnen die Wahl, ziehen **Skorpione** und **Schlangen** auf jeden Fall die Flucht dem Angriff vor.

In der Garrigue gibt es auch **Chamäleons,** man muss sie nur finden – ihrer Anpassungsfähigkeit entspricht der Mangel an natürlicher Deckung. Dieser Mangel zieht eine Reihe von **Greifvögeln** (Bussard, Falke, Milan, Sperber, Steinadler oder gelegentlich die selteneren Schlangen-, Habichts- und Steppenadler) an, die Jagd auf kleinere Wirbeltiere machen. Verhältnismäßig häufig kann man im Bereich der Sous-Mündung und entlang der südlichen Atlantikküste das gestreifte **Zieselhörnchen** beobachten *(Xerus erythropus),* das nur einen Streifen auf der Flanke hat und ca. 20 cm groß ist. Sein Vetter, das **Atlashörnchen** *(Atlantoxerus getulus)* lebt an der Atlantikküste bis hinauf in die Höhen des 4000 m hohen Atlasgebirges, ist viel kleiner, besitzt drei helle Streifen auf der Flanke und hat einen körperlangen, buschigen Schwanz. Kleinere **Vögel** leben eher von Insekten, z.B. der Bienenfresser *(Merops apiaster)* und der Wendehals *(Jynx torquill)* sowie verschiedene Grasmückenarten (z.B. Brillen-, Weißbart-, Provence- und Samtkopfgrasmücke). Die verschiedenen dort vorkommenden Lerchenarten und die Wachteln bevorzugen „gemischte“ Kost. Vor allem in der Dämmerung und in der Dunkelheit sind der Ziegenmelker *(Caprimulgus),* die Zwergohreule *(Otus scops),* der

⌃ Berberaffen im Mittleren Atlas

Steinkauz *(Athene noctua)* und Fledermäuse *(Hufeisennasen, Rhinolophus)* unterwegs auf der Jagd nach Insekten und anderen kleinen Tieren.

## Natürliche Trockengebiete

Einiges spricht dafür, dass Macchie und Garrigue im Bereich der Mittelmeerküsten als Trockengebiete nicht auf klimatische Einflüsse, sondern vielmehr auf die **Einwirkung des Menschen zurückzuführen sind.**

Daneben gibt es in Marokko verschiedene **Formen natürlich entstandener Trockengebiete,** wo aufgrund der Bodenverhältnisse, Niederschläge und Temperaturen keine Bäume wachsen. Dort können nur Pflanzen und Tiere vorkommen, die besondere „Techniken" entwickelt haben, um ihren Wasserverbrauch einzuschränken. Viele Pflanzen wirken z.B. unscheinbar, weil die Blattoberflächen klein und die Stengel hart und holzig sind. Sprosse werden in Dornen umgewandelt und Blätter mit Haaren und Borsten versehen. Unauffälligkeit, Verholzung und Dornbildung schützen zugleich gegen saugende Insekten und Verbiss der Triebe durch Weidetiere. Charakteristisch für die Trockengebiete sind Dornsträucher wie z.B. der Kameldorn *(Zizyphus lotus)* und die Tamarisken *(Tamarix).* In der atlantiknahen Sahara findet man in Strauchwüsten (z.B. *Rhus oxiacantha*) auch kaktusähnliche Wolfsmilchgewächse *(Euphorbiaceen)* und Arganien, in denen Ziegen klettern, um die Früchte zu fressen. Räumlich begrenzt, z.B. im Hohen Atlas und am Djabal Sarho, treten Trocken- und Wüstensteppen mit Halfa- oder Espartogras auf *(Stipa tenacissima, Lygeum spartum).* Das **Halfagras** bevorzugt einen durchlässigen Standort und verdankt sein Überleben in den trockenen Gebieten vermutlich dem Umstand, dass es im 19. Jahrhundert für die Papierherstellung (Geldscheine, Zigarettenpapier) entdeckt wurde und seitdem gelegentlich kultiviert wird.

Am Südfuß des Hohen Atlas begegnet man neben Kameldorn *(Zizyphus lotus)* und Akazien dem Kapernstrauch *(Capparis spinosa)* und an feuchten Standorten Oleander *(Nerium oleander).*

An die mit Graspolstern durchsetzte **Strauchwüste** schließt sich die **Hammada** mit Dornpolsterpflanzen (z.B. Limoniastrum, Bleiwurzgewächse) an. Dazwischen gibt es Areale mit Pflanzen, die die hohe Salzkonzentration im Boden vertragen, z.B. spezielle Sodenarten. Allmählich geht die Vegetation in „echte" Wüste über, deren „klassischer" Dornbusch, *Zilla spinosa,* ein Verwandter unserer Kohlpflanzen *(Brassicaceae)* ist. Einzelne Dünenstandorte *(nebkas)* bestehen u.a. aus Kameldorn, Retam *(Retama raetam),* Tamarisken, „Salzbusch" *(Atriplex),* Drinn *(Aristida pungens)* und „Keuschlamm" *(Vitex agni castus).*

In diesem **Übergangsbereich zur echten Sandwüste** findet sich ein **relativ reiches Tierleben,** vor allem Insekten, Reptilien und Vögel: Felsenhühner, Trappen, Rennvogel, Steinschmätzer- und Lerchenarten, Triele, Flughühner (in Wassernähe), Felsen- und (evtl.) Brachschwalbe.

Die **Wüste** beherbergt Vertreter verschiedener Echsenfamilien mit sprechenden Namen wie Fransenfinger, Wüstenrenner, Dornschwanz oder Wühlechse (sog. Skinke). Skorpione und

Schlangen (z.B. die giftige Hornviper, *Cerastes cerastes*) hinterlassen deutliche Spuren im Sand. Viele Arten sind aber nachtaktiv und graben sich tagsüber ein. Von Insekten, Schlangen und Echsen ernährt sich z.B. der Wüstenigel *(Parechinus aethiopicus)*. Größere Wirbeltiere, die von kleineren leben, passen sich deren Nachtleben an: z.B. die Sandkatze *(Felis margerita)*, der Wüstenluchs/Caracal *(F. caracal)* und der Wüstenfuchs/Fennek *(Fennecus zerda)*. Umgekehrt vermeiden die Mhorr-, Dorcas- und Edmi-Gazellen, die vom spärlichen Pflanzenbewuchs leben können und nicht regelmäßig trinken müssen, ihre möglichen Feinde, indem sie tag- bzw. dämmerungsaktiv sind. Auch das Gundi, ein Verwandter der Meerschweinchen, ist dämmerungsaktiv und ein reiner Pflanzenfresser. Seine Nagetierverwandten, die Mäuse, nutzen alle Nahrungs- und Zeit„nischen“: Tagsüber ist die Wüste der Tummelplatz für die Sandrennmaus *(Psammonys obesus)*, Springmäuse *(Jaculus)* sind nachtaktiv, die Stachelmaus *(Acomys)* dämmerungsaktiv.

Im Bereich der **Wadis und Oasen** kommen aufgrund der Feuchtigkeit wieder Tier- und Pflanzenarten vor, die stärker auf Wasser angewiesen sind, z.B. findet man hier verschiedene Natternarten (Vipernnatter, Diademnatter und die Sandrennatter) sowie Arten, die die Nähe des Menschen vertragen.

### Buchtipp

- **Kosmos Naturführer „Sahara. Tiere, Pflanzen, Spuren“** von *Verena Schatanek* und *Houcine Elkharassi* (Franckh-Kosmos Verlag). Ausführliche Informationen zu Tieren und Pflanzen in Nordafrika inkl. der französischen, arabischen und Tamazirt-Namen der Arten.

# Nationalparks und Naturreservate

In Marokko gibt es bzw. entstehen zehn Nationalparks und 14 Naturschutzgebiete, die über das ganze Land verteilt sind.

## Nationalparks

**Als erster Nationalpark wurde 1942 der Parc National du Toubkal ausgewiesen,** der 38.000 ha groß ist. Wie der Name bereits aussagt, umfasst dieser Park, das Gebiet um den höchsten Berg Marokkos, den 4167 m hohen Djabal Toubkal, der ca. 60 km (Luftlinie) südlich von Marrakesch im Hohen Atlas liegt. In den Höhen zwischen 800 m und 4000 m leben 16 verschiedene Säugetierarten, 50 verschiedene Vogelarten und zahlreiche Amphibien sowie Fischarten. Die bekanntesten Spezies sind das Mähnenschaf *(Moufflon à manchettes)* und der Lämmergeier. In diesem Park sind die meisten endemisch vorkommenden Pflanzenarten Marokkos zu finden. 15% des Parks sind mit Wald bedeckt, in dem die ältesten Eichen und Thujen des Landes wachsen. Auch zahlreiche Felsgravuren, die mehr als 5000 Jahre alt sind, gibt es im Nationalpark zu entdecken.

Bereits 1950 entstand der zweite Nationalpark – der **Parc National du Tazzekka** – auf einer Fläche von 680 ha rings um den Djabal Tazzekka (1980 m), um die Zedern auf dem Gipfel des Berges zu schützen. Er liegt ca. 80 km östlich von Fès und wurde auf 12.800 ha ausgeweitet, um die weitere Region mit ihren Wäldern und zahlreichen Höhlensystemen, vor allem die größten Tropfsteinhöhlen Nordafrikas – die Friatou-Grotten – mit einzubeziehen. Wichtige Wasserresourcen, Zedern- und Korkeichenwälder, 506 verschiedene Gefäßpflanzen (höhere Pflanzen mit Leitsystemen für Wasser) und verschiedenste Wildarten wie Hirsche, Rehe, Wildschweine, Wiesel, Luchs, Ginsterkatze, Igel, Stachelschwein und viele Fledermausarten, sind hier zu Hause. Der seltene Berberhirsch wurde 1993 wieder angesiedelt.

Erst 1991 entstand der nächste Nationalpark, diesesmal an den Mündungen des Oued Sous und Oued Massa in den Atlantik, südlich von Agadir. Der **Parc National de Souss-Massa** ist 34.000 ha groß und beherbergt 257 Vogelarten, 46 Säugetierarten, 40 Reptilien- und Amphibienarten, neun Fisch- sowie zahlreiche Schmetterlingsarten. Im Park ist das weltweit einzige Vorkommen des kahlköpfigen **Ibis (Waldrapp)** zu verzeichnen, der bis zum 17. Jahrhundert noch in den Alpen lebte und heute bis auf die Regionen nördlich und südlich von Agadir ausgestorben ist. Auch die seltene Wassereule ist hier beheimatet. Dorcas- und Mhorr-Gazellen, Oryx-. und Addaxantilopen, aber auch Strauße wurden hier ausgewildert. Dieses Gebiet liegt in einer Übergangszone, das vom gemäßigten Mittelmeerklima zum tropischen und saharaischen Klima übergeht, aber trotz weniger Niederschläge eine hohe Luftfeuchtigkeit, infolge der Temperaturunterschiede zwischen heißem Inlandsklima und dem vorbeiziehenden kalten Kanarenstrom, vorzuweisen hat. So ist durch dieses Klima auch ein großer Artenreichtum an Pflanzen zu verzeichnen. Verschiedenste Euphorbienarten, Dünengräser, Steppenvegetation und Arganienbäume sind hier zu finden. Die Feuchtzonen entlang der Flüsse bieten den Vögeln ideale Voraussetzungen zum Überwintern, sodass dieser Nationalpark ein beliebtes Durchzugsgebiet von Zugvögeln aus Europa ist.

Der **Nationalpark Al Hoceima** an der Mittelmeerküste umfasst 47.000 ha und schließt weite Zonen des Mittelmeers mit ein. Dieser landschaftlich einzigartige Küstenstreifen, mit klaren Felsbuchten und vorgelagerten Inseln, ist nur dünn besiedelt und kaum durch Straßen erschlossen. So konnten sich hier die fast ausgestorbene Mönchsrobbe, aber auch drei Delphin- und 69 Vogelarten erhalten. Zahlreiche Muscheln, Krustentiere, Fischarten und Schnecken leben im glasklaren Meereswasser.

Wenig bekannt ist der 60.000 ha große **Nationalpark Talassemtane** im Rif, zwischen Ceuta und Assifane. Das schroffe, calciäre Gestein bildet spektakuläre Felslandschaften mit Wäldern, Schluchten und fantastischen Aussichtspunkten. Mehr als 239 Pflanzenarten – erwähnt sei vor allem die Atlaszeder, die Schwarzkiefer und die einzige marokkanische Tannenart „abies marocana" – wachsen hier. 37 Säugetierarten, so auch der in Nordafrika beheimatete Berberaffe, leben in den Wäldern und finden Unterschlupf in den zahlreichen Höhlen. Von den 117 vorkommenden Vogelarten sind besonders der Lämmergeier und der Goldadler erwähnenswert.

Auf 53.000 ha dehnt sich der **Parc National d'Ifrane** im Mittleren Atlas. Dieses einzigartige Gebiet mit zahlreichen kleinen Vulkanseen, Flüssen, Quellen, Grotten und vielen Zedern- und Eichenwäldern ist aufgrund seiner kargen, steinigen Böden kaum besiedelt. Nur im Sommer findet man hier Halbnomaden, die ihre schwarzen Wollzelte auf den Hochplateaus aufstellen und ihre Schafen und Ziege hier weiden lassen. Diese Region ist das Gebiet mit den größten zusammenhängenden Zedernwäldern in Marokko. 37 verschiedene Säugetierarten gibt es hier. Deren in dieser Region wichtigster Vertreter, der Berberaffe, hat hier sein größtes Siedlungsgebiet, und auch wenige Leoparden soll es noch geben. 142 verschiedene Vogelarten und 33 verschiedene Amphibien- und Reptilienarten und so seltene Fische wie die Fario-Forelle sind hier noch heimisch.

Der **Parc National du Haut-Atlas Oriental** liegt im Hochgebirge zwischen einem relativ feuchten Gebiet im Norden und einer trockenen wüstenartigen Zone im Süden. Er umfasst 49.000 ha und zieht sich entlang der bis zu 3000 m hohen, schwer zugänglichen Hochplateaus um Imilchil. Die Berghänge sind im Norden von Zedern, Steineichen, Mittelmeerpinie, Thujen und Wacholder bewachsen und von zahlreichen Wasserläufen durchzogen, während auf den trockenen, zum Süden weisenden Hochebenen hauptsächlich Dornbuschgewächse wie der *Erinacea pungens* wachsen und, abgesehen von den Flussauen entlang der Siedlungsgebiete, keine Bäume mehr gedeihen. In dieser wilden, kargen Landschaft leben die letzten Leoparden und Berggazellen, und auch eine größere Population von Mähnenschafen ist noch anzutreffen.

Der **Parc National d'Iriqui** soll nahe der Grenze zu Algerien, südlich von Zagora, entlang des Wadi Drâa und des nur sehr selten wasserführenden Sees Lac Iriqui entstehen. Er wird im Norden durch die Ausläufer des Anti-Atlas bei dem Ort Foum Zguid begrenzt. Dieses Gebiet gehört bereits zur Sahara und kann die typische Wüstenflora und -fauna im Übergang zur Savanne vorweisen. Die goldgelben Sandgebiete sind mit Tamarisken und Akazien, diversen Wüstengräsern und Dornbuschgewächsen bewachsen, zwischen denen Dorcasgazellen, Wüstenschafe, Reptilien, Chamäleons, Geckos, Wüstenwarane und auch der Wüstenfuchs viele Verstecke finden. Auch hier sollen Oryx- und Addaxantilopen sowie Strauße ausgesetzt werden. Der Park konnte bis jetzt nicht realisiert werden, weil die Gazellenjagd in der Region nicht verboten wurde, da das Gebiet für lukrative Jagdreisen marokkanischer Unternehmer mit saudi-arabischen Gästen genutzt wird.

**Die im Folgenden beschriebenen Nationalparks existieren ebenfalls nur auf dem Papier:**

Im Bereich des unteren Drâa, zwischen Djabal Bani und Djabal Ouarzik, entsteht der **Parc National du Bas Drâa.** In diesem Park, mit seinen schroffen Wüstenbergen und sandigen Tälern, gibt es noch große Bestände von *Acacia raddiana* (Mimosen) gemischt mit *Balanites* (Jochblattgewächsen) und Tamarisken. Nach offiziellen Angaben sollen dort noch Geparden leben sowie Wildkatzen *(Caracal),* Gazellen, Honigdachse, aber auch viele Reptilien, u.a. Kobras. Um 1940 wurden die letzten Krokodile ausgerottet.

Der südlichste, geplante Nationalpark auf dem Gebiet der Westsahara, ist der **Parc National de Dakhla,** der aus zwei

Teilen besteht. Der sich weit südlich von Dakhla ins Landesinnere ziehende Teil des Parks um den Adrar Souttouf mit seinen von Sand durchzogenen Steinhügeln wird von Trockenflussbetten durchzogen, die mit Akazien bewachsen sind. Es gibt dort noch wenige Mähnenschafe (Moufflons) und Dorcas-Gazellen. Geplant ist aber die Wiederansiedlung einiger, früher in der Sahara heimischen Tierarten, u.a. von Addax- und Oryxantilopen. Der Küstenbereich des Dakhla-Nationalparks, die **Mönchsrobbenküste (Côte de Monques)** bei Aguergar, liegt im Grenzbereich zu Mauretanien, im Anschluss an den in Mauretanien ausgewiesenen Nationalpark Banque d'Arguin. Dieser Park zieht sich 180 km entlang der Küste und reicht zwölf nautische Seemeilen weit ins Meer. Wie der Name schon sagt, sind hier die seltenen Mönchsrobben zu Hause. Es soll sich weltweit um die größte Population handeln. Im Küstenbereich, der das Meer mit hellgelben Sanddünen begrenzt, sind noch Dorcasgazellen heimisch. Dieser Park ist wegen der ungeklärten Westsaharasituation, der Grenznähe und aus militärischen Gründen für Touristen nicht zugänglich.

[>] „Jagen verboten" – ein Hinweisschild des Ministeriums für Umwelt, Wasser und Forst

## Naturreservate

Es gibt in Marokko **14 Naturreservate,** die meist in den 1980er Jahren auf Initiative der Wasser- und Forstverwaltungsbehörde gegründet wurden. Sie sollen sowohl das biologische Gleichgewicht erhalten als auch Studienzwecken und der Bewusstseinsbildung der Öffentlichkeit zum Erhalt des Ökosystems dienen.

Das **M'Sabih Talaa Naturreservat** ist eines der ältesten, von der Wasser- und Forstverwaltung gegründeten Reservate in Marokko. Seine Aufgabe ist es, die letzten Dorcas-Gazellen der Haouz-Ebene zu schützen. Die Population der Tiere ist mittlerweile auf über 200 Exemplare angestiegen. Die Haouz-Ebene zwischen Marrakesch und Essaouira gehört zur semi-ariden Klimazone, und der jährliche Regenfall beträgt unter 200 mm im Jahr. Es wachsen u.a. Akazien, Kreuzdorngewächse und wilde Olivenbäume.

In einem neu errichteten, 40 km² großen **Gebiet zum Schutz der Mhorr-Gazellen** gelang ein einmaliges Experiment mit Hilfe deutscher Zoologen. Sechs Tiere der Gazellenart, die bereits als ausgestorben galt, wurden 1992 aus einem Reservat in Almeria im königlichen Jagdgebiet **R'Mila** bei Marrakesch untergebracht. *Dr. Henning Wiesner* vom Tierpark München Hellabrunn gelang es, die Gazellen auf 220 Tiere zu vermehren. Im Frühjahr 2009 wurden mit Hilfe des Ministeriums „Eaux et Fôrets et à la Lutte Contre la Désertification" 18 Tiere südlich des Hohen Atlas bei **Mecissi** (zwischen Rissani und Alnif) in das Naturschutzprojekt umgesiedelt, wo sie ideale Lebensbedingungen vorfinden und durch einen Zaun gegen das Vieh der Nomaden geschützt sind.

Das **Réserve des Iles d'Essaouira** liegt auf den der gleichnamigen Stadt vorgelagerten Inseln. Die Inseln waren wegen des Purpurexports bereits den Phöniziern bekannt. Der Farbstoff, der vor allem den Prachtgewändern der Könige und Kardinäle seine rote Farbe verlieh, wurde aus der Muschel – *Murex,* bei uns als **Purpurschnecke** bekannt – gewonnen. Jetzt sind die Inseln in erster Linie Vogelschutz-Reservat und dem Besucher nur mit Sondergenehmigung zugänglich. Es brüten dort sehr seltene Vogelarten wie der Eleonorafalke und die gelbfüßige Heringsmöwe.

**Marokko hat die meisten Feuchtgebiete in Nordafrika.** So finden sich im Königreich mehr als zwanzig natürliche Seen und über dreißig Stauseen, viele Flussläufe und auch ein Flussdelta (Moulouya) sowie vier große Meereslagunen. Einige dieser Feuchtgebiete, vorwiegend Rückzugsgebiet vieler Vogelarten – auch durchziehender Vögel aus Europa – wurden als Naturreservate ausgewiesen. Vier Reservate wurden 1980 in die Schutzliste RAMSAR aufgenommen: das Naturreservat Sidi Boughaba am gleichnamigen See bei Khenitra, das Reservat Merja Zerga bei Moulay Bousselham, das Reservat Khnefiss im Süden zwischen Tan-Tan und Tarfaya und das Reservat d'Afennourir im Mittleren Atlas.

■ Quellen: *Royaume du Maroc, Ministère de l'Agriculture et de Mise en Valeur agricole* und *Adminstration des Eaux et Forêts.*

060m015 ad

062m015 ad

# 10 Anhang

Grand-Taxi-Standplatz in Inezgane

# Reisegesundheitsinformationen zu Marokko

**Stand: Februar 2015**



Die nachstehenden Angaben dienen der Orientierung, was für eine geplante Reise in das Land an Gesundheitsvorsorgemaßnahmen zu berücksichtigen ist. Die Informationen wurden uns freundlicherweise vom Centrum für Reisemedizin zur Verfügung gestellt. Auf **www.crm.de** werden diese Informationen stetig aktualisiert – man sollte dort kurz vor Reiseantritt noch einmal nachschauen.

Die nachstehenden Angaben wurden nach bestem Wissen und sorgfältiger Recherche zusammengestellt. Eine Gewähr oder Haftung kann nicht übernommen werden.

## Impfungen

**Einreise-Impfvorschriften: keine.**

### Empfohlener Impfschutz

**Generell: Standardimpfungen nach dem deutschen Impfkalender,** speziell Tetanus, Diphtherie und Hepatitis A.

Bei Reisen durch das Landesinnere unter einfachen Bedingungen (Rucksack-/Trekking-/Individualreise) mit einfachen Quartieren bzw. Hotels, bei Camping-Reisen, Langzeitaufenthalten, einer praktischen Tätigkeit im Gesundheits- oder Sozialwesen sowie bei engem Kontakt zur einheimischen Bevölkerung ist ein Impfschutz gegen Typhus, Hepatitis B, Polio und Tollwut (bei vorhersehbarem Umgang mit Tieren) zu erwägen.

### Wichtiger Hinweis

Welche Impfungen letztendlich vorzunehmen sind, ist abhängig vom aktuellen Infektionsrisiko vor Ort, von der Art und Dauer der geplanten Reise, vom Gesundheitszustand sowie dem evtl. noch vorhandenen Impfschutz des Reisenden. Da im Einzelfall unterschiedlichste Aspekte zu berücksichtigen sind, empfiehlt es sich immer, rechtzeitig (4 bis 6 Wochen) **vor der Reise** eine **persönliche Reise-Gesundheits-Beratung** bei einem reisemedizinisch erfahrenen Arzt oder Apotheker in Anspruch zu nehmen.

## Malaria

**Sehr geringes,** herdförmiges **Risiko** von Mai bis Oktober in ländlichen Gebieten der Chefchaouen-Provinz (Nordmarokko). Malariafrei sind die übrigen Landesteile, Stadtgebiete und Touristenorte.

## Ratschläge zur Reiseapotheke

Vergessen Sie nicht, eine kleinere oder größere Reiseapotheke mitzunehmen (zumindest Medikamente gegen Durchfall, Fieber und Schmerzen sowie Verbandstoff, Pflaster und Wunddesinfektion), damit Sie für kleinere Notfälle gerüstet sind. Nicht vergessen: Medikamente, die der Reisende ständig einnehmen muss!

# Sprache

## Aussprache/Umschrift

Die folgende Auflistung soll helfen, **Laute des marokkanischen Arabisch,** die im Deutschen nicht existieren, annähernd richtig auszusprechen. Aufgrund einer einfacheren Handhabung müssen allerdings Zugeständnisse hinsichtlich der Differenzierung der Laute gemacht werden. Als Hilfe sei empfohlen, einheimische Radio- bzw. Fernsehsendungen zu hören, um ein Gefühl für Klang und Aussprache zu bekommen. Ebenso sollte man stets auf der Straße, im Café, im Souk oder sonstwo mit offenen Ohren unterwegs sein, dann ist man bald soweit, Unterschiede zu identifizieren und für den eigenen Sprachgebrauch nutzbar zu machen.

Damit Sie nicht die arabische Schrift lernen müssen, bedienen wir uns einer **Umschrift,** bei der in der Regel ein Zeichen einem arabischen Buchstaben entspricht – so gibt es keine Zweifel, ob „ch" französisch oder deutsch zu lesen ist, ob „sh" wie im Englischen ein Laut ist oder „s" und „h".

### Konsonanten

- **sh** – wie das deutsche „sch"
- **j** – stimmhaftes „sh" wie im franz. „Journal"
- **dj** – stimmloses „Dsch" wie in „Dschungel"
- **r** – ein rollendes Zungen-„r"
- **gh** – Zäpfenchen-„r" wie in Norddeutschland oder Frankreich
- **s t d z** – emphatische, gepresste Varianten von s, t, d und z; sie verdunkeln den folgenden Vokal
- **h** – wie im Deutschen, doch immer hörbar, wie z.B. in Betle**h**em
- **h** – stark gehauchter h-Laut (als ob man sich zum Wärmen der Finger in die Hände haucht)
- **ch** – wie in deutsch „Dach"
- **z** – stimmhaftes weiches „s" wie im deutschen „Rose"
- **q** – hinten im Rachen gebildetes kehliges „k" (wie im Tiroler Dialekt)
- **w** – wie in englisch „what", mit beiden Lippen gebildet
- **y** – wie im Deutschen das „j"
- **'** – Stimmabsatz, wie z.B. im Deutschen: „Vor'ab" oder „Neckars'ulm"
- ***** – der in europäischen Sprachen nicht existierende Kehlkopfverschlusslaut 'Ain; es ist ein Würgelaut, der zur Folge hat, dass die folgenden Vokale dunkler gesprochen werden

Die Konsonanten **b d g f k l m n s t** werden wie im Deutschen ausgesprochen und geschrieben. Doppelte Konsonanten werden deutlich gelängt ausgesprochen! Das Doppel-n im Deutschen (z.B. „rennen") entspricht im Marokkanischen einem einfachen Konsonanten.

### Selbst- und Zwielaute

Ai, au wie im Deutschen. Unterscheiden sie Kurzvokale (a ä e i o u) und Langvokale (â ê î ô û). Häufig ist der flüchtige Murmellaut ë, den es auch im Deutschen gibt: Gëbirgë, bëdankën etc.

### Betonung

Langvokale werden immer betont! Man halte sich aber an die Daumenregel, dass in einem Wort ohne Langvokale üblicherweise die letzte Silbe betont wird, wenn ein Wort jedoch mit zwei Konsonanten aufhört, wird die vorletzte Silbe betont: fëhë'mt = ich habe verstanden, töntkällem = ich spreche.

Ein Vokal am Ende eines Wortes wird niemals betont.

# Kleine Sprachhilfe

## Deutsch / Marokkanisch / Französisch

### Wichtige Worte und Redewendungen

ja / nâ*m, îye / oui
nein / lâ / non
bitte / *afak, lla ichallëk / s'il vous plaît
danke / shukran / merci
in Ordnung / wachcha / d'accord
viel, zu viel / bzâf / beaucoup, trop
wenig / shwîya / (un) peu
billig / rëchîs / bon marché
teuer / ghâli / cher
groß, alt / kbîr / grand, agé
klein, jung / sghir / petit, jeune
lang / twêl / long
kurz / qsîr / court
es gibt / käyin / il y a
es gibt nicht (kein) / makäyinsh / il n'y a pas
ich will / bghît / je veux
ich will nicht / mabghîtsh / je ne veux pas
ich brauche, ich muss / chassni / il me faut
geben Sie mir / shibli, *âtinî / donnez-moi
komm/kommt / aji/ajiu / viens/venez
verschwinde/t / sirr/sirru / dégage/z la piste
auch: ba*d minni/ba*du minni
schau/schaut / shûf/shûfu / regarde/z
ich bin Österreicher/in / äna nemsâwi/nemsawîya / je suis Autrichien/ne
ich bin Deutscher/-e / äna almâni/almanîya / je suis Allemand/e
ich bin Schweizer/in / äna swîsri/swisrîya / je suis Suisse
ich bin verheiratet / äna mëmzuwwush / je suis marié/e
ich bin nicht verheiratet / äna mâshi mëmzuwwush / je ne suis pas marié/e
gut / mëziyân / bon
schlecht / chaib / mauvais/mal
schön / zwîn / beau/belle
hässlich / chaib, qbîh / laid
wie viel (kostet das)? / bschhâl (häd shi)? / combien (ça fait)?
nichts / wâlu / rien
ich will nichts / ma bghît wâlu / je ne veux rien
Achtung! / bâlak! / attention!
Entschuldigung! / smähli / éxcusez-moi
was hast du gesagt? / shnu gulti / Qu'est-ce que tu as dit?
ich habe nicht verstanden / ma fhëmtsh / je n'ai pas compris
noch einmal bitte! / *ud min fadlëk / encore une fois
so Gott will, hoffentlich / in sha'allâh / ésperons-le
im Namen Gottes / bismillâh
gelobt sei Gott / al hamdu lillâh

### Begrüßung, Gespräch

Grüß Gott (höflich) / as salâmu *alêkum / bonjour, bonsoir – Antwort: wa *alêkum as-salâm
wie geht's ? / labâs, ki dêr (m), ki dêra (w) / comment ça va ? – Antwort: labâs al-hamdu lillâh
guten Morgen / sëbâh ël-chêr / bonjour
guten Abend / msa ël-chêr / bonsoir
gute Nacht / lêla sa*îida,tisbah *ala-chêr / bonne nuit
Mahlzeit! Guten Appetit! / bismillâh / bon appétit
zum Wohl / bisaha / à votre santé (beim Essen, nach dem Hammam) – Antwort: llah *tik ës-saha
auf Wiedersehen / bëslâma, mâs:aläma / au revoir
bitte (als Aufforderung) / tfaddal (m), tfaddali (w), tfaddlu (Mz) / s'il vous plaît
Haben Sie Kinder? / wash *andëk ëddrâri? / avez-vous des enfants?
Junge/n / wuld/wulâd / garçon/s
Mädchen/Mz / bënt/bnât / jeune/s fille/s

### Hilfszeitwörter

ich habe / *andi / j'ai
du hast / *andëk / tu as
er hat / *andu / il a

sie hat / *andha / elle a
wir haben / *andna / nous avons
ihr habt / *andkum / vous avez
sie haben / *andhum / ils ont

„Sein" wird in der Gegenwart nicht gebildet. „Haben" wird eigentlich umschrieben: als „bei mir ist" usw. (*and = bei + Possesivpronomen).

### Zahlen

eins / wâhid / un
zwei / juj / deux
drei / tlâta / trois
vier / arb*a / quatre
fünf / chamsa / cinq
sechs / sëtta / six
sieben / sb*a / sept
acht / tmaniya / huit
neun / tës*ud / neuf
zehn / *ashra / dix
elf / hadâsh / onze
zwölf / tnâsh / douze
13 / tlätash / treize
14 / ërb*atash / quatorze
15 / chamstâsh / quinze
16 / sëttâsh / seize
17 / sb*atash / dix-sept
18 / tamantâsh / dix-huit
19 / ts*atâsh / dix-neuf
20 / *ishrîn / vingt
21 / wâhid u-*ishrîn / vingt-et-un
22 / tnên u-*ishrîn / vingt-deux
23 / tlâta u-*ishrîn / vingt-trois
30 / tlätîn / trente
40 / ërb*în / quarante
50 / chamsîn / cinquante
60 / sëttîn / soixante
70 / sbë*în / soixante-dix
80 / tmanîn / quatre-vingts
90 / tës*în / quatre-vingts-dix
100 / mîyya / cent
1000 / alf / mille

### Wochentage

Montag / l-etnîn / lundi
Dienstag / et-läta / mardi
Mittwoch / l-arba* / mercredi
Donnerstag / l-chîms / jeudi
Freitag / ej-jum*a / vendredi
Samstag / es-sebt / samedi
Sonntag / l-hädd / dimanche

An einigen **Ortsnamen** lässt sich der Tag des Wochenmarkts ablesen, z.B. Souk el Hed (Souk am Sonntag).

# Glossar

- **Ashura** bzw. **Achoura:** Neujahr, auch Kinderfest
- **Agadir:** Umfriedung; befestigter Platz; befestigter Speicher
- **Aguedal:** Gärten und Obsthaine der Sultane
- **Agoumi:** entspricht etwa dem Begriff „Alpweide"
- **Aguelmame:** See
- **Ahaidous:** Tanz der Dorfbevölkerung im nördlichen Atlas
- **Ahwach:** Tanz der Dorfbevölkerung im südlichen Atlas
- **Aid al Kebir:** das große Fest (erinnert an das Opfer Abrahams)
- **Aid al Seghir:** das kleine Fest – Abschluss des Fastenmonats Ramadan
- **Ain:** Quelle
- **Aït:** Söhne von ..., Leute der ... (Stammesname)
- **Amghar:** Dorfältester; wohlhabender Dorfbewohner
- **Arhour:** Brunnen für die Bewässerung (mit Rampe für Zugtiere)
- **Asif:** Wasserlauf
- **Assarag:** Tanzplatz
- **Azrou:** Felsen

■ **Bab:** Tor, Durchgang
■ **Balek:** Warnruf wie „Achtung!"
■ **Ben** (Mz. *Beni*): Sohn des (der) ...
■ **Bir:** Brunnen
■ **Bled:** offenes Land (Gegensatz zur Stadt)

■ **Chech:** Gesichtstuch/-schleier (meist blau, weiß oder schwarz, 5–7 m lang)
■ **Chergui:** heißer Südwind, Wüstenwind
■ **Chleuh (Schlöh):** Berberstamm im Anti-Atlas
■ **Chouari:** Tragkorb mit zwei großen Taschen, den man über den Rücken des Esels legt
■ **Couscous:** Gericht aus Weizen- oder Hirsegrieß mit Schaf- oder Hühnerfleisch und Gemüse

■ **Dir:** Geländerücken; in die Ebene hinauslaufender Sporn
■ **Dirham:** marokkanische Währung (DH)
■ **Dar** (Mz. *Duar* bzw. franz. *Douar*): Haus; ländliche oder vorstädtische Siedlung; Gruppe von Zelten oder Häusern
■ **Djama:** Moschee
■ **Djamâa** bzw. **Djemâa:** Versammlung der Bevölkerung eines Gebietes; Versammlungsplatz
■ **Djabal** bzw. **Djebel:** Berg
■ **Djedid:** jung, neu
■ **Djellabah:** weites, mantelartiges Kleid mit Kapuze; wird von Männern und Frauen im Freien getragen
■ **Djinn** (Mz. *Djnoun*): Dämon, Geist
■ **Doum:** Zwergpalmenart

■ **Erg:** Sandwüste

■ **Fantasia:** wilder Ritt, bei dem Gewehre abgefeuert werden (aus dem Spanischen)
■ **Fata:** rituelles Gebet
■ **Fellah:** Bauer
■ **Fina:** Hauskleid der Frau; Schleier, der über das Hauskleid getragen wird
■ **Fkih:** Lehrer an einer Koranschule
■ **Funduk (franz. Foundouk):** Herberge, Karawanserai, traditionelles (Stadt-)Haus

■ **Gara** (Mz. *Gour*): isolierter Tafelberg; Zeugenberg
■ **Gharbi:** Westwind, Meerwind
■ **Ghezzou:** Raubzug; Teilnehmer an einem Raubzug
■ **Gnawa (franz. Gnaoua):** meist schwarze Musiker (Ursprungsland Guinea), die islamischen Orden angehören und deren Gesängen und Tänzen Heilkraft zugesprochen wird; oft auf dem Djamâa el-Fna-Platz in Marrakesch zu sehen
■ **Guedra:** röhrenförmige Töpferarbeit (mit Fell bespannt als Tamburin verwendet); Volkstanz in Guelmim
■ **Guich:** bewaffneter arbischer Stamm, vom Sultan zur Überwachung eines Gebietes angesiedelt

■ **Hadj:** Wallfahrt nach Mekka
■ **Haik:** weibliches Kleidungsstück, Überwurf (nur noch selten getragen)
■ **Hammada:** Felswüste, Steinwüste
■ **Hammam:** islamisches Bad
■ **Haratin:** dunkelhäutige, aus der marokkanischen Sahara stammende Bevölkerung
■ **Harira:** kräftige Suppe zum Fastenunterbrechen im Ramadan

■ **Imam:** frommer Mann, der das Gebet in der Moschee leitet
■ **Imazighen:** freie Leute, Freie
■ **Irherm (Igherm):** Umfriedung; befestigter Platz; befestigter Speicher

■ **Kaftan:** besticktes Kleid aus kostbarem Stoff
■ **Kaid:** siehe Qaid
■ **Kalif:** Herrscher der Gläubigen; Nachfolger Mohameds
■ **Kanoun** bzw. **Qanun:** Holzkohlebecken aus gebrannter Erde oder Metall
■ **Kasbah:** befestigter Wohnsitz einer Sippe, bzw. Ansammlung von mehren Tighremts, vor allem im südlichen Marokko
■ **Kerkour:** Pyramide, auf die jeder Vorbeigehende einen Stein legt, um Unglück abzuwenden

**Kesra:** rundes Brot

**Khammès:** Pächter, der ein Fünftel der Ernte erhält

**Khettara:** unterirdischer Bewässerungskanal

**Khoms:** Vereinigung verschiedener Stämme

**Kibla** (Qibla): Gebetsmauer in der Moschee, nach Osten (Mekka) gerichtet

**Kissaria:** Markthalle für Stoffe, Leder, Parfüm usw.

**Koubba:** siehe Qubba

**Ksar** (Mz. *Ksour*): von lat. „castrum"; in Marokko befestigtes Lehmdorf im Süden/Osten des Atlas

**Maghreb:** Westen/Land des Sonnenuntergangs/Okzident; Sammelbegriff für die Länder Marokko, Tunesien, Algerien

**Maghzen:** Regierung des Sultans

**Mahdi:** der durch Gott bestimmte Führer (z.B. *Ibn Tumart*)

**Makina:** Fabrik

**Marabout (franz. Marabout):** islam. Heiliger; wegen seiner Frömmigkeit und seines beispielhaften Lebens angesehener Mann bzw. sein Grabmal

**Mechwar (franz. Mechouar):** Versammlungsplatz der Stämme vor dem Sultanspalast

**Mechoui:** im geschlossenen Ofen gebratenes Schaf

**Medersa:** Schule, Hochschule der Muslims, zugleich Wohnhaus der Studenten

**Medina:** Stadt; traditioneller Stadtteil; Altstadt

**Mellah:** Judenviertel, Judenstadt

**Mihrab:** apsisförmige Gebetsnische in der Kibla (s.o.)

**Minbar:** Kanzel in der Moschee, meist neben der Mihrab (s.o.)

**Mouloud** bzw. **Maulad:** Geburtsfest des Propheten oder eines Heiligen

**Moussem (franz.)** bzw. **Mausim:** Fest oder Pilgerfahrt zu Ehren eines Schutzheiligen

**Msid:** Koranschule

**Nouala:** Hütte aus Schilfrohr und Lehm mit Strohhäcksel

**Oued** bzw. **Wadi:** Wasserlauf, Fluss

**Oulad** bzw. **Ulad:** Söhne des ...

**Pastilla (auch Bastilla):** mit Taubenfleisch und Eiern gefüllte Pastete (aus dem Spanischen)

**Qaid:** Chef, Stammesoberhaupt

**Qubba:** Kuppel; gebraucht für Marabout mit runder Kuppel über quadratischem Grundriss

**Ramadan** bzw. **Ramadhan:** Fastenmonat im islamischen Kalender

**Ras el Hanout:** Gewürzmischung, der man allgemeine und besondere Heilwirkung zuspricht

**Ribat:** befestigtes Kloster

**Ryad** bzw. **Riad:** Innengarten eines Hauses, auch Herrenhaus oder Palast

**Ryal:** Münzeinheit – 0,05 Dirham (vom span. „Real")

**Scherif** (Mz. *Schorfa*): angeblicher Nachkomme des Propheten Muhammad; siehe chérif

**Seguia:** offener Bewässerungskanal

**Sidi:** mein Herr!

**Suq** bzw. **Souk (franz.):** in der Einzahl – Markt, meist Wochenmarkt; in der Mehrzahl – Marktgassen einer Stadt; die Wochenmärkte tragen die Namen der Tage, an denen sie stattfinden: *el had* = Sonntag, *et tnine* = Montag, *et tleta* = Dienstag, *el arba* = Mittwoch, *el khemis* = Donnerstag, *el djema* = Freitag, *es sebt* = Samstag

**Tachelhit:** einer der drei Berberdialekte in Marokko

**Tadelakt:** spezieller, glänzender Kalkputz (besonders für Bäder) in verschiedenen Farben

**Tajine:** Fleisch mit Soße, in spitzdeckeligem Tontopf geschmort

**Takbilt:** politische Einteilung der Berberbevölkerung des Hohen Atlas (arabisch-berberische Mischform)

**Taleh** (Mz. *Tolba*): Student an einer islamischen Hochschule

- **Tamazight:** einer der drei Berberdialekte in Marokko
- **Tarbouch:** männliche Kopfbedeckung (städtisch)
- **Tigemmi:** Haus
- **Tighremt:** Umfriedung; befestigte Burg oder Speicherburg, auch Kasbah
- **Tirs:** gute schwarze Ackerböden
- **Tit:** Quelle
- **Tizi (franz. Col):** Passübergang

- **Umma:** Gemeinschaft der mohammedanischen Gläubigen

- **Zawia** bzw. **Zaouia (franz.):** Heiligtum, kleine Moschee; Sitz einer religiösen Bruderschaft
- **Zellij** bzw. **Zelliges:** Mosaik aus farbigen Keramikstücken, verwandt mit dem spanischen „azul" (= blau); „azulejos"
- **Zenata:** nomadisierende Berber (aus dem Osten zugewandert); sie sprechen einen der drei Berberdialekte Marokkos

# Literatur

Als **sehr gute Hintergrundliteratur** sind die sozialkritischen Romane einiger marokkanischer Schriftsteller wie **Mohamed Mrabet, Mohamed Choukri, Tahar Ben Jelloun** u.a. zu empfehlen. Besten Einblick in das marokkanische Sozialgefüge liefert auch die Soziologin und Feministin **Fatima Mernissi** mit ihren zahlreichen Büchern. Kurzweilige Geschichten verschiedener bekannter Marokko-Literaten (u.a. *Elias Canetti, Fatima Mernissi, Tahar Ben Jelloun*) enthält das Buch **„Reise nach Marokko – Kulturkompass fürs Handgepäck"** aus dem Unionsverlag.

Einen stimmungsvollen Einblick in die Landschaften und Kultur Marokkos bieten natürlich diverse **Bildbände.** Doch viele Bildbände haben zwar hervorragende Fotos, aber häufig sehr klischeehafte Texte, die wenig in die Tiefe gehen, nicht aktuell sind oder nur die wichtigsten touristischen Regionen abdecken. Das Buch **„Zeit für Marokko – Den Zauber des Orients entdecken und genießen"** (Bruckmann Verlag) verbindet wunderschöne Fotos des professionellen Reisefotografen *Christian Heeb* mit Tipps zu den stilvollsten Unterkünften und ausführlichen Hintergrundtexten von *Astrid Därr.* Wer sich für orientalische Architektur und Innenausstattung interessiert, wird sich für das Buch **„Moroccan Interiors"** oder **„Living in Morocco"** (dreisprachig) von *Lisa Lovatt-Smith* aus dem Taschen-Verlag begeistern. Es zeigt traditionelle Häuser, Wohnformen, Villen aus marokkanischen Städten und deren Einrichtung in hervorragender Qualität – eine echte Augenweide!

Wer sich für **politische und Wirtschaftsdaten** interessiert, sollte einen Blick auf die Websites des Bundesministeriums für Wirtschaftliche Zusammenarbeit (BMZ, www.bmz.de) werfen. Dort kann man diverse Informationen zum Partnerland Marokko einsehen. Weitere wirtschaftliche Informationen (z.B. für Investoren) veröffentlicht die Germany Trade & Invest (www.gtai.de, Inhalte z.T. kostenpflichtig). Auch die Außenstelle der Industrie- und Handelskammer in Casablanca bietet diverse Publikationen an (http://marokko.ahk.de).

Einen sehr guten Einblick in die marokkanische Mentalität bieten das Buch **„KulturSchock Marokko"** von *Muriel*

*Brunswig-Ibrahim* (Reise Know-How Verlag) und das Sympathiemagazin **„Marokko verstehen"** (Studienkreis für Tourismus und Entwicklung e.V., www.sympathiemagazin.de). Beide Publikationen informieren einfühlsam über Land und Leute und helfen dabei, die kulturelle Barriere zwischen Tourist und lokaler Bevölkerung zu überwinden.

Alles über Tiere und Pflanzen in Nordafrika – inkl. traditioneller Heilanwendungen und der lokalen Namen in Arabisch und Berberisch – bietet das Buch **„Sahara. Tiere, Pflanzen, Spuren"** von *Verena Schatanek* und *Houcine Elkharassi* (Franckh-Kosmos Verlag). Ornithologen können mit **„A Birdwatchers' Guide to Morocco"** von *Patrick* und *Fédora Bergier* (Prion Ltd.) die Vögel in Marokko bestimmen.

Ergänzende touristische Informationen bieten die umfassend recherchierten **Reisebücher von Edith Kohlbach** (www.edith-kohlbach.de): „Reisehandbuch Marokko", „Marrakesch und der weite Süden", „Marokko Oriental", „Campingführer Marokko – Mauretanien", „Hotelführer Marokko".

**Wissenschaftliche Hintergrundliteratur** zu verschiedenen Themen (z.B. Studienreisen, Wüstentourismus, Heiligenkult, Speicherburgen in Marokko, z.T. in Französisch) liefern die **Maghreb-Studien des Geografischen Instituts der Universität Bayreuth;** Online-Bestellung auf www.stadtgeo.uni-bayreuth.de/de/publications/maghreb-studien.

Wer in Marokko mehr Zeit in Städten verbringt, kann in den teilweise sehr gut sortierten Buchhandlungen eine Unzahl an französisch- und zum Teil auch englischsprachigen Titeln zu Marokko finden. Auf die große Zahl von **französischsprachiger Literatur** wird hier nicht näher eingegangen.

Spezialisiert auf Bücher über den arabischen Kulturraum sind folgende **Verlage:** Verlag Donata Kinzelbach in Mainz (www.kinzelbach-verlag.de), Edition Orient in Berlin (www.edition-orient.de), Edition Wuquf – Hanspeter Mattes (nur online unter www.wuquf.de). Der Unions-Verlag in Zürich (www.unionsverlag.com) sowie der Leno Verlag in Basel (www.lenos.ch) bringen ebenfalls viele Romane und Erzählungen arabischer Schriftsteller heraus.

Die **Deutsch-Maghrebinische Gesellschaft e.V.** (www.dmag-bonn.de) gibt regelmäßig Literaturlisten mit Rezensionen heraus.

# Landkarten

Als **Übersichtskarte** für das gesamte Land ist die Marokko-Karte von **Reise Know-How** (world mapping project) im Maßstab 1:1 Mio. zu empfehlen.

Einen sehr guten Überblick gibt auch die Marokko-Karte von **Michelin** im Maßstab 1:1 Mio. mit einigen Nebenkarten 1:600.000. Auf dieser Karte sind auch die Pisten und Nebenstrecken genau erkennbar (für Mountainbike- und Geländewagenfahrer).

Wer sich für **Regionalkarten** mit detaillierten Ausschnitten interessiert oder mit GPS navigieren will, ist mit den Karten der *Division Topographique* (Rabat, 1:250.000) gut bedient. Sie sind verhältnismäßig neu, jedoch für die Grenzgebiete im Süden und die Westsahara nicht erhältlich. Manche Karten sind genehmigungspflichtig und nur unter großem Aufwand zu bekommen, einige Blätter vergriffen, jene über die südlichen Gebiete werden gar nicht an die Öffentlichkeit ausgeliefert. Wichtig sind die Detailkarten 1:100.000 vor allem für Bergsteiger und Mineraliensammler im Hohen Atlas, die Karten 1:250.000 auch für Geländewagenfahrer, die die Nebenpisten im Anti-Atlas und Saharabereich befahren wollen.

Als Ersatz kann man für diese Gebiete auf topografische **russische Generalstabskarten** (mit kyrillischer Beschriftung, aber deutscher Beschreibung der Legende und Übersetzung des kyrillischen Alphabets) im Maßstab 1:1 Mio., 1:500.000, 1:200.000 und 1:100.000 zurückgreifen. Sie sind für fast alle Teile Marokkos (auch digital) erhältlich bei Därr Expeditionsservice in München (www.daerr.de).

Bei den örtlichen Tourismusämtern gibt es sehr gute **touristische Karten** der Region Azilal-Zaouia Ahansal und El Ksiba, welche auch den Hohen Atlas bis ins Aït-Bougoumez-Tal und ins M'goun-Tal abdecken und für Trekker und Mountainbiker geeignet sind. Es werden von allen Karten nur Einzelblätter (gegen schriftlichen Antrag vor Ort mit Passnummer) verkauft, größere Mengen werden nicht herausgerückt.

Sehr nützlich sind auch die **Wander- und Touristenkarten** von *Mohamed Aït Hamza* und *Herbert Popp* von der Uni Bayreuth: „Kultur-Trekking im Dschebel Saghro (Südmarokko)", „Kultur-Trekking im Zentralen Hohen Atlas", „Touristische Karte des Westlichen Antiatlas". Die Karten können über das Geografische Institut der Uni Bayreuth bestellt werden: www.stadtgeo.uni-bayreuth.de/de/publications/maghreb-karten.

Mit der Kartensoftware **City Navigator Morocco NT** von Garmin lässt es sich gut auf den marokkanischen Straßen navigieren. Topografische Karten für Wanderungen und Offroad-Fahrten bietet die Software **TOPO Marokko** von Garmin (www.garmin.de).

Bei mitgebrachten Landkarten sollte man darauf achten, dass die **Westsahara als marokkanisches Gebiet** eingetragen ist, denn sonst werden die Karten an der Grenze konfisziert.

TOUR SERAIL
Länder bewusst erleben
Intensive Kontakte
Einzigartige Erlebnisse
Hinter die Kulissen schauen
Nachhaltiges und faires Reisen
www.tourserail.com Turnseestr. 6 79102 Freiburg Tel. 0761 64107

# Register

## A

## B



## C

## D



## E

## F



## G

## H



## I

## M

## Q/R



## S

## T

## U



## V

# Die Autorinnen

**Erika Därr,** geb. 1949, ist seit 1971 auf allen Kontinenten unterwegs. Das erste Land außerhalb Europas, das sie besuchte, war Marokko. Auf vielen mehrwöchigen Reisen, allein oder mit Familie, lernte sie Land und Leute kennen und lieben. Nach mehreren Sahara-Durchquerungen gründete sie 1976 mit ihrem Mann *Klaus* den mittlerweile verkauften Reiseausrüstungsladen „Därr Expeditionsservice“. Sie schrieb 1981 die erste Auflage des Globetrotterführers „Marokko – vom Rif zum Anti-Atlas“ und verlegte das Buch im Eigenverlag. 1984 war sie Mitbegründerin der Verlagsgruppe Reise Know-How und arbeitete bis 2002 als Verlegerin – und danach noch als Autorin mehrerer Reiseführer in der Verlagsgruppe. Bis 2008 reiste sie zusammen mit ihrem Mann mehr als fünf Jahre mit einem Allrad-Wohnmobil durch alle Kontinente. Erika Därr half bei der 7. Auflage dieses Reiseführers bei der Aktualisierung des Kapitels „Land und Leute“ und ergänzte zahlreiche Angaben zu Hotels, Campingplätzen und Restaurants im Süden. Mit dieser Auflage übergibt sie die weitere Arbeit an diesem und dem „großen" Marokko-Reiseführer komplett an ihre Tochter *Astrid,* unternimmt aber weiterhin zusammen mit Astrid oder ihrem Mann Klaus gerne Reisen durch Marokko.

■ Mehr über die Autorin unter **www.daerr.info.**

Seit zehn Jahren (4. Auflage 2005) übernimmt Tochter **Astrid Därr,** geb. 1977, zum größten Teil die Aktualisierung des vorliegenden Reiseführers. Astrid war seit ihrem ersten Lebensjahr mit ihren Eltern in Afrika unterwegs. Inzwischen bereiste sie alle Kontinente auf eigene Faust, darunter mehr als 30 Länder Afrikas. Mit einem 25 Jahre alten Toyota Land Cruiser durchquerte sie den Kontinent in mehreren Etappen von München bis Kapstadt. Die Diplom-Geografin befasste sich schon während ihres Studiums intensiv mit dem Maghreb, u.a. im Rahmen ihrer Diplomarbeit über Investoren in der Medina von Fès. Astrid Därr schreibt regelmäßig für verschiedene Print- und Onlinemedien, zudem ist sie Autorin diverser Reisebücher, darunter „Marokko", „CityTrip Marrakesch", „CityTrip Tanger, Tétouan, Asilah" (Reise Know-How), „Zeit für Marokko" und „Zeit für Safari" (Bruckmann Verlag). Als Reisejournalistin und Reiseleiterin ist sie mehr als sechs Monate im Jahr in der ganzen Welt unterwegs. Für den Trekkingreise-Veranstalter Hauser Exkursionen GmbH und den Orientreiseveranstalter Tour Serail führt sie u.a. regelmäßig Gruppen durch Marokko.

■ Mehr über die Autorin unter **www.daerr.net.**

autorinnen

Astrid und Erika Därr

## Danksagung

Unser besonderer Dank gilt den Bekannten, Freunden und Fotografen, die wesentlich zur Aktualisierung dieser Auflage beigetragen haben. Zu nennen sind *Gabriele Rau* (für die große Hilfe beim Essaouira-Kapitel), Prof. Dr. *Herbert Popp* (für Luftbilder und den Exkurs über Arganienbäume), Prof. Dr. *Anton Escher* (für die Marrakesch-Exkurse in unseren Büchern), *Christoph Leisten* (für den Exkurs über den Djamâa el-Fna), *Muriel Brunswig-Ibrahim* (für den Exkurs über die Situation der marokkanischen Frauen), *Norbert Schmidt* (für laufende Infos über Tata und Essaouira), *Edi Kunz* und *Roger Mimó* (für Infos aus Südmarokko), *Thomas Friedrich* (für Infos aus Errachidia), *Brahim Karaoui* (für Infos aus Merzouga und Umgebung), *Béatrice Buschor Oulkadi* (für Infos aus dem Aït-Bougoumez-Tal), *Hassan Aferiad* (für laufende Infos aus Agadir), *Peter Heyn* (für zahllose hilfreiche Leserbriefe) und *Abdelkhalek Benalia* (für Informationen aus Südmarokko und Hilfestellung vor Ort). Danke auch an alle treuen LeserbriefschreiberInnen für unzählige Anregungen, Informationen und Tipps!